2025

法律法规全书系列

中华人民共和国

治安管理

法律法规全书

（含规章及典型案例）

中国法治出版社
CHINA LEGAL PUBLISHING HOUSE

出 版 说 明

随着中国特色社会主义法律体系的建成，中国的立法进入了"修法时代"。在这一时期，为了使法律体系进一步保持内部的科学、和谐、统一，会频繁出现对法律各层级文件的适时清理。目前，清理工作已经全面展开且取得了阶段性的成果，但这一清理过程在未来几年仍将持续。这对于读者如何了解最新法律修改信息、如何准确适用法律带来了使用上的不便。基于这一考虑，我们精心编辑出版了本书，一方面重在向读者展示我国立法的成果与现状，另一方面旨在帮助读者在法律文件修改频率较高的时代准确适用法律。

本书独具以下四重价值：

1. **文本权威，内容全面**。本书涵盖治安管理领域相关的常用法律、行政法规、国务院文件、部门规章、规范性文件、司法解释，及最高人民法院公布的典型案例、示范文本，独家梳理和收录人大代表建议的重要答复；书中收录文件均为经过清理修改的现行有效文本，方便读者及时掌握最新法律文件。

2. **查找方便，附录实用**。全书法律文件按照紧密程度排列，方便读者对某一类问题的集中查找；重点法律附加条旨，指引读者快速找到目标条文；附录相关典型案例、文书范本，其中案例具有指引"同案同判"的作用。同时，本书采用可平摊使用的独特开本，避免因书籍太厚难以摊开使用的弊端。

3. **免费增补，动态更新**。为保持本书与新法的同步更新，避免读者因部分法律的修改而反复购买同类图书，我们为读者专门设置了以下服务：(1) 扫码添加书后"法规编辑部"公众号→点击菜单栏→进入资料下载栏→选择法律法规全书资料项→点击网址或扫码下载，即可获取本书下次改版修订内容的电子版文件；(2) 通过"法规编辑部"公众号，及时了解最新立法信息，并可线上留言，编辑团队会就图书相关疑问动态解答。

4. **目录赠送，配套使用**。赠送本书目录的电子版，与纸书配套，立体化、电子化使用，便于检索、快速定位；同时实现将本书装进电脑，随时随地查。

总 目 录

目 录*

一、综 合

二、治安管理子领域专项

（一）公共秩序与安全管理

1. 综合

---

* 编者按：本目录中的时间为法律文件的公布时间或最后一次修正、修订公布时间。

三、执法程序与执法监督

一、综　合

中华人民共和国治安管理处罚法

·2005 年 8 月 28 日第十届全国人民代表大会常务委员会第十七次会议通过

·根据 2012 年 10 月 26 日第十一届全国人民代表大会常务委员会第二十九次会议《关于修改〈中华人民共和国治安管理处罚法〉的决定》修正

·2025 年 6 月 27 日第十四届全国人民代表大会常务委员会第十六次会议修订

·2025 年 6 月 27 日中华人民共和国主席令第 49 号公布

·自 2026 年 1 月 1 日起施行

第一章　总　则

第一条　为了维护社会治安秩序,保障公共安全,保护公民、法人和其他组织的合法权益,规范和保障公安机关及其人民警察依法履行治安管理职责,根据宪法,制定本法。

第二条　治安管理工作坚持中国共产党的领导,坚持综合治理。

各级人民政府应当加强社会治安综合治理,采取有效措施,预防和化解社会矛盾纠纷,增进社会和谐,维护社会稳定。

第三条　扰乱公共秩序,妨害公共安全,侵犯人身权利、财产权利,妨害社会管理,具有社会危害性,依照《中华人民共和国刑法》的规定构成犯罪的,依法追究刑事责任;尚不够刑事处罚的,由公安机关依照本法给予治安管理处罚。

第四条　治安管理处罚的程序,适用本法的规定;本法没有规定的,适用《中华人民共和国行政处罚法》《中华人民共和国行政强制法》的有关规定。

第五条　在中华人民共和国领域内发生的违反治安管理行为,除法律有特别规定的外,适用本法。

在中华人民共和国船舶和航空器内发生的违反治安管理行为,除法律有特别规定的外,适用本法。

在外国船舶和航空器内发生的违反治安管理行为,依照中华人民共和国缔结或者参加的国际条约,中华人民共和国行使管辖权的,适用本法。

第六条　治安管理处罚必须以事实为依据,与违反治安管理的事实、性质、情节以及社会危害程度相当。

实施治安管理处罚,应当公开、公正,尊重和保障人权,保护公民的人格尊严。

办理治安案件应当坚持教育与处罚相结合的原则,充分释法说理,教育公民、法人或者其他组织自觉守法。

第七条　国务院公安部门负责全国的治安管理工作。县级以上地方各级人民政府公安机关负责本行政区域内的治安管理工作。

治安案件的管辖由国务院公安部门规定。

第八条　违反治安管理行为对他人造成损害的,除依照本法给予治安管理处罚外,行为人或者其监护人还应当依法承担民事责任。

违反治安管理行为构成犯罪,应当依法追究刑事责任的,不得以治安管理处罚代替刑事处罚。

第九条　对于因民间纠纷引起的打架斗殴或者损毁他人财物等违反治安管理行为,情节较轻的,公安机关可以调解处理。

调解处理治安案件,应当查明事实,并遵循合法、公正、自愿、及时的原则,注重教育和疏导,促进化解矛盾纠纷。

经公安机关调解,当事人达成协议的,不予处罚。经调解未达成协议或者达成协议后不履行的,公安机关应当依照本法的规定对违反治安管理行为作出处理,并告知当事人可以就民事争议依法向人民法院提起民事诉讼。

对属于第一款规定的调解范围的治安案件,公安机关作出处理决定前,当事人自行和解或者经人民调解委员会调解达成协议并履行,书面申请经公安机关认可的,不予处罚。

第二章 处罚的种类和适用

第十条 治安管理处罚的种类分为:

(一)警告;

(二)罚款;

(三)行政拘留;

(四)吊销公安机关发放的许可证件。

对违反治安管理的外国人,可以附加适用限期出境或者驱逐出境。

第十一条 办理治安案件所查获的毒品、淫秽物品等违禁品,赌具、赌资,吸食、注射毒品的用具以及直接用于实施违反治安管理行为的本人所有的工具,应当收缴,按照规定处理。

违反治安管理所得的财物,追缴退还被侵害人;没有被侵害人的,登记造册,公开拍卖或者按照国家有关规定处理,所得款项上缴国库。

第十二条 已满十四周岁不满十八周岁的人违反治安管理的,从轻或者减轻处罚;不满十四周岁的人违反治安管理的,不予处罚,但是应当责令其监护人严加管教。

第十三条 精神病人、智力残疾人在不能辨认或者不能控制自己行为的时候违反治安管理的,不予处罚,但是应当责令其监护人加强看护管理和治疗。间歇性的精神病人在精神正常的时候违反治安管理的,应当给予处罚。尚未完全丧失辨认或者控制自己行为能力的精神病人、智力残疾人违反治安管理的,应当给予处罚,但是可以从轻或者减轻处罚。

第十四条 盲人或者又聋又哑的人违反治安管理的,可以从轻、减轻或者不予处罚。

第十五条 醉酒的人违反治安管理的,应当给予处罚。

醉酒的人在醉酒状态中,对本人有危险或者对他人的人身、财产或者公共安全有威胁的,应当对其采取保护性措施约束至酒醒。

第十六条 有两种以上违反治安管理行为的,分别决定,合并执行处罚。行政拘留处罚合并执行的,最长不超过二十日。

第十七条 共同违反治安管理的,根据行为人在违反治安管理行为中所起的作用,分别处罚。

教唆、胁迫、诱骗他人违反治安管理的,按照其教唆、胁迫、诱骗的行为处罚。

第十八条 单位违反治安管理的,对其直接负责的主管人员和其他直接责任人员依照本法的规定处罚。其他法律、行政法规对同一行为规定给予单位处罚的,依照其规定处罚。

第十九条 为了免受正在进行的不法侵害而采取的制止行为,造成损害的,不属于违反治安管理行为,不受处罚;制止行为明显超过必要限度,造成较大损害的,依法给予处罚,但是应当减轻处罚;情节较轻的,不予处罚。

第二十条 违反治安管理有下列情形之一的,从轻、减轻或者不予处罚:

(一)情节轻微的;

(二)主动消除或者减轻违法后果的;

(三)取得被侵害人谅解的;

(四)出于他人胁迫或者诱骗的;

(五)主动投案,向公安机关如实陈述自己的违法行为的;

(六)有立功表现的。

第二十一条 违反治安管理行为人自愿向公安机关如实陈述自己的违法行为,承认违法事实,愿意接受处罚的,可以依法从宽处理。

第二十二条 违反治安管理有下列情形之一的,从重处罚:

(一)有较严重后果的;

(二)教唆、胁迫、诱骗他人违反治安管理的;

(三)对报案人、控告人、举报人、证人打击报复的;

(四)一年以内曾受过治安管理处罚的。

第二十三条 违反治安管理行为人有下列情形之一,依照本法应当给予行政拘留处罚的,不执行行政拘留处罚:

(一)已满十四周岁不满十六周岁的;

(二)已满十六周岁不满十八周岁,初次违反治安管理的;

(三)七十周岁以上的;

(四)怀孕或者哺乳自己不满一周岁婴儿的。

前款第一项、第二项、第三项规定的行为人违反治安管理情节严重、影响恶劣的,或者第一项、第三项规定的行为人在一年以内二次以上违反治安管理的，不受前款规定的限制。

第二十四条　对依照本法第十二条规定不予处罚或者依照本法第二十三条规定不执行行政拘留处罚的未成年人，公安机关依照《中华人民共和国预防未成年人犯罪法》的规定采取相应矫治教育等措施。

第二十五条　违反治安管理行为在六个月以内没有被公安机关发现的，不再处罚。

前款规定的期限，从违反治安管理行为发生之日起计算；违反治安管理行为有连续或者继续状态的，从行为终了之日起计算。

第三章　违反治安管理的行为和处罚

第一节　扰乱公共秩序的行为和处罚

第二十六条　有下列行为之一的，处警告或者五百元以下罚款；情节较重的，处五日以上十日以下拘留，可以并处一千元以下罚款：

（一）扰乱机关、团体、企业、事业单位秩序，致使工作、生产、营业、医疗、教学、科研不能正常进行，尚未造成严重损失的；

（二）扰乱车站、港口、码头、机场、商场、公园、展览馆或者其他公共场所秩序的；

（三）扰乱公共汽车、电车、城市轨道交通车辆、火车、船舶、航空器或者其他公共交通工具上的秩序的；

（四）非法拦截或者强登、扒乘机动车、船舶、航空器以及其他交通工具，影响交通工具正常行驶的；

（五）破坏依法进行的选举秩序的。

聚众实施前款行为的，对首要分子处十日以上十五日以下拘留，可以并处二千元以下罚款。

第二十七条　在法律、行政法规规定的国家考试中，有下列行为之一，扰乱考试秩序的，处违法所得一倍以上五倍以下罚款，没有违法所得或者违法所得不足一千元的，处一千元以上三千元以下罚款；情节较重的，处五日以上十五日以下拘留：

（一）组织作弊的；

（二）为他人组织作弊提供作弊器材或者其他帮助的；

（三）为实施考试作弊行为，向他人非法出售、提供考试试题、答案的；

（四）代替他人或者让他人代替自己参加考试的。

第二十八条　有下列行为之一，扰乱体育、文化等大型群众性活动秩序的，处警告或者五百元以下罚款；情节严重的，处五日以上十日以下拘留，可以并处一千元以下罚款：

（一）强行进入场内的；

（二）违反规定，在场内燃放烟花爆竹或者其他物品的；

（三）展示侮辱性标语、条幅等物品的；

（四）围攻裁判员、运动员或者其他工作人员的；

（五）向场内投掷杂物，不听制止的；

（六）扰乱大型群众性活动秩序的其他行为。

因扰乱体育比赛、文艺演出活动秩序被处以拘留处罚的，可以同时责令其六个月至一年以内不得进入体育场馆、演出场馆观看同类比赛、演出；违反规定进入体育场馆、演出场馆，强行带离现场，可以处五日以下拘留或者一千元以下罚款。

第二十九条　有下列行为之一的，处五日以上十日以下拘留，可以并处一千元以下罚款；情节较轻的，处五日以下拘留或者一千元以下罚款：

（一）故意散布谣言，谎报险情、疫情、灾情、警情或者以其他方法故意扰乱公共秩序的；

（二）投放虚假的爆炸性、毒害性、放射性、腐蚀性物质或者传染病病原体等危险物质扰乱公共秩序的；

（三）扬言实施放火、爆炸、投放危险物质等危害公共安全犯罪行为扰乱公共秩序的。

第三十条　有下列行为之一的，处五日以上十日以下拘留或者一千元以下罚款；情节较重的，处十日以上十五日以下拘留，可以并处二千元以下罚款：

（一）结伙斗殴或者随意殴打他人的；

（二）追逐、拦截他人的；

（三）强拿硬要或者任意损毁、占用公私财物的；

（四）其他无故侵扰他人、扰乱社会秩序的寻衅滋事行为。

第三十一条　有下列行为之一的，处十日以上十五日以下拘留，可以并处二千元以下罚款；情节较轻的，处五日以上十日以下拘留，可以并处一千元以下罚款：

（一）组织、教唆、胁迫、诱骗、煽动他人从事邪教活动、会道门活动、非法的宗教活动或者利用邪教组

织、会道门、迷信活动,扰乱社会秩序、损害他人身体健康的;

(二)冒用宗教、气功名义进行扰乱社会秩序、损害他人身体健康活动的;

(三)制作、传播宣扬邪教、会道门内容的物品、信息、资料的。

第三十二条　违反国家规定,有下列行为之一的,处五日以上十日以下拘留;情节严重的,处十日以上十五日以下拘留:

(一)故意干扰无线电业务正常进行的;

(二)对正常运行的无线电台(站)产生有害干扰,经有关主管部门指出后,拒不采取有效措施消除的;

(三)未经批准设置无线电广播电台、通信基站等无线电台(站)的,或者非法使用、占用无线电频率,从事违法活动的。

第三十三条　有下列行为之一,造成危害的,处五日以下拘留;情节较重的,处五日以上十五日以下拘留:

(一)违反国家规定,侵入计算机信息系统或者采用其他技术手段,获取计算机信息系统中存储、处理或者传输的数据,或者对计算机信息系统实施非法控制的;

(二)违反国家规定,对计算机信息系统功能进行删除、修改、增加、干扰的;

(三)违反国家规定,对计算机信息系统中存储、处理、传输的数据和应用程序进行删除、修改、增加的;

(四)故意制作、传播计算机病毒等破坏性程序的;

(五)提供专门用于侵入、非法控制计算机信息系统的程序、工具,或者明知他人实施侵入、非法控制计算机信息系统的违法犯罪行为而为其提供程序、工具的。

第三十四条　组织、领导传销活动的,处十日以上十五日以下拘留;情节较轻的,处五日以上十日以下拘留。

胁迫、诱骗他人参加传销活动的,处五日以上十日以下拘留;情节较重的,处十日以上十五日以下拘留。

第三十五条　有下列行为之一的,处五日以上十日以下拘留或者一千元以上三千元以下罚款;情节较重的,处十日以上十五日以下拘留,可以并处五千元以下罚款:

(一)在国家举行庆祝、纪念、缅怀、公祭等重要活动的场所及周边管控区域,故意从事与活动主题和氛围相违背的行为,不听劝阻,造成不良社会影响的;

(二)在英雄烈士纪念设施保护范围内从事有损纪念英雄烈士环境和氛围的活动,不听劝阻的,或者侵占、破坏、污损英雄烈士纪念设施的;

(三)以侮辱、诽谤或者其他方式侵害英雄烈士的姓名、肖像、名誉、荣誉,损害社会公共利益的;

(四)亵渎、否定英雄烈士事迹和精神,或者制作、传播、散布宣扬、美化侵略战争、侵略行为的言论或者图片、音视频等物品,扰乱公共秩序的;

(五)在公共场所或者强制他人在公共场所穿着、佩戴宣扬、美化侵略战争、侵略行为的服饰、标志,不听劝阻,造成不良社会影响的。

第二节　妨害公共安全的行为和处罚

第三十六条　违反国家规定,制造、买卖、储存、运输、邮寄、携带、使用、提供、处置爆炸性、毒害性、放射性、腐蚀性物质或者传染病病原体等危险物质的,处十日以上十五日以下拘留;情节较轻的,处五日以上十日以下拘留。

第三十七条　爆炸性、毒害性、放射性、腐蚀性物质或者传染病病原体等危险物质被盗、被抢或者丢失,未按规定报告的,处五日以下拘留;故意隐瞒不报的,处五日以上十日以下拘留。

第三十八条　非法携带枪支、弹药或者弩、匕首等国家规定的管制器具的,处五日以下拘留,可以并处一千元以下罚款;情节较轻的,处警告或者五百元以下罚款。

非法携带枪支、弹药或者弩、匕首等国家规定的管制器具进入公共场所或者公共交通工具的,处五日以上十日以下拘留,可以并处一千元以下罚款。

第三十九条　有下列行为之一的,处十日以上十五日以下拘留;情节较轻的,处五日以下拘留:

(一)盗窃、损毁油气管道设施、电力电信设施、广播电视设施、水利工程设施、公共供水设施、公路及附属设施或者水文监测、测量、气象测报、生态环境监测、

地质监测、地震监测等公共设施,危及公共安全的;

(二)移动、损毁国家边境的界碑、界桩以及其他边境标志、边境设施或者领土、领海基点标志设施的;

(三)非法进行影响国(边)界线走向的活动或者修建有碍国(边)境管理的设施的。

第四十条 盗窃、损坏、擅自移动使用中的航空设施,或者强行进入航空器驾驶舱的,处十日以上十五日以下拘留。

在使用中的航空器上使用可能影响导航系统正常功能的器具、工具,不听劝阻的,处五日以下拘留或者一千元以下罚款。

盗窃、损坏、擅自移动使用中的其他公共交通工具设施、设备,或者以抢控驾驶操纵装置、拉扯、殴打驾驶人员等方式,干扰公共交通工具正常行驶的,处五日以下拘留或者一千元以下罚款;情节较重的,处五日以上十日以下拘留。

第四十一条 有下列行为之一的,处五日以上十日以下拘留,可以并处一千元以下罚款;情节较轻的,处五日以下拘留或者一千元以下罚款:

(一)盗窃、损毁、擅自移动铁路、城市轨道交通设施、设备、机车车辆配件或者安全标志的;

(二)在铁路、城市轨道交通线路上放置障碍物,或者故意向列车投掷物品的;

(三)在铁路、城市轨道交通线路、桥梁、隧道、涵洞处挖掘坑穴、采石取沙的;

(四)在铁路、城市轨道交通线路上私设道口或者平交过道的。

第四十二条 擅自进入铁路、城市轨道交通防护网或者火车、城市轨道交通列车来临时在铁路、城市轨道交通线路上行走坐卧,抢越铁路、城市轨道,影响行车安全的,处警告或者五百元以下罚款。

第四十三条 有下列行为之一的,处五日以下拘留或者一千元以下罚款;情节严重的,处十日以上十五日以下拘留,可以并处一千元以下罚款:

(一)未经批准,安装、使用电网的,或者安装、使用电网不符合安全规定的;

(二)在车辆、行人通行的地方施工,对沟井坎穴不设覆盖物、防围和警示标志的,或者故意损毁、移动覆盖物、防围和警示标志的;

(三)盗窃、损毁路面井盖、照明等公共设施的;

(四)违反有关法律法规规定,升放携带明火的升空物体,有发生火灾事故危险,不听劝阻的;

(五)从建筑物或者其他高空抛掷物品,有危害他人人身安全、公私财产安全或者公共安全危险的。

第四十四条 举办体育、文化等大型群众性活动,违反有关规定,有发生安全事故危险,经公安机关责令改正而拒不改正或者无法改正的,责令停止活动,立即疏散;对其直接负责的主管人员和其他直接责任人员处五日以上十日以下拘留,并处一千元以上三千元以下罚款;情节较重的,处十日以上十五日以下拘留,并处三千元以上五千元以下罚款,可以同时责令六个月至一年以内不得举办大型群众性活动。

第四十五条 旅馆、饭店、影剧院、娱乐场、体育场馆、展览馆或者其他供社会公众活动的场所违反安全规定,致使该场所有发生安全事故危险,经公安机关责令改正而拒不改正的,对其直接负责的主管人员和其他直接责任人员处五日以下拘留;情节较重的,处五日以上十日以下拘留。

第四十六条 违反有关法律法规关于飞行空域管理规定,飞行民用无人驾驶航空器、航空运动器材,或者升放无人驾驶自由气球、系留气球等升空物体,情节较重的,处五日以上十日以下拘留。

飞行、升放前款规定的物体非法穿越国(边)境的,处十日以上十五日以下拘留。

第三节 侵犯人身权利、财产权利的行为和处罚

第四十七条 有下列行为之一的,处十日以上十五日以下拘留,并处一千元以上二千元以下罚款;情节较轻的,处五日以上十日以下拘留,并处一千元以下罚款:

(一)组织、胁迫、诱骗不满十六周岁的人或者残疾人进行恐怖、残忍表演的;

(二)以暴力、威胁或者其他手段强迫他人劳动的;

(三)非法限制他人人身自由、非法侵入他人住宅或者非法搜查他人身体的。

第四十八条 组织、胁迫未成年人在不适宜未成年人活动的经营场所从事陪酒、陪唱等有偿陪侍活动的,处十日以上十五日以下拘留,并处五千元以下罚

款;情节较轻的,处五日以下拘留或者五千元以下罚款。

第四十九条 胁迫、诱骗或者利用他人乞讨的,处十日以上十五日以下拘留,可以并处二千元以下罚款。

反复纠缠、强行讨要或者以其他滋扰他人的方式乞讨的,处五日以下拘留或者警告。

第五十条 有下列行为之一的,处五日以下拘留或者一千元以下罚款;情节较重的,处五日以上十日以下拘留,可以并处一千元以下罚款:

(一)写恐吓信或者以其他方法威胁他人人身安全的;

(二)公然侮辱他人或者捏造事实诽谤他人的;

(三)捏造事实诬告陷害他人,企图使他人受到刑事追究或者受到治安管理处罚的;

(四)对证人及其近亲属进行威胁、侮辱、殴打或者打击报复的;

(五)多次发送淫秽、侮辱、恐吓等信息或者采取滋扰、纠缠、跟踪等方法,干扰他人正常生活的;

(六)偷窥、偷拍、窃听、散布他人隐私的。

有前款第五项规定的滋扰、纠缠、跟踪行为的,除依照前款规定给予处罚外,经公安机关负责人批准,可以责令其一定期限内禁止接触被侵害人。对违反禁止接触规定的,处五日以上十日以下拘留,可以并处一千元以下罚款。

第五十一条 殴打他人的,或者故意伤害他人身体的,处五日以上十日以下拘留,并处五百元以上一千元以下罚款;情节较轻的,处五日以下拘留或者一千元以下罚款。

有下列情形之一的,处十日以上十五日以下拘留,并处一千元以上二千元以下罚款:

(一)结伙殴打、伤害他人的;

(二)殴打、伤害残疾人、孕妇、不满十四周岁的人或者七十周岁以上的人的;

(三)多次殴打、伤害他人或者一次殴打、伤害多人的。

第五十二条 猥亵他人的,处五日以上十日以下拘留;猥亵精神病人、智力残疾人、不满十四周岁的人或者有其他严重情节的,处十日以上十五日以下拘留。

在公共场所故意裸露身体隐私部位的,处警告或者五百元以下罚款;情节恶劣的,处五日以上十日以下拘留。

第五十三条 有下列行为之一的,处五日以下拘留或者警告;情节较重的,处五日以上十日以下拘留,可以并处一千元以下罚款:

(一)虐待家庭成员,被虐待人或者其监护人要求处理的;

(二)对未成年人、老年人、患病的人、残疾人等负有监护、看护职责的人虐待被监护、看护的人的;

(三)遗弃没有独立生活能力的被扶养人的。

第五十四条 强买强卖商品,强迫他人提供服务或者强迫他人接受服务的,处五日以上十日以下拘留,并处三千元以上五千元以下罚款;情节较轻的,处五日以下拘留或者一千元以下罚款。

第五十五条 煽动民族仇恨、民族歧视,或者在出版物、信息网络中刊载民族歧视、侮辱内容的,处十日以上十五日以下拘留,可以并处三千元以下罚款;情节较轻的,处五日以下拘留或者三千元以下罚款。

第五十六条 违反国家有关规定,向他人出售或者提供个人信息的,处十日以上十五日以下拘留;情节较轻的,处五日以下拘留。

窃取或者以其他方法非法获取个人信息的,依照前款的规定处罚。

第五十七条 冒领、隐匿、毁弃、倒卖、私自开拆或者非法检查他人邮件、快件的,处警告或者一千元以下罚款;情节较重的,处五日以上十日以下拘留。

第五十八条 盗窃、诈骗、哄抢、抢夺或者敲诈勒索的,处五日以上十日以下拘留或者二千元以下罚款;情节较重的,处十日以上十五日以下拘留,可以并处三千元以下罚款。

第五十九条 故意损毁公私财物的,处五日以下拘留或者一千元以下罚款;情节较重的,处五日以上十日以下拘留,可以并处三千元以下罚款。

第六十条 以殴打、侮辱、恐吓等方式实施学生欺凌,违反治安管理的,公安机关应当依照本法、《中华人民共和国预防未成年人犯罪法》的规定,给予治安管理处罚、采取相应矫治教育等措施。

学校违反有关法律法规规定,明知发生严重的学生欺凌或者明知发生其他侵害未成年学生的犯罪，不按规定报告或者处置的，责令改正，对其直接负责的主管人员和其他直接责任人员，建议有关部门依法予以处分。

第四节　妨害社会管理的行为和处罚

第六十一条　有下列行为之一的，处警告或者五百元以下罚款；情节严重的，处五日以上十日以下拘留，可以并处一千元以下罚款：

（一）拒不执行人民政府在紧急状态情况下依法发布的决定、命令的；

（二）阻碍国家机关工作人员依法执行职务的；

（三）阻碍执行紧急任务的消防车、救护车、工程抢险车、警车或者执行上述紧急任务的专用船舶通行的；

（四）强行冲闯公安机关设置的警戒带、警戒区或者检查点的。

阻碍人民警察依法执行职务的，从重处罚。

第六十二条　冒充国家机关工作人员招摇撞骗的，处十日以上十五日以下拘留，可以并处一千元以下罚款；情节较轻的，处五日以上十日以下拘留。

冒充军警人员招摇撞骗的，从重处罚。

盗用、冒用个人、组织的身份、名义或者以其他虚假身份招摇撞骗的，处五日以下拘留或者一千元以下罚款；情节较重的，处五日以上十日以下拘留，可以并处一千元以下罚款。

第六十三条　有下列行为之一的，处十日以上十五日以下拘留，可以并处五千元以下罚款；情节较轻的，处五日以上十日以下拘留，可以并处三千元以下罚款：

（一）伪造、变造或者买卖国家机关、人民团体、企业、事业单位或者其他组织的公文、证件、证明文件、印章的；

（二）出租、出借国家机关、人民团体、企业、事业单位或者其他组织的公文、证件、证明文件、印章供他人非法使用的；

（三）买卖或者使用伪造、变造的国家机关、人民团体、企业、事业单位或者其他组织的公文、证件、证明文件、印章的；

（四）伪造、变造或者倒卖车票、船票、航空客票、

文艺演出票、体育比赛入场券或者其他有价票证、凭证的；

（五）伪造、变造船舶户牌，买卖或者使用伪造、变造的船舶户牌，或者涂改船舶发动机号码的。

第六十四条　船舶擅自进入、停靠国家禁止、限制进入的水域或者岛屿的，对船舶负责人及有关责任人员处一千元以上二千元以下罚款；情节严重的，处五日以下拘留，可以并处二千元以下罚款。

第六十五条　有下列行为之一的，处十日以上十五日以下拘留，可以并处五千元以下罚款；情节较轻的，处五日以上十日以下拘留或者一千元以上三千元以下罚款：

（一）违反国家规定，未经注册登记，以社会团体、基金会、社会服务机构等社会组织名义进行活动，被取缔后，仍进行活动的；

（二）被依法撤销登记或者吊销登记证书的社会团体、基金会、社会服务机构等社会组织，仍以原社会组织名义进行活动的；

（三）未经许可，擅自经营按照国家规定需要由公安机关许可的行业的。

有前款第三项行为的，予以取缔。被取缔一年以内又实施的，处十日以上十五日以下拘留，并处三千元以上五千元以下罚款。

取得公安机关许可的经营者，违反国家有关管理规定，情节严重的，公安机关可以吊销许可证件。

第六十六条　煽动、策划非法集会、游行、示威，不听劝阻的，处十日以上十五日以下拘留。

第六十七条　从事旅馆业经营活动不按规定登记住宿人员姓名、有效身份证件种类和号码等信息的，或者为身份不明、拒绝登记身份信息的人提供住宿服务的，对其直接负责的主管人员和其他直接责任人员处五百元以上一千元以下罚款；情节较轻的，处警告或者五百元以下罚款。

实施前款行为，妨害反恐怖主义工作进行，违反《中华人民共和国反恐怖主义法》规定的，依照其规定处罚。

从事旅馆业经营活动有下列行为之一的，对其直接负责的主管人员和其他直接责任人员处一千元以上三千元以下罚款；情节严重的，处五日以下拘留，可

以并处三千元以上五千元以下罚款:

(一)明知住宿人员违反规定将危险物质带入住宿区域,不予制止的;

(二)明知住宿人员是犯罪嫌疑人员或者被公安机关通缉的人员,不向公安机关报告的;

(三)明知住宿人员利用旅馆实施犯罪活动,不向公安机关报告的。

第六十八条　房屋出租人将房屋出租给身份不明、拒绝登记身份信息的人的,或者不按规定登记承租人姓名、有效身份证件种类和号码等信息的,处五百元以上一千元以下罚款;情节较轻的,处警告或者五百元以下罚款。

房屋出租人明知承租人利用出租房屋实施犯罪活动,不向公安机关报告的,处一千元以上三千元以下罚款;情节严重的,处五日以下拘留,可以并处三千元以上五千元以下罚款。

第六十九条　娱乐场所和公章刻制、机动车修理、报废机动车回收行业经营者违反法律法规关于要求登记信息的规定,不登记信息的,处警告;拒不改正或者造成后果的,对其直接负责的主管人员和其他直接责任人员处五日以下拘留或者三千元以下罚款。

第七十条　非法安装、使用、提供窃听、窃照专用器材的,处五日以下拘留或者一千元以上三千元以下罚款;情节较重的,处五日以上十日以下拘留,并处三千元以上五千元以下罚款。

第七十一条　有下列行为之一的,处一千元以上三千元以下罚款;情节严重的,处五日以上十日以下拘留,并处一千元以上三千元以下罚款:

(一)典当业工作人员承接典当的物品,不查验有关证明、不履行登记手续的,或者违反国家规定对明知是违法犯罪嫌疑人、赃物而不向公安机关报告的;

(二)违反国家规定,收购铁路、油田、供电、电信、矿山、水利、测量和城市公用设施等废旧专用器材的;

(三)收购公安机关通报寻查的赃物或者有赃物嫌疑的物品的;

(四)收购国家禁止收购的其他物品的。

第七十二条　有下列行为之一的,处五日以上十日以下拘留,可以并处一千元以下罚款;情节较轻的,处警告或者一千元以下罚款:

(一)隐藏、转移、变卖、擅自使用或者损毁行政执法机关依法扣押、查封、冻结、扣留、先行登记保存的财物的;

(二)伪造、隐匿、毁灭证据或者提供虚假证言、谎报案情,影响行政执法机关依法办案的;

(三)明知是赃物而窝藏、转移或者代为销售的;

(四)被依法执行管制、剥夺政治权利或者在缓刑、暂予监外执行中的罪犯或者被依法采取刑事强制措施的人,有违反法律、行政法规或者国务院有关部门的监督管理规定的行为的。

第七十三条　有下列行为之一的,处警告或者一千元以下罚款;情节较重的,处五日以上十日以下拘留,可以并处一千元以下罚款:

(一)违反人民法院刑事判决中的禁止令或者职业禁止决定的;

(二)拒不执行公安机关依照《中华人民共和国反家庭暴力法》《中华人民共和国妇女权益保障法》出具的禁止家庭暴力告诫书、禁止性骚扰告诫书的;

(三)违反监察机关在监察工作中、司法机关在刑事诉讼中依法采取的禁止接触证人、鉴定人、被害人及其近亲属保护措施的。

第七十四条　依法被关押的违法行为人脱逃的,处十日以上十五日以下拘留;情节较轻的,处五日以上十日以下拘留。

第七十五条　有下列行为之一的,处警告或者五百元以下罚款;情节较重的,处五日以上十日以下拘留,并处五百元以上一千元以下罚款:

(一)刻划、涂污或者以其他方式故意损坏国家保护的文物、名胜古迹的;

(二)违反国家规定,在文物保护单位附近进行爆破、钻探、挖掘等活动,危及文物安全的。

第七十六条　有下列行为之一的,处一千元以上二千元以下罚款;情节严重的,处十日以上十五日以下拘留,可以并处二千元以下罚款:

(一)偷开他人机动车的;

(二)未取得驾驶证驾驶或者偷开他人航空器、机动船舶的。

第七十七条　有下列行为之一的,处五日以下拘留;情节严重的,处十日以上十五日以下拘

留,可以并处二千元以下罚款:

(一)故意破坏、污损他人坟墓或者毁坏、丢弃他人尸骨、骨灰的;

(二)在公共场所停放尸体或者因停放尸体影响他人正常生活、工作秩序,不听劝阻的。

第七十八条 卖淫、嫖娼的,处十日以上十五日以下拘留,可以并处五千元以下罚款;情节较轻的,处五日以下拘留或者一千元以下罚款。

在公共场所拉客招嫖的,处五日以下拘留或者一千元以下罚款。

第七十九条 引诱、容留、介绍他人卖淫的,处十日以上十五日以下拘留,可以并处五千元以下罚款;情节较轻的,处五日以下拘留或者一千元以上二千元以下罚款。

第八十条 制作、运输、复制、出售、出租淫秽的书刊、图片、影片、音像制品等淫秽物品或者利用信息网络、电话以及其他通讯工具传播淫秽信息的,处十日以上十五日以下拘留,可以并处五千元以下罚款;情节较轻的,处五日以下拘留或者一千元以上三千元以下罚款。

前款规定的淫秽物品或者淫秽信息中涉及未成年人的,从重处罚。

第八十一条 有下列行为之一的,处十日以上十五日以下拘留,并处一千元以上二千元以下罚款:

(一)组织播放淫秽音像的;

(二)组织或者进行淫秽表演的;

(三)参与聚众淫乱活动的。

明知他人从事前款活动,为其提供条件的,依照前款的规定处罚。

组织未成年人从事第一款活动的,从重处罚。

第八十二条 以营利为目的,为赌博提供条件的,或者参与赌博赌资较大的,处五日以下拘留或者一千元以下罚款;情节严重的,处十日以上十五日以下拘留,并处一千元以上五千元以下罚款。

第八十三条 有下列行为之一的,处十日以上十五日以下拘留,可以并处五千元以下罚款;情节较轻的,处五日以下拘留或者一千元以下罚款:

(一)非法种植罂粟不满五百株或者其他少量毒品原植物的;

(二)非法买卖、运输、携带、持有少量未经灭活的罂粟等毒品原植物种子或者幼苗的;

(三)非法运输、买卖、储存、使用少量罂粟壳的。

有前款第一项行为,在成熟前自行铲除的,不予处罚。

第八十四条 有下列行为之一的,处十日以上十五日以下拘留,可以并处三千元以下罚款;情节较轻的,处五日以下拘留或者一千元以下罚款:

(一)非法持有鸦片不满二百克、海洛因或者甲基苯丙胺不满十克或者其他少量毒品的;

(二)向他人提供毒品的;

(三)吸食、注射毒品的;

(四)胁迫、欺骗医务人员开具麻醉药品、精神药品的。

聚众、组织吸食、注射毒品的,对首要分子、组织者依照前款的规定从重处罚。

吸食、注射毒品的,可以同时责令其六个月至一年以内不得进入娱乐场所、不得擅自接触涉及毒品违法犯罪人员。违反规定的,处五日以下拘留或者一千元以下罚款。

第八十五条 引诱、教唆、欺骗或者强迫他人吸食、注射毒品的,处十日以上十五日以下拘留,并处一千元以上五千元以下罚款。

容留他人吸食、注射毒品或者介绍买卖毒品的,处十日以上十五日以下拘留,可以并处三千元以下罚款;情节较轻的,处五日以下拘留或者一千元以下罚款。

第八十六条 违反国家规定,非法生产、经营、购买、运输用于制造毒品的原料、配剂的,处十日以上十五日以下拘留;情节较轻的,处五日以上十日以下拘留。

第八十七条 旅馆业、饮食服务业、文化娱乐业、出租汽车业等单位的人员,在公安机关查处吸毒、赌博、卖淫、嫖娼活动时,为违法犯罪行为人通风报信的,或者以其他方式为上述活动提供条件的,处十日以上十五日以下拘留;情节较轻的,处五日以下拘留或者一千元以上二千元以下罚款。

第八十八条 违反关于社会生活噪声污染防治的法律法规规定,产生社会生活噪声,经基层群众性自治组织、业主委员会、物业服务人、有关部门依法劝阻、调解和处理未能制止,继续干扰他人正常生活、工作和学习的,处五日以下拘留或者一千元以下罚款;情节严重的,处五日以上十日以下拘留,可以并处一千元以下罚款。

第八十九条　饲养动物,干扰他人正常生活的,处警告;警告后不改正的,或者放任动物恐吓他人的,处一千元以下罚款。

违反有关法律、法规、规章规定,出售、饲养烈性犬等危险动物的,处警告;警告后不改正的,或者致使动物伤害他人的,处五日以下拘留或者一千元以下罚款;情节较重的,处五日以上十日以下拘留。

未对动物采取安全措施,致使动物伤害他人的,处一千元以下罚款;情节较重的,处五日以上十日以下拘留。

驱使动物伤害他人的,依照本法第五十一条的规定处罚。

第四章　处罚程序

第一节　调　查

第九十条　公安机关对报案、控告、举报或者违反治安管理行为人主动投案,以及其他国家机关移送的违反治安管理案件,应当立即立案并进行调查;认为不属于违反治安管理行为的,应当告知报案人、控告人、举报人、投案人,并说明理由。

第九十一条　公安机关及其人民警察对治安案件的调查,应当依法进行。严禁刑讯逼供或者采用威胁、引诱、欺骗等非法手段收集证据。

以非法手段收集的证据不得作为处罚的根据。

第九十二条　公安机关办理治安案件,有权向有关单位和个人收集、调取证据。有关单位和个人应当如实提供证据。

公安机关向有关单位和个人收集、调取证据时,应当告知其必须如实提供证据,以及伪造、隐匿、毁灭证据或者提供虚假证言应当承担的法律责任。

第九十三条　在办理刑事案件过程中以及其他执法办案机关在移送案件前依法收集的物证、书证、视听资料、电子数据等证据材料,可以作为治安案件的证据使用。

第九十四条　公安机关及其人民警察在办理治安案件时,对涉及的国家秘密、商业秘密、个人隐私或者个人信息,应当予以保密。

第九十五条　人民警察在办理治安案件过程中,遇有下列情形之一的,应当回避;违反治安管理行为人、被侵害人或者其法定代理人也有权要求他们回避:

(一)是本案当事人或者当事人的近亲属的;

(二)本人或者其近亲属与本案有利害关系的;

(三)与本案当事人有其他关系,可能影响案件公正处理的。

人民警察的回避,由其所属的公安机关决定;公安机关负责人的回避,由上一级公安机关决定。

第九十六条　需要传唤违反治安管理行为人接受调查的,经公安机关办案部门负责人批准,使用传唤证传唤。对现场发现的违反治安管理行为人,人民警察经出示人民警察证,可以口头传唤,但应当在询问笔录中注明。

公安机关应当将传唤的原因和依据告知被传唤人。对无正当理由不接受传唤或者逃避传唤的人,经公安机关办案部门负责人批准,可以强制传唤。

第九十七条　对违反治安管理行为人,公安机关传唤后应当及时询问查证,询问查证的时间不得超过八小时;涉案人数众多、违反治安管理行为人身份不明的,询问查证的时间不得超过十二小时;情况复杂,依照本法规定可能适用行政拘留处罚的,询问查证的时间不得超过二十四小时。在执法办案场所询问违反治安管理行为人,应当全程同步录音录像。

公安机关应当及时将传唤的原因和处所通知被传唤人家属。

询问查证期间,公安机关应当保证违反治安管理行为人的饮食、必要的休息时间等正当需求。

第九十八条　询问笔录应当交被询问人核对;对没有阅读能力的,应当向其宣读。记载有遗漏或者差错的,被询问人可以提出补充或者更正。被询问人确认笔录无误后,应当签名、盖章或者按指印,询问的人民警察也应当在笔录上签名。

被询问人要求就被询问事项自行提供书面材料的,应当准许;必要时,人民警察也可以要求被询问人自行书写。

询问不满十八周岁的违反治安管理行为人，应当通知其父母或者其他监护人到场；其父母或者其他监护人不能到场的，也可以通知其他成年亲属，所在学校、单位、居住地基层组织或者未成年人保护组织的代表等合适成年人到场，并将有关情况记录在案。确实无法通知或者通知后未到场的，应当在笔录中注明。

第九十九条　人民警察询问被侵害人或者其他证人，可以在现场进行，也可以到其所在单位、住处或者其提出的地点进行；必要时，也可以通知其到公安机关提供证言。

人民警察在公安机关以外询问被侵害人或者其他证人，应当出示人民警察证。

询问被侵害人或者其他证人，同时适用本法第九十八条的规定。

第一百条　违反治安管理行为人、被侵害人或者其他证人在异地的，公安机关可以委托异地公安机关代为询问，也可以通过公安机关的视频系统远程询问。

通过远程视频方式询问的，应当向被询问人宣读询问笔录，被询问人确认笔录无误后，询问的人民警察应当在笔录上注明。询问和宣读过程应当全程同步录音录像。

第一百零一条　询问聋哑的违反治安管理行为人、被侵害人或者其他证人，应当有通晓手语等交流方式的人提供帮助，并在笔录上注明。

询问不通晓当地通用的语言文字的违反治安管理行为人、被侵害人或者其他证人，应当配备翻译人员，并在笔录上注明。

第一百零二条　为了查明案件事实，确定违反治安管理行为人、被侵害人的某些特征、伤害情况或者生理状态，需要对其人身进行检查，提取或者采集肖像、指纹信息和血液、尿液等生物样本的，经公安机关办案部门负责人批准后进行。对已经提取、采集的信息或者样本，不得重复提取、采集。提取或者采集被侵害人的信息或者样本，应当征得被侵害人或者其监护人同意。

第一百零三条　公安机关对与违反治安管理行为有关的场所或者违反治安管理行为人的人身、物品可以进行检查。检查时，人民警察不得少于二人，并应当出示人民警察证。

对场所进行检查的，经县级以上人民政府公安机关负责人批准，使用检查证检查；对确有必要立即进行检查的，人民警察经出示人民警察证，可以当场检查，并应当全程同步录音录像。检查公民住所应当出示县级以上人民政府公安机关开具的检查证。

检查妇女的身体，应当由女性工作人员或者医师进行。

第一百零四条　检查的情况应当制作检查笔录，由检查人、被检查人和见证人签名、盖章或者按指印；被检查人不在场或者被检查人、见证人拒绝签名的，人民警察应当在笔录上注明。

第一百零五条　公安机关办理治安案件，对与案件有关的需要作为证据的物品，可以扣押；对被侵害人或者善意第三人合法占有的财产，不得扣押，应当予以登记，但是对其中与案件有关的必须鉴定的物品，可以扣押，鉴定后应当立即解除。对与案件无关的物品，不得扣押。

对扣押的物品，应当会同在场见证人和被扣押物品持有人查点清楚，当场开列清单一式二份，由调查人员、见证人和持有人签名或者盖章，一份交给持有人，另一份附卷备查。

实施扣押前应当报经公安机关负责人批准；因情况紧急或者物品价值不大，当场实施扣押的，人民警察应当及时向其所属公安机关负责人报告，并补办批准手续。公安机关负责人认为不应当扣押的，应当立即解除。当场实施扣押的，应当全程同步录音录像。

对扣押的物品，应当妥善保管，不得挪作他用；对不宜长期保存的物品，按照有关规定处理。经查明与案件无关或者经核实属于被侵害人或者他人合法财产的，应当登记后立即退还；满六个月无人对该财产主张权利或者无法查清权利人的，应当公开拍卖或者按照国家有关规定处理，所得款项上缴国库。

第一百零六条　为了查明案情，需要解决案件中有争议的专门性问题的，应当指派或者聘请具有专门知识的人员进行鉴定；鉴定人鉴定后，应当写出鉴定意见，并且签名。

第一百零七条　为了查明案情，人民警察可以让违反治安管理行为人、被侵害人和其他证人对与违反治安管理行为有关的场所、物品进行辨认，也可以让被侵害人、其他证人对违反治安管理行为人进行辨认，或者让违反治安管理行为人对其他违反治安管理行为人进行辨认。

辨认应当制作辨认笔录，由人民警察和辨认人签名、盖章或者按指印。

第一百零八条　公安机关进行询问、辨认、勘验，实施行政强制措施等调查取证工作时，人民警察不得少于二人。

公安机关在规范设置、严格管理的执法办案场所进行询问、扣押、辨认的，或者进行调解的，可以由一名人民警察进行。

依照前款规定由一名人民警察进行询问、扣押、辨认、调解的，应当全程同步录音录像。未按规定全程同步录音录像或者录音录像资料损毁、丢失的，相关证据不能作为处罚的根据。

第二节　决　定

第一百零九条　治安管理处罚由县级以上地方人民政府公安机关决定；其中警告、一千元以下的罚款，可以由公安派出所决定。

第一百一十条　对决定给予行政拘留处罚的人，在处罚前已经采取强制措施限制人身自由的时间，应当折抵。限制人身自由一日，折抵行政拘留一日。

第一百一十一条　公安机关查处治安案件，对没有本人陈述，但其他证据能够证明案件事实的，可以作出治安管理处罚决定。但是，只有本人陈述，没有其他证据证明的，不能作出治安管理处罚决定。

第一百一十二条　公安机关作出治安管理处罚决定前，应当告知违反治安管理行为人拟作出治安管理处罚的内容及事实、理由、依据，并告知违反治安管理行为人依法享有的权利。

违反治安管理行为人有权陈述和申辩。公安机关必须充分听取违反治安管理行为人的意见，对违反治安管理行为人提出的事实、理由和证据，应当进行复核；违反治安管理行为人提出的事实、理由或者证据成立的，公安机关应当采纳。

违反治安管理行为人不满十八周岁的，还应当依照前两款的规定告知未成年人的父母或者其他监护人，充分听取其意见。

公安机关不得因违反治安管理行为人的陈述、申辩而加重其处罚。

第一百一十三条　治安案件调查结束后，公安机关应当根据不同情况，分别作出以下处理：

（一）确有依法应当给予治安管理处罚的违法行为的，根据情节轻重及具体情况，作出处罚决定；

（二）依法不予处罚的，或者违法事实不能成立的，作出不予处罚决定；

（三）违法行为已涉嫌犯罪的，移送有关主管机关依法追究刑事责任；

（四）发现违反治安管理行为人有其他违法行为的，在对违反治安管理行为作出处罚决定的同时，通知或者移送有关主管机关处理。

对情节复杂或者重大违法行为给予治安管理处罚，公安机关负责人应当集体讨论决定。

第一百一十四条　有下列情形之一的，在公安机关作出治安管理处罚决定之前，应当由从事治安管理处罚决定法制审核的人员进行法制审核；未经法制审核或者审核未通过的，不得作出决定：

（一）涉及重大公共利益的；

（二）直接关系当事人或者第三人重大权益，经过听证程序的；

（三）案件情况疑难复杂、涉及多个法律关系的。

公安机关中初次从事治安管理处罚决定法制审核的人员，应当通过国家统一法律职业资格考试取得法律职业资格。

第一百一十五条　公安机关作出治安管理处罚决定的，应当制作治安管理处罚决定书。决定书应当载明下列内容：

（一）被处罚人的姓名、性别、年龄、身份证件的名称和号码、住址；

（二）违法事实和证据；

（三）处罚的种类和依据；

（四）处罚的执行方式和期限；

（五）对处罚决定不服，申请行政复议、提起行政诉讼的途径和期限；

（六）作出处罚决定的公安机关的名称和作出决定的日期。

决定书应当由作出处罚决定的公安机关加盖印章。

第一百一十六条　公安机关应当向被处罚人宣告治安管理处罚决定书,并当场交付被处罚人;无法当场向被处罚人宣告的,应当在二日以内送达被处罚人。决定给予行政拘留处罚的,应当及时通知被处罚人的家属。

有被侵害人的,公安机关应当将决定书送达被侵害人。

第一百一十七条　公安机关作出吊销许可证件、处四千元以上罚款的治安管理处罚决定或者采取责令停业整顿措施前,应当告知违反治安管理行为人有权要求举行听证;违反治安管理行为人要求听证的,公安机关应当及时依法举行听证。

对依照本法第二十三条第二款规定可能执行行政拘留的未成年人,公安机关应当告知未成年人和其监护人有权要求举行听证;未成年人和其监护人要求听证的,公安机关应当及时依法举行听证。对未成年人案件的听证不公开举行。

前两款规定以外的案情复杂或者具有重大社会影响的案件,违反治安管理行为人要求听证,公安机关认为必要的,应当及时依法举行听证。

公安机关不得因违反治安管理行为人要求听证而加重其处罚。

第一百一十八条　公安机关办理治安案件的期限,自立案之日起不得超过三十日;案情重大、复杂的,经上一级公安机关批准,可以延长三十日。期限延长以二次为限。公安派出所办理的案件需要延长期限的,由所属公安机关批准。

为了查明案情进行鉴定的期间、听证的期间,不计入办理治安案件的期限。

第一百一十九条　违反治安管理行为事实清楚,证据确凿,处警告或者五百元以下罚款的,可以当场作出治安管理处罚决定。

第一百二十条　当场作出治安管理处罚决定的,人民警察应当向违反治安管理行为人出示人民警察证,并填写处罚决定书。处罚决定书应当当场交付被处罚人;有被侵害人的,并应当将决定书送达被侵害人。

前款规定的处罚决定书,应当载明被处罚人的姓名、违法行为、处罚依据、罚款数额、时间、地点以及公安机关名称,并由经办的人民警察签名或者盖章。

适用当场处罚,被处罚人对拟作出治安管理处罚的内容及事实、理由、依据没有异议的,可以由一名人民警察作出治安管理处罚决定,并应当全程同步录音录像。

当场作出治安管理处罚决定的,经办的人民警察应当在二十四小时以内报所属公安机关备案。

第一百二十一条　被处罚人、被侵害人对公安机关依照本法规定作出的治安管理处罚决定,作出的收缴、追缴决定,或者采取的有关限制性、禁止性措施等不服的,可以依法申请行政复议或者提起行政诉讼。

第三节　执　行

第一百二十二条　对被决定给予行政拘留处罚的人,由作出决定的公安机关送拘留所执行;执行期满,拘留所应当按时解除拘留,发给解除拘留证明书。

被决定给予行政拘留处罚的人在异地被抓获或者有其他有必要在异地拘留所执行情形的,经异地拘留所主管公安机关批准,可以在异地执行。

第一百二十三条　受到罚款处罚的人应当自收到处罚决定书之日起十五日以内,到指定的银行或者通过电子支付系统缴纳罚款。但是,有下列情形之一的,人民警察可以当场收缴罚款:

(一)被处二百元以下罚款,被处罚人对罚款无异议的;

(二)在边远、水上、交通不便地区,旅客列车上或者口岸,公安机关及其人民警察依照本法的规定作出罚款决定后,被处罚人到指定的银行或者通过电子支付系统缴纳罚款确有困难,经被处罚人提出的;

(三)被处罚人在当地没有固定住所,不当场收缴事后难以执行的。

第一百二十四条　人民警察当场收缴的罚款,应当自收缴罚款之日起二日以内,交至所属的公安机关;在水上、旅客列车上当场收缴的罚款,应当自抵岸或者到站之日起二日以内,交至所属的公安机关;公安机关应当自收到罚款之日起二日以内将罚款缴付指定的银行。

第一百二十五条　人民警察当场收缴罚款的,应当向被处罚人出具省级以上人民政府财政部门统一制发的专用票据;不出具统一制发的专用票据的,被处罚人有权拒绝缴纳罚款。

第一百二十六条 被处罚人不服行政拘留处罚决定，申请行政复议、提起行政诉讼的，遇有参加升学考试、子女出生或者近亲属病危、死亡等情形的，可以向公安机关提出暂缓执行行政拘留的申请。公安机关认为暂缓执行行政拘留不致发生社会危险的，由被处罚人或者其近亲属提出符合本法第一百二十七条规定条件的担保人，或者按每日行政拘留二百元的标准交纳保证金，行政拘留的处罚决定暂缓执行。

正在被执行行政拘留处罚的人遇有参加升学考试、子女出生或者近亲属病危、死亡等情形，被拘留人或者其近亲属申请出所的，由公安机关依照前款规定执行。被拘留人出所的时间不计入拘留期限。

第一百二十七条 担保人应当符合下列条件：

（一）与本案无牵连；

（二）享有政治权利，人身自由未受到限制；

（三）在当地有常住户口和固定住所；

（四）有能力履行担保义务。

第一百二十八条 担保人应当保证被担保人不逃避行政拘留处罚的执行。

担保人不履行担保义务，致使被担保人逃避行政拘留处罚的执行的，处三千元以下罚款。

第一百二十九条 被决定给予行政拘留处罚的人交纳保证金，暂缓行政拘留或者出所后，逃避行政拘留处罚的执行的，保证金予以没收并上缴国库，已经作出的行政拘留决定仍应执行。

第一百三十条 行政拘留的处罚决定被撤销，行政拘留处罚开始执行，或者出所后继续执行的，公安机关收取的保证金应当及时退还交纳人。

第五章　执法监督

第一百三十一条 公安机关及其人民警察应当依法、公正、严格、高效办理治安案件，文明执法，不得徇私舞弊、玩忽职守、滥用职权。

第一百三十二条 公安机关及其人民警察办理治安案件，禁止对违反治安管理行为人打骂、虐待或者侮辱。

第一百三十三条 公安机关及其人民警察办理治安案件，应当自觉接受社会和公民的监督。

公安机关及其人民警察办理治安案件，不严格执法或者有违法违纪行为的，任何单位和个人都有权向公安机关或者人民检察院、监察机关检举、控告；收到检举、控告的机关，应当依据职责及时处理。

第一百三十四条 公安机关作出治安管理处罚决定，发现被处罚人是公职人员，依照《中华人民共和国公职人员政务处分法》的规定需要给予政务处分的，应当依照有关规定及时通报监察机关等有关单位。

第一百三十五条 公安机关依法实施罚款处罚，应当依照有关法律、行政法规的规定，实行罚款决定与罚款收缴分离；收缴的罚款应当全部上缴国库，不得返还、变相返还，不得与经费保障挂钩。

第一百三十六条 违反治安管理的记录应当予以封存，不得向任何单位和个人提供或者公开，但有关国家机关为办案需要或者有关单位根据国家规定进行查询的除外。依法进行查询的单位，应当对被封存的违法记录的情况予以保密。

第一百三十七条 公安机关应当履行同步录音录像运行安全管理职责，完善技术措施，定期维护设施设备，保障录音录像设备运行连续、稳定、安全。

第一百三十八条 公安机关及其人民警察不得将在办理治安案件过程中获得的个人信息，依法提取、采集的相关信息、样本用于与治安管理、查处犯罪无关的用途，不得出售、提供给其他单位或者个人。

第一百三十九条 人民警察办理治安案件，有下列行为之一的，依法给予处分；构成犯罪的，依法追究刑事责任：

（一）刑讯逼供、体罚、打骂、虐待、侮辱他人的；

（二）超过询问查证的时间限制人身自由的；

（三）不执行罚款决定与罚款收缴分离制度或者不按规定将罚没的财物上缴国库或者依法处理的；

（四）私分、侵占、挪用、故意损毁所收缴、追缴、扣押的财物的；

（五）违反规定使用或者不及时返还被侵害人财物的；

（六）违反规定不及时退还保证金的；

（七）利用职务上的便利收受他人财物或者谋取其他利益的；

（八）当场收缴罚款不出具专用票据或者不如实填写罚款数额的；

（九）接到要求制止违反治安管理行为的报警后，不及时出警的；

（十）在查处违反治安管理活动时，为违法犯罪行为人通风报信的；

（十一）泄露办理治安案件过程中的工作秘密或者其他依法应当保密的信息的；

（十二）将在办理治安案件过程中获得的个人信息，依法提取、采集的相关信息、样本用于与治安管理、查处犯罪无关的用途，或者出售、提供给其他单位或者个人的；

（十三）剪接、删改、损毁、丢失办理治安案件的同步录音录像资料的；

（十四）有徇私舞弊、玩忽职守、滥用职权，不依法履行法定职责的其他情形的。

办理治安案件的公安机关有前款所列行为的，对负有责任的领导人员和直接责任人员，依法给予处分。

第一百四十条　公安机关及其人民警察违法行使职权，侵犯公民、法人和其他组织合法权益的，应当赔礼道歉；造成损害的，应当依法承担赔偿责任。

第六章　附　则

第一百四十一条　其他法律中规定由公安机关给予行政拘留处罚的，其处罚程序适用本法规定。

公安机关依照《中华人民共和国枪支管理法》、《民用爆炸物品安全管理条例》等直接关系公共安全和社会治安秩序的法律、行政法规实施处罚的，其处罚程序适用本法规定。

本法第三十二条、第三十四条、第四十六条、第五十六条规定给予行政拘留处罚，其他法律、行政法规同时规定给予罚款、没收违法所得、没收非法财物等其他行政处罚的行为，由相关主管部门依照相应规定处罚；需要给予行政拘留处罚的，由公安机关依照本法规定处理。

第一百四十二条　海警机构履行海上治安管理职责，行使本法规定的公安机关的职权，但是法律另有规定的除外。

第一百四十三条　本法所称以上、以下、以内，包括本数。

第一百四十四条　本法自 2026 年 1 月 1 日起施行。

中华人民共和国人民警察法

- 1995 年 2 月 28 日第八届全国人民代表大会常务委员会第十二次会议通过
- 根据 2012 年 10 月 26 日第十一届全国人民代表大会常务委员会第二十九次会议《关于修改〈中华人民共和国人民警察法〉的决定》修正

第一章　总　则

第一条　【立法目的】①为了维护国家安全和社会治安秩序，保护公民的合法权益，加强人民警察的队伍建设，从严治警，提高人民警察的素质，保障人民警察依法行使职权，保障改革开放和社会主义现代化建设的顺利进行，根据宪法，制定本法。

第二条　【人民警察的任务和范围】人民警察的任务是维护国家安全，维护社会治安秩序，保护公民的人身安全、人身自由和合法财产，保护公共财产，预防、制止和惩治违法犯罪活动。

人民警察包括公安机关、国家安全机关、监狱、劳动教养管理机关的人民警察和人民法院、人民检察院的司法警察。

第三条　【基本要求和宗旨】人民警察必须依靠人民的支持，保持同人民的密切联系，倾听人民的意见和建议，接受人民的监督，维护人民的利益，全心全意为人民服务。

第四条　【活动准则】人民警察必须以宪法和法律为活动准则，忠于职守，清正廉洁，纪律严明，服从命令，严格执法。

第五条　【依法执行公务受法律保护】人民警察依法执行职务，受法律保护。

第二章　职　权

第六条　【公安机关人民警察的职责】公安机关的人民警察按照职责分工，依法履行下列职责：

（一）预防、制止和侦查违法犯罪活动；

（二）维护社会治安秩序，制止危害社会治安秩序

---

① 条文主旨为编者所加，下同。

的行为；

（三）维护交通安全和交通秩序，处理交通事故；

（四）组织、实施消防工作，实行消防监督；

（五）管理枪支弹药、管制刀具和易燃易爆、剧毒、放射性等危险物品；

（六）对法律、法规规定的特种行业进行管理；

（七）警卫国家规定的特定人员，守卫重要的场所和设施；

（八）管理集会、游行、示威活动；

（九）管理户政、国籍、入境出境事务和外国人在中国境内居留、旅行的有关事务；

（十）维护国（边）境地区的治安秩序；

（十一）对被判处拘役、剥夺政治权利的罪犯执行刑罚；

（十二）监督管理计算机信息系统的安全保护工作；

（十三）指导和监督国家机关、社会团体、企业事业组织和重点建设工程的治安保卫工作，指导治安保卫委员会等群众性组织的治安防范工作；

（十四）法律、法规规定的其他职责。

第七条　【实施行政强制措施、行政处罚的权利】公安机关的人民警察对违反治安管理或者其他公安行政管理法律、法规的个人或者组织，依法可以实施行政强制措施、行政处罚。

第八条　【强行带离现场、依法予以拘留的权利】公安机关的人民警察对严重危害社会治安秩序或者威胁公共安全的人员，可以强行带离现场、依法予以拘留或者采取法律规定的其他措施。

第九条　【盘问、检查的权利】为维护社会治安秩序，公安机关的人民警察对有违法犯罪嫌疑的人员，经出示相应证件，可以当场盘问、检查；经盘问、检查，有下列情形之一的，可以将其带至公安机关，经该公安机关批准，对其继续盘问：

（一）被指控有犯罪行为的；

（二）有现场作案嫌疑的；

（三）有作案嫌疑身份不明的；

（四）携带的物品有可能是赃物的。

对被盘问人的留置时间自带至公安机关之时起不超过24小时，在特殊情况下，经县级以上公安机关批

准，可以延长至48小时，并应当留有盘问记录。对于批准继续盘问的，应当立即通知其家属或者其所在单位。对于不批准继续盘问的，应当立即释放被盘问人。

经继续盘问，公安机关认为对被盘问人需要依法采取拘留或者其他强制措施的，应当在前款规定的期间作出决定；在前款规定的期间不能作出上述决定的，应当立即释放被盘问人。

第十条　【紧急情况下使用武器的权利】遇有拒捕、暴乱、越狱、抢夺枪支或者其他暴力行为的紧急情况，公安机关的人民警察依照国家有关规定可以使用武器。

第十一条　【对严重违法犯罪活动使用警械的权利】为制止严重违法犯罪活动的需要，公安机关的人民警察依照国家有关规定可以使用警械。

第十二条　【刑事强制措施】为侦查犯罪活动的需要，公安机关的人民警察可以依法执行拘留、搜查、逮捕或者其他强制措施。

第十三条　【优先通行权】公安机关的人民警察因履行职责的紧急需要，经出示相应证件，可以优先乘坐公共交通工具，遇交通阻碍时，优先通行。

公安机关因侦查犯罪的需要，必要时，按照国家有关规定，可以优先使用机关、团体、企业事业组织和个人的交通工具、通信工具、场地和建筑物，用后应当及时归还，并支付适当费用；造成损失的，应当赔偿。

第十四条　【对精神病人采取保护性约束措施的权利】公安机关的人民警察对严重危害公共安全或者他人人身安全的精神病人，可以采取保护性约束措施。需要送往指定的单位、场所加以监护的，应当报请县级以上人民政府公安机关批准，并及时通知其监护人。

第十五条　【交通管制权】县级以上人民政府公安机关，为预防和制止严重危害社会治安秩序的行为，可以在一定的区域和时间，限制人员、车辆的通行或者停留，必要时可以实行交通管制。

公安机关的人民警察依照前款规定，可以采取相应的交通管制措施。

第十六条　【公安机关采取技术侦察措施的职权】公安机关因侦查犯罪的需要，根据国家有关规定，经过严格的批准手续，可以采取技术侦察措施。

第十七条　【突发事件现场管制权】县级以上人

民政府公安机关,经上级公安机关和同级人民政府批准,对严重危害社会治安秩序的突发事件,可以根据情况实行现场管制。

公安机关的人民警察依照前款规定,可以采取必要手段强行驱散,并对拒不服从的人员强行带离现场或者立即予以拘留。

第十八条　【其他机关警察的职权】国家安全机关、监狱、劳动教养管理机关的人民警察和人民法院、人民检察院的司法警察,分别依照有关法律、行政法规的规定履行职权。

第十九条　【非工作时间遇有紧急情况应履行职责】人民警察在非工作时间,遇有其职责范围内的紧急情况,应当履行职责。

第三章　义务和纪律

第二十条　【基本义务】人民警察必须做到:

(一)秉公执法,办事公道;

(二)模范遵守社会公德;

(三)礼貌待人,文明执勤;

(四)尊重人民群众的风俗习惯。

第二十一条　【救助义务】人民警察遇到公民人身、财产安全受到侵犯或者处于其他危难情形,应当立即救助;对公民提出解决纠纷的要求,应当给予帮助;对公民的报警案件,应当及时查处。

人民警察应当积极参加抢险救灾和社会公益工作。

第二十二条　【禁止行为】人民警察不得有下列行为:

(一)散布有损国家声誉的言论,参加非法组织,参加旨在反对国家的集会、游行、示威等活动,参加罢工;

(二)泄露国家秘密、警务工作秘密;

(三)弄虚作假,隐瞒案情,包庇、纵容违法犯罪活动;

(四)刑讯逼供或者体罚、虐待人犯;

(五)非法剥夺、限制他人人身自由,非法搜查他人的身体、物品、住所或者场所;

(六)敲诈勒索或者索取、收受贿赂;

(七)殴打他人或者唆使他人打人;

(八)违法实施处罚或者收取费用;

(九)接受当事人及其代理人的请客送礼;

(十)从事营利性的经营活动或者受雇于任何个人或者组织;

(十一)玩忽职守,不履行法定义务;

(十二)其他违法乱纪的行为。

第二十三条　【按照规定着装等义务】人民警察必须按照规定着装,佩带人民警察标志或者持有人民警察证件,保持警容严整,举止端庄。

第四章　组织管理

第二十四条　【组织机构设置和职务序列管理】国家根据人民警察的工作性质、任务和特点,规定组织机构设置和职务序列。

第二十五条　【警衔制度】人民警察依法实行警衔制度。

第二十六条　【任职条件】担任人民警察应当具备下列条件:

(一)年满18岁的公民;

(二)拥护中华人民共和国宪法;

(三)有良好的政治、业务素质和良好的品行;

(四)身体健康;

(五)具有高中毕业以上文化程度;

(六)自愿从事人民警察工作。

有下列情形之一的,不得担任人民警察:

(一)曾因犯罪受过刑事处罚的;

(二)曾被开除公职的。

第二十七条　【人民警察的录用】录用人民警察,必须按照国家规定,公开考试,严格考核,择优选用。

第二十八条　【领导职务任职条件】担任人民警察领导职务的人员,应当具备下列条件:

(一)具有法律专业知识;

(二)具有政法工作经验和一定的组织管理、指挥能力;

(三)具有大学专科以上学历;

(四)经人民警察院校培训,考试合格。

第二十九条　【教育培训】国家发展人民警察教育事业,对人民警察有计划地进行政治思想、法制、警察业务等教育培训。

第三十条　【服务年限和最高任职年龄】国家根据人民警察的工作性质、任务和特点,分别规定不同岗位的服务年限和不同职务的最高任职年龄。

第三十一条　【奖励制度】人民警察个人或者集体在工作中表现突出，有显著成绩和特殊贡献的，给予奖励。奖励分为：嘉奖、三等功、二等功、一等功、授予荣誉称号。

对受奖励的人民警察，按照国家有关规定，可以提前晋升警衔，并给予一定的物质奖励。

第五章　警务保障

第三十二条　【上级决定和命令的执行】人民警察必须执行上级的决定和命令。

人民警察认为决定和命令有错误的，可以按照规定提出意见，但不得中止或者改变决定和命令的执行；提出的意见不被采纳时，必须服从决定和命令；执行决定和命令的后果由作出决定和命令的上级负责。

第三十三条　【拒绝执行超越法定职责的指令】人民警察对超越法律、法规规定的人民警察职责范围的指令，有权拒绝执行，并同时向上级机关报告。

第三十四条　【公民和组织的支持和协助义务】人民警察依法执行职务，公民和组织应当给予支持和协助。公民和组织协助人民警察依法执行职务的行为受法律保护。对协助人民警察执行职务有显著成绩的，给予表彰和奖励。

公民和组织因协助人民警察执行职务，造成人身伤亡或者财产损失的，应当按照国家有关规定给予抚恤或者补偿。

第三十五条　【拒绝或阻碍人民警察依法执行职务应受处罚的行为】拒绝或者阻碍人民警察依法执行职务，有下列行为之一的，给予治安管理处罚：

（一）公然侮辱正在执行职务的人民警察的；

（二）阻碍人民警察调查取证的；

（三）拒绝或者阻碍人民警察执行追捕、搜查、救险等任务进入有关住所、场所的；

（四）对执行救人、救险、追捕、警卫等紧急任务的警车故意设置障碍的；

（五）有拒绝或者阻碍人民警察执行职务的其他行为的。

以暴力、威胁方法实施前款规定的行为，构成犯罪的，依法追究刑事责任。

第三十六条　【警用标志、制式服装和警械的管理】人民警察的警用标志、制式服装和警械，由国务院公安部门统一监制，会同其他有关国家机关管理，其他个人和组织不得非法制造、贩卖。

人民警察的警用标志、制式服装、警械、证件为人民警察专用，其他个人和组织不得持有和使用。

违反前两款规定的，没收非法制造、贩卖、持有、使用的人民警察警用标志、制式服装、警械、证件，由公安机关处 15 日以下拘留或者警告，可以并处违法所得 5 倍以下的罚款；构成犯罪的，依法追究刑事责任。

第三十七条　【经费来源】国家保障人民警察的经费。人民警察的经费，按照事权划分的原则，分别列入中央和地方的财政预算。

第三十八条　【警察工作所必需的通讯、训练设施和交通及基础设施的建设】人民警察工作所必需的通讯、训练设施和交通、消防以及派出所、监管场所等基础设施建设，各级人民政府应当列入基本建设规划和城乡建设总体规划。

第三十九条　【国家加强警察装备的现代化建设】国家加强人民警察装备的现代化建设，努力推广、应用先进的科技成果。

第四十条　【工资及其他福利待遇】人民警察实行国家公务员的工资制度，并享受国家规定的警衔津贴和其他津贴、补贴以及保险福利待遇。

第四十一条　【抚恤和优待】人民警察因公致残的，与因公致残的现役军人享受国家同样的抚恤和优待。

人民警察因公牺牲或者病故的，其家属与因公牺牲或者病故的现役军人家属享受国家同样的抚恤和优待。

第六章　执法监督

第四十二条　【接受人民检察院和行政监察机关的监督】人民警察执行职务，依法接受人民检察院和行政监察机关的监督。

第四十三条　【上级机关对下级机关执法活动的监督】人民警察的上级机关对下级机关的执法活动进行监督，发现其作出的处理或者决定有错误的，应当予以撤销或者变更。

第四十四条　【接受社会和公民的监督】人民警

察执行职务,必须自觉地接受社会和公民的监督。人民警察机关作出的与公众利益直接有关的规定,应当向公众公布。

第四十五条 【办案过程中的回避】人民警察在办理治安案件过程中,遇有下列情形之一的,应当回避,当事人或者其法定代理人也有权要求他们回避:

(一)是本案的当事人或者是当事人的近亲属的;

(二)本人或者其近亲属与本案有利害关系的;

(三)与本案当事人有其他关系,可能影响案件公正处理的。

前款规定的回避,由有关的公安机关决定。

人民警察在办理刑事案件过程中的回避,适用刑事诉讼法的规定。

第四十六条 【公民或组织对违法违纪行为的检举、控告权】公民或者组织对人民警察的违法、违纪行为,有权向人民警察机关或者人民检察院、行政监察机关检举、控告。受理检举、控告的机关应当及时查处,并将查处结果告知检举人、控告人。

对依法检举、控告的公民或者组织,任何人不得压制和打击报复。

第四十七条 【内部督察制度】公安机关建立督察制度,对公安机关的人民警察执行法律、法规、遵守纪律的情况进行监督。

第七章 法律责任

第四十八条 【行政处分】人民警察有本法第二十二条所列行为之一的,应当给予行政处分;构成犯罪的,依法追究刑事责任。

行政处分分为:警告、记过、记大过、降级、撤职、开除。对受行政处分的人民警察,按照国家有关规定,可以降低警衔、取消警衔。

对违反纪律的人民警察,必要时可以对其采取停止执行职务、禁闭的措施。

第四十九条 【违规使用武器、警械的责任】人民警察违反规定使用武器、警械,构成犯罪的,依法追究刑事责任;尚不构成犯罪的,应当依法给予行政处分。

第五十条 【损害赔偿】人民警察在执行职务中,侵犯公民或者组织的合法权益造成损害的,应当依照《中华人民共和国国家赔偿法》和其他有关法律、法规的规定给予赔偿。

第八章 附 则

第五十一条 【武装警察部队的任务】中国人民武装警察部队执行国家赋予的安全保卫任务。

第五十二条 【施行日期】本法自公布之日起施行。1957年6月25日公布的《中华人民共和国人民警察条例》同时废止。

中华人民共和国刑法(节录)

- 1979年7月1日第五届全国人民代表大会第二次会议通过
- 1997年3月14日第八届全国人民代表大会第五次会议修订
- 根据1998年12月29日第九届全国人民代表大会常务委员会第六次会议通过的《全国人民代表大会常务委员会关于惩治骗购外汇、逃汇和非法买卖外汇犯罪的决定》、1999年12月25日第九届全国人民代表大会常务委员会第十三次会议通过的《中华人民共和国刑法修正案》、2001年8月31日第九届全国人民代表大会常务委员会第二十三次会议通过的《中华人民共和国刑法修正案(二)》、2001年12月29日第九届全国人民代表大会常务委员会第二十五次会议通过的《中华人民共和国刑法修正案(三)》、2002年12月28日第九届全国人民代表大会常务委员会第三十一次会议通过的《中华人民共和国刑法修正案(四)》、2005年2月28日第十届全国人民代表大会常务委员会第十四次会议通过的《中华人民共和国刑法修正案(五)》、2006年6月29日第十届全国人民代表大会常务委员会第二十二次会议通过的《中华人民共和国刑法修正案(六)》、2009年2月28日第十一届全国人民代表大会常务委员会第七次会议通过的《中华人民共和国刑法修正案(七)》、2009年8月27日第十一届全国人民代表大会常务委员会第十次会议通过的《全国人民代表大会常务委员会关于修改部分法律的决定》、2011年2月25日第十一届全国人民代表大会常务委员会第十九次会议通过的《中华人民共和国刑法修正案(八)》、2015年8月29日第十二届全国人民代表大会常务委员会第十六次会议通过的《中华人民共和国刑法修正案(九)》、2017年11月4日第十二届全国人民代表大会常务委员会第三十次会议通过的《中华人民共和国刑法修正案（十）》、2020年12月26日第十三届全国人民代表大会常务委员会第二十四次会议通过的《中华人民共和国刑法修正案（十一）》和2023年12月29日第十四届全国人民代表大会常务委员会第七次会议通过的《中华人民共和国刑法修正案（十二）》修正①

……

第二百三十八条　【非法拘禁罪】非法拘禁他人或者以其他方法非法剥夺他人人身自由的，处三年以下有期徒刑、拘役、管制或者剥夺政治权利。具有殴打、侮辱情节的，从重处罚。

犯前款罪，致人重伤的，处三年以上十年以下有期徒刑；致人死亡的，处十年以上有期徒刑。使用暴力致人伤残、死亡的，依照本法第二百三十四条、第二百三十二条的规定定罪处罚。

为索取债务非法扣押、拘禁他人的，依照前两款的规定处罚。

国家机关工作人员利用职权犯前三款罪的，依照前三款的规定从重处罚。

……

第二百四十三条　【诬告陷害罪】捏造事实诬告陷害他人，意图使他人受刑事追究，情节严重的，处三年以下有期徒刑、拘役或者管制；造成严重后果的，处三年以上十年以下有期徒刑。

国家机关工作人员犯前款罪的，从重处罚。

不是有意诬陷，而是错告，或者检举失实的，不适用前两款的规定。

第二百四十四条　【强迫劳动罪】以暴力、威胁或者限制人身自由的方法强迫他人劳动的，处三年以下有期徒刑或者拘役，并处罚金；情节严重的，处三年以上十年以下有期徒刑，并处罚金。

明知他人实施前款行为，为其招募、运送人员或者有其他协助强迫他人劳动行为的，依照前款的规定处罚。

单位犯前两款罪的，对单位判处罚金，并对其直接负责的主管人员和其他直接责任人员，依照第一款的规定处罚。②

第二百四十四条之一　【雇用童工从事危重劳动罪】违反劳动管理法规，雇用未满十六周岁的未成年人从事超强度体力劳动的，或者从事高空、井下作业的，或者在爆炸性、易燃性、放射性、毒害性等危险环境下从事劳动，情节严重的，对直接责任人员，处三年以下有期徒刑或者拘役，并处罚金；情节特别严重的，处三年以上七年以下有期徒刑，并处罚金。

有前款行为，造成事故，又构成其他犯罪的，依照数罪并罚的规定处罚。③

第二百四十五条　【非法搜查罪】【非法侵入住宅罪】非法搜查他人身体、住宅，或者非法侵入他人住宅的，处三年以下有期徒刑或者拘役。

司法工作人员滥用职权，犯前款罪的，从重处罚。

第二百四十六条　【侮辱罪】【诽谤罪】以暴力或者其他方法公然侮辱他人或者捏造事实诽谤他人，情节严重的，处三年以下有期徒刑、拘役、管制或者剥夺政治权利。

前款罪，告诉的才处理，但是严重危害社会秩序和国家利益的除外。

通过信息网络实施第一款规定的行为，被害人向人民法院告诉，但提供证据确有困难的，人民法院可以要求公安机关提供协助。④

……

第二百五十六条　【破坏选举罪】在选举各级人民代表大会代表和国家机关领导人员时，以暴力、威胁、欺骗、贿赂、伪造选举文件、虚报选举票数等手段破坏选举或者妨害选民和代表自由行使选举权和被选举权，情节严重的，处三年以下有期徒刑、拘役或者剥夺政治权利。

---

① 刑法、历次刑法修正案、涉及修改刑法的决定的施行日期，分别依据各法律所规定的施行日期确定。

另，总则部分条文主旨为编者所加，分则部分条文主旨是根据司法解释确定罪名所加。

② 根据2011年2月25日《中华人民共和国刑法修正案（八）》修改。原条文为："用人单位违反劳动管理法规，以限制人身自由方法强迫职工劳动，情节严重的，对直接责任人员，处三年以下有期徒刑或者拘役，并处或者单处罚金。"

③ 根据2002年12月28日《中华人民共和国刑法修正案（四）》增加。

④ 根据2015年8月29日《中华人民共和国刑法修正案（九）》增加一款，作为第三款。

......

第二百六十条　【虐待罪】虐待家庭成员,情节恶劣的,处二年以下有期徒刑、拘役或者管制。

犯前款罪,致使被害人重伤、死亡的,处二年以上七年以下有期徒刑。

第一款罪,告诉的才处理,但被害人没有能力告诉,或者因受到强制、威吓无法告诉的除外。①

......

第二百六十一条　【遗弃罪】对于年老、年幼、患病或者其他没有独立生活能力的人,负有扶养义务而拒绝扶养,情节恶劣的,处五年以下有期徒刑、拘役或者管制。

......

第二百六十二条之一　【组织残疾人、儿童乞讨罪】以暴力、胁迫手段组织残疾人或者不满十四周岁的未成年人乞讨的,处三年以下有期徒刑或者拘役,并处罚金;情节严重的,处三年以上七年以下有期徒刑,并处罚金。②

......

第二百六十三条　【抢劫罪】以暴力、胁迫或者其他方法抢劫公私财物的,处三年以上十年以下有期徒刑,并处罚金;有下列情形之一的,处十年以上有期徒刑、无期徒刑或者死刑,并处罚金或者没收财产:

(一) 入户抢劫的;

(二) 在公共交通工具上抢劫的;

(三) 抢劫银行或者其他金融机构的;

(四) 多次抢劫或者抢劫数额巨大的;

(五) 抢劫致人重伤、死亡的;

(六) 冒充军警人员抢劫的;

(七) 持枪抢劫的;

(八) 抢劫军用物资或者抢险、救灾、救济物资的。

第二百六十四条　【盗窃罪】盗窃公私财物,数额较大的,或者多次盗窃、入户盗窃、携带凶器盗窃、扒窃的,处三年以下有期徒刑、拘役或者管制,并处或者单处罚金;数额巨大或者有其他严重情节的,处三年以上十年以下有期徒刑,并处罚金;数额特别巨大或者有其他特别严重情节的,处十年以上有期徒刑或者无期徒刑,并处罚金或者没收财产。③

第二百六十五条　【盗窃罪】以牟利为目的,盗接他人通信线路、复制他人电信码号或者明知是盗接、复制的电信设备、设施而使用的,依照本法第二百六十四条的规定定罪处罚。

第二百六十六条④　【诈骗罪】诈骗公私财物,数额较大的,处三年以下有期徒刑、拘役或者管制,并处或者单处罚金;数额巨大或者有其他严重情节的,处三年以上十年以下有期徒刑,并处罚金;数额特别巨大或者有其他特别严重情节的,处十年以上有期徒刑或者无期徒刑,并处罚金或者没收财产。本法另有规定的,依照规定。

第二百六十七条　【抢夺罪】抢夺公私财物,数额较大的,或者多次抢夺的,处三年以下有期徒刑、拘役或者管制,并处或者单处罚金;数额巨大或者有其他严重情节的,处三年以上十年以下有期徒刑,并处罚金;数额特别巨大或者有其他特别严重情节的,处十

---

① 根据2015年8月29日《中华人民共和国刑法修正案(九)》修改。原第三款条文为:"第一款罪,告诉的才处理。"

② 根据2006年6月29日《中华人民共和国刑法修正案(六)》增加。

③ 根据2011年2月25日《中华人民共和国刑法修正案(八)》修改。原条文为:"盗窃公私财物,数额较大或者多次盗窃的,处三年以下有期徒刑、拘役或者管制,并处或者单处罚金;数额巨大或者有其他严重情节的,处三年以上十年以下有期徒刑,并处罚金;数额特别巨大或者有其他特别严重情节的,处十年以上有期徒刑或者无期徒刑,并处罚金或者没收财产;有下列情形之一的,处无期徒刑或者死刑,并处没收财产:

"(一) 盗窃金融机构,数额特别巨大的;

"(二) 盗窃珍贵文物,情节严重的。"

④ 根据2014年4月24日通过的《全国人民代表大会常务委员会关于〈中华人民共和国刑法〉第二百六十六条的解释》:

"全国人民代表大会常务委员会根据司法实践中遇到的情况,讨论了刑法第二百六十六条的含义及骗取养老、医疗、工伤、失业、生育等社会保险金或者其他社会保障待遇的行为如何适用刑法有关规定的问题,解释如下:

"以欺诈、伪造证明材料或者其他手段骗取养老、医疗、工伤、失业、生育等社会保险金或者其他社会保障待遇的,属于刑法第二百六十六条规定的诈骗公私财物的行为。"

年以上有期徒刑或者无期徒刑,并处罚金或者没收财产。①

携带凶器抢夺的,依照本法第二百六十三条的规定定罪处罚。

......

第二百七十四条 【敲诈勒索罪】敲诈勒索公私财物,数额较大或者多次敲诈勒索的,处三年以下有期徒刑、拘役或者管制,并处或者单处罚金;数额巨大或者有其他严重情节的,处三年以上十年以下有期徒刑,并处罚金;数额特别巨大或者有其他特别严重情节的,处十年以上有期徒刑,并处罚金。②

第二百七十五条 【故意毁坏财物罪】故意毁坏公私财物,数额较大或者有其他严重情节的,处三年以下有期徒刑、拘役或者罚金;数额巨大或者有其他特别严重情节的,处三年以上七年以下有期徒刑。

......

第二百八十五条 【非法侵入计算机信息系统罪】违反国家规定,侵入国家事务、国防建设、尖端科学技术领域的计算机信息系统的,处三年以下有期徒刑或者拘役。

【非法获取计算机信息系统数据、非法控制计算机信息系统罪】违反国家规定,侵入前款规定以外的计算机信息系统或者采用其他技术手段,获取该计算机信息系统中存储、处理或者传输的数据,或者对该计算机信息系统实施非法控制,情节严重的,处三年以下有期徒刑或者拘役,并处或者单处罚金;情节特别严重的,处三年以上七年以下有期徒刑,并处罚金。

【提供侵入、非法控制计算机信息系统程序、工具罪】提供专门用于侵入、非法控制计算机信息系统的程序、工具,或者明知他人实施侵入、非法控制计算机信息系统的违法犯罪行为而为其提供程序、工具,情节严重的,依照前款的规定处罚。

单位犯前三款罪的,对单位判处罚金,并对其直接负责的主管人员和其他直接责任人员,依照各该款的规定处罚。③

第二百八十六条 【破坏计算机信息系统罪】违反国家规定,对计算机信息系统功能进行删除、修改、增加、干扰,造成计算机信息系统不能正常运行,后果严重的,处五年以下有期徒刑或者拘役;后果特别严重的,处五年以上有期徒刑。

违反国家规定,对计算机信息系统中存储、处理或者传输的数据和应用程序进行删除、修改、增加的操作,后果严重的,依照前款的规定处罚。

故意制作、传播计算机病毒等破坏性程序,影响计算机系统正常运行,后果严重的,依照第一款的规定处罚。

单位犯前三款罪的,对单位判处罚金,并对其直接负责的主管人员和其他直接责任人员,依照第一款的规定处罚。④

......

第二百九十条 【聚众扰乱社会秩序罪】聚众扰乱社会秩序,情节严重,致使工作、生产、营业和教学、科研、医疗无法进行,造成严重损失的,对首要分子,处三年以上七年以下有期徒刑;对其他积极参加的,处三年以下有期徒刑、拘役、管制或者剥夺政治权利。

【聚众冲击国家机关罪】聚众冲击国家机关,致使国家机关工作无法进行,造成严重损失的,对首要分子,处五年以上十年以下有期徒刑;对其他积极参加的,处五年以下有期徒刑、拘役、管制或者剥夺政治权利。

【扰乱国家机关工作秩序罪】多次扰乱国家机关工作秩序,经行政处罚后仍不改正,造成严重后果的,处三年以下有期徒刑、拘役或者管制。

【组织、资助非法聚集罪】多次组织、资助他人非

---

① 根据 2015 年 8 月 29 日《中华人民共和国刑法修正案(九)》修改。原第一款条文为:"抢夺公私财物,数额较大的,处三年以下有期徒刑、拘役或者管制,并处或者单处罚金;数额巨大或者有其他严重情节的,处三年以上十年以下有期徒刑,并处罚金;数额特别巨大或者有其他特别严重情节的,处十年以上有期徒刑或者无期徒刑,并处罚金或者没收财产。"

② 根据 2011 年 2 月 25 日《中华人民共和国刑法修正案(八)》修改。原条文为:"敲诈勒索公私财物,数额较大的,处三年以下有期徒刑、拘役或者管制;数额巨大或者有其他严重情节的,处三年以上十年以下有期徒刑。"

③ 根据 2009 年 2 月 28 日《中华人民共和国刑法修正案(七)》增加两款,作为第二款、第三款。根据 2015 年 8 月 29 日《中华人民共和国刑法修正案(九)》增加一款,作为第四款。

④ 根据 2015 年 8 月 29 日《中华人民共和国刑法修正案(九)》增加一款,作为第四款。

法聚集,扰乱社会秩序,情节严重的,依照前款的规定处罚。①

第二百九十一条　【聚众扰乱公共场所秩序、交通秩序罪】 聚众扰乱车站、码头、民用航空站、商场、公园、影剧院、展览会、运动场或者其他公共场所秩序,聚众堵塞交通或者破坏交通秩序,抗拒、阻碍国家治安管理工作人员依法执行职务,情节严重的,对首要分子,处五年以下有期徒刑、拘役或者管制。

第二百九十一条之一　【投放虚假危险物质罪】【编造、故意传播虚假恐怖信息罪】 投放虚假的爆炸性、毒害性、放射性、传染病病原体等物质,或者编造爆炸威胁、生化威胁、放射威胁等恐怖信息,或者明知是编造的恐怖信息而故意传播,严重扰乱社会秩序的,处五年以下有期徒刑、拘役或者管制;造成严重后果的,处五年以上有期徒刑。

【编造、故意传播虚假信息罪】 编造虚假的险情、疫情、灾情、警情,在信息网络或者其他媒体上传播,或者明知是上述虚假信息,故意在信息网络或者其他媒体上传播,严重扰乱社会秩序的,处三年以下有期徒刑、拘役或者管制;造成严重后果的,处三年以上七年以下有期徒刑。②

第二百九十一条之二　【高空抛物罪】 从建筑物或者其他高空抛掷物品,情节严重的,处一年以下有期徒刑、拘役或者管制,并处或者单处罚金。

有前款行为,同时构成其他犯罪的,依照处罚较重的规定定罪处罚。③

……

第三百条　【组织、利用会道门、邪教组织、利用迷信破坏法律实施罪】 组织、利用会道门、邪教组织或者利用迷信破坏国家法律、行政法规实施的,处三年以上七年以下有期徒刑,并处罚金;情节特别严重的,处七年以上有期徒刑或者无期徒刑,并处罚金或者没收财产;情节较轻的,处三年以下有期徒刑、拘役、管制或者剥夺政治权利,并处或者单处罚金。

【组织、利用会道门、邪教组织、利用迷信致人重伤、死亡罪】 组织、利用会道门、邪教组织或者利用迷信蒙骗他人,致人重伤、死亡的,依照前款的规定处罚。

犯第一款罪又有奸淫妇女、诈骗财物等犯罪行为的,依照数罪并罚的规定处罚。④

……

第三百零三条　【赌博罪】 以营利为目的,聚众赌博或者以赌博为业的,处三年以下有期徒刑、拘役或者管制,并处罚金。

【开设赌场罪】 开设赌场的,处五年以下有期徒刑、拘役或者管制,并处罚金;情节严重的,处五年以上十年以下有期徒刑,并处罚金。

组织中华人民共和国公民参与国(境)外赌博,数额巨大或者有其他严重情节的,依照前款的规定处罚。⑤

……

第三百一十八条　【组织他人偷越国(边)境罪】 组织他人偷越国(边)境的,处二年以上七年以下有期

---

①　根据 2015 年 8 月 29 日《中华人民共和国刑法修正案(九)》修改。原第一款条文为:"聚众扰乱社会秩序,情节严重,致使工作、生产、营业和教学、科研无法进行,造成严重损失的,对首要分子,处三年以上七年以下有期徒刑;对其他积极参加的,处三年以下有期徒刑、拘役、管制或者剥夺政治权利。"增加二款,作为第三款、第四款。

②　根据 2001 年 12 月 29 日《中华人民共和国刑法修正案(三)》增加。根据 2015 年 8 月 29 日《中华人民共和国刑法修正案(九)》增加一款,作为第二款。

③　根据 2020 年 12 月 26 日《中华人民共和国刑法修正案(十一)》增加。

④　根据 2015 年 8 月 29 日《中华人民共和国刑法修正案(九)》修改。原条文为:"组织和利用会道门、邪教组织或者利用迷信破坏国家法律、行政法规实施的,处三年以上七年以下有期徒刑;情节特别严重的,处七年以上有期徒刑。

"组织和利用会道门、邪教组织或者利用迷信蒙骗他人,致人死亡的,依照前款的规定处罚。

"组织和利用会道门、邪教组织或者利用迷信奸淫妇女、诈骗财物的,分别依照本法第二百三十六条、第二百六十六条的规定定罪处罚。"

⑤　根据 2006 年 6 月 29 日《中华人民共和国刑法修正案(六)》第一次修改。原条文为:"以营利为目的,聚众赌博、开设赌场或者以赌博为业的,处三年以下有期徒刑、拘役或者管制,并处罚金。"

根据 2020 年 12 月 26 日《中华人民共和国刑法修正案(十一)》第二次修改。原条文为:"以营利为目的,聚众赌博或者以赌博为业的,处三年以下有期徒刑、拘役或者管制,并处罚金。

"开设赌场的,处三年以下有期徒刑、拘役或者管制,并处罚金;情节严重的,处三年以上十年以下有期徒刑,并处罚金。"

徒刑,并处罚金;有下列情形之一的,处七年以上有期徒刑或者无期徒刑,并处罚金或者没收财产:

（一）组织他人偷越国(边)境集团的首要分子;

（二）多次组织他人偷越国(边)境或者组织他人偷越国(边)境人数众多的;

（三）造成被组织人重伤、死亡的;

（四）剥夺或者限制被组织人人身自由的;

（五）以暴力、威胁方法抗拒检查的;

（六）违法所得数额巨大的;

（七）有其他特别严重情节的。

犯前款罪,对被组织人有杀害、伤害、强奸、拐卖等犯罪行为,或者对检查人员有杀害、伤害等犯罪行为的,依照数罪并罚的规定处罚。

……

第三百二十一条　【运送他人偷越国（边）境罪】运送他人偷越国(边)境的,处五年以下有期徒刑、拘役或者管制,并处罚金;有下列情形之一的,处五年以上十年以下有期徒刑,并处罚金:

（一）多次实施运送行为或者运送人数众多的;

（二）所使用的船只、车辆等交通工具不具备必要的安全条件,足以造成严重后果的;

（三）违法所得数额巨大的;

（四）有其他特别严重情节的。

在运送他人偷越国(边)境中造成被运送人重伤、死亡,或者以暴力、威胁方法抗拒检查的,处七年以上有期徒刑,并处罚金。

犯前两款罪,对被运送人有杀害、伤害、强奸、拐卖等犯罪行为,或者对检查人员有杀害、伤害等犯罪行为的,依照数罪并罚的规定处罚。

……

第三百五十八条　【组织卖淫罪】【强迫卖淫罪】组织、强迫他人卖淫的,处五年以上十年以下有期徒刑,并处罚金;情节严重的,处十年以上有期徒刑或者无期徒刑,并处罚金或者没收财产。

组织、强迫未成年人卖淫的,依照前款的规定从重处罚。

犯前两款罪,并有杀害、伤害、强奸、绑架等犯罪行为的,依照数罪并罚的规定处罚。

【协助组织卖淫罪】为组织卖淫的人招募、运送人员或者有其他协助组织他人卖淫行为的,处五年以下有期徒刑,并处罚金;情节严重的,处五年以上十年以下有期徒刑,并处罚金。①

第三百五十九条　【引诱、容留、介绍卖淫罪】引诱、容留、介绍他人卖淫的,处五年以下有期徒刑、拘役或者管制,并处罚金;情节严重的,处五年以上有期徒刑,并处罚金。

【引诱幼女卖淫罪】引诱不满十四周岁的幼女卖淫的,处五年以上有期徒刑,并处罚金。

……

第三百六十三条　【制作、复制、出版、贩卖、传播淫秽物品牟利罪】以牟利为目的,制作、复制、出版、贩卖、传播淫秽物品的,处三年以下有期徒刑、拘役或者管制,并处罚金;情节严重的,处三年以上十年以下有期徒刑,并处罚金;情节特别严重的,处十年以上有期徒刑或者无期徒刑,并处罚金或者没收财产。

【为他人提供书号出版淫秽书刊罪】为他人提供书号,出版淫秽书刊的,处三年以下有期徒刑、拘役或者管制,并处或者单处罚金;明知他人用于出版淫秽

---

①　根据 2011 年 2 月 25 日《中华人民共和国刑法修正案（八）》第一次修改。原第三款条文为:"协助组织他人卖淫的,处五年以下有期徒刑,并处罚金;情节严重的,处五年以上十年以下有期徒刑,并处罚金。"

根据 2015 年 8 月 29 日《中华人民共和国刑法修正案（九）》第二次修改。原条文为:"组织他人卖淫或者强迫他人卖淫的,处五年以上十年以下有期徒刑,并处罚金;有下列情形之一的,处十年以上有期徒刑或者无期徒刑,并处罚金或者没收财产:

"（一）组织他人卖淫,情节严重的;

"（二）强迫不满十四周岁的幼女卖淫的;

"（三）强迫多人卖淫或者多次强迫他人卖淫的;

"（四）强奸后迫使卖淫的;

"（五）造成被强迫卖淫的人重伤、死亡或者其他严重后果的。

"有前款所列情形之一,情节特别严重的,处无期徒刑或者死刑,并处没收财产。

"为组织卖淫的人招募、运送人员或者有其他协助组织他人卖淫行为的,处五年以下有期徒刑,并处罚金;情节严重的,处五年以上十年以下有期徒刑,并处罚金。"

书刊而提供书号的,依照前款的规定处罚。

第三百六十四条 【传播淫秽物品罪】传播淫秽的书刊、影片、音像、图片或者其他淫秽物品,情节严重的,处二年以下有期徒刑、拘役或者管制。

【组织播放淫秽音像制品罪】组织播放淫秽的电影、录像等音像制品的,处三年以下有期徒刑、拘役或者管制,并处罚金;情节严重的,处三年以上十年以下有期徒刑,并处罚金。

制作、复制淫秽的电影、录像等音像制品组织播放的,依照第二款的规定从重处罚。

向不满十八周岁的未成年人传播淫秽物品的,从重处罚。

第三百六十五条 【组织淫秽表演罪】组织进行淫秽表演的,处三年以下有期徒刑、拘役或者管制,并处罚金;情节严重的,处三年以上十年以下有期徒刑,并处罚金。

第三百六十六条 【单位犯本节罪的处罚】单位犯本节第三百六十三条、第三百六十四条、第三百六十五条规定之罪的,对单位判处罚金,并对其直接负责的主管人员和其他直接责任人员,依照各该条的规定处罚。

第三百六十七条 【淫秽物品的界定】本法所称淫秽物品,是指具体描绘性行为或者露骨宣扬色情的诲淫性的书刊、影片、录像带、录音带、图片及其他淫秽物品。

有关人体生理、医学知识的科学著作不是淫秽物品。

包含有色情内容的有艺术价值的文学、艺术作品不视为淫秽物品。

……

公安机关办理刑事案件程序规定

· 2012 年 12 月 13 日公安部令第 127 号修订发布
· 根据 2020 年 7 月 20 日《公安部关于修改〈公安机关办理刑事案件程序规定〉的决定》修订

第一章 任务和基本原则

第一条 为了保障《中华人民共和国刑事诉讼法》的贯彻实施,保证公安机关在刑事诉讼中正确履行职权,规范办案程序,确保办案质量,提高办案效率,制定本规定。

第二条 公安机关在刑事诉讼中的任务,是保证准确、及时地查明犯罪事实,正确应用法律,惩罚犯罪分子,保障无罪的人不受刑事追究,教育公民自觉遵守法律,积极同犯罪行为作斗争,维护社会主义法制,尊重和保障人权,保护公民的人身权利、财产权利、民主权利和其他权利,保障社会主义建设事业的顺利进行。

第三条 公安机关在刑事诉讼中的基本职权,是依照法律对刑事案件立案、侦查、预审,决定、执行强制措施;对依法不追究刑事责任的不予立案,已经追究的撤销案件;对侦查终结应当起诉的案件,移送人民检察院审查决定;对不够刑事处罚的犯罪嫌疑人需要行政处理的,依法予以处理或者移送有关部门;对被判处有期徒刑的罪犯,在被交付执行刑罚前,剩余刑期在三个月以下的,代为执行刑罚;执行拘役、剥夺政治权利、驱逐出境。

第四条 公安机关进行刑事诉讼,必须依靠群众,以事实为根据,以法律为准绳。对于一切公民,在适用法律上一律平等,在法律面前,不允许有任何特权。

第五条 公安机关进行刑事诉讼,同人民法院、人民检察院分工负责,互相配合,互相制约,以保证准确有效地执行法律。

第六条 公安机关进行刑事诉讼,依法接受人民检察院的法律监督。

第七条 公安机关进行刑事诉讼,应当建立、完善和严格执行办案责任制度、执法过错责任追究制度等内部执法监督制度。

在刑事诉讼中,上级公安机关发现下级公安机关作出的决定或者办理的案件有错误的,有权予以撤销或者变更,也可以指令下级公安机关予以纠正。

下级公安机关对上级公安机关的决定必须执行,如果认为有错误,可以在执行的同时向上级公安机关报告。

第八条 公安机关办理刑事案件,应当重证据,重调查研究,不轻信口供。严禁刑讯逼供和以威胁、引诱、欺骗以及其他非法方法收集证据,不得强迫任何人证实自己有罪。

第九条　公安机关在刑事诉讼中,应当保障犯罪嫌疑人、被告人和其他诉讼参与人依法享有的辩护权和其他诉讼权利。

第十条　公安机关办理刑事案件,应当向同级人民检察院提请批准逮捕、移送审查起诉。

第十一条　公安机关办理刑事案件,对不通晓当地通用的语言文字的诉讼参与人,应当为他们翻译。

在少数民族聚居或者多民族杂居的地区,应当使用当地通用的语言进行讯问。对外公布的诉讼文书,应当使用当地通用的文字。

第十二条　公安机关办理刑事案件,各地区、各部门之间应当加强协作和配合,依法履行协查、协办职责。

上级公安机关应当加强监督、协调和指导。

第十三条　根据《中华人民共和国引渡法》《中华人民共和国国际刑事司法协助法》,中华人民共和国缔结或者参加的国际条约和公安部签订的双边、多边合作协议,或者按照互惠原则,我国公安机关可以和外国警察机关开展刑事司法协助和警务合作。

第二章　管　辖

第十四条　根据刑事诉讼法的规定,除下列情形外,刑事案件由公安机关管辖:

(一)监察机关管辖的职务犯罪案件;

(二)人民检察院管辖的在对诉讼活动实行法律监督中发现的司法工作人员利用职权实施的非法拘禁、刑讯逼供、非法搜查等侵犯公民权利、损害司法公正的犯罪,以及经省级以上人民检察院决定立案侦查的公安机关管辖的国家机关工作人员利用职权实施的重大犯罪案件;

(三)人民法院管辖的自诉案件。对于人民法院直接受理的被害人有证据证明的轻微刑事案件,因证据不足驳回起诉,人民法院移送公安机关或者被害人向公安机关控告的,公安机关应当受理;被害人直接向公安机关控告的,公安机关应当受理;

(四)军队保卫部门管辖的军人违反职责的犯罪和军队内部发生的刑事案件;

(五)监狱管辖的罪犯在监狱内犯罪的刑事案件;

(六)海警部门管辖的海(岛屿)岸线以外我国管辖海域内发生的刑事案件。对于发生在沿海港岙口、码头、滩涂、台轮停泊点等区域的,由公安机关管辖;

(七)其他依照法律和规定应当由其他机关管辖的刑事案件。

第十五条　刑事案件由犯罪地的公安机关管辖。如果由犯罪嫌疑人居住地的公安机关管辖更为适宜的,可以由犯罪嫌疑人居住地的公安机关管辖。

法律、司法解释或者其他规范性文件对有关犯罪案件的管辖作出特别规定的,从其规定。

第十六条　犯罪地包括犯罪行为发生地和犯罪结果发生地。犯罪行为发生地,包括犯罪行为的实施地以及预备地、开始地、途经地、结束地等与犯罪行为有关的地点;犯罪行为有连续、持续或者继续状态的,犯罪行为连续、持续或者继续实施的地方都属于犯罪行为发生地。犯罪结果发生地,包括犯罪对象被侵害地、犯罪所得的实际取得地、藏匿地、转移地、使用地、销售地。

居住地包括户籍所在地、经常居住地。经常居住地是指公民离开户籍所在地最后连续居住一年以上的地方,但住院就医的除外。单位登记的住所地为其居住地。主要营业地或者主要办事机构所在地与登记的住所地不一致的,主要营业地或者主要办事机构所在地为其居住地。

第十七条　针对或者主要利用计算机网络实施的犯罪,用于实施犯罪行为的网络服务使用的服务器所在地,网络服务提供者所在地,被侵害的网络信息系统及其管理者所在地,以及犯罪过程中犯罪嫌疑人、被害人使用的网络信息系统所在地,被害人被侵害时所在地和被害人财产遭受损失地公安机关可以管辖。

第十八条　行驶中的交通工具上发生的刑事案件,由交通工具最初停靠地公安机关管辖;必要时,交通工具始发地、途经地、目的地公安机关也可以管辖。

第十九条　在中华人民共和国领域外的中国航空器内发生的刑事案件,由该航空器在中国最初降落地的公安机关管辖。

第二十条　中国公民在中国驻外使、领馆内的犯罪,由其主管单位所在地或者原户籍地的公安机关管辖。

中国公民在中华人民共和国领域外的犯罪,由其入境地、离境前居住地或者现居住地的公安机关管辖;被害人是中国公民的,也可由被害人离境前居住地或者现居住地的公安机关管辖。

第二十一条 几个公安机关都有权管辖的刑事案件,由最初受理的公安机关管辖。必要时,可以由主要犯罪地的公安机关管辖。

具有下列情形之一的,公安机关可以在职责范围内并案侦查:

(一)一人犯数罪的;

(二)共同犯罪的;

(三)共同犯罪的犯罪嫌疑人还实施其他犯罪的;

(四)多个犯罪嫌疑人实施的犯罪存在关联,并案处理有利于查明犯罪事实的。

第二十二条 对管辖不明确或者有争议的刑事案件,可以由有关公安机关协商。协商不成的,由共同的上级公安机关指定管辖。

对情况特殊的刑事案件,可以由共同的上级公安机关指定管辖。

提请上级公安机关指定管辖时,应当在有关材料中列明犯罪嫌疑人基本情况、涉嫌罪名、案件基本事实、管辖争议情况、协商情况和指定管辖理由,经公安机关负责人批准后,层报有权指定管辖的上级公安机关。

第二十三条 上级公安机关指定管辖的,应当将指定管辖决定书分别送达被指定管辖的公安机关和其他有关的公安机关,并根据办案需要抄送同级人民法院、人民检察院。

原受理案件的公安机关,在收到上级公安机关指定其他公安机关管辖的决定书后,不再行使管辖权,同时应当将犯罪嫌疑人、涉案财物以及案卷材料等移送被指定管辖的公安机关。

对指定管辖的案件,需要逮捕犯罪嫌疑人的,由被指定管辖的公安机关提请同级人民检察院审查批准;需要提起公诉的,由该公安机关移送同级人民检察院审查决定。

第二十四条 县级公安机关负责侦查发生在本辖区内的刑事案件。

设区的市一级以上公安机关负责下列犯罪中重大案件的侦查:

(一)危害国家安全犯罪;

(二)恐怖活动犯罪;

(三)涉外犯罪;

(四)经济犯罪;

(五)集团犯罪;

(六)跨区域犯罪。

上级公安机关认为有必要的,可以侦查下级公安机关管辖的刑事案件;下级公安机关认为案情重大需要上级公安机关侦查的刑事案件,可以请求上一级公安机关管辖。

第二十五条 公安机关内部对刑事案件的管辖,按照刑事侦查机构的设置及其职责分工确定。

第二十六条 铁路公安机关管辖铁路系统的机关、厂、段、院、校、所、队、工区等单位发生的刑事案件,车站工作区域内、列车内发生的刑事案件,铁路沿线发生的盗窃或者破坏铁路、通信、电力线路和其他重要设施的刑事案件,以及内部职工在铁路线上工作时发生的刑事案件。

铁路系统的计算机信息系统延伸到地方涉及铁路业务的网点,其计算机信息系统发生的刑事案件由铁路公安机关管辖。

对倒卖、伪造、变造火车票的刑事案件,由最初受理案件的铁路公安机关或者地方公安机关管辖。必要时,可以移送主要犯罪地的铁路公安机关或者地方公安机关管辖。

在列车上发生的刑事案件,犯罪嫌疑人在列车运行途中被抓获的,由前方停靠站所在地的铁路公安机关管辖;必要时,也可以由列车始发站、终点站所在地的铁路公安机关管辖。犯罪嫌疑人不是在列车运行途中被抓获的,由负责该列车乘务的铁路公安机关管辖;但在列车运行途经的车站被抓获的,也可以由该车站所在地的铁路公安机关管辖。

在国际列车上发生的刑事案件,根据我国与相关国家签订的协定确定管辖;没有协定的,由该列车始发或者前方停靠的中国车站所在地的铁路公安机关管辖。

铁路建设施工工地发生的刑事案件由地方公安机关管辖。

第二十七条 民航公安机关管辖民航系统的机

关、厂、段、院、校、所、队、工区等单位、机场工作区域内、民航飞机内发生的刑事案件。

重大飞行事故刑事案件由犯罪结果发生地机场公安机关管辖。犯罪结果发生地未设机场公安机关或者不在机场公安机关管辖范围内的，由地方公安机关管辖，有关机场公安机关予以协助。

第二十八条　海关走私犯罪侦查机构管辖中华人民共和国海关境内发生的涉税走私犯罪和发生在海关监管区内的非涉税走私犯罪等刑事案件。

第二十九条　公安机关侦查的刑事案件的犯罪嫌疑人涉及监察机关管辖的案件时，应当及时与同级监察机关协商，一般应当由监察机关为主调查，公安机关予以协助。

第三十条　公安机关侦查的刑事案件涉及人民检察院管辖的案件时，应当将属于人民检察院管辖的刑事案件移送人民检察院。涉嫌主罪属于公安机关管辖的，由公安机关为主侦查；涉嫌主罪属于人民检察院管辖的，公安机关予以配合。

公安机关侦查的刑事案件涉及其他侦查机关管辖的案件时，参照前款规定办理。

第三十一条　公安机关和军队互涉刑事案件的管辖分工按照有关规定办理。

公安机关和武装警察部队互涉刑事案件的管辖分工依照公安机关和军队互涉刑事案件的管辖分工的原则办理。

第三章　回　避

第三十二条　公安机关负责人、侦查人员有下列情形之一的，应当自行提出回避申请，没有自行提出回避申请的，应当责令其回避，当事人及其法定代理人也有权要求他们回避：

（一）是本案的当事人或者是当事人的近亲属的；

（二）本人或者他的近亲属和本案有利害关系的；

（三）担任过本案的证人、鉴定人、辩护人、诉讼代理人的；

（四）与本案当事人有其他关系，可能影响公正处理案件的。

第三十三条　公安机关负责人、侦查人员不得有下列行为：

（一）违反规定会见本案当事人及其委托人；

（二）索取、接受本案当事人及其委托人的财物或者其他利益；

（三）接受本案当事人及其委托人的宴请，或者参加由其支付费用的活动；

（四）其他可能影响案件公正办理的不正当行为。

违反前款规定的，应当责令其回避并依法追究法律责任。当事人及其法定代理人有权要求其回避。

第三十四条　公安机关负责人、侦查人员自行提出回避申请的，应当说明回避的理由；口头提出申请的，公安机关应当记录在案。

当事人及其法定代理人要求公安机关负责人、侦查人员回避，应当提出申请，并说明理由；口头提出申请的，公安机关应当记录在案。

第三十五条　侦查人员的回避，由县级以上公安机关负责人决定；县级以上公安机关负责人的回避，由同级人民检察院检察委员会决定。

第三十六条　当事人及其法定代理人对侦查人员提出回避申请的，公安机关应当在收到回避申请后二日以内作出决定并通知申请人；情况复杂的，经县级以上公安机关负责人批准，可以在收到回避申请后五日以内作出决定。

当事人及其法定代理人对县级以上公安机关负责人提出回避申请的，公安机关应当及时将申请移送同级人民检察院。

第三十七条　当事人及其法定代理人对驳回申请回避的决定不服的，可以在收到驳回申请回避决定书后五日以内向作出决定的公安机关申请复议。

公安机关应当在收到复议申请后五日以内作出复议决定并书面通知申请人。

第三十八条　在作出回避决定前，申请或者被申请回避的公安机关负责人、侦查人员不得停止对案件的侦查。

作出回避决定后，申请或者被申请回避的公安机关负责人、侦查人员不得再参与本案的侦查工作。

第三十九条　被决定回避的公安机关负责人、侦查人员在回避决定作出以前所进行的诉讼活动是否有效，由作出决定的机关根据案件情况决定。

第四十条　本章关于回避的规定适用于记录人、翻译人员和鉴定人。

记录人、翻译人员和鉴定人需要回避的,由县级以上公安机关负责人决定。

第四十一条　辩护人、诉讼代理人可以依照本章的规定要求回避、申请复议。

第四章　律师参与刑事诉讼

第四十二条　公安机关应当保障辩护律师在侦查阶段依法从事下列执业活动:

(一)向公安机关了解犯罪嫌疑人涉嫌的罪名和案件有关情况,提出意见;

(二)与犯罪嫌疑人会见和通信,向犯罪嫌疑人了解案件有关情况;

(三)为犯罪嫌疑人提供法律帮助、代理申诉、控告;

(四)为犯罪嫌疑人申请变更强制措施。

第四十三条　公安机关在第一次讯问犯罪嫌疑人或者对犯罪嫌疑人采取强制措施的时候,应当告知犯罪嫌疑人有权委托律师作为辩护人,并告知其如果因经济困难或者其他原因没有委托辩护律师的,可以向法律援助机构申请法律援助。告知的情形应当记录在案。

对于同案的犯罪嫌疑人委托同一名辩护律师的,或者两名以上未同案处理但实施的犯罪存在关联的犯罪嫌疑人委托同一名辩护律师的,公安机关应当要求其更换辩护律师。

第四十四条　犯罪嫌疑人可以自己委托辩护律师。犯罪嫌疑人在押的,也可以由其监护人、近亲属代为委托辩护律师。

犯罪嫌疑人委托辩护律师的请求可以书面提出,也可以口头提出。口头提出的,公安机关应当制作笔录,由犯罪嫌疑人签名、捺指印。

第四十五条　在押的犯罪嫌疑人向看守所提出委托辩护律师要求的,看守所应当及时将其请求转达给办案部门,办案部门应当及时向犯罪嫌疑人委托的辩护律师或者律师事务所转达该项请求。

在押的犯罪嫌疑人仅提出委托辩护律师的要求,但提不出具体对象的,办案部门应当及时通知犯罪嫌疑人的监护人、近亲属代为委托辩护律师。犯罪嫌疑人无监护人或者近亲属的,办案部门应当及时通知当地律师协会或者司法行政机关为其推荐辩护律师。

第四十六条　符合下列情形之一,犯罪嫌疑人没有委托辩护人的,公安机关应当自发现该情形之日起三日以内通知法律援助机构为犯罪嫌疑人指派辩护律师:

(一)犯罪嫌疑人是盲、聋、哑人,或者是尚未完全丧失辨认或者控制自己行为能力的精神病人;

(二)犯罪嫌疑人可能被判处无期徒刑、死刑。

第四十七条　公安机关收到在押的犯罪嫌疑人提出的法律援助申请后,应当在二十四小时以内将其申请转交所在地的法律援助机构,并在三日以内通知申请人的法定代理人、近亲属或者其委托的其他人员协助提供有关证件、证明等相关材料。犯罪嫌疑人的法定代理人、近亲属或者其委托的其他人员地址不详无法通知的,应当在转交申请时一并告知法律援助机构。

犯罪嫌疑人拒绝法律援助机构指派的律师作为辩护人或者自行委托辩护人的,公安机关应当在三日以内通知法律援助机构。

第四十八条　辩护律师接受犯罪嫌疑人委托或者法律援助机构的指派后,应当及时告知公安机关并出示律师执业证书、律师事务所证明和委托书或者法律援助公函。

第四十九条　犯罪嫌疑人、被告人入所羁押时没有委托辩护人,法律援助机构也没有指派律师提供辩护的,看守所应当告知其有权约见值班律师,获得法律咨询、程序选择建议、申请变更强制措施、对案件处理提出意见等法律帮助,并为犯罪嫌疑人、被告人约见值班律师提供便利。

没有委托辩护人、法律援助机构没有指派律师提供辩护的犯罪嫌疑人、被告人,向看守所申请由值班律师提供法律帮助的,看守所应当在二十四小时内通知值班律师。

第五十条　辩护律师向公安机关了解案件有关情况的,公安机关应当依法将犯罪嫌疑人涉嫌的罪名以及当时已查明的该罪的主要事实,犯罪嫌疑人被采取、变更、解除强制措施,延长侦查羁押期限等案件有关情况,告知接受委托或者指派的辩护律师,并记录在案。

第五十一条　辩护律师可以同在押或者被监视

居住的犯罪嫌疑人会见、通信。

第五十二条 对危害国家安全犯罪案件、恐怖活动犯罪案件，办案部门应当在将犯罪嫌疑人送看守所羁押时书面通知看守所；犯罪嫌疑人被监视居住的，应当在送交执行时书面通知执行机关。

辩护律师在侦查期间要求会见前款规定案件的在押或者被监视居住的犯罪嫌疑人，应当向办案部门提出申请。

对辩护律师提出的会见申请，办案部门应当在收到申请后三日以内，报经县级以上公安机关负责人批准，作出许可或者不许可的决定，书面通知辩护律师，并及时通知看守所或者执行监视居住的部门。除有碍侦查或者可能泄露国家秘密的情形外，应当作出许可的决定。

公安机关不许可会见的，应当说明理由。有碍侦查或者可能泄露国家秘密的情形消失后，公安机关应当许可会见。

有下列情形之一的，属于本条规定的"有碍侦查"：

（一）可能毁灭、伪造证据，干扰证人作证或者串供的；

（二）可能引起犯罪嫌疑人自残、自杀或者逃跑的；

（三）可能引起同案犯逃避、妨碍侦查的；

（四）犯罪嫌疑人的家属与犯罪有牵连的。

第五十三条 辩护律师要求会见在押的犯罪嫌疑人，看守所应当在查验其律师执业证书、律师事务所证明和委托书或者法律援助公函后，在四十八小时以内安排律师会见到犯罪嫌疑人，同时通知办案部门。

侦查期间，辩护律师会见危害国家安全犯罪案件、恐怖活动犯罪案件在押或者被监视居住的犯罪嫌疑人时，看守所或者监视居住执行机关还应当查验侦查机关的许可决定文书。

第五十四条 辩护律师会见在押或者被监视居住的犯罪嫌疑人需要聘请翻译人员的，应当向办案部门提出申请。办案部门应当在收到申请后三日以内，报经县级以上公安机关负责人批准，作出许可或者不许可的决定，书面通知辩护律师。对于具有本规定第

三十二条所列情形之一的，作出不予许可的决定，并通知其更换；不具有相关情形的，应当许可。

翻译人员参与会见的，看守所或者监视居住执行机关应当查验公安机关的许可决定文书。

第五十五条 辩护律师会见在押或者被监视居住的犯罪嫌疑人时，看守所或者监视居住执行机关应当采取必要的管理措施，保障会见顺利进行，并告知其遵守会见的有关规定。辩护律师会见犯罪嫌疑人时，公安机关不得监听，不得派员在场。

辩护律师会见在押或者被监视居住的犯罪嫌疑人时，违反法律规定或者会见的规定的，看守所或者监视居住执行机关应当制止。对于严重违反规定或者不听劝阻的，可以决定停止本次会见，并及时通报其所在的律师事务所、所属的律师协会以及司法行政机关。

第五十六条 辩护人或者其他任何人在刑事诉讼中，违反法律规定，实施干扰诉讼活动行为的，应当依法追究法律责任。

辩护人实施干扰诉讼活动行为，涉嫌犯罪，属于公安机关管辖的，应当由办理辩护人所承办案件的公安机关报请上一级公安机关指定其他公安机关立案侦查，或者由上一级公安机关立案侦查。不得指定原承办案件公安机关的下级公安机关立案侦查。辩护人是律师的，立案侦查的公安机关应当及时通知其所在的律师事务所、所属的律师协会以及司法行政机关。

第五十七条 辩护律师对在执业活动中知悉的委托人的有关情况和信息，有权予以保密。但是，辩护律师在执业活动中知悉委托人或者其他人，准备或者正在实施危害国家安全、公共安全以及严重危害他人人身安全的犯罪的，应当及时告知司法机关。

第五十八条 案件侦查终结前，辩护律师提出要求的，公安机关应当听取辩护律师的意见，根据情况进行核实，并记录在案。辩护律师提出书面意见的，应当附卷。

对辩护律师收集的犯罪嫌疑人不在犯罪现场、未达到刑事责任年龄、属于依法不负刑事责任的精神病人的证据，公安机关应当进行核实并将有关情况记录在案，有关证据应当附卷。

第五章　证　据

第五十九条　可以用于证明案件事实的材料,都是证据。

证据包括:

(一)物证;

(二)书证;

(三)证人证言;

(四)被害人陈述;

(五)犯罪嫌疑人供述和辩解;

(六)鉴定意见;

(七)勘验、检查、侦查实验、搜查、查封、扣押、提取、辨认等笔录;

(八)视听资料、电子数据。

证据必须经过查证属实,才能作为认定案件事实的根据。

第六十条　公安机关必须依照法定程序,收集、调取能够证实犯罪嫌疑人有罪或者无罪、犯罪情节轻重的各种证据。必须保证一切与案件有关或者了解案情的公民,有客观地充分地提供证据的条件,除特殊情况外,可以吸收他们协助调查。

第六十一条　公安机关向有关单位和个人收集、调取证据时,应当告知其必须如实提供证据。

对涉及国家秘密、商业秘密、个人隐私的证据,应当保密。

对于伪造证据、隐匿证据或者毁灭证据的,应当追究其法律责任。

第六十二条　公安机关向有关单位和个人调取证据,应当经办案部门负责人批准,开具调取证据通知书,明确调取的证据和提供时限。被调取单位及其经办人、持有证据的个人应当在通知书上盖章或者签名,拒绝盖章或者签名的,公安机关应当注明。必要时,应当采用录音录像方式固定证据内容及取证过程。

第六十三条　公安机关接受或者依法调取的行政机关在行政执法和查办案件过程中收集的物证、书证、视听资料、电子数据、鉴定意见、勘验笔录、检查笔录等证据材料,经公安机关审查符合法定要求的,可以作为证据使用。

第六十四条　收集、调取的物证应当是原物。只有在原物不便搬运、不易保存或者依法应当由有关部门保管、处理或者依法应当返还时,才可以拍摄或者制作足以反映原物外形或者内容的照片、录像或者复制品。

物证的照片、录像或者复制品经与原物核实无误或者经鉴定证明为真实的,或者以其他方式确能证明其真实的,可以作为证据使用。原物的照片、录像或者复制品,不能反映原物的外形和特征的,不能作为证据使用。

第六十五条　收集、调取的书证应当是原件。只有在取得原件确有困难时,才可以使用副本或者复制件。

书证的副本、复制件,经与原件核实无误或者经鉴定证明为真实的,或者以其他方式确能证明其真实的,可以作为证据使用。书证有更改或者更改迹象不能作出合理解释的,或者书证的副本、复制件不能反映书证原件及其内容的,不能作为证据使用。

第六十六条　收集、调取电子数据,能够扣押电子数据原始存储介质的,应当扣押原始存储介质,并制作笔录、予以封存。

确因客观原因无法扣押原始存储介质的,可以现场提取或者网络在线提取电子数据。无法扣押原始存储介质,也无法现场提取或者网络在线提取的,可以采取打印、拍照或者录音录像等方式固定相关证据,并在笔录中注明原因。

收集、调取的电子数据,足以保证完整性,无删除、修改、增加等情形的,可以作为证据使用。经审查无法确定真伪,或者制作、取得的时间、地点、方式等有疑问,不能提供必要证明或者作出合理解释的,不能作为证据使用。

第六十七条　物证的照片、录像或者复制品,书证的副本、复制件,视听资料、电子数据的复制件,应当附有关制作过程及原件、原物存放处的文字说明,并由制作人和物品持有人或者物品持有单位有关人员签名。

第六十八条　公安机关提请批准逮捕书、起诉意见书必须忠实于事实真象。故意隐瞒事实真象的,应当依法追究责任。

第六十九条　需要查明的案件事实包括:

（一）犯罪行为是否存在；

（二）实施犯罪行为的时间、地点、手段、后果以及其他情节；

（三）犯罪行为是否为犯罪嫌疑人实施；

（四）犯罪嫌疑人的身份；

（五）犯罪嫌疑人实施犯罪行为的动机、目的；

（六）犯罪嫌疑人的责任以及与其他同案人的关系；

（七）犯罪嫌疑人有无法定从重、从轻、减轻处罚以及免除处罚的情节；

（八）其他与案件有关的事实。

第七十条　公安机关移送审查起诉的案件，应当做到犯罪事实清楚，证据确实、充分。

证据确实、充分，应当符合以下条件：

（一）认定的案件事实都有证据证明；

（二）认定案件事实的证据均经法定程序查证属实；

（三）综合全案证据，对所认定事实已排除合理怀疑。

对证据的审查，应当结合案件的具体情况，从各证据与待证事实的关联程度、各证据之间的联系等方面进行审查判断。

只有犯罪嫌疑人供述，没有其他证据的，不能认定案件事实；没有犯罪嫌疑人供述，证据确实、充分的，可以认定案件事实。

第七十一条　采用刑讯逼供等非法方法收集的犯罪嫌疑人供述和采用暴力、威胁等非法方法收集的证人证言、被害人陈述，应当予以排除。

收集物证、书证、视听资料、电子数据违反法定程序，可能严重影响司法公正的，应当予以补正或者作出合理解释；不能补正或者作出合理解释的，对该证据应当予以排除。

在侦查阶段发现有应当排除的证据的，经县级以上公安机关负责人批准，应当依法予以排除，不得作为提请批准逮捕、移送审查起诉的依据。

人民检察院认为可能存在以非法方法收集证据情形，要求公安机关进行说明的，公安机关应当及时进行调查，并向人民检察院作出书面说明。

第七十二条　人民法院认为现有证据材料不能证明证据收集的合法性，通知有关侦查人员或者公安机关其他人员出庭说明情况的，有关侦查人员或者其他人员应当出庭。必要时，有关侦查人员或者其他人员也可以要求出庭说明情况。侦查人员或者其他人员出庭，应当向法庭说明证据收集过程，并就相关情况接受发问。

经人民法院通知，人民警察应当就其执行职务时目击的犯罪情况出庭作证。

第七十三条　凡是知道案件情况的人，都有作证的义务。

生理上、精神上有缺陷或者年幼，不能辨别是非，不能正确表达的人，不能作证人。

对于证人能否辨别是非，能否正确表达，必要时可以进行审查或者鉴别。

第七十四条　公安机关应当保障证人及其近亲属的安全。

对证人及其近亲属进行威胁、侮辱、殴打或者打击报复，构成犯罪的，依法追究刑事责任；尚不够刑事处罚的，依法给予治安管理处罚。

第七十五条　对危害国家安全犯罪、恐怖活动犯罪、黑社会性质的组织犯罪、毒品犯罪等案件，证人、鉴定人、被害人因在侦查过程中作证，本人或者其近亲属的人身安全面临危险的，公安机关应当采取以下一项或者多项保护措施：

（一）不公开真实姓名、住址、通讯方式和工作单位等个人信息；

（二）禁止特定的人员接触被保护人；

（三）对被保护人的人身和住宅采取专门性保护措施；

（四）将被保护人带到安全场所保护；

（五）变更被保护人的住所和姓名；

（六）其他必要的保护措施。

证人、鉴定人、被害人认为因在侦查过程中作证，本人或者其近亲属的人身安全面临危险，向公安机关请求予以保护，公安机关经审查认为符合前款规定的条件，确有必要采取保护措施的，应当采取上述一项或者多项保护措施。

公安机关依法采取保护措施，可以要求有关单位和个人配合。

案件移送审查起诉时,应当将采取保护措施的相关情况一并移交人民检察院。

第七十六条 公安机关依法决定不公开证人、鉴定人、被害人的真实姓名、住址、通讯方式和工作单位等个人信息的,可以在起诉意见书、询问笔录等法律文书、证据材料中使用化名等代替证人、鉴定人、被害人的个人信息。但是,应当另行书面说明使用化名的情况并标明密级,单独成卷。

第七十七条 证人保护工作所必需的人员、经费、装备等,应当予以保障。

证人因履行作证义务而支出的交通、住宿、就餐等费用,应当给予补助。证人作证的补助列入公安机关业务经费。

第六章 强制措施
第一节 拘 传

第七十八条 公安机关根据案件情况对需要拘传的犯罪嫌疑人,或者经过传唤没有正当理由不到案的犯罪嫌疑人,可以拘传到其所在市、县公安机关执法办案场所进行讯问。

需要拘传的,应当填写呈请拘传报告书,并附有关材料,报县级以上公安机关负责人批准。

第七十九条 公安机关拘传犯罪嫌疑人应当出示拘传证,并责令其在拘传证上签名、捺指印。

犯罪嫌疑人到案后,应当责令其在拘传证上填写到案时间;拘传结束后,应当由其在拘传证上填写拘传结束时间。犯罪嫌疑人拒绝填写的,侦查人员应当在拘传证上注明。

第八十条 拘传持续的时间不得超过十二小时;案情特别重大、复杂,需要采取拘留、逮捕措施的,经县级以上公安机关负责人批准,拘传持续的时间不得超过二十四小时。不得以连续拘传的形式变相拘禁犯罪嫌疑人。

拘传期限届满,未作出采取其他强制措施决定的,应当立即结束拘传。

第二节 取保候审

第八十一条 公安机关对具有下列情形之一的犯罪嫌疑人,可以取保候审:

(一)可能判处管制、拘役或者独立适用附加刑的;

(二)可能判处有期徒刑以上刑罚,采取取保候审不致发生社会危险性的;

(三)患有严重疾病、生活不能自理,怀孕或者正在哺乳自己婴儿的妇女,采取取保候审不致发生社会危险性的;

(四)羁押期限届满,案件尚未办结,需要继续侦查的。

对拘留的犯罪嫌疑人,证据不符合逮捕条件,以及提请逮捕后,人民检察院不批准逮捕,需要继续侦查,并且符合取保候审条件的,可以依法取保候审。

第八十二条 对累犯,犯罪集团的主犯,以自伤、自残办法逃避侦查的犯罪嫌疑人,严重暴力犯罪以及其他严重犯罪的犯罪嫌疑人不得取保候审,但犯罪嫌疑人具有本规定第八十一条第一款第三项、第四项规定情形的除外。

第八十三条 需要对犯罪嫌疑人取保候审的,应当制作呈请取保候审报告书,说明取保候审的理由、采取的保证方式以及应当遵守的规定,经县级以上公安机关负责人批准,制作取保候审决定书。取保候审决定书应当向犯罪嫌疑人宣读,由犯罪嫌疑人签名、捺指印。

第八十四条 公安机关决定对犯罪嫌疑人取保候审的,应当责令犯罪嫌疑人提出保证人或者交纳保证金。

对同一犯罪嫌疑人,不得同时责令其提出保证人和交纳保证金。对未成年人取保候审,应当优先适用保证人保证。

第八十五条 采取保证人保证的,保证人必须符合以下条件,并经公安机关审查同意:

(一)与本案无牵连;

(二)有能力履行保证义务;

(三)享有政治权利,人身自由未受到限制;

(四)有固定的住处和收入。

第八十六条 保证人应当履行以下义务:

(一)监督被保证人遵守本规定第八十九条、第九十条的规定;

(二)发现被保证人可能发生或者已经发生违反本规定第八十九条、第九十条规定的行为的,应当及时向执行机关报告。

保证人应当填写保证书,并在保证书上签名、捺指印。

第八十七条　犯罪嫌疑人的保证金起点数额为人民币一千元。犯罪嫌疑人为未成年人的,保证金起点数额为人民币五百元。具体数额应当综合考虑保证诉讼活动正常进行的需要、犯罪嫌疑人的社会危险性、案件的性质、情节、可能判处刑罚的轻重以及犯罪嫌疑人的经济状况等情况确定。

第八十八条　县级以上公安机关应当在其指定的银行设立取保候审保证金专门账户,委托银行代为收取和保管保证金。

提供保证金的人,应当一次性将保证金存入取保候审保证金专门账户。保证金应当以人民币交纳。

保证金应当由办案部门以外的部门管理。严禁截留、坐支、挪用或者以其他任何形式侵吞保证金。

第八十九条　公安机关在宣布取保候审决定时,应当告知被取保候审人遵守以下规定:

(一)未经执行机关批准不得离开所居住的市、县;

(二)住址、工作单位和联系方式发生变动的,在二十四小时以内向执行机关报告;

(三)在传讯的时候及时到案;

(四)不得以任何形式干扰证人作证;

(五)不得毁灭、伪造证据或者串供。

第九十条　公安机关在决定取保候审时,还可以根据案件情况,责令被取保候审人遵守以下一项或者多项规定:

(一)不得进入与其犯罪活动等相关联的特定场所;

(二)不得与证人、被害人及其近亲属、同案犯以及与案件有关联的其他特定人员会见或者以任何方式通信;

(三)不得从事与其犯罪行为等相关联的特定活动;

(四)将护照等出入境证件、驾驶证件交执行机关保存。

公安机关应当综合考虑案件的性质、情节、社会影响、犯罪嫌疑人的社会关系等因素,确定特定场所、特定人员和特定活动的范围。

第九十一条　公安机关决定取保候审的,应当及时通知被取保候审人居住地的派出所执行。必要时,办案部门可以协助执行。

采取保证人担保形式的,应当同时送交有关法律文书、被取保候审人基本情况、保证人基本情况等材料。采取保证金担保形式的,应当同时送交有关法律文书、被取保候审人基本情况和保证金交纳情况等材料。

第九十二条　人民法院、人民检察院决定取保候审的,负责执行的县级公安机关应当在收到法律文书和有关材料后二十四小时以内,指定被取保候审人居住地派出所核实情况后执行。

第九十三条　执行取保候审的派出所应当履行下列职责:

(一)告知被取保候审人必须遵守的规定,及其违反规定或者在取保候审期间重新犯罪应当承担的法律后果;

(二)监督、考察被取保候审人遵守有关规定,及时掌握其活动、住址、工作单位、联系方式及变动情况;

(三)监督保证人履行保证义务;

(四)被取保候审人违反应当遵守的规定以及保证人未履行保证义务的,应当及时制止、采取紧急措施,同时告知决定机关。

第九十四条　执行取保候审的派出所应当定期了解被取保候审人遵守取保候审规定的有关情况,并制作笔录。

第九十五条　被取保候审人无正当理由不得离开所居住的市、县。有正当理由需要离开所居住的市、县的,应当经负责执行的派出所负责人批准。

人民法院、人民检察院决定取保候审的,负责执行的派出所在批准被取保候审人离开所居住的市、县前,应当征得决定取保候审的机关同意。

第九十六条　被取保候审人在取保候审期间违反本规定第八十九条、第九十条规定,已交纳保证金的,公安机关应当根据其违反规定的情节,决定没收部分或者全部保证金,并且区别情形,责令其具结悔过、重新交纳保证金、提出保证人,变更强制措施或者给予治安管理处罚;需要予以逮捕的,可以对其先行拘留。

人民法院、人民检察院决定取保候审的，被取保候审人违反应当遵守的规定，负责执行的派出所应当及时通知决定取保候审的机关。

第九十七条　需要没收保证金的，应当经过严格审核后，报县级以上公安机关负责人批准，制作没收保证金决定书。

决定没收五万元以上保证金的，应当经设区的市一级以上公安机关负责人批准。

第九十八条　没收保证金的决定，公安机关应当在三日以内向被取保候审人宣读，并责令其在没收保证金决定书上签名、捺指印；被取保候审人在逃或者具有其他情形不能到场的，应当向其成年家属、法定代理人、辩护人或者单位、居住地的居民委员会、村民委员会宣布，由其成年家属、法定代理人、辩护人或者单位、居住地的居民委员会或者村民委员会的负责人在没收保证金决定书上签名。

被取保候审人或者其成年家属、法定代理人、辩护人或者单位、居民委员会、村民委员会负责人拒绝签名的，公安机关应当在没收保证金决定书上注明。

第九十九条　公安机关在宣读没收保证金决定书时，应当告知如果对没收保证金的决定不服，被取保候审人或者其法定代理人可以在五日以内向作出决定的公安机关申请复议。公安机关应当在收到复议申请后七日以内作出决定。

被取保候审人或者其法定代理人对复议决定不服，可以在收到复议决定书后五日以内向上一级公安机关申请复核一次。上一级公安机关应当在收到复核申请后七日以内作出决定。对上级公安机关撤销或者变更没收保证金决定的，下级公安机关应当执行。

第一百条　没收保证金的决定已过复议期限，或者复议、复核后维持原决定或者变更没收保证金数额的，公安机关应当及时通知指定的银行将没收的保证金按照国家的有关规定上缴国库。人民法院、人民检察院决定取保候审的，还应当在三日以内通知决定取保候审的机关。

第一百零一条　被取保候审人在取保候审期间，没有违反本规定第八十九条、第九十条有关规定，也

没有重新故意犯罪的，或者具有本规定第一百八十六条规定的情形之一的，在解除取保候审、变更强制措施的同时，公安机关应当制作退还保证金决定书，通知银行如数退还保证金。

被取保候审人可以凭退还保证金决定书到银行领取退还的保证金。被取保候审人委托他人领取的，应当出具委托书。

第一百零二条　被取保候审人没有违反本规定第八十九条、第九十条规定，但在取保候审期间涉嫌重新故意犯罪被立案侦查的，负责执行的公安机关应当暂扣其交纳的保证金，待人民法院判决生效后，根据有关判决作出处理。

第一百零三条　被保证人违反应当遵守的规定，保证人未履行保证义务的，查证属实后，经县级以上公安机关负责人批准，对保证人处一千元以上二万元以下罚款；构成犯罪的，依法追究刑事责任。

第一百零四条　决定对保证人罚款的，应当报经县级以上公安机关负责人批准，制作对保证人罚款决定书，在三日以内送达保证人，告知其如果对罚款决定不服，可以在收到决定书之日起五日以内向作出决定的公安机关申请复议。公安机关应当在收到复议申请后七日以内作出决定。

保证人对复议决定不服的，可以在收到复议决定书后五日以内向上一级公安机关申请复核一次。上一级公安机关应当在收到复核申请后七日以内作出决定。对上级公安机关撤销或者变更罚款决定的，下级公安机关应当执行。

第一百零五条　对于保证人罚款的决定已过复议期限，或者复议、复核后维持原决定或者变更罚款数额的，公安机关应当及时通知指定的银行将保证人罚款按照国家的有关规定上缴国库。人民法院、人民检察院决定取保候审的，还应当在三日以内通知决定取保候审的机关。

第一百零六条　对于犯罪嫌疑人采取保证人保证的，如果保证人在取保候审期间情况发生变化，不愿继续担保或者丧失担保条件，公安机关应当责令被取保候审人重新提出保证人或者交纳保证金，或者作出变更强制措施的决定。

人民法院、人民检察院决定取保候审的，负责执行

的派出所应当自发现保证人不愿继续担保或者丧失担保条件之日起三日以内通知决定取保候审的机关。

第一百零七条　公安机关在取保候审期间不得中断对案件的侦查，对取保候审的犯罪嫌疑人，根据案情变化，应当及时变更强制措施或者解除取保候审。

取保候审最长不得超过十二个月。

第一百零八条　需要解除取保候审的，应当经县级以上公安机关负责人批准，制作解除取保候审决定书、通知书，并及时通知负责执行的派出所、被取保候审人、保证人和有关单位。

人民法院、人民检察院作出解除取保候审决定的，负责执行的公安机关应当根据决定书及时解除取保候审，并通知被取保候审人、保证人和有关单位。

第三节　监视居住

第一百零九条　公安机关对符合逮捕条件，有下列情形之一的犯罪嫌疑人，可以监视居住：

（一）患有严重疾病、生活不能自理的；

（二）怀孕或者正在哺乳自己婴儿的妇女；

（三）系生活不能自理的人的唯一扶养人；

（四）因案件的特殊情况或者办理案件的需要，采取监视居住措施更为适宜的；

（五）羁押期限届满，案件尚未办结，需要采取监视居住措施的。

对人民检察院决定不批准逮捕的犯罪嫌疑人，需要继续侦查，并且符合监视居住条件的，可以监视居住。

对于符合取保候审条件，但犯罪嫌疑人不能提出保证人，也不交纳保证金的，可以监视居住。

对于被取保候审人违反本规定第八十九条、第九十条规定的，可以监视居住。

第一百一十条　对犯罪嫌疑人监视居住，应当制作呈请监视居住报告书，说明监视居住的理由、采取监视居住的方式以及应当遵守的规定，经县级以上公安机关负责人批准，制作监视居住决定书。监视居住决定书应当向犯罪嫌疑人宣读，由犯罪嫌疑人签名、捺指印。

第一百一十一条　监视居住应当在犯罪嫌疑人、被告人住处执行；无固定住处的，可以在指定的居所

执行。对于涉嫌危害国家安全犯罪、恐怖活动犯罪，在住处执行可能有碍侦查的，经上一级公安机关批准，也可以在指定的居所执行。

有下列情形之一的，属于本条规定的"有碍侦查"：

（一）可能毁灭、伪造证据，干扰证人作证或者串供的；

（二）可能引起犯罪嫌疑人自残、自杀或者逃跑的；

（三）可能引起同案犯逃避、妨碍侦查的；

（四）犯罪嫌疑人、被告人在住处执行监视居住有人身危险的；

（五）犯罪嫌疑人、被告人的家属或者所在单位人员与犯罪有牵连的。

指定居所监视居住的，不得要求被监视居住人支付费用。

第一百一十二条　固定住处，是指被监视居住人在办案机关所在的市、县内生活的合法住处；指定的居所，是指公安机关根据案件情况，在办案机关所在的市、县内为被监视居住人指定的生活居所。

指定的居所应当符合下列条件：

（一）具备正常的生活、休息条件；

（二）便于监视、管理；

（三）保证安全。

公安机关不得在羁押场所、专门的办案场所或者办公场所执行监视居住。

第一百一十三条　指定居所监视居住的，除无法通知的以外，应当制作监视居住通知书，在执行监视居住后二十四小时以内，由决定机关通知被监视居住人的家属。

有下列情形之一的，属于本条规定的"无法通知"：

（一）不讲真实姓名、住址、身份不明的；

（二）没有家属的；

（三）提供的家属联系方式无法取得联系的；

（四）因自然灾害等不可抗力导致无法通知的。

无法通知的情形消失以后，应当立即通知被监视居住人的家属。

无法通知家属的，应当在监视居住通知书中注明

原因。

第一百一十四条　被监视居住人委托辩护律师，适用本规定第四十三条、第四十四条、第四十五条规定。

第一百一十五条　公安机关在宣布监视居住决定时，应当告知被监视居住人必须遵守以下规定：

（一）未经执行机关批准不得离开执行监视居住的处所；

（二）未经执行机关批准不得会见他人或者以任何方式通信；

（三）在传讯的时候及时到案；

（四）不得以任何形式干扰证人作证；

（五）不得毁灭、伪造证据或者串供；

（六）将护照等出入境证件、身份证件、驾驶证件交执行机关保存。

第一百一十六条　公安机关对被监视居住人，可以采取电子监控、不定期检查等监视方法对其遵守监视居住规定的情况进行监督；在侦查期间，可以对被监视居住的犯罪嫌疑人的电话、传真、信函、邮件、网络等通信进行监控。

第一百一十七条　公安机关决定监视居住的，由被监视居住人住处或者指定居所所在地的派出所执行，办案部门可以协助执行。必要时，也可以由办案部门负责执行，派出所或者其他部门协助执行。

第一百一十八条　人民法院、人民检察院决定监视居住的，负责执行的县级公安机关应当在收到法律文书和有关材料后二十四小时以内，通知被监视居住人住处或者指定居所所在地的派出所，核实被监视居住人身份、住处或者居所等情况后执行。必要时，可以由人民法院、人民检察院协助执行。

负责执行的派出所应当及时将执行情况通知决定监视居住的机关。

第一百一十九条　负责执行监视居住的派出所或者办案部门应当严格对被监视居住人进行监督考察，确保安全。

第一百二十条　被监视居住人有正当理由要求离开住处或者指定的居所以及要求会见他人或者通信的，应当经负责执行的派出所或者办案部门负责人批准。

人民法院、人民检察院决定监视居住的，负责执行的派出所在批准被监视居住人离开住处或者指定的居所以及与他人会见或者通信前，应当征得决定监视居住的机关同意。

第一百二十一条　被监视居住人违反应当遵守的规定，公安机关应当区分情形责令被监视居住人具结悔过或者给予治安管理处罚。情节严重的，可以予以逮捕；需要予以逮捕的，可以对其先行拘留。

人民法院、人民检察院决定监视居住的，被监视居住人违反应当遵守的规定，负责执行的派出所应当及时通知决定监视居住的机关。

第一百二十二条　在监视居住期间，公安机关不得中断案件的侦查，对被监视居住的犯罪嫌疑人，应当根据案情变化，及时解除监视居住或者变更强制措施。

监视居住最长不得超过六个月。

第一百二十三条　需要解除监视居住的，应当经县级以上公安机关负责人批准，制作解除监视居住决定书，并及时通知负责执行的派出所、被监视居住人和有关单位。

人民法院、人民检察院作出解除、变更监视居住决定的，负责执行的公安机关应当及时解除并通知被监视居住人和有关单位。

第四节　拘　留

第一百二十四条　公安机关对于现行犯或者重大嫌疑分子，有下列情形之一的，可以先行拘留：

（一）正在预备犯罪、实行犯罪或者在犯罪后即时被发觉的；

（二）被害人或者在场亲眼看见的人指认他犯罪的；

（三）在身边或者住处发现有犯罪证据的；

（四）犯罪后企图自杀、逃跑或者在逃的；

（五）有毁灭、伪造证据或者串供可能的；

（六）不讲真实姓名、住址，身份不明的；

（七）有流窜作案、多次作案、结伙作案重大嫌疑的。

第一百二十五条　拘留犯罪嫌疑人，应当填写呈请拘留报告书，经县级以上公安机关负责人批准，制作拘留证。执行拘留时，必须出示拘留证，并责令被拘留人在拘留证上签名、捺指印,拒绝签名、捺指印的,侦查人员应当注明。

紧急情况下,对于符合本规定第一百二十四条所列情形之一的,经出示人民警察证,可以将犯罪嫌疑人口头传唤至公安机关后立即审查,办理法律手续。

第一百二十六条　拘留后,应当立即将被拘留人送看守所羁押,至迟不得超过二十四小时。

异地执行拘留,无法及时将犯罪嫌疑人押解回管辖地的,应当在宣布拘留后立即将其送抓获地看守所羁押,至迟不得超过二十四小时。到达管辖地后,应当立即将犯罪嫌疑人送看守所羁押。

第一百二十七条　除无法通知或者涉嫌危害国家安全犯罪、恐怖活动犯罪通知可能有碍侦查的情形以外,应当在拘留后二十四小时以内制作拘留通知书,通知被拘留人的家属。拘留通知书应当写明拘留原因和羁押处所。

本条规定的"无法通知"的情形适用本规定第一百一十三条第二款的规定。

有下列情形之一的,属于本条规定的"有碍侦查":

(一)可能毁灭、伪造证据,干扰证人作证或者串供的;

(二)可能引起同案犯逃避、妨碍侦查的;

(三)犯罪嫌疑人的家属与犯罪有牵连的。

无法通知、有碍侦查的情形消失以后,应当立即通知被拘留人的家属。

对于没有在二十四小时以内通知家属的,应当在拘留通知书中注明原因。

第一百二十八条　对被拘留的人,应当在拘留后二十四小时以内进行讯问。发现不应当拘留的,应当经县级以上公安机关负责人批准,制作释放通知书,看守所凭释放通知书发给被拘留人释放证明书,将其立即释放。

第一百二十九条　对被拘留的犯罪嫌疑人,经过审查认为需要逮捕的,应当在拘留后的三日以内,提请人民检察院审查批准。在特殊情况下,经县级以上公安机关负责人批准,提请审查批准逮捕的时间可以延长一日至四日。

对流窜作案、多次作案、结伙作案的重大嫌疑分子,经县级以上公安机关负责人批准,提请审查批准逮捕的时间可以延长至三十日。

本条规定的"流窜作案",是指跨市、县管辖范围连续作案,或者在居住地作案后逃跑到外市、县继续作案;"多次作案",是指三次以上作案;"结伙作案",是指二人以上共同作案。

第一百三十条　犯罪嫌疑人不讲真实姓名、住址,身份不明的,应当对其身份进行调查。对符合逮捕条件的犯罪嫌疑人,也可以按其自报的姓名提请批准逮捕。

第一百三十一条　对被拘留的犯罪嫌疑人审查后,根据案件情况报经县级以上公安机关负责人批准,分别作出如下处理:

(一)需要逮捕的,在拘留期限内,依法办理提请批准逮捕手续;

(二)应当追究刑事责任,但不需要逮捕的,依法直接向人民检察院移送审查起诉,或者依法办理取保候审或者监视居住手续后,向人民检察院移送审查起诉;

(三)拘留期限届满,案件尚未办结,需要继续侦查的,依法办理取保候审或者监视居住手续;

(四)具有本规定第一百八十六条规定情形之一的,释放被拘留人,发给释放证明书;需要行政处理的,依法予以处理或者移送有关部门。

第一百三十二条　人民检察院决定拘留犯罪嫌疑人的,由县级以上公安机关凭人民检察院送达的决定拘留的法律文书制作拘留证并立即执行。必要时,可以请人民检察院协助。拘留后,应当及时通知人民检察院。

公安机关未能抓获犯罪嫌疑人的,应当将执行情况和未能抓获犯罪嫌疑人的原因通知作出拘留决定的人民检察院。对于犯罪嫌疑人在逃的,在人民检察院撤销拘留决定之前,公安机关应当组织力量继续执行。

第五节　逮　捕

第一百三十三条　对有证据证明有犯罪事实,可能判处徒刑以上刑罚的犯罪嫌疑人,采取取保候审尚不足以防止发生下列社会危险性的,应当提请批准逮捕:

（一）可能实施新的犯罪的；

（二）有危害国家安全、公共安全或者社会秩序的现实危险的；

（三）可能毁灭、伪造证据，干扰证人作证或者串供的；

（四）可能对被害人、举报人、控告人实施打击报复的；

（五）企图自杀或者逃跑的。

对于有证据证明有犯罪事实，可能判处十年有期徒刑以上刑罚的，或者有证据证明有犯罪事实，可能判处徒刑以上刑罚，曾经故意犯罪或者身份不明的，应当提请批准逮捕。

公安机关在根据第一款的规定提请人民检察院审查批准逮捕时，应当对犯罪嫌疑人具有社会危险性说明理由。

第一百三十四条　有证据证明有犯罪事实，是指同时具备下列情形：

（一）有证据证明发生了犯罪事实；

（二）有证据证明该犯罪事实是犯罪嫌疑人实施的；

（三）证明犯罪嫌疑人实施犯罪行为的证据已有查证属实的。

前款规定的"犯罪事实"既可以是单一犯罪行为的事实，也可以是数个犯罪行为中任何一个犯罪行为的事实。

第一百三十五条　被取保候审人违反取保候审规定，具有下列情形之一的，可以提请批准逮捕：

（一）涉嫌故意实施新的犯罪行为的；

（二）有危害国家安全、公共安全或者社会秩序的现实危险的；

（三）实施毁灭、伪造证据或者干扰证人作证、串供行为，足以影响侦查工作正常进行的；

（四）对被害人、举报人、控告人实施打击报复的；

（五）企图自杀、逃跑，逃避侦查的；

（六）未经批准，擅自离开所居住的市、县，情节严重的，或者两次以上未经批准，擅自离开所居住的市、县的；

（七）经传讯无正当理由不到案，情节严重的，或者经两次以上传讯不到案的；

（八）违反规定进入特定场所、从事特定活动或者与特定人员会见、通信两次以上的。

第一百三十六条　被监视居住人违反监视居住规定，具有下列情形之一的，可以提请批准逮捕：

（一）涉嫌故意实施新的犯罪行为的；

（二）实施毁灭、伪造证据或者干扰证人作证、串供行为，足以影响侦查工作正常进行的；

（三）对被害人、举报人、控告人实施打击报复的；

（四）企图自杀、逃跑，逃避侦查的；

（五）未经批准，擅自离开执行监视居住的处所，情节严重的，或者两次以上未经批准，擅自离开执行监视居住的处所的；

（六）未经批准，擅自会见他人或者通信，情节严重的，或者两次以上未经批准，擅自会见他人或者通信的；

（七）经传讯无正当理由不到案，情节严重的，或者经两次以上传讯不到案的。

第一百三十七条　需要提请批准逮捕犯罪嫌疑人的，应当经县级以上公安机关负责人批准，制作提请批准逮捕书，连同案卷材料、证据，一并移送同级人民检察院审查批准。

犯罪嫌疑人自愿认罪认罚的，应当记录在案，并在提请批准逮捕书中写明有关情况。

第一百三十八条　对于人民检察院不批准逮捕并通知补充侦查的，公安机关应当按照人民检察院的补充侦查提纲补充侦查。

公安机关补充侦查完毕，认为符合逮捕条件的，应当重新提请批准逮捕。

第一百三十九条　对于人民检察院不批准逮捕而未说明理由的，公安机关可以要求人民检察院说明理由。

第一百四十条　对于人民检察院决定不批准逮捕的，公安机关在收到不批准逮捕决定书后，如果犯罪嫌疑人已被拘留的，应当立即释放，发给释放证明书，并在执行完毕后三日以内将执行回执送达作出不批准逮捕决定的人民检察院。

第一百四十一条　对人民检察院不批准逮捕的决定，认为有错误需要复议的，应当在收到不批准逮捕决定书后五日以内制作要求复议意见书，报经县级以上公安机关负责人批准后,送交同级人民检察院复议。

如果意见不被接受,认为需要复核的,应当在收到人民检察院的复议决定书后五日以内制作提请复核意见书,报经县级以上公安机关负责人批准后,连同人民检察院的复议决定书,一并提请上一级人民检察院复核。

第一百四十二条　接到人民检察院批准逮捕决定书后,应当由县级以上公安机关负责人签发逮捕证,立即执行,并在执行完毕后三日以内将执行回执送达作出批准逮捕决定的人民检察院。如果未能执行,也应当将回执送达人民检察院,并写明未能执行的原因。

第一百四十三条　执行逮捕时,必须出示逮捕证,并责令被逮捕人在逮捕证上签名、捺指印,拒绝签名、捺指印的,侦查人员应当注明。逮捕后,应当立即将被逮捕人送看守所羁押。

执行逮捕的侦查人员不得少于二人。

第一百四十四条　对被逮捕的人,必须在逮捕后的二十四小时以内进行讯问。发现不应当逮捕的,经县级以上公安机关负责人批准,制作释放通知书,送看守所和原批准逮捕的人民检察院。看守所凭释放通知书立即释放被逮捕人,并发给释放证明书。

第一百四十五条　对犯罪嫌疑人执行逮捕后,除无法通知的情形以外,应当在逮捕后二十四小时以内,制作逮捕通知书,通知被逮捕人的家属。逮捕通知书应当写明逮捕原因和羁押处所。

本条规定的"无法通知"的情形适用本规定第一百一十三条第二款的规定。

无法通知的情形消除后,应当立即通知被逮捕人的家属。

对于没有在二十四小时以内通知家属的,应当在逮捕通知书中注明原因。

第一百四十六条　人民法院、人民检察院决定逮捕犯罪嫌疑人、被告人的,由县级以上公安机关凭人民法院、人民检察院决定逮捕的法律文书制作逮捕证并立即执行。必要时,可以请人民法院、人民检察院协助执行。执行逮捕后,应当及时通知决定机关。

公安机关未能抓获犯罪嫌疑人、被告人的,应当将执行情况和未能抓获的原因通知决定逮捕的人民检察院、人民法院。对于犯罪嫌疑人、被告人在逃的,在人民检察院、人民法院撤销逮捕决定之前,公安机关应当组织力量继续执行。

第一百四十七条　人民检察院在审查批准逮捕工作中发现公安机关的侦查活动存在违法情况,通知公安机关予以纠正的,公安机关应当调查核实,对于发现的违法情况应当及时纠正,并将纠正情况书面通知人民检察院。

第六节　羁　押

第一百四十八条　对犯罪嫌疑人逮捕后的侦查羁押期限不得超过二个月。案情复杂、期限届满不能侦查终结的案件,应当制作提请批准延长侦查羁押期限意见书,经县级以上公安机关负责人批准后,在期限届满七日前送请同级人民检察院转报上一级人民检察院批准延长一个月。

第一百四十九条　下列案件在本规定第一百四十八条规定的期限届满不能侦查终结的,应当制作提请批准延长侦查羁押期限意见书,经县级以上公安机关负责人批准,在期限届满七日前送请同级人民检察院层报省、自治区、直辖市人民检察院批准,延长二个月:

(一)交通十分不便的边远地区的重大复杂案件;

(二)重大的犯罪集团案件;

(三)流窜作案的重大复杂案件;

(四)犯罪涉及面广,取证困难的重大复杂案件。

第一百五十条　对犯罪嫌疑人可能判处十年有期徒刑以上刑罚,依照本规定第一百四十九条规定的延长期限届满,仍不能侦查终结的,应当制作提请批准延长侦查羁押期限意见书,经县级以上公安机关负责人批准,在期限届满七日前送请同级人民检察院层报省、自治区、直辖市人民检察院批准,再延长二个月。

第一百五十一条　在侦查期间,发现犯罪嫌疑人另有重要罪行的,应当自发现之日起五日以内报县级以上公安机关负责人批准后,重新计算侦查羁押期限,制作变更羁押期限通知书,送达看守所,并报批准逮捕的人民检察院备案。

前款规定的"另有重要罪行",是指与逮捕时的罪行不同种的重大犯罪以及同种犯罪并将影响罪名认定、量刑档次的重大犯罪。

第一百五十二条　犯罪嫌疑人不讲真实姓名、住址，身份不明的，应当对其身份进行调查。经县级以上公安机关负责人批准，侦查羁押期限自查清其身份之日起计算，但不得停止对其犯罪行为的侦查取证。

对于犯罪事实清楚，证据确实、充分，确实无法查明其身份的，按其自报的姓名移送人民检察院审查起诉。

第一百五十三条　看守所应当凭公安机关签发的拘留证、逮捕证收押被拘留、逮捕的犯罪嫌疑人、被告人。犯罪嫌疑人、被告人被送至看守所羁押时，看守所应当在拘留证、逮捕证上注明犯罪嫌疑人、被告人到达看守所的时间。

查获被通缉、脱逃的犯罪嫌疑人以及执行追捕、押解任务需要临时羁押的，应当持通缉令或者其他有关法律文书并经寄押地县级以上公安机关负责人批准，送看守所寄押。

临时寄押的犯罪嫌疑人出所时，看守所应当出具羁押该犯罪嫌疑人的证明，载明该犯罪嫌疑人基本情况、羁押原因、入所和出所时间。

第一百五十四条　看守所收押犯罪嫌疑人、被告人和罪犯，应当进行健康和体表检查，并予以记录。

第一百五十五条　看守所收押犯罪嫌疑人、被告人和罪犯，应当对其人身和携带的物品进行安全检查。发现违禁物品、犯罪证据和可疑物品，应当制作笔录，由被羁押人签名、捺指印后，送办案机关处理。

对女性的人身检查，应当由女工作人员进行。

第七节　其他规定

第一百五十六条　继续盘问期间发现需要对犯罪嫌疑人拘留、逮捕、取保候审或者监视居住的，应当立即办理法律手续。

第一百五十七条　对犯罪嫌疑人执行拘传、拘留、逮捕、押解过程中，应当依法使用约束性警械。遇有暴力性对抗或者暴力犯罪行为，可以依法使用制服性警械或者武器。

第一百五十八条　公安机关发现对犯罪嫌疑人采取强制措施不当的，应当及时撤销或者变更。犯罪嫌疑人在押的，应当及时释放。公安机关释放被逮捕的人或者变更逮捕措施的，应当通知批准逮捕的人民检察院。

第一百五十九条　犯罪嫌疑人被逮捕后，人民检察院经审查认为不需要继续羁押，建议予以释放或者变更强制措施的，公安机关应当予以调查核实。认为不需要继续羁押的，应当予以释放或者变更强制措施；认为需要继续羁押的，应当说明理由。

公安机关应当在十日以内将处理情况通知人民检察院。

第一百六十条　犯罪嫌疑人及其法定代理人、近亲属或者辩护人有权申请变更强制措施。公安机关应当在收到申请后三日以内作出决定；不同意变更强制措施的，应当告知申请人，并说明理由。

第一百六十一条　公安机关对被采取强制措施法定期限届满的犯罪嫌疑人，应当予以释放，解除取保候审、监视居住或者依法变更强制措施。

犯罪嫌疑人及其法定代理人、近亲属或者辩护人对于公安机关采取强制措施法定期限届满的，有权要求公安机关解除强制措施。公安机关应当进行审查，对于情况属实的，应当立即解除或者变更强制措施。

对于犯罪嫌疑人、被告人羁押期限即将届满的，看守所应当立即通知办案机关。

第一百六十二条　取保候审变更为监视居住的，取保候审、监视居住变更为拘留、逮捕的，对原强制措施不再办理解除法律手续。

第一百六十三条　案件在取保候审、监视居住期间移送审查起诉后，人民检察院决定重新取保候审、监视居住或者变更强制措施的，对原强制措施不再办理解除法律手续。

第一百六十四条　公安机关依法对县级以上各级人民代表大会代表拘传、取保候审、监视居住、拘留或者提请批准逮捕的，应当书面报请该代表所属的人民代表大会主席团或者常务委员会许可。

第一百六十五条　公安机关对现行犯拘留的时候，发现其是县级以上人民代表大会代表的，应当立即向其所属的人民代表大会主席团或者常务委员会报告。

公安机关在依法执行拘传、取保候审、监视居住、拘留或者逮捕中，发现被执行人是县级以上人民代表大会代表的,应当暂缓执行,并报告决定或者批准机关。如果在执行后发现被执行人是县级以上人民代表大会代表的,应当立即解除,并报告决定或者批准机关。

第一百六十六条　公安机关依法对乡、民族乡、镇的人民代表大会代表拘传、取保候审、监视居住、拘留或者执行逮捕的,应当在执行后立即报告其所属的人民代表大会。

第一百六十七条　公安机关依法对政治协商委员会委员拘传、取保候审、监视居住的,应当将有关情况通报给该委员所属的政协组织。

第一百六十八条　公安机关依法对政治协商委员会委员执行拘留、逮捕前,应当向该委员所属的政协组织通报情况;情况紧急的,可在执行的同时或者执行以后及时通报。

第七章　立案、撤案
第一节　受　案

第一百六十九条　公安机关对于公民扭送、报案、控告、举报或者犯罪嫌疑人自动投案的,都应当立即接受,问明情况,并制作笔录,经核对无误后,由扭送人、报案人、控告人、举报人、投案人签名、捺指印。必要时,应当对接受过程录音录像。

第一百七十条　公安机关对扭送人、报案人、控告人、举报人、投案人提供的有关证据材料等应当登记,制作接受证据材料清单,由扭送人、报案人、控告人、举报人、投案人签名,并妥善保管。必要时,应当拍照或者录音录像。

第一百七十一条　公安机关接受案件时,应当制作受案登记表和受案回执,并将受案回执交扭送人、报案人、控告人、举报人。扭送人、报案人、控告人、举报人无法取得联系或者拒绝接受回执的,应当在回执中注明。

第一百七十二条　公安机关接受控告、举报的工作人员,应当向控告人、举报人说明诬告应负的法律责任。但是,只要不是捏造事实、伪造证据,即使控告、举报的事实有出入,甚至是错告的,也要和诬告严格加以区别。

第一百七十三条　公安机关应当保障扭送人、报案人、控告人、举报人及其近亲属的安全。

扭送人、报案人、控告人、举报人如果不愿意公开自己的身份,应当为其保守秘密,并在材料中注明。

第一百七十四条　对接受的案件,或者发现的犯罪线索,公安机关应当迅速进行审查。发现案件事实或者线索不明的,必要时,经办案部门负责人批准,可以进行调查核实。

调查核实过程中,公安机关可以依照有关法律和规定采取询问、查询、勘验、鉴定和调取证据材料等不限制被调查对象人身、财产权利的措施。但是,不得对被调查对象采取强制措施,不得查封、扣押、冻结被调查对象的财产,不得采取技术侦查措施。

第一百七十五条　经过审查,认为有犯罪事实,但不属于自己管辖的案件,应当立即报经县级以上公安机关负责人批准,制作移送案件通知书,在二十四小时以内移送有管辖权的机关处理,并告知扭送人、报案人、控告人、举报人。对于不属于自己管辖而又必须采取紧急措施的,应当先采取紧急措施,然后办理手续,移送主管机关。

对不属于公安机关职责范围的事项,在接报案时能够当场判断的,应当立即口头告知扭送人、报案人、控告人、举报人向其他主管机关报案。

对于重复报案、案件正在办理或者已经办结的,应当向扭送人、报案人、控告人、举报人作出解释,不再登记,但有新的事实或者证据的除外。

第一百七十六条　经过审查,对告诉才处理的案件,公安机关应当告知当事人向人民法院起诉。

对被害人有证据证明的轻微刑事案件,公安机关应当告知被害人可以向人民法院起诉;被害人要求公安机关处理的,公安机关应当依法受理。

人民法院审理自诉案件,依法调取公安机关已经收集的案件材料和有关证据的,公安机关应当及时移交。

第一百七十七条　经过审查,对于不够刑事处罚需要给予行政处理的,依法予以处理或者移送有关部门。

第二节　立　案

第一百七十八条　公安机关接受案件后,经审查,认为有犯罪事实需要追究刑事责任,且属于自己管辖的,经县级以上公安机关负责人批准,予以立案;

认为没有犯罪事实，或者犯罪事实显著轻微不需要追究刑事责任，或者具有其他依法不追究刑事责任情形的，经县级以上公安机关负责人批准，不予立案。

对有控告人的案件，决定不予立案的，公安机关应当制作不予立案通知书，并在三日以内送达控告人。

决定不予立案后又发现新的事实或者证据，或者发现原认定事实错误，需要追究刑事责任的，应当及时立案处理。

第一百七十九条　控告人对不予立案决定不服的，可以在收到不予立案通知书后七日以内向作出决定的公安机关申请复议；公安机关应当在收到复议申请后三十日以内作出决定，并将决定书送达控告人。

控告人对不予立案的复议决定不服的，可以在收到复议决定书后七日以内向上一级公安机关申请复核；上一级公安机关应当在收到复核申请后三十日以内作出决定。对上级公安机关撤销不予立案决定的，下级公安机关应当执行。

案情重大、复杂的，公安机关可以延长复议、复核时限，但是延长时限不得超过三十日，并书面告知申请人。

第一百八十条　对行政执法机关移送的案件，公安机关应当自接受案件之日起三日以内进行审查，认为有犯罪事实，需要追究刑事责任，依法决定立案的，应当书面通知移送案件的行政执法机关；认为没有犯罪事实，或者犯罪事实显著轻微，不需要追究刑事责任，依法不予立案的，应当说明理由，并将不予立案通知书送达移送案件的行政执法机关，相应退回案件材料。

公安机关认为行政执法机关移送的案件材料不全的，应当在接受案件后二十四小时以内通知移送案件的行政执法机关在三日以内补正，但不得以材料不全为由不接受移送案件。

公安机关认为行政执法机关移送的案件不属于公安机关职责范围的，应当书面通知移送案件的行政执法机关向其他主管机关移送案件，并说明理由。

第一百八十一条　移送案件的行政执法机关对不予立案决定不服的，可以在收到不予立案通知书后三日以内向作出决定的公安机关申请复议；公安机关应当在收到行政执法机关的复议申请后三日以内作出决定，并书面通知移送案件的行政执法机关。

第一百八十二条　对人民检察院要求说明不立案理由的案件，公安机关应当在收到通知书后七日以内，对不立案的情况、依据和理由作出书面说明，回复人民检察院。公安机关作出立案决定的，应当将立案决定书复印件送达人民检察院。

人民检察院通知公安机关立案的，公安机关应当在收到通知书后十五日以内立案，并将立案决定书复印件送达人民检察院。

第一百八十三条　人民检察院认为公安机关不应当立案而立案，提出纠正意见的，公安机关应当进行调查核实，并将有关情况回复人民检察院。

第一百八十四条　经立案侦查，认为有犯罪事实需要追究刑事责任，但不属于自己管辖或者需要由其他公安机关并案侦查的案件，经县级以上公安机关负责人批准，制作移送案件通知书，移送有管辖权的机关或者并案侦查的公安机关，并在移送案件后三日以内书面通知扭送人、报案人、控告人、举报人或者移送案件的行政执法机关；犯罪嫌疑人已经到案的，应当依照本规定的有关规定通知其家属。

第一百八十五条　案件变更管辖或者移送其他公安机关并案侦查时，与案件有关的法律文书、证据、财物及其孳息等应当随案移交。

移交时，由接收人、移交人当面查点清楚，并在交接单据上共同签名。

第三节　撤　案

第一百八十六条　经过侦查，发现具有下列情形之一的，应当撤销案件：

（一）没有犯罪事实的；

（二）情节显著轻微、危害不大，不认为是犯罪的；

（三）犯罪已过追诉时效期限的；

（四）经特赦令免除刑罚的；

（五）犯罪嫌疑人死亡的；

（六）其他依法不追究刑事责任的。

对于经过侦查，发现有犯罪事实需要追究刑事责任，但不是被立案侦查的犯罪嫌疑人实施的，或者共同犯罪案件中部分犯罪嫌疑人不够刑事处罚的，应当对有关犯罪嫌疑人终止侦查，并对该案件继续侦查。

第一百八十七条　需要撤销案件或者对犯罪嫌疑人终止侦查的，办案部门应当制作撤销案件或者终止侦查报告书，报县级以上公安机关负责人批准。

公安机关决定撤销案件或者对犯罪嫌疑人终止侦查时，原犯罪嫌疑人在押的，应当立即释放，发给释放证明书。原犯罪嫌疑人被逮捕的，应当通知原批准逮捕的人民检察院。对原犯罪嫌疑人采取其他强制措施的，应当立即解除强制措施；需要行政处理的，依法予以处理或者移交有关部门。

对查封、扣押的财物及其孳息、文件，或者冻结的财产，除按照法律和有关规定另行处理的以外，应当解除查封、扣押、冻结，并及时返还或者通知当事人。

第一百八十八条　犯罪嫌疑人自愿如实供述涉嫌犯罪的事实，有重大立功或者案件涉及国家重大利益，需要撤销案件的，应当层报公安部，由公安部商请最高人民检察院核准后撤销案件。报请撤销案件的公安机关应当同时将相关情况通报同级人民检察院。

公安机关根据前款规定撤销案件的，应当对查封、扣押、冻结的财物及其孳息作出处理。

第一百八十九条　公安机关作出撤销案件决定后，应当在三日以内告知原犯罪嫌疑人、被害人或者其近亲属、法定代理人以及案件移送机关。

公安机关作出终止侦查决定后，应当在三日以内告知原犯罪嫌疑人。

第一百九十条　公安机关撤销案件以后又发现新的事实或者证据，或者发现原认定事实错误，认为有犯罪事实需要追究刑事责任的，应当重新立案侦查。

对犯罪嫌疑人终止侦查后又发现新的事实或者证据，或者发现原认定事实错误，需要对其追究刑事责任的，应当继续侦查。

第八章　侦　查
第一节　一般规定

第一百九十一条　公安机关对已经立案的刑事案件，应当及时进行侦查，全面、客观地收集、调取犯罪嫌疑人有罪或者无罪、罪轻或者罪重的证据材料。

第一百九十二条　公安机关经过侦查，对有证据证明有犯罪事实的案件，应当进行预审，对收集、调取的证据材料的真实性、合法性、关联性及证明力予以审查、核实。

第一百九十三条　公安机关侦查犯罪，应当严格依照法律规定的条件和程序采取强制措施和侦查措施，严禁在没有证据的情况下，仅凭怀疑就对犯罪嫌疑人采取强制措施和侦查措施。

第一百九十四条　公安机关开展勘验、检查、搜查、辨认、查封、扣押等侦查活动，应当邀请有关公民作为见证人。

下列人员不得担任侦查活动的见证人：

（一）生理上、精神上有缺陷或者年幼，不具有相应辨别能力或者不能正确表达的人；

（二）与案件有利害关系，可能影响案件公正处理的人；

（三）公安机关的工作人员或者其聘用的人员。

确因客观原因无法由符合条件的人员担任见证人的，应当对有关侦查活动进行全程录音录像，并在笔录中注明有关情况。

第一百九十五条　公安机关侦查犯罪，涉及国家秘密、商业秘密、个人隐私的，应当保密。

第一百九十六条　当事人和辩护人、诉讼代理人、利害关系人对于公安机关及其侦查人员有下列行为之一的，有权向该机关申诉或者控告：

（一）采取强制措施法定期限届满，不予以释放、解除或者变更的；

（二）应当退还取保候审保证金不退还的；

（三）对与案件无关的财物采取查封、扣押、冻结措施的；

（四）应当解除查封、扣押、冻结不解除的；

（五）贪污、挪用、私分、调换、违反规定使用查封、扣押、冻结的财物的。

受理申诉或者控告的公安机关应当及时进行调查核实，并在收到申诉、控告之日起三十日以内作出处理决定，书面回复申诉人、控告人。发现公安机关及其侦查人员有上述行为之一的，应当立即纠正。

第一百九十七条　上级公安机关发现下级公安机关存在本规定第一百九十六条第一款规定的违法行为或者对申诉、控告事项不按照规定处理的，应当责令下级公安机关限期纠正，下级公安机关应当立即执行。必要时，上级公安机关可以就申诉、控告事项直接作出处理决定。

第二节　讯问犯罪嫌疑人

第一百九十八条　讯问犯罪嫌疑人，除下列情形以外，应当在公安机关执法办案场所的讯问室进行：

（一）紧急情况下在现场进行讯问的；

（二）对有严重伤病或者残疾、行动不便的，以及正在怀孕的犯罪嫌疑人，在其住处或者就诊的医疗机构进行讯问的。

对于已送交看守所羁押的犯罪嫌疑人，应当在看守所讯问室进行讯问。

对于正在被执行行政拘留、强制隔离戒毒的人员以及正在监狱服刑的罪犯，可以在其执行场所进行讯问。

对于不需要拘留、逮捕的犯罪嫌疑人，经办案部门负责人批准，可以传唤到犯罪嫌疑人所在市、县公安机关执法办案场所或者到他的住处进行讯问。

第一百九十九条　传唤犯罪嫌疑人时，应当出示传唤证和侦查人员的人民警察证，并责令其在传唤证上签名、捺指印。

犯罪嫌疑人到案后，应当由其在传唤证上填写到案时间。传唤结束时，应当由其在传唤证上填写传唤结束时间。犯罪嫌疑人拒绝填写的，侦查人员应当在传唤证上注明。

对在现场发现的犯罪嫌疑人，侦查人员经出示人民警察证，可以口头传唤，并将传唤的原因和依据告知被传唤人。在讯问笔录中应当注明犯罪嫌疑人到案方式，并由犯罪嫌疑人注明到案时间和传唤结束时间。

对自动投案或者群众扭送到公安机关的犯罪嫌疑人，可以依法传唤。

第二百条　传唤持续的时间不得超过十二小时。案情特别重大、复杂，需要采取拘留、逮捕措施的，经办案部门负责人批准，传唤持续的时间不得超过二十四小时。不得以连续传唤的形式变相拘禁犯罪嫌疑人。

传唤期限届满，未作出采取其他强制措施决定的，应当立即结束传唤。

第二百零一条　传唤、拘传、讯问犯罪嫌疑人，应当保证犯罪嫌疑人的饮食和必要的休息时间，并记录在案。

第二百零二条　讯问犯罪嫌疑人，必须由侦查员进行。讯问的时候，侦查人员不得少于二人。

讯问同案的犯罪嫌疑人，应当个别进行。

第二百零三条　侦查人员讯问犯罪嫌疑人时，应当首先讯问犯罪嫌疑人是否有犯罪行为，并告知犯罪嫌疑人享有的诉讼权利，如实供述自己罪行可以从宽处理以及认罪认罚的法律规定，让他陈述有罪的情节或者无罪的辩解，然后向他提出问题。

犯罪嫌疑人对侦查人员的提问，应当如实回答。但是对与本案无关的问题，有拒绝回答的权利。

第一次讯问，应当问明犯罪嫌疑人的姓名、别名、曾用名、出生年月日、户籍所在地、现住地、籍贯、出生地、民族、职业、文化程度、政治面貌、工作单位、家庭情况、社会经历，是否属于人大代表、政协委员，是否受过刑事处罚或者行政处理等情况。

第二百零四条　讯问聋、哑的犯罪嫌疑人，应当有通晓聋、哑手势的人参加，并在讯问笔录上注明犯罪嫌疑人的聋、哑情况，以及翻译人员的姓名、工作单位和职业。

讯问不通晓当地语言文字的犯罪嫌疑人，应当配备翻译人员。

第二百零五条　侦查人员应当将问话和犯罪嫌疑人的供述或者辩解如实地记录清楚。制作讯问笔录应当使用能够长期保持字迹的材料。

第二百零六条　讯问笔录应当交犯罪嫌疑人核对；对于没有阅读能力的，应当向他宣读。如果记录有遗漏或者差错，应当允许犯罪嫌疑人补充或者更正，并捺指印。笔录经犯罪嫌疑人核对无误后，应当由其在笔录上逐页签名、捺指印，并在末页写明"以上笔录我看过（或向我宣读过），和我说的相符"。拒绝签名、捺指印的，侦查人员应当在笔录上注明。

讯问笔录上所列项目，应当按照规定填写齐全。侦查人员、翻译人员应当在讯问笔录上签名。

第二百零七条　犯罪嫌疑人请求自行书写供述的，应当准许；必要时，侦查人员也可以要求犯罪嫌疑人亲笔书写供词。犯罪嫌疑人应当在亲笔供词上逐页签名、捺指印。侦查人员收到后，应当在首页右上方写明"于某年某月某日收到"，并签名。

第二百零八条　讯问犯罪嫌疑人，在文字记录的同时，可以对讯问过程进行录音录像。对于可能判处无期徒刑、死刑的案件或者其他重大犯罪案件,应当对讯问过程进行录音录像。

前款规定的"可能判处无期徒刑、死刑的案件",是指应当适用的法定刑或者量刑档次包含无期徒刑、死刑的案件。"其他重大犯罪案件",是指致人重伤、死亡的严重危害公共安全犯罪、严重侵犯公民人身权利犯罪,以及黑社会性质组织犯罪、严重毒品犯罪等重大故意犯罪案件。

对讯问过程录音录像的,应当对每一次讯问全程不间断进行,保持完整性。不得选择性地录制,不得剪接、删改。

第二百零九条　对犯罪嫌疑人供述的犯罪事实、无罪或者罪轻的事实、申辩和反证,以及犯罪嫌疑人提供的证明自己无罪、罪轻的证据,公安机关应当认真核查;对有关证据,无论是否采信,都应当如实记录、妥善保管,并连同核查情况附卷。

第三节　询问证人、被害人

第二百一十条　询问证人、被害人,可以在现场进行,也可以到证人、被害人所在单位、住处或者证人、被害人提出的地点进行。在必要的时候,可以书面、电话或者当场通知证人、被害人到公安机关提供证言。

询问证人、被害人应当个别进行。

在现场询问证人、被害人,侦查人员应当出示人民警察证。到证人、被害人所在单位、住处或者证人、被害人提出的地点询问证人、被害人,应当经办案部门负责人批准,制作询问通知书。询问前,侦查人员应当出示询问通知书和人民警察证。

第二百一十一条　询问前,应当了解证人、被害人的身份,证人、被害人、犯罪嫌疑人之间的关系。询问时,应当告知证人、被害人必须如实地提供证据、证言和有意作伪证或者隐匿罪证应负的法律责任。

侦查人员不得向证人、被害人泄露案情或者表示对案件的看法,严禁采用暴力、威胁等非法方法询问证人、被害人。

第二百一十二条　本规定第二百零六条、第二百零七条的规定,也适用于询问证人、被害人。

第四节　勘验、检查

第二百一十三条　侦查人员对于与犯罪有关的场所、物品、人身、尸体应当进行勘验或者检查,及时提取、采集与案件有关的痕迹、物证、生物样本等。在必要的时候,可以指派或者聘请具有专门知识的人,在侦查人员的主持下进行勘验、检查。

第二百一十四条　发案地派出所、巡警等部门应当妥善保护犯罪现场和证据,控制犯罪嫌疑人,并立即报告公安机关主管部门。

执行勘查的侦查人员接到通知后,应当立即赶赴现场;勘查现场,应当持有刑事犯罪现场勘查证。

第二百一十五条　公安机关对案件现场进行勘查,侦查人员不得少于二人。

第二百一十六条　勘查现场,应当拍摄现场照片、绘制现场图,制作笔录,由参加勘查的人和见证人签名。对重大案件的现场勘查,应当录音录像。

第二百一十七条　为了确定被害人、犯罪嫌疑人的某些特征、伤害情况或者生理状态,可以对人身进行检查,依法提取、采集肖像、指纹等人体生物识别信息,采集血液、尿液等生物样本。被害人死亡的,应当通过被害人近亲属辨认、提取生物样本鉴定等方式确定被害人身份。

犯罪嫌疑人拒绝检查、提取、采集的,侦查人员认为必要的时候,经办案部门负责人批准,可以强制检查、提取、采集。

检查妇女的身体,应当由女工作人员或者医师进行。

检查的情况应当制作笔录,由参加检查的侦查人员、检查人员、被检查人员和见证人签名。被检查人员拒绝签名的,侦查人员应当在笔录中注明。

第二百一十八条　为了确定死因,经县级以上公安机关负责人批准,可以解剖尸体,并且通知死者家属到场,让其在解剖尸体通知书上签名。

死者家属无正当理由拒不到场或者拒绝签名的,侦查人员应当在解剖尸体通知书上注明。对身份不明的尸体,无法通知死者家属的,应当在笔录中注明。

第二百一十九条　对已查明死因,没有继续保存必要的尸体,应当通知家属领回处理,对于无法通知或者通知后家属拒绝领回的,经县级以上公安机关负责人批准,可以及时处理。

第二百二十条　公安机关进行勘验、检查后,人民检察院要求复验、复查的,公安机关应当进行复验、复查,并可以通知人民检察院派员参加。

第二百二十一条　为了查明案情,在必要的时候,经县级以上公安机关负责人批准,可以进行侦查实验。

进行侦查实验,应当全程录音录像,并制作侦查实验笔录,由参加实验的人签名。

进行侦查实验,禁止一切足以造成危险、侮辱人格或者有伤风化的行为。

第五节　搜　查

第二百二十二条　为了收集犯罪证据、查获犯罪人,经县级以上公安机关负责人批准,侦查人员可以对犯罪嫌疑人以及可能隐藏罪犯或者犯罪证据的人的身体、物品、住处和其他有关的地方进行搜查。

第二百二十三条　进行搜查,必须向被搜查人出示搜查证,执行搜查的侦查人员不得少于二人。

第二百二十四条　执行拘留、逮捕的时候,遇有下列紧急情况之一的,不用搜查证也可以进行搜查:

(一)可能随身携带凶器的;

(二)可能隐藏爆炸、剧毒等危险物品的;

(三)可能隐匿、毁弃、转移犯罪证据的;

(四)可能隐匿其他犯罪嫌疑人的;

(五)其他突然发生的紧急情况。

第二百二十五条　进行搜查时,应当有被搜查人或者他的家属、邻居或者其他见证人在场。

公安机关可以要求有关单位和个人交出可以证明犯罪嫌疑人有罪或者无罪的物证、书证、视听资料等证据。遇到阻碍搜查的,侦查人员可以强制搜查。

搜查妇女的身体,应当由女工作人员进行。

第二百二十六条　搜查的情况应当制作笔录,由侦查人员和被搜查人或者他的家属,邻居或者其他见证人签名。

如果被搜查人拒绝签名,或者被搜查人在逃,他的家属拒绝签名或者不在场的,侦查人员应当在笔录中注明。

第六节　查封、扣押

第二百二十七条　在侦查活动中发现的可用以证明犯罪嫌疑人有罪或者无罪的各种财物、文件,应当查封、扣押;但与案件无关的财物、文件,不得查封、扣押。

持有人拒绝交出应当查封、扣押的财物、文件的,公安机关可以强制查封、扣押。

第二百二十八条　在侦查过程中需要扣押财物、文件的,应当经办案部门负责人批准,制作扣押决定书;在现场勘查或者搜查中需要扣押财物、文件的,由现场指挥人员决定;但扣押财物、文件价值较高或者可能严重影响正常生产经营的,应当经县级以上公安机关负责人批准,制作扣押决定书。

在侦查过程中需要查封土地、房屋等不动产,或者船舶、航空器以及其他不宜移动的大型机器、设备等特定动产的,应当经县级以上公安机关负责人批准并制作查封决定书。

第二百二十九条　执行查封、扣押的侦查人员不得少于二人,并出示本规定第二百二十八条规定的有关法律文书。

查封、扣押的情况应当制作笔录,由侦查人员、持有人和见证人签名。对于无法确定持有人或者持有人拒绝签名的,侦查人员应当在笔录中注明。

第二百三十条　对查封、扣押的财物和文件,应当会同在场见证人和被查封、扣押财物、文件的持有人查点清楚,当场开列查封、扣押清单一式三份,写明财物或者文件的名称、编号、数量、特征及其来源等,由侦查人员、持有人和见证人签名,一份交给持有人,一份交给公安机关保管人员,一份附卷备查。

对于财物、文件的持有人无法确定,以及持有人不在现场或者拒绝签名的,侦查人员应当在清单中注明。

依法扣押文物、贵金属、珠宝、字画等贵重财物的,应当拍照或者录音录像,并及时鉴定、估价。

执行查封、扣押时,应当为犯罪嫌疑人及其所扶养的亲属保留必需的生活费用和物品。能够保证侦查活动正常进行的,可以允许有关当事人继续合理使用有关涉案财物,但应当采取必要的保值、保管措施。

第二百三十一条　对作为犯罪证据但不便提取或者没有必要提取的财物、文件,经登记、拍照或者录音录像、估价后,可以交财物、文件持有人保管或者封存,并且开具登记保存清单一式两份,由侦查人员、持有人和见证人签名,一份交给财物、文件持有人,另一份连同照片或者录音录像资料附卷备查。财物、文件持有人应当妥善保管，不得转移、变卖、毁损。

第二百三十二条　扣押犯罪嫌疑人的邮件、电子邮件、电报，应当经县级以上公安机关负责人批准，制作扣押邮件、电报通知书，通知邮电部门或者网络服务单位检交扣押。

不需要继续扣押的时候，应当经县级以上公安机关负责人批准，制作解除扣押邮件、电报通知书，立即通知邮电部门或者网络服务单位。

第二百三十三条　对查封、扣押的财物、文件、邮件、电子邮件、电报，经查明确实与案件无关的，应当在三日以内解除查封、扣押，退还原主或者原邮电部门、网络服务单位；原主不明确的，应当采取公告方式告知原主认领。在通知原主或者公告后六个月以内，无人认领的，按照无主财物处理，登记后上缴国库。

第二百三十四条　有关犯罪事实查证属实后，对于有证据证明权属明确且无争议的被害人合法财产及其孳息，且返还不损害其他被害人或者利害关系人的利益，不影响案件正常办理的，应当在登记、拍照或者录音录像和估价后，报经县级以上公安机关负责人批准，开具发还清单返还，并在案卷材料中注明返还的理由，将原物照片、发还清单和被害人的领取手续存卷备查。

领取人应当是涉案财物的合法权利人或者其委托的人；委托他人领取的，应当出具委托书。侦查人员或者公安机关其他工作人员不得代为领取。

查找不到被害人，或者通知被害人后，无人领取的，应当将有关财产及其孳息随案移送。

第二百三十五条　对查封、扣押的财物及其孳息、文件，公安机关应当妥善保管，以供核查。任何单位和个人不得违规使用、调换、损毁者或自行处理。

县级以上公安机关应当指定一个内设部门作为涉案财物管理部门，负责对涉案财物实行统一管理，并设立或者指定专门保管场所，对涉案财物进行集中保管。

对价值较低、易于保管，或者需要作为证据继续使用，以及需要先行返还被害人的涉案财物，可以由办案部门设置专门的场所进行保管。办案部门应当指定不承担办案工作的民警负责本部门涉案财物的

接收、保管、移交等管理工作；严禁由侦查人员自行保管涉案财物。

第二百三十六条　在侦查期间，对于易损毁、灭失、腐烂、变质而不宜长期保存，或者难以保管的物品，经县级以上公安机关主要负责人批准，可以在拍照或者录音录像后委托有关部门变卖、拍卖，变卖、拍卖的价款暂予保存，待诉讼终结后一并处理。

对于违禁品，应当依照国家有关规定处理；需要作为证据使用的，应当在诉讼终结后处理。

第七节　查询、冻结

第二百三十七条　公安机关根据侦查犯罪的需要，可以依照规定查询、冻结犯罪嫌疑人的存款、汇款、证券交易结算资金、期货保证金等资金，债券、股票、基金份额和其他证券，以及股权、保单权益和其他投资权益等财产，并可以要求有关单位和个人配合。

对于前款规定的财产，不得划转、转账或者以其他方式变相扣押。

第二百三十八条　向金融机构等单位查询犯罪嫌疑人的存款、汇款、证券交易结算资金、期货保证金等资金，债券、股票、基金份额和其他证券，以及股权、保单权益和其他投资权益等财产，应当经县级以上公安机关负责人批准，制作协助查询财产通知书，通知金融机构等单位协助办理。

第二百三十九条　需要冻结犯罪嫌疑人财产的，应当经县级以上公安机关负责人批准，制作协助冻结财产通知书，明确冻结财产的账户名称、账户号码、冻结数额、冻结期限、冻结范围以及是否及于孳息等事项，通知金融机构等单位协助办理。

冻结股权、保单权益的，应当经设区的市一级以上公安机关负责人批准。

冻结上市公司股权的，应当经省级以上公安机关负责人批准。

第二百四十条　需要延长冻结期限的，应当按照原批准权限和程序，在冻结期限届满前办理继续冻结手续。逾期不办理继续冻结手续的，视为自动解除冻结。

第二百四十一条　不需要继续冻结犯罪嫌疑人财产时，应当经原批准冻结的公安机关负责人批准，制作协助解除冻结财产通知书，通知金融机构等单位

协助办理。

第二百四十二条 犯罪嫌疑人的财产已被冻结的,不得重复冻结,但可以轮候冻结。

第二百四十三条 冻结存款、汇款、证券交易结算资金、期货保证金等财产的期限为六个月。每次续冻期限最长不得超过六个月。

对于重大、复杂案件,经设区的市一级以上公安机关负责人批准,冻结存款、汇款、证券交易结算资金、期货保证金等财产的期限可以为一年。每次续冻期限最长不得超过一年。

第二百四十四条 冻结债券、股票、基金份额等证券的期限为二年。每次续冻期限最长不得超过二年。

第二百四十五条 冻结股权、保单权益或者投资权益的期限为六个月。每次续冻期限最长不得超过六个月。

第二百四十六条 对冻结的债券、股票、基金份额等财产,应当告知当事人或者其法定代理人、委托代理人有权申请出售。

权利人书面申请出售被冻结的债券、股票、基金份额等财产,不损害国家利益、被害人、其他权利人利益,不影响诉讼正常进行的,以及冻结的汇票、本票、支票的有效期即将届满的,经县级以上公安机关负责人批准,可以依法出售或者变现,所得价款应当继续冻结在其对应的银行账户中;没有对应的银行账户的,所得价款由公安机关在银行指定专门账户保管,并及时告知当事人或者其近亲属。

第二百四十七条 对冻结的财产,经查明确实与案件无关的,应当在三日以内通知金融机构等单位解除冻结,并通知被冻结财产的所有人。

第八节 鉴 定

第二百四十八条 为了查明案情,解决案件中某些专门性问题,应当指派、聘请有专门知识的人进行鉴定。

需要聘请有专门知识的人进行鉴定,应当经县级以上公安机关负责人批准后,制作鉴定聘请书。

第二百四十九条 公安机关应当为鉴定人进行鉴定提供必要的条件,及时向鉴定人送交有关检材和对比样本等原始材料,介绍与鉴定有关的情况,并且

明确提出要求鉴定解决的问题。

禁止暗示或者强迫鉴定人作出某种鉴定意见。

第二百五十条 侦查人员应当做好检材的保管和送检工作,并注明检材送检环节的责任人,确保检材在流转环节中的同一性和不被污染。

第二百五十一条 鉴定人应当按照鉴定规则,运用科学方法独立进行鉴定。鉴定后,应当出具鉴定意见,并在鉴定意见书上签名,同时附上鉴定机构和鉴定人的资质证明或者其他证明文件。

多人参加鉴定,鉴定人有不同意见的,应当注明。

第二百五十二条 对鉴定意见,侦查人员应当进行审查。

对经审查作为证据使用的鉴定意见,公安机关应当及时告知犯罪嫌疑人、被害人或者其法定代理人。

第二百五十三条 犯罪嫌疑人、被害人对鉴定意见有异议提出申请,以及办案部门或者侦查人员对鉴定意见有疑义的,可以将鉴定意见送交其他有专门知识的人员提出意见。必要时,询问鉴定人并制作笔录附卷。

第二百五十四条 经审查,发现有下列情形之一的,经县级以上公安机关负责人批准,应当补充鉴定:

(一)鉴定内容有明显遗漏的;

(二)发现新的有鉴定意义的证物的;

(三)对鉴定证物有新的鉴定要求的;

(四)鉴定意见不完整,委托事项无法确定的;

(五)其他需要补充鉴定的情形。

经审查,不符合上述情形的,经县级以上公安机关负责人批准,作出不准予补充鉴定的决定,并在作出决定后三日以内书面通知申请人。

第二百五十五条 经审查,发现有下列情形之一的,经县级以上公安机关负责人批准,应当重新鉴定:

(一)鉴定程序违法或者违反相关专业技术要求的;

(二)鉴定机构、鉴定人不具备鉴定资质和条件的;

(三)鉴定人故意作虚假鉴定或者违反回避规定的;

(四)鉴定意见依据明显不足的;

(五)检材虚假或者被损坏的;

（六）其他应当重新鉴定的情形。

重新鉴定，应当另行指派或者聘请鉴定人。

经审查，不符合上述情形的，经县级以上公安机关负责人批准，作出不准予重新鉴定的决定，并在作出决定后三日以内书面通知申请人。

第二百五十六条　公诉人、当事人或者辩护人、诉讼代理人对鉴定意见有异议，经人民法院依法通知的，公安机关鉴定人应当出庭作证。

鉴定人故意作虚假鉴定的，应当依法追究其法律责任。

第二百五十七条　对犯罪嫌疑人作精神病鉴定的时间不计入办案期限，其他鉴定时间都应当计入办案期限。

第九节　辨　认

第二百五十八条　为了查明案情，在必要的时候，侦查人员可以让被害人、证人或者犯罪嫌疑人对与犯罪有关的物品、文件、尸体、场所或者犯罪嫌疑人进行辨认。

第二百五十九条　辨认应当在侦查人员的主持下进行。主持辨认的侦查人员不得少于二人。

几名辨认人对同一辨认对象进行辨认时，应当由辨认人个别进行。

第二百六十条　辨认时，应当将辨认对象混杂在特征相类似的其他对象中，不得在辨认前向辨认人展示辨认对象及其影像资料，不得给辨认人任何暗示。

辨认犯罪嫌疑人时，被辨认的人数不得少于七人；对犯罪嫌疑人照片进行辨认的，不得少于十人的照片。

辨认物品时，混杂的同类物品不得少于五件；对物品的照片进行辨认的，不得少于十个物品的照片。

对场所、尸体等特定辨认对象进行辨认，或者辨认人能够准确描述物品独有特征的，陪衬物不受数量的限制。

第二百六十一条　对犯罪嫌疑人的辨认，辨认人不愿意公开进行时，可以在不暴露辨认人的情况下进行，并应当为其保守秘密。

第二百六十二条　对辨认经过和结果，应当制作辨认笔录，由侦查人员、辨认人、见证人签名。必要时，应当对辨认过程进行录音录像。

第十节　技术侦查

第二百六十三条　公安机关在立案后，根据侦查犯罪的需要，可以对下列严重危害社会的犯罪案件采取技术侦查措施：

（一）危害国家安全犯罪、恐怖活动犯罪、黑社会性质的组织犯罪、重大毒品犯罪案件；

（二）故意杀人、故意伤害致人重伤或者死亡、强奸、抢劫、绑架、放火、爆炸、投放危险物质等严重暴力犯罪案件；

（三）集团性、系列性、跨区域性重大犯罪案件；

（四）利用电信、计算机网络、寄递渠道等实施的重大犯罪案件，以及针对计算机网络实施的重大犯罪案件；

（五）其他严重危害社会的犯罪案件，依法可能判处七年以上有期徒刑的。

公安机关追捕被通缉或者批准、决定逮捕的在逃的犯罪嫌疑人、被告人，可以采取追捕所必需的技术侦查措施。

第二百六十四条　技术侦查措施是指由设区的市一级以上公安机关负责技术侦查的部门实施的记录监控、行踪监控、通信监控、场所监控等措施。

技术侦查措施的适用对象是犯罪嫌疑人、被告人以及与犯罪活动直接关联的人员。

第二百六十五条　需要采取技术侦查措施的，应当制作呈请采取技术侦查措施报告书，报设区的市一级以上公安机关负责人批准，制作采取技术侦查措施决定书。

人民检察院等部门决定采取技术侦查措施，交公安机关执行的，由设区的市一级以上公安机关按照规定办理相关手续后，交负责技术侦查的部门执行，并将执行情况通知人民检察院等部门。

第二百六十六条　批准采取技术侦查措施的决定自签发之日起三个月以内有效。

在有效期限内，对不需要继续采取技术侦查措施的，办案部门应当立即书面通知负责技术侦查的部门解除技术侦查措施；负责技术侦查的部门认为需要解除技术侦查措施的，报批准机关负责人批准，制作解除技术侦查措施决定书，并及时通知办案部门。

对复杂、疑难案件，采取技术侦查措施的有效期限届满仍需要继续采取技术侦查措施的，经负责技术侦查的部门审核后，报批准机关负责人批准，制作延长技术侦查措施期限决定书。批准延长期限，每次不得超过三个月。

有效期限届满，负责技术侦查的部门应当立即解除技术侦查措施。

第二百六十七条　采取技术侦查措施，必须严格按照批准的措施种类、适用对象和期限执行。

在有效期限内，需要变更技术侦查措施种类或者适用对象的，应当按照本规定第二百六十五条规定重新办理批准手续。

第二百六十八条　采取技术侦查措施收集的材料在刑事诉讼中可以作为证据使用。使用技术侦查措施收集的材料作为证据时，可能危及有关人员的人身安全，或者可能产生其他严重后果的，应当采取不暴露有关人员身份和使用的技术设备、侦查方法等保护措施。

采取技术侦查措施收集的材料作为证据使用的，采取技术侦查措施决定书应当附卷。

第二百六十九条　采取技术侦查措施收集的材料，应当严格依照有关规定存放，只能用于对犯罪的侦查、起诉和审判，不得用于其他用途。

采取技术侦查措施收集的与案件无关的材料，必须及时销毁，并制作销毁记录。

第二百七十条　侦查人员对采取技术侦查措施过程中知悉的国家秘密、商业秘密和个人隐私，应当保密。

公安机关依法采取技术侦查措施，有关单位和个人应当配合，并对有关情况予以保密。

第二百七十一条　为了查明案情，在必要的时候，经县级以上公安机关负责人决定，可以由侦查人员或者公安机关指定的其他人员隐匿身份实施侦查。

隐匿身份实施侦查时，不得使用促使他人产生犯罪意图的方法诱使他人犯罪，不得采用可能危害公共安全或者发生重大人身危险的方法。

第二百七十二条　对涉及给付毒品等违禁品或者财物的犯罪活动，为查明参与该项犯罪的人员和犯罪事实，根据侦查需要，经县级以上公安机关负责人决定，可以实施控制下交付。

第二百七十三条　公安机关依照本节规定实施隐匿身份侦查和控制下交付收集的材料在刑事诉讼中可以作为证据使用。

使用隐匿身份侦查和控制下交付收集的材料作为证据时，可能危及隐匿身份人员的人身安全，或者可能产生其他严重后果的，应当采取不暴露有关人员身份等保护措施。

第十一节　通　缉

第二百七十四条　应当逮捕的犯罪嫌疑人在逃的，经县级以上公安机关负责人批准，可以发布通缉令，采取有效措施，追捕归案。

县级以上公安机关在自己管辖的地区内，可以直接发布通缉令；超出自己管辖的地区，应当报请有权决定的上级公安机关发布。

通缉令的发送范围，由签发通缉令的公安机关负责人决定。

第二百七十五条　通缉令中应当尽可能写明被通缉人的姓名、别名、曾用名、绰号、性别、年龄、民族、籍贯、出生地、户籍所在地、居住地、职业、身份证号码、衣着和体貌特征、口音、行为习惯，并附被通缉人近期照片，可以附指纹及其他物证的照片。除了必须保密的事项以外，应当写明发案的时间、地点和简要案情。

第二百七十六条　通缉令发出后，如果发现新的重要情况可以补发通报。通报必须注明原通缉令的编号和日期。

第二百七十七条　公安机关接到通缉令后，应当及时布置查缉。抓获犯罪嫌疑人后，报经县级以上公安机关负责人批准，凭通缉令或者相关法律文书羁押，并通知通缉令发布机关进行核实，办理交接手续。

第二百七十八条　需要对犯罪嫌疑人在口岸采取边控措施的，应当按照有关规定制作边控对象通知书，并附有关法律文书，经县级以上公安机关负责人审核后，层报省级公安机关批准，办理全国范围内的边控措施。需要限制犯罪嫌疑人人身自由的，应当附有关限制人身自由的法律文书。

紧急情况下，需要采取边控措施的，县级以上公安机关可以出具公函，先向有关口岸所在地出入境边防检查机关交控，但应当在七日以内按照规定程序办理全国范围内的边控措施。

第二百七十九条　为发现重大犯罪线索,追缴涉案财物、证据,查获犯罪嫌疑人,必要时,经县级以上公安机关负责人批准,可以发布悬赏通告。

悬赏通告应当写明悬赏对象的基本情况和赏金的具体数额。

第二百八十条　通缉令、悬赏通告应当广泛张贴,并可以通过广播、电视、报刊、计算机网络等方式发布。

第二百八十一条　经核实,犯罪嫌疑人已经自动投案、被击毙或者被抓获,以及发现有其他不需要采取通缉、边控、悬赏通告的情形的,发布机关应当在原通缉、通知、通告范围内,撤销通缉令、边控通知、悬赏通告。

第二百八十二条　通缉越狱逃跑的犯罪嫌疑人、被告人或者罪犯,适用本节的有关规定。

第十二节　侦查终结

第二百八十三条　侦查终结的案件,应当同时符合以下条件:

(一)案件事实清楚;

(二)证据确实、充分;

(三)犯罪性质和罪名认定正确;

(四)法律手续完备;

(五)依法应当追究刑事责任。

第二百八十四条　对侦查终结的案件,公安机关应当全面审查证明证据收集合法性的证据材料,依法排除非法证据。排除非法证据后证据不足的,不得移送审查起诉。

公安机关发现侦查人员非法取证的,应当依法作出处理,并可另行指派侦查人员重新调查取证。

第二百八十五条　侦查终结的案件,侦查人员应当制作结案报告。

结案报告应当包括以下内容:

(一)犯罪嫌疑人的基本情况;

(二)是否采取了强制措施及其理由;

(三)案件的事实和证据;

(四)法律依据和处理意见。

第二百八十六条　侦查终结案件的处理,由县级以上公安机关负责人批准;重大、复杂、疑难的案件应

当经过集体讨论。

第二百八十七条　侦查终结后,应当将全部案卷材料按照要求装订立卷。

向人民检察院移送案件时,只移送诉讼卷,侦查卷由公安机关存档备查。

第二百八十八条　对查封、扣押的犯罪嫌疑人的财物及其孳息、文件或者冻结的财产,作为证据使用的,应当随案移送,并制作随案移送清单一式两份,一份留存,一份交人民检察院。制作清单时,应当根据已经查明的案情,写明对涉案财物的处理建议。

对于实物不宜移送的,应当将其清单、照片或者其他证明文件随案移送。待人民法院作出生效判决后,按照人民法院送达的生效判决书、裁定书依法作出处理,并向人民法院送交回执。人民法院在判决、裁定中未对涉案财物作出处理的,公安机关应当征求人民法院意见,并根据人民法院的决定依法作出处理。

第二百八十九条　对侦查终结的案件,应当制作起诉意见书,经县级以上公安机关负责人批准后,连同全部案卷材料、证据,以及辩护律师提出的意见,一并移送同级人民检察院审查决定;同时将案件移送情况告知犯罪嫌疑人及其辩护律师。

犯罪嫌疑人自愿认罪的,应当记录在案,随案移送,并在起诉意见书中写明有关情况;认为案件符合速裁程序适用条件的,可以向人民检察院提出适用速裁程序的建议。

第二百九十条　对于犯罪嫌疑人在境外,需要及时进行审判的严重危害国家安全犯罪、恐怖活动犯罪案件,应当在侦查终结后层报公安部批准,移送同级人民检察院审查起诉。

在审查起诉或者缺席审理过程中,犯罪嫌疑人、被告人向公安机关自动投案或者被公安机关抓获的,公安机关应当立即通知人民检察院、人民法院。

第二百九十一条　共同犯罪案件的起诉意见书,应当写明每个犯罪嫌疑人在共同犯罪中的地位、作用、具体罪责和认罪态度,并分别提出处理意见。

第二百九十二条　被害人提出附带民事诉讼的,应当记录在案;移送审查起诉时,应当在起诉意见书末页注明。

第二百九十三条 人民检察院作出不起诉决定的,如果被不起诉人在押,公安机关应当立即办理释放手续。除依法转为行政案件办理外,应当根据人民检察院解除查封、扣押、冻结财物的书面通知,及时解除查封、扣押、冻结。

人民检察院提出对被不起诉人给予行政处罚、处分或者没收其违法所得的检察意见,移送公安机关处理的,公安机关应当将处理结果及时通知人民检察院。

第二百九十四条 认为人民检察院作出的不起诉决定有错误的,应当在收到不起诉决定书后七日以内制作要求复议意见书,经县级以上公安机关负责人批准后,移送人民检察院复议。

要求复议的意见不被接受的,可以在收到人民检察院的复议决定书后七日以内制作提请复核意见书,经县级以上公安机关负责人批准后,连同人民检察院的复议决定书,一并提请上一级人民检察院复核。

第十三节 补充侦查

第二百九十五条 侦查终结,移送人民检察院审查起诉的案件,人民检察院退回公安机关补充侦查的,公安机关接到人民检察院退回补充侦查的法律文书后,应当按照补充侦查提纲在一个月以内补充侦查完毕。

补充侦查以二次为限。

第二百九十六条 对人民检察院退回补充侦查的案件,根据不同情况,报县级以上公安机关负责人批准,分别作如下处理:

(一)原认定犯罪事实不清或者证据不够充分的,应当在查清事实、补充证据后,制作补充侦查报告书,移送人民检察院审查;对确实无法查明的事项或者无法补充的证据,应当书面向人民检察院说明情况;

(二)在补充侦查过程中,发现新的同案犯或者新的罪行,需要追究刑事责任的,应当重新制作起诉意见书,移送人民检察院审查;

(三)发现原认定的犯罪事实有重大变化,不应当追究刑事责任的,应当撤销案件或者对犯罪嫌疑人终止侦查,并将有关情况通知退查的人民检察院;

(四)原认定犯罪事实清楚,证据确实、充分,人民检察院退回补充侦查不当的,应当说明理由,移送人民检察院审查。

第二百九十七条 对于人民检察院在审查起诉过程中以及在人民法院作出生效判决前,要求公安机关提供法庭审判所必需的证据材料的,应当及时收集和提供。

第九章 执行刑罚
第一节 罪犯的交付

第二百九十八条 对被依法判处刑罚的罪犯,如果罪犯已被采取强制措施的,公安机关应当依据人民法院生效的判决书、裁定书以及执行通知书,将罪犯交付执行。

对人民法院作出无罪或者免除刑事处罚的判决,如果被告人在押,公安机关在收到相应的法律文书后应当立即办理释放手续;对人民法院建议给予行政处理的,应当依照有关规定处理或者移送有关部门。

第二百九十九条 对被判处死刑的罪犯,公安机关应当依据人民法院执行死刑的命令,将罪犯交由人民法院执行。

第三百条 公安机关接到人民法院生效的判处死刑缓期二年执行、无期徒刑、有期徒刑的判决书、裁定书以及执行通知书后,应当在一个月以内将罪犯送交监狱执行。

对未成年犯应当送交未成年犯管教所执行刑罚。

第三百零一条 对被判处有期徒刑的罪犯,在被交付执行刑罚前,剩余刑期在三个月以下的,由看守所根据人民法院的判决代为执行。

对被判处拘役的罪犯,由看守所执行。

第三百零二条 对被判处管制、宣告缓刑、假释或者暂予监外执行的罪犯,已被羁押的,由看守所将其交付社区矫正机构执行。

对被判处剥夺政治权利的罪犯,由罪犯居住地的派出所负责执行。

第三百零三条 对被判处有期徒刑由看守所代为执行和被判处拘役的罪犯,执行期间如果没有再犯新罪,执行期满,看守所应当发给刑满释放证明书。

第三百零四条 公安机关在执行刑罚中,如果认为判决有错误或者罪犯提出申诉,应当转请人民检察院或者原判人民法院处理。

第二节　减刑、假释、暂予监外执行

第三百零五条　对依法留看守所执行刑罚的罪犯,符合减刑条件的,由看守所制作减刑建议书,经设区的市一级以上公安机关审查同意后,报请所在地中级以上人民法院审核裁定。

第三百零六条　对依法留看守所执行刑罚的罪犯,符合假释条件的,由看守所制作假释建议书,经设区的市一级以上公安机关审查同意后,报请所在地中级以上人民法院审核裁定。

第三百零七条　对依法留所执行刑罚的罪犯,有下列情形之一的,可以暂予监外执行:

(一)有严重疾病需要保外就医的;

(二)怀孕或者正在哺乳自己婴儿的妇女;

(三)生活不能自理,适用暂予监外执行不致危害社会的。

对罪犯暂予监外执行的,看守所应当提出书面意见,报设区的市一级以上公安机关批准,同时将书面意见抄送同级人民检察院。

对适用保外就医可能有社会危险性的罪犯,或者自伤自残的罪犯,不得保外就医。

对罪犯确有严重疾病,必须保外就医的,由省级人民政府指定的医院诊断并开具证明文件。

第三百零八条　公安机关决定对罪犯暂予监外执行的,应当将暂予监外执行决定书交被暂予监外执行的罪犯和负责监外执行的社区矫正机构,同时抄送同级人民检察院。

第三百零九条　批准暂予监外执行的公安机关接到人民检察院认为暂予监外执行不当的意见后,应当立即对暂予监外执行的决定进行重新核查。

第三百一十条　对暂予监外执行的罪犯,有下列情形之一的,批准暂予监外执行的公安机关应当作出收监执行决定:

(一)发现不符合暂予监外执行条件的;

(二)严重违反有关暂予监外执行监督管理规定的;

(三)暂予监外执行的情形消失后,罪犯刑期未满的。

对暂予监外执行的罪犯决定收监执行的,由暂予监外执行地看守所将罪犯收监执行。

不符合暂予监外执行条件的罪犯通过贿赂等非法手段被暂予监外执行的,或者罪犯在暂予监外执行期间脱逃的,罪犯被收监执行后,所在看守所应当提出不计入执行刑期的建议,经设区的市一级以上公安机关审查同意后,报请所在地中级以上人民法院审核裁定。

第三节　剥夺政治权利

第三百一十一条　负责执行剥夺政治权利的派出所应当按照人民法院的判决,向罪犯及其所在单位、居住地基层组织宣布其犯罪事实、被剥夺政治权利的期限,以及罪犯在执行期间应当遵守的规定。

第三百一十二条　被剥夺政治权利的罪犯在执行期间应当遵守下列规定:

(一)遵守国家法律、行政法规和公安部制定的有关规定,服从监督管理;

(二)不得享有选举权和被选举权;

(三)不得组织或者参加集会、游行、示威、结社活动;

(四)不得出版、制作、发行书籍、音像制品;

(五)不得接受采访,发表演说;

(六)不得在境内外发表有损国家荣誉、利益或者其他具有社会危害性的言论;

(七)不得担任国家机关职务;

(八)不得担任国有公司、企业、事业单位和人民团体的领导职务。

第三百一十三条　被剥夺政治权利的罪犯违反本规定第三百一十二条的规定,尚未构成新的犯罪的,公安机关依法可以给予治安管理处罚。

第三百一十四条　被剥夺政治权利的罪犯,执行期满,公安机关应当书面通知本人及其所在单位、居住地基层组织。

第四节　对又犯新罪罪犯的处理

第三百一十五条　对留看守所执行刑罚的罪犯,在暂予监外执行期间又犯新罪的,由犯罪地公安机关立案侦查,并通知批准机关。批准机关作出收监执行决定后,应当根据侦查、审判需要,由犯罪地看守所或者暂予监外执行地看守所收监执行。

第三百一十六条　被剥夺政治权利、管制、宣告缓刑和假释的罪犯在执行期间又犯新罪的,由犯罪地公安机关立案侦查。

对留看守所执行刑罚的罪犯,因犯新罪被撤销假释的,应当根据侦查、审判需要,由犯罪地看守所或者原执行看守所收监执行。

第十章　特别程序

第一节　未成年人刑事案件诉讼程序

第三百一十七条　公安机关办理未成年人刑事案件,实行教育、感化、挽救的方针,坚持教育为主、惩罚为辅的原则。

第三百一十八条　公安机关办理未成年人刑事案件,应当保障未成年人行使其诉讼权利并得到法律帮助,依法保护未成年人的名誉和隐私,尊重其人格尊严。

第三百一十九条　公安机关应当设置专门机构或者配备专职人员办理未成年人刑事案件。

未成年人刑事案件应当由熟悉未成年人身心特点,善于做未成年人思想教育工作,具有一定办案经验的人员办理。

第三百二十条　未成年犯罪嫌疑人没有委托辩护人的,公安机关应当通知法律援助机构指派律师为其提供辩护。

第三百二十一条　公安机关办理未成年人刑事案件时,应当重点查清未成年犯罪嫌疑人实施犯罪行为时是否已满十四周岁、十六周岁、十八周岁的临界年龄。

第三百二十二条　公安机关办理未成年人刑事案件,根据情况可以对未成年犯罪嫌疑人的成长经历、犯罪原因、监护教育等情况进行调查并制作调查报告。

作出调查报告的,在提请批准逮捕、移送审查起诉时,应当结合案情综合考虑,并将调查报告与案卷材料一并移送人民检察院。

第三百二十三条　讯问未成年犯罪嫌疑人,应当通知未成年犯罪嫌疑人的法定代理人到场。无法通知、法定代理人不能到场或者法定代理人是共犯的,也可以通知未成年犯罪嫌疑人的其他成年亲属,所在学校、单位、居住地或者办案单位所在地基层组织或者未成年人保护组织的代表到场,并将有关情况记录在案。到场的法定代理人可以代为行使未成年犯罪嫌疑人的诉讼权利。

到场的法定代理人或者其他人员提出侦查人员在讯问中侵犯未成年人合法权益的,公安机关应当认真核查,依法处理。

第三百二十四条　讯问未成年犯罪嫌疑人应当采取适合未成年人的方式,耐心细致地听取其供述或者辩解,认真审核、查证与案件有关的证据和线索,并针对其思想顾虑、恐惧心理、抵触情绪进行疏导和教育。

讯问女性未成年犯罪嫌疑人,应当有女工作人员在场。

第三百二十五条　讯问笔录应当交未成年犯罪嫌疑人、到场的法定代理人或者其他人员阅读或者向其宣读;对笔录内容有异议的,应当核实清楚,准予更正或者补充。

第三百二十六条　询问未成年被害人、证人,适用本规定第三百二十三条、第三百二十四条、第三百二十五条的规定。

询问未成年被害人、证人,应当以适当的方式进行,注意保护其隐私和名誉,尽可能减少询问频次,避免造成二次伤害。必要时,可以聘请熟悉未成年人身心特点的专业人员协助。

第三百二十七条　对未成年犯罪嫌疑人应当严格限制和尽量减少使用逮捕措施。

未成年犯罪嫌疑人被拘留、逮捕后服从管理、依法变更强制措施不致发生社会危险性,能够保证诉讼正常进行的,公安机关应当依法及时变更强制措施;人民检察院批准逮捕的案件,公安机关应当将变更强制措施情况及时通知人民检察院。

第三百二十八条　对被羁押的未成年人应当与成年人分别关押、分别管理、分别教育,并根据其生理和心理特点在生活和学习方面给予照顾。

第三百二十九条　人民检察院在对未成年人作出附条件不起诉的决定前,听取公安机关意见时,公安机关应当提出书面意见,经县级以上公安机关负责人批准,移送同级人民检察院。

第三百三十条　认为人民检察院作出的附条件不起诉决定有错误的,应当在收到不起诉决定书后七日以内制作要求复议意见书,经县级以上公安机关负责人批准,移送同级人民检察院复议。

要求复议的意见不被接受的,可以在收到人民检察院的复议决定书后七日以内制作提请复核意见书,经县级以上公安机关负责人批准后,连同人民检察院的复议决定书,一并提请上一级人民检察院复核。

第三百三十一条　未成年人犯罪的时候不满十八周岁,被判处五年有期徒刑以下刑罚的,公安机关应当依据人民法院已经生效的判决书,将该未成年人的犯罪记录予以封存。

犯罪记录被封存的,除司法机关为办案需要或者有关单位根据国家规定进行查询外,公安机关不得向其他任何单位和个人提供。

被封存犯罪记录的未成年人,如果发现漏罪,合并被判处五年有期徒刑以上刑罚的,应当对其犯罪记录解除封存。

第三百三十二条　办理未成年人刑事案件,除本节已有规定的以外,按照本规定的其他规定进行。

第二节　当事人和解的公诉案件诉讼程序

第三百三十三条　下列公诉案件,犯罪嫌疑人真诚悔罪,通过向被害人赔偿损失、赔礼道歉等方式获得被害人谅解,被害人自愿和解的,经县级以上公安机关负责人批准,可以依法作为当事人和解的公诉案件办理:

(一)因民间纠纷引起,涉嫌刑法分则第四章、第五章规定的犯罪案件,可能判处三年有期徒刑以下刑罚的;

(二)除渎职犯罪以外的可能判处七年有期徒刑以下刑罚的过失犯罪案件。

犯罪嫌疑人在五年以内曾经故意犯罪的,不得作为当事人和解的公诉案件办理。

第三百三十四条　有下列情形之一的,不属于因民间纠纷引起的犯罪案件:

(一)雇凶伤害他人的;

(二)涉及黑社会性质组织犯罪的;

(三)涉及寻衅滋事的;

(四)涉及聚众斗殴的;

(五)多次故意伤害他人身体的;

(六)其他不宜和解的。

第三百三十五条　双方当事人和解的,公安机关应当审查案件事实是否清楚,被害人是否自愿和解,

是否符合规定的条件。

公安机关审查时,应当听取双方当事人的意见,并记录在案;必要时,可以听取双方当事人亲属、当地居民委员会或者村民委员会人员以及其他了解案件情况的相关人员的意见。

第三百三十六条　达成和解的,公安机关应当主持制作和解协议书,并由双方当事人及其他参加人员签名。

当事人中有未成年人的,未成年当事人的法定代理人或者其他成年亲属应当在场。

第三百三十七条　和解协议书应当包括以下内容:

(一)案件的基本事实和主要证据;

(二)犯罪嫌疑人承认自己所犯罪行,对指控的犯罪事实没有异议,真诚悔罪;

(三)犯罪嫌疑人通过向被害人赔礼道歉、赔偿损失等方式获得被害人谅解;涉及赔偿损失的,应当写明赔偿的数额、方式等;提起附带民事诉讼的,由附带民事诉讼原告人撤回附带民事诉讼;

(四)被害人自愿和解,请求或者同意对犯罪嫌疑人依法从宽处罚。

和解协议应当及时履行。

第三百三十八条　对达成和解协议的案件,经县级以上公安机关负责人批准,公安机关将案件移送人民检察院审查起诉时,可以提出从宽处理的建议。

第三节　犯罪嫌疑人逃匿、死亡案件违法所得的没收程序

第三百三十九条　有下列情形之一,依照刑法规定应当追缴其违法所得及其他涉案财产的,经县级以上公安机关负责人批准,公安机关应当写出没收违法所得意见书,连同相关证据材料一并移送同级人民检察院:

(一)恐怖活动犯罪等重大犯罪案件,犯罪嫌疑人逃匿,在通缉一年后不能到案的;

(二)犯罪嫌疑人死亡的。

犯罪嫌疑人死亡,现有证据证明其存在违法所得及其他涉案财产应当予以没收的,公安机关可以进行调查。公安机关进行调查,可以依法进行查封、扣押、查询、冻结。

第三百四十条　没收违法所得意见书应当包括以下内容:

(一)犯罪嫌疑人的基本情况;

(二)犯罪事实和相关的证据材料;

(三)犯罪嫌疑人逃匿、被通缉或者死亡的情况;

(四)犯罪嫌疑人的违法所得及其他涉案财产的种类、数量、所在地;

(五)查封、扣押、冻结的情况等。

第三百四十一条　公安机关将没收违法所得意见书移送人民检察院后,在逃的犯罪嫌疑人自动投案或者被抓获的,公安机关应当及时通知同级人民检察院。

第四节　依法不负刑事责任的精神病人的强制医疗程序

第三百四十二条　公安机关发现实施暴力行为,危害公共安全或者严重危害公民人身安全的犯罪嫌疑人,可能属于依法不负刑事责任的精神病人的,应当对其进行精神病鉴定。

第三百四十三条　对经法定程序鉴定依法不负刑事责任的精神病人,有继续危害社会可能,符合强制医疗条件的,公安机关应当在七日以内写出强制医疗意见书,经县级以上公安机关负责人批准,连同相关证据材料和鉴定意见一并移送同级人民检察院。

第三百四十四条　对实施暴力行为的精神病人,在人民法院决定强制医疗前,经县级以上公安机关负责人批准,公安机关可以采取临时的保护性约束措施。必要时,可以将其送精神病医院接受治疗。

第三百四十五条　采取临时的保护性约束措施时,应当对精神病人严加看管,并注意约束的方式、方法和力度,以避免和防止危害他人和精神病人的自身安全为限度。

对于精神病人已没有继续危害社会可能,解除约束后不致发生社会危险性的,公安机关应当及时解除保护性约束措施。

第十一章　办案协作

第三百四十六条　公安机关在异地执行传唤、拘传、拘留、逮捕,开展勘验、检查、搜查、查封、扣押、冻结、讯问等侦查活动,应当向当地公安机关提出办案协作请求,并在当地公安机关协助下进行,或者委托当地公安机关代为执行。

开展查询、询问、辨认等侦查活动或者送达法律文书的,也可以向当地公安机关提出办案协作请求,并按照有关规定进行通报。

第三百四十七条　需要异地公安机关协助的,办案地公安机关应当制作办案协作函件,连同有关法律文书和人民警察证复印件一并提供给协作地公安机关。必要时,可以将前述法律手续传真或者通过公安机关有关信息系统传输至协作地公安机关。

请求协助执行传唤、拘传、拘留、逮捕的,应当提供传唤证、拘传证、拘留证、逮捕证;请求协助开展搜查、查封、扣押、查询、冻结等侦查活动的,应当提供搜查证、查封决定书、扣押决定书、协助查询财产通知书、协助冻结财产通知书;请求协助开展勘验、检查、讯问、询问等侦查活动的,应当提供立案决定书。

第三百四十八条　公安机关应当指定一个部门归口接收协作请求,并进行审核。对符合本规定第三百四十七条规定的协作请求,应当及时交主管业务部门办理。

异地公安机关提出协作请求的,只要法律手续完备,协作地公安机关就应当及时无条件予以配合,不得收取任何形式的费用或者设置其他条件。

第三百四十九条　对协作过程中获取的犯罪线索,不属于自己管辖的,应当及时移交有管辖权的公安机关或者其他有关部门。

第三百五十条　异地执行传唤、拘传的,协作地公安机关应当协助将犯罪嫌疑人传唤、拘传到本市、县公安机关执法办案场所或者到他的住处进行讯问。

异地执行拘留、逮捕的,协作地公安机关应当派员协助执行。

第三百五十一条　已被决定拘留、逮捕的犯罪嫌疑人在逃的,可以通过网上工作平台发布犯罪嫌疑人相关信息、拘留证或者逮捕证。各地公安机关发现网上逃犯的,应当立即组织抓捕。

协作地公安机关抓获犯罪嫌疑人后,应当立即通知办案地公安机关。办案地公安机关应当立即携带法律文书及时提解,提解的侦查人员不得少于二人。

办案地公安机关不能及时到达协作地的,应当委托协作地公安机关在拘留、逮捕后二十四小时以内进行讯问。

第三百五十二条　办案地公安机关请求代为讯问、询问、辨认的，协作地公安机关应当制作讯问、询问、辨认笔录，交被讯问、询问人和辨认人签名、捺指印后，提供给办案地公安机关。

办案地公安机关可以委托协作地公安机关协助进行远程视频讯问、询问，讯问、询问过程应当全程录音录像。

第三百五十三条　办案地公安机关请求协查犯罪嫌疑人的身份、年龄、违法犯罪经历等情况的，协作地公安机关应当在接到请求后七日以内将协查结果通知办案地公安机关；交通十分不便的边远地区，应当在十五日以内将协查结果通知办案地公安机关。

办案地公安机关请求协助调查取证或者查询犯罪信息、资料的，协作地公安机关应当及时协查并反馈。

第三百五十四条　对不履行办案协作程序或者协作职责造成严重后果的，对直接负责的主管人员和其他直接责任人员，应当给予处分；构成犯罪的，依法追究刑事责任。

第三百五十五条　协作地公安机关依照办案地公安机关的协作请求履行办案协作职责所产生的法律责任，由办案地公安机关承担。但是，协作行为超出协作请求范围，造成执法过错的，由协作地公安机关承担相应法律责任。

第三百五十六条　办案地和协作地公安机关对于案件管辖、定性处理等发生争议的，可以进行协商。协商不成的，提请共同的上级公安机关决定。

第十二章　外国人犯罪案件的办理

第三百五十七条　办理外国人犯罪案件，应当严格依照我国法律、法规、规章，维护国家主权和利益，并在对等互惠原则的基础上，履行我国所承担的国际条约义务。

第三百五十八条　外国籍犯罪嫌疑人在刑事诉讼中，享有我国法律规定的诉讼权利，并承担相应的义务。

第三百五十九条　外国籍犯罪嫌疑人的国籍，以其在入境时持用的有效证件予以确认；国籍不明的，由出入境管理部门协助予以查明。国籍确实无法查明的，以无国籍人对待。

第三百六十条　确认外国籍犯罪嫌疑人身份，可以依照有关国际条约或者通过国际刑事警察组织、警务合作渠道办理。确实无法查明的，可以按其自报的姓名移送人民检察院审查起诉。

第三百六十一条　犯罪嫌疑人为享有外交或者领事特权和豁免权的外国人的，应当层报公安部，同时通报同级人民政府外事办公室，由公安部商请外交部通过外交途径办理。

第三百六十二条　公安机关办理外国人犯罪案件，使用中华人民共和国通用的语言文字。犯罪嫌疑人不通晓我国语言文字的，公安机关应当为他翻译；犯罪嫌疑人通晓我国语言文字，不需要他人翻译的，应当出具书面声明。

第三百六十三条　外国人犯罪案件，由犯罪地的县级以上公安机关立案侦查。

第三百六十四条　外国人犯中华人民共和国缔结或者参加的国际条约规定的罪行后进入我国领域内的，由该外国人被抓获地的设区的市一级以上公安机关立案侦查。

第三百六十五条　外国人在中华人民共和国领域外对中华人民共和国国家或者公民犯罪，应当受刑罚处罚的，由该外国人入境地或者入境后居住地的县级以上公安机关立案侦查；该外国人未入境的，由被害人居住地的县级以上公安机关立案侦查；没有被害人或者是对中华人民共和国国家犯罪的，由公安部指定管辖。

第三百六十六条　发生重大或者可能引起外交交涉的外国人犯罪案件的，有关省级公安机关应当及时将案件办理情况报告公安部，同时通报同级人民政府外事办公室。必要时，由公安部商外交部将案件情况通知我国驻外使馆、领事馆。

第三百六十七条　对外国籍犯罪嫌疑人依法作出取保候审、监视居住决定或者执行拘留、逮捕后，应当在四十八小时以内层报省级公安机关，同时通报同级人民政府外事办公室。

重大涉外案件应当在四十八小时以内层报公安部，同时通报同级人民政府外事办公室。

第三百六十八条　对外国籍犯罪嫌疑人依法作出取保候审、监视居住决定或者执行拘留、逮捕后，由省级公安机关根据有关规定，将其姓名、性别、入境时间、护照或者证件号码、案件发生的时间、地点、涉嫌犯罪的主要事实,已采取的强制措施及其法律依据等,通知该外国人所属国家的驻华使馆、领事馆,同时报告公安部。经省级公安机关批准,领事通报任务较重的副省级城市公安局可以直接行使领事通报职能。

外国人在公安机关侦查或者执行刑罚期间死亡的,有关省级公安机关应当通知该外国人国籍国的驻华使馆、领事馆,同时报告公安部。

未在华设立使馆、领事馆的国家,可以通知其代管国家的驻华使馆、领事馆;无代管国家或者代管国家不明的,可以不予通知。

第三百六十九条　外国籍犯罪嫌疑人委托辩护人的,应当委托在中华人民共和国的律师事务所执业的律师。

第三百七十条　公安机关侦查终结前,外国驻华外交、领事官员要求探视被监视居住、拘留、逮捕或者正在看守所服刑的本国公民的,应当及时安排有关探视事宜。犯罪嫌疑人拒绝其本国籍国驻华外交、领事官员探视的,公安机关可以不予安排,但应当由其本人提出书面声明。

在公安机关侦查羁押期间,经公安机关批准,外国籍犯罪嫌疑人可以与其近亲属、监护人会见、与外界通信。

第三百七十一条　对判处独立适用驱逐出境刑罚的外国人,省级公安机关在收到人民法院的刑事判决书、执行通知书的副本后,应当指定该外国人所在地的设区的市一级公安机关执行。

被判处徒刑的外国人,主刑执行期满后应当执行驱逐出境附加刑的,省级公安机关在收到执行监狱的上级主管部门转交的刑事判决书、执行通知书副本或者复印件后,应当通知该外国人所在地的设区的市一级公安机关或者指定有关公安机关执行。

我国政府已按照国际条约或者《中华人民共和国外交特权与豁免条例》的规定,对实施犯罪,但享有外交或者领事特权和豁免权的外国人宣布为不受欢迎的人,或者不可接受并拒绝承认其外交或者领事人员身份,责令限期出境的人,无正当理由逾期不自动出境的,由公安部凭外交部公文指定该外国人所在地的省级公安机关负责执行或者监督执行。

第三百七十二条　办理外国人犯罪案件,本章未规定的,适用本规定其他各章的有关规定。

第三百七十三条　办理无国籍人犯罪案件,适用本章的规定。

第十三章　刑事司法协助和警务合作

第三百七十四条　公安部是公安机关进行刑事司法协助和警务合作的中央主管机关,通过有关法律、国际条约、协议规定的联系途径、外交途径或者国际刑事警察组织渠道,接收或者向外国提出刑事司法协助或者警务合作请求。

地方各级公安机关依照职责权限办理刑事司法协助事务和警务合作事务。

其他司法机关在办理刑事案件中,需要外国警方协助的,由其中央主管机关与公安部联系办理。

第三百七十五条　公安机关进行刑事司法协助和警务合作的范围,主要包括犯罪情报信息的交流与合作,调查取证,安排证人作证或者协助调查,查封、扣押、冻结涉案财物,没收、返还违法所得及其他涉案财物,送达刑事诉讼文书,引渡、缉捕和递解犯罪嫌疑人、被告人或者罪犯,以及国际条约、协议规定的其他刑事司法协助和警务合作事宜。

第三百七十六条　在不违背我国法律和有关国际条约、协议的前提下,我国边境地区设区的市一级公安机关和县级公安机关与相邻国家的警察机关,可以按照惯例相互开展执法会晤、人员往来、边境管控、情报信息交流等警务合作,但应当报省级公安机关批准,并报公安部备案;开展其他警务合作的,应当报公安部批准。

第三百七十七条　公安部收到外国的刑事司法协助或者警务合作请求后,应当依据我国法律和国际条约、协议的规定进行审查。对于符合规定的,交有关省级公安机关办理,或者移交其他有关中央主管机关;对于不符合条约或者协议规定的,通过接收请求的途径退回请求方。

对于请求书的签署机关、请求书及所附材料的语言文字、有关办理期限和具体程序等事项,在不违反我国法律基本原则的情况下,可以按照刑事司法协助条约、警务合作协议规定或者双方协商办理。

第三百七十八条　负责执行刑事司法协助或者

警务合作的公安机关收到请求书和所附材料后,应当按照我国法律和有关国际条约、协议的规定安排执行,并将执行结果及其有关材料报经省级公安机关审核后报送公安部。

在执行过程中,需要采取查询、查封、扣押、冻结等措施或者返还涉案财物,且符合法律规定的条件的,可以根据我国有关法律和公安部的执行通知办理有关法律手续。

请求书提供的信息不准确或者材料不齐全难以执行的,应当立即通过省级公安机关请求公安部要求请求方补充材料;因其他原因无法执行或者具有应当拒绝协助、合作的情形等不能执行的,应当将请求书和所附材料,连同不能执行的理由通过省级公安机关报送公安部。

第三百七十九条 执行刑事司法协助和警务合作,请求书中附有办理期限的,应当按期完成。未附办理期限的,调查取证应当在三个月以内完成;送达刑事诉讼文书,应当在十日以内完成。不能按期完成的,应当说明情况和理由,层报公安部。

第三百八十条 需要请求外国警方提供刑事司法协助或者警务合作的,应当按照我国有关法律、国际条约、协议的规定提出刑事司法协助或者警务合作请求书,所附文件及相应译文,经省级公安机关审核后报送公安部。

第三百八十一条 需要通过国际刑事警察组织查找或者缉拿犯罪嫌疑人、被告人或者罪犯,查询资料、调查取证的,应当提出申请层报国际刑事警察组织中国国家中心局。

第三百八十二条 公安机关需要外国协助安排证人、鉴定人来中华人民共和国作证或者通过视频、音频作证,或者协助调查的,应当制作刑事司法协助请求书并附相关材料,经公安部审核同意后,由对外联系机关及时向外国提出请求。

来中华人民共和国作证或者协助调查的证人、鉴定人离境前,公安机关不得就其入境前实施的犯罪进行追究;除因入境后实施违法犯罪而被采取强制措施的以外,其人身自由不受限制。

证人、鉴定人在条约规定的期限内或者被通知无需继续停留后十五日内没有离境的,前款规定不再适用,但是由于不可抗力或者其他特殊原因未能离境的除外。

第三百八十三条 公安机关提供或者请求外国提供刑事司法协助或者警务合作,应当收取或者支付费用的,根据有关国际条约、协议的规定,或者按照对等互惠的原则协商办理。

第三百八十四条 办理引渡案件,依照《中华人民共和国引渡法》等法律规定和有关条约执行。

第十四章　附　则

第三百八十五条 本规定所称"危害国家安全犯罪",包括刑法分则第一章规定的危害国家安全罪以及危害国家安全的其他犯罪;"恐怖活动犯罪",包括以制造社会恐慌、危害公共安全或者胁迫国家机关、国际组织为目的,采取暴力、破坏、恐吓等手段,造成或者意图造成人员伤亡、重大财产损失、公共设施损坏、社会秩序混乱等严重社会危害的犯罪,以及煽动、资助或者以其他方式协助实施上述活动的犯罪。

第三百八十六条 当事人及其法定代理人、诉讼代理人、辩护律师提出的复议复核请求,由公安机关法制部门办理。

办理刑事复议、复核案件的具体程序,适用《公安机关办理刑事复议复核案件程序规定》。

第三百八十七条 公安机关可以使用电子签名、电子指纹捺印技术制作电子笔录等材料,可以使用电子印章制作法律文书。对案件当事人进行电子签名、电子指纹捺印的过程,公安机关应当同步录音录像。

第三百八十八条 本规定自 2013 年 1 月 1 日起施行。1998 年 5 月 14 日发布的《公安机关办理刑事案件程序规定》(公安部令第 35 号)和 2007 年 10 月 25 日发布的《公安机关办理刑事案件程序规定修正案》(公安部令第 95 号)同时废止。

全国人民代表大会常务委员会
关于加强社会治安综合治理的决定

·1991 年 3 月 2 日第七届全国人民代表大会常务委员会第十八次会议通过

为了维护社会治安秩序,维护国家和社会的稳定,保障改革开放和社会主义现代化建设的顺利进行,为全面实现国民经济和社会发展的十年规划及"八五"计划创造良好的社会治安环境,必须加强社会治安综合治理。为此,特作如下决定:

一、加强社会治安综合治理,是坚持人民民主专政的一项重要工作,也是解决我国社会治安问题的根本途径。社会治安问题是社会各种矛盾的综合反映,必须动员和组织全社会的力量,运用政治的、法律的、行政的、经济的、文化的、教育的等多种手段进行综合治理,从根本上预防和减少违法犯罪,维护社会秩序,保障社会稳定,并作为全社会的共同任务,长期坚持下去。

二、社会治安综合治理必须坚持打击和防范并举,治标和治本兼顾,重在治本的方针。其主要任务是:打击各种危害社会的违法犯罪活动,依法严惩严重危害社会治安的刑事犯罪分子;采取各种措施,严密管理制度,加强治安防范工作,堵塞违法犯罪活动的漏洞;加强对全体公民特别是青少年的思想政治教育和法制教育,提高文化、道德素质,增强法制观念;鼓励群众自觉维护社会秩序,同违法犯罪行为作斗争;积极调解、疏导民间纠纷,缓解社会矛盾,消除不安定因素;加强对违法犯罪人员的教育、挽救、改造工作,妥善安置刑满释放和解除劳教的人员,减少重新违法犯罪。

三、要善于运用法律武器,搞好社会治安综合治理。全国人民代表大会及其常务委员会通过的刑事的、民事的、行政的、经济的等方面的法律,为社会治安综合治理提供了有力的法律武器和依据。各级国家机关、社会团体、企业、事业单位必须严格依法办事。全体公民要学法、知法、守法,学会运用法律武器同各种违法犯罪行为作斗争。要进一步完善促进社会治安综合治理的法律、法规,把社会治安综合治理包含的打击、防范、教育、管理、建设、改造等各方面的工作纳入法制轨道。

四、各部门、各单位必须建立综合治理目标管理责任制,做到各尽其职、各负其责、密切配合、互相协调。各级人民政府要把社会治安综合治理纳入两个文明建设的总体规划,切实加强对社会治安综合治理工作的领导。要从人力、物力、财力上给予支持和保障。人民法院、人民检察院和政府的公安、安全、司法行政等职能部门,特别是公安部门,应当在社会治安综合治理中充分发挥骨干作用。要采取有效措施,充实维护社会治安的力量,改进预防和惩治犯罪活动的技术装备,切实提高国家执法队伍的素质。各机关、团体、企业、事业单位应当落实内部各项治安防范措施,严防发生违法犯罪和其他治安问题。各部门应当督促下属单位,结合本身业务,积极参与社会治安的综合治理,充分发挥各自的作用。

五、加强社会治安综合治理,必须发动和依靠广大人民群众。各级人民政府应当动员和组织城镇居民和农村村民以及机关、团体、企业、事业单位的职工、学生,建立群众性自防自治的治安保卫组织,开展各种形式的治安防范活动和警民联防活动。市、县人民武装部门要积极组织民兵参与维护社会治安。要加强基层组织建设和制度建设,把各项措施落实到基层单位,形成群防群治网络。要充分发挥村民委员会、城市居民委员会维护社会治安的积极作用。地方各级人民政府要切实加强对群众性治安保卫组织的指导和监督。治安保卫组织应严格依法办事,保护公民的合法权益。

六、要把社会治安综合治理的责任与单位和个人的政治荣誉、经济利益紧密结合起来,建立奖惩制度。对参与社会治安综合治理工作成绩显著的单位和个人以及与违法犯罪分子斗争的有功人员给予表彰奖励;对与违法犯罪分子斗争中负伤、致残人员要妥善治疗和安置;对与违法犯罪分子斗争中牺牲人员的家属给予抚恤。对因社会治安综合治理措施不落实而发生重大刑事案件和重大治安事件,致使国家利益和人民生命财产遭受重大损失的单位,应当依法追究其直接负责的主管人员的责任。

七、社会治安综合治理工作由各级人民政府统一组织实施,各部门、各方面齐抓共管,积极参与。各级人民政府应当采取组织措施,协调、指导有关部门、方面做好社会治安综合治理工作。

各级人大常委会对社会治安综合治理工作应当经常进行监督检查。要听取政府、法院、检察院关于综合治理工作的汇报,要组织代表、委员督促检查综合治理工作的开展和落实的情况,积极关心社会治安综合治理,提出意见、建议,以保证社会治安综合治理工作健康深入地开展。

拘留所条例

· 2012年2月15日国务院第192次常务会议通过
· 2012年2月23日中华人民共和国国务院令第614号公布
· 自2012年4月1日起施行

第一章　总　则

第一条　为了规范拘留所的设置和管理,惩戒和教育被拘留人,保护被拘留人的合法权益,根据有关法律的规定,制定本条例。

第二条　对下列人员的拘留在拘留所执行:

(一)被公安机关、国家安全机关依法给予拘留行政处罚的人;

(二)被人民法院依法决定拘留的人。

第三条　拘留所应当依法保障被拘留人的人身安全和合法权益,不得侮辱、体罚、虐待被拘留人或者指使、纵容他人侮辱、体罚、虐待被拘留人。

被拘留人应当遵守法律、行政法规和拘留所的管理规定,服从管理,接受教育。

第四条　国务院公安部门主管全国拘留所的管理工作。县级以上地方人民政府公安机关主管本行政区域拘留所的管理工作。

第二章　拘留所

第五条　县级以上地方人民政府根据需要设置拘留所。拘留所的设置和撤销,由县级以上地方人民政府公安机关提出意见,按照规定的权限和程序审批。

第六条　拘留所应当按照规定的建设标准,设置拘留区、行政办公区等功能区域。

第七条　拘留所依照规定配备武器、警械,配备交通、通讯、技术防范、医疗和消防等装备和设施。

第八条　拘留所所需经费列入本级人民政府财政预算。

第三章　拘　留

第九条　拘留所应当凭拘留决定机关的拘留决定文书及时收拘被拘留人。需要异地收拘的,拘留决定机关应当出具相关法律文书和需要异地收拘的书面说明,并经异地拘留所主管公安机关批准。

第十条　拘留所收拘被拘留人,应当告知被拘留人依法享有的权利和应当遵守的规定。

拘留所收拘被拘留人后,拘留决定机关应当及时通知被拘留人家属。

第十一条　拘留所收拘被拘留人,应当对被拘留人的人身和携带的物品进行检查。被拘留人的非生活必需品及现金由拘留所登记并统一保管。检查发现的违禁品和其他与案件有关的物品应当移交拘留决定机关依法处理。

对女性被拘留人的人身检查应当由女性人民警察进行。

第十二条　拘留所发现被拘留人可能被错误拘留的,应当通知拘留决定机关,拘留决定机关应当在24小时内作出处理决定;对依照《中华人民共和国治安管理处罚法》第二十一条的规定不应当被执行拘留的,拘留所不予收拘,并通知拘留决定机关。

第十三条　拘留所发现被拘留人吸食、注射毒品成瘾的,应当给予必要的戒毒治疗,并提请拘留所的主管公安机关对被拘留人依法作出社区戒毒或者强制隔离戒毒的决定。

第四章　管理教育

第十四条　拘留所应当建立值班巡视制度和突发事件应急机制。值班巡视人员应当严守岗位,发现问题及时报告并妥善处理。

拘留所应当安装监控录像设备,对被拘留人进行安全监控。

第十五条　拘留所应当根据被拘留人的性别、是否成年以及其他管理的需要,对被拘留人实行分别拘押和管理。

对女性被拘留人的直接管理应当由女性人民警察进行。

第十六条　拘留所应当建立被拘留人管理档案。

第十七条　拘留所应当按照规定的标准为被拘留人提供饮食,并尊重被拘留人的民族饮食习惯。

第十八条　拘留所应当建立医疗卫生防疫制度,做好防病、防疫、治疗工作。

拘留所对患病的被拘留人应当及时治疗。被拘留人患病需要出所治疗的,由拘留所所长批准,并派人民警察管理;被拘留人患有传染病需要隔离治疗的,拘留所应当采取隔离治疗措施。

被拘留人病情严重的,拘留所应当立即采取急救措施并通知被拘留人的亲属。

第十九条　拘留所发现被拘留人有下列情形之一的,应当建议拘留决定机关作出停止执行拘留的决定:

(一)患有精神病或者患有传染病需要隔离治疗的;

(二)病情严重可能危及生命安全的。

第二十条　为被拘留人提供的拘留期间生活必需品应当由拘留所检查登记后转交被拘留人。非生活必需品,拘留所不予接收。

第二十一条　拘留所应当对被拘留人进行法律、道德等教育,组织被拘留人开展适当的文体活动。

拘留所应当保证被拘留人每日不少于 2 小时的拘室外活动时间。

拘留所不得强迫被拘留人从事生产劳动。

第二十二条　被拘留人检举、揭发违法犯罪行为经查证属实或者被拘留人制止违法犯罪行为的,拘留所应当予以表扬。

第二十三条　被拘留人有下列违法行为之一的,拘留所可以予以训诫、责令具结悔过或者使用警械:

(一)哄闹、打架斗殴的;

(二)殴打、欺侮他人的;

(三)故意损毁拘留所财物或者他人财物的;

(四)预谋或者实施逃跑的;

(五)严重违反管理的其他行为。

拘留所人民警察对被拘留人使用警械应当经留所所长批准,并遵守有关法律、行政法规的规定。

第二十四条　被拘留人在拘留期间有新的违法犯罪嫌疑的,拘留所应当报告拘留所的主管公安机关处理;拘留所发现被拘留人收拘前有其他违法犯罪嫌疑的,应当通知拘留决定机关或者报告拘留所的主管公安机关处理。

第二十五条　拘留所保障被拘留人在拘留期间的通信权利,被拘留人与他人的来往信件不受检查和扣押。被拘留人应当遵守拘留所的通信管理规定。

第二十六条　拘留所保障被拘留人在拘留期间的会见权利。被拘留人应当遵守拘留所的会见管理规定。

会见被拘留人应当持有效身份证件按照规定的时间在拘留所的会见区进行。

被拘留人委托的律师会见被拘留人还应当持律师执业证书、律师事务所证明和委托书或者法律援助公函。

第二十七条　被拘留人遇有参加升学考试、子女出生或者近亲属病危、死亡等情形的,被拘留人或者其近亲属可以提出请假出所的申请。

请假出所的申请由拘留所提出审核意见,报拘留决定机关决定是否批准。拘留决定机关应当在被拘留人或者其近亲属提出申请的 12 小时内作出是否准予请假出所的决定。

被拘留人请假出所的时间不计入拘留期限。

第二十八条　被拘留人或者其近亲属提出请假出所申请的,应当向拘留决定机关提出担保人或者交纳保证金。有关担保人和保证金的管理按照《中华人民共和国治安管理处罚法》的有关规定执行。

被拘留人请假出所不归的,由拘留决定机关负责带回拘留所执行拘留。

第二十九条　被拘留人提出举报、控告,申请行政复议,提起行政诉讼或者申请暂缓执行拘留的,拘留所应当在 24 小时内将有关材料转送有关机关,不得检查或者扣押。

第五章　解除拘留

第三十条　被拘留人拘留期满,拘留所应当按时解除拘留,发给解除拘留证明书,并返还代为保管的财物。

第三十一条　被拘留人在解除拘留时有下列情形之一的,拘留所应当向有关机关或者单位移交被拘留人:

(一)依法被决定驱逐出境、遣送出境的;

(二)依法被决定执行刑事强制措施的;

(三)依法被决定社区戒毒、强制隔离戒毒的;

(四)依法被决定采取强制性教育矫治措施的。

第六章　附　则

第三十二条　执行拘留的时间以日为单位计算,从收拘当日到第 2 日为 1 日。

第三十三条　国家安全机关设置的拘留所,由国家安全机关依照本条例的规定进行管理。

第三十四条 被公安机关依法给予行政强制措施性质拘留的人在拘留所执行拘押，应当与本条例第二条规定的被拘留人分别拘押，具体管理办法由国务院公安部门参照本条例规定。

第三十五条 本条例自2012年4月1日起施行。

健全落实社会治安综合治理
领导责任制规定

· 2016年3月23日①

第一章　总　则

第一条 为深入推进社会治安综合治理，健全落实领导责任制，全面推进平安中国建设，确保人民安居乐业、社会安定有序、国家长治久安，制定本规定。

第二条 本规定适用于各级党的机关、人大机关、行政机关、政协机关、审判机关、检察机关及其领导班子、领导干部。

人民团体、事业单位、国有企业及其领导班子、领导干部、领导人员参照执行本规定。

第三条 健全落实社会治安综合治理领导责任制，应当坚持以邓小平理论、"三个代表"重要思想、科学发展观为指导，深入贯彻落实习近平总书记系列重要讲话精神，紧紧围绕全面建成小康社会、全面深化改革、全面依法治国、全面从严治党的战略布局，坚持问题导向、法治思维、改革创新，抓住"关键少数"，强化担当意识，落实领导责任，科学运用评估、督导、考核、激励、惩戒等措施，形成正确导向，一级抓一级，层层抓落实，使各级领导班子、领导干部切实担负起维护一方稳定、确保一方平安的重大政治责任，保证党中央、国务院关于社会治安综合治理决策部署的贯彻落实。

第二章　责任内容

第四条 严格落实属地管理和谁主管谁负责原则，构建党委领导、政府主导、综治协调、各部门齐抓共管、社会力量积极参与的社会治安综合治理工作格局。

第五条 各级党委和政府应当切实加强对社会治安综合治理的领导，列入重要议事日程，纳入经济社会发展总体规划，认真研究解决工作中的重要问题，从人力物力财力上保证社会治安综合治理工作的顺利开展。

各地党政主要负责同志是社会治安综合治理的第一责任人，社会治安综合治理的分管负责同志是直接责任人，领导班子其他成员承担分管工作范围内社会治安综合治理的责任。

第六条 各部门各单位应当各负其责，充分发挥职能作用，积极参与社会治安综合治理，主动承担好预防和减少违法犯罪、维护社会治安和社会稳定的责任，认真抓好本部门本单位的综合治理工作，与业务工作同规划、同部署、同检查、同落实。

第七条 各级社会治安综合治理委员会及其办公室应当在党委和政府的统一领导下，认真组织各有关单位参与社会治安综合治理工作，加强调查研究和督导检查，及时通报、分析社会治安形势，协调解决工作中遇到的突出问题，总结推广典型经验，统筹推进社会治安综合治理工作。

第三章　督促检查

第八条 各地区各部门各单位应当建立完善社会治安综合治理目标管理责任制，把社会治安综合治理各项任务分解为若干具体目标，制定易于执行检查的措施，建立严格的督促检查制度、定量考核制度、评价奖惩制度，自上而下层层签订社会治安综合治理责任书。

第九条 各级党委常委会应当将执行社会治安综合治理领导责任制的情况，作为向同级党的委员会全体会议报告工作的一项重要内容。

各级党政领导班子和有关领导干部应当将履行社会治安综合治理责任情况作为年度述职报告的重要内容。

第十条 社会治安综合治理委员会成员单位每年应当对本单位本系统部署和开展社会治安综合治理、推进平安建设的有关情况进行总结，对下一年度的工作作出安排，并报同级社会治安综合治理委员会。

下一级社会治安综合治理委员会每年应当向上一级社会治安综合治理委员会报告工作。

第十一条 各级党委和政府应当将社会治安综

---

① 该日期为新华社发布日期。

合治理纳入工作督促检查范围,适时组织开展专项督促检查。

各级社会治安综合治理委员会及其办公室应当动员组织党员、群众有序参与,推动社会治安综合治理各项决策部署落到实处。

第十二条 各级党委和政府应当建立健全社会治安综合治理考核评价制度机制,制定完善考核评价标准和指标体系,明确考核评价的内容、方法、程序。

第十三条 各级党委和政府应当强化社会治安综合治理考核评价结果运用,把社会治安综合治理工作实绩作为对领导班子和领导干部综合考核评价的重要内容,与业绩评定、职务晋升、奖励惩处等挂钩。各级社会治安综合治理委员会及其办公室应当推动建立健全社会治安综合治理工作实绩档案。

各级组织人事部门在考察党政主要领导干部和社会治安综合治理分管领导干部实绩、进行提拔使用和晋职晋级时,应当了解和掌握相关领导干部抓社会治安综合治理工作的情况。

第十四条 县级以上社会治安综合治理委员会及其办公室应当按照中央有关规定,加强与同级纪检监察机关、组织人事部门的协调配合,协同做好有关奖惩工作。

第四章　表彰奖励

第十五条 对真抓实干、社会治安综合治理工作成绩突出的地方、部门和单位的党政主要领导干部和分管领导干部,应当按照有关规定给予表彰和嘉奖。对受到嘉奖的领导干部,应当将有关材料存入本人档案。

第十六条 中央社会治安综合治理委员会、中央组织部、人力资源社会保障部每四年开展一次全国社会治安综合治理先进集体、先进工作者评选表彰工作。

第十七条 对受到表彰的全国社会治安综合治理先进集体党政主要领导干部和分管领导干部应当进行嘉奖。对受到表彰的全国社会治安综合治理先进工作者,应当落实省部级先进工作者和劳动模范待遇。

第十八条 对连续三次以上受到表彰的全国社会治安综合治理先进集体,由中央社会治安综合治理委员会以适当形式予以表扬。

第十九条 地方各级社会治安综合治理委员会

和组织人事部门要配合做好全国社会治安综合治理先进集体、先进工作者等的评选表彰工作。

第五章　责任督导和追究

第二十条 党政领导班子、领导干部违反本规定或者未能正确履行本规定所列职责,有下列情形之一的,应当进行责任督导和追究:

(一)不重视社会治安综合治理和平安建设,相关工作措施落实不力,本地区本系统本单位基层基础工作薄弱,治安秩序严重混乱的;

(二)本地区本系统本单位在较短时间内连续发生重大刑事案件、群体性事件、公共安全事件的;

(三)本地区本系统本单位发生特别重大刑事案件、群体性事件、公共安全事件的;

(四)本地区本单位社会治安综合治理工作(平安建设)考核评价不合格、不达标的;

(五)对群众反映强烈的社会治安重点地区和突出公共安全、治安问题等,没有采取有效措施或者出现反弹的;

(六)各级党委和政府及社会治安综合治理委员会认为需要查究的其他事项。

第二十一条 对党政领导班子、领导干部进行责任督导和追究的方式包括:通报、约谈、挂牌督办、实施一票否决权制、引咎辞职、责令辞职、免职等。因违纪违法应当承担责任的,给予党纪政纪处分;构成犯罪的,依法追究刑事责任。

第二十二条 对具有本规定第二十条所列情形的地区、单位,由相应县级以上社会治安综合治理委员会办公室以书面形式进行通报,必要时由社会治安综合治理委员会进行通报,限期进行整改。

第二十三条 对受到通报后仍未按期完成整改目标,或者具有本规定第二十条所列情形且危害严重或者影响重大的地区、单位,由相应的上一级社会治安综合治理委员会办公室主任对其党政主要领导干部、社会治安综合治理工作分管领导干部和负有责任的其他领导班子成员进行约谈,必要时由社会治安综合治理委员会主任、副主任约谈,帮助分析原因,督促限期整改。

第二十四条 对受到约谈后仍未按期完成整改目标,或者具有本规定第二十条所列情形且危害特别严重或者影响特别重大但尚不够实施一票否决权制的地区、单位，由相应的上一级社会治安综合治理委员会办公室挂牌督办，限期进行整改。必要时，可派驻工作组对挂牌督办地区、单位进行检查督办。

中央社会治安综合治理委员会办公室每年从公共安全、治安问题相对突出的市（地、州、盟）中，确定若干作为挂牌督办的重点整治单位，加强监督管理。

对受到挂牌督办的地区、单位，在半年内取消该地区、单位评选综合性荣誉称号的资格和该地区、单位主要领导干部、主管领导干部、分管领导干部评先受奖、晋职晋级的资格。

第二十五条　对受到挂牌督办后仍未按期完成整改目标，或者有本规定第二十条所列情形且危害特别严重或者影响特别重大的地区、单位，由相应的上一级社会治安综合治理委员会按照中央有关规定，商有关部门共同研究决定实行一票否决权制。

第二十六条　对受到一票否决权制处理的地区、单位，在一年内，取消该地区、单位评选综合性荣誉称号的资格，由组织人事部门按照有关权限和程序办理；取消该地区、单位主要领导干部、主管领导干部、分管领导干部评先受奖、晋职晋级的资格，由组织人事部门按照干部管理权限和程序办理，并会同社会治安综合治理委员会办公室，按照中央有关规定向上级有关部门进行报告、备案。需要追究该地区、单位党政领导干部责任的，移送纪检监察机关依纪依法处理。

第二十七条　对中央驻地方单位需要实行一票否决权制的，由省级社会治安综合治理委员会向其主管单位和中央社会治安综合治理委员会提出书面建议。

第二十八条　党政领导干部具有本规定第二十条所列情形，按照《关于实行党政领导干部问责的暂行规定》应当采取引咎辞职、责令辞职、免职等方式问责的，由纪检监察机关、组织人事部门按照管理权限办理。

第二十九条　党政领导班子、领导干部具有本规定第二十条所列情形，并具有下列情节之一的，应当从重进行责任督导和追究：

（一）干扰、阻碍调查和责任追究的；

（二）弄虚作假、隐瞒事实真相、瞒报漏报重大情况的；

（三）对检举人、控告人等打击报复的；

（四）党内法规和国家法律法规规定的其他从重情节。

第三十条　党政领导班子、领导干部具有本规定第二十条所列情形，并具有下列情节之一的，可以从轻进行责任督导和追究：

（一）主动采取措施，有效避免损失、挽回影响的；

（二）积极配合调查，并且主动承担责任的；

（三）党内法规和国家法律法规规定的其他从轻情节。

第六章　附　则

第三十一条　各省、自治区、直辖市，新疆生产建设兵团，中央和国家机关各部门可以根据本规定制定实施办法。

第三十二条　本规定由中央社会治安综合治理委员会负责解释。

第三十三条　本规定自 2016 年 2 月 27 日起施行。

关于加强社会治安防控体系建设的意见

·2015 年 4 月 13 日①

为有效应对影响社会安全稳定的突出问题，创新立体化社会治安防控体系，依法严密防范和惩治各类违法犯罪活动，全面推进平安中国建设，现提出如下意见。

一、加强社会治安防控体系建设的指导思想和目标任务

（一）指导思想。以邓小平理论、"三个代表"重要思想、科学发展观为指导，全面贯彻落实党的十八大和十八届二中、三中、四中全会精神，深入贯彻落实习近平总书记系列重要讲话精神，紧紧围绕完善和发展中国特色社会主义制度、推进国家治理体系和治理能力现代化的总目标，牢牢把握全面推进依法治国的总

---

① 该日期为新华社发布日期。

要求,着力提高动态化、信息化条件下驾驭社会治安局势能力,以确保公共安全、提升人民群众安全感和满意度为目标,以突出治安问题为导向,以体制机制创新为动力,以信息化为引领,以基础建设为支撑,坚持系统治理、依法治理、综合治理、源头治理,健全点线面结合、网上网下结合、人防物防技防结合、打防管控结合的立体化社会治安防控体系,确保人民安居乐业、社会安定有序、国家长治久安。

(二)目标任务。形成党委领导、政府主导、综治协调、各部门齐抓共管、社会力量积极参与的社会治安防控体系建设工作格局,健全社会治安防控运行机制,编织社会治安防控网,提升社会治安防控体系建设法治化、社会化、信息化水平,增强社会治安整体防控能力,努力使影响公共安全的暴力恐怖犯罪、个人极端暴力犯罪等得到有效遏制,使影响群众安全感的多发性案件和公共安全事故得到有效防范,人民群众安全感和满意度明显提升,社会更加和谐有序。

二、加强社会治安防控网建设

(三)加强社会面治安防控网建设。根据人口密度、治安状况和地理位置等因素,科学划分巡逻区域,优化防控力量布局,加强公安与武警勤务武装巡逻,建立健全指挥和保障机制,完善早晚高峰等节点人员密集场所重点勤务工作机制,减少死角和盲区,提升社会面动态控制能力。加强公共交通安保工作,强化人防、物防、技防建设和日常管理,完善和落实安检制度,加强对公交车站、地铁站、机场、火车站、码头、口岸、高铁沿线等重点部位的安全保卫,严防针对公共交通工具的暴力恐怖袭击和个人极端案(事)件。完善幼儿园、学校、金融机构、商业场所、医院等重点场所安全防范机制,强化重点场所及周边治安综合治理,确保秩序良好。加强对偏远农村、城乡接合部、城中村等社会治安重点地区、重点部位以及各类社会治安突出问题的排查整治。总结推广零命案县(市、区、旗)和刑事案件零发案社区的经验,加强规律性研究,及时发现和处置引发命案和极端事件的苗头性问题,预防和减少重特大案(事)件特别是命案的发生。

(四)加强重点行业治安防控网建设。切实加强旅馆业、旧货业、公章刻制业、机动车改装业、废品收购业、娱乐服务业等重点行业的治安管理工作,落实法人责任,推动实名制登记,推进治安管理信息系统建设。加强邮件、快件寄递和物流运输安全管理工作,完善禁寄物品名录,建立健全安全管理制度,有效预防利用寄递、物流渠道实施违法犯罪。持续开展治爆缉枪、管制刀具治理等整治行动,对危爆物品采取源头控制、定点销售、流向管控、实名登记等全过程管理措施,严防危爆物品非法流散社会。加强社区服刑人员、扬言报复社会人员、易肇事肇祸等严重精神障碍患者、刑满释放人员、吸毒人员、易感染艾滋病病毒危险行为人群等特殊人群的服务管理工作,健全政府、社会、家庭三位一体的关怀帮扶体系,加大政府经费支持力度,加强相关专业社会组织、社会工作人才队伍等建设,落实教育、矫治、管理以及综合干预措施。

(五)加强乡镇(街道)和村(社区)治安防控网建设。以网格化管理、社会化服务为方向,健全基层综合服务管理平台,推动社会治安防控力量下沉。把网格化管理列入城乡规划,将人、地、物、事、组织等基本治安要素纳入网格管理范畴,做到信息掌握到位、矛盾化解到位、治安防控到位、便民服务到位。因地制宜确定网格管理职责,纳入社区服务工作或群防群治管理,通过政府购买服务等方式,加强社会治安防控网建设。到2020年,实现全国各县(市、区、旗)的中心城区网格化管理全覆盖。整合各种资源力量,加强基层综合服务管理平台建设,逐步在乡镇(街道)推进建设综治中心,村(社区)以基层综合服务管理平台为依托建立实体化运行机制,强化实战功能,做到矛盾纠纷联调、社会治安联防、重点工作联动、治安突出问题联治、服务管理联抓、基层平安联创。到2020年实现县(市、区、旗)、乡镇(街道)、村(社区)三级综合服务管理平台全覆盖,鼓励有条件的地方提前完成。深化社区警务战略,加强社区(驻村)警务室建设。将治安联防矛盾化解和纠纷调解纳入农村社区建设试点任务。

(六)加强机关、企事业单位内部安全防控网建设。按照预防为主、突出重点、单位负责、政府监管的原则,进一步加强机关、企事业单位内部治安保卫工作,严格落实单位主要负责人治安保卫责任制,完善巡逻检查、守卫防护、要害保卫、治安隐患和问题排查处理等各项治安保卫制度。加强单位内部技防设施建设，普及视频监控系统应用，实行重要部位、易发案部位全覆盖。加强供水、供电、供气、供热、供油、交通、信息通信网络等关系国计民生基础设施的安全防范工作，全面完善和落实各项安全保卫措施，确保安全稳定。

（七）加强信息网络防控网建设。建设法律规范、行政监管、行业自律、技术保障、公众监督、社会教育相结合的信息网络管理体系。加强网络安全保护，落实相关主体的法律责任。落实手机和网络用户实名制。健全信息安全等级保护制度，加强公民个人信息安全保护。深入开展专项整治行动，坚决整治利用互联网和手机媒体传播暴力色情等违法信息及低俗信息。

三、提高社会治安防控体系建设科技水平

（八）加强信息资源互通共享和深度应用。按照科技引领、信息支撑的思路，加快构建纵向贯通、横向集成、共享共用、安全可靠的平安建设信息化综合平台。在确保信息安全、保护公民合法权益前提下，提高系统互联、信息互通和资源共享程度。强化信息资源深度整合应用，充分运用现代信息技术，增强主动预防和打击犯罪的能力。将社会治安防控信息化纳入智慧城市建设总体规划，充分运用新一代互联网、物联网、大数据、云计算和智能传感、遥感、卫星定位、地理信息系统等技术，创新社会治安防控手段，提升公共安全管理数字化、网络化、智能化水平，打造一批有机融合的示范工程。建立健全相关的信息安全保障体系，实现对基础设施、信息和应用等资源的立体化、自动化安全监测，对终端用户和应用系统的全方位、智能化安全防护。

（九）加快公共安全视频监控系统建设。高起点规划，有重点有步骤地推进公共安全视频监控建设、联网和应用工作，提高公共区域视频监控系统覆盖密度和建设质量。加大城乡接合部、农村地区公共区域视频监控系统建设力度，逐步实现城乡视频监控一体化。完善技术标准，强化系统联网，分级有效整合各类视频图像资源，逐步拓宽应用领域。加强企事业单位安防技术系统建设，实施"技防入户"工程和物联网安防小区试点，推进技防新装备向农村地区延伸。

四、完善社会治安防控运行机制

（十）健全社会治安形势分析研判机制。政法综治机构要加强组织协调，会同政法机关和其他有关部门开展对社会治安形势的整体研判、动态监测，并提出督办建议。公安机关要坚持情报主导警务的理念，建立健全社会治安情报信息分析研判机制，定期对社会治安形势进行分析研判。加强对社会舆情、治安动态和热点、敏感问题的分析预测，加强对社会治安重点领域的研判分析，及时发现苗头性、倾向性问题，提升有效应对能力。建立健全治安形势播报预警机制，增强群众自我防范意识。

（十一）健全实战指挥机制。公安机关要按照人员权威、信息权威、职责权威的要求，加强实战型指挥中心建设，集110接处警、社会治安突发事件应急指挥处置、紧急警务活动统筹协调等功能于一体，及时有效地调整用警方向和强度。推行扁平化勤务指挥模式，减少指挥层级，畅通指挥关系，紧急状态下实行"点对点"指挥，确保就近调度、快速反应、及时妥善处置。

（十二）健全部门联动机制。建立完善社会治安形势分析研判联席会议制度、社会治安重点地区排查整治工作协调会议和月报制度等，进一步整合各部门资源力量，强化工作联动，增强打击违法犯罪、加强社会治安防控工作合力。对群众反映强烈的黑拐枪、黄赌毒以及电信诈骗、非法获取公民个人信息、非法传销、非法集资、危害食品药品安全、环境污染、涉邪教活动等突出治安问题，要加强部门执法合作，开展专项打击整治，形成整体合力。对打防管控工作中发现的薄弱环节和突出问题，政法综治机构要牵头组织、督促有关部门及时整改，堵塞防范漏洞。针对可能发生的突发案（事）件，制定完善应急预案和行动方案，明确各有关部门、单位的职责任务和措施要求，定期开展应急处突实战演练，确保一旦发生社会治安突发案（事）件能够快速有效处置。创新报警服务运行模式，提高紧急警情快速处置能力，提高非紧急求助社会联动服务效率。

（十三）健全区域协作机制。按照常态、共享、联动、共赢原则，积极搭建治安防控跨区域协作平台，共同应对跨区域治安突出问题，在预警预防、维稳处突、

矛盾化解、打击犯罪等方面互援互助、协调联动,以区域平安保全国平安。总结推广区域警务协作机制建设经验,推动建立多地区多部门共同参与的治安防控区域协作机制,增强防控整体实效。

五、运用法治思维和法治方式推进社会治安防控体系建设

(十四)运用法律手段解决突出问题。充分发挥法治的引导、规范、保障、惩戒作用,做到依法化解社会矛盾、依法预防打击犯罪、依法规范社会秩序、依法维护社会稳定。紧紧围绕加强社会治安防控体系建设的总体需要,推动相关法律法规的立、改、废、释和相关政策的制定完善工作。各地要以重大问题为导向,针对社会治安治理领域的重点难点问题,适时出台相关地方性法规、地方政府规章,促进从法治层面予以解决。完善维护公民、法人等合法权益的途径,从源头上预防侵权案件发生。坚持依法行政,加强食品药品、安全生产、环境保护、文化市场和网络安全等重点领域基层执法,强化行政执法与刑事司法的衔接,着力解决好人民群众反映强烈的突出问题。深化司法体制改革,加快建设公正高效权威的社会主义司法制度,提高办案质量。贯彻宽严相济刑事政策,在依法严厉打击极少数严重刑事犯罪分子的同时,最大限度地减少社会对抗,努力化消极因素为积极因素。加强和改进法治宣传教育工作,着力增强法治宣传教育的针对性和实效性,推动全社会树立法治意识,增强全民法治观念,促进全民尊法、守法,引导干部群众把法律作为指导和规范自身行为的基本准则,在全社会形成办事依法、遇事找法、解决问题用法、化解矛盾靠法的良好法治环境。

(十五)加强基础性制度建设。建立以公民身份号码为唯一代码、统一共享的国家人口基础信息库,建立健全相关方面的实名登记制度。建立公民统一社会信用代码制度、法人和其他组织统一社会信用代码制度,加强社会信用管理,促进信息共享,强化对守信者的鼓励和对失信者的惩戒,探索建立公民所有信息的一卡通制度。落实重大决策社会稳定风险评估制度,切实做到应评尽评,着力完善决策前风险评估、实施中风险管控和实施后效果评价、反馈纠偏、决策过错责任追究等操作性程序规范。落实矛盾纠纷排查调处工作协调会议纪要月报制度,完善人民调解、行政调解、司法调解联动工作体系,建立调处化解矛盾纠纷综合机制,着力防止因决策不当、矛盾纠纷排查化解不及时等引发重大群体性事件。推进体现社会主义核心价值观要求的行业规范、社会组织章程、村规民约、社区公约建设,充分发挥社会规范在调整成员关系、约束成员行为、保障成员利益等方面的作用,通过自律、他律、互律使公民、法人和其他组织的行为符合社会共同行为准则。

(十六)严格落实综治领导责任制。把社会治安防控体系建设纳入综治工作(平安建设)考核评价指标体系,将考核评价结果作为对领导班子和领导干部考核评价的重要内容。坚持采用评估、督导、考核、激励、惩诫等措施,形成正确的激励导向,推进社会治安防控体系建设工作落到实处。对社会治安问题突出的地区和单位通过定期通报、约谈、挂牌督办等方式,引导其分析发生重特大案(事)件的主要原因,找准症结,研究提出解决问题的措施,限期进行整改。对因重视不够、社会治安防范措施不落实而导致违法犯罪现象严重、治安秩序严重混乱或者发生重特大案(事)件的地区,依法实行一票否决权制,并追究有关领导干部的责任。

六、建立健全社会治安防控体系建设工作格局

(十七)加强党委和政府对社会治安防控体系建设的领导。各级党委和政府要进一步提高对社会治安防控体系建设重要性的认识,列入重要议事日程,认真研究解决警力配置、经费投入、警察等职业保障、基础设施和技防设施建设、考核奖惩等重要问题。要把社会治安防控体系建设列入国民经济和社会发展总体规划,重点做好基础设施、技防设备、装备建设的立项规划,做到与城乡规划、旧城改造、社区建设、基层综合服务管理平台建设等工作统筹推进。加大投入力度,将社会治安防控体系建设经费列入年度财政预算,从人力、物力、财力上保证社会治安防控体系建设顺利实施。各地党政主要负责同志是平安建设的第一责任人,也是社会治安防控体系建设的第一责任人,要亲自研究部署,一级抓一级,层层抓落实,真正担负起维护一方稳定、确保一方平安的重大政治责任。要充分发挥基层党组织作用,特别是在农村和城市社区,党组织要发挥领导核心作用,切实保障推进社会治安防控体系建设的各项任务走完"最后一公里"。

（十八）充分发挥综治组织的组织协调作用。各级综治组织要在党委和政府领导下,认真组织各有关单位参与社会治安防控工作,加强调查研究和督促检查,及时通报、分析社会治安形势,协调解决工作中遇到的突出问题,总结推广典型经验,统筹推进社会治安防控体系建设。加强各级综治组织自身建设,细化工作职责,健全组织机构,配齐配强力量。乡镇（街道）综治委主任可由乡镇（街道）党（工）委书记担任,综治办主任应由党（工）委副书记担任;村（社区）综治机构主要负责人由党组织书记担任,并明确1名负责人主管综治工作,确保这项工作有人抓、有人管。

（十九）充分发挥政法各机关和其他各有关部门的职能作用。进一步明确各有关部门在社会治安防控体系建设中的职责任务,做到各负其责、各司其职,通力协作、齐抓共管,增强整体合力。各级政法机关要发挥好主力军作用。公安机关要充分发挥骨干作用,根据社会治安防控体系建设需要调整工作重点、警力部署、警务保障和勤务制度,改进工作方法,投入更多人力和精力加强基层治安基础工作,及时掌握影响社会治安的情况,依法查处危害社会治安行为。法院、检察院要结合批捕、起诉和审判工作,善于发现社会治安防控体系建设中的漏洞,及时提出司法建议和检察建议,督促有关单位健全规章制度,完善工作机制。司法行政机关要加强监狱和强制隔离戒毒场所的管理工作,做好社区矫正、刑满释放人员安置帮教、人民调解、法治宣传、法律服务、法律援助等工作。其他各有关部门要按照"谁主管谁负责"的原则,结合自身职能,主动承担好预防违法犯罪、维护社会治安的责任,认真抓好本部门、本系统参与社会治安防控体系建设的任务,与部门工作同规划、同部署、同检查、同落实。

（二十）充分发挥社会协同作用。坚持党委和政府领导下的多方参与、共同治理,发挥市场、社会等多方主体在社会治安防控体系建设中的协同协作、互动互补、相辅相成作用。大力支持工会、共青团、妇联等人民团体和群众组织参与社会治安防控体系建设,积极为他们发挥作用创造有利环境和条件。要加大对行业协会商会类、科技类、公益慈善类、城乡社区服务类社会组织的培育扶持力度,将适合由社会组织承担的矛盾纠纷调解、特殊人群服务管理、预防青少年违法犯罪等社会治安防控体系建设任务纳入政府购买服务目录,通过竞争性选择等方式,交给相关社会组织承担,发挥好他们在社会治安防控体系建设中的重要作用。规范警务辅助人员管理,明确其聘用条件和程序、职责任务、保障待遇等,发挥好协助维护社会治安的作用。规范发展保安服务市场,积极引导保安行业参与社会治安防控工作。加强城乡基层群众自治组织建设,搭建群众参加社会治安防控体系建设的新平台,通过各种方式就社会治安防控体系建设问题进行广泛协商,广纳群言,增进共识。充分发挥行业协会商会自管自律作用,引导企业在经营活动中履行治安防控责任。转变职能、创新机制,采取政府搭台、市场运作、社会参与等方式,积极提供公益岗位,鼓励发展责任保险以及治安保险、社区综合保险等新兴业务,支持保险机构运用股权投资、战略合作等方式参与保安服务产业链整合,激发社会各方面力量参与社会治安防控体系建设的积极性、主动性、创造性。

（二十一）积极扩大公众参与。坚持人民主体地位,进一步拓宽群众参与社会治安防控的渠道,依法保障人民群众的知情权、参与权、建议权、监督权。继承和发扬专群结合的优良传统,充分发挥共产党员、共青团员模范带头作用,发挥民兵预备役人员等的重要作用,发展壮大平安志愿者、社区工作者、群防群治队伍等专业化、职业化、社会化力量,积极探索新形势下群防群治工作新机制、新模式,力争到2020年社区志愿者注册人数占居民人口的比例大幅增加。落实举报奖励制度,对于提供重大线索、帮助破获重大案件或者有效制止违法犯罪活动、协助抓获犯罪分子的,给予重奖。完善见义勇为人员认定机制、补偿救济机制,加强见义勇为人员权益保障工作,扩大见义勇为基金规模,加大对见义勇为人员的表彰力度,按照有关规定严格落实抚恤待遇。充分发挥传统媒体与新媒体的作用,采取群众喜闻乐见的宣传教育方式,提高群众安全防范意识,组织动员群众关心、支持和参与社会治安防控体系建设,努力提升新媒体时代社会沟通能力。

各地区要根据本意见要求,结合本地区社会治安状况和经济社会发展实际,分级分类研究制定加强社会治安防控体系建设的指导意见和具体实施方案,把任务和责任落实到相关部门和单位。

违反公安行政管理行为的名称及其适用意见

·2020 年 8 月 6 日
·公通字〔2020〕8 号

为进一步加强执法规范化建设,统一规范违反公安行政管理行为的名称及其法律依据的适用,现对法律、行政法规和部门规章中涉及违反公安行政管理行为的名称及其适用规范如下:

一、境外非政府组织境内活动管理

(一)《中华人民共和国境外非政府组织境内活动管理法》(法律)

1、未按规定办理涉境外非政府组织变更登记、备案相关事项(第 45 条第 1 款第 1 项)

2、未按涉境外非政府组织登记、备案事项开展活动(第 45 条第 1 款第 2 项)

上述登记或者备案事项包括名称、业务范围、活动地域,相关违法行为名称可根据具体情形进行表述。例如,未按登记的名称开展活动的,违法行为名称表述为“未按涉境外非政府组织登记(名称)事项开展活动”。

3、涉境外非政府组织在境内从事、资助营利性活动、募捐、违规发展会员(第 45 条第 1 款第 3 项)

4、违反涉境外非政府组织规定取得使用资金、开立使用银行账户、进行会计核算(第 45 条第 1 款第 4 项)

5、代表机构未按规定报送年度计划、报送公开年度报告(第 45 条第 1 款第 5 项)

6、拒不接受、不按规定接受涉境外非政府组织监督检查(第 45 条第 1 款第 6 项)

7、非法取得代表机构登记证书、临时活动备案(第 45 条第 1、2 款)

8、伪造、变造、买卖、出租、出借代表机构登记证书、印章(第 45 条第 1、2 款)

《中华人民共和国境外非政府组织境内活动管理法》第 45 条第 2 款与《中华人民共和国治安管理处罚法》第 52 条第 1 项竞合。对境外非政府组织代表机构、开展临时活动的境外非政府组织或者中方合作单位有伪造、变造、买卖、出租、出借代表机构登记证书、印章行为的,对单位处罚的法律依据适用《中华人民共和国境外非政府组织境内活动管理法》第 45 条第 1、2 款,对其直接负责的主管人员和其他直接责任人员处罚的法律依据适用《中华人民共和国治安管理处罚法》第 18 条和第 52 条第 1 项。

9、未经登记、备案以代表机构、境外非政府组织名义开展活动(第 46 条第 1 款第 1 项)

10、被取消登记后以境外非政府组织代表机构名义开展活动(第 46 条第 1 款第 2 项)

11、临时活动期限届满、被取缔后开展活动(第 46 条第 1 款第 3 项)

12、非法委托、资助境内单位和个人开展活动(第 46 条第 1 款第 4 项)

13、非法与境外非政府组织合作(第 46 条第 1、2 款)

14、非法接受境外非政府组织委托、资助(第 46 条第 1、2 款)

15、境外非政府组织、代表机构煽动抗拒法律法规实施(第 47 条第 1 款第 1 项)

16、境外非政府组织、代表机构非法获取国家秘密(第 47 条第 1 款第 2 项)

17、境外非政府组织、代表机构造谣诽谤、发表传播有害信息(第 47 条第 1 款第 3 项)

18、境外非政府组织、代表机构从事资助政治活动、非法从事资助宗教活动(第 47 条第 1 款第 4 项)

19、境外非政府组织、代表机构以其他方式危害国家安全、损害国家利益、损害社会公共利益(第 47 条第 1 款第 5 项)

20、境外非政府组织、代表机构实施危害国家安全犯罪行为(第 47 条第 1、2 款)

二、治安管理

(二)《中华人民共和国人民警察法》(法律)

21、非法制造、贩卖、持有、使用警用标志、制式服装、警械、证件(《中华人民共和国人民警察法》第 36 条,《人民警察制式服装及其标志管理规定》第 14 条、

第 15 条、第 16 条,《公安机关警戒带使用管理办法》第 10 条)

对单位或者个人非法生产、销售人民警察制式服装及其标志的,违法行为名称表述为"非法制造、贩卖警用标志、制式服装",法律依据适用《中华人民共和国人民警察法》第 36 条和《人民警察制式服装及其标志管理规定》第 14 条。对指定生产企业违反规定,超计划生产或者擅自转让生产任务的,违法行为名称表述为"非法制造警用标志、制式服装",法律依据适用《中华人民共和国人民警察法》第 36 条和《人民警察制式服装及其标志管理规定》第 14 条、第 15 条。对单位或者个人非法持有、使用人民警察制式服装及其标志的,违法行为名称表述为"非法持有、使用警用标志、制式服装",法律依据适用《中华人民共和国人民警察法》第 36 条和《人民警察制式服装及其标志管理规定》第 16 条。

(三)《人民警察制式服装及其标志管理规定》(部门规章)

22、生产、销售仿制警用制式服装、标志(第 17 条)

23、穿着、佩带仿制警用制式服装、标志(第 18 条)

(四)《中华人民共和国治安管理处罚法》(法律)

24、扰乱单位秩序(第 23 条第 1 款第 1 项)

《中华人民共和国军事设施保护法》第 43 条规定援引《中华人民共和国治安管理处罚法》第 23 条处罚。对《中华人民共和国军事设施保护法》第 43 条规定的非法进入军事禁区、军事管理区,不听制止的;在军事禁区外围安全控制范围内,或者在没有划入军事禁区、军事管理区的军事设施一定距离内,进行危害军事设施安全和使用效能的活动,不听制止的;在军用机场净空保护区域内,进行影响飞行安全和机场助航设施使用效能的活动,不听制止的;对军事禁区、军事管理区非法进行摄影、摄像、录音、勘察、测量、描绘和记述,不听制止的;其他扰乱军事禁区、军事管理区管理秩序和危害军事设施安全的行为,情节轻微,尚不够刑事处罚的,违法行为名称表述为"扰乱单位秩序",法律依据适用《中华人民共和国治安管理处罚法》第 23 条第 1 款第 1 项。聚众实施上述行为的,违法行为名称表述为"聚众扰乱单位秩序",法律依据适用《中华人民共和国治安管理处罚法》第 23 条第 1 款第 1 项和第 2 款。

25、扰乱公共场所秩序(第 23 条第 1 款第 2 项)

26、扰乱公共交通工具上的秩序(第 23 条第 1 款第 3 项)

27、妨碍交通工具正常行驶(第 23 条第 1 款第 4 项)

28、破坏选举秩序(第 23 条第 1 款第 5 项)

29、聚众扰乱单位秩序(第 23 条第 2 款)

30、聚众扰乱公共场所秩序(第 23 条第 2 款)

31、聚众扰乱公共交通工具上的秩序(第 23 条第 2 款)

32、聚众妨碍交通工具正常行驶(第 23 条第 2 款)

33、聚众破坏选举秩序(第 23 条第 2 款)

34、强行进入大型活动场内(第 24 条第 1 款第 1 项)

35、违规在大型活动场内燃放物品(第 24 条第 1 款第 2 项)

36、在大型活动场内展示侮辱性物品(第 24 条第 1 款第 3 项)

37、围攻大型活动工作人员(第 24 条第 1 款第 4 项)

38、向大型活动场内投掷杂物(第 24 条第 1 款第 5 项)

39、其他扰乱大型活动秩序的行为(第 24 条第 1 款第 6 项)

40、虚构事实扰乱公共秩序(第 25 条第 1 项)

对《中华人民共和国消防法》第 62 条第 3 项规定的谎报火警,违法行为名称表述为"虚构事实扰乱公共秩序(谎报火警)",法律依据适用《中华人民共和国消防法》第 62 条第 3 项和《中华人民共和国治安管理处罚法》第 25 条第 1 项。

41、投放虚假危险物质(第 25 条第 2 项)

42、扬言实施放火、爆炸、投放危险物质(第 25 条第 3 项)

43、寻衅滋事(第 26 条)

44、组织、教唆、胁迫、诱骗、煽动从事邪教、会道

门活动(第 27 条第 1 项)

45、利用邪教、会道门、迷信活动危害社会(第 27 条第 1 项)

46、冒用宗教、气功名义危害社会(第 27 条第 2 项)

47、故意干扰无线电业务正常进行(第 28 条)

《中华人民共和国军事设施保护法》第 44 条规定援引《中华人民共和国治安管理处罚法》第 28 条处罚。对《中华人民共和国军事设施保护法》第 44 条规定的违反国家规定,故意干扰军用无线电设施正常工作的,违法行为名称表述为"故意干扰无线电业务正常进行",法律依据适用《中华人民共和国治安管理处罚法》第 28 条。

48、拒不消除对无线电台(站)的有害干扰(第 28 条)

《中华人民共和国军事设施保护法》第 44 条规定援引《中华人民共和国治安管理处罚法》第 28 条处罚。对《中华人民共和国军事设施保护法》第 44 条规定的对军用无线电设施产生有害干扰,拒不按照有关主管部门的要求改正的,违法行为名称表述为"拒不消除对无线电台(站)的有害干扰",法律依据适用《中华人民共和国治安管理处罚法》第 28 条。

49、非法侵入计算机信息系统(第 29 条第 1 项)

《计算机信息网络国际联网安全保护管理办法》第 20 条与《中华人民共和国治安管理处罚法》第 29 条第 1 项竞合。对单位未经允许,进入计算机信息网络或者使用计算机信息网络资源,构成违反治安管理行为的,违法行为名称表述为"非法侵入计算机信息系统"。对单位处罚的法律依据适用《计算机信息网络国际联网安全保护管理办法》第 6 条第 1 项和第 20 条,对其直接负责的主管人员和其他直接责任人员处罚的法律依据适用《中华人民共和国治安管理处罚法》第 18 条和第 29 条第 1 项。

50、非法改变计算机信息系统功能(第 29 条第 2 项)

《计算机信息网络国际联网安全保护管理办法》第 20 条与《中华人民共和国治安管理处罚法》第 29 条第 2 项竞合。对单位未经允许,对计算机信息网络功能进行删除、修改或者增加,构成违反治安管理行

为的,违法行为名称表述为"非法改变计算机信息系统功能"。对单位处罚的法律依据适用《计算机信息网络国际联网安全保护管理办法》第 6 条第 2 项和第 20 条,对其直接负责的主管人员和其他直接责任人员处罚的法律依据适用《中华人民共和国治安管理处罚法》第 18 条和第 29 条第 2 项。

51、非法改变计算机信息系统数据和应用程序(第 29 条第 3 项)

《计算机信息网络国际联网安全保护管理办法》第 20 条与《中华人民共和国治安管理处罚法》第 29 条第 3 项竞合。对单位未经允许,对计算机信息网络中存储、处理或者传输的数据和应用程序进行删除、修改或者增加,构成违反治安管理行为的,违法行为名称表述为"非法改变计算机信息系统数据和应用程序"。对单位处罚的法律依据适用《计算机信息网络国际联网安全保护管理办法》第 6 条第 3 项和第 20 条,对其直接负责的主管人员和其他直接责任人员处罚的法律依据适用《中华人民共和国治安管理处罚法》第 18 条和第 29 条第 3 项。

52、故意制作、传播计算机破坏性程序影响运行(第 29 条第 4 项)

《计算机信息网络国际联网安全保护管理办法》第 20 条与《中华人民共和国治安管理处罚法》第 29 条第 4 项竞合。对单位故意制作、传播计算机病毒等破坏性程序,构成违反治安管理行为的,违法行为名称表述为"故意制作、传播计算机破坏性程序影响运行"。对单位处罚的法律依据适用《计算机信息网络国际联网安全保护管理办法》第 6 条第 4 项和第 20 条,对其直接负责的主管人员和其他直接责任人员处罚的法律依据适用《中华人民共和国治安管理处罚法》第 18 条和第 29 条第 4 项。

53、非法制造、买卖、储存、运输、邮寄、携带、使用、提供、处置危险物质(第 30 条)

《民用爆炸物品安全管理条例》第 44 条第 4 款与《中华人民共和国治安管理处罚法》第 30 条竞合。对未经许可购买、运输民用爆炸物品的,违法行为名称表述为"非法购买、运输危险物质(民用爆炸物品)"。对单位处罚的法律依据适用《民用爆炸物品安全管理条例》第 44 条第 4 款,对其直接负责的主管人员和其

他直接责任人员处罚的法律依据适用《中华人民共和国治安管理处罚法》第18条和第30条。对个人未经许可购买、运输民用爆炸物品的，法律依据适用《中华人民共和国治安管理处罚法》第30条。

《民用爆炸物品安全管理条例》第49条第3项、第4项与《中华人民共和国治安管理处罚法》第30条竞合。对违规储存民用爆炸物品的，违法行为名称表述为"非法储存危险物质（民用爆炸物品）"。对单位处罚的法律依据适用《民用爆炸物品安全管理条例》第49条第3项或者第4项，对其直接负责的主管人员和其他直接责任人员处罚的法律依据适用《中华人民共和国治安管理处罚法》第18条和第30条。对个人非法储存民用爆炸物品的，法律依据适用《中华人民共和国治安管理处罚法》第30条。

《民用爆炸物品安全管理条例》第51条与《中华人民共和国治安管理处罚法》第30条竞合。对携带民用爆炸物品搭乘公共交通工具或者进入公共场所，邮寄或者在托运的货物、行李、包裹、邮件中夹带民用爆炸物品，违法行为名称表述为"非法携带、邮寄危险物质（民用爆炸物品）"，法律依据适用《中华人民共和国治安管理处罚法》第30条和《民用爆炸物品安全管理条例》第51条。

对《中华人民共和国消防法》第62条第1项规定的违反有关消防技术标准和管理规定生产、储存、运输、销售、使用、销毁易燃易爆危险品，违法行为名称表述为"非法制造、买卖、储存、运输、使用、处置危险物质（易燃易爆危险品）"，法律依据适用《中华人民共和国消防法》第62条第1项和《中华人民共和国治安管理处罚法》第30条。

对《中华人民共和国消防法》第62条第2项规定的非法携带易燃易爆危险品进入公共场所或者乘坐公共交通工具的，违法行为名称表述为"非法携带危险物质（易燃易爆危险品）"，法律依据适用《中华人民共和国消防法》第62条第2项和《中华人民共和国治安管理处罚法》第30条。

《烟花爆竹安全管理条例》第36条第2款与《中华人民共和国治安管理处罚法》第30条竞合。对未经许可经由道路运输烟花爆竹的，违法行为名称表述为"非法运输危险物质（烟花爆竹）"。对单位处罚的法律依据适用《烟花爆竹安全管理条例》第36条第2款，对其直接负责的主管人员和其他直接责任人员处罚的法律依据适用《中华人民共和国治安管理处罚法》第18条和第30条。对个人未经许可经由道路运输烟花爆竹的，法律依据适用《中华人民共和国治安管理处罚法》第30条。

《烟花爆竹安全管理条例》第41条和《中华人民共和国治安管理处罚法》第30条竞合。对携带烟花爆竹搭乘公共交通工具的，或者邮寄烟花爆竹以及在托运的行李、包裹、邮件中夹带烟花爆竹的，违法行为名称表述为"非法邮寄、携带危险物质（烟花爆竹）"。情节较轻的，法律依据适用《烟花爆竹安全管理条例》第41条；情节较重，构成违反治安管理的，法律依据适用《中华人民共和国治安管理处罚法》第30条。

《危险化学品安全管理条例》第88条第4项和《剧毒化学品购买和公路运输许可证件管理办法》第20条、第21条第3款与《中华人民共和国治安管理处罚法》第30条竞合。对未取得或者利用骗取的剧毒化学品道路运输通行证，通过道路运输剧毒化学品的，违法行为名称表述为"非法运输危险物质（剧毒化学品）"。对单位处罚的法律依据相应适用《危险化学品安全管理条例》第88条第4项和《剧毒化学品购买和公路运输许可证件管理办法》第20条，或者《危险化学品安全管理条例》第88条第4项和《剧毒化学品购买和公路运输许可证件管理办法》第21条第3款，对其直接负责的主管人员和其他直接责任人员处罚的法律依据适用《中华人民共和国治安管理处罚法》第18条和第30条。对个人未取得剧毒化学品道路运输通行证经由道路运输剧毒化学品的，法律依据适用《中华人民共和国治安管理处罚法》第30条。

《剧毒化学品购买和公路运输许可证件管理办法》第20条与《中华人民共和国治安管理处罚法》第30条竞合。对未申领剧毒化学品购买凭证〔《国务院关于第五批取消和下放管理层级行政审批项目的决定》（国发〔2010〕21号）已取消剧毒化学品准购证核发审批〕，擅自购买剧毒化学品的，违法行为名称表述为"非法购买危险物质（剧毒化学品）"。对单位处罚的法律依据适用《剧毒化学品购买和公路运输许可证件管理办法》第20条,对其直接负责的主管人员和其他直接责任人员处罚的法律依据适用《中华人民共和国治安管理处罚法》第18条和第30条。对个人非法购买剧毒化学品的,法律依据适用《中华人民共和国治安管理处罚法》第30条。

《放射性物品运输安全管理条例》第62条第1项与《中华人民共和国治安管理处罚法》第30条竞合。未经公安机关批准通过道路运输放射性物品的,违法行为名称表述为"非法运输危险物质(放射性物品)"。对单位处罚的法律依据适用《放射性物品运输安全管理条例》第62条第1项,对其直接负责的主管人员和其他直接责任人员处罚的法律依据适用《中华人民共和国治安管理处罚法》第18条和第30条。对个人未经公安机关批准通过道路运输放射性物品的,法律依据适用《中华人民共和国治安管理处罚法》第30条。

54、危险物质被盗、被抢、丢失不报(第31条)

《民用爆炸物品安全管理条例》第50条第2项与《中华人民共和国治安管理处罚法》第31条竞合。对民用爆炸物品丢失、被盗、被抢不报的,违法行为名称表述为"危险物质(民用爆炸物品)被盗、被抢、丢失不报"。对单位处罚的法律依据适用《民用爆炸物品安全管理条例》第50条第2项,对其直接负责的主管人员和其他直接责任人员处罚的法律依据适用《中华人民共和国治安管理处罚法》第18条和第31条。

《烟花爆竹安全管理条例》第39条与《中华人民共和国治安管理处罚法》第31条竞合。对生产、经营、使用黑火药、烟火药、引火线的企业,丢失黑火药、烟火药、引火线未及时向当地安全生产监督管理部门和公安部门报告的,违法行为名称表述为"危险物质(烟花爆竹)丢失不报"。对企业主要负责人处罚的法律依据适用《烟花爆竹安全管理条例》第39条,对其直接负责的主管人员和其他直接责任人员处罚的法律依据适用《中华人民共和国治安管理处罚法》第18条和第31条。

《危险化学品安全管理条例》第81条第1款第2项与《中华人民共和国治安管理处罚法》第31条竞合。生产、储存、使用剧毒化学品、易制爆危险化学品的单位发现剧毒化学品、易制爆危险化学品丢失或者被盗,不立即向公安机关报告的,违法行为名称表述为"危险物质被盗、丢失不报"。对单位处罚的法律依据适用《危险化学品安全管理条例》第81条第1款第2项,对其直接负责的主管人员和其他直接责任人员处罚的法律依据适用《中华人民共和国治安管理处罚法》第18条和第31条。

55、非法携带枪支、弹药、管制器具(第32条)

《中华人民共和国枪支管理法》第44条第1款第2项与《中华人民共和国治安管理处罚法》第32条竞合。对《中华人民共和国枪支管理法》第44条第1款第2项规定的在禁止携带枪支的区域、场所携带枪支的,违法行为名称表述为"非法携带枪支",法律依据适用《中华人民共和国治安管理处罚法》第32条。

56、盗窃、损毁公共设施(第33条第1项)

《中华人民共和国军事设施保护法》第45条规定援引《中华人民共和国治安管理处罚法》第33条处罚。对《中华人民共和国军事设施保护法》第45条规定的毁坏边防、海防管控设施以及军事禁区、军事管理区的围墙、铁丝网、界线标志或者其他军事设施的,违法行为名称表述为"损毁公共设施",法律依据适用《中华人民共和国治安管理处罚法》第33条第1项。

57、移动、损毁边境、领土、领海标志设施(第33条第2项)

58、非法进行影响国(边)界线走向的活动(第33条第3项)

59、非法修建有碍国(边)境管理的设施(第33条第3项)

60、盗窃、损坏、擅自移动航空设施(第34条第1款)

61、强行进入航空器驾驶舱(第34条第1款)

62、在航空器上使用禁用物品(第34条第2款)

63、盗窃、损毁、擅自移动铁路设施、设备、机车车辆配件、安全标志(第35条第1项)

64、在铁路线路上放置障碍物(第35条第2项)

65、故意向列车投掷物品(第35条第2项)

66、在铁路沿线非法挖掘坑穴、采石取沙(第35条第3项)

67、在铁路线路上私设道口、平交过道((《中华人

民共和国治安管理处罚法》第35条第4项和《中华人民共和国铁路法》第68条)

68、擅自进入铁路防护网(第36条)

69、违法在铁路线路上行走坐卧、抢越铁路(第36条)

70、擅自安装、使用电网(第37条第1项)

71、安装、使用电网不符合安全规定(第37条第1项)

72、道路施工不设置安全防护设施(第37条第2项)

73、故意损毁、移动道路施工安全防护设施(第37条第2项)

74、盗窃、损毁路面公共设施(第37条第3项)

75、违规举办大型活动(第38条)

76、公共场所经营管理人员违反安全规定(第39条)

77、组织、胁迫、诱骗进行恐怖、残忍表演(第40条第1项)

78、强迫劳动(第40条第2项)

《中华人民共和国劳动法》第96条第1项与《中华人民共和国治安管理处罚法》第40条第2项竞合。对用人单位以暴力、威胁或者非法限制人身自由的手段强迫劳动的,违法行为名称表述为"强迫劳动",法律依据适用《中华人民共和国治安管理处罚法》第40条第2项。

79、非法限制人身自由(第40条第3项)

《保安服务管理条例》第45条第1款第1项与《中华人民共和国治安管理处罚法》第40条第3项竞合。对保安员限制他人人身自由的,违法行为名称表述为"非法限制人身自由"。如果其行为依法应当予以治安管理处罚的,法律依据适用《中华人民共和国治安管理处罚法》第40条第3项。如果其行为情节严重,依法应当吊销保安员证,并应当依法予以治安管理处罚的,法律依据适用《中华人民共和国治安管理处罚法》第40条第3项和《保安服务管理条例》第45条第1款第1项。如果其行为情节轻微,不构成违反治安管理行为,仅应当予以训诫的,法律依据适用《保安服务管理条例》第45条第1款第1项。

《中华人民共和国劳动法》第96条第2项与《中

华人民共和国治安管理处罚法》第40条第3项竞合。对用人单位拘禁劳动者的,违法行为名称表述为"非法限制人身自由",法律依据适用《中华人民共和国治安管理处罚法》第40条第3项。

80、非法侵入住宅(第40条第3项)

81、非法搜查身体(第40条第3项)

《保安服务管理条例》第45条第1款第1项与《中华人民共和国治安管理处罚法》第40条第3项竞合。对保安员搜查他人身体的,违法行为名称表述为"非法搜查身体"。如果其行为依法应当予以治安管理处罚的,法律依据适用《中华人民共和国治安管理处罚法》第40条第3项。如果其行为情节严重,依法应当吊销保安员证,并应当依法予以治安管理处罚的,法律依据适用《中华人民共和国治安管理处罚法》第40条第3项和《保安服务管理条例》第45条第1款第1项。如果其行为情节轻微,不构成违反治安管理行为,仅应当予以训诫的,法律依据适用《保安服务管理条例》第45条第1款第1项。

《中华人民共和国劳动法》第96条第2项与《中华人民共和国治安管理处罚法》第40条第3项竞合。对用人单位非法搜查劳动者的,违法行为名称表述为"非法搜查身体",法律依据适用《中华人民共和国治安管理处罚法》第40条第3项。

82、胁迫、诱骗、利用他人乞讨(第41条第1款)

83、以滋扰他人的方式乞讨(第41条第2款)

84、威胁人身安全(第42条第1项)

85、侮辱(第42条第2项)

《保安服务管理条例》第45条第1款第1项与《中华人民共和国治安管理处罚法》第42条第2项竞合。对保安员侮辱他人的,违法行为名称表述为"侮辱"。如果其行为依法应当予以治安管理处罚的,法律依据适用《中华人民共和国治安管理处罚法》第42条第2项。如果其行为情节严重,依法应当吊销保安员证,并应当依法予以治安管理处罚的,法律依据适用《中华人民共和国治安管理处罚法》第42条第2项和《保安服务管理条例》第45条第1款第1项。如果其行为情节轻微,不构成违反治安管理行为,仅应当予以训诫的,法律依据适用《保安服务管理条例》第45条第1款第1项。

《中华人民共和国劳动法》第96条第2项与《中华人民共和国治安管理处罚法》第42条第2项竞合。对用人单位侮辱劳动者的，违法行为名称表述为"侮辱"，法律依据适用《中华人民共和国治安管理处罚法》第42条第2项。

86、诽谤(第42条第2项)

87、诬告陷害(第42条第3项)

88、威胁、侮辱、殴打、打击报复证人及其近亲属(第42条第4项)

89、发送信息干扰正常生活(第42条第5项)

90、侵犯隐私(第42条第6项)

《保安服务管理条例》第45条第1款第6项与《中华人民共和国治安管理处罚法》第42条第6项竞合。对保安员侵犯个人隐私的，违法行为名称表述为"侵犯隐私"。如果其行为依法应当予以治安管理处罚的，法律依据适用《中华人民共和国治安管理处罚法》第42条第6项。如果其行为情节严重，依法应当吊销保安员证，并应当依法予以治安管理处罚的，法律依据适用《中华人民共和国治安管理处罚法》第42条第6项和《保安服务管理条例》第45条第1款第6项。如果其行为情节轻微，不构成违反治安管理行为，仅应当予以训诫的，法律依据适用《保安服务管理条例》第45条第1款第6项。

91、殴打他人(第43条第1款)

《保安服务管理条例》第45条第1款第1项与《中华人民共和国治安管理处罚法》第43条第1款竞合。对保安员殴打他人的，违法行为名称表述为"殴打他人"。如果其行为依法应当予以治安管理处罚，法律依据适用《中华人民共和国治安管理处罚法》第43条第1款。如果其行为情节严重，依法应当吊销保安员证，并应当依法予以治安管理处罚的，法律依据适用《中华人民共和国治安管理处罚法》第43条第1款和《保安服务管理条例》第45条第1款第1项；有法定加重情节的，法律依据适用《中华人民共和国治安管理处罚法》第43条第2款和《保安服务管理条例》第45条第1款第1项。如果其行为情节轻微，不构成违反治安管理行为，仅应当予以训诫的，法律依据适用《保安服务管理条例》第45条第1款第1项。

《中华人民共和国劳动法》第96条第2项与《中华人民共和国治安管理处罚法》第43条第1款竞合。对用人单位体罚、殴打劳动者的，违法行为名称表述为"殴打他人"，法律依据适用《中华人民共和国治安管理处罚法》第43条第1款。

92、故意伤害(第43条第1款)

93、猥亵(第44条)

94、在公共场所故意裸露身体(第44条)

95、虐待(第45条第1项)

96、遗弃(第45条第2项)

97、强迫交易(第46条)

98、煽动民族仇恨、民族歧视(第47条)

99、刊载民族歧视、侮辱内容(第47条)

100、冒领、隐匿、毁弃、私自开拆、非法检查他人邮件(第48条)

对冒领、隐匿、毁弃、私自开拆、非法检查他人快件，尚不构成犯罪的，违法行为名称表述为"冒领、隐匿、毁弃、私自开拆、非法检查他人邮件"，法律依据适用《快递暂行条例》第42条第1款和《中华人民共和国治安管理处罚法》第48条。

101、盗窃(第49条)

102、诈骗(第49条)

103、哄抢(第49条)

104、抢夺(第49条)

105、敲诈勒索(第49条)

106、故意损毁财物(第49条)

107、拒不执行紧急状态下的决定、命令(第50条第1款第1项)

108、阻碍执行职务(第50条第1款第2项)

《保安服务管理条例》第45条第1款第3项与《中华人民共和国治安管理处罚法》第50条第1款第2项竞合。对保安员阻碍依法执行公务，违法行为名称表述为"阻碍执行职务"。如果其行为依法应当予以治安管理处罚的，法律依据适用《中华人民共和国治安管理处罚法》第50条第1款第2项。如果其行为情节严重，依法应当吊销保安员证，并应当依法予以治安管理处罚的，法律依据适用《中华人民共和国治安管理处罚法》第50条第1款第2项和《保安服务管理条例》第45条第1款第3项。如果其行为情节轻微，不构成违反治安管理行为，仅应当予以训诫的，法律依据适用《保安服务管理条例》第45条第1款第3项。

对阻碍消防救援机构的工作人员依法执行职务，尚不够刑事处罚的，违法行为名称表述为"阻碍执行职务"，法律依据适用《中华人民共和国消防法》第62条第5项和《中华人民共和国治安管理处罚法》第50条第1款第2项。

对阻碍国家情报工作机构及其工作人员依法开展情报工作，尚不够刑事处罚的，违法行为名称及法律适用规范按照本意见第777条的规定执行。

109、阻碍特种车辆通行（第50条第1款第3项）

对阻碍消防车、消防艇执行任务的，违法行为名称表述为"阻碍特种车辆通行（消防车、消防艇）"，法律依据适用《中华人民共和国消防法》第62条第4项和《中华人民共和国治安管理处罚法》第50条第1款第3项。

110、冲闯警戒带、警戒区（第50条第1款第4项）

111、招摇撞骗（第51条第1款）

112、伪造、变造、买卖公文、证件、证明文件、印章（第52条第1项）

《报废机动车回收管理办法》第20条第1款第1项与《中华人民共和国治安管理处罚法》第52条第1项竞合。对买卖、伪造、变造报废机动车回收证明的，违法行为名称表述为"伪造、变造、买卖证明文件（报废机动车回收证明）"，处罚的法律依据适用《中华人民共和国治安管理处罚法》第52条第1项和《报废机动车回收管理办法》第20条第1款第1项。

113、买卖、使用伪造、变造的公文、证件、证明文件（第52条第2项）

114、伪造、变造、倒卖有价票证、凭证（第52条第3项）

115、伪造、变造船舶户牌（第52条第4项）

116、买卖、使用伪造、变造的船舶户牌（第52条第4项）

117、涂改船舶发动机号码（第52条第4项）

118、驾船擅自进入、停靠国家管制的水域、岛屿（第53条）

《沿海船舶边防治安管理规定》第28条第1项与《中华人民共和国治安管理处罚法》第53条竞合。对沿海船舶非法进入国家禁止或者限制进入的海域或者岛屿的，违法行为名称表述为"驾船擅自进入国家管制的水域、岛屿"，法律依据适用《中华人民共和国治安管理处罚法》第53条。

119、非法以社团名义活动（第54条第1款第1项）

120、以被撤销登记的社团名义活动（第54条第1款第2项）

121、未获公安许可擅自经营（第54条第1款第3项）

《旅馆业治安管理办法》第15条与《中华人民共和国治安管理处罚法》第54条第1款第3项、第2款竞合。对未经公安机关许可开办旅馆的，违法行为名称表述为"未获公安许可擅自经营（旅馆）"，法律依据适用《中华人民共和国治安管理处罚法》第54条第1款第3项、第2款和《旅馆业治安管理办法》第4条。

《保安服务管理条例》第41条与《中华人民共和国治安管理处罚法》第54条第1款第3项、第2款竞合。对未经许可从事保安服务的，违法行为名称表述为"未获公安许可擅自经营（保安服务）"，法律依据适用《中华人民共和国治安管理处罚法》第54条第1款第3项、第2款以及《保安服务管理条例》第9条和第41条。对未经许可从事保安培训的，违法行为名称表述为"未获公安许可擅自经营（保安培训）"，法律依据适用《中华人民共和国治安管理处罚法》第54条第1款第3项、第2款以及《保安服务管理条例》第33条和第41条。

122、煽动、策划非法集会、游行、示威（第55条）

123、不按规定登记住宿旅客信息（第56条第1款）

124、不制止住宿旅客带入危险物质（第56条第1款）

125、明知住宿旅客是犯罪嫌疑人不报（第56条第2款）

126、将房屋出租给无身份证件人居住（第57条第1款）

127、不按规定登记承租人信息（第57条第1款）

128、明知承租人利用出租屋犯罪不报（第57条

第 2 款)

129、制造噪声干扰正常生活(第 58 条)

130、违法承接典当物品(第 59 条第 1 项)

131、典当发现违法犯罪嫌疑人、赃物不报(第 59 条第 1 项)

《典当管理办法》第 66 条第 1 款与《中华人民共和国治安管理处罚法》第 59 条第 1 项竞合。对典当行发现公安机关通报协查的人员或者赃物不向公安机关报告的,违法行为名称表述为"典当发现违法犯罪嫌疑人、赃物不报"。对典当行处罚的法律依据适用《典当管理办法》第 27 条和第 52 条及第 66 条第 1 款,对其直接负责的主管人员和其他直接责任人员处罚的法律依据适用《中华人民共和国治安管理处罚法》第 18 条和第 59 条第 1 项。对典当行工作人员发现违法犯罪嫌疑人、赃物不向公安机关报告的,法律依据适用《中华人民共和国治安管理处罚法》第 59 条第 1 项。

132、违法收购废旧专用器材(第 59 条第 2 项)

133、收购赃物、有赃物嫌疑的物品(第 59 条第 3 项)

134、收购国家禁止收购的其他物品(第 59 条第 4 项)

135、隐藏、转移、变卖、损毁依法扣押、查封、冻结的财物(第 60 条第 1 项)

136、伪造、隐匿、毁灭证据(第 60 条第 2 项)

137、提供虚假证言(第 60 条第 2 项)

138、谎报案情(第 60 条第 2 项)

139、窝藏、转移、代销赃物(第 60 条第 3 项)

对机动车修理企业和个体工商户明知是盗窃、抢劫所得机动车而予以拆解、改装、拼装、倒卖的,对其直接负责的主管人员和其他直接责任人员处罚的法律依据适用《中华人民共和国治安管理处罚法》第 18 条和第 60 条第 3 项以及《机动车修理业、报废机动车回收业治安管理办法》第 15 条。

对报废机动车回收企业明知或者应当知道回收的机动车为赃物或者用于盗窃、抢劫等犯罪活动的犯罪工具,未向公安机关报告,擅自拆解、改装、拼装、倒卖该机动车的,对其直接负责的主管人员和其他直接责任人员处罚的法律依据适用《中华人民共和国治安

管理处罚法》第 18 条和第 60 条第 3 项以及《报废机动车回收管理办法》第 20 条第 1 款第 2 项。

140、违反监督管理规定(第 60 条第 4 项)

141、协助组织、运送他人偷越国(边)境(第 61 条)

142、为偷越国(边)境人员提供条件(第 62 条第 1 款)

143、偷越国(边)境(第 62 条第 2 款)

144、故意损坏文物、名胜古迹(第 63 条第 1 项)

145、违法实施危及文物安全的活动(第 63 条第 2 项)

146、偷开机动车(第 64 条第 1 项)

147、无证驾驶、偷开航空器、机动船舶(第 64 条第 2 项)

《沿海船舶边防治安管理规定》第 29 条第 2 项规定的"偷开他人船舶",与《中华人民共和国治安管理处罚法》第 64 条第 2 项规定的"偷开机动船舶"竞合。对偷开他人船舶的,法律依据适用《中华人民共和国治安管理处罚法》第 64 条第 2 项。

148、破坏、污损坟墓(第 65 条第 1 项)

149、毁坏、丢弃尸骨、骨灰(第 65 条第 1 项)

150、违法停放尸体(第 65 条第 2 项)

151、卖淫(第 66 条第 1 款)

152、嫖娼(第 66 条第 1 款)

153、拉客招嫖(第 66 条第 2 款)

154、引诱、容留、介绍卖淫(第 67 条)

155、制作、运输、复制、出售、出租淫秽物品(第 68 条)

156、传播淫秽信息(第 68 条)

157、组织播放淫秽音像(第 69 条第 1 款第 1 项)

158、组织淫秽表演(第 69 条第 1 款第 2 项)

159、进行淫秽表演(第 69 条第 1 款第 2 项)

160、参与聚众淫乱(第 69 条第 1 款第 3 项)

161、为淫秽活动提供条件(第 69 条第 2 款)

162、为赌博提供条件(第 70 条)

163、赌博(第 70 条)

164、非法种植毒品原植物(第 71 条第 1 款第 1 项)

165、非法买卖、运输、携带、持有毒品原植物种苗

（第 71 条第 1 款第 2 项）

166、非法运输、买卖、储存、使用罂粟壳（第 71 条第 1 款第 3 项）

167、非法持有毒品（第 72 条第 1 项）

168、提供毒品（第 72 条第 2 项）

169、吸毒（第 72 条第 3 项）

170、胁迫、欺骗开具麻醉药品、精神药品（第 72 条第 4 项）

171、教唆、引诱、欺骗吸毒（第 73 条）

172、为吸毒、赌博、卖淫、嫖娼人员通风报信（第 74 条）

173、饲养动物干扰正常生活（第 75 条第 1 款）

174、放任动物恐吓他人（第 75 条第 1 款）

175、担保人不履行担保义务（第 109 条第 2 款）

（五）《中华人民共和国国旗法》（法律）

176、侮辱国旗（第 19 条）

（六）《中华人民共和国国徽法》（法律）

177、侮辱国徽（第 13 条）

（七）《中华人民共和国国歌法》（法律）

178、侮辱国歌（第 15 条）

（八）《全国人民代表大会常务委员会关于惩治破坏金融秩序犯罪的决定》（法律）

179、出售、购买、运输假币（第 2 条第 1 款和第 21 条）

对"出售、运输伪造、变造的人民币"的，法律依据适用《中华人民共和国中国人民银行法》第 42 条。

180、金融工作人员购买假币、以假币换取货币（第 2 条第 2 款和第 21 条）

181、持有、使用假币（第 4 条和第 21 条）

对"购买、持有、使用伪造、变造的人民币"的，法律依据适用《中华人民共和国中国人民银行法》第 43 条。

182、变造货币（第 5 条和第 21 条）

对"变造人民币"的，法律依据适用《中华人民共和国中国人民银行法》第 42 条。

183、伪造、变造金融票证（第 11 条和第 21 条）

184、金融票据诈骗（第 12 条和第 21 条）

185、信用卡诈骗（第 14 条和第 21 条）

186、保险诈骗（第 16 条和第 21 条）

（九）《中华人民共和国中国人民银行法》（法律）

187、伪造人民币（第 42 条）

188、变造人民币（第 42 条）

189、出售、运输伪造、变造的人民币（第 42 条）

190、购买、持有、使用伪造、变造的人民币（第 43 条）

（十）《中华人民共和国人民币管理条例》（行政法规）

191、故意毁损人民币（第 42 条）

（十一）《全国人民代表大会常务委员会关于惩治虚开、伪造和非法出售增值税专用发票犯罪的决定》（法律）

192、伪造、出售伪造的增值税专用发票（第 2 条第 1 款和第 11 条）

193、非法出售增值税专用发票（第 3 条和第 11 条）

194、非法购买增值税专用发票（第 4 条第 1 款和第 11 条）

195、购买伪造的增值税专用发票（第 4 条第 1 款和第 11 条）

196、非法制造、出售非法制造的可以用于骗取出口退税、抵扣税款的其他发票（第 6 条第 1 款和第 11 条）

197、非法制造、出售非法制造的发票（第 6 条第 2 款和第 11 条）

198、非法出售可以用于骗取出口退税、抵扣税款的其他发票（第 6 条第 3 款和第 11 条）

199、非法出售发票（第 6 条第 4 款和第 11 条）

"非法制造、出售非法制造的发票""非法出售发票"中的"发票"，是指用于骗取出口退税、抵扣税款的发票以外的发票。

（十二）《全国人民代表大会常务委员会关于严禁卖淫嫖娼的决定》（法律）

200、放任卖淫、嫖娼活动（第 7 条）

（十三）《中华人民共和国集会游行示威法》（法律）

201、非法集会、游行、示威（第 28 条第 2 款第 1 项、第 2 项）

202、破坏集会、游行、示威（第 30 条）

（十四）《中华人民共和国居民身份证法》（法律）

203、骗领居民身份证（第16条第1项）

204、出租、出借、转让居民身份证（第16条第2项）

205、非法扣押居民身份证（第16条第3项）

对保安员扣押他人居民身份证的，违法行为名称表述为"非法扣押居民身份证"，法律依据适用《保安服务管理条例》第45条第1款第2项。

206、冒用居民身份证（第17条第1款第1项）

207、使用骗领的居民身份证（第17条第1款第1项）

208、购买、出售、使用伪造、变造的居民身份证（第17条第1款第2项）

209、泄露公民个人信息（第19条第1、2款）

对国家机关或者金融、电信、交通、教育、医疗等单位的工作人员泄露公民个人信息的，法律依据适用《中华人民共和国居民身份证法》第19条第1款；对单位泄露公民个人信息的，对其直接负责的主管人员和其他直接责任人员的处罚，法律依据适用《中华人民共和国居民身份证法》第19条第2款。

（十五）《居住证暂行条例》（行政法规）

210、使用虚假证明材料骗领居住证（第18条第1项）

211、出租、出借、转让居住证（第18条第2项）

212、非法扣押他人居住证（第18条第3项）

213、冒用他人居住证（第19条第1款第1项）

214、使用骗领的居住证（第19条第1款第1项）

215、购买、出售、使用伪造、变造的居住证（第19条第1款第2项）

（十六）《中华人民共和国枪支管理法》（法律）

216、违规制造、销（配）售枪支（第40条）

对"超过限额或者不按照规定的品种制造枪支"的，违法行为名称表述为"违规制造枪支"，法律依据适用《中华人民共和国枪支管理法》第40条第1项；对"制造无号、重号、假号的枪支"的，违法行为名称表述为"违规制造枪支"，法律依据适用《中华人民共和国枪支管理法》第40条第2项。

对"超过限额或者不按照规定的品种配售枪支"的，违法行为名称表述为"违规配售枪支"，法律依据适用《中华人民共和国枪支管理法》第40条第1项；

对"私自销售枪支""在境内销售为出口制造的枪支"的，违法行为名称表述为"违规销售枪支"，法律依据适用《中华人民共和国枪支管理法》第40条第3项。

217、违规运输枪支（第42条）

218、非法出租、出借枪支（第43条第5款）

219、未按规定标准制造民用枪支（第44条第1款第1项和第2款）

《中华人民共和国枪支管理法》第44条第1款第2项规定的在禁止携带枪支的区域、场所携带枪支的，违法行为名称及法律适用规范按照本意见第55条的规定执行。

220、不上缴报废枪支（第44条第1款第3项和第2款）

221、丢失枪支不报（第44条第1款第4项）

222、制造、销售仿真枪（第44条第1款第5项和第2款）

（十七）《中华人民共和国教育法》（法律）

223、组织作弊（第80条第1项）

224、为作弊提供帮助、便利（第80条第2项）

225、代替他人参加考试（第80条第3项）

226、泄露、传播考试试题、答案（第80条第4项）

227、其他扰乱考试秩序的行为（第80条第5项）

（十八）《民用爆炸物品安全管理条例》（行政法规）

228、未经许可从事爆破作业（第44条第4款）

对《民用爆炸物品安全管理条例》第44条第4款规定的未经许可购买、运输民用爆炸物品的，违法行为名称及法律适用规范按照本意见第53条的规定执行。

229、未按规定对民用爆炸物品做出警示、登记标识（第46条第1项）

230、未按规定对雷管编码打号（第46条第1项）

231、超出许可购买民用爆炸物品（第46条第2项）

232、使用现金、实物交易民用爆炸物品（第46条第3项）

233、销售民用爆炸物品未按规定保存交易证明材料（第46条第4项）

234、销售、购买、进出口民用爆炸物品未按规定备案（第46条第5项）

235、未按规定建立民用爆炸物品登记制度（第46条第6项、第48条第1款第3项、第49条第2项）

对未如实将本单位生产、销售、购买、运输、储存、使用民用爆炸物品的品种、数量和流向信息输入计算机系统的，违法行为名称表述为"未按规定建立民用爆炸物品登记制度"，法律依据适用《民用爆炸物品安全管理条例》第46条第6项；对爆破作业单位未按规定建立民用爆炸物品领取登记制度、保存领取登记记录的，违法行为名称表述为"未按规定建立民用爆炸物品登记制度"，法律依据适用《民用爆炸物品安全管理条例》第48条第1款第3项；对未按规定建立出入库检查、登记制度或者收存和发放民用爆炸物品，致使账物不符的，违法行为名称表述为"未按规定建立民用爆炸物品登记制度"，法律依据适用《民用爆炸物品安全管理条例》第49条第2项。

236、未按规定核销民用爆炸物品运输许可证（第46条第7项）

237、违反许可事项运输民用爆炸物品（第47条第1项）

238、未携带许可证运输民用爆炸物品（第47条第2项）

239、违规混装民用爆炸物品（第47条第3项）

240、民用爆炸物品运输车辆未按规定悬挂、安装警示标志（第47条第4项）

241、违反行驶、停靠规定运输民用爆炸物品（第47条第5项）

242、装载民用爆炸物品的车厢载人（第47条第6项）

243、运输民用爆炸物品发生危险未处置、不报告（第47条第7项）

244、未按资质等级从事爆破作业（第48条第1款第1项）

245、营业性爆破作业单位跨区域作业未报告（第48条第1款第2项）

246、违反标准实施爆破作业（第48条第1款第4项）

对爆破作业人员违反国家有关标准和规范的规定实施爆破作业，情节严重，依法应当吊销爆破作业人员许可证的，违法行为名称表述为"违反标准实施爆破作业"，法律依据适用《民用爆炸物品安全管理条例》第48条第1款第4项和第2款。

247、未按规定设置民用爆炸物品专用仓库技术防范设施（第49条第1项）

对《民用爆炸物品安全管理条例》第49条第3项、第4项规定的超量储存、在非专用仓库储存或者违反储存标准和规范储存民用爆炸物品以及其他违反规定储存民用爆炸物品的，违法行为名称及法律适用规范按照本意见第53条的规定执行。

248、违反制度致使民用爆炸物品丢失、被盗、被抢（第50条第1项）

对《民用爆炸物品安全管理条例》第50条第2项规定的民用爆炸物品丢失、被盗、被抢不报的，违法行为名称及法律适用规范按照本意见第54条的规定执行。

249、非法转让、出借、转借、抵押、赠送民用爆炸物品（第50条第3项）

对《民用爆炸物品安全管理条例》第51条规定的携带民用爆炸物品搭乘公共交通工具或者进入公共场所，邮寄或者在托运的货物、行李、包裹、邮件中夹带民用爆炸物品，尚不构成犯罪的，违法行为名称及法律适用规范按照本意见第53条的规定执行。

250、未履行民用爆炸物品安全管理责任（第52条）

（十九）《烟花爆竹安全管理条例》（行政法规）

对《烟花爆竹安全管理条例》第36条第2款规定的未经许可经由道路运输烟花爆竹的，违法行为名称及法律适用规范按照本意见第53条的规定执行。

对《烟花爆竹安全管理条例》第39条规定的生产、经营、使用黑火药、烟火药、引火线的企业，丢失黑火药、烟火药、引火线未及时报告的，违法行为名称及法律适用规范按照本意见第54条的规定执行。

251、违反许可事项经道路运输烟花爆竹（第40条第1项）

252、未携带许可证经道路运输烟花爆竹（第40条第2项）

253、烟花爆竹道路运输车辆未按规定悬挂、安装警示标志（第40条第3项）

254、未按规定装载烟花爆竹（第40条第4项）

255、装载烟花爆竹的车厢载人(第 40 条第 5 项)

256、烟花爆竹运输车辆超速行驶(第 40 条第 6 项)

257、烟花爆竹运输车辆经停无人看守(第 40 条第 7 项)

258、未按规定核销烟花爆竹道路运输许可证(第 40 条第 8 项)

对《烟花爆竹安全管理条例》第 41 条规定的携带烟花爆竹搭乘公共交通工具,或者邮寄烟花爆竹以及在托运的行李、包裹、邮件中夹带烟花爆竹的,违法行为名称及法律适用规范按照本意见第 53 条的规定执行。

259、非法举办大型焰火燃放活动(第 42 条第 1 款)

260、违规从事燃放作业(第 42 条第 1 款)

261、违规燃放烟花爆竹(第 42 条第 2 款)

(二十)《危险化学品安全管理条例》(行政法规)

262、剧毒化学品、易制爆危险化学品专用仓库未按规定设置技术防范设施(第 78 条第 2 款)

263、未如实记录剧毒化学品、易制爆危险化学品数量、流向(第 81 条第 1 款第 1 项)

对《危险化学品安全管理条例》第 81 条第 1 款第 2 项规定的发现剧毒化学品、易制爆危险化学品丢失或者被盗,不立即向公安机关报告的,违法行为名称及法律适用规范按照本意见第 54 条的规定执行。

264、储存剧毒化学品未备案(第 81 条第 1 款第 3 项)

265、未如实记录剧毒化学品、易制爆危险化学品购买信息(《危险化学品安全管理条例》第 81 条第 1 款第 4 项和《剧毒化学品购买和公路运输许可证件管理办法》第 23 条第 2 款)

266、未按规定期限保存剧毒化学品、易制爆危险化学品销售记录、材料(第 81 条第 1 款第 4 项)

267、未按规定期限备案剧毒化学品、易制爆危险化学品销售、购买信息(第 81 条第 1 款第 5 项)

268、转让剧毒化学品、易制爆危险化学品不报(第 81 条第 1 款第 6 项)

269、转产、停产、停业、解散未备案处置方案(第 82 条第 2 款)

270、单位未经许可购买剧毒化学品、易制爆危险化学品(第 84 条第 2 款)

271、个人非法购买剧毒化学品、易制爆危险化学品(第 84 条第 2 款)

272、单位非法出借、转让剧毒化学品、易制爆危险化学品(第 84 条第 3 款)

273、违反核定载质量运输危险化学品(第 88 条第 1 项)

274、使用不符合安全标准车辆运输危险化学品(第 88 条第 2 项)

275、道路运输危险化学品擅自进入限制通行区域(第 88 条第 3 项)

《危险化学品安全管理条例》第 88 条第 4 项规定的非法运输剧毒化学品的违法行为名称及法律适用规范按照本意见第 53 条的规定执行。

276、未按规定悬挂、喷涂危险化学品警示标志(第 89 条第 1 项)

277、不配备危险化学品押运人员(第 89 条第 2 项)

278、道路运输剧毒化学品、易制爆危险化学品长时间停车不报(第 89 条第 3 项)

279、剧毒化学品、易制爆危险化学品运输途中丢失、被盗、被抢、流散、泄露未采取有效警示和安全措施(第 89 条第 4 项)

280、剧毒化学品、易制爆危险化学品运输途中流散、泄露不报(第 89 条第 4 项)

281、伪造、变造、出租、出借、转让剧毒化学品许可证件(第 93 条第 2 款)

282、使用伪造、变造的剧毒化学品许可证件(第 93 条第 2 款)

《危险化学品安全管理条例》第 93 条第 2 款与《中华人民共和国治安管理处罚法》第 52 条第 1 项、第 2 项竞合。对单位伪造、变造剧毒化学品许可证件或者使用伪造、变造的剧毒化学品许可证件的,法律依据适用《危险化学品安全管理条例》第 93 条第 2 款,对其直接负责的主管人员和其他直接责任人员处罚的,法律依据适用《中华人民共和国治安管理处罚法》第 18 条和第 52 条第 1 项、第 2 项。对个人伪造、变造剧毒化学品许可证件或者使用伪造、变造的剧毒化学品许可证件的,法律依据适用《中华人民共和国治安管理处罚法》第52条第1项、第2项。

（二十一）《剧毒化学品购买和公路运输许可证件管理办法》（部门规章）

《剧毒化学品购买和公路运输许可证件管理办法》第20条规定的未经许可购买、通过公路运输剧毒化学品的，违法行为名称及法律适用规范按照本意见第53条的规定执行。

283、非法获取剧毒化学品购买、公路运输许可证件（第21条第1款）

284、未按规定更正剧毒化学品购买许可证件回执填写错误（第23条第1款）

285、未携带许可证经公路运输剧毒化学品（第24条第1款）

286、违反许可事项经公路运输剧毒化学品（第24条第2款）

对违反许可事项通过公路运输剧毒化学品，尚未造成严重后果的，对单位处罚的法律依据适用《剧毒化学品购买和公路运输许可证件管理办法》第24条第2款，对其直接负责的主管人员和其他直接责任人员处罚的法律依据适用《中华人民共和国治安管理处罚法》第18条和第30条。

287、未按规定缴交剧毒化学品购买证件回执（第25条第1项）

288、未按规定缴交剧毒化学品公路运输通行证件（第25条第2项）

289、未按规定缴交剧毒化学品购买凭证、凭证存根（第25条第3项）

290、未按规定作废、缴交填写错误的剧毒化学品购买凭证（第25条第4项）

（二十二）《易制爆危险化学品治安管理办法》（部门规章）

291、未按规定建立易制爆危险化学品信息系统（第6条第1款和第36条）

292、违规在互联网发布易制爆危险化学品信息（第23条、第24条和第42条）

（二十三）《危险货物道路运输安全管理办法》（部门规章）

293、未携带许可证明经道路运输放射性物品（第71条第4项）

（二十四）《放射性物品运输安全管理条例》（行政法规）

《放射性物品运输安全管理条例》第62条第1项规定的未经许可通过道路运输放射性物品的违法行为名称及法律适用规范按照本意见第53条的规定执行。

294、放射性物品运输车辆违反行驶规定（第62条第2项）

295、放射性物品运输车辆未悬挂警示标志（第62条第2项）

296、道路运输放射性物品未配备押运人员（第62条第3项）

297、道路运输放射性物品脱离押运人员监管（第62条第3项）

（二十五）《中华人民共和国民用航空安全保卫条例》（行政法规）

298、装载未采取安全措施的物品（第24条第4项和第35条第1项）

299、违法交运、捎带他人货物（第24条第3项和第35条第2项）

300、托运人伪报品名托运（第30条第2款和第35条第3项）

301、托运人在托运货物中夹带危险物品（第30条第2款和第35条第3项）

302、携带、交运禁运物品（第32条和第35条第3项）

303、违反警卫制度致使航空器失控（第15条和第36条第1项）

304、违规出售客票（第17条和第36条第2项）

305、承运时未核对乘机人和行李（第18条和第36条第3项）

306、承运人未核对登机旅客人数（第19条第1款和第36条第4项）

307、将未登机人员的行李装入、滞留航空器内（第19条第2款、第3款和第36条第4项）

308、承运人未全程监管承运物品（第20条和第36条第5项）

309、配制、装载单位未对供应品采取安全措施（第21条和第36条第5项）

310、未对承运货物采取安全措施(第30条第1款和第36条第5项)

311、未对航空邮件安检(第31条和第36条第5项)

(二十六)《铁路安全管理条例》(行政法规)

312、毁坏铁路设施设备、防护设施(第51条和第95条)

313、危及铁路通信、信号设施安全(第52条和第95条)

314、危害电气化铁路设施(第53条和第95条)

法律适用规范同本意见第315条。

315、危害铁路安全(第77条和第95条)

对具有《铁路安全管理条例》第77条规定的危害铁路安全行为之一,但未构成违反治安管理行为的,违法行为名称表述为"危害铁路安全",法律依据适用《铁路安全管理条例》第77条和第95条。如果行为人实施了《铁路安全管理条例》第77条规定的危害铁路安全行为之一,该行为同时又构成违反治安管理行为的,违法行为名称表述为《中华人民共和国治安管理处罚法》中的相应违法行为名称,对单位处罚的法律依据适用《铁路安全管理条例》第77条和第95条,对其直接负责的主管人员和其他直接责任人员处罚的法律依据适用《中华人民共和国治安管理处罚法》的相关规定;违法行为人为自然人的,法律依据适用《中华人民共和国治安管理处罚法》的相关规定。

316、运输危险货物不按规定配备押运人员(第98条)

317、发生危险货物泄漏不报(第98条)

《铁路安全管理条例》第98条与《中华人民共和国治安管理处罚法》第31条竞合。铁路运输托运人运输危险货物发生危险货物被盗、丢失不按照规定及时报告的,违法行为名称表述为"危险物质被盗、丢失不报",对单位处罚的法律依据适用《铁路安全管理条例》第98条,对其直接负责的主管人员和其他直接责任人员处罚的法律依据适用《中华人民共和国治安管理处罚法》第18条和第31条。

(二十七)《娱乐场所管理条例》(行政法规)

318、娱乐场所从事毒品违法犯罪活动(第14条和第43条)

对娱乐场所从业人员实施《娱乐场所管理条例》第14条规定的禁止行为的,按照相关法律、法规确定违法行为名称,并适用相关法律、法规。

319、娱乐场所为毒品违法犯罪活动提供条件(第14条和第43条)

320、娱乐场所组织、强迫、引诱、容留、介绍他人卖淫、嫖娼(第14条和第43条)

《娱乐场所管理条例》第43条与《中华人民共和国治安管理处罚法》第67条竞合。对娱乐场所引诱、容留、介绍他人卖淫的,法律依据适用《娱乐场所管理条例》第43条。

321、娱乐场所为组织、强迫、引诱、容留、介绍他人卖淫、嫖娼提供条件(第14条和第43条)

322、娱乐场所制作、贩卖、传播淫秽物品(第14条和第43条)

《娱乐场所管理条例》第43条与《中华人民共和国治安管理处罚法》第68条竞合。对娱乐场所制作、贩卖、传播淫秽物品的,法律依据适用《娱乐场所管理条例》第43条。

323、娱乐场所为制作、贩卖、传播淫秽物品提供条件(第14条和第43条)

324、娱乐场所提供营利性陪侍(第14条和第43条)

325、娱乐场所从业人员从事营利性陪侍(第14条和第43条)

326、娱乐场所为提供、从事营利性陪侍提供条件(第14条和第43条)

327、娱乐场所赌博(第14条和第43条)

《娱乐场所管理条例》第43条与《中华人民共和国治安管理处罚法》第70条竞合。对娱乐场所赌博的,法律依据适用《娱乐场所管理条例》第43条。

328、娱乐场所为赌博提供条件(第14条和第43条)

《娱乐场所管理条例》第43条与《中华人民共和国治安管理处罚法》第70条竞合。对娱乐场所为赌博提供条件的,法律依据适用《娱乐场所管理条例》第43条。

329、娱乐场所从事邪教、迷信活动(第14条和第43条)

330、娱乐场所为从事邪教、迷信活动提供条件（第14条和第43条）

331、娱乐场所设施不符合规定（第44条第1项）

332、未按规定安装、使用娱乐场所闭路电视监控设备（第44条第2项）

333、删改、未按规定留存娱乐场所监控录像资料（第44条第3项）

《娱乐场所管理条例》第44条第3项"删改娱乐场所监控录像资料"的规定和《中华人民共和国治安管理处罚法》第29条第3项"非法改变计算机信息系统数据"的规定竞合。对删改娱乐场所监控录像资料的，违法行为名称表述为"删改娱乐场所监控录像资料"，对娱乐场所处罚的法律依据适用《娱乐场所管理条例》第44条第3项的规定，对其直接负责的主管人员和其他直接责任人员处罚的法律依据适用《中华人民共和国治安管理处罚法》第18条和第29条第3项。

334、未按规定配备娱乐场所安全检查设备（第44条第4项）

335、未对进入娱乐场所人员进行安全检查（第44条第4项）

对因未配备娱乐场所安全检查设备而未对进入营业场所人员进行安全检查的，违法行为名称表述为"未按规定配备娱乐场所安全检查设备"。

336、未按规定配备娱乐场所保安人员（第44条第5项）

337、设置具有赌博功能的游戏设施设备（第45条第1项）

338、以现金、有价证券作为娱乐奖品（第45条第2项）

339、非法回购娱乐奖品（第45条第2项）

对以现金、有价证券作为娱乐奖品，并回购娱乐奖品的，违法行为名称表述为"非法回购娱乐奖品"。

340、指使、纵容娱乐场所从业人员侵害消费者人身权利（第46条）

341、未按规定备案娱乐场所营业执照（第47条）

342、未按规定建立娱乐场所从业人员名簿、营业日志（第50条）

343、娱乐场所内发现违法犯罪行为不报（第50条）

344、未按规定悬挂娱乐场所警示标志（第51条）

（二十八）《娱乐场所治安管理办法》（部门规章）

345、拒不补齐娱乐场所备案项目（第41条第1款）

346、未按规定进行娱乐场所备案变更（第7条和第41条第2款）

347、要求娱乐场所保安人员从事非职务活动（第29条和第43条第1款）

348、未按规定通报娱乐场所保安人员工作情况（第29条和第43条第1款）

349、未按规定建立、使用娱乐场所治安管理信息系统（第26条和第44条）

（二十九）《营业性演出管理条例》（行政法规）

350、未制止有非法内容的营业性演出（第25条和第46条第2款）

351、发现有非法内容的营业性演出不报（第26条和第46条第2款）

352、超过核准数量印制、出售营业性演出门票（第51条第2款）

353、印制、出售观众区域以外的营业性演出门票（第51条第2款）

（三十）《印刷业管理条例》（行政法规）

354、印刷非法印刷品（第3条和第38条）

355、印刷经营中发现违法犯罪行为未报告（第39条第1款第2项）

（三十一）《旅馆业治安管理办法》（行政法规）

356、旅馆变更登记未备案（第4条第2款和第15条）

《旅馆业治安管理办法》第15条规定的未经许可开办旅馆的违法行为名称及法律适用规范按照本意见第121条的规定执行。

（三十二）《租赁房屋治安管理规定》（部门规章）

357、不履行出租房屋治安责任（第9条第3项）

对房屋出租人明知承租人利用出租房屋进行犯罪活动，不向公安机关报告的，违法行为名称表述为"明知承租人利用出租屋犯罪不报"，法律依据适用《中华人民共和国治安管理处罚法》第57条第2款。对房屋出租人不履行治安责任，出租房屋发生案件、治安灾害事故的，违法行为名称表述为"不履行出租房屋治安责任"，法律依据适用《租赁房屋治安管理规定》第 9 条第 3 项。但是，如果并处罚款的，其罚款数额不得超过《国务院关于贯彻实施〈中华人民共和国行政处罚法〉的通知》(国发〔1996〕13 号)第 2 条中"国务院各部门制定的规章对非经营活动中的违法行为设定罚款不得超过 1000 元;对经营活动中的违法行为，有违法所得的，设定罚款不得超过违法所得的 3 倍，但是最高不得超过 30000 元，没有违法所得的，设定罚款不得超过 10000 元;超过上述限额的，应当报国务院批准"的规定。

358、转租、转借承租房屋未按规定报告(第 9 条第 4 项)

359、利用出租房屋非法生产、储存、经营危险物品(第 9 条第 5 项)

依照《租赁房屋治安管理规定》第 9 条第 5 项的规定"处月租金十倍以下罚款"的，其罚款数额不得超过《国务院关于贯彻实施〈中华人民共和国行政处罚法〉的通知》(国发〔1996〕13 号)第 2 条中"国务院各部门制定的规章对非经营活动中的违法行为设定罚款不得超过 1000 元;对经营活动中的违法行为，有违法所得的，设定罚款不得超过违法所得的 3 倍，但是最高不得超过 30000 元，没有违法所得的，设定罚款不得超过 10000 元;超过上述限额的，应当报国务院批准"的规定。

(三十三)《废旧金属收购业治安管理办法》(行政法规)

360、非法设点收购废旧金属(第 7 条和第 13 条第 1 款第 4 项)

361、收购生产性废旧金属未如实登记(第 8 条和第 13 条第 1 款第 5 项)

对再生资源回收企业收购生产性废旧金属未如实登记的，违法行为名称表述为"收购生产性废旧金属未如实登记"，法律依据适用《再生资源回收管理办法》第 23 条和《废旧金属收购业治安管理办法》第 13 条第 1 款第 5 项。

362、收购国家禁止收购的金属物品(第 9 条和第 13 条第 1 款第 6 项)

对单位违反《废旧金属收购业治安管理办法》第 9 条的规定，收购国家禁止收购的金属物品的，法律依据适用《废旧金属收购业治安管理办法》第 9 条和第 13 条第 1 款第 6 项，对其直接负责的主管人员和其他直接责任人员处罚的法律依据适用《中华人民共和国治安管理处罚法》第 18 条和第 59 条第 2 项、第 3 项或者第 4 项。对个人收购国家禁止收购的金属物品的，法律依据适用《中华人民共和国治安管理处罚法》第 59 条第 2 项、第 3 项或者第 4 项。

(三十四)《机动车修理业、报废机动车回收业治安管理办法》(部门规章)

363、承修机动车不如实登记(第 14 条)

364、回收报废机动车不如实登记(《机动车修理业、报废机动车回收业治安管理办法》第 14 条和《废旧金属收购业治安管理办法》第 13 条第 1 款第 5 项)

365、承修非法改装机动车(第 16 条)

366、承修交通肇事逃逸车辆不报(第 16 条)

367、回收无报废证明的机动车(第 16 条)

368、更改机动车发动机号码、车架号码(第 17 条)

369、非法拼(组)装汽车、摩托车(《机动车修理业、报废机动车回收业治安管理办法》第 19 条和《关于禁止非法拼(组)装汽车、摩托车的通告》(行政法规 1996 年 8 月 21 日起施行)第 5 条)

对机动车修理企业和个体工商户、报废机动车回收企业实施本意见第 363 条至第 369 条规定的违法行为，情节严重或者屡次不改，依法应当吊销有关证照的，法律依据除适用上述各条的法律依据外，还应当适用《机动车修理业、报废机动车回收业治安管理办法》第 20 条。

(三十五)《沿海船舶边防治安管理规定》(部门规章)

370、擅自容留非出海人员作业、住宿(第 26 条第 4 项)

371、拒不编刷船名、船号(第 27 条第 3 项)

372、擅自拆换、遮盖、涂改船名、船号(第 27 条第 3 项)

373、悬挂活动船牌号(第 27 条第 3 项)

374、私自载运非出海人员出海(第 27 条第 4 项)

375、擅自引航境外船舶进入未开放港口、锚地(第 28 条第 2 项)

《沿海船舶边防治安管理规定》第 28 条第 1 项规定的非法进入国家禁止或者限制进入的海域、岛屿的违法行为名称及法律适用规范按照本意见第 118 条的规定执行。

376、擅自搭靠境外船舶(第 28 条第 3 项)

377、被迫搭靠境外船舶不及时报告(第 28 条第 3 项)

378、擅自在非指定港口停泊、上下人员、装卸货物(第 28 条第 4 项)

379、携带、隐匿、留用、擅自处理违禁物品(第 29 条第 1 项)

380、非法拦截、强行靠登、冲撞他人船舶(第 29 条第 2 项)

《沿海船舶边防治安管理规定》第 29 条第 2 项规定的偷开他人船舶的违法行为名称及法律适用规范按照本意见第 147 条的规定执行。

381、非法扣押他人船舶、船上物品(第 29 条第 3 项)

382、"三无"船舶擅自出海作业(第 30 条)

(三十六)《典当管理办法》(部门规章)

383、收当禁当财物(第 27 条和第 63 条)

384、未按规定查验证明文件(第 35 条第 3 款和第 65 条)

对典当业工作人员承接典当物品,不查验有关证明、不履行登记手续的,违法行为名称表述为"违法承接典当物品",法律依据适用《中华人民共和国治安管理处罚法》第 59 条第 1 项。

385、未按规定记录、统计、报送典当信息(第 51 条和第 65 条)

386、发现禁当财物不报(第 27 条和第 52 条及第 66 条第 1 款)

《典当管理办法》第 52 条和第 66 条第 1 款规定的典当行发现公安机关通报协查的人员或者赃物不向公安机关报告的违法行为名称及法律适用规范按照本意见第 131 条的规定执行。

(三十七)《再生资源回收管理办法》(部门规章)

387、未按规定进行再生资源回收从业备案(第 8 条和第 22 条)

388、未按规定保存回收生产性废旧金属登记资料(第 10 条第 3 款和第 24 条)

389、再生资源回收经营中发现赃物、有赃物嫌疑物品不报(第 11 条和第 25 条)

(三十八)《大型群众性活动安全管理条例》(行政法规)

390、擅自变更大型活动时间、地点、内容、举办规模(第 20 条第 1 款)

对承办者擅自变更大型群众性活动的时间、地点、内容或者擅自扩大大型群众性活动的举办规模,对大型群众性活动承办单位的处罚,法律依据适用《大型群众性活动安全管理条例》第 20 条第 1 款,对有发生安全事故危险的,对其直接负责的主管人员和其他直接责任人员的处罚,法律依据适用《中华人民共和国治安管理处罚法》第 18 条和第 38 条。

391、未经许可举办大型活动(第 20 条第 2 款)

392、举办大型活动发生安全事故(第 21 条)

对举办大型群众性活动发生安全事故的,对大型群众性活动承办单位或者大型群众性活动场所管理单位的处罚,法律依据适用《大型群众性活动安全管理条例》第 21 条,对安全责任人和其他直接责任人员的处罚,法律依据适用《中华人民共和国治安管理处罚法》第 18 条和第 38 条以及《大型群众性活动安全管理条例》第 21 条。

393、大型活动发生安全事故不处置(第 22 条)

394、大型活动发生安全事故不报(第 22 条)

(三十九)《长江三峡水利枢纽安全保卫条例》(行政法规)

395、非法运输危险物品进入陆域安全保卫区(第 13 条和第 35 条第 1 项)

396、扰乱陆域安全保卫区管理秩序(第 14 条第 1 至 4 项和第 35 条第 2 项)

397、危害陆域安全保卫区设施安全(第 14 条第 3、4 项和第 35 条第 2 项)

398、非法进入陆域安全保卫区(第 15 条和第 35 条第 3 项)

399、人员非法进入禁航区(第 19 条和第 35 条第 4 项)

400、非法进行升放活动(第 23 条和第 35 条第 5 项)

（四十）《企业事业单位内部治安保卫条例》（行政法规）

401、不落实单位内部治安保卫措施（《企业事业单位内部治安保卫条例》第 19 条，《公安机关监督检查企业事业单位内部治安保卫工作规定》第 8 条、第 11 条或者第 12 条，《金融机构营业场所和金库安全防范设施建设许可实施办法》第 15 条，《易制爆危险化学品治安管理办法》第 25 条、第 27 条、第 43 条）

对金融机构安全防范设施建设、使用存在治安隐患的，违法行为名称表述为"不落实单位内部治安保卫措施"，法律依据适用《企业事业单位内部治安保卫条例》第 19 条和《金融机构营业场所和金库安全防范设施建设许可实施办法》第 15 条。

对企业事业单位具有《公安机关监督检查企业事业单位内部治安保卫工作规定》第 11 条或者第 12 条规定情形的，违法行为名称表述为"不落实单位内部治安保卫措施"，法律依据适用《企业事业单位内部治安保卫条例》第 19 条和《公安机关监督检查企业事业单位内部治安保卫工作规定》第 8 条、第 11 条或者第 12 条。

（四十一）《保安服务管理条例》（行政法规）

《保安服务管理条例》第 41 条规定的未经许可从事保安服务、保安培训的违法行为名称及法律适用规范按照本意见第 121 条的规定执行。

402、未经审核变更保安服务公司法定代表人（第 42 条第 1 款第 1 项）

403、未按规定进行自招保安员备案（第 42 条第 1 款第 2 项）

404、未按规定撤销自招保安员备案（第 42 条第 1 款第 2 项）

405、超范围开展保安服务（第 42 条第 1 款第 3 项）

406、违反规定条件招用保安员（第 42 条第 1 款第 4 项）

407、未按规定核查保安服务合法性（第 42 条第 1 款第 5 项）

408、未报告违法保安服务要求（第 42 条第 1 款第 5 项）

409、未按规定签订、留存保安服务合同（第 42 条第 1 款第 6 项）

410、未按规定留存保安服务监控影像资料、报警记录（第 42 条第 1 款第 7 项及第 2 款）

411、泄露保密信息（第 43 条第 1 款第 1 项）

412、使用监控设备侵犯他人合法权益、个人隐私（第 43 条第 1 款第 2 项）

413、删改、扩散保安服务监控影像资料、报警记录（第 43 条第 1 款第 3 项及第 2 款）

414、指使、纵容保安员实施违法犯罪行为（第 43 条第 1 款第 4 项）

415、疏于管理导致发生保安员违法犯罪案件（第 43 条第 1 款第 5 项）

416、保安员扣押、没收他人证件、财物（第 45 条第 1 款第 2 项）

417、保安员参与追索债务（第 45 条第 1 款第 4 项）

418、保安员采用暴力、以暴力相威胁处置纠纷（第 45 条第 1 款第 4 项）

419、保安员删改、扩散保安服务监控影像资料、报警记录（第 45 条第 1 款第 5 项）

420、保安员侵犯个人隐私、泄露保密信息（第 45 条第 1 款第 6 项）

421、未按规定进行保安员培训（第 47 条）

（四十二）《保安培训机构管理办法》（部门规章）

422、非法获取保安培训许可证（第 32 条第 2 款）

423、未按规定办理保安培训机构变更手续（第 9 条和第 33 条第 1 款）

424、未按规定时间安排保安学员实习（第 14 条第 1 款和第 33 条第 1 款）

425、非法提供保安服务（第 14 条第 2 款和第 33 条第 1 款）

426、未按规定签订保安培训合同（第 19 条和第 33 条第 1 款）

427、未按规定备案保安培训合同式样（第 19 条和第 33 条第 1 款）

428、发布虚假招生广告（第 21 条和第 33 条第 2 款）

429、非法传授侦察技术手段（第 15 条第 2 款和

第 34 条第 2 款)

430、未按规定内容、计划进行保安培训(第 13 条和第 35 条)

431、未按规定颁发保安培训结业证书(第 16 条和第 35 条)

432、未按规定建立保安学员档案管理制度(第 17 条第 1 款和第 35 条)

433、未按规定保存保安学员文书档案(第 17 条第 1 款和第 35 条)

对保安培训机构因未按规定建立保安学员档案管理制度而未按规定保存保安学员文书档案的,违法行为名称表述为"未按规定建立保安学员档案管理制度"。

434、未按规定备案保安学员、师资人员档案(第 17 条第 2 款和第 35 条)

435、违规收取保安培训费用(第 18 条和第 35 条)

436、转包、违规委托保安培训业务(第 20 条和第 35 条)

(四十三)《金融机构营业场所和金库安全防范设施建设许可实施办法》(部门规章)

437、安全防范设施建设方案未经许可施工(第 16 条)

438、安全防范设施建设工程未经验收投入使用(第 17 条)

(四十四)《中华人民共和国安全生产法》(法律)

439、发生生产安全事故逃匿(第 106 条第 1 款)

(四十五)《中华人民共和国收养法》(法律)

440、出卖亲生子女(第 31 条第 3 款)

(四十六)《拘留所条例实施办法》(部门规章)

441、担保人不履行担保义务(第 57 条第 3 款)

三、反恐怖主义

(四十七)《中华人民共和国反恐怖主义法》(法律)

442、宣扬恐怖主义、极端主义(第 80 条第 1 项)

443、煽动实施恐怖活动、极端主义活动(第 80 条第 1 项)

444、制作、传播、非法持有宣扬恐怖主义、极端主义物品(第 80 条第 2 项)

445、强制穿戴宣扬恐怖主义、极端主义服饰、标志(第 80 条第 3 项)

446、帮助恐怖活动、极端主义活动(第 80 条第 4 项)

447、利用极端主义破坏法律实施(第 81 条)

具体适用时,应当在违法行为名称中注明本条有关项规定的具体违法行为。例如,"利用极端主义破坏法律实施(强迫他人参加宗教活动)",其法律依据适用第 81 条第 1 项。

448、窝藏、包庇恐怖活动、极端主义犯罪人员(第 82 条)

449、拒绝提供恐怖活动、极端主义犯罪证据(第 82 条)

450、未立即冻结涉恐资产(第 83 条)

451、未按规定提供反恐网络执法协助(第 84 条第 1 项,限于公安机关要求提供技术接口和解密等技术支持和协助的)

452、未按要求处置恐怖主义、极端主义信息(第 84 条第 2 项,限于公安机关要求停止传输、删除相关信息,保存相关记录,关闭相关网站或者关停相关服务,以及其他部门管辖依法应当予以行政拘留的)

453、未落实网络安全措施造成恐怖主义、极端主义信息传播(第 84 条第 3 项,限于公安机关监管范围,以及其他部门管辖依法应当予以行政拘留的)

454、未按规定执行互联网服务实名制(第 86 条第 1 款,限于公安机关监管范围的)

455、未按规定执行住宿实名制(第 86 条第 2 款)

456、未按规定对危险物品作出电子追踪标识(第 87 条第 1 项)

具体适用时,应当在违法行为名称中注明本项规定的危险物品种类。例如,"未按规定对危险物品(管制器具)作出电子追踪标识"。

457、未按规定对民爆物品添加安检示踪标识物(第 87 条第 1 项)

458、违反危险物品管制、限制交易措施(第 87 条第 4 项,限于违反公安部或者省级人民政府规定的属于公安机关职权的管制、限制交易措施)

具体适用时,应当在违法行为名称中注明本项规定的危险物品种类。例如,"违反危险物品(管制器具)管制、限制交易措施"。

459、未落实重点目标反恐防范应对措施(第88条第1款)

具体适用时,应当在违法行为名称中注明本款有关项规定的具体违法行为。例如,"未落实重点目标反恐防范应对措施(未建立经费保障制度)",其法律依据适用第88条第1款第2项。

460、未按规定安全检查(第88条第2款)

461、违反反恐约束措施(第89条)

462、编造、传播虚假恐怖事件信息(第90条)

对单位及其责任人员实施行政处罚适用第90条第1款,对个人实施行政处罚适用第90条第2款。

463、违规报道、传播、发布恐怖事件信息(第90条)

对单位及其责任人员实施行政处罚适用第90条第1款,对个人实施行政处罚适用第90条第2款。

464、未经批准报道、传播反恐应对处置现场情况(第90条)

对单位及其责任人员实施行政处罚适用第90条第1款,对个人实施行政处罚适用第90条第2款。

465、拒不配合反恐工作(第91条,限于不配合公安机关开展反恐怖主义工作,以及不配合其他部门开展反恐怖主义工作依法应当予以行政拘留的)

对个人实施行政处罚适用第91条第1款,对单位及其责任人员实施行政处罚适用第91条第1款和第2款。

466、阻碍反恐工作(第92条)

对个人实施行政处罚适用第92条第1款,对单位及其责任人员实施行政处罚适用第92条第1款和第2款,对阻碍人民警察、人民解放军、人民武装警察依法执行职务从重处罚的同时适用第92条第3款。

相关行为同时违反《中华人民共和国反恐怖主义法》和其他法律规定的,可以适用《中华人民共和国反恐怖主义法》予以处理。

对《中华人民共和国反恐怖主义法》规定予以责令改正,拒不改正的,予以罚款或者行政拘留的违法行为,公安机关第一次发现的,应当依法书面责令改正,不得直接适用罚款或者行政拘留;对拒不改正包括改正后再实施相同违法行为的,应当依法予以罚款或者行政拘留。

四、食品药品和环境安全

(四十八)《中华人民共和国环境保护法》(法律)

本意见第467条至第470条的规定仅限于公安机关根据《中华人民共和国环境保护法》第63规定对相关违法人员作出行政拘留处罚的情形。

467、拒不停建未依法环评项目(第63条第1项)

468、拒不停止无证排污(第63条第2项)

469、逃避监管违法排污(第63条第3项)

470、生产、使用违禁农药拒不改正(第63条第4项)

(四十九)《中华人民共和国食品安全法》(法律)

本意见第471条至第481条的规定仅限于公安机关根据《中华人民共和国食品安全法》第123条规定对相关违法人员作出行政拘留处罚的情形。

471、生产、经营用非食品原料的食品(第123条第1款第1项)

472、生产、经营回收食品作为原料的食品(第123条第1款第1项)

473、在食品中添加可能危害人体健康的物质、经营添加可能危害人体健康物质的食品(第123条第1款第1项)

474、生产、经营营养成分不符合安全标准的专供特定人群的食品(第123条第1款第2项)

475、经营病死、毒死或者死因不明的动物肉类(第123条第1款第3项)

476、生产、经营病死、毒死或者死因不明的动物肉类制品(第123条第1款第3项)

477、经营未按规定检疫或者检疫不合格的肉类(第123条第1款第4项)

478、生产、经营未经检验或者检验不合格的肉类制品(第123条第1款第4项)

479、生产、经营国家为特殊需要禁止生产经营的食品(第123条第1款第5项)

480、生产、经营添加药品的食品(第123条第1款第6项)

481、违法使用剧毒、高毒农药(第123条第3款)

（五十）《中华人民共和国中医药法》（法律）

482、种植中药材使用剧毒、高毒农药（第58条）

（五十一）《中华人民共和国土壤污染防治法》（法律）

本意见第483条至第485条的规定仅限于公安机关根据《中华人民共和国土壤污染防治法》第87条、第94条规定对相关违法人员作出行政拘留处罚的情形。

483、非法向农用地排放土壤污染物（第87条）

484、未按规定采取土壤污染风险管控措施（第94条第1款第3项和第2款）

485、未按规定实施土壤污染修复（第94条第1款第4项和第2款）

（五十二）《中华人民共和国疫苗管理法》（法律）

本意见第486条至第493条的规定仅限于公安机关根据《中华人民共和国疫苗管理法》第80条、第81条规定对相关违法人员作出行政拘留处罚的情形。

486、生产、销售属于假药、劣药的疫苗（第80条第3款）

487、以欺骗方式申请疫苗临床试验、注册、批签发（第81条第1项）

488、编造疫苗生产、检验记录（第81条第2项）

489、更改疫苗产品批号（第81条第2项）

490、非疾病预防控制机构向接种单位供应疫苗（第81条第3项）

491、未经批准委托生产疫苗（第81条第4项）

492、未经批准变更疫苗生产工艺、生产场地、关键设备等（第81条第5项）

493、未经批准更新疫苗说明书、标签（第81条第6项）

（五十三）《中华人民共和国药品管理法》（法律）

本意见第494条至第503条的规定仅限于公安机关根据《中华人民共和国药品管理法》第118条、第122条至第124条规定对相关违法人员作出行政拘留处罚的情形。

494、生产、销售假药、劣药（第118条第1款）

495、伪造、变造、出租、出借、非法买卖许可证、药品批准证明文件（第122条）

496、骗取涉药品许可（第123条）

上述涉药品许可包括临床试验许可、药品生产许可、药品经营许可、医疗机构制剂许可和药品注册等许可，相关违法行为名称可根据具体情形进行表述。例如，骗取临床试验许可的，违法行为名称表述为"骗取涉药品许可（临床试验许可）"。

497、未取得药品批准证明文件生产、进口药品（第124条第1款第1项）

498、使用骗取的药品批准证明文件生产、进口药品（第124条第1款第2项）

499、使用未经审评审批的原料药生产药品（第124条第1款第3项）

500、未经检验销售应检验药品（第124条第1款第4项）

501、生产、销售禁用药品（第124条第1款第5项）

502、编造药品生产、检验记录（第124条第1款第6项）

503、未经批准在药品生产过程中进行重大变更（第124条第1款第7项）

（五十四）《中华人民共和国固体废物污染环境防治法》（法律）

本意见第504条至第509条的规定仅限于公安机关根据《中华人民共和国固体废物污染环境防治法》第120条规定对相关违法人员作出行政拘留处罚的情形。

504、擅自倾倒、堆放、丢弃、遗撒固体废物（第120条第1项）

505、在特别保护区域内建设工业固体废物、危险废物设施场所、生活垃圾填埋场（第120条第2项）

506、将危险废物提供、委托给无证经营者堆放、利用、处置（第120条第3项）

507、无许可证、未按许可规定从事危险废物经营活动（第120条第4项）

508、未经批准擅自转移危险废物（第120条第5项）

509、未采取防范措施造成危险废物扬散、流失、渗漏、其他严重后果（第120条第6项）

五、计算机和网络安全

（五十五）《中华人民共和国网络安全法》（法律）

510、网络运营者不履行网络安全保护义务（第21

条、第 25 条和第 59 条第 1 款)

511、关键信息基础设施运营者不履行网络安全保护义务(第 33 条、第 34 条、第 36 条、第 38 条和第 59 条第 2 款)

512、设置恶意程序(第 22 条第 1 款、第 48 条第 1 款和第 60 条第 1 项)

513、未按规定告知、报告安全风险(第 22 条第 1 款和第 60 条第 2 项)

514、网络运营者不履行身份信息核验义务(第 24 条第 1 款和第 61 条)

515、未按规定开展网络安全检测、风险评估等活动(第 26 条和第 62 条)

516、违法发布网络安全信息(第 26 条和第 62 条)

517、从事危害网络安全活动(第 27 条和第 63 条)

518、提供危害网络安全活动专门程序、工具(第 27 条和第 63 条)

519、为危害网络安全活动提供帮助(第 27 条和第 63 条)

520、网络运营者、网络产品或者服务提供者不履行个人信息保护义务(第 22 条第 3 款、第 41 条至第 43 条和第 64 条第 1 款)

521、非法获取、出售、向他人提供个人信息(第 44 条和第 64 条第 2 款)

522、非法利用信息网络(第 46 条和第 67 条)

523、网络运营者不履行网络信息安全管理义务(第 47 条和第 68 条第 1 款)

524、电子信息发送、应用软件下载服务提供者不履行网络信息安全管理义务(第 48 条第 2 款和第 68 条第 2 款)

525、网络运营者不按公安机关要求处置违法信息(第 69 条第 1 项)

526、网络运营者拒绝、阻碍公安机关监督检查(第 69 条第 2 项)

527、网络运营者拒不向公安机关提供技术支持和协助(第 69 条第 3 项)

528、发布、传输违法信息(第 12 条第 2 款和第 70 条)

对上述违法行为,除《中华人民共和国网络安全法》明确规定由公安机关实施行政处罚的之外,公安机关实施行政处罚限于公安机关监管范围。

(五十六)《中华人民共和国计算机信息系统安全保护条例》(行政法规)

529、违反计算机信息系统安全等级保护制度(第 20 条第 1 项)

530、违反计算机信息系统国际联网备案制度(第 20 条第 2 项)

531、计算机信息系统发生案件不报(第 20 条第 3 项)

532、拒不改进计算机信息系统安全状况(第 20 条第 4 项)

533、故意输入计算机病毒、有害数据(《中华人民共和国计算机信息系统安全保护条例》第 23 条,《计算机病毒防治管理办法》第 6 条第 1 项和第 16 条第 3 款,《计算机信息系统安全专用产品检测和销售许可证管理办法》第 22 条)

534、未经许可出售计算机信息系统安全专用产品(《中华人民共和国计算机信息系统安全保护条例》第 23 条和《计算机信息系统安全专用产品检测和销售许可证管理办法》第 20 条)

(五十七)《中华人民共和国计算机信息网络国际联网管理暂行规定》(行政法规)、《中华人民共和国计算机信息网络国际联网管理暂行规定实施办法》(行政法规)

535、擅自建立、使用非法定信道进行国际联网(《中华人民共和国计算机信息网络国际联网管理暂行规定》第 6 条和第 14 条,《中华人民共和国计算机信息网络国际联网管理暂行规定实施办法》第 7 条和第 22 条第 1 款)

536、接入网络未通过互联网络接入国际联网(《中华人民共和国计算机信息网络国际联网管理暂行规定》第 8 条第 1 款和第 14 条)

537、未经许可从事国际联网经营业务(《中华人民共和国计算机信息网络国际联网管理暂行规定》第 8 条第 2 款和第 14 条以及《中华人民共和国计算机信息网络国际联网管理暂行规定实施办法》第 11 条和第 22 条第 2 款)

538、未经批准擅自进行国际联网(《中华人民共

和国计算机信息网络国际联网管理暂行规定》第8条第3款和第14条)

539、未通过接入网络进行国际联网(《中华人民共和国计算机信息网络国际联网管理暂行规定》第10条和第14条,《中华人民共和国计算机信息网络国际联网管理暂行规定实施办法》第12条和第22条第3款)

540、未经接入单位同意接入接入网络(《中华人民共和国计算机信息网络国际联网管理暂行规定》第10条和第14条)

541、未办理登记手续接入接入网络(《中华人民共和国计算机信息网络国际联网管理暂行规定》第10条和第14条)

542、违规经营国际互联网络业务(《中华人民共和国计算机信息网络国际联网管理暂行规定实施办法》第21条第1款和第22条第5款)

(五十八)《互联网上网服务营业场所管理条例》(行政法规)

543、利用上网服务营业场所制作、下载、复制、查阅、发布、传播、使用违法信息(第30条)

《互联网上网服务营业场所管理条例》第30条第2款规定,上网消费者有第30条第1款行为,尚不够刑事处罚的,由公安机关依照《中华人民共和国治安管理处罚法》的规定给予处罚。对上网消费者利用上网服务营业场所制作、下载、复制、查阅、发布、传播、使用违法信息,尚不够刑事处罚的,依照《中华人民共和国治安管理处罚法》中界定的相关违法行为名称表述,法律依据适用《中华人民共和国治安管理处罚法》的相关条款。

544、向上网消费者提供直接接入互联网的计算机(第32条第1项)

545、未建立上网服务营业场所巡查制度(第32条第2项)

546、不制止、不举报上网消费者违法行为(第32条第2项)

547、未按规定核对、登记上网消费者有效身份证件(第32条第3项)

548、未按规定记录上网信息(第32条第3项)

549、未按规定保存上网消费者登记内容、记录备份(第32条第4项)

550、擅自修改、删除上网消费者登记内容、记录备份(第32条第4项)

551、上网服务经营单位未依法办理变更登记注册事项、终止经营手续、备案(第32条第5项)

552、上网服务营业场所内利用明火照明(第33条第1项)

553、上网服务营业场所内不制止吸烟行为(第33条第1项)

554、上网服务营业场所未悬挂禁烟标志(第33条第1项)

555、上网服务营业场所允许带入、存放易燃易爆物品(第33条第2项)

556、上网服务营业场所安装固定封闭门窗栅栏(第33条第3项)

557、上网服务营业场所营业期间封堵、锁闭门窗、安全疏散通道、安全出口(第33条第4项)

558、上网服务营业场所擅自停止实施安全技术措施(第33条第5项)

(五十九)《计算机信息网络国际联网安全保护管理办法》(行政法规)

559、利用国际联网制作、复制、查阅、传播违法信息(第5条和第20条)

560、擅自进入计算机信息网络(第6条第1项和第20条)

561、擅自使用计算机信息网络资源(第6条第1项和第20条)

562、擅自改变计算机信息网络功能(第6条第2项和第20条)

563、擅自改变计算机信息网络数据、应用程序(第6条第3项和第20条)

564、故意制作、传播计算机破坏性程序(第6条第4项和第20条)

根据《计算机信息网络国际联网安全保护管理办法》第20条的规定,对实施本意见第560条至第564条的行为,构成违反治安管理行为的,违法行为名称及法律适用规范按照本意见第49条至第52条的规定执行。

565、未建立国际联网安全保护管理制度(第21

条第 1 项）

566、未采取国际联网安全技术保护措施（《计算机信息网络国际联网安全保护管理办法》第 21 条第 2 项和《互联网安全保护技术措施规定》第 15 条）

567、未对网络用户进行安全教育、培训（第 21 条第 3 项）

568、未按规定提供安全保护管理相关信息、资料、数据文件（第 21 条第 4 项）

569、未依法审核网络发布信息内容（第 21 条第 5 项）

570、未依法登记网络信息委托发布单位和个人信息（第 21 条第 5 项）

571、未建立电子公告系统的用户登记、信息管理制度（第 21 条第 6 项）

572、未按规定删除网络地址、目录（第 21 条第 7 项）

573、未按规定关闭网络服务器（第 21 条第 7 项）

574、未建立公用账号使用登记制度（第 21 条第 8 项）

575、违法转借、转让用户账号（第 21 条第 9 项）

576、不履行国际联网备案职责（第 11 条、第 12 条和第 23 条）

（六十）《计算机病毒防治管理办法》（部门规章）

577、制作、传播计算机病毒（第 5 条、第 6 条第 2、3、4 项和第 16 条第 1、2 款）

制作、传播计算机病毒，尚未影响计算机信息系统正常运行，即尚未构成违反治安管理行为的，违法行为名称表述为"制作、传播计算机病毒"，法律依据适用《计算机病毒防治管理办法》第 5 条、第 6 条第 2、3、4 项和第 16 条第 1、2 款。制作、传播计算机病毒，构成违反治安管理行为的，违法行为名称表述为"故意制作、传播计算机破坏性程序影响运行"，法律依据适用《中华人民共和国治安管理处罚法》第 29 条第 4 项。单位"故意制作、传播计算机破坏性程序影响运行"，对单位处罚的法律依据适用《计算机病毒防治管理办法》第 5 条、第 6 条第 2、3、4 项和第 16 条第 2 款，对其直接负责的主管人员和其他直接责任人员处罚的法律依据适用《中华人民共和国治安管理处罚法》第 18 条和第 29 条第 4 项。

578、发布虚假计算机病毒疫情（第 7 条和第 17 条）

579、未按规定提交计算机病毒样本（第 8 条和第 17 条）

580、未按规定上报计算机病毒分析结果（第 9 条和第 18 条）

581、未建立计算机病毒防治管理制度（第 19 条第 1 项）

582、未采取计算机病毒安全技术防治措施（第 19 条第 2 项）

583、未进行计算机病毒防治教育、培训（第 19 条第 3 项）

584、未及时检测、清除计算机病毒（第 19 条第 4 项）

585、未按规定使用具有销售许可证的计算机病毒防治产品（第 19 条第 5 项）

586、未按规定检测、清除计算机病毒（第 14 条和第 20 条）

587、未依法保存计算机病毒检测、清除记录（第 14 条和第 20 条）

六、交通管理

（六十一）《中华人民共和国道路交通安全法》（法律）

588、行人、乘车人、非机动车驾驶人违反道路通行规定（相关条款和第 89 条）

589、机动车驾驶人违反道路通行规定（相关条款和第 90 条）

本意见第 588 条和第 589 条中的"相关条款"是指设定行为规范的条款。

对机动车驾驶人驾驶排放检验不合格的机动车上道路行驶的，违法行为名称表述为"驾驶排放检验不合格的机动车上道路行驶"，法律依据适用《中华人民共和国大气污染防治法》第 113 条和《中华人民共和国道路交通安全法》第 90 条。

对驾驶临时入境的机动车超出行驶区域或者路线的，违法行为名称表述为"机动车驾驶人违反道路通行规定"，法律依据适用《中华人民共和国道路交通安全法》第 90 条和《临时入境机动车和驾驶人管理规定》第 19 条第 3 项。

590、(再次)饮酒后驾驶机动车(第91条第1、5款)

591、醉酒驾驶机动车(第91条第2、5款)

592、饮酒后驾驶营运机动车(第91条第3、5款)

593、醉酒驾驶营运机动车(第91条第4、5款)

594、公路客运车辆超员载客(第92条第1、3、4款)

595、公路客运车辆违规载货(第92条第1、3、4款)

596、货运机动车超载(第92条第2、3、4款)

597、货运机动车违规载客(第92条第2、3、4款)

598、违规停放机动车(第93条第1、2款)

599、出具虚假机动车安全技术检验结果(第94条第2款)

600、未悬挂机动车号牌(第95条第1款和第90条)

对驾驶未取得临时入境机动车号牌的机动车,或者驾驶临时入境机动车号牌超过有效期的机动车的,违法行为名称表述为"未悬挂机动车号牌",法律依据适用《中华人民共和国道路交通安全法》第95条第1款和第90条及《临时入境机动车和驾驶人管理规定》第19条第2项。

601、未放置机动车检验合格标志、保险标志(《中华人民共和国道路交通安全法》第95条第1款和第90条,《机动车交通事故责任强制保险条例》第39条第1款)

《中华人民共和国道路交通安全法》第95条第1款和第90条、《机动车交通事故责任强制保险条例》第39条第1款对"未放置机动车保险标志"设定了相同的法律责任,法律依据可以适用《中华人民共和国道路交通安全法》第95条第1款和第90条,也可以适用《机动车交通事故责任强制保险条例》第39条第1款。

602、未随车携带行驶证、驾驶证(第95条第1款和第90条)

对驾驶未取得临时入境机动车行驶证的机动车,或者驾驶临时入境机动车行驶证超过有效期的机动车的,违法行为名称表述为"未随车携带行驶证",法律依据适用《中华人民共和国道路交通安全法》第95

条第1款和第90条及《临时入境机动车和驾驶人管理规定》第19条第2项。

603、故意遮挡、污损机动车号牌(第95条第2款和第90条)

604、未按规定安装机动车号牌(第95条第2款和第90条)

605、伪造、变造或者使用伪造、变造的机动车登记证书、号牌、行驶证、驾驶证(第96条第1款)

606、伪造、变造或者使用伪造、变造的检验合格标志、保险标志(第96条第2款)

607、使用其他车辆的机动车登记证书、号牌、行驶证、检验合格标志、保险标志(第96条第3款)

《机动车交通事故责任强制保险条例》第40条第1款关于"伪造、变造或者使用伪造、变造的保险标志,或者使用其他机动车的保险标志"的法律责任与《中华人民共和国道路交通安全法》第96条第2款、第3款的规定不一致,应适用后者。

608、非法安装警报器、标志灯具(第97条)

609、未投保机动车交通事故责任强制保险(《中华人民共和国道路交通安全法》第98条第1款,《机动车交通事故责任强制保险条例》第38条第1款)

《中华人民共和国道路交通安全法》第98条第1款和《机动车交通事故责任强制保险条例》第38条第1款对"未投保机动车交通事故责任强制保险"的法律责任作了相同的规定,法律依据可以适用《中华人民共和国道路交通安全法》第98条第1款,也可以适用《机动车交通事故责任强制保险条例》第38条第1款。

610、无有效机动车驾驶证驾驶机动车(第99条第1款第1项、第2款)

对未取得临时机动车驾驶许可驾驶机动车,或者临时机动车驾驶许可超过有效期驾驶机动车的,违法行为名称表述为"无有效机动车驾驶证驾驶机动车",法律依据适用《中华人民共和国道路交通安全法》第99条第1款第1项、第2款和《临时入境机动车和驾驶人管理规定》第19条第1项。对未取得机动车驾驶证驾驶机动车、机动车驾驶证被吊销期间驾驶机动车、机动车驾驶证被暂扣期间驾驶机动车、驾驶机动车与准驾车型不符、机动车驾驶证被公告停止使用期间驾驶机动车的,违法行为名称表述为"无有效机动车驾驶证驾驶机动车",法律依据适用《中华人民共和国道路交通安全法》第99条第1款第1项、第2款。

611、将机动车交由无有效机动车驾驶证人员驾驶(第99条第1款第2项、第2款)

将机动车交由未取得机动车驾驶证或者机动车驾驶证被吊销、暂扣的人驾驶的,违法行为名称表述为"将机动车交由无有效机动车驾驶证人员驾驶",法律依据适用《中华人民共和国道路交通安全法》第99条第1款第2项、第2款。

612、交通肇事逃逸(第99条第1款第3项、第2款、第101条第2款)

613、机动车行驶超速50%以上(第99条第1款第4项、第2款)

614、强迫机动车驾驶人违规驾驶机动车造成交通事故(第99条第1款第5项、第2款)

615、违反交通管制强行通行(第99条第1款第6项、第2款)

616、故意损毁、移动、涂改交通设施(第99条第1款第7项、第2款)

617、非法拦截、扣留机动车(第99条第1款第8项、第2款)

对非法拦截或者强登、扒乘机动车,影响交通工具正常行驶的,违法行为名称表述为"妨碍交通工具正常行驶",法律依据适用《中华人民共和国治安管理处罚法》第23条第1款第4项。

618、驾驶拼装机动车(第100条第1款和第2款)

619、驾驶报废机动车(第100条第1款和第2款)

对使用拼装机动车或者已达到报废标准的机动车接送学生的,违法行为名称表述为"使用拼装、报废机动车接送学生",法律依据适用《校车安全管理条例》第44条。

620、出售报废机动车(第100条第1款和第3款)

对报废机动车回收企业出售回收的报废机动车整车的,法律依据适用《中华人民共和国道路交通安全法》第100条第1款和第3款以及《报废机动车回收管理办法》第22条第2款。

621、种植物、设施物妨碍交通安全(第106条)

(六十二)《中华人民共和国道路交通安全法实施条例》(行政法规)

622、以不正当手段取得机动车登记、驾驶许可(第103条)

(六十三)《校车安全管理条例》(行政法规)

623、使用拼装、报废机动车接送学生(第44条)

624、使用未取得校车标牌的车辆(第45条第1款)

625、使用未取得校车驾驶资格的人员(第45条第1款)

对取得道路运输经营许可的企业或者个体经营者,使用未取得校车标牌的车辆提供校车服务或者使用未取得校车驾驶资格的人员驾驶校车的,违法行为名称相应表述为"使用未取得校车标牌的车辆""使用未取得校车驾驶资格的人员",法律依据为第45条第1款和第2款。

626、伪造、变造或者使用伪造、变造的校车标牌(第45条第3款)

627、不按规定配备校车安全设备(第46条)

628、不按规定安全维护校车(第46条)

629、未取得校车驾驶资格驾驶校车(第47条)

630、不按规定放置校车标牌、开启校车标志灯(第48条第1款第1项)

631、未按审定的校车线路行驶(第48条第1款第1项)

632、上下学生未按规定停靠校车(第48条第1款第2项)

633、未运载学生使用校车标牌、校车标志灯、停车指示标志(第48条第1款第3项)

634、上路前未检查校车车况(第48条第1款第4项)

635、驾驶存在安全隐患的校车(第48条第1款第4项)

636、校车载有学生时加油(第48条第1款第5项)

637、校车发动机引擎熄灭前离开驾驶座(第48条第1款第5项)

对《校车安全管理条例》第50条规定的"校车载人超过核定人数的",违法行为名称适用本意见第594

条,从重处罚,法律依据适用《中华人民共和国道路交通安全法》第92条第1款、第3款和《校车安全管理条例》第50条。

638、不避让校车(第52条)

639、未按规定指派照管人员(第53条第1款)

(六十四)《机动车驾驶证申领和使用规定》(部门规章)

640、未按规定随身携带学习驾驶证明(第39条和第90条)

641、未按指定路线、时间学习驾驶(第91条第1项)

642、未按规定放置、粘贴学车专用标识(第91条第2项)

643、未使用符合规定的机动车学习驾驶(第92条第1项)

644、自学用车搭载非随车指导人员(第92条第2项)

645、补领后继续使用原机动车驾驶证(第94条第1款第1项和第2款)

646、实习期内未按规定驾驶机动车(第75条和第94条第1款第2项)

647、未按规定粘贴、悬挂实习标志、残疾人机动车专用标志(第94条第1款第3项)

648、未按规定申报变更驾驶人信息(第80条和第94条第1款第4项)

649、机动车驾驶证被扣期间采用隐瞒、欺骗手段补领(第95条第1款第1项和第2款)

本违法行为不属于《机动车驾驶证申领和使用规定》第88条规定的情形,不适用该条的规定处理。

650、身体条件不适合仍驾驶机动车(第95条第1款第2项和第2款)

651、逾期不参加审验仍驾驶机动车(第95条第1款第3项)

《机动车驾驶证申领和使用规定》第96条与《中华人民共和国道路交通安全法》第96条第1款规定的违法行为相同,违法行为名称表述为"伪造、变造或者使用伪造、变造的机动车驾驶证",法律依据适用《中华人民共和国道路交通安全法》第96条第1款。

(六十五)《机动车登记规定》(部门规章)

652、未按规定喷涂机动车放大牌号(第56条第1项)

653、机动车放大牌号喷涂不清晰(第56条第1项)

654、机动车喷涂、粘贴影响安全驾驶的标识、车身广告(第56条第2项)

655、未按规定安装防护装置、粘贴反光标识(第56条第3项)

656、机动车未按期进行安全技术检验(第56条第4项)

657、未按期办理机动车变更登记(第10条、第56条第5项)

658、未按期办理机动车转移登记(第18条、第56条第6项)

659、未按期申请机动车转入(第13条、第56条第7项)

660、擅自改变机动车外形、已登记的技术数据(第57条)

661、以不正当手段办理补、换领机动车登记证书、号牌、行驶证、检验合格标志业务(第58条第2款)

七、禁毒

(六十六)《中华人民共和国禁毒法》(法律)

662、容留吸毒(第61条)

663、介绍买卖毒品(第61条)

(六十七)《易制毒化学品管理条例》(行政法规)

664、未经许可、备案购买、运输易制毒化学品(《易制毒化学品管理条例》第38条第1款,《易制毒化学品购销和运输管理办法》第30条第1项、第32条第1项、第34条第2款)

《易制毒化学品管理条例》第38条第1款和《易制毒化学品购销和运输管理办法》第30条第1项、第32条第1项,对"未经许可、备案购买易制毒化学品""未经许可、备案运输易制毒化学品"的法律责任作了相同规定,法律依据适用《易制毒化学品管理条例》第38条第1款。

对使用以伪造的申请材料骗取的易制毒化学品购买、运输许可证、备案证明购买、运输易制毒化学品的,违法行为名称表述为"未经许可、备案购买、运输易制毒化学品",法律依据适用《易制毒化学品管理条例》第38条第1款,《易制毒化学品购销和运输管理办法》第30条第1项、第32条第1项和第34条第2款。

665、骗取易制毒化学品购买、运输许可证、备案证明(《易制毒化学品管理条例》第38条第1款和《易制毒化学品购销和运输管理办法》第34条第1款)

对伪造申请材料骗取易制毒化学品购买、运输许可证或者备案证明的,法律依据适用《易制毒化学品管理条例》第38条第1款和《易制毒化学品购销和运输管理办法》第34条第1款,并按照《易制毒化学品购销和运输管理办法》第34条第1款予以处理。

666、使用他人的许可证、备案证明购买、运输易制毒化学品(第38条第1款)

667、使用伪造、变造、失效的许可证、备案证明购买、运输易制毒化学品(第38条第1款)

668、易制毒化学品购买、运输单位未按规定建立安全管理制度(第40条第1款第1项)

669、转借易制毒化学品购买、运输许可证、备案证明(《易制毒化学品管理条例》第40条第1款第2项,《易制毒化学品购销和运输管理办法》第36条第1项)

《易制毒化学品管理条例》第40条第1款第2项和《易制毒化学品购销和运输管理办法》第36条第1项对"转借易制毒化学品购买、运输许可证、备案证明"的法律责任作了相同规定,《易制毒化学品购销和运输管理办法》第36条第1项对违法行为的界定更为明确,法律依据可以适用《易制毒化学品管理条例》第40条第1款第2项,也可以适用《易制毒化学品购销和运输管理办法》第36条第1项。

670、超出购买许可、备案范围购买易制毒化学品(《易制毒化学品管理条例》第40条第1款第3项,《易制毒化学品购销和运输管理办法》第36条第2项)

法律依据适用原则同本意见第669条。

671、未按规定记录、保存、备案易制毒化学品交易情况(《易制毒化学品管理条例》第40条第1款第4项,《易制毒化学品购销和运输管理办法》第36条第3项)

法律依据适用原则同本意见第669条。

672、易制毒化学品丢失、被盗、被抢不报(《易制毒化学品管理条例》第40条第1款第5项,《易制毒化学品购销和运输管理办法》第36条第4项)

法律依据适用原则同本意见第669条。

673、使用现金、实物交易易制毒化学品(《易制毒化学品管理条例》第40条第1款第6项,《易制毒化学品购销和运输管理办法》第36条第5项)

法律依据适用原则同本意见第669条。

674、未按规定报告易制毒化学品年度经销、库存情况(《易制毒化学品管理条例》第40条第1款第8项,《易制毒化学品购销和运输管理办法》第36条第6项)

法律依据适用原则同本意见第669条。

675、运输易制毒化学品货证不符(第41条第1款)

676、运输易制毒化学品未携带许可证、备案证明(第41条第1款)

677、违规携带易制毒化学品(第41条第2款)

678、拒不接受易制毒化学品监督检查(《易制毒化学品管理条例》第42条,《易制毒化学品购销和运输管理办法》第37条)

《易制毒化学品管理条例》第42条和《易制毒化学品购销和运输管理办法》第37条对"拒不接受易制毒化学品监督检查"的法律责任作了相同规定,《易制毒化学品购销和运输管理办法》第37条对违法行为的界定更为明确,法律依据可以适用《易制毒化学品管理条例》第42条,也可以适用《易制毒化学品购销和运输管理办法》第37条。

(六十八)《易制毒化学品购销和运输管理办法》(部门规章)

679、向无购买许可证、备案证明的单位、个人销售易制毒化学品(第31条第1项)

680、超出购买许可、备案范围销售易制毒化学品(第31条第2项)

(六十九)《麻醉药品和精神药品管理条例》(行政法规)

681、麻醉药品、精神药品流入非法渠道(第82条第1款)

八、移民和出入境管理

(七十)《中华人民共和国出境入境管理法》(法律)

682、持用伪造、变造、骗取的证件出境、入境(第

71 条第 1 项)

中国公民持用伪造、变造的护照、出入境通行证出境、入境的,按照本条执行,法律依据适用第 71 条第 1 项,不援引《中华人民共和国护照法》第 19 条、《中华人民共和国普通护照和出入境通行证签发管理办法》第 29 条。

对伪造、变造、骗取或者被证件签发机关宣布作废的证件按照第 67 条第 2 款、第 3 款的规定予以注销或者收缴。

683、冒用证件出境、入境(第 71 条第 2 项)

中国公民冒用护照、出入境通行证出境、入境的,按照本条执行,法律依据适用第 71 条第 2 项,不援引《中华人民共和国护照法》第 19 条、《中华人民共和国普通护照和出入境通行证签发管理办法》第 29 条。

对冒用的证件按照第 67 条第 3 款的规定予以注销或者收缴。

684、逃避边防检查(第 71 条第 3 项)

685、以其他方式非法出境、入境(第 71 条第 4 项)

686、协助非法出境、入境(第 72 条)

687、骗取签证、停留居留证件等出境入境证件(第 73 条)

本条所指的"出境入境证件",是指除中国护照之外的出境入境证件。对骗取签证、停留居留证件或者其他出境入境证件的,违法行为名称相应表述为"骗取签证"、"骗取停留居留证件"或者"骗取其他出境入境证件"。

骗取护照的,违法行为名称及法律适用规范按照本意见第 721 条的规定执行。

688、违反规定为外国人出具申请材料(第 74 条)

689、(中国公民)出境后非法前往其他国家或者地区被遣返(第 75 条)

690、拒不接受查验出境入境证件(第 76 条第 1 款第 1 项)

691、拒不交验居留证件(第 76 条第 1 款第 2 项)

692、未按规定办理出生登记(第 76 条第 1 款第 3 项)

693、未按规定办理死亡申报(第 76 条第 1 款第 3 项)

694、未按规定办理居留证件登记事项变更(第 76 条第 1 款第 4 项)

695、外国人冒用他人出境入境证件(第 76 条第 1 款第 5 项)

696、违反外国人住宿登记规定(第 39 条第 2 款、第 76 条第 1 款第 6 项)

697、未按规定报送外国人住宿登记信息(第 76 条第 2 款)

698、擅自进入限制区域(第 77 条第 1 款)

699、拒不执行限期迁离决定(第 77 条第 2 款)

700、非法居留(第 78 条第 1 款)

701、未尽监护义务致使未满十六周岁的外国人非法居留(第 78 条第 2 款)

702、容留、藏匿非法入境、非法居留的外国人(第 79 条)

703、协助非法入境、非法居留的外国人逃避检查(第 79 条)

704、为非法居留的外国人违法提供出境入境证件(第 79 条)

705、非法就业(第 80 条第 1 款)

706、介绍外国人非法就业(第 80 条第 2 款)

707、非法聘用外国人(第 80 条第 3 款)

708、从事与停留居留事由不相符的活动(第 81 条第 1 款)

对外国人违反中国法律、法规规定,不适宜在中国境内继续停留居留的,违法行为名称根据其违反的法律、法规规定确定。

709、扰乱口岸限定区域管理秩序(第 82 条第 1 款第 1 项、第 2 款)

710、未办理临时入境手续登陆(第 82 条第 1 款第 2 项)

711、未办理登轮证件上下外国船舶(第 82 条第 1 款第 3 项)

712、交通运输工具擅自出境、入境(第 83 条第 1 款第 1 项)

713、交通运输工具擅自改变出境、入境口岸(第 83 条第 1 款第 1 项)

714、交通运输工具未按规定申报(第 83 条第 1 款第 2 项)

航空器负责人或者代理单位未按规定预报信息

的,违法行为名称及法律适用规范按照本意见第736条至第740条的规定执行。

715、交通运输工具拒绝协助边防检查(第83条第1款第2项)

716、交通运输工具违反规定上下人员、装卸货物或者物品(第83条第1款第3项)

717、交通运输工具载运不准出境入境人员出境、入境(第83条第2款)

航空器负责人或者代理单位未按规定载运旅客的,违法行为名称及法律适用规范按照本意见第741条的规定执行。

718、(中国或者外国船舶)未经批准擅自搭靠外国船舶(第84条第1项)

719、(外国船舶、航空器)未按规定路线、航线行驶(第84条第2项)

720、(出境入境的船舶、航空器)违反规定驶入对外开放口岸以外地区(第84条第3项)

(七十一)《中华人民共和国护照法》(法律)、《中华人民共和国普通护照和出入境通行证签发管理办法》(部门规章)

721、骗取护照(《中华人民共和国护照法》第17条)

722、提供伪造、变造的护照、出入境通行证(《中华人民共和国护照法》第18条,《中华人民共和国普通护照和出入境通行证签发管理办法》第29条)

对提供伪造、变造的护照的,违法行为名称表述为"提供伪造、变造的护照",法律依据适用《中华人民共和国护照法》第18条。对提供伪造、变造的出入境通行证的,违法行为名称表述为"提供伪造、变造的出入境通行证",法律依据适用《中华人民共和国护照法》第18条和《中华人民共和国普通护照和出入境通行证签发管理办法》第29条。

723、出售护照、出入境通行证(《中华人民共和国护照法》第18条,《中华人民共和国普通护照和出入境通行证签发管理办法》第29条)

法律依据适用原则同本意见第722条。

对《中华人民共和国护照法》第19条规定的持用伪造或者变造的护照或者冒用他人护照出入境的,违法行为名称及法律适用规范按照本意见第682条、第683条的规定执行。

(七十二)《中华人民共和国出境入境边防检查条例》(行政法规)

第32条不再适用,对有关违法行为相应适用《中华人民共和国出境入境管理法》第71条。

第33条不再适用,对有关违法行为相应适用《中华人民共和国出境入境管理法》第72条。

724、未经批准携带、托运枪支、弹药出境、入境(第34条)

第35条第1项、第2项不再适用,对有关违法行为相应适用《中华人民共和国出境入境管理法》第82条第1款第1项、第2款。

725、未经批准登陆(第35条第3项)

《关于进一步放宽境外船员登陆住宿限制等有关问题的通知》(公境〔2005〕770号)已取消船员住宿证。

对港澳台船员及其随行家属,有未经批准登陆的违法行为,违法行为名称仍表述为"未经批准登陆",法律依据适用《中华人民共和国出境入境边防检查条例》第35条第3项。

对外国船员及其随行家属未经批准登陆的,违法行为名称表述为"未办理临时入境手续登陆",法律依据适用《中华人民共和国出境入境管理法》第82条第1款第2项。

726、未按规定登陆(第35条第3项)

对港澳台船员及其随行家属,经批准登陆后没有在规定的时间返回船舶的,违法行为名称表述为"未按规定登陆",法律依据适用《中华人民共和国出境入境边防检查条例》第35条第3项。

对外国船员及其随行家属办理临时入境手续后,超过临时入境许可的期限在中国境内停留居留的,违法行为名称表述为"非法居留",法律依据适用《中华人民共和国出境入境管理法》第78条第1款。

第36条不再适用,有关违法行为相应适用《中华人民共和国出境入境管理法》第83条。

第37条不再适用,有关违法行为相应适用《中华人民共和国出境入境管理法》第83条。

第38条不再适用,有关违法行为相应适用《中华人民共和国出境入境管理法》第84条。

727、交通运输工具驶入对外开放口岸以外地区未按规定报告、驶离(第39条)

(七十三)《中国公民往来台湾地区管理办法》(行政法规)

第30条不再适用,有关违法行为相应适用《中华人民共和国出境入境管理法》第71条第1项、第2项。

728、伪造、涂改、转让、倒卖旅行证件(第31条)

729、非法获取往来台湾旅行证件(第32条)

非法获取往来台湾旅行证件,是指以行贿等手段获取往来台湾旅行证件的行为。对《中国公民往来台湾地区管理办法》第32条规定的通过"编造情况,提供假证明"的方式获取往来台湾旅行证件的,违法行为名称及法律适用规范按照本意见第687条的规定执行。

730、协助骗取往来台湾旅行证件(第33条)

731、台湾居民未按规定办理暂住登记(第16条和第34条)

732、台湾居民非法居留(第18条和第35条)

(七十四)《中国公民因私事往来香港地区或者澳门地区的暂行管理办法》(行政法规)

第26条不再适用,有关违法行为相应适用《中华人民共和国出境入境管理法》第71条第1项、第2项。

733、伪造、涂改、转让往来港澳旅行证件(第27条)

734、非法获取往来港澳旅行证件(第28条)

非法获取往来港澳旅行证件,是指以行贿等手段获取往来港澳旅行证件的行为。对《中国公民因私事往来香港地区或者澳门地区的暂行管理办法》第28条规定的以"编造情况,提供假证明"的方式获取往来港澳旅行证件的,违法行为名称及法律适用规范按照本意见第687条的规定执行。

(七十五)《中国公民出国旅游管理办法》(行政法规)

735、因滞留不归被遣返回国(第22条和第32条第2款)

(七十六)《出境入境航空器载运人员信息预报预检实施办法》(部门规章)

736、未按时限报送航空旅客订座记录(《出境入境航空器载运人员信息预报预检实施办法》第4条、

第8条第1款第1项和《中华人民共和国出境入境管理法》第83条第1款第2项)

737、未按时限报送航空登机人员信息(《出境入境航空器载运人员信息预报预检实施办法》第5条、第8条第1款第2项和《中华人民共和国出境入境管理法》第83条第1款第2项)

738、报送航空登机人员信息不准确(《出境入境航空器载运人员信息预报预检实施办法》第5条、第8条第1款第3项和《中华人民共和国出境入境管理法》第83条第1款第2项)

739、漏报、多报航空登机人员信息(《出境入境航空器载运人员信息预报预检实施办法》第5条、第8条第1款第4项和《中华人民共和国出境入境管理法》第83条第1款第2项)

740、未报送航空登机人员信息(《出境入境航空器载运人员信息预报预检实施办法》第5条、第8条第1款第5项和《中华人民共和国出境入境管理法》第83条第1款第2项)

根据《出境入境航空器载运人员信息预报预检实施办法》第8条第2款规定,航空器负责人或者代理单位未能按规定预报信息,有证据证明因网络故障等客观原因造成的,不予处罚;情节特别轻微的,可以不予处罚,但应当责令其改正。

741、载运不准登机航空旅客(《出境入境航空器载运人员信息预报预检实施办法》第6条第2款、第9条和《中华人民共和国出境入境管理法》第83条第2款)

(七十七)《中华人民共和国边境管理区通行证管理办法》(部门规章)

742、持用伪造、涂改、过期、失效的边境管理区通行证(第24条)

743、冒用他人边境管理区通行证(第24条)

744、伪造、涂改、盗窃、贩卖边境管理区通行证(第25条)

(七十八)《台湾渔船停泊点边防治安管理办法》(部门规章)

745、未在指定停泊点登、离台湾渔船(第21条第3项)

746、大陆劳务人员携带违禁物品、国家机密资料

（第 21 条第 4 项）

747、擅自启用电台（第 22 条第 1 项）

748、台湾渔船播放非法广播（第 22 条第 2 项）

749、台湾渔船悬挂、显示非法标志（第 22 条第 3 项）

750、台湾渔船从事有损两岸关系其他活动（第 22 条第 4 项）

751、擅自引带大陆居民登船（第 23 条第 1 项）

752、台湾居民擅自上岸（第 23 条第 2 项）

753、涂改、转让台湾居民登陆证件（第 23 条第 3 项）

754、登陆人员未按规定返回、活动（第 23 条第 4 项）

755、传播、散发非法物品（第 23 条第 5 项）

756、台湾居民携带违禁物品上岸（第 23 条第 5 项）

757、体罚、殴打台湾渔船大陆劳务人员（第 23 条第 6 项）

758、扰乱台湾渔船停泊点管理秩序（第 23 条第 7 项）

759、未按规定办理台湾渔船进出港手续（第 24 条第 1 项）

760、台湾渔船擅自搭靠其他船舶（第 24 条第 2 项）

761、擅自雇用大陆居民登船作业（第 24 条第 3 项）

762、擅自将大陆劳务人员带至境外登陆（第 24 条第 4 项）

763、台湾渔船未经检查擅自离港（第 24 条第 5 项）

764、台湾渔船无故滞留（第 24 条第 6 项）

765、台湾渔船未在指定地点停泊（第 25 条）

九、其他

（七十九）《中华人民共和国消防法》（法律）

《中华人民共和国消防法》第 62 条第 1 项规定的违反有关消防技术标准和管理规定生产、储存、运输、销售、使用、销毁易燃易爆危险品，以及第 62 条第 2 项规定的非法携带易燃易爆危险品进入公共场所或者乘坐公共交通工具的违法行为名称及法律适用规范

按照本意见第 53 条的规定执行。

《中华人民共和国消防法》第 62 条第 3 项规定的谎报火警的违法行为名称及法律适用规范按照本意见第 40 条的规定执行。

《中华人民共和国消防法》第 62 条第 4 项规定的阻碍消防车、消防艇执行任务的违法行为名称及法律适用规范按照本意见第 109 条的规定执行。

《中华人民共和国消防法》第 62 条第 5 项规定的阻碍消防救援机构的工作人员依法执行职务的违法行为名称及法律适用规范按照本意见第 108 条的规定执行。

本意见第 766 条至第 776 条的规定仅限于公安机关根据《中华人民共和国消防法》第 63 条、第 64 条、第 68 条规定对相关违法人员作出行政拘留处罚的情形。

766、违规进入生产、储存易燃易爆危险品场所（第 63 条第 1 项）

767、违规使用明火作业（第 63 条第 2 项）

768、在具有火灾、爆炸危险的场所吸烟、使用明火（第 63 条第 2 项）

769、指使、强令他人冒险作业（第 64 条第 1 项）

770、过失引起火灾（第 64 条第 2 项）

771、阻拦、不及时报告火警（第 64 条第 3 项）

772、扰乱火灾现场秩序（第 64 条第 4 项）

773、拒不执行火灾现场指挥员指挥（第 64 条第 4 项）

774、故意破坏、伪造火灾现场（第 64 条第 5 项）

775、擅自拆封、使用被查封场所、部位（第 64 条第 6 项）

776、不履行组织、引导在场人员疏散义务（第 68 条）

（八十）《中华人民共和国国家情报法》（法律）

777、阻碍情报工作（第 28 条）

778、泄露与国家情报工作有关的国家秘密（第 29 条）

《中华人民共和国国家情报法》第 30 条规定的冒充国家情报工作机构工作人员或者其他相关人员实施招摇撞骗、诈骗、敲诈勒索的违法行为名称及法律适用规范分别按照本意见第 111 条、第 102 条、第 105 条的规定执行。

（八十一）《中华人民共和国森林法》（法律）

公安机关按照国家有关规定，可以依法行使《中华人民共和国森林法》第 74 条第 1 款、第 76 条、第 77 条、第 78 条规定的行政处罚权。

779、毁坏林木、林地（第 74 条第 1 款）

780、盗伐林木（第 76 条第 1 款）

781、滥伐林木（第 76 条第 2 款）

782、伪造、变造、买卖、租借采伐许可证（第 77 条）

783、收购、加工、运输明知是非法来源的林木（第 78 条）

十、其他适用规范

（一）本意见违法行为名称中列举多个行为的，可以根据违法行为人具体实施的行为，选择一种或者一种以上行为进行表述。例如，本意见第 4 条中的"违反涉境外非政府组织规定取得使用资金""违反涉境外非政府组织规定开立使用银行账户"，第 5 条中的"代表机构未按规定报送公开年度报告"，第 17 条中的"境外非政府组织、代表机构造谣诽谤""境外非政府组织、代表机构发表传播有害信息"，第 18 条中的"境外非政府组织、代表机构从事资助政治活动""境外非政府组织、代表机构非法从事资助宗教活动"等违法行为名称中列举的多个行为属于选择性行为，可以根据违法行为人具体实施的行为，选择一种或者一种以上行为进行表述。行为人仅实施了违反涉境外非政府组织规定取得资金行为的，违法行为名称可表述为"违反涉境外非政府组织规定取得资金"；行为人既实施了违反涉境外非政府组织规定开立银行账户行为，又实施了违反涉境外非政府组织规定使用银行账户行为的，则违法行为名称可表述为"违反涉境外非政府组织规定开立使用银行账户"。境外非政府组织仅实施了非法从事宗教活动行为的，违法行为名称可表述为"境外非政府组织非法从事宗教活动"；境外非政府组织既实施了非法从事宗教活动行为，又实施了非法资助宗教活动行为的，则违法行为名称可表述为"境外非政府组织非法从事资助宗教活动"。

（二）本意见违法行为名称中列举多个行为对象的，在具体表述时可以根据违法行为的具体对象，选择一种或者一种以上对象进行表述。例如，行为人实施了买卖公文行为的，违法行为名称可表述为"买卖公文"；行为人既实施了买卖公文行为，又实施了买卖证件行为的，则违法行为名称可表述为"买卖公文、证件"。

（三）本意见违法行为名称后括号中列举的为该行为的适用法律依据，其中适用"和"和"及"的，是指在制作相关法律文书时应当同时援引相关法律依据。例如，本意见第 179 条规定"出售、购买、运输假币（第 2 条第 1 款和第 21 条）"，对出售、购买、运输假币的，法律依据应当同时援引《全国人民代表大会常务委员会关于惩治破坏金融秩序犯罪的决定》第 2 条第 1 款和第 21 条。

（四）公安法律文书引用法律依据时，应当准确完整写明规范性法律文件的名称、条款序号，需要引用具体条文的，应当整条引用。需要并列引用多个规范性法律文件的，引用顺序如下：法律和法律解释、行政法规、地方性法规、自治条例或者单行条例、司法解释。同时引用两部以上法律的，应当先引用基本法律，后引用其他法律。引用包括实体法和程序法的，先引用实体法，后引用程序法。

（五）对同一违法行为，上位法和下位法均有规定，且下位法与上位法的行为表述和处罚都一致的，引用法律依据时，应当引用上位法。如果下位法行为表述或者处罚幅度是对上位法进一步细化的，引用法律依据时，应当同时引用上位法和下位法。

（六）对同一条文既规定了个人违法行为，又设专款规定单位违法情形的，引用法律依据时，对个人处罚时引用规定个人违法行为的条款，对单位处罚时应当同时引用两个条款。例如，《中华人民共和国出境入境管理法》第 73 条第 1 款规定了弄虚作假骗取签证、停留居留证件等出境入境证件的处罚；第 2 款规定了单位有第 1 款行为的处罚。对个人弄虚作假骗取签证、停留居留证件等出境入境证件的，处罚时引用第 73 条第 1 款；对单位弄虚作假骗取签证、停留居留证件等出境入境证件的，处罚时应当引用第 73 条第 1 款和第 2 款。

（七）法律责任部分对违法行为的行为规范未作表述，仅表明违反本法（条例、办法等）规定的，对这一违法行为作出处罚决定时，法律依据应当同时援引设定行为规范的条款和设定法律责任的条款。

（八）公安部以前制定的规定，凡与本意见不一致的，以本意见为准。公安部2015年印发的《违反公安行政管理行为的名称及其适用意见》废止。

公安机关执行《中华人民共和国治安管理处罚法》有关问题的解释

· 2006年1月23日

· 公通字〔2006〕12号

根据全国人大常委会《关于加强法律解释工作的决议》的规定，现对公安机关执行《中华人民共和国治安管理处罚法》（以下简称《治安管理处罚法》）的有关问题解释如下：

一、关于治安案件的调解问题。根据《治安管理处罚法》第9条的规定，对因民间纠纷引起的打架斗殴或者损毁他人财物以及其他违反治安管理行为，情节较轻的，公安机关应当本着化解矛盾纠纷、维护社会稳定、构建和谐社会的要求，依法尽量予以调解处理。特别是对因家庭、邻里、同事之间纠纷引起的违反治安管理行为，情节较轻，双方当事人愿意和解的，如制造噪声、发送信息、饲养动物干扰他人正常生活、放任动物恐吓他人、侮辱、诽谤、诬告陷害、侵犯隐私、偷开机动车等治安案件，公安机关都可以调解处理。同时，为确保调解取得良好效果，调解前应当及时依法做深入细致的调查取证工作，以查明事实、收集证据、分清责任。调解达成协议的，应当制作调解书，交双方当事人签字。

二、关于涉外治安案件的办理问题。《治安管理处罚法》第10条第2款规定："对违反治安管理的外国人，可以附加适用限期出境或者驱逐出境"。对外国人需要依法适用限期出境、驱逐出境处罚的，由承办案件的公安机关逐级上报公安部或者公安部授权的省级人民政府公安机关决定，由承办案件的公安机关执行。对外国人依法决定行政拘留的，由承办案件的县级以上（含县级，下同）公安机关决定，不再报上一级公安机关批准。对外国人依法决定警告、罚款、行政拘留，并附加适用限期出境、驱逐出境处罚的，应当在警告、罚款、行政拘留执行完毕后，再执行限期出境、驱逐出境。

三、关于不予处罚问题。《治安管理处罚法》第12条、第13条、第14条、第19条对不予处罚的情形作了明确规定，公安机关对依法不予处罚的违反治安管理行为人，有违法所得的，应当依法予以追缴；有非法财物的，应当依法予以收缴。

《治安管理处罚法》第22条对违反治安管理行为的追究时效作了明确规定，公安机关对超过追究时效的违反治安管理行为不再处罚，但有违禁品的，应当依法予以收缴。

四、关于对单位违反治安管理的处罚问题。《治安管理处罚法》第18条规定，"单位违反治安管理的，对其直接负责的主管人员和其他直接责任人员依照本法的规定处罚。其他法律、行政法规对同一行为规定给予单位处罚的，依照其规定处罚"，并在第54条规定可以吊销公安机关发放的许可证。对单位实施《治安管理处罚法》第三章所规定的违反治安管理行为的，应当依法对其直接负责的主管人员和其他直接责任人员予以治安管理处罚；其他法律、行政法规对同一行为明确规定由公安机关给予单位警告、罚款、没收违法所得、没收非法财物等处罚，或者采取责令其限期停业整顿、停业整顿、取缔等强制措施的，应当依照其规定办理。对被依法吊销许可证的单位，应当同时依法收缴非法财物、追缴违法所得。参照刑法的规定，单位是指公司、企业、事业单位、机关、团体。

五、关于不执行行政拘留处罚问题。根据《治安管理处罚法》第21条的规定，对"已满十四周岁不满十六周岁的"，"已满十六周岁不满十八周岁，初次违反治安管理的"，"七十周岁以上的"，"怀孕或者哺乳自己不满一周岁婴儿的"违反治安管理行为人，可以依法作出行政拘留处罚决定，但不投送拘留所执行。被处罚人居住地公安派出所应当会同被处罚人所在单位、学校、家庭、居（村）民委员会、未成年人保护组织和有关社会团体进行帮教。上述未成年人、老年人的年龄、怀孕或者哺乳自己不满1周岁婴儿的妇女的情况，以其实施违反治安管理行为或者正要执行行政拘留时的实际情况确定，即违反治安管理行为人在实施违反治安管理行为时具有上述情形之一的，或者执行行政拘留时符合上述情形之一的，均不再投送拘留所执行行政拘留。

六、关于取缔问题。根据《治安管理处罚法》第54条的规定，对未经许可，擅自经营按照国家规定需要由公安机关许可的行业的，予以取缔。这里的"按照国家规定需要由公安机关许可的行业"，是指按照有关法律、行政法规和国务院决定的有关规定，需要由公安机关许可的旅馆业、典当业、公章刻制业、保安培训业等行业。取缔应当由违反治安管理行为发生地的县级以上公安机关作出决定，按照《治安管理处罚法》的有关规定采取相应的措施，如责令停止相关经营活动、进入无证经营场所进行检查、扣押与案件有关的需要作为证据的物品等。在取缔的同时，应当依法收缴非法财物、追缴违法所得。

七、关于强制性教育措施问题。《治安管理处罚法》第76条规定，对有"引诱、容留、介绍他人卖淫"，"制作、运输、复制、出售、出租淫秽的书刊、图片、影片、音像制品等淫秽物品或者利用计算机信息网络、电话以及其他通讯工具传播淫秽信息"，"以营利为目的，为赌博提供条件的，或者参与赌博赌资较大的"行为，"屡教不改的，可以按照国家规定采取强制性教育措施"。这里的"强制性教育措施"目前是指劳动教养；"按照国家规定"是指按照《治安管理处罚法》和其他有关劳动教养的法律、行政法规的规定；"屡教不改"是指有上述行为被依法判处刑罚执行期满后五年内又实施前述行为之一，或者被依法予以罚款、行政拘留、收容教育、劳动教养执行期满后三年内实施前述行为之一，情节较重，但尚不够刑事处罚的情形。

八、关于询问查证时间问题。《治安管理处罚法》第83条第1款规定，"对违反治安管理行为人，公安机关传唤后应当及时询问查证，询问查证的时间不得超过八小时；情况复杂，依照本法规定可能适用行政拘留处罚的，询问查证的时间不得超过二十四小时"。这里的"依照本法规定可能适用行政拘留处罚"，是指本法第三章对行为人实施的违反治安管理行为设定了行政拘留处罚，且根据其行为的性质和情节轻重，可能依法对违反治安管理行为人决定予以行政拘留的案件。

根据《治安管理处罚法》第82条和第83条的规定，公安机关或者办案部门负责人在审批书面传唤时，可以一并审批询问查证时间。对经过询问查证，属于"情况复杂"，且"依照本法规定可能适用行政拘留处罚"的案件，需要对违反治安管理行为人适用超过8小时询问查证时间的，需口头或者书面报经公安机关或者其办案部门负责人批准。对口头报批的，办案民警应当记录在案。

九、关于询问不满16周岁的未成年人问题。《治安管理处罚法》第84条、第85条规定，询问不满16周岁的违反治安管理行为人、被侵害人或者其他证人，应当通知其父母或者其他监护人到场。上述人员父母双亡，又没有其他监护人的，因种种原因无法找到其父母或者其他监护人的，以及其父母或者其他监护人收到通知后拒不到场或者不能及时到场的，办案民警应当将有关情况在笔录中注明。为保证询问的合法性和证据的有效性，在被询问人的父母或者其他监护人不能到场时，可以邀请办案地居（村）民委员会的人员，或者被询问人在办案地有完全行为能力的亲友，或者所在学校的教师，或者其他见证人到场。询问笔录应当由办案民警、被询问人、见证人签名或者盖章。有条件的地方，还可以对询问过程进行录音、录像。

十、关于铁路、交通、民航、森林公安机关和海关侦查走私犯罪公安机构以及新疆生产建设兵团公安局的治安管理处罚权问题。《治安管理处罚法》第91条规定："治安管理处罚由县级以上人民政府公安机关决定；其中警告、五百元以下罚款可以由公安派出所决定。"根据有关法律，铁路、交通、民航、森林公安机关依法负责其管辖范围内的治安管理工作，《中华人民共和国海关行政处罚实施条例》第6条赋予了海关侦查走私犯罪公安机构对阻碍海关缉私警察依法执行职务的治安案件的查处权。为有效维护社会治安，县级以上铁路、交通、民航、森林公安机关对其管辖的治安案件，可以依法作出治安管理处罚决定，铁路、交通、民航、森林公安派出所可以作出警告、500元以下罚款的治安管理处罚决定；海关系统相当于县级以上公安机关的侦查走私犯罪公安机构可以依法查处阻碍缉私警察依法执行职务的治安案件，并依法作出治安管理处罚决定。

新疆生产建设兵团系统的县级以上公安局应当

视为"县级以上人民政府公安机关",可以依法作出治安管理处罚决定;其所属的公安派出所可以依法作出警告、500元以下罚款的治安管理处罚决定。

十一、关于限制人身自由的强制措施折抵行政拘留问题。《治安管理处罚法》第92条规定:"对决定给予行政拘留处罚的人,在处罚前已经采取强制措施限制人身自由的时间,应当折抵。限制人身自由一日,折抵行政拘留一日。"这里的"强制措施限制人身自由的时间",包括被行政拘留人在被行政拘留前因同一行为被依法刑事拘留、逮捕时间。如果被行政拘留人被刑事拘留、逮捕的时间已超过被行政拘留的时间的,则行政拘留不再执行,但办案部门必须将《治安管理处罚决定书》送达被处罚人。

十二、关于办理治安案件期限问题。《治安管理处罚法》第99条规定:"公安机关办理治安案件的期限,自受理之日起不得超过三十日;案情重大、复杂的,经上一级公安机关批准,可以延长三十日。为了查明案情进行鉴定的期间,不计入办理治安案件的期限。"这里的"鉴定期间",是指公安机关提交鉴定之日起至鉴定机构作出鉴定结论并送达公安机关的期间。公安机关应当切实提高办案效率,保证在法定期限内办结治安案件。对因违反治安管理行为人逃跑等客观原因造成案件不能在法定期限内办结的,公安机关应当继续进行调查取证,及时依法作出处理决定,不能因已超过法定办案期限就不再调查取证。因违反治安管理行为人在逃,导致无法查清案件事实,无法收集足够证据而结不了案的,公安机关应当向被侵害人说明原因。对调解未达成协议或者达成协议后不履行的治安案件的办案期限,应当从调解未达成协议或者达成协议后不履行之日起开始计算。

公安派出所承办的案情重大、复杂的案件,需要延长办案期限的,应当报所属县级以上公安机关负责人批准。

十三、关于将被拘留人送达拘留所执行问题。《治安管理处罚法》第103条规定:"对被决定给予行政拘留处罚的人,由作出决定的公安机关送达拘留所执行。"这里的"送达拘留所执行",是指作出行政拘留决定的公安机关将被决定行政拘留的人送到拘留所并交付执行,拘留所依法办理入所手续后即为送达。

十四、关于治安行政诉讼案件的出庭应诉问题。《治安管理处罚法》取消了行政复议前置程序。被处罚人对治安管理处罚决定不服的,既可以申请行政复议,也可以直接提起行政诉讼。对未经行政复议和经行政复议决定维持原处罚决定的行政诉讼案件,由作出处罚决定的公安机关负责人和原办案部门的承办民警出庭应诉;对经行政复议决定撤销、变更原处罚决定或者责令被申请人重新作出具体行政行为的行政诉讼案件,由行政复议机关负责人和行政复议机构的承办民警出庭应诉。

十五、关于《治安管理处罚法》的溯及力问题。按照《中华人民共和国立法法》第84条的规定,《治安管理处罚法》不溯及既往。《治安管理处罚法》施行后,对其施行前发生且尚未作出处罚决定的违反治安管理行为,适用《中华人民共和国治安管理处罚条例》;但是,如果《治安管理处罚法》不认为是违反治安管理行为或者处罚较轻的,适用《治安管理处罚法》。

公安机关执行《中华人民共和国治安管理处罚法》有关问题的解释(二)

· 2007年1月8日
· 公通字〔2007〕1号

为正确、有效地执行《中华人民共和国治安管理处罚法》(以下简称《治安管理处罚法》),根据全国人民代表大会常务委员会《关于加强法律解释工作的决议》的规定,现对公安机关执行《治安管理处罚法》的有关问题解释如下:

一、关于制止违反治安管理行为的法律责任问题

为了免受正在进行的违反治安管理行为的侵害而采取的制止违法侵害行为,不属于违反治安管理行为。但对事先挑拨、故意挑逗他人对自己进行侵害,然后以制止违法侵害为名对他人加以侵害的行为,以及互相斗殴的行为,应当予以治安管理处罚。

二、关于未达目的违反治安管理行为的法律责任问题

行为人为实施违反治安管理行为准备工具、制造条件的,不予处罚。

行为人自动放弃实施违反治安管理行为或者自动有效地防止违反治安管理行为结果发生，没有造成损害的，不予处罚；造成损害的，应当减轻处罚。

行为人已经着手实施违反治安管理行为，但由于本人意志以外的原因而未得逞的，应当从轻处罚、减轻处罚或者不予处罚。

三、关于未达到刑事责任年龄不予刑事处罚的，能否予以治安管理处罚问题

对已满十四周岁不满十六周岁不予刑事处罚的，应当责令其家长或者监护人加以管教；必要时，可以依照《治安管理处罚法》的相关规定予以治安管理处罚，或者依照《中华人民共和国刑法》第十七条的规定予以收容教养。

四、关于减轻处罚的适用问题

违反治安管理行为人具有《治安管理处罚法》第十二条、第十四条、第十九条减轻处罚情节的，按下列规定适用：

（一）法定处罚种类只有一种，在该法定处罚种类的幅度以下减轻处罚；

（二）法定处罚种类只有一种，在该法定处罚种类的幅度以下无法再减轻处罚的，不予处罚；

（三）规定拘留并处罚款的，在法定处罚幅度以下单独或者同时减轻拘留和罚款，或者在法定处罚幅度内单处拘留；

（四）规定拘留可以并处罚款的，在拘留的法定处罚幅度以下减轻处罚；在拘留的法定处罚幅度以下无法再减轻处罚的，不予处罚。

五、关于"初次违反治安管理"的认定问题

《治安管理处罚法》第二十一条第二项规定的"初次违反治安管理"，是指行为人的违反治安管理行为第一次被公安机关发现或者查处。但具有下列情形之一的，不属于"初次违反治安管理"：

（一）曾违反治安管理，虽未被公安机关发现或者查处，但仍在法定追究时效内的；

（二）曾因不满十六周岁违反治安管理，不执行行政拘留的；

（三）曾违反治安管理，经公安机关调解结案的；

（四）曾被收容教养、劳动教养的；

（五）曾因实施扰乱公共秩序，妨害公共安全，侵犯人身权利、财产权利，妨害社会管理的行为被人民法院判处刑罚或者免除刑事处罚的。

六、关于扰乱居（村）民委员会秩序和破坏居（村）民委员会选举秩序行为的法律适用问题

对扰乱居（村）民委员会秩序的行为，应当根据其具体表现形式，如侮辱、诽谤、殴打他人、故意伤害、故意损毁财物等，依照《治安管理处罚法》的相关规定予以处罚。

对破坏居（村）民委员会选举秩序的行为，应当依照《治安管理处罚法》第二十三条第一款第五项的规定予以处罚。

七、关于殴打、伤害特定对象的处罚问题

对违反《治安管理处罚法》第四十三条第二款第二项规定行为的处罚，不要求行为人主观上必须明知殴打、伤害的对象为残疾人、孕妇、不满十四周岁的人或者六十周岁以上的人。

八、关于"结伙"、"多次"、"多人"的认定问题

《治安管理处罚法》中规定的"结伙"是指两人（含两人）以上；"多次"是指三次（含三次）以上；"多人"是指三人（含三人）以上。

九、关于运送他人偷越国（边）境、偷越国（边）境和吸食、注射毒品行为的法律适用问题

对运送他人偷越国（边）境、偷越国（边）境和吸食、注射毒品行为的行政处罚，适用《治安管理处罚法》第六十一条、第六十二条第二款和第七十二条第三项的规定，不再适用全国人民代表大会常务委员会《关于严惩组织、运送他人偷越国（边）境犯罪的补充规定》和《关于禁毒的决定》的规定。

十、关于居住场所与经营场所合一的检查问题

违反治安管理行为人的居住场所与其在工商行政管理部门注册登记的经营场所合一的，在经营时间内对其检查时，应当按照检查经营场所办理相关手续；在非经营时间内对其检查时，应当按照检查公民住所办理相关手续。

十一、关于被侵害人是否有权申请行政复议问题

根据《中华人民共和国行政复议法》第二条的规定，治安案件的被侵害人认为公安机关依据《治安管理处罚法》作出的具体行政行为侵犯其合法权益的，可以依法申请行政复议。

公安机关涉案财物管理若干规定

· 2015 年 7 月 22 日
· 公通字〔2015〕21 号

第一章　总　则

第一条　为进一步规范公安机关涉案财物管理工作,保护公民、法人和其他组织的合法财产权益,保障办案工作依法有序进行,根据有关法律、法规和规章,制定本规定。

第二条　本规定所称涉案财物,是指公安机关在办理刑事案件和行政案件过程中,依法采取查封、扣押、冻结、扣留、调取、先行登记保存、抽样取证、追缴、收缴等措施提取或者固定,以及从其他单位和个人接收的与案件有关的物品、文件和款项,包括:

（一）违法犯罪所得及其孳息;

（二）用于实施违法犯罪行为的工具;

（三）非法持有的淫秽物品、毒品等违禁品;

（四）其他可以证明违法犯罪行为发生、违法犯罪行为情节轻重的物品和文件。

第三条　涉案财物管理实行办案与管理相分离、来源去向明晰、依法及时处理、全面接受监督的原则。

第四条　公安机关管理涉案财物,必须严格依法进行。任何单位和个人不得贪污、挪用、私分、调换、截留、坐支、损毁、擅自处理涉案财物。

对于涉及国家秘密、商业秘密、个人隐私的涉案财物,应当保密。

第五条　对涉案财物采取措施,应当严格依照法定条件和程序进行,履行相关法律手续,开具相应法律文书。严禁在刑事案件立案之前或者行政案件受案之前对财物采取查封、扣押、冻结、扣留措施,但有关法律、行政法规另有规定的除外。

第六条　公安机关对涉案财物采取措施后,应当及时进行审查。经查明确实与案件无关的,应当在三日以内予以解除、退还,并通知有关当事人。对与本案无关,但有证据证明涉及其他部门管辖的违纪、违法、犯罪行为的财物,应当依照相关法律规定,连同有关线索移送有管辖权的部门处理。

对涉案财物采取措施,应当为违法犯罪嫌疑人及其所扶养的亲属保留必需的生活费用和物品;根据案件具体情况,在保证侦查活动正常进行的同时,可以允许有关当事人继续合理使用有关涉案财物,并采取必要的保值保管措施,以减少侦查办案对正常办公和合法生产经营的影响。

第七条　公安机关对涉案财物进行保管、鉴定、估价、公告等,不得向当事人收取费用。

第二章　涉案财物的保管

第八条　公安机关应当完善涉案财物管理制度,建立办案部门与保管部门、办案人员与保管人员相互制约制度。

公安机关应当指定一个部门作为涉案财物管理部门,负责对涉案财物实行统一管理,并设立或者指定专门保管场所,对各办案部门经手的全部涉案财物或者价值较大、管理难度较高的涉案财物进行集中保管。涉案财物集中保管的范围,由地方公安机关根据本地区实际情况确定。

对于价值较低、易于保管,或者需要作为证据继续使用,以及需要先行返还被害人、被侵害人的涉案财物,可以由办案部门设置专门的场所进行保管。

办案部门应当指定不承担办案工作的民警负责本部门涉案财物的接收、保管、移交等管理工作;严禁由办案人员自行保管涉案财物。

第九条　公安机关应当设立或者指定账户,作为本机关涉案款项管理的唯一合规账户。

办案部门扣押涉案款项后,应当立即将其移交涉案财物管理部门。涉案财物管理部门应当对涉案款项逐案设立明细账,存入唯一合规账户,并将存款回执交办案部门附卷保存。但是,对于具有特定特征、能够证明某些案件事实而需要作为证据使用的现金,应当交由涉案财物管理部门或者办案部门涉案财物管理人员,作为涉案物品进行管理,不再存入唯一合规账户。

第十条　公安机关应当建立涉案财物集中管理信息系统,对涉案财物信息进行实时、全程录入和管理,并与执法办案信息系统关联。涉案财物管理人员应当对所有涉案财物逐一编号,并将案由、来源、财物基本情况、保管状态、场所和去向等信息录入信息系统。

第十一条　对于不同案件、不同种类的涉案财物,应当分案、分类保管。

涉案财物保管场所和保管措施应当适合被保管财物的特性,符合防火、防盗、防潮、防蛀、防磁、防腐蚀等安全要求。涉案财物保管场所应当安装视频监控设备，并配备必要的储物容器、一次性储物袋、计量工具等物品。有条件的地方，可以会同人民法院、人民检察院等部门，建立多部门共用的涉案财物管理中心，对涉案财物进行统一管理。

对于易燃、易爆、毒害性、放射性等危险物品，鲜活动植物，大宗物品，车辆、船舶、航空器等大型交通工具，以及其他对保管条件、保管场所有特殊要求的涉案财物，应当存放在符合条件的专门场所。公安机关没有具备保管条件的场所的，可以委托具有相应条件、资质或者管理能力的单位代为保管。

依法对文物、金银、珠宝、名贵字画等贵重财物采取查封、扣押、扣留等措施的，应当拍照或者录像，并及时鉴定、估价；必要时，可以实行双人保管。

未经涉案财物管理部门或者管理涉案财物的办案部门负责人批准，除保管人员以外的其他人员不得进入涉案财物保管场所。

第十二条　办案人员依法提取涉案财物后，应当在二十四小时以内按照规定将其移交涉案财物管理部门或者本部门的涉案财物管理人员，并办理移交手续。

对于采取查封、冻结、先行登记保存等措施后不在公安机关保管的涉案财物，办案人员应当在采取有关措施后的二十四小时以内，将相关法律文书和清单的复印件移交涉案财物管理人员予以登记。

第十三条　因情况紧急，需要在提取后的二十四小时以内开展鉴定、辨认、检验、检查等工作的，经办案部门负责人批准，可以在上述工作完成后的二十四小时以内将涉案财物移交涉案财物管理人员，并办理移交手续。

异地办案或者在偏远、交通不便地区办案的，应当在返回办案单位后的二十四小时以内办理移交手续；行政案件在提取后的二十四小时以内已将涉案财物处理完毕的，可以不办理移交手续，但应当将处理涉案财物的相关手续附卷保存。

第十四条　涉案财物管理人员对办案人员移交的涉案财物，应当对照有关法律文书当场查验核对、登记入册，并与办案人员共同签名。

对于缺少法律文书、法律文书对必要事项记载不全或者实物与法律文书记载严重不符的，涉案财物管

理人员可以拒绝接收涉案财物，并应当要求办案人员补齐相关法律文书、信息或者财物。

第十五条　因讯问、询问、鉴定、辨认、检验、检查等办案工作需要，经办案部门负责人批准，办案人员可以向涉案财物管理人员调用涉案财物。调用结束后，应当在二十四小时以内将涉案财物归还涉案财物管理人员。

因宣传教育等工作需要调用涉案财物的，应当经公安机关负责人批准。

涉案财物管理人员应当详细登记调用人、审批人、时间、事由、期限、调用的涉案财物状况等事项。

第十六条　调用人应当妥善保管和使用涉案财物。调用人归还涉案财物时，涉案财物管理人员应当进行检查、核对。对于有损毁、短少、调换、灭失等情况的，涉案财物管理人员应当如实记录，并报告调用人所属部门负责人和涉案财物管理部门负责人。因鉴定取样等事由导致涉案财物出现合理损耗的，不需要报告，但调用人应当向涉案财物管理人员提供相应证明材料和书面说明。

调用人未按照登记的调用时间归还涉案财物的，涉案财物管理人员应当报告调用人所属部门负责人；有关负责人应当责令调用人立即归还涉案财物。确需继续调用涉案财物的，调用人应当按照原批准程序办理延期手续，并交由涉案财物管理人员留存。

第十七条　办案部门扣押、扣留涉案车辆时，应当认真查验车辆特征，并在清单或者行政强制措施凭证中详细载明当事人的基本情况、案由、厂牌型号、识别代码、牌照号码、行驶里程、重要装备、车身颜色、车辆状况等情况。

对车辆内的物品，办案部门应当仔细清点。对与案件有关，需要作为证据使用的，应当依法扣押；与案件无关的，通知当事人或者其家属、委托的人领取。

公安机关应当对管理的所有涉案车辆进行专门编号登记，严格管理，妥善保管，非因法定事由并经公安机关负责人批准，不得调用。

对船舶、航空器等交通工具采取措施和进行管理，参照前三款规定办理。

第三章　涉案财物的处理

第十八条　公安机关应当依据有关法律规定，及

时办理涉案财物的移送、返还、变卖、拍卖、销毁、上缴国库等工作。

对刑事案件中作为证据使用的涉案财物,应当随案移送;对于危险品、大宗大型物品以及容易腐烂变质等不宜随案移送的物品,应当移送相关清单、照片或者其他证明文件。

第十九条　有关违法犯罪事实查证属实后,对于有证据证明权属明确且无争议的被害人、被侵害人合法财产及其孳息,凡返还不损害其他被害人、被侵害人或者利害关系人的利益,不影响案件正常办理的,应当在登记、拍照或者录像和估价后,报经县级以上公安机关负责人批准,开具发还清单并返还被害人、被侵害人。办案人员应当在案卷材料中注明返还的理由,并将原物照片、发还清单和被害人、被侵害人的领取手续存卷备查。

领取人应当是涉案财物的合法权利人或者其委托的人,办案人员或者公安机关其他工作人员不得代为领取。

第二十条　对于刑事案件依法撤销、行政案件因违法事实不能成立而作出不予行政处罚决定的,除依照法律、行政法规有关规定另行处理的以外,公安机关应当解除对涉案财物采取的相关措施并返还当事人。

人民检察院决定不起诉、人民法院作出无罪判决,涉案财物由公安机关管理的,公安机关应当根据人民检察院的书面通知或者人民法院的生效判决,解除对涉案财物采取的相关措施并返还当事人。

人民法院作出有罪判决,涉案财物由公安机关管理的,公安机关应当根据人民法院的生效判决,对涉案财物作出处理。人民法院的判决没有明确涉案财物如何处理的,公安机关应当征求人民法院意见。

第二十一条　对于因自身材质原因易损毁、灭失、腐烂、变质而不宜长期保存的食品、药品及其原材料等物品,长期不使用容易导致机械性能下降、价值贬损的车辆、船舶等物品,市场价格波动大的债券、股票、基金份额等财产和有效期即将届满的汇票、本票、支票等,权利人明确的,经其本人书面同意或者申请,并经县级以上公安机关主要负责人批准,可以依法变卖、拍卖,所得款项存入本单位唯一合规账户;其中,对于冻结的债券、股票、基金份额等财产,有对应的银行账户的,

应当将变现后的款项继续冻结在对应账户中。

对涉案财物的变卖、拍卖应当坚持公开、公平原则,由县级以上公安机关商本级人民政府财政部门统一组织实施,严禁暗箱操作。

善意第三人等案外人与涉案财物处理存在利害关系的,公安机关应当告知其相关诉讼权利。

第二十二条　公安机关在对违法行为人、犯罪嫌疑人依法作出限制人身自由的处罚或者采取限制人身自由的强制措施时,对其随身携带的与案件无关的财物,应当按照《公安机关代为保管涉案人员随身财物若干规定》有关要求办理。

第二十三条　对于违法行为人、犯罪嫌疑人或者其家属、亲友给予被害人、被侵害人退、赔款物的,公安机关应当通知其向被害人、被侵害人或者其家属、委托的人直接交付,并将退、赔情况及时书面告知公安机关。公安机关不得将退、赔款物作为涉案财物扣押或者暂存,但需要作为证据使用的除外。

被害人、被侵害人或者其家属、委托的人不愿意当面接收的,经其书面同意或者申请,公安机关可以记录其银行账号,通知违法行为人、犯罪嫌疑人或者其家属、亲友将退、赔款项汇入该账户。

公安机关应当将双方的退赔协议或者交付手续复印附卷保存,并将退赔履行情况记录在案。

第四章　监督与救济

第二十四条　公安机关应当将涉案财物管理工作纳入执法监督和执法质量考评范围;定期或者不定期组织有关部门对本机关及办案部门负责管理的涉案财物进行核查,防止涉案财物损毁、灭失或者被挪用、不按规定及时移交、移送、返还、处理等;发现违法采取措施或者管理不当的,应当责令有关部门及时纠正。

第二十五条　公安机关纪检、监察、警务督察、审计、装备财务、警务保障、法制等部门在各自职权范围内对涉案财物管理工作进行监督。

公安机关负责人在审批案件时,应当对涉案财物情况一并进行严格审查,发现对涉案财物采取措施或者处理不合法、不适当的,应当责令有关部门立即予以纠正。

法制部门在审核案件时,发现对涉案财物采取措施或者处理不合法、不适当的,应当通知办案部门及

时予以纠正。

第二十六条　办案人员有下列行为之一的,应当根据其行为的情节和后果,依照有关规定追究责任;涉嫌犯罪的,移交司法机关依法处理:

(一)对涉案财物采取措施违反法定程序的;

(二)对明知与案件无关的财物采取查封、扣押、冻结等措施的;

(三)不按照规定向当事人出具有关法律文书的;

(四)提取涉案财物后,在规定的时限内无正当理由不向涉案财物管理人员移交涉案财物的;

(五)擅自处置涉案财物的;

(六)依法应当将有关财物返还当事人而拒不返还,或者向当事人及其家属等索取费用的;

(七)因故意或者过失,致使涉案财物损毁、灭失的;

(八)其他违反法律规定的行为。

案件审批人、审核人对于前款规定情形的发生负有责任的,依照前款规定处理。

第二十七条　涉案财物管理人员不严格履行管理职责,有下列行为之一的,应当根据其行为的情节和后果,依照有关规定追究责任;涉嫌犯罪的,移交司法机关依法处理:

(一)未按照规定严格履行涉案财物登记、移交、调用等手续的;

(二)因故意或者过失,致使涉案财物损毁、灭失的;

(三)发现办案人员不按照规定移交、使用涉案财物而不及时报告的;

(四)其他不严格履行管理职责的行为。

调用人有前款第一项、第二项行为的,依照前款规定处理。

第二十八条　对于贪污、挪用、私分、调换、截留、坐支、损毁涉案财物,以及在涉案财物拍卖、变卖过程中弄虚作假、中饱私囊的有关领导和直接责任人员,应当依照有关规定追究责任;涉嫌犯罪的,移交司法机关依法处理。

第二十九条　公安机关及其工作人员违反涉案财物管理规定,给当事人造成损失的,公安机关应当依法予以赔偿,并责令有故意或者重大过失的有关领导和直接责任人员承担部分或者全部赔偿费用。

第三十条　在对涉案财物采取措施、管理和处置过程中,公安机关及其工作人员存在违法违规行为,损害当事人合法财产权益的,当事人和辩护人、诉讼代理人、利害关系人有权向公安机关提出投诉、控告、举报、复议或者国家赔偿。公安机关应当依法及时受理,并依照有关规定进行处理;对于情况属实的,应当予以纠正。

上级公安机关发现下级公安机关存在前款规定的违法违规行为,或者对投诉、控告、举报或者复议事项不按照规定处理的,应当责令下级公安机关限期纠正,下级公安机关应当立即执行。

第五章　附　则

第三十一条　各地公安机关可以根据本规定,结合本地和各警种实际情况,制定实施细则,并报上一级公安机关备案。

第三十二条　本规定自2015年9月1日起施行。2010年11月4日印发的《公安机关涉案财物管理若干规定》(公通字〔2010〕57号)同时废止。公安部此前制定的有关涉案财物管理的规范性文件与本规定不一致的,以本规定为准。

公安机关受理行政执法机关移送涉嫌犯罪案件规定

·2016年6月16日
·公通字〔2016〕16号

第一条　为规范公安机关受理行政执法机关移送涉嫌犯罪案件工作,完善行政执法与刑事司法衔接工作机制,根据有关法律、法规,制定本规定。

第二条　对行政执法机关移送的涉嫌犯罪案件,公安机关应当接受,及时录入执法办案信息系统,并检查是否附有下列材料:

(一)案件移送书,载明移送机关名称、行政违法行为涉嫌犯罪罪名、案件主办人及联系电话等。案件移送书应当附移送材料清单,并加盖移送机关公章;

(二)案件调查报告,载明案件来源、查获情况、嫌疑人基本情况、涉嫌犯罪的事实、证据和法律依据、处理建议等;

（三）涉案物品清单，载明涉案物品的名称、数量、特征、存放地等事项，并附采取行政强制措施、现场笔录等表明涉案物品来源的相关材料；

（四）附有鉴定机构和鉴定人资质证明或者其他证明文件的检验报告或者鉴定意见；

（五）现场照片、询问笔录、电子数据、视听资料、认定意见、责令整改通知书等其他与案件有关的证据材料。

移送材料表明移送案件的行政执法机关已经或者曾经作出有关行政处罚决定的，应当检查是否附有有关行政处罚决定书。

对材料不全的，应当在接受案件的二十四小时内书面告知移送的行政执法机关在三日内补正。但不得以材料不全为由，不接受移送案件。

第三条　对接受的案件，公安机关应当按照下列情形分别处理：

（一）对属于本公安机关管辖的，迅速进行立案审查；

（二）对属于公安机关管辖但不属于本公安机关管辖的，移送有管辖权的公安机关，并书面告知移送案件的行政执法机关；

（三）对不属于公安机关管辖的，退回移送案件的行政执法机关，并书面说明理由。

第四条　对接受的案件，公安机关应当立即审查，并在规定的时间内作出立案或者不立案的决定。

决定立案的，应当书面通知移送案件的行政执法机关。对决定不立案的，应当说明理由，制作不予立案通知书，连同案卷材料在三日内送达移送案件的行政执法机关。

第五条　公安机关审查发现涉嫌犯罪案件移送材料不全、证据不充分的，可以就证明有犯罪事实的相关证据要求等提出补充调查意见，商请移送案件的行政执法机关补充调查。必要时，公安机关可以自行调查。

第六条　对决定立案的，公安机关应当自立案之日起三日内与行政执法机关交接涉案物品以及与案件有关的其他证据材料。

对保管条件、保管场所有特殊要求的涉案物品，公安机关可以在采取必要措施固定留取证据后，商请行政执法机关代为保管。

移送案件的行政执法机关在移送案件后，需要作出责令停产停业、吊销许可证等行政处罚，或者在相关行政复议、行政诉讼中，需要使用已移送公安机关证据材料的，公安机关应当协助。

第七条　单位或者个人认为行政执法机关办理的行政案件涉嫌犯罪，向公安机关报案、控告、举报或者自首的，公安机关应当接受，不得要求相关单位或者人员先行向行政执法机关报案、控告、举报或者自首。

第八条　对行政执法机关移送的涉嫌犯罪案件，公安机关立案后决定撤销案件的，应当将撤销案件决定书连同案卷材料送达移送案件的行政执法机关。对依法应当追究行政法律责任的，可以同时向行政执法机关提出书面建议。

第九条　公安机关应当定期总结受理审查行政执法机关移送涉嫌犯罪案件情况，分析衔接工作中存在的问题，并提出意见建议，通报行政执法机关、同级人民检察院。必要时，同时通报本级或者上一级人民政府，或者实行垂直管理的行政执法机关的上一级机关。

第十条　公安机关受理行政执法机关移送涉嫌犯罪案件，依法接受人民检察院的法律监督。

第十一条　公安机关可以根据法律法规，联合同级人民检察院、人民法院、行政执法机关制定行政执法机关移送涉嫌犯罪案件类型、移送标准、证据要求、法律文书等文件。

第十二条　本规定自印发之日起实施。

公安部关于如何执行《治安管理处罚法》第十八条规定问题的批复

· 2010 年 8 月 3 日
· 公复字〔2010〕4 号

浙江省公安厅：

你厅《关于〈治安管理处罚法〉第十八条适用问题的请示》（浙公请〔2010〕106 号）收悉。现批复如下：

单位违反治安管理，其他法律、行政法规对同一行为没有规定给予单位处罚的，不对单位处罚，但应当依照《治安管理处罚法》的规定，对其直接负责的主管人员和其他直接责任人员予以处罚。

二、治安管理子领域专项

(一)公共秩序与安全管理

1. 综合

中华人民共和国戒严法

· 1996 年 3 月 1 日第八届全国人民代表大会常务委员会第十八次会议通过
· 1996 年 3 月 1 日中华人民共和国主席令第 61 号公布
· 自公布之日起施行

第一章　总　则

第一条　根据中华人民共和国宪法,制定本法。

第二条　在发生严重危及国家的统一、安全或者社会公共安全的动乱、暴乱或者严重骚乱,不采取非常措施不足以维护社会秩序、保护人民的生命和财产安全的紧急状态时,国家可以决定实行戒严。

第三条　全国或者个别省、自治区、直辖市的戒严,由国务院提请全国人民代表大会常务委员会决定;中华人民共和国主席根据全国人民代表大会常务委员会的决定,发布戒严令。

省、自治区、直辖市的范围内部分地区的戒严,由国务院决定,国务院总理发布戒严令。

第四条　戒严期间,为保证戒严的实施和维护社会治安秩序,国家可以依照本法在戒严地区内,对宪法、法律规定的公民权利和自由的行使作出特别规定。

第五条　戒严地区内的人民政府应当依照本法采取必要的措施,尽快恢复正常社会秩序,保障人民的生命和财产安全以及基本生活必需品的供应。

第六条　戒严地区内的一切组织和个人,必须严格遵守戒严令和实施戒严令的规定,积极协助人民政府恢复正常社会秩序。

第七条　国家对遵守戒严令和实施戒严令的规定的组织和个人,采取有效措施保护其合法权益不受侵犯。

第八条　戒严任务由人民警察、人民武装警察执行;必要时,国务院可以向中央军事委员会提出,由中央军事委员会决定派出人民解放军协助执行戒严任务。

第二章　戒严的实施

第九条　全国或者个别省、自治区、直辖市的戒严,由国务院组织实施。

省、自治区、直辖市的范围内部分地区的戒严,由省、自治区、直辖市人民政府组织实施;必要时,国务院可以直接组织实施。

组织实施戒严的机关称为戒严实施机关。

第十条　戒严实施机关建立戒严指挥机构,由戒严指挥机构协调执行戒严任务的有关方面的行动,统一部署和实施戒严措施。

执行戒严任务的人民解放军,在戒严指挥机构的统一部署下,由中央军事委员会指定的军事机关实施指挥。

第十一条　戒严令应当规定戒严的地域范围、起始时间、实施机关等事项。

第十二条　根据本法第二条规定实行戒严的紧急状态消除后,应当及时解除戒严。

解除戒严的程序与决定戒严的程序相同。

第三章　实施戒严的措施

第十三条　戒严期间,戒严实施机关可以决定在戒严地区采取下列措施,并可以制定具体实施办法:

(一)禁止或者限制集会、游行、示威、街头讲演以及其他聚众活动;

(二)禁止罢工、罢市、罢课;

(三)实行新闻管制;

(四)实行通讯、邮政、电信管制;

(五)实行出境入境管制;

(六)禁止任何反对戒严的活动。

第十四条 戒严期间,戒严实施机关可以决定在戒严地区采取交通管制措施,限制人员进出交通管制区域,并对进出交通管制区域人员的证件、车辆、物品进行检查。

第十五条 戒严期间,戒严实施机关可以决定在戒严地区采取宵禁措施。宵禁期间,在实行宵禁地区的街道或者其他公共场所通行,必须持有本人身份证件和戒严实施机关制发的特别通行证。

第十六条 戒严期间,戒严实施机关或者戒严指挥机构可以在戒严地区对下列物品采取特别管理措施:

(一)武器、弹药;

(二)管制刀具;

(三)易燃易爆物品;

(四)化学危险物品、放射性物品、剧毒物品等。

第十七条 根据执行戒严任务的需要,戒严地区的县级以上人民政府可以临时征用国家机关、企业事业组织、社会团体以及公民个人的房屋、场所、设施、运输工具、工程机械等。在非常紧急的情况下,执行戒严任务的人民警察、人民武装警察、人民解放军的现场指挥员可以直接决定临时征用,地方人民政府应当给予协助。实施征用应当开具征用单据。

前款规定的临时征用物,在使用完毕或者戒严解除后应当及时归还;因征用造成损坏的,由县级以上人民政府按照国家有关规定给予相应补偿。

第十八条 戒严期间,对戒严地区的下列单位、场所,采取措施,加强警卫:

(一)首脑机关;

(二)军事机关和重要军事设施;

(三)外国驻华使领馆、国际组织驻华代表机构和国宾下榻处;

(四)广播电台、电视台、国家通讯社等重要新闻单位及其重要设施;

(五)与国计民生有重大关系的公用企业和公共设施;

(六)机场、火车站和港口;

(七)监狱、劳教场所、看守所;

(八)其他需要加强警卫的单位和场所。

第十九条 为保障戒严地区内的人民基本生活必需品的供应,戒严实施机关可以对基本生活必需品的生产、运输、供应、价格,采取特别管理措施。

第二十条 戒严实施机关依照本法采取的实施戒严令的措施和办法,需要公众遵守的,应当公布;在实施过程中,根据情况,对于不需要继续实施的措施和办法,应当及时公布停止实施。

第四章 戒严执勤人员的职责

第二十一条 执行戒严任务的人民警察、人民武装警察和人民解放军是戒严执勤人员。

戒严执勤人员执行戒严任务时,应当佩带由戒严实施机关统一规定的标志。

第二十二条 戒严执勤人员依照戒严实施机关的规定,有权对戒严地区公共道路上或者其他公共场所内的人员的证件、车辆、物品进行检查。

第二十三条 戒严执勤人员依照戒严实施机关的规定,有权对违反宵禁规定的人予以扣留,直至清晨宵禁结束;并有权对被扣留者的人身进行搜查,对其携带的物品进行检查。

第二十四条 戒严执勤人员依照戒严实施机关的规定,有权对下列人员立即予以拘留:

(一)正在实施危害国家安全、破坏社会秩序的犯罪或者有重大嫌疑的;

(二)阻挠或者抗拒戒严执勤人员执行戒严任务的;

(三)抗拒交通管制或者宵禁规定的;

(四)从事其他抗拒戒严令的活动的。

第二十五条 戒严执勤人员依照戒严实施机关的规定,有权对被拘留的人员的人身进行搜查,有权对犯罪嫌疑分子的住所和涉嫌藏匿犯罪分子、犯罪嫌疑分子或者武器、弹药等危险物品的场所进行搜查。

第二十六条 在戒严地区有下列聚众情形之一、阻止无效的,戒严执勤人员根据有关规定,可以使用警械强行制止或者驱散,并将其组织者和拒不服从的人员强行带离现场或者立即予以拘留:

(一)非法进行集会、游行、示威以及其他聚众活动的;

(二)非法占据公共场所或者在公共场所煽动进行破坏活动的;

(三)冲击国家机关或者其他重要单位、场所的;

（四）扰乱交通秩序或者故意堵塞交通的；

（五）哄抢或者破坏机关、团体、企业事业组织和公民个人的财产的。

第二十七条　戒严执勤人员对于依照本法规定予以拘留的人员，应当及时登记和讯问，发现不需要继续拘留的，应当立即释放。

戒严期间拘留、逮捕的程序和期限可以不受中华人民共和国刑事诉讼法有关规定的限制，但逮捕须经人民检察院批准或者决定。

第二十八条　在戒严地区遇有下列特别紧急情形之一，使用警械无法制止时，戒严执勤人员可以使用枪支等武器：

（一）公民或者戒严执勤人员的生命安全受到暴力危害时；

（二）拘留、逮捕、押解人犯，遇有暴力抗拒、行凶或者脱逃时；

（三）遇暴力抢夺武器、弹药时；

（四）警卫的重要对象、目标受到暴力袭击，或者有受到暴力袭击的紧迫危险时；

（五）在执行消防、抢险、救护作业以及其他重大紧急任务中，受到严重暴力阻挠时；

（六）法律、行政法规规定可以使用枪支等武器的其他情形。

戒严执勤人员必须严格遵守使用枪支等武器的规定。

第二十九条　戒严执勤人员应当遵守法律、法规和执勤规则，服从命令，履行职责，尊重当地民族风俗习惯，不得侵犯和损害公民的合法权益。

第三十条　戒严执勤人员依法执行任务的行为受法律保护。

戒严执勤人员违反本法规定，滥用职权，侵犯和损害公民合法权益的，依法追究法律责任。

第五章　附　则

第三十一条　在个别县、市的局部范围内突然发生严重骚乱，严重危及国家安全、社会公共安全和人民的生命财产安全，国家没有作出戒严决定时，当地省级人民政府报经国务院批准，可以决定并组织人民警察、人民武装警察实施交通管制和现场管制，限制人员进出管制区域，对进出管制区域人员的证件、车辆、物品进行检查，对参与骚乱的人可以强行予以驱散、强行带离现场、搜查，对组织者和拒不服从的人员可以立即予以拘留；在人民警察、人民武装警察力量还不足以维持社会秩序时，可以报请国务院向中央军事委员会提出，由中央军事委员会决定派出人民解放军协助当地人民政府恢复和维持正常社会秩序。

第三十二条　本法自公布之日起施行。

中华人民共和国集会游行示威法

· 1989 年 10 月 31 日第七届全国人民代表大会常务委员会第十次会议通过
· 根据 2009 年 8 月 27 日第十一届全国人民代表大会常务委员会第十次会议《关于修改部分法律的决定》修正

第一章　总　则

第一条　为了保障公民依法行使集会、游行、示威的权利，维护社会安定和公共秩序，根据宪法，制定本法。

第二条　在中华人民共和国境内举行集会、游行、示威，均适用本法。

本法所称集会，是指聚集于露天公共场所，发表意见、表达意愿的活动。

本法所称游行，是指在公共道路、露天公共场所列队行进、表达共同意愿的活动。

本法所称示威，是指在露天公共场所或者公共道路上以集会、游行、静坐等方式，表达要求、抗议或者支持、声援等共同意愿的活动。

文娱、体育活动，正常的宗教活动，传统的民间习俗活动，不适用本法。

第三条　公民行使集会、游行、示威的权利，各级人民政府应当依照本法规定，予以保障。

第四条　公民在行使集会、游行、示威的权利的时候，必须遵守宪法和法律，不得反对宪法所确定的基本原则，不得损害国家的、社会的、集体的利益和其他公民的合法的自由和权利。

第五条　集会、游行、示威应当和平地进行，不得携带武器、管制刀具和爆炸物，不得使用暴力或者煽动使用暴力。

第六条　集会、游行、示威的主管机关，是集会、游行、示威举行地的市、县公安局、城市公安分局;游行、示威路线经过两个以上区、县的,主管机关为所经过区、县的公安机关的共同上一级公安机关。

第二章　集会游行示威的申请和许可

第七条　举行集会、游行、示威,必须依照本法规定向主管机关提出申请并获得许可。

下列活动不需申请:

(一)国家举行或者根据国家决定举行的庆祝、纪念等活动;

(二)国家机关、政党、社会团体、企业事业组织依照法律、组织章程举行的集会。

第八条　举行集会、游行、示威,必须有负责人。

依照本法规定需要申请的集会、游行、示威,其负责人必须在举行日期的5日前向主管机关递交书面申请。申请书中应当载明集会、游行、示威的目的、方式、标语、口号、人数、车辆数、使用音响设备的种类与数量、起止时间、地点(包括集合地和解散地)、路线和负责人的姓名、职业、住址。

第九条　主管机关接到集会、游行、示威申请书后,应当在申请举行日期的2日前,将许可或者不许可的决定书面通知其负责人。不许可的,应当说明理由。逾期不通知的,视为许可。

确因突然发生的事件临时要求举行集会、游行、示威的,必须立即报告主管机关;主管机关接到报告后,应当立即审查决定许可或者不许可。

第十条　申请举行集会、游行、示威要求解决具体问题的,主管机关接到申请书后,可以通知有关机关或者单位同集会、游行、示威的负责人协商解决问题,并可以将申请举行的时间推迟5日。

第十一条　主管机关认为按照申请的时间、地点、路线举行集会、游行、示威,将对交通秩序和社会秩序造成严重影响的,在决定许可时或者决定许可后,可以变更举行集会、游行、示威的时间、地点、路线,并及时通知其负责人。

第十二条　申请举行的集会、游行、示威,有下列情形之一的,不予许可:

(一)反对宪法所确定的基本原则的;

(二)危害国家统一、主权和领土完整的;

(三)煽动民族分裂的;

(四)有充分根据认定申请举行的集会、游行、示威将直接危害公共安全或者严重破坏社会秩序的。

第十三条　集会、游行、示威的负责人对主管机关不许可的决定不服的,可以自接到决定通知之日起3日内,向同级人民政府申请复议,人民政府应当自接到申请复议书之日起3日内作出决定。

第十四条　集会、游行、示威的负责人在提出申请后接到主管机关通知前,可以撤回申请;接到主管机关许可的通知后,决定不举行集会、游行、示威的,应当及时告知主管机关,参加人已经集合的,应当负责解散。

第十五条　公民不得在其居住地以外的城市发动、组织、参加当地公民的集会、游行、示威。

第十六条　国家机关工作人员不得组织或者参加违背有关法律、法规规定的国家机关工作人员职责、义务的集会、游行、示威。

第十七条　以国家机关、社会团体、企业事业组织的名义组织或者参加集会、游行、示威,必须经本单位负责人批准。

第三章　集会游行示威的举行

第十八条　对于依法举行的集会、游行、示威,主管机关应当派出人民警察维持交通秩序和社会秩序,保障集会、游行、示威的顺利进行。

第十九条　依法举行的集会、游行、示威,任何人不得以暴力、胁迫或者其他非法手段进行扰乱、冲击和破坏。

第二十条　为了保障依法举行的游行的行进,负责维持交通秩序的人民警察可以临时变通执行交通规则的有关规定。

第二十一条　游行在行进中遇有不可预料的情况,不能按照许可的路线行进时,人民警察现场负责人有权改变游行队伍的行进路线。

第二十二条　集会、游行、示威在国家机关、军事机关、广播电台、电视台、外国驻华使馆领馆等单位所在地举行或者经过的,主管机关为了维持秩序,可以在附近设置临时警戒线,未经人民警察许可,不得逾越。

第二十三条　在下列场所周边距离10米至300米内,不得举行集会、游行、示威,经国务院或者省、自治区、直辖市的人民政府批准的除外：

（一）全国人民代表大会常务委员会、国务院、中央军事委员会、最高人民法院、最高人民检察院的所在地；

（二）国宾下榻处；

（三）重要军事设施；

（四）航空港、火车站和港口。

前款所列场所的具体周边距离，由省、自治区、直辖市的人民政府规定。

第二十四条　举行集会、游行、示威的时间限于早六时至晚十时，经当地人民政府决定或者批准的除外。

第二十五条　集会、游行、示威应当按照许可的目的、方式、标语、口号、起止时间、地点、路线及其他事项进行。

集会、游行、示威的负责人必须负责维持集会、游行、示威的秩序，并严格防止其他人加入。

集会、游行、示威的负责人在必要时，应当指定专人协助人民警察维持秩序。负责维持秩序的人员应当佩戴标志。

第二十六条　举行集会、游行、示威，不得违反治安管理法规，不得进行犯罪活动或者煽动犯罪。

第二十七条　举行集会、游行、示威，有下列情形之一的，人民警察应当予以制止：

（一）未依照本法规定申请或者申请未获许可的；

（二）未按照主管机关许可的目的、方式、标语、口号、起止时间、地点、路线进行的；

（三）在进行中出现危害公共安全或者严重破坏社会秩序情况的。

有前款所列情形之一，不听制止的，人民警察现场负责人有权命令解散；拒不解散的，人民警察现场负责人有权依照国家有关规定决定采取必要手段强行驱散，并对拒不服从的人员强行带离现场或者立即予以拘留。

参加集会、游行、示威的人员越过依照本法第二十二条规定设置的临时警戒线、进入本法第二十三条所列不得举行集会、游行、示威的特定场所周边一定范围或者有其他违法犯罪行为的，人民警察可以将其强行带离现场或者立即予以拘留。

第四章　法律责任

第二十八条　举行集会、游行、示威，有违反治安管理行为的，依照治安管理处罚法有关规定予以处罚。

举行集会、游行、示威，有下列情形之一的，公安机关可以对其负责人和直接责任人员处以警告或者15日以下拘留：

（一）未依照本法规定申请或者申请未获许可的；

（二）未按照主管机关许可的目的、方式、标语、口号、起止时间、地点、路线进行，不听制止的。

第二十九条　举行集会、游行、示威，有犯罪行为的，依照刑法有关规定追究刑事责任。

携带武器、管制刀具或者爆炸物的，依照刑法有关规定追究刑事责任。

未依照本法规定申请或者申请未获许可，或者未按照主管机关许可的起止时间、地点、路线进行，又拒不服从解散命令，严重破坏社会秩序的，对集会、游行、示威的负责人和直接责任人员依照刑法有关规定追究刑事责任。

包围、冲击国家机关，致使国家机关的公务活动或者国事活动不能正常进行的，对集会、游行、示威的负责人和直接责任人员依照刑法有关规定追究刑事责任。

占领公共场所、拦截车辆行人或者聚众堵塞交通，严重破坏公共场所秩序、交通秩序的，对集会、游行、示威的负责人和直接责任人员依照刑法有关规定追究刑事责任。

第三十条　扰乱、冲击或者以其他方法破坏依法举行的集会、游行、示威的，公安机关可以处以警告或者15日以下拘留；情节严重，构成犯罪的，依照刑法有关规定追究刑事责任。

第三十一条　当事人对公安机关依照本法第二十八条第二款或者第三十条的规定给予的拘留处罚决定不服的，可以自接到处罚决定通知之日起5日内，向上一级公安机关提出申诉，上一级公安机关应当自接到申诉之日起5日内作出裁决；对上一级公安机关裁决不服的，可以自接到裁决通知之日起5日内，向人民法院提起诉讼。

第三十二条　在举行集会、游行、示威过程中，破坏公私财物或者侵害他人身体造成伤亡的,除依照刑法或者治安管理处罚法的有关规定可以予以处罚外,还应当依法承担赔偿责任。

第三十三条　公民在本人居住地以外的城市发动、组织当地公民的集会、游行、示威的,公安机关有权予以拘留或者强行遣回原地。

第五章　附　则

第三十四条　外国人在中国境内举行集会、游行、示威,适用本法规定。

外国人在中国境内未经主管机关批准不得参加中国公民举行的集会、游行、示威。

第三十五条　国务院公安部门可以根据本法制定实施条例,报国务院批准施行。

省、自治区、直辖市的人民代表大会常务委员会可以根据本法制定实施办法。

第三十六条　本法自公布之日起施行。

中华人民共和国集会游行示威法实施条例

· 1992 年 5 月 12 日国务院批准
· 1992 年 6 月 16 日公安部令第 8 号发布
· 根据 2011 年 1 月 8 日《国务院关于废止和修改部分行政法规的决定》修订

第一章　总　则

第一条　根据《中华人民共和国集会游行示威法》(以下简称《集会游行示威法》),制定本条例。

第二条　各级人民政府应当依法保障公民行使集会、游行、示威的权利,维护社会安定和公共秩序,保障依法举行的集会、游行、示威不受任何人以暴力、胁迫或者其他非法手段进行扰乱、冲击和破坏。

第三条　《集会游行示威法》第二条所称露天公共场所是指公众可以自由出入的或者凭票可以进入的室外公共场所,不包括机关、团体、企业事业组织管理的内部露天场所;公共道路是指除机关、团体、企业事业组织内部的专用道路以外的道路和水路。

第四条　文娱、体育活动,正常的宗教活动,传统的民间习俗活动,由各级人民政府或者有关主管部门依照有关的法律、法规和国家其他有关规定进行管理。

第五条　《集会游行示威法》第五条所称武器是指各种枪支、弹药以及其他可用于伤害人身的器械;管制刀具是指匕首、三棱刀、弹簧刀以及其他依法管制的刀具;爆炸物是指具有爆炸力和破坏性能,瞬间可以造成人员伤亡、物品毁损的一切爆炸物品。

前款所列武器、管制刀具、爆炸物,在集会、游行、示威中不得携带,也不得运往集会、游行、示威的举行地。

第六条　依照《集会游行示威法》第七条第二款的规定,举行不需要申请的活动,应当维护交通秩序和社会秩序。

第七条　集会、游行、示威由举行地的市、县公安局、城市公安分局主管。

游行、示威路线在同一直辖市、省辖市、自治区辖市或者省、自治区人民政府派出机关所在地区经过两个以上区、县的,由该市公安局或者省、自治区人民政府派出机关的公安处主管;在同一省、自治区行政区域内经过两个以上省辖市、自治区辖市或者省、自治区人民政府派出机关所在地区的,由所在省、自治区公安厅主管;经过两个以上省、自治区、直辖市的,由公安部主管,或者由公安部授权的省、自治区、直辖市公安机关主管。

第二章　集会游行示威的申请和许可

第八条　举行集会、游行、示威,必须有负责人。

下列人员不得担任集会、游行、示威的负责人:

(一)无行为能力人或者限制行为能力人;

(二)被判处刑罚尚未执行完毕的;

(三)正在被劳动教养的;

(四)正在被依法采取刑事强制措施或者法律规定的其他限制人身自由措施的。

第九条　举行集会、游行、示威,必须由其负责人向本条例第七条规定的主管公安机关亲自递交书面申请;不是由负责人亲自递交书面申请的,主管公安机关不予受理。

集会、游行、示威的负责人在递交书面申请时,应当出示本人的居民身份证或者其他有效证件,并如实填写申请登记表。

第十条　主管公安机关接到集会、游行、示威的申请书后,应当及时审查,在法定期限内作出许可或者不许可的书面决定；决定书应当载明许可的内容，或者不许可的理由。

决定书应当在申请举行集会、游行、示威日的 2 日前送达其负责人，由负责人在送达通知书上签字。负责人拒绝签收的，送达人应当邀请其所在地基层组织的代表或者其他人作为见证人到场说明情况，在送达通知书上写明拒收的事由和日期，由见证人、送达人签名，将决定书留在负责人的住处，即视为已经送达。

事前约定送达的具体时间、地点，集会、游行、示威的负责人不在约定的时间、地点等候而无法送达的，视为自行撤销申请；主管公安机关未按约定的时间、地点送达的，视为许可。

第十一条　申请举行集会、游行、示威要求解决具体问题的，主管公安机关应当自接到申请书之日起 2 日内将《协商解决具体问题通知书》分别送交集会、游行、示威的负责人和有关机关或者单位，必要时可以同时送交有关机关或者单位的上级主管部门。有关机关或者单位和申请集会、游行、示威的负责人，应当自接到公安机关的《协商解决具体问题通知书》的次日起 2 日内进行协商。达成协议的，协议书经双方负责人签字后，由有关机关或者单位及时送交主管公安机关；未达成协议或者自接到《协商解决具体问题通知书》的次日起 2 日内未进行协商，申请人坚持举行集会、游行、示威的，有关机关或者单位应当及时通知主管公安机关，主管公安机关应当依照本条例第十条规定的程序及时作出许可或者不许可的决定。

主管公安机关通知协商解决具体问题的一方或者双方在外地的，《协商解决具体问题通知书》、双方协商达成的协议书或者未达成协议的通知，送交的开始日和在路途上的时间不计算在法定期间内。

第十二条　依照《集会游行示威法》第十五条的规定，公民不得在其居住地以外的城市发动、组织、参加当地公民的集会、游行、示威。本条所称居住地，是指公民常住户口所在地或者向暂住地户口登记机关办理了暂住登记并持续居住半年以上的地方。

第十三条　主管公安机关接到举行集会、游行、示威的申请书后，在决定许可时，有下列情形之一的，可以变更举行集会、游行、示威的时间、地点、路线，并及时通知其负责人：

（一）举行时间在交通高峰期，可能造成交通较长时间严重堵塞的；

（二）举行地或者行经路线正在施工，不能通行的；

（三）举行地为渡口、铁路道口或者是毗邻国（边）境的；

（四）所使用的机动车辆不符合道路养护规定的；

（五）在申请举行集会、游行、示威的同一时间、地点有重大国事活动的；

（六）在申请举行集会、游行、示威的同一时间、地点、路线已经许可他人举行集会、游行、示威的。

主管公安机关在决定许可时，认为需要变更举行集会、游行、示威的时间、地点、路线的，应当在许可决定书中写明。

在决定许可后，申请举行集会、游行、示威的地点、经过的路段发生自然灾害事故、治安灾害事故，尚在进行抢险救灾，举行日前不能恢复正常秩序的，主管公安机关可以变更举行集会、游行、示威的时间、地点、路线，但是应当将《集会游行示威事项变更决定书》于申请举行之日前送达集会、游行、示威的负责人。

第十四条　集会、游行、示威的负责人对主管公安机关不许可的决定不服的，可以自接到不许可决定书之日起 3 日内向同级人民政府申请复议。人民政府应当自接到复议申请书之日起 3 日内作出维持或者撤销主管公安机关原决定的复议决定，并将《集会游行示威复议决定书》送达集会、游行、示威的负责人，同时将副本送作出原决定的主管公安机关。人民政府作出的复议决定，主管公安机关和集会、游行、示威的负责人必须执行。

第十五条　集会、游行、示威的负责人在提出申请后接到主管公安机关的通知前，撤回申请的，应当及时到受理申请的主管公安机关办理撤回手续。

集会、游行、示威的负责人接到主管公安机关许可的通知或者人民政府许可的复议决定后，决定不举行集会、游行、示威的，应当在原定举行集会、游行、示威的时间前到原受理的主管公安机关或者人民政府交回许可决定书或者复议决定书。

第十六条　以国家机关、社会团体、企业事业组织的名义组织或者参加集会、游行、示威的,其负责人在递交申请书时,必须同时递交该国家机关、社会团体、企业事业组织负责人签署并加盖公章的证明文件。

第三章　集会游行示威的举行

第十七条　对依法举行的集会,公安机关应当根据实际需要,派出人民警察维持秩序,保障集会的顺利举行。

对依法举行的游行、示威,负责维持秩序的人民警察应当在主管公安机关许可举行游行、示威的路线或者地点疏导交通,防止他人扰乱、破坏游行、示威秩序,必要时还可以临时变通执行交通规则的有关规定,保障游行、示威的顺利进行。

第十八条　负责维持交通秩序和社会秩序的人民警察,由主管公安机关指派的现场负责人统一指挥。人民警察现场负责人应当同集会、游行、示威的负责人保持联系。

第十九条　游行队伍在行进中遇有前方路段临时发生自然灾害事故、交通事故及其他治安灾害事故,或者游行队伍之间、游行队伍与围观群众之间发生严重冲突和混乱,以及突然发生其他不可预料的情况,致使游行队伍不能按照许可的路线行进时,人民警察现场负责人有权临时决定改变游行队伍的行进路线。

第二十条　主管公安机关临时设置的警戒线,应当有明显的标志,必要时还可以设置障碍物。

第二十一条　《集会游行示威法》第二十三条所列不得举行集会、游行、示威的场所的周边距离,是指自上述场所的建筑物周边向外扩展的距离;有围墙或者栅栏的,从围墙或者栅栏的周边开始计算。不得举行集会、游行、示威的场所具体周边距离,由省、自治区、直辖市人民政府规定并予以公布。

省、自治区、直辖市人民政府规定不得举行集会、游行、示威的场所具体周边距离,应当有利于保护上述场所的安全和秩序,同时便于合法的集会、游行、示威的举行。

第二十二条　集会、游行、示威的负责人必须负责维持集会、游行、示威的秩序,遇有其他人加入集会、游行、示威队伍的,应当进行劝阻;对不听劝阻的,应当立即报告现场维持秩序的人民警察。人民警察接到报告后,应当予以制止。

集会、游行、示威的负责人指定协助人民警察维持秩序的人员所佩戴的标志,应当在举行日前将式样报主管公安机关备案。

第二十三条　依照《集会游行示威法》第二十七条的规定,对非法举行集会、游行、示威或者在集会、游行、示威进行中出现危害公共安全或者严重破坏社会秩序情况的,人民警察有权立即予以制止。对不听制止,需要命令解散的,应当通过广播、喊话等明确方式告知在场人员在限定时间内按照指定通道离开现场。对在限定时间内拒不离去的,人民警察现场负责人有权依照国家有关规定,命令使用警械或者采用其他警用手段强行驱散;对继续滞留现场的人员,可以强行带离现场或者立即予以拘留。

第四章　法律责任

第二十四条　拒绝、阻碍人民警察依法执行维持交通秩序和社会秩序职务,应当给予治安管理处罚的,依照治安管理处罚法的规定予以处罚;构成犯罪的,依法追究刑事责任。

违反本条例第五条的规定,尚不构成犯罪的,依照治安管理处罚法的规定予以处罚。

第二十五条　依照《集会游行示威法》第二十九条、第三十条的规定,需要依法追究刑事责任的,由举行地主管公安机关依照刑事诉讼法规定的程序办理。

第二十六条　依照《集会游行示威法》第三十三条的规定予以拘留的,公安机关应当在24小时内进行讯问;需要强行遣回原地的,由行为地的主管公安机关制作《强行遣送决定书》,并派人民警察执行。负责执行的人民警察应当将被遣送人送回其居住地,连同《强行遣送决定书》交给被遣送人居住地公安机关,由居住地公安机关依法处理。

第二十七条　依照《集会游行示威法》第二十八条、第三十条以及本条例第二十四条的规定,对当事人给予治安管理处罚的,依照治安管理处罚法规定的程序,由行为地公安机关决定和执行。被处罚人对处罚决定不服的,可以申请复议;对上一级公安机关的复议决定不服的，可以依照法律规定向人民法院提起诉讼。

第二十八条　对于依照《集会游行示威法》第二十七条的规定被强行带离现场或者立即予以拘留的，公安机关应当在 24 小时以内进行讯问。不需要追究法律责任的，可以令其具结悔过后释放；需要追究法律责任的，依照有关法律规定办理。

第二十九条　在举行集会、游行、示威的过程中，破坏公私财物或者侵害他人身体造成伤亡的，应当依法承担赔偿责任。

第五章　附　则

第三十条　外国人在中国境内举行集会、游行、示威，适用本条例的规定。

外国人在中国境内要求参加中国公民举行的集会、游行、示威的，集会、游行、示威的负责人在申请书中应当载明；未经主管公安机关批准，不得参加。

第三十一条　省、自治区、直辖市的人民代表大会常务委员会根据《集会游行示威法》制定的实施办法适用于本行政区域；与本条例相抵触的，以本条例为准。

第三十二条　本条例具体应用中的问题由公安部负责解释。

第三十三条　本条例自发布之日起施行。

大型群众性活动安全管理条例

· 2007 年 9 月 14 日中华人民共和国国务院令第 505 号公布
· 自 2007 年 10 月 1 日起施行

第一章　总　则

第一条　为了加强对大型群众性活动的安全管理，保护公民生命和财产安全，维护社会治安秩序和公共安全，制定本条例。

第二条　本条例所称大型群众性活动，是指法人或者其他组织面向社会公众举办的每场次预计参加人数达到 1000 人以上的下列活动：

（一）体育比赛活动；
（二）演唱会、音乐会等文艺演出活动；
（三）展览、展销等活动；
（四）游园、灯会、庙会、花会、焰火晚会等活动；
（五）人才招聘会、现场开奖的彩票销售等活动。

影剧院、音乐厅、公园、娱乐场所等在其日常业务范围内举办的活动，不适用本条例的规定。

第三条　大型群众性活动的安全管理应当遵循安全第一、预防为主的方针，坚持承办者负责、政府监管的原则。

第四条　县级以上人民政府公安机关负责大型群众性活动的安全管理工作。

县级以上人民政府其他有关主管部门按照各自的职责，负责大型群众性活动的有关安全工作。

第二章　安全责任

第五条　大型群众性活动的承办者（以下简称承办者）对其承办活动的安全负责，承办者的主要负责人为大型群众性活动的安全责任人。

第六条　举办大型群众性活动，承办者应当制订大型群众性活动安全工作方案。

大型群众性活动安全工作方案包括下列内容：

（一）活动的时间、地点、内容及组织方式；
（二）安全工作人员的数量、任务分配和识别标志；
（三）活动场所消防安全措施；
（四）活动场所可容纳的人员数量以及活动预计参加人数；
（五）治安缓冲区域的设定及其标识；
（六）入场人员的票证查验和安全检查措施；
（七）车辆停放、疏导措施；
（八）现场秩序维护、人员疏导措施；
（九）应急救援预案。

第七条　承办者具体负责下列安全事项：

（一）落实大型群众性活动安全工作方案和安全责任制度，明确安全措施、安全工作人员岗位职责，开展大型群众性活动安全宣传教育；
（二）保障临时搭建的设施、建筑物的安全，消除安全隐患；
（三）按照负责许可的公安机关的要求，配备必要的安全检查设备，对参加大型群众性活动的人员进行安全检查，对拒不接受安全检查的，承办者有权拒绝其进入；

（四）按照核准的活动场所容纳人员数量、划定的区域发放或者出售门票；

（五）落实医疗救护、灭火、应急疏散等应急救援措施并组织演练；

（六）对妨碍大型群众性活动安全的行为及时予以制止，发现违法犯罪行为及时向公安机关报告；

（七）配备与大型群众性活动安全工作需要相适应的专业保安人员以及其他安全工作人员；

（八）为大型群众性活动的安全工作提供必要的保障。

第八条　大型群众性活动的场所管理者具体负责下列安全事项：

（一）保障活动场所、设施符合国家安全标准和安全规定；

（二）保障疏散通道、安全出口、消防车通道、应急广播、应急照明、疏散指示标志符合法律、法规、技术标准的规定；

（三）保障监控设备和消防设施、器材配置齐全、完好有效；

（四）提供必要的停车场地，并维护安全秩序。

第九条　参加大型群众性活动的人员应当遵守下列规定：

（一）遵守法律、法规和社会公德，不得妨碍社会治安、影响社会秩序；

（二）遵守大型群众性活动场所治安、消防等管理制度，接受安全检查，不得携带爆炸性、易燃性、放射性、毒害性、腐蚀性等危险物质或者非法携带枪支、弹药、管制器具；

（三）服从安全管理，不得展示侮辱性标语、条幅等物品，不得围攻裁判员、运动员或者其他工作人员，不得投掷杂物。

第十条　公安机关应当履行下列职责：

（一）审核承办者提交的大型群众性活动申请材料，实施安全许可；

（二）制订大型群众性活动安全监督方案和突发事件处置预案；

（三）指导对安全工作人员的教育培训；

（四）在大型群众性活动举办前，对活动场所组织安全检查，发现安全隐患及时责令改正；

（五）在大型群众性活动举办过程中，对安全工作的落实情况实施监督检查，发现安全隐患及时责令改正；

（六）依法查处大型群众性活动中的违法犯罪行为，处置危害公共安全的突发事件。

第三章　安全管理

第十一条　公安机关对大型群众性活动实行安全许可制度。《营业性演出管理条例》对演出活动的安全管理另有规定的，从其规定。

举办大型群众性活动应当符合下列条件：

（一）承办者是依照法定程序成立的法人或者其他组织；

（二）大型群众性活动的内容不得违反宪法、法律、法规的规定，不得违反社会公德；

（三）具有符合本条例规定的安全工作方案，安全责任明确、措施有效；

（四）活动场所、设施符合安全要求。

第十二条　大型群众性活动的预计参加人数在1000人以上5000人以下的，由活动所在地县级人民政府公安机关实施安全许可；预计参加人数在5000人以上的，由活动所在地设区的市级人民政府公安机关或者直辖市人民政府公安机关实施安全许可；跨省、自治区、直辖市举办大型群众性活动的，由国务院公安部门实施安全许可。

第十三条　承办者应当在活动举办日的20日前提出安全许可申请，申请时，应当提交下列材料：

（一）承办者合法成立的证明以及安全责任人的身份证明；

（二）大型群众性活动方案及其说明，2个或者2个以上承办者共同承办大型群众性活动的，还应当提交联合承办的协议；

（三）大型群众性活动安全工作方案；

（四）活动场所管理者同意提供活动场所的证明。

依照法律、行政法规的规定，有关主管部门对大型群众性活动的承办者有资质、资格要求的，还应当提交有关资质、资格证明。

第十四条　公安机关收到申请材料应当依法做出受理或者不予受理的决定。对受理的申请，应当自受理之日起7日内进行审查，对活动场所进行查验，对符合安全条件的，做出许可的决定；对不符合安全条件的，做出不予许可的决定，并书面说明理由。

第十五条　对经安全许可的大型群众性活动，承办者不得擅自变更活动的时间、地点、内容或者扩大大型群众性活动的举办规模。

承办者变更大型群众性活动时间的，应当在原定举办活动时间之前向做出许可决定的公安机关申请变更，经公安机关同意方可变更。

承办者变更大型群众性活动地点、内容以及扩大大型群众性活动举办规模的，应当依照本条例的规定重新申请安全许可。

承办者取消举办大型群众性活动的，应当在原定举办活动时间之前书面告知做出安全许可决定的公安机关，并交回公安机关颁发的准予举办大型群众性活动的安全许可证件。

第十六条　对经安全许可的大型群众性活动，公安机关根据安全需要组织相应警力，维持活动现场周边的治安、交通秩序，预防和处置突发治安事件，查处违法犯罪活动。

第十七条　在大型群众性活动现场负责执行安全管理任务的公安机关工作人员，凭值勤证件进入大型群众性活动现场，依法履行安全管理职责。

公安机关和其他有关主管部门及其工作人员不得向承办者索取门票。

第十八条　承办者发现进入活动场所的人员达到核准数量时，应当立即停止验票；发现持有划定区域以外的门票或者持假票的人员，应当拒绝其入场并向活动现场的公安机关工作人员报告。

第十九条　在大型群众性活动举办过程中发生公共安全事故、治安案件的，安全责任人应当立即启动应急救援预案，并立即报告公安机关。

第四章　法律责任

第二十条　承办者擅自变更大型群众性活动的时间、地点、内容或者擅自扩大大型群众性活动的举办规模的，由公安机关处1万元以上5万元以下罚款；有违法所得的，没收违法所得。

未经公安机关安全许可的大型群众性活动由公安机关予以取缔，对承办者处10万元以上30万元以下罚款。

第二十一条　承办者或者大型群众性活动场所管理者违反本条例规定致使发生重大伤亡事故、治安案件或者造成其他严重后果构成犯罪的，依法追究刑事责任；尚不构成犯罪的，对安全责任人和其他直接责任人员依法给予处分、治安管理处罚，对单位处1万元以上5万元以下罚款。

第二十二条　在大型群众性活动举办过程中发生公共安全事故，安全责任人不立即启动应急救援预案或者不立即向公安机关报告的，由公安机关对安全责任人和其他直接责任人员处5000元以上5万元以下罚款。

第二十三条　参加大型群众性活动的人员有违反本条例第九条规定行为的，由公安机关给予批评教育；有危害社会治安秩序、威胁公共安全行为的，公安机关可以将其强行带离现场，依法给予治安管理处罚；构成犯罪的，依法追究刑事责任。

第二十四条　有关主管部门的工作人员和直接负责的主管人员在履行大型群众性活动安全管理职责中，有滥用职权、玩忽职守、徇私舞弊行为的，依法给予处分；构成犯罪的，依法追究刑事责任。

第五章　附　则

第二十五条　县级以上各级人民政府、国务院部门直接举办的大型群众性活动的安全保卫工作，由举办活动的人民政府、国务院部门负责，不实行安全许可制度，但应当按照本条例的有关规定，责成或者会同有关公安机关制订更加严格的安全保卫工作方案，并组织实施。

第二十六条　本条例自2007年10月1日起施行。

公安部关于公民申请个人集会游行示威如何处置的批复

·2007年12月14日
·公复字〔2007〕7号

天津市公安局：

你局《关于公民申请个人集会游行示威如何处置的请示》（津公治〔2007〕630号）收悉。现批复如下：

《中华人民共和国集会游行示威法》中的集会游

行示威,是指公民表达共同意愿的活动。公民申请个人举行集会游行示威的,公安机关依法不予受理。

中华人民共和国突发事件应对法

· 2007 年 8 月 30 日第十届全国人民代表大会常务委员会第二十九次会议通过
· 2024 年 6 月 28 日第十四届全国人民代表大会常务委员会第十次会议修订
· 2024 年 6 月 28 日中华人民共和国主席令第 25 号公布
· 自 2024 年 11 月 1 日起施行

第一章　总　则

第一条　为了预防和减少突发事件的发生,控制、减轻和消除突发事件引起的严重社会危害,提高突发事件预防和应对能力,规范突发事件应对活动,保护人民生命财产安全,维护国家安全、公共安全、生态环境安全和社会秩序,根据宪法,制定本法。

第二条　本法所称突发事件,是指突然发生,造成或者可能造成严重社会危害,需要采取应急处置措施予以应对的自然灾害、事故灾难、公共卫生事件和社会安全事件。

突发事件的预防与应急准备、监测与预警、应急处置与救援、事后恢复与重建等应对活动,适用本法。

《中华人民共和国传染病防治法》等有关法律对突发公共卫生事件应对作出规定的,适用其规定。有关法律没有规定的,适用本法。

第三条　按照社会危害程度、影响范围等因素,突发自然灾害、事故灾难、公共卫生事件分为特别重大、重大、较大和一般四级。法律、行政法规或者国务院另有规定的,从其规定。

突发事件的分级标准由国务院或者国务院确定的部门制定。

第四条　突发事件应对工作坚持中国共产党的领导,坚持以马克思列宁主义、毛泽东思想、邓小平理论,“三个代表”重要思想、科学发展观、习近平新时代中国特色社会主义思想为指导,建立健全集中统一、高效权威的中国特色突发事件应对工作领导体制,完善党委领导、政府负责、部门联动、军地联合、社会协同、公众参与、科技支撑、法治保障的治理体系。

第五条　突发事件应对工作应当坚持总体国家安全观,统筹发展与安全;坚持人民至上、生命至上;坚持依法科学应对,尊重和保障人权;坚持预防为主、预防与应急相结合。

第六条　国家建立有效的社会动员机制,组织动员企业事业单位、社会组织、志愿者等各方力量依法有序参与突发事件应对工作,增强全民的公共安全和防范风险的意识,提高全社会的避险救助能力。

第七条　国家建立健全突发事件信息发布制度。有关人民政府和部门应当及时向社会公布突发事件相关信息和有关突发事件应对的决定、命令、措施等信息。

任何单位和个人不得编造、故意传播有关突发事件的虚假信息。有关人民政府和部门发现影响或者可能影响社会稳定、扰乱社会和经济管理秩序的虚假或者不完整信息的,应当及时发布准确的信息予以澄清。

第八条　国家建立健全突发事件新闻采访报道制度。有关人民政府和部门应当做好新闻媒体服务引导工作,支持新闻媒体开展采访报道和舆论监督。

新闻媒体采访报道突发事件应当及时、准确、客观、公正。

新闻媒体应当开展突发事件应对法律法规、预防与应急、自救与互救知识等的公益宣传。

第九条　国家建立突发事件应对工作投诉、举报制度,公布统一的投诉、举报方式。

对于不履行或者不正确履行突发事件应对工作职责的行为,任何单位和个人有权向有关人民政府和部门投诉、举报。

接到投诉、举报的人民政府和部门应当依照规定立即组织调查处理,并将调查处理结果以适当方式告知投诉人、举报人;投诉、举报事项不属于其职责的,应当及时移送有关机关处理。

有关人民政府和部门对投诉人、举报人的相关信息应当予以保密,保护投诉人、举报人的合法权益。

第十条　突发事件应对措施应当与突发事件可能造成的社会危害的性质、程度和范围相适应;有多种措施可供选择的,应当选择有利于最大程度地保护公民、法人和其他组织权益,且对他人权益损害和生态环境影响较小的措施,并根据情况变化及时调整,做到科学、精准、有效。

第十一条　国家在突发事件应对工作中,应当对未成年人、老年人、残疾人、孕产期和哺乳期的妇女、需要及时就医的伤病人员等群体给予特殊、优先保护。

第十二条　县级以上人民政府及其部门为应对突发事件的紧急需要,可以征用单位和个人的设备、设施、场地、交通工具等财产。被征用的财产在使用完毕或者突发事件应急处置工作结束后,应当及时返还。财产被征用或者征用后毁损、灭失的,应当给予公平、合理的补偿。

第十三条　因依法采取突发事件应对措施,致使诉讼、监察调查、行政复议、仲裁、国家赔偿等活动不能正常进行的,适用有关时效中止和程序中止的规定,法律另有规定的除外。

第十四条　中华人民共和国政府在突发事件的预防与应急准备、监测与预警、应急处置与救援、事后恢复与重建等方面,同外国政府和有关国际组织开展合作与交流。

第十五条　对在突发事件应对工作中做出突出贡献的单位和个人,按照国家有关规定给予表彰、奖励。

第二章　管理与指挥体制

第十六条　国家建立统一指挥、专常兼备、反应灵敏、上下联动的应急管理体制和综合协调、分类管理、分级负责、属地管理为主的工作体系。

第十七条　县级人民政府对本行政区域内突发事件的应对管理工作负责。突发事件发生后,发生地县级人民政府应当立即采取措施控制事态发展,组织开展应急救援和处置工作,并立即向上一级人民政府报告,必要时可以越级上报,具备条件的,应当进行网络直报或者自动速报。

突发事件发生地县级人民政府不能消除或者不能有效控制突发事件引起的严重社会危害的,应当及时向上级人民政府报告。上级人民政府应当及时采取措施,统一领导应急处置工作。

法律、行政法规规定由国务院有关部门对突发事件应对管理工作负责的,从其规定;地方人民政府应

当积极配合并提供必要的支持。

第十八条　突发事件涉及两个以上行政区域的,其应对管理工作由有关行政区域共同的上一级人民政府负责,或者由各有关行政区域的上一级人民政府共同负责。共同负责的人民政府应当按照国家有关规定,建立信息共享和协调配合机制。根据共同应对突发事件的需要,地方人民政府之间可以建立协同应对机制。

第十九条　县级以上人民政府是突发事件应对管理工作的行政领导机关。

国务院在总理领导下研究、决定和部署特别重大突发事件的应对工作;根据实际需要,设立国家突发事件应急指挥机构,负责突发事件应对工作;必要时,国务院可以派出工作组指导有关工作。

县级以上地方人民政府设立由本级人民政府主要负责人、相关部门负责人、国家综合性消防救援队伍和驻当地中国人民解放军、中国人民武装警察部队有关负责人等组成的突发事件应急指挥机构,统一领导、协调本级人民政府各有关部门和下级人民政府开展突发事件应对工作;根据实际需要,设立相关类别突发事件应急指挥机构,组织、协调、指挥突发事件应对工作。

第二十条　突发事件应急指挥机构在突发事件应对过程中可以依法发布有关突发事件应对的决定、命令、措施。突发事件应急指挥机构发布的决定、命令、措施与设立它的人民政府发布的决定、命令、措施具有同等效力,法律责任由设立它的人民政府承担。

第二十一条　县级以上人民政府应急管理部门和卫生健康、公安等有关部门应当在各自职责范围内做好有关突发事件应对管理工作,并指导、协助下级人民政府及其相应部门做好有关突发事件的应对管理工作。

第二十二条　乡级人民政府、街道办事处应当明确专门工作力量,负责突发事件应对有关工作。

居民委员会、村民委员会依法协助人民政府和有关部门做好突发事件应对工作。

第二十三条　公民、法人和其他组织有义务参与突发事件应对工作。

第二十四条　中国人民解放军、中国人民武装警

察部队和民兵组织依照本法和其他有关法律、行政法规、军事法规的规定以及国务院、中央军事委员会的命令，参加突发事件的应急救援和处置工作。

第二十五条　县级以上人民政府及其设立的突发事件应急指挥机构发布的有关突发事件应对的决定、命令、措施，应当及时报本级人民代表大会常务委员会备案；突发事件应急处置工作结束后，应当向本级人民代表大会常务委员会作出专项工作报告。

第三章　预防与应急准备

第二十六条　国家建立健全突发事件应急预案体系。

国务院制定国家突发事件总体应急预案，组织制定国家突发事件专项应急预案；国务院有关部门根据各自的职责和国务院相关应急预案，制定国家突发事件部门应急预案并报国务院备案。

地方各级人民政府和县级以上地方人民政府有关部门根据有关法律、法规、规章、上级人民政府及其有关部门的应急预案以及本地区、本部门的实际情况，制定相应的突发事件应急预案并按国务院有关规定备案。

第二十七条　县级以上人民政府应急管理部门指导突发事件应急预案体系建设，综合协调应急预案衔接工作，增强有关应急预案的衔接性和实效性。

第二十八条　应急预案应当根据本法和其他有关法律、法规的规定，针对突发事件的性质、特点和可能造成的社会危害，具体规定突发事件应对管理工作的组织指挥体系与职责和突发事件的预防与预警机制、处置程序、应急保障措施以及事后恢复与重建措施等内容。

应急预案制定机关应当广泛听取有关部门、单位、专家和社会各方面意见，增强应急预案的针对性和可操作性，并根据实际需要、情势变化、应急演练中发现的问题等及时对应急预案作出修订。

应急预案的制定、修订、备案等工作程序和管理办法由国务院规定。

第二十九条　县级以上人民政府应当将突发事件应对工作纳入国民经济和社会发展规划。县级以上人民政府有关部门应当制定突发事件应急体系建设规划。

第三十条　国土空间规划等规划应当符合预防、处置突发事件的需要，统筹安排突发事件应对工作所必需的设备和基础设施建设，合理确定应急避难、封闭隔离、紧急医疗救治等场所，实现日常使用和应急使用的相互转换。

第三十一条　国务院应急管理部门会同卫生健康、自然资源、住房城乡建设等部门统筹、指导全国应急避难场所的建设和管理工作，建立健全应急避难场所标准体系。县级以上地方人民政府负责本行政区域内应急避难场所的规划、建设和管理工作。

第三十二条　国家建立健全突发事件风险评估体系，对可能发生的突发事件进行综合性评估，有针对性地采取有效防范措施，减少突发事件的发生，最大限度减轻突发事件的影响。

第三十三条　县级人民政府应当对本行政区域内容易引发自然灾害、事故灾难和公共卫生事件的危险源、危险区域进行调查、登记、风险评估，定期进行检查、监控，并责令有关单位采取安全防范措施。

省级和设区的市级人民政府应当对本行政区域内容易引发特别重大、重大突发事件的危险源、危险区域进行调查、登记、风险评估，组织进行检查、监控，并责令有关单位采取安全防范措施。

县级以上地方人民政府应当根据情况变化，及时调整危险源、危险区域的登记。登记的危险源、危险区域及其基础信息，应当按照国家有关规定接入突发事件信息系统，并及时向社会公布。

第三十四条　县级人民政府及其有关部门、乡级人民政府、街道办事处、居民委员会、村民委员会应当及时调解处理可能引发社会安全事件的矛盾纠纷。

第三十五条　所有单位应当建立健全安全管理制度，定期开展危险源辨识评估，制定安全防范措施；定期检查本单位各项安全防范措施的落实情况，及时消除事故隐患；掌握并及时处理本单位存在的可能引发社会安全事件的问题，防止矛盾激化和事态扩大；对本单位可能发生的突发事件和采取安全防范措施的情况，应当按照规定及时向所在地人民政府或者有关部门报告。

第三十六条　矿山、金属冶炼、建筑施工单位和易燃易爆物品、危险化学品、放射性物品等危险物品的生产、经营、运输、储存、使用单位,应当制定具体应急预案,配备必要的应急救援器材、设备和物资,并对生产经营场所、有危险物品的建筑物、构筑物及周边环境开展隐患排查,及时采取措施管控风险和消除隐患,防止发生突发事件。

第三十七条　公共交通工具、公共场所和其他人员密集场所的经营单位或者管理单位应当制定具体应急预案,为交通工具和有关场所配备报警装置和必要的应急救援设备、设施,注明其使用方法,并显著标明安全撤离的通道、路线,保证安全通道、出口的畅通。

有关单位应当定期检测、维护其报警装置和应急救援设备、设施,使其处于良好状态,确保正常使用。

第三十八条　县级以上人民政府应当建立健全突发事件应对管理培训制度,对人民政府及其有关部门负有突发事件应对管理职责的工作人员以及居民委员会、村民委员会有关人员定期进行培训。

第三十九条　国家综合性消防救援队伍是应急救援的综合性常备骨干力量,按照国家有关规定执行综合应急救援任务。县级以上人民政府有关部门可以根据实际需要设立专业应急救援队伍。

县级以上人民政府及其有关部门可以建立由成年志愿者组成的应急救援队伍。乡级人民政府、街道办事处和有条件的居民委员会、村民委员会可以建立基层应急救援队伍,及时、就近开展应急救援。单位应当建立由本单位职工组成的专职或者兼职应急救援队伍。

国家鼓励和支持社会力量建立提供社会化应急救援服务的应急救援队伍。社会力量建立的应急救援队伍参与突发事件应对工作应当服从履行统一领导职责或者组织处置突发事件的人民政府、突发事件应急指挥机构的统一指挥。

县级以上人民政府应当推动专业应急救援队伍与非专业应急救援队伍联合培训、联合演练,提高合成应急、协同应急的能力。

第四十条　地方各级人民政府、县级以上人民政府有关部门、有关单位应当为其组建的应急救援队伍购买人身意外伤害保险,配备必要的防护装备和器材,防范和减少应急救援人员的人身伤害风险。

专业应急救援人员应当具备相应的身体条件、专业技能和心理素质,取得国家规定的应急救援职业资格,具体办法由国务院应急管理部门会同国务院有关部门制定。

第四十一条　中国人民解放军、中国人民武装警察部队和民兵组织应当有计划地组织开展应急救援的专门训练。

第四十二条　县级人民政府及其有关部门、乡级人民政府、街道办事处应当组织开展面向社会公众的应急知识宣传普及活动和必要的应急演练。

居民委员会、村民委员会、企业事业单位、社会组织应当根据所在地人民政府的要求,结合各自的实际情况,开展面向居民、村民、职工等的应急知识宣传普及活动和必要的应急演练。

第四十三条　各级各类学校应当把应急教育纳入教育教学计划,对学生及教职工开展应急知识教育和应急演练,培养安全意识,提高自救与互救能力。

教育主管部门应当对学校开展应急教育进行指导和监督,应急管理等部门应当给予支持。

第四十四条　各级人民政府应当将突发事件应对工作所需经费纳入本级预算,并加强资金管理,提高资金使用绩效。

第四十五条　国家按照集中管理、统一调拨、平时服务、灾时应急、采储结合、节约高效的原则,建立健全应急物资储备保障制度,动态更新应急物资储备品种目录,完善重要应急物资的监管、生产、采购、储备、调拨和紧急配送体系,促进安全应急产业发展,优化产业布局。

国家储备物资品种目录、总体发展规划,由国务院发展改革部门会同国务院有关部门拟订。国务院应急管理等部门依据职责制定应急物资储备规划、品种目录,并组织实施。应急物资储备规划应当纳入国家储备总体发展规划。

第四十六条　设区的市级以上人民政府和突发事件易发、多发地区的县级人民政府应当建立应急救援物资、生活必需品和应急处置装备的储备保障制度。

县级以上地方人民政府应当根据本地区的实际情况和突发事件应对工作的需要,依法与有条件的企业签订协议,保障应急救援物资、生活必需品和应急处置装备的生产、供给。有关企业应当根据协议,按照县级以上地方人民政府要求,进行应急救援物资、生活必需品和应急处置装备的生产、供给,并确保符合国家有关产品质量的标准和要求。

国家鼓励公民、法人和其他组织储备基本的应急自救物资和生活必需品。有关部门可以向社会公布相关物资、物品的储备指南和建议清单。

第四十七条　国家建立健全应急运输保障体系,统筹铁路、公路、水运、民航、邮政、快递等运输和服务方式,制定应急运输保障方案,保障应急物资、装备和人员及时运输。

县级以上地方人民政府和有关主管部门应当根据国家应急运输保障方案,结合本地区实际做好应急调度和运力保障,确保运输通道和客货运枢纽畅通。

国家发挥社会力量在应急运输保障中的积极作用。社会力量参与突发事件应急运输保障,应当服从突发事件应急指挥机构的统一指挥。

第四十八条　国家建立健全能源应急保障体系,提高能源安全保障能力,确保受突发事件影响地区的能源供应。

第四十九条　国家建立健全应急通信、应急广播保障体系,加强应急通信系统、应急广播系统建设,确保突发事件应对工作的通信、广播安全畅通。

第五十条　国家建立健全突发事件卫生应急体系,组织开展突发事件中的医疗救治、卫生学调查处置和心理援助等卫生应急工作,有效控制和消除危害。

第五十一条　县级以上人民政府应当加强急救医疗服务网络的建设,配备相应的医疗救治物资、设施设备和人员,提高医疗卫生机构应对各类突发事件的救治能力。

第五十二条　国家鼓励公民、法人和其他组织为突发事件应对工作提供物资、资金、技术支持和捐赠。

接受捐赠的单位应当及时公开接受捐赠的情况和受赠财产的使用、管理情况,接受社会监督。

第五十三条　红十字会在突发事件中,应当对伤病人员和其他受害者提供紧急救援和人道救助,并协助人民政府开展与其职责相关的其他人道主义服务活动。有关人民政府应当给予红十字会支持和资助,保障其依法参与应对突发事件。

慈善组织在发生重大突发事件时开展募捐和救助活动,应当在有关人民政府的统筹协调、有序引导下依法进行。有关人民政府应当通过提供必要的需求信息、政府购买服务等方式,对慈善组织参与应对突发事件、开展应急慈善活动予以支持。

第五十四条　有关单位应当加强应急救援资金、物资的管理,提高使用效率。

任何单位和个人不得截留、挪用、私分或者变相私分应急救援资金、物资。

第五十五条　国家发展保险事业,建立政府支持、社会力量参与、市场化运作的巨灾风险保险体系,并鼓励单位和个人参加保险。

第五十六条　国家加强应急管理基础科学、重点行业领域关键核心技术的研究,加强互联网、云计算、大数据、人工智能等现代技术手段在突发事件应对工作中的应用,鼓励、扶持有条件的教学科研机构、企业培养应急管理人才和科技人才,研发、推广新技术、新材料、新设备和新工具,提高突发事件应对能力。

第五十七条　县级以上人民政府及其有关部门应当建立健全突发事件专家咨询论证制度,发挥专业人员在突发事件应对工作中的作用。

第四章　监测与预警

第五十八条　国家建立健全突发事件监测制度。

县级以上人民政府及其有关部门应当根据自然灾害、事故灾难和公共卫生事件的种类和特点,建立健全基础信息数据库,完善监测网络,划分监测区域,确定监测点,明确监测项目,提供必要的设备、设施,配备专职或者兼职人员,对可能发生的突发事件进行监测。

第五十九条　国务院建立全国统一的突发事件信息系统。

县级以上地方人民政府应当建立或者确定本地区统一的突发事件信息系统,汇集、储存、分析、传输有关突发事件的信息,并与上级人民政府及其有关部门、下级人民政府及其有关部门、专业机构、监测网点和重点企业的突发事件信息系统实现互联互通,加强跨部门、跨地区的信息共享与情报合作。

第六十条　县级以上人民政府及其有关部门、专业机构应当通过多种途径收集突发事件信息。

县级人民政府应当在居民委员会、村民委员会和有关单位建立专职或者兼职信息报告员制度。

公民、法人或者其他组织发现发生突发事件，或者发现可能发生突发事件的异常情况，应当立即向所在地人民政府、有关主管部门或者指定的专业机构报告。接到报告的单位应当按照规定立即核实处理，对于不属于其职责的，应当立即移送相关单位核实处理。

第六十一条　地方各级人民政府应当按照国家有关规定向上级人民政府报送突发事件信息。县级以上人民政府有关主管部门应当向本级人民政府相关部门通报突发事件信息，并报告上级人民政府主管部门。专业机构、监测网点和信息报告员应当及时向所在地人民政府及其有关主管部门报告突发事件信息。

有关单位和人员报送、报告突发事件信息，应当做到及时、客观、真实，不得迟报、谎报、瞒报、漏报，不得授意他人迟报、谎报、瞒报，不得阻碍他人报告。

第六十二条　县级以上地方人民政府应当及时汇总分析突发事件隐患和监测信息，必要时组织相关部门、专业技术人员、专家学者进行会商，对发生突发事件的可能性及其可能造成的影响进行评估；认为可能发生重大或者特别重大突发事件的，应当立即向上级人民政府报告，并向上级人民政府有关部门、当地驻军和可能受到危害的毗邻或者相关地区的人民政府通报，及时采取预防措施。

第六十三条　国家建立健全突发事件预警制度。

可以预警的自然灾害、事故灾难和公共卫生事件的预警级别，按照突发事件发生的紧急程度、发展势态和可能造成的危害程度分为一级、二级、三级和四级，分别用红色、橙色、黄色和蓝色标示，一级为最高级别。

预警级别的划分标准由国务院或者国务院确定的部门制定。

第六十四条　可以预警的自然灾害、事故灾难或者公共卫生事件即将发生或者发生的可能性增大时，县级以上地方人民政府应当根据有关法律、行政法规和国务院规定的权限和程序，发布相应级别的警报，决定并宣布有关地区进入预警期，同时向上一级人民政府报告，必要时可以越级上报；具备条件的，应当进行网络直播或者自动速报；同时向当地驻军和可能受到危害的毗邻或者相关地区的人民政府通报。

发布警报应当明确预警类别、级别、起始时间、可能影响的范围、警示事项、应当采取的措施、发布单位和发布时间等。

第六十五条　国家建立健全突发事件预警发布平台，按照有关规定及时、准确向社会发布突发事件预警信息。

广播、电视、报刊以及网络服务提供者、电信运营商应当按照国家有关规定，建立突发事件预警信息快速发布通道，及时、准确、无偿播发或者刊载突发事件预警信息。

公共场所和其他人员密集场所，应当指定专门人员负责突发事件预警信息接收和传播工作，做好相关设备、设施维护，确保突发事件预警信息及时、准确接收和传播。

第六十六条　发布三级、四级警报，宣布进入预警期后，县级以上地方人民政府应当根据即将发生的突发事件的特点和可能造成的危害，采取下列措施：

（一）启动应急预案；

（二）责令有关部门、专业机构、监测网点和负有特定职责的人员及时收集、报告有关信息，向社会公布反映突发事件信息的渠道，加强对突发事件发生、发展情况的监测、预报和预警工作；

（三）组织有关部门和机构、专业技术人员、有关专家学者，随时对突发事件信息进行分析评估，预测发生突发事件可能性的大小、影响范围和强度以及可能发生的突发事件的级别；

（四）定时向社会发布与公众有关的突发事件预测信息和分析评估结果，并对相关信息的报道工作进行管理；

（五）及时按照有关规定向社会发布可能受到突发事件危害的警告，宣传避免、减轻危害的常识，公布咨询或者求助电话等联系方式和渠道。

第六十七条　发布一级、二级警报，宣布进入预警期后，县级以上地方人民政府除采取本法第六十六条

规定的措施外,还应当针对即将发生的突发事件的特点和可能造成的危害,采取下列一项或者多项措施:

(一)责令应急救援队伍、负有特定职责的人员进入待命状态,并动员后备人员做好参加应急救援和处置工作的准备;

(二)调集应急救援所需物资、设备、工具,准备应急设施和应急避难、封闭隔离、紧急医疗救治等场所,并确保其处于良好状态、随时可以投入正常使用;

(三)加强对重点单位、重要部位和重要基础设施的安全保卫,维护社会治安秩序;

(四)采取必要措施,确保交通、通信、供水、排水、供电、供气、供热、医疗卫生、广播电视、气象等公共设施的安全和正常运行;

(五)及时向社会发布有关采取特定措施避免或者减轻危害的建议、劝告;

(六)转移、疏散或者撤离易受突发事件危害的人员并予以妥善安置,转移重要财产;

(七)关闭或者限制使用易受突发事件危害的场所,控制或者限制容易导致危害扩大的公共场所的活动;

(八)法律、法规、规章规定的其他必要的防范性、保护性措施。

第六十八条　发布警报,宣布进入预警期后,县级以上人民政府应当对重要商品和服务市场情况加强监测,根据实际需要及时保障供应、稳定市场。必要时,国务院和省、自治区、直辖市人民政府可以按照《中华人民共和国价格法》等有关法律规定采取相应措施。

第六十九条　对即将发生或者已经发生的社会安全事件,县级以上地方人民政府及其有关主管部门应当按照规定向上一级人民政府及其有关主管部门报告,必要时可以越级上报,具备条件的,应当进行网络直报或者自动速报。

第七十条　发布突发事件警报的人民政府应当根据事态的发展,按照有关规定适时调整预警级别并重新发布。

有事实证明不可能发生突发事件或者危险已经解除的,发布警报的人民政府应当立即宣布解除警报,终止预警期,并解除已经采取的有关措施。

第五章　应急处置与救援

第七十一条　国家建立健全突发事件应急响应制度。

突发事件的应急响应级别,按照突发事件的性质、特点、可能造成的危害程度和影响范围等因素分为一级、二级、三级和四级,一级为最高级别。

突发事件应急响应级别划分标准由国务院或者国务院确定的部门制定。县级以上人民政府及其有关部门应当在突发事件应急预案中确定应急响应级别。

第七十二条　突发事件发生后,履行统一领导职责或者组织处置突发事件的人民政府应当针对其性质、特点、危害程度和影响范围等,立即启动应急响应,组织有关部门,调动应急救援队伍和社会力量,依照法律、法规、规章和应急预案的规定,采取应急处置措施,并向上级人民政府报告;必要时,可以设立现场指挥部,负责现场应急处置与救援,统一指挥进入突发事件现场的单位和个人。

启动应急响应,应当明确响应事项、级别、预计期限、应急处置措施等。

履行统一领导职责或者组织处置突发事件的人民政府,应当建立协调机制,提供需求信息,引导志愿服务组织和志愿者等社会力量及时有序参与应急处置与救援工作。

第七十三条　自然灾害、事故灾难或者公共卫生事件发生后,履行统一领导职责的人民政府应当采取下列一项或者多项应急处置措施:

(一)组织营救和救治受害人员,转移、疏散、撤离并妥善安置受到威胁的人员以及采取其他救助措施;

(二)迅速控制危险源,标明危险区域,封锁危险场所,划定警戒区,实行交通管制、限制人员流动、封闭管理以及其他控制措施;

(三)立即抢修被损坏的交通、通信、供水、排水、供电、供气、供热、医疗卫生、广播电视、气象等公共设施,向受到危害的人员提供避难场所和生活必需品,实施医疗救护和卫生防疫以及其他保障措施;

(四)禁止或者限制使用有关设备、设施,关闭或者限制使用有关场所,中止人员密集的活动或者可能导致危害扩大的生产经营活动以及采取其他保护措施;

（五）启用本级人民政府设置的财政预备费和储备的应急救援物资，必要时调用其他急需物资、设备、设施、工具；

（六）组织公民、法人和其他组织参加应急救援和处置工作，要求具有特定专长的人员提供服务；

（七）保障食品、饮用水、药品、燃料等基本生活必需品的供应；

（八）依法从严惩处囤积居奇、哄抬价格、牟取暴利、制假售假等扰乱市场秩序的行为，维护市场秩序；

（九）依法从严惩处哄抢财物、干扰破坏应急处置工作等扰乱社会秩序的行为，维护社会治安；

（十）开展生态环境应急监测，保护集中式饮用水水源地等环境敏感目标，控制和处置污染物；

（十一）采取防止发生次生、衍生事件的必要措施。

第七十四条　社会安全事件发生后，组织处置工作的人民政府应当立即启动应急响应，组织有关部门针对事件的性质和特点，依照有关法律、行政法规和国家其他有关规定，采取下列一项或者多项应急处置措施：

（一）强制隔离使用器械相互对抗或者以暴力行为参与冲突的当事人，妥善解决现场纠纷和争端，控制事态发展；

（二）对特定区域内的建筑物、交通工具、设备、设施以及燃料、燃气、电力、水的供应进行控制；

（三）封锁有关场所、道路，查验现场人员的身份证件，限制有关公共场所内的活动；

（四）加强对易受冲击的核心机关和单位的警卫，在国家机关、军事机关、国家通讯社、广播电台、电视台、外国驻华使领馆等单位附近设置临时警戒线；

（五）法律、行政法规和国务院规定的其他必要措施。

第七十五条　发生突发事件，严重影响国民经济正常运行时，国务院或者国务院授权的有关主管部门可以采取保障、控制等必要的应急措施，保障人民群众的基本生活需要，最大限度地减轻突发事件的影响。

第七十六条　履行统一领导职责或者组织处置突发事件的人民政府及其有关部门，必要时可以向单位和个人征用应急救援所需设备、设施、场地、交通工具和其他物资，请求其他地方人民政府及其有关部门提供人力、物力、财力或者技术支援，要求生产、供应生活必需品和应急救援物资的企业组织生产、保证供给，要求提供医疗、交通等公共服务的组织提供相应的服务。

履行统一领导职责或者组织处置突发事件的人民政府和有关主管部门，应当组织协调运输经营单位，优先运送处置突发事件所需物资、设备、工具、应急救援人员和受到突发事件危害的人员。

履行统一领导职责或者组织处置突发事件的人民政府及其有关部门，应当为受突发事件影响无人照料的无民事行为能力人、限制民事行为能力人提供及时有效帮助；建立健全联系帮扶应急救援人员家庭制度，帮助解决实际困难。

第七十七条　突发事件发生地的居民委员会、村民委员会和其他组织应当按照当地人民政府的决定、命令，进行宣传动员，组织群众开展自救与互救，协助维护社会秩序；情况紧急的，应当立即组织群众开展自救与互救等先期处置工作。

第七十八条　受到自然灾害危害或者发生事故灾难、公共卫生事件的单位，应当立即组织本单位应急救援队伍和工作人员营救受害人员，疏散、撤离、安置受到威胁的人员，控制危险源，标明危险区域，封锁危险场所，并采取其他防止危害扩大的必要措施，同时向所在地县级人民政府报告；对因本单位的问题引发的或者主体是本单位人员的社会安全事件，有关单位应当按照规定上报情况，并迅速派出负责人赶赴现场开展劝解、疏导工作。

突发事件发生地的其他单位应当服从人民政府发布的决定、命令，配合人民政府采取的应急处置措施，做好本单位的应急救援工作，并积极组织人员参加所在地的应急救援和处置工作。

第七十九条　突发事件发生地的个人应当依法服从人民政府、居民委员会、村民委员会或者所属单位的指挥和安排，配合人民政府采取的应急处置措施，积极参加应急救援工作，协助维护社会秩序。

第八十条　国家支持城乡社区组织健全应急工作机制，强化城乡社区综合服务设施和信息平台应急功能,加强与突发事件信息系统数据共享,增强突发事件应急处置中保障群众基本生活和服务群众能力。

第八十一条 国家采取措施,加强心理健康服务体系和人才队伍建设,支持引导心理健康服务人员和社会工作者对受突发事件影响的各类人群开展心理健康教育、心理评估、心理疏导、心理危机干预、心理行为问题诊治等心理援助工作。

第八十二条 对于突发事件遇难人员的遗体,应当按照法律和国家有关规定,科学规范处置,加强卫生防疫,维护逝者尊严。对于逝者的遗物应当妥善保管。

第八十三条 县级以上人民政府及其有关部门根据突发事件应对工作需要,在履行法定职责所必需的范围和限度内,可以要求公民、法人和其他组织提供应急处置与救援需要的信息。公民、法人和其他组织应当予以提供,法律另有规定的除外。县级以上人民政府及其有关部门对获取的相关信息,应当严格保密,并依法保护公民的通信自由和通信秘密。

第八十四条 在突发事件应急处置中,有关单位和个人因依照本法规定配合突发事件应对工作或者履行相关义务,需要获取他人个人信息的,应当依照法律规定的程序和方式取得并确保信息安全,不得非法收集、使用、加工、传输他人个人信息,不得非法买卖、提供或者公开他人个人信息。

第八十五条 因依法履行突发事件应对工作职责或者义务获取的个人信息,只能用于突发事件应对,并在突发事件应对工作结束后予以销毁。确因依法作为证据使用或者调查评估需要留存或者延期销毁的,应当按照规定进行合法性、必要性、安全性评估,并采取相应保护和处理措施,严格依法使用。

第六章 事后恢复与重建

第八十六条 突发事件的威胁和危害得到控制或者消除后,履行统一领导职责或者组织处置突发事件的人民政府应当宣布解除应急响应,停止执行依照本法规定采取的应急处置措施,同时采取或者继续实施必要措施,防止发生自然灾害、事故灾难、公共卫生事件的次生、衍生事件或者重新引发社会安全事件,组织受影响地区尽快恢复社会秩序。

第八十七条 突发事件应急处置工作结束后,履行统一领导职责的人民政府应当立即组织对突发事件造成的影响和损失进行调查评估,制定恢复重建计划,并向上一级人民政府报告。

受突发事件影响地区的人民政府应当及时组织和协调应急管理、卫生健康、公安、交通、铁路、民航、邮政、电信、建设、生态环境、水利、能源、广播电视等有关部门恢复社会秩序,尽快修复被损坏的交通、通信、供水、排水、供电、供气、供热、医疗卫生、水利、广播电视等公共设施。

第八十八条 受突发事件影响地区的人民政府开展恢复重建工作需要上一级人民政府支持的,可以向上一级人民政府提出请求。上一级人民政府应当根据受影响地区遭受的损失和实际情况,提供资金、物资支持和技术指导,组织协调其他地区和有关方面提供资金、物资和人力支援。

第八十九条 国务院根据受突发事件影响地区遭受损失的情况,制定扶持该地区有关行业发展的优惠政策。

受突发事件影响地区的人民政府应当根据本地区遭受的损失和采取应急处置措施的情况,制定救助、补偿、抚慰、抚恤、安置等善后工作计划并组织实施,妥善解决因处置突发事件引发的矛盾纠纷。

第九十条 公民参加应急救援工作或者协助维护社会秩序期间,其所在单位应当保证其工资待遇和福利不变,并可以按照规定给予相应补助。

第九十一条 县级以上人民政府对在应急救援工作中伤亡的人员依法落实工伤待遇、抚恤或者其他保障政策,并组织做好应急救援工作中致病人员的医疗救治工作。

第九十二条 履行统一领导职责的人民政府在突发事件应对工作结束后,应当及时查明突发事件的发生经过和原因,总结突发事件应急处置工作的经验教训,制定改进措施,并向上一级人民政府提出报告。

第九十三条 突发事件应对工作中有关资金、物资的筹集、管理、分配、拨付和使用等情况,应当依法接受审计机关的审计监督。

第九十四条 国家档案主管部门应当建立健全突发事件应对工作相关档案收集、整理、保护、利用工作机制。突发事件应对工作中形成的材料,应当按照国家规定归档,并向相关档案馆移交。

第七章　法律责任

第九十五条　地方各级人民政府和县级以上人民政府有关部门违反本法规定，不履行或者不正确履行法定职责的，由其上级行政机关责令改正；有下列情形之一，由有关机关综合考虑突发事件发生的原因、后果、应对处置情况、行为人过错等因素，对负有责任的领导人员和直接责任人员依法给予处分：

（一）未按照规定采取预防措施，导致发生突发事件，或者未采取必要的防范措施，导致发生次生、衍生事件的；

（二）迟报、谎报、瞒报、漏报或者授意他人迟报、谎报、瞒报以及阻碍他人报告有关突发事件的信息，或者通报、报送、公布虚假信息，造成后果的；

（三）未按照规定及时发布突发事件警报、采取预警期的措施，导致损害发生的；

（四）未按照规定及时采取措施处置突发事件或者处置不当，造成后果的；

（五）违反法律规定采取应对措施，侵犯公民生命健康权益的；

（六）不服从上级人民政府对突发事件应急处置工作的统一领导、指挥和协调的；

（七）未及时组织开展生产自救、恢复重建等善后工作的；

（八）截留、挪用、私分或者变相私分应急救援资金、物资的；

（九）不及时归还征用的单位和个人的财产，或者对被征用财产的单位和个人不按照规定给予补偿的。

第九十六条　有关单位有下列情形之一，由所在地履行统一领导职责的人民政府有关部门责令停产停业，暂扣或者吊销许可证件，并处五万元以上二十万元以下的罚款；情节特别严重的，并处二十万元以上一百万元以下的罚款：

（一）未按照规定采取预防措施，导致发生较大以上突发事件的；

（二）未及时消除已发现的可能引发突发事件的隐患，导致发生较大以上突发事件的；

（三）未做好应急物资储备和应急设备、设施日常维护、检测工作，导致发生较大以上突发事件或者突发事件危害扩大的；

（四）突发事件发生后，不及时组织开展应急救援工作，造成严重后果的。

其他法律对前款行为规定了处罚的，依照较重的规定处罚。

第九十七条　违反本法规定，编造并传播有关突发事件的虚假信息，或者明知是有关突发事件的虚假信息而进行传播的，责令改正，给予警告；造成严重后果的，依法暂停其业务活动或者吊销其许可证件；负有直接责任的人员是公职人员的，还应当依法给予处分。

第九十八条　单位或者个人违反本法规定，不服从所在地人民政府及其有关部门依法发布的决定、命令或者不配合其依法采取的措施的，责令改正；造成严重后果的，依法给予行政处罚；负有直接责任的人员是公职人员的，还应当依法给予处分。

第九十九条　单位或者个人违反本法第八十四条、第八十五条关于个人信息保护规定的，由主管部门依照有关法律规定给予处罚。

第一百条　单位或者个人违反本法规定，导致突发事件发生或者危害扩大，造成人身、财产或者其他损害的，应当依法承担民事责任。

第一百零一条　为了使本人或者他人的人身、财产免受正在发生的危险而采取避险措施的，依照《中华人民共和国民法典》、《中华人民共和国刑法》等法律关于紧急避险的规定处理。

第一百零二条　违反本法规定，构成违反治安管理行为的，依法给予治安管理处罚；构成犯罪的，依法追究刑事责任。

第八章　附　则

第一百零三条　发生特别重大突发事件，对人民生命财产安全、国家安全、公共安全、生态环境安全或者社会秩序构成重大威胁，采取本法和其他有关法律、法规、规章规定的应急处置措施不能消除或者有效控制、减轻其严重社会危害，需要进入紧急状态的，由全国人民代表大会常务委员会或者国务院依照宪法和其他有关法律规定的权限和程序决定。

紧急状态期间采取的非常措施，依照有关法律规定执行或者由全国人民代表大会常务委员会另行规定。

第一百零四条　中华人民共和国领域外发生突

发事件,造成或者可能造成中华人民共和国公民、法人和其他组织人身伤亡、财产损失的,由国务院外交部门会同国务院其他有关部门、有关地方人民政府,按照国家有关规定做好应对工作。

第一百零五条　在中华人民共和国境内的外国人、无国籍人应当遵守本法,服从所在地人民政府及其有关部门依法发布的决定、命令,并配合其依法采取的措施。

第一百零六条　本法自 2024 年 11 月 1 日起施行。

突发事件应急预案管理办法

· 2024 年 1 月 31 日
· 国办发〔2024〕5 号

第一章　总　则

第一条　为加强突发事件应急预案(以下简称应急预案)体系建设,规范应急预案管理,增强应急预案的针对性、实用性和可操作性,依据《中华人民共和国突发事件应对法》等法律、行政法规,制定本办法。

第二条　本办法所称应急预案,是指各级人民政府及其部门、基层组织、企事业单位和社会组织等为依法、迅速、科学、有序应对突发事件,最大程度减少突发事件及其造成的损失而预先制定的方案。

第三条　应急预案的规划、编制、审批、发布、备案、培训、宣传、演练、评估、修订等工作,适用本办法。

第四条　应急预案管理遵循统一规划、综合协调、分类指导、分级负责、动态管理的原则。

第五条　国务院统一领导全国应急预案体系建设和管理工作,县级以上地方人民政府负责领导本行政区域内应急预案体系建设和管理工作。

突发事件应对有关部门在各自职责范围内,负责本部门(行业、领域)应急预案管理工作;县级以上人民政府应急管理部门负责指导应急预案管理工作,综合协调应急预案衔接工作。

第六条　国务院应急管理部门统筹协调各地区各部门应急预案数据库管理,推动实现应急预案数据共享共用。各地区各部门负责本行政区域、本部门(行业、领域)应急预案数据管理。

县级以上人民政府及其有关部门要注重运用信息化数字化智能化技术,推进应急预案管理理念、模式、手段、方法等创新,充分发挥应急预案牵引应急准备、指导处置救援的作用。

第二章　分类与内容

第七条　按照制定主体划分,应急预案分为政府及其部门应急预案、单位和基层组织应急预案两大类。

政府及其部门应急预案包括总体应急预案、专项应急预案、部门应急预案等。

单位和基层组织应急预案包括企事业单位、村民委员会、居民委员会、社会组织等编制的应急预案。

第八条　总体应急预案是人民政府组织应对突发事件的总体制度安排。

总体应急预案围绕突发事件事前、事中、事后全过程,主要明确应对工作的总体要求、事件分类分级、预案体系构成、组织指挥体系与职责,以及风险防控、监测预警、处置救援、应急保障、恢复重建、预案管理等内容。

第九条　专项应急预案是人民政府为应对某一类型或某几种类型突发事件,或者针对重要目标保护、重大活动保障、应急保障等重要专项工作而预先制定的涉及多个部门职责的方案。

部门应急预案是人民政府有关部门根据总体应急预案、专项应急预案和部门职责,为应对本部门(行业、领域)突发事件,或者针对重要目标保护、重大活动保障、应急保障等涉及部门工作而预先制定的方案。

第十条　针对突发事件应对的专项和部门应急预案,主要规定县级以上人民政府或有关部门相关突发事件应对工作的组织指挥体系和专项工作安排,不同层级预案内容各有侧重,涉及相邻或相关地方人民政府、部门、单位任务的应当沟通一致后明确。

国家层面专项和部门应急预案侧重明确突发事件的应对原则、组织指挥机制、预警分级和事件分级标准、响应分级、信息报告要求、应急保障措施等,重点规范国家层面应对行动,同时体现政策性和指导性。

省级专项和部门应急预案侧重明确突发事件的组织指挥机制、监测预警、分级响应及响应行动、队伍物资保障及市县级人民政府职责等,重点规范省级层面应对行动,同时体现指导性和实用性。

市县级专项和部门应急预案侧重明确突发事件的组织指挥机制、风险管控、监测预警、信息报告、组织自救互救、应急处置措施、现场管控、队伍物资保障等内容,重点规范市(地)级和县级层面应对行动,落实相关任务,细化工作流程,体现应急处置的主体职责和针对性、可操作性。

第十一条　为突发事件应对工作提供通信、交通运输、医学救援、物资装备、能源、资金以及新闻宣传、秩序维护、慈善捐赠、灾害救助等保障功能的专项和部门应急预案侧重明确组织指挥机制、主要任务、资源布局、资源调用或应急响应程序、具体措施等内容。

针对重要基础设施、生命线工程等重要目标保护的专项和部门应急预案,侧重明确关键功能和部位、风险隐患及防范措施、监测预警、信息报告、应急处置和紧急恢复、应急联动等内容。

第十二条　重大活动主办或承办机构应当结合实际情况组织编制重大活动保障应急预案,侧重明确组织指挥体系、主要任务、安全风险及防范措施、应急联动、监测预警、信息报告、应急处置、人员疏散撤离组织和路线等内容。

第十三条　相邻或相关地方人民政府及其有关部门可以联合制定应对区域性、流域性突发事件的联合应急预案,侧重明确地方人民政府及其部门间信息通报、组织指挥体系对接、处置措施衔接、应急资源保障等内容。

第十四条　国家有关部门和超大特大城市人民政府可以结合行业(地区)风险评估实际,制定巨灾应急预案,统筹本部门(行业、领域)、本地区巨灾应对工作。

第十五条　乡镇(街道)应急预案重点规范乡镇(街道)层面应对行动,侧重明确突发事件的预警信息传播、任务分工、处置措施、信息收集报告、现场管理、人员疏散与安置等内容。

村(社区)应急预案侧重明确风险点位、应急响应责任人、预警信息传播与响应、人员转移避险、应急处置措施、应急资源调用等内容。

乡镇(街道)、村(社区)应急预案的形式、要素和内容等,可结合实际灵活确定,力求简明实用,突出人员转移避险,体现先期处置特点。

第十六条　单位应急预案侧重明确应急响应责任人、风险隐患监测、主要任务、信息报告、预警和应急响应、应急处置措施、人员疏散转移、应急资源调用等内容。

大型企业集团可根据相关标准规范和实际工作需要,建立本集团应急预案体系。

安全风险单一、危险性小的生产经营单位,可结合实际简化应急预案要素和内容。

第十七条　应急预案涉及的有关部门、单位等可以结合实际编制应急工作手册,内容一般包括应急响应措施、处置工作程序、应急救援队伍、物资装备、联络人员和电话等。

应急救援队伍、保障力量等应当结合实际情况,针对需要参与突发事件应对的具体任务编制行动方案,侧重明确应急响应、指挥协同、力量编成、行动设想、综合保障、其他有关措施等具体内容。

第三章　规划与编制

第十八条　国务院应急管理部门会同有关部门编制应急预案制修订工作计划,报国务院批准后实施。县级以上地方人民政府应急管理部门应当会同有关部门,针对本行政区域多发易发突发事件、主要风险等,编制本行政区域应急预案制修订工作计划,报本级人民政府批准后实施,并抄送上一级人民政府应急管理部门。

县级以上人民政府有关部门可以结合实际制定本部门(行业、领域)应急预案编制计划,并抄送同级应急管理部门。县级以上地方人民政府有关部门应急预案编制计划同时抄送上一级相应部门。

应急预案编制计划应当根据国民经济和社会发展规划、突发事件应对工作实际,适时予以调整。

第十九条　县级以上人民政府总体应急预案由本级人民政府应急管理部门组织编制,专项应急预案由本级人民政府相关类别突发事件应对牵头部门组织编制。县级以上人民政府部门应急预案,乡级人民政府、单位和基层组织等应急预案由有关制定单位组织编制。

第二十条　应急预案编制部门和单位根据需要组成应急预案编制工作小组,吸收有关部门和单位人员、有关专家及有应急处置工作经验的人员参加。编制工作小组组长由应急预案编制部门或单位有关负责人担任。

第二十一条 编制应急预案应当依据有关法律、法规、规章和标准，紧密结合实际，在开展风险评估、资源调查、案例分析的基础上进行。

风险评估主要是识别突发事件风险及其可能产生的后果和次生（衍生）灾害事件，评估可能造成的危害程度和影响范围等。

资源调查主要是全面调查本地区、本单位应对突发事件可用的应急救援队伍、物资装备、场所和通过改造可以利用的应急资源状况，合作区域内可以请求援助的应急资源状况，重要基础设施容灾保障及备用状况，以及可以通过潜力转换提供应急资源的状况，为制定应急响应措施提供依据。必要时，也可根据突发事件应对需要，对本地区相关单位和居民所掌握的应急资源情况进行调查。

案例分析主要是对典型突发事件的发生演化规律、造成的后果和处置救援等情况进行复盘研究，必要时构建突发事件情景，总结经验教训，明确应对流程、职责任务和应对措施，为制定应急预案提供参考借鉴。

第二十二条 政府及其有关部门在应急预案编制过程中，应当广泛听取意见，组织专家论证，做好与相关应急预案及国防动员实施预案的衔接。涉及其他单位职责的，应当书面征求意见。必要时，向社会公开征求意见。

单位和基层组织在应急预案编制过程中，应根据法律法规要求或实际需要，征求相关公民、法人或其他组织的意见。

第四章 审批、发布、备案

第二十三条 应急预案编制工作小组或牵头单位应当将应急预案送审稿、征求意见情况、编制说明等有关材料报送应急预案审批单位。因保密等原因需要发布应急预案简本的，应当将应急预案简本一并报送审批。

第二十四条 应急预案审核内容主要包括：

（一）预案是否符合有关法律、法规、规章和标准等规定；

（二）预案是否符合上位预案要求并与有关预案有效衔接；

（三）框架结构是否清晰合理，主体内容是否完备；

（四）组织指挥体系与责任分工是否合理明确，应急响应级别设计是否合理，应对措施是否具体简明、管用可行；

（五）各方面意见是否一致；

（六）其他需要审核的内容。

第二十五条 国家总体应急预案按程序报党中央、国务院审批，以党中央、国务院名义印发。专项应急预案由预案编制牵头部门送应急管理部衔接协调后，报国务院审批，以国务院办公厅或者有关应急指挥机构名义印发。部门应急预案由部门会议审议决定、以部门名义印发，涉及其他部门职责的可与有关部门联合印发；必要时，可以由国务院办公厅转发。

地方各级人民政府总体应急预案按程序报本级党委和政府审批，以本级党委和政府名义印发。专项应急预案按程序送本级应急管理部门衔接协调，报本级人民政府审批，以本级人民政府办公厅（室）或者有关应急指挥机构名义印发。部门应急预案审批印发程序按照本级人民政府和上级有关部门的应急预案管理规定执行。

重大活动保障应急预案、巨灾应急预案由本级人民政府或其部门审批，跨行政区域联合应急预案审批由相关人民政府或其授权的部门协商确定，并参照专项应急预案或部门应急预案管理。

单位和基层组织应急预案须经本单位或基层组织主要负责人签发，以本单位或基层组织名义印发，审批方式根据所在地人民政府及有关行业管理部门规定和实际情况确定。

第二十六条 应急预案审批单位应当在应急预案印发后的 20 个工作日内，将应急预案正式印发文本（含电子文本）及编制说明，依照下列规定向有关单位备案并抄送有关部门：

（一）县级以上地方人民政府总体应急预案报上一级人民政府备案，径送上一级人民政府应急管理部门，同时抄送上一级人民政府有关部门；

（二）县级以上地方人民政府专项应急预案报上

一级人民政府相应牵头部门备案,同时抄送上一级人民政府应急管理部门和有关部门;

(三)部门应急预案报本级人民政府备案,径送本级应急管理部门,同时抄送本级有关部门;

(四)联合应急预案按所涉及区域,依据专项应急预案或部门应急预案有关规定备案,同时抄送本地区上一级或共同上一级人民政府应急管理部门和有关部门;

(五)涉及需要与所在地人民政府联合应急处置的中央单位应急预案,应当报所在地县级人民政府备案,同时抄送本级应急管理部门和突发事件应对牵头部门;

(六)乡镇(街道)应急预案报上一级人民政府备案,径送上一级人民政府应急管理部门,同时抄送上一级人民政府有关部门。村(社区)应急预案报乡镇(街道)备案;

(七)中央企业集团总体应急预案报应急管理部备案,抄送企业主管机构、行业主管部门、监管部门;有关专项应急预案向国家突发事件应对牵头部门备案,抄送应急管理部、企业主管机构、行业主管部门、监管部门等有关单位。中央企业集团所属单位、权属企业的总体应急预案按管理权限报所在地人民政府应急管理部门备案,抄送企业主管机构、行业主管部门、监管部门;专项应急预案按管理权限报所在地行业监管部门备案,抄送应急管理部门和有关企业主管机构、行业主管部门。

第二十七条　国务院履行应急预案备案管理职责的部门和省级人民政府应当建立应急预案备案管理制度。县级以上地方人民政府有关部门落实有关规定,指导、督促有关单位做好应急预案备案工作。

第二十八条　政府及其部门应急预案应当在正式印发后 20 个工作日内向社会公开。单位和基层组织应急预案应当在正式印发后 20 个工作日内向本单位以及可能受影响的其他单位和地区公开。

第五章　培训、宣传、演练

第二十九条　应急预案发布后,其编制单位应做好组织实施和解读工作,并跟踪应急预案落实情况,了解有关方面和社会公众的意见建议。

第三十条　应急预案编制单位应当通过编发培训材料、举办培训班、开展工作研讨等方式,对与应急预案实施密切相关的管理人员、专业救援人员等进行培训。

各级人民政府及其有关部门应将应急预案培训作为有关业务培训的重要内容,纳入领导干部、公务员等日常培训内容。

第三十一条　对需要公众广泛参与的非涉密的应急预案,编制单位应当充分利用互联网、广播、电视、报刊等多种媒体广泛宣传,制作通俗易懂、好记管用的宣传普及材料,向公众免费发放。

第三十二条　应急预案编制单位应当建立应急预案演练制度,通过采取形式多样的方式方法,对应急预案所涉及的单位、人员、装备、设施等组织演练。通过演练发现问题、解决问题,进一步修改完善应急预案。

专项应急预案、部门应急预案每 3 年至少进行一次演练。

地震、台风、风暴潮、洪涝、山洪、滑坡、泥石流、森林草原火灾等自然灾害易发区域所在地政府,重要基础设施和城市供水、供电、供气、供油、供热等生命线工程经营管理单位,矿山、金属冶炼、建筑施工单位和易燃易爆物品、化学品、放射性物品等危险物品生产、经营、使用、储存、运输、废弃处置单位,公共交通工具、公共场所和医院、学校等人员密集场所的经营单位或者管理单位等,应当有针对性地组织开展应急预案演练。

第三十三条　应急预案演练组织单位应当加强演练评估,主要内容包括:演练的执行情况,应急预案的实用性和可操作性,指挥协调和应急联动机制运行情况,应急人员的处置情况,演练所用设备装备的适用性,对完善应急预案、应急准备、应急机制、应急措施等方面的意见和建议等。

各地区各有关部门加强对本行政区域、本部门(行业、领域)应急预案演练的评估指导。根据需要,应急管理部门会同有关部门组织对下级人民政府及其有关部门组织的应急预案演练情况进行评估指导。

鼓励委托第三方专业机构进行应急预案演练评估。

第六章　评估与修订

第三十四条　应急预案编制单位应当建立应急

预案定期评估制度,分析应急预案内容的针对性、实用性和可操作性等,实现应急预案的动态优化和科学规范管理。

县级以上地方人民政府及其有关部门应急预案原则上每3年评估一次。应急预案的评估工作,可以委托第三方专业机构组织实施。

第三十五条　有下列情形之一的,应当及时修订应急预案:

(一)有关法律、法规、规章、标准、上位预案中的有关规定发生重大变化的;

(二)应急指挥机构及其职责发生重大调整的;

(三)面临的风险发生重大变化的;

(四)重要应急资源发生重大变化的;

(五)在突发事件实际应对和应急演练中发现问题需要作出重大调整的;

(六)应急预案制定单位认为应当修订的其他情况。

第三十六条　应急预案修订涉及组织指挥体系与职责、应急处置程序、主要处置措施、突发事件分级标准等重要内容的,修订工作应参照本办法规定的应急预案编制、审批、备案、发布程序组织进行。仅涉及其他内容的,修订程序可根据情况适当简化。

第三十七条　各级人民政府及其部门、企事业单位、社会组织、公民等,可以向有关应急预案编制单位提出修订建议。

第七章　保障措施

第三十八条　各级人民政府及其有关部门、各有关单位要指定专门机构和人员负责相关具体工作,将应急预案规划、编制、审批、发布、备案、培训、宣传、演练、评估、修订等所需经费纳入预算统筹安排。

第三十九条　国务院有关部门应加强对本部门(行业、领域)应急预案管理工作的指导和监督,并根据需要编写应急预案编制指南。县级以上地方人民政府及其有关部门应对本行政区域、本部门(行业、领域)应急预案管理工作加强指导和监督。

第八章　附　则

第四十条　国务院有关部门、地方各级人民政府及其有关部门、大型企业集团等可根据实际情况,制定相关应急预案管理实施办法。

第四十一条　法律、法规、规章另有规定的从其规定,确需保密的应急预案按有关规定执行。

第四十二条　本办法由国务院应急管理部门负责解释。

第四十三条　本办法自印发之日起施行。

公安机关反有组织犯罪工作规定

· 2022年8月26日公安部令第165号公布
· 自2022年10月1日起施行

第一章　总　则

第一条　为了保障《中华人民共和国反有组织犯罪法》的贯彻实施,保证公安机关依法、规范、高效开展反有组织犯罪工作,保护公民和组织的合法权益,根据有关法律、行政法规,制定本规定。

第二条　公安机关反有组织犯罪的职责任务,是收集、研判有组织犯罪相关信息,核查有组织犯罪线索,侦查有组织犯罪案件,实施《中华人民共和国反有组织犯罪法》规定的相关行政处罚,在职权范围内落实有组织犯罪预防和治理工作。

第三条　公安机关开展反有组织犯罪工作,应当坚持专门工作与群众路线相结合,坚持专项治理与系统治理相结合,坚持与反腐败相结合,坚持与加强基层组织建设相结合,惩防并举、标本兼治。

第四条　公安机关开展反有组织犯罪工作,应当符合法律、行政法规和本规章的规定,做到严格规范执法,尊重保障人权。

第五条　公安机关应当不断加强反有组织犯罪工作的专业化、规范化、信息化建设,促进反有组织犯罪各项工作的科学、精准、高效开展。

第六条　公安机关应当发挥职能作用,加强与相关部门信息共享、工作联动,充分调动各种资源,促进对有组织犯罪的源头治理。

各地公安机关、各警种部门之间应当加强协作、配合,依法履行反有组织犯罪各项工作职责。

第七条　公安机关应当建立科学的反有组织犯罪工作考评机制,全面考察基础工作、力量建设、预防治理、查处违法犯罪等各方面情况,综合评价反有组织犯罪工作质效。

第二章　预防和治理

第八条　公安机关应当结合公安工作职责，通过普法宣传、以案释法等方式，积极开展反有组织犯罪宣传教育，增强公民的反有组织犯罪意识和能力。

第九条　公安机关应当积极配合教育行政部门、学校建立防范有组织犯罪侵害校园工作机制，加强反有组织犯罪宣传教育，增强学生对有组织犯罪的识别能力和防范意识，教育引导学生自觉抵制有组织犯罪，防范有组织犯罪的侵害。

第十条　公安机关发现互联网上含有宣扬、诱导有组织犯罪内容的信息，应当及时责令电信业务经营者、互联网服务提供者停止传输、采取消除等处置措施，或者下架相关应用、关闭相关网站、关停相关服务，并保存相关记录，协助调查。

第十一条　公安机关应当建立有组织犯罪监测评估体系，根据辖区内警情、线索、案件及社会评价等情况，定期对本辖区有组织犯罪态势进行评估，并将评估结果报送上级公安机关。

第十二条　公安机关应当配合民政等有关部门，对村民委员会、居民委员会成员候选人资格依法进行审查，并及时处理有关有组织犯罪线索。

第十三条　公安机关应当配合市场监管、金融监管、自然资源、交通运输等行业主管部门，建立健全行业有组织犯罪预防和治理长效机制。

第十四条　公安机关在办理案件中发现相关行业主管部门有组织犯罪预防和治理工作存在问题，需要书面提出意见建议的，可以向相关行业主管部门发送公安提示函。

发函机关认为有必要的，可以抄送同级人民政府、人大、监察机关，或者被提示单位的上级机关。

第十五条　制发公安提示函，应当立足公安职能，结合侦查工作，坚持准确及时、必要审慎、注重实效的原则。

第十六条　公安机关可以直接向同级行业主管部门发送公安提示函。

需要向下级行业主管部门发送的，可以直接制发，也可以指令对应的下级公安机关制发。

需要向上级行业主管部门发送的，应当层报与其同级的公安机关转发，上级公安机关认为有必要的，

也可以直接制发。

发现异地的行业主管部门有组织犯罪预防和治理工作存在问题的，应当书面通报其所在地同级公安机关处理。

第十七条　公安提示函应当写明具体问题、发现途径、理由和依据、意见和建议、反馈要求等。

第十八条　公安机关根据有组织犯罪态势评估结果、公安提示函反馈情况等，可以会同有关部门确定预防和治理的重点区域、行业领域或者场所。

第十九条　对有组织犯罪预防和治理的重点区域、行业领域或者场所，当地公安机关应当根据职权加强治安行政管理、会同或者配合有关部门加大监督检查力度、开展专项整治。

第二十条　对因组织、领导黑社会性质组织被判处刑罚的人员，其户籍地设区的市级公安机关可以决定其自刑罚执行完毕之日起向公安机关报告个人财产及日常活动，并制作责令报告个人财产及日常活动决定书。

前款规定的户籍地公安机关认为由原办案地公安机关作出决定更为适宜的，可以商请由其决定。协商不成的，由共同的上级公安机关指定。

认为无需报告的，应当报上一级公安机关同意；无需报告的情况发生变化，有报告必要的，依照本规定作出责令报告个人财产及日常活动决定。

第二十一条　责令报告个人财产及日常活动决定书应当载明报告期限、首次报告时间、后续报告间隔期间，报告内容、方式，接受报告的公安机关及地址、联系方式，以及不如实报告的法律责任等。

首次报告时间不迟于刑罚执行完毕后一个月，两次报告间隔期间为二至六个月。

责令报告个人财产及日常活动决定书应当在其刑罚执行完毕之日前三个月内作出并送达和宣告，可以委托刑罚执行机关代为送达和宣告。

依据本规定第二十条第三款作出责令报告个人财产及日常活动决定的，不受第二款首次报告期限和前款期限限制。

第二十二条　作出决定的公安机关负责接受个人财产及日常活动报告。必要时，也可以指定下一级公安机关接受报告。

报告期间，经报告义务人申请，接受报告的公安机关认为确有必要的，报决定机关批准，可以变更接受报告的公安机关。跨决定机关管辖区域变更的，层报共同的上级公安机关决定。

接受报告的公安机关变更的，应当做好工作交接。

第二十三条　报告义务人应当按照责令报告个人财产及日常活动决定书的要求，到公安机关报告个人财产及日常活动情况。

在报告间隔期间，报告义务人的个人财产及日常活动情况可能出现较大变动或者存在重大错报、漏报等情况的，接受报告的公安机关可以通知报告义务人书面或者口头补充报告有关情况。

报告义务人住址、工作单位、通讯方式、出入境证件、重大财产发生变动的，应当在变动后的二十四小时内向公安机关报告。

第二十四条　公安机关可以要求报告义务人报告下列个人财产及日常活动情况：

（一）住址、工作单位、通讯方式；

（二）动产、不动产、现金、存款、财产性权利等财产状况；

（三）经商办企业、从事职业及薪酬、投资收益、经营收益等非职业性经济收入，大额支出等财产变动情况；

（四）日常主要社会交往、婚姻状况、接触特定人员和出入特定场所情况，出境入境情况等；

（五）受到行政、刑事调查及处罚的情况，涉及民事诉讼情况。

报告义务人对前款第二、三、五项规定的报告情况，应当提供证明材料。

第二十五条　个人财产及日常活动报告期限不超过五年，期限届满或者报告义务人在报告期内死亡的，报告义务自动解除。

第二十六条　公安机关在工作中发现境外的黑社会组织的人员可能入境渗透、发展、实施违法犯罪活动的，根据工作需要，可以通知移民管理、海关、海警等部门并提出处置建议。

移民管理、海关、海警等部门发现境外的黑社会组织的人员入境并通知公安机关的，公安机关应当及时依法处理。

第三章　线索核查处置

第二十七条　公安机关应当依法运用现代信息技术，建立有组织犯罪线索收集和研判机制，分级分类进行处置。

公安机关对有组织犯罪线索应当及时开展统计、分析、研判工作，依法组织核查；对不属于公安机关职责范围内的事项，移送有关主管机关依法处理。

第二十八条　有组织犯罪线索由县级公安机关负责核查，上级公安机关认为必要时可以提级核查或者指定其他公安机关核查。

上级公安机关应当加强对线索核查工作的监督指导，必要时可以组织抽查、复核。

第二十九条　对有组织犯罪线索，经县级以上公安机关负责人批准后启动核查。

核查有组织犯罪线索，可以依照有关法律和规定采取询问、查询、勘验、检查、鉴定和调取证据材料等不限制被调查对象人身、财产权利的调查措施。

采取前款规定的调查措施，依照《公安机关办理刑事案件程序规定》的有关规定进行审批，制作法律文书。

公安机关向有关单位和个人收集、调取相关信息和材料时，应当告知其必须如实提供。

第三十条　公安机关核查黑社会性质组织犯罪线索，发现涉案财产有灭失、转移的紧急风险的，经设区的市级以上公安机关负责人批准后，可以对有关涉案财产采取紧急止付或者临时冻结、临时扣押的紧急措施，期限不得超过四十八小时。

期限届满或者适用紧急措施的情形消失的，应当立即解除紧急措施；符合立案条件的，办案部门应当在紧急措施期限届满前依法立案侦查，并办理冻结、扣押手续。

第三十一条　有组织犯罪线索核查结论，应当经核查的公安机关负责人批准后作出。有明确举报人、报案人或者控告人的，除无法告知或者可能影响后续侦查工作的以外，应当告知核查结论。

对有控告人的有组织犯罪线索，决定对所控告的事实不予立案的，公安机关应当在核查结论作出后制作不予立案通知书，在三日以内送达控告人。

第三十二条　公安机关核查有组织犯罪线索，发现犯罪事实或者犯罪嫌疑人的,应当依照《中华人民共和国刑事诉讼法》的规定立案侦查。

第四章　案件办理

第三十三条　公安机关办理有组织犯罪案件,应当以事实为根据,以法律为准绳,依法全面收集证据,综合审查判断,准确认定有组织犯罪。

第三十四条　对有组织犯罪的组织者、领导者和骨干成员取保候审的,由办案的公安机关主要负责人组织集体讨论决定。

第三十五条　为谋取非法利益或者形成非法影响,有组织地进行滋扰、纠缠、哄闹、聚众造势等,对他人形成心理强制,足以限制人身自由、危及人身财产安全,影响正常社会秩序、经济秩序的,可以认定为有组织犯罪的犯罪手段。

第三十六条　对于利用信息网络实施的犯罪案件,符合有组织犯罪特征和认定标准的,应当按照有组织犯罪案件侦查、移送起诉。

第三十七条　根据有组织犯罪案件侦查需要,公安机关可以商请人民检察院派员参加案件会商,听取其关于案件定性、证据收集、法律适用等方面的意见。

第三十八条　公安机关办理有组织犯罪案件,可以依照《中华人民共和国出境入境管理法》的规定,决定对犯罪嫌疑人采取限制出境措施,按规定通知移民管理机构执行;对于不需要继续采取限制出境措施的,应当及时解除。

第三十九条　根据办理案件及维护监管秩序的需要,可以对有组织犯罪案件的犯罪嫌疑人、被告人采取异地羁押、分别羁押或者单独羁押等措施。采取异地羁押措施的,应当依法通知犯罪嫌疑人、被告人的家属和辩护人。

第四十条　公安机关在立案后,根据侦查犯罪的需要,依照《中华人民共和国刑事诉讼法》的规定,可以采取技术侦查措施、实施控制下交付或者由有关人员隐匿身份进行侦查。

公安机关实施控制下交付或者由有关人员隐匿身份进行侦查的,应当进行风险评估,制定预案,经县级以上公安机关负责人批准后实施。

采取技术侦查、控制下交付、隐匿身份侦查措施

收集的与案件有关的材料,可以作为刑事诉讼证据使用。如果使用该证据可能危及有关人员的人身安全,或者可能产生其他严重后果的,应当采取不暴露有关人员身份和使用的技术设备、侦查方法等保护措施。无法采取保护措施或者采取保护措施不足以防止产生严重后果的,可以建议由审判人员在庭外对证据进行核实。

第四十一条　公安机关侦查有组织犯罪案件,应当依法履行认罪认罚从宽告知、教育义务,敦促犯罪嫌疑人如实供述自己的罪行。

犯罪嫌疑人认罪认罚的,应当在起诉意见书中写明自愿认罪认罚的情况和从宽处理意见,并随案移送相关证据材料。

第四十二条　公安机关对于罪行较轻、自愿认罪认罚、采用非羁押性强制措施足以防止发生《中华人民共和国刑事诉讼法》第八十一条第一款规定的社会危险性的犯罪嫌疑人,依法可不适用羁押性强制措施;已经被羁押的,可以依法变更强制措施。

第四十三条　犯罪嫌疑人检举、揭发重大犯罪的其他共同犯罪人或者提供侦破重大案件的重要线索或者证据,同案处理可能导致其本人或者近亲属有人身危险,经县级以上公安机关负责人批准,可以分案处理。

公安机关决定分案处理的,应当就案件管辖等问题书面征求人民法院、人民检察院意见并达成一致,防止分案处理出现证据灭失、证据链脱节或者影响有组织犯罪认定等情况。

第四十四条　犯罪嫌疑人、被告人有《中华人民共和国反有组织犯罪法》第三十三条第一款所列情形之一的,经县级以上公安机关主要负责人批准,公安机关可以向人民检察院提出从宽处理的意见,并说明理由。

对有组织犯罪的组织者、领导者,应当严格适用。

第五章　涉案财产调查与处置

第四十五条　公安机关根据办理有组织犯罪案件的需要,可以全面调查涉嫌有组织犯罪的组织及其成员财产的来源、性质、用途、权属及价值,依法采取查询、查封、扣押、冻结等措施。

全面调查的范围包括:有组织犯罪组织的财产;

组织成员个人所有的财产;组织成员实际控制的财产;组织成员出资购买的财产;组织成员转移至他人名下的财产;组织成员涉嫌洗钱及掩饰、隐瞒犯罪所得、犯罪所得孳息、收益等犯罪涉及的财产;其他与有组织犯罪组织及其成员有关的财产。

第四十六条　公安机关根据反有组织犯罪工作需要,可以向反洗钱行政主管部门查询与有组织犯罪相关的信息数据、提请协查与有组织犯罪相关的可疑交易活动。

第四十七条　对下列财产,经县级以上公安机关主要负责人批准,可以依法先行处置,所得价款由扣押、冻结机关保管,并及时告知犯罪嫌疑人、被告人或者其近亲属:

(一)易损毁、灭失、变质等不宜长期保存的物品;

(二)有效期即将届满的汇票、本票、支票等;

(三)债券、股票、基金份额等财产,经权利人申请,出售不损害国家利益、被害人利益,不影响诉讼正常进行的。

第四十八条　有组织犯罪组织及其成员依法应当被追缴、没收的涉案财产无法找到、灭失或者与其他合法财产混合且不可分割的,公安机关应当积极调查、收集有关证据,并在起诉意见书中说明。

第四十九条　有证据证明犯罪嫌疑人在犯罪期间获得的财产高度可能属于黑社会性质组织犯罪的违法所得及其孳息、收益,公安机关应当要求犯罪嫌疑人说明财产来源并予以查证,对犯罪嫌疑人不能说明合法来源的,应当随案移送审查起诉,并对高度可能性作出说明。

第五十条　有组织犯罪案件移送审查起诉时,公安机关应当对涉案财产提出书面处理意见及理由、依据。

黑社会性质组织犯罪案件,一般应当对涉案财产材料单独立卷。

第五十一条　黑社会性质组织犯罪案件的犯罪嫌疑人逃匿,在通缉一年后不能到案,或者犯罪嫌疑人死亡,依照《中华人民共和国刑法》规定应当追缴其违法所得及其他涉案财产的,依照《中华人民共和国刑事诉讼法》及《公安机关办理刑事案件程序规定》有关犯罪嫌疑人逃匿、死亡案件违法所得的没收程序的

规定办理。

第五十二条　对于不宜查封、扣押、冻结的经营性财产,经县级以上公安机关主要负责人批准,可以申请当地政府指定有关部门或者委托有关机构代管或者托管。

不宜查封、扣押、冻结情形消失的,公安机关可以依法对相关财产采取查封、扣押、冻结措施。

第五十三条　利害关系人对查封、扣押、冻结、处置涉案财物提出异议的,公安机关应当及时予以核实,听取其意见,依法作出处理,并书面告知利害关系人。经查明确实与案件无关的财物,应当在三日以内解除相关措施,并予以退还。

公安机关对涉案财物作出处理后,利害关系人对处理不服的,可以提出申诉或者控告。受理申诉或者控告的公安机关应当及时进行调查核实,在收到申诉、控告之日起三十日以内作出处理决定并书面回复。

第六章　国家工作人员涉有组织犯罪的处理

第五十四条　公安机关在反有组织犯罪工作中,发现国家工作人员涉嫌《中华人民共和国反有组织犯罪法》第五十条第一款所列情形之一的,应当按照职权进行初步核查。

经核查,属于公安机关管辖的,应当全面调查,依法作出处理;不属于公安机关管辖的,应当及时移送主管机关。

第五十五条　依法从事反有组织犯罪工作的民警,不得有下列行为:

(一)接到报案、控告、举报不受理,发现犯罪信息、线索隐瞒不报、不如实报告,或者未经批准、授权擅自处置、不移送犯罪线索、涉案材料;

(二)向违法犯罪人员通风报信,阻碍案件查处;

(三)违反规定泄露国家秘密、商业秘密和个人隐私;

(四)违背事实和法律处理案件;

(五)违反规定查封、扣押、冻结、处置涉案财物;

(六)其他滥用职权、玩忽职守、徇私舞弊的行为。

违反上述规定构成犯罪的,依法追究刑事责任;尚不构成犯罪的,依规依纪依法给予处分。

第五十六条　公安机关应当与监察机关、人民法

院、人民检察院、司法行政机关加强协作配合,建立线索办理沟通机制。

对于重大疑难复杂的国家工作人员涉有组织犯罪案件,公安机关可以商监察机关、人民检察院同步立案、同步查处,根据案件办理需要,依法移送相关证据、共享有关信息,确保全面查清案件事实。

第五十七条 公安机关接到对从事反有组织犯罪工作民警的举报后,应当审慎对待,依规依纪依法处理,防止犯罪嫌疑人、被告人等利用举报干扰办案、打击报复。

对利用举报等方式歪曲捏造事实、诬告陷害从事反有组织犯罪工作民警的,应当依规依纪依法追究责任;造成不良影响的,应当按照规定及时澄清事实,恢复民警名誉,消除不良影响。

第七章 国际合作

第五十八条 公安部根据中华人民共和国缔结或者参加的国际条约,或者按照平等互惠原则,开展与其他国家、地区、国际组织的反有组织犯罪合作。

第五十九条 公安部根据国务院授权,代表中国政府与外国政府和有关国际组织开展反有组织犯罪情报信息交流和执法合作。

公安部依照有关法律规定,通过推动缔结条约、协定和签订警务合作文件等形式,加强跨境反有组织犯罪警务合作,推动与有关国家、地区、国际组织建立警务合作机制。

经公安部批准,边境地区公安机关可以与相邻国家或者地区执法机构建立跨境有组织犯罪情报信息交流和警务合作机制。

第六十条 通过跨境反有组织犯罪刑事司法协助和警务合作取得的材料可以在行政处罚、刑事诉讼中作为证据使用,但依据条约规定或者我方承诺不作为证据使用的除外。

第六十一条 公安机关开展跨境反有组织犯罪国际合作其他事宜及具体程序,依照有关法律和《公安机关办理刑事案件程序规定》等有关规定办理。

第八章 保障措施

第六十二条 公安机关应当为反有组织犯罪工作提供必要的组织保障、制度保障和物质保障。

第六十三条 公安机关应当建立健全反有组织

犯罪专业力量,加强骨干人才培养使用,设立常态化反有组织犯罪专门队伍和情报线索处置平台,确保各级公安机关具备数量充足、配备精良、业务过硬的专门队伍开展反有组织犯罪工作。

第六十四条 公安机关应当加强反有组织犯罪专家人才队伍建设,建立健全选拔、培养、使用机制。

公安机关应当将反有组织犯罪专业训练工作纳入年度教育训练计划。

第六十五条 各级公安机关应当将反有组织犯罪工作经费列入本单位年度预算予以保障。

第六十六条 因举报、控告和制止有组织犯罪活动,在有组织犯罪案件中作证,本人或者其近亲属的人身安全面临危险的,公安机关应当按照有关规定,采取下列一项或者多项保护措施:

(一)不公开真实姓名、住址和工作单位等个人信息;

(二)禁止特定的人接触被保护人员;

(三)对人身和住宅采取专门性保护措施;

(四)变更被保护人员的身份,重新安排住所和工作单位;

(五)其他必要的保护措施。

采取前款第四项规定的保护措施的,由公安部批准和组织实施。

案件移送审查起诉时,应当将采取保护措施的相关情况一并移交人民检察院。

第六十七条 公安机关发现证人因作证,本人或者其近亲属的人身安全面临危险,或者证人向公安机关请求予以保护,公安机关经评估认为确有必要采取保护措施的,应当制作呈请证人保护报告书,报县级以上公安机关负责人批准实施。

人民法院、人民检察院决定对证人采取第六十六条第一款第二、三项保护措施的,由县级以上公安机关凭人民法院、人民检察院的决定文书执行,并将执行保护的情况及时通知决定机关。必要时,可以请人民法院、人民检察院协助执行。

第六十八条 实施有组织犯罪的人员配合侦查、起诉、审判等工作,有《中华人民共和国反有组织犯罪法》第三十三条第一款所列情形之一,对侦破案件或者查明案件事实起到重要作用的,或者有其他重大立功表现的,可以参照证人保护的规定执行。

第六十九条　对办理有组织犯罪案件的人民警察及其近亲属,可以采取人身保护、禁止特定的人接触等保护措施。

第七十条　公安机关实施证人保护的其他事项,适用《公安机关办理刑事案件证人保护工作规定》。

各级公安机关可以结合本地实际,组建专门的证人保护力量、设置证人保护安全场所。

第九章　法律责任

第七十一条　公安机关开展反有组织犯罪工作,对有关组织和个人违反《中华人民共和国反有组织犯罪法》的行为,依法追究其相应的法律责任。

第七十二条　实施《中华人民共和国反有组织犯罪法》第六十九条所列行为的,依照《公安机关办理行政案件程序规定》确定案件管辖。

实施《中华人民共和国反有组织犯罪法》第六十九条第一款第一项行为的,也可以由抓获地公安机关管辖。

相关违法行为系在侦查有组织犯罪过程中发现的,也可以由负责侦查有组织犯罪的公安机关管辖。

第七十三条　《中华人民共和国反有组织犯罪法》第七十条规定的行政处罚,由接受报告的公安机关管辖。

第七十四条　《中华人民共和国反有组织犯罪法》第七十一条规定的行政处罚,由金融机构等相关单位所在地公安机关管辖,也可以由负责侦查有组织犯罪的公安机关管辖。

第七十五条　公安机关调查有组织犯罪,要求有关国家机关、行业主管部门予以配合相关工作或者提供相关证据,有关国家机关、行业主管部门没有正当理由不予配合的,层报相应的上级公安机关书面通报其上级机关。

第十章　附　则

第七十六条　本规定自 2022 年 10 月 1 日起施行。

最高人民法院、最高人民检察院关于办理寻衅滋事刑事案件适用法律若干问题的解释

· 2013 年 5 月 27 日最高人民法院审判委员会第 1579 次会议、2013 年 4 月 28 日最高人民检察院第十二届检察委员会第 5 次会议通过

· 2013 年 7 月 15 日最高人民法院、最高人民检察院公告公布

· 自 2013 年 7 月 22 日起施行

· 法释〔2013〕18 号

为依法惩治寻衅滋事犯罪,维护社会秩序,根据《中华人民共和国刑法》的有关规定,现就办理寻衅滋事刑事案件适用法律的若干问题解释如下:

第一条　行为人为寻求刺激、发泄情绪、逞强耍横等,无事生非,实施刑法第二百九十三条规定的行为的,应当认定为"寻衅滋事"。

行为人因日常生活中的偶发矛盾纠纷,借故生非,实施刑法第二百九十三条规定的行为的,应当认定为"寻衅滋事",但矛盾系由被害人故意引发或者被害人对矛盾激化负有主要责任的除外。

行为人因婚恋、家庭、邻里、债务等纠纷,实施殴打、辱骂、恐吓他人或者损毁、占用他人财物等行为的,一般不认定为"寻衅滋事",但经有关部门批评制止或者处理处罚后,继续实施前列行为,破坏社会秩序的除外。

第二条　随意殴打他人,破坏社会秩序,具有下列情形之一的,应当认定为刑法第二百九十三条第一款第一项规定的"情节恶劣":

(一)致一人以上轻伤或者二人以上轻微伤的;

(二)引起他人精神失常、自杀等严重后果的;

(三)多次随意殴打他人的;

(四)持凶器随意殴打他人的;

(五)随意殴打精神病人、残疾人、流浪乞讨人员、老年人、孕妇、未成年人,造成恶劣社会影响的;

(六)在公共场所随意殴打他人,造成公共场所秩序严重混乱的;

(七)其他情节恶劣的情形。

第三条　追逐、拦截、辱骂、恐吓他人,破坏社会秩序,具有下列情形之一的,应当认定为刑法第二百

九十三条第一款第二项规定的"情节恶劣"：

（一）多次追逐、拦截、辱骂、恐吓他人，造成恶劣社会影响的；

（二）持凶器追逐、拦截、辱骂、恐吓他人的；

（三）追逐、拦截、辱骂、恐吓精神病人、残疾人、流浪乞讨人员、老年人、孕妇、未成年人，造成恶劣社会影响的；

（四）引起他人精神失常、自杀等严重后果的；

（五）严重影响他人的工作、生活、生产、经营的；

（六）其他情节恶劣的情形。

第四条　强拿硬要或者任意损毁、占用公私财物，破坏社会秩序，具有下列情形之一的，应当认定为刑法第二百九十三条第一款第三项规定的"情节严重"：

（一）强拿硬要公私财物价值一千元以上，或者任意损毁、占用公私财物价值二千元以上的；

（二）多次强拿硬要或者任意损毁、占用公私财物，造成恶劣社会影响的；

（三）强拿硬要或者任意损毁、占用精神病人、残疾人、流浪乞讨人员、老年人、孕妇、未成年人的财物，造成恶劣社会影响的；

（四）引起他人精神失常、自杀等严重后果的；

（五）严重影响他人的工作、生活、生产、经营的；

（六）其他情节严重的情形。

第五条　在车站、码头、机场、医院、商场、公园、影剧院、展览会、运动场或者其他公共场所起哄闹事，应当根据公共场所的性质、公共活动的重要程度、公共场所的人数、起哄闹事的时间、公共场所受影响的范围与程度等因素，综合判断是否"造成公共场所秩序严重混乱"。

第六条　纠集他人三次以上实施寻衅滋事犯罪，未经处理的，应当依照刑法第二百九十三条第二款的规定处罚。

第七条　实施寻衅滋事行为，同时符合寻衅滋事罪和故意杀人罪、故意伤害罪、故意毁坏财物罪、敲诈勒索罪、抢夺罪、抢劫罪等罪的构成要件的，依照处罚较重的犯罪定罪处罚。

第八条　行为人认罪、悔罪，积极赔偿被害人损失或者取得被害人谅解的，可以从轻处罚；犯罪情节轻微的，可以不起诉或者免予刑事处罚。

最高人民检察院、公安部关于依法妥善办理轻伤害案件的指导意见

· 2022 年 12 月 22 日

为全面贯彻习近平法治思想，践行以人民为中心的发展思想，落实宽严相济刑事政策，提升轻伤害案件办案质效，有效化解社会矛盾，促进社会和谐稳定，实现办案政治效果、法律效果和社会效果的统一，根据《中华人民共和国刑法》《中华人民共和国刑事诉讼法》等有关规定，制定本意见。

一、基本要求

（一）坚持严格依法办案。人民检察院、公安机关要严格遵循证据裁判原则，全面、细致收集、固定、审查、判断证据，在查清事实、厘清原委的基础上依法办理案件。要坚持"犯罪事实清楚，证据确实、充分"的证明标准，正确理解与适用法律，准确把握罪与非罪、此罪与彼罪的界限，慎重把握逮捕、起诉条件。

（二）注重矛盾化解、诉源治理。轻伤害案件常见多发，如果处理不当，容易埋下问题隐患或者激化矛盾。人民检察院、公安机关办理轻伤害案件，要依法用足用好认罪认罚从宽制度、刑事和解制度和司法救助制度，把化解矛盾、修复社会关系作为履职办案的重要任务。要充分借助当事人所在单位、社会组织、基层组织、调解组织等第三方力量，不断创新工作机制和方法，促进矛盾纠纷解决以及当事人和解协议的有效履行。

（三）落实宽严相济刑事政策。人民检察院、公安机关要以宽严相济刑事政策为指导，对因婚恋、家庭、亲友、邻里、同学、同事等民间矛盾纠纷或者偶发事件引发的轻伤害案件，结合个案具体情况把握好法理情的统一，依法少捕慎诉慎押；对主观恶性大、情节恶劣的轻伤害案件，应当依法从严惩处，当捕即捕、当诉则诉。

二、依法全面调查取证、审查案件

（四）坚持全面调查取证。公安机关应当注重加强现场调查走访，及时、全面、规范收集、固定证据。建立以物证、勘验笔录、检查笔录、视听资料等客观性较强的证据为核心的证据体系，避免过于依赖言词证据定案。对适用刑事和解和认罪认罚从宽的案件，也

应当全面调查取证,查明事实。

(五)坚持全面审查案件。人民检察院应当注重对案发背景、案发起因、当事人的关系、案发时当事人的行为、伤害手段、部位、后果、当事人事后态度等方面进行全面审查,综合运用鉴定意见、有专门知识的人的意见等,准确认定事实,辨明是非曲直。

(六)对鉴定意见进行实质性审查。人民检察院、公安机关要注重审查检材与其他证据是否相互印证,文书形式、鉴定人资质、检验程序是否规范合法,鉴定依据、方法是否准确,损伤是否因既往伤病所致,是否及时就医,以及论证分析是否科学严谨,鉴定意见是否明确等。需要对鉴定意见等技术性证据材料进行专门审查的,可以按照有关规定送交检察、侦查技术人员或者其他有专门知识的人进行审查并出具审查意见。

对同一鉴定事项存在两份以上结论不同的鉴定意见或者当事人对鉴定结论有不同意见时,人民检察院、公安机关要注意对分歧点进行重点审查分析,听取当事人、鉴定人、有专门知识的人的意见,开展相关调查取证,综合全案证据决定是否采信。必要时,可以依法进行补充鉴定或者重新鉴定。

(七)准确区分罪与非罪。对被害人出现伤害后果的,人民检察院、公安机关判断犯罪嫌疑人是否构成故意伤害罪时,应当在全面审查案件事实、证据的基础上,根据双方的主观方面和客观行为准确认定,避免"唯结果论""谁受伤谁有理"。如果犯罪嫌疑人只是与被害人发生轻微推搡、拉扯的,或者为摆脱被害人拉扯或者控制而实施甩手、后退等应急、防御行为的,不宜认定为刑法意义上的故意伤害行为。

(八)准确区分寻衅滋事罪与故意伤害罪。对出现被害人轻伤后果的案件,人民检察院、公安机关要全面分析案件性质,查明案件发生起因、犯罪嫌疑人的动机、是否有涉黑涉恶或者其他严重情节等,依法准确定性,不能简单化办案,一概机械认定为故意伤害罪。犯罪嫌疑人无事生非、借故生非,随意殴打他人的,属于"寻衅滋事",构成犯罪的,应当以寻衅滋事罪依法从严惩处。

(九)准确区分正当防卫与互殴型故意伤害。人民检察院、公安机关要坚持主客观相统一的原则,综合考察案发起因、对冲突升级是否有过错、是否使用或者准备使用凶器、是否采用明显不相当的暴力、是否纠集他人参与打斗等客观情节,准确判断犯罪嫌疑人的主观意图和行为性质。因琐事发生争执,双方均不能保持克制而引发打斗,对于过错的一方先动手且手段明显过激,或者一方先动手,在对方努力避免冲突的情况下仍继续侵害,还击一方造成对方伤害的,一般应当认定为正当防卫。故意挑拨对方实施不法侵害,借机伤害对方的,一般不认定为正当防卫。

(十)准确认定共同犯罪。二人以上对同一被害人共同故意实施伤害行为,无论是否能够证明伤害结果具体由哪一犯罪嫌疑人的行为造成的,均应当按照共同犯罪认定处理,并根据各犯罪嫌疑人在共同犯罪中的地位、作用、情节等追究刑事责任。

犯罪嫌疑人对被害人实施伤害时,对虽然在场但并无伤害故意和伤害行为的人员,不能认定为共同犯罪。

对虽然有一定参与但犯罪情节轻微,依照刑法规定不需要判处刑罚或者免除刑罚的,可以依法作出不起诉处理。对情节显著轻微、危害不大,不认为是犯罪的,应当撤销案件,或者作出不起诉处理。

三、积极促进矛盾化解

(十一)充分适用刑事和解制度。对于轻伤害案件,符合刑事和解条件的,人民检察院、公安机关可以建议当事人进行和解,并告知相应的权利义务,必要时可以提供法律咨询,积极促进当事人自愿和解。

当事人双方达成和解并已实际履行的,应当依法从宽处理,符合不起诉条件的,应当作出不起诉决定。被害人事后反悔要求追究犯罪嫌疑人刑事责任或者不同意对犯罪嫌疑人从宽处理的,人民检察院、公安机关应当调查了解原因,认为被害人理由正当的,应当依法保障被害人的合法权益;对和解系自愿、合法的,应当维持已作出的从宽处理决定。

人民检察院、公安机关开展刑事和解工作的相关证据和材料,应当随案移送。

(十二)充分适用认罪认罚从宽制度。人民检察院、公安机关应当向犯罪嫌疑人、被害人告知认罪认罚从宽制度,通过释明认罪认罚从宽制度的法律规定,鼓励犯罪嫌疑人认罪认罚、赔偿损失、赔礼道歉,促成当事人矛盾化解,并依法予以从宽处理。

(十三)积极开展国家司法救助。人民检察院、公安机关对于符合国家司法救助条件的被害人,应当及时开展国家司法救助,在解决被害人因该案遭受损伤而面临的生活急迫困难的同时,促进矛盾化解。

(十四)充分发挥矛盾纠纷多元化解工作机制作用。对符合刑事和解条件的,人民检察院、公安机关要充分利用检调、公调对接机制,依托调解组织、社会组织、基层组织、当事人所在单位及同事、亲友、律师等单位、个人,促进矛盾化解、纠纷解决。

(十五)注重通过不起诉释法说理修复社会关系。人民检察院宣布不起诉决定,一般应当在人民检察院的宣告室等场所进行。根据案件的具体情况,也可以到当事人所在村、社区、单位等场所宣布,并邀请社区、单位有关人员参加。宣布不起诉决定时,应当就案件事实、法律责任、不起诉依据、理由等释法说理。

对于犯罪嫌疑人系未成年人的刑事案件,应当以不公开方式宣布不起诉决定,并结合案件具体情况对未成年犯罪嫌疑人予以训诫和教育。

四、规范落实少捕慎诉慎押刑事司法政策

(十六)依法准确把握逮捕标准。轻伤害案件中,犯罪嫌疑人具有认罪认罚,且没有其他犯罪嫌疑;与被害人已达成和解协议并履行赔偿义务;系未成年人或者在校学生,本人确有悔罪表现等情形,人民检察院、公安机关经审查认为犯罪嫌疑人不具有社会危险性的,公安机关可以不再提请批准逮捕,人民检察院可以作出不批捕的决定。

犯罪嫌疑人因其伤害行为致使当事人双方矛盾进一步激化,可能实施新的犯罪或者具有其他严重社会危险性情形的,人民检察院可以依法批准逮捕。

(十七)依法准确适用不起诉。对于犯罪事实清楚,证据确实、充分,犯罪嫌疑人具有本意见第十六条第一款规定情形之一,依照刑法规定不需要判处刑罚或者免除刑罚的,可以依法作出不起诉决定。

对犯罪嫌疑人自愿认罪认罚,愿意积极赔偿,并提供了担保,但因被害人赔偿请求明显不合理,未能达成和解谅解的,一般不影响对符合条件的犯罪嫌疑

人依法作出不起诉决定。

(十八)落实不起诉后非刑罚责任。人民检察院决定不起诉的轻伤害案件,可以根据案件的不同情况,对被不起诉人予以训诫或者责令具结悔过、赔礼道歉、赔偿损失。被不起诉人在不起诉前已被刑事拘留、逮捕的,或者当事人双方已经和解并承担了民事赔偿责任的,人民检察院作出不起诉决定后,一般不再提出行政拘留的检察意见。

(十九)依法开展羁押必要性审查。对于已经批准逮捕的犯罪嫌疑人,如果犯罪嫌疑人认罪认罚,当事人达成刑事和解,没有继续羁押必要的,人民检察院应当依法释放、变更强制措施或者建议公安机关、人民法院释放、变更强制措施。

(二十)对情节恶劣的轻伤害案件依法从严处理。对于虽然属于轻伤害案件,但犯罪嫌疑人涉黑涉恶的,雇凶伤害他人的,在被采取强制措施或者刑罚执行期间伤害他人的,犯罪动机、手段恶劣的,伤害多人的,多次伤害他人的,伤害未成年人、老年人、孕妇、残疾人及医护人员等特定职业人员的,以及具有累犯等其他恶劣情节的,应当依法从严惩处。

五、健全完善工作机制

(二十一)注重发挥侦查监督与协作配合机制的作用。办理轻伤害案件,人民检察院、公安机关要发挥侦查监督与协作配合办公室的作用,加强案件会商与协作配合,确保案件定性、法律适用准确;把矛盾化解贯穿侦查、起诉全过程,促进当事人达成刑事和解,协同落实少捕慎诉慎押刑事司法政策;共同开展类案总结分析,剖析案发原因,促进犯罪预防,同时要注意查找案件办理中存在的问题,强化监督制约,提高办案质量和效果。

对于不批捕、不起诉的犯罪嫌疑人,人民检察院、公安机关要加强协作配合,并与其所在单位、现居住地村(居)委会等进行沟通,共同做好风险防范工作。

(二十二)以公开听证促进案件公正处理。对于事实认定、法律适用、案件处理等方面存在较大争议,或者有重大社会影响,需要当面听取当事人和邻里、律师等其他相关人员意见的案件,人民检察院拟作出不起诉决定的,可以组织听证,把事理、情理、法理讲

清说透,实现案结事了人和。对其他拟作不起诉的,也要坚持"应听尽听"。

办理审查逮捕、审查延长侦查羁押期限、羁押必要性审查案件的听证,按照《人民检察院羁押听证办法》相关规定执行。

六、附则

(二十三)本意见所称轻伤害案件,是指根据《中华人民共和国刑法》第二百三十四条第一款的规定,故意伤害他人身体,致人损伤程度达到《人体损伤程度鉴定标准》轻伤标准的案件。

(二十四)本意见自发布之日起施行。

文化和旅游部、公安部关于进一步加强大型营业性演出活动规范管理促进演出市场健康有序发展的通知

· 2023 年 9 月 12 日
· 文旅市场发〔2023〕96 号

各省、自治区、直辖市文化和旅游厅(局),公安厅(局)、新疆生产建设兵团文化体育广电和旅游局、公安局:

当前,演出市场快速恢复发展,演唱会、音乐节等大型营业性演出活动大量增加,在满足人民群众精神文化需求的同时,个别演出活动中炒票倒票、非理性追星、不文明观演等问题也较为突出。为加强观众人数在 5000 人以上的大型营业性演出活动(以下简称"大型演出活动")的规范管理,促进演出市场健康有序发展,现就有关事项通知如下。

一、明确工作原则

(一)大型演出活动必须坚持为人民服务、为社会主义服务的方向,坚持把社会效益放在首位、实现社会效益和经济效益相统一,更好满足人民群众精神文化需求。

(二)按照"谁举办谁负责"的原则,演出举办单位应当严格落实安全主体责任,严格建立并落实安全管理制度,明确安全责任人,建立并完善风险评估和应急处置工作机制。演出举办单位应当依法办理演出审批手续,安排演出节目内容,负责演出票务和现场管理,加强消费者个人信息保护,做好现场观众引导、

掌握舆情动态,及时报告有关情况,接受主管部门指导监督,主动承担法定责任和义务。

(三)文化和旅游行政部门、公安机关要严格落实属地责任,强化协作配合,加强大型演出活动规范管理,确保大型演出活动平稳有序举办。

二、严格审批管理

(四)省级文化和旅游行政部门、公安机关要加强对本行政区域内大型演出活动的统筹指导,大型演出活动审批前,应当经过省级文化和旅游行政部门、属地公安机关风险评估和综合研判。

(五)文化和旅游行政部门要督促演出举办单位在申请举办大型演出活动前,对可能出现的票务销售、现场管理、网络舆情等方面的风险开展自评,形成书面报告并在申请举办时提交。

(六)省级文化和旅游行政部门、属地公安机关开展风险评估,演出举办单位开展风险自评时,应当在传统的人、事、物、场等评估要素基础上,将网上热度、舆情反应、网民评价等网络特征纳入评估范畴,建立网上网下风险综合评估体系。

(七)省级文化和旅游行政部门、属地公安机关要对风险较高的演出活动加强行政指导,督促做好现场监管。对不符合安全条件的演出活动,要求受理审批的文化和旅游行政部门、公安机关不予批准。

三、加强票务管理

(八)大型演出活动实行实名购票和实名入场制度,每场演出每个身份证件只能购买一张门票,购票人与入场人身份信息保持一致。演出举办单位、演出票务销售平台应当加强消费者个人信息保护,防止未经授权的访问以及个人信息泄露、篡改、丢失。

(九)演出举办单位应当建立大型演出活动退票机制,设定合理的梯次退票收费标准,保障购票人的正当退票权利。

(十)进一步提高大型演出活动门票销售比例,演出举办单位面向市场公开销售的门票数量不得低于核准观众数量的 85%。对其余 15%的门票,应当在演出前 24 小时进行个人信息绑定,做到"实名绑定、实名入场"。

(十一)演出举办单位应当明示其授权的票务代理机构,引导消费者从合法渠道购买门票。应当履行

告知义务,告知消费者购票、入场和退票规则。

(十二)文化和旅游行政部门要督促演出举办单位、演出票务销售平台将大型演出活动的票务信息(包括但不限于演出项目的名称、演出时间、演出场次、门票数量、票务销售方案、票房收入等信息)实时传输至全国文化市场技术监管与服务平台,进一步加强大型演出活动票务信息管理。

(十三)文化和旅游行政部门、公安机关要加强对大型演出活动举办方和场地方工作票证的管理,严格控制发放范围,防止工作票证流入市场被非法买卖。

四、加强演出现场管理

(十四)文化和旅游市场管理部门、综合执法机构要加强对大型演出活动的实地检查,现场核验演员信息及演出节目内容,严禁擅自变更演员及演出内容,严禁假唱、假演奏等违法违规行为。

(十五)公安机关要加强大型演出活动现场安全监管,指导演出举办单位强化事前安全评估,制定安全工作方案,落实安保措施,配备安检设备,严格对进入现场的人员、车辆、物品进行安全检查,配备足够安保人员,落实应急处置措施。公安机关依法对安全工作落实情况实施监督检查,发现安全隐患责令改正,依法查处违法犯罪行为,处置突发事件。

(十六)演出举办单位应当积极配合文化和旅游行政部门、公安机关监督管理,根据工作需要,采取必要的管控措施,提升演出现场管理水平。

五、加大违法行为打击力度

(十七)文化和旅游行政部门要加强对演出票务销售平台的管理,依法处置未履行核验票务经营单位资质及演出批准文件义务,为倒卖门票提供服务等违规行为。

(十八)公安机关要加大对倒卖演出票证的打击整治力度,全面收集网上网下倒卖炒作票证信息,及时发现加价、变相加价销售票证的线索,严打网上网

下倒票和诈骗等违法犯罪活动。

(十九)公安机关要依法打击流量造假、造谣传谣、侵犯隐私,以及聚众闹事、滋事斗殴等网上网下各类违法犯罪活动。适时公布典型案例,及时警示震慑,以正视听。

(二十)公安机关要加强对大型演出活动安全监管,对演出举办单位、场所管理者举办大型群众性演出活动违反安全管理规定,以及扰乱活动秩序的行为,要按照《大型群众性活动安全管理条例》《中华人民共和国治安管理处罚法》《中华人民共和国刑法》有关规定依法予以处罚。

六、引导观众文明观演

(二十一)公安机关指导演出举办单位做好入场安检,禁止观众携带影响正常观演的物品入场,倡导观众文明观演。演出举办单位要加强现场巡查,及时制止不文明观演行为,维护观演秩序。

(二十二)演员经纪公司及相关演艺经纪从业人员应当加强对演员的教育、提醒,积极引导演员时刻敬畏法律红线,严守道德底线。鼓励演员主动发声,引导观众遵守演出现场管理规定,共同维护演出秩序。

七、强化信用监管

(二十三)文化和旅游行政部门要依照《文化和旅游市场信用管理规定》,对大型演出活动中存在面向公众销售门票数量低于核准数量的85%或者为倒卖门票、买卖演出工作票证提供便利等情形的演出举办单位及票务代理机构,依法认定为文化和旅游市场失信主体。

(二十四)文化和旅游行政部门、公安机关要对失信主体加大日常监管力度,对其申请营业性演出、大型群众性活动等行政许可事项予以重点关注,在行政奖励、授予称号等方面予以重点审查。

特此通知。

· 典 型 案 例

检察机关依法妥善办理轻伤害案件典型案例①
（2023 年 1 月 13 日）

案例一
焦某、李某故意伤害案

【基本案情】

被不起诉人焦某,男,无业。

被不起诉人李某,男,无业。

焦某酒后驾驶两轮电动车违反交通信号灯指示通过北京市朝阳区一十字路口时,与李某驾驶的正常行驶的小轿车发生碰撞。事故发生后,焦某不道歉且欲离开,双方发生口角,焦某先推了李某一把,李某打了焦某胸部一拳,二人撕扯、纠打在一起。其间,焦某打了李某鼻部一拳,李某打了焦某面部一拳。后经他人劝阻停止打斗。李某报警。经交通事故责任认定,焦某负全部责任。

李某当日就医,诊断为鼻骨骨折、鼻中隔骨折,经鉴定为轻伤二级。焦某事发后第三日就医,三个月后诊断出左耳感音神经性耳聋,后鉴定为轻伤二级。

公安机关对焦某、李某故意伤害案分别刑事立案,并对二人取保候审。2019 年 12 月 4 日,公安机关将焦某、李某故意伤害案移送北京市朝阳区人民检察院审查起诉。

【检察机关履职过程】

（一）开展自行侦查,准确认定案件事实。焦某、李某均不承认打过对方面部,并对对方伤情提出疑问。为查明案情,检察机关自行侦查,对案发现场的监控录像进行技术处理,查清焦某用拳头打了李某面部正中位置,以及李某用拳头打了焦某面部右侧。对焦某提出的怀疑李某初次就医材料造假的问题,检察机关从李某处调取其全部就诊材料,对接诊的多位医生询问,证明李某面部受到外力击打,导致鼻骨骨折、鼻中隔骨折。对李某提出的案发后焦某没有第一时间就医,其左耳听力障碍与自己没有关系的问题,检察机关对接诊焦某的医生询问,查明焦某左耳感音神经性耳聋可能由于年龄大、自身疾病、击打等多种因素引发,成伤

机制上无法确定是李某造成。

（二）适用认罪认罚从宽、刑事和解制度教育转化促成矛盾化解。对焦某拒不认罪的情况,检察机关开展教育转化,通过开示监控视频,打消焦某的侥幸心理;通过开示李某的就医材料和医护人员证言,消除焦某的疑问;通过释法说理,宣讲认罪认罚从宽制度,消减焦某的对抗情绪。最终,焦某自愿认罪认罚,签署《认罪认罚具结书》。对案发后一年多二人矛盾一直未化解且对抗情绪激烈的情况,检察机关了解到,焦某因患疾病、经济能力有限、担心无力承担高额赔偿等因素一直拒绝和解,而李某因不满焦某违章引发事故、先动手打人且不道歉也一直拒绝和解。对李某提出焦某酒后驾驶摩托车涉嫌危险驾驶罪而公安机关未立案追究的情况,检察机关查明焦某所驾驶车辆不属机动车。检察机关将调查过程、结果告知李某,消除李某的疑惑。在此基础上,检察机关通过向二人宣讲刑事和解规定、了解双方诉求,促成焦某向李某赔偿人民币 3000元,双方相互谅解。

（三）根据事实、证据和法律规定区分情形,依法适用不起诉。检察机关考虑焦某犯罪情节轻微,认罪认罚,与被害人和解、赔偿损失取得谅解,于 2020 年 2 月 28 日依据刑事诉讼法第一百七十七条第二款作出不起诉。对李某,经二次退回补充侦查和自行补充侦查,在案证据仍无法认定李某的行为和焦某的伤情存在因果关系,于 2020 年 4 月 16 日依据刑事诉讼法第一百七十五条第四款作出不起诉。检察机关通过释法说理,二人均认可不起诉决定。

【典型意义】

（一）依法自行开展侦查工作。查清事实、厘清原委是认定案件事实、化解矛盾的根本。轻伤害案件要重点查清案件起因、致伤手段、致伤部位和致伤原因。自行侦查具有可行性的,检察机关可以依法自行开展侦查。

（二）办理因民间纠纷引发的轻伤害案件要注重矛盾化解。办理因民间纠纷引发的轻伤害案件要注重矛盾化解,依法充分适用认罪认罚从宽、刑事和解规定,

---

① 案例来源:最高人民检察院网站,https://www.spp.gov.cn/xwfbh/dxal/202303/t20230302_605116.shtml,最后访问时间:2025 年 3 月 26 日。

把化解矛盾贯穿办案始终,明辨是非,使当事人、群众明事理、守规矩,发挥法律定分止争作用,体现司法公正。

(三)依法敢用、善用、准确适用不起诉。对因民间纠纷引起的轻伤害案件,犯罪嫌疑人真诚悔罪,向被害人赔偿损失、赔礼道歉并取得谅解,案件事实清楚,证据确实、充分,符合不起诉条件的,检察机关可以依法决定不起诉。

案例二
卢某故意伤害案
【基本案情】

被不起诉人卢某,男,农民。

被害人孙某,男,农民。

二人系邻居。卢某以孙某家中作坊生产有噪音、影响自己生活为由经常与孙某争吵。2019 年 11 月 26 日,卢某再次与孙某发生争吵,用拳头打了孙某胸部、头部等部位,并将孙某推倒在路边花坛,致孙某受伤。孙某的两个兄弟获悉后赶到现场,将孙某送往医院。经鉴定,孙某左侧第 4、5、6 肋骨骨折,构成轻伤二级。

公安机关刑事立案后,经电话通知,卢某自行到公安机关接受调查,并预交部分赔偿款。后被取保候审。

2020 年 1 月 9 日,公安机关将卢某故意伤害案移送浙江省慈溪市人民检察院审查起诉。

【检察机关履职过程】

(一)通过证据开示,促使犯罪嫌疑人认罪。审查起诉阶段,卢某辩称虽然打过孙某,但准备离开时,孙某伙同两个兄弟对自己殴打,自己出于防卫将孙某推倒。检察机关协同公安机关进一步补充了案发时在场人员的证言,并召集卢某及其辩护人、孙某、侦查人员进行证据开示。在证据面前,卢某承认自己的辩解与事实不符,供认案发时孙某的两个兄弟未殴打自己,自己不存在防卫情形,愿意认罪认罚。辩护人对开示的证据及案件定性没有异议。

(二)组织公开听证,充分听取各方意见。检察机关走访当地村委会,深入了解当事人的情况和矛盾缘由,并就拟不起诉公开听证,听取公安机关、当事人的意见。通过听证,卢某认可检察机关认定的事实、证据,愿意赔偿孙某的医疗和误工损失,孙某也表示谅解卢某,同意对卢某作出不起诉。卢某、孙某自行达成和

解,卢某赔偿孙某损失 11.3 万元,出具书面保证,承诺不再与孙某冲突。双方签署和解协议。卢某在辩护人见证下,签署《认罪认罚具结书》。慈溪市人民检察院于 2020 年 4 月 7 日根据刑事诉讼法第一百七十七条第二款对卢某作出不起诉决定。

(三)开展不起诉公开宣布,进行普法宣传。检察机关结合走访情况,在村委会组织卢某及其亲属、孙某、村民代表、村干部等一同参与,开展不起诉公开宣布。检察机关阐述了案件的事实、性质,宣讲了认罪认罚从宽、刑事和解的规定,以及作出不起诉的理由,对卢某进行批评教育。双方均表示以后会理智做事,维护和谐邻里关系。

【典型意义】

(一)探索实践认罪认罚从宽制度证据开示。检察机关对事实清楚、证据充分,但犯罪嫌疑人不认罪或者对部分事实不认罪的案件,通过证据开示,使犯罪嫌疑人认可已查明事实,提高认罪认罚自愿性。

(二)以公开听证保证不起诉的公正性和当事人的可接受度。检察机关对拟不起诉案件,可以组织听证,充分听取公安机关和犯罪嫌疑人、被害人以及犯罪嫌疑人、被害人委托的人等对案件处理的意见,为案件是否作不起诉处理提供参考。对民间纠纷引发的轻伤害案件,当事人自愿达成和解的,检察机关可以依法决定不起诉。

(三)通过不起诉公开宣布释法说理。对民间纠纷,特别是发生在邻里间的轻微刑事案件,检察机关可以组织不起诉公开宣布,增强检察机关作出不起诉决定的公开性和说理性,并通过以案释法引导社会公众平和、理性处理纠纷。

案例三
王某故意伤害案
【基本案情】

被不起诉人王某(被害人王某香的弟媳妇),女,农民。

被害人王某香,女,农民。

王某的婆婆去女儿王某香家暂住期间,所住偏屋因年久失修在雨中倒塌。王某香送母亲回家时发现偏房倒塌,以为王某所为,遂骂王某,二人发生口角。后互扯头发、抓扯对方并在地上翻滚,其间,王某将王某

香压倒在地,用膝盖跪压在王某香上身,造成王某香右侧6根肋骨骨折。王某香也咬了王某右手小指。经鉴定,王某构成轻微伤,王某香构成轻伤一级。

公安机关对王某涉嫌故意伤害案刑事立案。经电话通知,王某自行到公安机关配合调查。后公安机关将王某刑事拘留。2019年3月8日,公安机关以王某涉嫌故意伤害罪提请江苏省连云港市赣榆区人民检察院批准逮捕。

【检察机关履职过程】

(一)讯问、听取意见,了解双方和解意愿。审查逮捕阶段,检察机关认为,该案系民间纠纷引发的轻伤害案件,符合法律规定的刑事和解案件范围,且发生在亲属间,有和解基础。检察机关讯问王某时,王某认罪悔罪,表示会尽力赔偿被害人损失,愿意和解。同时,检察机关听取了王某香的意见,王某香也表示愿意和解。

(二)释法说理,引导理性对待赔偿。虽然双方有和解意愿,但王某香要求赔偿数额高,而王某因经营不善经济较困难。检察机关向双方释明认罪认罚、刑事和解规定和当地司法机关会签的文件,解释此类案件最高赔偿标准上限,即除犯罪嫌疑人自愿支付外,不得超过实际损失的3倍。后王某香自愿降低索赔数额。

(三)启动检调对接,促成刑事和解。检察机关启动检调对接机制,司法行政机关派驻检察机关的人民调解工作室的专职调解员开展调解工作。专职调解员到当事人村庄了解双方家庭关系、纠纷症结,以及王某的家庭经济状况和王某香的治疗情况,并联系当地党委、政府、村委会负责人,邀请人大代表等参与调解,经多方共同工作,王某香同意接受王某5万元赔偿。当日,王某支付王某香3万元赔偿,王某香对王某表示谅解。2019年3月14日,赣榆区人民检察院以无社会危险性对王某作出不批准逮捕决定。

公安机关移送起诉后,王某认罪认罚,在值班律师见证下签署《认罪认罚具结书》。检察机关认为,王某犯罪情节轻微,与被害人达成和解取得谅解,并具有自首情节,认罪认罚,依法对王某作出不起诉。后检察机关和专职调解员对当事人回访,了解到当事人之间真正消除了内心芥蒂,家庭关系得到修复。

【典型意义】

(一)积极促进当事人双方进行和解。对符合刑事和解条件的,检察机关要充分听取当事人双方的意见,释明刑事和解相关法律规定,引导双方理性对待赔偿问题,积极促进当事人达成和解。

(二)充分发挥第三方调解力量促进和解。对有和解意愿,符合和解条件的,可以由第三方调解力量主持当事人双方调解,以促进当事人达成刑事和解。

(三)对民间纠纷引发的轻伤害案件应当坚持少捕慎诉。发生在亲属间的轻伤害案件多因琐事引发,检察机关办理此类案件应坚持少捕慎诉。对达成刑事和解,符合不批捕、不起诉条件的,可以依法作出不批捕、不起诉决定。

案例四
敖某故意伤害案

【基本案情】

被不起诉人敖某,男,农民。

被害人唐某,男,农民。

敖某驾车到贵州省盘州市胜境街道大菁居委会黄坡口处,接叔叔敖某甲(村干部)去处理本村事务。当敖某甲坐到车上,敖某驾车准备离开时,唐某酒后来到车旁,趴在敖某车副驾驶车门上,要敖某甲安排车第二天给自己拉土,敖某甲答应安排,要他回去休息,但唐某依然趴在副驾驶车门上说拉土的事。于是,敖某下车将唐某拉到一旁,再次准备驾车离开。唐某又趴到副驾驶车门上说安排拉土的事,敖某下车将唐某拉开,二人拉扯时一起摔倒在地,起身后被围观群众拉开。

当日23时许,唐某到医院就诊,诊断为左侧5、6肋骨骨折。次日,唐某到医院进一步住院治疗。后经鉴定,唐某伤情为轻伤二级。2019年2月2日,公安机关对敖某涉嫌故意伤害案刑事立案,后对敖某取保候审,7月2日移送贵州省盘州市人民检察院审查起诉。

【检察机关履职过程】

(一)细致审查,梳理在案证据。敖某始终称自己没有殴打唐某,但考虑到双方有拉扯行为,且同村熟识,愿意给予对方2万元经济补偿。而唐某称是敖某用脚将自己肋骨踢骨折,要求严惩敖某,并要求赔偿6万元。检察机关梳理了在案证据:第一,唐某陈述,敖某从车上下来后朝其胸部踢了三、四脚,后又朝其大腿打了几拳,打完后开车离开,当天自己没有喝酒;第二,多名证人证实敖某多次下车将唐某拉开,两个人发生拉扯,有证人证实二人一起摔倒在地,没有看到敖某打唐某,唐某当时歪歪斜斜,应该喝酒了;第三,敖某的供述与证人证言基本一致,其供称因自己要开车走,唐某趴在车上不让离开,自己将唐某拉开,没有打唐某,不知他如何摔倒。

(二)补充侦查,进一步完善证据。检察官到案发现场查看走访,并多次听取当事人意见,希望化解双方矛盾,但二人始终未能就赔偿数额达成一致。通过完善证据,补充的证人证实没有看到敖某殴打唐某。检察机关梳理出案件关键问题:第一,敖某的拉扯行为是否属于伤害行为;第二,敖某主观上有没有伤害故意;第三,敖某要否对唐某的轻伤后果承担责任。

(三)根据在案证据,准确认定事实适用法律。在案证据证实,唐某多次趴在车门,敖某仅是将其拉开,虽然唐某坚持称是敖某用脚踢了自己的胸部,并否认当天饮酒,但在场目击证人证实敖某没有打唐某的行为,并证实唐某当天走路歪歪斜斜,有饮酒的情况。检察机关认为,唐某陈述与客观事实不符,遂采信证人证言及敖某供述,认定敖某客观上除了拉扯行为外,没有打唐某,该拉扯行为不是刑法意义上的伤害行为,且二人同村,素无矛盾,主观上也没有伤害唐某的动机、故意。该拉扯行为导致二人摔倒,有唐某酒后自身站立不稳的因素,也有劝架群众拉架时人多手杂的因素。而且,唐某酒后失态、无理纠缠,敖某将其拉开的行为具有正当性。因此,不应将结果归责于敖某。后盘州市人民检察院依据刑事诉讼法第一百七十七条第一款的规定,于2019年10月23日对敖某作出不起诉决定。

检察机关作出不起诉决定后,唐某及其家人表示要申诉,反复强调是被敖某殴打所致。检察机关对唐某及家人耐心细致释法说理,从证据采信、事实认定和法律适用方面逐一解释。最终,唐某及家人认可检察机关的处理意见,未再申诉。

【典型意义】

(一)正确认定刑法意义上的伤害行为。故意伤害罪中的伤害行为往往表现为行为人积极、主动实施侵害行为,为追求伤害后果对被害人实施殴打。如果行为人只是与被害人发生轻微推搡、拉扯,一般不宜认定为刑法意义上的故意伤害行为。

(二)正确认定刑法意义上的伤害故意。行为人主动攻击行为不明显,在出现被害人伤害后果时,不应简单将结果归咎于行为人,要看行为人是否有伤害故意,

可以结合当事人双方的关系、案发起因、是否使用工具、受伤部位、具体场景等判断。

案例五
石某故意伤害案

【基本案情】

被告人石某,男,农民。

被害人汪某,女,农民。

被害人朱某,女(汪某之女),农民。

石某与朱某2019年8月确立男女朋友关系,2020年12月二人分手后,石某仍心有不甘,多次通过电话及微信等方式纠缠朱某。

2021年1月2日,石某欲再次骚扰朱某及家人,于次日凌晨1时许翻墙进入朱某家院内,又翻窗进入堂屋外封闭的"厦屋",推开堂屋门进入屋内,在未找到朱某后又欲强行进入卧室。汪某听见声响后用身体将卧室门顶住,并质问来人。石某在明知顶门的是年老体弱的汪某的情况下,故意大力撞门致使汪某摔倒在地,造成汪某手部受伤。石某进入卧室发现朱某不在,遂将朱某的行李箱拿走后离开。汪某因手部疼痛入院医治,经查系右手桡骨骨折,于1月22日报警。1月26日23时许,石某再次到朱某家滋扰,又翻墙进入朱某家中,发现家中无人后,将堂屋内衣橱中朱某的衣服等物品盗走。后因石某将衣物等丢弃,未能进行价格鉴定。

3月26日,经鉴定,汪某的伤情构成轻伤二级,公安机关当日立为刑事案件侦查。4月1日,公安机关提请批准逮捕。6月7日,公安机关以石某涉嫌故意伤害罪、非法侵入住宅罪、盗窃罪移送山东省沂南县人民检察院审查起诉。

【检察机关履职过程】

(一)全面审查犯罪事实,准确适用法律。检察机关审查认为,在石某冲撞卧室门之前,汪某已出言制止,而石某明知推不动门是因年事已高的汪某在卧室里用身体挡住的情况下,仍然大力冲撞将门锁撞断,将汪某撞倒在地。石某主观上对汪某受伤是放任的间接故意,客观上造成轻伤的危害后果,其行为符合故意伤害罪的规定。石某进入朱某家中盗窃衣物并丢弃的行为属于入户盗窃,侵犯了被害人的财产权益,依法构成盗窃罪。两次实施犯罪过程中,石某非法侵入住宅的

行为是故意伤害和入户盗窃的手段行为，不再单独评价。

（二）注重审查犯罪情节，依法从严惩处。石某在与朱某分手后仍多次纠缠，两次深夜闯入朱某家中滋扰，造成年迈且有残疾的汪某轻伤，将朱某的衣服等物品放入事先准备的蛇皮袋中盗走丢弃，其行为对两名被害人的身体健康、居住安宁及财产安全造成侵害，已涉嫌构成故意伤害罪、盗窃罪；石某在案发后缺乏真诚悔罪表现，一直拒不赔偿被害人的各项经济损失，主观恶性较大，情节恶劣，可能判处徒刑以上刑罚，且有再犯可能，对其取保候审不足以防止社会危险性的发生。检察机关依法对石某作出批捕决定，并综合案件的事实、性质和情节，对石某提起公诉。2021 年 9 月 2 日，沂南县人民法院对石某以故意伤害罪判处有期徒刑十个月；以盗窃罪判处有期徒刑六个月，并处罚金；合并执行有期徒刑一年二个月，并处罚金。

（三）主动开展司法救助，缓解被害人生活困难。法院判决后，被害人汪某一直未获得赔偿，石某对判决的刑事附带民事赔偿也未予履行，针对此情况，检察机关到汪某所居住的村进行实地走访、调查核实，认为汪某的情况符合国家司法救助条件。2022 年 4 月，检察机关向汪某发放 5000 元司法救助金，一定程度缓解了被害人的生活困境。

【典型意义】

（一）注重对案件全面审查、准确定性。办案中，要全面审查案件发生的背景，案发起因、经过、造成的后果等，准确认定犯罪事实。犯罪嫌疑人非法侵入他人住宅实施伤害行为，构成故意伤害罪，侵入住宅的行为作为手段行为，可不再单独评价为犯罪，作为故意伤害罪的从重量刑情节考量。

（二）对主观恶性大、情节恶劣的轻伤害案件，要依法从严处理。对于虽然属于轻伤害案件，但犯罪嫌疑人犯罪动机、手段恶劣，伤害未成年人、老年人、孕妇、残疾人及医护人员等特定职业人员的，以及具有累犯等其他恶劣情节的，应当依法从严惩处。

（三）积极开展国家司法救助。要全面了解被害人遭受损失情况及生活困难情况，对于符合国家司法救助条件的，应当依法及时开展司法救助，在解决被害人因该案遭受损害而面临的生活急迫困难的同时，促进矛盾化解，增进社会和谐。

2. 危险物品管理

（1）综合

道路危险货物运输管理规定

- 2013 年 1 月 23 日交通运输部发布
- 根据 2016 年 4 月 11 日《交通运输部关于修改〈道路危险货物运输管理规定〉的决定》第一次修正
- 根据 2019 年 11 月 28 日《交通运输部关于修改〈道路危险货物运输管理规定〉的决定》第二次修正
- 根据 2023 年 11 月 10 日《交通运输部关于修改〈道路危险货物运输管理规定〉的决定》第三次修正

第一章 总 则

第一条 为规范道路危险货物运输市场秩序，保障人民生命财产安全，保护环境，维护道路危险货物运输各方当事人的合法权益，根据《中华人民共和国道路运输条例》和《危险化学品安全管理条例》等有关法律、行政法规，制定本规定。

第二条 从事道路危险货物运输活动，应当遵守本规定。军事危险货物运输除外。

法律、行政法规对民用爆炸物品、烟花爆竹、放射性物品等特定种类危险货物的道路运输另有规定的，从其规定。

第三条 本规定所称危险货物，是指具有爆炸、易燃、毒害、感染、腐蚀等危险特性，在生产、经营、运输、储存、使用和处置中，容易造成人身伤亡、财产损毁或者环境污染而需要特别防护的物质和物品。危险货物以列入《危险货物道路运输规则》（JT/T 617）的为准，未列入《危险货物道路运输规则》（JT/T 617）的，以有关法律、行政法规的规定或者国务院有关部门公布的结果为准。

本规定所称道路危险货物运输，是指使用载货汽车通过道路运输危险货物的作业全过程。

本规定所称道路危险货物运输车辆，是指满足特定技术条件和要求，从事道路危险货物运输的载货汽车（以下简称专用车辆）。

第四条 危险货物的分类、分项、品名和品名编号应当按照《危险货物道路运输规则》（JT/T 617）执行。危险货物的危险程度依据《危险货物道路运输规则》（JT/T 617），分为Ⅰ、Ⅱ、Ⅲ等级。

第五条　从事道路危险货物运输应当保障安全，依法运输，诚实信用。

第六条　国家鼓励技术力量雄厚、设备和运输条件好的大型专业危险化学品生产企业从事道路危险货物运输，鼓励道路危险货物运输企业实行集约化、专业化经营，鼓励使用厢式、罐式和集装箱等专用车辆运输危险货物。

第七条　交通运输部主管全国道路危险货物运输管理工作。

县级以上地方人民政府交通运输主管部门(以下简称交通运输主管部门)负责本行政区域的道路危险货物运输管理工作。

第二章　道路危险货物运输许可

第八条　申请从事道路危险货物运输经营，应当具备下列条件：

(一)有符合下列要求的专用车辆及设备：

1. 自有专用车辆(挂车除外)5辆以上；运输剧毒化学品、爆炸品的，自有专用车辆(挂车除外)10辆以上。

2. 专用车辆的技术要求应当符合《道路运输车辆技术管理规定》有关规定。

3. 配备有效的通讯工具。

4. 专用车辆应当安装具有行驶记录功能的卫星定位装置。

5. 运输剧毒化学品、爆炸品、易制爆危险化学品的，应当配备罐式、厢式专用车辆或者压力容器等专用容器。

6. 罐式专用车辆的罐体应当经检验合格，且罐体载货后总质量与专用车辆核定载质量相匹配。运输爆炸品、强腐蚀性危险货物的罐式专用车辆的罐体容积不得超过20立方米，运输剧毒化学品的罐式专用车辆的罐体容积不得超过10立方米，但符合国家有关标准的罐式集装箱除外。

7. 运输剧毒化学品、爆炸品、强腐蚀性危险货物的非罐式专用车辆，核定载质量不得超过10吨，但符合国家有关标准的集装箱运输专用车辆除外。

8. 配备与运输的危险货物性质相适应的安全防护、环境保护和消防设施设备。

(二)有符合下列要求的停车场地：

1. 自有或者租借期限为3年以上，且与经营范围、规模相适应的停车场地，停车场地应当位于企业注册地市级行政区域内。

2. 运输剧毒化学品、爆炸品专用车辆以及罐式专用车辆，数量为20辆(含)以下的，停车场地面积不低于车辆正投影面积的1.5倍，数量为20辆以上的，超过部分，每辆车的停车场地面积不低于车辆正投影面积；运输其他危险货物的，专用车辆数量为10辆(含)以下的，停车场地面积不低于车辆正投影面积的1.5倍；数量为10辆以上的，超过部分，每辆车的停车场地面积不低于车辆正投影面积。

3. 停车场地应当封闭并设立明显标志，不得妨碍居民生活和威胁公共安全。

(三)有符合下列要求的从业人员和安全管理人员：

1. 专用车辆的驾驶人员取得相应机动车驾驶证，年龄不超过60周岁。

2. 从事道路危险货物运输的驾驶人员、装卸管理人员、押运人员应当经所在地设区的市级人民政府交通运输主管部门考试合格，并取得相应的从业资格证；从事剧毒化学品、爆炸品道路运输的驾驶人员、装卸管理人员、押运人员，应当经考试合格，取得注明为"剧毒化学品运输"或者"爆炸品运输"类别的从业资格证。

3. 企业应当配备专职安全管理人员。

(四)有健全的安全生产管理制度：

1. 企业主要负责人、安全管理部门负责人、专职安全管理人员安全生产责任制度。

2. 从业人员安全生产责任制度。

3. 安全生产监督检查制度。

4. 安全生产教育培训制度。

5. 从业人员、专用车辆、设备及停车场地安全管理制度。

6. 应急救援预案制度。

7. 安全生产作业规程。

8. 安全生产考核与奖惩制度。

9. 安全事故报告、统计与处理制度。

第九条　符合下列条件的企事业单位，可以使用自备专用车辆从事为本单位服务的非经营性道路危险货物运输：

（一）属于下列企事业单位之一：

1. 省级以上应急管理部门批准设立的生产、使用、储存危险化学品的企业。

2. 有特殊需求的科研、军工等企事业单位。

（二）具备第八条规定的条件，但自有专用车辆（挂车除外）的数量可以少于 5 辆。

第十条　申请从事道路危险货物运输经营的企业，应当依法向市场监督管理部门办理有关登记手续后，向所在地设区的市级交通运输主管部门提出申请，并提交以下材料：

（一）《道路危险货物运输经营申请表》，包括申请人基本信息、申请运输的危险货物范围（类别、项别或品名，如果为剧毒化学品应当标注"剧毒"）等内容。

（二）拟担任企业法定代表人的投资人或者负责人的身份证明及其复印件，经办人身份证明及其复印件和书面委托书。

（三）企业章程文本。

（四）证明专用车辆、设备情况的材料，包括：

1. 未购置专用车辆、设备的，应当提交拟投入专用车辆、设备承诺书。承诺书内容应当包括车辆数量、类型、技术等级、总质量、核定载质量、车轴数以及车辆外廓尺寸；通讯工具和卫星定位装置配备情况；罐式专用车辆的罐体容积；罐式专用车辆罐体载货后的总质量与车辆核定载质量相匹配情况；运输剧毒化学品、爆炸品、易制爆危险化学品的专用车辆核定载质量等有关情况。承诺期限不得超过 1 年。

2. 已购置专用车辆、设备的，应当提供车辆行驶证、车辆技术等级评定结论；通讯工具和卫星定位装置配备；罐式专用车辆的罐体检测合格证或者检测报告及复印件等有关材料。

（五）拟聘用专职安全管理人员、驾驶人员、装卸管理人员、押运人员的，应当提交拟聘用承诺书，承诺期限不得超过 1 年；已聘用的应当提交从业资格证及其复印件以及驾驶证及其复印件。

（六）停车场地的土地使用证、租借合同、场地平面图等材料。

（七）相关安全防护、环境保护、消防设施设备的配备情况清单。

（八）有关安全生产管理制度文本。

第十一条　申请从事非经营性道路危险货物运输的单位，向所在地设区的市级交通运输主管部门提出申请时，除提交第十条第（四）项至第（八）项规定的材料外，还应当提交以下材料：

（一）《道路危险货物运输申请表》，包括申请人基本信息、申请运输的物品范围（类别、项别或品名，如果为剧毒化学品应当标注"剧毒"）等内容。

（二）下列形式之一的单位基本情况证明：

1. 省级以上应急管理部门颁发的危险化学品生产、使用等证明。

2. 能证明科研、军工等企事业单位性质或者业务范围的有关材料。

（三）特殊运输需求的说明材料。

（四）经办人的身份证明及其复印件以及书面委托书。

第十二条　设区的市级交通运输主管部门应当按照《中华人民共和国道路运输条例》和《交通行政许可实施程序规定》，以及本规定所明确的程序和时限实施道路危险货物运输行政许可，并进行实地核查。

决定准予许可的，应当向被许可人出具《道路危险货物运输行政许可决定书》，注明许可事项，具体内容应当包括运输危险货物的范围（类别、项别或品名，如果为剧毒化学品应当标注"剧毒"），专用车辆数量、要求以及运输性质，并在 10 日内向道路危险货物运输经营申请人发放《道路运输经营许可证》，向非经营性道路危险货物运输申请人发放《道路危险货物运输许可证》。

市级交通运输主管部门应当将准予许可的企业或单位的许可事项等，及时以书面形式告知县级交通运输主管部门。

决定不予许可的，应当向申请人出具《不予交通行政许可决定书》。

第十三条　被许可人已获得其他道路运输经营许可的，设区的市级交通运输主管部门应当为其换发《道路运输经营许可证》，并在经营范围中加注新许可的事项。如果原《道路运输经营许可证》是由省级交通运输主管部门发放的，由原许可机关按照上述要求予以换发。

第十四条　被许可人应当按照承诺期限落实拟投入的专用车辆、设备。

原许可机关应当对被许可人落实的专用车辆、设备予以核实,对符合许可条件的专用车辆配发《道路运输证》,并在《道路运输证》经营范围栏内注明允许运输的危险货物类别、项别或者品名,如果为剧毒化学品应标注"剧毒";对从事非经营性道路危险货物运输的车辆,还应当加盖"非经营性危险货物运输专用章"。

被许可人未在承诺期限内落实专用车辆、设备的,原许可机关应当撤销许可决定,并收回已核发的许可证明文件。

第十五条　被许可人应当按照承诺期限落实拟聘用的专职安全管理人员、驾驶人员、装卸管理人员和押运人员。

被许可人未在承诺期限内按照承诺聘用专职安全管理人员、驾驶人员、装卸管理人员和押运人员的,原许可机关应当撤销许可决定,并收回已核发的许可证明文件。

第十六条　交通运输主管部门不得许可一次性、临时性的道路危险货物运输。

第十七条　道路危险货物运输企业设立子公司从事道路危险货物运输的,应当向子公司注册地设区的市级交通运输主管部门申请运输许可。设立分公司的,应当向分公司注册地设区的市级交通运输主管部门备案。

第十八条　道路危险货物运输企业或者单位需要变更许可事项的,应当向原许可机关提出申请,按照本章有关许可的规定办理。

道路危险货物运输企业或者单位变更法定代表人、名称、地址等工商登记事项的,应当在 30 日内向原许可机关备案。

第十九条　道路危险货物运输企业或者单位终止危险货物运输业务的,应当在终止之日的 30 日前告知原许可机关,并在停业后 10 日内将《道路运输经营许可证》或《道路危险货物运输许可证》以及《道路运输证》交回原许可机关。

第三章　专用车辆、设备管理

第二十条　道路危险货物运输企业或者单位应当按照《道路运输车辆技术管理规定》中有关车辆管理的规定,维护、检测、使用和管理专用车辆,确保专用车辆技术状况良好。

第二十一条　设区的市级交通运输主管部门应当定期对专用车辆进行审验,每年审验一次。审验按照《道路运输车辆技术管理规定》进行,并增加以下审验项目:

(一)专用车辆投保危险货物承运人责任险情况;

(二)必需的应急处理器材、安全防护设施设备和专用车辆标志的配备情况;

(三)具有行驶记录功能的卫星定位装置的配备情况。

第二十二条　禁止使用报废的、擅自改装的、检测不合格的、车辆技术等级达不到一级的和其他不符合国家规定的车辆从事道路危险货物运输。

除铰接列车、具有特殊装置的大型物件运输专用车辆外,严禁使用货车列车从事危险货物运输;倾卸式车辆只能运输散装硫磺、萘饼、粗蒽、煤焦沥青等危险货物。

禁止使用移动罐体(罐式集装箱除外)从事危险货物运输。

第二十三条　罐式专用车辆的常压罐体应当符合国家标准《道路运输液体危险货物罐式车辆第 1 部分:金属常压罐体技术要求》(GB 18564.1)、《道路运输液体危险货物罐式车辆第 2 部分:非金属常压罐体技术要求》(GB 18564.2)等有关技术要求。

使用压力容器运输危险货物的,应当符合国家特种设备安全监督管理部门制订并公布的《移动式压力容器安全技术监察规程》(TSG R0005)等有关技术要求。

压力容器和罐式专用车辆应当在压力容器或者罐体检验合格的有效期内承运危险货物。

第二十四条　道路危险货物运输企业或者单位对重复使用的危险货物包装物、容器,在重复使用前应当进行检查;发现存在安全隐患的,应当维修或者更换。

道路危险货物运输企业或者单位应当对检查情况作出记录,记录的保存期限不得少于 2 年。

第二十五条　道路危险货物运输企业或者单位

应当到具有污染物处理能力的机构对常压罐体进行清洗(置换)作业,将废气、污水等污染物集中收集,消除污染,不得随意排放,污染环境。

第四章　道路危险货物运输

第二十六条　道路危险货物运输企业或者单位应当严格按照交通运输主管部门决定的许可事项从事道路危险货物运输活动,不得转让、出租道路危险货物运输许可证件。

严禁非经营性道路危险货物运输单位从事道路危险货物运输经营活动。

第二十七条　危险货物托运人应当委托具有道路危险货物运输资质的企业承运。

危险货物托运人应当对托运的危险货物种类、数量和承运人等相关信息予以记录,记录的保存期限不得少于1年。

第二十八条　危险货物托运人应当严格按照国家有关规定妥善包装并在外包装设置标志,并向承运人说明危险货物的品名、数量、危害、应急措施等情况。需要添加抑制剂或者稳定剂的,托运人应当按照规定添加,并告知承运人相关注意事项。

危险货物托运人托运危险化学品的,还应当提交与托运的危险化学品完全一致的安全技术说明书和安全标签。

第二十九条　不得使用罐式专用车辆或者运输有毒、感染性、腐蚀性危险货物的专用车辆运输普通货物。

其他专用车辆可以从事食品、生活用品、药品、医疗器具以外的普通货物运输,但应当由运输企业对专用车辆进行消除危害处理,确保不对普通货物造成污染、损害。

不得将危险货物与普通货物混装运输。

第三十条　专用车辆应当按照国家标准《道路运输危险货物车辆标志》(GB 13392)的要求悬挂标志。

第三十一条　运输剧毒化学品、爆炸品的企业或者单位,应当配备专用停车区域,并设立明显的警示标牌。

第三十二条　专用车辆应当配备符合有关国家标准以及与所载运的危险货物相适应的应急处理器材和安全防护设备。

第三十三条　道路危险货物运输企业或者单位不得运输法律、行政法规禁止运输的货物。

法律、行政法规规定的限运、凭证运输货物,道路危险货物运输企业或者单位应当按照有关规定办理相关运输手续。

法律、行政法规规定托运人必须办理有关手续后方可运输的危险货物,道路危险货物运输企业应当查验有关手续齐全有效后方可承运。

第三十四条　道路危险货物运输企业或者单位应当采取必要措施,防止危险货物脱落、扬散、丢失以及燃烧、爆炸、泄漏等。

第三十五条　驾驶人员应当随车携带《道路运输证》。驾驶人员或者押运人员应当按照《危险货物道路运输规则》(JT/T 617)的要求,随车携带《道路运输危险货物安全卡》。

第三十六条　在道路危险货物运输过程中,除驾驶人员外,还应当在专用车辆上配备押运人员,确保危险货物处于押运人员监管之下。

第三十七条　道路危险货物运输途中,驾驶人员不得随意停车。

因住宿或者发生影响正常运输的情况需要较长时间停车的,驾驶人员、押运人员应当设置警戒带,并采取相应的安全防范措施。

运输剧毒化学品或者易制爆危险化学品需要较长时间停车的,驾驶人员或者押运人员应当向当地公安机关报告。

第三十八条　危险货物的装卸作业应当遵守安全作业标准、规程和制度,并在装卸管理人员的现场指挥或者监控下进行。

危险货物运输托运人和承运人应当按照合同约定指派装卸管理人员;若合同未予约定,则由负责装卸作业的一方指派装卸管理人员。

第三十九条　驾驶人员、装卸管理人员和押运人员上岗时应当随身携带从业资格证。

第四十条　严禁专用车辆违反国家有关规定超载、超限运输。

道路危险货物运输企业或者单位使用罐式专用车辆运输货物时,罐体载货后的总质量应当和专用车辆核定载质量相匹配;使用牵引车运输货物时,挂车载货后的总质量应当与牵引车的准牵引总质量相匹配。

第四十一条 道路危险货物运输企业或者单位应当要求驾驶人员和押运人员在运输危险货物时,严格遵守有关部门关于危险货物运输线路、时间、速度方面的有关规定,并遵守有关部门关于剧毒、爆炸危险品道路运输车辆在重大节假日通行高速公路的相关规定。

第四十二条 道路危险货物运输企业或者单位应当通过卫星定位监控平台或者监控终端及时纠正和处理超速行驶、疲劳驾驶、不按规定线路行驶等违法违规驾驶行为。

监控数据应当至少保存6个月,违法驾驶信息及处理情况应当至少保存3年。

第四十三条 道路危险货物运输从业人员必须熟悉有关安全生产的法规、技术标准和安全生产规章制度、安全操作规程,了解所装运危险货物的性质、危害特性、包装物或者容器的使用要求和发生意外事故时的处置措施,并严格执行《危险货物道路运输规则》(JT/T 617)等标准,不得违章作业。

第四十四条 道路危险货物运输企业或者单位应当通过岗前培训、例会、定期学习等方式,对从业人员进行经常性安全生产、职业道德、业务知识和操作规程的教育培训。

第四十五条 道路危险货物运输企业或者单位应当加强安全生产管理,制定突发事件应急预案,配备应急救援人员和必要的应急救援器材、设备,并定期组织应急救援演练,严格落实各项安全制度。

第四十六条 道路危险货物运输企业或者单位应当委托具备资质条件的机构,对本企业或单位的安全管理情况每3年至少进行一次安全评估,出具安全评估报告。

第四十七条 在危险货物运输过程中发生燃烧、爆炸、污染、中毒或者被盗、丢失、流散、泄漏等事故,驾驶人员、押运人员应当立即根据应急预案和《道路运输危险货物安全卡》的要求采取应急处置措施,并向事故发生地公安部门、交通运输主管部门和本运输企业或者单位报告。运输企业或者单位接到事故报告后,应当按照本单位危险货物应急预案组织救援,

并向事故发生地应急管理部门和生态环境、卫生健康主管部门报告。

交通运输主管部门应当公布事故报告电话。

第四十八条 在危险货物装卸过程中,应当根据危险货物的性质,轻装轻卸,堆码整齐,防止混杂、撒漏、破损,不得与普通货物混合堆放。

第四十九条 道路危险货物运输企业或者单位应当为其承运的危险货物投保承运人责任险。

第五十条 道路危险货物运输企业异地经营(运输线路起讫点均不在企业注册地市域内)累计3个月以上的,应当向经营地设区的市级交通运输主管部门备案并接受其监管。

第五章　监督检查

第五十一条 道路危险货物运输监督检查按照《道路货物运输及站场管理规定》执行。

交通运输主管部门工作人员应当定期或者不定期对道路危险货物运输企业或者单位进行现场检查。

第五十二条 交通运输主管部门工作人员对在异地取得从业资格的人员监督检查时,可以向原发证机关申请提供相应的从业资格档案资料,原发证机关应当予以配合。

第五十三条 交通运输主管部门在实施监督检查过程中,经本部门主要负责人批准,可以对没有随车携带《道路运输证》又无法当场提供其他有效证明文件的危险货物运输专用车辆予以扣押。

第五十四条 任何单位和个人对违反本规定的行为,有权向交通运输主管部门举报。

交通运输主管部门应当公布举报电话,并在接到举报后及时依法处理;对不属于本部门职责的,应当及时移送有关部门处理。

第六章　法律责任

第五十五条 违反本规定,有下列情形之一的,由交通运输主管部门责令停止运输经营,违法所得超过2万元的,没收违法所得,处违法所得2倍以上10倍以下的罚款;没有违法所得或者违法所得不足2万元的,处3万元以上10万元以下的罚款;构成犯罪的,依法追究刑事责任:

(一)未取得道路危险货物运输许可,擅自从事道路危险货物运输的;

（二）使用失效、伪造、变造、被注销等无效道路危险货物运输许可证件从事道路危险货物运输的；

（三）超越许可事项，从事道路危险货物运输的；

（四）非经营性道路危险货物运输单位从事道路危险货物运输经营的。

第五十六条　违反本规定，道路危险货物运输企业或者单位非法转让、出租道路危险货物运输许可证件的，由交通运输主管部门责令停止违法行为，收缴有关证件，处 2000 元以上 1 万元以下的罚款；有违法所得的，没收违法所得。

第五十七条　违反本规定，道路危险货物运输企业或者单位有下列行为之一，由交通运输主管部门责令限期投保；拒不投保的，由原许可机关吊销《道路运输经营许可证》或者《道路危险货物运输许可证》，或者吊销相应的经营范围：

（一）未投保危险货物承运人责任险的；

（二）投保的危险货物承运人责任险已过期，未继续投保的。

第五十八条　违反本规定，道路危险货物运输企业或者单位以及托运人有下列情形之一的，由交通运输主管部门责令改正，并处 5 万元以上 10 万元以下的罚款，拒不改正的，责令停产停业整顿；构成犯罪的，依法追究刑事责任：

（一）驾驶人员、装卸管理人员、押运人员未取得从业资格上岗作业的；

（二）托运人不向承运人说明所托运的危险化学品的种类、数量、危险特性以及发生危险情况的应急处置措施，或者未按照国家有关规定对所托运的危险化学品妥善包装并在外包装上设置相应标志的；

（三）未根据危险化学品的危险特性采取相应的安全防护措施，或者未配备必要的防护用品和应急救援器材的；

（四）运输危险化学品需要添加抑制剂或者稳定剂，托运人未添加或者未将有关情况告知承运人的。

第五十九条　违反本规定，道路危险货物运输企业或者单位未配备专职安全管理人员的，由交通运输主管部门依照《中华人民共和国安全生产法》的规定进行处罚。

第六十条　违反本规定，道路危险化学品运输托运人有下列行为之一的，由交通运输主管部门责令改正，处 10 万元以上 20 万元以下的罚款，有违法所得的，没收违法所得；拒不改正的，责令停产停业整顿；构成犯罪的，依法追究刑事责任：

（一）委托未依法取得危险货物道路运输许可的企业承运危险化学品的；

（二）在托运的普通货物中夹带危险化学品，或者将危险化学品谎报或者匿报为普通货物托运的。

第六十一条　违反本规定，道路危险货物运输企业擅自改装已取得《道路运输证》的专用车辆及罐式专用车辆罐体的，由交通运输主管部门责令改正，并处 5000 元以上 2 万元以下的罚款。

第七章　附　则

第六十二条　本规定对道路危险货物运输经营未作规定的，按照《道路货物运输及站场管理规定》执行；对非经营性道路危险货物运输未作规定的，参照《道路货物运输及站场管理规定》执行。

第六十三条　道路危险货物运输许可证件和《道路运输证》工本费的具体收费标准由省、自治区、直辖市人民政府财政、价格主管部门会同同级交通运输主管部门核定。

第六十四条　交通运输部可以根据相关行业协会的申请，经组织专家论证后，统一公布可以按照普通货物实施道路运输管理的危险货物。

第六十五条　本规定自 2013 年 7 月 1 日起施行。交通部 2005 年发布的《道路危险货物运输管理规定》（交通部令 2005 年第 9 号）及交通运输部 2010 年发布的《关于修改〈道路危险货物运输管理规定〉的决定》（交通运输部令 2010 年第 5 号）同时废止。

废旧金属收购业治安管理办法

· 1994 年 1 月 5 日国务院批准

· 1994 年 1 月 25 日公安部令第 16 号发布

· 根据 2023 年 7 月 20 日《国务院关于修改和废止部分行政法规的决定》修订

第一条　为了加强对废旧金属收购业的治安管理，保护合法经营，预防和打击违法犯罪活动，制定本办法。

第二条　本办法所称废旧金属,是指生产性废旧金属和非生产性废旧金属。生产性废旧金属和非生产性废旧金属的具体分类由公安部会同有关部门规定。

第三条　生产性废旧金属,按照国务院有关规定由有权经营生产性废旧金属收购业的企业收购。收购废旧金属的其他企业和个体工商户只能收购非生产性废旧金属,不得收购生产性废旧金属。

第四条　收购废旧金属的企业和个体工商户,应当在取得营业执照后15日内向所在地县级人民政府公安机关备案。

备案事项发生变更的,收购废旧金属的企业和个体工商户应当自变更之日起15日内(属于工商登记事项的自工商登记变更之日起15日内)向县级人民政府公安机关办理变更手续。

公安机关可以通过网络等方式,便利企业和个体工商户备案。

第五条　收购废旧金属的企业应当有固定的经营场所。收购废旧金属的个体工商户应当有所在地常住户口或者暂住户口。

第六条　在铁路、矿区、油田、港口、机场、施工工地、军事禁区和金属冶炼加工企业附近,不得设点收购废旧金属。

第七条　收购废旧金属的企业在收购生产性废旧金属时,应当查验出售单位开具的证明,对出售单位的名称和经办人的姓名、住址、身份证号码以及物品的名称、数量、规格、新旧程度等如实进行登记。

第八条　收购废旧金属的企业和个体工商户不得收购下列金属物品:

(一)枪支、弹药和爆炸物品;

(二)剧毒、放射性物品及其容器;

(三)铁路、油田、供电、电信通讯、矿山、水利、测量和城市公用设施等专用器材;

(四)公安机关通报寻查的赃物或者有赃物嫌疑的物品。

第九条　收购废旧金属的企业和个体工商户发现有出售公安机关通报寻查的赃物或者有赃物嫌疑的物品的,应当立即报告公安机关。

公安机关对赃物或者有赃物嫌疑的物品应当予以扣留,并开付收据。有赃物嫌疑的物品经查明不是赃物的,应当及时退还;赃物或者有赃物嫌疑的物品经查明确属赃物的,依照国家有关规定处理。

第十条　公安机关应当对收购废旧金属的企业和个体工商户进行治安业务指导和检查。收购企业和个体工商户应当协助公安人员查处违法犯罪分子,据实反映情况,不得知情不报或者隐瞒包庇。

第十一条　有下列情形之一的,由公安机关给予相应处罚:

(一)违反本办法第四条第一款规定,未履行备案手续收购生产性废旧金属的,予以警告,责令限期改正,逾期拒不改正的,视情节轻重,处以500元以上2000元以下的罚款;未履行备案手续收购非生产性废旧金属的,予以警告或者处以500元以下的罚款;

(二)违反本办法第四条第二款规定,未向公安机关办理变更手续的,予以警告或者处以200元以下的罚款;

(三)违反本办法第六条规定,非法设点收购废旧金属的,予以取缔,没收非法收购的物品及非法所得,可以并处5000元以上10000元以下的罚款;

(四)违反本办法第七条规定,收购生产性废旧金属时未如实登记的,视情节轻重,处以2000元以上5000元以下的罚款或者责令停业整顿;

(五)违反本办法第八条规定,收购禁止收购的金属物品的,视情节轻重,处以2000元以上10000元以下的罚款或者责令停业整顿。

有前款所列第(一)、(三)、(四)、(五)项情形之一,构成犯罪的,依法追究刑事责任。

第十二条　当事人对公安机关作出的具体行政行为不服的,可以自得知该具体行政行为之日起15日内向上一级公安机关申请复议;对复议决定不服的,可以自接到复议决定通知之日起15日内向人民法院提起诉讼。

第十三条　对严格执行本办法,协助公安机关查获违法犯罪分子,作出显著成绩的单位和个人,由公安机关给予表彰或者奖励。

第十四条　本办法自发布之日起施行。

（2）危险化学品

危险化学品安全管理条例

·2002年1月26日中华人民共和国国务院令第344号公布
·根据2011年2月16日《国务院关于修改部分行政法规的决定》第一次修订
·根据2013年12月7日《国务院关于修改部分行政法规的决定》第二次修订

第一章 总 则

第一条 为了加强危险化学品的安全管理，预防和减少危险化学品事故，保障人民群众生命财产安全，保护环境，制定本条例。

第二条 危险化学品生产、储存、使用、经营和运输的安全管理，适用本条例。

废弃危险化学品的处置，依照有关环境保护的法律、行政法规和国家有关规定执行。

第三条 本条例所称危险化学品，是指具有毒害、腐蚀、爆炸、燃烧、助燃等性质，对人体、设施、环境具有危害的剧毒化学品和其他化学品。

危险化学品目录，由国务院安全生产监督管理部门会同国务院工业和信息化、公安、环境保护、卫生、质量监督检验检疫、交通运输、铁路、民用航空、农业主管部门，根据化学品危险特性的鉴别和分类标准确定、公布，并适时调整。

第四条 危险化学品安全管理，应当坚持安全第一、预防为主、综合治理的方针，强化和落实企业的主体责任。

生产、储存、使用、经营、运输危险化学品的单位（以下统称危险化学品单位）的主要负责人对本单位的危险化学品安全管理工作全面负责。

危险化学品单位应当具备法律、行政法规规定和国家标准、行业标准要求的安全条件，建立、健全安全管理规章制度和岗位安全责任制度，对从业人员进行安全教育、法制教育和岗位技术培训。从业人员应当接受教育和培训，考核合格后上岗作业；对有资格要求的岗位，应当配备依法取得相应资格的人员。

第五条 任何单位和个人不得生产、经营、使用国家禁止生产、经营、使用的危险化学品。

国家对危险化学品的使用有限制性规定的，任何单位和个人不得违反限制性规定使用危险化学品。

第六条 对危险化学品的生产、储存、使用、经营、运输实施安全监督管理的有关部门（以下统称负有危险化学品安全监督管理职责的部门），依照下列规定履行职责：

（一）安全生产监督管理部门负责危险化学品安全监督管理综合工作，组织确定、公布、调整危险化学品目录，对新建、改建、扩建生产、储存危险化学品（包括使用长输管道输送危险化学品，下同）的建设项目进行安全条件审查，核发危险化学品安全生产许可证、危险化学品安全使用许可证和危险化学品经营许可证，并负责危险化学品登记工作。

（二）公安机关负责危险化学品的公共安全管理，核发剧毒化学品购买许可证、剧毒化学品道路运输通行证，并负责危险化学品运输车辆的道路交通安全管理。

（三）质量监督检验检疫部门负责核发危险化学品及其包装物、容器（不包括储存危险化学品的固定式大型储罐，下同）生产企业的工业产品生产许可证，并依法对其产品质量实施监督，负责对进出口危险化学品及其包装实施检验。

（四）环境保护主管部门负责废弃危险化学品处置的监督管理，组织危险化学品的环境危害性鉴定和环境风险程度评估，确定实施重点环境管理的危险化学品，负责危险化学品环境管理登记和新化学物质环境管理登记；依照职责分工调查相关危险化学品环境污染事故和生态破坏事件，负责危险化学品事故现场的应急环境监测。

（五）交通运输主管部门负责危险化学品道路运输、水路运输的许可以及运输工具的安全管理，对危险化学品水路运输安全实施监督，负责危险化学品道路运输企业、水路运输企业驾驶人员、船员、装卸管理人员、押运人员、申报人员、集装箱装箱现场检查员的资格认定。路监管部门负责危险化学品铁路运输及其运输工具的安全管理。民用航空主管部门负责危险化学品航空运输以及航空运输企业及其运输工具的安全管理。

（六）卫生主管部门负责危险化学品毒性鉴定的

管理,负责组织、协调危险化学品事故受伤人员的医疗卫生救援工作。

(七)工商行政管理部门依据有关部门的许可证件,核发危险化学品生产、储存、经营、运输企业营业执照,查处危险化学品经营企业违法采购危险化学品的行为。

(八)邮政管理部门负责依法查处寄递危险化学品的行为。

第七条 负有危险化学品安全监督管理职责的部门依法进行监督检查,可以采取下列措施:

(一)进入危险化学品作业场所实施现场检查,向有关单位和人员了解情况,查阅、复制有关文件、资料;

(二)发现危险化学品事故隐患,责令立即消除或者限期消除;

(三)对不符合法律、行政法规、规章规定或者国家标准、行业标准要求的设施、设备、装置、器材、运输工具,责令立即停止使用;

(四)经本部门主要负责人批准,查封违法生产、储存、使用、经营危险化学品的场所,扣押违法生产、储存、使用、经营、运输的危险化学品以及用于违法生产、使用、运输危险化学品的原材料、设备、运输工具;

(五)发现影响危险化学品安全的违法行为,当场予以纠正或者责令限期改正。

负有危险化学品安全监督管理职责的部门依法进行监督检查,监督检查人员不得少于2人,并应当出示执法证件;有关单位和个人对依法进行的监督检查应当予以配合,不得拒绝、阻碍。

第八条 县级以上人民政府应当建立危险化学品安全监督管理工作协调机制,支持、督促负有危险化学品安全监督管理职责的部门依法履行职责,协调、解决危险化学品安全监督管理工作中的重大问题。

负有危险化学品安全监督管理职责的部门应当相互配合、密切协作,依法加强对危险化学品的安全监督管理。

第九条 任何单位和个人对违反本条例规定的行为,有权向负有危险化学品安全监督管理职责的部门举报。负有危险化学品安全监督管理职责的部门

接到举报,应当及时依法处理;对不属于本部门职责的,应当及时移送有关部门处理。

第十条 国家鼓励危险化学品生产企业和使用危险化学品从事生产的企业采用有利于提高安全保障水平的先进技术、工艺、设备以及自动控制系统,鼓励对危险化学品实行专门储存、统一配送、集中销售。

第二章 生产、储存安全

第十一条 国家对危险化学品的生产、储存实行统筹规划、合理布局。

国务院工业和信息化主管部门以及国务院其他有关部门依据各自职责,负责危险化学品生产、储存的行业规划和布局。

地方人民政府组织编制城乡规划,应当根据本地区的实际情况,按照确保安全的原则,规划适当区域专门用于危险化学品的生产、储存。

第十二条 新建、改建、扩建生产、储存危险化学品的建设项目(以下简称建设项目),应当由安全生产监督管理部门进行安全条件审查。

建设单位应当对建设项目进行安全条件论证,委托具备国家规定的资质条件的机构对建设项目进行安全评价,并将安全条件论证和安全评价的情况报告报建设项目所在地设区的市级以上人民政府安全生产监督管理部门;安全生产监督管理部门应当自收到报告之日起45日内作出审查决定,并书面通知建设单位。具体办法由国务院安全生产监督管理部门制定。

新建、改建、扩建储存、装卸危险化学品的港口建设项目,由港口行政管理部门按照国务院交通运输主管部门的规定进行安全条件审查。

第十三条 生产、储存危险化学品的单位,应当对其铺设的危险化学品管道设置明显标志,并对危险化学品管道定期检查、检测。

进行可能危及危险化学品管道安全的施工作业,施工单位应当在开工的7日前书面通知管道所属单位,并与管道所属单位共同制定应急预案,采取相应的安全防护措施。管道所属单位应当指派专门人员到现场进行管道安全保护指导。

第十四条 危险化学品生产企业进行生产前,应当依照《安全生产许可证条例》的规定,取得危险化学

品安全生产许可证。

生产列入国家实行生产许可证制度的工业产品目录的危险化学品的企业，应当依照《中华人民共和国工业产品生产许可证管理条例》的规定，取得工业产品生产许可证。

负责颁发危险化学品安全生产许可证、工业产品生产许可证的部门，应当将其颁发许可证的情况及时向同级工业和信息化主管部门、环境保护主管部门和公安机关通报。

第十五条 危险化学品生产企业应当提供与其生产的危险化学品相符的化学品安全技术说明书，并在危险化学品包装（包括外包装件）上粘贴或者拴挂与包装内危险化学品相符的化学品安全标签。化学品安全技术说明书和化学品安全标签所载明的内容应当符合国家标准的要求。

危险化学品生产企业发现其生产的危险化学品有新的危险特性的，应当立即公告，并及时修订其化学品安全技术说明书和化学品安全标签。

第十六条 生产实施重点环境管理的危险化学品的企业，应当按照国务院环境保护主管部门的规定，将该危险化学品向环境中释放等相关信息向环境保护主管部门报告。环境保护主管部门可以根据情况采取相应的环境风险控制措施。

第十七条 危险化学品的包装应当符合法律、行政法规、规章的规定以及国家标准、行业标准的要求。

危险化学品包装物、容器的材质以及危险化学品包装的型式、规格、方法和单件质量（重量），应当与所包装的危险化学品的性质和用途相适应。

第十八条 生产列入国家实行生产许可证制度的工业产品目录的危险化学品包装物、容器的企业，应当依照《中华人民共和国工业产品生产许可证管理条例》的规定，取得工业产品生产许可证；其生产的危险化学品包装物、容器经国务院质量监督检验检疫部门认定的检验机构检验合格，方可出厂销售。

运输危险化学品的船舶及其配载的容器，应当按照国家船舶检验规范进行生产，并经海事管理机构认定的船舶检验机构检验合格，方可投入使用。

对重复使用的危险化学品包装物、容器，使用单位在重复使用前应当进行检查；发现存在安全隐患

的，应当维修或者更换。使用单位应当对检查情况作出记录，记录的保存期限不得少于2年。

第十九条 危险化学品生产装置或者储存数量构成重大危险源的危险化学品储存设施（运输工具加油站、加气站除外），与下列场所、设施、区域的距离应当符合国家有关规定：

（一）居住区以及商业中心、公园等人员密集场所；

（二）学校、医院、影剧院、体育场（馆）等公共设施；

（三）饮用水源、水厂以及水源保护区；

（四）车站、码头（依法经许可从事危险化学品装卸作业的除外）、机场以及通信干线、通信枢纽、铁路线路、道路交通干线、水路交通干线、地铁风亭以及地铁站出入口；

（五）基本农田保护区、基本草原、畜禽遗传资源保护区、畜禽规模化养殖场（养殖小区）、渔业水域以及种子、种畜禽、水产苗种生产基地；

（六）河流、湖泊、风景名胜区、自然保护区；

（七）军事禁区、军事管理区；

（八）法律、行政法规规定的其他场所、设施、区域。

已建的危险化学品生产装置或者储存数量构成重大危险源的危险化学品储存设施不符合前款规定的，由所在地设区的市级人民政府安全生产监督管理部门会同有关部门监督其所属单位在规定期限内进行整改；需要转产、停产、搬迁、关闭的，由本级人民政府决定并组织实施。

储存数量构成重大危险源的危险化学品储存设施的选址，应当避开地震活动断层和容易发生洪灾、地质灾害的区域。

本条例所称重大危险源，是指生产、储存、使用或者搬运危险化学品，且危险化学品的数量等于或者超过临界量的单元（包括场所和设施）。

第二十条 生产、储存危险化学品的单位，应当根据其生产、储存的危险化学品的种类和危险特性，在作业场所设置相应的监测、监控、通风、防晒、调温、防火、灭火、防爆、泄压、防毒、中和、防潮、防雷、防静电、防腐、防泄漏以及防护围堤或者隔离操作等安全

设施、设备,并按照国家标准、行业标准或者国家有关规定对安全设施、设备进行经常性维护、保养,保证安全设施、设备的正常使用。

生产、储存危险化学品的单位,应当在其作业场所和安全设施、设备上设置明显的安全警示标志。

第二十一条　生产、储存危险化学品的单位,应当在其作业场所设置通讯、报警装置,并保证处于适用状态。

第二十二条　生产、储存危险化学品的企业,应当委托具备国家规定的资质条件的机构,对本企业的安全生产条件每3年进行一次安全评价,提出安全评价报告。安全评价报告的内容应当包括对安全生产条件存在的问题进行整改的方案。

生产、储存危险化学品的企业,应当将安全评价报告以及整改方案的落实情况报所在地县级人民政府安全生产监督管理部门备案。在港区内储存危险化学品的企业,应当将安全评价报告以及整改方案的落实情况报港口行政管理部门备案。

第二十三条　生产、储存剧毒化学品或者国务院公安部门规定的可用于制造爆炸物品的危险化学品(以下简称易制爆危险化学品)的单位,应当如实记录其生产、储存的剧毒化学品、易制爆危险化学品的数量、流向,并采取必要的安全防范措施,防止剧毒化学品、易制爆危险化学品丢失或者被盗;发现剧毒化学品、易制爆危险化学品丢失或者被盗的,应当立即向当地公安机关报告。

生产、储存剧毒化学品、易制爆危险化学品的单位,应当设置治安保卫机构,配备专职治安保卫人员。

第二十四条　危险化学品应当储存在专用仓库、专用场地或者专用储存室(以下统称专用仓库)内,并由专人负责管理;剧毒化学品以及储存数量构成重大危险源的其他危险化学品,应当在专用仓库内单独存放,并实行双人收发、双人保管制度。

危险化学品的储存方式、方法以及储存数量应当符合国家标准或者国家有关规定。

第二十五条　储存危险化学品的单位应当建立危险化学品出入库核查、登记制度。

对剧毒化学品以及储存数量构成重大危险源的其他危险化学品,储存单位应当将其储存数量、储存

地点以及管理人员的情况,报所在地县级人民政府安全生产监督管理部门(在港区内储存的,报港口行政管理部门)和公安机关备案。

第二十六条　危险化学品专用仓库应当符合国家标准、行业标准的要求,并设置明显的标志。储存剧毒化学品、易制爆危险化学品的专用仓库,应当按照国家有关规定设置相应的技术防范设施。

储存危险化学品的单位应当对其危险化学品专用仓库的安全设施、设备定期进行检测、检验。

第二十七条　生产、储存危险化学品的单位转产、停产、停业或者解散的,应当采取有效措施,及时、妥善处置其危险化学品生产装置、储存设施以及库存的危险化学品,不得丢弃危险化学品;处置方案应当报所在地县级人民政府安全生产监督管理部门、工业和信息化主管部门、环境保护主管部门和公安机关备案。安全生产监督管理部门应当会同环境保护主管部门和公安机关对处置情况进行监督检查,发现未依照规定处置的,应当责令其立即处置。

第三章　使用安全

第二十八条　使用危险化学品的单位,其使用条件(包括工艺)应当符合法律、行政法规的规定和国家标准、行业标准的要求,并根据所使用的危险化学品的种类、危险特性以及使用量和使用方式,建立、健全使用危险化学品的安全管理规章制度和安全操作规程,保证危险化学品的安全使用。

第二十九条　使用危险化学品从事生产并且使用量达到规定数量的化工企业(属于危险化学品生产企业的除外,下同),应当依照本条例的规定取得危险化学品安全使用许可证。

前款规定的危险化学品使用量的数量标准,由国务院安全生产监督管理部门会同国务院公安部门、农业主管部门确定并公布。

第三十条　申请危险化学品安全使用许可证的化工企业,除应当符合本条例第二十八条的规定外,还应当具备下列条件:

(一)有与所使用的危险化学品相适应的专业技术人员;

(二)有安全管理机构和专职安全管理人员;

(三)有符合国家规定的危险化学品事故应急预

案和必要的应急救援器材、设备;

(四)依法进行了安全评价。

第三十一条 申请危险化学品安全使用许可证的化工企业,应当向所在地设区的市级人民政府安全生产监督管理部门提出申请,并提交其符合本条例第三十条规定条件的证明材料。设区的市级人民政府安全生产监督管理部门应当依法进行审查,自收到证明材料之日起45日内作出批准或者不予批准的决定。予以批准的,颁发危险化学品安全使用许可证;不予批准的,书面通知申请人并说明理由。

安全生产监督管理部门应当将其颁发危险化学品安全使用许可证的情况及时向同级环境保护主管部门和公安机关通报。

第三十二条 本条例第十六条关于生产实施重点环境管理的危险化学品的企业的规定,适用于使用实施重点环境管理的危险化学品从事生产的企业;第二十条、第二十一条、第二十三条第一款、第二十七条关于生产、储存危险化学品的单位的规定,适用于使用危险化学品的单位;第二十二条关于生产、储存危险化学品的企业的规定,适用于使用危险化学品从事生产的企业。

第四章 经营安全

第三十三条 国家对危险化学品经营(包括仓储经营,下同)实行许可制度。未经许可,任何单位和个人不得经营危险化学品。

依法设立的危险化学品生产企业在其厂区范围内销售本企业生产的危险化学品,不需要取得危险化学品经营许可。

依照《中华人民共和国港口法》的规定取得港口经营许可证的港口经营人,在港区内从事危险化学品仓储经营,不需要取得危险化学品经营许可。

第三十四条 从事危险化学品经营的企业应当具备下列条件:

(一)有符合国家标准、行业标准的经营场所,储存危险化学品的,还应当有符合国家标准、行业标准的储存设施;

(二)从业人员经过专业技术培训并经考核合格;

(三)有健全的安全管理规章制度;

(四)有专职安全管理人员;

(五)有符合国家规定的危险化学品事故应急预案和必要的应急救援器材、设备;

(六)法律、法规规定的其他条件。

第三十五条 从事剧毒化学品、易制爆危险化学品经营的企业,应当向所在地设区的市级人民政府安全生产监督管理部门提出申请,从事其他危险化学品经营的企业,应当向所在地县级人民政府安全生产监督管理部门提出申请(有储存设施的,应当向所在地设区的市级人民政府安全生产监督管理部门提出申请)。申请人应当提交其符合本条例第三十四条规定条件的证明材料。设区的市级人民政府安全生产监督管理部门或者县级人民政府安全生产监督管理部门应当依法进行审查,并对申请人的经营场所、储存设施进行现场核查,自收到证明材料之日起30日内作出批准或者不予批准的决定。予以批准的,颁发危险化学品经营许可证;不予批准的,书面通知申请人并说明理由。

设区的市级人民政府安全生产监督管理部门和县级人民政府安全生产监督管理部门应当将其颁发危险化学品经营许可证的情况及时向同级环境保护主管部门和公安机关通报。

申请人持危险化学品经营许可证向工商行政管理部门办理登记手续后,方可从事危险化学品经营活动。法律、行政法规或者国务院规定经营危险化学品还需要经其他有关部门许可的,申请人向工商行政管理部门办理登记手续时还应当持相应的许可证件。

第三十六条 危险化学品经营企业储存危险化学品的,应当遵守本条例第二章关于储存危险化学品的规定。危险化学品商店内只能存放民用小包装的危险化学品。

第三十七条 危险化学品经营企业不得向未经许可从事危险化学品生产、经营活动的企业采购危险化学品,不得经营没有化学品安全技术说明书或者化学品安全标签的危险化学品。

第三十八条 依法取得危险化学品安全生产许可证、危险化学品安全使用许可证、危险化学品经营许可证的企业,凭相应的许可证件购买剧毒化学品、易制爆危险化学品。民用爆炸物品生产企业凭民用爆炸物品生产许可证购买易制爆危险化学品。

前款规定以外的单位购买剧毒化学品的，应当向所在地县级人民政府公安机关申请取得剧毒化学品购买许可证；购买易制爆危险化学品的，应当持本单位出具的合法用途说明。

个人不得购买剧毒化学品（属于剧毒化学品的农药除外）和易制爆危险化学品。

第三十九条 申请取得剧毒化学品购买许可证，申请人应当向所在地县级人民政府公安机关提交下列材料：

（一）营业执照或者法人证书（登记证书）的复印件；

（二）拟购买的剧毒化学品品种、数量的说明；

（三）购买剧毒化学品用途的说明；

（四）经办人的身份证明。

县级人民政府公安机关应当自收到前款规定的材料之日起3日内，作出批准或者不予批准的决定。予以批准的，颁发剧毒化学品购买许可证；不予批准的，书面通知申请人并说明理由。

剧毒化学品购买许可证管理办法由国务院公安部门制定。

第四十条 危险化学品生产企业、经营企业销售剧毒化学品、易制爆危险化学品，应当查验本条例第三十八条第一款、第二款规定的相关许可证件或者证明文件，不得向不具有相关许可证件或者证明文件的单位销售剧毒化学品、易制爆危险化学品。对持剧毒化学品购买许可证购买剧毒化学品的，应当按照许可证载明的品种、数量销售。

禁止向个人销售剧毒化学品（属于剧毒化学品的农药除外）和易制爆危险化学品。

第四十一条 危险化学品生产企业、经营企业销售剧毒化学品、易制爆危险化学品，应当如实记录购买单位的名称、地址、经办人的姓名、身份证号码以及所购买的剧毒化学品、易制爆危险化学品的品种、数量、用途。销售记录以及经办人的身份证明复印件、相关许可证件复印件或者证明文件的保存期限不得少于1年。

剧毒化学品、易制爆危险化学品的销售企业、购买单位应当在销售、购买后5日内，将所销售、购买的剧毒化学品、易制爆危险化学品的品种、数量以及流向信息报所在地县级人民政府公安机关备案，并输入计算机系统。

第四十二条 使用剧毒化学品、易制爆危险化学品的单位不得出借、转让其购买的剧毒化学品、易制爆危险化学品；因转产、停产、搬迁、关闭等确需转让的，应当向具有本条例第三十八条第一款、第二款规定的相关许可证件或者证明文件的单位转让，并在转让后将有关情况及时向所在地县级人民政府公安机关报告。

第五章　运输安全

第四十三条 从事危险化学品道路运输、水路运输的，应当分别依照有关道路运输、水路运输的法律、行政法规的规定，取得危险货物道路运输许可、危险货物水路运输许可，并向工商行政管理部门办理登记手续。

危险化学品道路运输企业、水路运输企业应当配备专职安全管理人员。

第四十四条 危险化学品道路运输企业、水路运输企业的驾驶人员、船员、装卸管理人员、押运人员、申报人员、集装箱装箱现场检查员应当经交通运输主管部门考核合格，取得从业资格。具体办法由国务院交通运输主管部门制定。

危险化学品的装卸作业应当遵守安全作业标准、规程和制度，并在装卸管理人员的现场指挥或者监控下进行。水路运输危险化学品的集装箱装箱作业应当在集装箱装箱现场检查员的指挥或者监控下进行，并符合积载、隔离的规范和要求；装箱作业完毕后，集装箱装箱现场检查员应当签署装箱证明书。

第四十五条 运输危险化学品，应当根据危险化学品的危险特性采取相应的安全防护措施，并配备必要的防护用品和应急救援器材。

用于运输危险化学品的槽罐以及其他容器应当封口严密，能够防止危险化学品在运输过程中因温度、湿度或者压力的变化发生渗漏、洒漏；槽罐以及其他容器的溢流和泄压装置应当设置准确、起闭灵活。

运输危险化学品的驾驶人员、船员、装卸管理人员、押运人员、申报人员、集装箱装箱现场检查员，应当了解所运输的危险化学品的危险特性及其包装物、容器的使用要求和出现危险情况时的应急处置方法。

第四十六条　通过道路运输危险化学品的，托运人应当委托依法取得危险货物道路运输许可的企业承运。

第四十七条　通过道路运输危险化学品的，应当按照运输车辆的核定载质量装载危险化学品，不得超载。

危险化学品运输车辆应当符合国家标准要求的安全技术条件，并按照国家有关规定定期进行安全技术检验。

危险化学品运输车辆应当悬挂或者喷涂符合国家标准要求的警示标志。

第四十八条　通过道路运输危险化学品的，应当配备押运人员，并保证所运的危险化学品处于押运人员的监控之下。

运输危险化学品途中因住宿或者发生影响正常运输的情况，需要较长时间停车的，驾驶人员、押运人员应当采取相应的安全防范措施；运输剧毒化学品或者易制爆危险化学品的，还应当向当地公安机关报告。

第四十九条　未经公安机关批准，运输危险化学品的车辆不得进入危险化学品运输车辆限制通行的区域。危险化学品运输车辆限制通行的区域由县级人民政府公安机关划定，并设置明显的标志。

第五十条　通过道路运输剧毒化学品的，托运人应当向运输始发地或者目的地县级人民政府公安机关申请剧毒化学品道路运输通行证。

申请剧毒化学品道路运输通行证，托运人应当向县级人民政府公安机关提交下列材料：

（一）拟运输的剧毒化学品品种、数量的说明；

（二）运输始发地、目的地、运输时间和运输路线的说明；

（三）承运人取得危险货物道路运输许可、运输车辆取得营运证以及驾驶人员、押运人员取得上岗资格的证明文件；

（四）本条例第三十八条第一款、第二款规定的购买剧毒化学品的相关许可证件，或者海关出具的进出口证明文件。

县级人民政府公安机关应当自收到前款规定的材料之日起 7 日内，作出批准或者不予批准的决定。

予以批准的，颁发剧毒化学品道路运输通行证；不予批准的，书面通知申请人并说明理由。

剧毒化学品道路运输通行证管理办法由国务院公安部门制定。

第五十一条　剧毒化学品、易制爆危险化学品在道路运输途中丢失、被盗、被抢或者出现流散、泄漏等情况的，驾驶人员、押运人员应当立即采取相应的警示措施和安全措施，并向当地公安机关报告。公安机关接到报告后，应当根据实际情况立即向安全生产监督管理部门、环境保护主管部门、卫生主管部门通报。有关部门应当采取必要的应急处置措施。

第五十二条　通过水路运输危险化学品的，应当遵守法律、行政法规以及国务院交通运输主管部门关于危险货物水路运输安全的规定。

第五十三条　海事管理机构应当根据危险化学品的种类和危险特性，确定船舶运输危险化学品的相关安全运输条件。

拟交付船舶运输的化学品的相关安全运输条件不明确的，货物所有人或者代理人应当委托相关技术机构进行评估，明确相关安全运输条件并经海事管理机构确认后，方可交付船舶运输。

第五十四条　禁止通过内河封闭水域运输剧毒化学品以及国家规定禁止通过内河运输的其他危险化学品。

前款规定以外的内河水域，禁止运输国家规定禁止通过内河运输的剧毒化学品以及其他危险化学品。

禁止通过内河运输的剧毒化学品以及其他危险化学品的范围，由国务院交通运输主管部门会同国务院环境保护主管部门、工业和信息化主管部门、安全生产监督管理部门，根据危险化学品的危险特性、危险化学品对人体和水环境的危害程度以及消除危害后果的难易程度等因素规定并公布。

第五十五条　国务院交通运输主管部门应当根据危险化学品的危险特性，对通过内河运输本条例第五十四条规定以外的危险化学品（以下简称通过内河运输危险化学品）实行分类管理，对各类危险化学品的运输方式、包装规范和安全防护措施等分别作出规定并监督实施。

第五十六条　通过内河运输危险化学品，应当由依法取得危险货物水路运输许可的水路运输企业承运，其他单位和个人不得承运。托运人应当委托依法取得危险货物水路运输许可的水路运输企业承运，不得委托其他单位和个人承运。

第五十七条 通过内河运输危险化学品，应当使用依法取得危险货物适装证书的运输船舶。水路运输企业应当针对所运输的危险化学品的危险特性，制定运输船舶危险化学品事故应急救援预案，并为运输船舶配备充足、有效的应急救援器材和设备。

通过内河运输危险化学品的船舶，其所有人或者经营人应当取得船舶污染损害责任保险证书或者财务担保证明。船舶污染损害责任保险证书或者财务担保证明的副本应当随船携带。

第五十八条 通过内河运输危险化学品，危险化学品包装物的材质、型式、强度以及包装方法应当符合水路运输危险化学品包装规范的要求。国务院交通运输主管部门对单船运输的危险化学品数量有限制性规定的，承运人应当按照规定安排运输数量。

第五十九条 用于危险化学品运输作业的内河码头、泊位应当符合国家有关安全规范，与饮用水取水口保持国家规定的距离。有关管理单位应当制定码头、泊位危险化学品事故应急预案，并为码头、泊位配备充足、有效的应急救援器材和设备。

用于危险化学品运输作业的内河码头、泊位，经交通运输主管部门按照国家有关规定验收合格后方可投入使用。

第六十条 船舶载运危险化学品进出内河港口，应当将危险化学品的名称、危险特性、包装以及进出港时间等事项，事先报告海事管理机构。海事管理机构接到报告后，应当在国务院交通运输主管部门规定的时间内作出是否同意的决定，通知报告人，同时通报港口行政管理部门。定船舶、定航线、定货种的船舶可以定期报告。

在内河港口内进行危险化学品的装卸、过驳作业，应当将危险化学品的名称、危险特性、包装和作业的时间、地点等事项报告港口行政管理部门。港口行政管理部门接到报告后，应当在国务院交通运输主管部门规定的时间内作出是否同意的决定，通知报告人，同时通报海事管理机构。

载运危险化学品的船舶在内河航行，通过过船建筑物的，应当提前向交通运输主管部门申报，并接受交通运输主管部门的管理。

第六十一条 载运危险化学品的船舶在内河航行、装卸或者停泊，应当悬挂专用的警示标志，按照规定显示专用信号。

载运危险化学品的船舶在内河航行，按照国务院交通运输主管部门的规定需要引航的，应当申请引航。

第六十二条 载运危险化学品的船舶在内河航行，应当遵守法律、行政法规和国家其他有关饮用水水源保护的规定。内河航道发展规划应当与依法经批准的饮用水水源保护区划定方案相协调。

第六十三条 托运危险化学品的，托运人应当向承运人说明所托运的危险化学品的种类、数量、危险特性以及发生危险情况的应急处置措施，并按照国家有关规定对所托运的危险化学品妥善包装，在外包装上设置相应的标志。

运输危险化学品需要添加抑制剂或者稳定剂的，托运人应当添加，并将有关情况告知承运人。

第六十四条 托运人不得在托运的普通货物中夹带危险化学品，不得将危险化学品匿报或者谎报为普通货物托运。

任何单位和个人不得交寄危险化学品或者在邮件、快件内夹带危险化学品，不得将危险化学品匿报或者谎报为普通物品交寄。邮政企业、快递企业不得收寄危险化学品。

对涉嫌违反本条第一款、第二款规定的，交通运输主管部门、邮政管理部门可以依法开拆查验。

第六十五条 通过铁路、航空运输危险化学品的安全管理，依照有关铁路、航空运输的法律、行政法规、规章的规定执行。

第六章 危险化学品登记与事故应急救援

第六十六条 国家实行危险化学品登记制度，为危险化学品安全管理以及危险化学品事故预防和应急救援提供技术、信息支持。

第六十七条 危险化学品生产企业、进口企业，应当向国务院安全生产监督管理部门负责危险化学品登记的机构（以下简称危险化学品登记机构）办理危险化学品登记。

危险化学品登记包括下列内容：

（一）分类和标签信息；

（二）物理、化学性质；

（三）主要用途；

（四）危险特性；

（五）储存、使用、运输的安全要求；

（六）出现危险情况的应急处置措施。

对同一企业生产、进口的同一品种的危险化学品，不进行重复登记。危险化学品生产企业、进口企业发现其生产、进口的危险化学品有新的危险特性的，应当及时向危险化学品登记机构办理登记内容变更手续。

危险化学品登记的具体办法由国务院安全生产监督管理部门制定。

第六十八条　危险化学品登记机构应当定期向工业和信息化、环境保护、公安、卫生、交通运输、铁路、质量监督检验检疫等部门提供危险化学品登记的有关信息和资料。

第六十九条　县级以上地方人民政府安全生产监督管理部门应当会同工业和信息化、环境保护、公安、卫生、交通运输、铁路、质量监督检验检疫等部门，根据本地区实际情况，制定危险化学品事故应急预案，报本级人民政府批准。

第七十条　危险化学品单位应当制定本单位危险化学品事故应急预案，配备应急救援人员和必要的应急救援器材、设备，并定期组织应急救援演练。

危险化学品单位应当将其危险化学品事故应急预案报所在地设区的市级人民政府安全生产监督管理部门备案。

第七十一条　发生危险化学品事故，事故单位主要负责人应当立即按照本单位危险化学品应急预案组织救援，并向当地安全生产监督管理部门和环境保护、公安、卫生主管部门报告；道路运输、水路运输过程中发生危险化学品事故的，驾驶人员、船员或者押运人员还应当向事故发生地交通运输主管部门报告。

第七十二条　发生危险化学品事故，有关地方人民政府应当立即组织安全生产监督管理、环境保护、公安、卫生、交通运输等有关部门，按照本地区危险化学品事故应急预案组织实施救援，不得拖延、推诿。

有关地方人民政府及其有关部门应当按照下列规定，采取必要的应急处置措施，减少事故损失，防止事故蔓延、扩大：

（一）立即组织营救和救治受害人员，疏散、撤离或者采取其他措施保护危害区域内的其他人员；

（二）迅速控制危害源，测定危险化学品的性质、事故的危害区域及危害程度；

（三）针对事故对人体、动植物、土壤、水源、大气造成的现实危害和可能产生的危害，迅速采取封闭、隔离、洗消等措施；

（四）对危险化学品事故造成的环境污染和生态破坏状况进行监测、评估，并采取相应的环境污染治理和生态修复措施。

第七十三条　有关危险化学品单位应当为危险化学品事故应急救援提供技术指导和必要的协助。

第七十四条　危险化学品事故造成环境污染的，由设区的市级以上人民政府环境保护主管部门统一发布有关信息。

第七章　法律责任

第七十五条　生产、经营、使用国家禁止生产、经营、使用的危险化学品的，由安全生产监督管理部门责令停止生产、经营、使用活动，处20万元以上50万元以下的罚款，有违法所得的，没收违法所得；构成犯罪的，依法追究刑事责任。

有前款规定行为的，安全生产监督管理部门还应当责令其对所生产、经营、使用的危险化学品进行无害化处理。

违反国家关于危险化学品使用的限制性规定使用危险化学品的，依照本条第一款的规定处理。

第七十六条　未经安全条件审查，新建、改建、扩建生产、储存危险化学品的建设项目的，由安全生产监督管理部门责令停止建设，限期改正；逾期不改正的，处50万元以上100万元以下的罚款；构成犯罪的，依法追究刑事责任。

未经安全条件审查，新建、改建、扩建储存、装卸危险化学品的港口建设项目的，由港口行政管理部门依照前款规定予以处罚。

第七十七条　未依法取得危险化学品安全生产

许可证从事危险化学品生产,或者未依法取得工业产品生产许可证从事危险化学品及其包装物、容器生产的,分别依照《安全生产许可证条例》、《中华人民共和国工业产品生产许可证管理条例》的规定处罚。

违反本条例规定,化工企业未取得危险化学品安全使用许可证,使用危险化学品从事生产的,由安全生产监督管理部门责令限期改正,处 10 万元以上 20 万元以下的罚款;逾期不改正的,责令停产整顿。

违反本条例规定,未取得危险化学品经营许可证从事危险化学品经营的,由安全生产监督管理部门责令停止经营活动,没收违法经营的危险化学品以及违法所得,并处 10 万元以上 20 万元以下的罚款;构成犯罪的,依法追究刑事责任。

第七十八条　有下列情形之一的,由安全生产监督管理部门责令改正,可以处 5 万元以下的罚款;拒不改正的,处 5 万元以上 10 万元以下的罚款;情节严重的,责令停产停业整顿:

(一)生产、储存危险化学品的单位未对其铺设的危险化学品管道设置明显的标志,或者未对危险化学品管道定期检查、检测的;

(二)进行可能危及危险化学品管道安全的施工作业,施工单位未按照规定书面通知管道所属单位,或者未与管道所属单位共同制定应急预案、采取相应的安全防护措施,或者管道所属单位未指派专门人员到现场进行管道安全保护指导的;

(三)危险化学品生产企业未提供化学品安全技术说明书,或者未在包装(包括外包装件)上粘贴、挂挂化学品安全标签的;

(四)危险化学品生产企业提供的化学品安全技术说明书与其生产的危险化学品不相符,或者在包装(包括外包装件)粘贴、挂挂的化学品安全标签与包装内危险化学品不相符,或者化学品安全技术说明书、化学品安全标签所载明的内容不符合国家标准要求的;

(五)危险化学品生产企业发现其生产的危险化学品有新的危险特性不立即公告,或者不及时修订其化学品安全技术说明书和化学品安全标签的;

(六)危险化学品经营企业经营没有化学品安全技术说明书和化学品安全标签的危险化学品的;

(七)危险化学品包装物、容器的材质以及包装的型式、规格、方法和单件质量(重量)与所包装的危险化学品的性质和用途不相适应的;

(八)生产、储存危险化学品的单位未在作业场所和安全设施、设备上设置明显的安全警示标志,或者未在作业场所设置通讯、报警装置的;

(九)危险化学品专用仓库未设专人负责管理,或者对储存的剧毒化学品以及储存数量构成重大危险源的其他危险化学品未实行双人收发、双人保管制度的;

(十)储存危险化学品的单位未建立危险化学品出入库核查、登记制度的;

(十一)危险化学品专用仓库未设置明显标志的;

(十二)危险化学品生产企业、进口企业不办理危险化学品登记,或者发现其生产、进口的危险化学品有新的危险特性不办理危险化学品登记内容变更手续的。

从事危险化学品仓储经营的港口经营人有前款规定情形的,由港口行政管理部门依照前款规定予以处罚。储存剧毒化学品、易制爆危险化学品的专用仓库未按照国家有关规定设置相应的技术防范设施的,由公安机关依照前款规定予以处罚。

生产、储存剧毒化学品、易制爆危险化学品的单位未设置治安保卫机构、配备专职治安保卫人员的,依照《企业事业单位内部治安保卫条例》的规定处罚。

第七十九条　危险化学品包装物、容器生产企业销售未经检验或者经检验不合格的危险化学品包装物、容器的,由质量监督检验检疫部门责令改正,处 10 万元以上 20 万元以下的罚款,有违法所得的,没收违法所得;拒不改正的,责令停产停业整顿;构成犯罪的,依法追究刑事责任。

将未经检验合格的运输危险化学品的船舶及其配载的容器投入使用的,由海事管理机构依照前款规定予以处罚。

第八十条　生产、储存、使用危险化学品的单位有下列情形之一的,由安全生产监督管理部门责令改正,处 5 万元以上 10 万元以下的罚款;拒不改正的,责令停产停业整顿直至由原发证机关吊销其相关许可证件,并由工商行政管理部门责令其办理经营范围变

更登记或者吊销其营业执照;有关责任人员构成犯罪的,依法追究刑事责任:

(一)对重复使用的危险化学品包装物、容器,在重复使用前不进行检查的;

(二)未根据其生产、储存的危险化学品的种类和危险特性,在作业场所设置相关安全设施、设备,或者未按照国家标准、行业标准或者国家有关规定对安全设施、设备进行经常性维护、保养的;

(三)未依照本条例规定对其安全生产条件定期进行安全评价的;

(四)未将危险化学品储存在专用仓库内,或者未将剧毒化学品以及储存数量构成重大危险源的其他危险化学品在专用仓库内单独存放的;

(五)危险化学品的储存方式、方法或者储存数量不符合国家标准或者国家有关规定的;

(六)危险化学品专用仓库不符合国家标准、行业标准的要求的;

(七)未对危险化学品专用仓库的安全设施、设备定期进行检测、检验的。

从事危险化学品仓储经营的港口经营人有前款规定情形的,由港口行政管理部门依照前款规定予以处罚。

第八十一条　有下列情形之一的,由公安机关责令改正,可以处1万元以下的罚款;拒不改正的,处1万元以上5万元以下的罚款:

(一)生产、储存、使用剧毒化学品、易制爆危险化学品的单位不如实记录生产、储存、使用的剧毒化学品、易制爆危险化学品的数量、流向的;

(二)生产、储存、使用剧毒化学品、易制爆危险化学品的单位发现剧毒化学品、易制爆危险化学品丢失或者被盗,不立即向公安机关报告的;

(三)储存剧毒化学品的单位未将剧毒化学品的储存数量、储存地点以及管理人员的情况报所在地县级人民政府公安机关备案的;

(四)危险化学品生产企业、经营企业不如实记录剧毒化学品、易制爆危险化学品购买单位的名称、地址、经办人的姓名、身份证号码以及所购买的剧毒化学品、易制爆危险化学品的品种、数量、用途,或者保存销售记录和相关材料的时间少于1年的;

(五)剧毒化学品、易制爆危险化学品的销售企业、购买单位未在规定的时限内将所销售、购买的剧毒化学品、易制爆危险化学品的品种、数量以及流向信息报所在地县级人民政府公安机关备案的;

(六)使用剧毒化学品、易制爆危险化学品的单位依照本条例规定转让其购买的剧毒化学品、易制爆危险化学品,未将有关情况向所在地县级人民政府公安机关报告的。

生产、储存危险化学品的企业或者使用危险化学品从事生产的企业未按照本条例规定将安全评价报告以及整改方案的落实情况报安全生产监督管理部门或者港口行政管理部门备案,或者储存危险化学品的单位未将其剧毒化学品以及储存数量构成重大危险源的其他危险化学品的储存数量、储存地点以及管理人员的情况报安全生产监督管理部门或者港口行政管理部门备案的,分别由安全生产监督管理部门或者港口行政管理部门依照前款规定予以处罚。

生产实施重点环境管理的危险化学品的企业或者使用实施重点环境管理的危险化学品从事生产的企业未按照规定将相关信息向环境保护主管部门报告的,由环境保护主管部门依照本条第一款的规定予以处罚。

第八十二条　生产、储存、使用危险化学品的单位转产、停产、停业或者解散,未采取有效措施及时、妥善处置其危险化学品生产装置、储存设施以及库存的危险化学品,或者丢弃危险化学品的,由安全生产监督管理部门责令改正,处5万元以上10万元以下的罚款;构成犯罪的,依法追究刑事责任。

生产、储存、使用危险化学品的单位转产、停产、停业或者解散,未依照本条例规定将其危险化学品生产装置、储存设施以及库存危险化学品的处置方案报有关部门备案的,分别由有关部门责令改正,可以处1万元以下的罚款;拒不改正的,处1万元以上5万元以下的罚款。

第八十三条　危险化学品经营企业向未经许可违法从事危险化学品生产、经营活动的企业采购危险化学品的,由工商行政管理部门责令改正,处10万元以上20万元以下的罚款;拒不改正的,责令停业整顿直至由原发证机关吊销其危险化学品经营许可证,并由工商行政管理部门责令其办理经营范围变更登记或者吊销其营业执照。

第八十四条　危险化学品生产企业、经营企业有下列情形之一的,由安全生产监督管理部门责令改正,没收违法所得,并处10万元以上20万元以下的罚款;拒不改正的,责令停产停业整顿直至吊销其危险化学品安全生产许可证、危险化学品经营许可证,并由工商行政管理部门责令其办理经营范围变更登记或者吊销其营业执照:

(一)向不具有本条例第三十八条第一款、第二款规定的相关许可证件或者证明文件的单位销售剧毒化学品、易制爆危险化学品的;

(二)不按照剧毒化学品购买许可证载明的品种、数量销售剧毒化学品的;

(三)向个人销售剧毒化学品(属于剧毒化学品的农药除外)、易制爆危险化学品的。

不具有本条例第三十八条第一款、第二款规定的相关许可证件或者证明文件的单位购买剧毒化学品、易制爆危险化学品,或者个人购买剧毒化学品(属于剧毒化学品的农药除外)、易制爆危险化学品的,由公安机关没收所购买的剧毒化学品、易制爆危险化学品,可以并处5000元以下的罚款。

使用剧毒化学品、易制爆危险化学品的单位出借或者向不具有本条例第三十八条第一款、第二款规定的相关许可证件的单位转让其购买的剧毒化学品、易制爆危险化学品,或者向个人转让其购买的剧毒化学品(属于剧毒化学品的农药除外)、易制爆危险化学品的,由公安机关责令改正,处10万元以上20万元以下的罚款;拒不改正的,责令停产停业整顿。

第八十五条　未依法取得危险货物道路运输许可、危险货物水路运输许可,从事危险化学品道路运输、水路运输的,分别依照有关道路运输、水路运输的法律、行政法规的规定处罚。

第八十六条　有下列情形之一的,由交通运输主管部门责令改正,处5万元以上10万元以下的罚款;拒不改正的,责令停产停业整顿;构成犯罪的,依法追究刑事责任:

(一)危险化学品道路运输企业、水路运输企业的驾驶人员、船员、装卸管理人员、押运人员、申报人员、

集装箱装箱现场检查员未取得从业资格上岗作业的;

(二)运输危险化学品,未根据危险化学品的危险特性采取相应的安全防护措施,或者未配备必要的防护用品和应急救援器材的;

(三)使用未依法取得危险货物适装证书的船舶,通过内河运输危险化学品的;

(四)通过内河运输危险化学品的承运人违反国务院交通运输主管部门对单船运输的危险化学品数量的限制性规定运输危险化学品的;

(五)用于危险化学品运输作业的内河码头、泊位不符合国家有关安全规范,或者未与饮用水取水口保持国家规定的安全距离,或者未经交通运输主管部门验收合格投入使用的;

(六)托运人不向承运人说明所托运的危险化学品的种类、数量、危险特性以及发生危险情况的应急处置措施,或者未按照国家有关规定对所托运的危险化学品妥善包装并在外包装上设置相应标志的;

(七)运输危险化学品需要添加抑制剂或者稳定剂,托运人未添加或者未将有关情况告知承运人的。

第八十七条　有下列情形之一的,由交通运输主管部门责令改正,处10万元以上20万元以下的罚款,有违法所得的,没收违法所得;拒不改正的,责令停产停业整顿;构成犯罪的,依法追究刑事责任:

(一)委托未依法取得危险货物道路运输许可、危险货物水路运输许可的企业承运危险化学品的;

(二)通过内河封闭水域运输剧毒化学品以及国家规定禁止通过内河运输的其他危险化学品的;

(三)通过内河运输国家规定禁止通过内河运输的剧毒化学品以及其他危险化学品的;

(四)在托运的普通货物中夹带危险化学品,或者将危险化学品谎报或者匿报为普通货物托运的。

在邮件、快件内夹带危险化学品,或者将危险化学品谎报为普通物品交寄的,依法给予治安管理处罚;构成犯罪的,依法追究刑事责任。

邮政企业、快递企业收寄危险化学品的,依照《中华人民共和国邮政法》的规定处罚。

第八十八条　有下列情形之一的,由公安机关责令改正,处5万元以上10万元以下的罚款;构成违反治安管理行为的,依法给予治安管理处罚;构成犯罪

的,依法追究刑事责任:

(一)超过运输车辆的核定载质量装载危险化学品的;

(二)使用安全技术条件不符合国家标准要求的车辆运输危险化学品的;

(三)运输危险化学品的车辆未经公安机关批准进入危险化学品运输车辆限制通行的区域的;

(四)未取得剧毒化学品道路运输通行证,通过道路运输剧毒化学品的。

第八十九条　有下列情形之一的,由公安机关责令改正,处1万元以上5万元以下的罚款;构成违反治安管理行为的,依法给予治安管理处罚:

(一)危险化学品运输车辆未悬挂或者喷涂警示标志,或者悬挂或者喷涂的警示标志不符合国家标准要求的;

(二)通过道路运输危险化学品,不配备押运人员的;

(三)运输剧毒化学品或者易制爆危险化学品途中需要较长时间停车,驾驶人员、押运人员不向当地公安机关报告的;

(四)剧毒化学品、易制爆危险化学品在道路运输途中丢失、被盗、被抢或者发生流散、泄露等情况,驾驶人员、押运人员不采取必要的警示措施和安全措施,或者不向当地公安机关报告的。

第九十条　对发生交通事故负有全部责任或者主要责任的危险化学品道路运输企业,由公安机关责令消除安全隐患,未消除安全隐患的危险化学品运输车辆,禁止上道路行驶。

第九十一条　有下列情形之一的,由交通运输主管部门责令改正,可以处1万元以下的罚款;拒不改正的,处1万元以上5万元以下的罚款:

(一)危险化学品道路运输企业、水路运输企业未配备专职安全管理人员的;

(二)用于危险化学品运输作业的内河码头、泊位的管理单位未制定码头、泊位危险化学品事故应急救援预案,或者未为码头、泊位配备充足、有效的应急救援器材和设备的。

第九十二条　有下列情形之一的,依照《中华人民共和国内河交通安全管理条例》的规定处罚:

(一)通过内河运输危险化学品的水路运输企业未制定运输船舶危险化学品事故应急救援预案,或者未为运输船舶配备充足、有效的应急救援器材和设备的;

(二)通过内河运输危险化学品的船舶的所有人或者经营人未取得船舶污染损害责任保险证书或者财务担保证明的;

(三)船舶载运危险化学品进出内河港口,未将有关事项先报告海事管理机构并经其同意的;

(四)载运危险化学品的船舶在内河航行、装卸或者停泊,未悬挂专用的警示标志,或者未按照规定显示专用信号,或者未按照规定申请引航的。

未向港口行政管理部门报告并经其同意,在港口内进行危险化学品的装卸、过驳作业的,依照《中华人民共和国港口法》的规定处罚。

第九十三条　伪造、变造或者出租、出借、转让危险化学品安全生产许可证、工业产品生产许可证,或者使用伪造、变造的危险化学品安全生产许可证、工业产品生产许可证的,分别依照《安全生产许可证条例》、《中华人民共和国工业产品生产许可证管理条例》的规定处罚。

伪造、变造或者出租、出借、转让本条例规定的其他许可证,或者使用伪造、变造的本条例规定的其他许可证的,分别由相关许可证的颁发管理机关处10万元以上20万元以下的罚款,有违法所得的,没收违法所得;构成违反治安管理行为的,依法给予治安管理处罚;构成犯罪的,依法追究刑事责任。

第九十四条　危险化学品单位发生危险化学品事故,其主要负责人不立即组织救援或者不立即向有关部门报告的,依照《生产安全事故报告和调查处理条例》的规定处罚。

危险化学品单位发生危险化学品事故,造成他人人身伤害或者财产损失的,依法承担赔偿责任。

第九十五条　发生危险化学品事故,有关地方人民政府及其有关部门不立即组织实施救援,或者不采取必要的应急处置措施减少事故损失,防止事故蔓延、扩大的,对直接负责的主管人员和其他直接责任人员依法给予处分;构成犯罪的,依法追究刑事责任。

第九十六条 负有危险化学品安全监督管理职责的部门的工作人员，在危险化学品安全监督管理工作中滥用职权、玩忽职守、徇私舞弊，构成犯罪的，依法追究刑事责任；尚不构成犯罪的，依法给予处分。

第八章 附 则

第九十七条 监控化学品、属于危险化学品的药品和农药的安全管理，依照本条例的规定执行；法律、行政法规另有规定的，依照其规定。

民用爆炸物品、烟花爆竹、放射性物品、核能物质以及用于国防科研生产的危险化学品的安全管理，不适用本条例。

法律、行政法规对燃气的安全管理另有规定的，依照其规定。

危险化学品容器属于特种设备的，其安全管理依照有关特种设备安全的法律、行政法规的规定执行。

第九十八条 危险化学品的进出口管理，依照有关对外贸易的法律、行政法规、规章的规定执行；进口的危险化学品的储存、使用、经营、运输的安全管理，依照本条例的规定执行。

危险化学品环境管理登记和新化学物质环境管理登记，依照有关环境保护的法律、行政法规、规章的规定执行。危险化学品环境管理登记，按照国家有关规定收取费用。

第九十九条 公众发现、捡拾的无主危险化学品，由公安机关接收。公安机关接收或者有关部门依法没收的危险化学品，需要进行无害化处理的，交由环境保护主管部门组织其认定的专业单位进行处理，或者交由有关危险化学品生产企业进行处理。处理所需费用由国家财政负担。

第一百条 化学品的危险特性尚未确定的，由国务院安全生产监督管理部门、国务院环境保护主管部门、国务院卫生主管部门分别负责组织对该化学品的物理危险性、环境危害性、毒理特性进行鉴定。根据鉴定结果，需要调整危险化学品目录的，依照本条例第三条第二款的规定办理。

第一百零一条 本条例施行前已经使用危险化学品从事生产的化工企业，依照本条例规定需要取得危险化学品安全使用许可证的，应当在国务院安全生产监督管理部门规定的期限内，申请取得危险化学品安全使用许可证。

第一百零二条 本条例自 2011 年 12 月 1 日起施行。

易制爆危险化学品治安管理办法

·2019 年 7 月 6 日公安部令第 154 号公布
·自 2019 年 8 月 10 日起施行

第一章 总 则

第一条 为加强易制爆危险化学品的治安管理，有效防范易制爆危险化学品治安风险，保障人民群众生命财产安全和公共安全，根据《中华人民共和国反恐怖主义法》《危险化学品安全管理条例》《企业事业单位内部治安保卫条例》等有关法律法规的规定，制定本办法。

第二条 易制爆危险化学品生产、经营、储存、使用、运输和处置的治安管理，适用本办法。

第三条 本办法所称易制爆危险化学品，是指列入公安部确定、公布的易制爆危险化学品名录，可用于制造爆炸物品的化学品。

第四条 本办法所称易制爆危险化学品从业单位，是指生产、经营、储存、使用、运输及处置易制爆危险化学品的单位。

第五条 易制爆危险化学品治安管理，应当坚持安全第一、预防为主、依法治理、系统治理的原则，强化和落实从业单位的主体责任。

易制爆危险化学品从业单位的主要负责人是治安管理第一责任人，对本单位易制爆危险化学品治安管理工作全面负责。

第六条 易制爆危险化学品从业单位应当建立易制爆危险化学品信息系统，并实现与公安机关的信息系统互联互通。

公安机关和易制爆危险化学品从业单位应当对易制爆危险化学品实行电子追踪标识管理，监控记录易制爆危险化学品流向、流量。

第七条 任何单位和个人都有权举报违反易制爆危险化学品治安管理规定的行为；接到举报的公安机关应当依法及时查处，并为举报人员保密，对举报有功人员给予奖励。

第八条 易制爆危险化学品从业单位应当加强对治安管理工作的检查、考核和奖惩，及时发现、整改治安隐患，并保存检查、整改记录。

第二章 销售、购买和流向登记

第九条 公安机关接收同级应急管理部门通报的颁发危险化学品安全生产许可证、危险化学品安全使用许可证、危险化学品经营许可证、烟花爆竹安全生产许可证情况后，对属于易制爆危险化学品从业单位的，应当督促其建立信息系统。

第十条 依法取得危险化学品安全生产许可证、危险化学品安全使用许可证、危险化学品经营许可证的企业，凭相应的许可证件购买易制爆危险化学品。民用爆炸物品生产企业凭民用爆炸物品生产许可证购买易制爆危险化学品。

第十一条 本办法第十条以外的其他单位购买易制爆危险化学品的，应当向销售单位出具以下材料：

（一）本单位《工商营业执照》《事业单位法人证书》等合法证件复印件、经办人身份证明复印件；

（二）易制爆危险化学品合法用途说明，说明应当包含具体用途、品种、数量等内容。

严禁个人购买易制爆危险化学品。

第十二条 危险化学品生产企业、经营企业销售易制爆危险化学品，应当查验本办法第十条或者第十一条规定的相关许可证件或者证明文件，不得向不具有相关许可证件或者证明文件的单位及任何个人销售易制爆危险化学品。

第十三条 销售、购买、转让易制爆危险化学品应当通过本企业银行账户或者电子账户进行交易，不得使用现金或者实物进行交易。

第十四条 危险化学品生产企业、经营企业销售易制爆危险化学品，应当如实记录购买单位的名称、地址、经办人姓名、身份证号码以及所购买的易制爆危险化学品的品种、数量、用途。销售记录以及相关许可证件复印件或者证明文件、经办人的身份证明复印件的保存期限不得少于一年。

易制爆危险化学品销售、购买单位应当在销售、购买后五日内，通过易制爆危险化学品信息系统，将所销售、购买的易制爆危险化学品的品种、数量以及流向信息报所在地县级公安机关备案。

第十五条 易制爆危险化学品生产、进口和分装单位应当按照国家有关标准和规范要求，对易制爆危险化学品作出电子追踪标识，识读电子追踪标识可显示相应易制爆危险化学品品种、数量以及流向信息。

第十六条 易制爆危险化学品从业单位应当如实登记易制爆危险化学品销售、购买、出入库、领取、使用、归还、处置等信息，并录入易制爆危险化学品信息系统。

第三章 处置、使用、运输和信息发布

第十七条 易制爆危险化学品从业单位转产、停产、停业或者解散的，应当将生产装置、储存设施以及库存易制爆危险化学品的处置方案报主管部门和所在地县级公安机关备案。

第十八条 易制爆危险化学品使用单位不得出借、转让其购买的易制爆危险化学品；因转产、停产、搬迁、关闭等确需转让的，应当向具有本办法第十条或者第十一条规定的相关许可证件或者证明文件的单位转让。

双方应当在转让后五日内，将有关情况报告所在地县级公安机关。

第十九条 运输易制爆危险化学品途中因住宿或者发生影响正常运输的情况，需要较长时间停车的，驾驶人员、押运人员应当采取相应的安全防范措施，并向公安机关报告。

第二十条 易制爆危险化学品在道路运输途中丢失、被盗、被抢或者出现流散、泄漏等情况的，驾驶人员、押运人员应当立即采取相应的警示措施和安全措施，并向公安机关报告。公安机关接到报告后，应当根据实际情况立即向同级应急管理、生态环境、卫生健康等部门通报，采取必要的应急处置措施。

第二十一条 任何单位和个人不得交寄易制爆危险化学品或者在邮件、快递内夹带易制爆危险化学品，不得将易制爆危险化学品匿报或者谎报为普通物品交寄，不得将易制爆危险化学品交给不具有相应危险货物运输资质的企业托运。邮政企业、快递企业不得收寄易制爆危险化学品。运输企业、物流企业不得违反危险货物运输管理规定承运易制爆危险化学品。邮政企业、快递企业、运输企业、物流企业发现违反规定交寄或者托运易制爆危险化学品的，应当立即将有

关情况报告公安机关和主管部门。

第二十二条　易制爆危险化学品从业单位依法办理非经营性互联网信息服务备案手续后,可以在本单位网站发布易制爆危险化学品信息。

易制爆危险化学品从业单位应当在本单位网站主页显著位置标明可供查询的互联网信息服务备案编号。

第二十三条　易制爆危险化学品从业单位不得在本单位网站以外的互联网应用服务中发布易制爆危险化学品信息及建立相关链接。

禁止易制爆危险化学品从业单位以外的其他单位在互联网发布易制爆危险化学品信息及建立相关链接。

第二十四条　禁止个人在互联网上发布易制爆危险化学品生产、买卖、储存、使用信息。

禁止任何单位和个人在互联网上发布利用易制爆危险化学品制造爆炸物品方法的信息。

第四章　治安防范

第二十五条　易制爆危险化学品从业单位应当设置治安保卫机构,建立健全治安保卫制度,配备专职治安保卫人员负责易制爆危险化学品治安保卫工作,并将治安保卫机构的设置和人员的配备情况报所在地县级公安机关备案。治安保卫人员应当符合国家有关标准和规范要求,经培训后上岗。

第二十六条　易制爆危险化学品应当按照国家有关标准和规范要求,储存在封闭式、半封闭式或者露天式危险化学品专用储存场所内,并根据危险品性能分区、分类、分库储存。

教学、科研、医疗、测试等易制爆危险化学品使用单位,可使用储存室或者储存柜储存易制爆危险化学品,单个储存室或者储存柜储存量应当在 50 公斤以下。

第二十七条　易制爆危险化学品储存场所应当按照国家有关标准和规范要求,设置相应的人力防范、实体防范、技术防范等治安防范设施,防止易制爆危险化学品丢失、被盗、被抢。

第二十八条　易制爆危险化学品从业单位应当建立易制爆危险化学品出入库检查、登记制度,定期核对易制爆危险化学品存放情况。

易制爆危险化学品丢失、被盗、被抢的,应当立即报告公安机关。

第二十九条　易制爆危险化学品储存场所(储存室、储存柜除外)治安防范状况应当纳入单位安全评价的内容,经安全评价合格后方可使用。

第三十条　构成重大危险源的易制爆危险化学品,应当在专用仓库内单独存放,并实行双人收发、双人保管制度。

第五章　监督检查

第三十一条　公安机关根据本地区工作实际,定期组织易制爆危险化学品从业单位监督检查;在重大节日、重大活动前或者期间组织监督抽查。

公安机关人民警察进行监督检查时应当出示人民警察证,表明执法身份,不得从事与职务无关的活动。

第三十二条　监督检查内容包括:

(一)易制爆危险化学品从业单位持有相关许可证件情况;

(二)销售、购买、处置、使用、运输易制爆危险化学品是否符合有关规定;

(三)易制爆危险化学品信息发布是否符合有关规定;

(四)易制爆危险化学品流向登记是否符合有关规定;

(五)易制爆危险化学品从业单位治安保卫机构、制度建设是否符合有关规定;

(六)易制爆危险化学品从业单位及其储存场所治安防范设施是否符合有关规定;

(七)法律、法规、规范和标准规定的其他内容。

第三十三条　监督检查应当记录在案,归档管理。监督检查记录包括:

(一)执行监督检查任务的人员姓名、单位、职务、警号;

(二)监督检查的时间、地点、单位名称、检查事项;

(三)发现的隐患问题及处理结果。

第三十四条　监督检查记录一式两份,由监督检查人员、被检查单位管理人员签字确认;被检查单位管理人员对检查记录有异议或者拒绝签名的,检查人员应当在检查记录中注明。

第三十五条　公安机关应当建立易制爆危险化学品从业单位风险评估、分级预警机制和与有关部门信息共享通报机制。

第六章　法律责任

第三十六条　违反本办法第六条第一款规定的，由公安机关责令限期改正，可以处一万元以下罚款；逾期不改正的，处违法所得三倍以下且不超过三万元罚款，没有违法所得的，处一万元以下罚款。

第三十七条　违反本办法第十条、第十一条、第十八条第一款规定的，由公安机关依照《危险化学品安全管理条例》第八十四条第二款、第三款的规定处罚。

第三十八条　违反本办法第十三条、第十五条规定的，由公安机关依照《中华人民共和国反恐怖主义法》第八十七条的规定处罚。

第三十九条　违反本办法第十四条、第十六条、第十八条第二款、第二十八条第二款规定的，由公安机关依照《危险化学品安全管理条例》第八十一条的规定处罚。

第四十条　违反本办法第十七条规定的，由公安机关依照《危险化学品安全管理条例》第八十二条第二款的规定处罚。

第四十一条　违反本办法第十九条、第二十条规定的，由公安机关依照《危险化学品安全管理条例》第八十九条第三项、第四项的规定处罚。

第四十二条　违反本办法第二十三条、第二十四条规定的，由公安机关责令改正，给予警告，对非经营活动处一千元以下罚款，对经营活动处违法所得三倍以下且不超过三万元罚款，没有违法所得的，处一万元以下罚款。

第四十三条　违反本办法第二十五条、第二十七条关于人力防范、实体防范规定，存在治安隐患的，由公安机关依照《企业事业单位内部治安保卫条例》第十九条的规定处罚。

第四十四条　违反本办法第二十七条关于技术防范设施设置要求规定的，由公安机关依照《危险化学品安全管理条例》第七十八条第二款的规定处罚。

第四十五条　任何单位和个人违反本办法规定，

构成违反治安管理行为的，依照《中华人民共和国治安管理处罚法》的规定予以处罚；构成犯罪的，依法追究刑事责任。

第四十六条　公安机关发现涉及其他主管部门的易制爆危险化学品违法违规行为，应当书面通报其他主管部门依法查处。

第四十七条　公安机关人民警察在易制爆危险化学品治安管理中滥用职权、玩忽职守或者徇私舞弊，构成犯罪的，依法追究刑事责任；尚不构成犯罪的，依法给予行政处分。

第七章　附　则

第四十八条　含有易制爆危险化学品的食品添加剂、药品、兽药、消毒剂等生活用品，其生产单位按照易制爆危险化学品使用单位管理，其成品的生产、销售、购买（含个人购买）、储存、使用、运输和处置等不适用本办法，分别执行《中华人民共和国食品安全法》《中华人民共和国药品管理法》《兽药管理条例》《消毒管理办法》等有关规定。

第四十九条　易制爆危险化学品从业单位和相关场所、活动、设施等确定为防范恐怖袭击重点目标的，应当执行《中华人民共和国反恐怖主义法》的有关规定。

第五十条　易制爆危险化学品的进出口管理，依照有关对外贸易的法律、行政法规、规章的规定执行；进口的易制爆危险化学品的储存、使用、经营、运输、处置的安全管理，依照本办法的规定执行。

第五十一条　本办法所称"以下"均包括本数。

第五十二条　本办法自 2019 年 8 月 10 日起施行。

中华人民共和国监控化学品管理条例

·1995 年 12 月 27 日国务院令第 190 号发布
·根据 2011 年 1 月 8 日《国务院关于废止和修改部分行政法规的决定》修订

第一条　为了加强对监控化学品的管理，保障公民的人身安全和保护环境，制定本条例。

第二条　在中华人民共和国境内从事监控化学品的生产、经营和使用活动，必须遵守本条例。

第三条　本条例所称监控化学品,是指下列各类化学品:

第一类:可作为化学武器的化学品;

第二类:可作为生产化学武器前体的化学品;

第三类:可作为生产化学武器主要原料的化学品;

第四类:除炸药和纯碳氢化合物外的特定有机化学品。

前款各类监控化学品的名录由国务院化学工业主管部门提出,报国务院批准后公布。

第四条　国务院化学工业主管部门负责全国监控化学品的管理工作。省、自治区、直辖市人民政府化学工业主管部门负责本行政区域内监控化学品的管理工作。

第五条　生产、经营或者使用监控化学品的,应当依照本条例和国家有关规定向国务院化学工业主管部门或者省、自治区、直辖市人民政府化学工业主管部门申报生产、经营或者使用监控化学品的有关资料、数据和使用目的,接受化学工业主管部门的检查监督。

第六条　国家严格控制第一类监控化学品的生产。

为科研、医疗、制造药物或者防护目的需要生产第一类监控化学品的,应当报国务院化学工业主管部门批准,并在国务院化学工业主管部门指定的小型设施中生产。

严禁在未经国务院化学工业主管部门指定的设施中生产第一类监控化学品。

第七条　国家对第二类、第三类监控化学品和第四类监控化学品中含磷、硫、氟的特定有机化学品的生产,实行特别许可制度;未经特别许可的,任何单位和个人均不得生产。特别许可办法,由国务院化学工业主管部门制定。

第八条　新建、扩建或者改建用于生产第二类、第三类监控化学品和第四类监控化学品中含磷、硫、氟的特定有机化学品的设施,应当向所在地省、自治区、直辖市人民政府化学工业主管部门提出申请,经省、自治区、直辖市人民政府化学工业主管部门审查签署意见,报国务院化学工业主管部门批准后,方可开工建设;工程竣工后,经所在地省、自治区、直辖市人民政府化学工业主管部门验收合格,并报国务院化学工业主管部门批准后,方可投产使用。

新建、扩建或者改建用于生产第四类监控化学品中不含磷、硫、氟的特定有机化学品的设施,应当在开工生产前向所在地省、自治区、直辖市人民政府化学工业主管部门备案。

第九条　监控化学品应当在专用的化工仓库中储存,并设专人管理。监控化学品的储存条件应当符合国家有关规定。

第十条　储存监控化学品的单位,应当建立严格的出库、入库检查制度和登记制度;发现丢失、被盗时,应当立即报告当地公安机关和所在地省、自治区、直辖市人民政府化学工业主管部门;省、自治区、直辖市人民政府化学工业主管部门应当积极配合公安机关进行查处。

第十一条　对变质或者过期失效的监控化学品,应当及时处理。处理方案报所在地省、自治区、直辖市人民政府化学工业主管部门批准后实施。

第十二条　为科研、医疗、制造药物或者防护目的需要使用第一类监控化学品的,应当向国务院化学工业主管部门提出申请,经国务院化学工业主管部门审查批准后,凭批准文件同国务院化学工业主管部门指定的生产单位签订合同,并将合同副本报送国务院化学工业主管部门备案。

第十三条　需要使用第二类监控化学品的,应当向所在地省、自治区、直辖市人民政府化学工业主管部门提出申请,经省、自治区、直辖市人民政府化学工业主管部门审查批准后,凭批准文件同国务院化学工业主管部门指定的经销单位签订合同,并将合同副本报送所在地省、自治区、直辖市人民政府化学工业主管部门备案。

第十四条　国务院化学工业主管部门会同国务院对外经济贸易主管部门指定的单位(以下简称被指定单位),可以从事第一类监控化学品和第二类、第三类监控化学品及其生产技术、专用设备的进出口业务。

需要进口或者出口第一类监控化学品和第二类、第三类监控化学品及其生产技术、专用设备的,应当委托被指定单位代理进口或者出口。除被指定单位外，任何单位和个人均不得从事这类进出口业务。

第十五条　国家严格控制第一类监控化学品的进口和出口。非为科研、医疗、制造药物或者防护目的，不得进口第一类监控化学品。

接受委托进口第一类监控化学品的被指定单位，应当向国务院化学工业主管部门提出申请，并提交产品最终用途的说明和证明；经国务院化学工业主管部门审查签署意见后，报国务院审查批准。被指定单位凭国务院的批准文件向国务院对外经济贸易主管部门申请领取进口许可证。

第十六条　接受委托进口第二类、第三类监控化学品及其生产技术、专用设备的被指定单位，应当向国务院化学工业主管部门提出申请，并提交所进口的化学品、生产技术或者专用设备最终用途的说明和证明；经国务院化学工业主管部门审查批准后，被指定单位凭国务院化学工业主管部门的批准文件向国务院对外经济贸易主管部门申请领取进口许可证。

第十七条　接受委托出口第一类监控化学品的被指定单位，应当向国务院化学工业主管部门提出申请，并提交进口国政府或者政府委托机构出具的所进口的化学品仅用于科研、医疗、制造药物或者防护目的和不转口第三国的保证书；经国务院化学工业主管部门审查签署意见后，报国务院审查批准。被指定单位凭国务院的批准文件向国务院对外经济贸易主管部门申请领取出口许可证。

第十八条　接受委托出口第二类、第三类监控化学品及其生产技术、专用设备的被指定单位，应当向国务院化学工业主管部门提出申请，并提交进口国政府或者政府委托机构出具的所进口的化学品、生产技术、专用设备不用于生产化学武器和不转口第三国的保证书；经国务院化学工业主管部门审查批准后，被指定单位凭国务院化学工业主管部门的批准文件向国务院对外经济贸易主管部门申请领取出口许可证。

第十九条　使用监控化学品的，应当与其申报的使用目的相一致；需要改变使用目的的，应当报原审批机关批准。

第二十条　使用第一类、第二类监控化学品的，应当按照国家有关规定，定期向所在地省、自治区、直

辖市人民政府化学工业主管部门报告消耗此类监控化学品的数量和使用此类监控化学品生产最终产品的数量。

第二十一条　违反本条例规定，生产监控化学品的，由省、自治区、直辖市人民政府化学工业主管部门责令限期改正；逾期不改正的，可以处20万元以下的罚款；情节严重的，可以提请省、自治区、直辖市人民政府责令停产整顿。

第二十二条　违反本条例规定，使用监控化学品的，由省、自治区、直辖市人民政府化学工业主管部门责令限期改正；逾期不改正的，可以处5万元以下的罚款。

第二十三条　违反本条例规定，经营监控化学品的，由省、自治区、直辖市人民政府化学工业主管部门没收其违法经营的监控化学品和违法所得，可以并处违法经营额1倍以上2倍以下的罚款。

第二十四条　违反本条例规定，隐瞒、拒报有关监控化学品的资料、数据，或者妨碍、阻挠化学工业主管部门依照本条例的规定履行检查监督职责的，由省、自治区、直辖市人民政府化学工业主管部门处以5万元以下的罚款。

第二十五条　违反本条例规定，构成违反治安管理行为的，依照《中华人民共和国治安管理处罚法》的有关规定处罚；构成犯罪的，依法追究刑事责任。

第二十六条　在本条例施行前已经从事生产、经营或者使用监控化学品的，应当依照本条例的规定，办理有关手续。

第二十七条　本条例自发布之日起施行。

附件：（略）

剧毒化学品购买和公路运输许可证件管理办法

·2005年5月25日公安部令第77号公布
·自2005年8月1日起施行

第一条　为加强对剧毒化学品购买和公路运输的监督管理，保障国家财产和公民生命财产安全，根据《中华人民共和国道路交通安全法》、《危险化学品安全管理条例》等法律、法规的规定，制定本办法。

第二条　除个人购买农药、灭鼠药、灭虫药以外，

在中华人民共和国境内购买和通过公路运输剧毒化学品的,应当遵守本办法。

本办法所称剧毒化学品,按照国务院安全生产监督管理部门会同国务院公安、环保、卫生、质检、交通部门确定并公布的剧毒化学品目录执行。

第三条　国家对购买和通过公路运输剧毒化学品行为实行许可管理制度。购买和通过公路运输剧毒化学品,应当依照本办法申请取得《剧毒化学品购买凭证》《剧毒化学品准购证》和《剧毒化学品公路运输通行证》。未取得上述许可证件,任何单位和个人不得购买、通过公路运输剧毒化学品。

任何单位或者个人不得伪造、变造、买卖、出借或者以其他方式转让《剧毒化学品购买凭证》《剧毒化学品准购证》和《剧毒化学品公路运输通行证》,不得使用作废的上述许可证件。

第四条　公安机关应当坚持公开、公平、公正的原则,严格依照本办法审查核发剧毒化学品购买和公路运输许可证件,建立健全审查核发许可证件的管理档案,公开办理许可证件的公安机关主管部门的通信地址、联系电话、传真号码和电子信箱,并监督指导从业单位严格执行剧毒化学品购买和公路运输许可管理规定。

省级公安机关对核发的剧毒化学品购买凭证、准购证和公路运输通行证应当建立计算机数据库,包括证件编号、购买企业、运输企业、运输车辆、驾驶人、押运人员、剧毒化学品品名和数量、目的地、始发地、行驶路线等内容。数据库的项目和数据的格式应当全国统一。治安管理、交通管理部门应当建立信息共享或者通报制度。

第五条　经常需要购买、使用剧毒化学品的,应当持销售单位生产或者经营剧毒化学品资质证明复印件,向购买单位所在地设区的市级人民政府公安机关治安管理部门提出申请。符合要求的,由设区的市级人民政府公安机关负责人审批后,将盖有公安机关印章的《剧毒化学品购买凭证》成册发给购买或者使用单位保管、填写。

(一)生产危险化学品的企业申领《剧毒化学品购买凭证》时,应当如实填写《剧毒化学品购买凭证申请表》,并提交危险化学品生产企业安全生产许可证或

者批准书的复印件。

(二)经营剧毒化学品的企业申领《剧毒化学品购买凭证》时,应当如实填写《剧毒化学品购买凭证申请表》,并提交危险化学品经营许可证(甲种)的复印件。

(三)其他生产、科研、医疗等经常需要使用剧毒化学品的单位申领《剧毒化学品购买凭证》时,应当如实填写《剧毒化学品购买凭证申请表》,并提交使用、接触剧毒化学品从业人员的上岗资格证的复印件。使用剧毒化学品从事生产的单位还应当提交危险化学品使用许可证、批准书或者其他相应的从业许可证明。

第六条　临时需要购买、使用剧毒化学品的,应当持销售单位生产或者经营剧毒化学品资质证明复印件,向购买单位所在地设区的市级人民政府公安机关治安管理部门提出申请。符合要求的,由设区的市级人民政府公安机关负责人审批签发《剧毒化学品准购证》。

申领《剧毒化学品准购证》时,应当如实填写《剧毒化学品准购证申请表》,并提交注明品名、数量、用途的单位证明。

第七条　对需要通过公路运输剧毒化学品的,以及单车运输气态、液态剧毒化学品超过五吨的,由签发《剧毒化学品购买凭证》《剧毒化学品准购证》的公安机关治安管理部门将证件编号、发证机关、剧毒化学品品名、数量等有关信息,向运输目的地县级人民政府公安机关交通管理部门通报并录入剧毒化学品公路运输安全管理数据库。具体通报办法由省级人民政府公安机关制定。

第八条　需要通过公路运输剧毒化学品的,应当向运输目的地县级人民政府公安机关交通管理部门申领《剧毒化学品公路运输通行证》。申领时,托运人应当如实填写《剧毒化学品公路运输通行证申请表》,同时提交下列证明文件和资料,并接受公安机关交通管理部门对运输车辆和驾驶人、押运人员的查验、审核:

(一)《剧毒化学品购买凭证》或者《剧毒化学品准购证》。

运输进口或者出口剧毒化学品的,应当提交危险化学品进口或者出口登记证。

（二）承运单位从事危险货物道路运输的经营（运输）许可证（复印件）、机动车行驶证、运输车辆从事危险货物道路运输的道路运输证。

运输剧毒化学品的车辆必须设置安装剧毒化学品道路运输专用标识和安全标示牌。安全标示牌应当标明剧毒化学品品名、种类、罐体容积、载质量、施救方法、运输企业联系电话。

（三）驾驶人的机动车驾驶证，驾驶人、押运人员的身份证件以及从事危险货物道路运输的上岗资格证。

（四）随《剧毒化学品公路运输通行证申请表》附运输企业对每辆运输车辆制作的运输路线图和运行时间表，每辆车拟运输的载质量。

承运单位不在目的地的，可以向运输目的地县级人民政府公安机关交通管理部门提出申请，委托运输始发地县级人民政府公安机关交通管理部门受理核发《剧毒化学品公路运输通行证》，但不得跨省（自治区、直辖市）委托。具体委托办法由省级人民政府公安机关制定。

第九条　公安机关交通管理部门受理申请后，应当及时审核和查验以下事项：

（一）审核证明文件的真实性，并与省级人民政府公安机关建立的剧毒化学品公路运输安全管理数据库进行比对，审核证明文件与运输单位、运输车辆、驾驶人和押运人员的同一性。

（二）审核驾驶人在一个记分周期内是否有交通违法记分满十二分，或者有两次以上驾驶剧毒化学品运输车辆超载、超速记录。

（三）审核申请的通行路线和时间是否可能对公共安全构成威胁。

（四）查验运输车辆是否设置安装了剧毒化学品道路运输专用标识和安全标示牌，是否配备了主管部门规定的应急处理器材和防护用品，是否有非法改装行为，轮胎花纹深度是否符合国家标准，车辆定期检验周期的时间是否在有效期内。

（五）审核单车运输的数量是否超过行驶证核定载质量。

第十条　公安机关交通管理部门经过审核和查验后，应当按照下列情况分别处理：

（一）对证明文件真实有效，运输单位、运输车辆、驾驶人和押运人员符合规定，通行路线和时间对公共安全不构成威胁的，报本级公安机关负责人批准签发《剧毒化学品公路运输通行证》，每次运输一车一证，有效期不超过十五天。

（二）对其他申请条件符合要求，但通行路线和时间有可能对公共安全构成威胁的，由公安机关交通管理部门变更通行路线和时间后，再予批准签发《剧毒化学品公路运输通行证》。

（三）对车辆定期检验合格标志已超过有效期或者在运输过程中将超过有效期的，没有设置专用标识、安全标示牌的，或者没有配备应急处理器材和防护用品的，应当经过检验合格，补充有关设置，配齐有关器材和用品后，重新受理申请。

（四）对证明文件过期或者失效的，证明文件与计算机数据库记录比对结果不一致或者没有记录的，承运单位不具备运输危险化学品资质的，驾驶人、押运人员不具备上岗资格的，驾驶人交通违法记录不符合本办法要求的，或者车辆有非法改装行为或者安全状况不符合国家安全技术标准的，不予批准。

行驶路线跨越本县（市、区、旗）的，应当由县级人民政府公安机关交通管理部门报送上一级公安机关交通管理部门核准；行驶路线跨越本地（市、州、盟）或者跨省（自治区、直辖市）的，应当逐级上报到省级人民政府公安机关交通管理部门核准。由县级人民政府公安机关交通管理部门按照核准后的路线指定。对跨省（自治区、直辖市）行驶路线的指定，应当由所在地省级人民政府公安机关交通管理部门征得途经地省级人民政府公安机关交通管理部门同意。

第十一条　签发通行证后，发证的公安机关交通管理部门应当及时将发证信息发送到省级人民政府公安机关建立的剧毒化学品公路运输安全管理数据库，并通过书面或者信息系统通报沿线公安机关交通管理部门。跨县（市、区、旗）运输的，由设区的市级人民政府公安机关交通管理部门通报，跨地（市、州、盟）和跨省（自治区、直辖市）运输的，由省级人民政府公安机关交通管理部门通报。

对气态、液态剧毒化学品单车运输超过五吨的，签发通行证的公安机关交通管理部门应当报上一级公安机关交通管理部门备案。

具体通报和备案办法由省级人民政府公安机关制定。

第十二条　目的地、始发地和途经地公安机关交通管理部门应当通过信息系统或者采取其他方式及时了解剧毒化学品运输信息,加强对剧毒化学品运输车辆、驾驶人遵守道路交通安全法律规定情况的监督检查。

第十三条　申领《剧毒化学品购买凭证》、《剧毒化学品准购证》的申请人或者申请人委托的代理人可以直接到公安机关提出书面申请,也可以通过信函、传真、电子邮件等形式提出申请。

第十四条　公安机关对申领单位提交的申请材料,应当按照下列规定分别处理:

(一)对符合申领条件的,应当当场受理并出具书面凭证。

(二)对申请材料不齐全或者不符合法定形式的,应当当场一次性告知需要补正的全部内容;申请材料存在的错误,可以当场更正的,应当允许申请人当场更正。

(三)对不属于本机关职权范围或者本办法所规定的许可事项的,应当即时作出不予受理的决定并出具书面凭证。

第十五条　对已经受理的申请,公安机关应当及时进行审查,并在三个工作日内作出批准或者不予批准的决定;对申请跨省(自治区、直辖市)运输需要勘察核定行驶线路的,应当在十个工作日内作出批准或者不予批准的决定。对批准的,应当即时填发剧毒化学品购买和公路运输许可证件,并于当日送达或者通知申请人领取;对不予批准的,应当告知申请人不予批准的理由,并出具不予批准的书面凭证。

第十六条　《剧毒化学品购买凭证》由发证公安机关成册核发给购买或者使用单位的,由该单位负责人按照制度规定审核签批使用。持证单位用完后应当及时将购买凭证的存根交回原发证公安机关核查存档。

已经领取《剧毒化学品购买凭证》的单位,应当建立规范的购买凭证保管、填写、审核、签批、使用制度,严格管理。因故不再需要使用时,应当及时将尚未使用的购买凭证连同已经使用的购买凭证的存根交回原发证公安机关核查存档。

第十七条　销售单位销售剧毒化学品时,应当收验《剧毒化学品购买凭证》或者《剧毒化学品准购证》,按照购买凭证或者准购证许可的品名、数量销售,并如实填写《剧毒化学品购买凭证》或者《剧毒化学品准购证》回执第一联和回执第二联,由购买经办人签字确认。

回执第一联由购买单位带回,并在保管人员签注接收情况后的七日内交原发证公安机关核查存档;回执第二联由销售单位在销售后的七日内交所在地县级人民政府公安机关治安管理部门核查存档。

第十八条　通过公路运输剧毒化学品的,应当遵守《中华人民共和国道路交通安全法》、《危险化学品安全管理条例》等法律、法规对剧毒化学品运输安全的管理规定,悬挂警示标志,采取必要的安全措施,并按照《剧毒化学品公路运输通行证》载明的运输车辆、驾驶人、押运人员、装载数量、有效期限、指定的路线、时间和速度运输,禁止超载、超速行驶;押运人员应当随车携带《剧毒化学品公路运输通行证》,以备查验。

运输车辆行驶速度在不超过限速标志的前提下,在高速公路上不低于每小时七十公里不高于每小时九十公里,在其他道路上不超过每小时六十公里。

剧毒化学品运达目的地后,收货单位应当在《剧毒化学品公路运输通行证》上签注接收情况,并在收到货物后的七日内将《剧毒化学品公路运输通行证》送目的地县级人民政府公安机关治安管理部门备案存查。

第十九条　填写《剧毒化学品购买凭证》、《剧毒化学品准购证》或者《剧毒化学品公路运输通行证》发生错误时,应当注明作废并保留存档备查,不得涂改;填写错误的《剧毒化学品购买凭证》,由持证单位负责交回原发证公安机关核查存档。

填写《剧毒化学品购买凭证》或者《剧毒化学品准购证》回执第一联、回执第二联发生错误确需涂改的,应当在涂改处加盖销售单位印章予以确认。

第二十条　未申领《剧毒化学品购买凭证》、《剧毒化学品准购证》、《剧毒化学品公路运输通行证》,擅自购买、通过公路运输剧毒化学品的,由公安机关依法采取措施予以制止,处以一万元以上三万元以下罚款;对已经购买了剧毒化学品的,责令退回原销售单位;对已经实施运输的,扣留运输车辆,责令购买、使用和承运单位共同派员接受处理;对发生重大事故,造成严重后果的,依法追究刑事责任。

第二十一条 提供虚假证明文件、采取其他欺骗手段或者贿赂等不正当手段,取得《剧毒化学品购买凭证》、《剧毒化学品准购证》、《剧毒化学品公路运输通行证》的,由发证的公安机关依法撤销许可证件,处以一千元以上一万元以下罚款。

对利用骗取的许可证件购买了剧毒化学品的,责令退回原销售单位。

利用骗取的许可证件通过公路运输剧毒化学品的,由公安机关依照《危险化学品安全管理条例》第六十七条第(一)项的规定予以处罚。

第二十二条 伪造、变造、买卖、出借或者以其他方式转让《剧毒化学品购买凭证》、《剧毒化学品准购证》和《剧毒化学品公路运输通行证》,或者使用作废的上述许可证件的,由公安机关依照《危险化学品安全管理条例》第六十四条的规定予以处罚。

第二十三条 《剧毒化学品购买凭证》或者《剧毒化学品准购证》回执第一联、回执第二联填写错误时,未按规定在涂改处加盖销售单位印章予以确认的,由公安机关责令改正,处以五百元以上一千元以下罚款。

未按规定填写《剧毒化学品购买凭证》和《剧毒化学品准购证》回执记录剧毒化学品销售、购买信息的,由公安机关依照《危险化学品安全管理条例》第六十一条的规定予以处罚。

第二十四条 通过公路运输剧毒化学品未随车携带《剧毒化学品公路运输通行证》的,由公安机关责令提供已依法领取《剧毒化学品公路运输通行证》的证明,处以五百元以上一千元以下罚款。

除不可抗力外,未按《剧毒化学品公路运输通行证》核准载明的运输车辆、驾驶人、押运人员、装载数量、有效期限、指定的路线、时间和速度运输剧毒化学品的,尚未造成严重后果的,由公安机关对单位处以一千元以上一万元以下罚款,对直接责任人员依法给予治安处罚;构成犯罪的,依法追究刑事责任。

第二十五条 违反本办法的规定,有下列行为之一的,由原发证公安机关责令改正,处以五百元以上一千元以下罚款:

(一)除不可抗力外,未在规定时限内将《剧毒化学品购买凭证》、《剧毒化学品准购证》的回执交原发证公安机关或者销售单位所在地县级人民政府公安机关核查存档的;

(二)除不可抗力外,未在规定时限内将《剧毒化学品公路运输通行证》交目的地县级人民政府公安机关备案存查的;

(三)未按规定将已经使用的《剧毒化学品购买凭证》的存根或者因故不再需要使用的《剧毒化学品购买凭证》交回原发证公安机关核查存档的;

(四)未按规定将填写错误的《剧毒化学品购买凭证》注明作废并保留交回原发证公安机关核查存档的。

第二十六条 当事人对公安机关依照本办法作出的具体行政行为不服的,可以依法申请行政复议或者提起行政诉讼。

第二十七条 公安机关及其人民警察在工作中,有下列行为之一的,对直接负责的主管人员和其他直接责任人员依法给予行政处分;构成犯罪的,依法追究刑事责任:

(一)为不符合申领条件的单位发证的;

(二)除不可抗力外,不按本办法规定的时限办理许可证件的;

(三)索取、收受当事人贿赂或者谋取其他利益的;

(四)对违反本办法的行为不依法追究法律责任的;

(五)违反法律、法规、本办法的规定实施处罚或者收取费用的;

(六)其他滥用职权、玩忽职守、徇私舞弊的。

第二十八条 本办法规定的《剧毒化学品购买凭证》、《剧毒化学品准购证》和《剧毒化学品公路运输通行证》由公安部统一印制;其他法律文书式样由公安部制定,各发证公安机关自行印制;各类申请书式样由公安部制定,申领单位根据需要自行印制。

第二十九条 在中华人民共和国境内通过城市

道路运输剧毒化学品的,参照本办法关于通过公路运输剧毒化学品的规定执行。

第三十条 本办法自2005年8月1日起施行。

放射性物品运输安全管理条例

·2009年9月14日国务院令第562号公布
·自2010年1月1日起施行

第一章 总 则

第一条 为了加强对放射性物品运输的安全管理,保障人体健康,保护环境,促进核能、核技术的开发与和平利用,根据《中华人民共和国放射性污染防治法》,制定本条例。

第二条 放射性物品的运输和放射性物品运输容器的设计、制造等活动,适用本条例。

本条例所称放射性物品,是指含有放射性核素,并且其活度和比活度均高于国家规定的豁免值的物品。

第三条 根据放射性物品的特性及其对人体健康和环境的潜在危害程度,将放射性物品分为一类、二类和三类。

一类放射性物品,是指Ⅰ类放射源、高水平放射性废物、乏燃料等释放到环境后对人体健康和环境产生重大辐射影响的放射性物品。

二类放射性物品,是指Ⅱ类和Ⅲ类放射源、中等水平放射性废物等释放到环境后对人体健康和环境产生一般辐射影响的放射性物品。

三类放射性物品,是指Ⅳ类和Ⅴ类放射源、低水平放射性废物、放射性药品等释放到环境后对人体健康和环境产生较小辐射影响的放射性物品。

放射性物品的具体分类和名录,由国务院核安全监管部门会同国务院公安、卫生、海关、交通运输、铁路、民航、核工业行业主管部门制定。

第四条 国务院核安全监管部门对放射性物品运输的核与辐射安全实施监督管理。

国务院公安、交通运输、铁路、民航等有关主管部门依照本条例规定和各自的职责,负责放射性物品运输安全的有关监督管理工作。

县级以上地方人民政府环境保护主管部门和公安、交通运输等有关主管部门,依照本条例规定和各自的职责,负责本行政区域放射性物品运输安全的有关监督管理工作。

第五条 运输放射性物品,应当使用专用的放射性物品运输包装容器(以下简称运输容器)。

放射性物品的运输和放射性物品运输容器的设计、制造,应当符合国家放射性物品运输安全标准。

国家放射性物品运输安全标准,由国务院核安全监管部门制定,由国务院核安全监管部门和国务院标准化主管部门联合发布。国务院核安全监管部门制定国家放射性物品运输安全标准,应当征求国务院公安、卫生、交通运输、铁路、民航、核工业行业主管部门的意见。

第六条 放射性物品运输容器的设计、制造单位应当建立健全责任制度,加强质量管理,并对所从事的放射性物品运输容器的设计、制造活动负责。

放射性物品的托运人(以下简称托运人)应当制定核与辐射事故应急方案,在放射性物品运输中采取有效的辐射防护和安全保卫措施,并对放射性物品运输中的核与辐射安全负责。

第七条 任何单位和个人对违反本条例规定的行为,有权向国务院核安全监管部门或者其他依法履行放射性物品运输安全监督管理职责的部门举报。

接到举报的部门应当依法调查处理,并为举报人保密。

第二章 放射性物品运输容器的设计

第八条 放射性物品运输容器设计单位应当建立健全和有效实施质量保证体系,按照国家放射性物品运输安全标准进行设计,并通过试验验证或者分析论证等方式,对设计的放射性物品运输容器的安全性能进行评价。

第九条 放射性物品运输容器设计单位应当建立健全档案制度,按照质量保证体系的要求,如实记录放射性物品运输容器的设计和安全性能评价过程。

进行一类放射性物品运输容器设计,应当编制设计安全评价报告书;进行二类放射性物品运输容器设计,应当编制设计安全评价报告表。

第十条 一类放射性物品运输容器的设计,应当在首次用于制造前报国务院核安全监管部门审查批准。

申请批准一类放射性物品运输容器的设计,设计单位应当向国务院核安全监管部门提出书面申请,并提交下列材料:

(一)设计总图及其设计说明书;

(二)设计安全评价报告书;

(三)质量保证大纲。

第十一条　国务院核安全监管部门应当自受理申请之日起45个工作日内完成审查,对符合国家放射性物品运输安全标准的,颁发一类放射性物品运输容器设计批准书,并公告批准文号;对不符合国家放射性物品运输安全标准的,书面通知申请单位并说明理由。

第十二条　设计单位修改已批准的一类放射性物品运输容器设计中有关安全内容的,应当按照原申请程序向国务院核安全监管部门重新申请领取一类放射性物品运输容器设计批准书。

第十三条　二类放射性物品运输容器的设计,设计单位应当在首次用于制造前,将设计总图及其设计说明书、设计安全评价报告表报国务院核安全监管部门备案。

第十四条　三类放射性物品运输容器的设计,设计单位应当编制设计符合国家放射性物品运输安全标准的证明文件并存档备查。

第三章　放射性物品运输容器的制造与使用

第十五条　放射性物品运输容器制造单位,应当按照设计要求和国家放射性物品运输安全标准,对制造的放射性物品运输容器进行质量检验,编制质量检验报告。

未经质量检验或者经检验不合格的放射性物品运输容器,不得交付使用。

第十六条　从事一类放射性物品运输容器制造活动的单位,应当具备下列条件:

(一)有与所从事的制造活动相适应的专业技术人员;

(二)有与所从事的制造活动相适应的生产条件和检测手段;

(三)有健全的管理制度和完善的质量保证体系。

第十七条　从事一类放射性物品运输容器制造活动的单位,应当申请领取一类放射性物品运输容器制造许可证(以下简称制造许可证)。

申请领取制造许可证的单位,应当向国务院核安全监管部门提出书面申请,并提交其符合本条例第十六条规定条件的证明材料和申请制造的运输容器型号。

禁止无制造许可证或者超出制造许可证规定的范围从事一类放射性物品运输容器的制造活动。

第十八条　国务院核安全监管部门应当自受理申请之日起45个工作日内完成审查,对符合条件的,颁发制造许可证,并予以公告;对不符合条件的,书面通知申请单位并说明理由。

第十九条　制造许可证应当载明下列内容:

(一)制造单位名称、住所和法定代表人;

(二)许可制造的运输容器的型号;

(三)有效期限;

(四)发证机关、发证日期和证书编号。

第二十条　一类放射性物品运输容器制造单位变更单位名称、住所或者法定代表人的,应当自工商变更登记之日起20日内,向国务院核安全监管部门办理制造许可证变更手续。

一类放射性物品运输容器制造单位变更制造的运输容器型号的,应当按照原申请程序向国务院核安全监管部门重新申请领取制造许可证。

第二十一条　制造许可证有效期为5年。

制造许可证有效期届满,需要延续的,一类放射性物品运输容器制造单位应当于制造许可证有效期届满6个月前,向国务院核安全监管部门提出延续申请。

国务院核安全监管部门应当在制造许可证有效期届满前作出是否准予延续的决定。

第二十二条　从事二类放射性物品运输容器制造活动的单位,应当在首次制造活动开始30日前,将其具备与所从事的制造活动相适应的专业技术人员、生产条件、检测手段,以及具有健全的管理制度和完善的质量保证体系的证明材料,报国务院核安全监管部门备案。

第二十三条　一类、二类放射性物品运输容器制造单位,应当按照国务院核安全监管部门制定的编码规则,对其制造的一类、二类放射性物品运输容器统一编码,并于每年1月31日前将上一年度的运输容器编码清单报国务院核安全监管部门备案。

第二十四条　从事三类放射性物品运输容器制造活动的单位,应当于每年1月31日前将上一年度制造的运输容器的型号和数量报国务院核安全监管部门备案。

第二十五条　放射性物品运输容器使用单位应当对其使用的放射性物品运输容器定期进行保养和维护,并建立保养和维护档案;放射性物品运输容器达到设计使用年限,或者发现放射性物品运输容器存在安全隐患的,应当停止使用,进行处理。

一类放射性物品运输容器使用单位还应当对其使用的一类放射性物品运输容器每两年进行一次安全性能评价,并将评价结果报国务院核安全监管部门备案。

第二十六条　使用境外单位制造的一类放射性物品运输容器的,应当在首次使用前报国务院核安全监管部门审查批准。

申请使用境外单位制造的一类放射性物品运输容器的单位,应当向国务院核安全监管部门提出书面申请,并提交下列材料:

(一)设计单位所在国核安全监管部门颁发的设计批准文件的复印件;

(二)设计安全评价报告书;

(三)制造单位相关业绩的证明材料;

(四)质量合格证明;

(五)符合中华人民共和国法律、行政法规规定,以及国家放射性物品运输安全标准或者经国务院核安全监管部门认可的标准的说明材料。

国务院核安全监管部门应当自受理申请之日起45个工作日内完成审查,对符合国家放射性物品运输安全标准的,颁发使用批准书;对不符合国家放射性物品运输安全标准的,书面通知申请单位并说明理由。

第二十七条　使用境外单位制造的二类放射性物品运输容器的,应当在首次使用前将运输容器质量合格证明和符合中华人民共和国法律、行政法规规定,以及国家放射性物品运输安全标准或者经国务院核安全监管部门认可的标准的说明材料,报国务院核

安全监管部门备案。

第二十八条　国务院核安全监管部门办理使用境外单位制造的一类、二类放射性物品运输容器审查批准和备案手续,应当同时为运输容器确定编码。

第四章　放射性物品的运输

第二十九条　托运放射性物品的,托运人应当持有生产、销售、使用或者处置放射性物品的有效证明,使用与所托运的放射性物品类别相适应的运输容器进行包装,配备必要的辐射监测设备、防护用品和防盗、防破坏设备,并编制运输说明书、核与辐射事故应急响应指南、装卸作业方法、安全防护指南。

运输说明书应当包括放射性物品的品名、数量、物理化学形态、危害风险等内容。

第三十条　托运一类放射性物品的,托运人应当委托有资质的辐射监测机构对其表面污染和辐射水平实施监测,辐射监测机构应当出具辐射监测报告。

托运二类、三类放射性物品的,托运人应当对其表面污染和辐射水平实施监测,并编制辐射监测报告。

监测结果不符合国家放射性物品运输安全标准的,不得托运。

第三十一条　承运放射性物品应当取得国家规定的运输资质。承运人的资质管理,依照有关法律、行政法规和国务院交通运输、铁路、民航、邮政主管部门的规定执行。

第三十二条　托运人和承运人应当对直接从事放射性物品运输的工作人员进行运输安全和应急响应知识的培训,并进行考核;考核不合格的,不得从事相关工作。

托运人和承运人应当按照国家放射性物品运输安全标准和国家有关规定,在放射性物品运输容器和运输工具上设置警示标志。

国家利用卫星定位系统对一类、二类放射性物品运输工具的运输过程实行在线监控。具体办法由国务院核安全监管部门会同国务院有关部门制定。

第三十三条　托运人和承运人应当按照国家职业病防治的有关规定,对直接从事放射性物品运输的工作人员进行个人剂量监测,建立个人剂量档案和职业健康监护档案。

第三十四条　托运人应当向承运人提交运输说明书、辐射监测报告、核与辐射事故应急响应指南、装卸作业方法、安全防护指南，承运人应当查验、收存。托运人提交文件不齐全的，承运人不得承运。

第三十五条　托运一类放射性物品的，托运人应当编制放射性物品运输的核与辐射安全分析报告书，报国务院核安全监管部门审查批准。

放射性物品运输的核与辐射安全分析报告书应当包括放射性物品的品名、数量、运输容器型号、运输方式、辐射防护措施、应急措施等内容。

国务院核安全监管部门应当自受理申请之日起45个工作日内完成审查，对符合国家放射性物品运输安全标准的，颁发核与辐射安全分析报告批准书；对不符合国家放射性物品运输安全标准的，书面通知申请单位并说明理由。

第三十六条　放射性物品运输的核与辐射安全分析报告批准书应当载明下列主要内容：

（一）托运人的名称、地址、法定代表人；

（二）运输放射性物品的品名、数量；

（三）运输放射性物品的运输容器型号和运输方式；

（四）批准日期和有效期限。

第三十七条　一类放射性物品启运前，托运人应当将放射性物品运输的核与辐射安全分析报告批准书、辐射监测报告，报启运地的省、自治区、直辖市人民政府环境保护主管部门备案。

收到备案材料的环境保护主管部门应当及时将有关情况通报放射性物品运输的途经地和抵达地的省、自治区、直辖市人民政府环境保护主管部门。

第三十八条　通过道路运输放射性物品的，应当经公安机关批准，按照指定的时间、路线、速度行驶，并悬挂警示标志，配备押运人员，使放射性物品处于押运人员的监管之下。

通过道路运输核反应堆乏燃料的，托运人应当报国务院公安部门批准。通过道路运输其他放射性物品的，托运人应当报启运地县级以上人民政府公安机关批准。具体办法由国务院公安部门商国务院核安全监管部门制定。

第三十九条　通过水路运输放射性物品的，按照水路危险货物运输的法律、行政法规和规章的有关规定执行。

通过铁路、航空运输放射性物品的，按照国务院铁路、民航主管部门的有关规定执行。

禁止邮寄一类、二类放射性物品。邮寄三类放射性物品的，按照国务院邮政管理部门的有关规定执行。

第四十条　生产、销售、使用或者处置放射性物品的单位，可以依照《中华人民共和国道路运输条例》的规定，向设区的市级人民政府道路运输管理机构申请非营业性道路危险货物运输资质，运输本单位的放射性物品，并承担本条例规定的托运人和承运人的义务。

申请放射性物品非营业性道路危险货物运输资质的单位，应当具备下列条件：

（一）持有生产、销售、使用或者处置放射性物品的有效证明；

（二）有符合本条例规定要求的放射性物品运输容器；

（三）有具备辐射防护与安全防护知识的专业技术人员和经考试合格的驾驶人员；

（四）有符合放射性物品运输安全防护要求，并经检测合格的运输工具、设施和设备；

（五）配备必要的防护用品和依法经定期检定合格的监测仪器；

（六）有运输安全和辐射防护管理规章制度以及核与辐射事故应急措施。

放射性物品非营业性道路危险货物运输资质的具体条件，由国务院交通运输主管部门会同国务院核安全监管部门制定。

第四十一条　一类放射性物品从境外运抵中华人民共和国境内，或者途经中华人民共和国境内运输的，托运人应当编制放射性物品运输的核与辐射安全分析报告书，报国务院核安全监管部门审查批准。审查批准程序依照本条例第三十五条第三款的规定执行。

二类、三类放射性物品从境外运抵中华人民共和国境内，或者途经中华人民共和国境内运输的，托运人应当编制放射性物品运输的辐射监测报告，报国务院核安全监管部门备案。

托运人、承运人或者其代理人向海关办理有关手续，应当提交国务院核安全监管部门颁发的放射性物品运输的核与辐射安全分析报告批准书或者放射性物品运输的辐射监测报告备案证明。

第四十二条　县级以上人民政府组织编制的突发环境事件应急预案，应当包括放射性物品运输中可能发生的核与辐射事故应急响应的内容。

第四十三条　放射性物品运输中发生核与辐射事故的，承运人、托运人应当按照核与辐射事故应急响应指南的要求，做好事故应急工作，并立即报告事故发生地的县级以上人民政府环境保护主管部门。接到报告的环境保护主管部门应当立即派人赶赴现场，进行现场调查，采取有效措施控制事故影响，并及时向本级人民政府报告，通报同级公安、卫生、交通运输等有关主管部门。

接到报告的县级以上人民政府及其有关主管部门应当按照应急预案做好应急工作，并按照国家突发事件分级报告的规定及时上报核与辐射事故信息。

核反应堆乏燃料运输的核事故应急准备与响应，还应当遵守国家核应急的有关规定。

第五章　监督检查

第四十四条　国务院核安全监管部门和其他依法履行放射性物品运输安全监督管理职责的部门，应当依据各自职责对放射性物品运输安全实施监督检查。

国务院核安全监管部门应当将其已批准或者备案的一类、二类、三类放射性物品运输容器的设计、制造情况和放射性物品运输情况通报设计、制造单位所在地和运输途经地的省、自治区、直辖市人民政府环境保护主管部门。省、自治区、直辖市人民政府环境保护主管部门应当加强对本行政区域放射性物品运输安全的监督检查和监督性监测。

被检查单位应当予以配合，如实反映情况，提供必要的资料，不得拒绝和阻碍。

第四十五条　国务院核安全监管部门和省、自治区、直辖市人民政府环境保护主管部门以及其他依法履行放射性物品运输安全监督管理职责的部门进行监督检查，监督检查人员不得少于2人，并应当出示

有效的行政执法证件。

国务院核安全监管部门和省、自治区、直辖市人民政府环境保护主管部门以及其他依法履行放射性物品运输安全监督管理职责的部门的工作人员，对监督检查中知悉的商业秘密负有保密义务。

第四十六条　监督检查中发现经批准的一类放射性物品运输容器设计确有重大设计安全缺陷的，由国务院核安全监管部门责令停止该型号运输容器的制造或者使用，撤销一类放射性物品运输容器设计批准书。

第四十七条　监督检查中发现放射性物品运输活动有不符合国家放射性物品运输安全标准情形的，或者一类放射性物品运输容器制造单位有不符合制造许可证规定条件情形的，应当责令限期整改；发现放射性物品运输活动可能对人体健康和环境造成核与辐射危害的，应当责令停止运输。

第四十八条　国务院核安全监管部门和省、自治区、直辖市人民政府环境保护主管部门以及其他依法履行放射性物品运输安全监督管理职责的部门，对放射性物品运输活动实施监测，不得收取监测费用。

国务院核安全监管部门和省、自治区、直辖市人民政府环境保护主管部门以及其他依法履行放射性物品运输安全监督管理职责的部门，应当加强对监督管理人员辐射防护与安全防护知识的培训。

第六章　法律责任

第四十九条　国务院核安全监管部门和省、自治区、直辖市人民政府环境保护主管部门或者其他依法履行放射性物品运输安全监督管理职责的部门有下列行为之一的，对直接负责的主管人员和其他直接责任人员依法给予处分；直接负责的主管人员和其他直接责任人员构成犯罪的，依法追究刑事责任：

（一）未依照本条例规定作出行政许可或者办理批准文件的；

（二）发现违反本条例规定的行为不予查处，或者接到举报不依法处理的；

（三）未依法履行放射性物品运输核与辐射事故应急职责的；

（四）对放射性物品运输活动实施监测收取监测费用的；

（五）其他不依法履行监督管理职责的行为。

第五十条　放射性物品运输容器设计、制造单位有下列行为之一的，由国务院核安全监管部门责令停止违法行为，处50万元以上100万元以下的罚款；有违法所得的，没收违法所得：

（一）将未取得设计批准书的一类放射性物品运输容器设计用于制造的；

（二）修改已批准的一类放射性物品运输容器设计中有关安全内容，未重新取得设计批准书即用于制造的。

第五十一条　放射性物品运输容器设计、制造单位有下列行为之一的，由国务院核安全监管部门责令停止违法行为，处5万元以上10万元以下的罚款；有违法所得的，没收违法所得：

（一）将不符合国家放射性物品运输安全标准的二类、三类放射性物品运输容器设计用于制造的；

（二）将未备案的二类放射性物品运输容器设计用于制造的。

第五十二条　放射性物品运输容器设计单位有下列行为之一的，由国务院核安全监管部门责令限期改正；逾期不改正的，处1万元以上5万元以下的罚款：

（一）未对二类、三类放射性物品运输容器的设计进行安全性能评价的；

（二）未如实记录二类、三类放射性物品运输容器设计和安全性能评价过程的；

（三）未编制三类放射性物品运输容器设计符合国家放射性物品运输安全标准的证明文件并存档备查的。

第五十三条　放射性物品运输容器制造单位有下列行为之一的，由国务院核安全监管部门责令停止违法行为，处50万元以上100万元以下的罚款；有违法所得的，没收违法所得：

（一）未取得制造许可证从事一类放射性物品运输容器制造活动的；

（二）制造许可证有效期届满，未按照规定办理延续手续，继续从事一类放射性物品运输容器制造活动的；

（三）超出制造许可证规定的范围从事一类放射

性物品运输容器制造活动的；

（四）变更制造的一类放射性物品运输容器型号，未按照规定重新领取制造许可证的；

（五）将未经质量检验或者经检验不合格的一类放射性物品运输容器交付使用的。

有前款第（三）项、第（四）项和第（五）项行为之一，情节严重的，吊销制造许可证。

第五十四条　一类放射性物品运输容器制造单位变更单位名称、住所或者法定代表人，未依法办理制造许可证变更手续的，由国务院核安全监管部门责令限期改正；逾期不改正的，处2万元的罚款。

第五十五条　放射性物品运输容器制造单位有下列行为之一的，由国务院核安全监管部门责令停止违法行为，处5万元以上10万元以下的罚款；有违法所得的，没收违法所得：

（一）在二类放射性物品运输容器首次制造活动开始前，未按照规定将有关证明材料报国务院核安全监管部门备案的；

（二）将未经质量检验或者经检验不合格的二类、三类放射性物品运输容器交付使用的。

第五十六条　放射性物品运输容器制造单位有下列行为之一的，由国务院核安全监管部门责令限期改正；逾期不改正的，处1万元以上5万元以下的罚款：

（一）未按照规定对制造的一类、二类放射性物品运输容器统一编码的；

（二）未按照规定将制造的一类、二类放射性物品运输容器编码清单报国务院核安全监管部门备案的；

（三）未按照规定将制造的三类放射性物品运输容器的型号和数量报国务院核安全监管部门备案的。

第五十七条　放射性物品运输容器使用单位未按照规定对使用的一类放射性物品运输容器进行安全性能评价，或者未将评价结果报国务院核安全监管部门备案的，由国务院核安全监管部门责令限期改正；逾期不改正的，处1万元以上5万元以下的罚款。

第五十八条　未按照规定取得使用批准书使用境外单位制造的一类放射性物品运输容器的，由国务院核安全监管部门责令停止违法行为，处50万元以上 100 万元以下的罚款。

未按照规定办理备案手续使用境外单位制造的二类放射性物品运输容器的，由国务院核安全监管部门责令停止违法行为，处 5 万元以上 10 万元以下的罚款。

第五十九条　托运人未按照规定编制放射性物品运输说明书、核与辐射事故应急响应指南、装卸作业方法、安全防护指南的，由国务院核安全监管部门责令限期改正；逾期不改正的，处 1 万元以上 5 万元以下的罚款。

托运人未按照规定将放射性物品运输的核与辐射安全分析报告批准书、辐射监测报告备案的，由启运地的省、自治区、直辖市人民政府环境保护主管部门责令限期改正；逾期不改正的，处 1 万元以上 5 万元以下的罚款。

第六十条　托运人或者承运人在放射性物品运输活动中，有违反有关法律、行政法规关于危险货物运输管理规定行为的，由交通运输、铁路、民航等有关主管部门依法予以处罚。

违反有关法律、行政法规规定邮寄放射性物品的，由公安机关和邮政管理部门依法予以处罚。在邮寄进境物品中发现放射性物品的，由海关依照有关法律、行政法规的规定处理。

第六十一条　托运人未取得放射性物品运输的核与辐射安全分析报告批准书托运一类放射性物品的，由国务院核安全监管部门责令停止违法行为，处 50 万元以上 100 万元以下的罚款。

第六十二条　通过道路运输放射性物品，有下列行为之一的，由公安机关责令限期改正，处 2 万元以上 10 万元以下的罚款；构成犯罪的，依法追究刑事责任：

（一）未经公安机关批准通过道路运输放射性物品的；

（二）运输车辆未按照指定的时间、路线、速度行驶或者未悬挂警示标志的；

（三）未配备押运人员或者放射性物品脱离押运人员监管的。

第六十三条　托运人有下列行为之一的，由启运地的省、自治区、直辖市人民政府环境保护主管部门责令停止违法行为，处 5 万元以上 20 万元以下的罚款：

（一）未按照规定对托运的放射性物品表面污染和辐射水平实施监测的；

（二）将经监测不符合国家放射性物品运输安全标准的放射性物品交付托运的；

（三）出具虚假辐射监测报告的。

第六十四条　未取得放射性物品运输的核与辐射安全分析报告批准书或者放射性物品运输的辐射监测报告备案证明，将境外的放射性物品运抵中华人民共和国境内，或者途经中华人民共和国境内运输的，由海关责令托运人退运该放射性物品，并依照海关法律、行政法规给予处罚；构成犯罪的，依法追究刑事责任。托运人不明的，由承运人承担退运该放射性物品的责任，或者承担该放射性物品的处置费用。

第六十五条　违反本条例规定，在放射性物品运输中造成核与辐射事故的，由县级以上地方人民政府环境保护主管部门处以罚款，罚款数额按照核与辐射事故造成的直接损失的 20% 计算；构成犯罪的，依法追究刑事责任。

托运人、承运人未按照核与辐射事故应急响应指南的要求，做好事故应急工作并报告事故的，由县级以上地方人民政府环境保护主管部门处 5 万元以上 20 万元以下的罚款。

因核与辐射事故造成他人损害的，依法承担民事责任。

第六十六条　拒绝、阻碍国务院核安全监管部门或者其他依法履行放射性物品运输安全监督管理职责的部门进行监督检查，或者在接受监督检查时弄虚作假的，由监督检查部门责令改正，处 1 万元以上 2 万元以下的罚款；构成违反治安管理行为的，由公安机关依法给予治安管理处罚；构成犯罪的，依法追究刑事责任。

第七章　附　则

第六十七条　军用放射性物品运输安全的监督管理，依照《中华人民共和国放射性污染防治法》第六十条的规定执行。

第六十八条　本条例自 2010 年 1 月 1 日起施行。

(3) 爆炸物

民用爆炸物品安全管理条例

· 2006 年 4 月 26 日国务院第 134 次常务会议通过
· 2006 年 5 月 10 日中华人民共和国国务院令第 466 号
公布
· 根据 2014 年 7 月 29 日《国务院关于修改部分行政法
规的决定》修订

第一章　总　则

第一条　为了加强对民用爆炸物品的安全管理，预防爆炸事故发生，保障公民生命、财产安全和公共安全，制定本条例。

第二条　民用爆炸物品的生产、销售、购买、进出口、运输、爆破作业和储存以及硝酸铵的销售、购买，适用本条例。

本条例所称民用爆炸物品，是指用于非军事目的、列入民用爆炸物品品名表的各类火药、炸药及其制品和雷管、导火索等点火、起爆器材。

民用爆炸物品品名表，由国务院民用爆炸物品行业主管部门会同国务院公安部门制订、公布。

第三条　国家对民用爆炸物品的生产、销售、购买、运输和爆破作业实行许可证制度。

未经许可，任何单位或者个人不得生产、销售、购买、运输民用爆炸物品，不得从事爆破作业。

严禁转让、出借、转借、抵押、赠送、私藏或者非法持有民用爆炸物品。

第四条　民用爆炸物品行业主管部门负责民用爆炸物品生产、销售的安全监督管理。

公安机关负责民用爆炸物品公共安全管理和民用爆炸物品购买、运输、爆破作业的安全监督管理，监控民用爆炸物品流向。

安全生产监督、铁路、交通、民用航空主管部门依照法律、行政法规的规定，负责做好民用爆炸物品的有关安全监督管理工作。

民用爆炸物品行业主管部门、公安机关、工商行政管理部门按照职责分工，负责组织查处非法生产、销售、购买、储存、运输、邮寄、使用民用爆炸物品的行为。

第五条　民用爆炸物品生产、销售、购买、运输和爆破作业单位(以下称民用爆炸物品从业单位)的主要负责人是本单位民用爆炸物品安全管理责任人，对本单位的民用爆炸物品安全管理工作全面负责。

民用爆炸物品从业单位是治安保卫工作的重点单位，应当依法设置治安保卫机构或者配备治安保卫人员，设置技术防范设施，防止民用爆炸物品丢失、被盗、被抢。

民用爆炸物品从业单位应当建立安全管理制度、岗位安全责任制度，制订安全防范措施和事故应急预案，设置安全管理机构或者配备专职安全管理人员。

第六条　无民事行为能力人、限制民事行为能力人或者曾因犯罪受过刑事处罚的人，不得从事民用爆炸物品的生产、销售、购买、运输和爆破作业。

民用爆炸物品从业单位应当加强对本单位从业人员的安全教育、法制教育和岗位技术培训，从业人员经考核合格的，方可上岗作业；对有资格要求的岗位，应当配备具有相应资格的人员。

第七条　国家建立民用爆炸物品信息管理系统，对民用爆炸物品实行标识管理，监控民用爆炸物品流向。

民用爆炸物品生产企业、销售企业和爆破作业单位应当建立民用爆炸物品登记制度，如实将本单位生产、销售、购买、运输、储存、使用民用爆炸物品的品种、数量和流向信息输入计算机系统。

第八条　任何单位或者个人都有权举报违反民用爆炸物品安全管理规定的行为；接到举报的主管部门、公安机关应当立即查处，并为举报人员保密，对举报有功人员给予奖励。

第九条　国家鼓励民用爆炸物品从业单位采用提高民用爆炸物品安全性能的新技术，鼓励发展民用爆炸物品生产、配送、爆破作业一体化的经营模式。

第二章　生　产

第十条　设立民用爆炸物品生产企业，应当遵循统筹规划、合理布局的原则。

第十一条　申请从事民用爆炸物品生产的企业，应当具备下列条件：

(一)符合国家产业结构规划和产业技术标准；

(二)厂房和专用仓库的设计、结构、建筑材料、安全距离以及防火、防爆、防雷、防静电等安全设备、设施符合国家有关标准和规范；

（三）生产设备、工艺符合有关安全生产的技术标准和规程；

（四）有具备相应资格的专业技术人员、安全生产管理人员和生产岗位人员；

（五）有健全的安全管理制度、岗位安全责任制度；

（六）法律、行政法规规定的其他条件。

第十二条　申请从事民用爆炸物品生产的企业，应当向国务院民用爆炸物品行业主管部门提交申请书、可行性研究报告以及能够证明其符合本条例第十一条规定条件的有关材料。国务院民用爆炸物品行业主管部门应当自受理申请之日起45日内进行审查，对符合条件的，核发《民用爆炸物品生产许可证》；对不符合条件的，不予核发《民用爆炸物品生产许可证》，书面向申请人说明理由。

民用爆炸物品生产企业为调整生产能力及品种进行改建、扩建的，应当依照前款规定申请办理《民用爆炸物品生产许可证》。

民用爆炸物品生产企业持《民用爆炸物品生产许可证》到工商行政管理部门办理工商登记，并在办理工商登记后3日内，向所在地县级人民政府公安机关备案。

第十三条　取得《民用爆炸物品生产许可证》的企业应当在基本建设完成后，向省、自治区、直辖市人民政府民用爆炸物品行业主管部门申请安全生产许可。省、自治区、直辖市人民政府民用爆炸物品行业主管部门应当依照《安全生产许可证条例》的规定对其进行查验，对符合条件的，核发《民用爆炸物品安全生产许可证》。民用爆炸物品生产企业取得《民用爆炸物品安全生产许可证》后，方可生产民用爆炸物品。

第十四条　民用爆炸物品生产企业应当严格按照《民用爆炸物品生产许可证》核定的品种和产量进行生产，生产作业应当严格执行安全技术规程的规定。

第十五条　民用爆炸物品生产企业应当对民用爆炸物品做出警示标识、登记标识，对雷管编码打号。民用爆炸物品警示标识、登记标识和雷管编码规则，由国务院公安部门会同国务院民用爆炸物品行业主

管部门规定。

第十六条　民用爆炸物品生产企业应当建立健全产品检验制度，保证民用爆炸物品的质量符合相关标准。民用爆炸物品的包装，应当符合法律、行政法规的规定以及相关标准。

第十七条　试验或者试制民用爆炸物品，必须在专门场地或者专门的试验室进行。严禁在生产车间或者仓库内试验或者试制民用爆炸物品。

第三章　销售和购买

第十八条　申请从事民用爆炸物品销售的企业，应当具备下列条件：

（一）符合对民用爆炸物品销售企业规划的要求；

（二）销售场所和专用仓库符合国家有关标准和规范；

（三）有具备相应资格的安全管理人员、仓库管理人员；

（四）有健全的安全管理制度、岗位安全责任制度；

（五）法律、行政法规规定的其他条件。

第十九条　申请从事民用爆炸物品销售的企业，应当向所在地省、自治区、直辖市人民政府民用爆炸物品行业主管部门提交申请书、可行性研究报告以及能够证明其符合本条例第十八条规定条件的有关材料。省、自治区、直辖市人民政府民用爆炸物品行业主管部门应当自受理申请之日起30日内进行审查，并对申请单位的销售场所和专用仓库等经营设施进行查验，对符合条件的，核发《民用爆炸物品销售许可证》；对不符合条件的，不予核发《民用爆炸物品销售许可证》，书面向申请人说明理由。

民用爆炸物品销售企业持《民用爆炸物品销售许可证》到工商行政管理部门办理工商登记后，方可销售民用爆炸物品。

民用爆炸物品销售企业应当在办理工商登记后3日内，向所在地县级人民政府公安机关备案。

第二十条　民用爆炸物品生产企业凭《民用爆炸物品生产许可证》，可以销售本企业生产的民用爆炸物品。

民用爆炸物品生产企业销售本企业生产的民用爆炸物品，不得超出核定的品种、产量。

第二十一条　民用爆炸物品使用单位申请购买民用爆炸物品的，应当向所在地县级人民政府公安机关提出购买申请，并提交下列有关材料：

（一）工商营业执照或者事业单位法人证书；

（二）《爆破作业单位许可证》或者其他合法使用的证明；

（三）购买单位的名称、地址、银行账户；

（四）购买的品种、数量和用途说明。

受理申请的公安机关应当自受理申请之日起5日内对提交的有关材料进行审查，对符合条件的，核发《民用爆炸物品购买许可证》；对不符合条件的，不予核发《民用爆炸物品购买许可证》，书面向申请人说明理由。

《民用爆炸物品购买许可证》应当载明许可购买的品种、数量、购买单位以及许可的有效期限。

第二十二条　民用爆炸物品生产企业凭《民用爆炸物品生产许可证》购买属于民用爆炸物品的原料，民用爆炸物品销售企业凭《民用爆炸物品销售许可证》向民用爆炸物品生产企业购买民用爆炸物品，民用爆炸物品使用单位凭《民用爆炸物品购买许可证》购买民用爆炸物品，还应当提供经办人的身份证明。

销售民用爆炸物品的企业，应当查验前款规定的许可证和经办人的身份证明；对持《民用爆炸物品购买许可证》购买的，应当按照许可的品种、数量销售。

第二十三条　销售、购买民用爆炸物品，应当通过银行账户进行交易，不得使用现金或者实物进行交易。

销售民用爆炸物品的企业，应当将购买单位的许可证、银行账户转账凭证、经办人的身份证明复印件保存2年备查。

第二十四条　销售民用爆炸物品的企业，应当自民用爆炸物品买卖成交之日起3日内，将销售的品种、数量和购买单位向所在地省、自治区、直辖市人民政府民用爆炸物品行业主管部门和所在地县级人民政府公安机关备案。

购买民用爆炸物品的单位，应当自民用爆炸物品买卖成交之日起3日内，将购买的品种、数量向所在地县级人民政府公安机关备案。

第二十五条　进出口民用爆炸物品，应当经国务院民用爆炸物品行业主管部门审批。进出口民用爆炸物品审批办法，由国务院民用爆炸物品行业主管部门会同国务院公安部门、海关总署规定。

进出口单位应当将进出口的民用爆炸物品的品种、数量向收货地或者出境口岸所在地县级人民政府公安机关备案。

第四章　运　输

第二十六条　运输民用爆炸物品，收货单位应当向运达地县级人民政府公安机关提出申请，并提交包括下列内容的材料：

（一）民用爆炸物品生产企业、销售企业、使用单位以及进出口单位分别提供的《民用爆炸物品生产许可证》《民用爆炸物品销售许可证》《民用爆炸物品购买许可证》或者进出口批准证明；

（二）运输民用爆炸物品的品种、数量、包装材料和包装方式；

（三）运输民用爆炸物品的特性、出现险情的应急处置方法；

（四）运输时间、起始地点、运输路线、经停地点。

受理申请的公安机关应当自受理申请之日起3日内对提交的有关材料进行审查，对符合条件的，核发《民用爆炸物品运输许可证》；对不符合条件的，不予核发《民用爆炸物品运输许可证》，书面向申请人说明理由。

《民用爆炸物品运输许可证》应当载明收货单位、销售企业、承运人，一次性运输有效期限、起始地点、运输路线、经停地点，民用爆炸物品的品种、数量。

第二十七条　运输民用爆炸物品的，应当凭《民用爆炸物品运输许可证》，按照许可的品种、数量运输。

第二十八条　经由道路运输民用爆炸物品的，应当遵守下列规定：

（一）携带《民用爆炸物品运输许可证》；

（二）民用爆炸物品的装载符合国家有关标准和规范，车厢内不得载人；

（三）运输车辆安全技术状况应当符合国家有关安全技术标准的要求，并按照规定悬挂或者安装符合国家标准的易燃易爆危险物品警示标志；

（四）运输民用爆炸物品的车辆应当保持安全车速；

（五）按照规定的路线行驶，途中经停应当有专人看守，并远离建筑设施和人口稠密的地方，不得在许可以外的地点经停；

（六）按照安全操作规程装卸民用爆炸物品，并在装卸现场设置警戒，禁止无关人员进入；

（七）出现危险情况立即采取必要的应急处置措施，并报告当地公安机关。

第二十九条　民用爆炸物品运达目的地，收货单位应当进行验收后在《民用爆炸物品运输许可证》上签注，并在3日内将《民用爆炸物品运输许可证》交回发证机关核销。

第三十条　禁止携带民用爆炸物品搭乘公共交通工具或者进入公共场所。

禁止邮寄民用爆炸物品，禁止在托运的货物、行李、包裹、邮件中夹带民用爆炸物品。

第五章　爆破作业

第三十一条　申请从事爆破作业的单位，应当具备下列条件：

（一）爆破作业属于合法的生产活动；

（二）有符合国家有关标准和规范的民用爆炸物品专用仓库；

（三）有具备相应资格的安全管理人员、仓库管理人员和具备国家规定执业资格的爆破作业人员；

（四）有健全的安全管理制度、岗位安全责任制度；

（五）有符合国家标准、行业标准的爆破作业专用设备；

（六）法律、行政法规规定的其他条件。

第三十二条　申请从事爆破作业的单位，应当按照国务院公安部门的规定，向有关人民政府公安机关提出申请，并提供能够证明其符合本条例第三十一条规定条件的有关材料。受理申请的公安机关应当自受理申请之日起20日内进行审查，对符合条件的，核发《爆破作业单位许可证》；对不符合条件的，不予核发《爆破作业单位许可证》，书面向申请人说明理由。

营业性爆破作业单位持《爆破作业单位许可证》到工商行政管理部门办理工商登记后，方可从事营业

性爆破作业活动。

爆破作业单位应当在办理工商登记后3日内，向所在地县级人民政府公安机关备案。

第三十三条　爆破作业单位应当对本单位的爆破作业人员、安全管理人员、仓库管理人员进行专业技术培训。爆破作业人员应当经设区的市级人民政府公安机关考核合格，取得《爆破作业人员许可证》后，方可从事爆破作业。

第三十四条　爆破作业单位应当按照其资质等级承接爆破作业项目，爆破作业人员应当按照其资格等级从事爆破作业。爆破作业的分级管理办法由国务院公安部门规定。

第三十五条　在城市、风景名胜区和重要工程设施附近实施爆破作业的，应当向爆破作业所在地设区的市级人民政府公安机关提出申请，提交《爆破作业单位许可证》和具有相应资质的安全评估企业出具的爆破设计、施工方案评估报告。受理申请的公安机关应当自受理申请之日起20日内对提交的有关材料进行审查，对符合条件的，作出批准的决定；对不符合条件的，作出不予批准的决定，并书面向申请人说明理由。

实施前款规定的爆破作业，应当由具有相应资质的安全监理企业进行监理，由爆破作业所在地县级人民政府公安机关负责组织实施安全警戒。

第三十六条　爆破作业单位跨省、自治区、直辖市行政区域从事爆破作业的，应当事先将爆破作业项目的有关情况向爆破作业所在地县级人民政府公安机关报告。

第三十七条　爆破作业单位应当如实记载领取、发放民用爆炸物品的品种、数量、编号以及领取、发放人员姓名。领取民用爆炸物品的数量不得超过当班用量，作业后剩余的民用爆炸物品必须当班清退回库。

爆破作业单位应当将领取、发放民用爆炸物品的原始记录保存2年备查。

第三十八条　实施爆破作业，应当遵守国家有关标准和规范，在安全距离以外设置警示标志并安排警戒人员，防止无关人员进入；爆破作业结束后应当及时检查、排除未引爆的民用爆炸物品。

第三十九条 爆破作业单位不再使用民用爆炸物品时,应当将剩余的民用爆炸物品登记造册,报所在地县级人民政府公安机关组织监督销毁。

发现、拣拾无主民用爆炸物品的,应当立即报告当地公安机关。

第六章 储 存

第四十条 民用爆炸物品应当储存在专用仓库内,并按照国家规定设置技术防范设施。

第四十一条 储存民用爆炸物品应当遵守下列规定:

(一)建立出入库检查、登记制度,收存和发放民用爆炸物品必须进行登记,做到账目清楚,账物相符;

(二)储存的民用爆炸物品数量不得超过储存设计容量,对性质相抵触的民用爆炸物品必须分库储存,严禁在库房内存放其他物品;

(三)专用仓库应当指定专人管理、看护,严禁无关人员进入仓库区内,严禁在仓库区内吸烟和用火,严禁把其他容易引起燃烧、爆炸的物品带入仓库区内,严禁在库房内住宿和进行其他活动;

(四)民用爆炸物品丢失、被盗、被抢,应当立即报告当地公安机关。

第四十二条 在爆破作业现场临时存放民用爆炸物品的,应当具备临时存放民用爆炸物品的条件,并设专人管理、看护,不得在不具备安全存放条件的场所存放民用爆炸物品。

第四十三条 民用爆炸物品变质和过期失效的,应当及时清理出库,并予以销毁。销毁前应当登记造册,提出销毁实施方案,报省、自治区、直辖市人民政府民用爆炸物品行业主管部门、所在地县级人民政府公安机关组织监督销毁。

第七章 法律责任

第四十四条 非法制造、买卖、运输、储存民用爆炸物品,构成犯罪的,依法追究刑事责任;尚不构成犯罪,有违反治安管理行为的,依法给予治安管理处罚。

违反本条例规定,在生产、储存、运输、使用民用爆炸物品中发生重大事故,造成严重后果或者后果特别严重,构成犯罪的,依法追究刑事责任。

违反本条例规定,未经许可生产、销售民用爆炸物品的,由民用爆炸物品行业主管部门责令停止非法生产、销售活动,处 10 万元以上 50 万元以下的罚款,并没收非法生产、销售的民用爆炸物品及其违法所得。

违反本条例规定,未经许可购买、运输民用爆炸物品或者从事爆破作业的,由公安机关责令停止非法购买、运输、爆破作业活动,处 5 万元以上 20 万元以下的罚款,并没收非法购买、运输以及从事爆破作业使用的民用爆炸物品及其违法所得。

民用爆炸物品行业主管部门、公安机关对没收的非法民用爆炸物品,应当组织销毁。

第四十五条 违反本条例规定,生产、销售民用爆炸物品的企业有下列行为之一的,由民用爆炸物品行业主管部门责令限期改正,处 10 万元以上 50 万元以下的罚款;逾期不改正的,责令停产停业整顿;情节严重的,吊销《民用爆炸物品生产许可证》或者《民用爆炸物品销售许可证》:

(一)超出生产许可的品种、产量进行生产、销售的;

(二)违反安全技术规程生产作业的;

(三)民用爆炸物品的质量不符合相关标准的;

(四)民用爆炸物品的包装不符合法律、行政法规的规定以及相关标准的;

(五)超出购买许可的品种、数量销售民用爆炸物品的;

(六)向没有《民用爆炸物品生产许可证》、《民用爆炸物品销售许可证》、《民用爆炸物品购买许可证》的单位销售民用爆炸物品的;

(七)民用爆炸物品生产企业销售本企业生产的民用爆炸物品未按照规定向民用爆炸物品行业主管部门备案的;

(八)未经审批进出口民用爆炸物品的。

第四十六条 违反本条例规定,有下列情形之一的,由公安机关责令限期改正,处 5 万元以上 20 万元以下的罚款;逾期不改正的,责令停产停业整顿:

(一)未按照规定对民用爆炸物品做出警示标识、登记标识或者未对雷管编码打号的;

(二)超出购买许可的品种、数量购买民用爆炸物品的;

(三)使用现金或者实物进行民用爆炸物品交易的;

（四）未按照规定保存购买单位的许可证、银行账户转账凭证、经办人的身份证明复印件的；

（五）销售、购买、进出口民用爆炸物品，未按照规定向公安机关备案的；

（六）未按照规定建立民用爆炸物品登记制度，如实将本单位生产、销售、购买、运输、储存、使用民用爆炸物品的品种、数量和流向信息输入计算机系统的；

（七）未按照规定将《民用爆炸物品运输许可证》交回发证机关核销的。

第四十七条　违反本条例规定，经由道路运输民用爆炸物品，有下列情形之一的，由公安机关责令改正，处5万元以上20万元以下的罚款：

（一）违反运输许可事项的；

（二）未携带《民用爆炸物品运输许可证》的；

（三）违反有关标准和规范混装民用爆炸物品的；

（四）运输车辆未按照规定悬挂或者安装符合国家标准的易燃易爆危险物品警示标志的；

（五）未按照规定的路线行驶、途中经停没有专人看守或者在许可以外的地点经停的；

（六）装载民用爆炸物品的车厢载人的；

（七）出现危险情况未立即采取必要的应急处置措施、报告当地公安机关的。

第四十八条　违反本条例规定，从事爆破作业的单位有下列情形之一的，由公安机关责令停止违法行为或者限期改正，处10万元以上50万元以下的罚款；逾期不改正的，责令停产停业整顿；情节严重的，吊销《爆破作业单位许可证》：

（一）爆破作业单位未按照其资质等级从事爆破作业的；

（二）营业性爆破作业单位跨省、自治区、直辖市行政区域实施爆破作业，未按照规定事先向爆破作业所在地的县级人民政府公安机关报告的；

（三）爆破作业单位未按照规定建立民用爆炸物品领取登记制度、保存领取登记记录的；

（四）违反国家有关标准和规范实施爆破作业的。

爆破作业人员违反国家有关标准和规范的规定实施爆破作业的，由公安机关责令限期改正，情节严重的，吊销《爆破作业人员许可证》。

第四十九条　违反本条例规定，有下列情形之一

的，由民用爆炸物品行业主管部门、公安机关按照职责责令限期改正，可以并处5万元以上20万元以下的罚款；逾期不改正的，责令停产停业整顿；情节严重的，吊销许可证：

（一）未按照规定在专用仓库设置技术防范设施的；

（二）未按照规定建立出入库检查、登记制度或者收存和发放民用爆炸物品，致使账物不符的；

（三）超量储存、在非专用仓库储存或者违反储存标准和规范储存民用爆炸物品的；

（四）有本条例规定的其他违反民用爆炸物品储存管理规定行为的。

第五十条　违反本条例规定，民用爆炸物品从业单位有下列情形之一的，由公安机关处2万元以上10万元以下的罚款；情节严重的，吊销其许可证；有违反治安管理行为的，依法给予治安管理处罚：

（一）违反安全管理制度，致使民用爆炸物品丢失、被盗、被抢的；

（二）民用爆炸物品丢失、被盗、被抢，未按照规定向当地公安机关报告或者故意隐瞒不报的；

（三）转让、出借、转借、抵押、赠送民用爆炸物品的。

第五十一条　违反本条例规定，携带民用爆炸物品搭乘公共交通工具或者进入公共场所，邮寄或者在托运的货物、行李、包裹、邮件中夹带民用爆炸物品，构成犯罪的，依法追究刑事责任；尚不构成犯罪的，由公安机关依法给予治安管理处罚，没收非法的民用爆炸物品，处1000元以上1万元以下的罚款。

第五十二条　民用爆炸物品从业单位的主要负责人未履行本条例规定的安全管理责任，导致发生重大伤亡事故或者造成其他严重后果，构成犯罪的，依法追究刑事责任；尚不构成犯罪的，对主要负责人给予撤职处分，对个人经营的投资人处2万元以上20万元以下的罚款。

第五十三条　民用爆炸物品行业主管部门、公安机关、工商行政管理部门的工作人员，在民用爆炸物品安全监督管理工作中滥用职权、玩忽职守或者徇私舞弊，构成犯罪的，依法追究刑事责任；尚不构成犯罪的，依法给予行政处分。

第八章　附　则

第五十四条　《民用爆炸物品生产许可证》、《民用爆炸物品销售许可证》，由国务院民用爆炸物品行业主管部门规定式样；《民用爆炸物品购买许可证》、《民用爆炸物品运输许可证》、《爆破作业单位许可证》、《爆破作业人员许可证》，由国务院公安部门规定式样。

第五十五条　本条例自 2006 年 9 月 1 日起施行。1984 年 1 月 6 日国务院发布的《中华人民共和国民用爆炸物品管理条例》同时废止。

烟花爆竹安全管理条例

· 2006 年 1 月 21 日中华人民共和国国务院令第 455 号公布
· 根据 2016 年 2 月 6 日《国务院关于修改部分行政法规的决定》修订

第一章　总　则

第一条　为了加强烟花爆竹安全管理，预防爆炸事故发生，保障公共安全和人身、财产的安全，制定本条例。

第二条　烟花爆竹的生产、经营、运输和燃放，适用本条例。

本条例所称烟花爆竹，是指烟花爆竹制品和用于生产烟花爆竹的民用黑火药、烟火药、引火线等物品。

第三条　国家对烟花爆竹的生产、经营、运输和举办焰火晚会以及其他大型焰火燃放活动，实行许可证制度。

未经许可，任何单位或者个人不得生产、经营、运输烟花爆竹，不得举办焰火晚会以及其他大型焰火燃放活动。

第四条　安全生产监督管理部门负责烟花爆竹的安全生产监督管理；公安部门负责烟花爆竹的公共安全管理；质量监督检验部门负责烟花爆竹的质量监督和进出口检验。

第五条　公安部门、安全生产监督管理部门、质量监督检验部门、工商行政管理部门应当按照职责分工，组织查处非法生产、经营、储存、运输、邮寄烟花爆竹以及非法燃放烟花爆竹的行为。

第六条　烟花爆竹生产、经营、运输企业和焰火晚会以及其他大型焰火燃放活动主办单位的主要负责人，对本单位的烟花爆竹安全工作负责。

烟花爆竹生产、经营、运输企业和焰火晚会以及其他大型焰火燃放活动主办单位应当建立健全安全责任制，制定各项安全管理制度和操作规程，并对从业人员定期进行安全教育、法制教育和岗位技术培训。

中华全国供销合作总社应当加强对本系统企业烟花爆竹经营活动的管理。

第七条　国家鼓励烟花爆竹生产企业采用提高安全程度和提升行业整体水平的新工艺、新配方和新技术。

第二章　生产安全

第八条　生产烟花爆竹的企业，应当具备下列条件：

（一）符合当地产业结构规划；

（二）基本建设项目经过批准；

（三）选址符合城乡规划，并与周边建筑、设施保持必要的安全距离；

（四）厂房和仓库的设计、结构和材料以及防火、防爆、防雷、防静电等安全设备、设施符合国家有关标准和规范；

（五）生产设备、工艺符合安全标准；

（六）产品品种、规格、质量符合国家标准；

（七）有健全的安全生产责任制；

（八）有安全生产管理机构和专职安全生产管理人员；

（九）依法进行了安全评价；

（十）有事故应急救援预案、应急救援组织和人员，并配备必要的应急救援器材、设备；

（十一）法律、法规规定的其他条件。

第九条　生产烟花爆竹的企业，应当在投入生产前向所在地设区的市人民政府安全生产监督管理部门提出安全审查申请，并提交能够证明符合本条例第八条规定条件的有关材料。设区的市人民政府安全生产监督管理部门应当自收到材料之日起 20 日内提出安全审查初步意见，报省、自治区、直辖市人民政府安全生产监督管理部门审查。省、自治区、直辖市人民政府安全生产监督管理部门应当自受理申请之日起45日内进行安全审查,对符合条件的,核发《烟花爆竹安全生产许可证》;对不符合条件的,应当说明理由。

第十条 生产烟花爆竹的企业为扩大生产能力进行基本建设或者技术改造的,应当依照本条例的规定申请办理安全生产许可证。

生产烟花爆竹的企业,持《烟花爆竹安全生产许可证》到工商行政管理部门办理登记手续后,方可从事烟花爆竹生产活动。

第十一条 生产烟花爆竹的企业,应当按照安全生产许可证核定的产品种类进行生产,生产工序和生产作业应当执行有关国家标准和行业标准。

第十二条 生产烟花爆竹的企业,应当对生产作业人员进行安全生产知识教育,对从事药物混合、造粒、筛选、装药、筑药、压药、切引、搬运等危险工序的作业人员进行专业技术培训。从事危险工序的作业人员经设区的市人民政府安全生产监督管理部门考核合格,方可上岗作业。

第十三条 生产烟花爆竹使用的原料,应当符合国家标准的规定。生产烟花爆竹使用的原料,国家标准有用量限制的,不得超过规定的用量。不得使用国家标准规定禁止使用或者禁忌配伍的物质生产烟花爆竹。

第十四条 生产烟花爆竹的企业,应当按照国家标准的规定,在烟花爆竹产品上标注燃放说明,并在烟花爆竹包装物上印制易燃易爆危险物品警示标志。

第十五条 生产烟花爆竹的企业,应当对黑火药、烟火药、引火线的保管采取必要的安全技术措施,建立购买、领用、销售登记制度,防止黑火药、烟火药、引火线丢失。黑火药、烟火药、引火线丢失的,企业应当立即向当地安全生产监督管理部门和公安部门报告。

第三章　经营安全

第十六条 烟花爆竹的经营分为批发和零售。

从事烟花爆竹批发的企业和零售经营者的经营布点,应当经安全生产监督管理部门审批。

禁止在城市市区布设烟花爆竹批发场所;城市市区的烟花爆竹零售网点,应当按照严格控制的原则合理布设。

第十七条 从事烟花爆竹批发的企业,应当具备下列条件:

(一)具有企业法人条件;

(二)经营场所与周边建筑、设施保持必要的安全距离;

(三)有符合国家标准的经营场所和储存仓库;

(四)有保管员、仓库守护员;

(五)依法进行了安全评价;

(六)有事故应急救援预案、应急救援组织和人员,并配备必要的应急救援器材、设备;

(七)法律、法规规定的其他条件。

第十八条 烟花爆竹零售经营者,应当具备下列条件:

(一)主要负责人经过安全知识教育;

(二)实行专店或者专柜销售,设专人负责安全管理;

(三)经营场所配备必要的消防器材,张贴明显的安全警示标志;

(四)法律、法规规定的其他条件。

第十九条 申请从事烟花爆竹批发的企业,应当向所在地设区的市人民政府安全生产监督管理部门提出申请,并提供能够证明符合本条例第十七条规定条件的有关材料。受理申请的安全生产监督管理部门应当自受理申请之日起30日内对提交的有关材料和经营场所进行审查,对符合条件的,核发《烟花爆竹经营(批发)许可证》;对不符合条件的,应当说明理由。

申请从事烟花爆竹零售的经营者,应当向所在地县级人民政府安全生产监督管理部门提出申请,并提供能够证明符合本条例第十八条规定条件的有关材料。受理申请的安全生产监督管理部门应当自受理申请之日起20日内对提交的有关材料和经营场所进行审查,对符合条件的,核发《烟花爆竹经营(零售)许可证》;对不符合条件的,应当说明理由。

《烟花爆竹经营(零售)许可证》,应当载明经营负责人、经营场所地址、经营期限、烟花爆竹种类和限制存放量。

第二十条 从事烟花爆竹批发的企业,应当向生产烟花爆竹的企业采购烟花爆竹,向从事烟花爆竹零售的经营者供应烟花爆竹。从事烟花爆竹零售的经营者,应当向从事烟花爆竹批发的企业采购烟花爆竹。

从事烟花爆竹批发的企业、零售经营者不得采购和销售非法生产、经营的烟花爆竹。

从事烟花爆竹批发的企业,不得向从事烟花爆竹零售的经营者供应按照国家标准规定应由专业燃放人员燃放的烟花爆竹。从事烟花爆竹零售的经营者,不得销售按照国家标准规定应由专业燃放人员燃放的烟花爆竹。

第二十一条　生产、经营黑火药、烟火药、引火线的企业,不得向未取得烟花爆竹安全生产许可的任何单位或者个人销售黑火药、烟火药和引火线。

第四章　运输安全

第二十二条　经由道路运输烟花爆竹的,应当经公安部门许可。

经由铁路、水路、航空运输烟花爆竹的,依照铁路、水路、航空运输安全管理的有关法律、法规、规章的规定执行。

第二十三条　经由道路运输烟花爆竹的,托运人应当向运达地县级人民政府公安部门提出申请,并提交下列有关材料:

(一)承运人从事危险货物运输的资质证明;

(二)驾驶员、押运员从事危险货物运输的资格证明;

(三)危险货物运输车辆的道路运输证明;

(四)托运人从事烟花爆竹生产、经营的资质证明;

(五)烟花爆竹的购销合同及运输烟花爆竹的种类、规格、数量;

(六)烟花爆竹的产品质量和包装合格证明;

(七)运输车辆牌号、运输时间、起始地点、行驶路线、经停地点。

第二十四条　受理申请的公安部门应当自受理申请之日起3日内对提交的有关材料进行审查,对符合条件的,核发《烟花爆竹道路运输许可证》;对不符合条件的,应当说明理由。

《烟花爆竹道路运输许可证》应当载明托运人、承运人、一次性运输有效期限、起始地点、行驶路线、经停地点、烟花爆竹的种类、规格和数量。

第二十五条　经由道路运输烟花爆竹的,除应当遵守《中华人民共和国道路交通安全法》外,还应当遵守下列规定:

(一)随车携带《烟花爆竹道路运输许可证》;

(二)不得违反运输许可事项;

(三)运输车辆悬挂或者安装符合国家标准的易燃易爆危险物品警示标志;

(四)烟花爆竹的装载符合国家有关标准和规范;

(五)装载烟花爆竹的车厢不得载人;

(六)运输车辆限速行驶,途中经停必须有专人看守;

(七)出现危险情况立即采取必要的措施,并报告当地公安部门。

第二十六条　烟花爆竹运达目的地后,收货人应当在3日内将《烟花爆竹道路运输许可证》交回发证机关核销。

第二十七条　禁止携带烟花爆竹搭乘公共交通工具。

禁止邮寄烟花爆竹,禁止在托运的行李、包裹、邮件中夹带烟花爆竹。

第五章　燃放安全

第二十八条　燃放烟花爆竹,应当遵守有关法律、法规和规章的规定。县级以上地方人民政府可以根据本行政区域的实际情况,确定限制或者禁止燃放烟花爆竹的时间、地点和种类。

第二十九条　各级人民政府和政府有关部门应当开展社会宣传活动,教育公民遵守有关法律、法规和规章,安全燃放烟花爆竹。

广播、电视、报刊等新闻媒体,应当做好安全燃放烟花爆竹的宣传、教育工作。

未成年人的监护人应当对未成年人进行安全燃放烟花爆竹的教育。

第三十条　禁止在下列地点燃放烟花爆竹:

(一)文物保护单位;

(二)车站、码头、飞机场等交通枢纽以及铁路线路安全保护区内;

(三)易燃易爆物品生产、储存单位;

(四)输变电设施安全保护区内;

(五)医疗机构、幼儿园、中小学校、敬老院;

（六）山林、草原等重点防火区；

（七）县级以上地方人民政府规定的禁止燃放烟花爆竹的其他地点。

第三十一条　燃放烟花爆竹，应当按照燃放说明燃放，不得以危害公共安全和人身、财产安全的方式燃放烟花爆竹。

第三十二条　举办焰火晚会以及其他大型焰火燃放活动，应当按照举办的时间、地点、环境、活动性质、规模以及燃放烟花爆竹的种类、规格和数量，确定危险等级，实行分级管理。分级管理的具体办法，由国务院公安部门规定。

第三十三条　申请举办焰火晚会以及其他大型焰火燃放活动，主办单位应当按照分级管理的规定，向有关人民政府公安部门提出申请，并提交下列有关材料：

（一）举办焰火晚会以及其他大型焰火燃放活动的时间、地点、环境、活动性质、规模；

（二）燃放烟花爆竹的种类、规格、数量；

（三）燃放作业方案；

（四）燃放作业单位、作业人员符合行业标准规定条件的证明。

受理申请的公安部门应当自受理申请之日起20日内对提交的有关材料进行审查，对符合条件的，核发《焰火燃放许可证》；对不符合条件的，应当说明理由。

第三十四条　焰火晚会以及其他大型焰火燃放活动燃放作业单位和作业人员，应当按照焰火燃放安全规程和经许可的燃放作业方案进行燃放作业。

第三十五条　公安部门应当加强对危险等级较高的焰火晚会以及其他大型焰火燃放活动的监督检查。

第六章　法律责任

第三十六条　对未经许可生产、经营烟花爆竹制品，或者向未取得烟花爆竹安全生产许可的单位或者个人销售黑火药、烟火药、引火线的，由安全生产监督管理部门责令停止非法生产、经营活动，处2万元以上10万元以下的罚款，并没收非法生产、经营的物品及违法所得。

对未经许可经由道路运输烟花爆竹的，由公安部门责令停止非法运输活动，处1万元以上5万元以下

的罚款，并没收非法运输的物品及违法所得。

非法生产、经营、运输烟花爆竹，构成违反治安管理行为的，依法给予治安管理处罚；构成犯罪的，依法追究刑事责任。

第三十七条　生产烟花爆竹的企业有下列行为之一的，由安全生产监督管理部门责令限期改正，处1万元以上5万元以下的罚款；逾期不改正的，责令停产停业整顿，情节严重的，吊销安全生产许可证：

（一）未按照安全生产许可证核定的产品种类进行生产的；

（二）生产工序或者生产作业不符合有关国家标准、行业标准的；

（三）雇佣未经设区的市人民政府安全生产监督管理部门考核合格的人员从事危险工序作业的；

（四）生产烟花爆竹使用的原料不符合国家标准规定的，或者使用的原料超过国家标准规定的用量限制的；

（五）使用按照国家标准规定禁止使用或者禁忌配伍的物质生产烟花爆竹的；

（六）未按照国家标准的规定在烟花爆竹产品上标注燃放说明，或者未在烟花爆竹的包装物上印制易燃易爆危险物品警示标志的。

第三十八条　从事烟花爆竹批发的企业向从事烟花爆竹零售的经营者供应非法生产、经营的烟花爆竹，或者供应按照国家标准规定应由专业燃放人员燃放的烟花爆竹的，由安全生产监督管理部门责令停止违法行为，处2万元以上10万元以下的罚款，并没收非法经营的物品及违法所得；情节严重的，吊销烟花爆竹经营许可证。

从事烟花爆竹零售的经营者销售非法生产、经营的烟花爆竹，或者销售按照国家标准规定应由专业燃放人员燃放的烟花爆竹的，由安全生产监督管理部门责令停止违法行为，处1000元以上5000元以下的罚款，并没收非法经营的物品及违法所得；情节严重的，吊销烟花爆竹经营许可证。

第三十九条　生产、经营、使用黑火药、烟火药、引火线的企业，丢失黑火药、烟火药、引火线未及时向当地安全生产监督管理部门和公安部门报告的，由公安部门对企业主要负责人处5000元以上2万元以下

的罚款,对丢失的物品予以追缴。

第四十条 经由道路运输烟花爆竹,有下列行为之一的,由公安部门责令改正,处200元以上2000元以下的罚款:

(一)违反运输许可事项的;

(二)未随车携带《烟花爆竹道路运输许可证》的;

(三)运输车辆没有悬挂或者安装符合国家标准的易燃易爆危险物品警示标志的;

(四)烟花爆竹的装载不符合国家有关标准和规范的;

(五)装载烟花爆竹的车厢载人的;

(六)超过危险物品运输车辆规定时速行驶的;

(七)运输车辆途中经停没有专人看守的;

(八)运达目的地后,未按规定时间将《烟花爆竹道路运输许可证》交回发证机关核销的。

第四十一条 对携带烟花爆竹搭乘公共交通工具,或者邮寄烟花爆竹以及在托运的行李、包裹、邮件中夹带烟花爆竹的,由公安部门没收非法携带、邮寄、夹带的烟花爆竹,可以并处200元以上1000元以下的罚款。

第四十二条 对未经许可举办焰火晚会以及其他大型焰火燃放活动,或者焰火晚会以及其他大型焰火燃放活动燃放作业单位和作业人员违反焰火燃放安全规程、燃放作业方案进行燃放作业的,由公安部门责令停止燃放,对责任单位处1万元以上5万元以下的罚款。

在禁止燃放烟花爆竹的时间、地点燃放烟花爆竹,或者以危害公共安全和人身、财产安全的方式燃放烟花爆竹的,由公安部门责令停止燃放,处100元以上500元以下的罚款;构成违反治安管理行为的,依法给予治安管理处罚。

第四十三条 对没收的非法烟花爆竹以及生产、经营企业弃置的废旧烟花爆竹,应当就地封存,并由公安部门组织销毁、处置。

第四十四条 安全生产监督管理部门、公安部门、质量监督检验部门、工商行政管理部门的工作人员,在烟花爆竹安全监管工作中滥用职权、玩忽职守、徇私舞弊,构成犯罪的,依法追究刑事责任;尚不构成犯罪的,依法给予行政处分。

第七章 附 则

第四十五条 《烟花爆竹安全生产许可证》、《烟花爆竹经营(批发)许可证》、《烟花爆竹经营(零售)许可证》,由国务院安全生产监督管理部门规定式样;《烟花爆竹道路运输许可证》、《焰火燃放许可证》,由国务院公安部门规定式样。

第四十六条 本条例自公布之日起施行。

(4)枪支弹药与管制刀具

中华人民共和国枪支管理法

· 1996年7月5日第八届全国人民代表大会常务委员会第二十次会议通过

· 根据2009年8月27日第十一届全国人民代表大会常务委员会第十次会议《关于修改部分法律的决定》第一次修正

· 根据2015年4月24日《全国人民代表大会常务委员会关于修改〈中华人民共和国港口法〉等七部法律的决定》第二次修正

第一章 总 则

第一条 为了加强枪支管理,维护社会治安秩序,保障公共安全,制定本法。

第二条 中华人民共和国境内的枪支管理,适用本法。

对中国人民解放军、中国人民武装警察部队和民兵装备枪支的管理,国务院、中央军事委员会另有规定的,适用有关规定。

第三条 国家严格管制枪支。禁止任何单位或者个人违反法律规定持有、制造(包括变造、装配)、买卖、运输、出租、出借枪支。

国家严厉惩处违反枪支管理的违法犯罪行为。任何单位和个人对违反枪支管理的行为有检举的义务。国家对检举人给予保护,对检举违反枪支管理犯罪活动有功的人员,给予奖励。

第四条 国务院公安部门主管全国的枪支管理工作。县级以上地方各级人民政府公安机关主管本行政区域内的枪支管理工作。上级人民政府公安机关监督下级人民政府公安机关的枪支管理工作。

第二章　枪支的配备和配置

第五条　公安机关、国家安全机关、监狱、劳动教养机关的人民警察，人民法院的司法警察，人民检察院的司法警察和担负案件侦查任务的检察人员，海关的缉私人员，在依法履行职责时确有必要使用枪支的，可以配备公务用枪。

国家重要的军工、金融、仓储、科研等单位的专职守护、押运人员在执行守护、押运任务时确有必要使用枪支的，可以配备公务用枪。

配备公务用枪的具体办法，由国务院公安部门会同其他有关国家机关按照严格控制的原则制定，报国务院批准后施行。

第六条　下列单位可以配置民用枪支：

（一）经省级人民政府体育行政主管部门批准专门从事射击竞技体育运动的单位、经省级人民政府公安机关批准的营业性射击场，可以配置射击运动枪支；

（二）经省级以上人民政府林业行政主管部门批准的狩猎场，可以配置猎枪；

（三）野生动物保护、饲养、科研单位因业务需要，可以配置猎枪、麻醉注射枪。

猎民在猎区、牧民在牧区，可以申请配置猎枪。猎区和牧区的区域由省级人民政府划定。

配置民用枪支的具体办法，由国务院公安部门按照严格控制的原则制定，报国务院批准后施行。

第七条　配备公务用枪，由国务院公安部门或者省级人民政府公安机关审批。

配备公务用枪时，由国务院公安部门或者省级人民政府公安机关发给公务用枪持枪证件。

第八条　专门从事射击竞技体育运动的单位配置射击运动枪支，由国务院体育行政主管部门提出，由国务院公安部门审批。营业性射击场配置射击运动枪支，由省级人民政府公安机关报国务院公安部门批准。

配置射击运动枪支时，由省级人民政府公安机关发给民用枪支持枪证件。

第九条　狩猎场配置猎枪，凭省级以上人民政府林业行政主管部门的批准文件，报省级以上人民政府公安机关审批，由设区的市级人民政府公安机关核发民用枪支配购证件。

第十条　野生动物保护、饲养、科研单位申请配置猎枪、麻醉注射枪的，应当凭其所在地的县级人民政府野生动物行政主管部门核发的狩猎证或者特许猎捕证和单位营业执照，向所在地的县级人民政府公安机关提出；猎民申请配置猎枪的，应当凭其所在地的县级人民政府野生动物行政主管部门核发的狩猎证和个人身份证件，向所在地的县级人民政府公安机关提出；牧民申请配置猎枪的，应当凭个人身份证件，向所在地的县级人民政府公安机关提出。

受理申请的公安机关审查批准后，应当报请设区的市级人民政府公安机关核发民用枪支配购证件。

第十一条　配购猎枪、麻醉注射枪的单位和个人，必须在配购枪支后 30 日内向核发民用枪支配购证件的公安机关申请领取民用枪支持枪证件。

第十二条　营业性射击场、狩猎场配置的民用枪支不得携带出营业性射击场、狩猎场。

猎民、牧民配置的猎枪不得携带出猎区、牧区。

第三章　枪支的制造和民用枪支的配售

第十三条　国家对枪支的制造、配售实行特别许可制度。未经许可，任何单位或者个人不得制造、买卖枪支。

第十四条　公务用枪，由国家指定的企业制造。

第十五条　制造民用枪支的企业，由国务院有关主管部门提出，由国务院公安部门确定。

配售民用枪支的企业，由省级人民政府公安机关确定。

制造民用枪支的企业，由国务院公安部门核发民用枪支制造许可证件。配售民用枪支的企业，由省级人民政府公安机关核发民用枪支配售许可证件。

民用枪支制造许可证件、配售许可证件的有效期为 3 年；有效期届满，需要继续制造、配售民用枪支的，应当重新申请领取许可证件。

第十六条　国家对制造、配售民用枪支的数量，实行限额管理。

制造民用枪支的年度限额，由国务院林业、体育等有关主管部门、省级人民政府公安机关提出，由国务院公安部门确定并统一编制民用枪支序号，下达到民用枪支制造企业。

配售民用枪支的年度限额,由国务院林业、体育等有关主管部门、省级人民政府公安机关提出,由国务院公安部门确定并下达到民用枪支配售企业。

第十七条　制造民用枪支的企业不得超过限额制造民用枪支,所制造的民用枪支必须全部交由指定的民用枪支配售企业配售,不得自行销售。配售民用枪支的企业应当在配售限额内,配售指定的企业制造的民用枪支。

第十八条　制造民用枪支的企业,必须严格按照国家规定的技术标准制造民用枪支,不得改变民用枪支的性能和结构;必须在民用枪支指定部位铸印制造厂的厂名、枪种代码和国务院公安部门统一编制的枪支序号,不得制造无号、重号、假号的民用枪支。

制造民用枪支的企业必须实行封闭式管理,采取必要的安全保卫措施,防止民用枪支以及民用枪支零部件丢失。

第十九条　配售民用枪支,必须核对配购证件,严格按照配购证件载明的品种、型号和数量配售;配售弹药,必须核对持枪证件。民用枪支配售企业必须按照国务院公安部门的规定建立配售账册,长期保管备查。

第二十条　公安机关对制造、配售民用枪支的企业制造、配售、储存和账册登记等情况,必须进行定期检查;必要时,可以派专人驻厂对制造企业进行监督、检查。

第二十一条　民用枪支的研制和定型,由国务院有关业务主管部门会同国务院公安部门组织实施。

第二十二条　禁止制造、销售仿真枪。

第四章　枪支的日常管理

第二十三条　配备、配置枪支的单位和个人必须妥善保管枪支,确保枪支安全。

配备、配置枪支的单位,必须明确枪支管理责任,指定专人负责,应当有牢固的专用保管设施,枪支、弹药应当分开存放。对交由个人使用的枪支,必须建立严格的枪支登记、交接、检查、保养等管理制度,使用完毕,及时收回。

配备、配置给个人使用的枪支,必须采取有效措施,严防被盗、被抢、丢失或者发生其他事故。

第二十四条　使用枪支的人员,必须掌握枪支的性能,遵守使用枪支的有关规定,保证枪支的合法、安全使用。使用公务用枪的人员,必须经过专门培训。

第二十五条　配备、配置枪支的单位和个人必须遵守下列规定:

(一)携带枪支必须同时携带持枪证件,未携带持枪证件的,由公安机关扣留枪支;

(二)不得在禁止携带枪支的区域、场所携带枪支;

(三)枪支被盗、被抢或者丢失的,立即报告公安机关。

第二十六条　配备公务用枪的人员不再符合持枪条件时,由所在单位收回枪支和持枪证件。

配置民用枪支的单位和个人不再符合持枪条件时,必须及时将枪支连同持枪证件上缴核发持枪证件的公安机关;未及时上缴的,由公安机关收缴。

第二十七条　不符合国家技术标准、不能安全使用的枪支,应当报废。配备、持有枪支的单位和个人应当将报废的枪支连同持枪证件上缴核发持枪证件的公安机关;未及时上缴的,由公安机关收缴。报废的枪支应当及时销毁。

销毁枪支,由省级人民政府公安机关负责组织实施。

第二十八条　国家对枪支实行查验制度。持有枪支的单位和个人,应当在公安机关指定的时间、地点接受查验。公安机关在查验时,必须严格审查持枪单位和个人是否符合本法规定的条件,检查枪支状况及使用情况;对违法使用枪支、不符合持枪条件或者枪支应当报废的,必须收缴枪支和持枪证件。拒不接受查验的,枪支和持枪证件由公安机关收缴。

第二十九条　为了维护社会治安秩序的特殊需要,经国务院公安部门批准,县级以上地方各级人民政府公安机关可以对局部地区合法配备、配置的枪支采取集中保管等特别管制措施。

第五章　枪支的运输

第三十条　任何单位或者个人未经许可,不得运输枪支。需要运输枪支的,必须向公安机关如实申报运输枪支的品种、数量和运输的路线、方式,领取枪支运输许可证件。在本省、自治区、直辖市内运输的,向运往地设区的市级人民政府公安机关申请领取枪支运输许可证件；跨省、自治区、直辖市运输的，向运往地省级人民政府公安机关申请领取枪支运输许可证件。

没有枪支运输许可证件的，任何单位和个人都不得承运，并应当立即报告所在地公安机关。

公安机关对没有枪支运输许可证件或者没有按照枪支运输许可证件的规定运输枪支的，应当扣留运输的枪支。

第三十一条　运输枪支必须依照规定使用安全可靠的封闭式运输设备，由专人押运；途中停留住宿的，必须报告当地公安机关。

运输枪支、弹药必须依照规定分开运输。

第三十二条　严禁邮寄枪支，或者在邮寄的物品中夹带枪支。

第六章　枪支的入境和出境

第三十三条　国家严格管理枪支的入境和出境。任何单位或者个人未经许可，不得私自携带枪支入境、出境。

第三十四条　外国驻华外交代表机构、领事机构的人员携带枪支入境，必须事先报经中华人民共和国外交部批准；携带枪支出境，应当事先照会中华人民共和国外交部，办理有关手续。

依照前款规定携带入境的枪支，不得携带出所在的驻华机构。

第三十五条　外国体育代表团入境参加射击竞技体育活动，或者中国体育代表团出境参加射击竞技体育活动，需要携带射击运动枪支入境、出境的，必须经国务院体育行政主管部门批准。

第三十六条　本法第三十四条、第三十五条规定以外的其他人员携带枪支入境、出境，应当事先经国务院公安部门批准。

第三十七条　经批准携带枪支入境的，入境时，应当凭批准文件在入境地边防检查站办理枪支登记，申请领取枪支携运许可证件，向海关申报，海关凭枪支携运许可证件放行；到达目的地后，凭枪支携运许可证件向设区的市级人民政府公安机关申请换发持枪证件。

经批准携带枪支出境的，出境时，应当凭批准文件向出境地海关申报，边防检查站凭批准文件放行。

第三十八条　外国交通运输工具携带枪支入境或者过境的，交通运输工具负责人必须向边防检查站申报，由边防检查站加封，交通运输工具出境时予以启封。

第七章　法律责任

第三十九条　违反本法规定，未经许可制造、买卖或者运输枪支的，依照刑法有关规定追究刑事责任。

单位有前款行为的，对单位判处罚金，并对其直接负责的主管人员和其他直接责任人员依照刑法有关规定追究刑事责任。

第四十条　依法被指定、确定的枪支制造企业、销售企业，违反本法规定，有下列行为之一的，对单位判处罚金，并对其直接负责的主管人员和其他直接责任人员依照刑法有关规定追究刑事责任；公安机关可以责令其停业整顿或者吊销其枪支制造许可证件、枪支配售许可证件：

（一）超过限额或者不按照规定的品种制造、配售枪支的；

（二）制造无号、重号、假号的枪支的；

（三）私自销售枪支或者在境内销售为出口制造的枪支的。

第四十一条　违反本法规定，非法持有、私藏枪支的，非法运输、携带枪支入境、出境的，依照刑法有关规定追究刑事责任。

第四十二条　违反本法规定，运输枪支未使用安全可靠的运输设备、不设专人押运、枪支弹药未分开运输或者运输途中停留住宿不报告公安机关，情节严重的，依照刑法有关规定追究刑事责任；未构成犯罪的，由公安机关对直接责任人员处15日以下拘留。

第四十三条　违反枪支管理规定，出租、出借公务用枪的，依照刑法有关规定处罚。

单位有前款行为的，对其直接负责的主管人员和其他直接责任人员依照前款规定处罚。

配置民用枪支的单位，违反枪支管理规定，出租、出借枪支，造成严重后果或者有其他严重情节的，对其直接负责的主管人员和其他直接责任人员依照刑法有关规定处罚。

配置民用枪支的个人，违反枪支管理规定，出租、出借枪支，造成严重后果的，依照刑法有关规定处罚。

违反枪支管理规定，出租、出借枪支，情节轻微未构成犯罪的，由公安机关对个人或者单位负有直接责任的主管人员和其他直接责任人员处 15 日以下拘留，可以并处 5000 元以下罚款；对出租、出借的枪支，应当予以没收。

第四十四条　违反本法规定，有下列行为之一的，由公安机关对个人或者单位负有直接责任的主管人员和其他直接责任人员处警告或者 15 日以下拘留；构成犯罪的，依法追究刑事责任：

（一）未按照规定的技术标准制造民用枪支的；

（二）在禁止携带枪支的区域、场所携带枪支的；

（三）不上缴报废枪支的；

（四）枪支被盗、被抢或者丢失，不及时报告的；

（五）制造、销售仿真枪的。

有前款第（一）项至第（三）项所列行为的，没收其枪支，可以并处 5000 元以下罚款；有前款第（五）项所列行为的，由公安机关、工商行政管理部门按照各自职责范围没收其仿真枪，可以并处制造、销售金额 5 倍以下的罚款，情节严重的，由工商行政管理部门吊销营业执照。

第四十五条　公安机关工作人员有下列行为之一的，依法追究刑事责任；未构成犯罪的，依法给予行政处分：

（一）向本法第五条、第六条规定以外的单位和个人配备、配置枪支的；

（二）违法发给枪支管理证件的；

（三）将没收的枪支据为己有的；

（四）不履行枪支管理职责，造成后果的。

第八章　附　则

第四十六条　本法所称枪支，是指以火药或者压缩气体等为动力，利用管状器具发射金属弹丸或者其他物质，足以致人伤亡或者丧失知觉的各种枪支。

第四十七条　单位和个人为开展游艺活动，可以配置口径不超过 4.5 毫米的气步枪。具体管理办法由国务院公安部门制定。

制作影视剧使用的道具枪支的管理办法，由国务院公安部门会同国务院广播电影电视行政主管部门制定。

博物馆、纪念馆、展览馆保存或者展览枪支的管理办法，由国务院公安部门会同国务院有关行政主管部门制定。

第四十八条　制造、配售、运输枪支的主要零部件和用于枪支的弹药，适用本法的有关规定。

第四十九条　枪支管理证件由国务院公安部门制定。

第五十条　本法自 1996 年 10 月 1 日起施行。

中华人民共和国公安部
关于收缴非法爆炸物品、枪支弹药、
剧毒化学品和管制刀具的通告

· 2007 年 7 月 20 日

为维护社会治安秩序，保障公共安全和人民群众生命财产安全，根据《中华人民共和国刑法》、《中华人民共和国治安管理处罚法》、《中华人民共和国枪支管理法》、《中华人民共和国民用爆炸物品安全管理条例》、《中华人民共和国危险化学品安全管理条例》等法律、法规的规定，现就收缴非法爆炸物品、枪支弹药、剧毒化学品和管制刀具，严厉打击违反爆炸物品、枪支弹药、剧毒化学品和管制刀具管理的违法犯罪活动通告如下：

一、严禁非法制造、买卖、运输、储存炸药、雷管、导火索、导爆索、震源弹、黑火药、烟火药、手榴弹、地雷等各类爆炸物品，以及军用枪、射击运动枪、猎枪、麻醉注射枪、气枪、彩弹枪、火药枪、仿真枪等各类枪支弹药和剧毒化学品。

二、严禁非法使用、持有爆炸物品；严禁携带爆炸物品搭乘公共交通工具或者进入公共场所；严禁私藏或者非法持有、携带枪支弹药；严禁携带管制刀具进入公共场所或者搭乘公共交通工具。

三、严禁邮寄爆炸物品、枪支弹药和剧毒化学品；严禁在托运的货物、行李、包裹、邮件中夹带爆炸物品、枪支弹药和剧毒化学品。

四、严禁走私枪支弹药、爆炸物品和剧毒化学品。

五、凡违反上述规定的，必须立即自首，并将非法爆炸物品、枪支弹药、剧毒化学品和管制刀具上交当地公安机关。

六、凡在本通告公布之日起 30 日内自首并交出上述非法物品的,依法从轻、减轻、免除或者不予处罚;逾期拒不自首、拒不交出非法物品的,依法从重处罚。

七、凡爆炸物品、枪支弹药和剧毒化学品被盗、被抢或者丢失的,应当及时报告当地公安机关,不及时报告的,依法追究有关责任单位和人员的法律责任;发现遗弃的爆炸物品、枪支弹药或者可疑爆炸物品的,应当立即报告当地公安机关。

八、广大人民群众应当积极向公安机关举报涉及爆炸物品、枪支弹药和剧毒化学品违法犯罪的活动和线索,凡举报有功的,依照有关规定予以奖励;对包庇违法犯罪分子的,依法追究法律责任;对举报人进行打击报复的,依法从严惩处。公安部举报电话:010—58186722;举报信件邮寄地址:北京市东长安街 14 号公安部治安管理局,邮政编码 100741;举报电子邮箱地址:gabzbjq@ sina. com。

各地举报电话:110。

本通告自发布之日起实施。

仿真枪认定标准

· 2008 年 2 月 19 日
· 公通字〔2008〕8 号

一、凡符合以下条件之一的,可以认定为仿真枪:

1. 符合《中华人民共和国枪支管理法》规定的枪支构成要件,所发射金属弹丸或其他物质的枪口比动能小于 1.8 焦耳/平方厘米(不含本数)、大于 0.16 焦耳/平方厘米(不含本数)的;

2. 具备枪支外形特征,并且具有与制式枪支材质和功能相似的枪管、枪机、机匣或者击发等机构之一的;

3. 外形、颜色与制式枪支相同或者近似,并且外形长度尺寸介于相应制式枪支全枪长度尺寸的二分之一与一倍之间的。

二、枪口比动能的计算,按照《枪支致伤力的法庭科学鉴定判据》规定的计算方法执行。

三、术语解释

1. 制式枪支:国内制造的制式枪支是指已完成定型试验,并且经军队或国家有关主管部门批准投入装备、使用(含外贸出口)的各类枪支。国外制造的制式枪支是指制造商已完成定型试验,并且装备、使用或投入市场销售的各类枪支。

2. 全枪长:是指从枪管口部至枪托或枪机框(适用于无枪托的枪支)底部的长度。

管制刀具认定标准

· 2007 年 1 月 14 日
· 公通字〔2007〕2 号

一、凡符合下列标准之一的,可以认定为管制刀具:

1. 匕首:带有刀柄、刀格和血槽,刀尖角度小于 60 度的单刃、双刃或多刃尖刀(图一略)。

2. 三棱刮刀:具有三个刀刃的机械加工用刀具(图二略)。

3. 带有自锁装置的弹簧刀(跳刀):刀身展开或弹出后,可被刀柄内的弹簧或卡锁固定自锁的折叠刀具(图三略)。

4. 其他相类似的单刃、双刃、三棱尖刀:刀尖角度小于 60 度,刀身长度超过 150 毫米的各类单刃、双刃和多刃刀具(图四略)。

5. 其他刀尖角度大于 60 度,刀身长度超过 220 毫米的各类单刃、双刃和多刃刀具(图五略)。

二、未开刀刃且刀尖倒角半径 R 大于 2.5 毫米的各类武术、工艺、礼品等刀具不属于管制刀具范畴。

三、少数民族使用的藏刀、腰刀、靴刀、马刀等刀具的管制范围认定标准,由少数民族自治区(自治州、自治县)人民政府公安机关参照本标准制定。

四、述语说明:

1. 刀柄:是指刀上被用来握持的部分(图六略)。

2. 刀格(挡手):是指刀上用来隔离刀柄与刀身的部分(图六略)。

3. 刀身:是指刀上用来完成切、削、刺等功能的部分(图六略)。

4. 血槽:是指刀身上的专用刻槽(图六略)。

5. 刀尖角度:是指刀刃与刀背(或另一侧刀刃)上距离刀尖顶点 10 毫米的点与刀尖顶点形成的角度(图六略)。

6. 刀刃（刃口）：是指刀身上用来切、削、砍的一边，一般情况下刀口厚度小于 0.5 毫米（图六略）。

7. 刀尖倒角：是指刀尖部所具有的圆弧度（图七略）。

3．交通安全

（1）综合

中华人民共和国道路交通安全法

- 2003 年 10 月 28 日第十届全国人民代表大会常务委员会第五次会议通过
- 根据 2007 年 12 月 29 日第十届全国人民代表大会常务委员会第三十一次会议《关于修改〈中华人民共和国道路交通安全法〉的决定》第一次修正
- 根据 2011 年 4 月 22 日第十一届全国人民代表大会常务委员会第二十次会议《关于修改〈中华人民共和国道路交通安全法〉的决定》第二次修正
- 根据 2021 年 4 月 29 日第十三届全国人民代表大会常务委员会第二十八次会议《关于修改〈中华人民共和国道路交通安全法〉等八部法律的决定》第三次修正

第一章　总　则

第一条　【立法宗旨】为了维护道路交通秩序，预防和减少交通事故，保护人身安全，保护公民、法人和其他组织的财产安全及其他合法权益，提高通行效率，制定本法。

第二条　【适用范围】中华人民共和国境内的车辆驾驶人、行人、乘车人以及与道路交通活动有关的单位和个人，都应当遵守本法。

第三条　【基本原则】道路交通安全工作，应当遵循依法管理、方便群众的原则，保障道路交通有序、安全、畅通。

第四条　【道路交通安全管理规划及实施】各级人民政府应当保障道路交通安全管理工作与经济建设和社会发展相适应。

县级以上地方各级人民政府应当适应道路交通发展的需要，依据道路交通安全法律、法规和国家有关政策，制定道路交通安全管理规划，并组织实施。

第五条　【道路交通安全工作的管辖】国务院公安部门负责全国道路交通安全管理工作。县级以上地方各级人民政府公安机关交通管理部门负责本行政区域内的道路交通安全管理工作。

县级以上各级人民政府交通、建设管理部门依据各自职责，负责有关的道路交通工作。

第六条　【道路交通安全宣传】各级人民政府应当经常进行道路交通安全教育，提高公民的道路交通安全意识。

公安机关交通管理部门及其交通警察执行职务时，应当加强道路交通安全法律、法规的宣传，并模范遵守道路交通安全法律、法规。

机关、部队、企业事业单位、社会团体以及其他组织，应当对本单位的人员进行道路交通安全教育。

教育行政部门、学校应当将道路交通安全教育纳入法制教育的内容。

新闻、出版、广播、电视等有关单位，有进行道路交通安全教育的义务。

第七条　【道路交通安全管理的发展要求】对道路交通安全管理工作，应当加强科学研究，推广、使用先进的管理方法、技术、设备。

第二章　车辆和驾驶人

第一节　机动车、非机动车

第八条　【机动车登记制度】国家对机动车实行登记制度。机动车经公安机关交通管理部门登记后，方可上道路行驶。尚未登记的机动车，需要临时上道路行驶的，应当取得临时通行牌证。

第九条　【注册登记】申请机动车登记，应当提交以下证明、凭证：

（一）机动车所有人的身份证明；

（二）机动车来历证明；

（三）机动车整车出厂合格证明或者进口机动车进口凭证；

（四）车辆购置税的完税证明或者免税凭证；

（五）法律、行政法规规定应当在机动车登记时提交的其他证明、凭证。

公安机关交通管理部门应当自受理申请之日起五个工作日内完成机动车登记审查工作，对符合前款规定条件的，应当发放机动车登记证书、号牌和行驶证；对不符合前款规定条件的，应当向申请人说明不予登记的理由。

公安机关交通管理部门以外的任何单位或者个人不得发放机动车号牌或者要求机动车悬挂其他号牌，本法另有规定的除外。

机动车登记证书、号牌、行驶证的式样由国务院公安部门规定并监制。

第十条 【机动车应符合国家安全技术标准】准予登记的机动车应当符合机动车国家安全技术标准。申请机动车登记时，应当接受对该机动车的安全技术检验。但是，经国家机动车产品主管部门依据机动车国家安全技术标准认定的企业生产的机动车型，该车型的新车在出厂时经检验符合机动车国家安全技术标准，获得检验合格证的，免予安全技术检验。

第十一条 【机动车上道行驶手续和号牌悬挂】驾驶机动车上道路行驶，应当悬挂机动车号牌，放置检验合格标志、保险标志，并随车携带机动车行驶证。

机动车号牌应当按照规定悬挂并保持清晰、完整，不得故意遮挡、污损。

任何单位和个人不得收缴、扣留机动车号牌。

第十二条 【变更登记】有下列情形之一的，应当办理相应的登记：

（一）机动车所有权发生转移的；

（二）机动车登记内容变更的；

（三）机动车用作抵押的；

（四）机动车报废的。

第十三条 【机动车安检】对登记后上道路行驶的机动车，应当依照法律、行政法规的规定，根据车辆用途、载客载货数量、使用年限等不同情况，定期进行安全技术检验。对提供机动车行驶证和机动车第三者责任强制保险单的，机动车安全技术检验机构应当予以检验，任何单位不得附加其他条件。对符合机动车国家安全技术标准的，公安机关交通管理部门应当发给检验合格标志。

对机动车的安全技术检验实行社会化。具体办法由国务院规定。

机动车安全技术检验实行社会化的地方，任何单位不得要求机动车到指定的场所进行检验。

公安机关交通管理部门、机动车安全技术检验机构不得要求机动车到指定的场所进行维修、保养。

机动车安全技术检验机构对机动车检验收取费用，应当严格执行国务院价格主管部门核定的收费标准。

第十四条 【强制报废制度】国家实行机动车强制报废制度，根据机动车的安全技术状况和不同用途，规定不同的报废标准。

应当报废的机动车必须及时办理注销登记。

达到报废标准的机动车不得上道路行驶。报废的大型客、货车及其他营运车辆应当在公安机关交通管理部门的监督下解体。

第十五条 【特种车辆标志图案的喷涂和警报器、标志灯具的安装、使用】警车、消防车、救护车、工程救险车应当按照规定喷涂标志图案，安装警报器、标志灯具。其他机动车不得喷涂、安装、使用上述车辆专用的或者与其相似的标志图案、警报器或者标志灯具。

警车、消防车、救护车、工程救险车应当严格按照规定的用途和条件使用。

公路监督检查的专用车辆，应当依照公路法的规定，设置统一的标志和示警灯。

第十六条 【禁止拼装、改变、伪造、变造等违法行为】任何单位或者个人不得有下列行为：

（一）拼装机动车或者擅自改变机动车已登记的结构、构造或者特征；

（二）改变机动车型号、发动机号、车架号或者车辆识别代号；

（三）伪造、变造或者使用伪造、变造的机动车登记证书、号牌、行驶证、检验合格标志、保险标志；

（四）使用其他机动车的登记证书、号牌、行驶证、检验合格标志、保险标志。

第十七条 【机动车第三者责任强制保险制度和道路交通事故社会救助基金】国家实行机动车第三者责任强制保险制度，设立道路交通事故社会救助基金。具体办法由国务院规定。

第十八条 【非机动车的管理】依法应当登记的非机动车，经公安机关交通管理部门登记后，方可上道路行驶。

依法应当登记的非机动车的种类，由省、自治区、直辖市人民政府根据当地实际情况规定。

非机动车的外形尺寸、质量、制动器、车铃和夜间反光装置，应当符合非机动车安全技术标准。

第二节　机动车驾驶人

第十九条　【驾驶证】驾驶机动车，应当依法取得机动车驾驶证。

申请机动车驾驶证，应当符合国务院公安部门规定的驾驶许可条件；经考试合格后，由公安机关交通管理部门发给相应类别的机动车驾驶证。

持有境外机动车驾驶证的人，符合国务院公安部门规定的驾驶许可条件，经公安机关交通管理部门考核合格的，可以发给中国的机动车驾驶证。

驾驶人应当按照驾驶证载明的准驾车型驾驶机动车；驾驶机动车时，应当随身携带机动车驾驶证。

公安机关交通管理部门以外的任何单位或者个人，不得收缴、扣留机动车驾驶证。

第二十条　【驾驶培训】机动车的驾驶培训实行社会化，由交通运输主管部门对驾驶培训学校、驾驶培训班实行备案管理，并对驾驶培训活动加强监督，其中专门的拖拉机驾驶培训学校、驾驶培训班由农业（农业机械）主管部门实行监督管理。

驾驶培训学校、驾驶培训班应当严格按照国家有关规定，对学员进行道路交通安全法律、法规、驾驶技能的培训，确保培训质量。

任何国家机关以及驾驶培训和考试主管部门不得举办或者参与举办驾驶培训学校、驾驶培训班。

第二十一条　【上路行驶前的安全检查】驾驶人驾驶机动车上道路行驶前，应当对机动车的安全技术性能进行认真检查；不得驾驶安全设施不全或者机件不符合技术标准等具有安全隐患的机动车。

第二十二条　【机动车驾驶人应当安全驾驶】机动车驾驶人应当遵守道路交通安全法律、法规的规定，按照操作规范安全驾驶、文明驾驶。

饮酒、服用国家管制的精神药品或者麻醉药品，或者患有妨碍安全驾驶机动车的疾病，或者过度疲劳影响安全驾驶的，不得驾驶机动车。

任何人不得强迫、指使、纵容驾驶人违反道路交通安全法律、法规和机动车安全驾驶要求驾驶机动车。

第二十三条　【机动车驾驶证定期审验】公安机关交通管理部门依照法律、行政法规的规定，定期对机动车驾驶证实施审验。

第二十四条　【累积记分制度】公安机关交通管理部门对机动车驾驶人违反道路交通安全法律、法规的行为，除依法给予行政处罚外，实行累积记分制度。公安机关交通管理部门对累积记分达到规定分值的机动车驾驶人，扣留机动车驾驶证，对其进行道路交通安全法律、法规教育，重新考试；考试合格的，发还其机动车驾驶证。

对遵守道路交通安全法律、法规，在一年内无累积记分的机动车驾驶人，可以延长机动车驾驶证的审验期。具体办法由国务院公安部门规定。

第三章　道路通行条件

第二十五条　【道路交通信号和分类】全国实行统一的道路交通信号。

交通信号包括交通信号灯、交通标志、交通标线和交通警察的指挥。

交通信号灯、交通标志、交通标线的设置应当符合道路交通安全、畅通的要求和国家标准，并保持清晰、醒目、准确、完好。

根据通行需要，应当及时增设、调换、更新道路交通信号。增设、调换、更新限制性的道路交通信号，应当提前向社会公告，广泛进行宣传。

第二十六条　【交通信号灯分类和示义】交通信号灯由红灯、绿灯、黄灯组成。红灯表示禁止通行，绿灯表示准许通行，黄灯表示警示。

第二十七条　【铁路道口的警示标志】铁路与道路平面交叉的道口，应当设置警示灯、警示标志或者安全防护设施。无人看守的铁路道口，应当在距道口一定距离处设置警示标志。

第二十八条　【道路交通信号的保护】任何单位和个人不得擅自设置、移动、占用、损毁交通信号灯、交通标志、交通标线。

道路两侧及隔离带上种植的树木或者其他植物，设置的广告牌、管线等，应当与交通设施保持必要的距离，不得遮挡路灯、交通信号灯、交通标志，不得妨碍安全视距，不得影响通行。

第二十九条　【公共交通的规划、设计、建设和对交通安全隐患的防范】道路、停车场和道路配套设施的规划、设计、建设，应当符合道路交通安全、畅通的要求,并根据交通需求及时调整。

公安机关交通管理部门发现已经投入使用的道路存在交通事故频发路段,或者停车场、道路配套设施存在交通安全严重隐患的,应当及时向当地人民政府报告,并提出防范交通事故、消除隐患的建议,当地人民政府应当及时作出处理决定。

第三十条　【道路或交通信号毁损的处置措施】道路出现坍塌、坑漕、水毁、隆起等损毁或者交通信号灯、交通标志、交通标线等交通设施损毁、灭失的,道路、交通设施的养护部门或者管理部门应当设置警示标志并及时修复。

公安机关交通管理部门发现前款情形,危及交通安全,尚未设置警示标志的,应当及时采取安全措施,疏导交通,并通知道路、交通设施的养护部门或者管理部门。

第三十一条　【未经许可不得占道从事非交通活动】未经许可,任何单位和个人不得占用道路从事非交通活动。

第三十二条　【占用道路施工的处置措施】因工程建设需要占用、挖掘道路,或者跨越、穿越道路架设、增设管线设施,应当事先征得道路主管部门的同意;影响交通安全的,还应当征得公安机关交通管理部门的同意。

施工作业单位应当在经批准的路段和时间内施工作业,并在距离施工作业地点来车方向安全距离处设置明显的安全警示标志,采取防护措施;施工作业完毕,应当迅速清除道路上的障碍物,消除安全隐患,经道路主管部门和公安机关交通管理部门验收合格,符合通行要求后,方可恢复通行。

对未中断交通的施工作业道路,公安机关交通管理部门应当加强交通安全监督检查,维护道路交通秩序。

第三十三条　【停车场、停车泊位的设置】新建、改建、扩建的公共建筑、商业街区、居住区、大(中)型建筑等,应当配建、增建停车场;停车泊位不足的,应当及时改建或者扩建;投入使用的停车场不得擅自停止使用或者改作他用。

在城市道路范围内,在不影响行人、车辆通行的情况下,政府有关部门可以施划停车泊位。

第三十四条　【行人过街设施、盲道的设置】学校、幼儿园、医院、养老院门前的道路没有行人过街设施的,应当施划人行横道线,设置提示标志。

城市主要道路的人行道,应当按照规划设置盲道。盲道的设置应当符合国家标准。

第四章　道路通行规定
第一节　一般规定

第三十五条　【右侧通行】机动车、非机动车实行右侧通行。

第三十六条　【车道划分和通行规则】根据道路条件和通行需要,道路划分为机动车道、非机动车道和人行道的,机动车、非机动车、行人实行分道通行。没有划分机动车道、非机动车道和人行道的,机动车在道路中间通行,非机动车和行人在道路两侧通行。

第三十七条　【专用车道只准许规定车辆通行】道路划设专用车道的,在专用车道内,只准许规定的车辆通行,其他车辆不得进入专用车道内行驶。

第三十八条　【遵守交通信号】车辆、行人应当按照交通信号通行;遇有交通警察现场指挥时,应当按照交通警察的指挥通行;在没有交通信号的道路上,应当在确保安全、畅通的原则下通行。

第三十九条　【交通管理部门可根据情况采取管理措施并提前公告】公安机关交通管理部门根据道路和交通流量的具体情况,可以对机动车、非机动车、行人采取疏导、限制通行、禁止通行等措施。遇有大型群众性活动、大范围施工等情况,需要采取限制交通的措施,或者作出与公众的道路交通活动直接有关的决定,应当提前向社会公告。

第四十条　【交通管制】遇有自然灾害、恶劣气象条件或者重大交通事故等严重影响交通安全的情形,采取其他措施难以保证交通安全时,公安机关交通管理部门可以实行交通管制。

第四十一条　【授权国务院规定道路通行的其他具体规定】有关道路通行的其他具体规定,由国务院规定。

第二节　机动车通行规定

第四十二条　【机动车行驶速度】机动车上道路行驶,不得超过限速标志标明的最高时速。在没有限速标志的路段,应当保持安全车速。

夜间行驶或者在容易发生危险的路段行驶,以及遇有沙尘、冰雹、雨、雪、雾、结冰等气象条件时,应当降低行驶速度。

第四十三条 【不得超车的情形】同车道行驶的机动车,后车应当与前车保持足以采取紧急制动措施的安全距离。有下列情形之一的,不得超车:

(一)前车正在左转弯、掉头、超车的;

(二)与对面来车有会车可能的;

(三)前车为执行紧急任务的警车、消防车、救护车、工程救险车的;

(四)行经铁路道口、交叉路口、窄桥、弯道、陡坡、隧道、人行横道、市区交通流量大的路段等没有超车条件的。

第四十四条 【交叉路口通行规则】机动车通过交叉路口,应当按照交通信号灯、交通标志、交通标线或者交通警察的指挥通过;通过没有交通信号灯、交通标志、交通标线或者交通警察指挥的交叉路口时,应当减速慢行,并让行人和优先通行的车辆先行。

第四十五条 【交通不畅条件下的行驶】机动车遇有前方车辆停车排队等候或者缓慢行驶时,不得借道超车或者占用对面车道,不得穿插等候的车辆。

在车道减少的路段、路口,或者在没有交通信号灯、交通标志、交通标线或者交通警察指挥的交叉路口遇到停车排队等候或者缓慢行驶时,机动车应当依次交替通行。

第四十六条 【铁路道口通行规则】机动车通过铁路道口时,应当按照交通信号或者管理人员的指挥通行;没有交通信号或者管理人员的,应当减速或者停车,在确认安全后通过。

第四十七条 【避让行人】机动车行经人行横道时,应当减速行驶;遇行人正在通过人行横道,应当停车让行。

机动车行经没有交通信号的道路时,遇行人横过道路,应当避让。

第四十八条 【机动车载物】机动车载物应当符合核定的载质量,严禁超载;载物的长、宽、高不得违反装载要求,不得遗洒、飘散载运物。

机动车运载超限的不可解体的物品,影响交通安全的,应当按照公安机关交通管理部门指定的时间、路线、速度行驶,悬挂明显标志。在公路上运载超限的不可解体的物品,并应当依照公路法的规定执行。

机动车载运爆炸物品、易燃易爆化学物品以及剧毒、放射性等危险物品,应当经公安机关批准后,按指定的时间、路线、速度行驶,悬挂警示标志并采取必要的安全措施。

第四十九条 【机动车载人】机动车载人不得超过核定的人数,客运机动车不得违反规定载货。

第五十条 【货运车运营规则】禁止货运机动车载客。

货运机动车需要附载作业人员的,应当设置保护作业人员的安全措施。

第五十一条 【安全带及安全头盔的使用】机动车行驶时,驾驶人、乘坐人员应当按规定使用安全带,摩托车驾驶人及乘坐人员应当按规定戴安全头盔。

第五十二条 【机动车故障处置】机动车在道路上发生故障,需要停车排除故障时,驾驶人应当立即开启危险报警闪光灯,将机动车移至不妨碍交通的地方停放;难以移动的,应当持续开启危险报警闪光灯,并在来车方向设置警告标志等措施扩大示警距离,必要时迅速报警。

第五十三条 【特种车辆的优先通行权】警车、消防车、救护车、工程救险车执行紧急任务时,可以使用警报器、标志灯具;在确保安全的前提下,不受行驶路线、行驶方向、行驶速度和信号灯的限制,其他车辆和行人应当让行。

警车、消防车、救护车、工程救险车非执行紧急任务时,不得使用警报器、标志灯具,不享有前款规定的道路优先通行权。

第五十四条 【养护、工程作业等车辆的作业通行权】道路养护车辆、工程作业车进行作业时,在不影响过往车辆通行的前提下,其行驶路线和方向不受交通标志、标线限制,过往车辆和人员应当注意避让。

洒水车、清扫车等机动车应当按照安全作业标准作业;在不影响其他车辆通行的情况下,可以不受车辆分道行驶的限制,但是不得逆向行驶。

第五十五条 【拖拉机的通行和营运】高速公路、大中城市中心城区内的道路,禁止拖拉机通行。其他禁止拖拉机通行的道路,由省、自治区、直辖市人民政府根据当地实际情况规定。

在允许拖拉机通行的道路上,拖拉机可以从事货运,但是不得用于载人。

第五十六条 【机动车的停泊】机动车应当在规定地点停放。禁止在人行道上停放机动车;但是,依照本法第三十三条规定施划的停车泊位除外。

在道路上临时停车的,不得妨碍其他车辆和行人通行。

第三节 非机动车通行规定

第五十七条 【非机动车通行规则】驾驶非机动车在道路上行驶应当遵守有关交通安全的规定。非机动车应当在非机动车道内行驶;在没有非机动车道的道路上,应当靠车行道的右侧行驶。

第五十八条 【非机动车行驶速度限制】残疾人机动轮椅车、电动自行车在非机动车道内行驶时,最高时速不得超过十五公里。

第五十九条 【非机动车的停放】非机动车应当在规定地点停放。未设停放地点的,非机动车停放不得妨碍其他车辆和行人通行。

第六十条 【畜力车使用规则】驾驭畜力车,应当使用驯服的牲畜;驾驭畜力车横过道路时,驾驭人应当下车牵引牲畜;驾驭人离开车辆时,应当拴系牲畜。

第四节 行人和乘车人通行规定

第六十一条 【行人通行规则】行人应当在人行道内行走,没有人行道的靠路边行走。

第六十二条 【行人横过道路规则】行人通过路口或者横过道路,应当走人行横道或者过街设施;通过有交通信号灯的人行横道,应当按照交通信号灯指示通行;通过没有交通信号灯、人行横道的路口,或者在没有过街设施的路段横过道路,应当在确认安全后通过。

第六十三条 【行人禁止行为】行人不得跨越、倚坐道路隔离设施,不得扒车、强行拦车或者实施妨碍道路交通安全的其他行为。

第六十四条 【特殊行人通行规则】学龄前儿童以及不能辨认或者不能控制自己行为的精神疾病患者、智力障碍者在道路上通行,应当由其监护人、监护人委托的人或者对其负有管理、保护职责的人带领。

盲人在道路上通行,应当使用盲杖或者采取其他导盲手段,车辆应当避让盲人。

第六十五条 【行人通过铁路道口规则】行人通过铁路道口时,应当按照交通信号或者管理人员的指挥通行;没有交通信号和管理人员的,应当在确认无火车驶临后,迅速通过。

第六十六条 【乘车规则】乘车人不得携带易燃易爆等危险物品,不得向车外抛洒物品,不得有影响驾驶人安全驾驶的行为。

第五节 高速公路的特别规定

第六十七条 【高速公路通行规则、时速限制】行人、非机动车、拖拉机、轮式专用机械车、铰接式客车、全挂拖斗车以及其他设计最高时速低于七十公里的机动车,不得进入高速公路。高速公路限速标志标明的最高时速不得超过一百二十公里。

第六十八条 【故障处理】机动车在高速公路上发生故障时,应当依照本法第五十二条的有关规定办理;但是,警告标志应当设置在故障车来车方向一百五十米以外,车上人员应当迅速转移到右侧路肩上或者应急车道内,并且迅速报警。

机动车在高速公路上发生故障或者交通事故,无法正常行驶的,应当由救援车、清障车拖曳、牵引。

第六十九条 【不得在高速公路上拦截车辆】任何单位、个人不得在高速公路上拦截检查行驶的车辆,公安机关的人民警察依法执行紧急公务除外。

第五章 交通事故处理

第七十条 【交通事故处理及报警】在道路上发生交通事故,车辆驾驶人应当立即停车,保护现场;造成人身伤亡的,车辆驾驶人应当立即抢救受伤人员,并迅速报告执勤的交通警察或者公安机关交通管理部门。因抢救受伤人员变动现场的,应当标明位置。乘车人、过往车辆驾驶人、过往行人应当予以协助。

在道路上发生交通事故,未造成人身伤亡,当事人对事实及成因无争议的,可以即行撤离现场,恢复交通,自行协商处理损害赔偿事宜;不即行撤离现场的,应当迅速报告执勤的交通警察或者公安机关交通管理部门。

在道路上发生交通事故,仅造成轻微财产损失,并且基本事实清楚的,当事人应当先撤离现场再进行协商处理。

第七十一条 【交通事故逃逸的处理】车辆发生交通事故后逃逸的,事故现场目击人员和其他知情人员应当向公安机关交通管理部门或者交通警察举报。举报属实的,公安机关交通管理部门应当给予奖励。

第七十二条 【交警处理交通事故程序】公安机关交通管理部门接到交通事故报警后,应当立即派交通警察赶赴现场,先组织抢救受伤人员,并采取措施,尽快恢复交通。

交通警察应当对交通事故现场进行勘验、检查,收集证据;因收集证据的需要,可以扣留事故车辆,但是应当妥善保管,以备核查。

对当事人的生理、精神状况等专业性较强的检验,公安机关交通管理部门应当委托专门机构进行鉴定。鉴定结论应当由鉴定人签名。

第七十三条 【交通事故认定书】公安机关交通管理部门应当根据交通事故现场勘验、检查、调查情况和有关的检验、鉴定结论,及时制作交通事故认定书,作为处理交通事故的证据。交通事故认定书应当载明交通事故的基本事实、成因和当事人的责任,并送达当事人。

第七十四条 【交通事故的调解或起诉】对交通事故损害赔偿的争议,当事人可以请求公安机关交通管理部门调解,也可以直接向人民法院提起民事诉讼。

经公安机关交通管理部门调解,当事人未达成协议或者调解书生效后不履行的,当事人可以向人民法院提起民事诉讼。

第七十五条 【受伤人员的抢救及费用承担】医疗机构对交通事故中的受伤人员应当及时抢救,不得因抢救费用未及时支付而拖延救治。肇事车辆参加机动车第三者责任强制保险的,由保险公司在责任限额范围内支付抢救费用;抢救费用超过责任限额的,未参加机动车第三者责任强制保险或者肇事后逃逸的,由道路交通事故社会救助基金先行垫付部分或者全部抢救费用,道路交通事故社会救助基金管理机构有权向交通事故责任人追偿。

第七十六条 【交通事故赔偿责任】机动车发生交通事故造成人身伤亡、财产损失的,由保险公司在

机动车第三者责任强制保险责任限额范围内予以赔偿;不足的部分,按照下列规定承担赔偿责任:

(一)机动车之间发生交通事故的,由有过错的一方承担赔偿责任;双方都有过错的,按照各自过错的比例分担责任。

(二)机动车与非机动车驾驶人、行人之间发生交通事故,非机动车驾驶人、行人没有过错的,由机动车一方承担赔偿责任;有证据证明非机动车驾驶人、行人有过错的,根据过错程度适当减轻机动车一方的赔偿责任;机动车一方没有过错的,承担不超过百分之十的赔偿责任。

交通事故的损失是由非机动车驾驶人、行人故意碰撞机动车造成的,机动车一方不承担赔偿责任。

第七十七条 【道路外交通事故处理】车辆在道路以外通行时发生的事故,公安机关交通管理部门接到报案的,参照本法有关规定办理。

第六章 执法监督

第七十八条 【交警管理及考核上岗】公安机关交通管理部门应当加强对交通警察的管理,提高交通警察的素质和管理道路交通的水平。

公安机关交通管理部门应当对交通警察进行法制和交通安全管理业务培训、考核。交通警察经考核不合格的,不得上岗执行职务。

第七十九条 【依法履行法定职责】公安机关交通管理部门及其交通警察实施道路交通安全管理,应当依据法定的职权和程序,简化办事手续,做到公正、严格、文明、高效。

第八十条 【执行职务要求】交通警察执行职务时,应当按照规定着装,佩带人民警察标志,持有人民警察证件,保持警容严整,举止端庄,指挥规范。

第八十一条 【收费标准】依照本法发放牌证等收取工本费,应当严格执行国务院价格主管部门核定的收费标准,并全部上缴国库。

第八十二条 【处罚和收缴分离原则】公安机关交通管理部门依法实施罚款的行政处罚,应当依照有关法律、行政法规的规定,实施罚款决定与罚款收缴分离;收缴的罚款以及依法没收的违法所得,应当全部上缴国库。

第八十三条 【回避制度】交通警察调查处理道

路交通安全违法行为和交通事故,有下列情形之一的,应当回避:

(一)是本案的当事人或者当事人的近亲属;

(二)本人或者其近亲属与本案有利害关系;

(三)与本案当事人有其他关系,可能影响案件的公正处理。

第八十四条 【执法监督】公安机关交通管理部门及其交通警察的行政执法活动,应当接受行政监察机关依法实施的监督。

公安机关督察部门应当对公安机关交通管理部门及其交通警察执行法律、法规和遵守纪律的情况依法进行监督。

上级公安机关交通管理部门应当对下级公安机关交通管理部门的执法活动进行监督。

第八十五条 【举报、投诉制度】公安机关交通管理部门及其交通警察执行职务,应当自觉接受社会和公民的监督。

任何单位和个人都有权对公安机关交通管理部门及其交通警察不严格执法以及违法违纪行为进行检举、控告。收到检举、控告的机关,应当依据职责及时查处。

第八十六条 【交警执法保障】任何单位不得给公安机关交通管理部门下达或者变相下达罚款指标;公安机关交通管理部门不得以罚款数额作为考核交通警察的标准。

公安机关交通管理部门及其交通警察对超越法律、法规规定的指令,有权拒绝执行,并同时向上级机关报告。

第七章　法律责任

第八十七条 【交通管理部门的职权】公安机关交通管理部门及其交通警察对道路交通安全违法行为,应当及时纠正。

公安机关交通管理部门及其交通警察应当依据事实和本法的有关规定对道路交通安全违法行为予以处罚。对于情节轻微,未影响道路通行的,指出违法行为,给予口头警告后放行。

第八十八条 【处罚种类】对道路交通安全违法行为的处罚种类包括:警告、罚款、暂扣或者吊销机动车驾驶证、拘留。

第八十九条 【对违法行人、乘车人、非机动车驾驶人的处罚】行人、乘车人、非机动车驾驶人违反道路交通安全法律、法规关于道路通行规定的,处警告或者五元以上五十元以下罚款;非机动车驾驶人拒绝接受罚款处罚的,可以扣留其非机动车。

第九十条 【对违法机动车驾驶人的处罚】机动车驾驶人违反道路交通安全法律、法规关于道路通行规定的,处警告或者二十元以上二百元以下罚款。本法另有规定的,依照规定处罚。

第九十一条 【饮酒、醉酒驾车处罚】饮酒后驾驶机动车的,处暂扣六个月机动车驾驶证,并处一千元以上二千元以下罚款。因饮酒后驾驶机动车被处罚,再次饮酒后驾驶机动车的,处十日以下拘留,并处一千元以上二千元以下罚款,吊销机动车驾驶证。

醉酒驾驶机动车的,由公安机关交通管理部门约束至酒醒,吊销机动车驾驶证,依法追究刑事责任;五年内不得重新取得机动车驾驶证。

饮酒后驾驶营运机动车的,处十五日拘留,并处五千元罚款,吊销机动车驾驶证,五年内不得重新取得机动车驾驶证。

醉酒驾驶营运机动车的,由公安机关交通管理部门约束至酒醒,吊销机动车驾驶证,依法追究刑事责任;十年内不得重新取得机动车驾驶证,重新取得机动车驾驶证后,不得驾驶营运机动车。

饮酒后或者醉酒驾驶机动车发生重大交通事故,构成犯罪的,依法追究刑事责任,并由公安机关交通管理部门吊销机动车驾驶证,终生不得重新取得机动车驾驶证。

第九十二条 【超载行为处罚】公路客运车辆载客超过额定乘员的,处二百元以上五百元以下罚款;超过额定乘员百分之二十或者违反规定载货的,处五百元以上二千元以下罚款。

货运机动车超过核定载质量的,处二百元以上五百元以下罚款;超过核定载质量百分之三十或者违反规定载客的,处五百元以上二千元以下罚款。

有前两款行为的,由公安机关交通管理部门扣留机动车至违法状态消除。

运输单位的车辆有本条第一款、第二款规定的情形,经处罚不改的,对直接负责的主管人员处二千元以上五千元以下罚款。

第九十三条　【对违法泊车的处理及拖车规则】对违反道路交通安全法律、法规关于机动车停放、临时停车规定的，可以指出违法行为，并予以口头警告，令其立即驶离。

机动车驾驶人不在现场或者虽在现场但拒绝立即驶离，妨碍其他车辆、行人通行的，处二十元以上二百元以下罚款，并可以将该机动车拖移至不妨碍交通的地点或者公安机关交通管理部门指定的地点停放。公安机关交通管理部门拖车不得向当事人收取费用，并应当及时告知当事人停放地点。

因采取不正确的方法拖车造成机动车损坏的，应当依法承担补偿责任。

第九十四条　【对机动车安检机构的管理】机动车安全技术检验机构实施机动车安全技术检验超过国务院价格主管部门核定的收费标准收取费用的，退还多收取的费用，并由价格主管部门依照《中华人民共和国价格法》的有关规定给予处罚。

机动车安全技术检验机构不按照机动车国家安全技术标准进行检验，出具虚假检验结果的，由公安机关交通管理部门处所收检验费用五倍以上十倍以下罚款，并依法撤销其检验资格；构成犯罪的，依法追究刑事责任。

第九十五条　【未悬挂号牌、未放置标志、未携带证件、未合理安放号牌的处理】上道路行驶的机动车未悬挂机动车号牌，未放置检验合格标志、保险标志，或者未随车携带行驶证、驾驶证的，公安机关交通管理部门应当扣留机动车，通知当事人提供相应的牌证、标志或者补办相应手续，并可以依照本法第九十条的规定予以处罚。当事人提供相应的牌证、标志或者补办相应手续的，应当及时退还机动车。

故意遮挡、污损或者不按规定安装机动车号牌的，依照本法第九十条的规定予以处罚。

第九十六条　【对伪造、变造行为的处罚】伪造、变造或者使用伪造、变造的机动车登记证书、号牌、行驶证、驾驶证的，由公安机关交通管理部门予以收缴，扣留该机动车，处十五日以下拘留，并处二千元以上五千元以下罚款；构成犯罪的，依法追究刑事责任。

伪造、变造或者使用伪造、变造的检验合格标志、保险标志的，由公安机关交通管理部门予以收缴，扣留该机动车，处十日以下拘留，并处一千元以上三千元以下罚款；构成犯罪的，依法追究刑事责任。

使用其他车辆的机动车登记证书、号牌、行驶证、检验合格标志、保险标志的，由公安机关交通管理部门予以收缴，扣留该机动车，处二千元以上五千元以下罚款。

当事人提供相应的合法证明或者补办相应手续的，应当及时退还机动车。

第九十七条　【对非法安装警报器、标志灯具的处罚】非法安装警报器、标志灯具的，由公安机关交通管理部门强制拆除，予以收缴，并处二百元以上二千元以下罚款。

第九十八条　【对未投保交强险的处罚】机动车所有人、管理人未按照国家规定投保机动车第三者责任强制保险的，由公安机关交通管理部门扣留车辆至依照规定投保后，并处依照规定投保最低责任限额应缴纳的保险费的二倍罚款。

依照前款缴纳的罚款全部纳入道路交通事故社会救助基金。具体办法由国务院规定。

第九十九条　【其他违法行为的处罚】有下列行为之一的，由公安机关交通管理部门处二百元以上二千元以下罚款：

（一）未取得机动车驾驶证、机动车驾驶证被吊销或者机动车驾驶证被暂扣期间驾驶机动车的；

（二）将机动车交由未取得机动车驾驶证或者机动车驾驶证被吊销、暂扣的人驾驶的；

（三）造成交通事故后逃逸，尚不构成犯罪的；

（四）机动车行驶超过规定时速百分之五十的；

（五）强迫机动车驾驶人违反道路交通安全法律、法规和机动车安全驾驶要求驾驶机动车，造成交通事故，尚不构成犯罪的；

（六）违反交通管制的规定强行通行，不听劝阻的；

（七）故意损毁、移动、涂改交通设施，造成危害后果，尚不构成犯罪的；

（八）非法拦截、扣留机动车辆，不听劝阻，造成交通严重阻塞或者较大财产损失的。

行为人有前款第二项、第四项情形之一的，可以并处吊销机动车驾驶证;有第一项、第三项、第五项至第八项情形之一的,可以并处十五日以下拘留。

第一百条 【驾驶拼装及应报废机动车的处理】驾驶拼装的机动车或者已达到报废标准的机动车上道路行驶的,公安机关交通管理部门应当予以收缴,强制报废。

对驾驶前款所列机动车上道路行驶的驾驶人,处二百元以上二千元以下罚款,并吊销机动车驾驶证。

出售已达到报废标准的机动车的,没收违法所得,处销售金额等额的罚款,对该机动车依照本条第一款的规定处理。

第一百零一条 【交通事故刑事责任及终生禁驾规定】违反道路交通安全法律、法规的规定,发生重大交通事故,构成犯罪的,依法追究刑事责任,并由公安机关交通管理部门吊销机动车驾驶证。

造成交通事故后逃逸的,由公安机关交通管理部门吊销机动车驾驶证,且终生不得重新取得机动车驾驶证。

第一百零二条 【对专业运输单位的管理】对六个月内发生二次以上特大交通事故负有主要责任或者全部责任的专业运输单位,由公安机关交通管理部门责令消除安全隐患,未消除安全隐患的机动车,禁止上道路行驶。

第一百零三条 【机动车的生产和销售管理】国家机动车产品主管部门未按照机动车国家安全技术标准严格审查,许可不合格机动车型投入生产的,对负有责任的主管人员和其他直接责任人员给予降级或者撤职的行政处分。

机动车生产企业经国家机动车产品主管部门许可生产的机动车型,不执行机动车国家安全技术标准或者不严格进行机动车成品质量检验,致使质量不合格的机动车出厂销售的,由质量技术监督部门依照《中华人民共和国产品质量法》的有关规定给予处罚。

擅自生产、销售未经国家机动车产品主管部门许可生产的机动车型的,没收非法生产、销售的机动车成品及配件,可以并处非法产品价值三倍以上五倍以下罚款;有营业执照的,由工商行政管理部门吊销营业执照,没有营业执照的,予以查封。

生产、销售拼装的机动车或者生产、销售擅自改装的机动车的,依照本条第三款的规定处罚。

有本条第二款、第三款、第四款所列违法行为,生产或者销售不符合机动车国家安全技术标准的机动车,构成犯罪的,依法追究刑事责任。

第一百零四条 【擅自挖掘、占用道路的处理】未经批准,擅自挖掘道路、占用道路施工或者从事其他影响道路交通安全活动的,由道路主管部门责令停止违法行为,并恢复原状,可以依法给予罚款;致使通行的人员、车辆及其他财产遭受损失的,依法承担赔偿责任。

有前款行为,影响道路交通安全活动的,公安机关交通管理部门可以责令停止违法行为,迅速恢复交通。

第一百零五条 【道路施工、管理单位未履行职责的责任】道路施工作业或者道路出现损毁,未及时设置警示标志、未采取防护措施,或者应当设置交通信号灯、交通标志、交通标线而没有设置或者应当及时变更交通信号灯、交通标志、交通标线而没有及时变更,致使通行的人员、车辆及其他财产遭受损失的,负有相关职责的单位应当依法承担赔偿责任。

第一百零六条 【对妨碍交通标志行为的管理】在道路两侧及隔离带上种植树木、其他植物或者设置广告牌、管线等,遮挡路灯、交通信号灯、交通标志,妨碍安全视距的,由公安机关交通管理部门责令行为人排除妨碍;拒不执行的,处二百元以上二千元以下罚款,并强制排除妨碍,所需费用由行为人负担。

第一百零七条 【当场处罚】对道路交通违法行为人予以警告、二百元以下罚款,交通警察可以当场作出行政处罚决定,并出具行政处罚决定书。

行政处罚决定书应当载明当事人的违法事实、行政处罚的依据、处罚内容、时间、地点以及处罚机关名称,并由执法人员签名或者盖章。

第一百零八条 【罚款的缴纳】当事人应当自收到罚款的行政处罚决定书之日起十五日内,到指定的银行缴纳罚款。

对行人、乘车人和非机动车驾驶人的罚款,当事人无异议的,可以当场予以收缴罚款。

罚款应当开具省、自治区、直辖市财政部门统一制发的罚款收据;不出具财政部门统一制发的罚款收据的,当事人有权拒绝缴纳罚款。

第一百零九条　【逾期不缴纳罚款的处理】当事人逾期不履行行政处罚决定的,作出行政处罚决定的行政机关可以采取下列措施:

(一)到期不缴纳罚款的,每日按罚款数额的百分之三加处罚款;

(二)申请人民法院强制执行。

第一百一十条　【扣留机动车驾驶证的规则】执行职务的交通警察认为应当对道路交通违法行为人给予暂扣或者吊销机动车驾驶证处罚的,可以先予扣留机动车驾驶证,并在二十四小时内将案件移交公安机关交通管理部门处理。

道路交通违法行为人应当在十五日内到公安机关交通管理部门接受处理。无正当理由逾期未接受处理的,吊销机动车驾驶证。

公安机关交通管理部门暂扣或者吊销机动车驾驶证的,应当出具行政处罚决定书。

第一百一十一条　【有权作出拘留裁决的机关】对违反本法规定予以拘留的行政处罚,由县、市公安局、公安分局或者相当于县一级的公安机关裁决。

第一百一十二条　【扣留车辆的规则】公安机关交通管理部门扣留机动车、非机动车,应当当场出具凭证,并告知当事人在规定期限内到公安机关交通管理部门接受处理。

公安机关交通管理部门对被扣留的车辆应当妥善保管,不得使用。

逾期不来接受处理,并且经公告三个月仍不来接受处理的,对扣留的车辆依法处理。

第一百一十三条　【暂扣、吊销的期限】暂扣机动车驾驶证的期限从处罚决定生效之日起计算;处罚决定生效前先予扣留机动车驾驶证的,扣留一日折抵暂扣期限一日。

吊销机动车驾驶证后重新申请领取机动车驾驶证的期限,按照机动车驾驶证管理规定办理。

第一百一十四条　【根据技术监控记录进行的处罚】公安机关交通管理部门根据交通技术监控记录资料,可以对违法的机动车所有人或者管理人依法予以处罚。对能够确定驾驶人的,可以依照本法的规定依法予以处罚。

第一百一十五条　【对交警及交管部门违法行为的处理】交通警察有下列行为之一的,依法给予行政处分:

(一)为不符合法定条件的机动车发放机动车登记证书、号牌、行驶证、检验合格标志的;

(二)批准不符合法定条件的机动车安装、使用警车、消防车、救护车、工程救险车的警报器、标志灯具,喷涂标志图案的;

(三)为不符合驾驶许可条件、未经考试或者考试不合格人员发放机动车驾驶证的;

(四)不执行罚款决定与罚款收缴分离制度或者不按规定将依法收取的费用、收缴的罚款及没收的违法所得全部上缴国库的;

(五)举办或者参与举办驾驶学校或者驾驶培训班、机动车修理厂或者收费停车场等经营活动的;

(六)利用职务上的便利收受他人财物或者谋取其他利益的;

(七)违法扣留车辆、机动车行驶证、驾驶证、车辆号牌的;

(八)使用依法扣留的车辆的;

(九)当场收取罚款不开具罚款收据或者不如实填写罚款额的;

(十)徇私舞弊,不公正处理交通事故的;

(十一)故意刁难,拖延办理机动车牌证的;

(十二)非执行紧急任务时使用警报器、标志灯具的;

(十三)违反规定拦截、检查正常行驶的车辆的;

(十四)非执行紧急公务时拦截搭乘机动车的;

(十五)不履行法定职责的。

公安机关交通管理部门有前款所列行为之一的,对直接负责的主管人员和其他直接责任人员给予相应的行政处分。

第一百一十六条　【对违规交警的处分】依照本法第一百一十五条的规定,给予交通警察行政处分的,在作出行政处分决定前,可以停止其执行职务;必要时,可以予以禁闭。

依照本法第一百一十五条的规定,交通警察受到降级或者撤职行政处分的,可以予以辞退。

交通警察受到开除处分或者被辞退的,应当取消警衔;受到撤职以下行政处分的交通警察,应当降低警衔。

第一百一十七条　【对构成犯罪的交警追究刑事责任】交通警察利用职权非法占有公共财物,索取、收受贿赂,或者滥用职权、玩忽职守,构成犯罪的,依法追究刑事责任。

第一百一十八条　【公安交管部门、交警违法赔偿责任】公安机关交通管理部门及其交通警察有本法第一百一十五条所列行为之一,给当事人造成损失的,应当依法承担赔偿责任。

第八章　附　则

第一百一十九条　【本法用语含义】本法中下列用语的含义:

(一)"道路",是指公路、城市道路和虽在单位管辖范围但允许社会机动车通行的地方,包括广场、公共停车场等用于公众通行的场所。

(二)"车辆",是指机动车和非机动车。

(三)"机动车",是指以动力装置驱动或者牵引,上道路行驶的供人员乘用或者用于运送物品以及进行工程专项作业的轮式车辆。

(四)"非机动车",是指以人力或者畜力驱动,上道路行驶的交通工具,以及虽有动力装置驱动但设计最高时速、空车质量、外形尺寸符合有关国家标准的残疾人机动轮椅车、电动自行车等交通工具。

(五)"交通事故",是指车辆在道路上因过错或者意外造成的人身伤亡或者财产损失的事件。

第一百二十条　【军警机动车管理】中国人民解放军和中国人民武装警察部队在编机动车牌证、在编机动车检验以及机动车驾驶人考核工作,由中国人民解放军、中国人民武装警察部队有关部门负责。

第一百二十一条　【拖拉机管理】对上道路行驶的拖拉机,由农业(农业机械)主管部门行使本法第八条、第九条、第十三条、第十九条、第二十三条规定的公安机关交通管理部门的管理职权。

农业(农业机械)主管部门依照前款规定行使职权,应当遵守本法有关规定,并接受公安机关交通管理部门的监督;对违反规定的,依照本法有关规定追究法律责任。

本法施行前由农业(农业机械)主管部门发放的

机动车牌证,在本法施行后继续有效。

第一百二十二条　【境外车辆入境管理】国家对入境的境外机动车的道路交通安全实施统一管理。

第一百二十三条　【授权制定执行具体标准】省、自治区、直辖市人民代表大会常务委员会可以根据本地区的实际情况,在本法规定的罚款幅度内,规定具体的执行标准。

第一百二十四条　【生效日期】本法自 2004 年 5 月 1 日起施行。

中华人民共和国道路交通安全法实施条例

· 2004 年 4 月 30 日中华人民共和国国务院令第 405 号公布
· 根据 2017 年 10 月 7 日《国务院关于修改部分行政法规的决定》修订

第一章　总　则

第一条　根据《中华人民共和国道路交通安全法》(以下简称道路交通安全法)的规定,制定本条例。

第二条　中华人民共和国境内的车辆驾驶人、行人、乘车人以及与道路交通活动有关的单位和个人,应当遵守道路交通安全法和本条例。

第三条　县级以上地方各级人民政府应当建立、健全道路交通安全工作协调机制,组织有关部门对城市建设项目进行交通影响评价,制定道路交通安全管理规划,确定管理目标,制定实施方案。

第二章　车辆和驾驶人

第一节　机　动　车

第四条　机动车的登记,分为注册登记、变更登记、转移登记、抵押登记和注销登记。

第五条　初次申领机动车号牌、行驶证的,应当向机动车所有人住所地的公安机关交通管理部门申请注册登记。

申请机动车注册登记,应当交验机动车,并提交以下证明、凭证:

(一)机动车所有人的身份证明;

(二)购车发票等机动车来历证明;

(三)机动车整车出厂合格证明或者进口机动车进口凭证;

（四）车辆购置税完税证明或者免税凭证；

（五）机动车第三者责任强制保险凭证；

（六）法律、行政法规规定应当在机动车注册登记时提交的其他证明、凭证。

不属于国务院机动车产品主管部门规定免予安全技术检验的车型的，还应当提供机动车安全技术检验合格证明。

第六条 已注册登记的机动车有下列情形之一的，机动车所有人应当向登记该机动车的公安机关交通管理部门申请变更登记：

（一）改变机动车车身颜色的；

（二）更换发动机的；

（三）更换车身或者车架的；

（四）因质量有问题，制造厂更换整车的；

（五）营运机动车改为非营运机动车或者非营运机动车改为营运机动车的；

（六）机动车所有人的住所迁出或者迁入公安机关交通管理部门管辖区域的。

申请机动车变更登记，应当提交下列证明、凭证，属于前款第（一）项、第（二）项、第（三）项、第（四）项、第（五）项情形之一的，还应当交验机动车；属于前款第（二）项、第（三）项情形之一的，还应当同时提交机动车安全技术检验合格证明：

（一）机动车所有人的身份证明；

（二）机动车登记证书；

（三）机动车行驶证。

机动车所有人的住所在公安机关交通管理部门管辖区域内迁移、机动车所有人的姓名（单位名称）或者联系方式变更的，应当向登记该机动车的公安机关交通管理部门备案。

第七条 已注册登记的机动车所有权发生转移的，应当及时办理转移登记。

申请机动车转移登记，当事人应当向登记该机动车的公安机关交通管理部门交验机动车，并提交以下证明、凭证：

（一）当事人的身份证明；

（二）机动车所有权转移的证明、凭证；

（三）机动车登记证书；

（四）机动车行驶证。

第八条 机动车所有人将机动车作为抵押物抵押的，机动车所有人应当向登记该机动车的公安机关交通管理部门申请抵押登记。

第九条 已注册登记的机动车达到国家规定的强制报废标准的，公安机关交通管理部门应当在报废期满的 2 个月前通知机动车所有人办理注销登记。机动车所有人应当在报废期满前将机动车交售给机动车回收企业，由机动车回收企业将报废的机动车登记证书、号牌、行驶证交公安机关交通管理部门注销。机动车所有人逾期不办理注销登记的，公安机关交通管理部门应当公告该机动车登记证书、号牌、行驶证作废。

因机动车灭失申请注销登记的，机动车所有人应当向公安机关交通管理部门提交本人身份证明，交回机动车登记证书。

第十条 办理机动车登记的申请人提交的证明、凭证齐全、有效的，公安机关交通管理部门应当当场办理登记手续。

人民法院、人民检察院以及行政执法部门依法查封、扣押的机动车，公安机关交通管理部门不予办理机动车登记。

第十一条 机动车登记证书、号牌、行驶证丢失或者损毁，机动车所有人申请补发的，应当向公安机关交通管理部门提交本人身份证明和申请材料。公安机关交通管理部门经与机动车登记档案核实后，在收到申请之日起 15 日内补发。

第十二条 税务部门、保险机构可以在公安机关交通管理部门的办公场所集中办理与机动车有关的税费缴纳、保险合同订立等事项。

第十三条 机动车号牌应当悬挂在车前、车后指定位置，保持清晰、完整。重型、中型载货汽车及其挂车、拖拉机及其挂车的车身或者车厢后部应当喷涂放大的牌号，字样应当端正并保持清晰。

机动车检验合格标志、保险标志应当粘贴在机动车前窗右上角。

机动车喷涂、粘贴标识或者车身广告的，不得影响安全驾驶。

第十四条 用于公路营运的载客汽车、重型载货汽车、半挂牵引车应当安装、使用符合国家标准的行驶记录仪。交通警察可以对机动车行驶速度、连续驾驶时间以及其他行驶状态信息进行检查。安装行驶记录仪可以分步实施，实施步骤由国务院机动车产品主管部门会同有关部门规定。

第十五条 机动车安全技术检验由机动车安全技术检验机构实施。机动车安全技术检验机构应当按照国家机动车安全技术检验标准对机动车进行检验，对检验结果承担法律责任。

质量技术监督部门负责对机动车安全技术检验机构实行计量认证管理，对机动车安全技术检验设备进行检定，对执行国家机动车安全技术检验标准的情况进行监督。

机动车安全技术检验项目由国务院公安部门会同国务院质量技术监督部门规定。

第十六条 机动车应当从注册登记之日起，按照下列期限进行安全技术检验：

（一）营运载客汽车5年以内每年检验1次；超过5年的，每6个月检验1次；

（二）载货汽车和大型、中型非营运载客汽车10年以内每年检验1次；超过10年的，每6个月检验1次；

（三）小型、微型非营运载客汽车6年以内每2年检验1次；超过6年的，每年检验1次；超过15年的，每6个月检验1次；

（四）摩托车4年以内每2年检验1次；超过4年的，每年检验1次；

（五）拖拉机和其他机动车每年检验1次。

营运机动车在规定检验期限内经安全技术检验合格的，不再重复进行安全技术检验。

第十七条 已注册登记的机动车进行安全技术检验时，机动车行驶证记载的登记内容与该机动车的有关情况不符，或者未按照规定提供机动车第三者责任强制保险凭证的，不予通过检验。

第十八条 警车、消防车、救护车、工程救险车标志图案的喷涂以及警报器、标志灯具的安装、使用规定，由国务院公安部门制定。

第二节 机动车驾驶人

第十九条 符合国务院公安部门规定的驾驶许可条件的人，可以向公安机关交通管理部门申请机动车驾驶证。

机动车驾驶证由国务院公安部门规定式样并监制。

第二十条 学习机动车驾驶，应当先学习道路交通安全法律、法规和相关知识，考试合格后，再学习机动车驾驶技能。

在道路上学习驾驶，应当按照公安机关交通管理部门指定的路线、时间进行。在道路上学习机动车驾驶技能应当使用教练车，在教练员随车指导下进行，与教学无关的人员不得乘坐教练车。学员在学习驾驶中有道路交通安全违法行为或者造成交通事故的，由教练员承担责任。

第二十一条 公安机关交通管理部门应当对申请机动车驾驶证的人进行考试，对考试合格的，在5日内核发机动车驾驶证；对考试不合格的，书面说明理由。

第二十二条 机动车驾驶证的有效期为6年，本条例另有规定的除外。

机动车驾驶人初次申领机动车驾驶证后的12个月为实习期。在实习期内驾驶机动车的，应当在车身后部粘贴或者悬挂统一式样的实习标志。

机动车驾驶人在实习期内不得驾驶公共汽车、营运客车或者执行任务的警车、消防车、救护车、工程救险车以及载有爆炸物品、易燃易爆化学物品、剧毒或者放射性等危险物品的机动车；驾驶的机动车不得牵引挂车。

第二十三条 公安机关交通管理部门对机动车驾驶人的道路交通安全违法行为除给予行政处罚外，实行道路交通安全违法行为累积记分（以下简称记分）制度，记分周期为12个月。对在一个记分周期内记分达到12分的，由公安机关交通管理部门扣留其机动车驾驶证，该机动车驾驶人应当按照规定参加道路交通安全法律、法规的学习并接受考试。考试合格的，记分予以清除，发还机动车驾驶证；考试不合格的，继续参加学习和考试。

应当给予记分的道路交通安全违法行为及其分值，由国务院公安部门根据道路交通安全违法行为的危害程度规定。

公安机关交通管理部门应当提供记分查询方式

供机动车驾驶人查询。

第二十四条　机动车驾驶人在一个记分周期内记分未达到12分,所处罚款已经缴纳的,记分予以清除;记分虽未达到12分,但尚有罚款未缴纳的,记分转入下一记分周期。

机动车驾驶人在一个记分周期内记分2次以上达到12分的,除按照第二十三条的规定扣留机动车驾驶证、参加学习、接受考试外,还应当接受驾驶技能考试。考试合格的,记分予以清除,发还机动车驾驶证;考试不合格的,继续参加学习和考试。

接受驾驶技能考试的,按照本人机动车驾驶证载明的最高准驾车型考试。

第二十五条　机动车驾驶人记分达到12分,拒不参加公安机关交通管理部门通知的学习,也不接受考试的,由公安机关交通管理部门公告其机动车驾驶证停止使用。

第二十六条　机动车驾驶人在机动车驾驶证的6年有效期内,每个记分周期均未达到12分的,换发10年有效期的机动车驾驶证;在机动车驾驶证的10年有效期内,每个记分周期均未达到12分的,换发长期有效的机动车驾驶证。

换发机动车驾驶证时,公安机关交通管理部门应当对机动车驾驶证进行审验。

第二十七条　机动车驾驶证丢失、损毁,机动车驾驶人申请补发的,应当向公安机关交通管理部门提交本人身份证明和申请材料。公安机关交通管理部门经与机动车驾驶证档案核实后,在收到申请之日起3日内补发。

第二十八条　机动车驾驶人在机动车驾驶证丢失、损毁、超过有效期或者被依法扣留、暂扣期间以及记分达到12分的,不得驾驶机动车。

第三章　道路通行条件

第二十九条　交通信号灯分为:机动车信号灯、非机动车信号灯、人行横道信号灯、车道信号灯、方向指示信号灯、闪光警告信号灯、道路与铁路平面交叉道口信号灯。

第三十条　交通标志分为:指示标志、警告标志、禁令标志、指路标志、旅游区标志、道路施工安全标志和辅助标志。

道路交通标线分为:指示标线、警告标线、禁止标线。

第三十一条　交通警察的指挥分为:手势信号和使用器具的交通指挥信号。

第三十二条　道路交叉路口和行人横过道路较为集中的路段应当设置人行横道、过街天桥或者过街地下通道。

在盲人通行较为集中的路段,人行横道信号灯应当设置声响提示装置。

第三十三条　城市人民政府有关部门可以在不影响行人、车辆通行的情况下,在城市道路上施划停车泊位,并规定停车泊位的使用时间。

第三十四条　开辟或者调整公共汽车、长途汽车的行驶路线或者车站,应当符合交通规划和安全、畅通的要求。

第三十五条　道路养护施工单位在道路上进行养护、维修时,应当按照规定设置规范的安全警示标志和安全防护设施。道路养护施工作业车辆、机械应当安装示警灯,喷涂明显的标志图案,作业时应当开启示警灯和危险报警闪光灯。对未中断交通的施工作业道路,公安机关交通管理部门应当加强交通安全监督检查。发生交通阻塞时,及时做好分流、疏导,维护交通秩序。

道路施工需要车辆绕行的,施工单位应当在绕行处设置标志;不能绕行的,应当修建临时通道,保证车辆和行人通行。需要封闭道路中断交通的,除紧急情况外,应当提前5日向社会公告。

第三十六条　道路或者交通设施养护部门、管理部门应当在急弯、陡坡、临崖、临水等危险路段,按照国家标准设置警告标志和安全防护设施。

第三十七条　道路交通标志、标线不规范,机动车驾驶人容易发生辨认错误的,交通标志、标线的主管部门应当及时予以改善。

道路照明设施应当符合道路建设技术规范,保持照明功能完好。

第四章　道路通行规定

第一节　一般规定

第三十八条　机动车信号灯和非机动车信号灯表示:

（一）绿灯亮时，准许车辆通行，但转弯的车辆不得妨碍被放行的直行车辆、行人通行；

（二）黄灯亮时，已越过停止线的车辆可以继续通行；

（三）红灯亮时，禁止车辆通行。

在未设置非机动车信号灯和人行横道信号灯的路口，非机动车和行人应当按照机动车信号灯的表示通行。

红灯亮时，右转弯的车辆在不妨碍被放行的车辆、行人通行的情况下，可以通行。

第三十九条　人行横道信号灯表示：

（一）绿灯亮时，准许行人通过人行横道；

（二）红灯亮时，禁止行人进入人行横道，但是已经进入人行横道的，可以继续通过或者在道路中心线处停留等候。

第四十条　车道信号灯表示：

（一）绿色箭头灯亮时，准许本车道车辆按指示方向通行；

（二）红色叉形灯或者箭头灯亮时，禁止本车道车辆通行。

第四十一条　方向指示信号灯的箭头方向向左、向上、向右分别表示左转、直行、右转。

第四十二条　闪光警告信号灯为持续闪烁的黄灯，提示车辆、行人通行时注意瞭望，确认安全后通过。

第四十三条　道路与铁路平面交叉道口有两个红灯交替闪烁或者一个红灯亮时，表示禁止车辆、行人通行；红灯熄灭时，表示允许车辆、行人通行。

第二节　机动车通行规定

第四十四条　在道路同方向划有 2 条以上机动车道的，左侧为快速车道，右侧为慢速车道。在快速车道行驶的机动车应当按照快速车道规定的速度行驶，未达到快速车道规定的行驶速度的，应当在慢速车道行驶。摩托车应当在最右侧车道行驶。有交通标志标明行驶速度的，按照标明的行驶速度行驶。慢速车道内的机动车超越前车时，可以借用快速车道行驶。

在道路同方向划有 2 条以上机动车道的，变更车道的机动车不得影响相关车道内行驶的机动车的正

常行驶。

第四十五条　机动车在道路上行驶不得超过限速标志、标线标明的速度。在没有限速标志、标线的道路上，机动车不得超过下列最高行驶速度：

（一）没有道路中心线的道路，城市道路为每小时 30 公里，公路为每小时 40 公里；

（二）同方向只有 1 条机动车道的道路，城市道路为每小时 50 公里，公路为每小时 70 公里。

第四十六条　机动车行驶中遇有下列情形之一的，最高行驶速度不得超过每小时 30 公里，其中拖拉机、电瓶车、轮式专用机械车不得超过每小时 15 公里：

（一）进出非机动车道，通过铁路道口、急弯路、窄路、窄桥时；

（二）掉头、转弯、下陡坡时；

（三）遇雾、雨、雪、沙尘、冰雹，能见度在 50 米以内时；

（四）在冰雪、泥泞的道路上行驶时；

（五）牵引发生故障的机动车时。

第四十七条　机动车超车时，应当提前开启左转向灯、变换使用远、近光灯或者鸣喇叭。在没有道路中心线或者同方向只有 1 条机动车道的道路上，前车遇后车发出超车信号时，在条件许可的情况下，应当降低速度、靠右让路。后车应当在确认有充足的安全距离后，从前车的左侧超越，在与被超车辆拉开必要的安全距离后，开启右转向灯，驶回原车道。

第四十八条　在没有中心隔离设施或者没有中心线的道路上，机动车遇相对方向来车时应当遵守下列规定：

（一）减速靠右行驶，并与其他车辆、行人保持必要的安全距离；

（二）在有障碍的路段，无障碍的一方先行；但有障碍的一方已驶入障碍路段而无障碍的一方未驶入时，有障碍的一方先行；

（三）在狭窄的坡路，上坡的一方先行；但下坡的一方已行至中途而上坡的一方未上坡时，下坡的一方先行；

（四）在狭窄的山路，不靠山体的一方先行；

（五）夜间会车应当在距相对方向来车 150 米以

外改用近光灯,在窄路、窄桥与非机动车会车时应当使用近光灯。

第四十九条 机动车在有禁止掉头或者禁止左转弯标志、标线的地点以及在铁路道口、人行横道、桥梁、急弯、陡坡、隧道或者容易发生危险的路段,不得掉头。

机动车在没有禁止掉头或者没有禁止左转弯标志、标线的地点可以掉头,但不得妨碍正常行驶的其他车辆和行人的通行。

第五十条 机动车倒车时,应当察明车后情况,确认安全后倒车。不得在铁路道口、交叉路口、单行路、桥梁、急弯、陡坡或者隧道中倒车。

第五十一条 机动车通过有交通信号灯控制的交叉路口,应当按照下列规定通行:

(一)在划有导向车道的路口,按所需行进方向驶入导向车道;

(二)准备进入环形路口的让已在路口内的机动车先行;

(三)向左转弯时,靠路口中心点左侧转弯。转弯时开启转向灯,夜间行驶开启近光灯;

(四)遇放行信号时,依次通过;

(五)遇停止信号时,依次停在停止线以外。没有停止线的,停在路口以外;

(六)向右转弯遇有同车道前车正在等候放行信号时,依次停车等候;

(七)在没有方向指示信号灯的交叉路口,转弯的机动车让直行的车辆、行人先行。相对方向行驶的右转弯机动车让左转弯车辆先行。

第五十二条 机动车通过没有交通信号灯控制也没有交通警察指挥的交叉路口,除应当遵守第五十一条第(二)项、第(三)项的规定外,还应当遵守下列规定:

(一)有交通标志、标线控制的,让优先通行的一方先行;

(二)没有交通标志、标线控制的,在进入路口前停车瞭望,让右方道路的来车先行;

(三)转弯的机动车让直行的车辆先行;

(四)相对方向行驶的右转弯的机动车让左转弯的车辆先行。

第五十三条 机动车遇有前方交叉路口交通阻塞时,应当依次停在路口以外等候,不得进入路口。

机动车在遇有前方机动车停车排队等候或者缓慢行驶时,应当依次排队,不得从前方车辆两侧穿插或者超越行驶,不得在人行横道、网状线区域内停车等候。

机动车在车道减少的路口、路段,遇有前方机动车停车排队等候或者缓慢行驶的,应当每车道一辆依次交替驶入车道减少后的路口、路段。

第五十四条 机动车载物不得超过机动车行驶证上核定的载质量,装载长度、宽度不得超出车厢,并应当遵守下列规定:

(一)重型、中型载货汽车,半挂车载物,高度从地面起不得超过 4 米,载运集装箱的车辆不得超过 4.2 米;

(二)其他载货的机动车载物,高度从地面起不得超过 2.5 米;

(三)摩托车载物,高度从地面起不得超过 1.5 米,长度不得超出车身 0.2 米。两轮摩托车载物宽度左右各不得超出车把 0.15 米;三轮摩托车载物宽度不得超出车身。

载客汽车除车身外部的行李架和内置的行李箱外,不得载货。载客汽车行李架载货,从车顶起高度不得超过 0.5 米,从地面起高度不得超过 4 米。

第五十五条 机动车载人应当遵守下列规定:

(一)公路载客汽车不得超过核定的载客人数,但按照规定免票的儿童除外,在载客人数已满的情况下,按照规定免票的儿童不得超过核定载客人数的 10%;

(二)载货汽车车厢不得载客。在城市道路上,货运机动车在留有安全位置的情况下,车厢内可以附载临时作业人员 1 人至 5 人;载物高度超过车厢栏板时,货物上不得载人;

(三)摩托车后座不得乘坐未满 12 周岁的未成年人,轻便摩托车不得载人。

第五十六条 机动车牵引挂车应当符合下列规定:

(一)载货汽车、半挂牵引车、拖拉机只允许牵引 1 辆挂车。挂车的灯光信号、制动、连接、安全防护等装置应当符合国家标准；

（二）小型载客汽车只允许牵引旅居挂车或者总质量 700 千克以下的挂车。挂车不得载人；

（三）载货汽车所牵引挂车的载质量不得超过载货汽车本身的载质量。

大型、中型载客汽车，低速载货汽车，三轮汽车以及其他机动车不得牵引挂车。

第五十七条　机动车应当按照下列规定使用转向灯：

（一）向左转弯、向左变更车道、准备超车、驶离停车地点或者掉头时，应当提前开启左转向灯；

（二）向右转弯、向右变更车道、超车完毕驶回原车道、靠路边停车时，应当提前开启右转向灯。

第五十八条　机动车在夜间没有路灯、照明不良或者遇有雾、雨、雪、沙尘、冰雹等低能见度情况下行驶时，应当开启前照灯、示廓灯和后位灯，但同方向行驶的后车与前车近距离行驶时，不得使用远光灯。机动车雾天行驶应当开启雾灯和危险报警闪光灯。

第五十九条　机动车在夜间通过急弯、坡路、拱桥、人行横道或者没有交通信号灯控制的路口时，应当交替使用远近光灯示意。

机动车驶近急弯、坡道顶端等影响安全视距的路段以及超车或者遇有紧急情况时，应当减速慢行，并鸣喇叭示意。

第六十条　机动车在道路上发生故障或者发生交通事故，妨碍交通又难以移动的，应当按照规定开启危险报警闪光灯并在车后 50 米至 100 米处设置警告标志，夜间还应当同时开启示廓灯和后位灯。

第六十一条　牵引故障机动车应当遵守下列规定：

（一）被牵引的机动车除驾驶人外不得载人，不得拖带挂车；

（二）被牵引的机动车宽度不得大于牵引机动车的宽度；

（三）使用软连接牵引装置时，牵引车与被牵引车之间的距离应当大于 4 米小于 10 米；

（四）对制动失效的被牵引车，应当使用硬连接牵引装置牵引；

（五）牵引车和被牵引车均应当开启危险报警闪

光灯。

汽车吊车和轮式专用机械车不得牵引车辆。摩托车不得牵引车辆或者被其他车辆牵引。

转向或者照明、信号装置失效的故障机动车，应当使用专用清障车拖曳。

第六十二条　驾驶机动车不得有下列行为：

（一）在车门、车厢没有关好时行车；

（二）在机动车驾驶室的前后窗范围内悬挂、放置妨碍驾驶人视线的物品；

（三）拨打接听手持电话、观看电视等妨碍安全驾驶的行为；

（四）下陡坡时熄火或者空挡滑行；

（五）向道路上抛撒物品；

（六）驾驶摩托车手离车把或者在车把上悬挂物品；

（七）连续驾驶机动车超过 4 小时未停车休息或者停车休息时间少于 20 分钟；

（八）在禁止鸣喇叭的区域或者路段鸣喇叭。

第六十三条　机动车在道路上临时停车，应当遵守下列规定：

（一）在设有禁停标志、标线的路段，在机动车道与非机动车道、人行道之间设有隔离设施的路段以及人行横道、施工地段，不得停车；

（二）交叉路口、铁路道口、急弯路、宽度不足 4 米的窄路、桥梁、陡坡、隧道以及距离上述地点 50 米以内的路段，不得停车；

（三）公共汽车站、急救站、加油站、消防栓或者消防队（站）门前以及距离上述地点 30 米以内的路段，除使用上述设施的以外，不得停车；

（四）车辆停稳前不得开车门和上下人员，开关车门不得妨碍其他车辆和行人通行；

（五）路边停车应当紧靠道路右侧，机动车驾驶人不得离车，上下人员或者装卸物品后，立即驶离；

（六）城市公共汽车不得在站点以外的路段停车上下乘客。

第六十四条　机动车行经漫水路或者漫水桥时，应当停车察明水情，确认安全后，低速通过。

第六十五条　机动车载运超限物品行经铁路道口的，应当按照当地铁路部门指定的铁路道口、时间通过。

机动车行经渡口,应当服从渡口管理人员指挥,按照指定地点依次待渡。机动车上下渡船时,应当低速慢行。

第六十六条 警车、消防车、救护车、工程救险车在执行紧急任务遇交通受阻时,可以断续使用警报器,并遵守下列规定:

(一)不得在禁止使用警报器的区域或者路段使用警报器;

(二)夜间在市区不得使用警报器;

(三)列队行驶时,前车已经使用警报器的,后车不再使用警报器。

第六十七条 在单位院内、居民居住区内,机动车应当低速行驶,避让行人;有限速标志的,按照限速标志行驶。

第三节 非机动车通行规定

第六十八条 非机动车通过有交通信号灯控制的交叉路口,应当按照下列规定通行:

(一)转弯的非机动车让直行的车辆、行人优先通行;

(二)遇有前方路口交通阻塞时,不得进入路口;

(三)向左转弯时,靠路口中心点的右侧转弯;

(四)遇有停止信号时,应当依次停在路口停止线以外。没有停止线的,停在路口以外;

(五)向右转弯遇有同方向前车正在等候放行信号时,在本车道内能够转弯的,可以通行;不能转弯的,依次等候。

第六十九条 非机动车通过没有交通信号灯控制也没有交通警察指挥的交叉路口,除应当遵守第六十八条第(一)项、第(二)项和第(三)项的规定外,还应当遵守下列规定:

(一)有交通标志、标线控制的,让优先通行的一方先行;

(二)没有交通标志、标线控制的,在路口外慢行或者停车瞭望,让右方道路的来车先行;

(三)相对方向行驶的右转弯的非机动车让左转弯的车辆先行。

第七十条 驾驶自行车、电动自行车、三轮车在路段上横过机动车道,应当下车推行,有人行横道或

者行人过街设施的,应当从人行横道或者行人过街设施通过;没有人行横道、没有行人过街设施或者不便使用行人过街设施的,在确认安全后直行通过。

因非机动车道被占用无法在本车道内行驶的非机动车,可以在受阻的路段借用相邻的机动车道行驶,并在驶过被占用路段后迅速驶回非机动车道。机动车遇此情况应当减速让行。

第七十一条 非机动车载物,应当遵守下列规定:

(一)自行车、电动自行车、残疾人机动轮椅车载物,高度从地面起不得超过1.5米,宽度左右各不得超出车把0.15米,长度前端不得超出车轮,后端不得超出车身0.3米;

(二)三轮车、人力车载物,高度从地面起不得超过2米,宽度左右各不得超出车身0.2米,长度不得超出车身1米;

(三)畜力车载物,高度从地面起不得超过2.5米,宽度左右各不得超出车身0.2米,长度前端不得超出车辕,后端不得超出车身1米。

自行车载人的规定,由省、自治区、直辖市人民政府根据当地实际情况制定。

第七十二条 在道路上驾驶自行车、三轮车、电动自行车、残疾人机动轮椅车应当遵守下列规定:

(一)驾驶自行车、三轮车必须年满12周岁;

(二)驾驶电动自行车和残疾人机动轮椅车必须年满16周岁;

(三)不得醉酒驾驶;

(四)转弯前应当减速慢行,伸手示意,不得突然猛拐,超越前车时不得妨碍被超越的车辆行驶;

(五)不得牵引、攀扶车辆或者被其他车辆牵引,不得双手离把或者手中持物;

(六)不得扶身并行、互相追逐或者曲折竞驶;

(七)不得在道路上骑独轮自行车或者2人以上骑行的自行车;

(八)非下肢残疾的人不得驾驶残疾人机动轮椅车;

(九)自行车、三轮车不得加装动力装置;

(十)不得在道路上学习驾驶非机动车。

第七十三条 在道路上驾驭畜力车应当年满16

周岁,并遵守下列规定:

(一)不得醉酒驾驭;

(二)不得并行,驾驭人不得离开车辆;

(三)行经繁华路段、交叉路口、铁路道口、人行横道、急弯路、宽度不足 4 米的窄路或者窄桥、陡坡、隧道或者容易发生危险的路段,不得超车。驾驭两轮畜力车应当下车牵引牲畜;

(四)不得使用未经驯服的牲畜驾车,随车幼畜须拴系;

(五)停放车辆应当拉紧车闸,拴系牲畜。

第四节　行人和乘车人通行规定

第七十四条　行人不得有下列行为:

(一)在道路上使用滑板、旱冰鞋等滑行工具;

(二)在车行道内坐卧、停留、嬉闹;

(三)追车、抛物击车等妨碍道路交通安全的行为。

第七十五条　行人横过机动车道,应当从行人过街设施通过;没有行人过街设施的,应当从人行横道通过;没有人行横道的,应当观察来往车辆的情况,确认安全后直行通过,不得在车辆临近时突然加速横穿或者中途倒退、折返。

第七十六条　行人列队在道路上通行,每横列不得超过 2 人,但在已经实行交通管制的路段不受限制。

第七十七条　乘坐机动车应当遵守下列规定:

(一)不得在机动车道上拦乘机动车;

(二)在机动车道上不得从机动车左侧上下车;

(三)开关车门不得妨碍其他车辆和行人通行;

(四)机动车行驶中,不得干扰驾驶,不得将身体任何部分伸出车外,不得跳车;

(五)乘坐两轮摩托车应当正向骑坐。

第五节　高速公路的特别规定

第七十八条　高速公路应当标明车道的行驶速度,最高车速不得超过每小时 120 公里,最低车速不得低于每小时 60 公里。

在高速公路上行驶的小型载客汽车最高车速不得超过每小时 120 公里,其他机动车不得超过每小时 100 公里,摩托车不得超过每小时 80 公里。

同方向有 2 条车道的,左侧车道的最低车速为每

小时 100 公里;同方向有 3 条以上车道的,最左侧车道的最低车速为每小时 110 公里,中间车道的最低车速为每小时 90 公里。道路限速标志标明的车速与上述车道行驶车速的规定不一致的,按照道路限速标志标明的车速行驶。

第七十九条　机动车从匝道驶入高速公路,应当开启左转向灯,在不妨碍已在高速公路内的机动车正常行驶的情况下驶入车道。

机动车驶离高速公路时,应当开启右转向灯,驶入减速车道,降低车速后驶离。

第八十条　机动车在高速公路上行驶,车速超过每小时 100 公里时,应当与同车道前车保持 100 米以上的距离,车速低于每小时 100 公里时,与同车道前车距离可以适当缩短,但最小距离不得少于 50 米。

第八十一条　机动车在高速公路上行驶,遇有雾、雨、雪、沙尘、冰雹等低能见度气象条件时,应当遵守下列规定:

(一)能见度小于 200 米时,开启雾灯、近光灯、示廓灯和前后位灯,车速不得超过每小时 60 公里,与同车道前车保持 100 米以上的距离;

(二)能见度小于 100 米时,开启雾灯、近光灯、示廓灯、前后位灯和危险报警闪光灯,车速不得超过每小时 40 公里,与同车道前车保持 50 米以上的距离;

(三)能见度小于 50 米时,开启雾灯、近光灯、示廓灯、前后位灯和危险报警闪光灯,车速不得超过每小时 20 公里,并从最近的出口尽快驶离高速公路。

遇有前款规定情形时,高速公路管理部门应当通过显示屏等方式发布速度限制、保持车距等提示信息。

第八十二条　机动车在高速公路上行驶,不得有下列行为:

(一)倒车、逆行、穿越中央分隔带掉头或者在车道内停车;

(二)在匝道、加速车道或者减速车道上超车;

(三)骑、轧车行道分界线或者在路肩上行驶;

(四)非紧急情况时在应急车道行驶或者停车;

(五)试车或者学习驾驶机动车。

第八十三条　在高速公路上行驶的载货汽车车厢不得载人。两轮摩托车在高速公路行驶时不得载人。

第八十四条　机动车通过施工作业路段时,应当注意警示标志,减速行驶。

第八十五条　城市快速路的道路交通安全管理,参照本节的规定执行。

高速公路、城市快速路的道路交通安全管理工作,省、自治区、直辖市人民政府公安机关交通管理部门可以指定设区的市人民政府公安机关交通管理部门或者相当于同级的公安机关交通管理部门承担。

第五章　交通事故处理

第八十六条　机动车与机动车、机动车与非机动车在道路上发生未造成人身伤亡的交通事故,当事人对事实及成因无争议的,在记录交通事故的时间、地点、对方当事人的姓名和联系方式、机动车牌号、驾驶证号、保险凭证号、碰撞部位,并共同签名后,撤离现场,自行协商损害赔偿事宜。当事人对交通事故事实及成因有争议的,应当迅速报警。

第八十七条　非机动车与非机动车或者行人在道路上发生交通事故,未造成人身伤亡,且基本事实及成因清楚的,当事人应当先撤离现场,再自行协商处理损害赔偿事宜。当事人对交通事故事实及成因有争议的,应当迅速报警。

第八十八条　机动车发生交通事故,造成道路、供电、通讯等设施损毁的,驾驶人应当报警等候处理,不得驶离。机动车可以移动的,应当将机动车移至不妨碍交通的地点。公安机关交通管理部门应当将事故有关情况通知有关部门。

第八十九条　公安机关交通管理部门或者交通警察接到交通事故报警,应当及时赶赴现场,对未造成人身伤亡,事实清楚,并且机动车可以移动的,应当在记录事故情况后责令当事人撤离现场,恢复交通。对拒不撤离现场的,予以强制撤离。

对属于前款规定情况的道路交通事故,交通警察可以适用简易程序处理,并当场出具事故认定书。当事人共同请求调解的,交通警察可以当场对损害赔偿争议进行调解。

对道路交通事故造成人员伤亡和财产损失需要勘验、检查现场的,公安机关交通管理部门应当按照勘查现场工作规范进行。现场勘查完毕,应当组织清理现场,恢复交通。

第九十条　投保机动车第三者责任强制保险的机动车发生交通事故,因抢救受伤人员需要保险公司支付抢救费用的,由公安机关交通管理部门通知保险公司。

抢救受伤人员需要道路交通事故救助基金垫付费用的,由公安机关交通管理部门通知道路交通事故社会救助基金管理机构。

第九十一条　公安机关交通管理部门应当根据交通事故当事人的行为对发生交通事故所起的作用以及过错的严重程度,确定当事人的责任。

第九十二条　发生交通事故后当事人逃逸的,逃逸的当事人承担全部责任。但是,有证据证明对方当事人也有过错的,可以减轻责任。

当事人故意破坏、伪造现场、毁灭证据的,承担全部责任。

第九十三条　公安机关交通管理部门对经过勘验、检查现场的交通事故应当在勘查现场之日起10日内制作交通事故认定书。对需要进行检验、鉴定的,应当在检验、鉴定结果确定之日起5日内制作交通事故认定书。

第九十四条　当事人对交通事故损害赔偿有争议,各方当事人一致请求公安机关交通管理部门调解的,应当在收到交通事故认定书之日起10日内提出书面调解申请。

对交通事故致死的,调解从办理丧葬事宜结束之日起开始;对交通事故致伤的,调解从治疗终结或者定残之日起开始;对交通事故造成财产损失的,调解从确定损失之日起开始。

第九十五条　公安机关交通管理部门调解交通事故损害赔偿争议的期限为10日。调解达成协议的,公安机关交通管理部门应当制作调解书送交各方当事人,调解书经各方当事人共同签字后生效;调解未达成协议的,公安机关交通管理部门应当制作调解终结书送交各方当事人。

交通事故损害赔偿项目和标准依照有关法律的规定执行。

第九十六条　对交通事故损害赔偿的争议,当事人向人民法院提起民事诉讼的,公安机关交通管理部门不再受理调解申请。

公安机关交通管理部门调解期间,当事人向人民法院提起民事诉讼的,调解终止。

第九十七条 车辆在道路以外发生交通事故,公安机关交通管理部门接到报案的,参照道路交通安全法和本条例的规定处理。

车辆、行人与火车发生的交通事故以及在渡口发生的交通事故,依照国家有关规定处理。

第六章 执法监督

第九十八条 公安机关交通管理部门应当公开办事制度、办事程序,建立警风警纪监督员制度,自觉接受社会和群众的监督。

第九十九条 公安机关交通管理部门及其交通警察办理机动车登记,发放号牌,对驾驶人考试、发证,处理道路交通安全违法行为,处理道路交通事故,应当严格遵守有关规定,不得越权执法,不得延迟履行职责,不得擅自改变处罚的种类和幅度。

第一百条 公安机关交通管理部门应当公布举报电话,受理群众举报投诉,并及时调查核实,反馈查处结果。

第一百零一条 公安机关交通管理部门应当建立执法质量考核评议、执法责任制和执法过错追究制度,防止和纠正道路交通安全执法中的错误或者不当行为。

第七章 法律责任

第一百零二条 违反本条例规定的行为,依照道路交通安全法和本条例的规定处罚。

第一百零三条 以欺骗、贿赂等不正当手段取得机动车登记或者驾驶许可的,收缴机动车登记证书、号牌、行驶证或者机动车驾驶证,撤销机动车登记或者机动车驾驶许可;申请人在3年内不得申请机动车登记或者机动车驾驶许可。

第一百零四条 机动车驾驶人有下列行为之一,又无其他机动车驾驶人即时替代驾驶的,公安机关交通管理部门除依法给予处罚外,可以将其驾驶的机动车移至不妨碍交通的地点或者有关部门指定的地点停放:

(一)不能出示本人有效驾驶证的;

(二)驾驶的机动车与驾驶证载明的准驾车型不符的;

(三)饮酒、服用国家管制的精神药品或者麻醉药品,患有妨碍安全驾驶的疾病,或者过度疲劳仍继续驾驶的;

(四)学习驾驶人员没有教练人员随车指导单独驾驶的。

第一百零五条 机动车驾驶人有饮酒、醉酒、服用国家管制的精神药品或者麻醉药品嫌疑的,应当接受测试、检验。

第一百零六条 公路客运载客汽车超过核定乘员、载货汽车超过核定载质量的,公安机关交通管理部门依法扣留机动车后,驾驶人应当将超载的乘车人转运、将超载的货物卸载,费用由超载机动车的驾驶人或者所有人承担。

第一百零七条 依照道路交通安全法第九十二条、第九十五条、第九十六条、第九十八条的规定被扣留的机动车,驾驶人或者所有人、管理人30日内没有提供被扣留机动车的合法证明,没有补办相应手续,或者不前来接受处理,经公安机关交通管理部门通知并且经公告3个月仍不前来接受处理的,由公安机关交通管理部门将该机动车送交有资格的拍卖机构拍卖,所得价款上缴国库;非法拼装的机动车予以拆除;达到报废标准的机动车予以报废;机动车涉及其他违法犯罪行为的,移交有关部门处理。

第一百零八条 交通警察按照简易程序当场作出行政处罚的,应当告知当事人道路交通安全违法行为的事实、处罚的理由和依据,并将行政处罚决定书当场交付被处罚人。

第一百零九条 对道路交通安全违法行为人处以罚款或者暂扣驾驶证处罚的,由违法行为发生地的县级以上人民政府公安机关交通管理部门或者相当于同级的公安机关交通管理部门作出决定;对处以吊销机动车驾驶证处罚的,由设区的市人民政府公安机关交通管理部门或者相当于同级的公安机关交通管理部门作出决定。

公安机关交通管理部门对非本辖区机动车的道路交通安全违法行为没有当场处罚的,可以由机动车登记地的公安机关交通管理部门处罚。

第一百一十条 当事人对公安机关交通管理部门及其交通警察的处罚有权进行陈述和申辩,交通警察应当充分听取当事人的陈述和申辩,不得因当事人陈述、申辩而加重其处罚。

第八章 附 则

第一百一十一条 本条例所称上道路行驶的拖拉机,是指手扶拖拉机等最高设计行驶速度不超过每小时20公里的轮式拖拉机和最高设计行驶速度不超过每小时40公里、牵引挂车方可从事道路运输的轮式拖拉机。

第一百一十二条 农业(农业机械)主管部门应当定期向公安机关交通管理部门提供拖拉机登记、安全技术检验以及拖拉机驾驶证发放的资料、数据。公安机关交通管理部门对拖拉机驾驶人作出暂扣、吊销驾驶证处罚或者记分处理的,应当定期将处罚决定书和记分情况通报有关的农业(农业机械)主管部门。吊销驾驶证的,还应当将驾驶证送交有关的农业(农业机械)主管部门。

第一百一十三条 境外机动车入境行驶,应当向入境地的公安机关交通管理部门申请临时通行号牌、行驶证。临时通行号牌、行驶证应当根据行驶需要,载明有效日期和允许行驶的区域。

入境的境外机动车申请临时通行号牌、行驶证以及境外人员申请机动车驾驶许可的条件、考试办法由国务院公安部门规定。

第一百一十四条 机动车驾驶许可考试的收费标准,由国务院价格主管部门规定。

第一百一十五条 本条例自2004年5月1日起施行。1960年2月11日国务院批准、交通部发布的《机动车管理办法》,1988年3月9日国务院发布的《中华人民共和国道路交通管理条例》,1991年9月22日国务院发布的《道路交通事故处理办法》,同时废止。

道路交通安全违法行为处理程序规定

· 2008年12月20日公安部令第105号公布
· 根据2020年4月7日《公安部关于修改〈道路交通安全违法行为处理程序规定〉的决定》修正

第一章 总 则

第一条 为了规范道路交通安全违法行为处理程序,保障公安机关交通管理部门正确履行职责,保护公民、法人和其他组织的合法权益,根据《中华人民共和国道路交通安全法》及其实施条例等法律、行政法规制定本规定。

第二条 公安机关交通管理部门及其交通警察对道路交通安全违法行为(以下简称违法行为)的处理程序,在法定职权范围内依照本规定实施。

第三条 对违法行为的处理应当遵循合法、公正、文明、公开、及时的原则,尊重和保障人权,保护公民的人格尊严。

对违法行为的处理应当坚持教育与处罚相结合的原则,教育公民、法人和其他组织自觉遵守道路交通安全法律法规。

对违法行为的处理,应当以事实为依据,与违法行为的事实、性质、情节以及社会危害程度相当。

第二章 管 辖

第四条 交通警察执勤执法中发现的违法行为由违法行为发生地的公安机关交通管理部门管辖。

对管辖权发生争议的,报请共同的上一级公安机关交通管理部门指定管辖。上一级公安机关交通管理部门应当及时确定管辖主体,并通知争议各方。

第五条 违法行为人可以在违法行为发生地、机动车登记地或者其他任意地公安机关交通管理部门处理交通技术监控设备记录的违法行为。

违法行为人在违法行为发生地以外的地方(以下简称处理地)处理交通技术监控设备记录的违法行为的,处理地公安机关交通管理部门可以协助违法行为发生地公安机关交通管理部门调查违法事实、代为送达法律文书、代为履行处罚告知程序,由违法行为发生地公安机关交通管理部门按照发生地标准作出处罚决定。

违法行为人或者机动车所有人、管理人对交通技术监控设备记录的违法行为事实有异议的,可以通过公安机关交通管理部门互联网站、移动互联网应用程序或者违法行为处理窗口向公安机关交通管理部门提出。处理地公安机关交通管理部门应当在收到当事人申请后当日,通过道路交通违法信息管理系统通知违法行为发生地公安机关交通管理部门。违法行为发生地公安机关交通管理部门应当在五日内予以审查,异议成立的,予以消除;异议不成立的,告知当事人。

第六条　对违法行为人处以警告、罚款或者暂扣机动车驾驶证处罚的,由县级以上公安机关交通管理部门作出处罚决定。

对违法行为人处以吊销机动车驾驶证处罚的,由设区的市公安机关交通管理部门作出处罚决定。

对违法行为人处以行政拘留处罚的,由县、市公安局、公安分局或者相当于县一级的公安机关作出处罚决定。

第三章　调查取证

第一节　一般规定

第七条　交通警察调查违法行为时,应当表明执法身份。

交通警察执勤执法应当严格执行安全防护规定,注意自身安全,在公路上执勤执法不得少于两人。

第八条　交通警察应当全面、及时、合法收集能够证实违法行为是否存在、违法情节轻重的证据。

第九条　交通警察调查违法行为时,应当查验机动车驾驶证、行驶证、机动车号牌、检验合格标志、保险标志等牌证以及机动车和驾驶人违法信息。对运载爆炸物品、易燃易爆化学物品以及剧毒、放射性等危险物品车辆驾驶人违法行为调查的,还应当查验其他相关证件及信息。

第十条　交通警察查验机动车驾驶证时,应当询问驾驶人姓名、住址、出生年月并与驾驶证上记录的内容进行核对;对持证人的相貌与驾驶证上的照片进行核对。必要时,可以要求驾驶人出示居民身份证进行核对。

第十一条　调查中需要采取行政强制措施的,依照法律、法规、本规定及国家其他有关规定实施。

第十二条　交通警察对机动车驾驶人不在现场的违法停放机动车行为,应当在机动车侧门玻璃或者摩托车座位上粘贴违法停车告知单,并采取拍照或者录像方式固定相关证据。

第十三条　调查中发现违法行为人有其他违法行为的,在依法对其道路交通安全违法行为作出处理决定的同时,按照有关规定移送有管辖权的单位处理。涉嫌构成犯罪的,转为刑事案件办理或者移送有

权处理的主管机关、部门办理。

第十四条　公安机关交通管理部门对于控告、举报的违法行为以及其他行政主管部门移送的案件应当接受,并按规定处理。

第二节　交通技术监控

第十五条　公安机关交通管理部门可以利用交通技术监控设备、执法记录设备收集、固定违法行为证据。

交通技术监控设备、执法记录设备应当符合国家标准或者行业标准,需要认定、检定的交通技术监控设备应当经认定、检定合格后,方可用于收集、固定违法行为证据。

交通技术监控设备应当定期维护、保养、检测,保持功能完好。

第十六条　交通技术监控设备的设置应当遵循科学、规范、合理的原则,设置的地点应当有明确规范相应交通行为的交通信号。

固定式交通技术监控设备设置地点应当向社会公布。

第十七条　使用固定式交通技术监控设备测速的路段,应当设置测速警告标志。

使用移动测速设备测速的,应当由交通警察操作。使用车载移动测速设备的,还应当使用制式警车。

第十八条　作为处理依据的交通技术监控设备收集的违法行为记录资料,应当清晰、准确地反映机动车类型、号牌、外观等特征以及违法时间、地点、事实。

第十九条　交通技术监控设备收集违法行为记录资料后五日内,违法行为发生地公安机关交通管理部门应当对记录内容进行审核,经审核无误后录入道路交通违法信息管理系统,作为处罚违法行为的证据。

第二十条　交通技术监控设备记录的违法行为信息录入道路交通违法信息管理系统后当日,违法行为发生地和机动车登记地公安机关交通管理部门应当向社会提供查询。违法行为发生地公安机关交通管理部门应当在违法行为信息录入道路交通违法信息管理系统后五日内,按照机动车备案信息中的联系

方式,通过移动互联网应用程序、手机短信或者邮寄等方式将违法时间、地点、事实通知违法行为人或者机动车所有人、管理人,并告知其在三十日内接受处理。

公安机关交通管理部门应当在违法行为人或者机动车所有人、管理人处理违法行为和交通事故、办理机动车或者驾驶证业务时,书面确认违法行为人或者机动车所有人、管理人的联系方式和法律文书送达方式,并告知其可以通过公安机关交通管理部门互联网站、移动互联网应用程序等方式备案或者变更联系方式、法律文书送达方式。

第二十一条 对交通技术监控设备记录的违法行为信息,经核查能够确定实际驾驶人的,公安机关交通管理部门可以在道路交通违法信息管理系统中将其记录为实际驾驶人的违法行为信息。

第二十二条 交通技术监控设备记录或者录入道路交通违法信息管理系统的违法行为信息,有下列情形之一并经核实的,违法行为发生地或者机动车登记地公安机关交通管理部门应当自核实之日起三日内予以消除:

(一)警车、消防救援车辆、救护车、工程救险车执行紧急任务期间交通技术监控设备记录的违法行为;

(二)机动车所有人或者管理人提供报案记录证明机动车被盗抢期间、机动车号牌被他人冒用期间交通技术监控设备记录的违法行为;

(三)违法行为人或者机动车所有人、管理人提供证据证明机动车因救助危难或者紧急避险造成的违法行为;

(四)已经在现场被交通警察处理的交通技术监控设备记录的违法行为;

(五)因交通信号指示不一致造成的违法行为;

(六)作为处理依据的交通技术监控设备收集的违法行为记录资料,不能清晰、准确地反映机动车类型、号牌、外观等特征以及违法时间、地点、事实的;

(七)经比对交通技术监控设备记录的违法行为照片、道路交通违法信息管理系统登记的机动车信息,确认记录的机动车号牌信息错误的;

(八)其他应当消除的情形。

第二十三条 经查证属实,单位或者个人提供的违法行为照片或者视频等资料可以作为处罚的证据。

对群众举报的违法行为照片或者视频资料的审核录入要求,参照本规定执行。

第四章 行政强制措施适用

第二十四条 公安机关交通管理部门及其交通警察在执法过程中,依法可以采取下列行政强制措施:

(一)扣留车辆;

(二)扣留机动车驾驶证;

(三)拖移机动车;

(四)检验体内酒精、国家管制的精神药品、麻醉药品含量;

(五)收缴物品;

(六)法律、法规规定的其他行政强制措施。

第二十五条 采取本规定第二十四条第(一)、(二)、(四)、(五)项行政强制措施,应当按照下列程序实施:

(一)口头告知违法行为人或者机动车所有人、管理人违法行为的基本事实、拟作出行政强制措施的种类、依据及其依法享有的权利;

(二)听取当事人的陈述和申辩,当事人提出的事实、理由或者证据成立的,应当采纳;

(三)制作行政强制措施凭证,并告知当事人在十五日内到指定地点接受处理;

(四)行政强制措施凭证应当由当事人签名、交通警察签名或者盖章,并加盖公安机关交通管理部门印章;当事人拒绝签名的,交通警察应当在行政强制措施凭证上注明;

(五)行政强制措施凭证应当当场交付当事人;当事人拒收的,由交通警察在行政强制措施凭证上注明,即为送达。

现场采取行政强制措施的,交通警察应当在二十四小时内向所属公安机关交通管理部门负责人报告,并补办批准手续。公安机关交通管理部门负责人认为不应当采取行政强制措施的,应当立即解除。

第二十六条 行政强制措施凭证应当载明当事人的基本情况、车辆牌号、车辆类型、违法事实、采取行政强制措施种类和依据、接受处理的具体地点和期限、决定机关名称及当事人依法享有的行政复议、行政诉讼权利等内容。

第二十七条　有下列情形之一的,依法扣留车辆:

(一)上道路行驶的机动车未悬挂机动车号牌,未放置检验合格标志、保险标志,或者未随车携带机动车行驶证、驾驶证的;

(二)有伪造、变造或者使用伪造、变造的机动车登记证书、号牌、行驶证、检验合格标志、保险标志、驾驶证或者使用其他车辆的机动车登记证书、号牌、行驶证、检验合格标志、保险标志嫌疑的;

(三)未按照国家规定投保机动车交通事故责任强制保险的;

(四)公路客运车辆或者货运机动车超载的;

(五)机动车有被盗抢嫌疑的;

(六)机动车有拼装或者达到报废标准嫌疑的;

(七)未申领《剧毒化学品公路运输通行证》通过公路运输剧毒化学品的;

(八)非机动车驾驶人拒绝接受罚款处罚的。

对发生道路交通事故,因收集证据需要的,可以依法扣留事故车辆。

第二十八条　交通警察应当在扣留车辆后二十四小时内,将被扣留车辆交所属公安机关交通管理部门。

公安机关交通管理部门扣留车辆的,不得扣留车辆所载货物。对车辆所载货物应当通知当事人自行处理,当事人无法自行处理或者不自行处理的,应当登记并妥善保管,对容易腐烂、损毁、灭失或者其他不具备保管条件的物品,经县级以上公安机关交通管理部门负责人批准,可以在拍照或者录像后变卖或者拍卖,变卖、拍卖所得按照有关规定处理。

第二十九条　对公路客运车辆载客超过核定乘员、货运机动车超过核定载质量的,公安机关交通管理部门应当按照下列规定消除违法状态:

(一)违法行为人可以自行消除违法状态的,应当在公安机关交通管理部门的监督下,自行将超载的乘车人转运、将超载的货物卸载;

(二)违法行为人无法自行消除违法状态的,对超载的乘车人,公安机关交通管理部门应当及时通知有关部门联系转运;对超载的货物,应当在指定的场地

卸载,并由违法行为人与指定场地的保管方签订卸载货物的保管合同。

消除违法状态的费用由违法行为人承担。违法状态消除后,应当立即退还被扣留的机动车。

第三十条　对扣留的车辆,当事人接受处理或者提供、补办的相关证明或者手续经核实后,公安机关交通管理部门应当依法及时退还。

公安机关交通管理部门核实的时间不得超过十日;需要延长的,经县级以上公安机关交通管理部门负责人批准,可以延长至十五日。核实时间自车辆驾驶人或者所有人、管理人提供被扣留车辆合法来历证明,补办相应手续,或者接受处理之日起计算。

发生道路交通事故因收集证据需要扣留车辆的,扣留车辆时间依照《道路交通事故处理程序规定》有关规定执行。

第三十一条　有下列情形之一的,依法扣留机动车驾驶证:

(一)饮酒后驾驶机动车的;

(二)将机动车交由未取得机动车驾驶证或者机动车驾驶证被吊销、暂扣的人驾驶的;

(三)机动车行驶超过规定时速百分之五十的;

(四)驾驶有拼装或者达到报废标准嫌疑的机动车上道路行驶的;

(五)在一个记分周期内累积记分达到十二分的。

第三十二条　交通警察应当在扣留机动车驾驶证后二十四小时内,将被扣留机动车驾驶证交所属公安机关交通管理部门。

具有本规定第三十一条第(一)、(二)、(三)、(四)项所列情形之一的,扣留机动车驾驶证至作出处罚决定之日;处罚决定生效前先予扣留机动车驾驶证的,扣留一日折抵暂扣期限一日。只对违法行为人作出罚款处罚的,缴纳罚款完毕后,应当立即发还机动车驾驶证。具有本规定第三十一条第(五)项情形的,扣留机动车驾驶证至考试合格之日。

第三十三条　违反机动车停放、临时停车规定,驾驶人不在现场或者虽在现场但拒绝立即驶离,妨碍其他车辆、行人通行的,公安机关交通管理部门及其交通警察可以将机动车拖移至不妨碍交通的地点或者公安机关交通管理部门指定的地点。

拖移机动车的,现场交通警察应当通过拍照、录像等方式固定违法事实和证据。

第三十四条 公安机关交通管理部门应当公开拖移机动车查询电话,并通过设置拖移机动车专用标志牌明示或者以其他方式告知当事人。当事人可以通过电话查询接受处理的地点、期限和被拖移机动车的停放地点。

第三十五条 车辆驾驶人有下列情形之一的,应当对其检验体内酒精含量:

(一)对酒精呼气测试等方法测试的酒精含量结果有异议并当场提出的;

(二)涉嫌饮酒驾驶车辆发生交通事故的;

(三)涉嫌醉酒驾驶的;

(四)拒绝配合酒精呼气测试等方法测试的。

车辆驾驶人对酒精呼气测试结果无异议的,应当签字确认。事后提出异议的,不予采纳。

车辆驾驶人涉嫌吸食、注射毒品或者服用国家管制的精神药品、麻醉药品后驾驶车辆的,应当按照《吸毒检测程序规定》对车辆驾驶人进行吸毒检测,并通知其家属,但无法通知的除外。

对酒后、吸毒后行为失控或者拒绝配合检验、检测的,可以使用约束带或者警绳等约束性警械。

第三十六条 对车辆驾驶人进行体内酒精含量检验的,应当按照下列程序实施:

(一)由两名交通警察或者由一名交通警察带领警务辅助人员将车辆驾驶人带到医疗机构提取血样,或者现场由法医等具有相应资质的人员提取血样;

(二)公安机关交通管理部门应当在提取血样后五日内将血样送交有检验资格的单位或者机构进行检验,并在收到检验结果后五日内书面告知车辆驾驶人。

检验车辆驾驶人体内酒精含量的,应当通知其家属,但无法通知的除外。

车辆驾驶人对检验结果有异议的,可以在收到检验结果之日起三日内申请重新检验。

具有下列情形之一的,应当进行重新检验:

(一)检验程序违法或者违反相关专业技术要求,可能影响检验结果正确性的;

(二)检验单位或者机构、检验人不具备相应资质和条件的;

(三)检验结果明显依据不足的;

(四)检验人故意作假检验的;

(五)检验人应当回避而没有回避的;

(六)检材虚假或者被污染的;

(七)其他应当重新检验的情形。

不符合前款规定情形的,经县级以上公安机关交通管理部门负责人批准,作出不准予重新检验的决定,并在作出决定之日起的三日内书面通知申请人。

重新检验,公安机关应当另行指派或者聘请检验人。

第三十七条 对非法安装警报器、标志灯具或者自行车、三轮车加装动力装置的,公安机关交通管理部门应当强制拆除,予以收缴,并依法予以处罚。

交通警察现场收缴非法装置的,应当在二十四小时内,将收缴的物品交所属公安机关交通管理部门。

对收缴的物品,除作为证据保存外,经县级以上公安机关交通管理部门批准后,依法予以销毁。

第三十八条 公安机关交通管理部门对扣留的拼装或者已达到报废标准的机动车,经县级以上公安机关交通管理部门批准后,予以收缴,强制报废。

第三十九条 对伪造、变造或者使用伪造、变造的机动车登记证书、号牌、行驶证、检验合格标志、保险标志、驾驶证的,应当予以收缴,依法处罚后予以销毁。

对使用其他车辆的机动车登记证书、号牌、行驶证、检验合格标志、保险标志的,应当予以收缴,依法处罚后转至机动车登记地车辆管理所。

第四十条 对在道路两侧及隔离带上种植树木、其他植物或者设置广告牌、管线等,遮挡路灯、交通信号灯、交通标志,妨碍安全视距的,公安机关交通管理部门应当向违法行为人送达排除妨碍通知书,告知履行期限和不履行的后果。违法行为人在规定期限内拒不履行的,依法予以处罚并强制排除妨碍。

第四十一条 强制排除妨碍,公安机关交通管理部门及其交通警察可以当场实施。无法当场实施的,应当按照下列程序实施:

(一)经县级以上公安机关交通管理部门负责人批准,可以委托或者组织没有利害关系的单位予以强制排除妨碍;

（二）执行强制排除妨碍时，公安机关交通管理部门应当派员到场监督。

第五章　行政处罚

第一节　行政处罚的决定

第四十二条　交通警察对于当场发现的违法行为，认为情节轻微、未影响道路通行和安全的，口头告知其违法行为的基本事实、依据，向违法行为人提出口头警告，纠正违法行为后放行。

各省、自治区、直辖市公安机关交通管理部门可以根据实际确定适用口头警告的具体范围和实施办法。

第四十三条　对违法行为人处以警告或者二百元以下罚款的，可以适用简易程序。

对违法行为人处以二百元（不含）以上罚款、暂扣或者吊销机动车驾驶证的，应当适用一般程序。不需要采取行政强制措施的，现场交通警察应当收集、固定相关证据，并制作违法行为处理通知书。其中，对违法行为人单处二百元（不含）以上罚款的，可以通过简化取证方式和审核审批手续等措施快速办理。

对违法行为人处以行政拘留处罚的，按照《公安机关办理行政案件程序规定》实施。

第四十四条　适用简易程序处罚的，可以由一名交通警察作出，并应当按照下列程序实施：

（一）口头告知违法行为人违法行为的基本事实、拟作出的行政处罚、依据及其依法享有的权利；

（二）听取违法行为人的陈述和申辩，违法行为人提出的事实、理由或者证据成立的，应当采纳；

（三）制作简易程序处罚决定书；

（四）处罚决定书应当由被处罚人签名、交通警察签名或者盖章，并加盖公安机关交通管理部门印章；被处罚人拒绝签名的，交通警察应当在处罚决定书上注明；

（五）处罚决定书应当当场交付被处罚人；被处罚人拒收的，由交通警察在处罚决定书上注明，即为送达。

交通警察应当在二日内将简易程序处罚决定书报所属公安机关交通管理部门备案。

第四十五条　简易程序处罚决定书应当载明被处罚人的基本情况、车辆牌号、车辆类型、违法事实、

处罚的依据、处罚的内容、履行方式、期限、处罚机关名称及被处罚人依法享有的行政复议、行政诉讼权利等内容。

第四十六条　制发违法行为处理通知书应当按照下列程序实施：

（一）口头告知违法行为人违法行为的基本事实；

（二）听取违法行为人的陈述和申辩，违法行为人提出的事实、理由或者证据成立的，应当采纳；

（三）制作违法行为处理通知书，并通知当事人在十五日内接受处理；

（四）违法行为处理通知书应当由违法行为人签名、交通警察签名或者盖章，并加盖公安机关交通管理部门印章；当事人拒绝签名的，交通警察应当在违法行为处理通知书上注明；

（五）违法行为处理通知书应当当场交付当事人；当事人拒收的，由交通警察在违法行为处理通知书上注明，即为送达。

交通警察应当在二十四小时内将违法行为处理通知书报所属公安机关交通管理部门备案。

第四十七条　违法行为处理通知书应当载明当事人的基本情况、车辆牌号、车辆类型、违法事实、接受处理的具体地点和时限、通知机关名称等内容。

第四十八条　适用一般程序作出处罚决定，应当由两名以上交通警察按照下列程序实施：

（一）对违法事实进行调查，询问当事人违法行为的基本情况，并制作笔录；当事人拒绝接受询问、签名或者盖章的，交通警察应当在询问笔录上注明；

（二）采用书面形式或者笔录形式告知当事人拟作出的行政处罚的事实、理由及依据，并告知其依法享有的权利；

（三）对当事人陈述、申辩进行复核，复核结果应当在笔录中注明；

（四）制作行政处罚决定书；

（五）行政处罚决定书应当由被处罚人签名，并加盖公安机关交通管理部门印章；被处罚人拒绝签名的，交通警察应当在处罚决定书上注明；

（六）行政处罚决定书应当当场交付被处罚人；被处罚人拒收的，由交通警察在处罚决定书上注明，即为送达；被处罚人不在场的，应当依照《公安机关办理

行政案件程序规定》的有关规定送达。

第四十九条　行政处罚决定书应当载明被处罚人的基本情况、车辆牌号、车辆类型、违法事实和证据、处罚的依据、处罚的内容、履行方式、期限、处罚机关名称及被处罚人依法享有的行政复议、行政诉讼权利等内容。

第五十条　一人有两种以上违法行为,分别裁决,合并执行,可以制作一份行政处罚决定书。

一人只有一种违法行为,依法应当并处两个以上处罚种类且涉及两个处罚主体的,应当分别制作行政处罚决定书。

第五十一条　对违法行为事实清楚,需要按照一般程序处以罚款的,应当自违法行为人接受处理之时起二十四小时内作出处罚决定;处以暂扣机动车驾驶证的,应当自违法行为人接受处理之日起三日内作出处罚决定;处以吊销机动车驾驶证的,应当自违法行为人接受处理或者听证程序结束之日起七日内作出处罚决定,交通肇事构成犯罪的,应当在人民法院判决后及时作出处罚决定。

第五十二条　对交通技术监控设备记录的违法行为,当事人应当及时到公安机关交通管理部门接受处理,处以警告或者二百元以下罚款的,可以适用简易程序;处以二百元(不含)以上罚款、吊销机动车驾驶证的,应当适用一般程序。

第五十三条　违法行为人或者机动车所有人、管理人收到道路交通安全违法行为通知后,应当及时到公安机关交通管理部门接受处理。机动车所有人、管理人将机动车交由他人驾驶的,应当通知机动车驾驶人按照本规定第二十条规定期限接受处理。

违法行为人或者机动车所有人、管理人无法在三十内接受处理的,可以申请延期处理。延长的期限最长不得超过三个月。

第五十四条　机动车有五起以上未处理的违法行为记录,违法行为人或者机动车所有人、管理人未在三十日内接受处理且未申请延期处理的,违法行为发生地公安机关交通管理部门应当按照备案信息中的联系方式,通过移动互联网应用程序、手机短信或者邮寄等方式将拟作出的行政处罚决定的事实、理由、依据以及依法享有的权利,告知违法行为人或者

机动车所有人、管理人。违法行为人或者机动车所有人、管理人未在告知后三十日内接受处理的,可以采取公告方式告知拟作出的行政处罚决定的事实、理由、依据、依法享有的权利以及公告期届满后将依法作出行政处罚决定。公告期为七日。

违法行为人或者机动车所有人、管理人提出申辩或者接受处理的,应当按照本规定第四十四条或者第四十八条办理;违法行为人或者机动车所有人、管理人未提出申辩的,公安机关交通管理部门可以依法作出行政处罚决定,并制作行政处罚决定书。

第五十五条　行政处罚决定书可以邮寄或者电子送达。邮寄或者电子送达不成功的,公安机关交通管理部门可以公告送达,公告期为六十日。

第五十六条　电子送达可以采用移动互联网应用程序、电子邮件、移动通信等能够确认受送达人收悉的特定系统作为送达媒介。送达日期为公安机关交通管理部门对应系统显示发送成功的日期。受送达人证明到达其特定系统的日期与公安机关交通管理部门对应系统显示发送成功的日期不一致的,以受送达人证明到达其特定系统的日期为准。

公告应当通过互联网交通安全综合服务管理平台、移动互联网应用程序等方式进行。公告期满,即为送达。

公告内容应当避免泄漏个人隐私。

第五十七条　交通警察在道路执勤执法时,发现违法行为人或者机动车所有人、管理人有交通技术监控设备记录的违法行为逾期未处理的,应当以口头或者书面方式告知违法行为人或者机动车所有人、管理人。

第五十八条　违法行为人可以通过公安机关交通管理部门自助处理平台自助处理违法行为。

第二节　行政处罚的执行

第五十九条　对行人、乘车人、非机动车驾驶人处以罚款,交通警察当场收缴的,交通警察应当在简易程序处罚决定书上注明,由被处罚人签名确认。被处罚人拒绝签名的,交通警察应当在处罚决定书上注明。

交通警察依法当场收缴罚款的,应当开具省、自治区、直辖市财政部门统一制发的罚款收据;不开具

省、自治区、直辖市财政部门统一制发的罚款收据的，当事人有权拒绝缴纳罚款。

第六十条　当事人逾期不履行行政处罚决定的，作出行政处罚决定的公安机关交通管理部门可以采取下列措施：

（一）到期不缴纳罚款的，每日按罚款数额的百分之三加处罚款，加处罚款总额不得超出罚款数额；

（二）申请人民法院强制执行。

第六十一条　公安机关交通管理部门对非本辖区机动车驾驶人给予暂扣、吊销机动车驾驶证处罚的，应当在作出处罚决定之日起十五日内，将机动车驾驶证转至核发地公安机关交通管理部门。

违法行为人申请不将暂扣的机动车驾驶证转至核发地公安机关交通管理部门的，应当准许，并在行政处罚决定书上注明。

第六十二条　对违法行为人决定行政拘留并处罚款的，公安机关交通管理部门应当告知违法行为人可以委托他人代缴罚款。

第六章　执法监督

第六十三条　交通警察执勤执法时，应当按照规定着装，佩戴人民警察标志，随身携带人民警察证件，保持警容严整，举止端庄，指挥规范。

交通警察查处违法行为时应当使用规范、文明的执法用语。

第六十四条　公安机关交通管理部门所属的交警队、车管所及重点业务岗位应当建立值日警官和法制员制度，防止和纠正执法中的错误和不当行为。

第六十五条　各级公安机关交通管理部门应当加强执法监督，建立本单位及其所属民警的执法档案，实施执法质量考评、执法责任制和执法过错追究。

执法档案可以是电子档案或者纸质档案。

第六十六条　公安机关交通管理部门应当依法建立交通民警执勤执法考核评价标准，不得下达或者变相下达罚款指标，不得以处罚数量作为考核民警执法效果的依据。

第七章　其他规定

第六十七条　当事人对公安机关交通管理部门采取的行政强制措施或者作出的行政处罚决定不服的，可以依法申请行政复议或者提起行政诉讼。

第六十八条　公安机关交通管理部门应当使用道路交通违法信息管理系统对违法行为信息进行管理。对记录和处理的交通违法行为信息应当及时录入道路交通违法信息管理系统。

第六十九条　公安机关交通管理部门对非本辖区机动车有违法行为记录的，应当在违法行为信息录入道路交通违法信息管理系统后，在规定时限内将违法行为信息转至机动车登记地公安机关交通管理部门。

第七十条　公安机关交通管理部门对非本辖区机动车驾驶人的违法行为给予记分或者暂扣、吊销机动车驾驶证以及扣留机动车驾驶证的，应当在违法行为信息录入道路交通违法信息管理系统后，在规定时限内将违法行为信息转至驾驶证核发地公安机关交通管理部门。

第七十一条　公安机关交通管理部门可以与保险监管机构建立违法行为与机动车交通事故责任强制保险费率联系浮动制度。

第七十二条　机动车所有人为单位的，公安机关交通管理部门可以将严重影响道路交通安全的违法行为通报机动车所有人。

第七十三条　对非本辖区机动车驾驶人申请在违法行为发生地、处理地参加满分学习、考试的，公安机关交通管理部门应当准许，考试合格后发还扣留的机动车驾驶证，并将考试合格的信息转至驾驶证核发地公安机关交通管理部门。

驾驶证核发地公安机关交通管理部门应当根据转递信息清除机动车驾驶人的累积记分。

第七十四条　以欺骗、贿赂等不正当手段取得机动车登记的，应当收缴机动车登记证书、号牌、行驶证，由机动车登记地公安机关交通管理部门撤销机动车登记。

以欺骗、贿赂等不正当手段取得驾驶许可的，应当收缴机动车驾驶证，由驾驶证核发地公安机关交通管理部门撤销机动车驾驶许可。

非本辖区机动车登记或者机动车驾驶许可需要撤销的，公安机关交通管理部门应当将收缴的机动车登记证书、号牌、行驶证或者机动车驾驶证以及相关证据材料，及时转至机动车登记地或者驾驶证核发地公安机关交通管理部门。

第七十五条　撤销机动车登记或者机动车驾驶许可的,应当按照下列程序实施:

(一)经设区的市公安机关交通管理部门负责人批准,制作撤销决定书送达当事人;

(二)将收缴的机动车登记证书、号牌、行驶证或者机动车驾驶证以及撤销决定书转至机动车登记地或者驾驶证核发地车辆管理所予以注销;

(三)无法收缴的,公告作废。

第七十六条　简易程序案卷应当包括简易程序处罚决定书。一般程序案卷应当包括行政强制措施凭证或者违法行为处理通知书、证据材料、公安交通管理行政处罚决定书。

在处理违法行为过程中形成的其他文书应当一并存入案卷。

第八章　附　则

第七十七条　本规定中下列用语的含义:

(一)"违法行为人",是指违反道路交通安全法律、行政法规规定的公民、法人及其他组织。

(二)"县级以上公安机关交通管理部门",是指县级以上人民政府公安机关交通管理部门或者相当于同级的公安机关交通管理部门。"设区的市公安机关交通管理部门",是指设区的市人民政府公安机关交通管理部门或者相当于同级的公安机关交通管理部门。

第七十八条　交通技术监控设备记录的非机动车、行人违法行为参照本规定关于机动车违法行为处理程序处理。

第七十九条　公安机关交通管理部门可以以电子案卷形式保存违法处理案卷。

第八十条　本规定未规定的违法行为处理程序,依照《公安机关办理行政案件程序规定》执行。

第八十一条　本规定所称"以上""以下",除特别注明的外,包括本数在内。

本规定所称的"二日""三日""五日""七日""十日""十五日",是指工作日,不包括节假日。

第八十二条　执行本规定所需要的法律文书式样,由公安部制定。公安部没有制定式样,执法工作中需要的其他法律文书,各省、自治区、直辖市公安机关交通管理部门可以制定式样。

第八十三条　本规定自 2009 年 4 月 1 日起施行。2004 年 4 月 30 日发布的《道路交通安全违法行为处理程序规定》(公安部第 69 号令)同时废止。本规定生效后,以前有关规定与本规定不一致的,以本规定为准。

城市道路管理条例

- 1996 年 6 月 4 日中华人民共和国国务院令第 198 号发布
- 根据 2011 年 1 月 8 日《国务院关于废止和修改部分行政法规的决定》第一次修订
- 根据 2017 年 3 月 1 日《国务院关于修改和废止部分行政法规的决定》第二次修订
- 根据 2019 年 3 月 24 日《国务院关于修改部分行政法规的决定》第三次修订

第一章　总　则

第一条　为了加强城市道路管理,保障城市道路完好,充分发挥城市道路功能,促进城市经济和社会发展,制定本条例。

第二条　本条例所称城市道路,是指城市供车辆、行人通行的,具备一定技术条件的道路、桥梁及其附属设施。

第三条　本条例适用于城市道路规划、建设、养护、维修和路政管理。

第四条　城市道路管理实行统一规划、配套建设、协调发展和建设、养护、管理并重的原则。

第五条　国家鼓励和支持城市道路科学技术研究,推广先进技术,提高城市道路管理的科学技术水平。

第六条　国务院建设行政主管部门主管全国城市道路管理工作。

省、自治区人民政府城市建设行政主管部门主管本行政区域内的城市道路管理工作。

县级以上城市人民政府市政工程行政主管部门主管本行政区域内的城市道路管理工作。

第二章　规划和建设

第七条　县级以上城市人民政府应当组织市政工程、城市规划、公安交通等部门,根据城市总体规划编制城市道路发展规划。

市政工程行政主管部门应当根据城市道路发展规划,制定城市道路年度建设计划,经城市人民政府批准后实施。

第八条　城市道路建设资金可以按照国家有关规定,采取政府投资、集资、国内外贷款、国有土地有偿使用收入、发行债券等多种渠道筹集。

第九条　城市道路的建设应当符合城市道路技术规范。

第十条　政府投资建设城市道路的,应当根据城市道路发展规划和年度建设计划,由市政工程行政主管部门组织建设。

单位投资建设城市道路的,应当符合城市道路发展规划。

城市住宅小区、开发区内的道路建设,应当分别纳入住宅小区、开发区的开发建设计划配套建设。

第十一条　国家鼓励国内外企业和其他组织以及个人按照城市道路发展规划,投资建设城市道路。

第十二条　城市供水、排水、燃气、热力、供电、通信、消防等依附于城市道路的各种管线、杆线等设施的建设计划,应当与城市道路发展规划和年度建设计划相协调,坚持先地下、后地上的施工原则,与城市道路同步建设。

第十三条　新建的城市道路与铁路干线相交的,应当根据需要在城市规划中预留立体交通设施的建设位置。

城市道路与铁路相交的道口建设应当符合国家有关技术规范,并根据需要逐步建设立体交通设施。建设立体交通设施所需投资,按照国家规定由有关部门协商确定。

第十四条　建设跨越江河的桥梁和隧道,应当符合国家规定的防洪、通航标准和其他有关技术规范。

第十五条　县级以上城市人民政府应当有计划地按照城市道路技术规范改建、拓宽城市道路和公路的结合部,公路行政主管部门可以按照国家有关规定在资金上给予补助。

第十六条　承担城市道路设计、施工的单位,应当具有相应的资质等级,并按照资质等级承担相应的城市道路的设计、施工任务。

第十七条　城市道路的设计、施工,应当严格执行国家和地方规定的城市道路设计、施工的技术规范。

城市道路施工,实行工程质量监督制度。

城市道路工程竣工,经验收合格后,方可交付使用;未经验收或者验收不合格的,不得交付使用。

第十八条　城市道路实行工程质量保修制度。城市道路的保修期为1年,自交付使用之日起计算。保修期内出现工程质量问题,由有关责任单位负责保修。

第十九条　市政工程行政主管部门对利用贷款或者集资建设的大型桥梁、隧道等,可以在一定期限内向过往车辆(军用车辆除外)收取通行费,用于偿还贷款或者集资款,不得挪作他用。

收取通行费的范围和期限,由省、自治区、直辖市人民政府规定。

第三章　养护和维修

第二十条　市政工程行政主管部门对其组织建设和管理的城市道路,按照城市道路的等级、数量及养护和维修的定额,逐年核定养护、维修经费,统一安排养护、维修资金。

第二十一条　承担城市道路养护、维修的单位,应当严格执行城市道路养护、维修的技术规范,定期对城市道路进行养护、维修,确保养护、维修工程的质量。

市政工程行政主管部门负责对养护、维修工程的质量进行监督检查,保障城市道路完好。

第二十二条　市政工程行政主管部门组织建设和管理的道路,由其委托的城市道路养护、维修单位负责养护、维修。单位投资建设和管理的道路,由投资建设的单位或者其委托的单位负责养护、维修。城市住宅小区、开发区内的道路,由建设单位或者其委托的单位负责养护、维修。

第二十三条　设在城市道路上的各类管线的检查井、箱盖或者城市道路附属设施,应当符合城市道路养护规范。因缺损影响交通和安全时,有关产权单位应当及时补缺或者修复。

第二十四条　城市道路的养护、维修工程应当按照规定的期限修复竣工,并在养护、维修工程施工现场设置明显标志和安全防围设施,保障行人和交通车辆安全。

第二十五条 城市道路养护、维修的专用车辆应当使用统一标志;执行任务时,在保证交通安全畅通的情况下,不受行驶路线和行动方向的限制。

第四章 路政管理

第二十六条 市政工程行政主管部门执行路政管理的人员执行公务,应当按照有关规定佩戴标志,持证上岗。

第二十七条 城市道路范围内禁止下列行为:

(一)擅自占用或者挖掘城市道路;

(二)履带车、铁轮车或者超重、超高、超长车辆擅自在城市道路上行驶;

(三)机动车在桥梁或者非指定的城市道路上试刹车;

(四)擅自在城市道路上建设建筑物、构筑物;

(五)在桥梁上架设压力在4公斤/平方厘米(0.4兆帕)以上的煤气管道、10千伏以上的高压电力线和其他易燃易爆管线;

(六)擅自在桥梁或者路灯设施上设置广告牌或者其他挂浮物;

(七)其他损害、侵占城市道路的行为。

第二十八条 履带车、铁轮车或者超重、超高、超长车辆需要在城市道路上行驶的,事先须征得市政工程行政主管部门同意,并按照公安交通管理部门指定的时间、路线行驶。

军用车辆执行任务需要在城市道路上行驶的,可以不受前款限制,但是应当按照规定采取安全保护措施。

第二十九条 依附于城市道路建设各种管线、杆线等设施的,应当经市政工程行政主管部门批准,方可建设。

第三十条 未经市政工程行政主管部门和公安交通管理部门批准,任何单位或者个人不得占用或者挖掘城市道路。

第三十一条 因特殊情况需要临时占用城市道路的,须经市政工程行政主管部门和公安交通管理部门批准,方可按照规定占用。

经批准临时占用城市道路的,不得损坏城市道路;占用期满后,应当及时清理占用现场,恢复城市道路原状;损坏城市道路的,应当修复或者给予赔偿。

第三十二条 城市人民政府应当严格控制占用城市道路作为集贸市场。

第三十三条 因工程建设需要挖掘城市道路的,应当提交城市规划部门批准签发的文件和有关设计文件,经市政工程行政主管部门和公安交通管理部门批准,方可按照规定挖掘。

新建、扩建、改建的城市道路交付使用后5年内、大修的城市道路竣工后3年内不得挖掘;因特殊情况需要挖掘的,须经县级以上城市人民政府批准。

第三十四条 埋设在城市道路下的管线发生故障需要紧急抢修的,可以先行破路抢修,并同时通知市政工程行政主管部门和公安交通管理部门,在24小时内按照规定补办批准手续。

第三十五条 经批准挖掘城市道路的,应当在施工现场设置明显标志和安全防围设施;竣工后,应当及时清理现场,通知市政工程行政主管部门检查验收。

第三十六条 经批准占用或者挖掘城市道路的,应当按照批准的位置、面积、期限占用或者挖掘。需要移动位置、扩大面积、延长时间的,应当提前办理变更审批手续。

第三十七条 占用或者挖掘由市政工程行政主管部门管理的城市道路的,应当向市政工程行政主管部门交纳城市道路占用费或者城市道路挖掘修复费。

城市道路占用费的收费标准,由省、自治区人民政府的建设行政主管部门、直辖市人民政府的市政工程行政主管部门拟订,报同级财政、物价主管部门核定;城市道路挖掘修复费的收费标准,由省、自治区人民政府的建设行政主管部门、直辖市人民政府的市政工程行政主管部门制定,报同级财政、物价主管部门备案。

第三十八条 根据城市建设或者其他特殊需要,市政工程行政主管部门可以对临时占用城市道路的单位或个人决定缩小占用面积、缩短占用时间或者停止占用,并根据具体情况退还部分城市道路占用费。

第五章 罚 则

第三十九条 违反本条例的规定,有下列行为之一的,由市政工程行政主管部门责令停止设计、施工、限期改正,可以并处3万元以下的罚款;已经取得设

计、施工资格证书,情节严重的,提请原发证机关吊销设计、施工资格证书:

(一)未取得设计、施工资格或者未按照资质等级承担城市道路的设计、施工任务的;

(二)未按照城市道路设计、施工技术规范设计、施工的;

(三)未按照设计图纸施工或者擅自修改图纸的。

第四十条 违反本条例第十七条规定,擅自使用未经验收或者验收不合格的城市道路的,由市政工程行政主管部门责令限期改正,给予警告,可以并处工程造价2%以下的罚款。

第四十一条 承担城市道路养护、维修的单位违反本条例的规定,未定期对城市道路进行养护、维修或者未按照规定的期限修复竣工,并拒绝接受市政工程行政主管部门监督、检查的,由市政工程行政主管部门责令限期改正,给予警告;对负有直接责任的主管人员和其他直接责任人员,依法给予行政处分。

第四十二条 违反本条例第二十七条规定,或者有下列行为之一的,由市政工程行政主管部门或者其他有关部门责令限期改正,可以处以2万元以下的罚款;造成损失的,应当依法承担赔偿责任:

(一)未对设在城市道路上的各种管线的检查井、箱盖或者城市道路附属设施的缺损及时补缺或者修复的;

(二)未在城市道路施工现场设置明显标志和安全围护设施的;

(三)占用城市道路期满或者挖掘城市道路后,不及时清理现场的;

(四)依附于城市道路建设各种管线、杆线等设施,不按照规定办理批准手续的;

(五)紧急抢修埋设在城市道路下的管线,不按照规定补办批准手续的;

(六)未按照批准的位置、面积、期限占用或者挖掘城市道路,或者需要移动位置、扩大面积、延长时间,未提前办理变更审批手续的。

第四十三条 违反本条例,构成犯罪的,由司法机关依法追究刑事责任;尚不构成犯罪,应当给予治安管理处罚的,依照治安管理处罚法的规定给予处罚。

第四十四条 市政工程行政主管部门人员玩忽职守、滥用职权、徇私舞弊,构成犯罪的,依法追究刑事责任;尚不构成犯罪的,依法给予行政处分。

第六章 附 则

第四十五条 本条例自1996年10月1日起施行。

(2)车辆与人员管理

机动车驾驶证申领和使用规定

· 2024年12月10日第5次部务会议审议通过
· 2024年12月21日中华人民共和国公安部令第172号公告公布
· 自2025年1月1日起施行

第一章 总 则

第一条 为了规范机动车驾驶证申领和使用,保障道路交通安全,保护公民、法人和其他组织的合法权益,根据《中华人民共和国道路交通安全法》及其实施条例、《中华人民共和国行政许可法》,制定本规定。

第二条 本规定由公安机关交通管理部门负责实施。

省级公安机关交通管理部门负责本省(自治区、直辖市)机动车驾驶证业务工作的指导、检查和监督。直辖市公安机关交通管理部门车辆管理所、设区的市或者相当于同级的公安机关交通管理部门车辆管理所负责办理本行政区域内机动车驾驶证业务。

县级公安机关交通管理部门车辆管理所可以办理本行政区域内除大型客车、重型牵引挂车、城市公交车、中型客车、大型货车场地驾驶技能、道路驾驶技能考试以外的其他机动车驾驶证业务。具体业务范围和办理条件由省级公安机关交通管理部门确定。

第三条 车辆管理所办理机动车驾驶证业务,应当遵循依法、公开、公正、便民的原则。

车辆管理所办理机动车驾驶证业务,应当依法受理申请人的申请,审查申请人提交的材料。对符合条件的,按照规定的标准、程序和期限办理机动车驾驶证。对申请材料不齐全或者不符合法定形式的,应当一次书面或者电子告知申请人需要补正的全部内容。对不符合条件的,应当书面或者电子告知理由。

车辆管理所应当将法律、行政法规和本规定的有关办理机动车驾驶证的事项、条件、依据、程序、期限以及收费标准，需要提交的全部材料的目录和申请表示范文本等在办公场所公示。

省级、设区的市或者相当于同级的公安机关交通管理部门应当在互联网上发布信息，便于群众查阅办理机动车驾驶证的有关规定，查询驾驶证使用状态、交通违法及记分等情况，下载、使用有关表格。

第四条　车辆管理所办理机动车驾驶证业务时，应当按照减环节、减材料、减时限的要求，积极推行一次办结、限时办结等制度，为申请人提供规范、便利、高效的服务。

公安机关交通管理部门应当积极推进与有关部门信息互联互通，对实现信息共享、网上核查的，申请人免予提交相关证明凭证。

公安机关交通管理部门应当按照就近办理、便捷办理的原则，推进在驾驶人考场、政务服务大厅等地设置服务站点，方便申请人办理机动车驾驶证业务，并在办公场所和互联网公示辖区内的业务办理网点、地址、联系电话、办公时间和业务范围。

第五条　车辆管理所应当使用全国统一的计算机管理系统办理机动车驾驶证业务、核发机动车驾驶证。

计算机管理系统的数据库标准和软件全国统一，能够完整、准确地记录和存储机动车驾驶证业务办理、驾驶人考试等全过程和经办人员信息，并能够实时将有关信息传送到全国公安交通管理信息系统。

第六条　车辆管理所应当使用互联网交通安全综合服务管理平台受理申请人网上提交的申请，验证申请人身份，按规定办理机动车驾驶证业务。

互联网交通安全综合服务管理平台信息管理系统数据库标准和软件全国统一。

第七条　申请办理机动车驾驶证业务的，应当如实向车辆管理所提交规定的材料，如实申告规定的事项，并对其申请材料实质内容的真实性负责。

第八条　公安机关交通管理部门应当建立机动车驾驶证业务监督制度，加强对驾驶人考试、驾驶证核发和使用的监督管理。

第九条　车辆管理所办理机动车驾驶证业务时可以依据相关法律法规认可、使用电子签名、电子印章、电子证照。

第二章　机动车驾驶证申请

第一节　机动车驾驶证

第十条　驾驶机动车，应当依法取得机动车驾驶证。

第十一条　机动车驾驶人准予驾驶的车型顺序依次分为：大型客车、重型牵引挂车、城市公交车、中型客车、大型货车、小型汽车、小型自动挡汽车、低速载货汽车、三轮汽车、残疾人专用小型自动挡载客汽车、轻型牵引挂车、普通三轮摩托车、普通二轮摩托车、轻便摩托车、轮式专用机械车、无轨电车和有轨电车（附件1）。

第十二条　机动车驾驶证记载和签注以下内容：

（一）机动车驾驶人信息：姓名、性别、出生日期、国籍、住址、身份证明号码（机动车驾驶证号码）、照片；

（二）车辆管理所签注内容：初次领证日期、准驾车型代号、有效期限、核发机关印章、档案编号、准予驾驶机动车听力辅助条件。

第十三条　机动车驾驶证有效期分为六年、十年和长期。

第二节　申　请

第十四条　申请机动车驾驶证的人，应当符合下列规定：

（一）年龄条件：

1. 申请小型汽车、小型自动挡汽车、残疾人专用小型自动挡载客汽车、轻便摩托车准驾车型的，在18周岁以上；

2. 申请普通三轮摩托车、普通二轮摩托车准驾车型的，在18周岁以上，70周岁以下；

3. 申请轻型牵引挂车准驾车型的，在20周岁以上，70周岁以下；

4. 申请低速载货汽车、三轮汽车、轮式专用机械车准驾车型的，在18周岁以上，63周岁以下；

5. 申请城市公交车、中型客车、大型货车、无轨电车或者有轨电车准驾车型的，在20周岁以上，63周岁以下；

6. 申请大型客车、重型牵引挂车准驾车型的，在22周岁以上，63周岁以下；

7. 接受全日制驾驶职业教育的学生,申请大型客车、重型牵引挂车准驾车型的,在 19 周岁以上,63 周岁以下。

(二)身体条件:

1. 身高:申请大型客车、重型牵引挂车、城市公交车、大型货车、无轨电车准驾车型的,身高为 155 厘米以上。申请中型客车准驾车型的,身高为 150 厘米以上;

2. 视力:申请大型客车、重型牵引挂车、城市公交车、中型客车、大型货车、无轨电车或者有轨电车准驾车型的,两眼裸视力或者矫正视力达到对数视力表 5.0 以上。申请其他准驾车型的,两眼裸视力或者矫正视力达到对数视力表 4.9 以上。单眼视力障碍,优眼裸视力或者矫正视力达到对数视力表 5.0 以上,且水平视野达到 150 度的,可以申请小型汽车、小型自动挡汽车、低速载货汽车、三轮汽车、残疾人专用小型自动挡载客汽车准驾车型的机动车驾驶证;

3. 辨色力:无红绿色盲;

4. 听力:两耳分别距音叉 50 厘米能辨别声源方向。有听力障碍但佩戴助听设备能够达到以上条件的,可以申请小型汽车、小型自动挡汽车准驾车型的机动车驾驶证;

5. 上肢:双手拇指健全,每只手其他手指必须有三指健全,肢体和手指运动功能正常。但手指末节残缺或者左手有三指健全,且双手手掌完整的,可以申请小型汽车、小型自动挡汽车、低速载货汽车、三轮汽车准驾车型的机动车驾驶证;

6. 下肢:双下肢健全且运动功能正常,不等长度不得大于 5 厘米。单独左下肢缺失或者丧失运动功能,但右下肢正常的,可以申请小型自动挡汽车准驾车型的机动车驾驶证;

7. 躯干、颈部:无运动功能障碍;

8. 右下肢、双下肢缺失或者丧失运动功能但能够自主坐立,且上肢符合本项第 5 目规定的,可以申请残疾人专用小型自动挡载客汽车准驾车型的机动车驾驶证。一只手掌缺失,另一只手拇指健全,其他手指有两指健全,上肢和手指运动功能正常,且下肢符合本项第 6 目规定的,可以申请残疾人专用小型自动挡载客汽车准驾车型的机动车驾驶证;

9. 年龄在 70 周岁以上能够通过记忆力、判断力、反应力等能力测试的,可以申请小型汽车、小型自动挡汽车、残疾人专用小型自动挡载客汽车、轻便摩托车准驾车型的机动车驾驶证。

第十五条 有下列情形之一的,不得申请机动车驾驶证:

(一)有器质性心脏病、癫痫病、美尼尔氏症、眩晕症、癔病、震颤麻痹、精神病、痴呆以及影响肢体活动的神经系统疾病等妨碍安全驾驶疾病的;

(二)三年内有吸食、注射毒品行为或者解除强制隔离戒毒措施未满三年,以及长期服用依赖性精神药品成瘾尚未戒除的;

(三)造成交通事故后逃逸构成犯罪的;

(四)饮酒后或者醉酒驾驶机动车发生重大交通事故构成犯罪的;

(五)醉酒驾驶机动车或者饮酒后驾驶营运机动车依法被吊销机动车驾驶证未满五年的;

(六)醉酒驾驶营运机动车依法被吊销机动车驾驶证未满十年的;

(七)驾驶机动车追逐竞驶、超员、超速、违反危险化学品安全管理规定运输危险化学品构成犯罪依法被吊销机动车驾驶证未满五年的;

(八)因本款第四项以外的其他违反交通管理法律法规的行为发生重大交通事故构成犯罪依法被吊销机动车驾驶证未满十年的;

(九)因其他情形依法被吊销机动车驾驶证未满二年的;

(十)驾驶许可依法被撤销未满三年的;

(十一)未取得机动车驾驶证驾驶机动车,发生负同等以上责任交通事故造成人员重伤或者死亡未满十年的;

(十二)三年内有代替他人参加机动车驾驶人考试行为的;

(十三)法律、行政法规规定的其他情形。

未取得机动车驾驶证驾驶机动车,有第一款第五项至第八项行为之一的,在规定期限内不得申请机动车驾驶证。

第十六条 初次申领机动车驾驶证的,可以申请准驾车型为城市公交车、大型货车、小型汽车、小型自动挡汽车、低速载货汽车、三轮汽车、残疾人专用小型自动挡载客汽车、普通三轮摩托车、普通二轮摩托车、轻便摩托车、轮式专用机械车、无轨电车、有轨电车的机动车驾驶证。

已持有机动车驾驶证，申请增加准驾车型的，可以申请增加的准驾车型为大型客车、重型牵引挂车、城市公交车、中型客车、大型货车、小型汽车、小型自动挡汽车、低速载货汽车、三轮汽车、轻型牵引挂车、普通三轮摩托车、普通二轮摩托车、轻便摩托车、轮式专用机械车、无轨电车、有轨电车。

第十七条　已持有机动车驾驶证，申请增加准驾车型的，应当在本记分周期和申请前最近一个记分周期内没有记满 12 分记录。申请增加轻型牵引挂车、中型客车、重型牵引挂车、大型客车准驾车型的，还应当符合下列规定：

（一）申请增加轻型牵引挂车准驾车型的，已取得驾驶小型汽车、小型自动挡汽车准驾车型资格一年以上；

（二）申请增加中型客车准驾车型的，已取得驾驶城市公交车、大型货车、小型汽车、小型自动挡汽车、低速载货汽车或者三轮汽车准驾车型资格二年以上，并在申请前最近连续二个记分周期内没有记满 12 分记录；

（三）申请增加重型牵引挂车准驾车型的，已取得驾驶中型客车或者大型货车准驾车型资格二年以上，或者取得驾驶大型客车准驾车型资格一年以上，并在申请前最近连续二个记分周期内没有记满 12 分记录；

（四）申请增加大型客车准驾车型的，已取得驾驶城市公交车、中型客车准驾车型资格二年以上、已取得驾驶大型货车准驾车型资格三年以上，或者取得驾驶重型牵引挂车准驾车型资格一年以上，并在申请前最近连续三个记分周期内没有记满 12 分记录。

正在接受全日制驾驶职业教育的学生，已在校取得驾驶小型汽车准驾车型资格，并在本记分周期和申请前最近一个记分周期内没有记满 12 分记录的，可以申请增加大型客车、重型牵引挂车准驾车型。

第十八条　有下列情形之一的，不得申请大型客车、重型牵引挂车、城市公交车、中型客车、大型货车准驾车型：

（一）发生交通事故造成人员死亡，承担同等以上责任的；

（二）醉酒后驾驶机动车的；

（三）再次饮酒后驾驶机动车的；

（四）有吸食、注射毒品后驾驶机动车行为的，或者有执行社区戒毒、强制隔离戒毒、社区康复措施记录的；

（五）驾驶机动车追逐竞驶、超员、超速、违反危险化学品安全管理规定运输危险化学品构成犯罪的；

（六）被吊销或者撤销机动车驾驶证未满十年的；

（七）未取得机动车驾驶证驾驶机动车，发生负同等以上责任交通事故造成人员重伤或者死亡的。

第十九条　持有军队、武装警察部队机动车驾驶证，符合本规定的申请条件，可以申请对应准驾车型的机动车驾驶证。

第二十条　持有境外机动车驾驶证，符合本规定的申请条件，且取得该驾驶证时在核发国家或者地区一年内累计居留九十日以上的，可以申请对应准驾车型的机动车驾驶证。属于申请准驾车型为大型客车、重型牵引挂车、中型客车机动车驾驶证的，还应当取得境外相应准驾车型机动车驾驶证二年以上。

第二十一条　持有境外机动车驾驶证，需要临时驾驶机动车的，应当按规定向车辆管理所申领临时机动车驾驶许可。

对入境短期停留的，可以申领有效期为三个月的临时机动车驾驶许可；停居留时间超过三个月的，有效期可以延长至一年。

临时入境机动车驾驶人的临时机动车驾驶许可在一个记分周期内累积记分达到 12 分，未按规定参加道路交通安全法律、法规和相关知识学习、考试的，不得申请机动车驾驶证或者再次申请临时机动车驾驶许可。

第二十二条　申领机动车驾驶证的人，按照下列规定向车辆管理所提出申请：

（一）在户籍所在地居住的，应当在户籍所在地提出申请；

（二）在户籍所在地以外居住的，可以在居住地提出申请；

（三）现役军人（含武警），应当在部队驻地提出申请；

（四）境外人员，应当在居留地或者居住地提出申请；

（五）申请增加准驾车型的，应当在所持机动车驾驶证核发地提出申请；

（六）接受全日制驾驶职业教育，申请增加大型客车、重型牵引挂车准驾车型的，应当在接受教育地提出申请。

第二十三条　申请机动车驾驶证，应当确认申请信息，并提交以下证明：

（一）申请人的身份证明；

（二）医疗机构出具的有关身体条件的证明。

第二十四条　持军队、武装警察部队机动车驾驶证的人申请机动车驾驶证，应当确认申请信息，并提交以下证明、凭证：

（一）申请人的身份证明。属于复员、转业、退伍的人员，还应当提交军队、武装警察部队核发的复员、转业、退伍证明；

（二）医疗机构出具的有关身体条件的证明；

（三）军队、武装警察部队机动车驾驶证。

第二十五条　持境外机动车驾驶证的人申请机动车驾驶证，应当确认申请信息，并提交以下证明、凭证：

（一）申请人的身份证明；

（二）医疗机构出具的有关身体条件的证明；

（三）所持机动车驾驶证。属于非中文表述的，还应当提供翻译机构出具或者公证机构公证的中文翻译文本。

属于外国驻华使馆、领馆人员及国际组织驻华代表机构人员申请的，按照外交对等原则执行。

属于内地居民申请的，还应当提交申请人的护照或者往来港澳通行证、往来台湾通行证。

第二十六条　实行小型汽车、小型自动挡汽车驾驶证自学直考的地方，申请人可以使用加装安全辅助装置的自备机动车，在具备安全驾驶经历等条件的人员随车指导下，按照公安机关交通管理部门指定的路线、时间学习驾驶技能，按照第二十三条的规定申请相应准驾车型的驾驶证。

小型汽车、小型自动挡汽车驾驶证自学直考管理制度由公安部另行规定。

第二十七条　申请机动车驾驶证的人，符合本规定要求的驾驶许可条件，有下列情形之一的，可以按照第十六条第一款和第二十三条的规定直接申请相应准驾车型的机动车驾驶证考试：

（一）原机动车驾驶证因超过有效期未换证被注销的；

（二）原机动车驾驶证因未提交身体条件证明被注销的；

（三）原机动车驾驶证由本人申请注销的；

（四）原机动车驾驶证因身体条件暂时不符合规定被注销的；

（五）原机动车驾驶证或者准驾车型资格因其他原因被注销的，但机动车驾驶证被吊销或者被撤销的除外；

（六）持有的军队、武装警察部队机动车驾驶证超过有效期的；

（七）持有境外机动车驾驶证或者境外机动车驾驶证超过有效期的。

有前款第六项、第七项规定情形之一的，还应当提交机动车驾驶证。

第二十八条　申请人提交的证明、凭证齐全、符合法定形式的，车辆管理所应当受理，并按规定审查申请人的机动车驾驶证申请条件。属于第二十五条规定情形的，还应当核查申请人的出入境记录；属于第二十七条第一款第一项至第五项规定情形之一的，还应当核查申请人的驾驶经历；属于正在接受全日制驾驶职业教育的学生，申请增加大型客车、重型牵引挂车准驾车型的，还应当核查申请人的学籍。

公安机关交通管理部门已经实现与医疗机构等单位联网核查的，申请人免予提交身体条件证明等证明、凭证。

对于符合申请条件的，车辆管理所应当按规定安排预约考试；不需要考试的，一日内核发机动车驾驶证。申请人属于复员、转业、退伍人员持军队、武装警察部队机动车驾驶证申请机动车驾驶证的，应当收回军队、武装警察部队机动车驾驶证。

第二十九条　车辆管理所对申请人的申请条件

及提交的材料、申告的事项有疑义的,可以对实质内容进行调查核实。

调查时,应当询问申请人并制作询问笔录,向证明、凭证的核发机关核查。

经调查,申请人不符合申请条件的,不予办理;有违法行为的,依法予以处理。

第三章　机动车驾驶人考试

第一节　考试内容和合格标准

第三十条　机动车驾驶人考试内容分为道路交通安全法律、法规和相关知识考试科目(以下简称"科目一")、场地驾驶技能考试科目(以下简称"科目二")、道路驾驶技能和安全文明驾驶常识考试科目(以下简称"科目三")。

已持有小型自动挡汽车准驾车型驾驶证申请增加小型汽车准驾车型的,应当考试科目二和科目三。

已持有大型客车、城市公交车、中型客车、大型货车、小型汽车、小型自动挡汽车准驾车型驾驶证申请增加轻型牵引挂车准驾车型的,应当考试科目二和科目三安全文明驾驶常识。

已持有轻便摩托车准驾车型驾驶证申请增加普通三轮摩托车、普通二轮摩托车准驾车型的,或者持有普通二轮摩托车驾驶证申请增加普通三轮摩托车准驾车型的,应当考试科目二和科目三。

已持有大型客车、重型牵引挂车、城市公交车、中型客车、大型货车、小型汽车、小型自动挡汽车准驾车型驾驶证的机动车驾驶人身体条件发生变化,不符合所持机动车驾驶证准驾车型的条件,但符合残疾人专用小型自动挡载客汽车准驾车型条件,申请变更的,应当考试科目二和科目三。

第三十一条　考试内容和合格标准全国统一,根据不同准驾车型规定相应的考试项目。

第三十二条　科目一考试内容包括:道路通行、交通信号、道路交通安全违法行为和交通事故处理、机动车驾驶证申领和使用、机动车登记等规定以及其他道路交通安全法律、法规和规章。

第三十三条　科目二考试内容包括:

(一)大型客车、重型牵引挂车、城市公交车、中型客车、大型货车考试桩考、坡道定点停车和起步、侧方停车、通过单边桥、曲线行驶、直角转弯、通过限宽门、

窄路掉头,以及模拟高速公路、连续急弯山区路、隧道、雨(雾)天、湿滑路、紧急情况处置;

(二)小型汽车、低速载货汽车考试倒车入库、坡道定点停车和起步、侧方停车、曲线行驶、直角转弯;

(三)小型自动挡汽车、残疾人专用小型自动挡载客汽车考试倒车入库、侧方停车、曲线行驶、直角转弯;

(四)轻型牵引挂车考试桩考、曲线行驶、直角转弯;

(五)三轮汽车、普通三轮摩托车、普通二轮摩托车和轻便摩托车考试桩考、坡道定点停车和起步、通过单边桥;

(六)轮式专用机械车、无轨电车、有轨电车的考试内容由省级公安机关交通管理部门确定。

对第一款第一项至第三项规定的准驾车型,省级公安机关交通管理部门可以根据实际增加考试内容。

第三十四条　科目三道路驾驶技能考试内容包括:大型客车、重型牵引挂车、城市公交车、中型客车、大型货车、小型汽车、小型自动挡汽车、低速载货汽车和残疾人专用小型自动挡载客汽车考试上车准备、起步、直线行驶、加减挡位操作、变更车道、靠边停车、直行通过路口、路口左转弯、路口右转弯、通过人行横道线、通过学校区域、通过公共汽车站、会车、超车、掉头、夜间行驶;其他准驾车型的考试内容,由省级公安机关交通管理部门确定。

大型客车、重型牵引挂车、城市公交车、中型客车、大型货车考试里程不少于10公里,其中初次申领城市公交车、大型货车准驾车型的,白天考试里程不少于5公里,夜间考试里程不少于3公里。小型汽车、小型自动挡汽车、低速载货汽车、残疾人专用小型自动挡载客汽车考试里程不少于3公里。不进行夜间考试的,应当进行模拟夜间灯光考试。

对大型客车、重型牵引挂车、城市公交车、中型客车、大型货车准驾车型,省级公安机关交通管理部门应当根据实际增加山区、隧道、陡坡等复杂道路驾驶考试内容。对其他汽车准驾车型,省级公安机关交通管理部门可以根据实际增加考试内容。

第三十五条　科目三安全文明驾驶常识考试内

容包括:安全文明驾驶操作要求、恶劣气象和复杂道路条件下的安全驾驶知识、爆胎等紧急情况下的临危处置方法、防范次生事故处置知识、伤员急救知识等。

第三十六条　持军队、武装警察部队机动车驾驶证的人申请大型客车、重型牵引挂车、城市公交车、中型客车、大型货车准驾车型机动车驾驶证的,应当考试科目一和科目三;申请其他准驾车型机动车驾驶证的,免于考试核发机动车驾驶证。

第三十七条　持境外机动车驾驶证申请机动车驾驶证的,应当考试科目一。申请准驾车型为大型客车、重型牵引挂车、城市公交车、中型客车、大型货车机动车驾驶证的,应当考试科目一、科目二和科目三。

属于外国驻华使馆、领馆人员及国际组织驻华代表机构人员申请的,应当按照外交对等原则执行。

第三十八条　各科目考试的合格标准为:

(一)科目一考试满分为 100 分,成绩达到 90 分的为合格;

(二)科目二考试满分为 100 分,考试大型客车、重型牵引挂车、城市公交车、中型客车、大型货车、轻型牵引挂车准驾车型,成绩达到 90 分的为合格,其他准驾车型的成绩达到 80 分的为合格;

(三)科目三道路驾驶技能和安全文明驾驶常识考试满分分别为 100 分,成绩分别达到 90 分的为合格。

第二节　考试要求

第三十九条　车辆管理所应当按照预约的考场和时间安排考试。申请人科目一考试合格后,可以预约科目二或者科目三道路驾驶技能考试。有条件的地方,申请人可以同时预约科目二、科目三道路驾驶技能考试,预约成功后可以连续进行考试。科目二、科目三道路驾驶技能考试均合格后,申请人可以当日参加科目三安全文明驾驶常识考试。

申请人申请大型客车、重型牵引挂车、城市公交车、中型客车、大型货车、轻型牵引挂车驾驶证,因当地尚未设立科目二考场的,可以选择省(自治区)内其他考场参加考试。

申请人申领小型汽车、小型自动挡汽车、低速载货汽车、三轮汽车、残疾人专用小型自动挡载客汽车、轻型牵引挂车驾驶证期间,已通过部分科目考试后,居住地发生变更的,可以申请变更考试地,在现居住地预约其他科目考试。申请变更考试地不得超过三次。

车辆管理所应当使用全国统一的考试预约系统,采用互联网、电话、服务窗口等方式供申请人预约考试。

第四十条　初次申请机动车驾驶证或者申请增加准驾车型的,科目一考试合格后,车辆管理所应当在一日内核发学习驾驶证明。

属于第三十条第二款至第四款规定申请增加准驾车型以及第五款规定申请变更准驾车型的,受理后直接核发学习驾驶证明。

属于自学直考的,车辆管理所还应当按规定发放学车专用标识(附件 2)。

第四十一条　申请人在场地和道路上学习驾驶,应当按规定取得学习驾驶证明。学习驾驶证明的有效期为三年,但有效期截止日期不得超过申请年龄条件上限。申请人应当在有效期内完成科目二和科目三考试。未在有效期内完成考试的,已考试合格的科目成绩作废。

学习驾驶证明可以采用纸质或者电子形式,纸质学习驾驶证明和电子学习驾驶证明具有同等效力。申请人可以通过互联网交通安全综合服务管理平台打印或者下载学习驾驶证明。

第四十二条　申请人在道路上学习驾驶,应当随身携带学习驾驶证明,使用教练车或者学车专用标识签注的自学用车,在教练员或者学车专用标识签注的指导人员随车指导下,按照公安机关交通管理部门指定的路线、时间进行。

申请人为自学直考人员的,在道路上学习驾驶时,应当在自学用车上按规定放置、粘贴学车专用标识,自学用车不得搭载随车指导人员以外的其他人员。

第四十三条　初次申请机动车驾驶证或者申请增加准驾车型的,申请人预约考试科目二,应当符合下列规定:

(一)报考小型汽车、小型自动挡汽车、低速载货汽车、三轮汽车、残疾人专用小型自动挡载客汽车、轮式专用机械车、无轨电车、有轨电车准驾车型的,在取得学习驾驶证明满十日后预约考试;

(二)报考大型客车、重型牵引挂车、城市公交车、中型客车、大型货车、轻型牵引挂车准驾车型的，在取得学习驾驶证明满二十日后预约考试。

第四十四条 初次申请机动车驾驶证或者申请增加准驾车型的，申请人预约考试科目三，应当符合下列规定：

（一）报考小型自动挡汽车、残疾人专用小型自动挡载客汽车、低速载货汽车、三轮汽车准驾车型的，在取得学习驾驶证明满二十日后预约考试；

（二）报考小型汽车、轮式专用机械车、无轨电车、有轨电车准驾车型的，在取得学习驾驶证明满三十日后预约考试；

（三）报考大型客车、重型牵引挂车、城市公交车、中型客车、大型货车准驾车型的，在取得学习驾驶证明满四十日后预约考试。属于已经持有汽车类驾驶证，申请增加准驾车型的，在取得学习驾驶证明满三十日后预约考试。

第四十五条 持军队、武装警察部队或者境外机动车驾驶证申请机动车驾驶证的，应当自车辆管理所受理之日起三年内完成科目考试。

第四十六条 申请人因故不能按照预约时间参加考试的，应当提前一日申请取消预约。对申请人未按照预约考试时间参加考试的，判定该次考试不合格。

第四十七条 每个科目考试一次，考试不合格的，可以补考一次。不参加补考或者补考仍不合格的，本次考试终止，申请人应当重新预约考试，但科目二、科目三考试应当在十日后预约。科目三安全文明驾驶常识考试不合格的，已通过的道路驾驶技能考试成绩有效。

在学习驾驶证明有效期内，科目二和科目三道路驾驶技能考试预约考试的次数分别不得超过五次。第五次考试仍不合格的，已考试合格的其他科目成绩作废。

第四十八条 车辆管理所组织考试前应当使用全国统一的计算机管理系统当日随机选配考试员，随机安排考生分组，随机选取考试路线。

第四十九条 从事考试工作的人员，应当持有公安机关交通管理部门颁发的资格证书。公安机关交通管理部门应当在公安民警、警务辅助人员中选拔足够数量的考试员，从事考试工作。可以聘用运输企业驾驶人、警风警纪监督员等人员承担考试辅助工作和监督职责。

考试员应当认真履行考试职责，严格按照规定考试，接受社会监督。在考试前应当自我介绍，讲解考试要求，核实申请人身份；考试中应当严格执行考试程序，按照考试项目和考试标准评定考试成绩；考试后应当当场公布考试成绩，讲评考试不合格原因。

每个科目的考试成绩单应当有申请人和考试员的签名。未签名的不得核发机动车驾驶证。

第五十条 考试员、考试辅助人员及考场工作人员应当严格遵守考试工作纪律，不得为不符合机动车驾驶许可条件、未经考试、考试不合格人员签注合格考试成绩，不得减少考试项目、降低评判标准或者参与、协助、纵容考试作弊，不得参与或者变相参与驾驶培训机构、社会考场经营活动，不得收取驾驶培训机构、社会考场、教练员、申请人的财物。

第五十一条 直辖市、设区的市或者相当于同级的公安机关交通管理部门应当根据本地考试需求建设考场，配备足够数量的考试车辆。对考场布局、数量不能满足本地考试需求的，应当采取政府购买服务等方式使用社会考场，并按照公平竞争、择优选定的原则，依法通过公开招标等程序确定。对考试供给能力能够满足考试需求的，应当及时向社会公告，不再购买社会考场服务。

考试场地建设、路段设置、车辆配备、设施设备配置以及考试项目、评判要求应当符合相关标准。考试场地、考试设备和考试系统应当经省级公安机关交通管理部门验收合格后方可使用。公安机关交通管理部门应当加强对辖区考场的监督管理，定期开展考试场地、考试车辆、考试设备和考场管理情况的监督检查。

第三节 考试监督管理

第五十二条 车辆管理所应当在办事大厅、候考场所和互联网公开各考场的考试能力、预约计划、预约人数和约考结果等情况，公布考场布局、考试路线和流程。考试预约计划应当至少在考试前十日在互联网上公开。

车辆管理所应当在候考场所、办事大厅向群众直播考试视频,考生可以在考试结束后三日内查询自己的考试视频资料。

第五十三条 车辆管理所应当严格比对、核验考生身份,对考试过程进行全程录音、录像,并实时监控考试过程,没有使用录音、录像设备的,不得组织考试。严肃考试纪律,规范考场秩序,对考场秩序混乱的,应当中止考试。考试过程中,考试员应当使用执法记录仪记录监考过程。

车辆管理所应当建立音视频信息档案,存储录音、录像设备和执法记录仪记录的音像资料。建立考试质量抽查制度,每日抽查音视频信息档案,发现存在违反考试纪律、考场秩序混乱以及音视频信息缺失或者不完整的,应当进行调查处理。

省级公安机关交通管理部门应当定期抽查音视频信息档案,及时通报、纠正、查处发现的问题。

第五十四条 车辆管理所应当根据考试场地、考试设备、考试车辆、考试员数量等实际情况,核定每个考场、每个考试员每日最大考试量。

车辆管理所应当根据驾驶培训主管部门提供的信息对驾驶培训机构教练员、教练车、训练场地等情况进行备案。

第五十五条 公安机关交通管理部门应当建立业务监督管理中心,通过远程监控、数据分析、日常检查、档案抽查、业务回访等方式,对机动车驾驶人考试和机动车驾驶证业务办理情况进行监督管理。

直辖市、设区的市或者相当于同级的公安机关交通管理部门应当通过监管系统每周对机动车驾驶人考试情况进行监控、分析,及时查处整改发现的问题。省级公安机关交通管理部门应当通过监管系统每月对机动车驾驶人考试情况进行监控、分析,及时查处、通报发现的问题。

车辆管理所存在为未经考试或者考试不合格人员核发机动车驾驶证等严重违规办理机动车驾驶证业务情形的,上级公安机关交通管理部门可以暂停该车辆管理所办理相关业务或者指派其他车辆管理所人员接管业务。

第五十六条 县级公安机关交通管理部门办理机动车驾驶证业务的,办公场所、设施设备、人员资质和信息系统等应当满足业务办理需求,并符合相关规定和标准要求。

直辖市、设区的市公安机关交通管理部门应当加强对县级公安机关交通管理部门办理机动车驾驶证相关业务的指导、培训和监督管理。

第五十七条 公安机关交通管理部门应当对社会考场的场地设施、考试系统、考试工作等进行统一管理。

社会考场的考试系统应当接入机动车驾驶人考试管理系统,实时上传考试过程录音录像、考试成绩等信息。

第五十八条 直辖市、设区的市或者相当于同级的公安机关交通管理部门应当每月向社会公布车辆管理所考试员考试质量情况、三年内驾龄驾驶人交通违法率和交通肇事率等信息。

直辖市、设区的市或者相当于同级的公安机关交通管理部门应当每月向社会公布辖区内驾驶培训机构的考试合格率、三年内驾龄驾驶人交通违法率和交通肇事率等信息,按照考试合格率、三年内驾龄驾驶人交通违法率和交通肇事率对驾驶培训机构培训质量公开排名,并通报培训主管部门。

第五十九条 对三年内驾龄驾驶人发生一次死亡3人以上交通事故且负主要以上责任的,省级公安机关交通管理部门应当倒查车辆管理所考试、发证情况,向社会公布倒查结果。对三年内驾龄驾驶人发生一次死亡1至2人的交通事故且负主要以上责任的,直辖市、设区的市或者相当于同级的公安机关交通管理部门应当组织责任倒查。

直辖市、设区的市或者相当于同级的公安机关交通管理部门发现驾驶培训机构及其教练员存在缩短培训学时、减少培训项目以及贿赂考试员、以承诺考试合格等名义向学员索取财物、参与违规办理驾驶证或者考试舞弊行为的,应当通报培训主管部门,并向社会公布。

公安机关交通管理部门发现考场、考试设备生产销售企业及其工作人员存在组织或者参与考试舞弊、伪造或者篡改考试系统数据的,不得继续使用该考场或者采购该企业考试设备;构成犯罪的,依法追究刑事责任。

第四章 发证、换证、补证

第六十条 申请人考试合格后,应当接受不少于半小时的交通安全文明驾驶常识和交通事故案例警示教育，并参加领证宣誓仪式。

车辆管理所应当在申请人参加领证宣誓仪式的当日核发机动车驾驶证。

第六十一条　公安机关交通管理部门应当实行机动车驾驶证电子化，机动车驾驶人可以通过互联网交通安全综合服务管理平台申请机动车驾驶证电子版。

机动车驾驶证电子版与纸质版具有同等效力。

第六十二条　机动车驾驶人在机动车驾驶证的六年有效期内，每个记分周期均未记满12分的，换发十年有效期的机动车驾驶证；在机动车驾驶证的十年有效期内，每个记分周期均未记满12分的，换发长期有效的机动车驾驶证。

第六十三条　机动车驾驶人应当于机动车驾驶证有效期满前九十日内，向机动车驾驶证核发地或者核发地以外的车辆管理所申请换证。申请时应当确认申请信息，并提交以下证明、凭证：

（一）机动车驾驶人的身份证明；

（二）医疗机构出具的有关身体条件的证明。

第六十四条　机动车驾驶人户籍迁出原车辆管理所管辖区的，应当向迁入地车辆管理所申请换证。机动车驾驶人在核发地车辆管理所管辖区以外居住的，可以向居住地车辆管理所申请换证。申请时应当确认申请信息，提交机动车驾驶人的身份证明和机动车驾驶证，并申报身体条件情况。

第六十五条　年龄在63周岁以上的，不得驾驶大型客车、重型牵引挂车、城市公交车、中型客车、大型货车、轮式专用机械车、无轨电车和有轨电车。持有大型客车、重型牵引挂车、城市公交车、中型客车、大型货车驾驶证的，应当到机动车驾驶证核发地或者核发地以外的车辆管理所换领准驾车型为小型汽车或者小型自动挡汽车的机动车驾驶证，其中属于持有重型牵引挂车驾驶证的，还可以保留轻型牵引挂车准驾车型。但年龄在63周岁以上，需要申请继续驾驶大型客车、重型牵引挂车、城市公交车、中型客车、大型货车、轮式专用机械车、无轨电车和有轨电车，通过记忆力、判断力、反应力等能力测试的，可以在年满63周岁前一年内向机动车驾驶证核发地或者核发地以

外的车辆管理所申请延长原准驾车型驾驶资格期限，延长期限最长不超过三年。

年龄在70周岁以上的，不得驾驶低速载货汽车、三轮汽车、轻型牵引挂车、普通三轮摩托车、普通二轮摩托车。持有普通三轮摩托车、普通二轮摩托车驾驶证的，应当到机动车驾驶证核发地或者核发地以外的车辆管理所换领准驾车型为轻便摩托车的机动车驾驶证；持有驾驶证包含轻型牵引挂车准驾车型的，应当到机动车驾驶证核发地或者核发地以外的车辆管理所换领准驾车型为小型汽车或者小型自动挡汽车的机动车驾驶证。

有前两款规定情形之一的，车辆管理所应当通知机动车驾驶人在三十日内办理换证业务。机动车驾驶人逾期未办理的，车辆管理所应当公告准驾车型驾驶资格作废。

申请时应当确认申请信息，并提交第六十三条规定的证明、凭证。

机动车驾驶人自愿降低准驾车型的，应当确认申请信息，并提交机动车驾驶人的身份证明和机动车驾驶证。

第六十六条　有下列情形之一的，机动车驾驶人应当在三十日内到机动车驾驶证核发地或者核发地以外的车辆管理所申请换证：

（一）在车辆管理所管辖区域内，机动车驾驶证记载的机动车驾驶人信息发生变化的；

（二）机动车驾驶证损毁无法辨认的。

申请时应当确认申请信息，并提交机动车驾驶人的身份证明；属于第一款第一项的，还应当提交机动车驾驶证；属于身份证明号码变更的，还应当提交相关变更证明。

第六十七条　机动车驾驶人身体条件发生变化，不符合所持机动车驾驶证准驾车型的条件，但符合准予驾驶的其他准驾车型条件的，应当在三十日内到机动车驾驶证核发地或者核发地以外的车辆管理所申请降低准驾车型。申请时应当确认申请信息，并提交机动车驾驶人的身份证明、医疗机构出具的有关身体条件的证明。

机动车驾驶人身体条件发生变化，不符合第十四条第二项规定或者具有第十五条规定情形之一，不适

合驾驶机动车的，应当在三十日内到机动车驾驶证核发地车辆管理所申请注销。申请时应当确认申请信息，并提交机动车驾驶人的身份证明和机动车驾驶证。

机动车驾驶人身体条件不适合驾驶机动车的，不得驾驶机动车。

第六十八条 车辆管理所对符合第六十三条至第六十六条、第六十七条第一款规定的，应当在一日内换发机动车驾驶证。对符合第六十七条第二款规定的，应当在一日内注销机动车驾驶证。其中，对符合第六十四条、第六十五条、第六十六条第一款第一项、第六十七条规定的，还应当收回原机动车驾驶证。

第六十九条 机动车驾驶证遗失的，机动车驾驶人应当向机动车驾驶证核发地或者核发地以外的车辆管理所申请补发。申请时应当确认申请信息，并提交机动车驾驶人的身份证明。符合规定的，车辆管理所应当在一日内补发机动车驾驶证。

机动车驾驶人补领机动车驾驶证后，原机动车驾驶证作废，不得继续使用。

机动车驾驶证被依法扣押、扣留或者暂扣期间，机动车驾驶人不得申请补发。

第七十条 机动车驾驶人向核发地以外的车辆管理所申请办理第六十三条、第六十五条、第六十六条、第六十七条第一款、第六十九条规定的换证、补证业务时，应当同时按照第六十四条规定办理。

第五章 机动车驾驶人管理

第一节 审 验

第七十一条 公安机关交通管理部门对机动车驾驶人的道路交通安全违法行为，除依法给予行政处罚外，实行道路交通安全违法行为累积记分制度，记分周期为12个月，满分为12分。

机动车驾驶人在一个记分周期内记分达到12分的，应当按规定参加学习、考试。

第七十二条 机动车驾驶人应当按照法律、行政法规的规定，定期到公安机关交通管理部门接受审验。

机动车驾驶人按照本规定第六十三条、第六十四条换领机动车驾驶证时，应当接受公安机关交通管理部门的审验。

持有大型客车、重型牵引挂车、城市公交车、中型客车、大型货车驾驶证的驾驶人，应当在每个记分周期结束后三十日内到公安机关交通管理部门接受审验。但在一个记分周期内没有记分记录的，免予本记分周期审验。

持有第三款规定以外准驾车型驾驶证的驾驶人，发生交通事故造成人员死亡承担同等以上责任未被吊销机动车驾驶证的，应当在本记分周期结束后三十日内到公安机关交通管理部门接受审验。

年龄在70周岁以上的机动车驾驶人发生责任交通事故造成人员重伤或者死亡的，应当在本记分周期结束后三十日内到公安机关交通管理部门接受审验。

机动车驾驶人可以在机动车驾驶证核发地或者核发地以外的地方参加审验、提交身体条件证明。

第七十三条 机动车驾驶证审验内容包括：

（一）道路交通安全违法行为、交通事故处理情况；

（二）身体条件情况；

（三）道路交通安全违法行为记分及记满12分后参加学习和考试情况。

持有大型客车、重型牵引挂车、城市公交车、中型客车、大型货车驾驶证一个记分周期内有记分的，以及持有其他准驾车型驾驶证发生交通事故造成人员死亡承担同等以上责任未被吊销机动车驾驶证的驾驶人，审验时应当参加不少于三小时的道路交通安全法律法规、交通安全文明驾驶、应急处置等知识学习，并接受交通事故案例警示教育。

年龄在70周岁以上的机动车驾驶人审验时还应当按照规定进行记忆力、判断力、反应力等能力测试。

对道路交通安全违法行为或者交通事故未处理完毕的、身体条件不符合驾驶许可条件的、未按照规定参加学习、教育和考试的，不予通过审验。

第七十四条 年龄在70周岁以上的机动车驾驶人，应当每年进行一次身体检查，在记分周期结束后三十日内，提交医疗机构出具的有关身体条件的证明。

持有残疾人专用小型自动挡载客汽车驾驶证的机动车驾驶人，应当每三年进行一次身体检查，在记分周期结束后三十日内，提交医疗机构出具的有关身体条件的证明。

机动车驾驶人按照本规定第七十二条第三款、第四款规定参加审验时，应当申报身体条件情况。

第七十五条　机动车驾驶人因服兵役、出国（境）等原因，无法在规定时间内办理驾驶证期满换证、审验、提交身体条件证明的，可以在驾驶证有效期内或者有效期届满一年内向机动车驾驶证核发地车辆管理所申请延期办理。申请时应当确认申请信息，并提交机动车驾驶人的身份证明。

延期期限最长不超过三年。延期期间机动车驾驶人不得驾驶机动车。

第二节　监督管理

第七十六条　机动车驾驶人初次取得汽车类准驾车型或者初次取得摩托车类准驾车型后的 12 个月为实习期。

在实习期内驾驶机动车的，应当在车身后部粘贴或者悬挂统一式样的实习标志（附件 3）。

第七十七条　机动车驾驶人在实习期内不得驾驶公共汽车、营运客车或者执行任务的警车、消防车、救护车、工程救险车以及载有爆炸物品、易燃易爆化学物品、剧毒或者放射性等危险物品的机动车；驾驶的机动车不得牵引挂车。

驾驶人在实习期内驾驶机动车上高速公路行驶，应当由持相应或者包含其准驾车型驾驶证三年以上的驾驶人陪同。其中，驾驶残疾人专用小型自动挡载客汽车的，可以由持有小型自动挡载客汽车以上准驾车型驾驶证的驾驶人陪同。

在增加准驾车型后的实习期内，驾驶原准驾车型的机动车时不受上述限制。

第七十八条　持有准驾车型为残疾人专用小型自动挡载客汽车的机动车驾驶人驾驶机动车时，应当按规定在车身设置残疾人机动车专用标志（附件 4）。

有听力障碍的机动车驾驶人驾驶机动车时，应当佩戴助听设备。有视力矫正的机动车驾驶人驾驶机动车时，应当佩戴眼镜。

第七十九条　机动车驾驶人有下列情形之一的，车辆管理所应当注销其机动车驾驶证：

（一）死亡的；

（二）提出注销申请的；

（三）丧失民事行为能力，监护人提出注销申请的；

（四）身体条件不适合驾驶机动车的；

（五）有器质性心脏病、癫痫病、美尼尔氏症、眩晕症、癔病、震颤麻痹、精神病、痴呆以及影响肢体活动的神经系统疾病等妨碍安全驾驶疾病的；

（六）被查获有吸食、注射毒品后驾驶机动车行为，依法被责令社区戒毒、社区康复或者决定强制隔离戒毒，或者长期服用依赖性精神药品成瘾尚未戒除的；

（七）代替他人参加机动车驾驶人考试的；

（八）超过机动车驾驶证有效期一年以上未换证的；

（九）年龄在 70 周岁以上，在一个记分周期结束后一年内未提交身体条件证明的；或者持有残疾人专用小型自动挡载客汽车准驾车型，在三个记分周期结束后一年内未提交身体条件证明的；

（十）年龄在 63 周岁以上，所持机动车驾驶证只具有轮式专用机械车、无轨电车或者有轨电车准驾车型，且未经车辆管理所核准延期申请的，或者年龄在 70 周岁以上，所持机动车驾驶证只具有低速载货汽车、三轮汽车准驾车型的；

（十一）机动车驾驶证依法被吊销或者驾驶许可依法被撤销的。

有第一款第二项至第十一项情形之一，未收回机动车驾驶证的，应当公告机动车驾驶证作废。

有第一款第八项情形被注销机动车驾驶证未超过二年的，机动车驾驶人参加道路交通安全法律、法规和相关知识考试合格后，可以恢复驾驶资格。申请人可以向机动车驾驶证核发地或者核发地以外的车辆管理所申请。

有第一款第九项情形被注销机动车驾驶证，机动车驾驶证在有效期内或者超过有效期不满一年的，机动车驾驶人提交身体条件证明后，可以恢复驾驶资格。申请人可以向机动车驾驶证核发地或者核发地以外的车辆管理所申请。

有第一款第二项至第九项情形之一，按照第二十七条规定申请机动车驾驶证，有道路交通安全违法行为或者交通事故未处理记录的，应当将道路交通安全违法行为、交通事故处理完毕。

第八十条　机动车驾驶人在实习期内发生的道路交通安全违法行为被记满12分的,注销其实习的准驾车型驾驶资格。

第八十一条　机动车驾驶人联系电话、联系地址等信息发生变化的,应当在信息变更后三十日内,向驾驶证核发地车辆管理所备案。

持有大型客车、重型牵引挂车、城市公交车、中型客车、大型货车驾驶证的驾驶人从业单位等信息发生变化的,应当在信息变更后三十日内,向从业单位所在地车辆管理所备案。

第八十二条　道路运输企业应当定期将聘用的机动车驾驶人向所在地公安机关交通管理部门备案,督促及时处理道路交通安全违法行为、交通事故和参加机动车驾驶证审验。

公安机关交通管理部门应当每月向辖区内交通运输主管部门、运输企业通报机动车驾驶人的道路交通安全违法行为、记分和交通事故等情况。

第八十三条　车辆管理所办理驾驶证核发及相关业务过程中发现存在以下情形的,应当及时开展调查:

(一)涉嫌提交虚假申请材料的;

(二)涉嫌在考试过程中有贿赂、舞弊行为的;

(三)涉嫌以欺骗、贿赂等不正当手段取得机动车驾驶证的;

(四)涉嫌使用伪造、变造的机动车驾驶证的;

(五)存在短期内频繁补换领、转出转入驾驶证等异常情形的;

(六)存在其他违法违规情形的。

车辆管理所发现申请人通过互联网办理驾驶证补证、换证等业务存在前款规定嫌疑情形的,应当转为现场办理,当场审查申请材料,及时开展调查。

第八十四条　车辆管理所开展调查时,可以通知申请人协助调查,询问嫌疑情况,记录调查内容,并可以采取实地检查、调取档案、调取考试视频监控等方式进行核查。

对经调查发现涉及行政案件或者刑事案件的,应当依法采取必要的强制措施或者其他处置措施,移交有管辖权的公安机关按照《公安机关办理行政案件程序规定》《公安机关办理刑事案件程序规定》等规定办理。

第八十五条　办理残疾人专用小型自动挡载客汽车驾驶证业务时,提交的身体条件证明应当由经省级卫生健康行政部门认定的专门医疗机构出具。办理其他机动车驾驶证业务时,提交的身体条件证明应当由县级、部队团级以上医疗机构,或者经地市级以上卫生健康行政部门认定的具有健康体检资质的二级以上医院、乡镇卫生院、社区卫生服务中心、健康体检中心等医疗机构出具。

身体条件证明自出具之日起六个月内有效。

公安机关交通管理部门应当会同卫生健康行政部门在办公场所和互联网公示辖区内可以出具有关身体条件证明的医疗机构名称、地址及联系方式。

第八十六条　医疗机构出具虚假身体条件证明的,公安机关交通管理部门应当停止认可该医疗机构出具的证明,并通报卫生健康行政部门。

第三节　校车驾驶人管理

第八十七条　校车驾驶人应当依法取得校车驾驶资格。

取得校车驾驶资格应当符合下列条件:

(一)取得相应准驾车型驾驶证并具有三年以上驾驶经历,年龄符合国家校车驾驶资格条件;

(二)最近连续三个记分周期内没有被记满12分记录;

(三)无致人死亡或者重伤的交通事故责任记录;

(四)无酒后驾驶或者醉酒驾驶机动车记录,最近一年内无驾驶客运车辆超员、超速等严重道路交通安全违法行为记录;

(五)无犯罪记录;

(六)身心健康,无传染性疾病,无癫痫病、精神病等可能危及行车安全的疾病病史,无酗酒、吸毒行为记录。

第八十八条　机动车驾驶人申请取得校车驾驶资格,应当向县级或者设区的市级公安机关交通管理部门提出申请,确认申请信息,并提交以下证明、凭证:

(一)申请人的身份证明;

(二)机动车驾驶证;

(三)医疗机构出具的有关身体条件的证明。

第八十九条　公安机关交通管理部门自受理申请之日起五日内审查提交的证明、凭证,并向所在地县级公安机关核查,确认申请人无犯罪、吸毒行为记录。对符合条件的,在机动车驾驶证上签注准许驾驶校车及相应车型,并通报教育行政部门;不符合条件的,应当书面说明理由。

第九十条　校车驾驶人应当在每个记分周期结束后三十日内到公安机关交通管理部门接受审验。审验时,应当提交医疗机构出具的有关身体条件的证明,参加不少于三小时的道路交通安全法律法规、交通安全文明驾驶、应急处置等知识学习,并接受交通事故案例警示教育。

第九十一条　公安机关交通管理部门应当与教育行政部门和学校建立校车驾驶人的信息交换机制,每月通报校车驾驶人的交通违法、交通事故和审验等情况。

第九十二条　校车驾驶人有下列情形之一的,公安机关交通管理部门应当注销其校车驾驶资格,通知机动车驾驶人换领机动车驾驶证,并通报教育行政部门和学校:

（一）提出注销申请的;

（二）年龄超过国家校车驾驶资格条件的;

（三）在致人死亡或者重伤的交通事故负有责任的;

（四）有酒后驾驶或者醉酒驾驶机动车,以及驾驶客运车辆超员、超速等严重道路交通安全违法行为的;

（五）有记满 12 分或者犯罪记录的;

（六）有传染性疾病、癫痫病、精神病等可能危及行车安全的疾病,有酗酒、吸毒行为记录的。

未收回签注校车驾驶许可的机动车驾驶证的,应当公告其校车驾驶资格作废。

第六章　法律责任

第九十三条　申请人隐瞒有关情况或者提供虚假材料申领机动车驾驶证的,公安机关交通管理部门不予受理或者不予办理,处五百元以下罚款;申请人在一年内不得再次申领机动车驾驶证。

申请人在考试过程中有贿赂、舞弊行为的,取消考试资格,已经通过考试的其他科目成绩无效,公安机关交通管理部门处二千元以下罚款;申请人在一年内不得再次申领机动车驾驶证。

申请人以欺骗、贿赂等不正当手段取得机动车驾驶证的,公安机关交通管理部门收缴机动车驾驶证,撤销机动车驾驶许可,处二千元以下罚款;申请人在三年内不得再次申领机动车驾驶证。

组织、参与实施前三款行为之一牟取经济利益的,由公安机关交通管理部门处违法所得三倍以上五倍以下罚款,但最高不超过十万元。

申请人隐瞒有关情况或者提供虚假材料申请校车驾驶资格的,公安机关交通管理部门不予受理或者不予办理,处五百元以下罚款;申请人在一年内不得再次申请校车驾驶资格。申请人以欺骗、贿赂等不正当手段取得校车驾驶资格的,公安机关交通管理部门撤销校车驾驶资格,处二千元以下罚款;申请人在三年内不得再次申请校车驾驶资格。

第九十四条　申请人在教练员或者学车专用标识签注的指导人员随车指导下,使用符合规定的机动车学习驾驶中有道路交通安全违法行为或者发生交通事故的,按照《道路交通安全法实施条例》第二十条规定,由教练员或者随车指导人员承担责任。

第九十五条　申请人在道路上学习驾驶时,有下列情形之一的,由公安机关交通管理部门对教练员或者随车指导人员处二十元以上二百元以下罚款:

（一）未按照公安机关交通管理部门指定的路线、时间进行的;

（二）未按照本规定第四十二条规定放置、粘贴学车专用标识的。

第九十六条　申请人在道路上学习驾驶时,有下列情形之一的,由公安机关交通管理部门对教练员或者随车指导人员处二百元以上五百元以下罚款:

（一）未使用符合规定的机动车的;

（二）自学用车搭载随车指导人员以外的其他人员的。

第九十七条　申请人在道路上学习驾驶时,有下列情形之一的,由公安机关交通管理部门按照《道路交通安全法》第九十九条第一款第一项规定予以处罚:

（一）未取得学习驾驶证明的;

（二）没有教练员或者随车指导人员的；

（三）由不符合规定的人员随车指导的。

将机动车交由有前款规定情形之一的申请人驾驶的，由公安机关交通管理部门按照《道路交通安全法》第九十九条第一款第二项规定予以处罚。

第九十八条　机动车驾驶人有下列行为之一的，由公安机关交通管理部门处二十元以上二百元以下罚款：

（一）机动车驾驶人补换领机动车驾驶证后，继续使用原机动车驾驶证的；

（二）在实习期内驾驶机动车不符合第七十七条规定的；

（三）持有大型客车、重型牵引挂车、城市公交车、中型客车、大型货车驾驶证的驾驶人，未按照第八十一条规定申报变更信息的。

有第一款第一项规定情形的，由公安机关交通管理部门收回原机动车驾驶证。

第九十九条　机动车驾驶人有下列行为之一的，由公安机关交通管理部门处二百元以上五百元以下罚款：

（一）机动车驾驶证被依法扣押、扣留或者暂扣期间，采用隐瞒、欺骗手段补领机动车驾驶证的；

（二）机动车驾驶人身体条件发生变化不适合驾驶机动车，仍驾驶机动车的；

（三）逾期不参加审验仍驾驶机动车的。

有第一款第一项、第二项规定情形之一的，由公安机关交通管理部门收回机动车驾驶证。

第一百条　机动车驾驶人参加审验教育时在签注学习记录、学习过程中弄虚作假的，相应学习记录无效，重新参加审验学习，由公安机关交通管理部门处一千元以下罚款。

代替实际机动车驾驶人参加审验教育的，由公安机关交通管理部门处二千元以下罚款。

组织他人实施前两款行为之一，有违法所得的，由公安机关交通管理部门处违法所得三倍以下罚款，但最高不超过二万元；没有违法所得的，由公安机关交通管理部门处二万元以下罚款。

第一百零一条　省、自治区、直辖市公安厅、局可以根据本地区的实际情况，在本规定的处罚幅度范围

内，制定具体的执行标准。

对本规定的道路交通安全违法行为的处理程序按照《道路交通安全违法行为处理程序规定》执行。

第一百零二条　公安机关交通管理部门及其交通警察、警务辅助人员办理机动车驾驶证业务、开展机动车驾驶人考试工作，应当接受监察机关、公安机关督察审计部门等依法实施的监督。

公安机关交通管理部门及其交通警察、警务辅助人员办理机动车驾驶证业务、开展机动车驾驶人考试工作，应当自觉接受社会和公民的监督。

第一百零三条　交通警察有下列情形之一的，按照有关规定给予处分；聘用人员有下列情形之一的予以解聘。构成犯罪的，依法追究刑事责任：

（一）为不符合机动车驾驶许可条件、未经考试、考试不合格人员签注合格考试成绩或者核发机动车驾驶证的；

（二）减少考试项目、降低评判标准或者参与、协助、纵容考试作弊的；

（三）为不符合规定的申请人发放学习驾驶证明、学车专用标识的；

（四）与非法中介串通牟取经济利益的；

（五）违反规定侵入机动车驾驶证管理系统，泄漏、篡改、买卖系统数据，或者泄漏系统密码的；

（六）违反规定向他人出售或者提供机动车驾驶证信息的；

（七）参与或者变相参与驾驶培训机构、社会考场、考试设备生产销售企业经营活动的；

（八）利用职务上的便利索取、收受他人财物或者牟取其他利益的。

交通警察未按照第五十三条第一款规定使用执法记录仪的，根据情节轻重，按照有关规定给予处分。

公安机关交通管理部门有第一款所列行为之一的，按照有关规定对直接负责的主管人员和其他直接责任人员给予相应的处分。

第七章　附　则

第一百零四条　国家之间对机动车驾驶证有互相认可协议的，按照协议办理。

国家之间签订有关协定涉及机动车驾驶证的，按照协定执行。

第一百零五条 机动车驾驶人可以委托代理人代理换证、补证、提交身体条件证明、提交审验材料、延期办理和注销业务。代理人申请机动车驾驶证业务时,应当提交代理人的身份证明和机动车驾驶人的委托书。

第一百零六条 公安机关交通管理部门应当实行驾驶人考试、驾驶证管理档案电子化。机动车驾驶证电子档案与纸质档案具有同等效力。

第一百零七条 机动车驾驶证、临时机动车驾驶许可和学习驾驶证明的式样由公安部统一制定并监制。

机动车驾驶证、临时机动车驾驶许可和学习驾驶证明的制作应当按照中华人民共和国公共安全行业标准《中华人民共和国机动车驾驶证件》执行。

第一百零八条 拖拉机驾驶证的申领和使用另行规定。拖拉机驾驶证式样、规格应当符合中华人民共和国公共安全行业标准《中华人民共和国机动车驾驶证件》的规定。

第一百零九条 本规定下列用语的含义:

(一)身份证明是指:

1. 居民的身份证明,是居民身份证或者临时居民身份证;

2. 现役军人(含武警)的身份证明,是居民身份证或者临时居民身份证。在未办理居民身份证前,是军队有关部门核发的军官证、文职干部证、士兵证、离休证、退休证等有效军人身份证件,以及其所在的团级以上单位出具的部队驻地住址证明;

3. 香港、澳门特别行政区居民的身份证明,是港澳居民居住证;或者是其所持有的港澳居民来往内地通行证或者外交部核发的中华人民共和国旅行证,以及公安机关出具的住宿登记证明;

4. 台湾地区居民的身份证明,是台湾居民居住证;或者是其所持有的公安机关核发的五年有效的台湾居民来往大陆通行证或者外交部核发的中华人民共和国旅行证,以及公安机关出具的住宿登记证明;

5. 定居国外的中国公民的身份证明,是中华人民共和国护照和公安机关出具的住宿登记证明;

6. 外国人的身份证明,是其所持有的有效护照或者其他国际旅行证件,停居留期三个月以上的有效签证或者停留、居留许可,以及公安机关出具的住宿登记证明;或者是外国人永久居留身份证;

7. 外国驻华使馆、领馆人员、国际组织驻华代表机构人员的身份证明,是外交部核发的有效身份证件。

(二)住址是指:

1. 居民的住址,是居民身份证或者临时居民身份证记载的住址;

2. 现役军人(含武警)的住址,是居民身份证或者临时居民身份证记载的住址。在未办理居民身份证前,是其所在的团级以上单位出具的部队驻地住址;

3. 境外人员的住址,是公安机关出具的住宿登记证明记载的地址;

4. 外国驻华使馆、领馆人员及国际组织驻华代表机构人员的住址,是外交部核发的有效身份证件记载的地址。

(三)境外机动车驾驶证是指外国、香港、澳门特别行政区、台湾地区核发的具有单独驾驶资格的正式机动车驾驶证,不包括学习驾驶证、临时驾驶证、实习驾驶证。

(四)汽车类驾驶证是指大型客车、重型牵引挂车、城市公交车、中型客车、大型货车、小型汽车、小型自动挡汽车、低速载货汽车、三轮汽车、残疾人专用小型自动挡汽车、轻型牵引挂车、轮式专用机械车、无轨电车、有轨电车准驾车型驾驶证。摩托车类驾驶证是指普通三轮摩托车、普通二轮摩托车、轻便摩托车准驾车型驾驶证。

第一百一十条 本规定所称"一日"、"三日"、"五日",是指工作日,不包括节假日。

本规定所称"以上"、"以下",包括本数。

第一百一十一条 本规定自 2022 年 4 月 1 日起施行。2012 年 9 月 12 日发布的《机动车驾驶证申领和使用规定》(公安部令第 123 号)和 2016 年 1 月 29 日发布的《公安部关于修改〈机动车驾驶证申领和使用规定〉的决定》(公安部令第 139 号)同时废止。本规定生效后,公安部以前制定的规定与本规定不一致的,以本规定为准。

附件：

1. 准驾车型及代号
2. 学车专用标识式样
3. 实习标志式样
4. 残疾人机动车专用标志

附件 1

准驾车型及代号

准驾车型	代号	准驾的车辆	准予驾驶的其他准驾车型
大型客车	A1	大型载客汽车	A3、B1、B2、C1、C2、C3、C4、M
重型牵引挂车	A2	总质量大于 4500kg 的汽车列车	B1、B2、C1、C2、C3、C4、C6、M
城市公交车	A3	核载 10 人以上的城市公共汽车	C1、C2、C3、C4
中型客车	B1	中型载客汽车（含核载 10 人以上、19 人以下的城市公共汽车）	C1、C2、C3、C4、M
大型货车	B2	重型、中型载货汽车；重型、中型专项作业车	
小型汽车	C1	小型、微型载客汽车以及轻型、微型载货汽车；轻型、微型专项作业车	C2、C3、C4
小型自动挡汽车	C2	小型、微型自动挡载客汽车以及轻型、微型自动挡载货汽车；轻型、微型自动挡专项作业车；上肢残疾人专用小型自动挡载客汽车	
低速载货汽车	C3	低速载货汽车	C4
三轮汽车	C4	三轮汽车	
残疾人专用小型自动挡载客汽车	C5	残疾人专用小型、微型自动挡载客汽车（允许上肢、右下肢或者双下肢残疾人驾驶）	

续表

轻型牵引挂车	C6	总质量小于（不包含等于）4500kg 的汽车列车	
普通三轮摩托车	D	发动机排量大于 50ml 或者最大设计车速大于 50km/h 的三轮摩托车	E、F
普通二轮摩托车	E	发动机排量大于 50ml 或者最大设计车速大于 50km/h 的二轮摩托车	F
轻便摩托车	F	发动机排量小于等于 50ml，最大设计车速小于等于 50km/h 的摩托车	
轮式专用机械车	M	轮式专用机械车	
无轨电车	N	无轨电车	
有轨电车	P	有轨电车	

附件 2

学车专用标识式样
（正面）

注：1、学车专用标识的主色为大红色 █ M100Y100，配色为黄色 █ Y100；

2、"学"字大小为 400 磅的粗楷体，描边 12 磅；

3、学车专用标识共 2 张，分别放置在车内前挡风玻璃右下角、粘贴在车辆尾部。

学车专用标识式样
（背面）

标识编号
自学人员
姓名
身份证明号码
指导人员
姓名
驾驶证号码
自学用车
号牌号码
车辆识别代号
签发机关

签发日期
有效期止日期

附件 3

实习标志式样

一、汽车实习标志式样

比例：1:1
Φ16cm

注：1. 实习标志的主色为黄色 ▩ Y100，配色为桔红色 ▩ M80Y100
　　2. "实习"两字用大小为250磅的粗楷体
　　3. 在实习期内驾驶机动车的，应当在车身后部粘贴或悬挂实习标志

二、摩托车实习标志式样

注：1. 实习标志的主色为黄色 ▩ Y100，配色为桔红色 ▩ M80Y100
　　2. "实习"两字用大小为130磅的粗楷体
　　3. 在实习期内驾驶机动车的，应当在车身后部粘贴或悬挂实习标志

附件 4

残疾人机动车专用标志

式样

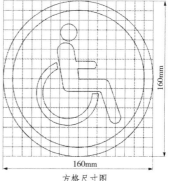

方格尺寸图

颜色值：

　　　　　　C＝100，M＝80，Y＝5，K＝0

使用规定：

1、残疾人驾驶机动车时，应当在车身前部和后部分别设置专用标志。

2、专用标志应当设置在车身距离地面0.4m以上1.2m以下的位置。

机动车登记规定

· 2021年12月17日公安部令第164号公布
· 自2022年5月1日起施行

第一章　总　则

第一条　为了规范机动车登记，保障道路交通安全，保护公民、法人和其他组织的合法权益，根据《中华人民共和国道路交通安全法》及其实施条例，制定本规定。

第二条　本规定由公安机关交通管理部门负责实施。

省级公安机关交通管理部门负责本省（自治区、直辖市）机动车登记工作的指导、检查和监督。直辖市公安机关交通管理部门车辆管理所、设区的市或者相当于同级的公安机关交通管理部门车辆管理所负责办理本行政区域内机动车登记业务。

县级公安机关交通管理部门车辆管理所可以办理本行政区域内除危险货物运输车、校车、中型以上载客汽车登记以外的其他机动车登记业务。具体业务范围和办理条件由省级公安机关交通管理部门确定。

警用车辆登记业务按照有关规定办理。

第三条　车辆管理所办理机动车登记业务，应当遵循依法、公开、公正、便民的原则。

车辆管理所办理机动车登记业务，应当依法受理申请人的申请，审查申请人提交的材料，按规定查验机动车。对符合条件的，按照规定的标准、程序和期限办理机动车登记。对申请材料不齐全或者不符合法定形式的，应当一次书面或者电子告知申请人需要补正的全部内容。对不符合规定的，应当书面或者电子告知不予受理、登记的理由。

车辆管理所应当将法律、行政法规和本规定的有关办理机动车登记的事项、条件、依据、程序、期限以及收费标准、需要提交的全部材料的目录和申请表示范文本等在办公场所公示。

省级、设区的市或者相当于同级的公安机关交通管理部门应当在互联网上发布信息，便于群众查阅办理机动车登记的有关规定，查询机动车登记、检验等情况，下载、使用有关表格。

第四条　车辆管理所办理机动车登记业务时，应当按照减环节、减材料、减时限的要求，积极推行一次办结、限时办结等制度，为申请人提供规范、便利、高效的服务。

公安机关交通管理部门应当积极推进与有关部门信息互联互通，对实现信息共享、网上核查的，申请人免予提交相关证明凭证。

公安机关交通管理部门应当按照就近办理、便捷办理的原则，推进在机动车销售企业、二手车交易市场等地设置服务站点，方便申请人办理机动车登记业务，并在办公场所和互联网公示辖区内的业务办理网点、地址、联系电话、办公时间和业务范围。

第五条　车辆管理所应当使用全国统一的计算机管理系统办理机动车登记、核发机动车登记证书、号牌、行驶证和检验合格标志。

计算机管理系统的数据库标准和软件全国统一，能够完整、准确地记录和存储机动车登记业务全过程和经办人员信息，并能够实时将有关信息传送到全国公安交通管理信息系统。

第六条　车辆管理所应当使用互联网交通安全综合服务管理平台受理申请人网上提交的申请，验证申请人身份，按规定办理机动车登记业务。

互联网交通安全综合服务管理平台信息管理系统数据库标准和软件全国统一。

第七条　申请办理机动车登记业务的，应当如实向车辆管理所提交规定的材料、交验机动车，如实申告规定的事项，并对其申请材料实质内容的真实性以及机动车的合法性负责。

第八条　公安机关交通管理部门应当建立机动车登记业务监督制度，加强对机动车登记、牌证生产制作和发放等监督管理。

第九条　车辆管理所办理机动车登记业务时可以依据相关法律法规认可、使用电子签名、电子印章、电子证照。

第二章　机动车登记
第一节　注册登记

第十条　初次申领机动车号牌、行驶证的，机动车所有人应当向住所地的车辆管理所申请注册登记。

第十一条　机动车所有人应当到机动车安全技术检验机构对机动车进行安全技术检验，取得机动车安全技术检验合格证明后申请注册登记。但经海关进口的机动车和国务院机动车产品主管部门认定免予安全技术检验的机动车除外。

免予安全技术检验的机动车有下列情形之一的，应当进行安全技术检验：

（一）国产机动车出厂后两年内未申请注册登记的；

（二）经海关进口的机动车进口后两年内未申请注册登记的；

（三）申请注册登记前发生交通事故的。

专用校车办理注册登记前，应当按照专用校车国家安全技术标准进行安全技术检验。

第十二条　申请注册登记的，机动车所有人应当交验机动车，确认申请信息，并提交以下证明、凭证：

（一）机动车所有人的身份证明；

（二）购车发票等机动车来历证明；

（三）机动车整车出厂合格证明或者进口机动车进口凭证；

（四）机动车交通事故责任强制保险凭证；

（五）车辆购置税、车船税完税证明或者免税凭证，但法律规定不属于征收范围的除外；

（六）法律、行政法规规定应当在机动车注册登记时提交的其他证明、凭证。

不属于经海关进口的机动车和国务院机动车产品主管部门规定免予安全技术检验的机动车，还应当提交机动车安全技术检验合格证明。

车辆管理所应当自受理申请之日起二日内，查验机动车，采集、核对车辆识别代号拓印膜或者电子资料，审查提交的证明、凭证，核发机动车登记证书、号牌、行驶证和检验合格标志。

机动车安全技术检验、税务、保险等信息实现与有关部门或者机构联网核查的，申请人免予提交相关证明、凭证，车辆管理所核对相关电子信息。

第十三条　车辆管理所办理消防车、救护车、工程救险车注册登记时，应当对车辆的使用性质、标志图案、标志灯具和警报器进行审查。

机动车所有人申请机动车使用性质登记为危险货物运输、公路客运、旅游客运的，应当具备相关道路运输许可；实现与有关部门联网核查道路运输许可信息、车辆使用性质信息的，车辆管理所应当核对相关电子信息。

申请危险货物运输车登记的，机动车所有人应当为单位。

车辆管理所办理注册登记时，应当对牵引车和挂车分别核发机动车登记证书、号牌、行驶证和检验合格标志。

第十四条　车辆管理所实现与机动车制造厂新车出厂查验信息联网的，机动车所有人申请小型、微型非营运载客汽车注册登记时，免予交验机动车。

车辆管理所应当会同有关部门在具备条件的摩托车销售企业推行摩托车带牌销售，方便机动车所有人购置车辆、投保保险、缴纳税款、注册登记一站式办理。

第十五条　有下列情形之一的，不予办理注册登记：

（一）机动车所有人提交的证明、凭证无效的；

（二）机动车来历证明被涂改或者机动车来历证明记载的机动车所有人与身份证明不符的；

（三）机动车所有人提交的证明、凭证与机动车不符的；

（四）机动车未经国务院机动车产品主管部门许可生产或者未经国家进口机动车主管部门许可进口的；

（五）机动车的型号或者有关技术参数与国务院机动车产品主管部门公告不符的；

（六）机动车的车辆识别代号或者有关技术参数不符合国家安全技术标准的；

（七）机动车达到国家规定的强制报废标准的；

（八）机动车被监察机关、人民法院、人民检察院、行政执法部门依法查封、扣押的；

（九）机动车属于被盗抢骗的；

（十）其他不符合法律、行政法规规定的情形。

第二节　变更登记

第十六条　已注册登记的机动车有下列情形之一的，机动车所有人应当向登记地车辆管理所申请变更登记：

（一）改变车身颜色的；

（二）更换发动机的；

（三）更换车身或者车架的；

（四）因质量问题更换整车的；

（五）机动车登记的使用性质改变的；

（六）机动车所有人的住所迁出、迁入车辆管理所管辖区域的。

属于第一款第一项至第三项规定的变更事项的，机动车所有人应当在变更后十日内向车辆管理所申请变更登记。

第十七条　申请变更登记的，机动车所有人应当交验机动车，确认申请信息，并提交以下证明、凭证：

（一）机动车所有人的身份证明；

（二）机动车登记证书；

（三）机动车行驶证；

（四）属于更换发动机、车身或者车架的，还应当提交机动车安全技术检验合格证明；

（五）属于因质量问题更换整车的，还应当按照第十二条的规定提交相关证明、凭证。

车辆管理所应当自受理之日起一日内，查验机动车，审查提交的证明、凭证，在机动车登记证书上签注变更事项，收回行驶证，重新核发行驶证。属于第十六条第一款第三项、第四项、第六项规定的变更登记事项的，还应当采集、核对车辆识别代号拓印膜或者电子资料。属于机动车使用性质变更为公路客运、旅游客运，实现与有关部门联网核查道路运输许可信息、车辆使用性质信息的，还应当核对相关电子信息。属于需要重新核发机动车号牌的，收回号牌、行驶证，核发号牌、行驶证和检验合格标志。

小型、微型载客汽车因改变车身颜色申请变更登记，车辆不在登记地的，可以向车辆所在地车辆管理所提出申请。车辆所在地车辆管理所应当按规定查

验机动车，审查提交的证明、凭证，并将机动车查验电子资料转递至登记地车辆管理所，登记地车辆管理所按规定复核并核发行驶证。

第十八条　机动车所有人的住所迁出车辆管理所管辖区域的，转出地车辆管理所应当自受理之日起三日内，查验机动车，在机动车登记证书上签注变更事项，制作上传机动车电子档案资料。机动车所有人应当在三十日内到住所地车辆管理所申请机动车转入。属于小型、微型载客汽车或者摩托车机动车所有人的住所迁出车辆管理所管辖区域的，应当向转入地车辆管理所申请变更登记。

申请机动车转入的，机动车所有人应当确认申请信息，提交身份证明、机动车登记证书，并交验机动车。机动车在转入时已超过检验有效期的，应当按规定进行安全技术检验并提交机动车安全技术检验合格证明和交通事故责任强制保险凭证。车辆管理所应当自受理之日起三日内，查验机动车，采集、核对车辆识别代号拓印膜或者电子资料，审查相关证明、凭证和机动车电子档案资料，在机动车登记证书上签注转入信息，收回号牌、行驶证，确定新的机动车号牌号码，核发号牌、行驶证和检验合格标志。

机动车所有人申请转出、转入前，应当将涉及该车的道路交通安全违法行为和交通事故处理完毕。

第十九条　机动车所有人为两人以上，需要将登记的所有人姓名变更为其他共同所有人姓名的，可以向登记地车辆管理所申请变更登记。申请时，机动车所有人应当共同提出申请，确认申请信息，提交机动车登记证书、行驶证、变更前和变更后机动车所有人的身份证明和共同所有的公证证明，但属于夫妻双方共同所有的，可以提供结婚证或者证明夫妻关系的居民户口簿。

车辆管理所应当自受理之日起一日内，审查提交的证明、凭证，在机动车登记证书上签注变更事项，收回号牌、行驶证，确定新的机动车号牌号码，重新核发号牌、行驶证和检验合格标志。变更后机动车所有人的住所不在车辆管理所管辖区域内的，迁出地和迁入地车辆管理所应当按照第十八条的规定办理变更登记。

第二十条　同一机动车所有人名下机动车的号

牌号码需要互换,符合以下情形的,可以向登记地车辆管理所申请变更登记:

(一)两辆机动车在同一辖区车辆管理所登记;

(二)两辆机动车属于同一号牌种类;

(三)两辆机动车使用性质为非营运。

机动车所有人应当确认申请信息,提交机动车所有人身份证明、两辆机动车的登记证书、行驶证、号牌。申请前,应当将两车的道路交通安全违法行为和交通事故处理完毕。

车辆管理所应当自受理之日起一日内,审查提交的证明、凭证,在机动车登记证书上签注变更事项,收回两车的号牌、行驶证,重新核发号牌、行驶证和检验合格标志。

同一机动车一年内可以互换变更一次机动车号牌号码。

第二十一条　有下列情形之一的,不予办理变更登记:

(一)改变机动车的品牌、型号和发动机型号的,但经国务院机动车产品主管部门许可选装的发动机除外;

(二)改变已登记的机动车外形和有关技术参数的,但法律、法规和国家强制性标准另有规定的除外;

(三)属于第十五条第一项、第七项、第八项、第九项规定情形的。

距机动车强制报废标准规定要求使用年限一年以内的机动车,不予办理第十六条第五项、第六项规定的变更事项。

第二十二条　有下列情形之一,在不影响安全和识别号牌的情况下,机动车所有人不需要办理变更登记:

(一)增加机动车车内装饰;

(二)小型、微型载客汽车加装出入口踏步件;

(三)货运机动车加装防风罩、水箱、工具箱、备胎架等。

属于第一款第二项、第三项规定变更事项的,加装的部件不得超出车辆宽度。

第二十三条　已注册登记的机动车有下列情形之一的,机动车所有人应当在信息或者事项变更后三十日内,向登记地车辆管理所申请变更备案:

(一)机动车所有人住所所在车辆管理所管辖区域内迁移、机动车所有人姓名(单位名称)变更的;

(二)机动车所有人身份证明名称或者号码变更的;

(三)机动车所有人联系方式变更的;

(四)车辆识别代号因磨损、锈蚀、事故等原因辨认不清或者损坏的;

(五)小型、微型自动挡载客汽车加装、拆除、更换肢体残疾人操纵辅助装置的;

(六)载货汽车、挂车加装、拆除车用起重尾板的;

(七)小型、微型载客汽车在不改变车身主体结构且保证安全的情况下加装车顶行李架,换装不同式样散热器面罩、保险杠、轮毂的;属于换装轮毂的,不得改变轮胎规格。

第二十四条　申请变更备案的,机动车所有人应当确认申请信息,按照下列规定办理:

(一)属于第二十三条第一项规定情形的,机动车所有人应当提交身份证明、机动车登记证书、行驶证。车辆管理所应当自受理之日起一日内,在机动车登记证书上签注备案事项,收回并重新核发行驶证;

(二)属于第二十三条第二项规定情形的,机动车所有人应当提交身份证明、机动车登记证书;属于身份证明号码变更的,还应当提交相关变更证明。车辆管理所应当自受理之日起一日内,在机动车登记证书上签注备案事项;

(三)属于第二十三条第三项规定情形的,机动车所有人应当提交身份证明。车辆管理所应当自受理之日起一日内办理备案;

(四)属于第二十三条第四项规定情形的,机动车所有人应当提交身份证明、机动车登记证书、行驶证,交验机动车。车辆管理所应当自受理之日起一日内,查验机动车,监督重新打刻原车辆识别代号,采集、核对车辆识别代号拓印膜或者电子资料,在机动车登记证书上签注备案事项;

(五)属于第二十三条第五项、第六项规定情形的,机动车所有人应当提交身份证明、行驶证、机动车安全技术检验合格证明、操纵辅助装置或者尾板加装合格证明,交验机动车。车辆管理所应当自受理之日起一日内,查验机动车,收回并重新核发行驶证;

（六）属于第二十三条第七项规定情形的，机动车所有人应当提交身份证明、行驶证，交验机动车。车辆管理所应当自受理之日起一日内，查验机动车，收回并重新核发行驶证。

因第二十三条第五项、第六项、第七项申请变更备案，车辆不在登记地的，可以向车辆所在地车辆管理所提出申请。车辆所在地车辆管理所应当按规定查验机动车，审查提交的证明、凭证，并将机动车查验电子资料转递至登记地车辆管理所，登记地车辆管理所按规定复核并核发行驶证。

第三节　转让登记

第二十五条　已注册登记的机动车所有权发生转让的，现机动车所有人应当自机动车交付之日起三十日内向登记地车辆管理所申请转让登记。

机动车所有人申请转让登记前，应当将涉及该车的道路交通安全违法行为和交通事故处理完毕。

第二十六条　申请转让登记的，现机动车所有人应当交验机动车，确认申请信息，并提交以下证明、凭证：

（一）现机动车所有人的身份证明；

（二）机动车所有权转让的证明、凭证；

（三）机动车登记证书；

（四）机动车行驶证；

（五）属于海关监管的机动车，还应当提交海关监管车辆解除监管证明书或者海关批准的转让证明；

（六）属于超过检验有效期的机动车，还应当提交机动车安全技术检验合格证明和交通事故责任强制保险凭证。

车辆管理所应当自受理申请之日起一日内，查验机动车，核对车辆识别代号拓印膜或者电子资料，审查提交的证明、凭证，收回号牌、行驶证，确定新的机动车号牌号码，在机动车登记证书上签注转让事项，重新核发号牌、行驶证和检验合格标志。

在机动车抵押登记期间申请转让登记的，应当由原机动车所有人、现机动车所有人和抵押权人共同申请，车辆管理所一并办理新的抵押登记。

在机动车质押备案期间申请转让登记的，应当由原机动车所有人、现机动车所有人和质权人共同申请，车辆管理所一并办理新的质押备案。

第二十七条　车辆管理所办理转让登记时，现机动车所有人住所不在车辆管理所管辖区域内的，转出地车辆管理所应当自受理之日起三日内，查验机动车，核对车辆识别代号拓印膜或者电子资料，审查提交的证明、凭证，收回号牌、行驶证，在机动车登记证书上签注转让和变更事项，核发有效期为三十日的临时行驶车号牌，制作上传机动车电子档案资料。机动车所有人应当在临时行驶车号牌的有效期限内到转入地车辆管理所申请机动车转入。

申请机动车转入时，机动车所有人应当确认申请信息，提交身份证明、机动车登记证书，并交验机动车。机动车在转入时已超过检验有效期的，应当按规定进行安全技术检验并提交机动车安全技术检验合格证明和交通事故责任强制保险凭证。转入地车辆管理所应当自受理之日起三日内，查验机动车，采集、核对车辆识别代号拓印膜或者电子资料，审查相关证明、凭证和机动车电子档案资料，在机动车登记证书上签注转入信息，核发号牌、行驶证和检验合格标志。

小型、微型载客汽车或者摩托车在转入地交易的，现机动车所有人应当向转入地车辆管理所申请转让登记。

第二十八条　二手车出口企业收购机动车的，车辆管理所应当自受理之日起三日内，查验机动车，核对车辆识别代号拓印膜或者电子资料，审查提交的证明、凭证，在机动车登记证书上签注转让待出口事项，收回号牌、行驶证，核发有效期不超过六十日的临时行驶车号牌。

第二十九条　有下列情形之一的，不予办理转让登记：

（一）机动车与该车档案记载内容不一致的；

（二）属于海关监管的机动车，海关未解除监管或者批准转让的；

（三）距机动车强制报废标准规定要求使用年限一年以内的机动车；

（四）属于第十五条第一项、第二项、第七项、第八项、第九项规定情形的。

第三十条　被监察机关、人民法院、人民检察院、行政执法部门依法没收并拍卖，或者被仲裁机构依法仲裁裁决，或者被监察机关依法处理，或者被人民法院调解、裁定、判决机动车所有权转让时,原机动车所有人未向现机动车所有人提供机动车登记证书、号牌或者行驶证的,现机动车所有人在办理转让登记时,应当提交监察机关或者人民法院出具的未得到机动车登记证书、号牌或者行驶证的协助执行通知书,或者人民检察院、行政执法部门出具的未得到机动车登记证书、号牌或者行驶证的证明。车辆管理所应当公告原机动车登记证书、号牌或者行驶证作废,并在办理转让登记的同时,补发机动车登记证书。

第四节 抵押登记

第三十一条 机动车作为抵押物抵押的,机动车所有人和抵押权人应当向登记地车辆管理所申请抵押登记;抵押权消灭的,应当向登记地车辆管理所申请解除抵押登记。

第三十二条 申请抵押登记的,由机动车所有人和抵押权人共同申请,确认申请信息,并提交下列证明、凭证:

(一)机动车所有人和抵押权人的身份证明;

(二)机动车登记证书;

(三)机动车抵押合同。

车辆管理所应当自受理之日起一日内,审查提交的证明、凭证,在机动车登记证书上签注抵押登记的内容和日期。

在机动车抵押登记期间,申请因质量问题更换整车变更登记、机动车迁出迁入、共同所有人变更或者补领、换领机动车登记证书的,应当由机动车所有人和抵押权人共同申请。

第三十三条 申请解除抵押登记的,由机动车所有人和抵押权人共同申请,确认申请信息,并提交下列证明、凭证:

(一)机动车所有人和抵押权人的身份证明;

(二)机动车登记证书。

人民法院调解、裁定、判决解除抵押的,机动车所有人或者抵押权人应当确认申请信息,提交机动车登记证书、人民法院出具的已经生效的调解书、裁定书或者判决书,以及相应的协助执行通知书。

车辆管理所应当自受理之日起一日内,审查提交的证明、凭证,在机动车登记证书上签注解除抵押登记的内容和日期。

第三十四条 机动车作为质押物质押的,机动车所有人可以向登记地车辆管理所申请质押备案;质押权消灭的,应当向登记地车辆管理所申请解除质押备案。

申请办理机动车质押备案或者解除质押备案的,由机动车所有人和质权人共同申请,确认申请信息,并提交以下证明、凭证:

(一)机动车所有人和质权人的身份证明;

(二)机动车登记证书。

车辆管理所应当自受理之日起一日内,审查提交的证明、凭证,在机动车登记证书上签注质押备案或者解除质押备案的内容和日期。

第三十五条 机动车抵押、解除抵押信息实现与有关部门或者金融机构等联网核查的,申请人免予提交相关证明、凭证。

机动车抵押登记日期、解除抵押登记日期可以供公众查询。

第三十六条 属于第十五条第一项、第七项、第八项、第九项或者第二十九条第二项规定情形的,不予办理抵押登记、质押备案。对机动车所有人、抵押权人、质权人提交的证明、凭证无效,或者机动车被监察机关、人民法院、人民检察院、行政执法部门依法查封、扣押的,不予办理解除抵押登记、质押备案。

第五节 注销登记

第三十七条 机动车有下列情形之一的,机动车所有人应当向登记地车辆管理所申请注销登记:

(一)机动车已达到国家强制报废标准的;

(二)机动车未达到国家强制报废标准,机动车所有人自愿报废的;

(三)因自然灾害、失火、交通事故等造成机动车灭失的;

(四)机动车因故不在我国境内使用的;

(五)因质量问题退车的。

属于第一款第四项、第五项规定情形的,机动车所有人申请注销登记前,应当将涉及该车的道路交通安全违法行为和交通事故处理完毕。

属于二手车出口符合第一款第四项规定情形的,二手车出口企业应当在机动车办理海关出口通关手续后二个月内申请注销登记。

第三十八条　属于第三十七条第一款第一项、第二项规定情形,机动车所有人申请注销登记的,应当向报废机动车回收企业交售机动车,确认申请信息,提交机动车登记证书、号牌和行驶证。

报废机动车回收企业应当确认机动车,向机动车所有人出具报废机动车回收证明,七日内将申请表、机动车登记证书、号牌、行驶证和报废机动车回收证明副本提交车辆管理所。属于报废校车、大型客车、重型货车及其他营运车辆的,申请注销登记时,还应当提交车辆识别代号拓印膜、车辆解体的照片或者电子资料。

车辆管理所应当自受理之日起一日内,审查提交的证明、凭证,收回机动车登记证书、号牌、行驶证,出具注销证明。

对车辆不在登记地的,机动车所有人可以向车辆所在地机动车回收企业交售报废机动车。报废机动车回收企业应当确认机动车,向机动车所有人出具报废机动车回收证明,七日内将申请表、机动车登记证书、号牌、行驶证、报废机动车回收证明副本以及车辆识别代号拓印膜或者电子资料提交报废地车辆管理所。属于报废校车、大型客车、重型货车及其他营运车辆的,还应当提交车辆解体的照片或者电子资料。

报废地车辆管理所应当自受理之日起一日内,审查提交的证明、凭证,收回机动车登记证书、号牌、行驶证,并通过计算机登记管理系统将机动车报废信息传递给登记地车辆管理所。登记地车辆管理所应当自接到机动车报废信息之日起一日内办理注销登记,并出具注销证明。

机动车报废信息实现与有关部门联网核查的,报废机动车回收企业免予提交相关证明、凭证,车辆管理所应当核对相关电子信息。

第三十九条　属于第三十七条第一款第三项、第四项、第五项规定情形,机动车所有人申请注销登记的,应当确认申请信息,并提交以下证明、凭证:

(一)机动车所有人身份证明;

(二)机动车登记证书;

(三)机动车行驶证;

(四)属于海关监管的机动车,因故不在我国境内使用的,还应当提交海关出具的海关监管车辆进(出)境领(销)牌照通知书;

(五)属于因质量问题退车的,还应当提交机动车制造厂或者经销商出具的退车证明。

申请人因机动车灭失办理注销登记的,应当书面承诺因自然灾害、失火、交通事故等导致机动车灭失,并承担不实承诺的法律责任。

二手车出口企业因二手车出口办理注销登记的,应当提交机动车所有人身份证明、机动车登记证书和机动车出口证明。

车辆管理所应当自受理之日起一日内,审查提交的证明、凭证,属于机动车因故不在我国境内使用的还应当核查机动车出境记录,收回机动车登记证书、号牌、行驶证,出具注销证明。

第四十条　已注册登记的机动车有下列情形之一的,登记地车辆管理所应当办理机动车注销:

(一)机动车登记被依法撤销的;

(二)达到国家强制报废标准的机动车被依法收缴并强制报废的。

第四十一条　已注册登记的机动车有下列情形之一的,车辆管理所应当公告机动车登记证书、号牌、行驶证作废:

(一)达到国家强制报废标准,机动车所有人逾期不办理注销登记的;

(二)机动车登记被依法撤销后,未收缴机动车登记证书、号牌、行驶证的;

(三)达到国家强制报废标准的机动车被依法收缴并强制报废的;

(四)机动车所有人办理注销登记时未交回机动车登记证书、号牌、行驶证的。

第四十二条　属于第十五条第一项、第八项、第九项或者第二十九条第一项规定情形的,不予办理注销登记。机动车在抵押登记、质押备案期间的,不予办理注销登记。

第三章　机动车牌证

第一节　牌证发放

第四十三条　机动车所有人可以通过计算机随机选取或者按照选号规则自行编排的方式确定机动车号牌号码。

公安机关交通管理部门应当使用统一的机动车

号牌选号系统发放号牌号码,号牌号码公开向社会发放。

第四十四条　办理机动车变更登记、转让登记或者注销登记后,原机动车所有人申请机动车登记时,可以向车辆管理所申请使用原机动车号牌号码。

申请使用原机动车号牌号码应当符合下列条件:

(一)在办理机动车迁出、共同所有人变更、转让登记或者注销登记后两年内提出申请;

(二)机动车所有人拥有原机动车且使用原号牌号码一年以上;

(三)涉及原机动车的道路交通安全违法行为和交通事故处理完毕。

第四十五条　夫妻双方共同所有的机动车将登记的机动车所有人姓名变更为另一方姓名,婚姻关系存续期满一年且经夫妻双方共同申请的,可以使用原机动车号牌号码。

第四十六条　机动车具有下列情形之一,需要临时上道路行驶的,机动车所有人应当向车辆管理所申领临时行驶车号牌:

(一)未销售的;

(二)购买、调拨、赠予等方式获得机动车后尚未注册登记的;

(三)新车出口销售的;

(四)进行科研、定型试验的;

(五)因轴荷、总质量、外廓尺寸超出国家标准不予办理注册登记的特型机动车。

第四十七条　机动车所有人申领临时行驶车号牌应当提交以下证明、凭证:

(一)机动车所有人的身份证明;

(二)机动车交通事故责任强制保险凭证;

(三)属于第四十六条第一项、第五项规定情形的,还应当提交机动车整车出厂合格证明或者进口机动车进口凭证;

(四)属于第四十六条第二项规定情形的,还应当提交机动车来历证明,以及机动车整车出厂合格证明或者进口机动车进口凭证;

(五)属于第四十六条第三项规定情形的,还应当提交机动车制造厂出具的安全技术检验证明以及机动车出口证明;

(六)属于第四十六条第四项规定情形的,还应当提交书面申请,以及机动车安全技术检验合格证明或者机动车制造厂出具的安全技术检验证明。

车辆管理所应当自受理之日起一日内,审查提交的证明、凭证,属于第四十六条第一项、第二项、第三项规定情形,需要临时上道路行驶的,核发有效期不超过三十日的临时行驶车号牌。属于第四十六条第四项规定情形的,核发有效期不超过六个月的临时行驶车号牌。属于第四十六条第五项规定情形的,核发有效期不超过九十日的临时行驶车号牌。

因号牌制作的原因,无法在规定时限内核发号牌的,车辆管理所应当核发有效期不超过十五日的临时行驶车号牌。

对属于第四十六条第一项、第二项规定情形,机动车所有人需要多次申领临时行驶车号牌的,车辆管理所核发临时行驶车号牌不得超过三次。属于第四十六条第三项规定情形的,车辆管理所核发一次临时行驶车号牌。

临时行驶车号牌有效期不得超过机动车交通事故责任强制保险有效期。

机动车办理登记后,机动车所有人收到机动车号牌之日起三日后,临时行驶车号牌作废,不得继续使用。

第四十八条　对智能网联机动车进行道路测试、示范应用需要上道路行驶的,道路测试、示范应用单位应当向车辆管理所申领临时行驶车号牌,提交以下证明、凭证:

(一)道路测试、示范应用单位的身份证明;

(二)机动车交通事故责任强制保险凭证;

(三)经主管部门确认的道路测试、示范应用凭证;

(四)机动车安全技术检验合格证明。

车辆管理所应当自受理之日起一日内,审查提交的证明、凭证,核发临时行驶车号牌。临时行驶车号牌有效期应当与准予道路测试、示范应用凭证上签注的期限保持一致,但最长不得超过六个月。

第四十九条　对临时入境的机动车需要上道路行驶的,机动车所有人应当按规定向入境地或者始发地车辆管理所申领临时入境机动车号牌和行驶证。

第五十条　公安机关交通管理部门应当使用统一的号牌管理信息系统制作、发放、收回、销毁机动车号牌和临时行驶车号牌。

第二节　牌证补换领

第五十一条　机动车号牌灭失、丢失或者损毁的，机动车所有人应当向登记地车辆管理所申请补领、换领。申请时，机动车所有人应当确认申请信息并提交身份证明。

车辆管理所应当审查提交的证明、凭证，收回未灭失、丢失或者损毁的号牌，自受理之日起十五日内补发、换发号牌，原机动车号牌号码不变。

补发、换发号牌期间，申请人可以申领有效期不超过十五日的临时行驶车号牌。

补领、换领机动车号牌的，原机动车号牌作废，不得继续使用。

第五十二条　机动车登记证书、行驶证灭失、丢失或者损毁的，机动车所有人应当向登记地车辆管理所申请补领、换领。申请时，机动车所有人应当确认申请信息并提交身份证明。

车辆管理所应当审查提交的证明、凭证，收回损毁的登记证书、行驶证，自受理之日起一日内补发、换发登记证书、行驶证。

补领、换领机动车登记证书、行驶证的，原机动车登记证书、行驶证作废，不得继续使用。

第五十三条　机动车所有人发现登记内容有错误的，应当及时要求车辆管理所更正。车辆管理所应当自受理之日起五日内予以确认。确属登记错误的，在机动车登记证书上更正相关内容，换发行驶证。需要改变机动车号牌号码的，应当收回号牌、行驶证，确定新的机动车号牌号码，重新核发号牌、行驶证和检验合格标志。

第三节　检验合格标志核发

第五十四条　机动车所有人可以在机动车检验有效期满前三个月内向车辆管理所申请检验合格标志。除大型载客汽车、校车以外的机动车因故不能在登记地检验的，机动车所有人可以向车辆所在地车辆管理所申请检验合格标志。

申请前，机动车所有人应当将涉及该车的道路交通安全违法行为和交通事故处理完毕。申请时，机动车所有人应当确认申请信息并提交行驶证、机动车交通事故责任强制保险凭证、车船税纳税或者免税证明、机动车安全技术检验合格证明。

车辆管理所应当自受理之日起一日内，审查提交的证明、凭证，核发检验合格标志。

第五十五条　对免予到机动车安全技术检验机构检验的机动车，机动车所有人申请检验合格标志时，应当提交机动车所有人身份证明或者行驶证、机动车交通事故责任强制保险凭证、车船税纳税或者免税证明。

车辆管理所应当自受理之日起一日内，审查提交的证明、凭证，核发检验合格标志。

第五十六条　公安机关交通管理部门应当实行机动车检验合格标志电子化，在核发检验合格标志的同时，发放检验合格标志电子凭证。

检验合格标志电子凭证与纸质检验合格标志具有同等效力。

第五十七条　机动车检验合格标志灭失、丢失或者损毁，机动车所有人需要补领、换领的，可以持机动车所有人身份证明或者行驶证向车辆管理所申请补领或者换领。对机动车交通事故责任强制保险在有效期内的，车辆管理所应当自受理之日起一日内补发或者换发。

第四章　校车标牌核发

第五十八条　学校或者校车服务提供者申请校车使用许可，应当按照《校车安全管理条例》向县级或者设区的市级人民政府教育行政部门提出申请。公安机关交通管理部门收到教育行政部门送来的征求意见材料后，应当在一日内通知申请人交验机动车。

第五十九条　县级或者设区的市级公安机关交通管理部门应当自申请人交验机动车之日起二日内确认机动车，查验校车标志灯、停车指示标志、卫星定位装置以及逃生锤、干粉灭火器、急救箱等安全设备，审核行驶线路、开行时间和停靠站点。属于专用校车的，还应当查验校车外观标识。审查以下证明、凭证：

（一）机动车所有人的身份证明；

（二）机动车行驶证；

（三）校车安全技术检验合格证明；

（四）包括行驶线路、开行时间和停靠站点的校车

运行方案;

（五）校车驾驶人的机动车驾驶证。

公安机关交通管理部门应当自收到教育行政部门征求意见材料之日起三日内向教育行政部门回复意见,但申请人未按规定实验机动车的除外。

第六十条 学校或者校车服务提供者按照《校车安全管理条例》取得校车使用许可后,应当向县级或者设区的市级公安机关交通管理部门领取校车标牌。领取时应当确认表格信息,并提交以下证明、凭证:

（一）机动车所有人的身份证明;

（二）校车驾驶人的机动车驾驶证;

（三）机动车行驶证;

（四）县级或者设区的市级人民政府批准的校车使用许可;

（五）县级或者设区的市级人民政府批准的包括行驶线路、开行时间和停靠站点的校车运行方案。

公安机关交通管理部门应当在收到领取表之日起三日内核发校车标牌。对属于专用校车的,应当核对行驶证上记载的校车类型和核载人数;对不属于专用校车的,应当在行驶证副页上签注校车类型和核载人数。

第六十一条 校车标牌应当记载本车的号牌号码、机动车所有人、驾驶人、行驶线路、开行时间、停靠站点、发牌单位、有效期限等信息。校车标牌分前后两块,分别放置于前风窗玻璃右下角和后风窗玻璃适当位置。

校车标牌有效期的截止日期与校车安全技术检验有效期的截止日期一致,但不得超过校车使用许可有效期。

第六十二条 专用校车应当自注册登记之日起每半年进行一次安全技术检验,非专用校车应当自取得校车标牌后每半年进行一次安全技术检验。

学校或者校车服务提供者应当在校车检验有效期满前一个月内向公安机关交通管理部门申请检验合格标志。

公安机关交通管理部门应当自受理之日起一日内,审查提交的证明、凭证,核发检验合格标志,换发校车标牌。

第六十三条 已取得校车标牌的机动车达到报废标准或者不再作为校车使用的,学校或者校车服务提供者应当拆除校车标志灯、停车指示标志,消除校车外观标识,并将校车标牌交回核发的公安机关交通管理部门。

专用校车不得改变使用性质。

校车使用许可被吊销、注销或者撤销的,学校或者校车服务提供者应当拆除校车标志灯、停车指示标志,消除校车外观标识,将校车标牌交回核发的公安机关交通管理部门。

第六十四条 校车行驶线路、开行时间、停靠站点或者车辆、所有人、驾驶人发生变化的,经县级或者设区的市级人民政府批准后,应当按照本规定重新领取校车标牌。

第六十五条 公安机关交通管理部门应当每月将校车标牌的发放、变更、收回等信息报本级人民政府备案,并通报教育行政部门。

学校或者校车服务提供者应当自取得校车标牌之日起,每月查询校车道路交通安全违法行为记录,及时到公安机关交通管理部门接受处理。核发校车标牌的公安机关交通管理部门应当每月汇总辖区内校车道路交通安全违法和交通事故等情况,通知学校或者校车服务提供者,并通报教育行政部门。

第六十六条 校车标牌灭失、丢失或者损毁的,学校或者校车服务提供者应当向核发标牌的公安机关交通管理部门申请补领或者换领。申请时,应当提交机动车所有人的身份证明及机动车行驶证。公安机关交通管理部门应当自受理之日起三日内审核,补发或者换发校车标牌。

第五章 监督管理

第六十七条 公安机关交通管理部门应当建立业务监督管理中心,通过远程监控、数据分析、日常检查、档案抽查、业务回访等方式,对机动车登记及相关业务办理情况进行监督管理。

直辖市、设区的市或者相当于同级的公安机关交通管理部门应当通过监管系统每周对机动车登记及相关业务办理情况进行监控、分析,及时查处整改发现的问题。省级公安机关交通管理部门应当通过监管系统每月对机动车登记及相关业务办理情况进行监控、分析,及时查处、通报发现的问题。

车辆管理所存在严重违规办理机动车登记情形的,上级公安机关交通管理部门可以暂停该车辆管理所办理相关业务或者指派其他车辆管理所人员接管业务。

第六十八条 县级公安机关交通管理部门办理机动车登记及相关业务的,办公场所、设施设备、人员资质和信息系统等应当满足业务办理需求,并符合相关规定和标准要求。

直辖市、设区的市公安机关交通管理部门应当加强对县级公安机关交通管理部门办理机动车登记及相关业务的指导、培训和监督管理。

第六十九条 机动车销售企业、二手车交易市场、机动车安全技术检验机构、报废机动车回收企业和邮政、金融机构、保险机构等单位,经公安机关交通管理部门委托可以设立机动车登记服务站,在公安机关交通管理部门监督管理下协助办理机动车登记及相关业务。

机动车登记服务站应当规范设置名称和外观标识,公开业务范围、办理依据、办理程序、收费标准等事项。机动车登记服务站应当使用统一的计算机管理系统协助办理机动车登记及相关业务。

机动车登记服务站协助办理机动车登记的,可以提供办理保险和车辆购置税、机动车预查验、信息预录入等服务,便利机动车所有人一站式办理。

第七十条 公安机关交通管理部门应当建立机动车登记服务站监督管理制度,明确设立条件、业务范围、办理要求、信息系统安全等规定,签订协议及责任书,通过业务抽查、网上巡查、实地检查、业务回访等方式加强对机动车登记服务站协助办理业务情况的监督管理。

机动车登记服务站存在违反规定办理机动车登记及相关业务、违反信息安全管理规定等情形的,公安机关交通管理部门应当暂停委托其业务办理,限期整改;有严重违规情形的,终止委托其业务办理。机动车登记服务站违反规定办理业务给当事人造成经济损失的,应当依法承担赔偿责任;构成犯罪的,依法追究相关责任人员刑事责任。

第七十一条 公安机关交通管理部门应当建立号牌制作发放监管制度,加强对机动车号牌制作单位

和号牌质量的监督管理。

机动车号牌制作单位存在违反规定制作和发放机动车号牌的,公安机关交通管理部门应当暂停其相关业务,限期整改;构成犯罪的,依法追究相关责任人员刑事责任。

第七十二条 机动车安全技术检验机构应当按照国家机动车安全技术检验标准对机动车进行检验,对检验结果承担法律责任。

公安机关交通管理部门在核发机动车检验合格标志时,发现机动车安全技术检验机构存在为未经检验的机动车出具检验合格证明、伪造或者篡改检验数据等出具虚假检验结果行为的,停止认可其出具的检验合格证明,依法进行处罚,并通报市场监督管理部门;构成犯罪的,依法追究相关责任人员刑事责任。

第七十三条 从事机动车查验工作的人员,应当持有公安机关交通管理部门颁发的资格证书。公安机关交通管理部门应当在公安民警、警务辅助人员中选拔足够数量的机动车查验员,从事查验工作。机动车登记服务站工作人员可以在车辆管理所监督下承担机动车查验工作。

机动车查验员应当严格遵守查验工作纪律,不得减少查验项目、降低查验标准,不得参与、协助、纵容为违规机动车办理登记。公安民警、警务辅助人员不得参与或者变相参与机动车安全技术检验机构经营活动,不得收取机动车安全技术检验机构、机动车销售企业、二手车交易市场、报废机动车回收企业等相关企业、申请人的财物。

车辆管理所应当对机动车查验过程进行全程录像,并实时监控查验过程,没有使用录像设备的,不得进行查验。机动车查验中,查验员应当使用执勤执法记录仪记录查验过程。车辆管理所应当建立机动车查验音视频档案,存储录像设备和执勤执法记录仪记录的音像资料。

第七十四条 车辆管理所在办理机动车登记及相关业务过程中发现存在以下情形的,应当及时开展调查:

(一)机动车涉嫌走私、被盗抢骗、非法生产销售、拼(组)装、非法改装的;

(二)涉嫌提交虚假申请材料的;

（三）涉嫌使用伪造、变造机动车牌证的；

（四）涉嫌以欺骗、贿赂等不正当手段取得机动车登记的；

（五）存在短期内频繁补换领牌证、转让登记、转出转入等异常情形的；

（六）存在其他违法违规情形的。

车辆管理所发现申请人通过互联网办理机动车登记及相关业务存在第一款规定嫌疑情形的，应当转为现场办理，当场审查申请材料，及时开展调查。

第七十五条　车辆管理所开展调查时，可以通知申请人协助调查，询问嫌疑情况，记录调查内容，并可以采取检验鉴定、实地检查等方式进行核查。

对经调查发现涉及行政案件或者刑事案件的，应当依法采取必要的强制措施或者其他处置措施，移交有管辖权的公安机关按照《公安机关办理行政案件程序规定》《公安机关办理刑事案件程序规定》等规定办理。

对办理机动车登记时发现机动车涉嫌走私的，公安机关交通管理部门应当将机动车及相关资料移交海关依法处理。

第七十六条　已注册登记的机动车被盗抢骗的，车辆管理所应当根据刑侦部门提供的情况，在计算机登记系统内记录，停止办理该车的各项登记和业务。被盗抢骗机动车发还后，车辆管理所应当恢复办理该车的各项登记和业务。

机动车在被盗抢骗期间，发动机号码、车辆识别代号或者车身颜色被改变的，车辆管理所应当凭有关技术鉴定证明办理变更备案。

第七十七条　公安机关交通管理部门及其交通警察、警务辅助人员办理机动车登记工作，应当接受监察机关、公安机关督察审计部门等依法实施的监督。

公安机关交通管理部门及其交通警察、警务辅助人员办理机动车登记工作，应当自觉接受社会和公民的监督。

第六章　法律责任

第七十八条　有下列情形之一的，由公安机关交通管理部门处警告或者二百元以下罚款：

（一）重型、中型载货汽车、专项作业车、挂车及大型客车的车身或者车厢后部未按照规定喷涂放大的牌号或者放大的牌号不清晰的；

（二）机动车喷涂、粘贴标识或者车身广告，影响安全驾驶的；

（三）载货汽车、专项作业车及挂车未按照规定安装侧面及后下部防护装置、粘贴车身反光标识的；

（四）机动车未按照规定期限进行安全技术检验的；

（五）改变车身颜色、更换发动机、车身或者车架，未按照第十六条规定的时限办理变更登记的；

（六）机动车所有权转让后，现机动车所有人未按照第二十五条规定的时限办理转让登记的；

（七）机动车所有人办理变更登记、转让登记，未按照第十八条、第二十七条规定的时限到住所地车辆管理所申请机动车转入的；

（八）机动车所有人未按照第二十三条规定申请变更备案的。

第七十九条　除第十六条、第二十二条、第二十三条规定的情形外，擅自改变机动车外形和已登记的有关技术参数的，由公安机关交通管理部门责令恢复原状，并处警告或者五百元以下罚款。

第八十条　隐瞒有关情况或者提供虚假材料申请机动车登记的，公安机关交通管理部门不予受理或者不予登记，处五百元以下罚款；申请人在一年内不得再次申请机动车登记。

对发现申请人通过机动车虚假交易、以合法形式掩盖非法目的等手段，在机动车登记业务中牟取不正当利益的，依照第一款的规定处理。

第八十一条　以欺骗、贿赂等不正当手段取得机动车登记的，由公安机关交通管理部门收缴机动车登记证书、号牌、行驶证，撤销机动车登记，处二千元以下罚款；申请人在三年内不得再次申请机动车登记。

以欺骗、贿赂等不正当手段办理补、换领机动车登记证书、号牌、行驶证和检验合格标志等业务的，由公安机关交通管理部门收缴机动车登记证书、号牌、行驶证和检验合格标志，未收缴的，公告作废，处二千元以下罚款。

组织、参与实施第八十条、本条前两款行为之一牟取经济利益的，由公安机关交通管理部门处违法所得三倍以上五倍以下罚款,但最高不超过十万元。

第八十二条 省、自治区、直辖市公安厅、局可以根据本地区的实际情况,在本规定的处罚幅度范围内,制定具体的执行标准。

对本规定的道路交通安全违法行为的处理程序按照《道路交通安全违法行为处理程序规定》执行。

第八十三条 交通警察有下列情形之一的,按照有关规定给予处分;对聘用人员予以解聘。构成犯罪的,依法追究刑事责任:

(一)违反规定为被盗抢骗、走私、非法拼(组)装、达到国家强制报废标准的机动车办理登记的;

(二)不按照规定查验机动车和审查证明、凭证的;

(三)故意刁难,拖延或者拒绝办理机动车登记的;

(四)违反本规定增加机动车登记条件或者提交的证明、凭证的;

(五)违反第四十三条的规定,采用其他方式确定机动车号牌号码的;

(六)违反规定跨行政辖区办理机动车登记和业务的;

(七)与非法中介串通牟取经济利益的;

(八)超越职权进入计算机登记管理系统办理机动车登记和业务,或者不按规定使用计算机登记管理系统办理机动车登记和业务的;

(九)违反规定侵入计算机登记管理系统,泄漏、篡改、买卖系统数据,或者泄漏系统密码的;

(十)违反规定向他人出售或者提供机动车登记信息的;

(十一)参与或者变相参与机动车安全技术检验机构经营活动的;

(十二)利用职务上的便利索取、收受他人财物或者牟取其他利益的;

(十三)强令车辆管理所违反本规定办理机动车登记的。

交通警察未按照第七十三条第三款规定使用执法记录仪的,根据情节轻重,按照有关规定给予处分。

第八十四条 公安机关交通管理部门有第八十三条所列行为之一的,按照有关规定对直接负责的主管人员和其他直接责任人员给予相应的处分。

公安机关交通管理部门及其工作人员有第八十三条所列行为之一,给当事人造成损失的,应当依法承担赔偿责任。

第七章 附 则

第八十五条 机动车登记证书、号牌、行驶证、检验合格标志的式样由公安部统一制定并监制。

机动车登记证书、号牌、行驶证、检验合格标志的制作应当符合有关标准。

第八十六条 机动车所有人可以委托代理人代理申请各项机动车登记和业务,但共同所有人变更、申请补领机动车登记证书、机动车灭失注销的除外;对机动车所有人因死亡、出境、重病、伤残或者不可抗力等原因不能到场的,可以凭相关证明委托代理人代理申请,或者由继承人申请。

代理人申请机动车登记和业务时,应当提交代理人的身份证明和机动车所有人的委托书。

第八十七条 公安机关交通管理部门应当实行机动车登记档案电子化,机动车电子档案与纸质档案具有同等效力。车辆管理所对办理机动车登记时不需要留存原件的证明、凭证,应当以电子文件形式归档。

第八十八条 本规定所称进口机动车以及进口机动车的进口凭证是指:

(一)进口机动车:

1. 经国家限定口岸海关进口的汽车;

2. 经各口岸海关进口的其他机动车;

3. 海关监管的机动车;

4. 国家授权的执法部门没收的走私、无合法进口证明和利用进口关键件非法拼(组)装的机动车。

(二)进口机动车的进口凭证:

1. 进口汽车的进口凭证,是国家限定口岸海关签发的货物进口证明书;

2. 其他进口机动车的进口凭证,是各口岸海关签发的货物进口证明书;

3. 海关监管的机动车的进口凭证,是监管地海关出具的海关监管车辆进(出)境领(销)牌照通知书;

4. 国家授权的执法部门没收的走私、无进口证明和利用进口关键件非法拼(组)装的机动车的进口凭证,是该部门签发的没收走私汽车、摩托车证明书。

第八十九条　本规定所称机动车所有人、身份证明以及住所是指：

（一）机动车所有人包括拥有机动车的个人或者单位。

1. 个人是指我国内地的居民和军人（含武警）以及香港、澳门特别行政区、台湾地区居民、定居国外的中国公民和外国人；

2. 单位是指机关、企业、事业单位和社会团体以及外国驻华使馆、领馆和外国驻华办事机构、国际组织驻华代表机构。

（二）身份证明：

1. 机关、企业、事业单位、社会团体的身份证明，是该单位的统一社会信用代码证书、营业执照或者社会团体法人登记证书，以及加盖单位公章的委托书和被委托人的身份证明。机动车所有人为单位的内设机构，本身不具备领取统一社会信用代码证书条件的，可以使用上级单位的统一社会信用代码证书作为机动车所有人的身份证明。上述单位已注销、撤销或者破产，其机动车需要办理变更登记、转让登记、解除抵押登记、注销登记、解除质押备案和补、换领机动车登记证书、号牌、行驶证的，已注销的企业的身份证明，是市场监督管理部门出具的准予注销登记通知书；已撤销的机关、事业单位、社会团体的身份证明，是其上级主管机关出具的有关证明；已破产无有效营业执照的企业，其身份证明是依法成立的财产清算机构或者人民法院依法指定的破产管理人出具的有关证明。商业银行、汽车金融公司申请办理抵押登记业务的，其身份证明是营业执照或者加盖公章的营业执照复印件；

2. 外国驻华使馆、领馆和外国驻华办事机构、国际组织驻华代表机构的身份证明，是该使馆、领馆或者该办事机构、代表机构出具的证明；

3. 居民的身份证明，是居民身份证或者临时居民身份证。在户籍地以外居住的内地居民，其身份证明是居民身份证或者临时居民身份证，以及公安机关核发的居住证明或者居住登记证明；

4. 军人（含武警）的身份证明，是居民身份证或者临时居民身份证。在未办理居民身份证前，是军队有关部门核发的军官证、文职干部证、士兵证、离休证、

退休证等有效军人身份证件，以及其所在的团级以上单位出具的本人住所证明；

5. 香港、澳门特别行政区居民的身份证明，是港澳居民居住证；或者是其所持有的港澳居民来往内地通行证或者外交部核发的中华人民共和国旅行证，以及公安机关出具的住宿登记证明；

6. 台湾地区居民的身份证明，是台湾居民居住证；或者是其所持有的公安机关核发的五年有效的台湾居民来往大陆通行证或者外交部核发的中华人民共和国旅行证，以及公安机关出具的住宿登记证明；

7. 定居国外的中国公民的身份证明，是中华人民共和国护照和公安机关出具的住宿登记证明；

8. 外国人的身份证明，是其所持有的有效护照或者其他国际旅行证件，停居留期三个月以上的有效签证或者停留、居留许可，以及公安机关出具的住宿登记证明；或者是外国人永久居留身份证；

9. 外国驻华使馆、领馆人员、国际组织驻华代表机构人员的身份证明，是外交部核发的有效身份证件。

（三）住所：

1. 单位的住所是其主要办事机构所在地；

2. 个人的住所是户籍登记地或者其身份证明记载的住址。在户籍地以外居住的内地居民的住所是公安机关核发的居住证明或者居住登记证明记载的住址。

属于在户籍地以外办理除机动车注册登记、转让登记、住所迁入、共同所有人变更以外业务的，机动车所有人免予提交公安机关核发的居住证明或者居住登记证明。

属于在户籍地以外办理小型、微型非营运载客汽车注册登记的，机动车所有人免予提交公安机关核发的居住证明或者居住登记证明。

第九十条　本规定所称机动车来历证明以及机动车整车出厂合格证明是指：

（一）机动车来历证明：

1. 在国内购买的机动车，其来历证明是机动车销售统一发票或者二手车交易发票。在国外购买的机动车，其来历证明是该车销售单位开具的销售发票及其翻译文本，但海关监管的机动车不需提供来历证明；

2. 监察机关依法没收、追缴或者责令退赔的机动

车,其来历证明是监察机关出具的法律文书,以及相应的协助执行通知书;

3. 人民法院调解、裁定或者判决转让的机动车,其来历证明是人民法院出具的已经生效的调解书、裁定书或者判决书,以及相应的协助执行通知书;

4. 仲裁机构仲裁裁决转让的机动车,其来历证明是仲裁裁决书和人民法院出具的协助执行通知书;

5. 继承、赠予、中奖、协议离婚和协议抵偿债务的机动车,其来历证明是继承、赠予、中奖、协议离婚、协议抵偿债务的相关文件和公证机关出具的公证书;

6. 资产重组或者资产整体买卖中包含的机动车,其来历证明是资产主管部门的批准文件;

7. 机关、企业、事业单位和社会团体统一采购并调拨到下属单位未注册登记的机动车,其来历证明是机动车销售统一发票和该部门出具的调拨证明;

8. 机关、企业、事业单位和社会团体已注册登记并调拨到下属单位的机动车,其来历证明是该单位出具的调拨证明。被上级单位调回或者调拨到其他下属单位的机动车,其来历证明是上级单位出具的调拨证明;

9. 经公安机关破案发还的被盗抢骗且已向原机动车所有人理赔完毕的机动车,其来历证明是权益转让证明书。

(二)机动车整车出厂合格证明:

1. 机动车整车厂生产的汽车、摩托车、挂车,其出厂合格证明是该厂出具的机动车整车出厂合格证;

2. 使用国产或者进口底盘改装的机动车,其出厂合格证明是机动车底盘生产厂出具的机动车底盘出厂合格证或者进口机动车底盘的进口凭证和机动车改装厂出具的机动车整车出厂合格证;

3. 使用国产或者进口整车改装的机动车,其出厂合格证明是机动车生产厂出具的机动车整车出厂合格证或者进口机动车的进口凭证和机动车改装厂出具的机动车整车出厂合格证;

4. 监察机关、人民法院、人民检察院或者行政执法机关依法扣留、没收并拍卖的未注册登记的国产机动车,未能提供出厂合格证明的,可以凭监察机关、人民法院、人民检察院或者行政执法机关出具的证明替代。

第九十一条　本规定所称二手车出口企业是指经商务主管部门认定具备二手车出口资质的企业。

第九十二条　本规定所称"一日"、"二日"、"三日"、"五日"、"七日"、"十日"、"十五日",是指工作日,不包括节假日。

临时行驶车号牌的最长有效期"十五日"、"三十日"、"六十日"、"九十日"、"六个月",包括工作日和节假日。

本规定所称"以下"、"以上"、"以内",包括本数。

第九十三条　本规定自 2022 年 5 月 1 日起施行。2008 年 5 月 27 日发布的《机动车登记规定》(公安部令第 102 号)和 2012 年 9 月 12 日发布的《公安部关于修改〈机动车登记规定〉的决定》(公安部令第 124 号)同时废止。本规定生效后,公安部以前制定的规定与本规定不一致的,以本规定为准。

最高人民法院、最高人民检察院、公安部、司法部关于办理醉酒危险驾驶刑事案件的意见

·2023 年 12 月 13 日
·高检发办字〔2023〕187 号

为维护人民群众生命财产安全和道路交通安全,依法惩治醉酒危险驾驶(以下简称醉驾)违法犯罪,根据刑法、刑事诉讼法等有关规定,结合执法司法实践,制定本意见。

一、总体要求

第一条　人民法院、人民检察院、公安机关办理醉驾案件,应当坚持分工负责,互相配合,互相制约,坚持正确适用法律,坚持证据裁判原则,严格执法,公正司法,提高办案效率,实现政治效果、法律效果和社会效果的有机统一。人民检察院依法对醉驾案件办理活动实行法律监督。

第二条　人民法院、人民检察院、公安机关办理醉驾案件,应当全面准确贯彻宽严相济刑事政策,根据案件的具体情节,实行区别对待,做到该宽则宽,当严则严,罚当其罪。

第三条　人民法院、人民检察院、公安机关和司法行政机关应当坚持惩治与预防相结合,采取多种方式强化综合治理、诉源治理,从源头上预防和减少酒后驾驶行为发生。

二、立案与侦查

第四条　在道路上驾驶机动车,经呼气酒精含量检测,显示血液酒精含量达到80毫克/100毫升以上的,公安机关应当依照刑事诉讼法和本意见的规定决定是否立案。对情节显著轻微、危害不大,不认为是犯罪的,不予立案。

公安机关应当及时提取犯罪嫌疑人血液样本送检。认定犯罪嫌疑人是否醉酒,主要以血液酒精含量鉴定意见作为依据。

犯罪嫌疑人经呼气酒精含量检测,显示血液酒精含量达到80毫克/100毫升以上,在提取血液样本前脱逃或者找人顶替的,可以以呼气酒精含量检测结果作为认定其醉酒的依据。

犯罪嫌疑人在公安机关依法检查时或者发生道路交通事故后,为逃避法律追究,在呼气酒精含量检测或者提取血液样本前故意饮酒的,可以以查获后血液酒精含量鉴定意见作为认定其醉酒的依据。

第五条　醉驾案件中"道路""机动车"的认定适用道路交通安全法有关"道路""机动车"的规定。

对机关、企事业单位、厂矿、校园、居民小区等单位管辖范围内的路段是否认定为"道路",应当以其是否具有"公共性",是否"允许社会机动车通行"作为判断标准。只允许单位内部机动车、特定来访机动车通行的,可以不认定为"道路"。

第六条　对醉驾犯罪嫌疑人、被告人,根据案件具体情况,可以依法予以拘留或者取保候审。具有下列情形之一的,一般予以取保候审:

(一)因本人受伤需要救治的;

(二)患有严重疾病,不适宜羁押的;

(三)系怀孕或者正在哺乳自己婴儿的妇女;

(四)系生活不能自理的人的唯一扶养人;

(五)其他需要取保候审的情形。

对符合取保候审条件,但犯罪嫌疑人、被告人不能提出保证人,也不交纳保证金的,可以监视居住。对违反取保候审、监视居住规定的犯罪嫌疑人、被告人,情节严重的,可以予以逮捕。

第七条　办理醉驾案件,应当收集以下证据:

(一)证明犯罪嫌疑人情况的证据材料,主要包括人口信息查询记录或者户籍证明等身份证明;驾驶证、驾驶人信息查询记录;犯罪前科记录、曾因饮酒后驾驶机动车被查获或者行政处罚记录、本次交通违法行政处罚决定书等;

(二)证明醉酒检测鉴定情况的证据材料,主要包括呼气酒精含量检测结果、呼气酒精含量检测仪标定证书、血液样本提取笔录、鉴定委托书或者鉴定机构接收检材登记材料、血液酒精含量鉴定意见、鉴定意见通知书等;

(三)证明机动车情况的证据材料,主要包括机动车行驶证、机动车信息查询记录、机动车照片等;

(四)证明现场执法情况的照片,主要包括现场检查机动车、呼气酒精含量检测、提取与封装血液样本等环节的照片,并应当保存相关环节的录音录像资料;

(五)犯罪嫌疑人供述和辩解。

根据案件具体情况,还应当收集以下证据:

(一)犯罪嫌疑人是否饮酒、驾驶机动车有争议的,应当收集同车人员、现场目击证人或者共同饮酒人员等证人证言、饮酒场所及行驶路段监控记录等;

(二)道路属性有争议的,应当收集相关管理人员、业主等知情人员证言、管理单位或者有关部门出具的证明等;

(三)发生交通事故的,应当收集交通事故认定书、事故路段监控记录、人体损伤程度等鉴定意见、被害人陈述等;

(四)可能构成自首的,应当收集犯罪嫌疑人到案经过等材料;

(五)其他确有必要收集的证据材料。

第八条　对犯罪嫌疑人血液样本提取、封装、保管、送检、鉴定等程序,按照公安部、司法部有关道路交通安全违法行为处理程序、鉴定规则等规定执行。

公安机关提取、封装血液样本过程应当全程录音录像。血液样本提取、封装应当做好标记和编号,由提取人、封装人、犯罪嫌疑人在血液样本提取笔录上签字。犯罪嫌疑人拒绝签字的,应当注明。提取的血液样本应当及时送往鉴定机构进行血液酒精含量鉴定。因特殊原因不能及时送检的,应当按照有关规范和技术标准保管检材并在五个工作日内送检。

鉴定机构应当对血液样品制备和仪器检测过程

进行录音录像。鉴定机构应当在收到送检血液样本后三个工作日内,按照有关规范和技术标准进行鉴定并出具血液酒精含量鉴定意见,通知或者送交委托单位。

血液酒精含量鉴定意见作为证据使用的,办案单位应当自收到血液酒精含量鉴定意见之日起五个工作日内,书面通知犯罪嫌疑人、被告人、被害人或者其法定代理人。

第九条　具有下列情形之一的,经补正或者作出合理解释的,血液酒精含量鉴定意见可以作为定案的依据;不能补正或者作出合理解释的,应当予以排除:

(一)血液样本提取、封装、保管不规范的;

(二)未按规定的时间和程序送检、出具鉴定意见的;

(三)鉴定过程未按规定同步录音录像的;

(四)存在其他瑕疵或者不规范的取证行为的。

三、刑事追究

第十条　醉驾具有下列情形之一,尚不构成其他犯罪的,从重处理:

(一)造成交通事故且负事故全部或者主要责任的;

(二)造成交通事故后逃逸的;

(三)未取得机动车驾驶证驾驶汽车的;

(四)严重超员、超载、超速驾驶的;

(五)服用国家规定管制的精神药品或者麻醉药品后驾驶的;

(六)驾驶机动车从事客运活动且载有乘客的;

(七)驾驶机动车从事校车业务且载有师生的;

(八)在高速公路上驾驶的;

(九)驾驶重型载货汽车的;

(十)运输危险化学品、危险货物的;

(十一)逃避、阻碍公安机关依法检查的;

(十二)实施威胁、打击报复、引诱、贿买证人、鉴定人等人员或者毁灭、伪造证据等妨害司法行为的;

(十三)二年内曾因饮酒后驾驶机动车被查获或者受过行政处罚的;

(十四)五年内曾因危险驾驶行为被判决有罪或者作相对不起诉的;

(十五)其他需要从重处理的情形。

第十一条　醉驾具有下列情形之一的,从宽处理:

(一)自首、坦白、立功的;

(二)自愿认罪认罚的;

(三)造成交通事故,赔偿损失或者取得谅解的;

(四)其他需要从宽处理的情形。

第十二条　醉驾具有下列情形之一,且不具有本意见第十条规定情形的,可以认定为情节显著轻微、危害不大,依照刑法第十三条、刑事诉讼法第十六条的规定处理:

(一)血液酒精含量不满150毫克/100毫升的;

(二)出于急救伤病人员等紧急情况驾驶机动车,且不构成紧急避险的;

(三)在居民小区、停车场等场所因挪车、停车入位等短距离驾驶机动车的;

(四)由他人驾驶至居民小区、停车场等场所短距离接替驾驶停放机动车的,或者为了交由他人驾驶,自居民小区、停车场等场所短距离驾出的;

(五)其他情节显著轻微的情形。

醉酒后出于急救伤病人员等紧急情况,不得已驾驶机动车,构成紧急避险的,依照刑法第二十一条的规定处理。

第十三条　对公安机关移送审查起诉的醉驾案件,人民检察院综合考虑犯罪嫌疑人驾驶的动机和目的、醉酒程度、机动车类型、道路情况、行驶时间、速度、距离以及认罪悔罪表现等因素,认为属于犯罪情节轻微的,依照刑法第三十七条、刑事诉讼法第一百七十七条第二款的规定处理。

第十四条　对符合刑法第七十二条规定的醉驾被告人,依法宣告缓刑。具有下列情形之一的,一般不适用缓刑:

(一)造成交通事故致他人轻微伤或者轻伤,且负事故全部或者主要责任的;

(二)造成交通事故且负事故全部或者主要责任,未赔偿损失的;

(三)造成交通事故后逃逸的;

(四)未取得机动车驾驶证驾驶汽车的;

(五)血液酒精含量超过180毫克/100毫升的;

(六)服用国家规定管制的精神药品或者麻醉药

品后驾驶的;

(七)采取暴力手段抗拒公安机关依法检查,或者实施妨害司法行为的;

(八)五年内曾因饮酒后驾驶机动车被查获或者受过行政处罚的;

(九)曾因危险驾驶行为被判决有罪或者作相对不起诉的;

(十)其他情节恶劣的情形。

第十五条　对被告人判处罚金,应当根据醉驾行为、实际损害后果等犯罪情节,综合考虑被告人缴纳罚金的能力,确定与主刑相适应的罚金数额。起刑点一般不应低于道路交通安全法规定的饮酒后驾驶机动车相应情形的罚款数额;每增加一个月拘役,增加一千元至五千元罚金。

第十六条　醉驾同时构成交通肇事罪、过失以危险方法危害公共安全罪、以危险方法危害公共安全罪等其他犯罪的,依照处罚较重的规定定罪,依法从严追究刑事责任。

醉酒驾驶机动车,以暴力、威胁方法阻碍公安机关依法检查,又构成妨害公务罪、袭警罪等其他犯罪的,依照数罪并罚的规定处罚。

第十七条　犯罪嫌疑人醉驾被现场查获后,经允许离开,再经公安机关通知到案或者主动到案,不认定为自动投案;造成交通事故后保护现场、抢救伤者,向公安机关报告并配合调查的,应当认定为自动投案。

第十八条　根据本意见第十二条第一款、第十三条、第十四条处理的案件,可以将犯罪嫌疑人、被告人自愿接受安全驾驶教育、从事交通志愿服务、社区公益服务等情况作为作出相关处理的考量因素。

第十九条　对犯罪嫌疑人、被告人决定不起诉或者免予刑事处罚的,可以根据案件的不同情况,予以训诫或者责令具结悔过、赔礼道歉、赔偿损失,需要给予行政处罚、处分的,移送有关主管机关处理。

第二十条　醉驾属于严重的饮酒后驾驶机动车行为。血液酒精含量达到 80 毫克/100 毫升以上,公安机关应当在决定不予立案、撤销案件或者移送审查起诉前,给予行为人吊销机动车驾驶证行政处罚。根据本意见第十二条第一款处理的案件,公安机关还应当按照道路交通安全法规定的饮酒后驾驶机动车相

应情形,给予行为人罚款、行政拘留的行政处罚。

人民法院、人民检察院依据本意见第十二条第一款、第十三条处理的案件,对被不起诉人、被告人需要予以行政处罚的,应当提出检察意见或者司法建议,移送公安机关依照前款规定处理。公安机关应当将处理情况通报人民法院、人民检察院。

四、快速办理

第二十一条　人民法院、人民检察院、公安机关和司法行政机关应当加强协作配合,在遵循法定程序、保障当事人权利的前提下,因地制宜建立健全醉驾案件快速办理机制,简化办案流程,缩短办案期限,实现醉驾案件优质高效办理。

第二十二条　符合下列条件的醉驾案件,一般应当适用快速办理机制:

(一)现场查获,未造成交通事故的;

(二)事实清楚,证据确实、充分,法律适用没有争议的;

(三)犯罪嫌疑人、被告人自愿认罪认罚的;

(四)不具有刑事诉讼法第二百二十三条规定情形的。

第二十三条　适用快速办理机制办理的醉驾案件,人民法院、人民检察院、公安机关一般应当在立案侦查之日起三十日内完成侦查、起诉、审判工作。

第二十四条　在侦查或者审查起诉阶段采取取保候审措施的,案件移送至审查起诉或者审判阶段时,取保候审期限尚未届满且符合取保候审条件的,受案机关可以不再重新作出取保候审决定,由公安机关继续执行原取保候审措施。

第二十五条　对醉驾被告人拟提出缓刑量刑建议或者宣告缓刑的,一般可以不进行调查评估。确有必要的,应当及时委托社区矫正机构或者有关社会组织进行调查评估。受委托方应当及时向委托机关提供调查评估结果。

第二十六条　适用简易程序、速裁程序的醉驾案件,人民法院、人民检察院、公安机关和司法行政机关可以采取合并式、要素式、表格式等方式简化文书。

具备条件的地区,可以通过一体化的网上办案平台流转、送达电子卷宗、法律文书等,实现案件线上办理。

五、综合治理

第二十七条 人民法院、人民检察院、公安机关和司法行政机关应当积极落实普法责任制，加强道路交通安全法治宣传教育，广泛开展普法进机关、进乡村、进社区、进学校、进企业、进单位、进网络工作，引导社会公众培养规则意识，养成守法习惯。

第二十八条 人民法院、人民检察院、公安机关和司法行政机关应当充分运用司法建议、检察建议、提示函等机制，督促有关部门、企事业单位，加强本单位人员教育管理，加大驾驶培训环节安全驾驶教育，规范代驾行业发展，加强餐饮、娱乐等涉酒场所管理，加大警示提醒力度。

第二十九条 公安机关、司法行政机关应当根据醉驾服刑人员、社区矫正对象的具体情况，制定有针对性的教育改造、矫正方案，实现分类管理、个别化教育，增强其悔罪意识、法治观念，帮助其成为守法公民。

六、附　则

第三十条 本意见自 2023 年 12 月 28 日起施行。《最高人民法院 最高人民检察院 公安部关于办理醉酒驾驶机动车刑事案件适用法律若干问题的意见》（法发〔2013〕15 号）同时废止。

车辆驾驶人员血液、呼气酒精含量阈值与检验（GB 19522-2024）

·2024 年 4 月 29 日

1　范围

本文件规定了车辆驾驶人员驾车时血液、呼气中的酒精含量阈值，并描述了相应的检验方法。

本文件适用于对车辆驾驶人员血液、呼气中酒精含量的检验。

注：车辆驾驶人员包括机动车驾驶人员和非机动车驾驶人员。

2　规范性引用文件

下列文件中的内容通过文中的规范性引用而构成本文件必不可少的条款。其中，注日期的引用文件，仅该日期对应的版本适用于本文件；不注日期的引用文件，其最新版本（包括所有的修改单）适用于本文件。

GB/T 21254 呼出气体酒精含量检测仪

GB/T 42430 血液、尿液中乙醇、甲醇、正丙醇、丙酮、异丙醇和正丁醇检验

3　术语和定义

下列术语和定义适用于本文件。

3.1

血液酒精含量 blood alcohol concentration

每 100 毫升血液中的乙醇含量。

注：单位为 mg/100mL。

［来源：GB/T 21254-2017,3.3,有修改］

3.2

呼气酒精含量 breath alcohol concentration

每升呼出气体中的乙醇含量。

注：单位为 mg/L。

［来源：GB/T21254-2017,3.2,有修改］

4　酒精含量值

4.1　血液酒精含量阈值

表 1 规定了车辆驾驶人员饮酒后或醉酒驾车血液中的酒精含量阈值。

表 1　车辆驾驶人员血液酒精含量阈值

类别	阈值（mg/100mL）
饮酒后驾车	≥20，<80
醉酒后驾车	≥80

4.2　血液与呼气酒精含量换算

车辆驾驶人员呼气酒精含量按 1∶2200 换算成血液酒精含量，即呼气酒含量值乘以 2200 等于血液酒精含量值。

5　检验方法

5.1　一般规定

车辆驾驶人员饮酒后或醉酒驾车时的酒精含量检验，应采用呼气酒精含量检验或血液酒精含量检验。

5.2　呼气酒精含量检验

5.2.1　呼气酒精含量检验采用呼出气体酒精含量检测仪进行。

5.2.2　呼出气体酒精含量检测仪的技术指标和性能应符合 GB/T 21254 的规定。

5.2.3　呼气酒精含量检验的具体操作步骤,应按照呼出气体酒精含量检测仪的操作要求进行。

5.3　血液酒精含量检验

血液酒精含量检验方法按照 GB/T 42430 的规定执行。

(3)公共交通工具管理

城市公共交通条例

· 2024 年 8 月 19 日国务院第 39 次常务会议通过
· 2024 年 10 月 17 日中华人民共和国国务院令第 793 号公布
· 自 2024 年 12 月 1 日起施行

第一章　总　则

第一条　为了推动城市公共交通高质量发展,提升城市公共交通服务水平,保障城市公共交通安全,更好满足公众基本出行需求,促进城市现代化建设,制定本条例。

第二条　本条例所称城市公共交通,是指在城市人民政府确定的区域内,利用公共汽电车、城市轨道交通车辆等公共交通工具和有关系统、设施,按照核定的线路、站点、时间、票价等运营,为公众提供基本出行服务。

第三条　国家实施城市公共交通优先发展战略,综合采取规划、土地、财政、金融等方面措施,保障城市公共交通发展,增强城市公共交通竞争力和吸引力。

国家鼓励、引导公众优先选择公共交通作为机动化出行方式。

第四条　城市公共交通工作应当坚持中国共产党的领导,坚持以人民为中心,坚持城市公共交通公益属性,落实城市公共交通优先发展战略,构建安全、便捷、高效、绿色、经济的城市公共交通体系。

第五条　城市人民政府是发展城市公共交通的责任主体。

城市人民政府应当加强对城市公共交通工作的组织领导,落实城市公共交通发展保障措施,强化对城市公共交通安全的监督管理,统筹研究和协调解决城市公共交通工作中的重大问题。

国务院城市公共交通主管部门及其他有关部门和省、自治区人民政府应当加强对城市公共交通工作的指导。

第六条　城市人民政府应当根据城市功能定位、规模、空间布局、发展目标、公众出行需求等实际情况和特点,与城市土地和空间使用相协调,统筹各种交通方式,科学确定城市公共交通发展目标和发展模式,推动提升城市公共交通在机动化出行中的分担比例。

第七条　承担城市公共交通运营服务的企业(以下简称城市公共交通企业)由城市人民政府或者其城市公共交通主管部门依法确定。

第八条　国家鼓励和支持新技术、新能源、新装备在城市公共交通系统中的推广应用,提高城市公共交通信息化、智能化水平,推动城市公共交通绿色低碳转型,提升运营效率和管理水平。

第二章　发展保障

第九条　城市综合交通体系规划应当明确公共交通优先发展原则,统筹城市交通基础设施建设,合理配置和利用各种交通资源,强化各种交通方式的衔接协调。城市人民政府根据实际情况和需要组织编制城市公共交通规划。

建设城市轨道交通系统的城市应当按照国家有关规定编制城市轨道交通线网规划和建设规划。

城市综合交通体系规划、城市公共交通规划、城市轨道交通线网规划和建设规划应当与国土空间规划相衔接,将涉及土地和空间使用的合理需求纳入国土空间规划实施监督系统统筹保障。

第十条　城市人民政府有关部门应当根据相关规划以及城市发展和公众出行需求情况,合理确定城市公共交通线路,布局公共交通场站等设施,提高公共交通覆盖率。

城市人民政府应当组织有关部门开展公众出行调查,作为优化城市公共交通线路和场站布局的依据。

第十一条　新建、改建、扩建居住区、交通枢纽、学校、医院、体育场馆、商业中心等大型建设项目,应当统筹考虑公共交通出行需求;建设项目批准、核准文件要求配套建设城市公共交通基础设施的,建设单位应当按照要求建设相关设施并同步投入使用。

城市公共交通基础设施建设应当符合无障碍环境建设要求,并与适老化改造相结合。

第十二条　城市人民政府应当依法保障城市公共交通基础设施用地。城市公共交通基础设施用地符合规定条件的,可以以划拨、协议出让等方式供给。

在符合国土空间规划和用途管制要求且不影响城市公共交通功能和规模的前提下,对城市公共交通基础设施用地可以按照国家有关规定实施综合开发,支持城市公共交通发展。

第十三条　城市人民政府应当根据城市公共交通实际和财政承受能力安排城市公共交通发展所需经费,并纳入本级预算。

国家鼓励、引导金融机构提供与城市公共交通发展相适应的金融服务,加大对城市公共交通发展的融资支持力度。

国家鼓励和支持社会资本依法参与城市公共交通基础设施建设运营,保障其合法权益。

第十四条　城市公共交通票价依法实行政府定价或者政府指导价,并建立动态调整机制。鼓励根据城市公共交通服务质量、运输距离以及换乘方式等因素,建立多层次、差别化的城市公共交通票价体系。

制定、调整城市公共交通票价,应当统筹考虑企业运营成本、社会承受能力、交通供求状况等因素,并依法履行定价成本监审等程序。

第十五条　城市公共交通企业在保障公众基本出行的前提下,可以开展定制化出行服务业务。定制化出行服务业务可以实行市场调节价。

第十六条　城市人民政府应当组织有关部门,在对城市公共交通企业开展运营服务质量评价和成本费用年度核算报告审核的基础上,综合考虑财政承受能力、企业增收节支空间等因素,按照规定及时给予补贴补偿。

第十七条　城市人民政府可以根据实际情况和需要,按照统筹公共交通效率和整体交通效率、集约利用城市道路资源的原则,设置公共交通专用车道,并实行科学管理和动态调整。

第三章　运营服务

第十八条　城市人民政府城市公共交通主管部门应当通过与城市公共交通企业签订运营服务协议等方式,明确城市公共交通运营有关服务标准、规范、要求以及运营服务质量评价等事项。

城市公共交通企业应当遵守城市公共交通运营有关服务标准、规范、要求等,加强企业内部管理,不断提高运营服务质量和效率。

城市公共交通企业不得将其运营的城市公共交通线路转让、出租或者变相转让、出租给他人运营。

第十九条　城市公共交通企业应当按照运营服务协议或者城市人民政府城市公共交通主管部门的要求配备城市公共交通车辆,并按照规定设置车辆运营服务标识。

第二十条　城市公共交通企业应当通过便于公众知晓的方式,及时公开运营线路、停靠站点、运营时间、发车间隔、票价等信息。鼓励城市公共交通企业通过电子站牌、出行信息服务系统等信息化手段为公众提供信息查询服务。

第二十一条　城市公共交通企业应当加强运营调度管理,在保障安全的前提下提高运行准点率和运行效率。

第二十二条　城市公共交通企业不得擅自变更运营线路、停靠站点、运营时间或者中断运营服务;因特殊原因需要临时变更运营线路、停靠站点、运营时间或者暂时中断运营服务的,除发生突发事件或者为保障运营安全等采取紧急措施外,应当提前向社会公告,并向城市人民政府城市公共交通主管部门报告。

第二十三条　因大型群众性活动等情形出现公共交通客流集中、正常运营服务安排难以满足需求的,城市公共交通企业应当按照城市人民政府城市公共交通主管部门的要求,及时采取增开临时班次、缩短发车间隔、延长运营时间等措施,保障运营服务。

第二十四条　乘客应当按照票价支付票款;对拒不支付票款的,城市公共交通企业可以拒绝其进站乘车。

城市公共交通企业应当依照法律、法规和国家有关规定,对相关群体乘坐公共交通工具提供便利和优待。

第二十五条　城市公共交通企业应当建立运营服务质量投诉处理机制并向社会公布，及时妥善处理乘客提出的投诉，并向乘客反馈处理结果；乘客对处理结果不满意的，可以向城市人民政府城市公共交通主管部门申诉，城市人民政府城市公共交通主管部门应当及时作出答复。乘客也可以直接就运营服务质量问题向城市人民政府城市公共交通主管部门投诉。

第二十六条　城市人民政府城市公共交通主管部门应当定期组织开展城市公共交通企业运营服务质量评价，并将评价结果向社会公布。

第二十七条　未经城市人民政府同意，城市公共交通企业不得终止运营服务；因破产、解散终止运营服务的，应当提前30日向城市人民政府城市公共交通主管部门报告，城市人民政府城市公共交通主管部门应当及时采取指定临时运营服务企业、调配运营车辆等措施，确保运营服务不中断；需要重新确定承担城市公共交通运营服务企业的，城市人民政府或者其城市公共交通主管部门应当按照规定及时确定。

第四章　安全管理

第二十八条　城市公共交通企业应当遵守有关安全生产的法律、法规和标准，落实全员安全生产责任，建立健全安全生产管理制度和安全生产责任制，保障安全经费投入，构建安全风险分级管控和隐患排查治理双重预防机制，增强突发事件防范和应急能力。

第二十九条　城市公共交通建设工程的勘察、设计、施工、监理应当遵守有关建设工程管理的法律、法规和标准。

城市公共交通建设工程涉及公共安全的设施应当与主体工程同步规划、同步建设、同步投入使用。

第三十条　城市公共交通企业投入运营的车辆应当依法经检验合格，并按照国家有关标准配备灭火器、安全锤以及安全隔离、紧急报警、车门紧急开启等安全设备，设置明显的安全警示标志。

城市公共交通企业应当按照国家有关标准对车辆和有关系统、设施设备进行维护、保养，确保性能良好和安全运行。

利用城市公共交通车辆或者设施设备设置广告的，应当遵守有关广告管理的法律、法规，不得影响城市公共交通运营安全。

第三十一条　城市公共交通企业直接涉及运营安全的驾驶员、乘务员、调度员、值班员、信号工、通信工等重点岗位人员（以下统称重点岗位人员），应当符合下列条件：

（一）具有履行岗位职责的能力；

（二）无可能危及运营安全的疾病；

（三）无暴力犯罪和吸毒行为记录；

（四）国务院城市公共交通主管部门规定的其他条件。

除符合前款规定条件外，城市公共汽电车驾驶员还应当取得相应准驾车型机动车驾驶证，城市轨道交通列车驾驶员还应当按照国家有关规定取得相应职业准入资格。

第三十二条　城市公共交通企业应当定期对重点岗位人员进行岗位职责、操作规程、服务规范、安全防范和应急处置基本知识等方面的培训和考核，经考核合格的方可上岗作业。培训和考核情况应当建档备查。

城市公共交通企业应当关注重点岗位人员的身体、心理状况和行为习惯，对重点岗位人员定期组织体检，加强心理疏导，及时采取有效措施防范重点岗位人员身体、心理状况或者行为异常导致运营安全事故发生。

城市公共交通企业应当合理安排驾驶员工作时间，防止疲劳驾驶。

第三十三条　城市公共交通企业应当依照有关法律、法规的规定，落实对相关人员进行安全背景审查、配备安保人员和相应设施设备等安全防范责任。

第三十四条　城市公共交通企业应当加强对客流状况的日常监测；出现或者可能出现客流大量积压时，应当及时采取疏导措施，必要时可以采取临时限制客流或者临时封站等措施，确保运营安全。

因突发事件或者设施设备故障等原因危及运营安全的，城市公共交通企业可以暂停部分分区段或者全线网运营服务，并做好乘客疏导和现场秩序维护等工作。乘客应当按照城市公共交通企业工作人员的指挥和引导有序疏散。

第三十五条　乘客应当遵守乘车规范，维护乘车秩序。

乘客不得携带易燃、易爆、毒害性、放射性、腐蚀性以及其他可能危及人身和财产安全的危险物品进站乘车；乘客坚持携带的，城市公共交通企业应当拒绝其进站乘车。

城市轨道交通运营单位应当按照国家有关规定，对进入城市轨道交通车站的人员及其携带物品进行安全检查；对拒不接受安全检查的，应当拒绝其进站乘车。安全检查应当遵守有关操作规范，提高质量和效率。

第三十六条　任何单位和个人不得实施下列危害城市公共交通运营安全的行为：

（一）非法拦截或者强行上下城市公共交通车辆；

（二）非法占用城市公共交通场站或者出入口；

（三）擅自进入城市轨道交通线路、车辆基地、控制中心、列车驾驶室或者其他禁止非工作人员进入的区域；

（四）向城市公共交通车辆投掷物品或者在城市轨道交通线路上放置障碍物；

（五）故意损坏或者擅自移动、遮挡城市公共交通站牌、安全警示标志、监控设备、安全防护设备；

（六）在非紧急状态下擅自操作有安全警示标志的安全设备；

（七）干扰、阻碍城市公共交通车辆驾驶员安全驾驶；

（八）其他危害城市公共交通运营安全的行为。

城市公共交通企业发现前款规定行为的，应当及时予以制止，并采取措施消除安全隐患，必要时报请有关部门依法处理。

第三十七条　城市人民政府有关部门应当按照职责分工，加强对城市公共交通运营安全的监督管理，建立城市公共交通运营安全工作协作机制。

第三十八条　城市人民政府城市公共交通主管部门应当会同有关部门制定城市公共交通应急预案，报城市人民政府批准。

城市公共交通企业应当根据城市公共交通应急预案，制定本单位应急预案，报城市人民政府城市公共交通主管部门、应急管理部门备案，并定期组织演练。

城市人民政府应当加强城市公共交通应急能力建设，组织有关部门、城市公共交通企业和其他有关单位联合开展城市公共交通应急处置演练，提高突发事件应急处置能力。

第三十九条　城市人民政府应当健全有关部门与城市公共交通企业之间的信息共享机制。城市人民政府城市公共交通主管部门、城市公共交通企业应当加强与有关部门的沟通，及时掌握气象、自然灾害、公共安全等方面可能影响城市公共交通运营安全的信息，并采取有针对性的安全防范措施。有关部门应当予以支持、配合。

第四十条　城市人民政府应当将城市轨道交通纳入城市防灾减灾规划，完善城市轨道交通防范水淹、火灾、冰雪、雷击、风暴等设计和论证，提高城市轨道交通灾害防范应对能力。

第四十一条　城市轨道交通建设单位组织编制城市轨道交通建设工程可行性研究报告和初步设计文件，应当落实国家有关公共安全和运营服务的要求。

第四十二条　城市轨道交通建设工程项目依法经验收合格后，城市人民政府城市公共交通主管部门应当组织开展运营前安全评估，通过安全评估的方可投入运营。城市轨道交通建设单位和运营单位应当按照国家有关规定办理建设和运营交接手续。

城市轨道交通建设工程项目验收以及建设和运营交接的管理办法由国务院住房城乡建设主管部门会同国务院城市公共交通主管部门制定。

第四十三条　城市人民政府应当组织有关部门划定城市轨道交通线路安全保护区，制定安全保护区管理制度。

在城市轨道交通线路安全保护区内进行作业的，应当征得城市轨道交通运营单位同意。作业单位应当制定和落实安全防护方案，并在作业过程中对作业影响区域进行动态监测，及时发现并消除安全隐患。城市轨道交通运营单位可以进入作业现场进行巡查，发现作业危及或者可能危及城市轨道交通运营安全的，应当要求作业单位采取措施消除安全隐患或者停止作业。

第四十四条　城市人民政府城市公共交通主管部门应当定期组织开展城市轨道交通运营安全第三方评估,督促运营单位及时发现并消除安全隐患。

第五章　法律责任

第四十五条　城市公共交通企业以外的单位或者个人擅自从事城市公共交通线路运营的,由城市人民政府城市公共交通主管部门责令停止运营,没收违法所得,并处违法所得1倍以上5倍以下的罚款;没有违法所得或者违法所得不足1万元的,处1万元以上5万元以下的罚款。

城市公共交通企业将其运营的城市公共交通线路转让、出租或者变相转让、出租给他人运营的,由城市人民政府城市公共交通主管部门责令改正,并依照前款规定处罚。

第四十六条　城市公共交通企业有下列行为之一的,由城市人民政府城市公共交通主管部门责令改正;拒不改正的,处1万元以上5万元以下的罚款:

(一)未遵守城市公共交通运营有关服务标准、规范、要求;

(二)未按照规定配备城市公共交通车辆或者设置车辆运营服务标识;

(三)未公开运营线路、停靠站点、运营时间、发车间隔、票价等信息。

第四十七条　城市公共交通企业擅自变更运营线路、停靠站点、运营时间的,由城市人民政府城市公共交通主管部门责令改正;拒不改正的,处1万元以上5万元以下的罚款。

城市公共交通企业擅自中断运营服务的,由城市人民政府城市公共交通主管部门责令改正;拒不改正的,处5万元以上20万元以下的罚款。

城市公共交通企业因特殊原因变更运营线路、停靠站点、运营时间或者暂时中断运营服务,未按照规定向社会公告并向城市人民政府城市公共交通主管部门报告的,由城市人民政府城市公共交通主管部门责令改正,可以处1万元以下的罚款。

第四十八条　城市公共交通企业违反本条例规定,未经城市人民政府同意终止运营服务的,由城市人民政府城市公共交通主管部门责令改正;拒不改正

的,处10万元以上50万元以下的罚款。

第四十九条　城市公共交通企业有下列行为之一的,由城市人民政府城市公共交通主管部门责令改正,可以处5万元以下的罚款,有违法所得的,没收违法所得;拒不改正的,处5万元以上20万元以下的罚款:

(一)利用城市公共交通车辆或者设施设备设置广告,影响城市公共交通运营安全;

(二)重点岗位人员不符合规定条件或者未按照规定对重点岗位人员进行培训和考核,或者安排考核不合格的重点岗位人员上岗作业。

第五十条　在城市轨道交通线路安全保护区内进行作业的单位有下列行为之一的,由城市人民政府城市公共交通主管部门责令改正,暂时停止作业,可以处5万元以下的罚款;拒不改正的,责令停止作业,并处5万元以上20万元以下的罚款;造成城市轨道交通设施损坏或者影响运营安全的,并处20万元以上100万元以下的罚款:

(一)未征得城市轨道交通运营单位同意进行作业;

(二)未制定和落实安全防护方案;

(三)未在作业过程中对作业影响区域进行动态监测或者未及时消除发现的安全隐患。

第五十一条　城市人民政府及其城市公共交通主管部门、其他有关部门的工作人员在城市公共交通工作中滥用职权、玩忽职守、徇私舞弊的,依法给予处分。

第五十二条　违反本条例规定,构成违反治安管理行为的,由公安机关依法给予治安管理处罚;构成犯罪的,依法追究刑事责任。

第六章　附　则

第五十三条　用于公共交通服务的城市轮渡,参照本条例的有关规定执行。

第五十四条　城市人民政府根据城乡融合和区域协调发展需要,统筹推进城乡之间、区域之间公共交通一体化发展。

第五十五条　本条例自2024年12月1日起施行。

中华人民共和国民用航空安全保卫条例

· 1996 年 7 月 6 日中华人民共和国国务院令第 201 号发布
· 根据 2011 年 1 月 8 日《国务院关于废止和修改部分行政法规的决定》修订

第一章　总　则

第一条　为了防止对民用航空活动的非法干扰，维护民用航空秩序，保障民用航空安全，制定本条例。

第二条　本条例适用于在中华人民共和国领域内的一切民用航空活动以及与民用航空活动有关的单位和个人。

在中华人民共和国领域外从事民用航空活动的具有中华人民共和国国籍的民用航空器适用本条例；但是，中华人民共和国缔结或者参加的国际条约另有规定的除外。

第三条　民用航空安全保卫工作实行统一管理、分工负责的原则。

民用航空公安机关（以下简称民航公安机关）负责对民用航空安全保卫工作实施统一管理、检查和监督。

第四条　有关地方人民政府与民用航空单位应当密切配合，共同维护民用航空安全。

第五条　旅客、货物托运人和收货人以及其他进入机场的人员，应当遵守民用航空安全管理的法律、法规和规章。

第六条　民用机场经营人和民用航空器经营人应当履行下列职责：

（一）制定本单位民用航空安全保卫方案，并报国务院民用航空主管部门备案；

（二）严格实行有关民用航空安全保卫的措施；

（三）定期进行民用航空安全保卫训练，及时消除危及民用航空安全的隐患。

与中华人民共和国通航的外国民用航空企业，应当向国务院民用航空主管部门报送民用航空安全保卫方案。

第七条　公民有权向民航公安机关举报预谋劫持、破坏民用航空器或者其他危害民用航空安全的行为。

第八条　对维护民用航空安全做出突出贡献的单位或者个人，由有关人民政府或者国务院民用航空主管部门给予奖励。

第二章　民用机场的安全保卫

第九条　民用机场（包括军民合用机场中的民用部分，下同）的新建、改建或者扩建，应当符合国务院民用航空主管部门关于民用机场安全保卫设施建设的规定。

第十条　民用机场开放使用，应当具备下列安全保卫条件：

（一）设有机场控制区并配备专职警卫人员；

（二）设有符合标准的防护围栏和巡逻通道；

（三）设有安全保卫机构并配备相应的人员和装备；

（四）设有安全检查机构并配备与机场运输量相适应的人员和检查设备；

（五）设有专职消防组织并按照机场消防等级配备人员和设备；

（六）订有应急处置方案并配备必要的应急援救设备。

第十一条　机场控制区应当根据安全保卫的需要，划定为候机隔离区、行李分检装卸区、航空器活动区和维修区、货物存放区等，并分别设置安全防护设施和明显标志。

第十二条　机场控制区应当有严密的安全保卫措施，实行封闭式分区管理。具体管理办法由国务院民用航空主管部门制定。

第十三条　人员与车辆进入机场控制区，必须佩带机场控制区通行证并接受警卫人员的检查。

机场控制区通行证，由民航公安机关按照国务院民用航空主管部门的有关规定制发和管理。

第十四条　在航空器活动区和维修区内的人员、车辆必须按照规定路线行进，车辆、设备必须在指定位置停放，一切人员、车辆必须避让航空器。

第十五条　停放在机场的民用航空器必须有专人警卫；各有关部门及其工作人员必须严格执行航空器警卫交接制度。

第十六条　机场内禁止下列行为：

（一）攀（钻）越、损毁机场防护围栏及其他安全防护设施；

（二）在机场控制区内狩猎、放牧、晾晒谷物、教练驾驶车辆；

（三）无机场控制区通行证进入机场控制区；

（四）随意穿越航空器跑道、滑行道；

（五）强行登、占航空器；

（六）谎报险情，制造混乱；

（七）扰乱机场秩序的其他行为。

第三章　民用航空营运的安全保卫

第十七条　承运人及其代理人出售客票，必须符合国务院民用航空主管部门的有关规定；对不符合规定的，不得售予客票。

第十八条　承运人办理承运手续时，必须核对乘机人和行李。

第十九条　旅客登机时，承运人必须核对旅客人数。

对已经办理登机手续而未登机的旅客的行李，不得装入或者留在航空器内。

旅客在航空器飞行中途中止旅行时，必须将其行李卸下。

第二十条　承运人对承运的行李、货物，在地面存储和运输期间，必须有专人监管。

第二十一条　配制、装载供应品的单位对装入航空器的供应品，必须保证其安全性。

第二十二条　航空器在飞行中的安全保卫工作由机长统一负责。

航空安全员在机长领导下，承担安全保卫的具体工作。

机长、航空安全员和机组其他成员，应当严格履行职责，保护民用航空器及其所载人员和财产的安全。

第二十三条　机长在执行职务时，可以行使下列权力：

（一）在航空器起飞前，发现有关方面对航空器未采取本条例规定的安全措施的，拒绝起飞；

（二）在航空器飞行中，对扰乱航空器内秩序，干扰机组人员正常工作而不听劝阻的人，采取必要的管束措施；

（三）在航空器飞行中，对劫持、破坏航空器或者其他危及安全的行为，采取必要的措施；

（四）在航空器飞行中遇到特殊情况时，对航空器的处置作最后决定。

第二十四条　禁止下列扰乱民用航空营运秩序的行为：

（一）倒卖购票证件、客票和航空运输企业的有效订座凭证；

（二）冒用他人身份证件购票、登机；

（三）利用客票交运或者捎带非旅客本人的行李物品；

（四）将未经安全检查或者采取其他安全措施的物品装入航空器。

第二十五条　航空器内禁止下列行为：

（一）在禁烟区吸烟；

（二）抢占座位、行李舱（架）；

（三）打架、酗酒、寻衅滋事；

（四）盗窃、故意损坏或者擅自移动救生物品和设备；

（五）危及飞行安全和扰乱航空器内秩序的其他行为。

第四章　安全检查

第二十六条　乘坐民用航空器的旅客和其他人员及其携带的行李物品，必须接受安全检查；但是，国务院规定免检的除外。

拒绝接受安全检查的，不准登机，损失自行承担。

第二十七条　安全检查人员应当查验旅客客票、身份证件和登机牌，使用仪器或者手工对旅客及其行李物品进行安全检查，必要时可以从严检查。

已经安全检查的旅客应当在候机隔离区等待登机。

第二十八条　进入候机隔离区的工作人员（包括机组人员）及其携带的物品，应当接受安全检查。

接送旅客的人员和其他人员不得进入候机隔离区。

第二十九条　外交邮袋免予安全检查。外交信使及其随身携带的其他物品应当接受安全检查；但是，中华人民共和国缔结或者参加的国际条约另有规定的除外。

第三十条　空运的货物必须经过安全检查或者对其采取的其他安全措施。

货物托运人不得伪报品名托运或者在货物中夹带危险物品。

第二十条　航空邮件必须经过安全检查。发现可疑邮件时，安全检查部门应当会同邮政部门开包查验处理。

第三十二条　除国务院另有规定的外，乘坐民用航空器的，禁止随身携带或者交运下列物品：

（一）枪支、弹药、军械、警械；

（二）管制刀具；

（三）易燃、易爆、有毒、腐蚀性、放射性物品；

（四）国家规定的其他禁运物品。

第三十三条　除本条例第三十二条规定的物品外，其他可以用于危害航空安全的物品，旅客不得随身携带，但是可以作为行李交运或者按照国务院民用航空主管部门的有关规定由机组人员带到目的地后交还。

对含有易燃物质的生活用品实行限量携带。限量携带的物品及其数量，由国务院民用航空主管部门规定。

第五章　罚　则

第三十四条　违反本条例第十四条的规定或者有本条例第十六条、第二十四条第一项、第二十五条所列行为，构成违反治安管理行为的，由民航公安机关依照《中华人民共和国治安管理处罚法》有关规定予以处罚；有本条例第二十四条第二项所列行为的，由民航公安机关依照《中华人民共和国居民身份证法》有关规定予以处罚。

第三十五条　违反本条例的有关规定，由民航公安机关按照下列规定予以处罚：

（一）有本条例第二十四条第四项所列行为的，可以处以警告或者3000元以下的罚款；

（二）有本条例第二十四条第三项所列行为的，可以处以警告、没收非法所得或者5000元以下罚款；

（三）违反本条例第三十条第二款、第三十二条的规定，尚未构成犯罪的，可以处以5000元以下罚款、没收或者扣留非法携带的物品。

第三十六条　违反本条例的规定，有下列情形之一的，民用航空主管部门可以对有关单位处以警告、停业整顿或者5万元以下的罚款；民航公安机关可

以对直接责任人员处以警告或者500元以下的罚款：

（一）违反本条例第十五条的规定，造成航空器失控的；

（二）违反本条例第十七条的规定，出售客票的；

（三）违反本条例第十八条的规定，承运人办理承运手续时，不核对乘机人和行李的；

（四）违反本条例第十九条的规定的；

（五）违反本条例第二十条、第二十一条、第三十条第一款、第三十一条的规定，对收运、装入航空器的物品不采取安全措施的。

第三十七条　违反本条例的有关规定，构成犯罪的，依法追究刑事责任。

第三十八条　违反本条例规定的，除依照本章的规定予以处罚外，给单位或者个人造成财产损失的，应当依法承担赔偿责任。

第六章　附　则

第三十九条　本条例下列用语的含义：

"机场控制区"，是指根据安全需要在机场内划定的进出受到限制的区域。

"候机隔离区"，是指根据安全需要在候机楼（室）内划定的供已经安全检查的出港旅客等待登机的区域及登机通道、摆渡车。

"航空器活动区"，是指机场内用于航空器起飞、着陆以及与此有关的地面活动区域，包括跑道、滑行道、联络道、客机坪。

第四十条　本条例自发布之日起施行。

关于在公共交通工具及其等候室禁止吸烟的规定

·1997年1月7日

第一条　为控制吸烟危害，维护和改善公共交通工具及其等候室的公共环境，保护旅客的身体健康，依据国家有关法规，制定本规定。

第二条　铁道部、交通部、民航总局、建设部是本系统公共交通工具及其等候室禁止吸烟工作的主管部门，铁路、交通、民航的卫生主管部门和建设部的城建主管部门负责本系统实施本规定的卫生监督管理工作。

任何单位和旅客都必须遵守本规定。

第三条　除特别指定区域外,在下列公共交通工具及其等候室禁止吸烟:

(一)各类旅客列车的软卧、硬卧、软座、硬座、旅客餐车车厢内;

(二)各类客运轮船的旅客座舱、卧舱及会议室、阅览室等公共场所,长途客运汽车;

(三)民航国内、国际航班各等客舱内;

(四)地铁、轻轨列车,各类公共汽车、电车(包括有轨电车)、出租汽车,各类客渡轮(船)、游轮(船)、客运索道及缆车;

(五)各类车站、港口、机场的旅客等候室、售票厅及会议室、阅览室等公共场所;

(六)铁路、交通、民航的卫生主管部门和建设部的城建主管部门根据实际需要,确定的其他禁止吸烟场所。

第四条　禁止吸烟场所的经营或管理单位应履行下列职责:

(一)在禁止吸烟场所必须设立明显的禁止吸烟标志;

(二)在禁止吸烟场所不得设置烟草广告标志,不放置吸烟器具;公共交通工具车身不得设置烟草广告标志;

(三)旅客等候室及运行时间较长的公共交通工具,可以指定吸烟的区域或设置有通风装置的吸烟室;

(四)指定吸烟的区域和设置的吸烟室必须设立准许吸烟的明显标志;

(五)禁止吸烟场所的经营或管理单位必须对禁止吸烟的工作进行严格管理,设置卫生检查员监督管理本场所的禁烟工作,劝阻旅客吸烟;

(六)禁止吸烟场所的经营或管理单位有责任和义务,采取各种形式向旅客开展吸烟有害的健康教育工作。

第五条　铁路、交通、民航、城市公交的工作人员在禁止吸烟的场所有义务做到首先不吸烟。

第六条　在禁止吸烟场所内,旅客有权要求该场所内的吸烟者停止吸烟,有权要求该场所的经营或管理单位、卫生检查员劝阻吸烟。

第七条　对违反本规定第四条的经营或管理单位,由卫生及有关主管部门责令其改正,或通报批评、取消有关荣誉称号,并根据情节轻重可以给予警告、罚款 500－1000 元的行政处罚,以上处罚可以单独使用,也可合并使用。

第八条　对违反本规定第三条、第五条的个人,卫生检查员应对其进行教育,责令其停止吸烟,并处以 10 元的罚款;对经教育、劝阻仍不执行本规定者,可处以 2-5 倍罚款。

第九条　卫生及有关主管部门对禁止吸烟场所做出行政处罚时,应出具统一制作的行政处罚决定书。卫生检查员对在禁止吸烟场所违反规定的个人予以处罚时,应出具本人的证件,必须使用财政主管部门统一监制的卫生罚款专用票据。

第十条　拒绝、阻碍卫生及有关主管部门的管理人员、卫生检查员依法执行公务,并使用暴力威胁的,由公安部门按照《中华人民共和国治安管理处罚条例》处理;对构成犯罪的,依法追究其刑事责任及经济赔偿责任。

第十一条　当事人对处罚不服的,可根据《行政复议条例》和《中华人民共和国行政诉讼法》的规定,申请行政复议或者提起行政诉讼。

第十二条　卫生及有关主管部门管理人员、卫生检查员应当严格遵守法纪、秉公执法。对徇私舞弊、索贿受贿、玩忽职守的给予行政处分;构成犯罪的,依法追究其刑事责任。

第十三条　铁路、交通、民航的卫生主管部门及建设部的城建主管部门根据工作需要在本系统的有关单位聘任若干专(兼)职卫生检查员,负责禁止吸烟场所的监督检查工作。卫生检查员的聘任条件、职责和本规定的实施细则由铁道部、交通部、民航总局和建设部根据各自的具体情况另行制订。

第十四条　本规定由全国爱国卫生运动委员会办公室负责解释。

第十五条　本规定自一九九七年五月一日起实施。

最高人民法院、最高人民检察院、公安部关于依法惩治妨害公共交通工具安全驾驶违法犯罪行为的指导意见

· 2019 年 1 月 8 日

各省、自治区、直辖市高级人民法院、人民检察院、公安厅(局)，新疆维吾尔自治区高级人民法院生产建设兵团分院、新疆生产建设兵团人民检察院、公安局：

近期，一些地方接连发生在公共交通工具上妨害安全驾驶的行为。有的乘客仅因琐事纷争，对正在驾驶公共交通工具的驾驶人员实施暴力干扰行为，造成重大人员伤亡、财产损失，严重危害公共安全，社会反响强烈。为依法惩治妨害公共交通工具安全驾驶违法犯罪行为，维护公共交通安全秩序，保护人民群众生命财产安全，根据有关法律规定，制定本意见。

一、准确认定行为性质，依法从严惩处妨害安全驾驶犯罪

(一)乘客在公共交通工具行驶过程中，抢夺方向盘、变速杆等操纵装置，殴打、拉拽驾驶人员，或者有其他妨害安全驾驶行为，危害公共安全，尚未造成严重后果的，依照刑法第一百一十四条的规定，以以危险方法危害公共安全罪定罪处罚；致人重伤、死亡或者使公私财产遭受重大损失的，依照刑法第一百一十五条第一款的规定，以以危险方法危害公共安全罪定罪处罚。

实施前款规定的行为，具有以下情形之一的，从重处罚：

1. 在夜间行驶或者恶劣天气条件下行驶的公共交通工具上实施的；

2. 在临水、临崖、急弯、陡坡、高速公路、高架道路、桥隧路段及其他易发生危险的路段实施的；

3. 在人员、车辆密集路段实施的；

4. 在实际载客 10 人以上或者时速 60 公里以上的公共交通工具上实施的；

5. 经他人劝告、阻拦后仍然继续实施的；

6. 持械袭击驾驶人员的；

7. 其他严重妨害安全驾驶的行为。

实施上述行为，即使尚未造成严重后果，一般也不得适用缓刑。

(二)乘客在公共交通工具行驶过程中，随意殴打其他乘客，追逐、辱骂他人，或者起哄闹事，妨害公共交通工具运营秩序，符合刑法第二百九十三条规定的，以寻衅滋事罪定罪处罚；妨害公共交通工具安全行驶，危害公共安全的，依照刑法第一百一十四条、第一百一十五条第一款的规定，以以危险方法危害公共安全罪定罪处罚。

(三)驾驶人员在公共交通工具行驶过程中，与乘客发生纷争后违规操作或者擅离职守，与乘客厮打、互殴，危害公共安全，尚未造成严重后果的，依照刑法第一百一十四条的规定，以以危险方法危害公共安全罪定罪处罚；致人重伤、死亡或者使公私财产遭受重大损失的，依照刑法第一百一十五条第一款的规定，以以危险方法危害公共安全罪定罪处罚。

(四)对正在进行的妨害安全驾驶的违法犯罪行为，乘客等人员有权采取措施予以制止。制止行为造成违法犯罪行为人损害，符合法定条件的，应当认定为正当防卫。

(五)正在驾驶公共交通工具的驾驶人员遭到妨害安全驾驶行为侵害时，为避免公共交通工具倾覆或者人员伤亡等危害后果发生，采取紧急制动或者躲避措施，造成公共交通工具、交通设施损坏或者人身损害，符合法定条件的，应当认定为紧急避险。

(六)以暴力、威胁方法阻碍国家机关工作人员依法处置妨害安全驾驶违法犯罪行为，维护公共交通秩序的，依照刑法第二百七十七条的规定，以妨害公务罪定罪处罚；暴力袭击正在依法执行职务的人民警察的，从重处罚。

(七)本意见所称公共交通工具，是指公共汽车、公路客运车，大、中型出租等车辆。

二、加强协作配合，有效维护公共交通安全秩序

妨害公共交通工具安全驾驶行为具有高度危险性，极易诱发重大交通事故，造成重大人身伤亡、财产损失，严重威胁公共安全。各级人民法院、人民检察院和公安机关要高度重视妨害安全驾驶行为的现实危害，深刻认识维护公共交通秩序对于保障人民群众生命财产安全与社会和谐稳定的重大意义，准确认定

行为性质,依法从严惩处,充分发挥刑罚的震慑、教育作用,预防、减少妨害安全驾驶不法行为发生。

公安机关接到妨害安全驾驶相关警情后要及时处警,采取果断措施予以处置;要妥善保护事发现场,全面收集、提取证据,特别是注意收集行车记录仪、道路监控等视听资料。人民检察院应当对公安机关的立案、侦查活动进行监督;对于公安机关提请批准逮捕、移送审查起诉的案件,符合逮捕、起诉条件的,应当依法予以批捕、起诉。人民法院应当及时公开、公正审判。对于妨害安全驾驶行为构成犯罪的,严格依法追究刑事责任;尚不构成犯罪但构成违反治安管理行为的,依法给予治安管理处罚。

在办理案件过程中,人民法院、人民检察院和公安机关要综合考虑公共交通工具行驶速度、通行路段情况、载客情况、妨害安全驾驶行为的严重程度及对公共交通安全的危害大小、行为人认罪悔罪表现等因素,全面准确评判,充分彰显强化保障公共交通安全的价值导向。

三、强化宣传警示教育,提升公众交通安全意识

人民法院、人民检察院、公安机关要积极回应人民群众关切,对于社会影响大、舆论关注度高的重大案件,在依法办案的同时要视情向社会公众发布案件进展情况。要广泛拓展传播渠道,尤其是充分运用微信公众号、微博等网络新媒体,及时通报案件信息、澄清事实真相,借助焦点案事件向全社会传递公安和司法机关坚决惩治妨害安全驾驶违法犯罪的坚定决心,提升公众的安全意识、规则意识和法治意识。

办案单位要切实贯彻"谁执法、谁普法"的普法责任制,以各种有效形式开展以案释法,选择妨害安全驾驶犯罪的典型案例进行庭审直播,或者邀请专家学者、办案人员进行解读,阐明妨害安全驾驶行为的违法性、危害性。要坚持弘扬社会正气,选择及时制止妨害安全驾驶行为的见义勇为事例进行褒扬,向全社会广泛宣传制止妨害安全驾驶行为的正当性、必要性。

各地各相关部门要认真贯彻执行。执行中遇有问题,请及时上报。

4. 保安服务管理

保安服务管理条例

· 2009 年 10 月 13 日中华人民共和国国务院令第 564 号公布
· 根据 2020 年 11 月 29 日《国务院关于修改和废止部分行政法规的决定》第一次修订
· 根据 2022 年 3 月 29 日《国务院关于修改和废止部分行政法规的决定》第二次修订

第一章　总　则

第一条　为了规范保安服务活动,加强对从事保安服务的单位和保安员的管理,保护人身安全和财产安全,维护社会治安,制定本条例。

第二条　本条例所称保安服务是指:

(一)保安服务公司根据保安服务合同,派出保安员为客户单位提供的门卫、巡逻、守护、押运、随身护卫、安全检查以及安全技术防范、安全风险评估等服务;

(二)机关、团体、企业、事业单位招用人员从事的本单位门卫、巡逻、守护等安全防范工作;

(三)物业服务企业招用人员在物业管理区域内开展的门卫、巡逻、秩序维护等服务。

前款第(二)项、第(三)项中的机关、团体、企业、事业单位和物业服务企业,统称自行招用保安员的单位。

第三条　国务院公安部门负责全国保安服务活动的监督管理工作。县级以上地方人民政府公安机关负责本行政区域内保安服务活动的监督管理工作。

保安服务行业协会在公安机关的指导下,依法开展保安服务行业自律活动。

第四条　保安服务公司和自行招用保安员的单位(以下统称保安从业单位)应当建立健全保安服务管理制度、岗位责任制度和保安员管理制度,加强对保安员的管理、教育和培训,提高保安员的职业道德水平、业务素质和责任意识。

第五条　保安从业单位应当依法保障保安员在社会保险、劳动用工、劳动保护、工资福利、教育培训等方面的合法权益。

第六条　保安服务活动应当文明、合法,不得损害社会公共利益或者侵犯他人合法权益。

保安员依法从事保安服务活动,受法律保护。

第七条　对在保护公共财产和人民群众生命财产安全、预防和制止违法犯罪活动中有突出贡献的保安从业单位和保安员,公安机关和其他有关部门应当给予表彰、奖励。

第二章　保安服务公司

第八条　保安服务公司应当具备下列条件:

(一)有不低于人民币100万元的注册资本;

(二)拟任的保安服务公司法定代表人和主要管理人员应当具备任职所需的专业知识和有关业务工作经验,无被刑事处罚、劳动教养、收容教育、强制隔离戒毒或者被开除公职、开除军籍等不良记录;

(三)有与所提供的保安服务相适应的专业技术人员,其中法律、行政法规有资格要求的专业技术人员,应当取得相应的资格;

(四)有住所和提供保安服务所需的设施、装备;

(五)有健全的组织机构和保安服务管理制度、岗位责任制度、保安员管理制度。

第九条　申请设立保安服务公司,应当向所在地设区的市级人民政府公安机关提交申请书以及能够证明其符合本条例第八条规定条件的材料。

受理的公安机关应当自收到申请材料之日起15日内进行审核,并将审核意见报所在地的省、自治区、直辖市人民政府公安机关。省、自治区、直辖市人民政府公安机关应当自收到审核意见之日起15日内作出决定,对符合条件的,核发保安服务许可证;对不符合条件的,书面通知申请人并说明理由。

第十条　从事武装守护押运服务的保安服务公司,应当符合国务院公安部门对武装守护押运服务的规划、布局要求,具备本条例第八条规定的条件,并符合下列条件:

(一)有不低于人民币1000万元的注册资本;

(二)国有独资或者国有资本占注册资本总额的51%以上;

(三)有符合《专职守护押运人员枪支使用管理条例》规定条件的守护押运人员;

(四)有符合国家标准或者行业标准的专用运输车辆以及通信、报警设备。

第十一条　申请设立从事武装守护押运服务的保安服务公司,应当向所在地设区的市级人民政府公安机关提交申请书以及能够证明其符合本条例第八条、第十条规定条件的材料。保安服务公司申请增设武装守护押运业务的,无需再次提交证明其符合本条例第八条规定条件的材料。

受理的公安机关应当自收到申请材料之日起15日内进行审核,并将审核意见报所在地的省、自治区、直辖市人民政府公安机关。省、自治区、直辖市人民政府公安机关应当自收到审核意见之日起15日内作出决定,对符合条件的,核发从事武装守护押运业务的保安服务许可证或者在已有的保安服务许可证上增注武装守护押运服务;对不符合条件的,书面通知申请人并说明理由。

第十二条　取得保安服务许可证的申请人,凭保安服务许可证到工商行政管理机关办理工商登记。取得保安服务许可证后超过6个月未办理工商登记的,取得的保安服务许可证失效。

保安服务公司设立分公司的,应当向分公司所在地设区的市级人民政府公安机关备案。备案应当提供总公司的保安服务许可证和工商营业执照,总公司法定代表人、分公司负责人和保安员的基本情况。

保安服务公司的法定代表人变更的,应当经原审批公安机关审核,持审核文件到工商行政管理机关办理变更登记。

第三章　自行招用保安员的单位

第十三条　自行招用保安员的单位应当具有法人资格,有符合本条例规定条件的保安员,有健全的保安服务管理制度、岗位责任制度和保安员管理制度。

娱乐场所应当依照《娱乐场所管理条例》的规定,从保安服务公司聘用保安员,不得自行招用保安员。

第十四条　自行招用保安员的单位,应当自开始保安服务之日起30日内向所在地设区的市级人民政府公安机关备案,备案应当提供下列材料:

(一)法人资格证明;

(二)法定代表人(主要负责人)、分管负责人和保安员的基本情况;

(三)保安服务区域的基本情况;

（四）建立保安服务管理制度、岗位责任制度、保安员管理制度的情况。

自行招用保安员的单位不再招用保安员进行保安服务的，应当自停止保安服务之日起30日内到备案的公安机关撤销备案。

第十五条　自行招用保安员的单位不得在本单位以外或者物业管理区域以外提供保安服务。

第四章　保　安　员

第十六条　年满18周岁，身体健康，品行良好，具有初中以上学历的中国公民可以申领保安员证，从事保安服务工作。申请人经设区的市级人民政府公安机关考试、审查合格并留存指纹等人体生物信息的，发给保安员证。

提取、留存保安员指纹等人体生物信息的具体办法，由国务院公安部门规定。

第十七条　有下列情形之一的，不得担任保安员：

（一）曾被收容教育、强制隔离戒毒、劳动教养或者3次以上行政拘留的；

（二）曾因故意犯罪被刑事处罚的；

（三）被吊销保安员证未满3年的；

（四）曾两次被吊销保安员证的。

第十八条　保安从业单位应当招用符合保安员条件的人员担任保安员，并与被招用的保安员依法签订劳动合同。保安从业单位及其保安员应当依法参加社会保险。

保安从业单位应当根据保安服务岗位需要定期对保安员进行法律、保安专业知识和技能培训。

第十九条　保安从业单位应当定期对保安员进行考核，发现保安员不合格或者严重违反管理制度，需要解除劳动合同的，应当依法办理。

第二十条　保安从业单位应当根据保安服务岗位的风险程度为保安员投保意外伤害保险。

保安员因工伤亡的，依照国家有关工伤保险的规定享受工伤保险待遇；保安员牺牲被批准为烈士的，依照国家有关烈士褒扬的规定享受抚恤优待。

第五章　保安服务

第二十一条　保安服务公司提供保安服务应当与客户单位签订保安服务合同，明确规定服务的项目、内容以及双方的权利义务。保安服务合同终止后，保安服务公司应当将保安服务合同至少留存2年备查。

保安服务公司应当对客户单位要求提供的保安服务的合法性进行核查，对违法的保安服务要求应当拒绝，并向公安机关报告。

第二十二条　设区的市级以上地方人民政府确定的关系国家安全、涉及国家秘密等治安保卫重点单位不得聘请外商投资的保安服务公司提供保安服务。

第二十三条　保安服务公司派出保安员跨省、自治区、直辖市为客户单位提供保安服务的，应当向服务所在地设区的市级人民政府公安机关备案。备案应当提供保安服务公司的保安服务许可证和工商营业执照、保安服务合同、服务项目负责人和保安员的基本情况。

第二十四条　保安服务公司应当按照保安服务业服务标准提供规范的保安服务，保安服务公司派出的保安员应当遵守客户单位的有关规章制度。客户单位应当为保安员从事保安服务提供必要的条件和保障。

第二十五条　保安服务中使用的技术防范产品，应当符合有关的产品质量要求。保安服务中安装监控设备应当遵守国家有关技术规范，使用监控设备不得侵犯他人合法权益或者个人隐私。

保安服务中形成的监控影像资料、报警记录，应当至少留存30日备查，保安从业单位和客户单位不得删改或者扩散。

第二十六条　保安从业单位对保安服务中获知的国家秘密、商业秘密以及客户单位明确要求保密的信息，应当予以保密。

保安从业单位不得指使、纵容保安员阻碍依法执行公务、参与追索债务、采用暴力或者以暴力相威胁的手段处置纠纷。

第二十七条　保安员上岗应当着保安员服装，佩带全国统一的保安服务标志。保安员服装和保安服务标志应当与人民解放军、人民武装警察和人民警察、工商税务等行政执法机关以及人民法院、人民检察院工作人员的制式服装、标志服饰有明显区别。

保安员服装由全国保安服务行业协会推荐式样，由保安服务从业单位在推荐式样范围内选用。保安服务标志式样由全国保安服务行业协会确定。

第二十八条　保安从业单位应当根据保安服务岗位的需要为保安员配备所需的装备。保安服务岗位装备配备标准由国务院公安部门规定。

第二十九条　在保安服务中，为履行保安服务职责，保安员可以采取下列措施：

（一）查验出入服务区域的人员的证件，登记出入的车辆和物品；

（二）在服务区域内进行巡逻、守护、安全检查、报警监控；

（三）在机场、车站、码头等公共场所对人员及其所携带的物品进行安全检查，维护公共秩序；

（四）执行武装守护押运任务，可以根据任务需要设立临时隔离区，但应当尽可能减少对公民正常活动的妨碍。

保安员应当及时制止发生在服务区域内的违法犯罪行为，对制止无效的违法犯罪行为应当立即报警，同时采取措施保护现场。

从事武装守护押运服务的保安员执行武装守护押运任务使用枪支，依照《专职守护押运人员枪支使用管理条例》的规定执行。

第三十条　保安员不得有下列行为：

（一）限制他人人身自由、搜查他人身体或者侮辱、殴打他人；

（二）扣押、没收他人证件、财物；

（三）阻碍依法执行公务；

（四）参与追索债务、采用暴力或者以暴力相威胁的手段处置纠纷；

（五）删改或者扩散保安服务中形成的监控影像资料、报警记录；

（六）侵犯个人隐私或者泄露在保安服务中获知的国家秘密、商业秘密以及客户单位明确要求保密的信息；

（七）违反法律、行政法规的其他行为。

第三十一条　保安员有权拒绝执行保安从业单位或者客户单位的违法指令。保安从业单位不得因保安员不执行违法指令而解除与保安员的劳动合同，降低其劳动报酬和其他待遇，或者停缴、少缴依法应当为其缴纳的社会保险费。

第六章　保安培训单位

第三十二条　保安培训单位应当具备下列条件：

（一）是依法设立的具有法人资格的学校、职业培训机构；

（二）有保安培训所需的专兼职师资力量；

（三）有保安培训所需的场所、设施等教学条件。

第三十三条　从事保安培训的单位，应当自开展保安培训之日起 30 日内向所在地设区的市级人民政府公安机关备案，提交能够证明其符合本条例第三十二条规定条件的材料。

保安培训单位出资人、法定代表人（主要负责人）、住所、名称发生变化的，应当到原备案公安机关办理变更。

保安培训单位终止培训的，应当自终止培训之日起 30 日内到原备案公安机关撤销备案。

第三十四条　从事武装守护押运服务的保安员的枪支使用培训，应当由人民警察院校、人民警察培训机构负责。承担培训工作的人民警察院校、人民警察培训机构应当向所在地的省、自治区、直辖市人民政府公安机关备案。

第三十五条　保安培训单位应当按照保安员培训教学大纲制订教学计划，对接受培训的人员进行法律、保安专业知识和技能培训以及职业道德教育。

保安员培训教学大纲由国务院公安部门审定。

第七章　监督管理

第三十六条　公安机关应当指导保安从业单位建立健全保安服务管理制度、岗位责任制度、保安员管理制度和紧急情况应急预案，督促保安从业单位落实相关管理制度。

保安从业单位、保安培训单位和保安员应当接受公安机关的监督检查。

第三十七条　公安机关建立保安服务监督管理信息系统，记录保安从业单位、保安培训单位和保安员的相关信息。

公安机关应当对提取、留存的保安员指纹等人体生物信息予以保密。

第三十八条　公安机关的人民警察对保安从业

单位、保安培训单位实施监督检查应当出示证件,对监督检查中发现的问题,应当督促其整改。监督检查的情况和处理结果应当如实记录,并由公安机关的监督检查人员和保安从业单位、保安培训单位的有关负责人签字。

第三十九条　县级以上人民政府公安机关应当公布投诉方式,受理社会公众对保安从业单位、保安培训单位和保安员的投诉。接到投诉的公安机关应当及时调查处理,并反馈查处结果。

第四十条　国家机关及其工作人员不得设立保安服务公司,不得参与或者变相参与保安服务公司的经营活动。

第八章　法律责任

第四十一条　任何组织或者个人未经许可,擅自从事保安服务的,依法给予治安管理处罚,并没收违法所得;构成犯罪的,依法追究刑事责任。

第四十二条　保安从业单位有下列情形之一的,责令限期改正,给予警告;情节严重的,并处 1 万元以上 5 万元以下的罚款;有违法所得的,没收违法所得:

(一)保安服务公司法定代表人变更未经公安机关审核的;

(二)未按照本条例的规定进行备案或者撤销备案的;

(三)自行招用保安员的单位在本单位以外或者物业管理区域以外开展保安服务的;

(四)招用不符合本条例规定条件的人员担任保安员的;

(五)保安服务公司未对客户单位要求提供的保安服务的合法性进行核查的,或者未将违法的保安服务要求向公安机关报告的;

(六)保安服务公司未按照本条例的规定签订、留存保安服务合同的;

(七)未按照本条例的规定留存保安服务中形成的监控影像资料、报警记录的。

客户单位未按照本条例的规定留存保安服务中形成的监控影像资料、报警记录的,依照前款规定处罚。

第四十三条　保安从业单位有下列情形之一的,责令限期改正,处 2 万元以上 10 万元以下的罚款;违

反治安管理的,依法给予治安管理处罚;构成犯罪的,依法追究直接负责的主管人员和其他直接责任人员的刑事责任:

(一)泄露在保安服务中获知的国家秘密、商业秘密以及客户单位明确要求保密的信息的;

(二)使用监控设备侵犯他人合法权益或者个人隐私的;

(三)删改或者扩散保安服务中形成的监控影像资料、报警记录的;

(四)指使、纵容保安员阻碍依法执行公务、参与追索债务、采用暴力或者以暴力相威胁的手段处置纠纷的;

(五)对保安员疏于管理、教育和培训,发生保安员违法犯罪案件,造成严重后果的。

客户单位删改或者扩散保安服务中形成的监控影像资料、报警记录的,依照前款规定处罚。

第四十四条　保安从业单位因保安员不执行违法指令而解除与保安员的劳动合同,降低其劳动报酬和其他待遇,或者停缴、少缴依法应当为其缴纳的社会保险费的,对保安从业单位的处罚和对保安员的赔偿依照有关劳动合同和社会保险的法律、行政法规的规定执行。

第四十五条　保安员有下列行为之一的,由公安机关予以训诫;情节严重的,吊销其保安员证;违反治安管理的,依法给予治安管理处罚;构成犯罪的,依法追究刑事责任:

(一)限制他人人身自由、搜查他人身体或者侮辱、殴打他人的;

(二)扣押、没收他人证件、财物的;

(三)阻碍依法执行公务的;

(四)参与追索债务、采用暴力或者以暴力相威胁的手段处置纠纷的;

(五)删改或者扩散保安服务中形成的监控影像资料、报警记录的;

(六)侵犯个人隐私或者泄露在保安服务中获知的国家秘密、商业秘密以及客户单位明确要求保密的信息的;

(七)有违反法律、行政法规的其他行为的。

从事武装守护押运的保安员违反规定使用枪支

的,依照《专职守护押运人员枪支使用管理条例》的规定处罚。

第四十六条 保安员在保安服务中造成他人人身伤亡、财产损失的,由保安从业单位赔偿;保安员有故意或者重大过失的,保安从业单位可以依法向保安员追偿。

第四十七条 从事保安培训的单位有下列情形之一的,责令限期改正,给予警告;情节严重的,并处1万元以上5万元以下的罚款:

(一)未按照本条例的规定进行备案或者办理变更的;

(二)不符合本条例规定条件的;

(三)隐瞒有关情况、提供虚假材料或者拒绝提供反映其活动情况的真实材料的;

(四)未按照本条例规定开展保安培训的。

以保安培训为名进行诈骗活动的,依法给予治安管理处罚;构成犯罪的,依法追究刑事责任。

第四十八条 国家机关及其工作人员设立保安服务公司,参与或者变相参与保安服务公司经营活动的,对直接负责的主管人员和其他直接责任人员依法给予处分。

第四十九条 公安机关的人民警察在保安服务活动监督管理工作中滥用职权、玩忽职守、徇私舞弊的,依法给予处分;构成犯罪的,依法追究刑事责任。

第九章 附 则

第五十条 保安服务许可证、保安员证的式样由国务院公安部门规定。

第五十一条 本条例施行前已经设立的保安服务公司,应当自本条例施行之日起6个月内重新申请保安服务许可证。本条例施行前自行招用保安员的单位,应当自本条例施行之日起3个月内向公安机关备案。

本条例施行前已经从事保安服务的保安员,自本条例施行之日起1年内由保安员所在单位组织培训,经设区的市级人民政府公安机关考试、审查合格并留存指纹等人体生物信息的,发给保安员证。

第五十二条 本条例自2010年1月1日起施行。

公安机关实施保安服务管理条例办法

· 2010年2月3日公安部令第112号公布
· 根据2016年1月14日《公安部关于修改部分部门规章的决定》修正

第一章 总 则

第一条 为了规范公安机关对保安服务的监督管理工作,根据《保安服务管理条例》(以下简称《条例》)和有关法律、行政法规规定,制定本办法。

第二条 公安部负责全国保安服务活动的监督管理工作。地方各级公安机关应当按照属地管理、分级负责的原则,对保安服务活动依法进行监督管理。

第三条 省级公安机关负责下列保安服务监督管理工作:

(一)指导本省(自治区)公安机关对保安从业单位、保安培训单位、保安员和保安服务活动进行监督管理;

(二)核发、吊销保安服务公司的保安服务许可证、保安培训单位的保安培训许可证;

(三)审核保安服务公司法定代表人的变更情况;

(四)接受承担保安员枪支使用培训工作的人民警察院校、人民警察培训机构的备案;

(五)依法进行其他保安服务监督管理工作。

直辖市公安机关除行使省级公安机关的保安服务监督管理职能外,还可以直接受理设立保安服务公司或者保安培训单位的申请,核发保安员证,接受保安服务公司跨省、自治区、直辖市提供保安服务的备案。

第四条 设区市的公安机关负责下列保安服务监督管理工作:

(一)受理、审核设立保安服务公司、保安培训单位的申请材料;

(二)接受保安服务公司设立分公司和跨省、自治区、直辖市开展保安服务活动,以及自行招用保安员单位的备案;

(三)组织开展保安员考试,核发、吊销保安员证;

(四)对保安服务活动进行监督检查;

(五)依法进行其他保安服务监督管理工作。

第五条 县级公安机关负责下列保安服务监督管理工作:

(一)对保安服务活动进行监督检查;

（二）协助进行自行招用保安员单位备案管理工作；

（三）受理保安员考试报名、采集保安员指纹；

（四）依法进行其他保安服务监督管理工作。

公安派出所负责对自行招用保安员单位保安服务活动的日常监督检查。

第六条 各级公安机关应当明确保安服务主管机构，归口负责保安服务监督管理工作。

铁路、交通、民航公安机关和森林公安机关负责对其管辖范围内的保安服务进行日常监督检查。

新疆生产建设兵团公安机关负责对其管辖范围内的保安服务进行监督管理。

第七条 保安服务行业协会在公安机关指导下依法开展提供服务、规范行为、反映诉求等保安服务行业自律工作。

全国性保安服务行业协会在公安部指导下开展推荐保安员服装式样、设计全国统一的保安服务标志、制定保安服务标准、开展保安服务企业资质认证以及协助组织保安员考试等工作。

第八条 公安机关对在保护公共财产和人民群众生命财产安全、预防和制止违法犯罪活动中有突出贡献的保安从业单位和保安员，应当按照国家有关规定给予表彰奖励。

保安员因工伤亡的，依照国家有关工伤保险的规定享受工伤保险待遇，公安机关应当协助落实工伤保险待遇；保安员因公牺牲的，公安机关应当按照国家有关规定，做好烈士推荐工作。

第二章 保安从业单位许可与备案

第九条 申请设立保安服务公司，应当向设区市的公安机关提交下列材料：

（一）设立申请书（应当载明拟设立保安服务公司的名称、住所、注册资本、股东及出资额、经营范围等内容）；

（二）拟任的保安服务公司法定代表人和总经理、副总经理等主要管理人员的有效身份证件、简历，保安师资格证书复印件，5 年以上军队、公安、安全、审判、检察、司法行政或者治安保卫、保安经营管理工作经验证明，县级公安机关开具的无被刑事处罚、劳动教养、收容教育、强制隔离戒毒证明；

（三）拟设保安服务公司住所的所有权或者使用权的有效证明文件和提供保安服务所需的有关设备、交通工具等材料；

（四）专业技术人员名单和法律、行政法规有资格要求的资格证明；

（五）组织机构和保安服务管理制度、岗位责任制度、保安员管理制度材料；

（六）工商行政管理部门核发的企业名称预先核准通知书。

第十条 申请设立提供武装守护押运服务的保安服务公司，除向设区市的公安机关提交本办法第九条规定的材料外，还应当提交下列材料：

（一）出资属国有独资或者国有资本占注册资本总额 51% 以上的有效证明文件；

（二）符合《专职守护押运人员枪支使用管理条例》规定条件的守护押运人员的材料；

（三）符合国家或者行业标准的专用运输车辆以及通信、报警设备的材料；

（四）枪支安全管理制度和保管设施情况的材料。

保安服务公司申请增设武装守护押运业务的，无需提交本办法第九条规定的材料。

第十一条 申请设立中外合资经营、中外合作经营或者外资独资经营的保安服务公司（以下统称外资保安服务公司），除了向公安机关提交本办法第九条、第十条规定的材料外，还应当提交下列材料：

（一）中外合资、中外合作合同；

（二）外方的资信证明和注册登记文件；

（三）拟任的保安服务公司法定代表人和总经理、副总经理等主要管理人员为外国人的，须提供在所属国家或者地区无被刑事处罚记录证明（原居住地警察机构出具并经公证机关公证）、5 年以上保安经营管理工作经验证明、在华取得的保安师资格证书复印件。

本办法施行前已经设立的保安服务公司重新申请保安服务许可证，拟任的法定代表人和总经理、副总经理等主要管理人员为外国人的，除需提交前款第三项规定的材料外，还应当提交外国人就业证复印件。

第十二条 省级公安机关应当按照严格控制、防止垄断、适度竞争、确保安全的原则，提出武装守护押运服务公司的规划、布局方案,报公安部批准。

第十三条　设区市的公安机关应当自收到设立保安服务公司申请材料之日起15个工作日内,对申请人提交的材料的真实性进行审核,确认是否属实,并将审核意见报所在地省级公安机关。对设立提供武装守护押运和安全技术防范报警监控运营服务的申请,应当对经营场所、设施建设等情况进行现场考察。

省级公安机关收到设立保安服务公司的申请材料和设区市的公安机关的审核意见后,应当在15个工作日内作出决定:

(一)符合《条例》第八条、第十条和本办法第十二条规定的,决定核发保安服务许可证,或者在已有的保安服务许可证上增注武装守护押运服务;

(二)不符合《条例》第八条、第十条和本办法第十二条规定的,应当作出不予许可的决定,书面通知申请人并说明理由。

第十四条　取得保安服务许可证的申请人应当在办理工商登记后30个工作日内将工商营业执照复印件报送核发保安服务许可证的省级公安机关。

取得保安服务许可证后超过6个月未办理工商登记的,保安服务许可证失效,发证公安机关应当收回保安服务许可证。

第十五条　保安服务公司设立分公司的,应当自分公司设立之日起15个工作日内,向分公司所在地设区市的公安机关备案,并接受备案地公安机关监督管理。备案应当提交下列材料:

(一)保安服务许可证、工商营业执照复印件;

(二)保安服务公司法定代表人、分公司负责人和保安员基本情况;

(三)拟开展的保安服务项目。

第十六条　保安服务公司拟变更法定代表人的,应当向所在地设区市的公安机关提出申请。设区市的公安机关应当在收到申请后15个工作日内进行审核并报所在地省级公安机关。省级公安机关应当在收到申报材料后15个工作日内审核并予以回复。

第十七条　省级公安机关许可设立提供武装守护押运服务的保安服务公司以及中外合资、中外合作或者外商独资经营的保安服务公司的,应当报公安部备案。

第十八条　自行招用保安员从事本单位安全防范工作的机关、团体、企业、事业单位以及在物业管理区域内开展秩序维护等服务的物业服务企业,应当自开始保安服务之日起30个工作日内向所在地设区市的公安机关备案。备案应当提交下列材料:

(一)单位法人资格证明;

(二)法定代表人(主要负责人)、保安服务分管负责人和保安员的基本情况;

(三)保安服务区域的基本情况;

(四)建立保安服务管理制度、岗位责任制度、保安员管理制度的情况;

(五)保安员在岗培训法律、保安专业知识和技能的情况。

第三章　保安员证申领与保安员招用

第十九条　申领保安员证应当符合下列条件:

(一)年满18周岁的中国公民;

(二)身体健康,品行良好;

(三)初中以上学历;

(四)参加保安员考试,成绩合格;

(五)没有《条例》第十七条规定的情形。

第二十条　参加保安员考试,由本人或者保安从业单位、保安培训单位组织到现住地县级公安机关报名,填报报名表(可以到当地公安机关政府网站上下载),并按照国家有关规定交纳考试费。报名应当提交下列材料:

(一)有效身份证件;

(二)县级以上医院出具的体检证明;

(三)初中以上学历证明。

县级公安机关应当在接受报名时留取考试申请人的指纹,采集数码照片,并现场告知领取准考证时间。

第二十一条　县级公安机关对申请人的报名材料进行审核,符合本办法第十九条第一项、第二项、第三项、第五项规定的,上报设区市的公安机关发给准考证,通知申请人领取。

第二十二条　设区市的公安机关应当根据本地报考人数和保安服务市场需要,合理规划设置考点,提前公布考试方式(机考或者卷考)和时间,每年考试不得少于2次。

考试题目从公安部保安员考试题库中随机抽取。考生凭准考证和有效身份证件参加考试。

第二十三条　申请人考试成绩合格的，设区市的公安机关核发保安员证，由县级公安机关通知申请人领取。

第二十四条　保安从业单位直接从事保安服务的人员应当持有保安员证。

保安从业单位应当招用持有保安员证的人员从事保安服务工作，并与被招用的保安员依法签订劳动合同。

第四章　保安服务

第二十五条　保安服务公司签订保安服务合同前，应当按照《条例》第二十一条的规定，对下列事项进行核查：

（一）客户单位是否依法设立；

（二）被保护财物是否合法；

（三）被保护人员的活动是否合法；

（四）要求提供保安服务的活动依法需经批准的，是否已经批准；

（五）维护秩序的区域是否经业主或者所属单位明确授权；

（六）其他应当核查的事项。

第二十六条　保安服务公司派出保安员提供保安服务，保安服务合同履行地与保安服务公司所在地不在同一省、自治区、直辖市的，应当依照《条例》第二十三条的规定，在开始提供保安服务之前30个工作日内向保安服务合同履行地设区市的公安机关备案，并接受备案地公安机关监督管理。备案应当提交下列材料：

（一）保安服务许可证和工商营业执照复印件；

（二）保安服务公司法定代表人、服务项目负责人有效身份证件和保安员的基本情况；

（三）跨区域经营服务的保安服务合同；

（四）其他需要提供的材料。

第二十七条　经设区的市级以上地方人民政府确定的关系国家安全、涉及国家秘密等治安保卫重点单位不得聘请外资保安服务公司提供保安服务。

为上述单位提供保安服务的保安服务公司不得招用境外人员。

第二十八条　保安服务中使用的技术防范产品，应当符合国家或者行业质量标准。

保安服务中安装报警监控设备应当遵守国家有关安全技术规范。

第二十九条　保安员上岗服务应当穿着全国性保安服务行业协会推荐式样的保安员服装，佩带全国统一的保安服务标志。

提供随身护卫、安全技术防范和安全风险评估服务的保安员上岗服务可以穿着便服，但应当佩带全国统一的保安服务标志。

第三十条　保安从业单位应当根据保安服务和保安员安全需要，为保安员配备保安服务岗位所需的防护、救生等器材和交通、通讯等装备。

保安服务岗位装备配备标准由公安部另行制定。

第五章　保安培训单位许可与备案

第三十一条　申请设立保安培训单位，应当向设区市的公安机关提交下列材料：

（一）设立申请书（应当载明申请人基本情况、拟设立培训单位名称、培训目标、培训规模、培训内容、培训条件和内部管理制度等）；

（二）符合《条例》第三十二条规定条件的证明文件；

（三）申请人、法定代表人的有效身份证件，主要管理人员和师资人员的相关资格证明文件。

第三十二条　公安机关应当自收到申请材料之日起15个工作日内，对申请人提交的材料的真实性进行审核，对培训所需场所、设施等教学条件进行现场考察，并将审核意见报所在地省级公安机关。

省级公安机关收到申请材料和设区市的公安机关的审核意见后，应当在15个工作日内作出决定：

（一）符合《条例》第三十二条规定的，核发保安培训许可证；

（二）不符合《条例》第三十二条规定的，应当作出不予许可的决定，书面通知申请人并说明理由。

第三十三条　人民警察院校、人民警察培训机构对从事武装守护押运服务保安员进行枪支使用培训的，应当在开展培训工作前30个工作日内，向所在地省级公安机关备案。备案应当提交下列材料：

（一）法人资格证明或者批准成立文件；

（二）法定代表人、分管负责人的基本情况；

（三）与培训规模相适应的师资和教学设施情况；

（四）枪支安全管理制度和保管设施建设情况。

第三十四条　保安培训单位应当按照公安部审定的保安员培训教学大纲进行培训。

保安培训单位不得对外提供或者变相提供保安服务。

第六章　监督检查

第三十五条　公安机关应当加强对保安从业单位、保安培训单位的日常监督检查，督促落实各项管理制度。

第三十六条　公安机关应当根据《条例》规定，建立保安服务监督管理信息系统和保安员指纹等人体生物信息管理制度。

保安服务监督管理信息系统建设标准由公安部另行制定。

第三十七条　公安机关对保安服务公司应当检查下列内容：

（一）保安服务公司基本情况；

（二）设立分公司和跨省、自治区、直辖市开展保安服务经营活动情况；

（三）保安服务合同和监控影像资料、报警记录留存制度落实情况；

（四）保安服务中涉及的安全技术防范产品、设备安装、变更、使用情况；

（五）保安服务管理制度、岗位责任制度、保安员管理制度和紧急情况应急预案建立落实情况；

（六）从事武装守护押运服务的保安服务公司公务用枪安全管理制度和保管设施建设情况；

（七）保安员及其服装、保安服务标志与装备管理情况；

（八）保安员在岗培训和权益保障工作落实情况；

（九）被投诉举报事项纠正情况；

（十）其他需要检查的事项。

第三十八条　公安机关对自行招用保安员单位应当检查下列内容：

（一）备案情况；

（二）监控影像资料、报警记录留存制度落实情况；

（三）保安服务中涉及的安全技术防范产品、设备安装、变更、使用情况；

（四）保安服务管理制度、岗位责任制度、保安员管理制度和紧急情况应急预案建立落实情况；

（五）依法配备的公务用枪安全管理制度和保管设施建设情况；

（六）自行招用的保安员及其服装、保安服务标志与装备管理情况；

（七）保安员在岗培训和权益保障工作落实情况；

（八）被投诉举报事项纠正情况；

（九）其他需要检查的事项。

第三十九条　公安机关对保安培训单位应当检查下列内容：

（一）保安培训单位基本情况；

（二）保安培训教学情况；

（三）枪支使用培训单位备案情况和枪支安全管理制度与保管设施建设管理情况；

（四）其他需要检查的事项。

第四十条　公安机关有关工作人员对保安从业单位和保安培训单位实施监督检查时不得少于2人，并应当出示执法身份证件。

对监督检查情况和处理意见应当如实记录，并由公安机关检查人员和被检查单位的有关负责人签字；被检查单位负责人不在场或者拒绝签字的，公安机关工作人员应当在检查记录上注明。

第四十一条　公安机关在监督检查时，发现依法应当责令限期改正的违法行为，应当制作责令限期改正通知书，送达被检查单位。责令限期改正通知书中应当注明改正期限。

公安机关应当在责令改正期限届满或者收到当事人的复查申请之日起3个工作日内进行复查。对逾期不改正的，依法予以行政处罚。

第四十二条　公安机关应当在办公场所和政府网站上公布下列信息：

（一）保安服务监督管理有关法律、行政法规、部门规章和地方性法规、政府规章等规范性文件；

（二）保安服务许可证、保安培训许可证、保安员证的申领条件和程序；

（三）保安服务公司设立分公司与跨省、自治区、

直辖市经营服务、自行招用保安员单位、从事武装守护押运服务保安员枪支使用培训单位的备案材料和程序;

(四)保安服务监督检查工作要求和程序;

(五)举报投诉方式;

(六)其他应当公开的信息。

第四十三条 以欺骗、贿赂等不正当手段取得保安服务或者保安培训许可,公安机关及其工作人员滥用职权、玩忽职守、违反法定程序准予保安服务或者保安培训许可,或者对不具备申请资格、不符合法定条件的申请人准予保安服务或者保安培训许可的,发证公安机关经查证属实,应当撤销行政许可。撤销保安服务、保安培训许可的,应当按照下列程序实施:

(一)经省、自治区、直辖市人民政府公安机关批准,制作撤销决定书送达当事人;

(二)收缴许可证书;

(三)公告许可证书作废。

第四十四条 保安服务公司、保安培训单位依法破产、解散、终止的,发证公安机关应当依法及时办理许可注销手续,收回许可证件。

第七章 法律责任

第四十五条 保安服务公司有下列情形之一,造成严重后果的,除依照《条例》第四十三条规定处罚外,发证公安机关可以依据《中华人民共和国治安管理处罚法》第五十四条第三款的规定,吊销保安服务许可证:

(一)泄露在保安服务中获知的国家秘密;

(二)指使、纵容保安员阻碍依法执行公务、参与追索债务、采用暴力或者以暴力相威胁的手段处置纠纷;

(三)其他严重违法犯罪行为。

保安培训单位以培训为名进行诈骗等违法犯罪活动,情节严重的,公安机关可以依前款规定,吊销保安培训许可证。

第四十六条 设区的市级以上人民政府确定的关系国家安全、涉及国家秘密等治安保卫重点单位违反《条例》第二十二条规定的,依照《企业事业单位内部治安保卫条例》第十九条的规定处罚。

保安服务公司违反本办法第二十七条第二款规定的,依照前款规定处罚。

第四十七条 保安培训单位以实习为名,派出学员变相开展保安服务的,依照《条例》第四十一条规定,依法给予治安管理处罚,并没收违法所得;构成犯罪的,依法追究刑事责任。

第四十八条 公安机关工作人员在保安服务监督管理中有下列情形的,对直接负责的主管人员和其他直接责任人员依法给予处分;构成犯罪的,依法追究刑事责任:

(一)明知不符合设立保安服务公司、保安培训单位的设立条件却许可的;符合《条例》和本办法规定,应当许可却不予许可的;

(二)违反《条例》规定,应当接受保安从业单位、保安培训单位的备案而拒绝接受的;

(三)接到举报投诉,不依法查处的;

(四)发现保安从业单位和保安培训单位违反《条例》规定,不依法查处的;

(五)利用职权指定安全技术防范产品的生产厂家、销售单位或者指定保安服务提供企业的;

(六)接受被检查单位、个人财物或者其他不正当利益的;

(七)参与或者变相参与保安服务公司经营活动的;

(八)其他滥用职权、玩忽职守、徇私舞弊的行为。

第八章 附 则

第四十九条 保安服务许可证和保安培训许可证包括正本和副本,正本应当悬挂在保安服务公司或者保安培训单位主要办公场所的醒目位置。

保安服务许可证、保安培训许可证、保安员证式样由公安部规定,省级公安机关制作;其他文书式样由省级公安机关自行制定。

第五十条 对香港特别行政区、澳门特别行政区和台湾地区投资者设立合资、合作或者独资经营的保安服务公司的管理,参照适用外资保安服务公司的相关规定。

第五十一条 本办法自发布之日起施行。

附件:1. 保安服务许可证(略)

2. 保安培训许可证(略)

3. 中华人民共和国保安员证(略)

公安机关执行保安服务管理条例若干问题的解释

· 2010 年 9 月 16 日
· 公通字〔2010〕43 号

根据《保安服务管理条例》(以下简称《条例》)和《公安机关实施保安服务管理条例办法》(以下简称《办法》)规定及保安服务监管工作需要,现对公安机关执行《保安服务管理条例》的若干问题解释如下。

一、关于保安服务公司主要管理人员范围问题。《条例》第八条第二项规定,拟任的保安服务公司法定代表人和主要管理人员应当具备任职所需的专业知识和有关业务工作经验。这里的"主要管理人员"是指拟任的保安服务公司总经理、副总经理。

二、关于保安服务公司法定代表人和主要管理人员保安师资格证问题。《条例》第八条第二项规定,拟任保安服务公司法定代表人和主要管理人员应当具备任职所需的专业知识。《办法》第九条进一步明确规定,拟任保安服务公司法定代表人和总经理、副总经理等主要管理人员应当具有保安师资格。在全国保安职业技能鉴定工作开始后,将对在任的保安服务公司的法定代表人和总经理、副总经理等主要管理人员进行全国统一的职业技能鉴定,核发保安师资格证书。

三、关于拟任保安服务公司法定代表人和主要管理人员治安保卫或者保安经营管理经验问题。《条例》第八条第二项规定,拟任的保安服务公司法定代表人和主要管理人员应当具备有关业务工作经验。《办法》第九条规定,拟任的保安服务公司法定代表人和主要管理人员应当具有 5 年以上军队、公安、安全、审判、检察、司法行政或者治安保卫、保安经营管理工作经验。这里的"治安保卫"工作经验是指曾在县级以上人民政府确定的治安保卫重点单位从事治安保卫管理工作经历;"保安经营管理"工作经验是指在保安服务公司中曾担任经营管理领导职务的工作经历。

四、关于直辖市公安机关直接受理设立保安服务公司或者保安培训单位申请的审核审批时间问题。根据《行政许可法》第四十二条、《条例》第九条和《办法》第三条规定,直辖市公安机关直接受理设立保安服务公司或者保安培训单位申请的,应当在 20 日内审核完毕并作出决定;在 20 日内不能作出决定的,经本行政机关负责人批准,可以延长 10 日,并应将延长期限的理由告知申请人。

五、关于提供武装守护押运服务的保安服务公司国有投资主体数量问题。《条例》第十条规定,提供武装守护押运服务的保安服务公司应当由国有资本独资设立,或者国有资本占注册资本总额 51%以上。这里所称的国有资本可以由多个国有投资主体持有,但其中一个国有投资主体持有的股份应当占该公司注册资本总额的 51%以上。

六、关于公安机关所属院校、社团和现役部队设立保安服务公司问题。根据 1998 年中央对军队、武警和政法机关进行清商的文件精神和公安部有关规定要求,公安机关所属院校、社团和现役部队不得设立保安服务公司,不得参与或者变相参与保安服务公司的经营活动。

七、关于自行招用保安员单位跨区域开展保安服务活动的备案问题。《条例》第十四条第一款规定,自行招用保安员的单位,应当向所在地设区的市级人民政府公安机关备案。自行招用保安员的单位因本单位生产经营工作的需要而跨市(地、州、盟)开展保安服务活动的,应当将保安服务情况向当地市(地、州、盟)公安机关备案,当地公安机关应当接受备案,并纳入监管。

八、关于单位自行招用保安员的备案范围问题。根据《条例》第十四条规定,对具有法人资格的单位自行招用的直接从事本单位门卫、巡逻、守护和秩序维护等安全防范工作并与本单位签订劳动合同或用工协议的人员,应当纳入公安机关备案范围。

九、关于达到法定退休年龄人员申领保安员证问题。根据《劳动法》等法律、法规规定和保安服务工作要求,对于达到法定退休年龄的人员不再发给保安员证。

十、关于安全技术防范服务认定问题。根据《条例》第二条规定,保安服务包括安全技术防范服务。这里的"安全技术防范服务"主要是指利用安全技术防范设备和技术手段,为公民、法人和其他组织提供入侵报警、视频监控,以及报警运营等服务。

公安机关监督检查企业事业单位内部治安保卫工作规定

· 2007 年 6 月 16 日公安部令第 93 号发布
· 自 2007 年 10 月 1 日起施行

第一条 为规范公安机关监督检查企业事业单位(以下简称单位)内部治安保卫工作行为,依据《企业事业单位内部治安保卫条例》(以下简称《条例》),制定本规定。

第二条 县级以上公安机关单位内部治安保卫工作主管部门和单位所在地公安派出所按照分工履行监督检查单位内部治安保卫工作职责。

铁路、交通、民航公安机关和国有林区森林公安机关负责监督检查本行业、本系统所属单位内部治安保卫工作。公安消防、交通管理部门依照有关规定,对单位内部消防、交通安全管理进行监督检查。

第三条 公安机关监督检查单位内部治安保卫工作应当严格执行国家有关规定。对监督检查中涉及的国家秘密、商业秘密,应当予以保密。

第四条 公安机关对单位内部治安保卫工作的下列事项进行监督检查:

(一)单位按照《条例》规定制定和落实内部治安保卫制度情况;

(二)单位主要负责人落实内部治安保卫工作责任制情况;

(三)单位设置治安保卫机构和配备专职、兼职治安保卫人员情况;

(四)单位落实出入登记、守卫看护、巡逻检查、重要部位重点保护、治安隐患排查处理等内部治安保卫措施情况;

(五)单位治安防范设施的建设、使用和维护情况;

(六)单位内部治安保卫机构、治安保卫人员依法履行职责情况;

(七)单位管理范围内的人员遵守单位内部治安保卫制度情况;

(八)单位内部治安保卫人员接受有关法律知识和治安保卫业务、技能以及相关专业知识培训、考核情况;

(九)其他依法应当监督检查的内容。

第五条 公安机关监督检查治安保卫重点单位,除执行本规定第四条规定外,还应当对下列事项进行监督检查:

(一)治安保卫机构设置和人员配备报主管公安机关备案情况;

(二)治安保卫重要部位确定情况;

(三)按照国家有关标准对治安保卫重要部位设置必要的安全技术防范设施,并实施重点保护情况;

(四)制定单位内部治安突发事件处置预案及组织演练情况;

(五)其他依法应当监督检查的内容。

第六条 公安机关监督检查单位内部治安保卫工作,可以采取以下方法:

(一)要求单位治安保卫工作负责人和其他工作人员对检查事项作出说明;

(二)查阅、调取、复制与治安保卫工作有关的文件、资料;

(三)实地查看单位治安保卫制度、措施的制定和落实情况,查看单位物防、技防等治安防范设施的设置和运行情况;

(四)利用监控设备检查单位内部治安保卫工作的落实情况;

(五)根据需要采取的其他监督检查方法。

监督检查可以采取定期检查、临时检查、专项检查、随机抽查等方式进行,检查民警不得少于两人,并应当向被检查单位负责人或者其他有关人员出示工作证件。

第七条 监督检查应当制作《检查笔录》,如实记录监督检查情况和发现的治安隐患,并交被检查单位负责人或者陪同检查人员核对签名。被检查单位负责人或者陪同检查人员对记录有异议的,应当允许其说明;拒绝签名的,检查民警应当在《检查笔录》上注明。

第八条 单位违反《条例》规定,存在治安隐患的,公安机关应当责令限期整改,并处警告。

责令单位限期整改治安隐患时,应当制作《责令限期整改治安隐患通知书》,详细列明具体隐患及相应整改期限,整改期限最长不超过二个月。《责令限期整改治安隐患通知书》应当自检查完毕之日起三个工作日内送达被检查单位。

单位在整改治安隐患期间应当采取必要的防范措施,确保安全。

第九条 单位认为有正当理由不能在整改期限内将治安隐患整改完毕的,应当在整改期限届满前向发出《责令限期整改治安隐患通知书》的公安机关提出书面延期整改申请。

公安机关应当自受理申请之日起三个工作日内对延期申请进行审查,作出是否同意延期的决定并送达《同意/不同意延期整改治安隐患通知书》。延期整改期限最长不超过一个月。

第十条 对责令限期整改或者同意延期整改治安隐患的,公安机关应当自责令整改期限或者延期整改期限届满次日起三个工作日内对治安隐患整改情况进行复查,自复查之日起三个工作日内制作并送达《复查意见告知书》。

单位在规定整改期限届满前,认为已将公安机关责令限期整改或者同意延期整改的治安隐患提前整改完毕的,可以向公安机关提出提前复查治安隐患整改情况的申请,公安机关应当自收到单位申请次日起三个工作日内对整改情况进行复查,自复查之日起三个工作日内制作并送达《复查意见告知书》。

经复查,由于客观原因致使治安隐患整改情况难以达到规定要求,并严重威胁公民人身安全、公私财产安全或者公共安全的,公安机关应当及时报告当地人民政府或者通报单位上一级主管部门协调解决。对无正当理由致使整改情况未达到规定要求的,公安机关应当按逾期不整改治安隐患依法处理,并可根据需要在一定范围内予以通报,督促单位落实整改措施。

第十一条 单位违反《条例》规定,存在下列治安隐患情形之一,经公安机关责令限期整改后逾期不整改,严重威胁公民人身安全、公私财产安全或者公共安全的,公安机关应当依据《条例》第十九条的规定,对单位处一万元以上二万元以下罚款,对单位主要负责人和其他直接责任人员分别处五百元以上一千元以下罚款;造成公民人身伤害、公私财产损失的,对单位处二万元以上五万元以下罚款,对单位主要负责人

和其他直接责任人员分别处一千元以上三千元以下罚款:

(一)未建立和落实主要负责人治安保卫工作责任制的;

(二)未制定和落实内部治安保卫制度的;

(三)未设置必要的治安防范设施的;

(四)未根据单位内部治安保卫工作需要配备专职或者兼职治安保卫人员的;

(五)内部治安保卫人员未接受有关法律知识和治安保卫业务、技能以及相关专业知识培训、考核的;

(六)内部治安保卫机构、治安保卫人员未履行《条例》第十一条规定职责的。

第十二条 单位违反《条例》规定,存在下列治安隐患情形之一,经公安机关责令限期整改后逾期不整改,严重威胁公民人身安全、公私财产安全或者公共安全的,公安机关应当依据《条例》第十九条的规定,对单位处二万元以上五万元以下罚款,对单位主要负责人和其他直接责任人员分别处一千元以上三千元以下罚款;造成公民人身伤害、公私财产损失的,对单位处五万元以上十万元以下罚款,对单位主要负责人和其他直接责任人员分别处三千元以上五千元以下罚款:

(一)未制定和落实内部治安保卫措施的;

(二)治安保卫重点单位未设置与治安保卫任务相适应的治安保卫机构,未配备专职治安保卫人员的;

(三)治安保卫重点单位未确定本单位治安保卫重要部位,未按照国家有关标准对治安保卫重要部位设置必要的技术防范设施并实施重点保护的;

(四)治安保卫重点单位未制定单位内部治安突发事件处置预案或者未定期组织演练的;

(五)管理措施不落实,致使在单位管理范围内的人员违反内部治安保卫制度情况严重,治安问题突出的。

第十三条 单位违反《条例》规定,存在本规定第十一条、第十二条所列治安隐患情形之一,经公安机关责令限期整改后逾期不整改,造成公民人身伤害、公私财产损失,或者严重威胁公民人身安全、公私财产安全或者公共安全的,除依据各该条规定给予处罚

外,还可建议有关组织对单位主要负责人和其他直接责任人员依法给予行政处分;情节严重,构成犯罪的,依法追究刑事责任。

第十四条 公安机关及其人民警察在监督检查工作中,有下列行为之一的,对直接负责的主管人员和其他直接责任人员,依法给予处分;情节严重,构成犯罪的,依法追究刑事责任:

(一)不按规定制作、送达法律文书,超过规定的时限复查单位整改情况和核查群众举报、投诉,或者有其他不依法履行监督检查职责的行为,经指出不改正,造成严重后果的;

(二)对责令限期整改治安隐患的单位,未经复查或者经复查治安隐患未整改,作出复查合格决定,造成公民人身伤害、公私财产损失的;

(三)对单位或者当事人故意刁难的;

(四)在监督检查工作中弄虚作假的;

(五)违法违规实施处罚的;

(六)故意泄漏监督检查中涉及的国家秘密和单位商业秘密的;

(七)有其他渎职行为的。

第十五条 公安机关对机关、团体内部治安保卫工作的监督检查,参照本规定执行。

第十六条 本规定自 2007 年 10 月 1 日起施行。

5. 网络安全与信息管理

中华人民共和国网络安全法

· 2016 年 11 月 7 日第十二届全国人民代表大会常务委员会第二十四次会议通过
· 2016 年 11 月 7 日中华人民共和国主席令第 53 号公布
· 自 2017 年 6 月 1 日起施行

第一章　总　则

第一条 为了保障网络安全,维护网络空间主权和国家安全、社会公共利益,保护公民、法人和其他组织的合法权益,促进经济社会信息化健康发展,制定本法。

第二条 在中华人民共和国境内建设、运营、维护和使用网络,以及网络安全的监督管理,适用本法。

第三条 国家坚持网络安全与信息化发展并重,遵循积极利用、科学发展、依法管理、确保安全的方针,推进网络基础设施建设和互联互通,鼓励网络技术创新和应用,支持培养网络安全人才,建立健全网络安全保障体系,提高网络安全保护能力。

第四条 国家制定并不断完善网络安全战略,明确保障网络安全的基本要求和主要目标,提出重点领域的网络安全政策、工作任务和措施。

第五条 国家采取措施,监测、防御、处置来源于中华人民共和国境内外的网络安全风险和威胁,保护关键信息基础设施免受攻击、侵入、干扰和破坏,依法惩治网络违法犯罪活动,维护网络空间安全和秩序。

第六条 国家倡导诚实守信、健康文明的网络行为,推动传播社会主义核心价值观,采取措施提高全社会的网络安全意识和水平,形成全社会共同参与促进网络安全的良好环境。

第七条 国家积极开展网络空间治理、网络技术研发和标准制定、打击网络违法犯罪等方面的国际交流与合作,推动构建和平、安全、开放、合作的网络空间,建立多边、民主、透明的网络治理体系。

第八条 国家网信部门负责统筹协调网络安全工作和相关监督管理工作。国务院电信主管部门、公安部门和其他有关机关依照本法和有关法律、行政法规的规定,在各自职责范围内负责网络安全保护和监督管理工作。

县级以上地方人民政府有关部门的网络安全保护和监督管理职责,按照国家有关规定确定。

第九条 网络运营者开展经营和服务活动,必须遵守法律、行政法规,尊重社会公德,遵守商业道德,诚实信用,履行网络安全保护义务,接受政府和社会的监督,承担社会责任。

第十条 建设、运营网络或者通过网络提供服务,应当依照法律、行政法规的规定和国家标准的强制性要求,采取技术措施和其他必要措施,保障网络安全、稳定运行,有效应对网络安全事件,防范网络违法犯罪活动,维护网络数据的完整性、保密性和可用性。

第十一条 网络相关行业组织按照章程,加强行业自律,制定网络安全行为规范,指导会员加强网络安全保护,提高网络安全保护水平,促进行业健康发展。

第十二条 国家保护公民、法人和其他组织依法使用网络的权利,促进网络接入普及,提升网络服务水平,为社会提供安全、便利的网络服务,保障网络信息依法有序自由流动。

任何个人和组织使用网络应当遵守宪法法律,遵守公共秩序,尊重社会公德,不得危害网络安全,不得利用网络从事危害国家安全、荣誉和利益,煽动颠覆国家政权、推翻社会主义制度,煽动分裂国家、破坏国家统一,宣扬恐怖主义、极端主义,宣扬民族仇恨、民族歧视,传播暴力、淫秽色情信息,编造、传播虚假信息扰乱经济秩序和社会秩序,以及侵害他人名誉、隐私、知识产权和其他合法权益等活动。

第十三条 国家支持研究开发有利于未成年人健康成长的网络产品和服务,依法惩治利用网络从事危害未成年人身心健康的活动,为未成年人提供安全、健康的网络环境。

第十四条 任何个人和组织有权对危害网络安全的行为向网信、电信、公安等部门举报。收到举报的部门应当及时依法作出处理;不属于本部门职责的,应当及时移送有权处理的部门。

有关部门应当对举报人的相关信息予以保密,保护举报人的合法权益。

第二章 网络安全支持与促进

第十五条 国家建立和完善网络安全标准体系。国务院标准化行政主管部门和国务院其他有关部门根据各自的职责,组织制定并适时修订有关网络安全管理以及网络产品、服务和运行安全的国家标准、行业标准。

国家支持企业、研究机构、高等学校、网络相关行业组织参与网络安全国家标准、行业标准的制定。

第十六条 国务院和省、自治区、直辖市人民政府应当统筹规划,加大投入,扶持重点网络安全技术产业和项目,支持网络安全技术的研究开发和应用,推广安全可信的网络产品和服务,保护网络技术知识产权,支持企业、研究机构和高等学校等参与国家网络安全技术创新项目。

第十七条 国家推进网络安全社会化服务体系建设,鼓励有关企业、机构开展网络安全认证、检测和风险评估等安全服务。

第十八条 国家鼓励开发网络数据安全保护和利用技术,促进公共数据资源开放,推动技术创新和经济社会发展。

国家支持创新网络安全管理方式,运用网络新技术,提升网络安全保护水平。

第十九条 各级人民政府及其有关部门应当组织开展经常性的网络安全宣传教育,并指导、督促有关单位做好网络安全宣传教育工作。

大众传播媒介应当有针对性地面向社会进行网络安全宣传教育。

第二十条 国家支持企业和高等学校、职业学校等教育培训机构开展网络安全相关教育与培训,采取多种方式培养网络安全人才,促进网络安全人才交流。

第三章 网络运行安全

第一节 一般规定

第二十一条 国家实行网络安全等级保护制度。网络运营者应当按照网络安全等级保护制度的要求,履行下列安全保护义务,保障网络免受干扰、破坏或者未经授权的访问,防止网络数据泄露或者被窃取、篡改:

(一)制定内部安全管理制度和操作规程,确定网络安全负责人,落实网络安全保护责任;

(二)采取防范计算机病毒和网络攻击、网络侵入等危害网络安全行为的技术措施;

(三)采取监测、记录网络运行状态、网络安全事件的技术措施,并按照规定留存相关的网络日志不少于六个月;

(四)采取数据分类、重要数据备份和加密等措施;

(五)法律、行政法规规定的其他义务。

第二十二条 网络产品、服务应当符合相关国家标准的强制性要求。网络产品、服务的提供者不得设置恶意程序;发现其网络产品、服务存在安全缺陷、漏洞等风险时,应当立即采取补救措施,按照规定及时告知用户并向有关主管部门报告。

网络产品、服务的提供者应当为其产品、服务持续提供安全维护；在规定或者当事人约定的期限内，不得终止提供安全维护。

网络产品、服务具有收集用户信息功能的，其提供者应当向用户明示并取得同意；涉及用户个人信息的，还应当遵守本法和有关法律、行政法规关于个人信息保护的规定。

第二十三条　网络关键设备和网络安全专用产品应当按照相关国家标准的强制性要求，由具备资格的机构安全认证合格或者安全检测符合要求后，方可销售或者提供。国家网信部门会同国务院有关部门制定、公布网络关键设备和网络安全专用产品目录，并推动安全认证和安全检测结果互认，避免重复认证、检测。

第二十四条　网络运营者为用户办理网络接入、域名注册服务，办理固定电话、移动电话等入网手续，或者为用户提供信息发布、即时通讯等服务，在与用户签订协议或者确认提供服务时，应当要求用户提供真实身份信息。用户不提供真实身份信息的，网络运营者不得为其提供相关服务。

国家实施网络可信身份战略，支持研究开发安全、方便的电子身份认证技术，推动不同电子身份认证之间的互认。

第二十五条　网络运营者应当制定网络安全事件应急预案，及时处置系统漏洞、计算机病毒、网络攻击、网络侵入等安全风险；在发生危害网络安全的事件时，立即启动应急预案，采取相应的补救措施，并按照规定向有关主管部门报告。

第二十六条　开展网络安全认证、检测、风险评估等活动，向社会发布系统漏洞、计算机病毒、网络攻击、网络侵入等网络安全信息，应当遵守国家有关规定。

第二十七条　任何个人和组织不得从事非法侵入他人网络、干扰他人网络正常功能、窃取网络数据等危害网络安全的活动；不得提供专门用于从事侵入网络、干扰网络正常功能及防护措施、窃取网络数据等危害网络安全活动的程序、工具；明知他人从事危害网络安全的活动的，不得为其提供技术支持、广告推广、支付结算等帮助。

第二十八条　网络运营者应当为公安机关、国家安全机关依法维护国家安全和侦查犯罪的活动提供技术支持和协助。

第二十九条　国家支持网络运营者之间在网络安全信息收集、分析、通报和应急处置等方面进行合作，提高网络运营者的安全保障能力。

有关行业组织建立健全本行业的网络安全保护规范和协作机制，加强对网络安全风险的分析评估，定期向会员进行风险警示，支持、协助会员应对网络安全风险。

第三十条　网信部门和有关部门在履行网络安全保护职责中获取的信息，只能用于维护网络安全的需要，不得用于其他用途。

第二节　关键信息基础设施的运行安全

第三十一条　国家对公共通信和信息服务、能源、交通、水利、金融、公共服务、电子政务等重要行业和领域，以及其他一旦遭到破坏、丧失功能或者数据泄露，可能严重危害国家安全、国计民生、公共利益的关键信息基础设施，在网络安全等级保护制度的基础上，实行重点保护。关键信息基础设施的具体范围和安全保护办法由国务院制定。

国家鼓励关键信息基础设施以外的网络运营者自愿参与关键信息基础设施保护体系。

第三十二条　按照国务院规定的职责分工，负责关键信息基础设施安全保护工作的部门分别编制并组织实施本行业、本领域的关键信息基础设施安全规划，指导和监督关键信息基础设施运行安全保护工作。

第三十三条　建设关键信息基础设施应当确保其具有支持业务稳定、持续运行的性能，并保证安全技术措施同步规划、同步建设、同步使用。

第三十四条　除本法第二十一条的规定外，关键信息基础设施的运营者还应当履行下列安全保护义务：

（一）设置专门安全管理机构和安全管理负责人，并对该负责人和关键岗位的人员进行安全背景审查；

（二）定期对从业人员进行网络安全教育、技术培训和技能考核；

（三）对重要系统和数据库进行容灾备份；

（四）制定网络安全事件应急预案，并定期进行演练；

（五）法律、行政法规规定的其他义务。

第三十五条　关键信息基础设施的运营者采购网络产品和服务，可能影响国家安全的，应当通过国家网信部门会同国务院有关部门组织的国家安全审查。

第三十六条　关键信息基础设施的运营者采购网络产品和服务，应当按照规定与提供者签订安全保密协议，明确安全和保密义务与责任。

第三十七条　关键信息基础设施的运营者在中华人民共和国境内运营中收集和产生的个人信息和重要数据应当在境内存储。因业务需要，确需向境外提供的，应当按照国家网信部门会同国务院有关部门制定的办法进行安全评估；法律、行政法规另有规定的，依照其规定。

第三十八条　关键信息基础设施的运营者应当自行或者委托网络安全服务机构对其网络的安全性和可能存在的风险每年至少进行一次检测评估，并将检测评估情况和改进措施报送相关负责关键信息基础设施安全保护工作的部门。

第三十九条　国家网信部门应当统筹协调有关部门对关键信息基础设施的安全保护采取下列措施：

（一）对关键信息基础设施的安全风险进行抽查检测，提出改进措施，必要时可以委托网络安全服务机构对网络存在的安全风险进行检测评估；

（二）定期组织关键信息基础设施的运营者进行网络安全应急演练，提高应对网络安全事件的水平和协同配合能力；

（三）促进有关部门、关键信息基础设施的运营者以及有关研究机构、网络安全服务机构等之间的网络安全信息共享；

（四）对网络安全事件的应急处置与网络功能的恢复等，提供技术支持和协助。

第四章　网络信息安全

第四十条　网络运营者应当对其收集的用户信息严格保密，并建立健全用户信息保护制度。

第四十一条　网络运营者收集、使用个人信息，应当遵循合法、正当、必要的原则，公开收集、使用规则，明示收集、使用信息的目的、方式和范围，并经被收集者同意。

网络运营者不得收集与其提供的服务无关的个人信息，不得违反法律、行政法规的规定和双方的约定收集、使用个人信息，并应当依照法律、行政法规的规定和与用户的约定，处理其保存的个人信息。

第四十二条　网络运营者不得泄露、篡改、毁损其收集的个人信息；未经被收集者同意，不得向他人提供个人信息。但是，经过处理无法识别特定个人且不能复原的除外。

网络运营者应当采取技术措施和其他必要措施，确保其收集的个人信息安全，防止信息泄露、毁损、丢失。在发生或者可能发生个人信息泄露、毁损、丢失的情况时，应当立即采取补救措施，按照规定及时告知用户并向有关主管部门报告。

第四十三条　个人发现网络运营者违反法律、行政法规的规定或者双方的约定收集、使用其个人信息的，有权要求网络运营者删除其个人信息；发现网络运营者收集、存储的其个人信息有错误的，有权要求网络运营者予以更正。网络运营者应当采取措施予以删除或者更正。

第四十四条　任何个人和组织不得窃取或者以其他非法方式获取个人信息，不得非法出售或者非法向他人提供个人信息。

第四十五条　依法负有网络安全监督管理职责的部门及其工作人员，必须对在履行职责中知悉的个人信息、隐私和商业秘密严格保密，不得泄露、出售或者非法向他人提供。

第四十六条　任何个人和组织应当对其使用网络的行为负责，不得设立用于实施诈骗，传授犯罪方法，制作或者销售违禁物品、管制物品等违法犯罪活动的网站、通讯群组，不得利用网络发布涉及实施诈骗，制作或者销售违禁物品、管制物品以及其他违法犯罪活动的信息。

第四十七条　网络运营者应当加强对其用户发布的信息的管理，发现法律、行政法规禁止发布或者传输的信息的，应当立即停止传输该信息，采取消除等处置措施，防止信息扩散，保存有关记录，并向有关主管部门报告。

第四十八条　任何个人和组织发送的电子信息、提供的应用软件，不得设置恶意程序，不得含有法律、行政法规禁止发布或者传输的信息。

电子信息发送服务提供者和应用软件下载服务提供者，应当履行安全管理义务，知道其用户有前款规定行为的，应当停止提供服务，采取消除等处置措施，保存有关记录，并向有关主管部门报告。

第四十九条　网络运营者应当建立网络信息安全投诉、举报制度，公布投诉、举报方式等信息，及时受理并处理有关网络信息安全的投诉和举报。

网络运营者对网信部门和有关部门依法实施的监督检查，应当予以配合。

第五十条　国家网信部门和有关部门依法履行网络信息安全监督管理职责，发现法律、行政法规禁止发布或者传输的信息的，应当要求网络运营者停止传输，采取消除等处置措施，保存有关记录；对来源于中华人民共和国境外的上述信息，应当通知有关机构采取技术措施和其他必要措施阻断传播。

第五章　监测预警与应急处置

第五十一条　国家建立网络安全监测预警和信息通报制度。国家网信部门应当统筹协调有关部门加强网络安全信息收集、分析和通报工作，按照规定统一发布网络安全监测预警信息。

第五十二条　负责关键信息基础设施安全保护工作的部门，应当建立健全本行业、本领域的网络安全监测预警和信息通报制度，并按照规定报送网络安全监测预警信息。

第五十三条　国家网信部门协调有关部门建立健全网络安全风险评估和应急工作机制，制定网络安全事件应急预案，并定期组织演练。

负责关键信息基础设施安全保护工作的部门应当制定本行业、本领域的网络安全事件应急预案，并定期组织演练。

网络安全事件应急预案应当按事件发生后的危害程度、影响范围等因素对网络安全事件进行分级，并规定相应的应急处置措施。

第五十四条　网络安全事件发生的风险增大时，省级以上人民政府有关部门应当按照规定的权限和程序，并根据网络安全风险的特点和可能造成的危害，采取下列措施：

（一）要求有关部门、机构和人员及时收集、报告有关信息，加强对网络安全风险的监测；

（二）组织有关部门、机构和专业人员，对网络安全风险信息进行分析评估，预测事件发生的可能性、影响范围和危害程度；

（三）向社会发布网络安全风险预警，发布避免、减轻危害的措施。

第五十五条　发生网络安全事件，应当立即启动网络安全事件应急预案，对网络安全事件进行调查和评估，要求网络运营者采取技术措施和其他必要措施，消除安全隐患，防止危害扩大，并及时向社会发布与公众有关的警示信息。

第五十六条　省级以上人民政府有关部门在履行网络安全监督管理职责中，发现网络存在较大安全风险或者发生安全事件的，可以按照规定的权限和程序对该网络的运营者的法定代表人或者主要负责人进行约谈。网络运营者应当按照要求采取措施，进行整改，消除隐患。

第五十七条　因网络安全事件，发生突发事件或者生产安全事故的，应当依照《中华人民共和国突发事件应对法》《中华人民共和国安全生产法》等有关法律、行政法规的规定处置。

第五十八条　因维护国家安全和社会公共秩序，处置重大突发社会安全事件的需要，经国务院决定或者批准，可以在特定区域对网络通信采取限制等临时措施。

第六章　法律责任

第五十九条　网络运营者不履行本法第二十一条、第二十五条规定的网络安全保护义务的，由有关主管部门责令改正，给予警告；拒不改正或者导致危害网络安全等后果的，处一万元以上十万元以下罚款，对直接负责的主管人员处五千元以上五万元以下罚款。

关键信息基础设施的运营者不履行本法第三十三条、第三十四条、第三十六条、第三十八条规定的网络安全保护义务的，由有关主管部门责令改正，给予警告；拒不改正或者导致危害网络安全等后果的，处十万元以上一百万元以下罚款，对直接负责的主管人员处一万元以上十万元以下罚款。

第六十条　违反本法第二十二条第一款、第二款和第四十八条第一款规定,有下列行为之一的,由有关主管部门责令改正,给予警告;拒不改正或者导致危害网络安全等后果的,处五万元以上五十万元以下罚款,对直接负责的主管人员处一万元以上十万元以下罚款:

(一)设置恶意程序的;

(二)对其产品、服务存在的安全缺陷、漏洞等风险未立即采取补救措施,或者未按照规定及时告知用户并向有关主管部门报告的;

(三)擅自终止为其产品、服务提供安全维护的。

第六十一条　网络运营者违反本法第二十四条第一款规定,未要求用户提供真实身份信息,或者对不提供真实身份信息的用户提供相关服务的,由有关主管部门责令改正;拒不改正或者情节严重的,处五万元以上五十万元以下罚款,并可以由有关主管部门责令暂停相关业务、停业整顿、关闭网站、吊销相关业务许可证或者吊销营业执照,对直接负责的主管人员和其他直接责任人员处一万元以上十万元以下罚款。

第六十二条　违反本法第二十六条规定,开展网络安全认证、检测、风险评估等活动,或者向社会发布系统漏洞、计算机病毒、网络攻击、网络侵入等网络安全信息的,由有关主管部门责令改正,给予警告;拒不改正或者情节严重的,处一万元以上十万元以下罚款,并可以由有关主管部门责令暂停相关业务、停业整顿、关闭网站、吊销相关业务许可证或者吊销营业执照,对直接负责的主管人员和其他直接责任人员处五千元以上五万元以下罚款。

第六十三条　违反本法第二十七条规定,从事危害网络安全的活动,或者提供专门用于从事危害网络安全活动的程序、工具,或者为他人从事危害网络安全的活动提供技术支持、广告推广、支付结算等帮助,尚不构成犯罪的,由公安机关没收违法所得,处五日以下拘留,可以并处五万元以上五十万元以下罚款;情节较重的,处五日以上十五日以下拘留,可以并处十万元以上一百万元以下罚款。

单位有前款行为的,由公安机关没收违法所得,处十万元以上一百万元以下罚款,并对直接负责的主管人员和其他直接责任人员依照前款规定处罚。

违反本法第二十七条规定,受到治安管理处罚的

人员,五年内不得从事网络安全管理和网络运营关键岗位的工作;受到刑事处罚的人员,终身不得从事网络安全管理和网络运营关键岗位的工作。

第六十四条　网络运营者、网络产品或者服务的提供者违反本法第二十二条第三款、第四十一条至第四十三条规定,侵害个人信息依法得到保护的权利的,由有关主管部门责令改正,可以根据情节单处或者并处警告、没收违法所得、处违法所得一倍以上十倍以下罚款,没有违法所得的,处一百万元以下罚款,对直接负责的主管人员和其他直接责任人员处一万元以上十万元以下罚款;情节严重的,并可以责令暂停相关业务、停业整顿、关闭网站、吊销相关业务许可证或者吊销营业执照。

违反本法第四十四条规定,窃取或者以其他非法方式获取、非法出售或者非法向他人提供个人信息,尚不构成犯罪的,由公安机关没收违法所得,并处违法所得一倍以上十倍以下罚款,没有违法所得的,处一百万元以下罚款。

第六十五条　关键信息基础设施的运营者违反本法第三十五条规定,使用未经安全审查或者安全审查未通过的网络产品或者服务的,由有关主管部门责令停止使用,处采购金额一倍以上十倍以下罚款;对直接负责的主管人员和其他直接责任人员处一万元以上十万元以下罚款。

第六十六条　关键信息基础设施的运营者违反本法第三十七条规定,在境外存储网络数据,或者向境外提供网络数据的,由有关主管部门责令改正,给予警告,没收违法所得,处五万元以上五十万元以下罚款,并可以责令暂停相关业务、停业整顿、关闭网站、吊销相关业务许可证或者吊销营业执照;对直接负责的主管人员和其他直接责任人员处一万元以上十万元以下罚款。

第六十七条　违反本法第四十六条规定,设立用于实施违法犯罪活动的网站、通讯群组,或者利用网络发布涉及实施违法犯罪活动的信息,尚不构成犯罪的,由公安机关处五日以下拘留,可以并处一万元以上十万元以下罚款;情节较重的,处五日以上十五日以下拘留,可以并处五万元以上五十万元以下罚款。关闭用于实施违法犯罪活动的网站、通讯群组。

单位有前款行为的,由公安机关处十万元以上五十万元以下罚款,并对直接负责的主管人员和其他直接责任人员依照前款规定处罚。

第六十八条 网络运营者违反本法第四十七条规定,对法律、行政法规禁止发布或者传输的信息未停止传输、采取消除等处置措施、保存有关记录的,由有关主管部门责令改正,给予警告,没收违法所得;拒不改正或者情节严重的,处十万元以上五十万元以下罚款,并可以责令暂停相关业务、停业整顿、关闭网站、吊销相关业务许可证或者吊销营业执照,对直接负责的主管人员和其他直接责任人员处一万元以上十万元以下罚款。

电子信息发送服务提供者、应用软件下载服务提供者,不履行本法第四十八条第二款规定的安全管理义务的,依照前款规定处罚。

第六十九条 网络运营者违反本法规定,有下列行为之一的,由有关主管部门责令改正;拒不改正或者情节严重的,处五万元以上五十万元以下罚款,对直接负责的主管人员和其他直接责任人员,处一万元以上十万元以下罚款:

(一)不按照有关部门的要求对法律、行政法规禁止发布或者传输的信息,采取停止传输、消除等处置措施的;

(二)拒绝、阻碍有关部门依法实施的监督检查的;

(三)拒不向公安机关、国家安全机关提供技术支持和协助的。

第七十条 发布或者传输本法第十二条第二款和其他法律、行政法规禁止发布或者传输的信息的,依照有关法律、行政法规的规定处罚。

第七十一条 有本法规定的违法行为的,依照有关法律、行政法规的规定记入信用档案,并予以公示。

第七十二条 国家机关政务网络的运营者不履行本法规定的网络安全保护义务的,由其上级机关或者有关机关责令改正;对直接负责的主管人员和其他直接责任人员依法给予处分。

第七十三条 网信部门和有关部门违反本法第三十条规定,将在履行网络安全保护职责中获取的信息用于其他用途的,对直接负责的主管人员和其他直接责任人员依法给予处分。

网信部门和有关部门的工作人员玩忽职守、滥用职权、徇私舞弊,尚不构成犯罪的,依法给予处分。

第七十四条 违反本法规定,给他人造成损害的,依法承担民事责任。

违反本法规定,构成违反治安管理行为的,依法给予治安管理处罚;构成犯罪的,依法追究刑事责任。

第七十五条 境外的机构、组织、个人从事攻击、侵入、干扰、破坏等危害中华人民共和国的关键信息基础设施的活动,造成严重后果的,依法追究法律责任;国务院公安部门和有关部门并可以决定对该机构、组织、个人采取冻结财产或者其他必要的制裁措施。

第七章 附 则

第七十六条 本法下列用语的含义:

(一)网络,是指由计算机或者其他信息终端及相关设备组成的按照一定的规则和程序对信息进行收集、存储、传输、交换、处理的系统。

(二)网络安全,是指通过采取必要措施,防范对网络的攻击、侵入、干扰、破坏和非法使用以及意外事故,使网络处于稳定可靠运行的状态,以及保障网络数据的完整性、保密性、可用性的能力。

(三)网络运营者,是指网络的所有者、管理者和网络服务提供者。

(四)网络数据,是指通过网络收集、存储、传输、处理和产生的各种电子数据。

(五)个人信息,是指以电子或者其他方式记录的能够单独或者与其他信息结合识别自然人个人身份的各种信息,包括但不限于自然人的姓名、出生日期、身份证件号码、个人生物识别信息、住址、电话号码等。

第七十七条 存储、处理涉及国家秘密信息的网络的运行安全保护,除应当遵守本法外,还应当遵守保密法律、行政法规的规定。

第七十八条 军事网络的安全保护,由中央军事委员会另行规定。

第七十九条 本法自2017年6月1日起施行。

中华人民共和国数据安全法

· 2021 年 6 月 10 日第十三届全国人民代表大会常务委员会第二十九次会议通过
· 2021 年 6 月 10 日中华人民共和国主席令第 84 号公布
· 自 2021 年 9 月 1 日起施行

第一章　总　则

第一条　为了规范数据处理活动,保障数据安全,促进数据开发利用,保护个人、组织的合法权益,维护国家主权、安全和发展利益,制定本法。

第二条　在中华人民共和国境内开展数据处理活动及其安全监管,适用本法。

在中华人民共和国境外开展数据处理活动,损害中华人民共和国国家安全、公共利益或者公民、组织合法权益的,依法追究法律责任。

第三条　本法所称数据,是指任何以电子或者其他方式对信息的记录。

数据处理,包括数据的收集、存储、使用、加工、传输、提供、公开等。

数据安全,是指通过采取必要措施,确保数据处于有效保护和合法利用的状态,以及具备保障持续安全状态的能力。

第四条　维护数据安全,应当坚持总体国家安全观,建立健全数据安全治理体系,提高数据安全保障能力。

第五条　中央国家安全领导机构负责国家数据安全工作的决策和议事协调,研究制定、指导实施国家数据安全战略和有关重大方针政策,统筹协调国家数据安全的重大事项和重要工作,建立国家数据安全工作协调机制。

第六条　各地区、各部门对本地区、本部门工作中收集和产生的数据及数据安全负责。

工业、电信、交通、金融、自然资源、卫生健康、教育、科技等主管部门承担本行业、本领域数据安全监管职责。

公安机关、国家安全机关等依照本法和有关法律、行政法规的规定,在各自职责范围内承担数据安全监管职责。

国家网信部门依照本法和有关法律、行政法规的规定,负责统筹协调网络数据安全和相关监管工作。

第七条　国家保护个人、组织与数据有关的权益,鼓励数据依法合理有效利用,保障数据依法有序自由流动,促进以数据为关键要素的数字经济发展。

第八条　开展数据处理活动,应当遵守法律、法规,尊重社会公德和伦理,遵守商业道德和职业道德,诚实守信,履行数据安全保护义务,承担社会责任,不得危害国家安全、公共利益,不得损害个人、组织的合法权益。

第九条　国家支持开展数据安全知识宣传普及,提高全社会的数据安全保护意识和水平,推动有关部门、行业组织、科研机构、企业、个人等共同参与数据安全保护工作,形成全社会共同维护数据安全和促进发展的良好环境。

第十条　相关行业组织按照章程,依法制定数据安全行为规范和团体标准,加强行业自律,指导会员加强数据安全保护,提高数据安全保护水平,促进行业健康发展。

第十一条　国家积极开展数据安全治理、数据开发利用等领域的国际交流与合作,参与数据安全相关国际规则和标准的制定,促进数据跨境安全、自由流动。

第十二条　任何个人、组织都有权对违反本法规定的行为向有关主管部门投诉、举报。收到投诉、举报的部门应当及时依法处理。

有关主管部门应当对投诉、举报人的相关信息予以保密,保护投诉、举报人的合法权益。

第二章　数据安全与发展

第十三条　国家统筹发展和安全,坚持以数据开发利用和产业发展促进数据安全,以数据安全保障数据开发利用和产业发展。

第十四条　国家实施大数据战略,推进数据基础设施建设,鼓励和支持数据在各行业、各领域的创新应用。

省级以上人民政府应当将数字经济发展纳入本级国民经济和社会发展规划,并根据需要制定数字经济发展规划。

第十五条　国家支持开发利用数据提升公共服务的智能化水平。提供智能化公共服务,应当充分考虑老年人、残疾人的需求，避免对老年人、残疾人的日常生活造成障碍。

第十六条　国家支持数据开发利用和数据安全技术研究，鼓励数据开发利用和数据安全等领域的技术推广和商业创新，培育、发展数据开发利用和数据安全产品、产业体系。

第十七条　国家推进数据开发利用技术和数据安全标准体系建设。国务院标准化行政主管部门和国务院有关部门根据各自的职责，组织制定并适时修订有关数据开发利用技术、产品和数据安全相关标准。国家支持企业、社会团体和教育、科研机构等参与标准制定。

第十八条　国家促进数据安全检测评估、认证等服务的发展，支持数据安全检测评估、认证等专业机构依法开展服务活动。

国家支持有关部门、行业组织、企业、教育和科研机构、有关专业机构等在数据安全风险评估、防范、处置等方面开展协作。

第十九条　国家建立健全数据交易管理制度，规范数据交易行为，培育数据交易市场。

第二十条　国家支持教育、科研机构和企业等开展数据开发利用技术和数据安全相关教育和培训，采取多种方式培养数据开发利用技术和数据安全专业人才，促进人才交流。

第三章　数据安全制度

第二十一条　国家建立数据分类分级保护制度，根据数据在经济社会发展中的重要程度，以及一旦遭到篡改、破坏、泄露或者非法获取、非法利用，对国家安全、公共利益或者个人、组织合法权益造成的危害程度，对数据实行分类分级保护。国家数据安全工作协调机制统筹协调有关部门制定重要数据目录，加强对重要数据的保护。

关系国家安全、国民经济命脉、重要民生、重大公共利益等数据属于国家核心数据，实行更加严格的管理制度。

各地区、各部门应当按照数据分类分级保护制度，确定本地区、本部门以及相关行业、领域的重要数据具体目录，对列入目录的数据进行重点保护。

第二十二条　国家建立集中统一、高效权威的数据安全风险评估、报告、信息共享、监测预警机制。国家数据安全工作协调机制统筹协调有关部门加强数据安全风险信息的获取、分析、研判、预警工作。

第二十三条　国家建立数据安全应急处置机制。发生数据安全事件，有关主管部门应当依法启动应急预案，采取相应的应急处置措施，防止危害扩大，消除安全隐患，并及时向社会发布与公众有关的警示信息。

第二十四条　国家建立数据安全审查制度，对影响或者可能影响国家安全的数据处理活动进行国家安全审查。

依法作出的安全审查决定为最终决定。

第二十五条　国家对与维护国家安全和利益、履行国际义务相关的属于管制物项的数据依法实施出口管制。

第二十六条　任何国家或者地区在与数据和数据开发利用技术等有关的投资、贸易等方面对中华人民共和国采取歧视性的禁止、限制或者其他类似措施的，中华人民共和国可以根据实际情况对该国家或者地区对等采取措施。

第四章　数据安全保护义务

第二十七条　开展数据处理活动应当依照法律、法规的规定，建立健全全流程数据安全管理制度，组织开展数据安全教育培训，采取相应的技术措施和其他必要措施，保障数据安全。利用互联网等信息网络开展数据处理活动，应当在网络安全等级保护制度的基础上，履行上述数据安全保护义务。

重要数据的处理者应当明确数据安全负责人和管理机构，落实数据安全保护责任。

第二十八条　开展数据处理活动以及研究开发数据新技术，应当有利于促进经济社会发展，增进人民福祉，符合社会公德和伦理。

第二十九条　开展数据处理活动应当加强风险监测，发现数据安全缺陷、漏洞等风险时，应当立即采取补救措施；发生数据安全事件时，应当立即采取处置措施，按照规定及时告知用户并向有关主管部门报告。

第三十条　重要数据的处理者应当按照规定对其数据处理活动定期开展风险评估，并向有关主管部门报送风险评估报告。

风险评估报告应当包括处理的重要数据的种类、数量,开展数据处理活动的情况,面临的数据安全风险及其应对措施等。

第三十一条 关键信息基础设施的运营者在中华人民共和国境内运营中收集和产生的重要数据的出境安全管理,适用《中华人民共和国网络安全法》的规定;其他数据处理者在中华人民共和国境内运营中收集和产生的重要数据的出境安全管理办法,由国家网信部门会同国务院有关部门制定。

第三十二条 任何组织、个人收集数据,应当采取合法、正当的方式,不得窃取或者以其他非法方式获取数据。

法律、行政法规对收集、使用数据的目的、范围有规定的,应当在法律、行政法规规定的目的和范围内收集、使用数据。

第三十三条 从事数据交易中介服务的机构提供服务,应当要求数据提供方说明数据来源,审核交易双方的身份,并留存审核、交易记录。

第三十四条 法律、行政法规规定提供数据处理相关服务应当取得行政许可的,服务提供者应当依法取得许可。

第三十五条 公安机关、国家安全机关因依法维护国家安全或者侦查犯罪的需要调取数据,应当按照国家有关规定,经过严格的批准手续,依法进行,有关组织、个人应当予以配合。

第三十六条 中华人民共和国主管机关根据有关法律和中华人民共和国缔结或者参加的国际条约、协定,或者按照平等互惠原则,处理外国司法或者执法机构关于提供数据的请求。非经中华人民共和国主管机关批准,境内的组织、个人不得向外国司法或者执法机构提供存储于中华人民共和国境内的数据。

第五章 政务数据安全与开放

第三十七条 国家大力推进电子政务建设,提高政务数据的科学性、准确性、时效性,提升运用数据服务经济社会发展的能力。

第三十八条 国家机关为履行法定职责的需要收集、使用数据,应当在其履行法定职责的范围内依照法律、行政法规规定的条件和程序进行;对在履行

职责中知悉的个人隐私、个人信息、商业秘密、保密商务信息等数据应当依法予以保密,不得泄露或者非法向他人提供。

第三十九条 国家机关应当依照法律、行政法规的规定,建立健全数据安全管理制度,落实数据安全保护责任,保障政务数据安全。

第四十条 国家机关委托他人建设、维护电子政务系统,存储、加工政务数据,应当经过严格的批准程序,并应当监督受托方履行相应的数据安全保护义务。受托方应当依照法律、法规的规定和合同约定履行数据安全保护义务,不得擅自留存、使用、泄露或者向他人提供政务数据。

第四十一条 国家机关应当遵循公正、公平、便民的原则,按照规定及时、准确地公开政务数据。依法不予公开的除外。

第四十二条 国家制定政务数据开放目录,构建统一规范、互联互通、安全可控的政务数据开放平台,推动政务数据开放利用。

第四十三条 法律、法规授权的具有管理公共事务职能的组织为履行法定职责开展数据处理活动,适用本章规定。

第六章 法律责任

第四十四条 有关主管部门在履行数据安全监管职责中,发现数据处理活动存在较大安全风险的,可以按照规定的权限和程序对有关组织、个人进行约谈,并要求有关组织、个人采取措施进行整改,消除隐患。

第四十五条 开展数据处理活动的组织、个人不履行本法第二十七条、第二十九条、第三十条规定的数据安全保护义务的,由有关主管部门责令改正,给予警告,可以并处五万元以上五十万元以下罚款,对直接负责的主管人员和其他直接责任人员可以处一万元以上十万元以下罚款;拒不改正或者造成大量数据泄露等严重后果的,处五十万元以上二百万元以下罚款,并可以责令暂停相关业务、停业整顿、吊销相关业务许可证或者吊销营业执照,对直接负责的主管人员和其他直接责任人员处五万元以上二十万元以下罚款。

违反国家核心数据管理制度,危害国家主权、安

全和发展利益的,由有关主管部门处二百万元以上一千万元以下罚款,并根据情况责令暂停相关业务、停业整顿、吊销相关业务许可证或者吊销营业执照;构成犯罪的,依法追究刑事责任。

第四十六条　违反本法第三十一条规定,向境外提供重要数据的,由有关主管部门责令改正,给予警告,可以并处十万元以上一百万元以下罚款,对直接负责的主管人员和其他直接责任人员可以处一万元以上十万元以下罚款;情节严重的,处一百万元以上一千万元以下罚款,并可以责令暂停相关业务、停业整顿、吊销相关业务许可证或者吊销营业执照,对直接负责的主管人员和其他直接责任人员处十万元以上一百万元以下罚款。

第四十七条　从事数据交易中介服务的机构未履行本法第三十三条规定的义务的,由有关主管部门责令改正,没收违法所得,处违法所得一倍以上十倍以下罚款,没有违法所得或者违法所得不足十万元的,处十万元以上一百万元以下罚款,并可以责令暂停相关业务、停业整顿、吊销相关业务许可证或者吊销营业执照;对直接负责的主管人员和其他直接责任人员处一万元以上十万元以下罚款。

第四十八条　违反本法第三十五条规定,拒不配合数据调取的,由有关主管部门责令改正,给予警告,并处五万元以上五十万元以下罚款,对直接负责的主管人员和其他直接责任人员处一万元以上十万元以下罚款。

违反本法第三十六条规定,未经主管机关批准向外国司法或者执法机构提供数据的,由有关主管部门给予警告,可以并处十万元以上一百万元以下罚款,对直接负责的主管人员和其他直接责任人员可以处一万元以上十万元以下罚款;造成严重后果的,处一百万元以上五百万元以下罚款,并可以责令暂停相关业务、停业整顿、吊销相关业务许可证或者吊销营业执照,对直接负责的主管人员和其他直接责任人员处五万元以上五十万元以下罚款。

第四十九条　国家机关不履行本法规定的数据安全保护义务的,对直接负责的主管人员和其他直接责任人员依法给予处分。

第五十条　履行数据安全监管职责的国家工作人员玩忽职守、滥用职权、徇私舞弊的,依法给予处分。

第五十一条　窃取或者以其他非法方式获取数据,开展数据处理活动排除、限制竞争,或者损害个人、组织合法权益的,依照有关法律、行政法规的规定处罚。

第五十二条　违反本法规定,给他人造成损害的,依法承担民事责任。

违反本法规定,构成违反治安管理行为的,依法给予治安管理处罚;构成犯罪的,依法追究刑事责任。

第七章　附　则

第五十三条　开展涉及国家秘密的数据处理活动,适用《中华人民共和国保守国家秘密法》等法律、行政法规的规定。

在统计、档案工作中开展数据处理活动,开展涉及个人信息的数据处理活动,还应当遵守有关法律、行政法规的规定。

第五十四条　军事数据安全保护的办法,由中央军事委员会依据本法另行制定。

第五十五条　本法自 2021 年 9 月 1 日起施行。

中华人民共和国计算机信息系统安全保护条例

· 1994 年 2 月 18 日中华人民共和国国务院令第 147 号发布
· 根据 2011 年 1 月 8 日《国务院关于废止和修改部分行政法规的决定》修订

第一章　总　则

第一条　为了保护计算机信息系统的安全,促进计算机的应用和发展,保障社会主义现代化建设的顺利进行,制定本条例。

第二条　本条例所称的计算机信息系统,是指由计算机及其相关的和配套的设备、设施(含网络)构成的,按照一定的应用目标和规则对信息进行采集、加工、存储、传输、检索等处理的人机系统。

第三条　计算机信息系统的安全保护,应当保障计算机及其相关的和配套的设备、设施(含网络)的安全,运行环境的安全,保障信息的安全,保障计算机功能的正常发挥,以维护计算机信息系统的安全运行。

第四条　计算机信息系统的安全保护工作,重点维护国家事务、经济建设、国防建设、尖端科学技术等重要领域的计算机信息系统的安全。

第五条　中华人民共和国境内的计算机信息系统的安全保护,适用本条例。

未联网的微型计算机的安全保护办法,另行制定。

第六条　公安部主管全国计算机信息系统安全保护工作。

国家安全部、国家保密局和国务院其他有关部门,在国务院规定的职责范围内做好计算机信息系统安全保护的有关工作。

第七条　任何组织或者个人,不得利用计算机信息系统从事危害国家利益、集体利益和公民合法利益的活动,不得危害计算机信息系统的安全。

第二章　安全保护制度

第八条　计算机信息系统的建设和应用,应当遵守法律、行政法规和国家其他有关规定。

第九条　计算机信息系统实行安全等级保护。安全等级的划分标准和安全等级保护的具体办法,由公安部会同有关部门制定。

第十条　计算机机房应当符合国家标准和国家有关规定。

在计算机机房附近施工,不得危害计算机信息系统的安全。

第十一条　进行国际联网的计算机信息系统,由计算机信息系统的使用单位报省级以上人民政府公安机关备案。

第十二条　运输、携带、邮寄计算机信息媒体进出境的,应当如实向海关申报。

第十三条　计算机信息系统的使用单位应当建立健全安全管理制度,负责本单位计算机信息系统的安全保护工作。

第十四条　对计算机信息系统中发生的案件,有关使用单位应当在24小时内向当地县级以上人民政府公安机关报告。

第十五条　对计算机病毒和危害社会公共安全的其他有害数据的防治研究工作,由公安部归口管理。

第十六条　国家对计算机信息系统安全专用产品的销售实行许可证制度。具体办法由公安部会同有关部门制定。

第三章　安全监督

第十七条　公安机关对计算机信息系统安全保护工作行使下列监督职权:

(一)监督、检查、指导计算机信息系统安全保护工作;

(二)查处危害计算机信息系统安全的违法犯罪案件;

(三)履行计算机信息系统安全保护工作的其他监督职责。

第十八条　公安机关发现影响计算机信息系统安全的隐患时,应当及时通知使用单位采取安全保护措施。

第十九条　公安部在紧急情况下,可以就涉及计算机信息系统安全的特定事项发布专项通令。

第四章　法律责任

第二十条　违反本条例的规定,有下列行为之一的,由公安机关处以警告或者停机整顿:

(一)违反计算机信息系统安全等级保护制度,危害计算机信息系统安全的;

(二)违反计算机信息系统国际联网备案制度的;

(三)不按照规定时间报告计算机信息系统中发生的案件的;

(四)接到公安机关要求改进安全状况的通知后,在限期内拒不改进的;

(五)有危害计算机信息系统安全的其他行为的。

第二十一条　计算机机房不符合国家标准和国家其他有关规定的,或者在计算机机房附近施工危害计算机信息系统安全的,由公安机关会同有关单位进行处理。

第二十二条　运输、携带、邮寄计算机信息媒体进出境,不如实向海关申报的,由海关依照《中华人民共和国海关法》和本条例以及其他有关法律、法规的规定处理。

第二十三条　故意输入计算机病毒以及其他有害数据危害计算机信息系统安全的,或者未经许可出售计算机信息系统安全专用产品的,由公安机关处以警告或者对个人处以 5000 元以下的罚款、对单位处以 1.5 万元以下的罚款;有违法所得的,除予以没收外,可以处以违法所得 1 至 3 倍的罚款。

第二十四条 违反本条例的规定,构成违反治安管理行为的,依照《中华人民共和国治安管理处罚法》的有关规定处罚;构成犯罪的,依法追究刑事责任。

第二十五条 任何组织或者个人违反本条例的规定,给国家、集体或者他人财产造成损失的,应当依法承担民事责任。

第二十六条 当事人对公安机关依照本条例所作出的具体行政行为不服的,可以依法申请行政复议或者提起行政诉讼。

第二十七条 执行本条例的国家公务员利用职权,索取、收受贿赂或者有其他违法、失职行为,构成犯罪的,依法追究刑事责任;尚不构成犯罪的,给予行政处分。

第五章　附　则

第二十八条 本条例下列用语的含义:

计算机病毒,是指编制或者在计算机程序中插入的破坏计算机功能或者毁坏数据,影响计算机使用,并能自我复制的一组计算机指令或者程序代码。

计算机信息系统安全专用产品,是指用于保护计算机信息系统安全的专用硬件和软件产品。

第二十九条 军队的计算机信息系统安全保护工作,按照军队的有关法规执行。

第三十条 公安部可以根据本条例制定实施办法。

第三十一条 本条例自发布之日起施行。

信息安全等级保护管理办法

· 2007 年 6 月 22 日
· 公通字[2007]43 号

第一章　总　则

第一条 为规范信息安全等级保护管理,提高信息安全保障能力和水平,维护国家安全、社会稳定和公共利益,保障和促进信息化建设,根据《中华人民共和国计算机信息系统安全保护条例》等有关法律法规,制定本办法。

第二条 国家通过制定统一的信息安全等级保护管理规范和技术标准,组织公民、法人和其他组织对信息系统分等级实行安全保护,对等级保护工作的实施进行监督、管理。

第三条 公安机关负责信息安全等级保护工作的监督、检查、指导。国家保密工作部门负责等级保护工作中有关保密工作的监督、检查、指导。国家密码管理部门负责等级保护工作中有关密码工作的监督、检查、指导。涉及其他职能部门管辖范围的事项,由有关职能部门依照国家法律法规的规定进行管理。国务院信息化工作办公室及地方信息化领导小组办事机构负责等级保护工作的部门间协调。

第四条 信息系统主管部门应当依照本办法及相关标准规范,督促、检查、指导本行业、本部门或者本地区信息系统运营、使用单位的信息安全等级保护工作。

第五条 信息系统的运营、使用单位应当依照本办法及其相关标准规范,履行信息安全等级保护的义务和责任。

第二章　等级划分与保护

第六条 国家信息安全等级保护坚持自主定级、自主保护的原则。信息系统的安全保护等级应当根据信息系统在国家安全、经济建设、社会生活中的重要程度,信息系统遭到破坏后对国家安全、社会秩序、公共利益以及公民、法人和其他组织的合法权益的危害程度等因素确定。

第七条 信息系统的安全保护等级分为以下五级:

第一级,信息系统受到破坏后,会对公民、法人和其他组织的合法权益造成损害,但不损害国家安全、社会秩序和公共利益。

第二级,信息系统受到破坏后,会对公民、法人和其他组织的合法权益产生严重损害,或者对社会秩序和公共利益造成损害,但不损害国家安全。

第三级,信息系统受到破坏后,会对社会秩序和公共利益造成严重损害,或者对国家安全造成损害。

第四级,信息系统受到破坏后,会对社会秩序和公共利益造成特别严重损害,或者对国家安全造成严重损害。

第五级，信息系统受到破坏后，会对国家安全造成特别严重损害。

第八条　信息系统运营、使用单位依据本办法和相关技术标准对信息系统进行保护，国家有关信息安全监管部门对其信息安全等级保护工作进行监督管理。

第一级信息系统运营、使用单位应当依据国家有关管理规范和技术标准进行保护。

第二级信息系统运营、使用单位应当依据国家有关管理规范和技术标准进行保护。国家信息安全监管部门对该级信息系统信息安全等级保护工作进行指导。

第三级信息系统运营、使用单位应当依据国家有关管理规范和技术标准进行保护。国家信息安全监管部门对该级信息系统信息安全等级保护工作进行监督、检查。

第四级信息系统运营、使用单位应当依据国家有关管理规范、技术标准和业务专门需求进行保护。国家信息安全监管部门对该级信息系统信息安全等级保护工作进行强制监督、检查。

第五级信息系统运营、使用单位应当依据国家管理规范、技术标准和业务特殊安全需求进行保护。国家指定专门部门对该级信息系统信息安全等级保护工作进行专门监督、检查。

第三章　等级保护的实施与管理

第九条　信息系统运营、使用单位应当按照《信息系统安全等级保护实施指南》具体实施等级保护工作。

第十条　信息系统运营、使用单位应当依据本办法和《信息系统安全等级保护定级指南》确定信息系统的安全保护等级。有主管部门的，应当经主管部门审核批准。

跨省或者全国统一联网运行的信息系统可以由主管部门统一确定安全保护等级。

对拟确定为第四级以上信息系统的，运营、使用单位或者主管部门应当请国家信息安全保护等级专家评审委员会评审。

第十一条　信息系统的安全保护等级确定后，运营、使用单位应当按照国家信息安全等级保护管理规范和技术标准，使用符合国家有关规定、满足信息系统安全保护等级需求的信息技术产品，开展信息系统安全建设或者改建工作。

第十二条　在信息系统建设过程中，运营、使用单位应当按照《计算机信息系统安全保护等级划分准则》(GB17859-1999)、《信息系统安全等级保护基本要求》等技术标准，参照《信息安全技术 信息系统通用安全技术要求》(GB/T20271-2006)、《信息安全技术 网络基础安全技术要求》(GB/T20270-2006)、《信息安全技术 操作系统安全技术要求》(GB/T20272-2006)、《信息安全技术 数据库管理系统安全技术要求》(GB/T20273-2006)、《信息安全技术 服务器技术要求》、《信息安全技术 终端计算机系统安全等级技术要求》(GA/T671-2006)等技术标准同步建设符合该等级要求的信息安全设施。

第十三条　运营、使用单位应当参照《信息安全技术 信息系统安全管理要求》(GB/T20269-2006)、《信息安全技术 信息系统安全工程管理要求》(GB/T20282-2006)、《信息系统安全等级保护基本要求》等管理规范，制定并落实符合本系统安全保护等级要求的安全管理制度。

第十四条　信息系统建设完成后，运营、使用单位或者其主管部门应当选择符合本办法规定条件的测评机构，依据《信息系统安全等级保护测评要求》等技术标准，定期对信息系统安全等级状况开展等级测评。第三级信息系统应当每年至少进行一次等级测评，第四级信息系统应当每半年至少进行一次等级测评，第五级信息系统应当依据特殊安全需求进行等级测评。

信息系统运营、使用单位及其主管部门应当定期对信息系统安全状况、安全保护制度及措施的落实情况进行自查。第三级信息系统应当每年至少进行一次自查，第四级信息系统应当每半年至少进行一次自查，第五级信息系统应当依据特殊安全需求进行自查。

经测评或者自查，信息系统安全状况未达到安全保护等级要求的，运营、使用单位应当制定方案进行整改。

第十五条　已运营(运行)的第二级以上信息系统，应当在安全保护等级确定后30日内，由其运营、使用单位到所在地设区的市级以上公安机关办理备案手续。

新建第二级以上信息系统,应当在投入运行后30日内,由其运营、使用单位到所在地设区的市级以上公安机关办理备案手续。

隶属于中央的在京单位,其跨省或者全国统一联网运行并由主管部门统一定级的信息系统,由主管部门向公安部办理备案手续。跨省或者全国统一联网运行的信息系统在各地运行、应用的分支系统,应当向当地设区的市级以上公安机关备案。

第十六条 办理信息系统安全保护等级备案手续时,应当填写《信息系统安全等级保护备案表》,第三级以上信息系统应当同时提供以下材料:(一)系统拓扑结构及说明;(二)系统安全组织机构和管理制度;(三)系统安全保护设施设计实施方案或者改建实施方案;(四)系统使用的信息安全产品清单及其认证、销售许可证明;(五)测评后符合系统安全保护等级的技术检测评估报告;(六)信息系统安全保护等级专家评审意见;(七)主管部门审核批准信息系统安全保护等级的意见。

第十七条 信息系统备案后,公安机关应当对信息系统的备案情况进行审核,对符合等级保护要求的,应当在收到备案材料之日起的10个工作日内颁发信息系统安全等级保护备案证明;发现不符合本办法及有关标准的,应当在收到备案材料之日起的10个工作日内通知备案单位予以纠正;发现定级不准的,应当在收到备案材料之日起的10个工作日内通知备案单位重新审核确定。

运营、使用单位或者主管部门重新确定信息系统等级后,应当按照本办法向公安机关重新备案。

第十八条 受理备案的公安机关应当对第三级、第四级信息系统的运营、使用单位的信息安全等级保护工作情况进行检查。对第三级信息系统每年至少检查一次,对第四级信息系统每半年至少检查一次。对跨省或者全国统一联网运行的信息系统的检查,应当会同其主管部门进行。

对第五级信息系统,应当由国家指定的专门部门进行检查。

公安机关、国家指定的专门部门应当对下列事项进行检查:(一)信息系统安全需求是否发生变化,原定保护等级是否准确;(二)运营、使用单位安全管理制度、措施的落实情况;(三)运营、使用单位及其主管部门对信息系统安全状况的检查情况;(四)系统安全等级测评是否符合要求;(五)信息安全产品使用是否符合要求;(六)信息系统安全整改情况;(七)备案材料与运营、使用单位、信息系统的符合情况;(八)其他应当进行监督检查的事项。

第十九条 信息系统运营、使用单位应当接受公安机关、国家指定的专门部门的安全监督、检查、指导,如实向公安机关、国家指定的专门部门提供下列有关信息安全保护的信息资料及数据文件:(一)信息系统备案事项变更情况;(二)安全组织、人员的变动情况;(三)信息安全管理制度、措施变更情况;(四)信息系统运行状况记录;(五)运营、使用单位及主管部门定期对信息系统安全状况的检查记录;(六)对信息系统开展等级测评的技术测评报告;(七)信息安全产品使用的变更情况;(八)信息安全事件应急预案,信息安全事件应急处置结果报告;(九)信息系统安全建设、整改结果报告。

第二十条 公安机关检查发现信息系统安全保护状况不符合信息安全等级保护有关管理规范和技术标准的,应当向运营、使用单位发出整改通知。运营、使用单位应当根据整改通知要求,按照管理规范和技术标准进行整改。整改完成后,应当将整改报告向公安机关备案。必要时,公安机关可以对整改情况组织检查。

第二十一条 第三级以上信息系统应当选择使用符合以下条件的信息安全产品:(一)产品研制、生产单位是由中国公民、法人投资或者国家投资或者控股的,在中华人民共和国境内具有独立的法人资格;(二)产品的核心技术、关键部件具有我国自主知识产权;(三)产品研制、生产单位及其主要业务、技术人员无犯罪记录;(四)产品研制、生产单位声明没有故意留有或者设置漏洞、后门、木马等程序和功能;(五)对国家安全、社会秩序、公共利益不构成危害;(六)对已列入信息安全产品认证目录的,应当取得国家信息安全产品认证机构颁发的认证证书。

第二十二条 第三级以上信息系统应当选择符

合下列条件的等级保护测评机构进行测评：(一) 在中华人民共和国境内注册成立(港澳台地区除外)；(二) 由中国公民投资、中国法人投资或者国家投资的企事业单位(港澳台地区除外)；(三) 从事相关检测评估工作两年以上，无违法记录；(四) 工作人员仅限于中国公民；(五) 法人及主要业务、技术人员无犯罪记录；(六) 使用的技术装备、设施应当符合本办法对信息安全产品的要求；(七) 具有完备的保密管理、项目管理、质量管理、人员管理和培训教育等安全管理制度；(八) 对国家安全、社会秩序、公共利益不构成威胁。

第二十三条　从事信息系统安全等级测评的机构，应当履行下列义务：(一)遵守国家有关法律法规和技术标准，提供安全、客观、公正的检测评估服务，保证测评的质量和效果；(二)保守在测评活动中知悉的国家秘密、商业秘密和个人隐私，防范测评风险；(三)对测评人员进行安全保密教育，与其签订安全保密责任书，规定应当履行的安全保密义务和承担的法律责任，并负责检查落实。

第四章　涉及国家秘密信息系统的分级保护管理

第二十四条　涉密信息系统应当依据国家信息安全等级保护的基本要求，按照国家保密工作部门有关涉密信息系统分级保护的管理规定和技术标准，结合系统实际情况进行保护。非涉密信息系统不得处理国家秘密信息。

第二十五条　涉密信息系统按照所处理信息的最高密级，由低到高分为秘密、机密、绝密三个等级。

涉密信息系统建设使用单位应当在信息规范定密的基础上，依据涉密信息系统分级保护管理办法和国家保密标准 BMB17-2006《涉及国家秘密的计算机信息系统分级保护技术要求》确定系统等级。对于包含多个安全域的涉密信息系统，各安全域可以分别确定保护等级。

保密工作部门和机构应当监督指导涉密信息系统建设使用单位准确、合理地进行系统定级。

第二十六条　涉密信息系统建设使用单位应当将涉密信息系统定级和建设使用情况，及时上报业务主管部门的保密工作机构和负责系统审批的保密工作部门备案，并接受保密部门的监督、检查、指导。

第二十七条　涉密信息系统建设使用单位应当选择具有涉密集成资质的单位承担或者参与涉密信息系统的设计与实施。

涉密信息系统建设使用单位应当依据涉密信息系统分级保护管理规范和技术标准，按照秘密、机密、绝密三级的不同要求，结合系统实际进行方案设计，实施分级保护，其保护水平总体上不低于国家信息安全等级保护第三级、第四级、第五级的水平。

第二十八条　涉密信息系统使用的信息安全保密产品原则上应当选用国产品，并应当通过国家保密局授权的检测机构依据有关国家保密标准进行的检测，通过检测的产品由国家保密局审核发布目录。

第二十九条　涉密信息系统建设使用单位在系统工程实施结束后，应当向保密工作部门提出申请，由国家保密局授权的系统测评机构依据国家保密标准 BMB22-2007《涉及国家秘密的计算机信息系统分级保护测评指南》，对涉密信息系统进行安全保密测评。

涉密信息系统建设使用单位在系统投入使用前，应当按照《涉及国家秘密的信息系统审批管理规定》，向设区的市级以上保密工作部门申请进行系统审批，涉密信息系统通过审批后方可投入使用。已投入使用的涉密信息系统，其建设使用单位在按照分级保护要求完成系统整改后，应当向保密工作部门备案。

第三十条　涉密信息系统建设使用单位在申请系统审批或者备案时，应当提交以下材料：(一)系统设计、实施方案及审查论证意见；(二)系统承建单位资质证明材料；(三)系统建设和工程监理情况报告；(四)系统安全保密检测评估报告；(五)系统安全保密组织机构和管理制度情况；(六)其他有关材料。

第三十一条　涉密信息系统发生涉密等级、连接范围、环境设施、主要应用、安全保密管理责任单位变更时，其建设使用单位应当及时向负责审批的保密工作部门报告。保密工作部门应当根据实际情况，决定是否对其重新进行测评和审批。

第三十二条　涉密信息系统建设使用单位应当依据国家保密标准 BMB20-2007《涉及国家秘密的信息系统分级保护管理规范》，加强涉密信息系统运行中的保密管理，定期进行风险评估，消除泄密隐患和漏洞。

第三十三条　国家和地方各级保密工作部门依法对各地区、各部门涉密信息系统分级保护工作实施监督管理，并做好以下工作：（一）指导、监督和检查分级保护工作的开展；（二）指导涉密信息系统建设使用单位规范信息定密，合理确定系统保护等级；（三）参与涉密信息系统分级保护方案论证，指导建设使用单位做好保密设施的同步规划设计；（四）依法对涉密信息系统集成资质单位进行监督管理；（五）严格进行系统测评和审批工作，监督检查涉密信息系统建设使用单位分级保护管理制度和技术措施的落实情况；（六）加强涉密信息系统运行中的保密监督检查。对秘密级、机密级信息系统每两年至少进行一次保密检查或者系统测评，对绝密级信息系统每年至少进行一次保密检查或者系统测评；（七）了解掌握各级各类涉密信息系统的管理使用情况，及时发现和查处各种违规违法行为和泄密事件。

第五章　信息安全等级保护的密码管理

第三十四条　国家密码管理部门对信息安全等级保护的密码实行分类分级管理。根据被保护对象在国家安全、社会稳定、经济建设中的作用和重要程度，被保护对象的安全防护要求和涉密程度，被保护对象被破坏后的危害程度以及密码使用部门的性质等，确定密码的等级保护准则。

信息系统运营、使用单位采用密码进行等级保护的，应当遵照《信息安全等级保护密码管理办法》《信息安全等级保护商用密码技术要求》等密码管理规定和相关标准。

第三十五条　信息系统安全等级保护中密码的配备、使用和管理等，应当严格执行国家密码管理的有关规定。

第三十六条　信息系统运营、使用单位应当充分运用密码技术对信息系统进行保护。采用密码对涉及国家秘密的信息和信息系统进行保护的，应报经国家密码管理局审批，密码的设计、实施、使用、运行维护和日常管理等，应当按照国家密码管理有关规定和相关标准执行；采用密码对不涉及国家秘密的信息和信息系统进行保护的，须遵守《商用密码管理条例》和密码分类分级保护有关规定与相关标准，其密码的配备使用情况应当向国家密码管理机构备案。

第三十七条　运用密码技术对信息系统进行系统等级保护建设和整改的，必须采用经国家密码管理部门批准使用或者准于销售的密码产品进行安全保护，不得采用国外引进或者擅自研制的密码产品；未经批准不得采用含有加密功能的进口信息技术产品。

第三十八条　信息系统中的密码及密码设备的测评工作由国家密码管理局认可的测评机构承担，其他任何部门、单位和个人不得对密码进行评测和监控。

第三十九条　各级密码管理部门可以定期或者不定期对信息系统等级保护工作中密码配备、使用和管理的情况进行检查和测评，对重要涉密信息系统的密码配备、使用和管理情况每两年至少进行一次检查和测评。在监督检查过程中，发现存在安全隐患或者违反密码管理相关规定或者未达到密码相关标准要求的，应当按照国家密码管理的相关规定进行处置。

第六章　法律责任

第四十条　第三级以上信息系统运营、使用单位违反本办法规定，有下列行为之一的，由公安机关、国家保密工作部门和国家密码工作管理部门按照职责分工责令其限期改正；逾期不改正的，给予警告，并向其上级主管部门通报情况，建议对其直接负责的主管人员和其他直接责任人员予以处理，并及时反馈处理结果：（一）未按本办法规定备案、审批的；（二）未按本办法规定落实安全管理制度、措施的；（三）未按本办法规定开展系统安全状况检查的；（四）未按本办法规定开展系统安全技术测评的；（五）接到整改通知后，拒不整改的；（六）未按本办法规定选择使用信息安全产品和测评机构的；（七）未按本办法规定如实提供有关文件和证明材料的；（八）违反保密管理规定的；（九）违反密码管理规定的；（十）违反本办法其他规定的。

违反前款规定，造成严重损害的，由相关部门依照有关法律、法规予以处理。

第四十一条　信息安全监管部门及其工作人员在履行监督管理职责中，玩忽职守、滥用职权、徇私舞弊的，依法给予行政处分；构成犯罪的，依法追究刑事责任。

第七章　附　则

第四十二条　已运行信息系统的运营、使用单位自本办法施行之日起 180 日内确定信息系统的安全保护等级;新建信息系统在设计、规划阶段确定安全保护等级。

第四十三条　本办法所称"以上"包含本数(级)。

第四十四条　本办法自发布之日起施行,《信息安全等级保护管理办法(试行)》(公通字〔2006〕7 号)同时废止。

互联网危险物品信息发布管理规定

· 2015 年 2 月 5 日
· 公通字〔2015〕5 号

第一条　为进一步加强对互联网危险物品信息的管理,规范危险物品从业单位信息发布行为,依法查处、打击涉及危险物品的违法犯罪活动,净化网络环境,保障公共安全,根据《全国人大常委会关于加强网络信息保护的决定》《全国人大常委会关于维护互联网安全的决定》《广告法》《枪支管理法》《放射性污染防治法》和《民用爆炸物品安全管理条例》、《烟花爆竹安全管理条例》、《危险化学品安全管理条例》、《放射性同位素与射线装置安全和防护条例》、《核材料管制条例》、《互联网信息服务管理办法》等法律、法规和规章,制定本规定。

第二条　本规定所称危险物品,是指枪支弹药、爆炸物品、剧毒化学品、易制爆危险化学品和其他危险化学品、放射性物品、核材料、管制器具等能够危及人身安全和财产安全的物品。

第三条　本规定所称危险物品从业单位,是指依法取得危险物品生产、经营、使用资质的单位以及从事危险物品相关工作的教学、科研、社会团体、中介机构等单位。具体包括:

(一)经公安机关核发《民用枪支(弹药)制造许可证》、《民用枪支(弹药)配售许可证》的民用枪支、弹药制造、配售企业;

(二)经民用爆炸物品行业主管部门核发《民用爆炸物品生产许可证》、《民用爆炸物品销售许可证》的民用爆炸物品生产、销售企业,经公安机关核发《爆破作业单位许可证》的爆破作业单位;

(三)经安全生产监督管理部门核发《烟花爆竹安全生产许可证》、《烟花爆竹经营(批发)许可证》、《烟花爆竹经营(零售)许可证》的烟花爆竹生产、经营单位;

(四)经安全生产监督管理部门核发《危险化学品安全生产许可证》、《危险化学品经营许可证》、《危险化学品安全使用许可证》的危险化学品生产、经营、使用单位;

(五)经环境保护主管部门核发《辐射安全许可证》的生产、销售、使用放射性同位素和射线装置单位;

(六)经国务院核材料管理部门核发《核材料许可证》的核材料持有、使用、生产、储存、运输和处置单位;

(七)经公安机关批准的弩制造企业、营业性射击场,经公安机关登记备案的管制刀具制造、销售单位;

(八)从事危险物品教学、科研、服务的高等院校、科研院所、社会团体、中介机构和技术服务企业;

(九)法律、法规规定的其他危险物品从业单位。

第四条　本规定所称危险物品信息,是指在互联网上发布的危险物品生产、经营、储存、使用信息,包括危险物品种类、性能、用途和危险物品专业服务等相关信息。

第五条　危险物品从业单位从事互联网信息服务的,应当按照《互联网信息服务管理办法》规定,向电信主管部门申请办理互联网信息服务增值电信业务经营许可或者办理非经营性互联网信息服务备案手续,并按照《计算机信息网络国际联网安全保护管理办法》规定,持从事危险物品活动的合法资质材料到所在地县级以上人民政府公安机关接受网站安全检查。

第六条　危险物品从业单位依法取得互联网信息服务增值电信业务经营许可或者办理非经营性互联网信息服务备案手续后,可以在本单位网站发布危险物品信息。

禁止个人在互联网上发布危险物品信息。

第七条　接入服务提供者应当与危险物品从业单位签订协议或者确认提供服务,不得为未取得增值电信业务许可或者未办理非经营性互联网信息服务备案手续的危险物品从业单位提供接入服务。

接入服务提供者不得为危险物品从业单位以外的任何单位或者个人提供危险物品信息发布网站接入服务。

第八条　危险物品从业单位应当在本单位网站主页显著位置标明可供查询的互联网信息服务经营许可证编号或者备案编号、从事危险物品活动的合法资质和营业执照等材料。

第九条　危险物品从业单位应当在本单位网站网页显著位置标明单位、个人购买相关危险物品应当具备的资质、资格条件:

(一)购买民用枪支、弹药应当持有省级或者设区的市级人民政府公安机关核发的《民用枪支(弹药)配购证》。

(二)购买民用爆炸物品应当持有国务院民用爆炸物品行业主管部门核发的《民用爆炸物品生产许可证》,或者省级人民政府民用爆炸物品行业主管部门核发的《民用爆炸物品销售许可证》,或者所在地县级人民政府公安机关核发的《民用爆炸物品购买许可证》。

(三)购买烟花爆竹的,批发企业应当持有安全生产监督管理部门核发的《烟花爆竹经营(批发)许可证》;零售单位应当持有安全生产监督管理部门核发的《烟花爆竹经营(零售)许可证》;举办焰火晚会以及其他大型焰火燃放活动的应当持有公安机关核发的《焰火燃放许可证》;个人消费者应当向持有安全生产监督管理部门核发的《烟花爆竹经营(零售)许可证》的零售单位购买。批发企业向烟花爆竹生产企业采购烟花爆竹;零售经营者向烟花爆竹批发企业采购烟花爆竹。严禁零售单位和个人购买专业燃放类烟花爆竹。

(四)购买剧毒化学品应当持有安全生产监督管理部门核发的《危险化学品安全生产许可证》,或者设区的市级人民政府安全生产监督管理部门核发的《危险化学品经营许可证》或者《危险化学品安全使用许可证》,或者县级人民政府公安机关核发的《剧毒化学品购买许可证》。

购买易制爆危险化学品应当持有安全生产监督管理部门核发的《危险化学品安全生产许可证》,或者工业和信息化部核发的《民用爆炸物品生产许可证》,或者设区的市级人民政府安全生产监督管理部门核发的《危险化学品经营许可证》或者《危险化学品安全使用许可证》,或者本单位出具的合法用途证明。

(五)购买放射性同位素的单位应当持有环境保护主管部门核发的《辐射安全许可证》。

(六)购买核材料的单位应当持有国务院核材料管理部门核发的《核材料许可证》。

(七)购买弩应当持有省级人民政府公安机关批准使用的许可文件。

(八)购买匕首、三棱刮刀应当持有所在单位的批准文件或者证明,且匕首仅限于军人、警察、专业狩猎人员和地质、勘探等野外作业人员购买,三棱刮刀仅限于机械加工单位购买。

(九)法律、法规和相关管理部门的其他规定。

第十条　禁止危险物品从业单位在本单位网站以外的互联网应用服务中发布危险物品信息及建立相关链接。

危险物品从业单位发布的危险物品信息不得包含诱导非法购销危险物品行为的内容。

第十一条　禁止任何单位和个人在互联网上发布危险物品制造方法的信息。

第十二条　网络服务提供者应当加强对接入网站及用户发布信息的管理,定期对发布信息进行巡查,对法律、法规和本规定禁止发布或者传输的危险物品信息,应当立即停止传输,采取消除等处置措施,保存有关记录,并向公安机关等主管部门报告。

第十三条　各级公安、网信、工业和信息化、电信主管、环境保护、工商行政管理、安全监管等部门在各自的职责范围内依法履行职责,完善危险物品从业单位许可、登记备案、信息情况通报和信息发布机制,加强协作配合,共同防范危险物品信息发布的违法犯罪行为。

第十四条　违反规定制作、复制、发布、传播含有危险物品内容的信息,或者故意为制作、复制、发布、传播违法违规危险物品信息提供服务的,依法给予停止联网、停机整顿、吊销许可证或者取消备案、暂时关闭网站直至关闭网站等处罚;构成违反治安管理行为的,依法给予治安管理处罚;构成犯罪的,依法追究刑事责任。

第十五条　任何组织和个人对在互联网上违法违规发布危险物品信息和利用互联网从事走私、贩卖危险物品的违法犯罪行为,有权向有关主管部门举报。接到举报的部门应当依法及时处理,并对举报有功人员予以奖励。

第十六条　本规定自 2015 年 3 月 1 日起执行。

公共安全视频图像信息系统管理条例

· 2024 年 12 月 16 日国务院第 48 次常务会议通过
· 2025 年 1 月 13 日中华人民共和国国务院令第 799 号公告公布
· 自 2025 年 4 月 1 日起施行

第一条　为了规范公共安全视频图像信息系统管理,维护公共安全,保护个人隐私和个人信息权益,根据有关法律,制定本条例。

第二条　本条例所称公共安全视频图像信息系统(以下简称公共安全视频系统),是指通过在公共场所安装图像采集设备及相关设施,对涉及公共安全的区域进行视频图像信息收集、传输、显示、存储的系统。

第三条　公共安全视频系统管理工作坚持中国共产党的领导,贯彻党和国家路线方针政策和决策部署。

建设、使用公共安全视频系统,应当遵守法律法规,坚持统筹规划、合理适度、标准引领、安全可控,不得危害国家安全、公共利益,不得损害个人、组织的合法权益。

第四条　国家鼓励和支持视频图像领域的技术创新与发展,建立和完善相关标准体系,支持有关行业组织依法加强行业自律,提高公共安全保障能力和个人信息保护水平。

第五条　国务院公安部门负责全国公共安全视频系统建设、使用的指导和监督管理工作。国务院其他有关部门在各自职责范围内负责公共安全视频系统建设、使用的相关管理工作。

县级以上地方人民政府公安机关负责本行政区域内公共安全视频系统建设、使用的指导和监督管理工作。县级以上地方人民政府其他有关部门在各自职责范围内负责公共安全视频系统建设、使用的相关管理工作。

第六条　县级以上地方人民政府应当加强对公共安全视频系统建设的统筹规划,充分利用现有资源,避免重复建设。

第七条　城乡主要路段、行政区域道路边界、桥梁、隧道、地下通道、广场、治安保卫重点单位周边区域等公共场所的公共安全视频系统,由县级以上地方人民政府按照建设规划组织有关部门建设,纳入公共基础设施管理,建设、维护经费列入本级政府预算。

下列公共场所涉及公共安全区域的公共安全视频系统,由对相应场所负有经营管理责任的单位按照相关标准建设,安装图像采集设备的重点部位由县级以上地方人民政府各有关部门按照职责分工指导确定:

(一)商贸中心、会展中心、旅游景区、文化体育娱乐场所、教育机构、医疗机构、政务服务大厅、公园、公共停车场等人员聚集场所;

(二)出境入境口岸(通道)、机场、港口客运站、通航建筑物、铁路客运站、汽车客运站、城市轨道交通站等交通枢纽;

(三)客运列车、营运载客汽车、城市轨道交通车辆、客运船舶等大中型公共交通工具;

(四)高速公路、普通国省干线的服务区。

在前两款规定的场所、区域内安装图像采集设备及相关设施,应当为维护公共安全所必需,除前两款规定的政府有关部门、负有经营管理责任的单位(以下统称公共安全视频系统管理单位)外,其他任何单位或者个人不得安装。

第八条　禁止在公共场所的下列区域、部位安装图像采集设备及相关设施:

(一)旅馆、饭店、宾馆、招待所、民宿等经营接待食宿场所的客房或者包间内部;

(二)学生宿舍的房间内部,或者单位为内部人员提供住宿、休息服务的房间内部;

(三)公共的浴室、卫生间、更衣室、哺乳室、试衣间的内部;

（四）安装图像采集设备后能够拍摄、窥视、窃听他人隐私的其他区域、部位。

对上述区域、部位负有经营管理责任的单位或者个人，应当加强日常管理和检查，发现在前款所列区域、部位安装图像采集设备及相关设施的，应当立即报告所在地公安机关处理。

第九条　在本条例第七条规定之外的其他公共场所安装图像采集设备及相关设施，应当为维护公共安全所必需，仅限于对该场所负有安全防范义务的单位或者个人安装，其他任何单位或者个人不得安装。

依照前款规定安装图像采集设备及相关设施的，应当遵守本条例除第十一条、第十四条、第十五条、第十六条第二款、第十七条规定的强制性要求之外的其他各项规定。

第十条　依照本条例安装图像采集设备及相关设施，位于军事禁区、军事管理区以及国家机关等涉密单位周边的，应当事先征得相关涉密单位的同意。

第十一条　公共安全视频系统管理单位应当按照相关标准建设公共安全视频系统，开展设计、施工、检验、验收等工作，并依法保存、管理相关档案资料。

第十二条　公共安全视频系统采用的产品、服务应当符合国家标准的强制性要求。产品、服务的提供者不得设置恶意程序；发现其产品、服务存在安全缺陷、漏洞等风险时，应当立即采取补救措施，按照规定及时告知用户并向有关主管部门报告。

第十三条　公共安全视频系统管理单位应当按照维护公共安全所必需、注重保护个人隐私和个人信息权益的要求，合理确定图像采集设备的安装位置、角度和采集范围，并设置显著的提示标识。未设置显著提示标识的，由公安机关责令改正。

第十四条　公共安全视频系统管理单位应当在系统投入使用之日起30日内，将单位基本情况、公共安全视频系统建设位置、图像采集设备数量及类型、视频图像信息存储期限等基本信息，向所在地县级人民政府公安机关备案。本条例施行前已经启用的，应当在本条例施行之日起90日内备案。公共安全视频系统备案事项发生变化的，应当及时办理备案变更。

公共安全视频系统管理单位应当对备案信息的真实性负责。

公安机关应当加强信息化建设，为公共安全视频系统管理单位办理备案提供便利，能够通过部门间信息共享获得的备案信息，不要求当事人提供。

第十五条　公共安全视频系统管理单位应当履行系统运行安全管理职责，履行网络安全、数据安全和个人信息保护义务，建立健全管理制度，完善防攻击、防入侵、防病毒、防篡改、防泄露等安全技术措施，定期维护设备设施，保障系统连续、稳定、安全运行，确保视频图像信息的原始完整。

公共安全视频系统管理单位委托他人运营的，应当通过签订安全保密协议等方式，约定前款规定的网络安全、数据安全和个人信息保护义务并监督受托方履行。

第十六条　公共安全视频系统管理单位使用视频图像信息，应当遵守法律法规，依法保护国家秘密、商业秘密、个人隐私和个人信息，不得滥用、泄露。

公共安全视频系统管理单位应当采取下列措施，防止滥用、泄露视频图像信息：

（一）建立系统监看、管理等重要岗位人员的入职审查、保密教育、岗位培训等管理制度；

（二）采取授权管理、访问控制等技术措施，严格规范内部人员对视频图像信息的查阅、处理；

（三）建立信息调用登记制度，如实记录查阅、调取视频图像信息的事由、内容及调用人员的单位、姓名等信息；

（四）其他防止滥用、泄露视频图像信息的措施。

第十七条　公共安全视频系统收集的视频图像信息应当保存不少于30日；30日后，对已经实现处理目的的视频图像信息，应当予以删除。法律、行政法规对视频图像信息保存期限另有规定的，从其规定。

第十八条　为公共安全视频系统提供网络传输服务的电信业务经营者，应当加强对视频图像信息传输的安全管理，依照法律、行政法规的规定和国家标准的强制性要求，采取技术措施和其他必要措施，保障网络安全、稳定运行，维护数据的完整性、保密性和可用性。

第十九条　接受委托承担公共安全视频系统设计、施工、检验、验收、维护等工作的单位及其工作人员，应当对接触到的视频图像信息和相关档案资料予以保密,不得用于与受托工作无关的活动,不得擅自留存、加工、泄露或者向他人提供。

第二十条　国家机关为履行执法办案、处置突发事件等法定职责,查阅、调取公共安全视频系统收集的视频图像信息,应当依照法律、行政法规规定的权限、程序进行,并严格遵守保密规定,不得超出履行法定职责所必需的范围和限度。

第二十一条　为了保护自然人的生命健康、财产安全,经公共安全视频系统管理单位同意,本人、近亲属或者其他负有监护、看护、代管责任的人可以查阅关联的视频图像信息;对获悉的涉及公共安全、个人隐私和个人信息的视频图像信息,不得非法对外提供或者公开传播。

第二十二条　公共安全视频系统收集的视频图像信息被依法用于公开传播,可能损害个人、组织合法权益的,应当对涉及的人脸、机动车号牌等敏感个人信息,以及法人、非法人组织的名称、营业执照等信息采取严格保护措施。

第二十三条　任何单位或者个人不得实施下列行为:

(一)违反法律法规规定,对外提供或者公开传播公共安全视频系统收集的视频图像信息;

(二)擅自改动、迁移、拆除依据本条例第七条规定安装的图像采集设备及相关设施,或者以喷涂、遮挡等方式妨碍其正常运行;

(三)非法侵入、控制公共安全视频系统;

(四)非法获取公共安全视频系统中的数据;

(五)非法删除、隐匿、修改、增加公共安全视频系统中的数据或者应用程序;

(六)其他妨碍公共安全视频系统正常运行,危害网络安全、数据安全、个人信息安全的行为。

第二十四条　公安机关对公共安全视频系统的建设、使用情况实施监督检查,有关单位或者个人应当予以协助、配合。

有关单位或者个人发现有违反本条例第七条第三款、第八条第一款、第九条第一款规定安装图像采集设备及相关设施的,可以向公安机关举报。公安机关应当依法及时处理。

第二十五条　公安机关应当严格执行内部监督制度,对其工作人员履行公共安全视频系统建设、使用职责情况进行监督。

公安机关及其工作人员在履行公共安全视频系统建设、使用、监督管理职责过程中,有违反本条例规定,或者其他滥用职权、玩忽职守、徇私舞弊行为的,任何单位或者个人有权检举、控告。

第二十六条　违反本条例第七条第三款、第九条第一款规定安装图像采集设备及相关设施的,由公安机关责令限期改正,并删除所收集的视频图像信息;拒不改正的,没收相关设备设施,对违法个人并处5000元以下罚款,对违法单位并处2万元以下罚款,对其直接负责的主管人员和其他直接责任人员处5000元以下罚款。

第二十七条　违反本条例第八条第一款规定安装图像采集设备及相关设施的,由公安机关没收相关设备设施,删除所收集的视频图像信息,对违法个人并处5000元以上1万元以下罚款,对违法单位并处1万元以上2万元以下罚款,对其直接负责的主管人员和其他直接责任人员处5000元以上1万元以下罚款;偷窥、偷拍、窃听他人隐私,构成违反治安管理行为的,依法给予治安管理处罚;构成犯罪的,依法追究刑事责任。

对相应区域、部位负有经营管理责任的单位或者个人未履行本条例第八条第二款规定的日常管理和检查义务的,由公安机关责令改正;拒不改正或者造成严重后果的,对违法个人处5000元以上1万元以下罚款,对违法单位处1万元以上2万元以下罚款,对其直接负责的主管人员和其他直接责任人员处5000元以上1万元以下罚款,并通报有关主管部门根据情节轻重责令暂停相关业务或者停业整顿、吊销相关业务许可或者吊销营业执照。

第二十八条　未依照本条例第十条规定征得相关涉密单位同意安装图像采集设备及相关设施的,由公安机关没收相关设备设施,删除所收集的视频图像信息,对违法个人并处5000元以上1万元以下罚款,对违法单位并处1万元以上2万元以下罚款,对其直接负责的主管人员和其他直接责任人员处5000元以上1万元以下罚款;非法获取国家秘密、军事秘密的,依照有关法律的规定给予处罚;构成犯罪的,依法追究刑事责任。

第二十九条 未依照本条例第十四条规定备案或者提供虚假备案信息的,由公安机关责令限期改正;拒不改正的,处1万元以下罚款。

第三十条 违反本条例第二十三条第二项规定擅自改动、迁移、拆除图像采集设备及相关设施的,由公安机关责令改正,给予警告;拒不改正或者造成严重后果的,对违法个人处5000元以下罚款,对违法单位处5000元以上1万元以下罚款,对其直接负责的主管人员和其他直接责任人员处5000元以下罚款。

第三十一条 违反本条例规定,未履行网络安全、数据安全和个人信息保护义务,或者非法对外提供、公开传播视频图像信息的,依照《中华人民共和国网络安全法》《中华人民共和国数据安全法》《中华人民共和国个人信息保护法》的规定给予处罚;构成违反治安管理行为的,依法给予治安管理处罚;构成犯罪的,依法追究刑事责任。

第三十二条 公安机关及其工作人员在履行公共安全视频系统建设、使用、监督管理职责过程中,违反本条例规定,或者有其他滥用职权、玩忽职守、徇私舞弊行为的,由上级公安机关或者有关主管部门责令改正,对负有责任的领导人员和直接责任人员依法给予处分;构成犯罪的,依法追究刑事责任。

其他国家机关及其工作人员在履行公共安全视频系统建设、使用、相关管理职责过程中,违反本条例规定,或者在依照本条例第二十条规定查阅、调取视频图像信息过程中,有滥用职权、玩忽职守、徇私舞弊行为的,由其上级机关或者有关主管部门责令改正,对负有责任的领导人员和直接责任人员依法给予处分;构成犯罪的,依法追究刑事责任。

第三十三条 在非公共场所安装图像采集设备及相关设施,不得危害公共安全或者侵犯他人的合法权益,对收集到的涉及公共安全、个人隐私和个人信息的视频图像信息,不得非法对外提供或者公开传播。

违反前款规定的,依照本条例第三十一条规定给予处罚。

第三十四条 本条例自2025年4月1日起施行。

公共安全视频图像信息系统监督管理工作规定

· 2025 年 5 月 21 日
· 公通字〔2025〕11 号

第一条 为了保障《公共安全视频图像信息系统管理条例》(以下简称《条例》)的贯彻实施,规范公安机关对公共安全视频图像信息系统(以下简称"公共安全视频系统")建设、使用的监督管理,制定本规定。

第二条 公安机关依照《条例》规定,对建设、使用公共安全视频系统实施监督管理,适用本规定。

第三条 公安机关开展公共安全视频系统监督管理工作,应当遵循依法依规、分工负责、分类监管、便捷高效的原则。

第四条 公安机关科技信息化部门统筹负责公共安全视频系统建设、使用的监督管理工作。

公安机关治安管理、反恐怖、网络安全保卫部门在各自职责范围内,负责公共安全视频系统建设、使用的监督管理工作。

铁路、民航等行业公安机关和移民管理机构在各自管辖范围内,负责公共安全视频系统建设、使用的监督管理工作。

第五条 公共安全视频系统管理单位可以通过线上或者线下方式办理《条例》第十四条规定的备案。

公安机关统一建设部署公共安全视频图像信息系统备案平台,支持通过线上方式办理备案。

第六条 公共安全视频系统管理单位办理备案时,应当提供经办人身份证件和加盖单位公章的委托办理备案授权书,并如实填写以下备案信息或者提交备案材料:

(一)公共安全视频系统管理单位基本信息,包括单位名称、类型、统一社会信用代码等;

(二)公共安全视频系统基本信息,包括系统建设位置(含图像采集设备相关信息)、数量及功能类型、视频图像信息存储期限等。

第七条 申请人通过线上方式备案的,县级公安机关应当在申请提交之日起5个工作日内,对备案信息齐全的,予以备案;对备案信息不齐全的,一次性告知申请人需要补正的信息。

第八条 申请人通过线下方式备案的,县级公安机关应当在政务服务大厅公安窗口或者公安机关办事窗口接收备案申请材料。备案材料齐全的，由窗口工作人员录入公共安全视频图像信息系统备案平台，予以备案；备案材料不齐全的，应当当场一次性告知申请人需要补正的材料。

对窗口接收的备案材料，应当在一个月内转交至县级公安机关科技信息化部门归档。

第九条 公共安全视频系统管理单位办理备案变更的，县级公安机关应当按照第七条、第八条的规定及时受理备案变更信息。

第十条 公安机关依法对公共安全视频系统的建设、使用情况开展监督检查。检查内容包括：

（一）建设安装主体是否符合《条例》规定；

（二）是否设置显著的提示标识；

（三）是否拍摄涉密单位信息；

（四）是否备案以及备案信息是否真实；

（五）系统是否正常运行；

（六）是否建立系统监看、管理等重要岗位人员的入职审查、保密教育、岗位培训，以及信息调用登记等管理制度；

（七）视频图像信息的保存期限是否符合《条例》规定；

（八）是否按照相关标准开展公共安全视频系统建设，并妥善保管设计、施工、检验、验收等工作的档案资料；

（九）图像采集设备的安装位置、拍摄角度和数据采集范围是否符合《条例》和强制性标准规定；

（十）公共安全视频系统采用的产品、服务是否符合国家标准的强制性要求；

（十一）是否采用完善的防攻击、防入侵、防病毒、防篡改、防泄露等安全技术措施；

（十二）是否定期维护设备设施；

（十三）是否采取规范内部人员查阅处理视频图像信息的授权管理、访问控制等技术措施。

第十一条 公安机关根据工作需要，通过一般检查和专业检查方式，对公共安全视频系统的建设使用情况依法开展监督检查。

一般检查主要由公安派出所实施，重点检查本规定第十条第一项至第七项内容。专业检查由公安机

关科技信息化部门组织实施，重点检查本规定第十条第八项至第十三项内容。

第十二条 公安机关对《条例》第七条规定以外的其他公共场所开展监督检查，应当遵守《条例》第九条规定，重点检查本规定第十条第一项至第三项内容。

第十三条 公安机关开展公共安全视频系统监督检查应当制作检查笔录，使用执法记录仪记录检查情况。

第十四条 监督检查中发现违反《条例》规定的情形，公安机关应当依法责令改正、责令限期改正或者作出行政处罚决定；构成犯罪的，依法追究刑事责任。

第十五条 公安机关应当在责令改正作出之日或者责令限期改正期满之日起3个工作日内，对整改情况进行复查。复查情况应当如实记录。

第十六条 有关单位或者个人根据《条例》第二十四条规定向公安机关举报的，公安机关应当及时核查。

第十七条 公安机关应当建立完善公共安全视频系统监督检查工作机制，加强信息共享和协作配合，防止多头检查、重复检查。

第十八条 县级以上公安机关应当配备与公共安全视频系统监督管理工作相适应的专职民警。

第十九条 公安机关科技信息化部门应当加强对系统备案和监督检查工作的指导培训和技术支持。

第二十条 公安机关及其工作人员在履行监督管理职责中，玩忽职守、滥用职权、徇私舞弊的，依法给予处分；构成犯罪的，依法追究刑事责任。

第二十一条 各省级公安机关和铁路、民航等行业公安机关可以依据本规定制定实施细则。

第二十二条 本规定自印发之日起施行。

互联网军事信息传播管理办法

·2025年1月22日
·军政〔2025〕26号

第一章 总 则

第一条 为了规范互联网军事信息传播活动，维护国家安全和社会公共利益，保护公民、法人和其

组织的合法权益,根据《中华人民共和国网络安全法》《中华人民共和国保守国家秘密法》《网络信息内容生态治理规定》《互联网用户账号信息管理规定》等法律法规和有关规定,制定本办法。

第二条　在中华人民共和国境内从事互联网军事信息传播活动,开办互联网军事网站平台、网站平台军事栏目、军事账号等,以及对互联网军事信息传播实施监督管理,适用本办法。

第三条　互联网军事信息传播管理,应当坚持正确的政治方向、舆论导向、价值取向,坚持依法规范、综合治理、军地协同、安全保密,服务国防和军队建设,服务强军打赢,维护人民军队良好形象,维护国家主权、安全、发展利益。

第四条　中央军委政治工作部、中央军委政法委员会和国家互联网信息办公室、工业和信息化部、公安部、国家安全部、文化和旅游部、国家广播电视总局、国家国防科技工业局、国家保密局,按照各自职责分工,负责互联网军事信息传播管理有关工作。

省军区系统政治工作部门在上级政治工作部门指导下,和地方各级网信、电信、公安、国家安全、文化和旅游、广播电视、保密等主管部门,按照各自职责分工,负责本辖区内的互联网军事信息传播管理有关工作。

军队团级以上单位政治工作部门,负责涉及本单位的互联网军事信息传播管理有关工作。

第二章　开办规范

第五条　互联网军事信息服务提供者通过开办军事网站平台、网站平台军事栏目、军事账号等,提供互联网信息服务、互联网新闻信息服务、互联网视听节目服务的,应当符合《互联网信息服务管理办法》《互联网新闻信息服务管理规定》《互联网视听节目服务管理规定》的规定,依法申请互联网信息服务相关许可或者履行相关备案手续。

第六条　鼓励和支持互联网军事信息服务提供者设立或者明确负责军事信息服务的编辑机构,配备与服务规模相适应的具有军事新闻出版或者广播电视工作经验、较高政治素养、军事专业素养和保密素养,或者受过军事新闻出版或者广播电视、军事信息传播管理培训的专职编辑人员、内容审核人员。

第七条　网站平台为用户开通军事账号,应当按照国家有关规定进行核验。以下机构、组织、个人在网站平台开办的以传播军事信息为主的账号,可以由网站平台认定为军事账号:

(一)军队单位、兵役工作有关部门、国防教育机构、军地新闻媒体等;

(二)具备相应规模军事编辑、内容审核人员的企业事业单位;

(三)国防和军队建设领域的专家学者、业务骨干,以及在军队有较长服役或者工作经历的人员;

(四)参加过中央军委政治工作部、国家互联网信息办公室、公安部、国家广播电视总局、省军区(卫戍区、警备区)和省、自治区、直辖市网信、公安、广播电视主管部门组织的军事新闻出版或者广播电视、军事信息传播管理培训的人员;

(五)其他具备较高政治素养、军事专业素养和保密素养的人员。

第八条　互联网军事信息服务提供者在与申请开办军事账号的用户签订协议或者确认提供服务时,应当通过身份认证、账号分类等方式标注军事账号属性,核验其真实身份信息,告知互联网军事信息传播的相关权利义务以及法律责任。军事账号核验通过后,互联网军事信息服务提供者应当在账号信息页面加注专门标识,属于互联网用户公众账号的,展示其运营主体名称、注册运营地址、互联网协议地址归属地等信息,并于30日内将账号有关情况按照属地管理原则,报送所在地网信部门和省军区系统政治工作部门,涉及国防科技工业的,同时报送国防科技工业主管部门。

互联网军事信息服务提供者对于符合军事账号认定条件但未标注军事账号属性的账号,应当按照本办法第七条规定进行核验后,将其变更为军事账号并加注专门标识,依照前款规定报送。

互联网军事信息服务提供者核验军队单位、国防科技工业单位及其所属人员开办军事账号的申请,应当要求申请主体提供军队或者国防科技工业有关单位出具的同意开办的证明材料。未提供有效证明材料的,不予核验通过。其他任何机构、组织、个人不得以军队单位、国防科技工业单位及其所属人员名义开办军事账号。

第九条　互联网军事信息服务提供者在与开办军事账号的用户签订协议或者确认提供服务后，应当按照法律、行政法规和国家有关规定，对核验的真实身份信息进行记录保存。

第十条　军事网站平台、网站平台军事栏目、军事账号等的名称、标志、头像，除经批准外，不得使用、关联以下字样或者标志物：

（一）"军队"、"部队"、"全军"、"解放军"、"武警"、"八一"、"国防科技工业"、"国防工业"、"军工"等与军队和国防科技工业单位名称相同或者近似的；

（二）中央军委、中央军委机关部委、中央军委直属机构、中央军委联合作战指挥中心、战区、军兵种、中央军委直属单位、武警部队以及其他军队单位的全称或者简称，部队番号、代号和重要军事装备的全称或者简称，军队单位所在地、标志性建筑物等重要空间的地理名称、标识等，使用同音、谐音、相近的文字、数字、符号和字母等指代军队单位、军队工作、军队人员等，军旗、军徽、军歌、勋章、军服配饰等与军队专用标识的名称、标志相同或者近似的；

（三）"国防"、"国防动员"、"预备役"、"民兵"等与国防和后备力量名称相同或者近似的；

（四）含有偏见、诱导等内容，容易使公众对军队、军队人员、预备役人员、民兵、退役军人、退出军队文职人员形象或者军事装备产生不良认知的；

（五）含有法律、行政法规和国家有关规定禁止的内容。

退役军人、退出军队文职人员在互联网开办账号，在账号名称、认证信息等中，不得使用原单位名称、个人曾经担任的军队单位职务等信息。

第三章　信息传播

第十一条　国家倡导形成良好的互联网军事舆论生态环境，鼓励互联网军事信息服务提供者和用户制作、复制、发布、传播含有下列内容的信息：

（一）宣传习近平新时代中国特色社会主义思想，宣传习近平强军思想的；

（二）宣传党中央、中央军委决策部署的；

（三）弘扬人民军队性质宗旨、光辉历史、优良传统和作风的；

（四）反映国防和军队现代化建设成就的；

（五）宣传人民军队为世界和平与发展作出积极贡献的；

（六）展现军队人员、预备役人员和民兵投身强军兴军精神风貌的；

（七）传播军队发布的权威信息、公共服务信息的；

（八）正确辨析引导涉及军队的热点敏感问题、批驳抵制错误言论的；

（九）传播国防教育知识、促进军政军民团结的；

（十）宣传军队遂行军事行动正义性、合法性，以及军队人员、预备役人员和民兵英勇顽强、不怕牺牲先进事迹的；

（十一）其他有助于学习强军思想、建功强军事业的内容。

第十二条　对于涉及军队的突发事件，军地有关部门和互联网军事信息服务提供者应当发布和转载权威信息，依法治理违法和不良信息。

第十三条　互联网军事信息服务提供者和用户不得制作、复制、发布、传播含有下列内容的信息：

（一）危害国家主权、安全和领土完整的；

（二）诋毁党对军队绝对领导和军委主席负责制，散布"军队非党化、非政治化"和"军队国家化"等错误政治观点的；

（三）歪曲、丑化、篡改、亵渎、否定人民军队历史、英雄烈士事迹和精神的；

（四）诋毁、贬损军队单位、军事职业，挑拨军政军民关系、破坏军政军民团结的；

（五）通过篡改、编辑军旅题材歌曲、电影、电视剧或者制作其他文艺作品，贬损军队、军队人员、预备役人员和民兵等形象的；

（六）否定、攻击我国国防政策和军事战略，歪曲解读对外军事交流与合作相关活动，以及战略核力量和其他新域新质作战力量建设、发展和运用的；

（七）通过炒作、鼓动、煽动、泄密等方式阻碍、破坏军事行动，危害国家军事利益的；

（八）歪曲解读我国武装力量维权行动、海上护航、海外撤侨、国际维和、国际救援、边境边防斗争、军事演习、反恐维稳、抢险救灾、应对突发公共事件等非战争军事行动的；

（九）编造、传播涉及军队单位、军队人员、军事斗争准备、军事行动、国防和军队改革等方面的虚假信息的；

（十）歪曲解读军队人员工资、住房、抚恤优待、退役退出安置等政策制度，以及军队院校招生和军队人员征集招录、选调交流等军事人力资源管理工作的；

（十一）穿着我国武装力量现行或者曾经装备的制式服装及其仿制品，利用军旗、军徽、荣誉标识等代表军队形象的专用标识及内容开展商业营销活动，或者通过表演模仿、低俗恶搞等方式，损害军队或者军队人员形象的；

（十二）含有法律、行政法规禁止的其他内容的。

第十四条　互联网军事信息服务提供者和用户从事互联网军事信息传播活动，应当严格保守我国国防建设和武装力量活动中的秘密事项，禁止制作、复制、发布、传播下列含有军事秘密、国防科技工业秘密或者未公开的信息：

（一）国防和武装力量建设规划及其实施情况；

（二）军事部署、兵力调动（集结）、作战、训练、军事教育以及非战争军事行动、安全事故等中未公开的事项；

（三）国防和军队建设、改革重大决策部署及其实施等情况；

（四）军事通信、电子对抗以及其他特种业务的能力和有关资料；

（五）武装力量的组织编制、历史沿革，部队的职能任务、作战实力、历任主官等未公开的事项，特殊单位以及未公开的部队的番号；

（六）国防动员计划及其实施情况；

（七）武器装备的研制、生产、试验、运输、配备情况和保障能力，武器装备的战术技术性能；

（八）国防科学技术研究的重要项目、成果及其应用情况中未公开的事项，以及可用于作战用途的国防科技工业领域项目成果详细介绍；

（九）国防费分配和使用以及军事物资的筹措、生产、供应、运输和储备等过程中未公开的事项；

（十）未公开的军队指挥机关、指挥工程、作战工程，军用机场、港口、码头、营区、训练场、试验场，军用洞库、仓库，武器弹药集中存放地，军用信息基础设施，军用侦察、导航、观测台站，重要武器装备生产地点等军事设施和军工设施的名称、用途、地理位置和坐标、内部构造、日常运转等情况；

（十一）军队党的建设、军队组织、军事人力资源、宣传、群众、联络、训练监察、纪检监察、巡视巡察、政法、对外军事交流与合作、审计等工作中未公开的事项；

（十二）军队历史未解密的事件和人物；

（十三）国防科技工业发展规划、计划，全行业以及武器装备科研生产许可单位的总体布局、投资规模和科研生产能力等；

（十四）未公开的涉及武器装备重要性能的民品配套产品及其科研生产情况；

（十五）未公开的从事尖端技术和型号研发的军地专家、工作团队及其工作与活动；

（十六）其他涉及国防和军队建设、改革和军事斗争准备未公开的事项。

互联网军事信息服务提供者应当防范数据汇聚、关联可能引发的泄露军事秘密风险，发现汇聚、关联后属于前款所列禁止性内容信息的，应当采取删除、屏蔽、脱密等措施加强安全管理。

第十五条　互联网军事信息服务提供者和用户应当采取规范管理、技术防护等手段，加强军队人员、预备役人员以及拟服现役人员信息保护，不得擅自发布军队人员、预备役人员以及拟服现役人员的职业经历、专业领域、生物识别、健康生理、特定社会活动、行踪轨迹等信息。

第十六条　任何机构、组织、个人不得利用互联网发布、传播信息，煽动军队人员、预备役人员、民兵、退役军人、退出军队文职人员非法集会、游行、示威等活动，扰乱社会秩序；不得冒用或者打着军队单位旗号，盗用、冒充军队单位、军队人员、预备役人员、民兵、退役军人、退出军队文职人员身份制作、复制、发布、传播信息，招摇撞骗；不得擅自使用为军队服务过程中产生的文件资料、展板模型、数字仿真动画等进行商业宣传；不得非法使用或者关联使用军队特定含义字样和图案面向军队人员开展涉及职业规划、晋升任用等方面的咨询服务；不得通过剪辑、拼接、套用权威报道等方式，虚构散布军事信息。

第十七条　互联网军事信息服务提供者和用户使用语音社交、深度合成、区块链、生成式人工智能、加密及匿名通信工具、算法推荐、信息众筹平台等新技术新应用,或者利用卫星互联网制作、复制、发布、传播军事信息的,不得损害人民军队形象,不得制作、复制、发布、传播本办法第十三条至第十五条所列禁止性内容的信息。

第十八条　互联网军事信息服务提供者和用户转载军事新闻信息,应当转载中央新闻单位或者省、自治区、直辖市直属新闻单位等国家规定范围内的单位发布的新闻信息,涉及军队重大决策部署、重大军事行动、重要武器装备建设、重大敏感问题等内容的,应当转载中央和军队主要媒体的权威信息;转载时注明新闻信息来源、原作者、原标题、编辑真实姓名等,不得歪曲、篡改标题原意和新闻信息内容。

第十九条　军队人员就国防和军队建设、军事行动等问题,在互联网接受访谈、发表文章、担任主讲或者参加网络直播等相关活动的,按照军队有关规定执行。国防科研生产单位及其从业人员,就国防科技工业改革发展等问题,在互联网接受访谈、发表文章、担任主讲或者参加网络直播等相关活动的,按照国防科技工业有关规定执行。

退役军人、退出军队文职人员,不得以军队人员身份在互联网接受访谈、发表文章、担任主讲或者参加网络直播等相关活动;军队管理的离休退休人员以及预备役人员、民兵等,未经批准不得以军队人员或者预备役人员、民兵等身份在互联网接受访谈、发表文章、担任主讲或者参加网络直播等相关活动。

第二十条　互联网军事信息服务提供者应当加强对涉及国防和军队建设、军事行动等信息的管理,发现法律、行政法规禁止发布或者传输的信息的,应当立即停止传输该信息,采取消除等处置措施,防止信息扩散,保存有关记录,并向有关主管部门报告。

互联网论坛社区版块发起者、管理者和互联网群组建立者、管理者,应当加强对论坛社区版块和群组用户传播军事信息的管理,规范用户军事信息传播行为。

互联网军事信息服务提供者对在传播军事信息方面违反前款规定的论坛社区版块发起者、管理者和互联网群组建立者、管理者,应当依法依约采取降低信用等级、暂停管理权限、取消创建群资格、纳入黑名单管理等措施,并对有关账号、版块、群组采取警示整改、暂停信息更新、关闭注销等处置措施,保存有关记录,并向有关主管部门报告。

第四章　监督管理

第二十一条　中央军委政治工作部、国家互联网信息办公室,与中央和国家机关有关部门、中央军委机关有关部门,建立互联网军事信息传播管理工作协调机制,依法开展会商研判、监督检查、应急处置、行政执法等工作。

省军区系统政治工作部门、地方各级网信部门,与本辖区内电信、公安、国家安全、文化和旅游、广播电视、保密等主管部门以及驻军有关单位,建立相应的互联网军事信息传播管理工作协调机制。

第二十二条　国家互联网信息办公室、公安部、国家安全部、文化和旅游部、国家广播电视总局等部门会同中央军委政治工作部,地方各级网信、公安、国家安全、文化和旅游、广播电视等主管部门会同省军区系统政治工作部门,采取日常检查、专项督查、随机抽查等方式,依法对互联网军事信息传播实施监督检查。

互联网军事信息服务提供者对有关部门依法实施的监督检查,应当予以配合。

第二十三条　中央军委政治工作部和国家互联网信息办公室、公安部、国家广播电视总局,省军区(卫戍区、警备区)政治工作部门和省、自治区、直辖市网信、公安、广播电视主管部门,应当联合对军事网站平台、网站平台军事栏目等从业人员开展培训,学习掌握军事信息传播管理政策法规,提高军事信息内容审核能力。涉及国防科技工业的军事网站平台、网站平台军事栏目等从业人员,应当参加国家国防科技工业主管部门组织开展的相关培训。

互联网军事信息服务提供者应当组织所属从业人员参加军地有关部门开展的业务培训,并自行组织开展所属从业人员培训工作。

第二十四条　发现互联网军事信息服务提供者和用户违反本办法的,中央军委政治工作部、中央军委政法委员会、省军区系统政治工作部门或者国防科技工业主管部门,可以通报网信、电信、公安、文化和旅游、广播电视等主管部门，由其依据职责依法依规进行处置处罚。

第二十五条　任何机构、组织、个人发现互联网军事信息服务提供者和用户有违反本办法传播互联网军事信息的，可以向有关主管部门举报。

互联网军事信息服务提供者应当自觉接受社会监督，及时处理公众投诉举报，并采取相应处置措施。

第二十六条　国家或者地方网信部门、其他相关部门实施互联网军事信息服务监督管理执法的，中央军委政治工作部、中央军委政法委员会、省军区系统政治工作部门或者国防科技工业主管部门，应当予以协助。

第二十七条　互联网军事信息服务提供者和用户违反本办法的，由网信、电信、公安、国家安全、文化和旅游、广播电视、保密等主管部门在职责范围内依照相关法律法规处理；构成违反治安管理行为的，依法给予治安管理处罚；构成犯罪的，依法追究刑事责任。涉及军队单位或者军队人员的，依法移交军队有关部门处理。

第五章　附　则

第二十八条　本办法下列用语的含义：

（一）互联网军事信息，是指互联网信息服务提供者和用户制作、复制、发布、传播的涉及国防和军队的文字、图片、音视频等信息。

（二）军事网站平台，是指专门提供互联网军事信息服务的网站、应用程序、小程序、应用程序分发商店等。

（三）网站平台军事栏目，是指在互联网站、应用程序、小程序等开设的集纳发布军事信息的栏目，包括但不限于军事栏目、军事版块、军事专题等。

（四）军事账号，是指在互联网站、应用程序、小程序、论坛、博客、微博客、公众账号、即时通信工具、贴吧、网络直播、短视频、网络音频等传播平台，注册或者变更为军事类别、以传播军事信息为主的网络账号。

（五）互联网军事信息服务提供者，是指向社会公众提供互联网军事信息服务的主体。

第二十九条　开展涉及军事秘密的互联网信息传播管理活动，除应当遵守本办法以外，还应当遵守保密法律法规和有关规定。

军队单位、军队人员从事互联网军事信息传播活动，开办军事网站平台、网站平台军事栏目、军事账号等事项，按照本办法和军队有关规定执行。

第三十条　本办法自 2025 年 3 月 1 日起施行。

计算机信息网络国际联网安全保护管理办法

· 1997 年 12 月 11 日国务院批准
· 1997 年 12 月 16 日公安部令第 33 号发布
· 根据 2011 年 1 月 8 日《国务院关于废止和修改部分行政法规的决定》修订

第一章　总　则

第一条　为了加强对计算机信息网络国际联网的安全保护，维护公共秩序和社会稳定，根据《中华人民共和国计算机信息系统安全保护条例》《中华人民共和国计算机信息网络国际联网管理暂行规定》和其他法律、行政法规的规定，制定本办法。

第二条　中华人民共和国境内的计算机信息网络国际联网安全保护管理，适用本办法。

第三条　公安部计算机管理监察机构负责计算机信息网络国际联网的安全保护管理工作。

公安机关计算机管理监察机构应当保护计算机信息网络国际联网的公共安全，维护从事国际联网业务的单位和个人的合法权益和公众利益。

第四条　任何单位和个人不得利用国际联网危害国家安全、泄露国家秘密，不得侵犯国家的、社会的、集体的利益和公民的合法权益，不得从事违法犯罪活动。

第五条　任何单位和个人不得利用国际联网制作、复制、查阅和传播下列信息：

（一）煽动抗拒、破坏宪法和法律、行政法规实施的；

（二）煽动颠覆国家政权，推翻社会主义制度的；

（三）煽动分裂国家、破坏国家统一的；

（四）煽动民族仇恨、民族歧视，破坏民族团结的；

（五）捏造或者歪曲事实，散布谣言，扰乱社会秩序的；

（六）宣扬封建迷信、淫秽、色情、赌博、暴力、凶杀、恐怖，教唆犯罪的；

（七）公然侮辱他人或者捏造事实诽谤他人的；

（八）损害国家机关信誉的；

（九）其他违反宪法和法律、行政法规的。

第六条　任何单位和个人不得从事下列危害计算机信息网络安全的活动：

（一）未经允许，进入计算机信息网络或者使用计算机信息网络资源的；

（二）未经允许，对计算机信息网络功能进行删除、修改或者增加的；

（三）未经允许，对计算机信息网络中存储、处理或者传输的数据和应用程序进行删除、修改或者增加的；

（四）故意制作、传播计算机病毒等破坏性程序的；

（五）其他危害计算机信息网络安全的。

第七条　用户的通信自由和通信秘密受法律保护。任何单位和个人不得违反法律规定，利用国际联网侵犯用户的通信自由和通信秘密。

第二章　安全保护责任

第八条　从事国际联网业务的单位和个人应当接受公安机关的安全监督、检查和指导，如实向公安机关提供有关安全保护的信息、资料及数据文件，协助公安机关查处通过国际联网的计算机信息网络的违法犯罪行为。

第九条　国际出入口信道提供单位、互联单位的主管部门或者主管单位，应当依照法律和国家有关规定负责国际出入口信道、所属互联网络的安全保护管理工作。

第十条　互联单位、接入单位及使用计算机信息网络国际联网的法人和其他组织应当履行下列安全保护职责：

（一）负责本网络的安全保护管理工作，建立健全安全保护管理制度；

（二）落实安全保护技术措施，保障本网络的运行安全和信息安全；

（三）负责对本网络用户的安全教育和培训；

（四）对委托发布信息的单位和个人进行登记，并对所提供的信息内容按照本办法第五条进行审核；

（五）建立计算机信息网络电子公告系统的用户登记和信息管理制度；

（六）发现有本办法第四条、第五条、第六条、第七条所列情形之一的，应当保留有关原始记录，并在 24 小时内向当地公安机关报告；

（七）按照国家有关规定，删除本网络中含有本办法第五条内容的地址、目录或者关闭服务器。

第十一条　用户在接入单位办理入网手续时，应当填写用户备案表。备案表由公安部监制。

第十二条　互联单位、接入单位、使用计算机信息网络国际联网的法人和其他组织（包括跨省、自治区、直辖市联网的单位和所属的分支机构），应当自网络正式联通之日起 30 日内，到所在地的省、自治区、直辖市人民政府公安机关指定的受理机关办理备案手续。

前款所列单位应当负责将接入本网络的接入单位和用户情况报当地公安机关备案，并及时报告本网络中接入单位和用户的变更情况。

第十三条　使用公用账号的注册者应当加强对公用账号的管理，建立账号使用登记制度。用户账号不得转借、转让。

第十四条　涉及国家事务、经济建设、国防建设、尖端科学技术等重要领域的单位办理备案手续时，应当出具其行政主管部门的审批证明。

前款所列单位的计算机信息网络与国际联网，应当采取相应的安全保护措施。

第三章　安全监督

第十五条　省、自治区、直辖市公安厅（局），地（市）、县（市）公安局，应当有相应机构负责国际联网的安全保护管理工作。

第十六条　公安机关计算机管理监察机构应当掌握互联单位、接入单位和用户的备案情况，建立备案档案，进行备案统计，并按照国家有关规定逐级上报。

第十七条　公安机关计算机管理监察机构应当督促互联单位、接入单位及有关用户建立健全安全保护管理制度。监督、检查网络安全保护管理以及技术措施的落实情况。

公安机关计算机管理监察机构在组织安全检查时，有关单位应当派人参加。公安机关计算机管理监察机构对安全检查发现的问题，应当提出改进意见，作出详细记录,存档备查。

第十八条　公安机关计算机管理监察机构发现含有本办法第五条所列内容的地址、目录或者服务器时,应当通知有关单位关闭或者删除。

第十九条　公安机关计算机管理监察机构应当负责追踪和查处通过计算机信息网络的违法行为和针对计算机信息网络的犯罪案件,对违反本办法第四条、第七条规定的违法犯罪行为,应当按照国家有关规定移送有关部门或者司法机关处理。

第四章　法律责任

第二十条　违反法律、行政法规,有本办法第五条、第六条所列行为之一的,由公安机关给予警告,有违法所得的,没收违法所得,对个人可以并处 5000 元以下的罚款,对单位可以并处 1.5 万元以下的罚款;情节严重的,并可以给予 6 个月以内停止联网、停机整顿的处罚,必要时可以建议原发证、审批机构吊销经营许可证或者取消联网资格;构成违反治安管理行为的,依照治安管理处罚法的规定处罚;构成犯罪的,依法追究刑事责任。

第二十一条　有下列行为之一的,由公安机关责令限期改正,给予警告,有违法所得的,没收违法所得;在规定的限期内未改正的,对单位的主管负责人员和其他直接责任人员可以并处 5000 元以下的罚款,对单位可以并处 1.5 万元以下的罚款;情节严重的,并可以给予 6 个月以内的停止联网、停机整顿的处罚,必要时可以建议原发证、审批机构吊销经营许可证或者取消联网资格。

(一)未建立安全保护管理制度的;

(二)未采取安全技术保护措施的;

(三)未对网络用户进行安全教育和培训的;

(四)未提供安全保护管理所需信息、资料及数据文件,或者所提供内容不真实的;

(五)对委托其发布的信息内容未进行审核或者对委托单位和个人未进行登记的;

(六)未建立电子公告系统的用户登记和信息管理制度的;

(七)未按照国家有关规定,删除网络地址、目录或者关闭服务器的;

(八)未建立公用账号使用登记制度的;

(九)转借、转让用户账号的。

第二十二条　违反本办法第四条、第七条规定的,依照有关法律、法规予以处罚。

第二十三条　违反本办法第十一条、第十二条规定,不履行备案职责的,由公安机关给予警告或者停机整顿不超过 6 个月的处罚。

第五章　附　则

第二十四条　与香港特别行政区和台湾、澳门地区联网的计算机信息网络的安全保护管理,参照本办法执行。

第二十五条　本办法自 1997 年 12 月 30 日起施行。

互联网上网服务营业场所管理条例

· 2002 年 9 月 29 日中华人民共和国国务院令第 363 号公布
· 根据 2011 年 1 月 8 日《国务院关于废止和修改部分行政法规的决定》第一次修订
· 根据 2016 年 2 月 6 日《国务院关于修改部分行政法规的决定》第二次修订
· 根据 2019 年 3 月 24 日《国务院关于修改部分行政法规的决定》第三次修订
· 根据 2022 年 3 月 29 日《国务院关于修改和废止部分行政法规的决定》第四次修订
· 根据 2024 年 12 月 6 日《国务院关于修改和废止部分行政法规的决定》第五次修订

第一章　总　则

第一条　为了加强对互联网上网服务营业场所的管理,规范经营者的经营行为,维护公众和经营者的合法权益,保障互联网上网服务经营活动健康发展,促进社会主义精神文明建设,制定本条例。

第二条　本条例所称互联网上网服务营业场所,是指通过计算机等装置向公众提供互联网上网服务的网吧、电脑休闲室等营业性场所。

学校、图书馆等单位内部附设的为特定对象获取资料、信息提供上网服务的场所,应当遵守有关法律、法规,不适用本条例。

第三条　互联网上网服务营业场所经营单位应当遵守有关法律、法规的规定,加强行业自律,自觉接受政府有关部门依法实施的监督管理,为上网消费者提供良好的服务。

互联网上网服务营业场所的上网消费者,应当遵守有关法律、法规的规定,遵守社会公德,开展文明、健康的上网活动。

第四条 县级以上人民政府文化行政部门负责互联网上网服务营业场所经营单位的设立审批,并负责对依法设立的互联网上网服务营业场所经营单位经营活动的监督管理;公安机关负责对互联网上网服务营业场所经营单位的信息网络安全、治安及消防安全的监督管理;工商行政管理部门负责对互联网上网服务营业场所经营单位登记注册和营业执照的管理,并依法查处无照经营活动;电信管理等其他有关部门在各自职责范围内,依照本条例和有关法律、行政法规的规定,对互联网上网服务营业场所经营单位分别实施有关监督管理。

第五条 文化行政部门、公安机关、工商行政管理部门和其他有关部门及其工作人员不得从事或者变相从事互联网上网服务经营活动,也不得参与或者变相参与互联网上网服务营业场所经营单位的经营活动。

第六条 国家鼓励公民、法人和其他组织对互联网上网服务营业场所经营单位的经营活动进行监督,并对有突出贡献的给予奖励。

第二章　设　立

第七条 国家对互联网上网服务营业场所经营单位的经营活动实行许可制度。未经许可,任何组织和个人不得从事互联网上网服务经营活动。

第八条 互联网上网服务营业场所经营单位从事互联网上网服务经营活动,应当具备下列条件:

(一)有企业的名称、住所、组织机构和章程;

(二)有与其经营活动相适应的资金;

(三)有与其经营活动相适应并符合国家规定的消防安全条件的营业场所;

(四)有健全、完善的信息网络安全管理制度和安全技术措施;

(五)有固定的网络地址和与其经营活动相适应的计算机等装置及附属设备;

(六)有与其经营活动相适应并取得从业资格的安全管理人员、经营管理人员、专业技术人员;

(七)法律、行政法规和国务院有关部门规定的其他条件。

互联网上网服务营业场所的最低营业面积、计算机等装置及附属设备数量、单机面积的标准,由国务院文化行政部门规定。

审批从事互联网上网服务经营活动,除依照本条第一款、第二款规定的条件外,还应当符合国务院文化行政部门和省、自治区、直辖市人民政府文化行政部门规定的互联网上网服务营业场所经营单位的总量和布局要求。

第九条 中学、小学校园周围200米范围内和居民住宅楼(院)内不得设立互联网上网服务营业场所。

第十条 互联网上网服务营业场所经营单位申请从事互联网上网服务经营活动,应当向县级以上地方人民政府文化行政部门提出申请,并提交下列文件:

(一)企业营业执照和章程;

(二)法定代表人或者主要负责人的身份证明材料;

(三)资金信用证明;

(四)营业场所产权证明或者租赁意向书;

(五)依法需要提交的其他文件。

第十一条 文化行政部门应当自收到申请之日起20个工作日内作出决定;经审查,符合条件的,发给同意筹建的批准文件。

申请人还应当依照有关消防管理法律法规的规定办理审批手续。

申请人取得消防安全批准文件后,向文化行政部门申请最终审核。文化行政部门应当自收到申请之日起15个工作日内依据本条例第八条的规定作出决定;经实地检查并审核合格的,发给《网络文化经营许可证》。

对申请人的申请,有关部门经审查不符合条件的,或者经审核不合格的,应当分别向申请人书面说明理由。

文化行政部门发放《网络文化经营许可证》的情况或互联网上网服务营业场所经营单位拟开展经营活动的情况,应当及时向同级公安机关通报或报备。

第十二条 互联网上网服务营业场所经营单位

不得涂改、出租、出借或者以其他方式转让《网络文化经营许可证》。

第十三条　互联网上网服务营业场所经营单位变更营业场所地址或者对营业场所进行改建、扩建、变更计算机数量或者其他重要事项的，应当经原审核机关同意。

互联网上网服务营业场所经营单位变更名称、住所、法定代表人或者主要负责人、注册资本、网络地址或者终止经营活动的，应当依法到工商行政管理部门办理变更登记或者注销登记，并到文化行政部门、公安机关办理有关手续或者备案。

第三章　经　营

第十四条　互联网上网服务营业场所经营单位和上网消费者不得利用互联网上网服务营业场所制作、下载、复制、查阅、发布、传播或者以其他方式使用含有下列内容的信息：

（一）反对宪法确定的基本原则的；

（二）危害国家统一、主权和领土完整的；

（三）泄露国家秘密，危害国家安全或者损害国家荣誉和利益的；

（四）煽动民族仇恨、民族歧视，破坏民族团结，或者侵害民族风俗、习惯的；

（五）破坏国家宗教政策，宣扬邪教、迷信的；

（六）散布谣言，扰乱社会秩序，破坏社会稳定的；

（七）宣传淫秽、赌博、暴力或者教唆犯罪的；

（八）侮辱或者诽谤他人，侵害他人合法权益的；

（九）危害社会公德或者民族优秀文化传统的；

（十）含有法律、行政法规禁止的其他内容的。

第十五条　互联网上网服务营业场所经营单位和上网消费者不得进行下列危害信息网络安全的活动：

（一）故意制作或者传播计算机病毒以及其他破坏性程序的；

（二）非法侵入计算机信息系统或者破坏计算机信息系统功能、数据和应用程序的；

（三）进行法律、行政法规禁止的其他活动的。

第十六条　互联网上网服务营业场所经营单位应当通过依法取得经营许可证的互联网接入服务提供者接入互联网，不得采取其他方式接入互联网。

互联网上网服务营业场所经营单位提供上网消费者使用的计算机必须通过局域网的方式接入互联网，不得直接接入互联网。

第十七条　互联网上网服务营业场所经营单位不得经营非网络游戏。

第十八条　互联网上网服务营业场所经营单位和上网消费者不得利用网络游戏或者其他方式进行赌博或者变相赌博活动。

第十九条　互联网上网服务营业场所经营单位应当实施经营管理技术措施，建立场内巡查制度，发现上网消费者有本条例第十四条、第十五条、第十八条所列行为或者有其他违法行为的，应当立即予以制止并向文化行政部门、公安机关举报。

第二十条　互联网上网服务营业场所经营单位应当在营业场所的显著位置悬挂《网络文化经营许可证》和营业执照。

第二十一条　互联网上网服务营业场所经营单位不得接纳未成年人进入营业场所。

互联网上网服务营业场所经营单位应当在营业场所入口处的显著位置悬挂未成年人禁入标志。

第二十二条　互联网上网服务营业场所每日营业时间限于 8 时至 24 时。

第二十三条　互联网上网服务营业场所经营单位应当对上网消费者的身份证等有效证件进行核对、登记，并记录有关上网信息。登记内容和记录备份保存时间不得少于 60 日，并在文化行政部门、公安机关依法查询时予以提供。登记内容和记录备份在保存期内不得修改或者删除。

第二十四条　互联网上网服务营业场所经营单位应当依法履行信息网络安全、治安和消防安全职责，并遵守下列规定：

（一）禁止明火照明和吸烟并悬挂禁止吸烟标志；

（二）禁止带入和存放易燃、易爆物品；

（三）不得安装固定的封闭门窗栅栏；

（四）营业期间禁止封堵或者锁闭门窗、安全疏散通道和安全出口；

（五）不得擅自停止实施安全技术措施。

第四章　罚　则

第二十五条　文化行政部门、公安机关、工商行政管理部门或者其他有关部门及其工作人员，利用职务上的便利收受他人财物或者其他好处，违法批准不符合法定设立条件的互联网上网服务营业场所经营单位，或者不依法履行监督职责，或者发现违法行为不予依法查处，触犯刑律的，对直接负责的主管人员和其他直接责任人员依照刑法关于受贿罪、滥用职权罪、玩忽职守罪或者其他罪的规定，依法追究刑事责任；尚不够刑事处罚的，依法给予降级、撤职或者开除的行政处分。

第二十六条 文化行政部门、公安机关、工商行政管理部门或者其他有关部门的工作人员，从事或者变相从事互联网上网服务经营活动的，参与或者变相参与互联网上网服务营业场所经营单位的经营活动的，依法给予降级、撤职或者开除的行政处分。

文化行政部门、公安机关、工商行政管理部门或者其他有关部门有前款所列行为的，对直接负责的主管人员和其他直接责任人员依照前款规定依法给予行政处分。

第二十七条 违反本条例的规定，擅自从事互联网上网服务经营活动的，由文化行政部门或者由文化行政部门会同公安机关依法予以取缔，查封其从事违法经营活动的场所，扣押从事违法经营活动的专用工具、设备；触犯刑律的，依照刑法关于非法经营罪的规定，依法追究刑事责任；尚不够刑事处罚的，由文化行政部门没收违法所得及其从事违法经营活动的专用工具、设备；违法经营额1万元以上的，并处违法经营额5倍以上10倍以下的罚款；违法经营额不足1万元的，并处1万元以上5万元以下的罚款。

第二十八条 文化行政部门应当建立互联网上网服务营业场所经营单位的经营活动信用监管制度，建立健全信用约束机制，并及时公布行政处罚信息。

第二十九条 互联网上网服务营业场所经营单位违反本条例的规定，涂改、出租、出借或者以其他方式转让《网络文化经营许可证》，触犯刑律的，依照刑法关于伪造、变造、买卖国家机关公文、证件、印章罪的规定，依法追究刑事责任；尚不够刑事处罚的，由文化行政部门吊销《网络文化经营许可证》，没收违法所得；违法经营额5000元以上的，并处违法经营额2倍以上5倍以下的罚款；违法经营额不足5000元的，并处5000元以上1万元以下的罚款。

第三十条 互联网上网服务营业场所经营单位违反本条例的规定，利用营业场所制作、下载、复制、查阅、发布、传播或者以其他方式使用含有本条例第十四条规定禁止含有的内容的信息，触犯刑律的，依法追究刑事责任；尚不够刑事处罚的，由公安机关给予警告，没收违法所得；违法经营额1万元以上的，并处违法经营额2倍以上5倍以下的罚款；违法经营额不足1万元的，并处1万元以上2万元以下的罚款；情节严重的，责令停业整顿，直至由文化行政部门吊销《网络文化经营许可证》。

上网消费者有前款违法行为，触犯刑律的，依法追究刑事责任；尚不够刑事处罚的，由公安机关依照治安管理处罚法的规定给予处罚。

第三十一条 互联网上网服务营业场所经营单位违反本条例的规定，有下列行为之一的，由文化行政部门给予警告，可以并处15000元以下的罚款；情节严重的，责令停业整顿，直至吊销《网络文化经营许可证》：

（一）在规定的营业时间以外营业的；

（二）接纳未成年人进入营业场所的；

（三）经营非网络游戏的；

（四）擅自停止实施经营管理技术措施的；

（五）未悬挂《网络文化经营许可证》或者未成年人禁入标志的。

第三十二条 公安机关应当自互联网上网服务营业场所经营单位正式开展经营活动20个工作日内，对其依法履行信息网络安全职责情况进行实地检查。检查发现互联网上网服务营业场所经营单位未履行信息网络安全责任的，由公安机关给予警告，可以并处15000元以下罚款；情节严重的，责令停业整顿，直至由文化行政部门吊销《网络文化经营许可证》。

第三十三条 互联网上网服务营业场所经营单位违反本条例的规定，有下列行为之一的，由文化行政部门、公安机关依据各自职权给予警告，可以并处15000元以下的罚款；情节严重的，责令停业整顿，直至由文化行政部门吊销《网络文化经营许可证》：

（一）向上网消费者提供的计算机未通过局域网的方式接入互联网的；

（二）未建立场内巡查制度，或者发现上网消费者的违法行为未予制止并向文化行政部门、公安机关举报的；

（三）未按规定核对、登记上网消费者的有效身份证件或者记录有关上网信息的；

（四）未按规定时间保存登记内容、记录备份，或者在保存期内修改、删除登记内容、记录备份的；

（五）变更名称、住所、法定代表人或者主要负责人、注册资本、网络地址或者终止经营活动，未向文化行政部门、公安机关办理有关手续或者备案的。

第三十四条　互联网上网服务营业场所经营单位违反本条例的规定，有下列行为之一的，由公安机关给予警告，可以并处 15000 元以下的罚款；情节严重的，责令停业整顿，直至由文化行政部门吊销《网络文化经营许可证》：

（一）利用明火照明或者发现吸烟不予制止，或者未悬挂禁止吸烟标志的；

（二）允许带入或者存放易燃、易爆物品的；

（三）在营业场所安装固定的封闭门窗栅栏的；

（四）营业期间封堵或者锁闭门窗、安全疏散通道或者安全出口的；

（五）擅自停止实施安全技术措施的。

第三十五条　违反国家有关信息网络安全、治安管理、消防管理、工商行政管理、电信管理等规定，触犯刑律的，依法追究刑事责任；尚不够刑事处罚的，由公安机关、工商行政管理部门、电信管理机构依法给予处罚；情节严重的，由原发证机关吊销许可证件。

第三十六条　互联网上网服务营业场所经营单位违反本条例的规定，被吊销《网络文化经营许可证》的，自被吊销《网络文化经营许可证》之日起 5 年内，其法定代表人或者主要负责人不得担任互联网上网服务营业场所经营单位的法定代表人或者主要负责人。

擅自设立的互联网上网服务营业场所经营单位被依法取缔的，自被取缔之日起 5 年内，其主要负责人不得担任互联网上网服务营业场所经营单位的法定代表人或者主要负责人。

第三十七条　依照本条例的规定实施罚款的行政处罚，应当依照有关法律、行政法规的规定，实行罚款决定与罚款收缴分离；收缴的罚款和违法所得必须全部上缴国库。

第五章　附　则

第三十八条　本条例自 2002 年 11 月 15 日起施行。2001 年 4 月 3 日信息产业部、公安部、文化部、国家工商行政管理局发布的《互联网上网服务营业场所管理办法》同时废止。

6. 新兴领域治安规范

（1）无人机管理

无人驾驶航空器飞行管理暂行条例

· 2023 年 5 月 31 日中华人民共和国国务院、中华人民共和国中央军事委员会令第 761 号公布
· 自 2024 年 1 月 1 日起施行

第一章　总　则

第一条　为了规范无人驾驶航空器飞行以及有关活动，促进无人驾驶航空器产业健康有序发展，维护航空安全、公共安全、国家安全，制定本条例。

第二条　在中华人民共和国境内从事无人驾驶航空器飞行以及有关活动，应当遵守本条例。

本条例所称无人驾驶航空器，是指没有机载驾驶员、自备动力系统的航空器。

无人驾驶航空器按照性能指标分为微型、轻型、小型、中型和大型。

第三条　无人驾驶航空器飞行管理工作应当坚持和加强党的领导，坚持总体国家安全观，坚持安全第一、服务发展、分类管理、协同监管的原则。

第四条　国家空中交通管理领导机构统一领导全国无人驾驶航空器飞行管理工作，组织协调解决无人驾驶航空器管理工作中的重大问题。

国务院民用航空、公安、工业和信息化、市场监督管理等部门按照职责分工负责全国无人驾驶航空器有关管理工作。

县级以上地方人民政府及其有关部门按照职责分工负责本行政区域内无人驾驶航空器有关管理工作。

各级空中交通管理机构按照职责分工负责本责任区内无人驾驶航空器飞行管理工作。

第五条　国家鼓励无人驾驶航空器科研创新及

其成果的推广应用,促进无人驾驶航空器与大数据、人工智能等新技术融合创新。县级以上人民政府及其有关部门应当为无人驾驶航空器科研创新及其成果的推广应用提供支持。

国家在确保安全的前提下积极创新空域供给和使用机制,完善无人驾驶航空器飞行配套基础设施和服务体系。

第六条　无人驾驶航空器有关行业协会应当通过制定、实施团体标准等方式加强行业自律,宣传无人驾驶航空器管理法律法规及有关知识,增强有关单位和人员依法开展无人驾驶航空器飞行以及有关活动的意识。

第二章　民用无人驾驶航空器及操控员管理

第七条　国务院标准化行政主管部门和国务院其他有关部门按照职责分工组织制定民用无人驾驶航空器系统的设计、生产和使用的国家标准、行业标准。

第八条　从事中型、大型民用无人驾驶航空器系统的设计、生产、进口、飞行和维修活动,应当依法向国务院民用航空主管部门申请取得适航许可。

从事微型、轻型、小型民用无人驾驶航空器系统的设计、生产、进口、飞行、维修以及组装、拼装活动,无需取得适航许可,但相关产品应当符合产品质量法律法规的有关规定以及有关强制性国家标准。

从事民用无人驾驶航空器系统的设计、生产、使用活动,应当符合国家有关实名登记激活、飞行区域限制、应急处置、网络信息安全等规定,并采取有效措施减少大气污染物和噪声排放。

第九条　民用无人驾驶航空器系统生产者应当按照国务院工业和信息化主管部门的规定为其生产的无人驾驶航空器设置唯一产品识别码。

微型、轻型、小型民用无人驾驶航空器系统的生产者应当在无人驾驶航空器机体标注产品类型以及唯一产品识别码等信息,在产品外包装显著位置标明守法运行要求和风险警示。

第十条　民用无人驾驶航空器所有者应当依法进行实名登记,具体办法由国务院民用航空主管部门会同有关部门制定。

涉及境外飞行的民用无人驾驶航空器,应当依法进行国籍登记。

第十一条　使用除微型以外的民用无人驾驶航空器从事飞行活动的单位应当具备下列条件,并向国务院民用航空主管部门或者地区民用航空管理机构(以下统称民用航空管理部门)申请取得民用无人驾驶航空器运营合格证(以下简称运营合格证):

(一)有实施安全运营所需的管理机构、管理人员和符合本条例规定的操控人员;

(二)有符合安全运营要求的无人驾驶航空器及有关设施、设备;

(三)有实施安全运营所需的管理制度和操作规程,保证持续具备按照制度和规程实施安全运营的能力;

(四)从事经营性活动的单位,还应当为营利法人。

民用航空管理部门收到申请后,应当进行运营安全评估,根据评估结果依法作出许可或者不予许可的决定。予以许可的,颁发运营合格证;不予许可的,书面通知申请人并说明理由。

使用最大起飞重量不超过 150 千克的农用无人驾驶航空器在农林牧渔区域上方的适飞空域内从事农林牧渔作业飞行活动(以下称常规农用无人驾驶航空器作业飞行活动),无需取得运营合格证。

取得运营合格证后从事经营性通用航空飞行活动,以及从事常规农用无人驾驶航空器作业飞行活动,无需取得通用航空经营许可证和运行合格证。

第十二条　使用民用无人驾驶航空器从事经营性飞行活动,以及使用小型、中型、大型民用无人驾驶航空器从事非经营性飞行活动,应当依法投保责任保险。

第十三条　微型、轻型、小型民用无人驾驶航空器系统投放市场后,发现存在缺陷的,其生产者、进口商应当停止生产、销售,召回缺陷产品,并通知有关经营者、使用者停止销售、使用。生产者、进口商未依法实施召回的,由国务院市场监督管理部门依法责令召回。

中型、大型民用无人驾驶航空器系统不能持续处于适航状态的,由国务院民用航空主管部门依照有关适航管理的规定处理。

第十四条　对已经取得适航许可的民用无人驾驶航空器系统进行重大设计更改并拟将其用于飞行活动的,应当重新申请取得适航许可。

对微型、轻型、小型民用无人驾驶航空器系统进行改装的,应当符合有关强制性国家标准。民用无人驾驶航空器系统的空域保持能力、可靠被监视能力、速度或者高度等出厂性能以及参数发生改变的,其所有者应当及时在无人驾驶航空器一体化综合监管服务平台更新性能、参数信息。

改装民用无人驾驶航空器的,应当遵守改装后所属类别的管理规定。

第十五条　生产、维修、使用民用无人驾驶航空器系统,应当遵守无线电管理法律法规以及国家有关规定。但是,民用无人驾驶航空器系统使用国家无线电管理机构确定的特定无线电频率,且有关无线电发射设备取得无线电发射设备型号核准的,无需取得无线电频率使用许可和无线电台执照。

第十六条　操控小型、中型、大型民用无人驾驶航空器飞行的人员应当具备下列条件,并向国务院民用航空主管部门申请取得相应民用无人驾驶航空器操控员(以下简称操控员)执照:

(一)具备完全民事行为能力;

(二)接受安全操控培训,并经民用航空管理部门考核合格;

(三)无可能影响民用无人驾驶航空器操控行为的疾病病史,无吸毒行为记录;

(四)近5年内无因危害国家安全、公共安全或者侵犯公民人身权利、扰乱公共秩序的故意犯罪受到刑事处罚的记录。

从事常规农用无人驾驶航空器作业飞行活动的人员无需取得操控员执照,但应当由农用无人驾驶航空器系统生产者按照国务院民用航空、农业农村主管部门规定的内容进行培训和考核,合格后取得操作证书。

第十七条　操控微型、轻型民用无人驾驶航空器飞行的人员,无需取得操控员执照,但应当熟练掌握有关机型操作方法,了解风险警示信息和有关管理制度。

无民事行为能力人只能操控微型民用无人驾驶航空器飞行,限制民事行为能力人只能操控微型、轻型民用无人驾驶航空器飞行。无民事行为能力人操控微型民用无人驾驶航空器飞行或者限制民事行为能力人操控轻型民用无人驾驶航空器飞行,应当由符合前款规定条件的完全民事行为能力人现场指导。

操控轻型民用无人驾驶航空器在无人驾驶航空器管制空域内飞行的人员,应当具有完全民事行为能力,并按照国务院民用航空主管部门的规定经培训合格。

第三章　空域和飞行活动管理

第十八条　划设无人驾驶航空器飞行空域应当遵循统筹配置、安全高效原则,以隔离飞行为主,兼顾融合飞行需求,充分考虑飞行安全和公众利益。

划设无人驾驶航空器飞行空域应当明确水平、垂直范围和使用时间。

空中交通管理机构应当为无人驾驶航空器执行军事、警察、海关、应急管理飞行任务优先划设空域。

第十九条　国家根据需要划设无人驾驶航空器管制空域(以下简称管制空域)。

真高120米以上空域,空中禁区、空中限制区以及周边空域,军用航空器超低空飞行空域,以及下列区域上方的空域应当划设为管制空域:

(一)机场以及周边一定范围的区域;

(二)国界线、实际控制线、边境线向我方一侧一定范围的区域;

(三)军事禁区、军事管理区、监管场所等涉密单位以及周边一定范围的区域;

(四)重要军工设施保护区域、核设施控制区域、易燃易爆等危险品的生产和仓储区域,以及可燃重要物资的大型仓储区域;

(五)发电厂、变电站、加油(气)站、供水厂、公共交通枢纽、航电枢纽、重大水利设施、港口、高速公路、铁路电气化线路等公共基础设施以及周边一定范围的区域和饮用水水源保护区;

(六)射电天文台、卫星测控(导航)站、航空无线电导航台、雷达站等需要电磁环境特殊保护的设施以及周边一定范围的区域;

(七)重要革命纪念地、重要不可移动文物以及周边一定范围的区域;

（八）国家空中交通管理领导机构规定的其他区域。

管制空域的具体范围由各级空中交通管理机构按照国家空中交通管理领导机构的规定确定，由设区的市级以上人民政府公布，民用航空管理部门和承担相应职责的单位发布航行情报。

未经空中交通管理机构批准，不得在管制空域内实施无人驾驶航空器飞行活动。

管制空域范围以外的空域为微型、轻型、小型无人驾驶航空器的适飞空域（以下简称适飞空域）。

第二十条　遇有特殊情况，可以临时增加管制空域，由空中交通管理机构按照国家有关规定确定有关空域的水平、垂直范围和使用时间。

保障国家重大活动以及其他大型活动的，在临时增加的管制空域生效 24 小时前，由设区的市级以上地方人民政府发布公告，民用航空管理部门和承担相应职责的单位发布航行情报。

保障执行军事任务或者反恐维稳、抢险救灾、医疗救护等其他紧急任务的，在临时增加的管制空域生效 30 分钟前，由设区的市级以上地方人民政府发布紧急公告，民用航空管理部门和承担相应职责的单位发布航行情报。

第二十一条　按照国家空中交通管理领导机构的规定需要设置管制空域的地面警示标志的，设区的市级人民政府应当组织设置并加强日常巡查。

第二十二条　无人驾驶航空器通常应当与有人驾驶航空器隔离飞行。

属于下列情形之一的，经空中交通管理机构批准，可以进行融合飞行：

（一）根据任务或者飞行课目需要，警察、海关、应急管理部门辖有的无人驾驶航空器与本部门、本单位使用的有人驾驶航空器在同一空域或者同一机场区域的飞行；

（二）取得适航许可的大型无人驾驶航空器的飞行；

（三）取得适航许可的中型无人驾驶航空器不超过真高 300 米的飞行；

（四）小型无人驾驶航空器不超过真高 300 米的飞行；

（五）轻型无人驾驶航空器在适飞空域上方不超过真高 300 米的飞行。

属于下列情形之一的，进行融合飞行无需经空中交通管理机构批准：

（一）微型、轻型无人驾驶航空器在适飞空域内的飞行；

（二）常规农用无人驾驶航空器作业飞行活动。

第二十三条　国家空中交通管理领导机构统筹建设无人驾驶航空器一体化综合监管服务平台，对全国无人驾驶航空器实施动态监管与服务。

空中交通管理机构和民用航空、公安、工业和信息化等部门、单位按照职责分工采集无人驾驶航空器生产、登记、使用的有关信息，依托无人驾驶航空器一体化综合监管服务平台共享，并采取相应措施保障信息安全。

第二十四条　除微型以外的无人驾驶航空器实施飞行活动，操控人员应当确保无人驾驶航空器能够按照国家有关规定向无人驾驶航空器一体化综合监管服务平台报送识别信息。

微型、轻型、小型无人驾驶航空器在飞行过程中应当广播式自动发送识别信息。

第二十五条　组织无人驾驶航空器飞行活动的单位或者个人应当遵守有关法律法规和规章制度，主动采取事故预防措施，对飞行安全承担主体责任。

第二十六条　除本条例第三十一条另有规定外，组织无人驾驶航空器飞行活动的单位或者个人应当在拟飞行前 1 日 12 时前向空中交通管理机构提出飞行活动申请。空中交通管理机构应当在飞行前 1 日 21 时前作出批准或者不予批准的决定。

按照国家空中交通管理领导机构的规定在固定空域内实施常态飞行活动的，可以提出长期飞行活动申请，经批准后实施，并应当在拟飞行前 1 日 12 时前将飞行计划报空中交通管理机构备案。

第二十七条　无人驾驶航空器飞行活动申请应当包括下列内容：

（一）组织飞行活动的单位或者个人、操控人员信息以及有关资质证书；

（二）无人驾驶航空器的类型、数量、主要性能指标和登记管理信息；

（三）飞行任务性质和飞行方式，执行国家规定的特殊通用航空飞行任务的还应当提供有效的任务批准文件；

（四）起飞、降落和备降机场（场地）；

（五）通信联络方法；

（六）预计飞行开始、结束时刻；

（七）飞行航线、高度、速度和空域范围，进出空域方法；

（八）指挥控制链路无线电频率以及占用带宽；

（九）通信、导航和被监视能力；

（十）安装二次雷达应答机或者有关自动监视设备的，应当注明代码申请；

（十一）应急处置程序；

（十二）特殊飞行保障需求；

（十三）国家空中交通管理领导机构规定的与空域使用和飞行安全有关的其他必要信息。

第二十八条　无人驾驶航空器飞行活动申请按照下列权限批准：

（一）在飞行管制分区内飞行的，由负责该飞行管制分区的空中交通管理机构批准；

（二）超出飞行管制分区在飞行管制区内飞行的，由负责该飞行管制区的空中交通管理机构批准；

（三）超出飞行管制区飞行的，由国家空中交通管理领导机构授权的空中交通管理机构批准。

第二十九条　使用无人驾驶航空器执行反恐维稳、抢险救灾、医疗救护等紧急任务的，应当在计划起飞30分钟前向空中交通管理机构提出飞行活动申请。空中交通管理机构应当在起飞10分钟前作出批准或者不予批准的决定。执行特别紧急任务的，使用单位可以随时提出飞行活动申请。

第三十条　飞行活动已获得批准的单位或者个人组织无人驾驶航空器飞行活动的，应当在计划起飞1小时前向空中交通管理机构报告预计起飞时刻和准备情况，经空中交通管理机构确认后方可起飞。

第三十一条　组织无人驾驶航空器实施下列飞行活动，无需向空中交通管理机构提出飞行活动申请：

（一）微型、轻型、小型无人驾驶航空器在适飞空域内的飞行活动；

（二）常规农用无人驾驶航空器作业飞行活动；

（三）警察、海关、应急管理部门辖有的无人驾驶航空器，在其驻地、地面（水面）训练场、靶场等上方不超过真高120米的空域内的飞行活动；但是，需在计划起飞1小时前经空中交通管理机构确认后方可起飞；

（四）民用无人驾驶航空器在民用运输机场管制地带内执行巡检、勘察、校验等飞行任务；但是，需定期报空中交通管理机构备案，并在计划起飞1小时前经空中交通管理机构确认后方可起飞。

前款规定的飞行活动存在下列情形之一的，应当依照本条例第二十六条的规定提出飞行活动申请：

（一）通过通信基站或者互联网进行无人驾驶航空器中继飞行；

（二）运载危险品或者投放物品（常规农用无人驾驶航空器作业飞行活动除外）；

（三）飞越集会人群上空；

（四）在移动的交通工具上操控无人驾驶航空器；

（五）实施分布式操作或者集群飞行。

微型、轻型无人驾驶航空器在适飞空域内飞行的，无需取得特殊通用航空飞行任务批准文件。

第三十二条　操控无人驾驶航空器实施飞行活动，应当遵守下列行为规范：

（一）依法取得有关许可证书、证件，并在实施飞行活动时随身携带备查；

（二）实施飞行活动前做好安全飞行准备，检查无人驾驶航空器状态，并及时更新电子围栏等信息；

（三）实时掌握无人驾驶航空器飞行动态，实施需经批准的飞行活动应当与空中交通管理机构保持通信联络畅通，服从空中交通管理，飞行结束后及时报告；

（四）按照国家空中交通管理领导机构的规定保持必要的安全间隔；

（五）操控微型无人驾驶航空器的，应当保持视距内飞行；

（六）操控小型无人驾驶航空器在适飞空域内飞行的，应当遵守国家空中交通管理领导机构关于限速、通信、导航等方面的规定；

（七）在夜间或者低能见度气象条件下飞行的，应当开启灯光系统并确保其处于良好工作状态；

（八）实施超视距飞行的，应当掌握飞行空域内其他航空器的飞行动态，采取避免相撞的措施；

（九）受到酒精类饮料、麻醉剂或者其他药物影响时，不得操控无人驾驶航空器；

（十）国家空中交通管理领导机构规定的其他飞行活动行为规范。

第三十三条 操控无人驾驶航空器实施飞行活动，应当遵守下列避让规则：

（一）避让有人驾驶航空器、无动力装置的航空器以及地面、水上交通工具；

（二）单架飞行避让集群飞行；

（三）微型无人驾驶航空器避让其他无人驾驶航空器；

（四）国家空中交通管理领导机构规定的其他避让规则。

第三十四条 禁止利用无人驾驶航空器实施下列行为：

（一）违法拍摄军事设施、军工设施或者其他涉密场所；

（二）扰乱机关、团体、企业、事业单位工作秩序或者公共场所秩序；

（三）妨碍国家机关工作人员依法执行职务；

（四）投放含有违反法律法规规定内容的宣传品或者其他物品；

（五）危及公共设施、单位或者个人财产安全；

（六）危及他人生命健康，非法采集信息，或者侵犯他人其他人身权益；

（七）非法获取、泄露国家秘密，或者违法向境外提供数据信息；

（八）法律法规禁止的其他行为。

第三十五条 使用民用无人驾驶航空器从事测绘活动的单位依法取得测绘资质证书后，方可从事测绘活动。

外国无人驾驶航空器或者由外国人员操控的无人驾驶航空器不得在我国境内实施测绘、电波参数测试等飞行活动。

第三十六条 模型航空器应当在空中交通管理机构为航空飞行营地划定的空域内飞行，但国家空中交通管理领导机构另有规定的除外。

第四章　监督管理和应急处置

第三十七条 国家空中交通管理领导机构应当组织有关部门、单位在无人驾驶航空器一体化综合监管服务平台上向社会公布审批事项、申请办理流程、受理单位、联系方式、举报受理方式等信息并及时更新。

第三十八条 任何单位或者个人发现违反本条例规定行为的，可以向空中交通管理机构、民用航空管理部门或者当地公安机关举报。收到举报的部门、单位应当及时依法作出处理；不属于本部门、本单位职责的，应当及时移送有权处理的部门、单位。

第三十九条 空中交通管理机构、民用航空管理部门以及县级以上公安机关应当制定有关无人驾驶航空器飞行安全管理的应急预案，定期演练，提高应急处置能力。

县级以上地方人民政府应当将无人驾驶航空器安全应急管理纳入突发事件应急管理体系，健全信息互通、协同配合的应急处置工作机制。

无人驾驶航空器系统的设计者、生产者，应当确保无人驾驶航空器具备紧急避让、降落等应急处置功能，避免或者减轻无人驾驶航空器发生事故时对生命财产的损害。

使用无人驾驶航空器的单位或者个人应当按照有关规定，制定飞行紧急情况处置预案，落实风险防范措施，及时消除安全隐患。

第四十条 无人驾驶航空器飞行发生异常情况时，组织飞行活动的单位或者个人应当及时处置，服从空中交通管理机构的指令；导致发生飞行安全问题的，组织飞行活动的单位或者个人还应当在无人驾驶航空器降落后24小时内向空中交通管理机构报告有关情况。

第四十一条 对空中不明情况和无人驾驶航空器违规飞行，公安机关在条件有利时可以对低空目标实施先期处置，并负责违规飞行无人驾驶航空器落地后的现场处置。有关军事机关、公安机关、国家安全机关等单位按职责分工组织查证处置，民用航空管理等其他有关部门应当予以配合。

第四十二条 无人驾驶航空器违反飞行管理规定、扰乱公共秩序或者危及公共安全的，空中交通管理机构、民用航空管理部门和公安机关可以依法采取必要技术防控、扣押有关物品、责令停止飞行、查封违法活动场所等紧急处置措施。

第四十三条 军队、警察以及按照国家反恐怖主义工作领导机构有关规定由公安机关授权的高风险反恐怖重点目标管理单位，可以依法配备无人驾驶航空器反制设备，在公安机关或者有关军事机关的指导监督下从严控制设置和使用。

无人驾驶航空器反制设备配备、设置、使用以及授权管理办法，由国务院工业和信息化、公安、国家安全、市场监督管理部门会同国务院有关部门、有关军事机关制定。

任何单位或者个人不得非法拥有、使用无人驾驶航空器反制设备。

第五章 法律责任

第四十四条 违反本条例规定，从事中型、大型民用无人驾驶航空器系统的设计、生产、进口、飞行和维修活动，未依法取得适航许可的，由民用航空管理部门责令停止有关活动，没收违法所得，并处无人驾驶航空器系统货值金额1倍以上5倍以下的罚款；情节严重的，责令停业整顿。

第四十五条 违反本条例规定，民用无人驾驶航空器系统生产者未按照国务院工业和信息化主管部门的规定为其生产的无人驾驶航空器设置唯一产品识别码的，由县级以上人民政府工业和信息化主管部门责令改正，没收违法所得，并处3万元以上30万元以下的罚款；拒不改正，责令停业整顿。

第四十六条 违反本条例规定，对已经取得适航许可的民用无人驾驶航空器系统进行重大设计更改，未重新申请取得适航许可并将其用于飞行活动的，由民用航空管理部门责令改正，处无人驾驶航空器系统货值金额1倍以上5倍以下的罚款。

违反本条例规定，改变微型、轻型、小型民用无人驾驶航空器系统的空域保持能力、可靠被监视能力、速度或者高度等出厂性能以及参数，未及时在无人驾驶航空器一体化综合监管服务平台更新性能、参数信息的，由民用航空管理部门责令改正；拒不改正的，处2000元以上2万元以下的罚款。

第四十七条 违反本条例规定，民用无人驾驶航

空器未经实名登记实施飞行活动的，由公安机关责令改正，可以处200元以下的罚款；情节严重的，处2000元以上2万元以下的罚款。

违反本条例规定，涉及境外飞行的民用无人驾驶航空器未依法进行国籍登记的，由民用航空管理部门责令改正，处1万元以上10万元以下的罚款。

第四十八条 违反本条例规定，民用无人驾驶航空器未依法投保责任保险的，由民用航空管理部门责令改正，处2000元以上2万元以下的罚款；情节严重的，责令从事飞行活动的单位停业整顿直至吊销其运营合格证。

第四十九条 违反本条例规定，未取得运营合格证或者违反运营合格证的要求实施飞行活动的，由民用航空管理部门责令改正，处5万元以上50万元以下的罚款；情节严重的，责令停业整顿直至吊销其运营合格证。

第五十条 无民事行为能力人、限制民事行为能力人违反本条例规定操控民用无人驾驶航空器飞行的，由公安机关对其监护人处500元以上5000元以下的罚款；情节严重的，没收实施违规飞行的无人驾驶航空器。

违反本条例规定，未取得操控员执照操控民用无人驾驶航空器飞行的，由民用航空管理部门处5000元以上5万元以下的罚款；情节严重的，处1万元以上10万元以下的罚款。

违反本条例规定，超出操控员执照载明范围操控民用无人驾驶航空器飞行的，由民用航空管理部门处2000元以上2万元以下的罚款，并处暂扣操控员执照6个月至12个月；情节严重的，吊销其操控员执照，2年内不受理其操控员执照申请。

违反本条例规定，未取得操作证书从事常规农用无人驾驶航空器作业飞行活动的，由县级以上地方人民政府农业农村主管部门责令停止作业，并处1000元以上1万元以下的罚款。

第五十一条 组织飞行活动的单位或者个人违反本条例第三十二条、第三十三条规定的，由民用航空管理部门责令改正，可以处1万元以下的罚款；拒不改正的，处1万元以上5万元以下的罚款，并处暂扣运营合格证、操控员执照1个月至3个月；情节严重

的，由空中交通管理机构责令停止飞行6个月至12个月，由民用航空管理部门处5万元以上10万元以下的罚款，并可以吊销相应许可证件，2年内不受理其相应许可申请。

违反本条例规定，未经批准操控微型、轻型、小型民用无人驾驶航空器在管制空域内飞行，或者操控模型航空器在空中交通管理机构划定的空域外飞行的，由公安机关责令停止飞行，可以处500元以下的罚款；情节严重的，没收实施违规飞行的无人驾驶航空器，并处1000元以上1万元以下的罚款。

第五十二条 违反本条例规定，非法拥有、使用无人驾驶航空器反制设备的，由无线电管理机构、公安机关按照职责分工予以没收，可以处5万元以下的罚款；情节严重的，处5万元以上20万元以下的罚款。

第五十三条 违反本条例规定，外国无人驾驶航空器或者由外国人员操控的无人驾驶航空器在我国境内实施测绘飞行活动的，由县级以上人民政府测绘地理信息主管部门责令停止违法行为，没收违法所得、测绘成果和实施违规飞行的无人驾驶航空器，并处10万元以上50万元以下的罚款；情节严重的，并处50万元以上100万元以下的罚款，由公安机关、国家安全机关按照职责分工决定限期出境或者驱逐出境。

第五十四条 生产、改装、组装、拼装、销售和召回微型、轻型、小型民用无人驾驶航空器系统，违反产品质量或者标准化管理等有关法律法规的，由县级以上人民政府市场监督管理部门依法处罚。

除根据本条例第十五条的规定无需取得无线电频率使用许可和无线电台执照的情形以外，生产、维修、使用民用无人驾驶航空器系统，违反无线电管理法律法规以及国家有关规定的，由无线电管理机构依法处罚。

无人驾驶航空器飞行活动违反军事设施保护法律法规的，依照有关法律法规的规定执行。

第五十五条 违反本条例规定，有关部门、单位及其工作人员在无人驾驶航空器飞行以及有关活动的管理工作中滥用职权、玩忽职守、徇私舞弊或者有其他违法行为的，依法给予处分。

第五十六条 违反本条例规定，构成违反治安管理行为的，由公安机关依法给予治安管理处罚；构成犯罪的，依法追究刑事责任；造成人身、财产或者其他损害的，依法承担民事责任。

第六章 附　则

第五十七条 在我国管辖的其他空域内实施无人驾驶航空器飞行活动，应当遵守本条例的有关规定。

无人驾驶航空器在室内飞行不适用本条例。

自备动力系统的飞行玩具适用本条例的有关规定，具体办法由国务院工业和信息化主管部门、有关空中交通管理机构会同国务院公安、民用航空主管部门制定。

第五十八条 无人驾驶航空器飞行以及有关活动，本条例没有规定的，适用《中华人民共和国民用航空法》《中华人民共和国飞行基本规则》《通用航空飞行管制条例》以及有关法律、行政法规。

第五十九条 军用无人驾驶航空器的管理，国务院、中央军事委员会另有规定的，适用其规定。

警察、海关、应急管理部门辖有的无人驾驶航空器的适航、登记、操控员等事项的管理办法，由国务院有关部门另行制定。

第六十条 模型航空器的分类、生产、登记、操控人员、航空飞行营地等事项的管理办法，由国务院体育主管部门会同有关空中交通管理机构，国务院工业和信息化、公安、民用航空主管部门另行制定。

第六十一条 本条例施行前生产的民用无人驾驶航空器不能按照国家有关规定自动向无人驾驶航空器一体化综合监管服务平台报送识别信息的，实施飞行活动应当依照本条例的规定向空中交通管理机构提出飞行活动申请，经批准后方可飞行。

第六十二条 本条例下列用语的含义：

（一）空中交通管理机构，是指军队和民用航空管理部门内负责有关责任区空中交通管理的机构。

（二）微型无人驾驶航空器，是指空机重量小于0.25千克，最大飞行真高不超过50米，最大平飞速度不超过40千米/小时，无线电发射设备符合微功率短距离技术要求，全程可以随时人工介入操控的无人驾驶航空器。

（三）轻型无人驾驶航空器，是指空机重量不超过4千克且最大起飞重量不超过7千克，最大平飞速度不超过100千米/小时，具备符合空域管理要求的空域保持能力和可靠被监视能力，全程可以随时人工介入操控的无人驾驶航空器，但不包括微型无人驾驶航空器。

（四）小型无人驾驶航空器，是指空机重量不超过15千克且最大起飞重量不超过25千克，具备符合空域管理要求的空域保持能力和可靠被监视能力，全程可以随时人工介入操控的无人驾驶航空器，但不包括微型、轻型无人驾驶航空器。

（五）中型无人驾驶航空器，是指最大起飞重量不超过150千克的无人驾驶航空器，但不包括微型、轻型、小型无人驾驶航空器。

（六）大型无人驾驶航空器，是指最大起飞重量超过150千克的无人驾驶航空器。

（七）无人驾驶航空器系统，是指无人驾驶航空器以及与其有关的遥控台（站）、任务载荷和控制链路等组成的系统。其中，遥控台（站）是指遥控无人驾驶航空器的各种操控设备（手段）以及有关系统组成的整体。

（八）农用无人驾驶航空器，是指最大飞行真高不超过30米，最大平飞速度不超过50千米/小时，最大飞行半径不超过2000米，具备空域保持能力和可靠被监视能力，专门用于植保、播种、投饵等农林牧渔作业，全程可以随时人工介入操控的无人驾驶航空器。

（九）隔离飞行，是指无人驾驶航空器与有人驾驶航空器不同时在同一空域内的飞行。

（十）融合飞行，是指无人驾驶航空器与有人驾驶航空器同时在同一空域内的飞行。

（十一）分布式操作，是指把无人驾驶航空器系统操作分解为多个子业务，部署在多个站点或者终端进行协同操作的模式。

（十二）集群，是指采用具备多台无人驾驶航空器操控能力的同一系统或者平台，为了处理同一任务，以各无人驾驶航空器操控数据互联协同处理为特征，在同一时间内并行操控多台无人驾驶航空器以相对物理集中的方式进行飞行的无人驾驶航空器运行模式。

（十三）模型航空器，也称航空模型，是指有尺寸和重量限制，不能载人，不具有高度保持和位置保持飞行功能的无人驾驶航空器，包括自由飞、线控、直接目视视距内人工不间断遥控、借助第一视角人工不间断遥控的模型航空器等。

（十四）无人驾驶航空器反制设备，是指专门用于防控无人驾驶航空器违规飞行，具有干扰、截控、捕获、摧毁等功能的设备。

（十五）空域保持能力，是指通过电子围栏等技术措施控制无人驾驶航空器的高度与水平范围的能力。

第六十三条　本条例自2024年1月1日起施行。

（2）共享经济监管

网络预约出租汽车经营服务管理暂行办法

· 2016年7月27日交通运输部、工业和信息化部、公安部、商务部、工商总局、质检总局、国家网信办发布
· 根据2019年12月28日《交通运输部 工业和信息化部 公安部 商务部 市场监管总局 国家网信办关于修改〈网络预约出租汽车经营服务管理暂行办法〉的决定》第一次修正
· 根据2022年11月30日《交通运输部 工业和信息化部 公安部 商务部 市场监管总局 国家网信办关于修改〈网络预约出租汽车经营服务管理暂行办法〉的决定》第二次修正

第一章　总　则

第一条　为更好地满足社会公众多样化出行需求，促进出租汽车行业和互联网融合发展，规范网络预约出租汽车经营服务行为，保障运营安全和乘客合法权益，根据国家有关法律、行政法规，制定本办法。

第二条　从事网络预约出租汽车（以下简称网约车）经营服务，应当遵守本办法。

本办法所称网约车经营服务，是指以互联网技术为依托构建服务平台，整合供需信息，使用符合条件的车辆和驾驶员，提供非巡游的预约出租汽车服务的经营活动。

本办法所称网络预约出租汽车经营者（以下称网约车平台公司），是指构建网络服务平台，从事网约车经营服务的企业法人。

第三条　坚持优先发展城市公共交通、适度发展

出租汽车,按照高品质服务、差异化经营的原则,有序发展网约车。

网约车运价实行市场调节价,城市人民政府认为有必要实行政府指导价的除外。

第四条　国务院交通运输主管部门负责指导全国网约车管理工作。

各省、自治区人民政府交通运输主管部门在本级人民政府领导下,负责指导本行政区域内网约车管理工作。

直辖市、设区的市级或者县级交通运输主管部门或人民政府指定的其他出租汽车行政主管部门(以下称出租汽车行政主管部门)在本级人民政府领导下,负责具体实施网约车管理。

其他有关部门依据法定职责,对网约车实施相关监督管理。

第二章　网约车平台公司

第五条　申请从事网约车经营的,应当具备线上线下服务能力,符合下列条件:

(一)具有企业法人资格;

(二)具备开展网约车经营的互联网平台和与拟开展业务相适应的信息数据交互及处理能力,具备供交通、通信、公安、税务、网信等相关监管部门依法调取查询相关网络数据信息的条件,网络服务平台数据库接入出租汽车行政主管部门监管平台,服务器设置在中国内地,有符合规定的网络安全管理制度和安全保护技术措施;

(三)使用电子支付的,应当与银行、非银行支付机构签订提供支付结算服务的协议;

(四)有健全的经营管理制度、安全生产管理制度和服务质量保障制度;

(五)在服务所在地有相应服务机构及服务能力;

(六)法律法规规定的其他条件。

外商投资网约车经营的,除符合上述条件外,还应当符合外商投资相关法律法规的规定。

第六条　申请从事网约车经营的,应当根据经营区域向相应的出租汽车行政主管部门提出申请,并提交以下材料:

(一)网络预约出租汽车经营申请表(见附件);

(二)投资人、负责人身份、资信证明及其复印件,

经办人的身份证明及其复印件和委托书;

(三)企业法人营业执照,属于分支机构的还应当提交营业执照;

(四)服务所在地办公场所、负责人员和管理人员等信息;

(五)具备互联网平台和信息数据交互及处理能力的证明材料,具备供交通、通信、公安、税务、网信等相关监管部门依法调取查询相关网络数据信息条件的证明材料,数据库接入情况说明,服务器设置在中国内地的情况说明,依法建立并落实网络安全管理制度和安全保护技术措施的证明材料;

(六)使用电子支付的,应当提供与银行、非银行支付机构签订的支付结算服务协议;

(七)经营管理制度、安全生产管理制度和服务质量保障制度文本;

(八)法律法规要求提供的其他材料。

首次从事网约车经营的,应当向企业注册地相应出租汽车行政主管部门提出申请,前款第(五)、第(六)项有关线上服务能力材料由网约车平台公司注册地省级交通运输主管部门商同级通信、公安、税务、网信、人民银行等部门审核认定,并提供相应认定结果,认定结果全国有效。网约车平台公司在注册地以外申请从事网约车经营的,应当提交前款第(五)、第(六)项有关线上服务能力认定结果。

其他线下服务能力材料,由受理申请的出租汽车行政主管部门进行审核。

第七条　出租汽车行政主管部门应当自受理之日起20日内作出许可或者不予许可的决定。20日内不能作出决定的,经实施机关负责人批准,可以延长10日,并应当将延长期限的理由告知申请人。

第八条　出租汽车行政主管部门对于网约车经营申请作出行政许可决定的,应当明确经营范围、经营区域、经营期限等,并发放《网络预约出租汽车经营许可证》。

第九条　出租汽车行政主管部门对不符合规定条件的申请作出不予行政许可决定的,应当向申请人出具《不予行政许可决定书》。

第十条　网约车平台公司应当在取得相应《网络预约出租汽车经营许可证》并向企业注册地省级通信

主管部门申请互联网信息服务备案后,方可开展相关业务。备案内容包括经营者真实身份信息、接入信息、出租汽车行政主管部门核发的《网络预约出租汽车经营许可证》等。涉及经营电信业务的,还应当符合电信管理的相关规定。

网约车平台公司应当自网络正式联通之日起 30 日内,到网约车平台公司管理运营机构所在地的省级人民政府公安机关指定的受理机关办理备案手续。

第十一条　网约车平台公司暂停或者终止运营的,应当提前 30 日向服务所在地出租汽车行政主管部门书面报告,说明有关情况,通告提供服务的车辆所有人和驾驶员,并向社会公告。终止经营的,应当将相应《网络预约出租汽车经营许可证》交回原许可机关。

第三章　网约车车辆和驾驶员

第十二条　拟从事网约车经营的车辆,应当符合以下条件:

(一)7 座及以下乘用车;

(二)安装具有行驶记录功能的车辆卫星定位装置、应急报警装置;

(三)车辆技术性能符合运营安全相关标准要求。

车辆的具体标准和营运要求,由相应的出租汽车行政主管部门,按照高品质服务、差异化经营的发展原则,结合本地实际情况确定。

第十三条　服务所在地出租汽车行政主管部门依车辆所有人或者网约车平台公司申请,按第十二条规定的条件审核后,对符合条件并登记为预约出租客运的车辆,发放《网络预约出租汽车运输证》。

城市人民政府对网约车发放《网络预约出租汽车运输证》另有规定的,从其规定。

第十四条　从事网约车服务的驾驶员,应当符合以下条件:

(一)取得相应准驾车型机动车驾驶证并具有 3 年以上驾驶经历;

(二)无交通肇事犯罪、危险驾驶犯罪记录,无吸毒记录,无饮酒后驾驶记录,最近连续 3 个记分周期内没有记满 12 分记录;

(三)无暴力犯罪记录;

(四)城市人民政府规定的其他条件。

第十五条　服务所在地设区的市级出租汽车行政主管部门依驾驶员或者网约车平台公司申请,按第十四条规定的条件核查并按规定考核后,为符合条件且考核合格的驾驶员,发放《网络预约出租汽车驾驶员证》。

第四章　网约车经营行为

第十六条　网约车平台公司承担承运人责任,应当保证运营安全,保障乘客合法权益。

第十七条　网约车平台公司应当保证提供服务车辆具备合法营运资质,技术状况良好,安全性能可靠,具有营运车辆相关保险,保证线上提供服务的车辆与线下实际提供服务的车辆一致,并将车辆相关信息向服务所在地出租汽车行政主管部门报备。

第十八条　网约车平台公司应当保证提供服务的驾驶员具有合法从业资格,按照有关法律法规规定,根据工作时长、服务频次等特点,与驾驶员签订多种形式的劳动合同或者协议,明确双方的权利和义务。网约车平台公司应当维护和保障驾驶员合法权益,开展有关法律法规、职业道德、服务规范、安全运营等方面的岗前培训和日常教育,保证线上提供服务的驾驶员与线下实际提供服务的驾驶员一致,并将驾驶员相关信息向服务所在地出租汽车行政主管部门报备。

网约车平台公司应当记录驾驶员、约车人在其服务平台发布的信息内容、用户注册信息、身份认证信息、订单日志、上网日志、网上交易日志、行驶轨迹日志等数据并备份。

第十九条　网约车平台公司应当公布确定符合国家有关规定的计程计价方式,明确服务项目和质量承诺,建立服务评价体系和乘客投诉处理制度,如实采集与记录驾驶员服务信息。在提供网约车服务时,提供驾驶员姓名、照片、手机号码和服务评价结果,以及车辆牌照等信息。

第二十条　网约车平台公司应当合理确定网约车运价,实行明码标价,并向乘客提供相应的出租汽车发票。

第二十一条　网约车平台公司不得妨碍市场公平竞争,不得侵害乘客合法权益和社会公共利益。

网约车平台公司不得有为排挤竞争对手或者独

占市场,以低于成本的价格运营扰乱正常市场秩序,损害国家利益或者其他经营者合法权益等不正当价格行为,不得有价格违法行为。

第二十二条　网约车应当在许可的经营区域内从事经营活动,超出许可的经营区域的,起讫点一端应当在许可的经营区域内。

第二十三条　网约车平台公司应当依法纳税,为乘客购买承运人责任险等相关保险,充分保障乘客权益。

第二十四条　网约车平台公司应当加强安全管理,落实运营、网络等安全防范措施,严格数据安全保护和管理,提高安全防范和抗风险能力,支持配合有关部门开展相关工作。

第二十五条　网约车平台公司和驾驶员提供经营服务应当符合国家有关运营服务标准,不得途中甩客或者故意绕道行驶,不得违规收费,不得对举报、投诉其服务质量或者对其服务作出不满意评价的乘客实施报复行为。

第二十六条　网约车平台公司应当通过其服务平台以显著方式将驾驶员、约车人和乘客等个人信息的采集和使用的目的、方式和范围进行告知。未经信息主体明示同意,网约车平台公司不得使用前述个人信息用于开展其他业务。

网约车平台公司采集驾驶员、约车人和乘客的个人信息,不得超越提供网约车业务所必需的范围。

除配合国家机关依法行使监督检查权或者刑事侦查权外,网约车平台公司不得向任何第三方提供驾驶员、约车人和乘客的姓名、联系方式、家庭住址、银行账户或者支付账户、地理位置、出行线路等个人信息,不得泄露地理坐标、地理标志物等涉及国家安全的敏感信息。发生信息泄露后,网约车平台公司应当及时向相关主管部门报告,并采取及时有效的补救措施。

第二十七条　网约车平台公司应当遵守国家网络和信息安全有关规定,所采集的个人信息和生成的业务数据,应当在中国内地存储和使用,保存期限不少于 2 年,除法律法规另有规定外,上述信息和数据不得外流。

网约车平台公司不得利用其服务平台发布法律法规禁止传播的信息,不得为企业、个人及其他团体、组织发布有害信息提供便利,并采取有效措施过滤阻断有害信息传播。发现他人利用其网络服务平台传播有害信息的,应当立即停止传输,保存有关记录,并向国家有关机关报告。

网约车平台公司应当依照法律规定,为公安机关依法开展国家安全工作,防范、调查违法犯罪活动提供必要的技术支持与协助。

第二十八条　任何企业和个人不得向未取得合法资质的车辆、驾驶员提供信息对接开展网约车经营服务。不得以私人小客车合乘名义提供网约车经营服务。

网约车车辆和驾驶员不得通过未取得经营许可的网络服务平台提供运营服务。

第五章　监督检查

第二十九条　出租汽车行政主管部门应当建设和完善政府监管平台,实现与网约车平台信息共享。共享信息应当包括车辆和驾驶员基本信息、服务质量以及乘客评价信息等。

出租汽车行政主管部门应当加强对网约车市场监管,加强对网约车平台公司、车辆和驾驶员的资质审查与证件核发管理。

出租汽车行政主管部门应当定期组织开展网约车服务质量测评,并及时向社会公布本地区网约车平台公司基本信息、服务质量测评结果、乘客投诉处理情况等信息。

出租汽车行政主管、公安等部门有权根据管理需要依法调取查阅管辖范围内网约车平台公司的登记、运营和交易相关数据信息。

第三十条　通信主管部门和公安、网信部门应当按照各自职责,对网约车平台公司非法收集、存储、处理和利用有关个人信息、违反互联网信息服务有关规定、危害网络和信息安全、应用网约车服务平台发布有害信息或者为企业、个人及其他团体组织发布有害信息提供便利的行为,依法进行查处,并配合出租汽车行政主管部门对认定存在违法违规行为的网约车平台公司进行依法处置。

公安机关、网信部门应当按照各自职责监督检查网络安全管理制度和安全保护技术措施的落实情况,防范、查处有关违法犯罪活动。

第三十一条　发展改革、价格、通信、公安、人力资源社会保障、商务、人民银行、税务、市场监管、网信等部门按照各自职责，对网约车经营行为实施相关监督检查，并对违法行为依法处理。

第三十二条　各有关部门应当按照职责建立网约车平台公司和驾驶员信用记录，并纳入全国信用信息共享平台。同时将网约车平台公司行政许可和行政处罚等信用信息在国家企业信用信息公示系统上予以公示。

第三十三条　出租汽车行业协会组织应当建立网约车平台公司和驾驶员不良记录名单制度，加强行业自律。

第六章　法律责任

第三十四条　违反本规定，擅自从事或者变相从事网约车经营活动，有下列行为之一的，由县级以上出租汽车行政主管部门责令改正，予以警告，并按照以下规定分别予以罚款；构成犯罪的，依法追究刑事责任：

（一）未取得《网络预约出租汽车经营许可证》的，对网约车平台公司处以10000元以上30000元以下罚款；

（二）未取得《网络预约出租汽车运输证》的，对当事人处以3000元以上10000元以下罚款；

（三）未取得《网络预约出租汽车驾驶员证》的，对当事人处以200元以上2000元以下罚款。

伪造、变造或者使用伪造、变造、失效的《网络预约出租汽车运输证》《网络预约出租汽车驾驶员证》从事网约车经营活动的，分别按照前款第（二）项、第（三）项的规定予以罚款。

第三十五条　网约车平台公司违反本规定，有下列行为之一的，由县级以上出租汽车行政主管部门和价格主管部门按照职责责令改正，对每次违法行为处以5000元以上10000元以下罚款；情节严重的，处以10000元以上30000元以下罚款：

（一）提供服务车辆未取得《网络预约出租汽车运输证》，或者线上提供服务车辆与线下实际提供服务车辆不一致的；

（二）提供服务驾驶员未取得《网络预约出租汽车

驾驶员证》，或者线上提供服务驾驶员与线下实际提供服务驾驶员不一致的；

（三）未按照规定保证车辆技术状况良好的；

（四）起讫点均不在许可的经营区域从事网约车经营活动的；

（五）未按照规定将提供服务的车辆、驾驶员相关信息向服务所在地出租汽车行政主管部门报备的；

（六）未按照规定制定服务质量标准、建立并落实投诉举报制度的；

（七）未按照规定提供共享信息，或者不配合出租汽车行政主管部门调取查阅相关数据信息的；

（八）未履行管理责任，出现甩客、故意绕道、违规收费等严重违反国家相关运营服务标准行为的。

网约车平台公司不再具备线上线下服务能力或者有严重违法行为的，由县级以上出租汽车行政主管部门依据相关法律法规的有关规定责令停业整顿、吊销相关许可证件。

第三十六条　网约车驾驶员违反本规定，有下列情形之一的，由县级以上出租汽车行政主管部门和价格主管部门按照职责责令改正，对每次违法行为处以50元以上200元以下罚款：

（一）途中甩客或者故意绕道行驶的；

（二）违规收费的；

（三）对举报、投诉其服务质量或者对其服务作出不满意评价的乘客实施报复行为的。

网约车驾驶员不再具备从业条件或者有严重违法行为的，由县级以上出租汽车行政主管部门依据相关法律法规的有关规定撤销或者吊销从业资格证件。

对网约车驾驶员的行政处罚信息计入驾驶员和网约车平台公司信用记录。

第三十七条　网约车平台公司违反本规定第十、十八、二十六、二十七条有关规定的，由网信部门、公安机关和通信主管部门按各自职责依照相关法律法规规定给予处罚；给信息主体造成损失的，依法承担民事责任；涉嫌犯罪的，依法追究刑事责任。

网约车平台公司及网约车驾驶员违法使用或者泄露约车人、乘客个人信息的，由公安、网信等部门依照各自职责处以2000元以上10000元以下罚款；给信息主体造成损失的,依法承担民事责任;涉嫌犯罪的,依法追究刑事责任。

网约车平台公司拒不履行或者拒不按要求为公安机关依法开展国家安全工作,防范、调查违法犯罪活动提供技术支持与协助的,由公安机关依法予以处罚;构成犯罪的,依法追究刑事责任。

第七章　附　则

第三十八条　私人小客车合乘,也称为拼车、顺风车,按城市人民政府有关规定执行。

第三十九条　网约车行驶里程达到60万千米时强制报废。行驶里程未达到60万千米但使用年限达到8年时,退出网约车经营。

小、微型非营运载客汽车登记为预约出租客运的,按照网约车报废标准报废。其他小、微型营运载客汽车登记为预约出租客运的,按照该类型营运载客汽车报废标准和网约车报废标准中先行达到的标准报废。

省、自治区、直辖市人民政府有关部门要结合本地实际情况,制定网约车报废标准的具体规定,并报国务院商务、公安、交通运输等部门备案。

第四十条　本办法自2016年11月1日起实施。各地可根据本办法结合本地实际制定具体实施细则。

附件

网络预约出租汽车经营申请表	受理申请机关专用

说明

1. 申请从事网络预约出租汽车经营应当按照《网络预约出租汽车经营服务管理暂行办法》的有关规定向相应出租汽车行政主管部门提出申请,填写本表,并同时提交其他相关材料。

2. 本表可向各级出租汽车行政主管部门免费索取,也可自行从交通运输部网站(www.mot.gov.cn)下载打印。

3. 本表需用钢笔填写或者计算机打印,请用正楷,要求字迹工整。

申请人基本信息

申请人名称＿＿＿＿＿＿＿＿＿＿＿＿＿＿＿＿＿＿＿＿＿＿

　　要求填写企业(公司)全称

负责人姓名＿＿＿＿＿＿＿＿　经办人姓名＿＿＿＿＿＿＿＿＿

通信地址＿＿＿＿＿＿＿＿＿＿＿＿＿＿＿＿＿＿＿＿＿＿＿＿＿＿＿＿＿

　　　　＿＿＿＿＿＿＿＿＿＿＿＿＿＿＿＿＿＿＿＿＿＿＿＿＿＿＿＿＿

邮　　编＿＿＿＿＿＿＿＿　电　　话＿＿＿＿＿＿＿＿＿＿＿＿

手　　机＿＿＿＿＿＿＿＿　电子邮箱＿＿＿＿＿＿＿＿＿＿＿＿

申请材料核对表　　　　　　请在□内划√	
1. 网络预约出租汽车经营申请表(本表)	□
2. 投资人、负责人身份、资信证明及其复印件	□
经办人的身份证明及其复印件和委托书	□
3. 企业法人营业执照	□
属于分支机构的应当提供营业执照	□
4. 具备互联网平台和信息数据交互及处理能力的证明材料	□
5. 具备供相关监管部门依法调取查询相关网络数据信息条件的证明材料	□
6. 数据库接入情况	□
7. 服务器设置在中国内地的情况说明	□
8. 网络安全管理制度和安全保护技术措施文本	□
9. 提供支付结算服务的银行或者非银行支付机构签订的协议范本	□
10. 服务所在地办公场所、管理人员等信息	□
11. 经营管理制度、安全生产管理制度和服务质量保障制度文本	□
12. 法律法规要求提供的其他材料	□

只有上述材料齐全有效后,你的申请才能受理

声明

我声明本表及其他相关材料中提供的信息均真实可靠。

我知悉如此表中有故意填写的虚假信息,我取得的经营许可将被撤销。

我承诺将遵守国家有关法律、行政法规及其他相关规章的规定。

负责人签名_____　日期_____

负责人职位_____

关于切实做好网约车聚合平台规范管理有关工作的通知

· 2023 年 4 月 25 日

· 交办运〔2023〕23 号

各省、自治区、直辖市、新疆生产建设兵团交通运输厅(局、委)、通信管理局、公安厅(局)、市场监管局(厅、委)、网信办:

近年来,依托互联网技术、与网约车平台公司合作、面向乘客并匹配供需信息,共同提供网络预约出租汽车服务的平台(俗称网约车聚合平台)发展迅速,为出行服务提供了新的选择,但也存在网约车聚合平台和网约车平台公司的企业责任落实不到位、从业人员和乘客合法权益保障不到位等问题。为做好网约

车聚合平台规范管理工作,切实保障乘客和驾驶员合法权益,促进网约车行业规范健康持续发展,现就有关事项通知如下:

一、提高思想认识,高度重视网约车聚合平台规范管理工作

各地交通运输、电信、公安、市场监管、网信等部门要充分发挥地方层面交通运输新业态多部门协同监管工作机制作用,结合当地实际,研究探索规范网约车聚合平台管理的法规政策措施。要加强对网约车聚合平台经营行为的监督指导,督促网约车聚合平台对相关网约车平台公司落实核验责任,不得接入未在当地取得网约车经营许可的网约车平台公司,提供服务的驾驶员和车辆均应办理相应网约车许可。指导网约车聚合平台及合作网约车平台公司按照《网络预约出租汽车经营服务管理暂行办法》等有关要求,

依法合规开展经营。

二、压实企业责任,保障乘客和驾驶员合法权益

各地有关部门要督促网约车聚合平台在移动互联网应用程序(APP)及相关网页显著位置展示合作网约车平台公司名称、网约车 APP 名称、网约车经营许可、投诉举报方式等信息,以及聚合平台用户协议、服务规则、投诉举报方式、纠纷处理程序等。督促网约车聚合平台及合作网约车平台公司如实向乘客提供车辆牌照和驾驶员基本信息。指导网约车聚合平台及合作网约车平台公司结合各自服务内容,依法建立健全咨询服务和投诉处理的首问负责制度,及时妥善处理乘客和驾驶员的咨询投诉。乘客因安全责任事故受到损害并要求网约车聚合平台承担先行赔偿责任的,各地有关部门要督促网约车聚合平台履行《中华人民共和国消费者权益保护法》有关规定,承担相关责任。

三、规范经营行为,维护公平竞争市场秩序

各地有关部门要根据法定职责保持打击非法营运高压态势,对存在违法违规行为的网约车聚合平台及合作网约车平台公司要公开曝光。各地交通运输、市场监管等部门要督促网约车聚合平台及合作网约车平台公司落实明码标价等要求,不得以不正当价格行为扰乱市场秩序;督促网约车聚合平台不得干预网约车平台公司价格行为,不得直接参与车辆调度及驾驶员管理,维护公平竞争市场秩序。

四、加强协同配合,提升监管能力和水平

各地有关部门要加强协同联动,创新监管方式,综合运用数字监管、信用监管、行政执法、社会监督等手段,提升监管能力和水平。各地交通运输主管部门应主动定期公开本地网约车平台公司经营许可发放情况,方便社会公众查阅和监督。要督促网约车聚合平台及合作网约车平台公司按照有关规定,向网约车监管信息交互系统实时传输有关网约车运营信息数据,确保数据传输质量。

五、强化底线思维,切实维护行业安全稳定

各地有关部门要加强行业动态监测和风险研判,督促网约车聚合平台及合作网约车平台公司,加强驾驶员和车辆管理,强化运营安全管理;合理制定或调整经营策略并提前研判评估,切实维护行业健康稳定

发展。各地交通运输、电信、公安、网信等部门要督促网约车聚合平台及合作网约车平台公司,落实网络安全防范措施,严格数据安全保护和管理,采取有效措施防止驾驶员、约车人和乘客等个人信息泄露、损毁、丢失。

(二)人身与财产治安管理

中华人民共和国民法典(节录)

· 2020 年 5 月 28 日第十三届全国人民代表大会第三次会议通过
· 2020 年 5 月 28 日中华人民共和国主席令第 45 号公布
· 自 2021 年 1 月 1 日起施行

......

第四编　人格权

第一章　一般规定

第九百八十九条　**【人格权编的调整范围】**本编调整因人格权的享有和保护产生的民事关系。

第九百九十条　**【人格权类型】**人格权是民事主体享有的生命权、身体权、健康权、姓名权、名称权、肖像权、名誉权、荣誉权、隐私权等权利。

除前款规定的人格权外,自然人享有基于人身自由、人格尊严产生的其他人格权益。

第九百九十一条　**【人格权受法律保护】**民事主体的人格权受法律保护,任何组织或者个人不得侵害。

第九百九十二条　**【人格权不得放弃、转让、继承】**人格权不得放弃、转让或者继承。

第九百九十三条　**【人格利益的许可使用】**民事主体可以将自己的姓名、名称、肖像等许可他人使用,但是依照法律规定或者根据其性质不得许可的除外。

第九百九十四条　**【死者人格利益保护】**死者的姓名、肖像、名誉、荣誉、隐私、遗体等受到侵害的,其配偶、子女、父母有权依法请求行为人承担民事责任;死者没有配偶、子女且父母已经死亡的,其他近亲属有权依法请求行为人承担民事责任。

第九百九十五条　**【人格权保护的请求权】**人格

权受到侵害的，受害人有权依照本法和其他法律的规定请求行为人承担民事责任。受害人的停止侵害、排除妨碍、消除危险、消除影响、恢复名誉、赔礼道歉请求权，不适用诉讼时效的规定。

第九百九十六条　【人格权责任竞合下的精神损害赔偿】因当事人一方的违约行为，损害对方人格权并造成严重精神损害，受损害方选择请求其承担违约责任的，不影响受损害方请求精神损害赔偿。

第九百九十七条　【申请法院责令停止侵害】民事主体有证据证明行为人正在实施或者即将实施侵害其人格权的违法行为，不及时制止将使其合法权益受到难以弥补的损害的，有权依法向人民法院申请采取责令行为人停止有关行为的措施。

第九百九十八条　【认定行为人承担责任时的考量因素】认定行为人承担侵害除生命权、身体权和健康权外的人格权的民事责任，应当考虑行为人和受害人的职业、影响范围、过错程度，以及行为的目的、方式、后果等因素。

第九百九十九条　【人格利益的合理使用】为公共利益实施新闻报道、舆论监督等行为的，可以合理使用民事主体的姓名、名称、肖像、个人信息等；使用不合理侵害民事主体人格权的，应当依法承担民事责任。

第一千条　【消除影响、恢复名誉、赔礼道歉责任方式】行为人因侵害人格权承担消除影响、恢复名誉、赔礼道歉等民事责任的，应当与行为的具体方式和造成的影响范围相当。

行为人拒不承担前款规定的民事责任的，人民法院可以采取在报刊、网络等媒体上发布公告或者公布生效裁判文书等方式执行，产生的费用由行为人负担。

第一千零一条　【自然人身份权利保护的参照】对自然人因婚姻家庭关系等产生的身份权利的保护，适用本法第一编、第五编和其他法律的相关规定；没有规定的，可以根据其性质参照适用本编人格权保护的有关规定。

第二章　生命权、身体权和健康权

第一千零二条　【生命权】自然人享有生命权。自然人的生命安全和生命尊严受法律保护。任何组织或者个人不得侵害他人的生命权。

第一千零三条　【身体权】自然人享有身体权。自然人的身体完整和行动自由受法律保护。任何组织或者个人不得侵害他人的身体权。

第一千零四条　【健康权】自然人享有健康权。自然人的身心健康受法律保护。任何组织或者个人不得侵害他人的健康权。

第一千零五条　【法定救助义务】自然人的生命权、身体权、健康权受到侵害或者处于其他危难情形的，负有法定救助义务的组织或者个人应当及时施救。

第一千零六条　【人体捐献】完全民事行为能力人有权依法自主决定无偿捐献其人体细胞、人体组织、人体器官、遗体。任何组织或者个人不得强迫、欺骗、利诱其捐献。

完全民事行为能力人依据前款规定同意捐献的，应当采用书面形式，也可以订立遗嘱。

自然人生前未表示不同意捐献的，该自然人死亡后，其配偶、成年子女、父母可以共同决定捐献，决定捐献应当采用书面形式。

第一千零七条　【禁止买卖人体细胞、组织、器官和遗体】禁止以任何形式买卖人体细胞、人体组织、人体器官、遗体。

违反前款规定的买卖行为无效。

第一千零八条　【人体临床试验】为研制新药、医疗器械或者发展新的预防和治疗方法，需要进行临床试验的，应当依法经相关主管部门批准并经伦理委员会审查同意，向受试者或者受试者的监护人告知试验目的、用途和可能产生的风险等详细情况，并经其书面同意。

进行临床试验的，不得向受试者收取试验费用。

第一千零九条　【从事人体基因、胚胎等医学和科研活动的法定限制】从事与人体基因、人体胚胎等有关的医学和科研活动，应当遵守法律、行政法规和国家有关规定，不得危害人体健康，不得违背伦理道德，不得损害公共利益。

第一千零一十条　【性骚扰】违背他人意愿，以言语、文字、图像、肢体行为等方式对他人实施性骚扰的，受害人有权依法请求行为人承担民事责任。

机关、企业、学校等单位应当采取合理的预防、受理投诉、调查处置等措施，防止和制止利用职权、从属关系等实施性骚扰。

第一千零一十一条　【非法剥夺、限制他人行动自由和非法搜查他人身体】以非法拘禁等方式剥夺、限制他人的行动自由，或者非法搜查他人身体的，受害人有权依法请求行为人承担民事责任。

第三章　姓名权和名称权

第一千零一十二条　【姓名权】自然人享有姓名权，有权依法决定、使用、变更或者许可他人使用自己的姓名，但是不得违背公序良俗。

第一千零一十三条　【名称权】法人、非法人组织享有名称权，有权依法决定、使用、变更、转让或者许可他人使用自己的名称。

第一千零一十四条　【禁止侵害他人的姓名或名称】任何组织或者个人不得以干涉、盗用、假冒等方式侵害他人的姓名权或者名称权。

第一千零一十五条　【自然人姓氏的选取】自然人应当随父姓或者母姓，但是有下列情形之一的，可以在父姓和母姓之外选取姓氏：

（一）选取其他直系长辈血亲的姓氏；

（二）因由法定扶养人以外的人扶养而选取扶养人姓氏；

（三）有不违背公序良俗的其他正当理由。

少数民族自然人的姓氏可以遵从本民族的文化传统和风俗习惯。

第一千零一十六条　【决定、变更姓名、名称及转让名称的规定】自然人决定、变更姓名，或者法人、非法人组织决定、变更、转让名称的，应当依法向有关机关办理登记手续，但是法律另有规定的除外。

民事主体变更姓名、名称的，变更前实施的民事法律行为对其具有法律约束力。

第一千零一十七条　【姓名与名称的扩展保护】具有一定社会知名度，被他人使用足以造成公众混淆的笔名、艺名、网名、译名、字号、姓名和名称的简称等，参照适用姓名权和名称权保护的有关规定。

第四章　肖像权

第一千零一十八条　【肖像权及肖像】自然人享有肖像权，有权依法制作、使用、公开或者许可他人使用自己的肖像。

肖像是通过影像、雕塑、绘画等方式在一定载体上所反映的特定自然人可以被识别的外部形象。

第一千零一十九条　【肖像权的保护】任何组织或者个人不得以丑化、污损，或者利用信息技术手段伪造等方式侵害他人的肖像权。未经肖像权人同意，不得制作、使用、公开肖像权人的肖像，但是法律另有规定的除外。

未经肖像权人同意，肖像作品权利人不得以发表、复制、发行、出租、展览等方式使用或者公开肖像权人的肖像。

第一千零二十条　【肖像权的合理使用】合理实施下列行为的，可以不经肖像权人同意：

（一）为个人学习、艺术欣赏、课堂教学或者科学研究，在必要范围内使用肖像权人已经公开的肖像；

（二）为实施新闻报道，不可避免地制作、使用、公开肖像权人的肖像；

（三）为依法履行职责，国家机关在必要范围内制作、使用、公开肖像权人的肖像；

（四）为展示特定公共环境，不可避免地制作、使用、公开肖像权人的肖像；

（五）为维护公共利益或者肖像权人合法权益，制作、使用、公开肖像权人的肖像的其他行为。

第一千零二十一条　【肖像许可使用合同的解释】当事人对肖像许可使用合同中关于肖像使用条款的理解有争议的，应当作出有利于肖像权人的解释。

第一千零二十二条　【肖像许可使用合同期限】当事人对肖像许可使用期限没有约定或者约定不明确的，任何一方当事人可以随时解除肖像许可使用合同，但是应当在合理期限之前通知对方。

当事人对肖像许可使用期限有明确约定，肖像权人有正当理由的，可以解除肖像许可使用合同，但是应当在合理期限之前通知对方。因解除合同造成对方损失的，除不可归责于肖像权人的事由外，应当赔偿损失。

第一千零二十三条　【姓名、声音等的许可使用参照肖像许可使用】对姓名等的许可使用，参照适用肖像许可使用的有关规定。

对自然人声音的保护，参照适用肖像权保护的有关规定。

第五章　名誉权和荣誉权

第一千零二十四条　【名誉权及名誉】民事主体

享有名誉权。任何组织或者个人不得以侮辱、诽谤等方式侵害他人的名誉权。

名誉是对民事主体的品德、声望、才能、信用等的社会评价。

第一千零二十五条　【新闻报道、舆论监督与保护名誉权关系问题】行为人为公共利益实施新闻报道、舆论监督等行为，影响他人名誉的，不承担民事责任，但是有下列情形之一的除外：

（一）捏造、歪曲事实；

（二）对他人提供的严重失实内容未尽到合理核实义务；

（三）使用侮辱性言辞等贬损他人名誉。

第一千零二十六条　【认定是否尽到合理核实义务的考虑因素】认定行为人是否尽到前条第二项规定的合理核实义务，应当考虑下列因素：

（一）内容来源的可信度；

（二）对明显可能引发争议的内容是否进行了必要的调查；

（三）内容的时限性；

（四）内容与公序良俗的关联性；

（五）受害人名誉受贬损的可能性；

（六）核实能力和核实成本。

第一千零二十七条　【文学、艺术作品侵害名誉权的认定与例外】行为人发表的文学、艺术作品以真人真事或者特定人为描述对象，含有侮辱、诽谤内容，侵害他人名誉权的，受害人有权依法请求该行为人承担民事责任。

行为人发表的文学、艺术作品不以特定人为描述对象，仅其中的情节与该特定人的情况相似的，不承担民事责任。

第一千零二十八条　【名誉权人更正权】民事主体有证据证明报刊、网络等媒体报道的内容失实，侵害其名誉权的，有权请求该媒体及时采取更正或者删除等必要措施。

第一千零二十九条　【信用评价】民事主体可以依法查询自己的信用评价；发现信用评价不当的，有权提出异议并请求采取更正、删除等必要措施。信用评价人应当及时核查，经核查属实的，应当及时采取必要措施。

第一千零三十条　【处理信用信息的法律适用】民事主体与征信机构等信用信息处理者之间的关系，适用本编有关个人信息保护的规定和其他法律、行政法规的有关规定。

第一千零三十一条　【荣誉权】民事主体享有荣誉权。任何组织或者个人不得非法剥夺他人的荣誉称号，不得诋毁、贬损他人的荣誉。

获得的荣誉称号应当记载而没有记载的，民事主体可以请求记载；获得的荣誉称号记载错误的，民事主体可以请求更正。

第六章　隐私权和个人信息保护

第一千零三十二条　【隐私权及隐私】自然人享有隐私权。任何组织或者个人不得以刺探、侵扰、泄露、公开等方式侵害他人的隐私权。

隐私是自然人的私人生活安宁和不愿为他人知晓的私密空间、私密活动、私密信息。

第一千零三十三条　【侵害隐私权的行为】除法律另有规定或者权利人明确同意外，任何组织或者个人不得实施下列行为：

（一）以电话、短信、即时通讯工具、电子邮件、传单等方式侵扰他人的私人生活安宁；

（二）进入、拍摄、窥视他人的住宅、宾馆房间等私密空间；

（三）拍摄、窥视、窃听、公开他人的私密活动；

（四）拍摄、窥视他人身体的私密部位；

（五）处理他人的私密信息；

（六）以其他方式侵害他人的隐私权。

第一千零三十四条　【个人信息保护】自然人的个人信息受法律保护。

个人信息是以电子或者其他方式记录的能够单独或者与其他信息结合识别特定自然人的各种信息，包括自然人的姓名、出生日期、身份证件号码、生物识别信息、住址、电话号码、电子邮箱、健康信息、行踪信息等。

个人信息中的私密信息，适用有关隐私权的规定；没有规定的，适用有关个人信息保护的规定。

第一千零三十五条　【个人信息处理的原则】处理个人信息的，应当遵循合法、正当、必要原则，不得过度处理，并符合下列条件：

（一）征得该自然人或者其监护人同意，但是法律、行政法规另有规定的除外；

（二）公开处理信息的规则；

（三）明示处理信息的目的、方式和范围；

（四）不违反法律、行政法规的规定和双方的约定。

个人信息的处理包括个人信息的收集、存储、使用、加工、传输、提供、公开等。

第一千零三十六条　【处理个人信息的免责事由】 处理个人信息，有下列情形之一的，行为人不承担民事责任：

（一）在该自然人或者其监护人同意的范围内合理实施的行为；

（二）合理处理该自然人自行公开的或者其他已经合法公开的信息，但是该自然人明确拒绝或者处理该信息侵害其重大利益的除外；

（三）为维护公共利益或者该自然人合法权益，合理实施的其他行为。

第一千零三十七条　【个人信息主体的权利】 自然人可以依法向信息处理者查阅或者复制其个人信息；发现信息有错误的，有权提出异议并请求及时采取更正等必要措施。

自然人发现信息处理者违反法律、行政法规的规定或者双方的约定处理其个人信息的，有权请求信息处理者及时删除。

第一千零三十八条　【个人信息安全】 信息处理者不得泄露或者篡改其收集、存储的个人信息；未经自然人同意，不得向他人非法提供其个人信息，但是经过加工无法识别特定个人且不能复原的除外。

信息处理者应当采取技术措施和其他必要措施，确保其收集、存储的个人信息安全，防止信息泄露、篡改、丢失；发生或者可能发生个人信息泄露、篡改、丢失的，应当及时采取补救措施，按照规定告知自然人并向有关主管部门报告。

第一千零三十九条　【国家机关及其工作人员对个人信息的保密义务】 国家机关、承担行政职能的法定机构及其工作人员对于履行职责过程中知悉的自然人的隐私和个人信息，应当予以保密，不得泄露或者向他人非法提供。

……

第七编　侵权责任

第一章　一般规定

第一千一百六十四条　【侵权责任编的调整范围】 本编调整因侵害民事权益产生的民事关系。

第一千一百六十五条　【过错责任原则与过错推定责任】 行为人因过错侵害他人民事权益造成损害的，应当承担侵权责任。

依照法律规定推定行为人有过错，其不能证明自己没有过错的，应当承担侵权责任。

第一千一百六十六条　【无过错责任】 行为人造成他人民事权益损害，不论行为人有无过错，法律规定应当承担侵权责任的，依照其规定。

第一千一百六十七条　【危及他人人身、财产安全的责任承担方式】 侵权行为危及他人人身、财产安全的，被侵权人有权请求侵权人承担停止侵害、排除妨碍、消除危险等侵权责任。

第一千一百六十八条　【共同侵权】 二人以上共同实施侵权行为，造成他人损害的，应当承担连带责任。

第一千一百六十九条　【教唆侵权、帮助侵权】 教唆、帮助他人实施侵权行为的，应当与行为人承担连带责任。

教唆、帮助无民事行为能力人、限制民事行为能力人实施侵权行为的，应当承担侵权责任；该无民事行为能力人、限制民事行为能力人的监护人未尽到监护职责的，应当承担相应的责任。

第一千一百七十条　【共同危险行为】 二人以上实施危及他人人身、财产安全的行为，其中一人或者数人的行为造成他人损害，能够确定具体侵权人的，由侵权人承担责任；不能确定具体侵权人的，行为人承担连带责任。

第一千一百七十一条　【分别侵权的连带责任】 二人以上分别实施侵权行为造成同一损害，每个人的侵权行为都足以造成全部损害的，行为人承担连带责任。

第一千一百七十二条　【分别侵权的按份责任】 二人以上分别实施侵权行为造成同一损害，能够确定责任大小的，各自承担相应的责任；难以确定责任大小的,平均承担责任。

第一千一百七十三条　【与有过错】被侵权人对同一损害的发生或者扩大有过错的,可以减轻侵权人的责任。

第一千一百七十四条　【受害人故意】损害是因受害人故意造成的,行为人不承担责任。

第一千一百七十五条　【第三人过错】损害是因第三人造成的,第三人应当承担侵权责任。

第一千一百七十六条　【自甘风险】自愿参加具有一定风险的文体活动,因其他参加者的行为受到损害的,受害人不得请求其他参加者承担侵权责任;但是,其他参加者对损害的发生有故意或者重大过失的除外。

活动组织者的责任适用本法第一千一百九十八条至第一千二百零一条的规定。

第一千一百七十七条　【自力救济】合法权益受到侵害,情况紧迫且不能及时获得国家机关保护,不立即采取措施将使其合法权益受到难以弥补的损害的,受害人可以在保护自己合法权益的必要范围内采取扣留侵权人的财物等合理措施;但是,应当立即请求有关国家机关处理。

受害人采取的措施不当造成他人损害的,应当承担侵权责任。

第一千一百七十八条　【特别规定优先适用】本法和其他法律对不承担责任或者减轻责任的情形另有规定的,依照其规定。

第二章　损害赔偿

第一千一百七十九条　【人身损害赔偿范围】侵害他人造成人身损害的,应当赔偿医疗费、护理费、交通费、营养费、住院伙食补助费等为治疗和康复支出的合理费用,以及因误工减少的收入。造成残疾的,还应当赔偿辅助器具费和残疾赔偿金;造成死亡的,还应当赔偿丧葬费和死亡赔偿金。

第一千一百八十条　【以相同数额确定死亡赔偿金】因同一侵权行为造成多人死亡的,可以以相同数额确定死亡赔偿金。

第一千一百八十一条　【被侵权人死亡时请求权主体的确定】被侵权人死亡的,其近亲属有权请求侵权人承担侵权责任。被侵权人为组织,该组织分立、合并的,承继权利的组织有权请求侵权人承担侵权责任。

被侵权人死亡的,支付被侵权人医疗费、丧葬费等合理费用的人有权请求侵权人赔偿费用,但是侵权人已经支付该费用的除外。

第一千一百八十二条　【侵害他人人身权益造成财产损失的赔偿计算方式】侵害他人人身权益造成财产损失的,按照被侵权人因此受到的损失或者侵权人因此获得的利益赔偿;被侵权人因此受到的损失以及侵权人因此获得的利益难以确定,被侵权人和侵权人就赔偿数额协商不一致,向人民法院提起诉讼的,由人民法院根据实际情况确定赔偿数额。

第一千一百八十三条　【精神损害赔偿】侵害自然人人身权益造成严重精神损害的,被侵权人有权请求精神损害赔偿。

因故意或者重大过失侵害自然人具有人身意义的特定物造成严重精神损害的,被侵权人有权请求精神损害赔偿。

第一千一百八十四条　【财产损失的计算】侵害他人财产的,财产损失按照损失发生时的市场价格或者其他合理方式计算。

第一千一百八十五条　【故意侵害知识产权的惩罚性赔偿责任】故意侵害他人知识产权,情节严重的,被侵权人有权请求相应的惩罚性赔偿。

第一千一百八十六条　【公平分担损失】受害人和行为人对损害的发生都没有过错的,依照法律的规定由双方分担损失。

第一千一百八十七条　【赔偿费用的支付方式】损害发生后,当事人可以协商赔偿费用的支付方式。协商不一致的,赔偿费用应当一次性支付;一次性支付确有困难的,可以分期支付,但是被侵权人有权请求提供相应的担保。

第三章　责任主体的特殊规定

第一千一百八十八条　【监护人责任】无民事行为能力人、限制民事行为能力人造成他人损害的,由监护人承担侵权责任。监护人尽到监护职责的,可以减轻其侵权责任。

有财产的无民事行为能力人、限制民事行为能力人造成他人损害的,从本人财产中支付赔偿费用;不足部分,由监护人赔偿。

第一千一百八十九条　【委托监护时监护人的责任】无民事行为能力人、限制民事行为能力人造成他人损害,监护人将监护职责委托给他人的,监护人应当承担侵权责任;受托人有过错的,承担相应的责任。

第一千一百九十条　【暂时丧失意识后的侵权责任】完全民事行为能力人对自己的行为暂时没有意识或者失去控制造成他人损害有过错的,应当承担侵权责任;没有过错的,根据行为人的经济状况对受害人适当补偿。

完全民事行为能力人因醉酒、滥用麻醉药品或者精神药品对自己的行为暂时没有意识或者失去控制造成他人损害的,应当承担侵权责任。

第一千一百九十一条　【用人单位责任和劳务派遣单位、劳务用工单位责任】用人单位的工作人员因执行工作任务造成他人损害的,由用人单位承担侵权责任。用人单位承担侵权责任后,可以向有故意或者重大过失的工作人员追偿。

劳务派遣期间,被派遣的工作人员因执行工作任务造成他人损害的,由接受劳务派遣的用工单位承担侵权责任;劳务派遣单位有过错的,承担相应的责任。

第一千一百九十二条　【个人劳务关系中的侵权责任】个人之间形成劳务关系,提供劳务一方因劳务造成他人损害的,由接受劳务一方承担侵权责任。接受劳务一方承担侵权责任后,可以向有故意或者重大过失的提供劳务一方追偿。提供劳务一方因劳务受到损害的,根据双方各自的过错承担相应的责任。

提供劳务期间,因第三人的行为造成提供劳务一方损害的,提供劳务一方有权请求第三人承担侵权责任,也有权请求接受劳务一方给予补偿。接受劳务一方补偿后,可以向第三人追偿。

第一千一百九十三条　【承揽关系中的侵权责任】承揽人在完成工作过程中造成第三人损害或者自己损害的,定作人不承担侵权责任。但是,定作人对定作、指示或者选任有过错的,应当承担相应的责任。

第一千一百九十四条　【网络侵权责任】网络用户、网络服务提供者利用网络侵害他人民事权益的,应当承担侵权责任。法律另有规定的,依照其规定。

第一千一百九十五条　【"通知与取下"制度】网络用户利用网络服务实施侵权行为的,权利人有权通知网络服务提供者采取删除、屏蔽、断开链接等必要措施。通知应当包括构成侵权的初步证据及权利人的真实身份信息。

网络服务提供者接到通知后,应当及时将该通知转送相关网络用户,并根据构成侵权的初步证据和服务类型采取必要措施;未及时采取必要措施的,对损害的扩大部分与该网络用户承担连带责任。

权利人因错误通知造成网络用户或者网络服务提供者损害的,应当承担侵权责任。法律另有规定的,依照其规定。

第一千一百九十六条　【"反通知"制度】网络用户接到转送的通知后,可以向网络服务提供者提交不存在侵权行为的声明。声明应当包括不存在侵权行为的初步证据及网络用户的真实身份信息。

网络服务提供者接到声明后,应当将该声明转送发出通知的权利人,并告知其可以向有关部门投诉或者向人民法院提起诉讼。网络服务提供者在转送声明到达权利人后的合理期限内,未收到权利人已经投诉或者提起诉讼通知的,应当及时终止所采取的措施。

第一千一百九十七条　【网络服务提供者与网络用户的连带责任】网络服务提供者知道或者应当知道网络用户利用其网络服务侵害他人民事权益,未采取必要措施的,与该网络用户承担连带责任。

第一千一百九十八条　【违反安全保障义务的侵权责任】宾馆、商场、银行、车站、机场、体育场馆、娱乐场所等经营场所、公共场所的经营者、管理者或者群众性活动的组织者,未尽到安全保障义务,造成他人损害的,应当承担侵权责任。

因第三人的行为造成他人损害的,由第三人承担侵权责任;经营者、管理者或者组织者未尽到安全保障义务的,承担相应的补充责任。经营者、管理者或者组织者承担补充责任后,可以向第三人追偿。

第一千一百九十九条　【教育机构对无民事行为能力人受到人身损害的过错推定责任】无民事行为能力人在幼儿园、学校或者其他教育机构学习、生活期间受到人身损害的,幼儿园、学校或者其他教育机构应当承担侵权责任;但是,能够证明尽到教育、管理职责的,不承担侵权责任。

第一千二百条　【教育机构对限制民事行为能力

人受到人身损害的过错责任】限制民事行为能力人在学校或者其他教育机构学习、生活期间受到人身损害,学校或者其他教育机构未尽到教育、管理职责的,应当承担侵权责任。

第一千二百零一条 **【受到校外人员人身损害时的责任分担】**无民事行为能力人或者限制民事行为能力人在幼儿园、学校或者其他教育机构学习、生活期间,受到幼儿园、学校或者其他教育机构以外的第三人人身损害的,由第三人承担侵权责任;幼儿园、学校或者其他教育机构未尽到管理职责的,承担相应的补充责任。幼儿园、学校或者其他教育机构承担补充责任后,可以向第三人追偿。

第四章　产品责任

第一千二百零二条 **【产品生产者侵权责任】**因产品存在缺陷造成他人损害的,生产者应当承担侵权责任。

第一千二百零三条 **【被侵权人请求损害赔偿的途径和先行赔偿人追偿权】**因产品存在缺陷造成他人损害的,被侵权人可以向产品的生产者请求赔偿,也可以向产品的销售者请求赔偿。

产品缺陷由生产者造成的,销售者赔偿后,有权向生产者追偿。因销售者的过错使产品存在缺陷的,生产者赔偿后,有权向销售者追偿。

第一千二百零四条 **【生产者、销售者的第三人追偿权】**因运输者、仓储者等第三人的过错使产品存在缺陷,造成他人损害的,产品的生产者、销售者赔偿后,有权向第三人追偿。

第一千二百零五条 **【产品缺陷危及他人人身、财产安全的侵权责任】**因产品缺陷危及他人人身、财产安全的,被侵权人有权请求生产者、销售者承担停止侵害、排除妨碍、消除危险等侵权责任。

第一千二百零六条 **【生产者、销售者的补救措施及费用承担】**产品投入流通后发现存在缺陷的,生产者、销售者应当及时采取停止销售、警示、召回等补救措施;未及时采取补救措施或者补救措施不力造成损害扩大的,对扩大的损害也应当承担侵权责任。

依据前款规定采取召回措施的,生产者、销售者应当负担被侵权人因此支出的必要费用。

第一千二百零七条 **【产品责任中的惩罚性赔偿】**明知产品存在缺陷仍然生产、销售,或者没有依据前条规定采取有效补救措施,造成他人死亡或者健康严重损害的,被侵权人有权请求相应的惩罚性赔偿。

第五章　机动车交通事故责任

第一千二百零八条 **【机动车交通事故责任的法律适用】**机动车发生交通事故造成损害的,依照道路交通安全法律和本法的有关规定承担赔偿责任。

第一千二百零九条 **【租赁、借用机动车交通事故责任】**因租赁、借用等情形机动车所有人、管理人与使用人不是同一人时,发生交通事故造成损害,属于该机动车一方责任的,由机动车使用人承担赔偿责任;机动车所有人、管理人对损害的发生有过错的,承担相应的赔偿责任。

第一千二百一十条 **【转让并交付但未办理登记的机动车侵权责任】**当事人之间已经以买卖或者其他方式转让并交付机动车但是未办理登记,发生交通事故造成损害,属于该机动车一方责任的,由受让人承担赔偿责任。

第一千二百一十一条 **【挂靠机动车交通事故责任】**以挂靠形式从事道路运输经营活动的机动车,发生交通事故造成损害,属于该机动车一方责任的,由挂靠人和被挂靠人承担连带责任。

第一千二百一十二条 **【擅自驾驶他人机动车交通事故责任】**未经允许驾驶他人机动车,发生交通事故造成损害,属于该机动车一方责任的,由机动车使用人承担赔偿责任;机动车所有人、管理人对损害的发生有过错的,承担相应的赔偿责任,但是本章另有规定的除外。

第一千二百一十三条 **【交通事故侵权救济来源的支付顺序】**机动车发生交通事故造成损害,属于该机动车一方责任的,先由承保机动车强制保险的保险人在强制保险责任限额范围内予以赔偿;不足部分,由承保机动车商业保险的保险人按照保险合同的约定予以赔偿;仍然不足或者没有投保机动车商业保险的,由侵权人赔偿。

第一千二百一十四条 **【拼装车、报废车交通事故责任】**以买卖或者其他方式转让拼装或者已经达到报废标准的机动车,发生交通事故造成损害的,由转让人和受让人承担连带责任。

第一千二百一十五条　【盗抢机动车交通事故责任】盗窃、抢劫或者抢夺的机动车发生交通事故造成损害的，由盗窃人、抢劫人或者抢夺人承担赔偿责任。盗窃人、抢劫人或者抢夺人与机动车使用人不是同一人，发生交通事故造成损害，属于该机动车一方责任的，由盗窃人、抢劫人或者抢夺人与机动车使用人承担连带责任。

保险人在机动车强制保险责任限额范围内垫付抢救费用的，有权向交通事故责任人追偿。

第一千二百一十六条　【驾驶人逃逸责任承担规则】机动车驾驶人发生交通事故后逃逸，该机动车参加强制保险的，由保险人在机动车强制保险责任限额范围内予以赔偿；机动车不明、该机动车未参加强制保险或者抢救费用超过机动车强制保险责任限额，需要支付被侵权人人身伤亡的抢救、丧葬等费用的，由道路交通事故社会救助基金垫付。道路交通事故社会救助基金垫付后，其管理机构有权向交通事故责任人追偿。

第一千二百一十七条　【好意同乘规则】非营运机动车发生交通事故造成无偿搭乘人损害，属于该机动车一方责任的，应当减轻其赔偿责任，但是机动车使用人有故意或者重大过失的除外。

第六章　医疗损害责任

第一千二百一十八条　【医疗损害责任归责原则】患者在诊疗活动中受到损害，医疗机构或者其医务人员有过错的，由医疗机构承担赔偿责任。

第一千二百一十九条　【医疗机构说明义务与患者知情同意权】医务人员在诊疗活动中应当向患者说明病情和医疗措施。需要实施手术、特殊检查、特殊治疗的，医务人员应当及时向患者具体说明医疗风险、替代医疗方案等情况，并取得其明确同意；不能或者不宜向患者说明的，应当向患者的近亲属说明，并取得其明确同意。

医务人员未尽到前款义务，造成患者损害的，医疗机构应当承担赔偿责任。

第一千二百二十条　【紧急情况下实施的医疗措施】因抢救生命垂危的患者等紧急情况，不能取得患者或者其近亲属意见的，经医疗机构负责人或者授权的负责人批准，可以立即实施相应的医疗措施。

第一千二百二十一条　【医务人员过错的医疗机构赔偿责任】医务人员在诊疗活动中未尽到与当时的医疗水平相应的诊疗义务，造成患者损害的，医疗机构应当承担赔偿责任。

第一千二百二十二条　【医疗机构过错推定的情形】患者在诊疗活动中受到损害，有下列情形之一的，推定医疗机构有过错：

（一）违反法律、行政法规、规章以及其他有关诊疗规范的规定；

（二）隐匿或者拒绝提供与纠纷有关的病历资料；

（三）遗失、伪造、篡改或者违法销毁病历资料。

第一千二百二十三条　【因药品、消毒产品、医疗器械的缺陷或输入不合格的血液的侵权责任】因药品、消毒产品、医疗器械的缺陷，或者输入不合格的血液造成患者损害的，患者可以向药品上市许可持有人、生产者、血液提供机构请求赔偿，也可以向医疗机构请求赔偿。患者向医疗机构请求赔偿的，医疗机构赔偿后，有权向负有责任的药品上市许可持有人、生产者、血液提供机构追偿。

第一千二百二十四条　【医疗机构免责事由】患者在诊疗活动中受到损害，有下列情形之一的，医疗机构不承担赔偿责任：

（一）患者或者其近亲属不配合医疗机构进行符合诊疗规范的诊疗；

（二）医务人员在抢救生命垂危的患者等紧急情况下已经尽到合理诊疗义务；

（三）限于当时的医疗水平难以诊疗。

前款第一项情形中，医疗机构或者其医务人员也有过错的，应当承担相应的赔偿责任。

第一千二百二十五条　【医疗机构对病历的义务及患者对病历的权利】医疗机构及其医务人员应当按照规定填写并妥善保管住院志、医嘱单、检验报告、手术及麻醉记录、病理资料、护理记录等病历资料。

患者要求查阅、复制前款规定的病历资料的，医疗机构应当及时提供。

第一千二百二十六条　【患者隐私和个人信息保护】医疗机构及其医务人员应当对患者的隐私和个人信息保密。泄露患者的隐私和个人信息，或者未经患者同意公开其病历资料的，应当承担侵权责任。

第一千二百二十七条　【不必要检查禁止义务】医疗机构及其医务人员不得违反诊疗规范实施不必要的检查。

第一千二百二十八条　【医疗机构及医务人员合法权益的维护】医疗机构及其医务人员的合法权益受法律保护。

干扰医疗秩序，妨碍医务人员工作、生活，侵害医务人员合法权益的，应当依法承担法律责任。

第七章　环境污染和生态破坏责任

第一千二百二十九条　【环境污染和生态破坏侵权责任】因污染环境、破坏生态造成他人损害的，侵权人应当承担侵权责任。

第一千二百三十条　【环境污染、生态破坏侵权举证责任】因污染环境、破坏生态发生纠纷，行为人应当就法律规定的不承担责任或者减轻责任的情形及其行为与损害之间不存在因果关系承担举证责任。

第一千二百三十一条　【两个以上侵权人造成损害的责任分担】两个以上侵权人污染环境、破坏生态的，承担责任的大小，根据污染物的种类、浓度、排放量，破坏生态的方式、范围、程度，以及行为对损害后果所起的作用等因素确定。

第一千二百三十二条　【侵权人的惩罚性赔偿】侵权人违反法律规定故意污染环境、破坏生态造成严重后果的，被侵权人有权请求相应的惩罚性赔偿。

第一千二百三十三条　【因第三人过错污染环境、破坏生态的责任】因第三人的过错污染环境、破坏生态的，被侵权人可以向侵权人请求赔偿，也可以向第三人请求赔偿。侵权人赔偿后，有权向第三人追偿。

第一千二百三十四条　【生态环境损害修复责任】违反国家规定造成生态环境损害，生态环境能够修复的，国家规定的机关或者法律规定的组织有权请求侵权人在合理期限内承担修复责任。侵权人在期限内未修复的，国家规定的机关或者法律规定的组织可以自行或者委托他人进行修复，所需费用由侵权人负担。

第一千二百三十五条　【生态环境损害赔偿的范围】违反国家规定造成生态环境损害的，国家规定的机关或者法律规定的组织有权请求侵权人赔偿下列损失和费用：

（一）生态环境受到损害至修复完成期间服务功能丧失导致的损失；

（二）生态环境功能永久性损害造成的损失；

（三）生态环境损害调查、鉴定评估等费用；

（四）清除污染、修复生态环境费用；

（五）防止损害的发生和扩大所支出的合理费用。

第八章　高度危险责任

第一千二百三十六条　【高度危险责任一般规定】从事高度危险作业造成他人损害的，应当承担侵权责任。

第一千二百三十七条　【民用核设施致害责任】民用核设施或者运入运出核设施的核材料发生核事故造成他人损害的，民用核设施的营运单位应当承担侵权责任；但是，能够证明损害是因战争、武装冲突、暴乱等情形或者受害人故意造成的，不承担责任。

第一千二百三十八条　【民用航空器致害责任】民用航空器造成他人损害的，民用航空器的经营者应当承担侵权责任；但是，能够证明损害是因受害人故意造成的，不承担责任。

第一千二百三十九条　【高度危险物致害责任】占有或者使用易燃、易爆、剧毒、高放射性、强腐蚀性、高致病性等高度危险物造成他人损害的，占有人或者使用人应当承担侵权责任；但是，能够证明损害是因受害人故意或者不可抗力造成的，不承担责任。被侵权人对损害的发生有重大过失的，可以减轻占有人或者使用人的责任。

第一千二百四十条　【高度危险活动致害责任】从事高空、高压、地下挖掘活动或者使用高速轨道运输工具造成他人损害的，经营者应当承担侵权责任；但是，能够证明损害是因受害人故意或者不可抗力造成的，不承担责任。被侵权人对损害的发生有重大过失的，可以减轻经营者的责任。

第一千二百四十一条　【遗失、抛弃高度危险物致害的侵权责任】遗失、抛弃高度危险物造成他人损害的，由所有人承担侵权责任。所有人将高度危险物交由他人管理的，由管理人承担侵权责任；所有人有过错的，与管理人承担连带责任。

第一千二百四十二条　【非法占有高度危险物致害的侵权责任】非法占有高度危险物造成他人损害的，由非法占有人承担侵权责任。所有人、管理人不能证明对防止非法占有尽到高度注意义务的,与非法占有人承担连带责任。

第一千二百四十三条 【未经许可进入高度危险作业区域的致害责任】未经许可进入高度危险活动区域或者高度危险物存放区域受到损害,管理人能够证明已经采取足够安全措施并尽到充分警示义务的,可以减轻或者不承担责任。

第一千二百四十四条 【高度危险责任赔偿限额】承担高度危险责任,法律规定赔偿限额的,依照其规定,但是行为人有故意或者重大过失的除外。

第九章 饲养动物损害责任

第一千二百四十五条 【饲养动物损害责任一般规定】饲养的动物造成他人损害的,动物饲养人或者管理人应当承担侵权责任;但是,能够证明损害是因被侵权人故意或者重大过失造成的,可以不承担或者减轻责任。

第一千二百四十六条 【未对动物采取安全措施损害责任】违反管理规定,未对动物采取安全措施造成他人损害的,动物饲养人或者管理人应当承担侵权责任;但是,能够证明损害是因被侵权人故意造成的,可以减轻责任。

第一千二百四十七条 【禁止饲养的危险动物损害责任】禁止饲养的烈性犬等危险动物造成他人损害的,动物饲养人或者管理人应当承担侵权责任。

第一千二百四十八条 【动物园饲养动物损害责任】动物园的动物造成他人损害的,动物园应当承担侵权责任;但是,能够证明尽到管理职责的,不承担侵权责任。

第一千二百四十九条 【遗弃、逃逸动物损害责任】遗弃、逃逸的动物在遗弃、逃逸期间造成他人损害的,由动物原饲养人或者管理人承担侵权责任。

第一千二百五十条 【因第三人过错致使动物致害责任】因第三人的过错致使动物造成他人损害的,被侵权人可以向动物饲养人或者管理人请求赔偿,也可以向第三人请求赔偿。动物饲养人或者管理人赔偿后,有权向第三人追偿。

第一千二百五十一条 【饲养动物应负的社会责任】饲养动物应当遵守法律法规,尊重社会公德,不得妨碍他人生活。

第十章 建筑物和物件损害责任

第一千二百五十二条 【建筑物、构筑物或者其他设施倒塌、塌陷致害责任】建筑物、构筑物或者其他设施倒塌、塌陷造成他人损害的,由建设单位与施工单位承担连带责任,但是建设单位与施工单位能够证明不存在质量缺陷的除外。建设单位、施工单位赔偿后,有其他责任人的,有权向其他责任人追偿。

因所有人、管理人、使用人或者第三人的原因,建筑物、构筑物或者其他设施倒塌、塌陷造成他人损害的,由所有人、管理人、使用人或者第三人承担侵权责任。

第一千二百五十三条 【建筑物、构筑物或者其他设施及其搁置物、悬挂物脱落、坠落致害责任】建筑物、构筑物或者其他设施及其搁置物、悬挂物发生脱落、坠落造成他人损害,所有人、管理人或者使用人不能证明自己没有过错的,应当承担侵权责任。所有人、管理人或者使用人赔偿后,有其他责任人的,有权向其他责任人追偿。

第一千二百五十四条 【高空抛掷物、坠落物致害责任】禁止从建筑物中抛掷物品。从建筑物中抛掷物品或者从建筑物上坠落的物品造成他人损害的,由侵权人依法承担侵权责任;经调查难以确定具体侵权人的,除能够证明自己不是侵权人的外,由可能加害的建筑物使用人给予补偿。可能加害的建筑物使用人补偿后,有权向侵权人追偿。

物业服务企业等建筑物管理人应当采取必要的安全保障措施防止前款规定情形的发生;未采取必要的安全保障措施的,应当依法承担未履行安全保障义务的侵权责任。

发生本条第一款规定的情形的,公安等机关应当依法及时调查,查清责任人。

第一千二百五十五条 【堆放物致害责任】堆放物倒塌、滚落或者滑落造成他人损害,堆放人不能证明自己没有过错的,应当承担侵权责任。

第一千二百五十六条 【在公共道路上妨碍通行物品的致害责任】在公共道路上堆放、倾倒、遗撒妨碍通行的物品造成他人损害的,由行为人承担侵权责任。公共道路管理人不能证明已经尽到清理、防护、警示等义务的,应当承担相应的责任。

第一千二百五十七条　【林木致害的责任】因林木折断、倾倒或者果实坠落等造成他人损害,林木的所有人或者管理人不能证明自己没有过错的,应当承担侵权责任。

第一千二百五十八条　【公共场所或道路施工致害责任和窨井等地下设施致害责任】在公共场所或者道路上挖掘、修缮安装地下设施等造成他人损害,施工人不能证明已经设置明显标志和采取安全措施的,应当承担侵权责任。

窨井等地下设施造成他人损害,管理人不能证明尽到管理职责的,应当承担侵权责任。

……

中华人民共和国反家庭暴力法

· 2015 年 12 月 27 日第十二届全国人民代表大会常务委员会第十八次会议通过
· 2015 年 12 月 27 日中华人民共和国主席令第 37 号公布
· 自 2016 年 3 月 1 日起施行

第一章　总　则

第一条　为了预防和制止家庭暴力,保护家庭成员的合法权益,维护平等、和睦、文明的家庭关系,促进家庭和谐、社会稳定,制定本法。

第二条　本法所称家庭暴力,是指家庭成员之间以殴打、捆绑、残害、限制人身自由以及经常性谩骂、恐吓等方式实施的身体、精神等侵害行为。

第三条　家庭成员之间应当互相帮助,互相关爱,和睦相处,履行家庭义务。

反家庭暴力是国家、社会和每个家庭的共同责任。

国家禁止任何形式的家庭暴力。

第四条　县级以上人民政府负责妇女儿童工作的机构,负责组织、协调、指导、督促有关部门做好反家庭暴力工作。

县级以上人民政府有关部门、司法机关、人民团体、社会组织、居民委员会、村民委员会、企业事业单位,应当依照本法和有关法律规定,做好反家庭暴力工作。

各级人民政府应当对反家庭暴力工作给予必要的经费保障。

第五条　反家庭暴力工作遵循预防为主,教育、矫治与惩处相结合原则。

反家庭暴力工作应当尊重受害人真实意愿,保护当事人隐私。

未成年人、老年人、残疾人、孕期和哺乳期的妇女、重病患者遭受家庭暴力的,应当给予特殊保护。

第二章　家庭暴力的预防

第六条　国家开展家庭美德宣传教育,普及反家庭暴力知识,增强公民反家庭暴力意识。

工会、共产主义青年团、妇女联合会、残疾人联合会应当在各自工作范围内,组织开展家庭美德和反家庭暴力宣传教育。

广播、电视、报刊、网络等应当开展家庭美德和反家庭暴力宣传。

学校、幼儿园应当开展家庭美德和反家庭暴力教育。

第七条　县级以上人民政府有关部门、司法机关、妇女联合会应当将预防和制止家庭暴力纳入业务培训和统计工作。

医疗机构应当做好家庭暴力受害人的诊疗记录。

第八条　乡镇人民政府、街道办事处应当组织开展家庭暴力预防工作,居民委员会、村民委员会、社会工作服务机构应当予以配合协助。

第九条　各级人民政府应当支持社会工作服务机构等社会组织开展心理健康咨询、家庭关系指导、家庭暴力预防知识教育等服务。

第十条　人民调解组织应当依法调解家庭纠纷,预防和减少家庭暴力的发生。

第十一条　用人单位发现本单位人员有家庭暴力情况的,应当给予批评教育,并做好家庭矛盾的调解、化解工作。

第十二条　未成年人的监护人应当以文明的方式进行家庭教育,依法履行监护和教育职责,不得实施家庭暴力。

第三章　家庭暴力的处置

第十三条　家庭暴力受害人及其法定代理人、近亲属可以向加害人或者受害人所在单位、居民委员会、村民委员会、妇女联合会等单位投诉、反映或者求助。有关单位接到家庭暴力投诉、反映或者求助后，应当给予帮助、处理。

家庭暴力受害人及其法定代理人、近亲属也可以向公安机关报案或者依法向人民法院起诉。

单位、个人发现正在发生的家庭暴力行为，有权及时劝阻。

第十四条　学校、幼儿园、医疗机构、居民委员会、村民委员会、社会工作服务机构、救助管理机构、福利机构及其工作人员在工作中发现无民事行为能力人、限制民事行为能力人遭受或者疑似遭受家庭暴力的，应当及时向公安机关报案。公安机关应当对报案人的信息予以保密。

第十五条　公安机关接到家庭暴力报案后应当及时出警，制止家庭暴力，按照有关规定调查取证，协助受害人就医、鉴定伤情。

无民事行为能力人、限制民事行为能力人因家庭暴力身体受到严重伤害、面临人身安全威胁或者处于无人照料等危险状态的，公安机关应当通知并协助民政部门将其安置到临时庇护场所、救助管理机构或者福利机构。

第十六条　家庭暴力情节较轻，依法不给予治安管理处罚的，由公安机关对加害人给予批评教育或者出具告诫书。

告诫书应当包括加害人的身份信息、家庭暴力的事实陈述、禁止加害人实施家庭暴力等内容。

第十七条　公安机关应当将告诫书送交加害人、受害人，并通知居民委员会、村民委员会。

居民委员会、村民委员会、公安派出所应当对收到告诫书的加害人、受害人进行查访，监督加害人不再实施家庭暴力。

第十八条　县级或者设区的市级人民政府可以单独或者依托救助管理机构设立临时庇护场所，为家庭暴力受害人提供临时生活帮助。

第十九条　法律援助机构应当依法为家庭暴力受害人提供法律援助。

人民法院应当依法对家庭暴力受害人缓收、减收或者免收诉讼费用。

第二十条　人民法院审理涉及家庭暴力的案件，可以根据公安机关出警记录、告诫书、伤情鉴定意见等证据，认定家庭暴力事实。

第二十一条　监护人实施家庭暴力严重侵害被监护人合法权益的，人民法院可以根据被监护人的近亲属、居民委员会、村民委员会、县级人民政府民政部门等有关人员或者单位的申请，依法撤销其监护人资格，另行指定监护人。

被撤销监护人资格的加害人，应当继续负担相应的赡养、扶养、抚养费用。

第二十二条　工会、共产主义青年团、妇女联合会、残疾人联合会、居民委员会、村民委员会等应当对实施家庭暴力的加害人进行法治教育，必要时可以对加害人、受害人进行心理辅导。

第四章　人身安全保护令

第二十三条　当事人因遭受家庭暴力或者面临家庭暴力的现实危险，向人民法院申请人身安全保护令的，人民法院应当受理。

当事人是无民事行为能力人、限制民事行为能力人，或者因受到强制、威吓等原因无法申请人身安全保护令的，其近亲属、公安机关、妇女联合会、居民委员会、村民委员会、救助管理机构可以代为申请。

第二十四条　申请人身安全保护令应当以书面方式提出；书面申请确有困难的，可以口头申请，由人民法院记入笔录。

第二十五条　人身安全保护令案件由申请人或者被申请人居住地、家庭暴力发生地的基层人民法院管辖。

第二十六条　人身安全保护令由人民法院以裁定形式作出。

第二十七条　作出人身安全保护令，应当具备下列条件：

（一）有明确的被申请人；

（二）有具体的请求；

（三）有遭受家庭暴力或者面临家庭暴力现实危险的情形。

第二十八条　人民法院受理申请后，应当在七十二小时内作出人身安全保护令或者驳回申请；情况紧急的，应当在二十四小时内作出。

第二十九条　人身安全保护令可以包括下列措施：

（一）禁止被申请人实施家庭暴力；

（二）禁止被申请人骚扰、跟踪、接触申请人及其相关近亲属；

（三）责令被申请人迁出申请人住所；

（四）保护申请人人身安全的其他措施。

第三十条　人身安全保护令的有效期不超过六个月，自作出之日起生效。人身安全保护令失效前，人民法院可以根据申请人的申请撤销、变更或者延长。

第三十一条　申请人对驳回申请不服或者被申请人对人身安全保护令不服的，可以自裁定生效之日起五日内向作出裁定的人民法院申请复议一次。人民法院依法作出人身安全保护令的，复议期间不停止人身安全保护令的执行。

第三十二条　人民法院作出人身安全保护令后，应当送达申请人、被申请人、公安机关以及居民委员会、村民委员会等有关组织。人身安全保护令由人民法院执行，公安机关以及居民委员会、村民委员会等应当协助执行。

第五章　法律责任

第三十三条　加害人实施家庭暴力，构成违反治安管理行为的，依法给予治安管理处罚；构成犯罪的，依法追究刑事责任。

第三十四条　被申请人违反人身安全保护令，构成犯罪的，依法追究刑事责任；尚不构成犯罪的，人民法院应当给予训诫，可以根据情节轻重处以一千元以下罚款、十五日以下拘留。

第三十五条　学校、幼儿园、医疗机构、居民委员会、村民委员会、社会工作服务机构、救助管理机构、福利机构及其工作人员未依照本法第十四条规定向公安机关报案，造成严重后果的，由上级主管部门或者本单位对直接负责的主管人员和其他直接责任人员依法给予处分。

第三十六条　负有反家庭暴力职责的国家工作人员玩忽职守、滥用职权、徇私舞弊的，依法给予处分；构成犯罪的，依法追究刑事责任。

第六章　附　则

第三十七条　家庭成员以外共同生活的人之间实施的暴力行为，参照本法规定执行。

第三十八条　本法自2016年3月1日起施行。

中华人民共和国妇女权益保障法

- 1992年4月3日第七届全国人民代表大会第五次会议通过
- 根据2005年8月28日第十届全国人民代表大会常务委员会第十七次会议《关于修改〈中华人民共和国妇女权益保障法〉的决定》第一次修正
- 根据2018年10月26日第十三届全国人民代表大会常务委员会第六次会议《关于修改〈中华人民共和国野生动物保护法〉等十五部法律的决定》第二次修正
- 2022年10月30日第十三届全国人民代表大会常务委员会第三十七次会议修订
- 2022年10月30日中华人民共和国主席令第122号公布
- 自2023年1月1日起施行

第一章　总　则

第一条　为了保障妇女的合法权益，促进男女平等和妇女全面发展，充分发挥妇女在全面建设社会主义现代化国家中的作用，弘扬社会主义核心价值观，根据宪法，制定本法。

第二条　男女平等是国家的基本国策。妇女在政治的、经济的、文化的、社会的和家庭的生活等各方面享有同男子平等的权利。

国家采取必要措施，促进男女平等，消除对妇女一切形式的歧视，禁止排斥、限制妇女依法享有和行使各项权益。

国家保护妇女依法享有的特殊权益。

第三条　坚持中国共产党对妇女权益保障工作的领导，建立政府主导、各方协同、社会参与的保障妇女权益工作机制。

各级人民政府应当重视和加强妇女权益的保障工作。

县级以上人民政府负责妇女儿童工作的机构，负责组织、协调、指导、督促有关部门做好妇女权益的保障工作。

县级以上人民政府有关部门在各自的职责范围内做好妇女权益的保障工作。

第四条　保障妇女的合法权益是全社会的共同责任。国家机关、社会团体、企业事业单位、基层群众性自治组织以及其他组织和个人，应当依法保障妇女的权益。

国家采取有效措施,为妇女依法行使权利提供必要的条件。

第五条　国务院制定和组织实施中国妇女发展纲要,将其纳入国民经济和社会发展规划,保障和促进妇女在各领域的全面发展。

县级以上地方各级人民政府根据中国妇女发展纲要,制定和组织实施本行政区域的妇女发展规划,将其纳入国民经济和社会发展规划。

县级以上人民政府应当将妇女权益保障所需经费列入本级预算。

第六条　中华全国妇女联合会和地方各级妇女联合会依照法律和中华全国妇女联合会章程,代表和维护各族各界妇女的利益,做好维护妇女权益、促进男女平等和妇女全面发展的工作。

工会、共产主义青年团、残疾人联合会等群团组织应当在各自的工作范围内,做好维护妇女权益的工作。

第七条　国家鼓励妇女自尊、自信、自立、自强,运用法律维护自身合法权益。

妇女应当遵守国家法律,尊重社会公德、职业道德和家庭美德,履行法律所规定的义务。

第八条　有关机关制定或者修改涉及妇女权益的法律、法规、规章和其他规范性文件,应当听取妇女联合会的意见,充分考虑妇女的特殊权益,必要时开展男女平等评估。

第九条　国家建立健全妇女发展状况统计调查制度,完善性别统计监测指标体系,定期开展妇女发展状况和权益保障统计调查和分析,发布有关信息。

第十条　国家将男女平等基本国策纳入国民教育体系,开展宣传教育,增强全社会的男女平等意识,培育尊重和关爱妇女的社会风尚。

第十一条　国家对保障妇女合法权益成绩显著的组织和个人,按照有关规定给予表彰和奖励。

第二章　政治权利

第十二条　国家保障妇女享有与男子平等的政治权利。

第十三条　妇女有权通过各种途径和形式,依法参与管理国家事务、管理经济和文化事业、管理社会事务。

妇女和妇女组织有权向各级国家机关提出妇女权益保障方面的意见和建议。

第十四条　妇女享有与男子平等的选举权和被选举权。

全国人民代表大会和地方各级人民代表大会的代表中,应当保证有适当数量的妇女代表。国家采取措施,逐步提高全国人民代表大会和地方各级人民代表大会的妇女代表的比例。

居民委员会、村民委员会成员中,应当保证有适当数量的妇女成员。

第十五条　国家积极培养和选拔女干部,重视培养和选拔少数民族女干部。

国家机关、群团组织、企业事业单位培养、选拔和任用干部,应当坚持男女平等的原则,并有适当数量的妇女担任领导成员。

妇女联合会及其团体会员,可以向国家机关、群团组织、企业事业单位推荐女干部。

国家采取措施支持女性人才成长。

第十六条　妇女联合会代表妇女积极参与国家和社会事务的民主协商、民主决策、民主管理和民主监督。

第十七条　对于有关妇女权益保障工作的批评或者合理可行的建议,有关部门应当听取和采纳;对于有关侵害妇女权益的申诉、控告和检举,有关部门应当查清事实,负责处理,任何组织和个人不得压制或者打击报复。

第三章　人身和人格权益

第十八条　国家保障妇女享有与男子平等的人身和人格权益。

第十九条　妇女的人身自由不受侵犯。禁止非法拘禁和以其他非法手段剥夺或者限制妇女的人身自由;禁止非法搜查妇女的身体。

第二十条　妇女的人格尊严不受侵犯。禁止用侮辱、诽谤等方式损害妇女的人格尊严。

第二十一条　妇女的生命权、身体权、健康权不受侵犯。禁止虐待、遗弃、残害、买卖以及其他侵害女性生命健康权益的行为。

禁止进行非医学需要的胎儿性别鉴定和选择性

别的人工终止妊娠。

医疗机构施行生育手术、特殊检查或者特殊治疗时,应当征得妇女本人同意;在妇女与其家属或者关系人意见不一致时,应当尊重妇女本人意愿。

第二十二条 禁止拐卖、绑架妇女;禁止收买被拐卖、绑架的妇女;禁止阻碍解救被拐卖、绑架的妇女。

各级人民政府和公安、民政、人力资源和社会保障、卫生健康等部门及村民委员会、居民委员会按照各自的职责及时发现报告,并采取措施解救被拐卖、绑架的妇女,做好被解救妇女的安置、救助和关爱等工作。妇女联合会协助和配合做好有关工作。任何组织和个人不得歧视被拐卖、绑架的妇女。

第二十三条 禁止违背妇女意愿,以言语、文字、图像、肢体行为等方式对其实施性骚扰。

受害妇女可以向有关单位和国家机关投诉。接到投诉的有关单位和国家机关应当及时处理,并书面告知处理结果。

受害妇女可以向公安机关报案,也可以向人民法院提起民事诉讼,依法请求行为人承担民事责任。

第二十四条 学校应当根据女学生的年龄阶段,进行生理卫生、心理健康和自我保护教育,在教育、管理、设施等方面采取措施,提高其防范性侵害、性骚扰的自我保护意识和能力,保障女学生的人身安全和身心健康发展。

学校应当建立有效预防和科学处置性侵害、性骚扰的工作制度。对性侵害、性骚扰女学生的违法犯罪行为,学校不得隐瞒,应当及时通知受害未成年女学生的父母或者其他监护人,向公安机关、教育行政部门报告,并配合相关部门依法处理。

对遭受性侵害、性骚扰的女学生,学校、公安机关、教育行政部门等相关单位和人员应当保护其隐私和个人信息,并提供必要的保护措施。

第二十五条 用人单位应当采取下列措施预防和制止对妇女的性骚扰:

(一)制定禁止性骚扰的规章制度;

(二)明确负责机构或者人员;

(三)开展预防和制止性骚扰的教育培训活动;

(四)采取必要的安全保卫措施;

(五)设置投诉电话、信箱等,畅通投诉渠道;

(六)建立和完善调查处置程序,及时处置纠纷并保护当事人隐私和个人信息;

(七)支持、协助受害妇女依法维权,必要时为受害妇女提供心理疏导;

(八)其他合理的预防和制止性骚扰措施。

第二十六条 住宿经营者应当及时准确登记住宿人员信息,健全住宿服务规章制度,加强安全保障措施;发现可能侵害妇女权益的违法犯罪行为,应当及时向公安机关报告。

第二十七条 禁止卖淫、嫖娼;禁止组织、强迫、引诱、容留、介绍妇女卖淫或者对妇女进行猥亵活动;禁止组织、强迫、引诱、容留、介绍妇女在任何场所或者利用网络进行淫秽表演活动。

第二十八条 妇女的姓名权、肖像权、名誉权、荣誉权、隐私权和个人信息等人格权益受法律保护。

媒体报道涉及妇女事件应当客观、适度,不得通过夸大事实、过度渲染等方式侵害妇女的人格权益。

禁止通过大众传播媒介或者其他方式贬低损害妇女人格。未经本人同意,不得通过广告、商标、展览橱窗、报纸、期刊、图书、音像制品、电子出版物、网络等形式使用妇女肖像,但法律另有规定的除外。

第二十九条 禁止以恋爱、交友为由或者在终止恋爱关系、离婚之后,纠缠、骚扰妇女,泄露、传播妇女隐私和个人信息。

妇女遭受上述侵害或者面临上述侵害现实危险的,可以向人民法院申请人身安全保护令。

第三十条 国家建立健全妇女健康服务体系,保障妇女享有基本医疗卫生服务,开展妇女常见病、多发病的预防、筛查和诊疗,提高妇女健康水平。

国家采取必要措施,开展经期、孕期、产期、哺乳期和更年期的健康知识普及、卫生保健和疾病防治,保障妇女特殊生理时期的健康需求,为有需要的妇女提供心理健康服务支持。

第三十一条 县级以上地方人民政府应当设立妇幼保健机构,为妇女提供保健以及常见病防治服务。

国家鼓励和支持社会力量通过依法捐赠、资助或者提供志愿服务等方式,参与妇女卫生健康事业,提供安全的生理健康用品或者服务,满足妇女多样化、差异化的健康需求。

用人单位应当定期为女职工安排妇科疾病、乳腺疾病检查以及妇女特殊需要的其他健康检查。

第三十二条 妇女依法享有生育子女的权利,也有不生育子女的自由。

第三十三条 国家实行婚前、孕前、孕产期和产后保健制度,逐步建立妇女全生育周期系统保健制度。医疗保健机构应当提供安全、有效的医疗保健服务,保障妇女生育安全和健康。

有关部门应当提供安全、有效的避孕药具和技术,保障妇女的健康和安全。

第三十四条 各级人民政府在规划、建设基础设施时,应当考虑妇女的特殊需求,配备满足妇女需要的公共厕所和母婴室等公共设施。

第四章 文化教育权益

第三十五条 国家保障妇女享有与男子平等的文化教育权利。

第三十六条 父母或者其他监护人应当履行保障适龄女性未成年人接受并完成义务教育的义务。

对无正当理由不送适龄女性未成年人入学的父母或者其他监护人,由当地乡镇人民政府或者县级人民政府教育行政部门给予批评教育,依法责令其限期改正。居民委员会、村民委员会应当协助政府做好相关工作。

政府、学校应当采取有效措施,解决适龄女性未成年人就学存在的实际困难,并创造条件,保证适龄女性未成年人完成义务教育。

第三十七条 学校和有关部门应当执行国家有关规定,保障妇女在入学、升学、授予学位、派出留学、就业指导和服务等方面享有与男子平等的权利。

学校在录取学生时,除国家规定的特殊专业外,不得以性别为由拒绝录取女性或者提高对女性的录取标准。

各级人民政府应当采取措施,保障女性平等享有接受中高等教育的权利和机会。

第三十八条 各级人民政府应当依照规定把扫除妇女中的文盲、半文盲工作,纳入扫盲和扫盲后继续教育规划,采取符合妇女特点的组织形式和工作方法,组织、监督有关部门具体实施。

第三十九条 国家健全全民终身学习体系,为妇女终身学习创造条件。

各级人民政府和有关部门应当采取措施,根据城镇和农村妇女的需要,组织妇女接受职业教育和实用技术培训。

第四十条 国家机关、社会团体和企业事业单位应当执行国家有关规定,保障妇女从事科学、技术、文学、艺术和其他文化活动,享有与男子平等的权利。

第五章 劳动和社会保障权益

第四十一条 国家保障妇女享有与男子平等的劳动权利和社会保障权利。

第四十二条 各级人民政府和有关部门应当完善就业保障政策措施,防止和纠正就业性别歧视,为妇女创造公平的就业创业环境,为就业困难的妇女提供必要的扶持和援助。

第四十三条 用人单位在招录(聘)过程中,除国家另有规定外,不得实施下列行为:

(一)限定为男性或者规定男性优先;

(二)除个人基本信息外,进一步询问或者调查女性求职者的婚育情况;

(三)将妊娠测试作为入职体检项目;

(四)将限制结婚、生育或者婚姻、生育状况作为录(聘)用条件;

(五)其他以性别为由拒绝录(聘)用妇女或者差别化地提高对妇女录(聘)用标准的行为。

第四十四条 用人单位在录(聘)用女职工时,应当依法与其签订劳动(聘用)合同或者服务协议,劳动(聘用)合同或者服务协议中应当具备女职工特殊保护条款,并不得规定限制女职工结婚、生育等内容。

职工一方与用人单位订立的集体合同中应当包含男女平等和女职工权益保护相关内容,也可以就相关内容制定专章、附件或者单独订立女职工权益保护专项集体合同。

第四十五条 实行男女同工同酬。妇女在享受福利待遇方面享有与男子平等的权利。

第四十六条 在晋职、晋级、评聘专业技术职称和职务、培训等方面,应当坚持男女平等的原则,不得歧视妇女。

第四十七条 用人单位应当根据妇女的特点,依法保护妇女在工作和劳动时的安全、健康以及休息的权利。

妇女在经期、孕期、产期、哺乳期受特殊保护。

第四十八条　用人单位不得因结婚、怀孕、产假、哺乳等情形，降低女职工的工资和福利待遇，限制女职工晋职、晋级、评聘专业技术职称和职务，辞退女职工，单方解除劳动(聘用)合同或者服务协议。

女职工在怀孕以及依法享受产假期间，劳动(聘用)合同或者服务协议期满的，劳动(聘用)合同或者服务协议期限自动延续至产假结束。但是，用人单位依法解除、终止劳动(聘用)合同、服务协议，或者女职工依法要求解除、终止劳动(聘用)合同、服务协议的除外。

用人单位在执行国家退休制度时，不得以性别为由歧视妇女。

第四十九条　人力资源和社会保障部门应当将招聘、录取、晋职、晋级、评聘专业技术职称和职务、培训、辞退等过程中的性别歧视行为纳入劳动保障监察范围。

第五十条　国家发展社会保障事业，保障妇女享有社会保险、社会救助和社会福利等权益。

国家提倡和鼓励为帮助妇女而开展的社会公益活动。

第五十一条　国家实行生育保险制度，建立健全婴幼儿托育服务等与生育相关的其他保障制度。

国家建立健全职工生育休假制度，保障孕产期女职工依法享有休息休假权益。

地方各级人民政府和有关部门应当按照国家有关规定，为符合条件的困难妇女提供必要的生育救助。

第五十二条　各级人民政府和有关部门应当采取必要措施，加强贫困妇女、老龄妇女、残疾妇女等困难妇女的权益保障，按照有关规定为其提供生活帮扶、就业创业支持等关爱服务。

第六章　财产权益

第五十三条　国家保障妇女享有与男子平等的财产权利。

第五十四条　在夫妻共同财产、家庭共有财产关系中，不得侵害妇女依法享有的权益。

第五十五条　妇女在农村集体经济组织成员身份确认、土地承包经营、集体经济组织收益分配、土地征收补偿安置或者征用补偿以及宅基地使用等方面，享有与男子平等的权利。

申请农村土地承包经营权、宅基地使用权等不动产登记，应当在不动产登记簿和权属证书上将享有权利的妇女等家庭成员全部列明。征收补偿安置或者征用补偿协议应当将享有相关权益的妇女列入，并记载权益内容。

第五十六条　村民自治章程、村规民约，村民会议、村民代表会议的决定以及其他涉及村民利益事项的决定，不得以妇女未婚、结婚、离婚、丧偶、户无男性等为由，侵害妇女在农村集体经济组织中的各项权益。

因结婚男方到女方住所落户的，男方和子女享有与所在地农村集体经济组织成员平等的权益。

第五十七条　国家保护妇女在城镇集体所有财产关系中的权益。妇女依照法律、法规的规定享有相关权益。

第五十八条　妇女享有与男子平等的继承权。妇女依法行使继承权，不受歧视。

丧偶妇女有权依法处分继承的财产，任何组织和个人不得干涉。

第五十九条　丧偶儿媳对公婆尽了主要赡养义务的，作为第一顺序继承人，其继承权不受子女代位继承的影响。

第七章　婚姻家庭权益

第六十条　国家保障妇女享有与男子平等的婚姻家庭权利。

第六十一条　国家保护妇女的婚姻自主权。禁止干涉妇女的结婚、离婚自由。

第六十二条　国家鼓励男女双方在结婚登记前，共同进行医学检查或者相关健康体检。

第六十三条　婚姻登记机关应当提供婚姻家庭辅导服务，引导当事人建立平等、和睦、文明的婚姻家庭关系。

第六十四条　女方在怀孕期间、分娩后一年内或者终止妊娠后六个月内，男方不得提出离婚；但是，女方提出离婚或者人民法院认为确有必要受理男方离婚请求的除外。

第六十五条　禁止对妇女实施家庭暴力。

县级以上人民政府有关部门、司法机关、社会团体、企业事业单位、基层群众性自治组织以及其他组织，应当在各自的职责范围内预防和制止家庭暴力，依法为受害妇女提供救助。

第六十六条　妇女对夫妻共同财产享有与其配偶平等的占有、使用、收益和处分的权利，不受双方收入状况等情形的影响。

对夫妻共同所有的不动产以及可以联名登记的动产，女方有权要求在权属证书上记载其姓名；认为记载的权利人、标的物、权利比例等事项有错误的，有权依法申请更正登记或者异议登记，有关机构应当按照其申请依法办理相应登记手续。

第六十七条　离婚诉讼期间，夫妻一方申请查询登记在对方名下财产状况且确因客观原因不能自行收集的，人民法院应当进行调查取证，有关部门和单位应当予以协助。

离婚诉讼期间，夫妻双方均有向人民法院申报全部夫妻共同财产的义务。一方隐藏、转移、变卖、损毁、挥霍夫妻共同财产，或者伪造夫妻共同债务企图侵占另一方财产的，在离婚分割夫妻共同财产时，对该方可以少分或者不分财产。

第六十八条　夫妻双方应当共同负担家庭义务，共同照顾家庭生活。

女方因抚育子女、照料老人、协助男方工作等负担较多义务的，有权在离婚时要求男方予以补偿。补偿办法由双方协议确定；协议不成的，可以向人民法院提起诉讼。

第六十九条　离婚时，分割夫妻共有的房屋或者处理夫妻共同租住的房屋，由双方协议解决；协议不成的，可以向人民法院提起诉讼。

第七十条　父母双方对未成年子女享有平等的监护权。

父亲死亡、无监护能力或者有其他情形不能担任未成年子女的监护人的，母亲的监护权任何组织和个人不得干涉。

第七十一条　女方丧失生育能力的，在离婚处理子女抚养问题时，应当在最有利于未成年子女的条件下，优先考虑女方的抚养要求。

第八章　救济措施

第七十二条　对侵害妇女合法权益的行为，任何组织和个人都有权予以劝阻、制止或者向有关部门提出控告或者检举。有关部门接到控告或者检举后，应当依法及时处理，并为控告人、检举人保密。

妇女的合法权益受到侵害的，有权要求有关部门依法处理，或者依法申请调解、仲裁，或者向人民法院起诉。

对符合条件的妇女，当地法律援助机构或者司法机关应当给予帮助，依法为其提供法律援助或者司法救助。

第七十三条　妇女的合法权益受到侵害的，可以向妇女联合会等妇女组织求助。妇女联合会等妇女组织应当维护被侵害妇女的合法权益，有权要求并协助有关部门或者单位查处。有关部门或者单位应当依法查处，并予以答复；不予处理或者处理不当的，县级以上人民政府负责妇女儿童工作的机构、妇女联合会可以向其提出督促处理意见，必要时可以提请同级人民政府开展督查。

受害妇女进行诉讼需要帮助的，妇女联合会应当给予支持和帮助。

第七十四条　用人单位侵害妇女劳动和社会保障权益的，人力资源和社会保障部门可以联合工会、妇女联合会约谈用人单位，依法进行监督并要求其限期纠正。

第七十五条　妇女在农村集体经济组织成员身份确认等方面权益受到侵害的，可以申请乡镇人民政府等进行协调，或者向人民法院起诉。

乡镇人民政府应当对村民自治章程、村规民约，村民会议、村民代表会议的决定以及其他涉及村民利益事项的决定进行指导，对其中违反法律、法规和国家政策规定，侵害妇女合法权益的内容责令改正；受侵害妇女向农村土地承包仲裁机构申请仲裁或者向人民法院起诉的，农村土地承包仲裁机构或者人民法院应当依法受理。

第七十六条　县级以上人民政府应当开通全国统一的妇女权益保护服务热线，及时受理、移送有关侵害妇女合法权益的投诉、举报；有关部门或者单位接到投诉、举报后，应当及时予以处置。

鼓励和支持群团组织、企业事业单位、社会组织和个人参与建设妇女权益保护服务热线，提供妇女权益保护方面的咨询、帮助。

第七十七条　侵害妇女合法权益，导致社会公共利益受损的，检察机关可以发出检察建议；有下列情形之一的，检察机关可以依法提起公益诉讼：

（一）确认农村妇女集体经济组织成员身份时侵害妇女权益或者侵害妇女享有的农村土地承包和集体收益、土地征收征用补偿分配权益和宅基地使用权益；

（二）侵害妇女平等就业权益；

（三）相关单位未采取合理措施预防和制止性骚扰；

（四）通过大众传播媒介或者其他方式贬低损害妇女人格；

（五）其他严重侵害妇女权益的情形。

第七十八条　国家机关、社会团体、企业事业单位对侵害妇女权益的行为，可以支持受侵害的妇女向人民法院起诉。

第九章　法律责任

第七十九条　违反本法第二十二条第二款规定，未履行报告义务的，依法对直接负责的主管人员和其他直接责任人员给予处分。

第八十条　违反本法规定，对妇女实施性骚扰的，由公安机关给予批评教育或者出具告诫书，并由所在单位依法给予处分。

学校、用人单位违反本法规定，未采取必要措施预防和制止性骚扰，造成妇女权益受到侵害或者社会影响恶劣的，由上级机关或者主管部门责令改正；拒不改正或者情节严重的，依法对直接负责的主管人员和其他直接责任人员给予处分。

第八十一条　违反本法第二十六条规定，未履行报告等义务的，依法给予警告、责令停业整顿或者吊销营业执照、吊销相关许可证，并处一万元以上五万元以下罚款。

第八十二条　违反本法规定，通过大众传播媒介或者其他方式贬低损害妇女人格的，由公安、网信、文化旅游、广播电视、新闻出版或者其他有关部门依据各自的职权责令改正，并依法给予行政处罚。

第八十三条　用人单位违反本法第四十三条和第四十八条规定的，由人力资源和社会保障部门责令改正；拒不改正或者情节严重的，处一万元以上五万

元以下罚款。

第八十四条　违反本法规定，对侵害妇女权益的申诉、控告、检举，推诿、拖延、压制不予查处，或者对提出申诉、控告、检举的人进行打击报复的，依法责令改正，并对直接负责的主管人员和其他直接责任人员给予处分。

国家机关及其工作人员未依法履行职责，对侵害妇女权益的行为未及时制止或者未给予受害妇女必要帮助，造成严重后果的，依法对直接负责的主管人员和其他直接责任人员给予处分。

违反本法规定，侵害妇女人身和人格权益、文化教育权益、劳动和社会保障权益、财产权益以及婚姻家庭权益的，依法责令改正，直接负责的主管人员和其他直接责任人员属于国家工作人员的，依法给予处分。

第八十五条　违反本法规定，侵害妇女的合法权益，其他法律、法规规定行政处罚的，从其规定；造成财产损失或者人身损害的，依法承担民事责任；构成犯罪的，依法追究刑事责任。

第十章　附　则

第八十六条　本法自2023年1月1日起施行。

中华人民共和国未成年人保护法

· 1991年9月4日第七届全国人民代表大会常务委员会第二十一次会议通过
· 2006年12月29日第十届全国人民代表大会常务委员会第二十五次会议第一次修订
· 根据2012年10月26日第十一届全国人民代表大会常务委员会第二十九次会议《关于修改〈中华人民共和国未成年人保护法〉的决定》第一次修正
· 2020年10月17日第十三届全国人民代表大会常务委员会第二十二次会议第二次修订
· 根据2024年4月26日第十四届全国人民代表大会常务委员会第九次会议《关于修改〈中华人民共和国农业技术推广法〉、〈中华人民共和国未成年人保护法〉、〈中华人民共和国生物安全法〉的决定》第二次修正

第一章　总　则

第一条　为了保护未成年人身心健康，保障未成年人合法权益，促进未成年人德智体美劳全面发展，

培养有理想、有道德、有文化、有纪律的社会主义建设者和接班人，培养担当民族复兴大任的时代新人，根据宪法，制定本法。

第二条　本法所称未成年人是指未满十八周岁的公民。

第三条　国家保障未成年人的生存权、发展权、受保护权、参与权等权利。

未成年人依法平等地享有各项权利，不因本人及其父母或者其他监护人的民族、种族、性别、户籍、职业、宗教信仰、教育程度、家庭状况、身心健康状况等受到歧视。

第四条　保护未成年人，应当坚持最有利于未成年人的原则。处理涉及未成年人事项，应当符合下列要求：

（一）给予未成年人特殊、优先保护；

（二）尊重未成年人人格尊严；

（三）保护未成年人隐私权和个人信息；

（四）适应未成年人身心健康发展的规律和特点；

（五）听取未成年人的意见；

（六）保护与教育相结合。

第五条　国家、社会、学校和家庭应当对未成年人进行理想教育、道德教育、科学教育、文化教育、法治教育、国家安全教育、健康教育、劳动教育，加强爱国主义、集体主义和中国特色社会主义的教育，培养爱祖国、爱人民、爱劳动、爱科学、爱社会主义的公德，抵制资本主义、封建主义和其他腐朽思想的侵蚀，引导未成年人树立和践行社会主义核心价值观。

第六条　保护未成年人，是国家机关、武装力量、政党、人民团体、企业事业单位、社会组织、城乡基层群众性自治组织、未成年人的监护人以及其他成年人的共同责任。

国家、社会、学校和家庭应当教育和帮助未成年人维护自身合法权益，增强自我保护的意识和能力。

第七条　未成年人的父母或者其他监护人依法对未成年人承担监护职责。

国家采取措施指导、支持、帮助和监督未成年人的父母或者其他监护人履行监护职责。

第八条　县级以上人民政府应当将未成年人保护工作纳入国民经济和社会发展规划，相关经费纳入本级政府预算。

第九条　各级人民政府应当重视和加强未成年人保护工作。县级以上人民政府负责妇女儿童工作的机构，负责未成年人保护工作的组织、协调、指导、督促，有关部门在各自职责范围内做好相关工作。

第十条　共产主义青年团、妇女联合会、工会、残疾人联合会、关心下一代工作委员会、青年联合会、学生联合会、少年先锋队以及其他人民团体、有关社会组织，应当协助各级人民政府及其有关部门、人民检察院、人民法院做好未成年人保护工作，维护未成年人合法权益。

第十一条　任何组织或者个人发现不利于未成年人身心健康或者侵犯未成年人合法权益的情形，都有权劝阻、制止或者向公安、民政、教育等有关部门提出检举、控告。

国家机关、居民委员会、村民委员会、密切接触未成年人的单位及其工作人员，在工作中发现未成年人身心健康受到侵害、疑似受到侵害或者面临其他危险情形的，应当立即向公安、民政、教育等有关部门报告。

有关部门接到涉及未成年人的检举、控告或者报告，应当依法及时受理、处置，并以适当方式将处理结果告知相关单位和人员。

第十二条　国家鼓励和支持未成年人保护方面的科学研究，建设相关学科、设置相关专业，加强人才培养。

第十三条　国家建立健全未成年人统计调查制度，开展未成年人健康、受教育等状况的统计、调查和分析，发布未成年人保护的有关信息。

第十四条　国家对保护未成年人有显著成绩的组织和个人给予表彰和奖励。

第二章　家庭保护

第十五条　未成年人的父母或者其他监护人应当学习家庭教育知识，接受家庭教育指导，创造良好、和睦、文明的家庭环境。

共同生活的其他成年家庭成员应当协助未成年人的父母或者其他监护人抚养、教育和保护未成年人。

第十六条　未成年人的父母或者其他监护人应

当履行下列监护职责：

（一）为未成年人提供生活、健康、安全等方面的保障；

（二）关注未成年人的生理、心理状况和情感需求；

（三）教育和引导未成年人遵纪守法、勤俭节约，养成良好的思想品德和行为习惯；

（四）对未成年人进行安全教育，提高未成年人的自我保护意识和能力；

（五）尊重未成年人受教育的权利，保障适龄未成年人依法接受并完成义务教育；

（六）保障未成年人休息、娱乐和体育锻炼的时间，引导未成年人进行有益身心健康的活动；

（七）妥善管理和保护未成年人的财产；

（八）依法代理未成年人实施民事法律行为；

（九）预防和制止未成年人的不良行为和违法犯罪行为，并进行合理管教；

（十）其他应当履行的监护职责。

第十七条　未成年人的父母或者其他监护人不得实施下列行为：

（一）虐待、遗弃、非法送养未成年人或者对未成年人实施家庭暴力；

（二）放任、教唆或者利用未成年人实施违法犯罪行为；

（三）放任、唆使未成年人参与邪教、迷信活动或者接受恐怖主义、分裂主义、极端主义等侵害；

（四）放任、唆使未成年人吸烟（含电子烟，下同）、饮酒、赌博、流浪乞讨或者欺凌他人；

（五）放任或者迫使应当接受义务教育的未成年人失学、辍学；

（六）放任未成年人沉迷网络，接触危害或者可能影响其身心健康的图书、报刊、电影、广播电视节目、音像制品、电子出版物和网络信息等；

（七）放任未成年人进入营业性娱乐场所、酒吧、互联网上网服务营业场所等不适宜未成年人活动的场所；

（八）允许或者迫使未成年人从事国家规定以外的劳动；

（九）允许、迫使未成年人结婚或者为未成年人订立婚约；

（十）违法处分、侵吞未成年人的财产或者利用未成年人牟取不正当利益；

（十一）其他侵犯未成年人身心健康、财产权益或者不依法履行未成年人保护义务的行为。

第十八条　未成年人的父母或者其他监护人应当为未成年人提供安全的家庭生活环境，及时排除引发触电、烫伤、跌落等伤害的安全隐患；采取配备儿童安全座椅、教育未成年人遵守交通规则等措施，防止未成年人受到交通事故的伤害；提高户外安全保护意识，避免未成年人发生溺水、动物伤害等事故。

第十九条　未成年人的父母或者其他监护人应当根据未成年人的年龄和智力发展状况，在作出与未成年人权益有关的决定前，听取未成年人的意见，充分考虑其真实意愿。

第二十条　未成年人的父母或者其他监护人发现未成年人身心健康受到侵害、疑似受到侵害或者其他合法权益受到侵犯的，应当及时了解情况并采取保护措施；情况严重的，应当立即向公安、民政、教育等部门报告。

第二十一条　未成年人的父母或者其他监护人不得使未满八周岁或者由于身体、心理原因需要特别照顾的未成年人处于无人看护状态，或者将其交由无民事行为能力、限制民事行为能力、患有严重传染性疾病或者其他不适宜的人员临时照护。

未成年人的父母或者其他监护人不得使未满十六周岁的未成年人脱离监护单独生活。

第二十二条　未成年人的父母或者其他监护人因外出务工等原因在一定期限内不能完全履行监护职责的，应当委托具有照护能力的完全民事行为能力人代为照护；无正当理由的，不得委托他人代为照护。

未成年人的父母或者其他监护人在确定被委托人时，应当综合考虑其道德品质、家庭状况、身心健康状况、与未成年人生活情感上的联系等情况，并听取有表达意愿能力未成年人的意见。

具有下列情形之一的，不得作为被委托人：

（一）曾实施性侵害、虐待、遗弃、拐卖、暴力伤害等违法犯罪行为；

（二）有吸毒、酗酒、赌博等恶习；

（三）曾拒不履行或者长期怠于履行监护、照护职责；

（四）其他不适宜担任被委托人的情形。

第二十三条　未成年人的父母或者其他监护人应当及时将委托照护情况书面告知未成年人所在学校、幼儿园和实际居住地的居民委员会、村民委员会，加强和未成年人所在学校、幼儿园的沟通；与未成年人、被委托人至少每周联系和交流一次，了解未成年人的生活、学习、心理等情况，并给予未成年人亲情关爱。

未成年人的父母或者其他监护人接到被委托人、居民委员会、村民委员会、学校、幼儿园等关于未成年人心理、行为异常的通知后，应当及时采取干预措施。

第二十四条　未成年人的父母离婚时，应当妥善处理未成年子女的抚养、教育、探望、财产等事宜，听取有表达意愿能力未成年人的意见。不得以抢夺、藏匿未成年子女等方式争夺抚养权。

未成年人的父母离婚后，不直接抚养未成年子女的一方应当依照协议、人民法院判决或者调解确定的时间和方式，在不影响未成年人学习、生活的情况下探望未成年子女，直接抚养的一方应当配合，但被人民法院依法中止探望权的除外。

第三章　学校保护

第二十五条　学校应当全面贯彻国家教育方针，坚持立德树人，实施素质教育，提高教育质量，注重培养未成年学生认知能力、合作能力、创新能力和实践能力，促进未成年学生全面发展。

学校应当建立未成年学生保护工作制度，健全学生行为规范，培养未成年学生遵纪守法的良好行为习惯。

第二十六条　幼儿园应当做好保育、教育工作，遵循幼儿身心发展规律，实施启蒙教育，促进幼儿在体质、智力、品德等方面和谐发展。

第二十七条　学校、幼儿园的教职员工应当尊重未成年人人格尊严，不得对未成年人实施体罚、变相体罚或者其他侮辱人格尊严的行为。

第二十八条　学校应当保障未成年学生受教育的权利，不得违反国家规定开除、变相开除未成年学生。

学校应当对尚未完成义务教育的辍学未成年学生进行登记并劝返复学；劝返无效的，应当及时向教育行政部门书面报告。

第二十九条　学校应当关心、爱护未成年学生，不得因家庭、身体、心理、学习能力等情况歧视学生。对家庭困难、身心有障碍的学生，应当提供关爱；对行为异常、学习有困难的学生，应当耐心帮助。

学校应当配合政府有关部门建立留守未成年学生、困境未成年学生的信息档案，开展关爱帮扶工作。

第三十条　学校应当根据未成年学生身心发展特点，进行社会生活指导、心理健康辅导、青春期教育和生命教育。

第三十一条　学校应当组织未成年学生参加与其年龄相适应的日常生活劳动、生产劳动和服务性劳动，帮助未成年学生掌握必要的劳动知识和技能，养成良好的劳动习惯。

第三十二条　学校、幼儿园应当开展勤俭节约、反对浪费、珍惜粮食、文明饮食等宣传教育活动，帮助未成年人树立浪费可耻、节约为荣的意识，养成文明健康、绿色环保的生活习惯。

第三十三条　学校应当与未成年学生的父母或者其他监护人互相配合，合理安排未成年学生的学习时间，保障其休息、娱乐和体育锻炼的时间。

学校不得占用国家法定节假日、休息日及寒暑假期，组织义务教育阶段的未成年学生集体补课，加重其学习负担。

幼儿园、校外培训机构不得对学龄前未成年人进行小学课程教育。

第三十四条　学校、幼儿园应当提供必要的卫生保健条件，协助卫生健康部门做好在校、在园未成年人的卫生保健工作。

第三十五条　学校、幼儿园应当建立安全管理制度，对未成年人进行安全教育，完善安保设施、配备安保人员，保障未成年人在校、在园期间的人身和财产安全。

学校、幼儿园不得在危及未成年人人身安全、身心健康的校舍和其他设施、场所中进行教育教学活动。

学校、幼儿园安排未成年人参加文化娱乐、社会实践等集体活动,应当保护未成年人的身心健康,防止发生人身伤害事故。

第三十六条 使用校车的学校、幼儿园应当建立健全校车安全管理制度,配备安全管理人员,定期对校车进行安全检查,对校车驾驶人进行安全教育,并向未成年人讲解校车安全乘坐知识,培养未成年人校车安全事故应急处理技能。

第三十七条 学校、幼儿园应当根据需要,制定应对自然灾害、事故灾难、公共卫生事件等突发事件和意外伤害的预案,配备相应设施并定期进行必要的演练。

未成年人在校内、园内或者本校、本园组织的校外、园外活动中发生人身伤害事故的,学校、幼儿园应当立即救护,妥善处理,及时通知未成年人的父母或者其他监护人,并向有关部门报告。

第三十八条 学校、幼儿园不得安排未成年人参加商业性活动,不得向未成年人及其父母或者其他监护人推销或者要求其购买指定的商品和服务。

学校、幼儿园不得与校外培训机构合作为未成年人提供有偿课程辅导。

第三十九条 学校应当建立学生欺凌防控工作制度,对教职员工、学生等开展防治学生欺凌的教育和培训。

学校对学生欺凌行为应当立即制止,通知实施欺凌和被欺凌未成年学生的父母或者其他监护人参与欺凌行为的认定和处理;对相关未成年学生及时给予心理辅导、教育和引导;对相关未成年学生的父母或者其他监护人给予必要的家庭教育指导。

对实施欺凌的未成年学生,学校应当根据欺凌行为的性质和程度,依法加强管教。对严重的欺凌行为,学校不得隐瞒,应当及时向公安机关、教育行政部门报告,并配合相关部门依法处理。

第四十条 学校、幼儿园应当建立预防性侵害、性骚扰未成年人工作制度。对性侵害、性骚扰未成年人等违法犯罪行为,学校、幼儿园不得隐瞒,应当及时向公安机关、教育行政部门报告,并配合相关部门依法处理。

学校、幼儿园应当对未成年人开展适合其年龄的性教育,提高未成年人防范性侵害、性骚扰的自我保护意识和能力。对遭受性侵害、性骚扰的未成年人,学校、幼儿园应当及时采取相关的保护措施。

第四十一条 婴幼儿照护服务机构、早期教育服务机构、校外培训机构、校外托管机构等应当参照本章有关规定,根据不同年龄阶段未成年人的成长特点和规律,做好未成年人保护工作。

第四章 社会保护

第四十二条 全社会应当树立关心、爱护未成年人的良好风尚。

国家鼓励、支持和引导人民团体、企业事业单位、社会组织以及其他组织和个人,开展有利于未成年人健康成长的社会活动和服务。

第四十三条 居民委员会、村民委员会应当设置专人专岗负责未成年人保护工作,协助政府有关部门宣传未成年人保护方面的法律法规,指导、帮助和监督未成年人的父母或者其他监护人依法履行监护职责,建立留守未成年人、困境未成年人的信息档案并给予关爱帮扶。

居民委员会、村民委员会应当协助政府有关部门监督未成年人委托照护情况,发现被委托人缺乏照护能力、怠于履行照护职责等情况,应当及时向政府有关部门报告,并告知未成年人的父母或者其他监护人,帮助、督促被委托人履行照护职责。

第四十四条 爱国主义教育基地、图书馆、青少年宫、儿童活动中心、儿童之家应当对未成年人免费开放;博物馆、纪念馆、科技馆、展览馆、美术馆、文化馆、社区公益性互联网上网服务场所以及影剧院、体育场馆、动物园、植物园、公园等场所,应当按照有关规定对未成年人免费或者优惠开放。

国家鼓励爱国主义教育基地、博物馆、科技馆、美术馆等公共场馆开设未成年人专场,为未成年人提供有针对性的服务。

国家鼓励国家机关、企业事业单位、部队等开发自身教育资源,设立未成年人开放日,为未成年人主题教育、社会实践、职业体验等提供支持。

国家鼓励科研机构和科技类社会组织对未成年人开展科学普及活动。

第四十五条 城市公共交通以及公路、铁路、水路、航空客运等应当按照有关规定对未成年人实施免费或者优惠票价。

第四十六条 国家鼓励大型公共场所、公共交通工具、旅游景区景点等设置母婴室、婴儿护理台以及方便幼儿使用的坐便器、洗手台等卫生设施，为未成年人提供便利。

第四十七条 任何组织或者个人不得违反有关规定，限制未成年人应当享有的照顾或者优惠。

第四十八条 国家鼓励创作、出版、制作和传播有利于未成年人健康成长的图书、报刊、电影、广播电视节目、舞台艺术作品、音像制品、电子出版物和网络信息等。

第四十九条 新闻媒体应当加强未成年人保护方面的宣传，对侵犯未成年人合法权益的行为进行舆论监督。新闻媒体采访报道涉及未成年人事件应当客观、审慎和适度，不得侵犯未成年人的名誉、隐私和其他合法权益。

第五十条 禁止制作、复制、出版、发布、传播含有宣扬淫秽、色情、暴力、邪教、迷信、赌博、引诱自杀、恐怖主义、分裂主义、极端主义等危害未成年人身心健康内容的图书、报刊、电影、广播电视节目、舞台艺术作品、音像制品、电子出版物和网络信息等。

第五十一条 任何组织或者个人出版、发布、传播的图书、报刊、电影、广播电视节目、舞台艺术作品、音像制品、电子出版物或者网络信息，包含可能影响未成年人身心健康内容的，应当以显著方式作出提示。

第五十二条 禁止制作、复制、发布、传播或者持有有关未成年人的淫秽色情物品和网络信息。

第五十三条 任何组织或者个人不得刊登、播放、张贴或者散发含有危害未成年人身心健康内容的广告；不得在学校、幼儿园播放、张贴或者散发商业广告；不得利用校服、教材等发布或者变相发布商业广告。

第五十四条 禁止拐卖、绑架、虐待、非法收养未成年人，禁止对未成年人实施性侵害、性骚扰。

禁止胁迫、引诱、教唆未成年人参加黑社会性质组织或者从事违法犯罪活动。

禁止胁迫、诱骗、利用未成年人乞讨。

第五十五条 生产、销售用于未成年人的食品、药品、玩具、用具和游戏游艺设备、游乐设施等，应当符合国家或者行业标准，不得危害未成年人的人身安全和身心健康。上述产品的生产者应当在显著位置标明注意事项，未标明注意事项的不得销售。

第五十六条 未成年人集中活动的公共场所应当符合国家或者行业安全标准，并采取相应安全保护措施。对可能存在安全风险的设施，应当定期进行维护，在显著位置设置安全警示标志并标明适龄范围和注意事项；必要时应当安排专门人员看管。

大型的商场、超市、医院、图书馆、博物馆、科技馆、游乐场、车站、码头、机场、旅游景区景点等场所运营单位应当设置搜寻走失未成年人的安全警报系统。场所运营单位接到求助后，应当立即启动安全警报系统，组织人员进行搜寻并向公安机关报告。

公共场所发生突发事件时，应当优先救护未成年人。

第五十七条 旅馆、宾馆、酒店等住宿经营者接待未成年人入住，或者接待未成年人和成年人共同入住时，应当询问父母或者其他监护人的联系方式、入住人员的身份关系等有关情况；发现有违法犯罪嫌疑的，应当立即向公安机关报告，并及时联系未成年人的父母或者其他监护人。

第五十八条 学校、幼儿园周边不得设置营业性娱乐场所、酒吧、互联网上网服务营业场所等不适宜未成年人活动的场所。营业性歌舞娱乐场所、酒吧、互联网上网服务营业场所等不适宜未成年人活动场所的经营者，不得允许未成年人进入；游艺娱乐场所设置的电子游戏设备，除国家法定节假日外，不得向未成年人提供。经营者应当在显著位置设置未成年人禁入、限入标志；对难以判明是否是未成年人的，应当要求其出示身份证件。

第五十九条 学校、幼儿园周边不得设置烟、酒、彩票销售网点。禁止向未成年人销售烟、酒、彩票或者兑付彩票奖金。烟、酒和彩票经营者应当在显著位置设置不向未成年人销售烟、酒或者彩票的标志；对难以判明是否是未成年人的，应当要求其出示身份证件。

任何人不得在学校、幼儿园和其他未成年人集中活动的公共场所吸烟、饮酒。

第六十条　禁止向未成年人提供、销售管制刀具或者其他可能致人严重伤害的器具等物品。经营者难以判明购买者是否是未成年人的，应当要求其出示身份证件。

第六十一条　任何组织或者个人不得招用未满十六周岁未成年人，国家另有规定的除外。

营业性娱乐场所、酒吧、互联网上网服务营业场所等不适宜未成年人活动的场所不得招用已满十六周岁的未成年人。

招用已满十六周岁未成年人的单位和个人应当执行国家在工种、劳动时间、劳动强度和保护措施等方面的规定，不得安排其从事过重、有毒、有害等危害未成年人身心健康的劳动或者危险作业。

任何组织或者个人不得组织未成年人进行危害其身心健康的表演等活动。经未成年人的父母或者其他监护人同意，未成年人参与演出、节目制作等活动，活动组织方应当根据国家有关规定，保障未成年人合法权益。

第六十二条　密切接触未成年人的单位招聘工作人员时，应当向公安机关、人民检察院查询应聘者是否具有性侵害、虐待、拐卖、暴力伤害等违法犯罪记录；发现其具有前述行为记录的，不得录用。

密切接触未成年人的单位应当每年定期对工作人员是否具有上述违法犯罪记录进行查询。通过查询或者其他方式发现其工作人员具有上述行为的，应当及时解聘。

第六十三条　任何组织或者个人不得隐匿、毁弃、非法删除未成年人的信件、日记、电子邮件或者其他网络通讯内容。

除下列情形外，任何组织或者个人不得开拆、查阅未成年人的信件、日记、电子邮件或者其他网络通讯内容：

（一）无民事行为能力未成年人的父母或者其他监护人代未成年人开拆、查阅；

（二）因国家安全或者追查刑事犯罪依法进行检查；

（三）紧急情况下为了保护未成年人本人的人身安全。

第五章　网络保护

第六十四条　国家、社会、学校和家庭应当加强未成年人网络素养宣传教育，培养和提高未成年人的网络素养，增强未成年人科学、文明、安全、合理使用网络的意识和能力，保障未成年人在网络空间的合法权益。

第六十五条　国家鼓励和支持有利于未成年人健康成长的网络内容的创作与传播，鼓励和支持专门以未成年人为服务对象，适合未成年人身心健康特点的网络技术、产品、服务的研发、生产和使用。

第六十六条　网信部门及其他有关部门应当加强对未成年人网络保护工作的监督检查，依法惩处利用网络从事危害未成年人身心健康的活动，为未成年人提供安全、健康的网络环境。

第六十七条　网信部门会同公安、文化和旅游、新闻出版、电影、广播电视等部门根据保护不同年龄阶段未成年人的需要，确定可能影响未成年人身心健康网络信息的种类、范围和判断标准。

第六十八条　新闻出版、教育、卫生健康、文化和旅游、网信等部门应当定期开展预防未成年人沉迷网络的宣传教育，监督网络产品和服务提供者履行预防未成年人沉迷网络的义务，指导家庭、学校、社会组织互相配合，采取科学、合理的方式对未成年人沉迷网络进行预防和干预。

任何组织或者个人不得以侵害未成年人身心健康的方式对未成年人沉迷网络进行干预。

第六十九条　学校、社区、图书馆、文化馆、青少年宫等场所为未成年人提供的互联网上网服务设施，应当安装未成年人网络保护软件或者采取其他安全保护技术措施。

智能终端产品的制造者、销售者应当在产品上安装未成年人网络保护软件，或者以显著方式告知用户未成年人网络保护软件的安装渠道和方法。

第七十条　学校应当合理使用网络开展教学活动。未经学校允许，未成年学生不得将手机等智能终端产品带入课堂，带入学校的应当统一管理。

学校发现未成年学生沉迷网络的，应当及时告知其父母或者其他监护人，共同对未成年学生进行教育和引导，帮助其恢复正常的学习生活。

第七十一条　未成年人的父母或者其他监护人应当提高网络素养，规范自身使用网络的行为，加强对未成年人使用网络行为的引导和监督。

未成年人的父母或者其他监护人应当通过在智能终端产品上安装未成年人网络保护软件、选择适合未成年人的服务模式和管理功能等方式，避免未成年人接触危害或者可能影响其身心健康的网络信息，合理安排未成年人使用网络的时间，有效预防未成年人沉迷网络。

第七十二条　信息处理者通过网络处理未成年人个人信息的，应当遵循合法、正当和必要的原则。处理不满十四周岁未成年人个人信息的，应当征得未成年人的父母或者其他监护人同意，但法律、行政法规另有规定的除外。

未成年人、父母或者其他监护人要求信息处理者更正、删除未成年人个人信息的，信息处理者应当及时采取措施予以更正、删除，但法律、行政法规另有规定的除外。

第七十三条　网络服务提供者发现未成年人通过网络发布私密信息的，应当及时提示，并采取必要的保护措施。

第七十四条　网络产品和服务提供者不得向未成年人提供诱导其沉迷的产品和服务。

网络游戏、网络直播、网络音视频、网络社交等网络服务提供者应当针对未成年人使用其服务设置相应的时间管理、权限管理、消费管理等功能。

以未成年人为服务对象的在线教育网络产品和服务，不得插入网络游戏链接，不得推送广告等与教学无关的信息。

第七十五条　网络游戏经依法审批后方可运营。

国家建立统一的未成年人网络游戏电子身份认证系统。网络游戏服务提供者应当要求未成年人以真实身份信息注册并登录网络游戏。

网络游戏服务提供者应当按照国家有关规定和标准，对游戏产品进行分类，作出适龄提示，并采取技术措施，不得让未成年人接触不适宜的游戏或者游戏功能。

网络游戏服务提供者不得在每日二十二时至次日八时向未成年人提供网络游戏服务。

第七十六条　网络直播服务提供者不得为未满十六周岁的未成年人提供网络直播发布者账号注册

服务；为年满十六周岁的未成年人提供网络直播发布者账号注册服务时，应当对其身份信息进行认证，并征得其父母或者其他监护人同意。

第七十七条　任何组织或者个人不得通过网络以文字、图片、音视频等形式，对未成年人实施侮辱、诽谤、威胁或者恶意损害形象等网络欺凌行为。

遭受网络欺凌的未成年人及其父母或者其他监护人有权通知网络服务提供者采取删除、屏蔽、断开链接等措施。网络服务提供者接到通知后，应当及时采取必要的措施制止网络欺凌行为，防止信息扩散。

第七十八条　网络产品和服务提供者应当建立便捷、合理、有效的投诉和举报渠道，公开投诉、举报方式等信息，及时受理并处理涉及未成年人的投诉、举报。

第七十九条　任何组织或者个人发现网络产品、服务含有危害未成年人身心健康的信息，有权向网络产品和服务提供者或者网信、公安等部门投诉、举报。

第八十条　网络服务提供者发现用户发布、传播可能影响未成年人身心健康的信息且未作显著提示的，应当作出提示或者通知用户予以提示；未作出提示的，不得传输相关信息。

网络服务提供者发现用户发布、传播含有危害未成年人身心健康内容的信息的，应当立即停止传输相关信息，采取删除、屏蔽、断开链接等处置措施，保存有关记录，并向网信、公安等部门报告。

网络服务提供者发现用户利用其网络服务对未成年人实施违法犯罪行为的，应当立即停止向该用户提供网络服务，保存有关记录，并向公安机关报告。

第六章　政府保护

第八十一条　县级以上人民政府承担未成年人保护协调机制具体工作的职能部门应当明确相关内设机构或者专门人员，负责承担未成年人保护工作。

乡镇人民政府和街道办事处应当设立未成年人保护工作站或者指定专门人员，及时办理未成年人相关事务；支持、指导居民委员会、村民委员会设立专人专岗，做好未成年人保护工作。

第八十二条　各级人民政府应当将家庭教育指导服务纳入城乡公共服务体系，开展家庭教育知识宣传，鼓励和支持有关人民团体、企业事业单位、社会组织开展家庭教育指导服务。

第八十三条　各级人民政府应当保障未成年人受教育的权利，并采取措施保障留守未成年人、困境未成年人、残疾未成年人接受义务教育。

对尚未完成义务教育的辍学未成年学生，教育行政部门应当责令父母或者其他监护人将其送入学校接受义务教育。

第八十四条　各级人民政府应当发展托育、学前教育事业，办好婴幼儿照护服务机构、幼儿园，支持社会力量依法兴办母婴室、婴幼儿照护服务机构、幼儿园。

县级以上地方人民政府及其有关部门应当培养和培训婴幼儿照护服务机构、幼儿园的保教人员，提高其职业道德素质和业务能力。

第八十五条　各级人民政府应当发展职业教育，保障未成年人接受职业教育或者职业技能培训，鼓励和支持人民团体、企业事业单位、社会组织为未成年人提供职业技能培训服务。

第八十六条　各级人民政府应当保障具有接受普通教育能力、能适应校园生活的残疾未成年人就近在普通学校、幼儿园接受教育；保障不具有接受普通教育能力的残疾未成年人在特殊教育学校、幼儿园接受学前教育、义务教育和职业教育。

各级人民政府应当保障特殊教育学校、幼儿园的办学、办园条件，鼓励和支持社会力量举办特殊教育学校、幼儿园。

第八十七条　地方人民政府及其有关部门应当保障校园安全，监督、指导学校、幼儿园等单位落实校园安全责任，建立突发事件的报告、处置和协调机制。

第八十八条　公安机关和其他有关部门应当依法维护校园周边的治安和交通秩序，设置监控设备和交通安全设施，预防和制止侵害未成年人的违法犯罪行为。

第八十九条　地方人民政府应当建立和改善适合未成年人的活动场所和设施，支持公益性未成年人活动场所和设施的建设和运行，鼓励社会力量兴办适合未成年人的活动场所和设施，并加强管理。

地方人民政府应当采取措施，鼓励和支持学校在国家法定节假日、休息日及寒暑假期将文化体育设施对未成年人免费或者优惠开放。

地方人民政府应当采取措施，防止任何组织或者个人侵占、破坏学校、幼儿园、婴幼儿照护服务机构等未成年人活动场所的场地、房屋和设施。

第九十条　各级人民政府及其有关部门应当对未成年人进行卫生保健和营养指导，提供卫生保健服务。

卫生健康部门应当依法对未成年人的疫苗预防接种进行规范，防治未成年人常见病、多发病，加强传染病防治和监督管理，做好伤害预防和干预，指导和监督学校、幼儿园、婴幼儿照护服务机构开展卫生保健工作。

教育行政部门应当加强未成年人的心理健康教育，建立未成年人心理问题的早期发现和及时干预机制。卫生健康部门应当做好未成年人心理治疗、心理危机干预以及精神障碍早期识别和诊断治疗等工作。

第九十一条　各级人民政府及其有关部门对困境未成年人实施分类保障，采取措施满足其生活、教育、安全、医疗康复、住房等方面的基本需要。

第九十二条　具有下列情形之一的，民政部门应当依法对未成年人进行临时监护：

（一）未成年人流浪乞讨或者身份不明，暂时查找不到父母或者其他监护人；

（二）监护人下落不明且无其他人可以担任监护人；

（三）监护人因自身客观原因或者因发生自然灾害、事故灾难、公共卫生事件等突发事件不能履行监护职责，导致未成年人监护缺失；

（四）监护人拒绝或者怠于履行监护职责，导致未成年人处于无人照料的状态；

（五）监护人教唆、利用未成年人实施违法犯罪行为，未成年人需要被带离安置；

（六）未成年人遭受监护人严重伤害或者面临人身安全威胁，需要被紧急安置；

（七）法律规定的其他情形。

第九十三条　对临时监护的未成年人，民政部门可以采取委托亲属抚养、家庭寄养等方式进行安置，也可以交由未成年人救助保护机构或者儿童福利机构进行收留、抚养。

临时监护期间,经民政部门评估,监护人重新具备履行监护职责条件的,民政部门可以将未成年人送回监护人抚养。

第九十四条　具有下列情形之一的,民政部门应当依法对未成年人进行长期监护:

(一)查找不到未成年人的父母或者其他监护人;

(二)监护人死亡或者被宣告死亡且无其他人可以担任监护人;

(三)监护人丧失监护能力且无其他人可以担任监护人;

(四)人民法院判决撤销监护人资格并指定由民政部门担任监护人;

(五)法律规定的其他情形。

第九十五条　民政部门进行收养评估后,可以依法将其长期监护的未成年人交由符合条件的申请人收养。收养关系成立后,民政部门与未成年人的监护关系终止。

第九十六条　民政部门承担临时监护或者长期监护职责的,财政、教育、卫生健康、公安等部门应当根据各自职责予以配合。

县级以上人民政府及其民政部门应当根据需要设立未成年人救助保护机构、儿童福利机构,负责收留、抚养由民政部门监护的未成年人。

第九十七条　县级以上人民政府应当开通全国统一的未成年人保护热线,及时受理、转介侵犯未成年人合法权益的投诉、举报;鼓励和支持人民团体、企业事业单位、社会组织参与建设未成年人保护服务平台、服务热线、服务站点,提供未成年人保护方面的咨询、帮助。

第九十八条　国家建立性侵害、虐待、拐卖、暴力伤害等违法犯罪人员信息查询系统,向密切接触未成年人的单位提供免费查询服务。

第九十九条　地方人民政府应当培育、引导和规范有关社会组织、社会工作者参与未成年人保护工作,开展家庭教育指导服务,为未成年人的心理辅导、康复救助、监护及收养评估等提供专业服务。

第七章　司法保护

第一百条　公安机关、人民检察院、人民法院和司法行政部门应当依法履行职责,保障未成年人合法权益。

第一百零一条　公安机关、人民检察院、人民法院和司法行政部门应当确定专门机构或者指定专门人员,负责办理涉及未成年人案件。办理涉及未成年人案件的人员应当经过专门培训,熟悉未成年人身心特点。专门机构或者专门人员中,应当有女性工作人员。

公安机关、人民检察院、人民法院和司法行政部门应当对上述机构和人员实行与未成年人保护工作相适应的评价考核标准。

第一百零二条　公安机关、人民检察院、人民法院和司法行政部门办理涉及未成年人案件,应当考虑未成年人身心特点和健康成长的需要,使用未成年人能够理解的语言和表达方式,听取未成年人的意见。

第一百零三条　公安机关、人民检察院、人民法院、司法行政部门以及其他组织和个人不得披露有关案件中未成年人的姓名、影像、住所、就读学校以及其他可能识别出其身份的信息,但查找失踪、被拐卖未成年人等情形除外。

第一百零四条　对需要法律援助或者司法救助的未成年人,法律援助机构或者公安机关、人民检察院、人民法院和司法行政部门应当给予帮助,依法为其提供法律援助或者司法救助。

法律援助机构应当指派熟悉未成年人身心特点的律师为未成年人提供法律援助服务。

法律援助机构和律师协会应当对办理未成年人法律援助案件的律师进行指导和培训。

第一百零五条　人民检察院通过行使检察权,对涉及未成年人的诉讼活动等依法进行监督。

第一百零六条　未成年人合法权益受到侵犯,相关组织和个人未代为提起诉讼的,人民检察院可以督促、支持其提起诉讼;涉及公共利益的,人民检察院有权提起公益诉讼。

第一百零七条　人民法院审理继承案件,应当依法保护未成年人的继承权和受遗赠权。

人民法院审理离婚案件,涉及未成年子女抚养问题的,应当尊重已满八周岁未成年子女的真实意愿,根据双方具体情况,按照最有利于未成年子女的原则依法处理。

第一百零八条　未成年人的父母或者其他监护人不依法履行监护职责或者严重侵犯被监护的未成年人合法权益的，人民法院可以根据有关人员或者单位的申请，依法作出人身安全保护令或者撤销监护人资格。

被撤销监护人资格的父母或者其他监护人应当依法继续负担抚养费用。

第一百零九条　人民法院审理离婚、抚养、收养、监护、探望等案件涉及未成年人的，可以自行或者委托社会组织对未成年人的相关情况进行社会调查。

第一百一十条　公安机关、人民检察院、人民法院讯问未成年犯罪嫌疑人、被告人，询问未成年被害人、证人，应当依法通知其法定代理人或者其成年亲属、所在学校的代表等合适成年人到场，并采取适当方式，在适当场所进行，保障未成年人的名誉权、隐私权和其他合法权益。

人民法院开庭审理涉及未成年人案件，未成年被害人、证人一般不出庭作证；必须出庭的，应当采取保护其隐私的技术手段和心理干预等保护措施。

第一百一十一条　公安机关、人民检察院、人民法院应当与其他有关政府部门、人民团体、社会组织互相配合，对遭受性侵害或者暴力伤害的未成年被害人及其家庭实施必要的心理干预、经济救助、法律援助、转学安置等保护措施。

第一百一十二条　公安机关、人民检察院、人民法院办理未成年人遭受性侵害或者暴力伤害案件，在询问未成年被害人、证人时，应当采取同步录音录像等措施，尽量一次完成；未成年被害人、证人是女性的，应当由女性工作人员进行。

第一百一十三条　对违法犯罪的未成年人，实行教育、感化、挽救的方针，坚持教育为主、惩罚为辅的原则。

对违法犯罪的未成年人依法处罚后，在升学、就业等方面不得歧视。

第一百一十四条　公安机关、人民检察院、人民法院和司法行政部门发现有关单位未尽到未成年人教育、管理、救助、看护等保护职责的，应当向该单位提出建议。被建议单位应当在一个月内作出书面回复。

第一百一十五条　公安机关、人民检察院、人民法院和司法行政部门应当结合实际，根据涉及未成年人案件的特点，开展未成年人法治宣传教育工作。

第一百一十六条　国家鼓励和支持社会组织、社会工作者参与涉及未成年人案件中未成年人的心理干预、法律援助、社会调查、社会观护、教育矫治、社区矫正等工作。

第八章　法律责任

第一百一十七条　违反本法第十一条第二款规定，未履行报告义务造成严重后果的，由上级主管部门或者所在单位对直接负责的主管人员和其他直接责任人员依法给予处分。

第一百一十八条　未成年人的父母或者其他监护人不依法履行监护职责或者侵犯未成年人合法权益的，由其居住地的居民委员会、村民委员会予以劝诫、制止；情节严重的，居民委员会、村民委员会应当及时向公安机关报告。

公安机关接到报告或者公安机关、人民检察院、人民法院在办理案件过程中发现未成年人的父母或者其他监护人存在上述情形的，应当予以训诫，并可以责令其接受家庭教育指导。

第一百一十九条　学校、幼儿园、婴幼儿照护服务等机构及其教职员工违反本法第二十七条、第二十八条、第三十九条规定的，由公安、教育、卫生健康、市场监督管理等部门按照职责分工责令改正；拒不改正或者情节严重的，对直接负责的主管人员和其他直接责任人员依法给予处分。

第一百二十条　违反本法第四十四条、第四十五条、第四十七条规定，未给予未成年人免费或者优惠待遇的，由市场监督管理、文化和旅游、交通运输等部门按照职责分工责令限期改正，给予警告；拒不改正的，处一万元以上十万元以下罚款。

第一百二十一条　违反本法第五十条、第五十一条规定的，由新闻出版、广播电视、电影、网信等部门按照职责分工责令限期改正，给予警告，没收违法所得，可以并处十万元以下罚款；拒不改正或者情节严重的，责令暂停相关业务、停产停业或者吊销营业执照、吊销相关许可证，违法所得一百万元以上的，并处违法所得一倍以上十倍以下的罚款，没有违法所得或者违法所得不足一百万元的,并处十万元以上一百万元以下罚款。

第一百二十二条 场所运营单位违反本法第五十六条第二款规定、住宿经营者违反本法第五十七条规定的,由市场监督管理、应急管理、公安等部门按照职责分工责令限期改正,给予警告;拒不改正或者造成严重后果的,责令停业整顿或者吊销营业执照、吊销相关许可证,并处一万元以上十万元以下罚款。

第一百二十三条 相关经营者违反本法第五十八条、第五十九条第一款、第六十条规定的,由文化和旅游、市场监督管理、烟草专卖、公安等部门按照职责分工责令限期改正,给予警告,没收违法所得,可以并处五万元以下罚款;拒不改正或者情节严重的,责令停业整顿或者吊销营业执照、吊销相关许可证,可以并处五万元以上五十万元以下罚款。

第一百二十四条 违反本法第五十九条第二款规定,在学校、幼儿园和其他未成年人集中活动的公共场所吸烟、饮酒的,由卫生健康、教育、市场监督管理等部门按照职责分工责令改正,给予警告,可以并处五百元以下罚款;场所管理者未及时制止的,由卫生健康、教育、市场监督管理等部门按照职责分工给予警告,并处一万元以下罚款。

第一百二十五条 违反本法第六十一条规定的,由文化和旅游、人力资源和社会保障、市场监督管理等部门按照职责分工责令限期改正,给予警告,没收违法所得,可以并处十万元以下罚款;拒不改正或者情节严重的,责令停产停业或者吊销营业执照、吊销相关许可证,并处十万元以上一百万元以下罚款。

第一百二十六条 密切接触未成年人的单位违反本法第六十二条规定,未履行查询义务,或者招用、继续聘用具有相关违法犯罪记录人员的,由教育、人力资源和社会保障、市场监督管理等部门按照职责分工责令限期改正,给予警告,并处五万元以下罚款;拒不改正或者造成严重后果的,责令停业整顿或者吊销营业执照、吊销相关许可证,并处五万元以上五十万元以下罚款,对直接负责的主管人员和其他直接责任人员依法给予处分。

第一百二十七条 信息处理者违反本法第七十二条规定,或者网络产品和服务提供者违反本法第七十三条、第七十四条、第七十五条、第七十六条、第七十七条、第八十条规定的,由公安、网信、电信、新闻出版、广播电视、文化和旅游等有关部门按照职责分工责令改正,给予警告,没收违法所得,违法所得一百万元以上的,并处违法所得一倍以上十倍以下罚款,没有违法所得或者违法所得不足一百万元的,并处十万元以上一百万元以下罚款,对直接负责的主管人员和其他责任人员处一万元以上十万元以下罚款;拒不改正或者情节严重的,并可以责令暂停相关业务、停业整顿、关闭网站、吊销营业执照或者吊销相关许可证。

第一百二十八条 国家机关工作人员玩忽职守、滥用职权、徇私舞弊,损害未成年人合法权益的,依法给予处分。

第一百二十九条 违反本法规定,侵犯未成年人合法权益,造成人身、财产或者其他损害的,依法承担民事责任。

违反本法规定,构成违反治安管理行为的,依法给予治安管理处罚;构成犯罪的,依法追究刑事责任。

第九章 附 则

第一百三十条 本法中下列用语的含义:

(一)密切接触未成年人的单位,是指学校、幼儿园等教育机构;校外培训机构;未成年人救助保护机构、儿童福利机构等未成年人安置、救助机构;婴幼儿照护服务机构、早期教育服务机构;校外托管、临时看护机构;家政服务机构;为未成年人提供医疗服务的医疗机构;其他对未成年人负有教育、培训、监护、救助、看护、医疗等职责的企业事业单位、社会组织等。

(二)学校,是指普通中小学、特殊教育学校、中等职业学校、专门学校。

(三)学生欺凌,是指发生在学生之间,一方蓄意或者恶意通过肢体、语言及网络等手段实施欺压、侮辱,造成另一方人身伤害、财产损失或者精神损害的行为。

第一百三十一条 对中国境内未满十八周岁的外国人、无国籍人,依照本法有关规定予以保护。

第一百三十二条 本法自 2021 年 6 月 1 日起施行。

快递暂行条例

- 2018 年 3 月 2 日中华人民共和国国务院令第 697 号公布
- 根据 2019 年 3 月 2 日《国务院关于修改部分行政法规的决定》第一次修订
- 根据 2025 年 4 月 13 日《国务院关于修改〈快递暂行条例〉的决定》第二次修订

第一章　总　则

第一条　为促进快递业健康发展,保障快递安全,保护快递用户合法权益,加强对快递业的监督管理,根据《中华人民共和国邮政法》和其他有关法律,制定本条例。

第二条　在中华人民共和国境内从事快递业务经营、接受快递服务以及对快递业实施监督管理,适用本条例。

第三条　快递业发展应当遵循市场主导、保障安全、创新驱动、协同发展的原则,构建普惠城乡、技术先进、服务优质、安全高效、绿色节能的快递服务体系。

第四条　地方各级人民政府应当创造良好的快递业营商环境,支持经营快递业务的企业创新商业模式和服务方式,引导经营快递业务的企业加强服务质量管理、健全规章制度、完善安全保障措施,为用户提供迅速、准确、安全、方便的快递服务。

地方各级人民政府应当确保政府相关行为符合公平竞争要求和相关法律法规,维护快递业竞争秩序,不得出台违反公平竞争、可能造成地区封锁和行业垄断的政策措施。

第五条　任何单位或者个人不得利用信件、包裹、印刷品以及其他寄递物品(以下统称快件)从事危害国家安全、社会公共利益或者他人合法权益的活动。

除有关部门依照法律对快件进行检查外,任何单位或者个人不得非法检查他人快件。任何单位或者个人不得私自开拆、隐匿、毁弃、倒卖他人快件。

第六条　国务院邮政管理部门负责对全国快递业实施监督管理。国务院公安、国家安全、海关、市场监督管理等有关部门在各自职责范围内负责相关的快递监督管理工作。

省、自治区、直辖市邮政管理机构和按照国务院规定设立的省级以下邮政管理机构负责对本辖区的快递业实施监督管理。县级以上地方人民政府有关部门在各自职责范围内负责相关的快递监督管理工作。

第七条　国务院邮政管理部门和省、自治区、直辖市邮政管理机构以及省级以下邮政管理机构(以下统称邮政管理部门)应当与公安、国家安全、海关、市场监督管理等有关部门相互配合,建立健全快递安全监管机制,加强对快递业安全运行的监测预警,收集、共享与快递业安全运行有关的信息,依法处理影响快递业安全运行的事件。

第八条　依法成立的快递行业组织应当保护企业合法权益,加强行业自律,促进企业守法、诚信、安全经营,督促企业落实安全生产主体责任,引导企业不断提高快递服务质量和水平。

第九条　国家加强快递业诚信体系建设,建立健全快递业信用记录、信息公开、信用评价制度,依法实施联合惩戒措施,提高快递业信用水平。

第十条　国家完善综合性支持政策,推进快递包装绿色化、减量化、可循环。

国家鼓励经营快递业务的企业和寄件人使用可降解、可重复利用的环保包装材料。

第二章　发展保障

第十一条　国务院邮政管理部门应当制定快递业发展规划,促进快递业健康发展。

县级以上地方人民政府应当将快递业发展纳入本级国民经济和社会发展规划,在国土空间规划中统筹考虑快件大型集散、分拣等基础设施用地的需要。

县级以上地方人民政府建立健全促进快递业健康发展的政策措施,完善相关配套规定,依法保障经营快递业务的企业及其从业人员的合法权益。

第十二条　国家支持和鼓励经营快递业务的企业在农村、偏远地区发展快递服务网络,完善快递末端网点布局。

第十三条　国家鼓励和引导经营快递业务的企业采用先进技术,促进自动化分拣设备、机械化装卸设备、智能末端服务设施、快递电子运单以及快件信息化管理系统等的推广应用。

第十四条　县级以上地方人民政府公安、交通运输等部门和邮政管理部门应当加强协调配合,建立健全快递运输保障机制,依法保障快递服务车辆通行和临时停靠的权利,不得禁止快递服务车辆依法通行。

邮政管理部门会同县级以上地方人民政府公安等部门,依法规范快递服务车辆的管理和使用,对快递专用电动三轮车的行驶时速、装载质量等作出规定,并对快递服务车辆加强统一编号和标识管理。经营快递业务的企业应当对其从业人员加强道路交通安全培训。

快递从业人员应当遵守道路交通安全法律法规的规定,按照操作规范安全、文明驾驶车辆。快递从业人员因执行工作任务造成他人损害的,由快递从业人员所属的经营快递业务的企业依照民事侵权责任相关法律的规定承担侵权责任。

第十五条 企业事业单位、住宅小区管理单位应当根据实际情况,采取与经营快递业务的企业签订合同、设置快件收寄投递专门场所等方式,为开展快递服务提供必要的便利。鼓励多个经营快递业务的企业共享末端服务设施,为用户提供便捷的快递末端服务。

第十六条 国家鼓励快递业与制造业、农业、商贸业等行业建立协同发展机制,推动快递业与电子商务融合发展,加强信息沟通,共享设施和网络资源。

国家引导和推动快递业与铁路、公路、水路、民航等行业的标准对接,支持在大型车站、码头、机场等交通枢纽配套建设快件运输通道和接驳场所。

第十七条 国家鼓励经营快递业务的企业依法开展进出境快递业务,支持在重点口岸建设进出境快件处理中心、在境外依法开办快递服务机构并设置快件处理场所。

海关、邮政管理等部门应当建立协作机制,完善进出境快件管理,推动实现快件便捷通关。

第三章 经营主体

第十八条 经营快递业务,应当依法取得快递业务经营许可。邮政管理部门应当根据《中华人民共和国邮政法》第五十二条、第五十三条规定的条件和程序核定经营许可的业务范围和地域范围,向社会公布取得快递业务经营许可的企业名单,并及时更新。

第十九条 经营快递业务的企业及其分支机构可以根据业务需要开办快递末端网点,并应当自开办之日起20日内向所在地邮政管理部门备案。快递末端网点无需办理营业执照。

第二十条 两个以上经营快递业务的企业可以使用统一的商标、字号或者快递运单经营快递业务。

前款规定的经营快递业务的企业应当签订书面协议明确各自的权利义务,遵守共同的服务约定,在服务质量、安全保障、业务流程等方面实行统一管理,为用户提供统一的快件跟踪查询和投诉处理服务。

用户的合法权益因快件延误、丢失、损毁或者内件短少而受到损害的,用户可以要求该商标、字号或者快递运单所属企业赔偿,也可以要求实际提供快递服务的企业赔偿。

第二十一条 经营快递业务的企业应当依法保护其从业人员的合法权益。

经营快递业务的企业应当对其从业人员加强职业操守、服务规范、作业规范、安全生产、车辆安全驾驶等方面的教育和培训。

第四章 快递服务

第二十二条 经营快递业务的企业在寄件人填写快递运单前,应当提醒其阅读快递服务合同条款、遵守禁止寄递和限制寄递物品的有关规定,告知相关保价规则和保险服务项目。

寄件人交寄贵重物品的,应当事先声明;经营快递业务的企业可以要求寄件人对贵重物品予以保价。

第二十三条 寄件人交寄快件,应当如实提供以下事项:

(一)寄件人姓名、地址、联系电话;

(二)收件人姓名(名称)、地址、联系电话;

(三)寄递物品的名称、性质、数量。

除信件和已签订安全协议用户交寄的快件外,经营快递业务的企业收寄快件,应当对寄件人身份进行查验,并登记身份信息,但不得在快递运单上记录除姓名(名称)、地址、联系电话以外的用户身份信息。寄件人拒绝提供身份信息或者提供身份信息不实的,经营快递业务的企业不得收寄。

第二十四条 国家鼓励经营快递业务的企业在节假日期间根据业务量变化实际情况,为用户提供正常的快递服务。

第二十五条 经营快递业务的企业应当规范操作,防止造成快件损毁。

法律法规对食品、药品等特定物品的运输有特殊规定的,寄件人、经营快递业务的企业应当遵守相关规定。

第二十六条　经营快递业务的企业应当将快件投递到约定的收件地址、收件人或者收件人指定的代收人,并告知收件人或者代收人当面验收。收件人或者代收人有权当面验收。

第二十七条　快件无法投递的,经营快递业务的企业应当退回寄件人或者根据寄件人的要求进行处理;属于进出境快件的,经营快递业务的企业应当依法办理海关和检验检疫手续。

快件无法投递又无法退回的,依照下列规定处理:

(一)属于信件,自确认无法退回之日起超过6个月无人认领的,由经营快递业务的企业在所在地邮政管理部门的监督下销毁;

(二)属于信件以外其他快件的,经营快递业务的企业应当登记,并按照国务院邮政管理部门的规定处理;

(三)属于进境快件的,交由海关依法处理。

第二十八条　快件延误、丢失、损毁或者内件短少的,对保价的快件,应当按照经营快递业务的企业与寄件人约定的保价规则确定赔偿责任;对未保价的快件,依照民事法律的有关规定确定赔偿责任。

国家鼓励保险公司开发快件损失赔偿责任险种,鼓励经营快递业务的企业投保。

第二十九条　经营快递业务的企业应当实行快件寄递全程信息化管理,公布联系方式,保证与用户的联络畅通,向用户提供业务咨询、快件查询等服务。用户对快递服务质量不满意的,可以向经营快递业务的企业投诉,经营快递业务的企业应当自接到投诉之日起7日内予以处理并告知用户。

第三十条　经营快递业务的企业停止经营的,应当提前10日向社会公告,书面告知邮政管理部门,交回快递业务经营许可证,并依法妥善处理尚未投递的快件。

经营快递业务的企业或者其分支机构因不可抗力或者其他特殊原因暂停快递服务的,应当及时向邮政管理部门报告,向社会公告暂停服务的原因和期限,并依法妥善处理尚未投递的快件。

第五章　快递安全

第三十一条　寄件人交寄快件和经营快递业务的企业收寄快件应当遵守《中华人民共和国邮政法》第二十四条关于禁止寄递或者限制寄递物品的规定。

禁止寄递物品的目录及管理办法,由国务院邮政管理部门会同国务院有关部门制定并公布。

第三十二条　经营快递业务的企业收寄快件,应当依照《中华人民共和国邮政法》的规定验视内件,并作出验视标识。寄件人拒绝验视的,经营快递业务的企业不得收寄。

经营快递业务的企业受寄件人委托,长期、批量提供快递服务的,应当与寄件人签订安全协议,明确双方的安全保障义务。

第三十三条　经营快递业务的企业可以自行或者委托第三方企业对快件进行安全检查,并对经过安全检查的快件作出安全检查标识。经营快递业务的企业委托第三方企业对快件进行安全检查的,不免除委托方对快件安全承担的责任。

经营快递业务的企业或者接受委托的第三方企业应当使用符合强制性国家标准的安全检查设备,并加强对安全检查人员的背景审查和技术培训;经营快递业务的企业或者接受委托的第三方企业对安全检查人员进行背景审查,公安机关等相关部门应当予以配合。

第三十四条　经营快递业务的企业发现寄件人交寄禁止寄递物品的,应当拒绝收寄;发现已经收寄的快件中有疑似禁止寄递物品的,应当立即停止分拣、运输、投递。对快件中依法应当没收、销毁或者可能涉及违法犯罪的物品,经营快递业务的企业应当立即向有关部门报告并配合调查处理;对其他禁止寄递物品以及限制寄递物品,经营快递业务的企业应当按照法律、行政法规或者国务院和国务院有关主管部门的规定处理。

第三十五条　经营快递业务的企业应当建立快递运单及电子数据管理制度,妥善保管用户信息等电子数据,定期销毁快递运单,采取有效技术手段保证用户信息安全。具体办法由国务院邮政管理部门会同国务院有关部门制定。

经营快递业务的企业及其从业人员不得出售、泄露或者非法提供快递服务过程中知悉的用户信息。发生或者可能发生用户信息泄露的，经营快递业务的企业应当立即采取补救措施，并向所在地邮政管理部门报告。

第三十六条 经营快递业务的企业应当依法建立健全安全生产责任制，确保快递服务安全。

经营快递业务的企业应当依法制定突发事件应急预案，定期开展突发事件应急演练；发生突发事件的，应当按照应急预案及时、妥善处理，并立即向所在地邮政管理部门报告。

第六章　快递包装

第三十七条 快递包装应当符合寄递生产作业的要求，节约使用资源，避免过度包装，防止污染环境。

国务院标准化行政主管部门和国务院邮政管理等部门按照职责分工组织制定快递包装的国家标准、行业标准。快递包装应当符合强制性国家标准。

第三十八条 国家鼓励科技创新，支持采用新技术、新材料、新工艺研发、生产符合绿色环保要求的快递包装。

第三十九条 经营快递业务的企业应当在保障快递安全的前提下，优化快递包装方式和包装结构设计，节约使用包装物。

鼓励经营快递业务的企业使用通过绿色产品认证的包装物。

第四十条 国家推动经营快递业务的企业与商品生产企业、电子商务企业协同发展，推广商品原装直发，减少寄递环节的二次包装。

第四十一条 经营快递业务的企业应当制定并实施快递包装操作规范，加强对其从业人员快递包装操作技能的培训。

第四十二条 经营快递业务的企业应当制定并实施包装物回收利用管理制度，优化业务流程，提高包装物的回收利用率。

鼓励在快递经营场所和企业事业单位、住宅小区等其他适当场所设置包装物回收设施设备。

第四十三条 经营快递业务的企业应当按照国家有关规定向邮政管理部门报告包装物中一次性塑料制品的使用、回收情况。

第四十四条 国务院有关部门、县级以上地方人民政府及其有关部门应当组织开展多种形式的宣传教育活动，新闻媒体应当开展公益宣传，提高公众的环保包装意识。

鼓励经营快递业务的企业通过积分奖励、寄件优惠等方式引导用户重复使用包装物。

第四十五条 依法成立的快递行业组织应当将经营快递业务的企业使用、回收包装物等情况纳入行业自律范围，并及时向社会公布有关情况。

第七章　监督检查

第四十六条 邮政管理部门应当加强对快递业的监督检查。监督检查应当以下列事项为重点：

（一）从事快递活动的企业是否依法取得快递业务经营许可；

（二）经营快递业务的企业的安全管理制度是否健全并有效实施；

（三）经营快递业务的企业是否妥善处理用户的投诉、保护用户合法权益；

（四）经营快递业务的企业是否落实快递包装有关管理制度和强制性国家标准。

第四十七条 邮政管理部门应当建立和完善以随机抽查为重点的日常监督检查制度，公布抽查事项目录，明确抽查的依据、频次、方式、内容和程序，随机抽取被检查企业，随机选派检查人员。抽查情况和查处结果应当及时向社会公布。

邮政管理部门应当充分利用计算机网络等先进技术手段，加强对快递业务活动的日常监督检查，提高快递业管理水平。

第四十八条 邮政管理部门依法履行职责，有权采取《中华人民共和国邮政法》第六十一条规定的监督检查措施。邮政管理部门实施现场检查，有权查阅经营快递业务的企业管理快递业务的电子数据。

国家安全机关、公安机关为维护国家安全和侦查犯罪活动的需要依法开展执法活动，经营快递业务的企业应当提供技术支持和协助。

《中华人民共和国邮政法》第十一条规定的处理场所，包括快件处理场地、设施、设备。

第四十九条 邮政管理部门应当向社会公布本部门的联系方式，方便公众举报违法行为。

邮政管理部门接到举报的，应当及时依法调查处理,并为举报人保密。对实名举报的,邮政管理部门应当将处理结果告知举报人。

第八章　法律责任

第五十条　未取得快递业务经营许可从事快递活动的,由邮政管理部门依照《中华人民共和国邮政法》的规定予以处罚。

经营快递业务的企业或者其分支机构有下列行为之一的,由邮政管理部门责令改正,可以处1万元以下的罚款;情节严重的,处1万元以上5万元以下的罚款,并可以责令停业整顿:

(一)开办快递末端网点未向所在地邮政管理部门备案;

(二)停止经营快递业务,未提前10日向社会公告,未书面告知邮政管理部门并交回快递业务经营许可证,或者未依法妥善处理尚未投递的快件;

(三)因不可抗力或者其他特殊原因暂停快递服务,未及时向邮政管理部门报告并向社会公告暂停服务的原因和期限,或者未依法妥善处理尚未投递的快件。

第五十一条　两个以上经营快递业务的企业使用统一的商标、字号或者快递运单经营快递业务,未遵守共同的服务约定,在服务质量、安全保障、业务流程等方面未实行统一管理,或者未向用户提供统一的快件跟踪查询和投诉处理服务的,由邮政管理部门责令改正,处1万元以上5万元以下的罚款;情节严重的,处5万元以上10万元以下的罚款,并可以责令停业整顿。

第五十二条　冒领、私自开拆、隐匿、毁弃、倒卖或者非法检查他人快件,尚不构成犯罪的,依法给予治安管理处罚。

经营快递业务的企业有前款规定行为,或者非法扣留快件的,由邮政管理部门责令改正,没收违法所得,并处5万元以上10万元以下的罚款;情节严重的,并处10万元以上20万元以下的罚款,并可以责令停业整顿直至吊销其快递业务经营许可证。

第五十三条　经营快递业务的企业有下列情形之一的,由邮政管理部门依照《中华人民共和国邮政法》、《中华人民共和国反恐怖主义法》的规定予以处罚:

(一)不建立或者不执行收寄验视制度;

(二)违反法律、行政法规以及国务院和国务院有关部门关于禁止寄递或者限制寄递物品的规定;

(三)收寄快件未查验寄件人身份并登记身份信息,或者发现寄件人提供身份信息不实仍予收寄;

(四)未按照规定对快件进行安全检查。

寄件人在快件中夹带禁止寄递的物品,尚不构成犯罪的,依法给予治安管理处罚。

第五十四条　经营快递业务的企业有下列行为之一的,由邮政管理部门责令改正,没收违法所得,并处1万元以上5万元以下的罚款;情节严重的,并处5万元以上10万元以下的罚款,并可以责令停业整顿直至吊销其快递业务经营许可证:

(一)未按照规定建立快递运单及电子数据管理制度;

(二)未定期销毁快递运单;

(三)出售、泄露或者非法提供快递服务过程中知悉的用户信息;

(四)发生或者可能发生用户信息泄露的情况,未立即采取补救措施,或者未向所在地邮政管理部门报告。

第五十五条　经营快递业务的企业及其从业人员在经营活动中有危害国家安全行为的,依法追究法律责任;对经营快递业务的企业,由邮政管理部门吊销其快递业务经营许可证。

第五十六条　经营快递业务的企业采用的快递包装不符合强制性国家标准,或者未按照国家有关规定向邮政管理部门报告包装物中一次性塑料制品的使用情况的,由邮政管理部门依照《中华人民共和国标准化法》、《中华人民共和国固体废物污染环境防治法》等法律、行政法规的规定予以处罚。

经营快递业务的企业未按照规定制定、实施快递包装操作规范或者包装物回收利用管理制度的,由邮政管理部门责令改正;拒不改正的,处5000元以上2万元以下的罚款。

第五十七条　邮政管理部门和其他有关部门的工作人员在监督管理工作中滥用职权、玩忽职守、徇私舞弊的,依法给予处分。

第五十八条　违反本条例规定,构成犯罪的,依法追究刑事责任;造成人身、财产或者其他损害的,依法承担赔偿责任。

第九章　附　则

第五十九条　本条例自 2018 年 5 月 1 日起施行。

最高人民法院关于审理非法行医刑事案件具体应用法律若干问题的解释

- 2008 年 4 月 28 日最高人民法院审判委员会第 1446 次会议通过
- 根据 2016 年 12 月 12 日最高人民法院审判委员会第 1703 次会议通过的《最高人民法院关于修改〈关于审理非法行医刑事案件具体应用法律若干问题的解释〉的决定》修正

为依法惩处非法行医犯罪,保障公民身体健康和生命安全,根据刑法的有关规定,现对审理非法行医刑事案件具体应用法律的若干问题解释如下:

第一条　具有下列情形之一的,应认定为刑法第三百三十六条第一款规定的"未取得医生执业资格的人非法行医":

(一)未取得或者以非法手段取得医师资格从事医疗活动的;

(二)被依法吊销医师执业证书期间从事医疗活动的;

(三)未取得乡村医生执业证书,从事乡村医疗活动的;

(四)家庭接生员实施家庭接生以外的医疗行为的。

第二条　具有下列情形之一的,应认定为刑法第三百三十六条第一款规定的"情节严重":

(一)造成就诊人轻度残疾、器官组织损伤导致一般功能障碍的;

(二)造成甲类传染病传播、流行或者有传播、流行危险的;

(三)使用假药、劣药或不符合国家规定标准的卫生材料、医疗器械,足以严重危害人体健康的;

(四)非法行医被卫生行政部门行政处罚两次以后,再次非法行医的;

(五)其他情节严重的情形。

第三条　具有下列情形之一的,应认定为刑法第三百三十六条第一款规定的"严重损害就诊人身体健康":

(一)造成就诊人中度以上残疾、器官组织损伤导致严重功能障碍的;

(二)造成三名以上就诊人轻度残疾、器官组织损伤导致一般功能障碍的。

第四条　非法行医行为系造成就诊人死亡的直接、主要原因的,应认定为刑法第三百三十六条第一款规定的"造成就诊人死亡"。

非法行医行为并非造成就诊人死亡的直接、主要原因的,可不认定为刑法第三百三十六条第一款规定的"造成就诊人死亡"。但是,根据案件情况,可以认定为刑法第三百三十六条第一款规定的"情节严重"。

第五条　实施非法行医犯罪,同时构成生产、销售假药罪,生产、销售劣药罪,诈骗罪等其他犯罪的,依照刑法处罚较重的规定定罪处罚。

第六条　本解释所称"医疗活动""医疗行为",参照《医疗机构管理条例实施细则》中的"诊疗活动""医疗美容"认定。

本解释所称"轻度残疾、器官组织损伤导致一般功能障碍""中度以上残疾、器官组织损伤导致严重功能障碍",参照《医疗事故分级标准(试行)》认定。

最高人民法院、最高人民检察院、公安部、司法部、国家卫生和计划生育委员会关于依法惩处涉医违法犯罪维护正常医疗秩序的意见

- 2014 年 4 月 22 日
- 法发〔2014〕5 号

为依法惩处涉医违法犯罪,维护正常医疗秩序,构建和谐医患关系,根据《中华人民共和国刑法》《中华人民共和国治安管理处罚法》等法律法规,结合工作实践,制定本意见。

一、充分认识依法惩处涉医违法犯罪维护正常医疗秩序的重要性

加强医药卫生事业建设,是实现人民群众病有所医,提高全民健康水平的重要社会建设工程。经过多年努力,我国医药卫生事业发展取得显著成就,但医

疗服务能力、医疗保障水平与人民群众不断增长的医疗服务需求之间仍存在一定差距。一段时期以来，个别地方相继发生暴力杀医、伤医以及在医疗机构聚众滋事等违法犯罪行为，严重扰乱了正常医疗秩序，侵害了人民群众的合法利益。良好的医疗秩序是社会和谐稳定的重要体现，也是增进人民福祉的客观要求。依法惩处涉医违法犯罪，维护正常医疗秩序，有利于保障医患双方的合法权益，为患者创造良好的看病就医环境，为医务人员营造安全的执业环境，从而促进医疗服务水平的整体提高和医药卫生事业的健康发展。

二、严格依法惩处涉医违法犯罪

对涉医违法犯罪行为，要依法严肃追究、坚决打击。公安机关要加大对暴力杀医、伤医、扰乱医疗秩序等违法犯罪活动的查处力度，接到报警后应当及时出警、快速处置，需要追究刑事责任的，及时立案侦查，全面、客观地收集、调取证据，确保侦查质量。人民检察院应当及时依法批捕、起诉，对于重大涉医犯罪案件要加强法律监督，必要时可以对收集证据、适用法律提出意见。人民法院应当加快审理进度，在全面查明案件事实的基础上依法准确定罪量刑，对于犯罪手段残忍、主观恶性深、人身危险性大的被告人或者社会影响恶劣的涉医犯罪行为，要依法从严惩处。

（一）在医疗机构内殴打医务人员或者故意伤害医务人员身体、故意损毁公私财物，尚未造成严重后果的，分别依照治安管理处罚法第四十三条、第四十九条的规定处罚；故意杀害医务人员，或者故意伤害医务人员造成轻伤以上严重后果，或者随意殴打医务人员情节恶劣、任意损毁公私财物情节严重，构成故意杀人罪、故意伤害罪、故意毁坏财物罪、寻衅滋事罪的，依照刑法的有关规定定罪处罚。

（二）在医疗机构私设灵堂、摆放花圈、焚烧纸钱、悬挂横幅、堵塞大门或者以其他方式扰乱医疗秩序，尚未造成严重损失，经劝说、警告无效的，要依法驱散，对拒不服从的人员要依法带离现场，依照治安管理处罚法第二十三条的规定处罚；聚众实施的，对首要分子和其他积极参加者依法予以治安处罚；造成严重损失或者扰乱其他公共秩序情节严重，构成寻衅滋事罪、聚众扰乱社会秩序罪、聚众扰乱公共场所秩序、

交通秩序罪的，依照刑法的有关规定定罪处罚。

在医疗机构的病房、抢救室、重症监护室等场所及医疗机构的公共开放区域违规停放尸体，影响医疗秩序，经劝说、警告无效的，依照治安管理处罚法第六十五条的规定处罚；严重扰乱医疗秩序或者其他公共秩序，构成犯罪的，依照前款的规定定罪处罚。

（三）以不准离开工作场所等方式非法限制医务人员人身自由的，依照治安管理处罚法第四十条的规定处罚；构成非法拘禁罪的，依照刑法的有关规定定罪处罚。

（四）公然侮辱、恐吓医务人员的，依照治安管理处罚法第四十二条的规定处罚；采取暴力或者其他方法公然侮辱、恐吓医务人员情节严重（恶劣），构成侮辱罪、寻衅滋事罪的，依照刑法的有关规定定罪处罚。

（五）非法携带枪支、弹药、管制器具或者爆炸性、放射性、毒害性、腐蚀性物品进入医疗机构的，依照治安管理处罚法第三十条、第三十二条的规定处罚；危及公共安全情节严重，构成非法携带枪支、弹药、管制刀具、危险物品危及公共安全罪的，依照刑法的有关规定定罪处罚。

（六）对于故意扩大事态，教唆他人实施针对医疗机构或者医务人员的违法犯罪行为，或者以受他人委托处理医疗纠纷为名实施敲诈勒索、寻衅滋事等行为的，依照治安管理处罚法和刑法的有关规定从严惩处。

三、积极预防和妥善处理医疗纠纷

（一）卫生计生行政部门应当加强医疗行业监管，指导医疗机构提高医疗服务能力，保障医疗安全和医疗质量。医疗机构及其医务人员要严格遵守医疗卫生管理法律、行政法规、部门规章和诊疗护理规范，加强医德医风建设，改善服务态度，注重人文关怀，尊重患者的隐私权、知情权、选择权等权利，根据患者病情、预后不同以及患者实际需求，采取适当方式进行沟通，做好解释说理工作，从源头上预防和减少医疗纠纷。

（二）卫生计生行政部门应当指导医疗机构加强投诉管理，设立医患关系办公室或者指定部门统一承担医疗机构投诉管理工作，建立畅通、便捷的投诉渠道。

医疗机构投诉管理部门应当在医疗机构显著位

置公布该部门及医疗纠纷人民调解组织等相关机构的联系方式、医疗纠纷的解决程序,加大对患者法律知识的宣传,引导患者依法、理性解决医疗纠纷。有条件的医疗机构可设立网络投诉平台,并安排专人处理、回复患者投诉。要做到投诉必管、投诉必复,在规定期限内向投诉人反馈处理情况。

对于医患双方自行协商解决不成的医疗纠纷,医疗机构应当及时通过向人民调解委员会申请调解等其他合法途径解决。

(三)司法行政机关应当会同卫生计生行政部门加快推进医疗纠纷人民调解组织建设,在医疗机构集中、医疗纠纷突出的地区建立独立的医疗纠纷人民调解委员会。

司法行政机关应当会同人民法院加强对医疗纠纷人民调解委员会的指导,帮助完善医疗纠纷人民调解受理、调解、回访、反馈等各项工作制度,加强医疗纠纷人民调解员队伍建设和业务培训,建立医学、法律等专家咨询库,确保调解依法、规范、有效进行。

司法行政机关应当组织法律援助机构为有需求并符合条件的医疗纠纷患者及其家属提供法律援助,指导律师事务所、公证机构等为医疗纠纷当事人提供法律服务,指导律师做好代理服务工作,促使医疗纠纷双方当事人妥善解决争议。

(四)人民法院对起诉的医疗损害赔偿案件应当及时立案受理,积极开展诉讼调解,对调解不成的,及时依法判决,切实维护医患双方的合法利益。在诉讼过程中应当加强诉讼指导,并做好判后释疑工作。

(五)卫生计生行政部门应当会同公安机关指导医疗机构建立健全突发事件预警应对机制和警医联动联防联控机制,提高应对突发事件的现场处置能力。公安机关可根据实际需要在医疗机构设立警务室,及时受理涉医报警求助,加强动态管控。医疗机构在诊治过程中发现有暴力倾向的患者,或者在处理医疗纠纷过程中发现有矛盾激化,可能引发治安案件、刑事案件的情况,应当及时报告公安机关。

四、建立健全协调配合工作机制

各有关部门要高度重视打击涉医违法犯罪、维护正常医疗秩序的重要性,认真落实党中央、国务院关于构建和谐医患关系的决策部署,加强组织领导与协调配合,形成构建和谐医患关系的合力。地市级以上卫生计生行政部门应当积极协调相关部门建立联席会议等工作制度,定期互通信息,及时研究解决问题,共同维护医疗秩序,促进我国医药卫生事业健康发展。

网络暴力信息治理规定

·2024 年 6 月 12 日国家互联网信息办公室、公安部、文化和旅游部、国家广播电视总局令第 17 号发布
·自 2024 年 8 月 1 日起施行

第一章　总　则

第一条　为了治理网络暴力信息,营造良好网络生态,保障公民合法权益,维护社会公共利益,根据《中华人民共和国网络安全法》、《中华人民共和国个人信息保护法》、《中华人民共和国治安管理处罚法》、《互联网信息服务管理办法》等法律、行政法规,制定本规定。

第二条　中华人民共和国境内的网络暴力信息治理活动,适用本规定。

第三条　网络暴力信息治理坚持源头防范、防控结合、标本兼治、协同共治的原则。

第四条　国家网信部门负责统筹协调全国网络暴力信息治理和相关监督管理工作。国务院公安、文化和旅游、广播电视等有关部门依据各自职责开展网络暴力信息的监督管理工作。

地方网信部门负责统筹协调本行政区域内网络暴力信息治理和相关监督管理工作。地方公安、文化和旅游、广播电视等有关部门依据各自职责开展本行政区域内网络暴力信息的监督管理工作。

第五条　鼓励网络相关行业组织加强行业自律,开展网络暴力信息治理普法宣传,督促指导网络信息服务提供者加强网络暴力信息治理并接受社会监督,为遭受网络暴力信息侵害的用户提供帮扶救助等支持。

第二章　一般规定

第六条　网络信息服务提供者和用户应当坚持社会主义核心价值观,遵守法律法规,尊重社会公德和伦理道德,促进形成积极健康、向上向善的网络文

化,维护良好网络生态。

第七条　网络信息服务提供者应当履行网络信息内容管理主体责任,建立完善网络暴力信息治理机制,健全用户注册、账号管理、个人信息保护、信息发布审核、监测预警、识别处置等制度。

第八条　网络信息服务提供者为用户提供信息发布、即时通讯等服务的,应当依法对用户进行真实身份信息认证。用户不提供真实身份信息的,网络信息服务提供者不得为其提供相关服务。

网络信息服务提供者应当加强用户账号信息管理,为遭受网络暴力信息侵害的相关主体提供账号信息认证协助,防范和制止假冒、仿冒、恶意关联相关主体进行违规注册或者发布信息。

第九条　网络信息服务提供者应当制定和公开管理规则、平台公约,与用户签订服务协议,明确网络暴力信息治理相关权利义务,并依法依约履行治理责任。

第十条　任何组织和个人不得制作、复制、发布、传播涉网络暴力违法信息,应当防范和抵制制作、复制、发布、传播涉网络暴力不良信息。

任何组织和个人不得利用网络暴力事件实施蹭炒热度、推广引流等营销炒作行为,不得通过批量注册或者操纵用户账号等形式组织制作、复制、发布、传播网络暴力信息。

明知他人从事涉网络暴力信息违法犯罪活动的,任何组织和个人不得为其提供数据、技术、流量、资金等支持和协助。

第十一条　网络信息服务提供者应当定期发布网络暴力信息治理公告,并将相关工作情况列入网络信息内容生态治理工作年度报告。

第三章　预防预警

第十二条　网络信息服务提供者应当在国家网信部门和国务院有关部门指导下细化网络暴力信息分类标准规则,建立健全网络暴力信息特征库和典型案例样本库,采用人工智能、大数据等技术手段和人工审核相结合的方式加强对网络暴力信息的识别监测。

第十三条　网络信息服务提供者应当建立健全网络暴力信息预警模型,综合事件类别、针对主体、参与人数、信息内容、发布频次、环节场景、举报投诉等因素,及时发现预警网络暴力信息风险。

网络信息服务提供者发现存在网络暴力信息风险的,应当及时回应社会关切,引导用户文明互动、理性表达,并对异常账号及时采取真实身份信息动态核验、弹窗提示、违规警示、限制流量等措施;发现相关信息内容浏览、搜索、评论、举报量显著增长等情形的,还应当及时向有关部门报告。

第十四条　网络信息服务提供者应当建立健全用户账号信用管理体系,将涉网络暴力信息违法违规情形记入用户信用记录,依法依约降低账号信用等级或者列入黑名单,并据以限制账号功能或者停止提供相关服务。

第四章　信息和账号处置

第十五条　网络信息服务提供者发现涉网络暴力违法信息的,或者在其服务的醒目位置、易引起用户关注的重点环节发现涉网络暴力不良信息的,应当立即停止传输,采取删除、屏蔽、断开链接等处置措施,保存有关记录,向有关部门报告。发现涉嫌违法犯罪的,应当及时向公安机关报案,并提供相关线索,依法配合开展侦查、调查和处置等工作。

第十六条　互联网新闻信息服务提供者应当坚持正确政治方向、舆论导向、价值取向,加强网络暴力信息治理的公益宣传。

互联网新闻信息服务提供者不得通过夸大事实、过度渲染、片面报道等方式采编发布、转载涉网络暴力新闻信息。对互联网新闻信息提供跟帖评论服务的,应当实行先审后发。

互联网新闻信息服务提供者采编发布、转载涉网络暴力新闻信息不真实或者不公正的,应当立即公开更正,消除影响。

第十七条　网络信息服务提供者应当加强网络视听节目、网络表演等服务内容的管理,发现含有网络暴力信息的网络视听节目、网络表演等服务的,应当及时删除信息或者停止提供相关服务;应当加强对网络直播、短视频等服务的内容审核,及时阻断含有网络暴力信息的网络直播,处置含有网络暴力信息的短视频。

第十八条　网络信息服务提供者应当加强对跟

帖评论信息内容的管理,对以评论、回复、留言、弹幕、点赞等方式制作、复制、发布、传播网络暴力信息的,应当及时采取删除、屏蔽、关闭评论、停止提供相关服务等处置措施。

第十九条　网络信息服务提供者应当加强对网络论坛社区和网络群组的管理,禁止用户在版块、词条、超话、群组等环节制作、复制、发布、传播网络暴力信息,禁止以匿名投稿、隔空喊话等方式创建含有网络暴力信息的论坛社区和群组账号。

网络论坛社区、网络群组的建立者和管理者应当履行管理责任,发现用户制作、复制、发布、传播网络暴力信息的,应当依法依约采取限制发言、移出群组等管理措施。

第二十条　公众账号生产运营者应当建立健全发布推广、互动评论等全过程信息内容安全审核机制,发现账号跟帖评论等环节存在网络暴力信息的,应当及时采取举报、处置等措施。

第二十一条　对违反本规定第十条的用户,网络信息服务提供者应当依法依约采取警示、删除信息、限制账号功能、关闭账号等处置措施,并保存相关记录;对组织、煽动、多次发布网络暴力信息的,网络信息服务提供者还应当依法依约采取列入黑名单、禁止重新注册等处置措施。

对借网络暴力事件实施营销炒作等行为的,除前款规定外,还应当依法依约采取清理订阅关注账号、暂停营利权限等处置措施。

第二十二条　对组织、煽动制作、复制、发布、传播网络暴力信息的网络信息内容多渠道分发服务机构,网络信息服务提供者应当依法依约对该机构及其管理的账号采取警示、暂停营利权限、限制提供服务、入驻清退等处置措施。

第五章　保护机制

第二十三条　网络信息服务提供者应当建立健全网络暴力信息防护功能,提供便利用户设置屏蔽陌生用户或者特定用户、本人发布信息可见范围、禁止转载或者评论本人发布信息等网络暴力信息防护选项。

网络信息服务提供者应当完善私信规则,提供便利用户设置仅接收好友私信或者拒绝接收所有私信等网络暴力信息防护选项,鼓励提供智能屏蔽私信或者自定义私信屏蔽词等功能。

第二十四条　网络信息服务提供者发现用户面临网络暴力信息风险的,应当及时通过显著方式提示用户,告知用户可以采取的防护措施。

网络信息服务提供者发现网络暴力信息风险涉及以下情形的,还应当为用户提供网络暴力信息防护指导和保护救助服务,协助启动防护措施,并向网信、公安等有关部门报告:

(一)网络暴力信息侵害未成年人、老年人、残疾人等用户合法权益的;

(二)网络暴力信息侵犯用户个人隐私的;

(三)若不及时采取措施,可能造成用户人身、财产损害等严重后果的其他情形。

第二十五条　网络信息服务提供者发现、处置网络暴力信息的,应当及时保存信息内容、浏览评论转发数量等数据。网络信息服务提供者应当向用户提供网络暴力信息快捷取证等功能,依法依约为用户维权提供便利。

公安、网信等有关部门依法调取证据的,网络信息服务提供者应当及时提供必要的技术支持和协助。

第二十六条　网络信息服务提供者应当自觉接受社会监督,优化投诉、举报程序,在服务显著位置设置专门的网络暴力信息快捷投诉、举报入口,公布处理流程,及时受理、处理公众投诉、举报并反馈处理结果。

网络信息服务提供者应当结合投诉、举报内容以及相关证明材料及时研判。对属于网络暴力信息的投诉、举报,应当依法处理并反馈结果;对因证明材料不充分难以准确判断的,应当及时告知用户补充证明材料;对不属于网络暴力信息的投诉、举报,应当按照其他类型投诉、举报的受理要求予以处理并反馈结果。

第二十七条　网络信息服务提供者应当优先处理涉未成年人网络暴力信息的投诉、举报。发现涉及侵害未成年人用户合法权益的网络暴力信息风险的,应当按照法律法规和本规定要求及时采取措施,提供相应保护救助服务,并向有关部门报告。

网络信息服务提供者应当设置便利未成年人及其监护人行使通知删除网络暴力信息权利的功能、渠道,接到相关通知后,应当及时采取删除、屏蔽、断开链接等必要的措施,防止信息扩散。

第六章　监督管理和法律责任

第二十八条　网信部门会同公安、文化和旅游、广播电视等有关部门依法对网络信息服务提供者的网络暴力信息治理情况进行监督检查。

网络信息服务提供者对网信部门和有关部门依法实施的监督检查应当予以配合。

第二十九条　网信部门会同公安、文化和旅游、广播电视等有关部门建立健全信息共享、会商通报、取证调证、案件督办等工作机制,协同治理网络暴力信息。

公安机关对于网信、文化和旅游、广播电视等部门移送的涉网络暴力信息违法犯罪线索,应当及时进行审查,并对符合立案条件的及时立案侦查、调查。

第三十条　违反本规定的,依照《中华人民共和国网络安全法》《中华人民共和国个人信息保护法》《中华人民共和国治安管理处罚法》《互联网信息服务管理办法》等法律、行政法规的规定予以处罚。

法律、行政法规没有规定的,由网信、公安、文化和旅游、广播电视等有关部门依据职责给予警告、通报批评,责令限期改正,可以并处一万元以上十万元以下罚款;涉及危害公民生命健康安全且有严重后果的,并处十万元以上二十万元以下罚款。

对组织、煽动制作、复制、发布、传播网络暴力信息或者利用网络暴力事件实施恶意营销炒作等行为的组织和个人,应当依法从重处罚。

第三十一条　违反本规定,给他人造成损害的,依法承担民事责任;构成违反治安管理行为的,依法给予治安管理处罚;构成犯罪的,依法追究刑事责任。

第七章　附　则

第三十二条　本规定所称网络暴力信息,是指通过网络以文本、图像、音频、视频等形式对个人集中发布的,含有侮辱谩骂、造谣诽谤、煽动仇恨、威逼胁迫、侵犯隐私,以及影响身心健康的指责嘲讽、贬低歧视等内容的违法和不良信息。

第三十三条　依法通过网络检举、揭发他人违法犯罪,或者依法实施舆论监督的,不适用本规定。

第三十四条　本规定自 2024 年 8 月 1 日起施行。

最高人民法院、最高人民检察院、公安部关于依法惩治网络暴力违法犯罪的指导意见

·2023 年 9 月 20 日
·法发〔2023〕14 号

为依法惩治网络暴力违法犯罪活动,有效维护公民人格权益和网络秩序,根据刑法、刑事诉讼法、民法典、民事诉讼法、个人信息保护法、治安管理处罚法及《最高人民法院、最高人民检察院关于办理利用信息网络实施诽谤等刑事案件适用法律若干问题的解释》等法律、司法解释规定,结合执法司法实践,制定本意见。

一、充分认识网络暴力的社会危害,依法维护公民权益和网络秩序

1. 在信息网络上针对个人肆意发布谩骂侮辱、造谣诽谤、侵犯隐私等信息的网络暴力行为,贬损他人人格,损害他人名誉,有的造成了他人"社会性死亡"甚至精神失常、自杀等严重后果;扰乱网络秩序,破坏网络生态,致使网络空间戾气横行,严重影响社会公众安全感。与传统违法犯罪不同,网络暴力往往针对素不相识的陌生人实施,受害人在确认侵害人、收集证据等方面存在现实困难,维权成本极高。人民法院、人民检察院、公安机关要充分认识网络暴力的社会危害,坚持严惩立场,依法能动履职,为受害人提供有效法律救济,维护公民合法权益,维护公众安全感,维护网络秩序。

二、准确适用法律,依法严惩网络暴力违法犯罪

2. 依法惩治网络诽谤行为。在信息网络上制造、散布谣言,贬损他人人格、损害他人名誉,情节严重,符合刑法第二百四十六条规定的,以诽谤罪定罪处罚。

3. 依法惩治网络侮辱行为。在信息网络上采取肆意谩骂、恶意诋毁、披露隐私等方式,公然侮辱他人,情节严重,符合刑法第二百四十六条规定的,以侮辱罪定罪处罚。

4. 依法惩治侵犯公民个人信息行为。组织"人肉搜索",违法收集并向不特定多数人发布公民个人信息,情节严重,符合刑法第二百五十三条之一规定的,以侵犯公民个人信息罪定罪处罚;依照刑法和司法解

释规定,同时构成其他犯罪的,依照处罚较重的规定定罪处罚。

5. 依法惩治借网络暴力事件实施的恶意营销炒作行为。基于蹭炒热度、推广引流等目的,利用互联网用户公众账号等推送、传播有关网络暴力违法犯罪的信息,符合刑法第二百八十七条之一规定的,以非法利用信息网络罪定罪处罚;依照刑法和司法解释规定,同时构成其他犯罪的,依照处罚较重的规定定罪处罚。

6. 依法惩治拒不履行信息网络安全管理义务行为。网络服务提供者对于所发现的有关网络暴力违法犯罪的信息不依法履行信息网络安全管理义务,经监管部门责令采取改正措施而拒不改正,致使违法信息大量传播或者有其他严重情节,符合刑法第二百八十六条之一规定的,以拒不履行信息网络安全管理义务罪定罪处罚;依照刑法和司法解释规定,同时构成其他犯罪的,依照处罚较重的规定定罪处罚。

7. 依法惩治网络暴力违法行为。实施网络侮辱、诽谤等网络暴力行为,尚不构成犯罪,符合治安管理处罚法等规定的,依法予以行政处罚。

8. 依法严惩网络暴力违法犯罪。对网络暴力违法犯罪,应当体现从严惩治精神,让人民群众充分感受到公平正义。坚持严格执法司法,对于网络暴力违法犯罪,依法严肃追究,切实矫正"法不责众"的错误倾向。要重点打击恶意发起者、组织者、恶意推波助澜者以及屡教不改者。实施网络暴力违法犯罪,具有下列情形之一的,依法从重处罚:

(1)针对未成年人、残疾人实施的;

(2)组织"水军"、"打手"或者其他人员实施的;

(3)编造"涉性"话题侵害他人人格尊严的;

(4)利用"深度合成"等生成式人工智能技术发布违法信息的;

(5)网络服务提供者发起、组织的。

9. 依法支持民事维权。针对他人实施网络暴力行为,侵犯他人名誉权、隐私权等人格权,受害人请求行为人承担民事责任的,人民法院依法予以支持。

10. 准确把握违法犯罪行为的认定标准。通过信息网络检举、揭发他人犯罪或者违法违纪行为,只要不是故意捏造事实或者明知是捏造的事实而故意散布的,不应当认定为诽谤违法犯罪。针对他人言行发表评论、提出批评,即使观点有所偏颇、言论有些偏激,只要不是肆意谩骂、恶意诋毁的,不应当认定为侮辱违法犯罪。

三、畅通诉讼程序,及时提供有效法律救济

11. 落实公安机关协助取证的法律规定。根据刑法第二百四十六条第三款的规定,对于被害人就网络侮辱、诽谤提起自诉的案件,人民法院经审查认为被害人提供证据确有困难的,可以要求公安机关提供协助。公安机关应当根据人民法院要求和案件具体情况,及时查明行为主体,收集相关侮辱、诽谤信息传播扩散情况及造成的影响等证据材料。网络服务提供者应当依法为公安机关取证提供必要的技术支持和协助。经公安机关协助取证,达到自诉案件受理条件的,人民法院应当决定立案;无法收集相关证据材料的,公安机关应当书面向人民法院说明情况。

12. 准确把握侮辱罪、诽谤罪的公诉条件。根据刑法第二百四十六条第二款的规定,实施侮辱、诽谤犯罪,严重危害社会秩序和国家利益的,应当依法提起公诉。对于网络侮辱、诽谤是否严重危害社会秩序,应当综合侵害对象、动机目的、行为方式、信息传播范围、危害后果等因素作出判定。

实施网络侮辱、诽谤行为,具有下列情形之一的,应当认定为刑法第二百四十六条第二款规定的"严重危害社会秩序":

(1)造成被害人或者其近亲属精神失常、自杀等严重后果,社会影响恶劣的;

(2)随意以普通公众为侵害对象,相关信息在网络上大范围传播,引发大量低俗、恶意评论,严重破坏网络秩序,社会影响恶劣的;

(3)侮辱、诽谤多人或者多次散布侮辱、诽谤信息,社会影响恶劣的;

(4)组织、指使人员在多个网络平台大量散布侮辱、诽谤信息,社会影响恶劣的;

(5)其他严重危害社会秩序的情形。

13. 依法适用侮辱、诽谤刑事案件的公诉程序。对于严重危害社会秩序的网络侮辱、诽谤行为,公安机关应当依法及时立案。被害人同时向人民法院提起自诉的,人民法院可以请自诉人撤回自诉或者裁定

不予受理;已经受理的,应当裁定终止审理,并将相关材料移送公安机关,原自诉人可以作为被害人参与诉讼。对于网络侮辱、诽谤行为,被害人在公安机关立案前提起自诉,人民法院经审查认为有关行为严重危害社会秩序的,应当将案件移送公安机关。

对于网络侮辱、诽谤行为,被害人或者其近亲属向公安机关报案,公安机关经审查认为已构成犯罪但不符合公诉条件的,可以告知报案人向人民法院提起自诉。

14. 加强立案监督工作。人民检察院依照有关法律和司法解释的规定,对网络暴力犯罪案件加强立案监督工作。

上级公安机关应当加强对下级公安机关网络暴力案件立案工作的业务指导和内部监督。

15. 依法适用人格权侵害禁令制度。权利人有证据证明行为人正在实施或者即将实施侵害其人格权的违法行为,不及时制止将使其合法权益受到难以弥补的损害,依据民法典第九百九十七条向人民法院申请采取责令行为人停止有关行为的措施的,人民法院可以根据案件具体情况依法作出人格权侵害禁令。

16. 依法提起公益诉讼。网络暴力行为损害社会公共利益的,人民检察院可以依法向人民法院提起公益诉讼。

网络服务提供者对于所发现的网络暴力信息不依法履行信息网络安全管理义务,致使违法信息大量传播或者有其他严重情节,损害社会公共利益的,人民检察院可以依法向人民法院提起公益诉讼。

人民检察院办理网络暴力治理领域公益诉讼案件,可以依法要求网络服务提供者提供必要的技术支持和协助。

四、落实工作要求,促进强化综合治理

17. 有效保障受害人权益。办理网络暴力案件,应当及时告知受害人及其法定代理人或者近亲属有权委托诉讼代理人,并告知其有权依法申请法律援助。针对相关网络暴力信息传播范围广、社会危害大、影响消除难的现实情况,要依法及时向社会发布案件进展信息,澄清事实真相,有效消除不良影响。依法适用认罪认罚从宽制度,促使被告人认罪认罚,真诚悔罪,通过媒体公开道歉等方式,实现对受害人

人格权的有效保护。对于被判处刑罚的被告人,可以依法宣告职业禁止或者禁止令。

18. 强化衔接配合。人民法院、人民检察院、公安机关要加强沟通协调,统一执法司法理念,有序衔接自诉程序与公诉程序,确保案件顺利侦查、起诉、审判。对重大、敏感、复杂案件,公安机关听取人民检察院意见建议的,人民检察院应当及时提供,确保案件依法稳妥处理。完善行政执法和刑事司法衔接机制,加强协调配合,形成各单位各司其职、高效联动的常态化工作格局,依法有效惩治、治理网络暴力违法犯罪。

19. 做好法治宣传。要认真贯彻“谁执法谁普法”普法责任制,充分发挥执法办案的规则引领、价值导向和行为规范作用。发布涉网络暴力典型案例,明确传导“网络空间不是法外之地”,教育引导广大网民自觉守法,引领社会文明风尚。

20. 促进网络暴力综合治理。立足执法司法职能,在依法办理涉网络暴力相关案件的基础上,做实诉源治理,深入分析滋生助推网络暴力发生的根源,通过提出司法建议、检察建议、公安提示函等方式,促进对网络暴力的多元共治,夯实网络信息服务提供者的主体责任,不断健全长效治理机制,从根本上减少网络暴力的发生,营造清朗网络空间。

最高人民检察院、教育部、公安部关于建立教职员工准入查询性侵违法犯罪信息制度的意见

·2020 年 8 月 20 日

第一章　总　则

第一条　为贯彻未成年人特殊、优先保护原则,加强对学校教职员工的管理,预防利用职业便利实施的性侵未成年人违法犯罪,根据《中华人民共和国刑法》《中华人民共和国刑事诉讼法》《中华人民共和国未成年人保护法》《中华人民共和国治安管理处罚法》《中华人民共和国教师法》《中华人民共和国劳动合同法》等法律,制定本意见。

第二条　最高人民检察院、教育部与公安部联合建立信息共享工作机制。教育部统筹、指导各级教育行政部门及教师资格认定机构实施教职员工准入查询制度。公安部协助教育部开展信息查询工作。最高人民检察院对相关工作情况开展法律监督。

第三条　本意见所称的学校,是指中小学校(含中等职业学校和特殊教育学校)、幼儿园。

第二章　内容与方式

第四条　本意见所称的性侵违法犯罪信息,是指符合下列条件的违法犯罪信息,公安部根据本条规定建立性侵违法犯罪人员信息库:

(一)因触犯刑法第二百三十六条、第二百三十七条规定的强奸,强制猥亵,猥亵儿童犯罪行为被人民法院依法作出有罪判决的人员信息;

(二)因触犯刑法第二百三十六条、第二百三十七条规定的强奸,强制猥亵,猥亵儿童犯罪行为被人民检察院根据刑事诉讼法第一百七十七条第二款之规定作出不起诉决定的人员信息;

(三)因触犯治安管理处罚法第四十四条规定的猥亵行为被行政处罚的人员信息。

符合刑事诉讼法第二百八十六条规定的未成年人犯罪记录封存条件的信息除外。

第五条　学校新招录教师、行政人员、勤杂人员、安保人员等在校园内工作的教职员工,在入职前应当进行性侵违法犯罪信息查询。

在认定教师资格前,教师资格认定机构应当对申请人员进行性侵违法犯罪信息查询。

第六条　教育行政部门应当做好在职教职员工性侵违法犯罪信息的筛查。

第三章　查询与异议

第七条　教育部建立统一的信息查询平台,与公安部部门间信息共享与服务平台对接,实现性侵违法犯罪人员信息核查,面向地方教育行政部门提供教职员工准入查询服务。

地方教育行政部门主管本行政区内的教职员工准入查询。

根据属地化管理原则,县级及以上教育行政部门根据拟聘人员和在职教职员工的授权,对其性侵违法犯罪信息进行查询。

对教师资格申请人员的查询,由受理申请的教师资格认定机构组织开展。

第八条　公安部根据教育部提供的最终查询用户身份信息和查询业务类别,向教育部信息查询平台反馈被查询人是否有性侵违法犯罪信息。

第九条　查询结果只反映查询时性侵违法犯罪人员信息库里录入和存在的信息。

第十条　查询结果告知的内容包括:

(一)有无性侵违法犯罪信息;

(二)有性侵违法犯罪信息的,应当根据本意见第四条规定标注信息类型;

(三)其他需要告知的内容。

第十一条　被查询人对查询结果有异议的,可以向其授权的教育行政部门提出复查申请,由教育行政部门通过信息查询平台提交申请,由教育部统一提请公安部复查。

第四章　执行与责任

第十二条　学校拟聘用人员应当在入职前进行查询。对经查询发现有性侵违法犯罪信息的,教育行政部门或学校不得录用。在职教职员工经查询发现有性侵违法犯罪信息的,应当立即停止其工作,按照规定及时解除聘用合同。

教师资格申请人员取得教师资格前应当进行教师资格准入查询。对经查询发现有性侵违法犯罪信息的,应当不予认定。已经认定的按照法律法规和国家有关规定处理。

第十三条　地方教育行政部门未对教职员工性侵违法犯罪信息进行查询,或者经查询有相关违法犯罪信息,地方教育行政部门或学校仍予以录用的,由上级教育行政部门责令改正,并追究相关教育行政部门和学校相关人员责任。

教师资格认定机构未对申请教师资格人员性侵违法犯罪信息进行查询,或者未依法依规对经查询有相关违法犯罪信息的人员予以处理的,由上级教育行政部门予以纠正,并报主管部门依法依规追究相关人员责任。

第十四条　有关单位和个人应当严格按照本意见规定的程序和内容开展查询,并对查询获悉的有关性侵违法犯罪信息保密,不得散布或者用于其他用途。违反规定的,依法追究相应责任。

第五章　其他规定

第十五条　最高人民检察院、教育部、公安部应当建立沟通联系机制,及时总结工作情况,研究解决存在的问题,指导地方相关部门及学校开展具体工作,促进学校安全建设和保护未成年人健康成长。

第十六条　教师因对学生实施性骚扰等行为,被用人单位解除聘用关系或者开除,但其行为不属于本意见第四条规定情形的,具体处理办法由教育部另行规定。

第十七条　对高校教职员工以及面向未成年人的校外培训机构工作人员的性侵违法犯罪信息查询,参照本意见执行。

第十八条　各地正在开展的其他密切接触未成年人行业入职查询工作,可以按照原有方式继续实施。

· 典 型 案 例

最高人民法院发布4件依法惩治非法生产、销售、使用窃听、窃照设备犯罪典型案例①
（2024 年 12 月 11 日 ）

案例一
石某等人制作、贩卖淫秽物品牟利案
【基本案情】

2021 年 4 月至 2022 年 1 月,被告人石某先后伙同被告人吴某东、田某君、吴某华、罗某靖等人,经事先预谋,在多家宾馆、酒店房间内安装偷拍设备,偷拍入住旅客的性行为,并制作成视频,通过即时通信软件发布贩卖信息进行销售牟利,共非法获利 29 万余元。其中,石某负责在宾馆、酒店安装偷拍设备并对偷拍的视频进行加工、销售,吴某东、田某君、吴某华、罗某靖协助石某安装偷拍设备并提供收款账户收取违法所得等。

【裁判结果】

浙江省湖州市吴兴区人民法院经审理认为,被告人石某、吴某东、吴某华、罗某靖、田某君以牟利为目的,非法使用偷拍设备偷拍他人性行为并制作成视频贩卖,其行为均已构成制作、贩卖淫秽物品牟利罪。其中,石某、吴某东情节特别严重,吴某华、罗某靖、田某君情节严重。在共同犯罪中,石某起主要作用,系主犯;吴某东、吴某华、罗某靖、田某君起次要、辅助作用,系从犯,依法应当从轻或者减轻处罚。石某、吴某东、吴某华、罗某靖、田某君到案后均能如实供述自己的犯罪事实,且自愿认罪认罚,依法可以从轻处罚。根据石某、吴某东、吴某华、罗某靖、田某君犯罪的事实、性质、情节和对于社会的危害程度,以制作、贩卖淫秽物品牟利罪判处石某、吴某东、吴某华、罗某靖、田某君有期徒

刑十年至一年六个月不等,并处罚金人民币三十万元至一万元不等。一审宣判后,在法定期限内没有上诉、抗诉,判决已发生法律效力。

【典型意义】

本案是人民法院依法严惩偷拍盗摄黑灰产业犯罪的典型案例。公民的私人生活安宁和不愿为他人知晓的私密空间、私密活动、私密信息属于隐私,依法不受侵犯。近年来,一些不法分子将偷拍设备安装在宾馆、民宿等场所进行偷拍盗摄,甚至提供互联网链接供他人实时观看或者将偷拍内容制成图片、音视频进行传播,严重侵犯公民个人隐私,严重妨害社会管理秩序,人民群众深恶痛绝。本案中,石某等人以牟利为目的,使用偷拍设备偷拍他人性行为并制作成视频予以贩卖,不仅严重侵犯他人隐私,而且相关视频具有具体描绘性行为或者露骨宣扬色情的淫秽性,符合刑法对"淫秽物品"的界定,触犯了刑法第三百六十三条第一款的规定,构成制作、贩卖淫秽物品牟利罪。人民法院依法认定石某、吴某东、吴某华、罗某靖、田某君犯制作、贩卖淫秽物品牟利罪,并综合违法所得等因素,认定石某、吴某东的行为属于"情节特别严重",认定吴某华、罗某靖、田某君的行为属于"情节严重",分别判处有期徒刑十年至一年六个月不等,并处罚金人民币三十万元至一万元不等,彰显了人民法院依法严厉打击偷拍盗摄黑灰产业链,切实维护人民群众合法权益,坚决维护社会管理秩序的鲜明态度。

案例二
颜某平、颜某建非法使用窃照专用器材案
【基本案情】

2021 年 3 月以来,被告人颜某平、颜某建为了偷

---

① 案例来源:最高人民法院网站,https://www.court.gov.cn/zixun/xiangqing/449581.html,最后访问时间:2025 年 3 月 26 日。

拍他人隐私,在电商平台购买窃照专用器材,分别安装在三家酒店的多个房间内,使用手机 APP 将窃照专用器材与酒店房间内 WIFI 和自己的手机配对连接,并设置了远程使用手机 APP 观看房间内实时监控录像、回放录像、下载录像的功能。颜某建、颜某平通过手机 APP 实时观看时,若发现酒店房间内有人发生性行为,就将相关视频和截图下载至手机观看、保存并存储于颜某建的笔记本电脑内。2021 年 10 月 7 日晚,旅客唐某某发现房间内安装有窃照器材,随后联系酒店并报警。

【裁判结果】

湖南省临武县人民法院经审理认为,被告人颜某平、颜某建非法使用窃照专用器材,造成严重后果,其行为均已构成非法使用窃照专用器材罪。颜某平到案后,如实供述自己的犯罪事实,系坦白,依法予以从轻处罚。颜某建自动到案后,如实供述自己的犯罪事实,系自首,依法予以从轻处罚。颜某平、颜某建均自愿认罪认罚,依法予以从宽处理。根据颜某平、颜某建犯罪的事实、性质、情节和对于社会的危害程度,以非法使用窃照专用器材罪判处颜某平有期徒刑一年三个月,判处颜某建有期徒刑一年。一审宣判后,在法定期限内没有上诉、抗诉,判决已发生法律效力。

【典型意义】

本案是人民法院依法惩处偷拍盗摄乱象的典型案例。一些人使用窃听、窃照专用器材,非法获取他人的经营信息或者个人隐私,给单位和公民的正常工作、生活带来不利影响,严重侵犯公民的隐私等人身权利,扰乱正常的社会管理秩序。本案中,颜某平、颜某建将窃照专用器材安装于酒店房间,用于偷拍住店旅客,造成了恶劣社会影响,干扰了酒店的正常经营,严重侵犯他人隐私,严重扰乱社会管理秩序,触犯了刑法第二百八十四条的规定,构成非法使用窃照专用器材罪。人民法院根据颜某平、颜某建犯罪的事实、性质、情节和对于社会的危害程度,依法对二人判处有期徒刑,体现了坚决打击此类犯罪的严正立场。此案也提醒社会公众,在日常居家、旅游出行过程中,要注意个人隐私保护,一旦发现被窃听偷拍,应当及时报警;宾馆、民宿等也要履行好安全保障义务,采取必要的防范、检查措施,合力消除隐患。

案例三

闫某坤等人非法销售窃照专用器材案

【基本案情】

2020 年开始,被告人闫某坤在其成立的北京、杭州、广州工作室,伙同其招募的被告人闫某飞、汪某燕、孙某勤及卞某蛟(另案处理)等人销售从广州某公司购入的用于赌博出千的 A 系列主机及其配件等产品,部分产品销售至绍兴市越城区。A 系列主机外观和普通手机一样,侧边有改装的微型摄像头,内置软件,侧边摄像头偷拍识别后,软件会帮助计算玩法从而获利。其中,闫某飞负责北京工作室的销售工作,汪某燕负责杭州工作室的销售工作。孙某勤在北京工作室负责收发货、客服、记账等工作,并参与产品销售。经查证,闫某坤等人案发期间从广州某公司至少购入价值人民币 2950 万余元的 A 系列主机及配件,并予以销售。其中,北京工作室共计向广州某公司支付货款人民币 1350 万余元,杭州工作室共计向广州某公司支付货款人民币 1400 万余元,孙某勤参与期间北京工作室共计向广州某公司支付货款人民币 197 万余元。经鉴定,从北京、杭州、广州不同销售渠道查获的 A 系列主机检材均为窃照专用器材。相关设备流入社会后被广泛用于"诈赌"等诈骗行为,衍生了参与人员广泛、被害对象众多、犯罪数额巨大的次生犯罪。

【裁判结果】

浙江省绍兴市越城区人民法院经审理认为,被告人闫某坤、闫某飞、汪某燕、孙某勤等人违反国家对窃照专用器材的管理规定,未经有关主管部门批准、许可,非法销售窃照专用器材,其行为均已构成非法销售窃照专用器材罪。在共同犯罪中,闫某坤起主要作用,属主犯;闫某飞、汪某燕、孙某勤起次要、辅助作用,属从犯,分别对闫某飞、汪某燕予以减轻处罚,对孙某勤予以从轻处罚。闫某飞、孙某勤自愿认罪认罚,闫某坤、汪某燕在庭审中亦自愿认罪,分别对四被告人予以从宽处理。综合闫某坤、闫某飞、汪某燕等人销售窃照专用器材的经营数额以及销售的窃照专用器材流入社会后被广泛用于"诈赌"等诈骗行为而造成的次生危害等情节,闫某坤、闫某飞、汪某燕的行为属于"情节严重"。根据闫某坤、闫某飞、汪某燕、孙某勤犯罪的事实、性质、情节和对于社会的危害程度,以非法销售窃照专用器材罪,判处闫某坤有期徒刑四年十个月,并处罚金人民币一百万元;判处闫某飞有期徒刑二年十个月,并处罚金人民币五万元;判处汪某燕有期徒刑二年十个月,并处罚金人民币五万元;判处孙某勤有期徒刑一年十个月,缓刑二年六个月,并处罚金人民币二万元。一审宣判后,在法定期限内没有上诉、抗诉,判决已发生法律效力。

【典型意义】

偷拍盗摄黑灰产业不仅严重侵犯公民个人隐私,还容易成为滋生其他违法犯罪的温床。整治偷拍盗摄黑灰产业,必须坚持全环节、全链条打击,既要依法惩处偷拍盗摄者,也要加大对非法生产、销售窃听、窃照设备的打击力度,从源头上铲除偷拍盗摄滋生蔓延的土壤。本案中,被告人闫某坤等人非法销售窃照专用器材的经营数额特别巨大,非法销售的窃照专用器材流入社会后被广泛用于"诈赌"等诈骗行为,衍生了参与人员广泛、被害对象众多、犯罪数额巨大的次生犯罪,后果严重,影响恶劣。人民法院依法履职,综合本案犯罪事实及情节,恪守罪责刑相适应原则,依法认定闫某坤、闫某飞、汪某燕的行为属于非法销售窃照专用器材"情节严重",充分体现了对偷拍盗摄黑灰产业"出重拳"打击的鲜明态度和对非法制售窃听、窃照专用器材行为"零容忍"的基本立场。

案例四

陈某非法生产、销售窃听、窃照专用器材案

【基本案情】

被告人陈某于 2023 年 9 月 4 日至 10 月 2 日间,在未取得有关部门批准、许可的情况下,将二手手机及息屏录像软件改装成具有窃听、窃照功能的设备后售卖,先后销售 41 部改装设备,销售金额共计人民币 5 万余元,非法获利人民币 3 万余元。经鉴定,涉案送检的二手手机属于窃听、窃照专用器材。

【裁判结果】

吉林省吉林市龙潭区人民法院经审理认为,被告人陈某非法生产、销售窃听、窃照专用器材,其行为已构成非法生产、销售窃听、窃照专用器材罪。陈某到案后如实供述所犯罪行,自愿认罪认罚,依法可以从轻处罚。陈某上缴违法所得并提供财产刑担保,具有悔罪

表现。根据陈某犯罪的事实、性质、情节和对于社会的危害程度,以非法生产、销售窃听、窃照专用器材罪判处陈某有期徒刑一年,并处罚金人民币一万五千元。一审宣判后,在法定期限内没有上诉、抗诉,判决已发生法律效力。

【典型意义】

窃听、窃照专用器材属于国家严格管理的物品,非法流入社会,不仅可能侵犯公民隐私、企业商业秘密等,还可能危害公共安全和国家安全。对于非法生产、销售、使用窃听、窃照专用器材的行为,现行法律从不同层面作出了规范。民法典规定,除法律另有规定或者权利人明确同意外,进入、拍摄、窥视他人的住宅、宾馆房间等私密空间或者拍摄、窥视、窃听、公开他人的私密活动,构成对他人隐私权的侵害;治安管理处罚法第四十二条将偷窥、偷拍、窃听、散布他人隐私的行为列为违反治安管理的行为并给予处罚;刑法第二百八十三条、第二百八十四条规定了非法生产、销售、使用窃听、窃照专用器材行为的刑事责任,明确了定罪量刑标准。本案中,陈某自行改装并销售具有窃听、窃照功能的设备,生产、销售数量多,违法所得数额大,严重扰乱社会管理秩序,触犯了刑法第二百八十三条的规定,构成非法生产、销售窃听、窃照专用器材罪。人民法院根据陈某犯罪的事实、性质、情节和对于社会的危害程度,依法对其判处有期徒刑,有效打击了窃听、窃照专用器材流入市场的源头。此案也提醒社会公众,对于市面上的窃听、窃照设备,不要随意购买、使用;发现非法生产、销售窃听、窃照专用器材违法犯罪活动的,要及时向公安机关举报。

最高人民法院发布七起依法惩治
网络暴力违法犯罪典型案例①
（2023 年 9 月 25 日）

一、吴某某诽谤案

——网上随意诽谤他人,社会影响恶劣的,依法应当适用公诉程序

【基本案情】

被告人吴某某在网络平台上以个人账号"飞哥在

东莞"编发故事,为开展地产销售吸引粉丝、增加流量。2021 年 11 月 19 日,吴某某在网上浏览到被害人沈某某发布的"与外公的日常"贴文,遂下载并利用贴文图片在上述网络账号上发布贴文,捏造"73 岁东莞清溪企业家豪娶 29 岁广西大美女,赠送礼金、公寓、豪车"。上述贴文信息在网络上被大量转载、讨论,引起网民对沈某某肆意谩骂、诋毁,相关网络平台上对上述贴文信息的讨论量为 75608 条、转发量为 31485 次、阅读量为 4.7 亿余次,造成极恶劣社会影响。此外,被告人吴某某还针对闵某捏造并在网上发布诽谤信息。广东省东莞市第一市区人民检察院以诽谤罪对吴某某提起公诉。

【裁判结果】

广东省东莞市第一人民法院判决认为:被告人吴某某在信息网络上以捏造事实诽谤他人,情节严重,且严重危害社会秩序。综合被告人犯罪情节和认罪认罚情况,以诽谤罪判处被告人吴某某有期徒刑一年。该判决已发生法律效力。

【典型意义】

传统侮辱、诽谤多发生在熟人之间。为了更好地保护当事人的隐私,最大限度修复社会关系,刑法将此类案件规定为告诉才处理,并设置了"严重危害社会秩序和国家利益"的例外情形。随着网络时代的到来,侮辱、诽谤的行为对象发生重大变化。以网络暴力为例,所涉侮辱、诽谤行为往往针对素不相识的陌生人实施,受害人在确认侵害人、收集证据等方面存在现实困难,维权成本极高。对此,要准确把握侮辱罪、诽谤罪的公诉条件,依法对严重危害社会秩序的网络侮辱、诽谤案件提起公诉。需要注意的是,随意选择对象的网络侮辱、诽谤行为,可以使相关信息在线上以"网速"传播,迅速引发大规模负面评论,不仅严重侵害被害人的人格权益,还会产生"人人自危"的群体恐慌,严重影响社会公众的安全感,应当作为"严重危害社会秩序"的重要判断因素。

本案即是随意以普通公众为侵害对象的网络暴力案件,行为人为博取网络流量,随意以普通公众为侵害对象,捏造低俗信息诽谤素不相识的被害人,相关信息在网络上大范围传播,引发大量负面评论,累计阅读量超过 4 亿次,社会影响恶劣。基于此,办案机关认为本案属于"严重危害社会秩序"情形,依法适用公诉程序,以诽谤罪对被告人定罪判刑。

二、常某一等侮辱案

——网络侮辱造成被害人自杀,社会影响恶劣的,依法应当适用公诉程序

【基本案情】

2018 年 8 月 20 日,被告人常某一之子在德阳某游泳馆游泳时,因与安某某发生碰撞后向安某某作吐口水动作,被安某某丈夫乔某某将头按入水中并掌掴。常某一闻讯与安某某、乔某某发生争执,并进入游泳馆女更衣室与安某某发生肢体冲突。公安民警接警后调解未果。次日上午,常某一、周某(另案处理)到乔某某单位反映上述情况,要求对乔某某作出处理,并拍摄该单位公示栏中乔某某姓名、职务、免冠照片等;下午,被告人常某一和被告人常某二(常某一堂妹)等人到安某某单位,要求立即处理安某某,并吵闹、言语攻击安某某,引发群众围观。常某一通过安某某单位微信公众号获取其姓名、单位、职务、免冠照片截图。此后,被告人常某一、常某二和被告人孙某某(常某一表妹)将乔某某、安某某的相关个人信息与上述游泳池事件视频关联,通过微信群、微博发布带有情绪性、侮辱性的贴文和评论,并推送给多家网络媒体。涉案游泳池事件被多家媒体报道、转载,在网络上引发大量针对乔某某、安某某的诋毁、谩骂。其间,乔某某、安某某通过他人与常某一联系协商未果。同月 25 日,安某某服药自杀,经抢救无效死亡。四川省绵竹市人民检察院对常某一等提起公诉。

【裁判结果】

四川省绵竹市人民法院一审判决认为:被告人常某一、常某二、孙某某利用涉案泳池冲突事件煽动网络暴力,公然贬损被害人人格、损坏被害人名誉,造成被害人安某某不堪负面舆论的精神压力而自杀身亡。综合考虑各被告人在共同犯罪中所起作用、自首、悔罪表现以及被害人乔某某过错情况,以侮辱罪判处被告人常某一有期徒刑一年六个月;被告人常某二有期徒刑一年,缓刑二年;被告人孙某某有期徒刑六个月,缓刑一年。宣判后,被告人常某一提起上诉。四川省德阳市中级人民法院裁定驳回上诉,维持原判。

【典型意义】

与线下暴力直接造成人身伤害不同,网络暴力主要通过发布、传播信息,损害他人名誉、尊严等人格权益,实质是语言暴力。由于网络的特殊性,加之网络暴

力信息"夺人眼球",所涉信息极易在互联网空间被海量放大、快速扩散、发酵形成舆论风暴。网络暴力所引发的群体性网络负面言论,使得被害人面对海量信息的传播而无所适从、无从反抗,导致"社会性死亡"甚至精神失常、自杀等严重后果。近年来,网络暴力引发的悲剧接连发生,亟需依法予以严惩。

本案即是网络暴力引发严重后果的案件,行为人发布侮辱性言论,并通过网络推送,引发大量针对被害人的网络诋毁、谩骂,造成被害人自杀的严重后果,社会影响恶劣。基于此,办案机关依法适用公诉程序,以侮辱罪对三名被告人定罪判刑。

三、王某某诉李某某侮辱案
——网上侮辱他人,情节严重的,构成侮辱罪

【基本案情】

自诉人王某某曾与被告人李某某交往,其间,李某某拍摄了王某某裸照。两人分手后,被告人李某某在自诉人微信粉丝群(成员400余人)内发布"爆料"文章,并配有自诉人裸照、"有偿约炮""床照"等文字。2018年6月至7月,被告人将上述文章、照片编辑后分期在微博账号上发布,相关贴文被转发2万次,评论115次,点赞1033次,引起网民大量嘲讽攻击,给自诉人造成极大心理压力。被告人还在有关网络平台公开前述帖文的网络链接,被多个粉丝众多的网络账号转发,个别账号粉丝超过100万。

【裁判结果】

广东省深圳市南山区人民法院判决认为:被告人李某某为泄私愤,利用信息网络发布自诉人私密照片、侮辱性文字等信息,公然侮辱自诉人,致使相关信息被大量转发,其行为已构成侮辱罪。综合考虑被告人坦白、认罪等情节,以侮辱罪判处被告人李某某有期徒刑一年。宣判后,李某某提出上诉。广东省深圳市中级人民法院裁定驳回上诉,维持原判。

【典型意义】

根据刑法第二百四十六条规定,以暴力或者其他方法公然侮辱他人,情节严重的,构成侮辱罪。由于网络具有一定的特殊性,网络侮辱等网络暴力行为的社会危害更加突显,集中表现为传播范围更大、传播速度更快。对于网络侮辱行为是否达到"情节严重"的程度,应当根据侮辱信息的具体情形、传播范围,

以及行为手段、造成危害后果等因素,综合评价对被害人社会评价、人格尊严的损害程度,依法准确作出认定。需要特别注意的是,考虑到手机等移动网络终端已广泛普及,单纯依据相关信息的浏览数量入罪应当特别慎重,以确保案件处理符合罪责刑相适应原则。

本案即是网络侮辱案件,行为人发布包含被害人裸照等私密信息的网络贴文,并肆意发布低俗侮辱言论,致使相关信息大规模传播,严重损害被害人人格尊严,应当认为"情节严重"。基于此,人民法院以侮辱罪对被告人李某某定罪判刑。

四、刘某某侵犯公民个人信息案
——购买并通过信息网络发布个人信息,情节严重的,构成侵犯公民个人信息罪

【基本案情】

2019年1月至5月间,被告人刘某某为泄愤报复网络主播李某某,从他人处购买李某某及其父母的姓名、年龄、住址、身份证号码、照片等个人信息。刘某某编辑上述照片等信息并添加诅咒文字后,通过几十个网络账号多次发布,称"李某某的身份证号,大家拿去借网贷",相关网络贴文的阅读量达1万余次,引起大量负面评论。刘某某还利用网络账号大量添加被害人李某某粉丝,以私信发送李某某照片等个人身份信息,并扬言要蹲点杀害李某某。被害人李某某2019年4、5月间直播收入减少4万余元,大量粉丝对其取消关注。

【裁判结果】

湖南省醴陵市人民法院判决认为:被告人刘某某违反国家有关规定,非法获取公民个人信息,造成被害人经济损失,严重影响被害人生活,构成侵犯公民个人信息罪。综合考虑被告人坦白、退赃等情况,以侵犯公民个人信息罪判处被告人刘某某有期徒刑十个月,缓刑一年,并处罚金二万元。该判决已发生法律效力。

【典型意义】

网络暴力所涉行为类型多样,侵犯公民个人信息即为类型之一。特别是,通过"人肉搜索""开盒"等,在网络上非法曝光他人隐私、发布公民个人信息,导致网络暴力直接针对具体个体,危害更加严重,甚至还可

能转化为网下暴力,进而对人身权益带来直接损害。基于此,对网络暴力所涉侵犯公民个人信息的行为,必须严厉惩治,以有效维护被害人合法权益。

本案即是通过侵犯公民个人信息实施的网络暴力案件,行为人购买个人信息并通过网络对外发布,严重侵犯被害人个人信息权益,且对被害人正常工作、生活造成严重滋扰,应当认定为"情节严重"。基于此,人民法院以侵犯公民个人信息罪对被告人刘某某定罪判刑。

五、汤某某、何某网上"骂战"被行政处罚案
——对尚不构成犯罪的网络暴力行为,依法予以治安管理处罚

【基本案情】

2023年2月,汤某某和何某因琐事多次发生冲突,未能协商解决。后双方矛盾日益激化,于同年6月在多个网络平台发布视频泄愤,相互谩骂。随着"骂战"升级,二人开始捏造对方非法持枪、抢劫、强奸等不实信息,引发大量网民围观,跟进评论、嘲讽、谩骂,造成不良社会影响。

【处理结果】

云南省玉溪市公安局红塔分局依法传唤汤某某、何某,告知双方在网络上发布言论应当遵守法律法规,侵犯他人名誉或扰乱社会正常秩序的,需要承担法律责任。据此,依法对汤某某、何某处以行政拘留五日的处罚,并责令删除相关违法视频。

【典型意义】

网络暴力行为类型复杂多样,危害程度差异较大。基于此,在依法严惩网络暴力犯罪的同时,要根据案件具体情况,做好行刑衔接工作,贯彻综合治理原则。治安管理处罚法第四十二条规定:"有下列行为之一的,处五日以下拘留或者五百元以下罚款;情节较重的,处五日以上十日以下拘留,可以并处五百元以下罚款:……(二)公然侮辱他人或者捏造事实诽谤他人的……(六)偷窥、偷拍、窃听、散布他人隐私的。"据此,对于实施网络诽谤、侮辱等网络暴力行为,尚不构成犯罪,符合治安管理处罚法等规定的,依法予以行政处罚。

本案即是网络暴力治安管理处罚案件,行为人实施网络"骂战",相互谩骂、诋毁,在损害对方名誉权的

同时,破坏网络秩序,造成不良社会影响。公安机关依法予以治安管理处罚,责令删除违法信息,教育双方遵守法律法规,及时制止了网络暴力滋生蔓延和违法行为继续升级。

六、李某某申请人格权侵害禁令案
——为避免合法权益受到难以弥补的损害,人民法院可以依法作出人格权侵害禁令

【基本案情】

自2022年5月至2023年4月,被告张某某使用其拥有40万粉丝的网络账号直播40余次,发布针对李某某的视频,其中含有大量谩骂和人身攻击言辞。引发网民围观,跟进评论、嘲讽、诋毁。同时,张某某还组建粉丝群,煽动他人辱骂李某某。李某某据此向法院提起网络侵权责任纠纷诉讼。案件审理期间,经法庭释明后,张某某仍每晚定时直播,继续针对李某某发布相关侵权言论,并公开李某某数位身份证号码。2023年7月6日,李某某向法院提出人格权侵害禁令申请。

【裁判结果】

北京互联网法院裁定认为:结合张某某既往行为和本案实际情况,其正在实施侵害行为,且继续实施侵权行为的可能性较大。涉案直播视频播放量较高,若不及时制止,将极大增加原告李某某的维权负担,导致侵权影响范围、损害后果进一步扩大。据此,依法作出裁定,责令张某某立即停止在涉案账号中发布侵害李某某名誉权的内容。该裁定发生法律效力后,被申请人张某某已停止相关行为。

【典型意义】

网络暴力借助信息技术手段实施,与现实空间之中的侵害行为具有明显不同。特别是,网络暴力的强度及其对被害人合法权益的损害程度,往往与网络暴力信息的传播速度、规模直接相关联。基于此,阻断网络暴力信息扩散、发酵往往具有急迫性,需要采取紧急措施,避免对合法权益造成难以弥补的损害。对此,民法典第九百九十七条规定:"民事主体有证据证明行为人正在实施或者即将实施侵害其人格权的违法行为,不及时制止将使其合法权益受到难以弥补的损害的,有权依法向人民法院申请采取责令行为人停止有关行为的措施。"据此,权利人对正在实施或者即将实施侵

害其人格权的网络暴力行为,在提起民事诉讼时,还可以向人民法院申请依法适用人格权侵害禁令制度。

本案即是依法适用人格权侵害禁令的案例,被告发布相关侵权信息的持续时间较长、信息受众群体规模巨大,对原告名誉权造成严重负面影响,人民法院根据原告申请,在一周内即作出人格权侵害禁令,及时制止了被告继续实施相关行为,有力维护了受害人合法权益。

七、王某某等诉龚某名誉权纠纷案

——为有效维护受害人合法权益,可以判令行为人通过公开道歉等方式消除不良影响

【基本案情】

王某某、高某夫妇与龚某系邻居,双方因邻里琐事产生矛盾。2022年6月,龚某在成员百余人的"互帮互助群"和"邻里互助群"小区微信群内,发布针对王某某夫妇家庭生活、子女教育及道德品行方面的言论。王某某、高某认为龚某的言论给其造成了精神痛苦,导致了其社会评价降低、名誉受损等后果,向法院提起名誉权纠纷诉讼,请求判令龚某在上述微信群内公开赔礼道歉并赔偿精神损害抚慰金。

【裁判结果】

上海市闵行区人民法院判决认为:龚某在近百人的小区微信群内发布的针对王某某、高某夫妇的涉案言论,易使涉案微信群内的其他成员陷入错误判断,造成其人格被贬损、名誉被诋毁及社会评价降低的后果,故认定龚某发表的涉案言论构成侵犯王某某、高某名誉权,判决龚某在涉案两个微信群内以书面形式公开赔礼道歉,并赔偿精神损害抚慰金1000元。判决生效后,因涉案微信群之一已解散,在执行法官见证下,龚某逐户上门说明情况,同时在楼道口张贴致歉公告。

【典型意义】

网络暴力信息往往具有传播范围广、持续时间长、社会危害大、影响消除难的特点。办案机关根据案件进展情况,及时澄清事实真相,有效消除不良影响,是遏制网络暴力危害、保障受害人权益的重要方面。对于相关民事案件,除了让被告承担相应的侵权赔偿责

任外,还可以判令其通过公开道歉等方式,及时消除不良影响,实现对受害人人格权的有效保护。

本案即是判令行为人公开道歉的案例,被告涉案言论在小区微信群传播,影响受害人的日常生活,对其社会评价造成不良影响。基于此,为受害人及时消除不良影响不仅必要,而且可行。人民法院结合具体案情,在涉案微信群解散、不具备线上执行条件的情况下,由执行法官全程陪同被告逐户上门说明情况、澄清事实,不仅为受害人有效消除影响、恢复名誉,还教育引导社会公众自觉守法,引领社会文明风尚。

最高人民法院发布六起非法行医类犯罪典型案例①
（2023年12月27日）

案例1
于某非法行医案
——利用封建迷信开具含有毒物成分的药方致人死亡

（一）简要案情

被告人于某,男,汉族,1987年1月27日出生,小学文化。

被告人于某无医生执业资格,以"看香道"的封建迷信名义通过针灸、按摩方式在河北省赵县为他人治病。2021年6月7日,于某为被害人杜某芳治疗月经不调。于某以"师傅"上身的名义为杜某芳开具药方,指示并帮助杜某芳将断肠草等熬制成汤药饮用。其间,杜某芳的丈夫陈某利（被害人）认为自己体弱,询问于某是否可以饮用该汤药,于某称可以。同月17日,杜某芳、陈某利等饮用该汤药后中毒,陈某利因药物中毒抢救无效死亡。

（二）裁判结果

河北省石家庄市中级人民法院经审理认为,被告人于某未取得医生执业资格,利用封建迷信制造神秘感为他人开具药方,后又指导他人服药,造成服药人死亡,其行为已构成非法行医罪。于某有自首、认罪认罚、二审期间亲属代为赔偿部分经济损失等情节。据此,以非法行医罪判处于某有期徒刑九年六个月,并处罚金人民币二万元。

①　案例来源:最高人民法院网站,https://www.chinacourt.org/article/detail/2023/12/id/7729342.shtml,最后访问时间:2025年3月26日。

（三）典型意义

近年来，一些机构或个人缺乏行医资质，利用封建迷信非法开展诊疗活动，严重危及广大人民群众的身体健康。本案中，被告人于某无证从事诊疗活动，利用封建迷信制造神秘感为他人开具药方，在明知被害人身体亏虚情形下违规指导其服药，造成一人死亡的严重后果，应依法惩处。

案例 2
宋某兰非法进行节育手术案
——无证非法进行节育手术致人死亡

（一）简要案情

被告人宋某兰，女，汉族，1968 年 2 月 22 日出生，初中文化。

被告人宋某兰没有医生执业资格，在四川省乐至县经营药店。1997 年至 2019 年间，宋某兰擅自在其经营的药店内先后为 10 人进行终止妊娠手术或摘取宫内节育器。2019 年 2 月 12 日、3 月 21 日，宋某兰先后在该药店内为被害人熊某君进行终止妊娠手术。3 月 23 日 5 时许，熊某君死亡。经鉴定，熊某君的死亡原因符合脓毒败血症，其在接受"清宫手术"治疗过程中，未进行系统性抗感染治疗，引发脓毒败血症。

（二）裁判结果

四川省乐至县人民法院、资阳市中级人民法院经审理认为，被告人宋某兰未取得医生执业资格，擅自为他人进行终止妊娠手术、摘取宫内节育器，造成一人死亡，其行为已构成非法进行节育手术罪。宋某兰赔偿被害人亲属经济损失并取得谅解，可以酌定从宽处罚。据此，以非法进行节育手术罪判处宋某兰有期徒刑十一年，并处罚金人民币一万元。

（三）典型意义

生育权关系到人类的繁衍，也关系到广大人民群众的身体健康。一些不法分子在未取得相关资质的情况下，非法进行节育手术，既扰乱了医疗管理秩序，又严重侵害了公民的身体健康甚至生命安全。本案中，被告人宋某兰明知自己不具有行医资质，仍然在其经营的药店内为多人进行节育手术，导致一人死亡，应依法惩处。本案也提醒育龄青年要珍爱身体，如有需要，应选择正规医疗机构进行节育手术，确保身体健康和生命安全。

案例 3
宋某敏非法行医案
——无证从事医疗美容行为致人轻度残疾

（一）简要案情

被告人宋某敏，女，蒙古族，1987 年 5 月 30 日出生，初中文化。

被告人宋某敏未取得医生执业资格、医疗机构执业资格。2018 年 10 月，宋某敏伙同他人在租赁的广西某商贸有限公司发艺店开展医疗美容业务。2019 年 4 月 11 日，被害人刘某明在该店接受激光祛斑治疗。宋某敏因操作不慎，造成刘某明左眼被激光击伤，致刘某明左眼视网膜出血、视网膜裂孔、玻璃体积血后遗视力下降（盲目 4 级），构成重伤二级，伤残等级为八级。

（二）裁判结果

广西壮族自治区桂林市七星区人民法院经审理认为，被告人宋某敏在未取得医生执业等资格的情况下从事医疗活动，造成被害人轻度残疾、器官组织损伤导致一般功能障碍，情节严重，其行为已构成非法行医罪。宋某敏归案后如实供述犯罪事实，认罪认罚。据此，以非法行医罪判处宋某敏有期徒刑一年二个月，并处罚金人民币一万元。宋某敏上诉后，二审期间取得被害人谅解，桂林市中级人民法院改判宋某敏有期徒刑十个月，并处罚金人民币八千元。

（三）典型意义

近年来，随着广大人民群众生活水平的不断提高和对美好生活的不断追求，医疗美容（以下简称医美）的需求日益旺盛。一些人员、机构为追求高额利润，在不具备适格资质的情况下，非法开展整形、吸脂瘦身等医美服务，频频造成医美事故，不仅损害正常的医疗管理秩序，还直接危害人民群众的身体健康和生命安全。本案中，被告人宋某敏无行医资质，非法从事医美行为，致人轻度残疾，依法应予惩处。本案的处理，一方面给美容机构、相关从业人员敲响了警钟，无证行医或者"超范围"从事医美行为，将会被追究法律责任，另一方面也提醒广大爱美人士选择医美服务应审慎辨别执业人员和场所是否具有适格资质，避免上当受骗。

案例 4

吴某荣非法行医案

——非法实施应用人类辅助生殖技术行为致人轻伤

(一)简要案情

被告人吴某荣,女,汉族,1988 年 12 月 3 日出生,中专文化。

被告人吴某荣未取得医生执业资格,在未经工商登记注册且非医疗机构的广东省广州市某健康咨询有限公司工作。其间,吴某荣伙同他人在广州市天河区某大厦长期从事非法取卵、买卖卵子、"代孕"等违法业务。2019 年 7 月 23 日,被害人张某某(女,未成年人)在蔡某某(女,未成年人)介绍和带领下来到该公司卖卵。吴某荣未核实被害人真实年龄身份等情况,即安排他人为被害人进行身体检查、连续多日施打促排卵针。同年 8 月 4 日,吴某荣安排他人驾车接送张某某到某地别墅进行取卵手术。之后,吴某荣向张某及蔡某某支付报酬 1.7 万元。同月 9 日,张某某因"重度卵巢过度刺激综合症"就医,入院后行腹壁全层切开插入引流管引流腹腔积液。经鉴定,张某某损伤程度属轻伤二级。

(二)裁判结果

广东省广州市天河区人民法院、广州市中级人民法院经审理认为,被告人吴某荣未取得医生执业资格,安排他人为被害人进行身体检查、在未被批准行医的场所连续多日施打促排卵针、行取卵手术等医疗行为,且利诱并组织未成年人卖卵,对未成年人身心健康造成严重危害,情节严重,其行为已构成非法行医罪。吴某荣归案后如实供述基本犯罪事实,且已经赔偿被害人经济损失并取得谅解。据此,以非法行医罪判处吴某荣有期徒刑二年,并处罚金人民币五十万元。

(三)典型意义

人类辅助生殖技术的应用为生育障碍家庭带来了希望。一些不法分子为攫取非法利益,不顾相关人员的身体健康,非法利用人类辅助生殖技术实施取卵、"代孕"等违法活动,强烈冲击伦理、道德和法律底线,严重影响社会秩序和稳定,应依法惩处。

案例 5

许某越非法行医案

——长期无证从事口腔诊疗行为

(一)简要案情

被告人许某越,男,汉族,1977 年 4 月 4 日出生,中专文化。

被告人许某越因未取得医生执业资格非法行医,于 2017 年 7 月 20 日被人民法院以非法行医罪判处有期徒刑八个月,缓刑一年,并处罚金人民币三万元,缓刑考验期自 2017 年 8 月 4 日至 2018 年 8 月 3 日。许某越在缓刑考验期间及期满后在江苏省东海县家中长期开展口腔诊疗活动。2019 年 5 月 28 日,许某越被当场抓获并移送公安机关。

(二)裁判结果

江苏省东海县人民法院经审理认为,被告人许某越未取得医生执业资格,曾因非法行医多次被卫生行政部门行政处罚,又因犯非法行医罪被刑事处罚,在缓刑考验期间及期满后仍无证行医,情节严重,其行为已构成非法行医罪。许某越归案后如实供述犯罪事实,且认罪认罚。据此,依法对许某越撤销缓刑,判处有期徒刑十个月,并处罚金人民币三万元,与原判决判处的刑罚并罚,决定执行有期徒刑一年,并处罚金人民币三万元。

(三)典型意义

近年来,随着生活水平日益提高,广大人民群众越来越重视口腔健康。一些不法分子利用当前口腔诊疗服务需求旺盛之机,非法开展口腔诊疗,威胁广大就诊人群的身体健康。本案被告人许某越因非法行医已多次被行政处罚,还曾因犯非法行医罪被刑事处罚,不思悔改,在利益驱动下继续无证开展口腔诊疗活动,危害医疗管理秩序,情节严重,依法构成非法行医罪并受到惩处。

案例 6

吴某娟非法行医案

——明知他人没有行医资质仍将医院诊室对外承包致人死亡

(一)简要案情

被告人吴某娟,女,汉族,1972 年 1 月 2 日出生,大专文化。2018 年 6 月 19 日,因为他人施行非医学需要的胎儿性别鉴定被吊销护士执业资格。

被告人吴某娟系福建省晋江市某医院法定代表人。2018年2月以来，吴某娟在明知陈某峰未取得医生执业资格的情况下，将该医院碎石科外包给陈某峰用于对外开展诊疗活动。2020年7月20日、25日，陈某峰在该医院碎石科两次对被害人王某演进行体外冲击波碎石手术，并开具双氯芬酸钠栓、净石灵片、荡石片三种药物给王某演服用。王某演术后因身体不适，经送医抢救无效死亡。经鉴定，王某演系在泌尿系结石并双肾及左侧输尿管慢性炎症、双肾萎缩瘢痕形成等泌尿系基础病变基础上，泌尿系结石体外碎石术后伴泌尿系急性化脓性感染、消化道大出血致感染、失血性休克死亡。陈某峰非法行医行为与王某演的死亡结果存在直接因果关系，参与度为60%-80%。2021年4月15日，吴某娟主动投案。

（二）裁判结果

福建省晋江市人民法院、泉州市中级人民法院经审理认为，被告人吴某娟作为涉案医院法定代表人，明知他人未取得医生执业资格，为他人非法从事医疗活动提供场所和条件等帮助，致一名患者死亡，系非法行医罪的共犯，应依法追究刑事责任。吴某娟在共同犯罪中起次要作用，系从犯，且有自首、积极赔偿被害人亲属经济损失取得谅解等情节。据此，以非法行医罪判处吴某娟有期徒刑三年，并处罚金人民币五万元。

（三）典型意义

我国法律法规明确禁止医疗机构违规对外出租、承包科室。但部分医疗机构为获取高额利润，不顾法律禁止性规定而违规将内部科室对外出租、承包，极具迷惑性，危害极大，对此应当运用各种法律手段进行全链条打击。本案中，被告人吴某娟身为医院的法定代表人，罔顾法律规定和职业操守，在明知陈某峰无医生执业资格的情形下，仍然允许其承包医院科室进行诊疗活动，造成一人死亡的严重后果，严重侵害了患者的合法权益，破坏了正常的医疗秩序。本案的处理也进一步明确了医疗机构的管理者对诊疗活动负有不可推卸的管理和监督责任。广大医疗机构和个人应当严格遵守法律法规，共同维护正常的医疗秩序。

（三）妨害社会管理

1. 户政与出入境管理

（1）户政管理

中华人民共和国户口登记条例

· 1958年1月9日全国人民代表大会常务委员会第九十一次会议通过
· 1958年1月9日中华人民共和国主席令公布
· 自公布之日起施行

第一条　为了维持社会秩序，保护公民的权利和利益，服务于社会主义建设，制定本条例。

第二条　中华人民共和国公民，都应当依照本条例的规定履行户口登记。

现役军人的户口登记，由军事机关按照管理现役军人的有关规定办理。

居留在中华人民共和国境内的外国人和无国籍的人的户口登记，除法令另有规定外，适用本条例。

第三条　户口登记工作，由各级公安机关主管。

城市和设有公安派出所的镇，以公安派出所管辖区为户口管辖区；乡和不设公安派出所的镇，以乡、镇管辖区为户口管辖区。乡、镇人民委员会和公安派出所为户口登记机关。

居住在机关、团体、学校、企业、事业等单位内部和公共宿舍的户口，由各单位指定专人，协助户口登记机关办理户口登记；分散居住的户口，由户口登记机关直接办理户口登记。

居住在军事机关和军人宿舍的非现役军人的户口，由各单位指定专人，协助户口登记机关办理户口登记。

农业、渔业、盐业、林业、牧畜业、手工业等生产合作社的户口，由合作社指定专人，协助户口登记机关办理户口登记。合作社以外的户口，由户口登记机关直接办理户口登记。

第四条　户口登记机关应当设立户口登记簿。

城市、水上和设有公安派出所的镇，应当每户发给一本户口簿。

农村以合作社为单位发给户口簿；合作社以外的户口不发给户口簿。

户口登记簿和户口簿登记的事项,具有证明公民身份的效力。

第五条　户口登记以户为单位。同主管人共同居住一处的立为一户,以主管人为户主。单身居住的自立一户,以本人为户主。居住在机关、团体、学校、企业、事业等单位内部和公共宿舍的户口共立一户或者分别立户。户主负责按本条例的规定申报户口登记。

第六条　公民应当在经常居住的地方登记为常住人口,一个公民只能在一个地方登记为常住人口。

第七条　婴儿出生后1个月以内,由户主、亲属、抚养人或者邻居向婴儿常住地户口登记机关申报出生登记。

弃婴,由收养人或者育婴机关向户口登记机关申报出生登记。

第八条　公民死亡,城市在葬前,农村在1个月以内,由户主、亲属、抚养人或者邻居向户口登记机关申报死亡登记,注销户口。公民如果在暂住地死亡,由暂住地户口登记机关通知常住地户口登记机关注销户口。

公民因意外事故致死或者死因不明,户主、发现人应当立即报告当地公安派出所或者乡、镇人民委员会。

第九条　婴儿出生后,在申报出生登记前死亡的,应当同时申报出生、死亡两项登记。

第十条　公民迁出本户口管辖区,由本人或者户主在迁出前向户口登记机关申报迁出登记,领取迁移证件,注销户口。

公民由农村迁往城市,必须持有城市劳动部门的录用证明,学校的录取证明,或者城市户口登记机关的准予迁入的证明,向常住地户口登记机关申请办理迁出手续。

公民迁往边防地区,必须经过常住地县、市、市辖区公安机关批准。

第十一条　被征集服现役的公民,在入伍前,由本人或者户主持应征公民入伍通知书向常住地户口登记机关申报迁出登记,注销户口,不发迁移证件。

第十二条　被逮捕的人犯,由逮捕机关在通知人犯家属的同时,通知人犯常住地户口登记机关注销户口。

第十三条　公民迁移,从到达迁入地的时候起,城市在3日以内,农村在10日以内,由本人或者户主持迁移证件向户口登记机关申报迁入登记,缴销迁移证件。

没有迁移证件的公民,凭下列证件到迁入地的户口登记机关申报迁入登记:

(一)复员、转业和退伍的军人,凭县、市兵役机关或者团以上军事机关发给的证件;

(二)从国外回来的华侨和留学生,凭中华人民共和国护照或者入境证件;

(三)被人民法院、人民检察院或者公安机关释放的人,凭释放机关发给的证件。

第十四条　被假释、缓刑的犯人,被管制分子和其他依法被剥夺政治权利的人,在迁移的时候,必须经过户口登记机关转报县、市、市辖区人民法院或者公安机关批准,才可以办理迁出登记;到达迁入地后,应当立即向户口登记机关申报迁入登记。

第十五条　公民在常住地市、县范围以外的城市暂住3日以上的,由暂住地的户主或者本人在3日以内向户口登记机关申报暂住登记,离开前申报注销;暂住在旅店的,由旅店设置旅客登记簿随时登记。

公民在常住地市、县范围以内暂住,或者在常住地市、县范围以外的农村暂住,除暂住在旅店的由旅店设置旅客登记簿随时登记以外,不办理暂住登记。

第十六条　公民因私事离开常住地外出、暂住的时间超过3个月的,应当向户口登记机关申请延长时间或者办理迁移手续;既无理由延长时间又无迁移条件的,应当返回常住地。

第十七条　户口登记的内容需要变更或者更正的时候,由户主或者本人向户口登记机关申报;户口登记机关审查属实后予以变更或者更正。

户口登记机关认为必要的时候,可以向申请人索取有关变更或者更正的证明。

第十八条　公民变更姓名,依照下列规定办理:

(一)未满18周岁的人需要变更姓名的时候,由本人或者父母、收养人向户口登记机关申请变更登记;

(二)18周岁以上的人需要变更姓名的时候,由本人向户口登记机关申请变更登记。

第十九条　公民因结婚、离婚、收养、认领、分户、并户、失踪、寻回或者其他事由引起户口变动的时候，由户主或者本人向户口登记机关申报变更登记。

第二十条　有下列情形之一的，根据情节轻重，依法给予治安管理处罚或者追究刑事责任：

（一）不按照本条例的规定申报户口的；

（二）假报户口的；

（三）伪造、涂改、转让、出借、出卖户口证件的；

（四）冒名顶替他人户口的；

（五）旅店管理人不按照规定办理旅客登记的。

第二十一条　户口登记机关在户口登记工作中，如果发现有反革命分子和其他犯罪分子，应当提请司法机关依法追究刑事责任。

第二十二条　户口簿、册、表格、证件，由中华人民共和国公安部统一制定式样，由省、自治区、直辖市公安机关统筹印制。

公民领取户口簿和迁移证应当缴纳工本费。

第二十三条　民族自治地方的自治机关可以根据本条例的精神，结合当地具体情况，制定单行办法。

第二十四条　本条例自公布之日起施行。

中华人民共和国居民身份证法

- 2003年6月28日第十届全国人民代表大会常务委员会第三次会议通过
- 根据2011年10月29日第十一届全国人民代表大会常务委员会第二十三次会议《关于修改〈中华人民共和国居民身份证法〉的决定》修正

第一章　总　则

第一条　为了证明居住在中华人民共和国境内的公民的身份，保障公民的合法权益，便利公民进行社会活动，维护社会秩序，制定本法。

第二条　居住在中华人民共和国境内的年满十六周岁的中国公民，应当依照本法的规定申请领取居民身份证；未满十六周岁的中国公民，可以依照本法的规定申请领取居民身份证。

第三条　居民身份证登记的项目包括：姓名、性别、民族、出生日期、常住户口所在地住址、公民身份号码、本人相片、指纹信息、证件的有效期和签发机关。

公民身份号码是每个公民唯一的、终身不变的身份代码，由公安机关按照公民身份号码国家标准编制。

公民申请领取、换领、补领居民身份证，应当登记指纹信息。

第四条　居民身份证使用规范汉字和符合国家标准的数字符号填写。

民族自治地方的自治机关根据本地区的实际情况，对居民身份证用汉字登记的内容，可以决定同时使用实行区域自治的民族的文字或者选用一种当地通用的文字。

第五条　十六周岁以上公民的居民身份证的有效期为十年、二十年、长期。十六周岁至二十五周岁的，发给有效期十年的居民身份证；二十六周岁至四十五周岁的，发给有效期二十年的居民身份证；四十六周岁以上的，发给长期有效的居民身份证。

未满十六周岁的公民，自愿申请领取居民身份证的，发给有效期五年的居民身份证。

第六条　居民身份证式样由国务院公安部门制定。居民身份证由公安机关统一制作、发放。

居民身份证具备视读与机读两种功能，视读、机读的内容限于本法第三条第一款规定的项目。

公安机关及其人民警察对因制作、发放、查验、扣押居民身份证而知悉的公民的个人信息，应当予以保密。

第二章　申领和发放

第七条　公民应当自年满十六周岁之日起三个月内，向常住户口所在地的公安机关申请领取居民身份证。

未满十六周岁的公民，由监护人代为申请领取居民身份证。

第八条　居民身份证由居民常住户口所在地的县级人民政府公安机关签发。

第九条　香港同胞、澳门同胞、台湾同胞迁入内地定居的，华侨回国定居的，以及外国人、无国籍人在中华人民共和国境内定居并被批准加入或者恢复中华人民共和国国籍的，在办理常住户口登记时，应当依照本法规定申请领取居民身份证。

第十条　申请领取居民身份证，应当填写《居民身份证申领登记表》，交验居民户口簿。

第十一条　国家决定换发新一代居民身份证、居民身份证有效期满、公民姓名变更或者证件严重损坏不能辨认的,公民应当换领新证;居民身份证登记项目出现错误的,公安机关应当及时更正,换发新证;领取新证时,必须交回原证。居民身份证丢失的,应当申请补领。

未满十六周岁公民的居民身份证有前款情形的,可以申请换领、换发或者补领新证。

公民办理常住户口迁移手续时,公安机关应当在居民身份证的机读项目中记载公民常住户口所在地住址变动的情况,并告知本人。

第十二条　公民申请领取、换领、补领居民身份证,公安机关应当按照规定及时予以办理。公安机关应当自公民提交《居民身份证申领登记表》之日起六十日内发放居民身份证;交通不便的地区,办理时间可以适当延长,但延长的时间不得超过三十日。

公民在申请领取、换领、补领居民身份证期间,急需使用居民身份证的,可以申请领取临时居民身份证,公安机关应当按照规定及时予以办理。具体办法由国务院公安部门规定。

第三章　使用和查验

第十三条　公民从事有关活动,需要证明身份的,有权使用居民身份证证明身份,有关单位及其工作人员不得拒绝。

有关单位及其工作人员对履行职责或者提供服务过程中获得的居民身份证记载的公民个人信息,应当予以保密。

第十四条　有下列情形之一的,公民应当出示居民身份证证明身份:

(一)常住户口登记项目变更;

(二)兵役登记;

(三)婚姻登记、收养登记;

(四)申请办理出境手续;

(五)法律、行政法规规定需要用居民身份证证明身份的其他情形。

依照本法规定未取得居民身份证的公民,从事前款规定的有关活动,可以使用符合国家规定的其他证明方式证明身份。

第十五条　人民警察依法执行职务,遇有下列情形之一的,经出示执法证件,可以查验居民身份证:

(一)对有违法犯罪嫌疑的人员,需要查明身份的;

(二)依法实施现场管制时,需要查明有关人员身份的;

(三)发生严重危害社会治安突发事件时,需要查明现场有关人员身份的;

(四)在火车站、长途汽车站、港口、码头、机场或者在重大活动期间设区的市级人民政府规定的场所,需要查明有关人员身份的;

(五)法律规定需要查明身份的其他情形。

有前款所列情形之一,拒绝人民警察查验居民身份证的,依照有关法律规定,分别不同情形,采取措施予以处理。

任何组织或者个人不得扣押居民身份证。但是,公安机关依照《中华人民共和国刑事诉讼法》执行监视居住强制措施的情形除外。

第四章　法律责任

第十六条　有下列行为之一的,由公安机关给予警告,并处二百元以下罚款,有违法所得的,没收违法所得:

(一)使用虚假证明材料骗领居民身份证的;

(二)出租、出借、转让居民身份证的;

(三)非法扣押他人居民身份证的。

第十七条　有下列行为之一的,由公安机关处二百元以上一千元以下罚款,或者处十日以下拘留,有违法所得的,没收违法所得:

(一)冒用他人居民身份证或者使用骗领的居民身份证的;

(二)购买、出售、使用伪造、变造的居民身份证的。

伪造、变造的居民身份证和骗领的居民身份证,由公安机关予以收缴。

第十八条　伪造、变造居民身份证的,依法追究刑事责任。

有本法第十六条、第十七条所列行为之一,从事犯罪活动的,依法追究刑事责任。

第十九条　国家机关或者金融、电信、交通、教育、医疗等单位的工作人员泄露在履行职责或者提供服务过程中获得的居民身份证记载的公民个人信息,构成犯罪的,依法追究刑事责任;尚不构成犯罪的,由公安机关处十日以上十五日以下拘留,并处五千元罚款,有违法所得的,没收违法所得。

单位有前款行为,构成犯罪的,依法追究刑事责任;尚不构成犯罪的,由公安机关对其直接负责的主管人员和其他直接责任人员,处十日以上十五日以下拘留,并处十万元以上五十万元以下罚款,有违法所得的,没收违法所得。

有前两款行为,对他人造成损害的,依法承担民事责任。

第二十条　人民警察有下列行为之一的,根据情节轻重,依法给予行政处分;构成犯罪的,依法追究刑事责任:

(一)利用制作、发放、查验居民身份证的便利,收受他人财物或者谋取其他利益的;

(二)非法变更公民身份号码,或者在居民身份证上登载本法第三条第一款规定项目以外的信息或者故意登载虚假信息的;

(三)无正当理由不在法定期限内发放居民身份证的;

(四)违反规定查验、扣押居民身份证,侵害公民合法权益的;

(五)泄露因制作、发放、查验、扣押居民身份证而知悉的公民个人信息,侵害公民合法权益的。

第五章　附　则

第二十一条　公民申请领取、换领、补领居民身份证,应当缴纳证件工本费。居民身份证工本费标准,由国务院价格主管部门会同国务院财政部门核定。

对城市中领取最低生活保障金的居民、农村中有特殊生活困难的居民,在其初次申请领取和换领居民身份证时,免收工本费。对其他生活确有困难的居民,在其初次申请领取和换领居民身份证时,可以减收工本费。免收和减收工本费的具体办法,由国务院财政部门会同国务院价格主管部门规定。

公安机关收取的居民身份证工本费,全部上缴国库。

第二十二条　现役的人民解放军军人、人民武装警察申请领取和发放居民身份证的具体办法,由国务院和中央军事委员会另行规定。

第二十三条　本法自2004年1月1日起施行,《中华人民共和国居民身份证条例》同时废止。

依照《中华人民共和国居民身份证条例》领取的居民身份证,自2013年1月1日起停止使用。依照本法在2012年1月1日以前领取的居民身份证,在其有效期内,继续有效。

国家决定换发新一代居民身份证后,原居民身份证的停止使用日期由国务院决定。

中华人民共和国临时居民身份证管理办法

·2005年6月7日公安部令第78号公布
·自2005年10月1日起施行

第一条　根据《中华人民共和国居民身份证法》第十二条的规定,制定本办法。

第二条　居住在中华人民共和国境内的中国公民,在申请领取、换领、补领居民身份证期间,急需使用居民身份证的,可以申请领取临时居民身份证。

第三条　临时居民身份证具有证明公民身份的法律效力。

第四条　临时居民身份证式样为聚酯薄膜密封的单页卡式,证件采用国际通用标准尺寸,彩虹印刷,正面印有证件名称和长城图案,背面登载公民本人黑白照片和身份项目。

第五条　临时居民身份证登记的项目包括:姓名、性别、民族、出生日期、常住户口所在地住址、公民身份号码、本人相片、证件的有效期和签发机关。

第六条　临时居民身份证使用规范汉字和符合国家标准的数字符号填写。

民族自治地方的自治机关根据本地区的实际情况,可以决定同时使用实行区域自治的民族的文字或者选用一种当地通用的文字。

第七条　临时居民身份证的有效期限为三个月,有效期限自签发之日起计算。

第八条　临时居民身份证由县级人民政府公安机关统一制发、管理。

第九条　具备本办法第二条规定条件的公民,可以向常住户口所在地的公安派出所申请领取临时居民身份证。

未满十六周岁的公民,由监护人代为申领临时居民身份证。

第十条　临时居民身份证由公民常住户口所在地的县级人民政府公安机关签发。

第十一条　公民申领临时居民身份证,应当交验居民户口簿、本人近期一寸免冠黑白相片,并在其《居民身份证申领登记表》中加以注明。

第十二条　公民申请领取、换领、补领临时居民身份证时,公安机关应当按照本办法的规定及时办理,并在收到申请后的三日内将临时居民身份证发给申领人。

第十三条　领取了临时居民身份证的公民在领取居民身份证时,应当交回临时居民身份证。

第十四条　公民从事有关活动,需要证明身份的,有权使用临时居民身份证证明身份。有关单位及其工作人员不得拒绝。

第十五条　人民警察依法执行职务,有权依照《中华人民共和国居民身份证法》第十五条的规定,查验公民的临时居民身份证,被查验的公民不得拒绝。

第十六条　违反本规定的,依照《中华人民共和国居民身份证法》第四章的有关规定予以处罚。

第十七条　公民申请领取、换领、补领临时居民身份证,应当缴纳证件工本费。临时居民身份证工本费标准,由公安部会同国务院价格主管部门、财政部门核定。

公安机关收取的临时居民身份证工本费,全部上缴国库。

第十八条　对公民交回和收缴的临时居民身份证,公安机关应当登记后销毁。

第十九条　本办法自 2005 年 10 月 1 日起施行,公安部 1989 年 9 月 15 日发布的《临时身份证管理暂行规定》同时废止。

居住证暂行条例

· 2015 年 11 月 26 日中华人民共和国国务院令第 663 号公布
· 自 2016 年 1 月 1 日起施行

第一条　为了促进新型城镇化的健康发展,推进城镇基本公共服务和便利常住人口全覆盖,保障公民合法权益,促进社会公平正义,制定本条例。

第二条　公民离开常住户口所在地,到其他城市居住半年以上,符合有合法稳定就业、合法稳定住所、连续就读条件之一的,可以依照本条例的规定申领居住证。

第三条　居住证是持证人在居住地居住、作为常住人口享受基本公共服务和便利、申请登记常住户口的证明。

第四条　居住证登载的内容包括:姓名、性别、民族、出生日期、公民身份号码、本人相片、常住户口所在地住址、居住地住址、证件的签发机关和签发日期。

第五条　县级以上人民政府应当建立健全为居住证持有人提供基本公共服务和便利的机制。县级以上人民政府发展改革、教育、公安、民政、司法行政、人力资源社会保障、住房城乡建设、卫生计生等有关部门应当根据各自职责,做好居住证持有人的权益保障、服务和管理工作。

第六条　县级以上人民政府应当将为居住证持有人提供基本公共服务和便利的工作纳入国民经济和社会发展规划,完善财政转移支付制度,将提供基本公共服务和便利所需费用纳入财政预算。

第七条　县级以上人民政府有关部门应当建立和完善人口信息库,分类完善劳动就业、教育、社会保障、房产、信用、卫生计生、婚姻等信息系统以及居住证持有人信息的采集、登记工作,加强部门之间、地区之间居住证持有人信息的共享,为推进社会保险、住房公积金等转移接续制度,实现基本公共服务常住人口全覆盖提供信息支持,为居住证持有人在居住地居住提供便利。

第八条　公安机关负责居住证的申领受理、制作、发放、签注等证件管理工作。

居民委员会、村民委员会、用人单位、就读学校以及房屋出租人应当协助做好居住证的申领受理、发放等工作。

第九条　申领居住证,应当向居住地公安派出所或者受公安机关委托的社区服务机构提交本人居民身份证、本人相片以及居住地住址、就业、就读等证明材料。

居住地住址证明包括房屋租赁合同、房屋产权证明文件、购房合同或者房屋出租人、用人单位、就读学校出具的住宿证明等;就业证明包括工商营业执照、劳动合同、用人单位出具的劳动关系证明或者其他能够证明有合法稳定就业的材料等;就读证明包括学生证、就读学校出具的其他能够证明连续就读的材料等。

未满 16 周岁的未成年人和行动不便的老年人、残疾人等,可以由其监护人、近亲属代为申领居住证。监护人、近亲属代为办理的,应当提供委托人、代办人的合法有效身份证件。

申请人及相关证明材料出具人应当对本条规定的证明材料的真实性、合法性负责。

对申请材料不全的,公安派出所或者受公安机关委托的社区服务机构应当一次性告知申领人需要补充的材料。

对符合居住证办理条件的,公安机关应当自受理之日起 15 日内制作发放居住证;在偏远地区、交通不便的地区或者因特殊情况,不能按期制作发放居住证的,设区的市级以上地方人民政府在实施办法中可以对制作发放时限作出延长规定,但延长后最长不得超过 30 日。

第十条 居住证由县级人民政府公安机关签发,每年签注 1 次。

居住证持有人在居住地连续居住的,应当在居住每满 1 年之日前 1 个月内,到居住地公安派出所或者受公安机关委托的社区服务机构办理签注手续。

逾期未办理签注手续的,居住证使用功能中止;补办签注手续的,居住证的使用功能恢复,居住证持有人在居住地的居住年限自补办签注手续之日起连续计算。

第十一条 居住证损坏难以辨认或者丢失的,居住证持有人应当到居住地公安派出所或者公安机关委托的社区服务机构办理换领、补领手续。

居住证持有人换领新证时,应当交回原证。

第十二条 居住证持有人在居住地依法享受劳动就业,参加社会保险,缴存、提取和使用住房公积金的权利。县级以上人民政府及其有关部门应当为居住证持有人提供下列基本公共服务:

(一)义务教育;

(二)基本公共就业服务;

(三)基本公共卫生服务和计划生育服务;

(四)公共文化体育服务;

(五)法律援助和其他法律服务;

(六)国家规定的其他基本公共服务。

第十三条 居住证持有人在居住地享受下列便利:

(一)按照国家有关规定办理出入境证件;

(二)按照国家有关规定换领、补领居民身份证;

(三)机动车登记;

(四)申领机动车驾驶证;

(五)报名参加职业资格考试、申请授予职业资格;

(六)办理生育服务登记和其他计划生育证明材料;

(七)国家规定的其他便利。

第十四条 国务院有关部门、地方各级人民政府及其有关部门应当积极创造条件,逐步扩大为居住证持有人提供公共服务和便利的范围,提高服务标准,并定期向社会公布居住证持有人享受的公共服务和便利的范围。

第十五条 居住证持有人符合居住地人民政府规定的落户条件的,可以根据本人意愿,将常住户口由原户口所在地迁入居住地。

第十六条 居住地人民政府应当根据下列规定确定落户条件:

(一)建制镇和城区人口 50 万以下的小城市的落户条件为在城市市区、县人民政府驻地镇或者其他建制镇有合法稳定住所。

(二)城区人口 50 万至 100 万的中等城市的落户条件为在城市有合法稳定就业并有合法稳定住所,同时按照国家规定参加城镇社会保险达到一定年限。其中,城市综合承载能力压力小的地方,可以参照建制镇和小城市标准,全面放开落户限制;城市综合承载能力压力大的地方,可以对合法稳定就业的范围、年限和合法稳定住所的范围、条件等作出规定,但对合法稳定住所不得设置住房面积、金额等要求,对参加城镇社会保险年限的要求不得超过 3 年。

(三)城区人口 100 万至 500 万的大城市的落户条件为在城市有合法稳定就业达到一定年限并有合法稳定住所,同时按照国家规定参加城镇社会保险达到一定年限,但对参加城镇社会保险年限的要求不得超过 5 年。其中,城区人口 300 万至 500 万的大城市可以对合法稳定就业的范围、年限和合法稳定住所的范围、条件等作出规定,也可结合本地实际,建立积分落户制度。

(四)城区人口 500 万以上的特大城市和超大城市应当根据城市综合承载能力和经济社会发展需要,以具有合法稳定就业和合法稳定住所、参加城镇社会保险年限、连续居住年限等为主要指标,建立完善积分落户制度。

第十七条　国家机关及其工作人员对在工作过程中知悉的居住证持有人个人信息,应当予以保密。

第十八条　有下列行为之一的,由公安机关给予警告、责令改正,处 200 元以下罚款,有违法所得的,没收违法所得:

(一)使用虚假证明材料骗领居住证;

(二)出租、出借、转让居住证;

(三)非法扣押他人居住证。

第十九条　有下列行为之一的,由公安机关处 200 元以上 1000 元以下罚款,有违法所得的,没收违法所得:

(一)冒用他人居住证或者使用骗领的居住证;

(二)购买、出售、使用伪造、变造的居住证。

伪造、变造的居住证和骗领的居住证,由公安机关予以收缴。

第二十条　国家机关及其工作人员有下列行为之一的,依法给予处分;构成犯罪的,依法追究刑事责任:

(一)符合居住证申领条件但拒绝受理、发放;

(二)违反有关规定收取费用;

(三)利用制作、发放居住证的便利,收受他人财物或者谋取其他利益;

(四)将在工作中知悉的居住证持有人个人信息出售或者非法提供给他人;

(五)篡改居住证信息。

第二十一条　首次申领居住证,免收证件工本费。换领、补领居住证,应当缴纳证件工本费。办理签注手续不得收取费用。

具体收费办法由国务院财政部门、价格主管部门制定。

第二十二条　设区的市级以上地方人民政府应当结合本行政区域经济社会发展需要及落户条件等因素,根据本条例制定实施办法。

第二十三条　本条例自 2016 年 1 月 1 日起施行。本条例施行前各地已发放的居住证,在有效期内继续有效。

印发《关于改进和规范公安派出所出具证明工作的意见》的通知

·2016 年 8 月 3 日
·公通字〔2016〕21 号

各省、自治区、直辖市公安厅(局)、发展改革委、教育厅(教委)、通信管理局、民(宗)委(厅、局)、民政厅(局)、司法厅(局)、人力资源社会保障厅(局)、国土资源主管部门、住房城乡建设厅(建委、国土资源房管局)、卫生计生委,人民银行上海总部,各分行、营业管理部、省会(首府)城市中心支行,深圳市中心支行,新疆生产建设兵团公安局、发展改革委、教育局、民宗局、民政局、司法局、人力资源社会保障局、国土资源局、建设局、卫生计生委:

为认真贯彻《国务院办公厅关于简化优化公共服务流程方便基层群众办事创业的通知》(国办发〔2015〕86 号)精神,切实解决一些地方和领域要求群众到公安派出所开具证明过多过滥的问题,公安部、发展改革委、教育部、工业和信息化部、国家民委、民政部、司法部、人力资源社会保障部、国土资源部、住房城乡建设部、卫生计生委、人民银行联合制定了《关于改进和规范公安派出所出具证明工作的意见》(以下简称《意见》),现印发给你们,并就做好贯彻执行工作通知如下:

一、全面清理需要开具证明的事项,做好政策措施衔接。各地各有关部门要对照《意见》精神,按照于法有据和"谁主管、谁负责"的原则,对各自提供公共服务的事项和办事环节进行全面梳理,对自行设定的没有法律法规依据的证明一律废止。除《意见》中明确需要出具的证明外,对于确需申请人提供的其他证明,要严格论证,广泛听取各方面意见,并作出明确规定,必要时履行公开听证程序。对公安派出所不再出具证明、应当或者可以出具证明和由相关部门出具证明的事项，都要做好政策措施的衔接，避免出现服务和管理空档。今后，凡再次出现擅自要求群众开具不合理证明导致群众办事难的，上级主管部门要及时予以纠正并追究责任。

二、大力推进部门间信息共享核查，从源头上减少开具证明的需求。相关部门和单位在办理公共服务事项需要核查公民身份时，可以通过部门间信息共享获取相关信息的，不再要求群众到公安派出所开具证明，让数据多"跑路"、让群众少"跑腿"。公安部要会同有关部门加快推进国家人口基础信息库建设，为相关部门进行业务管理提供核查、比对等基础信息服务，实现部门间人口基础信息共享交换。公安部和各地公安部门要加快推进有关犯罪人员信息库建设和联网应用。各地公安部门和各有关部门之间要建立健全联络会商、业务对接、核查反馈、监督检查等工作机制，加快推进部门间、地区间涉及公共服务事项的信息共享。要加快建立居民身份证核查、人口信息联网核查和多种技术相结合的认证体系，推进公民身份号码作为确认公民身份的统一标识，避免重复提交办事材料、证明和证件。

三、简化优化办理流程，提高出具证明工作的规范化水平。对《意见》要求公安派出所规范出具的证明和由其他部门出具的证明，要分别制定具体式样、办理流程和操作规范。要最大限度精简公安派出所出具证明的程序，减少办理环节，缩短办理时限，改进服务质量，符合出具证明条件的，公安派出所应当在接到申请时根据登记掌握的信息，当场出具证明；需要调查核实或者由于其他原因无法当场出具证明的，应当及时完成调查核实等相关工作并据实出具证明；对于群众有特殊需要的，公安派出所应当本着"特事特办"的原则，最大限度地缩短办理时限。

各地各部门实施《意见》的情况及遇到的问题，请及时分别报告。

关于改进和规范公安派出所出具证明工作的意见

为认真贯彻国务院关于简政放权、放管结合、优化服务协同推进的部署，切实解决一些地方和领域存在的要求群众到公安派出所开具证明过多过滥、缺乏统一规范的问题，为群众提供便捷、规范的服务，让群众办事更方便、创业更顺畅，现就改进和规范公安派出所出具证明工作提出以下意见。

一、有关单位要求群众开具证明或者提供证明材料，要遵循于法有据和"谁主管、谁负责"的原则，凡是公民凭法定身份证件能够证明的事项，公安派出所不再出具证明；依法不属于公安派出所法定职责的证明事项，由主管部门负责核实。

（一）中华人民共和国居民户口簿、居民身份证、护照是公民法定身份证件，具有证明公民身份的法律效力。对于居民户口簿、居民身份证、护照完全能够证明的以下9类事项，有关单位及其工作人员应予认可，公安派出所不再出具证明：

1. 公民姓名。

2. 公民曾用名。

3. 公民性别。

4. 公民身份号码（含15位升18位证明）。

5. 公民民族成份。

6. 公民出生日期。

7. 公民出生地。

8. 公民籍贯。

9. 公民户籍所在地住址。

（二）对于下列5类事项，凡居民户口簿能够证明的，有关单位及其工作人员应予认可，公安派出所不再出具证明：

1. 户口迁移情况。

2. 住址变动情况。

3. 户口登记项目内容变更和更正情况。

4. 注销户口情况。

5. 同户人员与户主间的亲属关系。

（三）对于需要证明的下列6类事项，由有关部门和单位按照以下方式办理：

1. 需证明当事人婚姻状况的，凭当事人在使用部门的个人声明和能够提供的结婚证、离婚证、人民法院生效裁判文书或者离婚证明书、配偶死亡证明等有效证件、证明材料证明，需要核查的，由使用部门按照规定进行核查。

2. 需证明当事人文化程度的，凭学历证书、学位证书或者学校、相关认证机构出具的证明书证明，或者依法办理公证。

3. 需证明当事人正常死亡或者经医疗卫生机构救治的非正常死亡的，由医疗卫生机构签发《居民死亡医学证明（推断）书》。

4. 异地居住退休人员需办理领取养老金资格认证的，由异地居住退休人员到居住地所在街道（乡镇）劳动保障工作机构或者县（区）级社会保险经办机构办理认证手续。

5. 因公民个人或者有关部门和单位工作人员填写、录入差错等原因，致使公民在有关部门或者单位的登记信息与居民户口簿、居民身份证、护照登记信息不一致，需证明两者为同一人的，由有关部门和单位负责核查，公安部门根据职责提供必要协助。

6. 需证明当事人未登记户口的，区分以下情形办理：因补发《出生医学证明》需核实新生儿未申报出生登记的，由卫生计生行政部门向公安部门核查；因申报户口登记时需核实当事人未在其他地方登记户口的，由公安部门负责核查；因出国（境）定居需要办理无户籍公证的，由公证机构向公安部门核查。

二、公民在办理相关社会事务时，无法用法定身份证件证明的事项，需要公安派出所开具相关证明的，由公安派出所根据具体情况予以办理。主要包括下列9类情形：

1. 户口登记项目内容变更更正证明。公民更正或者变更姓名、性别、民族成份、出生日期、公民身份号码等5项户口登记项目内容，或者因户口迁移，凭居民户口簿无法证明的事项，需要开具相应证明的，公安派出所应当查阅户籍档案并出具。

2. 注销户口证明。公民因死亡、服现役、加入外国国籍、出国（境）定居、被判处徒刑注销户口，或者因重复（虚假）户口被注销，需要开具注销户口证明的，公安派出所应当出具。

3. 亲属关系证明。曾经同户人员间的亲属关系，历史户籍档案等能够反映，需要开具证明的，公安派出所核实后应当出具。

4. 被拐儿童身份证明。经公安部门办案单位调查核实儿童为拐卖受害人，办理户口登记，需要开具证明的，公安派出所应当在核实后出具。

5. 捡拾弃婴（儿童）报案证明。公安部门在依法履行职责过程中受理的捡拾弃婴（儿童）情况，需要开具证明的，公安派出所应当在核实后出具。

6. 非正常死亡证明。公安部门依法处置的非正常死亡案（事）件（经医疗卫生机构救治的除外），需要开具证明的，公安派出所应当依据相关公安部门调查和检验鉴定结果出具。

7. 临时身份证明。对急需登机、乘火车、长途汽车、船舶、住旅馆、参加法律规定的国家考试，因丢失、被盗或者忘记携带等原因无法出示法定身份证件的人员，机场、火车站、港口等公安派出所和旅馆、考场辖区公安派出所通过查询全国人口信息系统核准人员身份后办理并注明有效期限，用于临时搭乘飞机、火车、长途汽车、船舶和入住旅馆、参加考试。公民在办理婚姻登记时，因特殊原因未能出示居民户口簿的，户籍所在地公安派出所本着便民利民、优化服务的原则，在核实相关信息后办理并注明用途和有效期限。

8. 无犯罪记录证明。犯罪记录是国家专门机关对犯罪人员情况的客观记载。根据相关规定，国家建立并逐步完善犯罪记录制度，人民法院负责通报犯罪人员生效的刑事裁判文书以及其他有关信息，公安机关、国家安全机关、人民检察院和司法行政机关分别负责受理、审核和处理有关犯罪记录的查询申请。公安派出所在向社会提供犯罪信息查询服务时，应当严格依照法律法规关于升学、服现役、就业等资格、条件的规定办理。公民因办理出国（境）事务需要，可以申请查询本人有无犯罪记录。使用犯罪人员信息的单位及其工作人员应当按照查询目的使用有关信息，对犯罪人员信息要严格保密。

9. 法律法规规定的由公安派出所出具证明的其他情形。

三、本意见自2016年9月1日起施行。

港澳台居民居住证申领发放办法

·2018年8月6日
·国办发〔2018〕81号

第一条　为便利港澳台居民在内地（大陆）工作、学习、生活，保障港澳台居民合法权益，根据《居住证暂行条例》的有关规定,制定本办法。

第二条　港澳台居民前往内地(大陆)居住半年以上,符合有合法稳定就业、合法稳定住所、连续就读条件之一的,根据本人意愿,可以依照本办法的规定申请领取居住证。

未满十六周岁的港澳台居民,可以由监护人代为申请领取居住证。

第三条　港澳台居民居住证登载的内容包括:姓名、性别、出生日期、居住地住址、公民身份号码、本人相片、指纹信息、证件有效期限、签发机关、签发次数、港澳台居民出入境证件号码。

公民身份号码由公安机关按照公民身份号码国家标准编制。香港居民公民身份号码地址码使用810000,澳门居民公民身份号码地址码使用820000,台湾居民公民身份号码地址码使用830000。

第四条　各级公安机关应当积极协调配合港澳事务、台湾事务、发展改革、教育、民政、司法行政、人力资源社会保障、住房城乡建设、交通运输、卫生健康等有关部门,做好居住证持有人的权益保障、服务和管理工作。

第五条　各级公安机关应当建立完善港澳台居民居住证管理信息系统,做好居住证申请受理、审核及证件制作、发放、管理工作。

第六条　港澳台居民居住证的有效期限为五年,由县级人民政府公安机关签发。

第七条　港澳台居民居住证采用居民身份证技术标准制作,具备视读与机读两种功能,视读、机读的内容限于本办法第三条规定的项目。

港澳台居民居住证的式样由公安部商国务院港澳事务办公室、国务院台湾事务办公室制定。

港澳台居民居住证由省级人民政府公安机关统一制作。

第八条　港澳台居民申请领取居住证,应当填写《港澳台居民居住证申领登记表》,交验本人港澳台居民出入境证件,向居住地县级人民政府公安机关指定的公安派出所或者户政办证大厅提交本人居住地住址、就业、就读等证明材料。

居住地住址证明包括房屋租赁合同、房屋产权证明文件、购房合同或者房屋出租人、用人单位、就读学校出具的住宿证明等;就业证明包括工商营业执照、劳动合同、用人单位出具的劳动关系证明或者其他能够证明有合法稳定就业的材料等;就读证明包括学生证、就读学校出具的其他能够证明连续就读的材料等。

第九条　居住证有效期满、证件损坏难以辨认或者居住地变更的,持证人可以换领新证;居住证丢失的,可以申请补领。换领补领新证时,应当交验本人港澳台居民出入境证件。

换领新证时,应当交回原证。

第十条　港澳台居民申请领取、换领、补领居住证,符合办理条件的,受理申请的公安机关应当自受理之日起20个工作日内发放居住证;交通不便的地区,办理时间可以适当延长,但延长的时间不得超过10个工作日。

第十一条　港澳台居民在内地(大陆)从事有关活动,需要证明身份的,有权使用居住证证明身份,有关单位及其工作人员不得拒绝。

第十二条　港澳台居民居住证持有人在居住地依法享受劳动就业,参加社会保险,缴存、提取和使用住房公积金的权利。县级以上人民政府及其有关部门应当为港澳台居民居住证持有人提供下列基本公共服务:

(一)义务教育;

(二)基本公共就业服务;

(三)基本公共卫生服务;

(四)公共文化体育服务;

(五)法律援助和其他法律服务;

(六)国家及居住地规定的其他基本公共服务。

第十三条　港澳台居民居住证持有人在内地(大陆)享受下列便利:

(一)乘坐国内航班、火车等交通运输工具;

(二)住宿旅馆;

(三)办理银行、保险、证券和期货等金融业务;

(四)与内地(大陆)居民同等待遇购物、购买公园及各类文体场馆门票、进行文化娱乐商旅等消费活动;

(五)在居住地办理机动车登记;

(六)在居住地申领机动车驾驶证;

(七)在居住地报名参加职业资格考试、申请授予职业资格；

（八）在居住地办理生育服务登记；

（九）国家及居住地规定的其他便利。

第十四条　国家机关及其工作人员对在工作过程中知悉的居住证持有人个人信息，应当予以保密。

第十五条　港澳台居民居住证持证人有下列情形之一的，其所持居住证应当由签发机关宣布作废：

（一）丧失港澳台居民身份的；

（二）使用虚假证明材料骗领港澳台居民居住证的；

（三）可能对国家主权、安全、荣誉和利益造成危害的；

（四）港澳台居民出入境证件被注销、收缴或者宣布作废的（正常换补发情形除外）。

第十六条　违反规定办理、使用居住证的，依照《居住证暂行条例》的有关规定予以处罚。

国家机关及其工作人员违反居住证管理相关规定的，依法给予处分；构成犯罪的，依法追究刑事责任。

第十七条　首次申请领取居住证，免收证件工本费。换领、补领居住证，应当缴纳证件工本费。具体收费办法参照《居住证暂行条例》的有关规定执行。

第十八条　港澳台居民迁入内地（大陆）落户定居的，按照有关规定办理，不适用本办法。

第十九条　本办法所称"港澳台居民"是"港澳居民"和"台湾居民"的统称。其中，"港澳居民"是指在香港、澳门特别行政区定居且不具有内地户籍的中国公民；"台湾居民"是指在台湾地区定居且不具有大陆户籍的中国公民。

本办法所称"港澳台居民居住证"，包括中华人民共和国港澳居民居住证、中华人民共和国台湾居民居住证。

本办法所称"港澳台居民出入境证件"，包括港澳居民来往内地通行证、五年期台湾居民来往大陆通行证。

第二十条　省、自治区、直辖市人民政府可以结合本行政区域综合承载能力和经济社会发展需要等因素，根据本办法制定实施细则。

第二十一条　本办法自2018年9月1日起施行。

民政部、公安部关于加强生活无着流浪乞讨人员身份查询和照料安置工作的意见

· 2015 年 8 月 20 日

· 民发〔2015〕158 号

各省、自治区、直辖市民政厅（局）、公安厅（局），新疆生产建设兵团民政局、公安局：

自2003年实施救助管理制度以来，各地认真贯彻落实相关法律法规，有效维护了生活无着流浪、乞讨人员（以下简称"流浪乞讨人员"）基本权益。为进一步加强流浪乞讨人员身份查询和照料安置工作，切实维护其合法权益，制定本意见。

一、加强流浪乞讨人员身份查询工作

各地民政部门和公安机关应当按照职责分工，建立流浪乞讨人员身份快速查询机制、寻亲服务机制和滞留人员身份查询长效机制，帮助其及时回归家庭。

（一）建立身份快速查询机制。公安机关发现流浪乞讨人员的，应当告知其向救助管理机构求助。对其中的残疾人、未成年人、老年人和行动不便的其他人员，应当引导、护送到救助管理机构；对突发疾病人员，应当立即通知急救机构进行救治；对疑似走失、被遗弃、被拐卖的流浪乞讨人员，应当及时通过调取监控录像、走访当地群众、比对公安机关走失人口库和人口信息管理系统、发布协查通报等方式，及时核查其身份信息。公安机关护送流浪乞讨人员来站求助的，应当配合救助管理机构办理交接手续，形成《公安机关护送流浪乞讨人员交接表》（见附件1）。

对无法提供个人信息的受助人员，救助管理机构应当通过受助人员指纹、体貌特征等线索，及时查询比对全国救助管理信息系统中的救助信息和寻亲信息。受助人员在站期间被发现有疑似走失、被遗弃、被拐卖情形的，救助管理机构应当及时向公安机关报案，将受助人员体貌特征、发现经过等情况告知公安机关。救助管理机构报请当地公安机关协助核查受助人员身份信息的，公安机关应当及时受理、答复。

（二）建立寻亲服务机制。对经快速查询未能确认身份的受助人员，救助管理机构应当在其入站后24小时内通过广播、电视、报纸、全国救助管理信息系统、全国救助寻亲网站等适当形式发布寻亲公告，公

布受助人员照片等基本信息，并在其入站后 7 个工作日内报请公安机关采集 DNA 数据。公安机关应当在收到报告后一个月内免费采集、录入全国打拐 DNA 信息库，并将比对结果反馈救助管理机构。对当前已经滞留在站的受助人员，救助管理机构应当尽快报请公安机关采集 DNA 数据，公安机关应当及时组织免费采集，录入全国打拐 DNA 信息库比对，并将比对结果反馈救助管理机构。

公安机关应当依法受理家人走失报案信息，及时发布内部协查通报，并通报救助管理机构，同时提示报案人可前往救助管理机构查找。救助管理机构应当将公安机关通报信息与站内受助人员信息进行查询比对，及时将查询结果反馈公安机关，同时为来站寻亲人员提供查询便利和帮助。

（三）建立身份查询长效机制。对经快速查询和寻亲服务后仍无法查明身份信息的滞留人员，救助管理机构应当经常与其接触、交流，采集其叙述内容，分析地名、人名、口音等关键信息并及时甄别核实。对交由托养机构照料或已纳入当地特困人员供养的滞留人员，救助管理机构应当继续开展或委托托养、供养机构协助开展身份查询工作。对有待核实的身份线索，救助管理机构可报请公安机关协助核查，公安机关应当及时核实确认。民政部门要建立滞留人员身份查询激励机制，对查询效果明显的人员或单位给予奖励。各地救助管理机构、公安机关应当加强沟通协作，共同做好滞留人员身份查询工作。

二、建立滞留人员多元化照料安置渠道

对于无法查明身份信息、在站救助时间超过 10 天的滞留人员，各地可根据当地救助管理工作实际情况，采取以下一种或多种方式予以妥善照料安置。

（一）开展站内照料服务。救助管理机构应当充分利用现有救助场所和设施设备，在站内开展照料服务。救助管理机构缺乏护理、康复等专业工作人员的，可以通过提供服务场所、开展项目合作、政府购买服务等方式引入专业护理机构，由其承担站内照料工作，形成救助管理机构负责提供工作场地、制定照料标准、规范服务程序、考核服务质量等监督、管理工作，专业护理机构负责提供生活照料、日常护理、康复训练等具体照料服务的运行机制。对精神障碍患者、

传染病人、危重病人等受助人员，救助管理机构应当按规定将其送当地定点医院救治、康复。

（二）开展站外托养服务。因现有设施设备不足、无法提供站内照料服务的，各地可根据滞留人员的年龄、智力、心理、生理状况，实施站外分类托养。各地可通过政府购买服务方式，委托符合条件的公办、民办福利机构或其他社会组织，为滞留人员提供生活照料等具体服务。各地要按照公开、公平、公正的原则，向社会公布购买服务的内容、程序、方式和参与条件，明确生活照料、医疗救治、日常护理、寻亲服务、档案保管等基本托养服务要求，通过公开招标等方式，审慎选择在资格资质、人员配置和设施设备等方面能满足滞留人员服务需求的托养机构并签订托养协议。

（三）纳入特困人员供养。对超过三个月仍无法查明身份信息的滞留人员，救助管理机构应当及时向所属民政部门提出安置申请，由民政部门提出安置方案，报同级人民政府予以安置。对安置后公安机关已办理户口登记手续，符合特困人员供养条件的流浪乞讨人员，民政部门要及时将其纳入特困人员供养范围，落实社会救助政策，协助其办理社会保险，并转移至当地政府设立的福利院、养老院、敬老院、精神病院等公办福利机构供养。当地无公办福利机构或公办福利机构床位资源不足的，可以委托其他民办福利机构供养。纳入特困人员供养的滞留人员身份查询确认后，由原救助管理机构联系其亲属或者流出地救助管理机构，协调接送返乡工作。

（四）做好滞留未成年人救助保护工作。对于暂时无法查明家庭情况的流浪乞讨等生活无着的未成年人，未成年人救助保护机构应当从有利于未成年人健康成长的角度，认真履行临时监护职责，通过提供站内照料、委托儿童福利机构抚养等方式，为其提供符合身心、年龄等特点的生活照料、康复训练等服务，不得将其托养至养老院、敬老院等成年人社会福利机构。民政部门要加强区域联动，在更大范围内实现资源共享，县级民政部门未设立未成年人救助保护机构或儿童福利机构的，要及时报请上级民政部门指定具备条件的未成年人救助保护机构、儿童福利机构照料。各地要依托社会工作服务机构、公益慈善组织、法律服务机构和志愿者等社会力量，为受助未成年人

提供心理辅导、行为矫治、文化教育、技能培训、就业帮扶等服务。

三、保障措施

各地要充分认识做好流浪乞讨人员身份查询和照料安置工作的重要意义，充分发挥流浪乞讨人员救助管理制度在保障和改善民生中的积极作用，强化部门协作与资源整合，本着因地制宜、多措并举的原则，切实保障流浪乞讨人员合法权益。

（一）加强组织协调。各地要依托救助管理工作领导小组或联席会议机制，加强民政、公安、新闻宣传等有关单位的工作联动和信息共享，做好流浪乞讨人员身份查询、寻亲公告、户籍登记、就业就学、医疗救治等工作，要指导、督促乡镇人民政府（街道办事处）做好返乡流浪乞讨人员回归稳固工作。民政部门、公安机关要建立与媒体的常态化寻亲合作机制，在更大范围内为受助人员寻找家人。

（二）加强经费保障。各级民政部门要协调同级财政部门，建立稳定的滞留人员救助工作经费保障机制，并根据《中央财政流浪乞讨人员救助补助资金管理办法》（财社〔2014〕71号），将滞留人员情况纳入中央财政流浪乞讨人员救助补助资金分配参考因素。

（三）整合各方资源。各级民政部门要统筹规划，充分利用现有福利院、养老院、敬老院、精神病院等社会福利资源，对符合条件的滞留人员予以供养或托养。有条件的地方，可推动建立或改扩建救助安置场所，集中照料滞留人员。各地可就甄别查询、回归稳固、委托代养、落户安置等工作开展跨区域合作。

（四）加强评估监督。各地民政部门和救助管理机构要强化责任意识，认真履行身份查询、寻亲服务等救助程序。采取站外托养方式照料滞留人员的，民政部门和救助管理机构要建立定期检查制度，明确检查周期和检查内容，通过明查暗访、听取各方评价等多种方式，对托养机构服务质量、安全管理等情况进行经常性检查。发现问题的，要及时警示；对不适宜继续开展托养服务的托养机构，要及时终止托养协议。

（五）推进通报制度。各级民政部门、公安机关要逐步建立流浪乞讨人员身份查询和照料安置工作通报制度。对寻亲服务不及时、回归稳固工作不力、流浪乞讨问题严重，特别是未按《国务院办公厅关于加强和改进流浪未成年人救助保护工作的意见》（国办发〔2011〕39号）要求落实各项工作的地区予以通报批评；对积极开展寻亲救助服务、源头预防工作成效明显的地区予以通报表扬。

民政部、公安部、财政部、住房城乡建设部、卫生部关于进一步加强城市街头流浪乞讨人员救助管理和流浪未成年人解救保护工作的通知

· 2009年7月16日
· 民发〔2009〕102号

各省、自治区、直辖市民政厅（局）、公安厅（局）、财政厅（局）、住房和城乡建设厅（市政管委、市容委、建委）、卫生（厅）局，新疆生产建设兵团民政局、公安局、财务局、建设局、卫生局：

自2003年8月《城市生活无着的流浪乞讨人员救助管理办法》颁布实施以来，在各级政府高度重视、有关部门支持配合下，救助管理工作总体上进展顺利。但是，一些城市街头流浪乞讨人员增多，组织、胁迫、诱骗、利用未成年人流浪乞讨和组织未成年人违法犯罪等侵害未成年人权益的现象严重，严重侵害公民权利、扰乱公共秩序、危害社会稳定。为进一步做好城市街头流浪乞讨人员救助和管理工作，维护流浪乞讨未成年人的合法权益，现通知如下：

一、充分认识做好街头流浪乞讨人员救助管理和流浪未成年人解救保护工作的重要意义

当前，我国经济社会快速发展，人民生活不断改善，社会保障制度逐步完善，但由于人口流动、家庭困难、意外事件、个体选择等原因，流浪乞讨现象仍有发生，特别是流浪未成年人存在被拐卖、拐骗、胁迫、诱骗、利用乞讨或从事违法犯罪活动，遭受摧残和虐待的现象。流浪未成年人是特殊社会弱势群体，需要全社会的关心和帮助。各级民政、公安、城管、卫生、财政部门一定要从广大人民群众根本利益出发，切实增强责任感和紧迫感，积极主动，各尽其职，多管齐下，打击震慑违法犯罪、教育警醒群众、弘扬正气。要始终坚持以人为本，狠抓落实，将这项工作作为深入学习贯彻落实科学发展观的重要举措，进一步做好流浪未成年人解救保护工作。

二、认真履行部门职责,协调配合做好落实工作

街头流浪乞讨人员救助、管理和解救、保护流浪未成年人工作,事关权利保护和社会稳定,涉及多个部门,具有很强的政策性。各级政府、各个部门要依照有关法律法规,认真履行各自职责,协调配合,齐心协力做好这一工作。

(一)民政部门要加强街头救助,协助配合公安、城管、卫生等部门做好街头管理和打击解救工作。

一是组织、指导、监督救助管理机构做好街头救助。劝导、引导街头流浪乞讨人员进入救助管理站接受救助,不愿入站的,根据其实际情况提供必要的饮食、衣被等服务;坚持"先救治,后救助"的原则,配合医疗机构做好街头流浪乞讨人员中的危重病人、精神病人、危险传染病人的救治工作。

二是坚持"先解救,后救助"的原则,配合公安机关做好被拐卖、拐骗、胁迫、诱骗、利用乞讨的残疾人、未成年人的调查、取证和解救工作。对于公安机关解救、护送来站的未成年人,救助管理站(流浪未成年人救助保护中心)要做好接收工作,福利机构做好婴幼儿临时代养工作。铁路公安机关解救的被拐卖未成年人,由乘车地救助管理站(流浪未成年人救助保护中心)接收,福利机构做好婴幼儿临时代养工作。对于受助未成年人,要利用指纹识别技术建立数字档案,配合公安机关做好救助管理机构、社会福利机构中未成年人的采血工作。

三是协助有关部门开展街头治理工作。民政部门在街头救助时,发现流浪乞讨人员滋扰他人,扰乱社会秩序,污损、占据公共设施妨害他人正常使用和破坏城市市容环境的,要向公安机关、城市管理部门提出执法建议。

四是强化站内服务和管理。要从维护受助人员权益出发,改善设施环境,实行人性化、亲情化服务,保障受助人员的基本生活。要把未成年人与其他救助对象分开,根据未成年人的特点,合理安排生活起居和文体娱乐、教育培训等活动。对残疾、智障、受到伤害或有心理问题的,积极进行医护和康复。加大站内人员和接领人的甄别、核查力度,防止未成年人被冒领冒认和犯罪分子藏匿其中。要做好站内安全防范工作,确保站内人员安全。

五是做好返乡、安置和流出地预防工作。要畅通受助人员返乡渠道,对父母或其他监护人无力接回的,经协商后可由救助管理机构接回或送回。对符合条件的安置对象,安置到社会福利机构,并积极探索社会代养、家庭寄养等社会安置模式。督促流出地人民政府将符合条件的返乡困难群众纳入社会保障范围,充分发挥村(居)委会等基层组织的作用,监督监护人履行监护义务,防范虐待、遗弃老年人、残疾人、未成年人,防范强迫其外出流浪。

六是鼓励和支持社会组织或个人为流浪乞讨人员提供庇护、饮食、衣被等帮助,探索开展社工干预、心理辅导、行为矫治、教育培训,帮助流浪乞讨人员回归家庭和社会。

(二)公安机关要强化街头管理和打击解救工作力度,协助民政、卫生部门做好街头救助和站内管理工作。

一是做好接、报警工作。接到群众举报线索,要快速出警,及时处理,做到件件有记录,件件有人管。坚持解救与打击并重的原则,及时开展调查工作,确保打击有力,解救到位。

二是强化立案工作。各级公安机关要本着对人民群众高度负责的态度,强化立案工作。凡是接到举报发现拐卖、拐骗、胁迫、诱骗、利用未成年人乞讨或组织未成年人违法犯罪的,接待民警要认真询问案情,及时出警,对涉嫌犯罪的分别按照拐卖儿童罪、拐骗儿童罪、组织儿童乞讨罪、组织未成年人进行违反治安管理活动罪立案侦查;构成违反治安管理行为的,依法给予治安管理处罚。

三是加强对街面等流浪乞讨人员主要活动场所的巡查。要加强对繁华街区、桥梁涵洞、地下通道、热力管线、废弃房屋、火车站、风景游览区等流浪乞讨人员集中活动和露宿区域的巡查。发现街头流浪乞讨人员中危重病人、精神病人的,要按照民政部、公安部、财政部《关于进一步做好城市流浪乞讨人员中危重病人、精神病人救治工作的指导意见》(民发〔2006〕6号)的要求,会同民政、卫生等部门救治。发现流浪未成年人的,护送到救助管理机构接受救助。发现利用婴幼儿或未成年人乞讨的,要现场取证,调查盘问。对无血缘关系、来历不明和疑似被拐卖、拐骗、组织、

胁迫、诱骗、利用乞讨的,要控制犯罪嫌疑人,解救未成年人。对利用婴幼儿、未成年人乞讨的监护人,教育、警告后护送到救助管理站接受救助;构成犯罪的,依法追究刑事责任。

四是加强流浪乞讨儿童的采血和检验比对工作。对街头流浪乞讨和被组织从事违法犯罪活动的未成年人一律采血,经 DNA 检验后将数据录入全国打拐DNA 数据库。各地在采血和检验比对工作中,不得以任何理由收取费用。

五是加大打击力度。要依法从重从快打击虐待和故意伤害流浪未成年人,以及拐卖、拐骗、组织、胁迫、诱骗、利用未成年人乞讨牟利或组织其进行违法犯罪活动的犯罪分子和团伙。认定是被拐卖、拐骗的未成年人,要立即解救,尽快送返其监护人身边。对暂时找不到其监护人的,护送到救助管理站接受救助,并继续查找其监护人。对亲生父母或其他监护人利用未成年人乞讨的,要予以批评教育,情节严重的,依照《治安管理处罚法》第四十一条,予以治安管理处罚;构成犯罪的,依法追究刑事责任。

六是做好有害乞讨行为的管理工作。协助民政部门开展街头救助,对流浪乞讨人员强讨恶要、滋扰他人、扰乱公共秩序、危害交通安全的行为依法处置。属于救助对象的,送救助管理机构救助。

七是协助救助管理站做好安全防范工作。有条件的地方可以结合社区警务布点,在救助管理站设立警务室或警务联络员。要依法严厉打击聚众闹事、结伙冲击、围攻救助管理站的违法犯罪活动,确保站内人员安全和工作秩序。

(三)城市管理部门要依法做好防范街头流浪乞讨人员影响市容环境卫生行为的管理工作,协助民政、卫生部门做好街头救助工作。

一是依法处置街头流浪乞讨人员占据、损毁公共设施妨碍他人正常使用的行为和随处涂画、制造噪音等破坏环境卫生等违反城市管理规定的行为。

二是协助民政部门做好街头救助工作。在街头执法发现流浪乞讨人员的,告知、引导、护送其到救助管理站接受救助。发现危重病人、精神病人的,联系医疗卫生部门救治。

(四)卫生部门负责流浪乞讨人员医疗救治工作。

要按照《关于实施城市生活无着的流浪乞讨人员救助管理办法有关机构编制和经费问题的通知》(财社〔2003〕83 号)和《关于进一步做好城市流浪乞讨人员中危重病人、精神病人救治工作的指导意见》(民发〔2006〕6 号)规定,指定定点医疗机构,按照"先救治、后救助"的原则收治有关流浪乞讨人员。

(五)财政部门要做好对城市街头流浪乞讨人员救助、管理,以及对流浪未成年人解救保护的经费保障工作。要按照上述各部门职责任务和国家预算管理有关规定,将应由政府承担的救助、管理城市街头流浪乞讨人员,以及解救、保护流浪未成年人工作经费,分别列入有关部门预算给予保障。

三、健全机制,狠抓落实

(一)健全机制。各地要加强领导,统一认识,明确责任,协作配合,建立健全工作机制。要坚持"分级管理,条块结合"的原则,建立政府统一领导、部门分工负责、社会广泛参与的管理体制和运行机制,共同营造帮助街头流浪乞讨人员回归家庭、社会的良好氛围。

(二)狠抓落实。公安部决定将此项工作列入全国打击拐卖儿童妇女工作综治考核并列入刑侦工作绩效考核。民政部决定将此项工作列入全国民政系统社会治安综合治理工作考核内容,认真督查。对行动迟缓、工作不力,造成严重后果的单位和个人,将报请综治部门实行"一票否决制"并追究有关责任。

(2)出入境

中华人民共和国护照法

· 2006 年 4 月 29 日第十届全国人民代表大会常务委员会第二十一次会议通过
· 2006 年 4 月 29 日中华人民共和国主席令第 50 号公布
· 自 2007 年 1 月 1 日起施行

第一条　为了规范中华人民共和国护照的申请、签发和管理,保障中华人民共和国公民出入中华人民共和国国境的权益,促进对外交往,制定本法。

第二条　中华人民共和国护照是中华人民共和国公民出入国境和在国外证明国籍和身份的证件。

任何组织或者个人不得伪造、变造、转让、故意损毁或者非法扣押护照。

第三条　护照分为普通护照、外交护照和公务护照。

护照由外交部通过外交途径向外国政府推介。

第四条　普通护照由公安部出入境管理机构或者公安部委托的县级以上地方人民政府公安机关出入境管理机构以及中华人民共和国驻外使馆、领馆和外交部委托的其他驻外机构签发。

外交护照由外交部签发。

公务护照由外交部、中华人民共和国驻外使馆、领馆或者外交部委托的其他驻外机构以及外交部委托的省、自治区、直辖市和设区的市人民政府外事部门签发。

第五条　公民因前往外国定居、探亲、学习、就业、旅行、从事商务活动等非公务原因出国的,由本人向户籍所在地的县级以上地方人民政府公安机关出入境管理机构申请普通护照。

第六条　公民申请普通护照,应当提交本人的居民身份证、户口簿、近期免冠照片以及申请事由的相关材料。国家工作人员因本法第五条规定的原因出境申请普通护照的,还应当按照国家有关规定提交相关证明文件。

公安机关出入境管理机构应当自收到申请材料之日起十五日内签发普通护照;对不符合规定不予签发的,应当书面说明理由,并告知申请人享有依法申请行政复议或者提起行政诉讼的权利。

在偏远地区或者交通不便的地区或者因特殊情况,不能按期签发护照的,经护照签发机关负责人批准,签发时间可以延长至三十日。

公民因合理紧急事由请求加急办理的,公安机关出入境管理机构应当及时办理。

第七条　普通护照的登记项目包括:护照持有人的姓名、性别、出生日期、出生地,护照的签发日期、有效期、签发地点和签发机关。

普通护照的有效期为:护照持有人未满十六周岁的五年,十六周岁以上的十年。

普通护照的具体签发办法,由公安部规定。

第八条　外交官员、领事官员及其随行配偶、未成年子女和外交信使持用外交护照。

在中华人民共和国驻外使馆、领馆或者联合国、联合国专门机构以及其他政府间国际组织中工作的中国政府派出的职员及其随行配偶、未成年子女持用公务护照。

前两款规定之外的公民出国执行公务的,由其工作单位依照本法第四条第二款、第三款的规定向外交部门提出申请,由外交部门根据需要签发外交护照或者公务护照。

第九条　外交护照、公务护照的登记项目包括:护照持有人的姓名、性别、出生日期、出生地,护照的签发日期、有效期和签发机关。

外交护照、公务护照的签发范围、签发办法、有效期以及公务护照的具体类别,由外交部规定。

第十条　护照持有人所持护照的登记事项发生变更时,应当持相关证明材料,向护照签发机关申请护照变更加注。

第十一条　有下列情形之一的,护照持有人可以按照规定申请换发或者补发护照:

(一)护照有效期即将届满的;

(二)护照签证页即将使用完毕的;

(三)护照损毁不能使用的;

(四)护照遗失或者被盗的;

(五)有正当理由需要换发或者补发护照的其他情形。

护照持有人申请换发或者补发普通护照,在国内,由本人向户籍所在地的县级以上地方人民政府公安机关出入境管理机构提出;在国外,由本人向中华人民共和国驻外使馆、领馆或者外交部委托的其他驻外机构提出。定居国外的中国公民回国后申请换发或者补发普通护照的,由本人向暂住地的县级以上地方人民政府公安机关出入境管理机构提出。

外交护照、公务护照的换发或者补发,按照外交部的有关规定办理。

第十二条　护照具备视读与机读两种功能。

护照的防伪性能参照国际技术标准制定。

护照签发机关及其工作人员对因制作、签发护照而知悉的公民个人信息,应当予以保密。

第十三条　申请人有下列情形之一的,护照签发机关不予签发护照:

（一）不具有中华人民共和国国籍的；

（二）无法证明身份的；

（三）在申请过程中弄虚作假的；

（四）被判处刑罚正在服刑的；

（五）人民法院通知有未了结的民事案件不能出境的；

（六）属于刑事案件被告人或者犯罪嫌疑人的；

（七）国务院有关主管部门认为出境后将对国家安全造成危害或者对国家利益造成重大损失的。

第十四条 申请人有下列情形之一的，护照签发机关自其刑罚执行完毕或者被遣返回国之日起六个月至三年以内不予签发护照：

（一）因妨害国（边）境管理受到刑事处罚的；

（二）因非法出境、非法居留、非法就业被遣返回国的。

第十五条 人民法院、人民检察院、公安机关、国家安全机关、行政监察机关因办理案件需要，可以依法扣押案件当事人的护照。

案件当事人拒不交出护照的，前款规定的国家机关可以提请护照签发机关宣布案件当事人的护照作废。

第十六条 护照持有人丧失中华人民共和国国籍，或者护照遗失、被盗等情形，由护照签发机关宣布该护照作废。

伪造、变造、骗取或者被签发机关宣布作废的护照无效。

第十七条 弄虚作假骗取护照的，由护照签发机关收缴护照或者宣布护照作废；由公安机关处二千元以上五千元以下罚款；构成犯罪的，依法追究刑事责任。

第十八条 为他人提供伪造、变造的护照，或者出售护照的，依法追究刑事责任；尚不够刑事处罚的，由公安机关没收违法所得，处十日以上十五日以下拘留，并处二千元以上五千元以下罚款；非法护照及其印制设备由公安机关收缴。

第十九条 持用伪造或者变造的护照或者冒用他人护照出入国（边）境的，由公安机关依照出境入境管理的法律规定予以处罚；非法护照由公安机关收缴。

第二十条 护照签发机关工作人员在办理护照过程中有下列行为之一的，依法给予行政处分；构成犯罪的，依法追究刑事责任：

（一）应当受理而不予受理的；

（二）无正当理由不在法定期限内签发的；

（三）超出国家规定标准收取费用的；

（四）向申请人索取或者收受贿赂的；

（五）泄露因制作、签发护照而知悉的公民个人信息，侵害公民合法权益的；

（六）滥用职权、玩忽职守、徇私舞弊的其他行为。

第二十一条 普通护照由公安部规定式样并监制；外交护照、公务护照由外交部规定式样并监制。

第二十二条 护照签发机关可以收取护照的工本费、加注费。收取的工本费和加注费上缴国库。

护照工本费和加注费的标准由国务院价格行政部门会同国务院财政部门规定、公布。

第二十三条 短期出国的公民在国外发生护照遗失、被盗或者损毁不能使用等情形，应当向中华人民共和国驻外使馆、领馆或者外交部委托的其他驻外机构申请中华人民共和国旅行证。

第二十四条 公民从事边境贸易、边境旅游服务或者参加边境旅游等情形，可以向公安部委托的县级以上地方人民政府公安机关出入境管理机构申请中华人民共和国出入境通行证。

第二十五条 公民以海员身份出入国境和在国外船舶上从事工作的，应当向交通部委托的海事管理机构申请中华人民共和国海员证。

第二十六条 本法自2007年1月1日起施行。本法施行前签发的护照在有效期内继续有效。

中华人民共和国普通护照和出入境通行证签发管理办法

· 2007年10月25日公安部令第96号发布

· 根据2011年12月20日《公安部关于修改〈中华人民共和国普通护照和出入境通行证签发管理办法〉的决定》修订

第一条 为了规范中华人民共和国普通护照和出入境通行证的申请、审批签发和管理，保障中华人民共和国公民申请普通护照和出入境通行证的权利,根据《中华人民共和国护照法》(以下简称护照法)的规定,制定本办法。

第二条 本办法适用于公民向公安机关出入境管理机构申请普通护照和出入境通行证。

第三条 公安机关出入境管理机构应当参照国际技术标准,逐步推广签发含有电子芯片的普通护照(以下简称电子普通护照),提高护照的防伪性能。

电子芯片存储普通护照的登记项目资料和持证人的面部肖像、指纹信息等。

第四条 公民申请普通护照,应当由本人向其户籍所在地县级以上地方人民政府公安机关出入境管理机构提出,并提交下列真实有效的材料:

(一)近期免冠照片一张以及填写完整的《中国公民因私出国(境)申请表》(以下简称申请表);

(二)居民身份证和户口簿及复印件;在居民身份证领取、换领、补领期间,可以提交临时居民身份证和户口簿及复印件;

(三)未满十六周岁的公民,应当由其监护人陪同,并提交其监护人出具的同意出境的意见、监护人的居民身份证或者户口簿、护照及复印件;

(四)国家工作人员应当按照有关规定,提交本人所属工作单位或者上级主管单位按照人事管理权限审批后出具的同意出境的证明;

(五)省级地方人民政府公安机关出入境管理机构报经公安部出入境管理机构批准,要求提交的其他材料。

现役军人申请普通护照,按照管理权限履行报批手续后,由本人向所属部队驻地县级以上地方人民政府公安机关出入境管理机构提出。

第五条 有下列情形之一的,公民可以向其户籍所在地县级以上地方人民政府公安机关出入境管理机构申请加急办理普通护照,并提交相应材料:

(一)出国奔丧、探望危重病人的;

(二)出国留学的开学日期临近的;

(三)前往国入境许可或者签证有效期即将届满的;

(四)省级地方人民政府公安机关出入境管理机构认可的其他紧急事由。

第六条 公安机关出入境管理机构受理十六周岁以上公民的电子普通护照申请,应当现场采集申请人的指纹信息。不满十六周岁的公民申请电子普通护照,监护人同意提供申请人指纹信息的,公安机关出入境管理机构可以现场采集。

申请人因指纹缺失、损坏无法按捺指纹的,可以不采集指纹信息。

第七条 公安机关出入境管理机构收到申请材料后,应当询问申请人。对申请材料齐全且符合法定形式的,应当当场受理;对申请材料不齐全或者不符合法定形式的,应当一次告知申请人需要补正的全部内容。

第八条 公安机关出入境管理机构受理普通护照的申请后,应当将申请材料报送具有审批签发权的公安机关出入境管理机构进行审批。对符合签发规定的,以公安部出入境管理机构的名义签发普通护照;对不符合规定不予签发的,应当向申请人书面说明理由,并告知申请人享有依法申请行政复议或者提起行政诉讼的权利。

第九条 普通护照持有人具有下列情形之一的,可以向其户籍所在地县级以上地方人民政府公安机关出入境管理机构申请变更加注,并提交普通护照及复印件以及需要作变更加注事项的证明材料:

(一)有曾用名、繁体汉字姓名、外文姓名或者非标准汉语拼音姓名的;

(二)相貌发生较大变化,需要作近期照片加注的;

(三)公安部出入境管理机构认可的其他情形。

第十条 具有下列情形之一的,普通护照持有人可以向其户籍所在地县级以上地方人民政府公安机关出入境管理机构申请换发普通护照:

(一)签证页即将使用完毕的;

(二)有效期不足六个月的,或者有效期在六个月以上但有材料证明该有效期不符合前往国要求的;

(三)公安部出入境管理机构认可的其他情形。

第十一条 公民申请换发普通护照,除提交本办法第四条规定的材料外,应当提交原普通护照及复印件。

定居国外的公民短期回国申请换发普通护照

的,应当向其暂住地县级以上地方人民政府公安机关出入境管理机构提出,并提交原普通护照、定居国外的证明以及暂住地公安机关出具的暂住证明及复印件。

第十二条 普通护照损毁、遗失、被盗的,公民可以向其户籍所在地县级以上地方人民政府公安机关出入境管理机构申请补发。申请时,除提交本办法第四条规定的材料外,应当提交相关材料:

(一)因证件损毁申请补发的,提交损毁的证件及损毁原因说明;

(二)因证件遗失或者被盗申请补发的,提交报失证明和遗失或者被盗情况说明。

定居国外的公民短期回国申请补发普通护照,应当向其暂住地县级以上地方人民政府公安机关出入境管理机构提出,除应当按照前款提交相应材料外,应当提交定居国外的证明以及暂住地公安机关出具的暂住证明及复印件。

第十三条 公安机关出入境管理机构为公民换发、补发普通护照时,应当宣布原普通护照作废。换发普通护照时,应当将公民原普通护照右上角裁去;原普通护照上有前往国有效入境许可的,可将封底、封面右上角裁去,退还本人。

第十四条 公民申请普通护照或者申请普通护照变更加注、换发、补发的,公安机关出入境管理机构应当自收到申请材料之日起十五日内签发。有本办法第五条规定情形的,公安机关出入境管理机构应当自收到申请材料之日起五个工作日内签发。

在偏远地区或者交通不便地区或者因特殊情况,不能按期签发普通护照的,经省级地方人民政府公安机关出入境管理机构负责人批准,签发时间可以延长至三十日。偏远地区或者交通不便地区的范围由省级地方人民政府公安机关出入境管理机构确定,报公安部出入境管理机构备案后对外公布。

第十五条 电子普通护照采取加密措施,确保电子芯片存储的指纹信息仅限于普通护照签发机关和出入境边防检查机关在出入境管理时读取、核验和使用。

第十六条 普通护照签发机关、出入境边防检查机关及其工作人员对在出入境管理工作中知悉的公民个人信息,应当予以保密。

第十七条 申请人具有下列情形之一的,公安机关出入境管理机构不予签发普通护照:

(一)不具有中华人民共和国国籍的;

(二)无法证明身份的;

(三)在申请过程中弄虚作假的;

(四)被判处刑罚正在服刑的;

(五)人民法院通知有未了结的民事案件不能出境的;

(六)属于刑事案件被告人或者犯罪嫌疑人的;

(七)国务院有关主管部门认为出境后将对国家安全造成危害或者对国家利益造成重大损失的。

公民因妨害国(边)境管理受到刑事处罚或者因非法出境、非法居留、非法就业被遣返回国的,公安机关出入境管理机构自其刑罚执行完毕或者被遣返回国之日起六个月至三年以内不予签发普通护照。

第十八条 公安机关出入境管理机构签发普通护照后,发现持照人具有本办法第十七条规定情形的,可以宣布其所持普通护照作废。

第十九条 宣布公安机关出入境管理机构签发的普通护照作废,由普通护照的审批签发机关或者上级公安机关出入境管理机构作出。

第二十条 公民从事边境贸易、边境旅游服务或者参加经国务院或者国务院主管部门批准的边境旅游线路边境旅游的,可以由本人向边境地区县级以上地方人民政府公安机关出入境管理机构申请出入境通行证,并从公安部规定的口岸出入境。

公民从事边境贸易、边境旅游服务的,可为其签发一年多次出入境有效或者三个月一次出入境有效的出入境通行证;公民参加经国务院或者国务院主管部门批准的边境旅游线路边境旅游的,可为其签发三个月一次出入境有效的出入境通行证。

第二十一条 边境地区公民申请出入境通行证,应当提交本办法第四条规定的材料。

非边境地区公民申请出入境通行证,应当提交本办法第四条第一款第(一)、(三)、(四)、(五)项规定的材料,居民身份证或者户口簿及复印件,以及下列与申请事由相关的证明材料:

(一)从事边境贸易的,提交在边境地区工商行政

管理部门登记注册的经营者出具的有关证明材料;

（二）从事边境旅游服务的,提交所在的经国家旅游局批准的边境旅游组团社出具的证明材料和本人导游证;

（三）参加边境旅游的,提交经国家旅游局批准的边境旅游组团社出具的相关材料。

第二十二条　边境地区公安机关出入境管理机构应当对公民提交的出入境通行证申请材料进行审核。对非边境地区公民提交的申请材料有疑问的,应当向其户籍所在地公安机关出入境管理机构或者其所属工作单位核实。

第二十三条　出入境通行证不予变更加注或者换发。除一年多次出入境有效的出入境通行证外,出入境通行证不予补发。

第二十四条　对公民具有本办法第十七条规定情形之一的,公安机关出入境管理机构不予签发出入境通行证。

第二十五条　公民领取普通护照、出入境通行证后,应当在持证人签名栏签署本人姓名。

第二十六条　公民退出中国国籍的,应当将所持普通护照、出入境通行证交还公安机关出入境管理机构或者中华人民共和国驻外使馆、领馆或者外交部委托的其他驻外机构。公民持《前往港澳通行证》赴港澳地区定居的,应当将所持普通护照交还公安机关出入境管理机构。

第二十七条　公民在申请、换发、补发普通护照以及申请变更加注时,提交虚假或者通过非法途径获取的材料的,或者冒用他人身份证件骗取普通护照的,依照护照法第十七条的规定处理。

第二十八条　公安机关出入境管理机构应当将申请普通护照、出入境通行证的依据、条件、程序、时限、收费标准以及需要提交的全部材料的目录和申请表示范文本等在接待场所公布。

第二十九条　出入境通行证的受理和审批签发程序、签发时限、宣布作废、收缴、式样制定和监制,以及对相关违法行为的处罚等参照普通护照的有关规定执行。

第三十条　受理、审批签发普通护照、出入境通行证的公安机关出入境管理机构应当经公安部确定,并向社会公布。对具有下列情形之一的公安机关出入境管理机构,公安部可以暂停或者终止其普通护照、出入境通行证受理、审批签发权,并确定代为行使受理、审批签发权的公安机关出入境管理机构:

（一）因情况变化不再具备受理、审批签发普通护照、出入境通行证条件的;

（二）违法违规受理、审批签发普通护照、出入境通行证的;

（三）公安部规定的其他应当暂停或者终止受理、审批签发权的情形。

第三十一条　当毗邻国家的边境地区发生恐怖活动、瘟疫或者重大自然灾害以及出现公安部规定的其他情形的,公安部可以暂停或者终止边境地区公安机关出入境管理机构为非边境地区公民签发出入境通行证。

第三十二条　公安机关出入境管理机构应当严格按照国务院价格行政部门会同国务院财政部门规定的标准,收取普通护照、出入境通行证的办证费用。

第三十三条　本办法自2012年3月1日起施行。2007年10月25日发布的《中华人民共和国普通护照和出入境通行证签发管理办法》（公安部令第96号）同时废止。本办法施行前公安部制定的有关规定与本办法不一致的,以本办法为准。

中华人民共和国边境管理区通行证管理办法

· 1999年9月4日公安部令第42号发布
· 根据2014年6月29日《公安部关于修改部分部门规章的决定》修订

第一章　总　则

第一条　为了加强边境通行证件的管理,维护边境管理区的治安秩序,根据国家有关规定,结合我国边防管理的实际情况,制定本办法。

第二条　国家在陆地边境地区划定边境管理区（含深圳、珠海经济特区）,实行《中华人民共和国边境管理区通行证》（以下简称《边境通行证》）验查管理制度。

第三条　凡进出边境管理区的人员,均适用本办法。

第四条　公安部边防管理局是全国《边境通行

证》的主管部门。各省、自治区、直辖市公安厅、局负责本行政区域内的《边境通行证》管理工作。

第二章　进出边境管理区证件

第五条　凡常住边境管理区年满十六周岁的中国公民，凭《中华人民共和国居民身份证》（以下简称《居民身份证》）在本省、自治区的边境管理区通行；前往其他省、自治区的边境管理区，须持《边境通行证》。

第六条　凡居住在非边境管理区年满十六周岁的中国公民，前往边境管理区，须持《边境通行证》。

第七条　凡经由边境管理区出入国（边）境的人员，凭其出入境有效证件通行。

外国人、无国籍人前往未对外国人开放的边境管理区，须持公安机关签发的《中华人民共和国外国人旅行证》。

海外华侨、港澳台同胞前往未对外开放的边境管理区，须持《边境通行证》。

第八条　中国人民解放军和中国人民武装警察部队官兵进出边境管理区，须分别持《中国人民解放军军人通行证》、《中国人民武装警察通行证》和本人有效证件；驻在边境管理区内的中国人民解放军和中国人民武装警察部队官兵，凭本人有效证件进出边境管理区。

第三章　《边境通行证》的申领

第九条　凡年满十六周岁的中国公民前往边境管理区，依照本办法第二章之规定，具有下列情形之一的，应当申领《边境通行证》：

（一）参加科技、文化、体育交流或者业务培训、会议，从事考察、采访、创作等活动的；

（二）从事勘探、承包工程、劳务、生产技术合作或者贸易洽谈等活动的；

（三）应聘、调动、分配工作或者就医、就学的；

（四）探亲、访友、经商、旅游的；

（五）有其他正当事由必须前往的。

第十条　申领《边境通行证》应当向常住户口所在地县级以上公安机关或者指定的公安派出所提出申请。有下列情形之一的，凭单位证明，可以向非常住户口所在地的县级以上公安机关或者指定的公安派出所提出申请：

（一）常住户口所在地与工作单位所在地在同一城市，但不在同一辖区的人员；

（二）中央各部委和省级人民政府的驻外办事处人员；

（三）已在非常住户口所在地暂住一年以上的人员；

（四）因工作调动，尚未办妥常住或者暂住户口的人员；

（五）因紧急公务，确需前往边境管理区的国家工作人员。

第十一条　海外华侨、港澳台同胞凭有效证件向有关省、自治区、直辖市公安厅、局，或者县、市公安局申领《边境通行证》。

第十二条　经省级公安、旅游部门批准，旅游公司组织赴边境管理区旅游的人员，应当在出发地的公安机关办理《边境通行证》。

第十三条　申请领取《边境通行证》的人员应当填写《边境通行证申请表》；交验本人《居民身份证》或者其他有效证件，并履行下列手续：

（一）机关、团体、事业单位人员由单位保卫（人事）部门提出审核意见；

（二）企业单位设保卫部门的，由保卫部门提出审核意见；未设保卫部门的，由企业法人提出审核意见；

（三）其他人员由常住户口所在地的公安派出所或者乡镇人民政府提出审核意见；

（四）已在边境管理区务工的人员还应当出具劳动部门的聘用合同和用工单位证明。

第十四条　有下列情形之一的，公安机关不予受理：

（一）刑事案件的被告人和公安机关、国家安全机关、人民检察院或者人民法院认定有犯罪嫌疑的人员；

（二）被判处刑罚正在服刑的人员；

（三）公安机关认为不宜前往边境管理区的人员。

第四章　《边境通行证》的签发

第十五条　《边境通行证》由县级以上公安机关签发。边远地区和人员进出边境管理区较多的地区，经省、自治区、直辖市公安厅、局批准，由指定的公安派出所签发。

第十六条　《边境通行证》的签发应当专人负责，

严格管理,简化手续,方便群众。

第十七条　签发《边境通行证》一律用黑色墨水填写或者使用微机填写,字迹工整,项目填写全面,不得涂改,并加盖发证机关的行政印章或者边境通行证专用章。

第十八条　《边境通行证》实行一人一证,并与《居民身份证》同时使用。对不满十六周岁的未成年人不单独签发证件,可与持证人偕行,但不得超过二人。

第十九条　《边境通行证》的有效期不得超过三个月,可多次往返使用;对常住或者经常入出边境管理区的人员,其证件有效期最长可到一年。

第二十条　《边境通行证》有效期满后,持证人应当向原发证机关缴销证件。证件存根、缴销的旧证件及《边境通行证申请表》的保存期为两年,销毁时应登记造册。

第五章　《边境通行证》的查验

第二十一条　前往边境管理区的人员须待本办法第二章规定的有效证件,经边防公安检查站、铁路公安部门查验后,才能进入边境管理区。

第二十二条　有下列情形之一的,边防公安检查站、铁路公安部门有权阻止进入边境管理区:

(一)未持边境通行证件的;

(二)持过期、失效边境通行证件的;

(三)持伪造、涂改的《边境通行证》、冒用他人《边境通行证》或者其他证件的;

(四)《边境通行证》未与《居民身份证》同时使用或者与假《居民身份证》同时使用的;

(五)拒绝接受查验证件的。

第六章　处　罚

第二十三条　对违反本办法规定的处罚由边防公安检查站或者县级以上公安机关执行。

第二十四条　持用伪造、涂改、过期、失效的《边境通行证》或者冒用他人《边境通行证》的,除收缴其证件外,应当视情节给予警告或者处以100元以下罚款。

第二十五条　对伪造、涂改、盗窃、贩卖《边境通行证》的,除收缴其证件外,处1000元以下罚款;情节严重构成犯罪的,依法追究刑事责任。

第二十六条　拒绝、阻碍公安机关检查验证人员依法执行公务,未使用暴力、威胁方法的,依照《中华人民共和国治安管理处罚条例》的规定处罚。

第二十七条　公安机关工作人员在执行本办法时,如有利用职权索取贿赂或者其他违法行为,情节轻微的,由主管部门予以行政处分;情节严重构成犯罪的,依法追究刑事责任。

第七章　附　则

第二十八条　公安机关签发《边境通行证》,必须严格执行收费标准,使用财政部统一印制的证件收费收据。证件收费应当坚持专款专用、收支两条线的规定。

第二十九条　《边境通行证》式样由公安部制定,并统一印制。

第三十条　本办法自发布之日起施行。

中国公民因私事往来香港地区或者澳门地区的暂行管理办法

· 1986 年 12 月 3 日国务院批准
· 1986 年 12 月 25 日公安部公布

第一章　总　则

第一条　根据《中华人民共和国公民出境入境管理法》第十七条的规定,制定本办法。

第二条　本办法适用于内地公民因私事往来香港地区(下称香港)或者澳门地区(下称澳门)以及港澳同胞来往内地。

第三条　内地公民因私事前往香港、澳门,凭我国公安机关签发的前往港澳通行证或者往来港澳通行证从指定的口岸通行;返回内地也可以从其他对外开放的口岸通行。

指定的口岸:往香港是深圳,往澳门是拱北。

第四条　港澳同胞来往于香港、澳门与内地之间,凭我国公安机关签发的港澳同胞回乡证或者入出境通行证,从中国对外开放的口岸通行。

第二章　内地公民前往香港、澳门

第五条　内地公民因私事前往香港、澳门定居,实行定额审批的办法,以利于维护和保持香港和澳门的经济繁荣和社会稳定。

第六条　内地公民因私事前往香港、澳门,须向户口所在地的市、县公安局出入境管理部门提出申请。

第七条　有下列情形之一的,可以申请前往香港、澳门定居:

(一) 夫妻一方定居香港、澳门,分居多年的;

(二) 定居香港、澳门的父母年老体弱,必须由内地子女前往照料的;

(三) 内地无依无靠的老人和儿童须投靠在香港、澳门的直系亲属和近亲属的;

(四) 定居香港、澳门直系亲属的产业无人继承,必须由内地子女去定居才能继承的;

(五) 有其他特殊情况必须去定居的。

第八条　有下列情形之一的,可以申请短期前往香港、澳门:

(一) 在香港、澳门有定居的近亲属,须前往探望的;

(二) 直系亲属或者近亲属是台湾同胞,必须由内地亲人去香港、澳门会亲的;

(三) 归国华侨的直系亲属、兄弟姐妹和侨眷的直系亲属不能回内地探亲,必须去香港、澳门会面的;

(四) 必须去香港、澳门处理产业的;

(五) 有其他特殊情况,必须短期去香港、澳门的。

第九条　内地公民因私事申请前往香港、澳门,须回答有关的询问并履行下列手续:

(一) 交验户口簿或者其他户籍证明;

(二) 填写申请表;

(三) 提交所在工作单位对申请人前往香港、澳门的意见;

(四) 提交与申请事由相应的证明。

第十条　本办法第九条第四项所称的证明是指:

(一) 夫妻团聚,须提交合法婚姻证明,以及配偶在香港、澳门有永久居住资格的证明;

(二) 去香港、澳门照顾年老体弱父母或者无依无靠的老人、儿童投靠香港、澳门亲属,须提交与香港、澳门亲属关系及其在香港、澳门有永久居住资格的证明;

(三) 继承或者处理产业,须提交产业状况和合法继承权的证明;

(四) 探望在香港、澳门亲属,须提交亲属函件;时间急迫的,应尽可能提交与申请事由相关的说明或者证明;

(五) 会见台湾亲属或者会见居住国外的亲属,须提交亲属到达香港、澳门日期的确切证明。

第十一条　公安机关出入境管理部门受理的前往香港、澳门的申请,应当在 60 天内作出批准或者不批准的决定,通知申请人。

第十二条　经批准前往香港、澳门定居的内地公民,由公安机关出入境管理部门发给前往港澳通行证。持证人应当在前往香港、澳门之前,到所在地公安派出所注销户口,并在规定的时间内前往香港、澳门。

经批准短期前往香港、澳门的内地公民,发给往来港澳通行证。持证人应当在规定时间内前往并按期返回。

第十三条　内地公民申请去香港、澳门,有下列情形之一的,不予批准:

(一) 属于《中华人民共和国公民出境入境管理法》第八条规定情形的;

(二) 不属于本办法第七条和第八条规定情形的;

(三) 编造情况、提供假证明,欺骗公安机关出入境管理部门的。

第三章　港澳同胞来内地

第十四条　港澳同胞来内地,须申请领取港澳同胞回乡证。港澳同胞回乡证由广东省公安厅签发。

申领港澳同胞回乡证须交验居住身份证明、填写申请表。

不经常来内地的港澳同胞,可申请领取入出境通行证。申领办法与申领港澳同胞回乡证相同。

第十五条　有下列情形之一的,不发给港澳同胞回乡证或者入出境通行证:

(一) 被认为有可能进行抢劫、盗窃、贩毒等犯罪活动的;

(二) 编造情况,提交假证明的;

(三) 精神病患者。

第十六条　港澳同胞驾驶机动车辆来内地,应当按照广东省人民政府有关规定申请行车执照,驾驶人员还须向广东省公安厅出入境管理处申请驾驶港澳机动车辆来往内地的许可。

第十七条　港澳同胞短期来内地,要按照户口管理规定,办理暂住登记。在宾馆、饭店、旅店、招待所、学校等企业、事业单位或者机关、团体及其他机构内住宿的,应当填写临时住宿登记表;住在亲友家的,由本人或者亲友在 24 小时内(农村可在 72 小时内)到住地公安派出所或者户籍办公室办理暂住登记。

第十八条　港澳同胞要求回内地定居的,应当事先向拟定居地的市、县公安局提出申请,获准后,持注有回乡定居签注的港澳同胞回乡证,至定居地办理常住户口手续。

第四章　出入境检查

第十九条　内地公民往来香港、澳门以及港澳同胞来往内地,须向对外开放口岸或者指定口岸的边防检查站出示出入境证件,填交出境、入境登记卡,接受查验。

第二十条　有下列情形之一的,边防检查站有权阻止出境、入境:

(一)未持有往来港澳通行证件、港澳同胞回乡证或其他有效证件的;

(二)持用伪造、涂改等无效的往来港澳通行证件或者港澳同胞回乡证,冒用他人往来港澳通行证件或者港澳同胞回乡证的;

(三)拒绝交验证件的。

具有前款第二项规定的情形的,并可依照本办法第二十六条的规定处理。

第五章　证件管理

第二十一条　港澳同胞回乡证由持证人保存,有效期十年,在有效期内可以多次使用。超过有效期或者查验页用完的,可以换领新证。申请新证按照本办法第十四条规定办理。

第二十二条　前往港澳通行证在有效期内一次使用有效。往来港澳通行证有效期 5 年,可以延期 2 次,每次不超过 5 年,证件由持证人保存、使用,每次前往香港、澳门均须按照本办法第六条、第八条、第十条的规定办理申请手续,经批准的作一次往返签注。经公安部特别授权的公安机关可以作多次往返签注。

第二十三条　港澳同胞来内地后遗失港澳同胞回乡证,应向遗失地的市、县或者交通运输部门的公安机关报失,经公安机关调查属实,出具证明,由公安机关出入境管理部门签发一次有效的入出境通行证,凭证返回香港、澳门。港澳同胞无论在香港、澳门或者内地遗失港澳同胞回乡证,均可以按照本办法第十四条规定重新申请领取港澳同胞回乡证。

第二十四条　内地公民在前往香港、澳门之前遗失前往港澳通行证、往来港澳通行证的,应立即报告原发证机关,并由本人登报声明,经调查属实的,重新发给证件。

第二十五条　港澳同胞回乡证持证人有本办法第十五条规定情形之一的,证件应予以吊销。

吊销证件由原发证机关或其上级机关决定并予以收缴。

第六章　处　罚

第二十六条　持用伪造、涂改等无效的或者冒用他人的前往港澳通行证、往来港澳通行证、港澳同胞回乡证、入出境通行证的,除可以没收证件外,并视情节轻重,处以警告或 5 日以下拘留。

第二十七条　伪造、涂改、转让前往港澳通行证、往来港澳通行证、港澳同胞回乡证、入出境通行证的,处 10 日以下拘留;情节严重,构成犯罪的,依照《中华人民共和国刑法》的有关条款的规定追究刑事责任。

第二十八条　编造情况,提供假证明,或者以行贿等手段,获取前往港澳通行证、往来港澳通行证、港澳同胞回乡证、入出境通行证,情节较轻的,处以警告或 5 日以下拘留;情节严重,构成犯罪的,依照《中华人民共和国刑法》的有关条款的规定追究刑事责任。

第二十九条　公安机关的工作人员在执行本办法时,如有利用职权索取、收受贿赂或者有其他违法失职行为,情节轻微的,可以由主管部门酌情予以行政处分;情节严重,构成犯罪的,依照《中华人民共和国刑法》的有关条款的规定追究刑事责任。

第七章　附　则

第三十条　本办法由公安部组织实施,负责解释。

第三十一条　本办法自公布之日起施行。

中国公民往来台湾地区管理办法

· 1991 年 12 月 17 日中华人民共和国国务院令第 93 号
公布
· 根据 2015 年 6 月 14 日《国务院关于修改〈中国公民
往来台湾地区管理办法〉的决定》修订

第一章　总　则

第一条　为保障台湾海峡两岸人员往来,促进各
方交流,维护社会秩序,制定本办法。

第二条　居住在大陆的中国公民(以下简称大陆
居民)往来台湾地区(以下简称台湾)以及居住在台湾
地区的中国公民(以下简称台湾居民)来往大陆,适用
本办法。

本办法未规定的事项,其他有关法律、法规有规
定的,适用其他法律、法规。

第三条　大陆居民前往台湾,凭公安机关出入境
管理部门签发的旅行证件,从开放的或者指定的出入
境口岸通行。

第四条　台湾居民来大陆,凭国家主管机关签发
的旅行证件,从开放的或者指定的入出境口岸通行。

第五条　中国公民往来台湾与大陆之间,不得有
危害国家安全、荣誉和利益的行为。

第二章　大陆居民前往台湾

第六条　大陆居民前往台湾定居、探亲、访友、旅
游、接受和处理财产、处理婚丧事宜或者参加经济、科
技、文化、教育、体育、学术等活动,须向户口所在地的
市、县公安局提出申请。

第七条　大陆居民申请前往台湾,须履行下列手
续:

(一)交验身份、户口证明;

(二)填写前往台湾申请表;

(三)在职、在学人员须提交所在单位对申请人前
往台湾的意见;非在职、在学人员须提交户口所在地
公安派出所对申请人前往台湾的意见;

(四)提交与申请事由相应的证明。

第八条　本办法第七条第四项所称的证明是指:

(一)前往定居,须提交确能在台湾定居的证明;

(二)探亲、访友,须提交台湾亲友关系的证明;

(三)旅游,须提交旅行所需费用的证明;

(四)接受、处理财产,须提交经过公证的对该项
财产有合法权利的有关证明;

(五)处理婚姻事务,须提交经过公证的有关婚姻
状况的证明;

(六)处理亲友丧事,须提交有关的函件或者通
知;

(七)参加经济、科技、文化、教育、体育、学术等活
动,须提交台湾相应机构、团体、个人邀请或者同意参
加该项活动的证明;

(八)主管机关认为需要提交的其他证明。

第九条　公安机关受理大陆居民前往台湾的申
请,应当在 30 日内,地处偏僻、交通不便的应当在 60
日内,作出批准或者不予批准的决定,通知申请人。
紧急的申请,应当随时办理。

第十条　经批准前往台湾的大陆居民,由公安机
关签发或者签注旅行证件。

第十一条　经批准前往台湾的大陆居民,应当在
所持旅行证件签注的有效期内前往,除定居的以外,
应当按期返回。

大陆居民前往台湾后,因病或者其他特殊情况,
旅行证件到期不能按期返回的,可以向原发证的公安
机关或者公安部出入境管理局派出的或者委托的有
关机构申请办理延期手续;有特殊原因的也可以在入
境口岸的公安机关申请办理入境手续。

第十二条　申请前往台湾的大陆居民有下列情
形之一的,不予批准:

(一)刑事案件的被告人或者犯罪嫌疑人;

(二)人民法院通知有未了结诉讼事宜不能离境
的;

(三)被判处刑罚尚未执行完毕的;

(四)正在被劳动教养的;

(五)国务院有关主管部门认为出境后将对国家
安全造成危害或者对国家利益造成重大损失的;

(六)有编造情况、提供假证明等欺骗行为的。

第三章　台湾居民来大陆

第十三条　台湾居民要求来大陆的,向下列有关
机关申请办理旅行证件:

(一)从台湾地区要求直接来大陆的,向公安部出
入境管理局派出的或者委托的有关机构申请;有特殊

事由的,也可以向指定口岸的公安机关申请;

(二)到香港、澳门地区后要求来大陆的,向公安部出入境管理局派出的机构或者委托的在香港、澳门地区的有关机构申请;

(三)经由外国来大陆的,依据《中华人民共和国护照法》,向中华人民共和国驻外国的外交代表机关、领事机关或者外交部授权的其他驻外机关申请。

第十四条　台湾居民申请来大陆,须履行下列手续:

(一)交验表明在台湾居住的有效身份证明和出境入境证件;

(二)填写申请表;

(三)提交符合规定的照片。

国家主管机关可以根据具体情况要求台湾居民提交其他申请材料。

第十五条　对批准来大陆的台湾居民,由国家主管机关签发旅行证件。

第十六条　台湾居民来大陆,应当按照户口管理规定,办理暂住登记。在宾馆、饭店、招待所、旅店、学校等企业、事业单位或者机关、团体和其他机构内住宿的,应当填写临时住宿登记表;住在亲友家的,由本人或者亲友在 24 小时(农村 72 小时)内到当地公安派出所或者户籍办公室办理暂住登记手续。

第十七条　台湾居民要求来大陆定居的,应当在入境前向公安部出入境管理局派出的或者委托的有关机构提出申请,或者经由大陆亲属向拟定居地的市、县公安局提出申请。批准定居的,公安机关发给定居证明。

第十八条　台湾居民来大陆后,应当在所持旅行证件有效期之内按期离境。所持证件有效期即将届满需要继续居留的,应当向市、县公安局申请换发。

第十九条　申请来大陆的台湾居民有下列情形之一的,不予批准:

(一)被认为有犯罪行为的;

(二)被认为来大陆后可能进行危害国家安全、利益等活动的;

(三)不符合申请条件或者有编造情况、提供假证明等欺骗行为的;

(四)精神疾病或者严重传染病患者;

(五)法律、行政法规规定不予批准的其他情形。

治病或者其他特殊原因可以批准入境的除外。

第四章　出境入境检查

第二十条　大陆居民往来台湾,台湾居民来往大陆,须向开放的或者指定的出入境口岸边防检查站出示证件,填交出境、入境登记卡,接受查验。

第二十一条　有下列情形之一的,边防检查站有权阻止出境、入境:

(一)未持有旅行证件的;

(二)持用伪造、涂改等无效的旅行证件的;

(三)拒绝交验旅行证件的;

(四)本办法第十二条、第十九条规定不予批准出境、入境的。

第五章　证件管理

第二十二条　大陆居民往来台湾的旅行证件系指大陆居民往来台湾通行证和其他有效旅行证件。

第二十三条　台湾居民来往大陆的旅行证件系指台湾居民来往大陆通行证和其他有效旅行证件。

第二十四条　大陆居民往来台湾通行证有效期为 10 年;台湾居民来往大陆通行证分为 5 年有效和 3个月一次有效两种。

第二十五条　大陆居民往来台湾通行证实行逐次签注。签注分一次往返有效和多次往返有效。

第二十六条　大陆居民遗失旅行证件,应当向原发证的公安机关报失;经调查属实的,可补发给相应的旅行证件。

第二十七条　台湾居民在大陆遗失旅行证件,应当向当地的市、县公安机关报失;经调查属实的,可以允许重新申请领取相应的旅行证件,或者发给一次有效的出境通行证件。

第二十八条　大陆居民前往台湾和台湾居民来大陆旅行证件的持有人,有本办法第十二条、第十九条规定情形之一的,其证件应当予以吊销或者宣布作废。

第二十九条　审批签发旅行证件的机关,对已发出的旅行证件有权吊销或者宣布作废。公安部在必要时,可以变更签注、吊销旅行证件或者宣布作废。

第六章　处　罚

第三十条　持用伪造、涂改等无效的旅行证件或者冒用他人的旅行证件出境、入境的,除依照《中华人民共和国公民出境入境管理法实施细则》第二十三条的规定处罚外,可以单处或者并处 100 元以上、500 元以下的罚款。

第三十一条　伪造、涂改、转让、倒卖旅行证件的,除依照《中华人民共和国公民出境入境管理法实施细则》第二十四条的规定处罚外,可以单处或者并处 500 元以上、3000 元以下的罚款。

第三十二条　编造情况,提供假证明,或者以行贿等手段获取旅行证件的,除依照《中华人民共和国公民出境入境管理法实施细则》第二十五条的规定处罚外,可以单处或者并处 100 元以上、500 元以下的罚款。

有前款情形的,在处罚执行完毕 6 个月以内不受理其出境、入境申请。

第三十三条　机关、团体、企业、事业单位编造情况、出具假证明为申请人获取旅行证件的,暂停其出证权的行使;情节严重的,取消其出证资格;对直接责任人员,除依照《中华人民共和国公民出境入境管理法实施细则》第二十五条的规定处罚外,可以单处或者并处 500 元以上、1000 元以下的罚款。

第三十四条　违反本办法第十六条的规定,不办理暂住登记的,处以警告或者 100 元以上、500 元以下的罚款。

第三十五条　违反本办法第十八条的规定,逾期非法居留的,处以警告,可以单处或者并处每逾期 1 日 100 元的罚款。

第三十六条　被处罚人对公安机关处罚不服的,可以在接到处罚通知之日起 15 日内,向上一级公安机关申请复议,由上一级公安机关作出最后的裁决;也可以直接向人民法院提起诉讼。

第三十七条　来大陆的台湾居民违反本办法的规定或者有其他违法犯罪行为的,除依照本办法和其他有关法律、法规的规定处罚外,公安机关可以缩短其停留期限,限期离境,或者遣送出境。

有本办法第十九条规定不予批准情形之一的,应当立即遣送出境。

第三十八条　执行本办法的国家工作人员,利用职权索取、收受贿赂或者有其他违法失职行为,情节轻微的,由主管部门予以行政处分;情节严重,构成犯罪的,依照《中华人民共和国刑法》的有关规定追究刑事责任。

第三十九条　对违反本办法所得的财物,应当予以追缴或者责令退赔;用于犯罪的本人财物应当没收。

罚款及没收的财物上缴国库。

第七章　附　则

第四十条　本办法由公安部负责解释。

第四十一条　本办法自 1992 年 5 月 1 日起施行。

非法移民遣返机构工作规定

· 2023 年 8 月 25 日公安部令第 167 号公布
· 自 2023 年 10 月 1 日起施行

第一章　总　则

第一条　为了规范非法移民遣返机构(以下简称遣返机构)管理,保障遣返机构依法履行职责,保护被羁押、遣返人员的合法权益,根据《中华人民共和国人民警察法》《中华人民共和国出境入境管理法》《中华人民共和国外国人入境出境管理条例》等法律、行政法规,制定本规定。

第二条　遣返机构包括遣返中心及其下辖的遣返站,由国家移民管理局领导管理。

第三条　遣返机构负责羁押违反出境入境管理法律法规被拘留审查的外国人以及被决定遣送出境、驱逐出境但无法立即执行的外国人,依法对被羁押人员开展身份调查、执行遣返。

第四条　遣返机构开展羁押、遣返工作,应当做到依法、规范、安全。

第五条　遣返机构应当依法保护被羁押、遣返人员的合法权益,尊重其人格尊严、宗教信仰,不得侮辱、体罚、虐待。

被羁押、遣返人员应当遵守法律法规和遣返机构的管理规定。

第二章　接　收

第六条　县级以上地方人民政府公安机关或者出入境边防检查机构(以下统称办案部门)向遣返机构移送被羁押人员,应当出具拘留审查决定书或者遣送出境决定书、驱逐出境决定书等法律文书，并提供县级以上综合医院出具的体检证明。

第七条　遣返机构接收被羁押人员，应当由两名以上人民警察进行。接收时，应当对被羁押人员的身体和携带物品进行检查。

对女性的身体检查，应当由女性人民警察进行。

对检查发现的违禁品和其他与案件有关的物品，应当交由办案部门依法处理。

第八条　接收被羁押人员，遣返机构应当向办案部门出具回执。

遣返机构应当告知被羁押人员在羁押期间依法享有的权利和应当遵守的管理规定。对不通晓我国语言文字的，遣返机构应当为其提供翻译。

第九条　被羁押人员在羁押期间可以随身携带适量、必要的生活用品，其他财物交由遣返机构代为保管。

办案部门向遣返机构移交代为保管的被羁押人员财物，应当由办案部门人民警察、遣返机构人民警察、被羁押人员共同签字确认。

第十条　移送的被羁押人员有《中华人民共和国出境入境管理法》第六十一条第一款规定情形之一的，遣返机构不予接收。已经接收的，应当经遣返中心主要负责人批准后通知办案部门接回处理。

第三章　羁　押

第十一条　遣返机构应当建立被羁押人员档案，登记被羁押人员信息，并由专人管理。

第十二条　遣返机构应当根据被羁押人员情况实行分区羁押，并采取相应的监管措施。

不同性别人员应当分别羁押。女性被羁押人员的直接管理由女性人民警察进行。

第十三条　遣返机构实行二十四小时值班巡查制度。值班人员应当坚守岗位，按规定开展巡视检查。

巡视检查由人民警察负责组织实施。羁押女性的场所由女性人民警察负责巡视检查。

使用视频监控系统实施巡视检查的，视频录像资料保存期限不得少于九十日。

第十四条　遣返机构应当定期开展安全检查，及时消除安全隐患。

第十五条　遣返机构应当制定突发事件应急处置预案，定期组织演练。遇有突发情况时，应当立即启动预案，快速妥善处置。

第十六条　被羁押人员有下列行为之一的，遣返机构应当立即制止；涉嫌违法犯罪的，移送遣返机构所在地公安机关依法处理：

（一）不服从羁押管理，寻衅滋事的；

（二）预谋或者实施脱逃、行凶、自杀、自伤的；

（三）殴打、体罚、虐待、欺侮其他被羁押人员的；

（四）传授违法犯罪方法或者教唆他人违法犯罪的；

（五）袭击人民警察及其他工作人员的；

（六）故意破坏遣返机构设施设备或者损毁他人财物的；

（七）持有违禁物品的；

（八）违反遣返机构管理规定的其他行为。

第四章　调　查

第十七条　对国籍、身份不明的被羁押人员，遣返机构应当及时调查其国籍、身份。

遣返机构向有关单位或者人员核实被羁押人员国籍、身份相关信息的，有关单位或者人员应当予以协助配合。

第十八条　办案部门人民警察依法询问被羁押人员的，遣返机构应当予以安排。

第十九条　办案部门因办理案件需要将被羁押人员临时带离遣返机构的，应当经遣返中心或者遣返站主要负责人批准。

执行临时带离任务的人民警察不得少于两人，每次临时带离时间不得超过二十四小时。办案部门应当确保被羁押人员在临时带离期间的人身安全。

办案部门送回被羁押人员时，遣返机构应当对其体表和携带物品进行检查。

第二十条　遣返机构发现被羁押人员在被遣返机构接收前有其他违法犯罪嫌疑的，应当通知办案部门依法处理。

第二十一条　被羁押人员提出举报、控告，申请行政复议或者提供其他案件线索的，遣返机构应当在二十四小时内将相关材料转送有关单位。

第五章　生活卫生和通信会见

第二十二条　羁押场所应当坚固、通风、透光、清洁，能够防潮、防暑、防寒。

第二十三条　遣返机构应当为被羁押人员提供必要的居住、饮食等物质生活保障，尊重其民族饮食习惯，保证被羁押人员每日不少于 2 小时的羁室外活动时间。

不得强迫被羁押人员从事生产劳动。

第二十四条　遣返机构应当做好羁押场所的卫生防疫，对患有疾病的被羁押人员及时予以治疗。

第二十五条　被羁押人员依法享有接受其国籍国驻华外交、领事官员探视和通信、会见等权利。

被羁押人员拒绝探视、会见的，应当出具书面声明。

第六章　解除羁押

第二十六条　被羁押人员有下列情形之一的，遣返机构应当立即解除羁押：

（一）办案部门决定解除对其拘留审查的；

（二）拘留审查期限届满的；

（三）拘留审查决定被撤销的；

（四）遣送出境决定被撤销的。

第二十七条　被羁押人员有下列情形之一的，遣返机构应当解除羁押，并移交办案部门：

（一）办案部门自行执行遣返的；

（二）被依法决定行政拘留的；

（三）被依法决定执行刑事强制措施的；

（四）涉及其他案件需要移交的。

移交被羁押人员时，遣返机构应当与办案部门履行交接手续。

第二十八条　对被决定遣送出境、驱逐出境的被羁押人员，具备执行条件时，应当立即解除羁押并执行遣返。

第二十九条　解除羁押的，应当向被羁押人员出具解除羁押证明书，返还代为保管的本人财物。

第七章　执行遣返

第三十条　对被决定遣送出境、驱逐出境的被羁押人员，遣返机构可以按照就近就便的原则，确定遣返至下列国家（地区）：

（一）国籍国；

（二）入境前的居住国（地区）；

（三）出生地国（地区）；

（四）入境前的出境口岸所属国（地区）；

（五）其他允许其入境的国家（地区）。

第三十一条　遣返机构执行遣返，应当安排充足的警力，确保押送安全。

被遣返人员为女性的，应当安排女性人民警察参与执行遣返。

第八章　执法监督

第三十二条　遣返机构的人民警察执行职务，依法接受国家移民管理局和上级遣返机构的监督。遣返机构应当依照本规定和其他有关法律法规的规定，建立健全内部监督制度，对人民警察执法活动进行监督检查。

第三十三条　个人或者组织对遣返机构人民警察的违法违纪行为，有权向有关部门提出检举、控告。

第三十四条　遣返机构的人民警察有滥用职权、玩忽职守或者其他违法行为的，依法给予处分；构成犯罪，依法追究刑事责任。

第九章　附　则

第三十五条　对羁押在拘留所的违反出境入境管理法律法规被拘留审查或者被决定遣送出境、驱逐出境但无法立即执行的外国人，应当建立向遣返机构移送工作机制，具体办法另行制定。

第三十六条　遣返机构的执法和管理文书式样，由国家移民管理局统一制定。

第三十七条　本规定自 2023 年 10 月 1 日起施行。

2. 特定场所管理

租赁房屋治安管理规定

·1995 年 3 月 6 日公安部令第 24 号发布
·自发布之日起施行

第一条　为加强租赁房屋的治安管理，做好安全防范，保护租赁双方的合法权益，特制定本规定。

第二条　本规定所称的租赁房屋，是指旅馆业以外以营利为目的,公民私有和单位所有出租用于他人居住的房屋。

第三条 公安机关对租赁房屋实行治安管理,建立登记、安全检查等管理制度。

第四条 城镇街道居民委员会、村民委员会及其治安保卫委员会,应当协助公安机关做好租赁房屋的安全防范、法制宣传教育和治安管理工作。

第五条 出租的房屋,其建筑、消防设备、出入口和通道等,必须符合消防安全和治安管理规定;危险和违章建筑的房屋,不准出租。

第六条 私有房屋出租的,出租人须持房屋所有权证或者其他合法证明、居民身份证、户口簿,向房屋所在地公安派出所申请登记;单位房屋出租的,出租人须持房屋所有权证、单位介绍信,到房屋所在地公安派出所申请登记,经审核符合本规定出租条件的,由出租人向公安派出所签订治安责任保证书。

第七条 房屋出租人的治安责任:

(一)不准将房屋出租给无合法有效证件的承租人;

(二)与承租人签订租赁合同,承租人是外来暂住人员的,应当带领其到公安派出所申报暂住户口登记,并办理暂住证;

(三)对承租人的姓名、性别、年龄、常住户口所在地、职业或者主要经济来源、服务处所等基本情况进行登记并向公安派出所备案;

(四)发现承租人有违法犯罪活动或者有违法犯罪嫌疑的,应当及时报告公安机关;

(五)对出租的房屋经常进行安全检查,及时发现和排除不安全隐患,保障承租人的居住安全;

(六)房屋停止租赁的,应当到公安派出所办理注销手续;

(七)房屋出租单位或者个人委托代理人管理出租房屋的,代理人必须遵守有关规定,承担相应责任。

第八条 房屋承租人的治安责任:

(一)必须持有本人居民身份证或者其他合法身份证件;

(二)租赁房屋住宿的外来暂住人员,必须按户口管理规定,在三日内到公安派出所申请暂住户口登记;

(三)将承租房屋转租或者转借他人的,应当向当地公安派出所申报备案;

(四)安全使用出租房屋,发现承租房屋有不安全隐患,应当及时告知出租人予以消除;

(五)承租的房屋不准用于生产、储存、经营易燃、易爆、有毒等危险物品;

(六)集体承租或者单位承租房屋的,应当建立安全管理制度。

第九条 违反本规定的行为,由县(市)公安局或者城市公安分局予以处罚:

(一)出租人未向公安机关办理登记手续或者未签定治安责任保证书出租房屋的,责令限期补办手续并没收非法所得,情节严重的可以并处月租金五倍以下的罚款;

(二)出租人将房屋出租给无合法有效证件承租人的,处以警告、月租金三倍以下的罚款;

(三)出租人不履行治安责任,发现承租人利用所租房屋进行违法犯罪活动或者有违法犯罪嫌疑不制止、不报告,或者发生案件、治安灾害事故的,责令停止出租,可以并处月租金十倍以下的罚款;

(四)承租人将承租房屋转租、转借他人未按规定报告公安机关的,处以警告,没收非法所得;

(五)承租人利用出租房屋非法生产、储存、经营易燃、易爆、有毒危险物品的,没收物品,处月租金十倍以下罚款。

第十条 对出租或承租的单位违反规定的,依照本规定第九条由县(市)公安局或者城市公安分局予以处罚,同时对单位的主管负责人或者直接责任人处以月工资两倍以下的罚款。

第十一条 违反本规定构成违反治安管理行为的,依照《中华人民共和国治安管理处罚条例》有关规定处罚;构成犯罪的,依法追究刑事责任。

第十二条 被处罚人和单位对依照本规定作出的处罚决定不服的,可以依照《行政复议条例》的有关规定向上一级公安机关申请复议。复议期间,不停止处罚决定的执行。

第十三条 各省、自治区、直辖市公安厅、局可以依据本规定制定实施办法。

第十四条 本规定自发布之日起施行。

营业性演出管理条例

- 2005 年 7 月 7 日中华人民共和国国务院令第 439 号公布
- 根据 2008 年 7 月 22 日《国务院关于修改〈营业性演出管理条例〉的决定》第一次修订
- 根据 2013 年 7 月 18 日《国务院关于废止和修改部分行政法规的决定》第二次修订
- 根据 2016 年 2 月 6 日《国务院关于修改部分行政法规的决定》第三次修订
- 根据 2020 年 11 月 29 日《国务院关于修改和废止部分行政法规的决定》第四次修订

第一章　总　则

第一条　为了加强对营业性演出的管理,促进文化产业的发展,繁荣社会主义文艺事业,满足人民群众文化生活的需要,促进社会主义精神文明建设,制定本条例。

第二条　本条例所称营业性演出,是指以营利为目的为公众举办的现场文艺表演活动。

第三条　营业性演出必须坚持为人民服务、为社会主义服务的方向,把社会效益放在首位、实现社会效益和经济效益的统一,丰富人民群众的文化生活。

第四条　国家鼓励文艺表演团体、演员创作和演出思想性艺术性统一、体现民族优秀文化传统、受人民群众欢迎的优秀节目,鼓励到农村、工矿企业演出和为少年儿童提供免费或者优惠的演出。

第五条　国务院文化主管部门主管全国营业性演出的监督管理工作。国务院公安部门、工商行政管理部门在各自职责范围内,主管营业性演出的监督管理工作。

县级以上地方人民政府文化主管部门负责本行政区域内营业性演出的监督管理工作。县级以上地方人民政府公安部门、工商行政管理部门在各自职责范围内,负责本行政区域内营业性演出的监督管理工作。

第二章　营业性演出经营主体的设立

第六条　文艺表演团体申请从事营业性演出活动,应当有与其业务相适应的专职演员和器材设备,并向县级人民政府文化主管部门提出申请;演出经纪机构申请从事营业性演出经营活动,应当有 3 名以上专职演出经纪人员和与其业务相适应的资金,并向省、自治区、直辖市人民政府文化主管部门提出申请。文化主管部门应当自受理申请之日起 20 日内作出决定。批准的,颁发营业性演出许可证;不批准的,应当书面通知申请人并说明理由。

第七条　设立演出场所经营单位,应当依法到工商行政管理部门办理注册登记,领取营业执照,并依照有关消防、卫生管理等法律、行政法规的规定办理审批手续。

演出场所经营单位应当自领取营业执照之日起 20 日内向所在地县级人民政府文化主管部门备案。

第八条　文艺表演团体变更名称、住所、法定代表人或者主要负责人、营业性演出经营项目,应当向原发证机关申请换发营业性演出许可证,并依法到工商行政管理部门办理变更登记。

演出场所经营单位变更名称、住所、法定代表人或者主要负责人,应当依法到工商行政管理部门办理变更登记,并向原备案机关重新备案。

第九条　以从事营业性演出为职业的个体演员(以下简称个体演员)和以从事营业性演出的居间、代理活动为职业的个体演出经纪人(以下简称个体演出经纪人),应当依法到工商行政管理部门办理注册登记,领取营业执照。

个体演员、个体演出经纪人应当自领取营业执照之日起 20 日内向所在地县级人民政府文化主管部门备案。

第十条　外国投资者可以依法在中国境内设立演出经纪机构、演出场所经营单位;不得设立文艺表演团体。

外商投资的演出经纪机构申请从事营业性演出经营活动、外商投资的演出场所经营单位申请从事演出场所经营活动,应当向国务院文化主管部门提出申请。国务院文化主管部门应当自收到申请之日起 20 日内作出决定。批准的,颁发营业性演出许可证;不批准的,应当书面通知申请人并说明理由。

第十一条　香港特别行政区、澳门特别行政区的投资者可以在内地投资设立演出经纪机构、演出场所经营单位以及由内地控股的文艺表演团体;香港特别行政区、澳门特别行政区的演出经纪机构可以在内地设立分支机构。

台湾地区的投资者可以在大陆投资设立演出经纪机构、演出场所经营单位,不得设立文艺表演团体。

依照本条规定设立的演出经纪机构、文艺表演团体申请从事营业性演出经营活动,依照本条规定设立的演出场所经营单位申请从事演出场所经营活动,应当向省、自治区、直辖市人民政府文化主管部门提出申请。省、自治区、直辖市人民政府文化主管部门应当自收到申请之日起20日内作出决定。批准的,颁发营业性演出许可证;不批准的,应当书面通知申请人并说明理由。

依照本条规定设立演出经纪机构、演出场所经营单位的,还应当遵守我国其他法律、法规的规定。

第三章   营业性演出规范

第十二条   文艺表演团体、个体演员可以自行举办营业性演出,也可以参加营业性组台演出。

营业性组台演出应当由演出经纪机构举办;但是,演出场所经营单位可以在本单位经营的场所内举办营业性组台演出。

演出经纪机构可以从事营业性演出的居间、代理、行纪活动;个体演出经纪人只能从事营业性演出的居间、代理活动。

第十三条   举办营业性演出,应当向演出所在地县级人民政府文化主管部门提出申请。县级人民政府文化主管部门应当自受理申请之日起3日内作出决定。对符合本条例第二十五条规定的,发给批准文件;对不符合本条例第二十五条规定的,不予批准,书面通知申请人并说明理由。

第十四条   除演出经纪机构外,其他任何单位或者个人不得举办外国的或者香港特别行政区、澳门特别行政区、台湾地区的文艺表演团体、个人参加的营业性演出。但是,文艺表演团体自行举办营业性演出,可以邀请外国的或者香港特别行政区、澳门特别行政区、台湾地区的文艺表演团体、个人参加。

举办外国的或者香港特别行政区、澳门特别行政区、台湾地区的文艺表演团体、个人参加的营业性演出,应当符合下列条件:

(一)有与其举办的营业性演出相适应的资金;

(二)有2年以上举办营业性演出的经历;

(三)举办营业性演出前2年内无违反本条例规定的记录。

第十五条   举办外国的文艺表演团体、个人参加的营业性演出,演出举办单位应当向演出所在地省、自治区、直辖市人民政府文化主管部门提出申请。

举办香港特别行政区、澳门特别行政区的文艺表演团体、个人参加的营业性演出,演出举办单位应当向演出所在地省、自治区、直辖市人民政府文化主管部门提出申请;举办台湾地区的文艺表演团体、个人参加的营业性演出,演出举办单位应当向国务院文化主管部门会同国务院有关部门规定的审批机关提出申请。

国务院文化主管部门或者省、自治区、直辖市人民政府文化主管部门应当自受理申请之日起20日内作出决定。对符合本条例第二十五条规定的,发给批准文件;对不符合本条例第二十五条规定的,不予批准,书面通知申请人并说明理由。

第十六条   申请举办营业性演出,提交的申请材料应当包括下列内容:

(一)演出名称、演出举办单位和参加演出的文艺表演团体、演员;

(二)演出时间、地点、场次;

(三)节目及其视听资料。

申请举办营业性组台演出,还应当提交文艺表演团体、演员同意参加演出的书面函件。

营业性演出需要变更申请材料所列事项的,应当分别依照本条例第十三条、第十五条规定重新报批。

第十七条   演出场所经营单位提供演出场地,应当核验演出举办单位取得的批准文件;不得为未经批准的营业性演出提供演出场地。

第十八条   演出场所经营单位应当确保演出场所的建筑、设施符合国家安全标准和消防安全规范,定期检查消防安全设施状况,并及时维护、更新。

演出场所经营单位应当制定安全保卫工作方案和灭火、应急疏散预案。

演出举办单位在演出场所进行营业性演出,应当核验演出场所经营单位的消防安全设施检查记录、安全保卫工作方案和灭火、应急疏散预案,并与演出场所经营单位就演出活动中突发安全事件的防范、处理等事项签订安全责任协议。

第十九条　在公共场所举办营业性演出,演出举办单位应当依照有关安全、消防的法律、行政法规和国家有关规定办理审批手续,并制定安全保卫工作方案和灭火、应急疏散预案。演出场所应当配备应急广播、照明设施,在安全出入口设置明显标识,保证安全出入口畅通;需要临时搭建舞台、看台的,演出举办单位应当按照国家有关安全标准搭建舞台、看台,确保安全。

第二十条　审批临时搭建舞台、看台的营业性演出时,文化主管部门应当核验演出举办单位的下列文件:

(一)依法验收后取得的演出场所合格证明;

(二)安全保卫工作方案和灭火、应急疏散预案;

(三)依法取得的安全、消防批准文件。

第二十一条　演出场所容纳的观众数量应当报公安部门核准;观众区域与缓冲区域应当由公安部门划定,缓冲区域应当有明显标识。

演出举办单位应当按照公安部门核准的观众数量、划定的观众区域印制和出售门票。

验票时,发现进入演出场所的观众达到核准数量仍有观众等待入场的,应当立即终止验票并同时向演出所在地县级人民政府公安部门报告;发现观众持有观众区域以外的门票或者假票的,应当拒绝其入场并同时向演出所在地县级人民政府公安部门报告。

第二十二条　任何人不得携带传染病病原体和爆炸性、易燃性、放射性、腐蚀性等危险物质或者非法携带枪支、弹药、管制器具进入营业性演出现场。

演出场所经营单位应当根据公安部门的要求,配备安全检查设施,并对进入营业性演出现场的观众进行必要的安全检查;观众不接受安全检查或者有前款禁止行为的,演出场所经营单位有权拒绝其进入。

第二十三条　演出举办单位应当组织人员落实营业性演出时的安全、消防措施,维护营业性演出现场秩序。

演出举办单位和演出场所经营单位发现营业性演出现场秩序混乱,应当立即采取措施并同时向演出所在地县级人民政府公安部门报告。

第二十四条　演出举办单位不得以政府或者政府部门的名义举办营业性演出。

营业性演出不得冠以"中国"、"中华"、"全国"、"国际"等字样。

营业性演出广告内容必须真实、合法,不得误导、欺骗公众。

第二十五条　营业性演出不得有下列情形:

(一)反对宪法确定的基本原则的;

(二)危害国家统一、主权和领土完整,危害国家安全,或者损害国家荣誉和利益的;

(三)煽动民族仇恨、民族歧视,侵害民族风俗习惯,伤害民族感情,破坏民族团结,违反宗教政策的;

(四)扰乱社会秩序,破坏社会稳定的;

(五)危害社会公德或者民族优秀文化传统的;

(六)宣扬淫秽、色情、邪教、迷信或者渲染暴力的;

(七)侮辱或者诽谤他人,侵害他人合法权益的;

(八)表演方式恐怖、残忍,摧残演员身心健康的;

(九)利用人体缺陷或者以展示人体变异等方式招徕观众的;

(十)法律、行政法规禁止的其他情形。

第二十六条　演出场所经营单位、演出举办单位发现营业性演出有本条例第二十五条禁止情形的,应当立即采取措施予以制止并同时向演出所在地县级人民政府文化主管部门、公安部门报告。

第二十七条　参加营业性演出的文艺表演团体、主要演员或者主要节目内容等发生变更的,演出举办单位应当及时告知观众并说明理由。观众有权退票。

演出过程中,除因不可抗力不能演出的外,演出举办单位不得中止或者停止演出,演员不得退出演出。

第二十八条　演员不得以假唱欺骗观众,演出举办单位不得组织演员假唱。任何单位或者个人不得为假唱提供条件。

演出举办单位应当派专人对演出进行监督,防止假唱行为的发生。

第二十九条　营业性演出经营主体应当对其营业性演出的经营收入依法纳税。

演出举办单位在支付演员、职员的演出报酬时应当依法履行税款代扣代缴义务。

第三十条　募捐义演的演出收入,除必要的成本开支外,必须全部交付受捐单位;演出举办单位、参加演出的文艺表演团体和演员、职员,不得获取经济利益。

第三十一条　任何单位或者个人不得伪造、变造、出租、出借或者买卖营业性演出许可证、批准文件或者营业执照，不得伪造、变造营业性演出门票或者倒卖伪造、变造的营业性演出门票。

第四章　监督管理

第三十二条　除文化主管部门依照国家有关规定对体现民族特色和国家水准的演出给予补助外，各级人民政府和政府部门不得资助、赞助或者变相资助、赞助营业性演出，不得用公款购买营业性演出门票用于个人消费。

第三十三条　文化主管部门应当加强对营业性演出的监督管理。

演出所在地县级人民政府文化主管部门对外国的或者香港特别行政区、澳门特别行政区、台湾地区的文艺表演团体、个人参加的营业性演出和临时搭建舞台、看台的营业性演出，应当进行实地检查；对其他营业性演出，应当进行实地抽样检查。

第三十四条　县级以上地方人民政府文化主管部门应当充分发挥文化执法机构的作用，并可以聘请社会义务监督员对营业性演出进行监督。

任何单位或者个人可以采取电话、手机短信等方式举报违反本条例规定的行为。县级以上地方人民政府文化主管部门应当向社会公布举报电话，并保证随时有人接听。

县级以上地方人民政府文化主管部门接到社会义务监督员的报告或者公众的举报，应当作出记录，立即赶赴现场进行调查、处理，并自处理完毕之日起7日内公布结果。

县级以上地方人民政府文化主管部门对作出突出贡献的社会义务监督员应当给予表彰；公众举报经调查核实的，应当对举报人给予奖励。

第三十五条　文化主管部门应当建立营业性演出经营主体的经营活动信用监管制度，建立健全信用约束机制，并及时公布行政处罚信息。

第三十六条　公安部门对其依照有关法律、行政法规和国家有关规定批准的营业性演出，应当在演出举办前对营业性演出现场的安全状况进行实地检查；发现安全隐患的，在消除安全隐患后方可允许进行营业性演出。

公安部门可以对进入营业性演出现场的观众进行必要的安全检查；发现观众有本条例第二十二条第一款禁止行为的，在消除安全隐患后方可允许其进入。

公安部门可以组织警力协助演出举办单位维持营业性演出现场秩序。

第三十七条　公安部门接到观众达到核准数量仍有观众等待入场或者演出秩序混乱的报告后，应当立即组织采取措施消除安全隐患。

第三十八条　承担现场管理检查任务的公安部门和文化主管部门的工作人员进入营业性演出现场，应当出示值勤证件。

第三十九条　文化主管部门依法对营业性演出进行监督检查时，应当将监督检查的情况和处理结果予以记录，由监督检查人员签字后归档。公众有权查阅监督检查记录。

第四十条　文化主管部门、公安部门和其他有关部门及其工作人员不得向演出举办单位、演出场所经营单位索取演出门票。

第四十一条　国务院文化主管部门和省、自治区、直辖市人民政府文化主管部门，对在农村、工矿企业进行演出以及为少年儿童提供免费或者优惠演出表现突出的文艺表演团体、演员，应当给予表彰，并采取多种形式予以宣传。

国务院文化主管部门对适合在农村、工矿企业演出的节目，可以在依法取得著作权人许可后，提供给文艺表演团体、演员在农村、工矿企业演出时使用。

文化主管部门实施文艺评奖，应当适当考虑参评对象在农村、工矿企业的演出场次。

县级以上地方人民政府应当对在农村、工矿企业演出的文艺表演团体、演员给予支持。

第四十二条　演出行业协会应当依照章程的规定，制定行业自律规范，指导、监督会员的经营活动，促进公平竞争。

第五章　法律责任

第四十三条　有下列行为之一的，由县级人民政府文化主管部门予以取缔，没收演出器材和违法所得，并处违法所得8倍以上10倍以下的罚款；没有违法所得或者违法所得不足1万元的，并处5万元以上10万元以下的罚款；构成犯罪的，依法追究刑事责任：

（一）违反本条例第六条、第十条、第十一条规定，擅自从事营业性演出经营活动的；

（二）违反本条例第十二条、第十四条规定，超范围从事营业性演出经营活动的；

（三）违反本条例第八条第一款规定，变更营业性演出经营项目未向原发证机关申请换发营业性演出许可证的。

违反本条例第七条、第九条规定，擅自设立演出场所经营单位或者擅自从事营业性演出经营活动的，由工商行政管理部门依法予以取缔、处罚；构成犯罪的，依法追究刑事责任。

第四十四条　违反本条例第十三条、第十五条规定，未经批准举办营业性演出的，由县级人民政府文化主管部门责令停止演出，没收违法所得，并处违法所得8倍以上10倍以下的罚款；没有违法所得或者违法所得不足1万元的，并处5万元以上10万元以下的罚款；情节严重的，由原发证机关吊销营业性演出许可证。

违反本条例第十六条第三款规定，变更演出举办单位、参加演出的文艺表演团体、演员或者节目未重新报批的，依照前款规定处罚；变更演出的名称、时间、地点、场次未重新报批的，由县级人民政府文化主管部门责令改正，给予警告，可以并处3万元以下的罚款。

演出场所经营单位为未经批准的营业性演出提供场地的，由县级人民政府文化主管部门责令改正，没收违法所得，并处违法所得3倍以上5倍以下的罚款；没有违法所得或者违法所得不足1万元的，并处3万元以上5万元以下的罚款。

第四十五条　违反本条例第三十一条规定，伪造、变造、出租、出借、买卖营业性演出许可证、批准文件，或者以非法手段取得营业性演出许可证、批准文件的，由县级人民政府文化主管部门没收违法所得，并处违法所得8倍以上10倍以下的罚款；没有违法所得或者违法所得不足1万元的，并处5万元以上10万元以下的罚款；对原取得的营业性演出许可证、批准文件，予以吊销、撤销；构成犯罪的，依法追究刑事责任。

第四十六条　营业性演出有本条例第二十五条禁止情形的，由县级人民政府文化主管部门责令停止演出，没收违法所得，并处违法所得8倍以上10倍以下的罚款；没有违法所得或者违法所得不足1万元的，并处5万元以上10万元以下的罚款；情节严重的，由原发证机关吊销营业性演出许可证；违反治安管理规定的，由公安部门依法予以处罚；构成犯罪的，依法追究刑事责任。

演出场所经营单位、演出举办单位发现营业性演出有本条例第二十五条禁止情形未采取措施予以制止的，由县级人民政府文化主管部门、公安部门依据法定职权给予警告，并处5万元以上10万元以下的罚款；未依照本条例第二十六条规定报告的，由县级人民政府文化主管部门、公安部门依据法定职权给予警告，并处5000元以上1万元以下的罚款。

第四十七条　有下列行为之一的，对演出举办单位、文艺表演团体、演员，由国务院文化主管部门或者省、自治区、直辖市人民政府文化主管部门向社会公布；演出举办单位、文艺表演团体在2年内再次被公布的，由原发证机关吊销营业性演出许可证；个体演员在2年内再次被公布的，由工商行政管理部门吊销营业执照：

（一）非因不可抗力中止、停止或者退出演出的；

（二）文艺表演团体、主要演员或者主要节目内容等发生变更未及时告知观众的；

（三）以假唱欺骗观众的；

（四）为演员假唱提供条件的。

有前款第（一）项、第（二）项和第（三）项所列行为之一的，观众有权在退场后依照有关消费者权益保护的法律规定要求演出举办单位赔偿损失；演出举办单位可以依法向负有责任的文艺表演团体、演员追偿。

有本条第一款第（一）项、第（二）项和第（三）项所列行为之一的，由县级人民政府文化主管部门处5万元以上10万元以下的罚款；有本条第一款第（四）项所列行为的，由县级人民政府文化主管部门处5000元以上1万元以下的罚款。

第四十八条　以政府或者政府部门的名义举办营业性演出，或者营业性演出冠以"中国"、"中华"、"全国"、"国际"等字样的，由县级人民政府文化主管部门责令改正，没收违法所得，并处违法所得3倍以上5倍以下的罚款；没有违法所得或者违法所得不足1万元的，并处3万元以上5万元以下的罚款；拒不改正或者造成严重后果的,由原发证机关吊销营业性演出许可证。

营业性演出广告的内容误导、欺骗公众或者含有其他违法内容的,由工商行政管理部门责令停止发布,并依法予以处罚。

第四十九条 演出举办单位或者其法定代表人、主要负责人及其他直接责任人员在募捐义演中获取经济利益的,由县级以上人民政府文化主管部门依据各自职权责令其退回并交付受捐单位;构成犯罪的,依法追究刑事责任;尚不构成犯罪的,由县级以上人民政府文化主管部门依据各自职权处违法所得3倍以上5倍以下的罚款,并由国务院文化主管部门或者省、自治区、直辖市人民政府文化主管部门向社会公布违法行为人的名称或者姓名,直至由原发证机关吊销演出举办单位的营业性演出许可证。

文艺表演团体或者演员、职员在募捐义演中获取经济利益的,由县级以上人民政府文化主管部门依据各自职权责令其退回并交付受捐单位。

第五十条 违反本条例第八条第一款规定,变更名称、住所、法定代表人或者主要负责人未向原发证机关申请换发营业性演出许可证的,由县级人民政府文化主管部门责令改正,给予警告,并处1万元以上3万元以下的罚款。

违反本条例第七条第二款、第八条第二款、第九条第二款规定,未办理备案手续的,由县级人民政府文化主管部门责令改正,给予警告,并处5000元以上1万元以下的罚款。

第五十一条 有下列行为之一的,由公安部门或者公安消防机构依据法定职权依法予以处罚;构成犯罪的,依法追究刑事责任:

(一)违反本条例安全、消防管理规定的;

(二)伪造、变造营业性演出门票或者倒卖伪造、变造的营业性演出门票的。

演出举办单位印制、出售超过核准观众数量的或者观众区域以外的营业性演出门票的,由县级以上人民政府公安部门依据各自职权责令改正,没收违法所得,并处违法所得3倍以上5倍以下的罚款;没有违法所得或者违法所得不足1万元的,并处3万元以上5万元以下的罚款;造成严重后果的,由原发证机关吊销营业性演出许可证;构成犯罪的,依法追究刑事责任。

第五十二条 演出场所经营单位、个体演出经纪人、个体演员违反本条例规定,情节严重的,由县级以上人民政府文化主管部门依据各自职权责令其停止营业性演出经营活动,并通知工商行政管理部门,由工商行政管理部门依法吊销营业执照。其中,演出场所经营单位有其他经营业务的,由工商行政管理部门责令其办理变更登记,逾期不办理的,吊销营业执照。

第五十三条 因违反本条例规定被文化主管部门吊销营业性演出许可证,或者被工商行政管理部门吊销营业执照或者责令变更登记的,自受到行政处罚之日起,当事人为单位的,其法定代表人、主要负责人5年内不得担任文艺表演团体、演出经纪机构或者演出场所经营单位的法定代表人、主要负责人;当事人为个人的,个体演员1年内不得从事营业性演出,个体演出经纪人5年内不得从事营业性演出的居间、代理活动。

因营业性演出有本条例第二十五条禁止情形被文化主管部门吊销营业性演出许可证,或者被工商行政管理部门吊销营业执照或者责令变更登记的,不得再次从事营业性演出或者营业性演出的居间、代理、行纪活动。

因违反本条例规定2年内2次受到行政处罚又有应受本条例处罚的违法行为的,应当从重处罚。

第五十四条 各级人民政府或者政府部门非法资助、赞助,或者非法变相资助、赞助营业性演出,或者用公款购买营业性演出门票用于个人消费的,依照有关财政违法行为处罚处分的行政法规的规定责令改正。对单位给予警告或者通报批评。对直接负责的主管人员和其他直接责任人员给予记大过处分;情节较重的,给予降级或者撤职处分;情节严重的,给予开除处分。

第五十五条 文化主管部门、公安部门、工商行政管理部门的工作人员滥用职权、玩忽职守、徇私舞弊或者未依照本条例规定履行职责的,依法给予行政处分;构成犯罪的,依法追究刑事责任。

第六章 附 则

第五十六条 民间游散艺人的营业性演出,省、自治区、直辖市人民政府可以参照本条例的规定制定具体管理办法。

第五十七条　本条例自 2005 年 9 月 1 日起施行。1997 年 8 月 11 日国务院发布的《营业性演出管理条例》同时废止。

娱乐场所管理办法

·2013 年 2 月 4 日文化部令第 55 号公布
·根据 2017 年 12 月 15 日《文化部关于废止和修改部分部门规章的决定》第一次修订
·根据 2022 年 5 月 13 日《文化和旅游部关于修改〈娱乐场所管理办法〉的决定》第二次修订

第一条　为了加强娱乐场所经营活动管理,维护娱乐场所健康发展,满足人民群众文化娱乐消费需求,根据《娱乐场所管理条例》(以下简称《条例》),制定本办法。

第二条　《条例》所称娱乐场所,是指以营利为目的,向公众开放、消费者自娱自乐的歌舞、游艺等场所。歌舞娱乐场所是指提供伴奏音乐、歌曲点播服务或者提供舞蹈音乐、跳舞场地服务的经营场所;游艺娱乐场所是指通过游戏游艺设备提供游戏游艺服务的经营场所。

其他场所兼营以上娱乐服务的,适用本办法。

第三条　国家鼓励娱乐场所传播民族优秀文化艺术,提供面向大众的、健康有益的文化娱乐内容和服务;鼓励娱乐场所实行连锁化、品牌化经营。

第四条　县级以上人民政府文化和旅游主管部门负责所在地娱乐场所经营活动的监管,负责娱乐场所提供的文化产品的内容监管,负责指导所在地娱乐场所行业协会工作。

第五条　娱乐场所行业协会应当依照国家有关法规和协会章程的规定,制定行业规范,加强行业自律,维护行业合法权益。

第六条　娱乐场所不得设立在下列地点:

(一)房屋用途中含有住宅的建筑内;

(二)博物馆、图书馆和被核定为文物保护单位的建筑物内;

(三)居民住宅区;

(四)《中华人民共和国未成年人保护法》规定的学校、幼儿园周围;

(五)依照《医疗机构管理条例》及实施细则规定取得《医疗机构执业许可证》的医院周围;

(六)各级中国共产党委员会及其所属各工作部门、各级人民代表大会机关、各级人民政府及其所属各工作部门、各级政治协商会议机关、各级人民法院、检察院机关、各级民主党派机关周围;

(七)车站、机场等人群密集的场所;

(八)建筑物地下一层以下(不含地下一层);

(九)与危险化学品仓库毗连的区域,与危险化学品仓库的距离必须符合《危险化学品安全管理条例》的有关规定。

娱乐场所与学校、幼儿园、医院、机关距离及其测量方法由省级人民政府文化和旅游主管部门规定。

第七条　依法登记的娱乐场所申请从事娱乐场所经营活动,应当符合以下条件:

(一)有与其经营活动相适应的设施设备,提供的文化产品内容应当符合文化产品生产、出版、进口的规定;

(二)符合国家治安管理、消防安全、噪声污染防治等相关规定;

(三)法律、法规和规章规定的其他条件。

第八条　省级人民政府文化和旅游主管部门可以结合本地区实际,制定本行政区域内娱乐场所使用面积和消费者人均占有使用面积的最低标准。

第九条　依法登记的娱乐场所申请从事娱乐场所经营活动,应当向所在地县级人民政府文化和旅游主管部门提出申请;依法登记的外商投资娱乐场所申请从事娱乐场所经营活动,应当向所在地省级人民政府文化和旅游主管部门提出申请,省级人民政府文化和旅游主管部门可以委托所在地县级以上文化和旅游主管部门进行实地检查。

第十条　依法登记的娱乐场所申请从事娱乐场所经营活动前,可以向负责审批的文化和旅游主管部门提交咨询申请,文化和旅游主管部门应当提供行政指导。

第十一条　依法登记的娱乐场所申请从事娱乐场所经营活动,应当提交以下文件:

（一）申请书；

（二）营业执照；

（三）投资人、法定代表人、主要负责人的有效身份证件以及无《条例》第四条、第五条、第五十三条规定情况的书面声明；

（四）房产权属证书，租赁场地经营的，还应当提交租赁合同或者租赁意向书；

（五）经营场所地理位置图和场所内部结构平面图。

有关法律、行政法规规定需要办理消防、卫生、环境保护等审批手续的，从其规定。

第十二条　文化和旅游主管部门受理申请后，应当对设立场所的位置、周边环境、面积等进行实地检查。符合条件的，应当在设立场所、文化和旅游主管部门办公场所显著位置向社会公示 10 日，并依法组织听证。

第十三条　文化和旅游主管部门应当对歌舞娱乐场所使用的歌曲点播系统和游艺娱乐场所使用的游戏游艺设备进行内容核查。

第十四条　文化和旅游主管部门应当根据听证和文化产品内容核查结果作出行政许可决定。予以批准的，核发娱乐经营许可证；不予批准的，应当书面告知申请人并说明理由。

第十五条　娱乐场所改建、扩建营业场所或者变更场地的，变更投资人员以及娱乐经营许可证载明事项的，应当向原发证机关申请重新核发娱乐经营许可证。

第十六条　歌舞娱乐场所新增、变更歌曲点播系统，游艺娱乐场所新增、变更游戏游艺设备的，应当符合本办法第七条第（一）项规定。

第十七条　娱乐经营许可证有效期 2 年。娱乐经营许可证有效期届满 30 日前，娱乐场所经营者应当持许可证、营业执照副本以及营业情况报告到原发证机关申请换发许可证。原发证机关应当在有效期届满前做出是否准予延续的决定，逾期未做决定的，视为准予延续。

第十八条　娱乐经营许可证有效期届满未延续的，由原发证机关向社会公告注销娱乐经营许可证，并函告公安机关、市场监督管理部门。

第十九条　娱乐场所法定代表人或者主要负责人是维护本场所经营秩序的第一责任人，是本场所安全生产的第一责任人。

第二十条　歌舞娱乐场所经营应当符合以下规定：

（一）播放、表演的节目不得含有《条例》第十三条禁止内容；

（二）不得将场所使用的歌曲点播系统连接至境外曲库。

第二十一条　游艺娱乐场所经营应当符合以下规定：

（一）不得设置未经文化和旅游主管部门内容核查的游戏游艺设备；

（二）进行有奖经营活动的，奖品目录应当报所在地县级文化和旅游主管部门备案；

（三）除国家法定节假日外，设置的电子游戏机不得向未成年人提供。

第二十二条　娱乐场所不得为未经文化和旅游主管部门批准的营业性演出活动提供场地。

娱乐场所招用外国人从事演出活动的，应当符合《营业性演出管理条例》及《营业性演出管理条例实施细则》的规定。

第二十三条　娱乐场所应当建立文化产品内容自审和巡查制度，确定专人负责管理在场所内提供的文化产品和服务。巡查情况应当记入营业日志。

消费者利用娱乐场所从事违法违规活动的，娱乐场所应当制止，制止无效的应当及时报告文化和旅游主管部门或者公安机关。

第二十四条　娱乐场所应当在显著位置悬挂娱乐经营许可证、未成年人禁入或者限入标志，标志应当注明举报电话。

第二十五条　娱乐场所应当配合文化和旅游主管部门的日常检查和技术监管措施。

第二十六条　文化和旅游主管部门应当建立娱乐场所信用管理档案，记录被文化和旅游主管部门、公安机关、市场监督管理部门、消防救援机构、负有噪声污染防治监督管理职责的部门实施处罚的情况以及娱乐场所法定代表人、主要负责人、投资人等信息。

第二十七条　文化和旅游主管部门应当定期组

织文化和旅游主管部门工作人员、娱乐场所第一责任人和内容管理专职人员进行政策法规培训。

第二十八条　违反《条例》规定,擅自从事娱乐场所经营活动的,由县级以上人民政府文化和旅游主管部门依照《条例》第四十一条采取责令关闭等方式予以取缔,有违法所得的,依照《中华人民共和国行政处罚法》第二十八条予以没收;符合严重失信主体情形的,依照有关规定予以认定并实施相应信用管理措施。

第二十九条　歌舞娱乐场所违反本办法第二十条规定的,由县级以上人民政府文化和旅游主管部门依照《条例》第四十八条予以处罚。

第三十条　游艺娱乐场所违反本办法第二十一条第(一)项、第(二)项规定的,由县级以上人民政府文化和旅游主管部门责令改正,并处 5000 元以上 1 万元以下的罚款;违反本办法第二十一条第(三)项规定的,由县级以上人民政府文化和旅游主管部门依照《条例》第四十八条予以处罚。

第三十一条　娱乐场所违反本办法第二十二条第一款规定的,由县级以上人民政府文化和旅游主管部门责令改正,并处 5000 元以上 1 万元以下罚款。

第三十二条　娱乐场所违反本办法第二十三条规定对违法违规行为未及时采取措施制止并依法报告的,由县级以上人民政府文化和旅游主管部门依照《条例》第五十条予以处罚。

第三十三条　娱乐场所违反本办法第二十四条规定的,由县级以上人民政府文化和旅游主管部门责令改正,予以警告。

第三十四条　娱乐场所违反本办法第二十五条规定的,由县级以上人民政府文化和旅游主管部门予以警告,并处 5000 元以上 1 万元以下罚款。

第三十五条　本办法自 2013 年 3 月 11 日起施行。

娱乐场所治安管理办法

·2008 年 6 月 3 日公安部令第 103 号公布
·自 2008 年 10 月 1 日起施行

第一章　总　则

第一条　为加强娱乐场所治安管理,维护娱乐场所经营者、消费者和从业人员的合法权益,维护社会治安秩序,保障公共安全,根据《中华人民共和国治安管理处罚法》、《娱乐场所管理条例》等法律、法规的规定,制定本办法。

第二条　娱乐场所治安管理应当遵循公安机关治安部门归口管理和辖区公安派出所属地管理相结合,属地管理为主的原则。

公安机关对娱乐场所进行治安管理,应当严格、公正、文明、规范。

第三条　娱乐场所法定代表人、主要负责人是维护本场所治安秩序的第一责任人。

第二章　娱乐场所向公安机关备案

第四条　娱乐场所领取营业执照后,应当在 15 日内向所在地县(市)公安局、城市公安分局治安部门备案;县(市)公安局、城市公安分局治安部门受理备案后,应当在 5 日内将备案资料通报娱乐场所所在辖区公安派出所。

县(市)公安局、城市公安分局治安部门对备案的娱乐场所应当统一建立管理档案。

第五条　娱乐场所备案项目包括:

(一)名称;

(二)经营地址、面积、范围;

(三)地理位置图和内部结构平面示意图;

(四)法定代表人和主要负责人姓名、身份证号码、联系方式;

(五)与保安服务企业签订的保安服务合同及保安人员配备情况;

(六)核定的消费人数;

(七)娱乐经营许可证号、营业执照号及登记日期;

(八)监控、安检设备安装部位平面图及检测验收报告。

设有电子游戏机的游艺娱乐场所备案时,除符合前款要求外,还应当提供电子游戏机机型及数量情况。

第六条　娱乐场所备案时,应当提供娱乐经营许可证、营业执照及消防、卫生、环保等部门批准文件的复印件。

第七条　娱乐场所备案项目发生变更的,应当自变更之日起 15 日内向原备案公安机关备案。

第三章　安全设施

第八条　歌舞娱乐场所包厢、包间内不得设置阻碍展现室内整体环境的屏风、隔扇、板壁等隔断,不得以任何名义设立任何形式的房中房(卫生间除外)。

第九条　歌舞娱乐场所的包厢、包间内的吧台、餐桌等物品不得高于 1.2 米。

包厢、包间的门窗,距地面 1.2 米以上应当部分使用透明材质。透明材质的高度不小于 0.4 米,宽度不小于 0.2 米,能够展示室内消费者娱乐区域整体环境。

营业时间内,歌舞娱乐场所包厢、包间门窗透明部分不得遮挡。

第十条　歌舞娱乐场所包厢、包间内不得安装门锁、插销等阻碍他人自由进出包厢、包间的装置。

第十一条　歌舞娱乐场所营业大厅、包厢、包间内禁止设置可调试亮度的照明灯。照明灯在营业时间内不得关闭。

第十二条　歌舞娱乐场所应当在营业场所出入口、消防安全疏散出入口、营业大厅通道、收款台前安装闭路电视监控设备。

第十三条　歌舞娱乐场所安装的闭路电视监控设备应当符合视频安防监控系统相关国家或者行业标准要求。

闭路电视监控设备的压缩格式为 H.264 或者 MPEG-4,录像图像分辨率不低于 4CIF(704×576)或者 D1(720×576);保障视频录像实时(每秒不少于 25 帧),支持视频移动侦测功能;图像回放效果要求清晰、稳定、逼真,能够通过 LAN、WAN 或者互联网与计算机相连,实现远程监视、放像、备份及升级,回放图像水平分辨力不少于 300TVL。

第十四条　歌舞娱乐场所应当设置闭路电视监控设备监控室,由专人负责值守,保障设备在营业时间内正常运行,不得中断、删改或者挪作他用。

第十五条　营业面积 1000 平方米以下的迪斯科舞厅应当配备手持式金属探测器,营业面积超过 1000 平方米以上的应当配备通过式金属探测门和微剂量 X 射线安全检查设备等安全检查设备。

手持式金属探测器、通过式金属探测门、微剂量 X 射线安全检查设备应当符合国家或者行业标准要求。

第十六条　迪斯科舞厅应当配备专职安全检查人员,安全检查人员不得少于 2 名,其中女性安全检查人员不得少于 1 名。

第十七条　娱乐场所应当在营业场所大厅、包厢、包间内的显著位置悬挂含有禁毒、禁赌、禁止卖淫嫖娼等内容的警示标志。标志应当注明公安机关的举报电话。

警示标志式样、规格、尺寸由省、自治区、直辖市公安厅、局统一制定。

第十八条　娱乐场所不得设置具有赌博功能的电子游戏机机型、机种、电路板等游戏设施设备,不得从事带有赌博性质的游戏机经营活动。

第四章　经营活动规范

第十九条　娱乐场所对从业人员应当实行实名登记制度,建立从业人员名簿,统一建档管理。

第二十条　从业人员名簿应当记录以下内容:

(一)从业人员姓名、年龄、性别、出生日期及有效身份证件号码;

(二)从业人员户籍所在地和暂住地地址;

(三)从业人员具体工作岗位、职责。

外国人就业的,应当留存外国人就业许可证复印件。

第二十一条　营业期间,娱乐场所从业人员应当统一着装,统一佩带工作标志。

着装应当大方得体,不得有伤风化。

工作标志应当载有从业人员照片、姓名、职务、统一编号等基本信息。

第二十二条　娱乐场所应当建立营业日志,由各岗位负责人及时登记填写并签名,专人负责保管。

营业日志应当详细记载从业人员的工作职责、工作内容、工作时间、工作地点及遇到的治安问题。

第二十三条　娱乐场所营业日志应当留存 60 日备查,不得删改。对确因记录错误需要删改的,应当写出说明,由经手人签字,加盖娱乐场所印章。

第二十四条　娱乐场所应当安排保安人员负责安全巡查,营业时间内每 2 小时巡查一次,巡查区域应当涵盖整个娱乐场所,巡查情况应当写入营业日志。

第二十五条　娱乐场所对发生在场所内的违法犯罪活动,应当立即向公安机关报告。

第二十六条　娱乐场所应当按照国家有关信息

化标准规定,配合公安机关建立娱乐场所治安管理信息系统,实时、如实将从业人员、营业日志、安全巡查等信息录入系统,传输报送公安机关。

本办法规定娱乐场所配合公安机关在治安管理方面所作的工作,能够通过娱乐场所治安管理信息系统录入传输完成的,应当通过系统完成。

第五章　保安员配备

第二十七条　娱乐场所应当与经公安机关批准设立的保安服务企业签订服务合同,配备已取得资格证书的专业保安人员,并通报娱乐场所所在辖区公安派出所。

娱乐场所不得自行招录人员从事保安工作。

第二十八条　娱乐场所保安人员应当履行下列职责:

(一)维护娱乐场所治安秩序;

(二)协助娱乐场所做好各项安全防范和巡查工作;

(三)及时排查、发现并报告娱乐场所治安、安全隐患;

(四)协助公安机关调查、处置娱乐场所内发生的违法犯罪活动。

第二十九条　娱乐场所应当加强对保安人员的教育管理,不得要求保安人员从事与其职责无关的工作。对保安人员工作情况逐月通报辖区公安派出所和保安服务企业。

第三十条　娱乐场所营业面积在200平方米以下的,配备的保安人员不得少于2名;营业面积每增加200平方米,应当相应增加保安人员1名。

迪斯科舞厅保安人员应当按照场所核定人数的5%配备。

第三十一条　在娱乐场所执勤的保安人员应当统一着制式服装,佩带徽章、标记。

保安人员执勤时,应当仪表整洁、行为规范、举止文明。

第三十二条　保安服务企业应当加强对派驻娱乐场所保安人员的教育培训,开展经常性督查,确保服务质量。

第六章　治安监督检查

第三十三条　公安机关及其工作人员对娱乐场所进行监督检查时应当出示人民警察证件,表明执法身份,不得从事与职务无关的活动。

公安机关及其工作人员对娱乐场所进行监督检查,应当记录在案,归档管理。

第三十四条　监督检查记录应当以书面形式为主,必要时可以辅以录音、录像等形式。

第三十五条　监督检查记录应当包括:

(一)执行监督检查任务的人员姓名、单位、职务;

(二)监督检查的时间、地点、场所名称、检查事项;

(三)发现的问题及处理结果。

第三十六条　监督检查记录一式两份,由监督检查人员签字,并经娱乐场所负责人签字确认。

娱乐场所负责人拒绝签字的,监督检查人员应当在记录中注明情况。

第三十七条　公众有权查阅娱乐场所监督检查记录,公安机关应当为公众查阅提供便利。

第三十八条　公安机关应当建立娱乐场所违法行为警示记录系统,并依据娱乐场所治安秩序状况进行分级管理。

娱乐场所分级管理标准,由各省、自治区、直辖市公安厅、局结合本地实际自行制定。

第三十九条　公安机关对娱乐场所进行分级管理,应当按照公开、公平、公正的原则,定期考核,动态升降。

第四十条　公安机关建立娱乐场所治安管理信息系统,对娱乐场所及其从业人员实行信息化监督管理。

第七章　罚则

第四十一条　娱乐场所未按照本办法规定项目备案的,由受理备案的公安机关告知补齐;拒不补齐的,由受理备案的公安机关责令改正,给予警告。

违反本办法第七条规定的,由原备案公安机关责令改正,给予警告。

第四十二条　娱乐场所违反本办法第八条至第十六条、第三十条规定的,由县级公安机关依照《娱乐场所管理条例》第四十三条的规定予以处罚。

第四十三条　娱乐场所违反本办法第二十九条规定的,由县级公安机关责令改正,给予警告。

娱乐场所保安人员违反本办法第二十八条、三十一条规定的，依照有关规定予以处理。

第四十四条 娱乐场所违反本办法第二十六条规定的，由县级公安机关责令改正，给予警告；经警告不予改正的，处5000元以上1万元以下罚款。

第四十五条 公安机关工作人员违反本办法第三十三条规定或者有其他失职、渎职行为的，对直接负责的主管人员和其他直接责任人员依法予以行政处分；构成犯罪的，依法追究刑事责任。

第四十六条 娱乐场所及其从业人员违反本办法规定的其他行为，《娱乐场所管理条例》已有处罚规定的，依照规定处罚；违反治安管理的，依照《中华人民共和国治安管理处罚法》处罚；构成犯罪的，依法追究刑事责任。

第八章 附 则

第四十七条 非娱乐场所经营单位兼营歌舞、游艺项目的，依照本办法执行。

第四十八条 本办法自2008年10月1日起施行。

旅馆业治安管理办法

- 1987年9月23日国务院批准
- 1987年11月10日公安部发布
- 根据2011年1月8日《国务院关于废止和修改部分行政法规的决定》第一次修订
- 根据2020年11月29日《国务院关于修改和废止部分行政法规的决定》第二次修订
- 根据2022年3月29日《国务院关于修改和废止部分行政法规的决定》第三次修订

第一条 为了保障旅馆业的正常经营和旅客的生命财物安全，维护社会治安，制定本办法。

第二条 凡经营接待旅客住宿的旅馆、饭店、宾馆、招待所、客货栈、车马店、浴池等（以下统称旅馆），不论是国营、集体经营，还是合伙经营、个体经营、外商投资经营，不论是专营还是兼营，不论是常年经营，还是季节性经营，都必须遵守本办法。

第三条 开办旅馆，要具备必要的防盗等安全设施。

第四条 申请开办旅馆，应取得市场监管部门核发的营业执照，向当地公安机关申领特种行业许可证后，方准开业。

经批准开业的旅馆，如有歇业、转业、合并、迁移、改变名称等情况，应当在市场监管部门办理变更登记后3日内，向当地的县、市公安局、公安分局备案。

第五条 经营旅馆，必须遵守国家的法律，建立各项安全管理制度，设置治安保卫组织或者指定安全保卫人员。

第六条 旅馆接待旅客住宿必须登记。登记时，应当查验旅客的身份证件，按规定的项目如实登记。

接待境外旅客住宿，还应当在24小时内向当地公安机关报送住宿登记表。

第七条 旅馆应当设置旅客财物保管箱、柜或者保管室、保险柜，指定专人负责保管工作。对旅客寄存的财物，要建立登记、领取和交接制度。

第八条 旅馆对旅客遗留的物品，应当妥为保管，设法归还原主或揭示招领；经招领3个月后无人认领的，要登记造册，送当地公安机关按拾遗物品处理。对违禁物品和可疑物品，要及时报告公安机关处理。

第九条 旅馆工作人员发现违法犯罪分子，行迹可疑的人员和被公安机关通缉的罪犯，应当立即向当地公安机关报告，不得知情不报或隐瞒包庇。

第十条 在旅馆内开办舞厅、音乐茶座等娱乐、服务场所的，除执行本办法有关规定外，还应当按照国家和当地政府的有关规定管理。

第十一条 严禁旅客将易燃、易爆、剧毒、腐蚀性和放射性等危险物品带入旅馆。

第十二条 旅馆内，严禁卖淫、嫖宿、赌博、吸毒、传播淫秽物品等违法犯罪活动。

第十三条 旅馆内，不得酗酒滋事、大声喧哗，影响他人休息，旅客不得私自留客住宿或者转让床位。

第十四条 公安机关对旅馆治安管理的职责是，指导、监督旅馆建立各项安全管理制度和落实安全防范措施，协助旅馆对工作人员进行安全业务知识的培训，依法惩办侵犯旅馆和旅客合法权益的违法犯罪分子。

公安人员到旅馆执行公务时，应当出示证件，严格依法办事,要文明礼貌待人,维护旅馆的正常经营和旅客的合法权益。旅馆工作人员和旅客应当予以协助。

第十五条　违反本办法第四条规定开办旅馆的,公安机关可以酌情给予警告或者处以 200 元以下罚款;未经登记,私自开业的,公安机关应当协助工商行政管理部门依法处理。

第十六条　旅馆工作人员违反本办法第九条规定的,公安机关可以酌情给予警告或者处以 200 元以下罚款;情节严重构成犯罪的,依法追究刑事责任。

旅馆负责人参与违法犯罪活动,其所经营的旅馆已成为犯罪活动场所的,公安机关除依法追究其责任外,对该旅馆还应当会同工商行政管理部门依法处理。

第十七条　违反本办法第六、十一、十二条规定的,依照《中华人民共和国治安管理处罚法》有关条款的规定,处罚有关人员;发生重大事故、造成严重后果构成犯罪的,依法追究刑事责任。

第十八条　当事人对公安机关的行政处罚决定不服的,按照《中华人民共和国治安管理处罚法》第一百零二条的规定办理。

第十九条　省、自治区、直辖市公安厅(局)可根据本办法制定实施细则,报请当地人民政府批准后施行,并报公安部备案。

第二十条　本办法自公布之日起施行。1951 年 8 月 15 日公布的《城市旅栈业暂行管理规则》同时废止。

国家旅游局、公安部、工商总局
关于治理规范旅游市场秩序的通知

·2015 年 5 月 15 日
·旅发〔2015〕95 号

各省、自治区、直辖市旅游委、局,公安厅、局,工商行政管理局、市场监管部门,新疆生产建设兵团旅游局、公安局:

为认真贯彻落实《中华人民共和国旅游法》、《国务院关于促进旅游业改革发展的若干意见》和国务院旅游工作部际联席会议第二次全体会议精神,进一步加强旅游市场监管,规范旅游市场秩序,维护旅游消费者合法权益,现就有关要求通知如下:

一、规范旅游市场,适应新常态新需求

(一)坚持问题导向。旅游市场秩序是衡量地区旅游发展水平的首要标准。目前,尽管多数省区市建立了旅游综合协调机制,为旅游法的贯彻实施打下了基础,但从机制运作情况看,不少还属于临时性、突击性,在职能定位、决策力度等方面还有差距。相关部门之间责任不够清晰,难以形成合力,旅游市场秩序突出的问题没有得到根本解决,有些地方旅游市场乱象丛生,甚至存在黑恶势力的影响,人民群众对此反应强烈。

(二)明确目标任务。全面贯彻党的十八大和十八届三中、四中全会精神,主动适应经济发展新常态,把改革创新摆在突出的位置,把握旅游规律,增强产业自信、行业自信和事业自信,创新工作方式,担当发展使命,着力依法规范旅游市场秩序,着力推进现代旅游产业发展,着力培育旅游经济增长点,让旅游更安全、更便利、更文明、更舒心,为推动经济提质增效升级、人民群众生活水平跃升做出新贡献。

二、围绕突出问题,开展重点整治

(三)突出整治重点。针对旅游市场秩序存在的突出问题,以及社会和游客反映强烈的欺行霸市、虚假广告、价格欺诈、非法经营、欺客宰客、强迫消费以及其他突出问题,国家旅游局会同公安部和工商总局把整治"不合理低价"、违法"一日游"等扰乱旅游市场秩序的行为,作为今年治理旅游市场乱象的突破口和切入点,发扬钉钉子的精神,盯住一个一个具体典型案例,从一个问题一个问题查起,坚持一个节点一个节点抓,积小胜为大胜。对违法者零容忍,发现一起查处一起,通过采取有效措施,坚决遏制旅游市场乱象。

(四)部门分工负责。按照"政府主导、属地管理、部门联动、行业自律、各司其职、齐抓共管"的原则,明确各相关部门责任。各级旅游主管部门负责对组织不合理低价、强迫和变相强迫消费、违反旅游合同等违法违规行为的监管和查处。各级公安机关负责严厉打击在旅游景区侵害游客权益的违法犯罪团伙,及时查处强迫消费、敲诈勒索等违法犯罪行为。各级工商部门重点负责对虚假广告、不正当竞争以及其他违法行为的监管和查处。

（五）上下联动治理。国家旅游局与公安部、工商总局建立季度工作会商机制，督促指导各地开展治理规范旅游市场秩序工作。各地旅游、公安、工商等部门也要建立部门联动机制，强化治理规范旅游市场秩序的共同责任，依法依规加大旅游市场秩序整治力度。要敢于担当、主动作为，从社会反映最强烈、游客投诉最突出的问题抓起，按照《旅游法》、《治安管理处罚法》、《反不正当竞争法》、《反垄断法》等法律法规，依法查处扰乱旅游市场秩序的行为。各地旅游、公安、工商等部门要形成合力，通过旅游市场综合整治，加快形成有效的工作机制，形成标本兼治、惩建并举、综合治理的工作格局。

三、创新工作方式，形成长效机制

（六）创新监管方式。各地旅游、公安、工商等部门要结合实际，创新社会监督组织管理的方式，通过创新社会监督形式，逐步建立和完善全社会共同参与的旅游服务质量监督机制。国家旅游局已经印发了《旅游服务质量"万名社会监督员"工作方案》和《旅游服务质量社会监督员职责和工作办法（试行）》，从今年起，动员万名社会监督员对旅行社、导游、饭店、景区、交通、购物等各个环节开展明查暗访。旅游协会等中介组织将制定评价旅行社、导游、饭店、景区的服务标准。开通游客网上评价旅游企业和从业人员平台。同时，强化媒体的舆论监督，支持媒体曝光旅游市场秩序的典型事件。

（七）惩戒失信行为。今年，国家旅游局将制定出台《旅游经营服务不良信息管理办法》，建立健全旅游信用信息公示制度，发布"旅游失信行为记录"，依法公布违法违规信息，并与公安、工商、交通、税务、物价、银行等有关部门加强信息互通，有关部门将公布的违法违规信息纳入企业诚信（征信）系统记录，使旅游失信行为者付出巨大代价。各地旅游、公安、工商等部门每季度通报一次联合执法情况，并向社会公布。国家旅游局每季度召开一次新闻发布会，对旅游市场秩序问题实行一票否决，并将 A 级旅游景区、旅游星级饭店、旅行社企业的处罚结果向社会公布。

（八）健全长效机制。各地旅游、公安、工商等部门

要建立健全市场监督的长效机制，对影响旅游市场秩序的重大事件要实行督办制度，对整治不力、监管不到位的问题，要实行问责。国家旅游局、公安部和工商总局将适时联合组织召开一次经验交流现场会，分析形势、通报情况、督促整改、总结交流治理规范旅游市场秩序的经验做法，推动各地开展联合执法、综合执法，实现市场有序、竞争有序、管理有序、出游有序的目标。

金融机构营业场所和金库安全防范设施建设许可实施办法

· 2005 年 12 月 31 日公安部令第 86 号公布
· 自 2006 年 2 月 1 日起施行

第一条　为了保障银行和其他金融机构营业场所、金库的安全，规范公安机关的相关许可工作，根据《中华人民共和国行政许可法》、《国务院对确需保留的行政审批项目设定行政许可的决定》等有关法律、行政法规的规定，制定本办法。

第二条　在中华人民共和国境内新建、改建金融机构营业场所、金库的，实行安全防范设施建设许可制度。

本办法所称金融机构营业场所，是指银行和其他金融机构办理现金出纳、有价证券、会计结算等业务的物理区域，包括自助服务银行营业场所和自动柜员机。

本办法所称金库，是指银行和其他金融机构存放现金、有价证券、重要凭证、金银等贵重物品的库房，包括保安押运公司自建金库。

第三条　各级人民政府公安机关治安管理部门具体负责组织实施本办法。

第四条　金融机构营业场所、金库安全防范设施建设方案审批和工程验收实行"属地管理、分级审批"的原则，由县级以上人民政府公安机关负责实施。

各省、自治区、直辖市人民政府公安厅、局可以根据金融机构营业场所、金库的风险等级和防护级别等情况，结合本地区实际，确定本行政区域具体负责实施的公安机关，报公安部备案，并向社会公布。

第五条　公安机关治安管理部门应当组织专家组，依据《银行营业场所风险等级和防护级别的规定》

（GA38-2004）、《银行金库》（JR/T003-2000）、《安全技术规范》（GB50348-2004）、《安全工程程序与要求》（GA/T75）等标准开展审批和验收工作。

各省、自治区、直辖市公安厅、局治安管理部门应当建立由公安机关治安、内保、科技民警和金融机构的保卫、业务干部以及安全防范技术、计算机、电子等行业具有国家认可的专业资格的专家组成的专家库，参与本地区公安机关实施的审批和验收工作。

专家组应当由5名或者7名专家组成，组长由公安机关治安管理部门指定。专家组成员对所提出的审批验收意见负责。

第六条　申请金融机构营业场所、金库安全防范设施建设许可的，应当向公安机关书面提出。申请人可以到公安机关提出申请，也可以通过信函、传真、电子邮件等形式提出申请。

具体负责审批的公安机关应当公布申请渠道，为申请人领取或者下载申请金融机构营业场所、金库安全防范设施建设许可的审批表格提供方便条件。

第七条　新建、改建金融机构营业场所、金库前，申请人应当填写《新建、改建金融机构营业场所/金库安全防范设施建设方案审批表》，并附以下材料：

（一）金融监管机构和金融机构上级主管部门有关金融机构营业场所、金库建设的批准文件；

（二）安全防范设施建设工程设计方案或者任务书；

（三）技防设施安装平面图、管线敷设图、监控室布置图、物防设施设计结构图；

（四）安全防范工程设计施工单位营业执照和相关资质证明；

（五）安全产品检验报告、国家强制性产品认证证书或者安全技术产品生产登记批准书；

（六）金库、保管箱库设计、施工人员身份证件复印件及其所从事工种的说明；

（七）运钞车停靠位置和营业场所、金库周边环境平面图；

（八）房产租赁或者产权合同复印件和租赁双方签订的安全协议书复印件。

第八条　公安机关治安管理部门应当在收到申请后的10个工作日内组织专家组，对安全防范设施建设方案进行论证和审查，确定风险等级和相应的防护级别。

专家组应当按照少数服从多数的原则提出意见，并由参与论证和审查的专家签名后，报公安机关治安管理部门审核。

公安机关治安管理部门应当在收到专家组意见后的5日内提出审核意见，报本级公安机关负责人审批。本级公安机关负责人应当在5日内提出审批意见。

第九条　公安机关对符合条件的，应当批准，并书面通知申请人准予施工；对不符合条件的，不予批准，并书面向申请人说明理由。

对不予批准的，申请人整改后，可以按照本办法重新提出申请。

第十条　新建、改建金融机构营业场所、金库工程竣工后，申请人应当向原审批安全防范设施建设方案的公安机关书面提出验收申请，填写《金融机构营业场所/金库安全防范设施建设工程验收审批表》。

第十一条　公安机关治安管理部门应当在收到验收申请后的10个工作日内组织专家组完成验收工作。专家组应当按照少数服从多数的原则提出意见，并由参与验收的专家签名后，报公安机关治安管理部门审核。

公安机关治安管理部门应当在收到专家组意见后的5日内提出审核意见，报本级公安机关负责人审批。本级公安机关负责人应当在5日内提出审批意见。

第十二条　公安机关对验收合格的，应当批准，并发给《安全防范设施合格证》；对验收不合格的，不予批准，并书面向申请人说明理由。

对验收不合格的，申请人整改后，可以按照本办法重新申请验收。

第十三条　公安机关应当坚持公开、公平、公正的原则，严格依照本办法的规定，对金融机构营业场所、金库的安全防范设施建设方案进行审批和工程验收，并建立审批和发证管理档案。

第十四条　公安机关应当监督、指导金融机构严格执行安全防范设施建设的有关规定，督促金融机构营业场所、金库安全防范设施的建设和使用单位建立相应的自检制度。

第十五条　公安机关应当加强对金融机构安全防范设施的日常安全检查工作，发现金融机构安全防范设施建设、使用存在治安隐患的，应当立即责令限期整改，并依照《企业事业单位内部治安保卫条例》第十九条的规定予以处罚。

第十六条　违反本办法的规定，金融机构营业场所、金库安全防范设施建设方案未经批准而擅自施工的，公安机关应当责令其停止施工并按照本办法报批，同时对单位处 5000 元以上 2 万元以下罚款，对直接负责的主管人员和其他直接责任人员处 200 元以上 1000 元以下罚款。

第十七条　违反本办法的规定，在金融机构营业场所、金库安全防范设施建设工程未经验收即投入使用的，公安机关应当责令金融机构按照本办法报批，并对单位处 1 万元以上 3 万元以下罚款，对直接负责的主管人员和其他直接责任人员处 200 元以上 1000 元以下罚款。同时，可以建议其上级主管部门对直接负责的主管人员和其他直接责任人员依法给予处分；构成犯罪的，依法追究刑事责任。

第十八条　公安机关及其人民警察在办理审批和验收工作中，有下列行为之一的，对直接负责的主管人员和其他直接责任人员，依法给予行政处分；构成犯罪的，依法追究刑事责任：

（一）对明知是不符合标准的金融机构营业场所、金库安全防范设施建设方案予以批准，或者擅自发放《安全防范设施合格证》的；

（二）除不可抗力外，不按照本办法规定的时限办理审批和验收的；

（三）利用职权故意刁难申请人、施工单位，索取、收受贿赂或者谋取其他利益的；

（四）实施其他滥用职权、玩忽职守、徇私舞弊行为的。

第十九条　本办法规定的《安全防范设施合格证》和其他文书式样由公安部制定，各省、自治区、直辖市公安厅、局自行印制。

《安全防范设施合格证》分为牌匾和纸质证书两种。牌匾应当悬挂在金融机构营业场所显著位置，纸质证书由金融机构保存。

第二十条　本办法自 2006 年 2 月 1 日起施行。

附件 1. 新建、改建金融机构营业场所/金库安全防范设施建设方案审批表（略）

附件 2. 金融机构营业场所安全设施建设工程验收审批表（略）

附件 3. 金融机构金库安全防范设施建设工程验收审批表（略）

附件 4. 准予施工通知书（略）

附件 5. 不准予施工通知书（略）

附件 6. 验收不合格通知书（略）

附件 7. 安全防范设施合格证（略）

附件 8. 安全防范设施合格证（牌匾式样）（略）

3. 特殊行为管理

最高人民法院、最高人民检察院、公安部关于办理网络赌博犯罪案件适用法律若干问题的意见

·2010 年 8 月 31 日
·公通字〔2010〕40 号

为依法惩治网络赌博犯罪活动，根据《中华人民共和国刑法》、《中华人民共和国刑事诉讼法》和《最高人民法院、最高人民检察院关于办理赌博刑事案件具体应用法律若干问题的解释》等有关规定，结合司法实践，现就办理网络赌博犯罪案件适用法律的若干问题，提出如下意见：

一、关于网上开设赌场犯罪的定罪量刑标准

利用互联网、移动通讯终端等传输赌博视频、数据，组织赌博活动，具有下列情形之一的，属于刑法第三百零三条第二款规定的"开设赌场"行为：

（一）建立赌博网站并接受投注的；

（二）建立赌博网站并提供给他人组织赌博的；

（三）为赌博网站担任代理并接受投注的；

（四）参与赌博网站利润分成的。

实施前款规定的行为，具有下列情形之一的，应当认定为刑法第三百零三条第二款规定的"情节严重"：

（一）抽头渔利数额累计达到 3 万元以上的；

（二）赌资数额累计达到 30 万元以上的；

（三）参赌人数累计达到 120 人以上的；

（四）建立赌博网站后通过提供给他人组织赌博，

违法所得数额在 3 万元以上的；

（五）参与赌博网站利润分成，违法所得数额在 3 万元以上的；

（六）为赌博网站招募下级代理，由下级代理接受投注的；

（七）招揽未成年人参与网络赌博的；

（八）其他情节严重的情形。

二、关于网上开设赌场共同犯罪的认定和处罚

明知是赌博网站，而为其提供下列服务或者帮助的，属于开设赌场罪的共同犯罪，依照刑法第三百零三条第二款的规定处罚：

（一）为赌博网站提供互联网接入、服务器托管、网络存储空间、通讯传输通道、投放广告、发展会员、软件开发、技术支持等服务，收取服务费数额在 2 万元以上的；

（二）为赌博网站提供资金支付结算服务，收取服务费数额在 1 万元以上或者帮助收取赌资 20 万元以上的；

（三）为 10 个以上赌博网站投放与网址、赔率等信息有关的广告或者为赌博网站投放广告累计 100 条以上的。

实施前款规定的行为，数量或者数额达到前款规定标准 5 倍以上的，应当认定为刑法第三百零三条第二款规定的"情节严重"。

实施本条第一款规定的行为，具有下列情形之一的，应当认定行为人"明知"，但是有证据证明确实不知道的除外：

（一）收到行政主管机关书面等方式的告知后，仍然实施上述行为的；

（二）为赌博网站提供互联网接入、服务器托管、网络存储空间、通讯传输通道、投放广告、软件开发、技术支持、资金支付结算等服务，收取服务费明显异常的；

（三）在执法人员调查时，通过销毁、修改数据、账本等方式故意规避调查或者向犯罪嫌疑人通风报信的；

（四）其他有证据证明行为人明知的。

如果有开设赌场的犯罪嫌疑人尚未到案，但是不影响对已到案共同犯罪嫌疑人、被告人的犯罪事实认定的，可以依法对已到案者定罪处罚。

三、关于网络赌博犯罪的参赌人数、赌资数额和网站代理的认定

赌博网站的会员账号数可以认定为参赌人数，如果查实一个账号多人使用或者多个账号一人使用的，应当按照实际使用的人数计算参赌人数。

赌资数额可以按照在网络上投注或者赢取的点数乘以每一点实际代表的金额认定。

对于将资金直接或间接兑换为虚拟货币、游戏道具等虚拟物品，并用其作为筹码投注的，赌资数额按照购买该虚拟物品所需资金数额或者实际支付资金数额认定。

对于开设赌场犯罪中用于接收、流转赌资的银行账户内的资金，犯罪嫌疑人、被告人不能说明合法来源的，可以认定为赌资。向该银行账户转入、转出资金的银行账户数量可以认定为参赌人数。如果查实一个账户多人使用或多个账户一人使用的，应当按照实际使用的人数计算参赌人数。

有证据证明犯罪嫌疑人在赌博网站上的账号设置有下级账号的，应当认定其为赌博网站的代理。

四、关于网络赌博犯罪案件的管辖

网络赌博犯罪案件的地域管辖，应当坚持以犯罪地管辖为主、被告人居住地管辖为辅的原则。

"犯罪地"包括赌博网站服务器所在地、网络接入地，赌博网站建立者、管理者所在地，以及赌博网站代理人、参赌人实施网络赌博行为地等。

公安机关对侦办跨区域网络赌博犯罪案件的管辖权有争议的，应本着有利于查清犯罪事实、有利于诉讼的原则，认真协商解决。经协商无法达成一致的，报共同的上级公安机关指定管辖。对即将侦查终结的跨省（自治区、直辖市）重大网络赌博案件，必要时可由公安部商最高人民法院和最高人民检察院指定管辖。

为保证及时结案，避免超期羁押，人民检察院对于公安机关提请审查逮捕、移送审查起诉的案件，人民法院对于已进入审判程序的案件，犯罪嫌疑人、被告人及其辩护人提出管辖异议或者办案单位发现没有管辖权的，受案人民检察院、人民法院经审查可以依法报请上级人民检察院、人民法院指定管辖，不再自行移送有管辖权的人民检察院、人民法院。

五、关于电子证据的收集与保全

侦查机关对于能够证明赌博犯罪案件真实情况的网站页面、上网记录、电子邮件、电子合同、电子交易记录、电子账册等电子数据,应当作为刑事证据予以提取、复制、固定。

侦查人员应当对提取、复制、固定电子数据的过程制作相关文字说明,记录案由、对象、内容以及提取、复制、固定的时间、地点、方法,电子数据的规格、类别、文件格式等,并由提取、复制、固定电子数据的制作人、电子数据的持有人签名或者盖章,附所提取、复制、固定的电子数据一并随案移送。

对于电子数据存储在境外的计算机上的,或者侦查机关从赌博网站提取电子数据时犯罪嫌疑人未到案的,或者电子数据的持有人无法签字或者拒绝签字的,应当由能够证明提取、复制、固定过程的见证人签名或者盖章,记明有关情况。必要时,可对提取、复制、固定有关电子数据的过程拍照或者录像。

公安部关于办理赌博违法案件适用法律若干问题的通知

· 2005 年 5 月 25 日
· 公通字〔2005〕30 号

各省、自治区、直辖市公安厅、局,新疆生产建设兵团公安局:

为依法有效打击赌博违法活动,规范公安机关查禁赌博违法活动的行为,根据《中华人民共和国治安管理处罚条例》等有关法律、法规的规定,现就公安机关办理赌博违法案件适用法律的若干问题通知如下:

一、具有下列情形之一的,应当依照《中华人民共和国治安管理处罚条例》第三十二条的规定,予以处罚:

(一)以营利为目的,聚众赌博、开设赌场或者以赌博为业,尚不够刑事处罚的;

(二)参与以营利为目的的聚众赌博、计算机网络赌博、电子游戏机赌博,或者到赌场赌博的;

(三)采取不报经国家批准,擅自发行、销售彩票的方式,为赌博提供条件,尚不够刑事处罚的;

(四)明知他人实施赌博违法犯罪活动,而为其提供资金、场所、交通工具、通讯工具、赌博工具、经营管理、网络接入、服务器托管、网络存储空间、通讯传输通道、费用结算等条件,或者为赌博场所、赌博人员充当保镖,为赌博放哨、通风报信,尚不够刑事处罚的;

(五)明知他人从事赌博活动而向其销售具有赌博功能的游戏机,尚不够刑事处罚的。

二、在中华人民共和国境内通过计算机网络、电话、手机短信等方式参与境外赌场赌博活动,或者中华人民共和国公民赴境外赌场赌博,赌博输赢结算地在境内的,应当依照《中华人民共和国治安管理处罚条例》的有关规定予以处罚。

三、赌博或者为赌博提供条件,并具有下列情形之一的,依照《中华人民共和国治安管理处罚条例》第三十二条的规定,可以从重处罚:

(一)在工作场所、公共场所或者公共交通工具上赌博的;

(二)一年内曾因赌博或者为赌博提供条件受过治安处罚的;

(三)国家工作人员赌博或者为赌博提供条件的;

(四)引诱、教唆未成年人赌博的;

(五)组织、招引中华人民共和国公民赴境外赌博的;

(六)其他可以依法从重处罚的情形。

四、赌博或者为赌博提供条件,并具有下列情形之一的,依照《中华人民共和国治安管理处罚条例》第三十二条的规定,可以从轻或者免予处罚:

(一)主动交代,表示悔改的;

(二)检举、揭发他人赌博或为赌博提供条件的行为,并经查证属实的;

(三)被胁迫、诱骗赌博或者为赌博提供条件的;

(四)未成年人赌博的;

(五)协助查禁赌博活动,有立功表现的;

(六)其他可以依法从轻或者免予处罚的情形。

对免予处罚的,由公安机关给予批评教育,并责令具结悔过。未成年人有赌博违法行为的,应当责令其父母或者其他监护人严加管教。

五、赌博活动中用作赌注的款物、换取筹码的款物和通过赌博赢取的款物属于赌资。

在利用计算机网络进行的赌博活动中,分赌场、下级庄家或者赌博参与者在组织或者参与赌博前向赌博组织者、上级庄家或者赌博公司交付的押金,应当视为赌资。

六、赌博现场没有赌资,而是以筹码或者事先约定事后交割等方式代替的,赌资数额经调查核实后予以认定。个人投注的财物数额无法确定时,按照参赌财物的价值总额除以参赌人数的平均值计算。

通过计算机网络实施赌博活动的赌资数额,可以按照在计算机网络上投注或者赢取的总点数乘以每个点数实际代表的金额认定。赌博的次数,可以按照在计算机网络上投注的总次数认定。

七、对查获的赌资、赌博违法所得,应当依法没收,上缴国库,并按照规定出具法律手续。对查缴的赌具和销售的具有赌博功能的游戏机,一律依法予以销毁。严禁截留、私分或者以其他方式侵吞赌资、赌具、赌博违法所得以及违法行为人的其他财物。违者,对相关责任人员依法予以行政处分;构成犯罪的,依法追究刑事责任。

对参与赌博人员使用的交通、通讯工具未作为赌注的,不得没收。在以营利为目的,聚众赌博、开设赌场,或者采取不报经国家批准,擅自发行、销售彩票的方式为赌博提供条件,尚不够刑事处罚的案件中,违法行为人本人所有的用于纠集、联络、运送参赌人员以及用于望风护赌的交通、通讯工具,应当依法没收。

八、对赌博或者为赌博提供条件的处罚,应当与其违法事实、情节、社会危害程度相适应。严禁不分情节轻重,一律顶格处罚;违者,对审批人、审核人、承办人依法予以行政处分。

九、不以营利为目的,亲属之间进行带有财物输赢的打麻将、玩扑克等娱乐活动,不予处罚;亲属之外的其他人之间进行带有少量财物输赢的打麻将、玩扑克等娱乐活动,不予处罚。

十、本通知自下发之日起施行。公安部原来制定的有关规定与本通知不一致的,以本通知为准。

各地在执行中遇到的问题,请及时报公安部。

最高人民法院、最高人民检察院关于利用网络云盘制作、复制、贩卖、传播淫秽电子信息牟利行为定罪量刑问题的批复

· 2017 年 8 月 28 日最高人民法院审判委员会第 1724 次会议、2017 年 10 月 10 日最高人民检察院第十二届检察委员会第 70 次会议通过
· 2017 年 11 月 22 日最高人民法院、最高人民检察院公告公布
· 自 2017 年 12 月 1 日起施行
· 法释〔2017〕19 号

各省、自治区、直辖市高级人民法院、人民检察院,解放军军事法院、军事检察院,新疆维吾尔自治区高级人民法院生产建设兵团分院、新疆生产建设兵团人民检察院:

近来,部分高级人民法院、省级人民检察院就如何对利用网络云盘制作、复制、贩卖、传播淫秽电子信息牟利行为定罪量刑的问题提出请示。经研究,批复如下:

一、对于以牟利为目的,利用网络云盘制作、复制、贩卖、传播淫秽电子信息的行为,是否应当追究刑事责任,适用刑法和《最高人民法院、最高人民检察院关于办理利用互联网、移动通讯终端、声讯台制作、复制、出版、贩卖、传播淫秽电子信息刑事案件具体应用法律若干问题的解释》(法释〔2004〕11 号)、《最高人民法院、最高人民检察院关于办理利用互联网、移动通讯终端、声讯台制作、复制、出版、贩卖、传播淫秽电子信息刑事案件具体应用法律若干问题的解释(二)》(法释〔2010〕3 号)的有关规定。

二、对于以牟利为目的,利用网络云盘制作、复制、贩卖、传播淫秽电子信息的行为,在追究刑事责任时,鉴于网络云盘的特点,不应单纯考虑制作、复制、贩卖、传播淫秽电子信息的数量,还应充分考虑传播范围、违法所得、行为人一贯表现以及淫秽电子信息、传播对象是否涉及未成年人等情节,综合评估社会危害性,恰当裁量刑罚,确保罪责刑相适应。

此复。

公安部关于以钱财为媒介尚未发生性行为或发生性行为尚未给付钱财如何定性问题的批复

· 2003 年 9 月 24 日
· 公复字〔2003〕5 号

山东省公安厅：

你厅《关于对以钱财为媒介尚未发生性行为应如何处理的请示》（鲁公发〔2003〕114 号）收悉。现批复如下：

卖淫嫖娼是指不特定的异性之间或同性之间以金钱、财物为媒介发生性关系的行为。行为主体之间主观上已经就卖淫嫖娼达成一致，已经谈好价格或者已经给付金钱、财物，并且已经着手实施，但由于其本人主观意志以外的原因，尚未发生性关系的；或者已经发生性关系，但尚未给付金钱、财物的，都可以按卖淫嫖娼行为依法处理。对前一种行为，应当从轻处罚。

公安部关于对出售带有淫秽内容的文物的行为可否予以治安管理处罚问题的批复

· 2010 年 5 月 22 日
· 公复字〔2010〕3 号

北京市公安局：

你局《关于对出售带有淫秽内容的文物的行为可否予以治安处罚的请示》（京公法字〔2010〕500 号）收悉。现批复如下：

公安机关查获的带有淫秽内容的物品可能是文物的，应当依照《中华人民共和国文物保护法》等有关规定进行文物认定。经文物行政部门认定为文物的，不得对合法出售文物的行为予以治安管理处罚。

公安部对《关于鉴定淫秽物品有关问题的请示》的批复

· 1998 年 11 月 27 日
· 公复字〔1998〕8 号

江苏省公安厅：

你厅《关于鉴定淫秽物品有关问题的请示》（苏公厅〔1998〕459 号）收悉。现批复如下：

鉴于近年来各地公安机关查获淫秽物品数量不断增加、查禁任务日趋繁重的情况，为及时打击处理走私、制作、贩卖、传播淫秽物品的违法犯罪分子，今后各地公安机关查获的物品，需审查认定是否为淫秽物品的，可以由县级以上公安机关治安部门负责鉴定工作，但要指定两名政治、业务素质过硬的同志共同进行，其他人员一律不得参加。当事人提出不同意见需重新鉴定的，由上一级公安机关治安部门会同同级新闻出版、音像归口管理等部门重新鉴定。对送审鉴定和收缴的淫秽物品，由县级以上公安机关治安部门统一集中，登记造册，适时组织全部销毁。

对于淫秽物品鉴定工作中与新闻出版、音像归口管理等部门的配合问题，仍按现行规定执行。

最高人民法院、最高人民检察院关于办理组织、强迫、引诱、容留、介绍卖淫刑事案件适用法律若干问题的解释

· 2017 年 5 月 8 日最高人民法院审判委员会第 1716 次会议、2017 年 7 月 4 日最高人民检察院第十二届检察委员会第 66 次会议通过
· 2017 年 7 月 21 日最高人民法院、最高人民检察院公告公布
· 自 2017 年 7 月 25 日起施行
· 法释〔2017〕13 号

为依法惩治组织、强迫、引诱、容留、介绍卖淫犯罪活动，根据刑法有关规定，结合司法工作实际，现就办理这类刑事案件具体应用法律的若干问题解释如下：

第一条　以招募、雇佣、纠集等手段，管理或者控制他人卖淫，卖淫人员在三人以上的，应当认定为刑法第三百五十八条规定的"组织他人卖淫"。

组织卖淫者是否设置固定的卖淫场所、组织卖淫者人数多少、规模大小，不影响组织卖淫行为的认定。

第二条　组织他人卖淫，具有下列情形之一的，应当认定为刑法第三百五十八条第一款规定的"情节严重"：

（一）卖淫人员累计达十人以上的；

（二）卖淫人员中未成年人、孕妇、智障人员、患有严重性病的人累计达五人以上的；

（三）组织境外人员在境内卖淫或者组织境内人员出境卖淫的；

（四）非法获利人民币一百万元以上的；

（五）造成被组织卖淫的人自残、自杀或者其他严重后果的；

（六）其他情节严重的情形。

第三条　在组织卖淫犯罪活动中，对被组织卖淫的人有引诱、容留、介绍卖淫行为的，依照处罚较重的规定定罪处罚。但是，对被组织卖淫的人以外的其他人有引诱、容留、介绍卖淫行为的，应当分别定罪，实行数罪并罚。

第四条　明知他人实施组织卖淫犯罪活动而为其招募、运送人员或者充当保镖、打手、管账人等的，依照刑法第三百五十八条第四款的规定，以协助组织卖淫罪定罪处罚，不以组织卖淫罪的从犯论处。

在具有营业执照的会所、洗浴中心等经营场所担任保洁员、收银员、保安员等，从事一般服务性、劳务性工作，仅领取正常薪酬，且无前款所列协助组织卖淫行为的，不认定为协助组织卖淫罪。

第五条　协助组织他人卖淫，具有下列情形之一的，应当认定为刑法第三百五十八条第四款规定的"情节严重"：

（一）招募、运送卖淫人员累计达十人以上的；

（二）招募、运送的卖淫人员中未成年人、孕妇、智障人员、患有严重性病的人累计达五人以上的；

（三）协助组织境外人员在境内卖淫或者协助组织境内人员出境卖淫的；

（四）非法获利人民币五十万元以上的；

（五）造成被招募、运送或者被组织卖淫的人自残、自杀或者其他严重后果的；

（六）其他情节严重的情形。

第六条　强迫他人卖淫，具有下列情形之一的，应当认定为刑法第三百五十八条第一款规定的"情节严重"：

（一）卖淫人员累计达五人以上的；

（二）卖淫人员中未成年人、孕妇、智障人员、患有严重性病的人累计达三人以上的；

（三）强迫不满十四周岁的幼女卖淫的；

（四）造成被强迫卖淫的人自残、自杀或者其他严重后果的；

（五）其他情节严重的情形。

行为人既有组织卖淫犯罪行为，又有强迫卖淫犯罪行为，且具有下列情形之一的，以组织、强迫卖淫"情节严重"论处：

（一）组织卖淫、强迫卖淫行为中具有本解释第二条、本条前款规定的"情节严重"情形之一的；

（二）卖淫人员累计达到本解释第二条第一、二项规定的组织卖淫"情节严重"人数标准的；

（三）非法获利数额相加达到本解释第二条第四项规定的组织卖淫"情节严重"数额标准的。

第七条　根据刑法第三百五十八条第三款的规定，犯组织、强迫卖淫罪，并有杀害、伤害、强奸、绑架等犯罪行为的，依照数罪并罚的规定处罚。协助组织卖淫行为人参与实施上述行为的，以共同犯罪论处。

根据刑法第三百五十八条第二款的规定，组织、强迫未成年人卖淫的，应当从重处罚。

第八条　引诱、容留、介绍他人卖淫，具有下列情形之一的，应当依照刑法第三百五十九条第一款的规定定罪处罚：

（一）引诱他人卖淫的；

（二）容留、介绍二人以上卖淫的；

（三）容留、介绍未成年人、孕妇、智障人员、患有严重性病的人卖淫的；

（四）一年内曾因引诱、容留、介绍卖淫行为被行政处罚，又实施容留、介绍卖淫行为的；

（五）非法获利人民币一万元以上的。

利用信息网络发布招嫖违法信息，情节严重的，依照刑法第二百八十七条之一的规定，以非法利用信息网络罪定罪处罚。同时构成介绍卖淫罪的，依照处罚较重的规定定罪处罚。

引诱、容留、介绍他人卖淫是否以营利为目的，不影响犯罪的成立。

引诱不满十四周岁的幼女卖淫的，依照刑法第三百五十九条第二款的规定，以引诱幼女卖淫罪定罪处罚。

被引诱卖淫的人员中既有不满十四周岁的幼女，

又有其他人员的,分别以引诱幼女卖淫罪和引诱卖淫罪定罪,实行并罚。

第九条 引诱、容留、介绍他人卖淫,具有下列情形之一的,应当认定为刑法第三百五十九条第一款规定的"情节严重":

(一)引诱五人以上或者引诱、容留、介绍十人以上卖淫的;

(二)引诱三人以上的未成年人、孕妇、智障人员、患有严重性病的人卖淫,或者引诱、容留、介绍五人以上该类人员卖淫的;

(三)非法获利人民币五万元以上的;

(四)其他情节严重的情形。

第十条 组织、强迫、引诱、容留、介绍他人卖淫的次数,作为酌定情节在量刑时考虑。

第十一条 具有下列情形之一的,应当认定为刑法第三百六十条规定的"明知":

(一)有证据证明曾到医院或者其他医疗机构就医或者检查,被诊断为患有严重性病的;

(二)根据本人的知识和经验,能够知道自己患有严重性病的;

(三)通过其他方法能够证明行为人是"明知"的。

传播性病行为是否实际造成他人患上严重性病的后果,不影响本罪的成立。

刑法第三百六十条规定所称的"严重性病",包括梅毒、淋病等。其他性病是否认定为"严重性病",应当根据《中华人民共和国传染病防治法》《性病防治管理办法》的规定,在国家卫生与计划生育委员会规定实行性病监测的性病范围内,依照其危害、特点与梅毒、淋病相当的原则,从严掌握。

第十二条 明知自己患有艾滋病或者感染艾滋病病毒而卖淫、嫖娼的,依照刑法第三百六十条的规定,以传播性病罪定罪,从重处罚。

具有下列情形之一,致使他人感染艾滋病病毒的,认定为刑法第九十五条第三项"其他对于人身健康有重大伤害"所指的"重伤",依照刑法第二百三十四条第二款的规定,以故意伤害罪定罪处罚:

(一)明知自己感染艾滋病病毒而卖淫、嫖娼的;

(二)明知自己感染艾滋病病毒,故意不采取防范措施而与他人发生性关系的。

第十三条 犯组织、强迫、引诱、容留、介绍卖淫罪的,应当依法判处犯罪所得二倍以上的罚金。共同犯罪的,对各共同犯罪人合计判处的罚金应当在犯罪所得的二倍以上。

对犯组织、强迫卖淫罪被判处无期徒刑的,应当并处没收财产。

第十四条 根据刑法第三百六十二条、第三百一十条的规定,旅馆业、饮食服务业、文化娱乐业、出租汽车业等单位的人员,在公安机关查处卖淫、嫖娼活动时,为违法犯罪分子通风报信,情节严重的,以包庇罪定罪处罚。事前与犯罪分子通谋的,以共同犯罪论处。

具有下列情形之一的,应当认定为刑法第三百六十二条规定的"情节严重":

(一)向组织、强迫卖淫犯罪集团通风报信的;

(二)二年内通风报信三次以上的;

(三)一年内因通风报信被行政处罚,又实施通风报信行为的;

(四)致使犯罪集团的首要分子或者其他共同犯罪的主犯未能及时归案的;

(五)造成卖淫嫖娼人员逃跑,致使公安机关查处犯罪行为因取证困难而撤销刑事案件的;

(六)非法获利人民币一万元以上的;

(七)其他情节严重的情形。

第十五条 本解释自 2017 年 7 月 25 日起施行。

最高人民法院、最高人民检察院关于办理利用互联网、移动通讯终端、声讯台制作、复制、出版、贩卖、传播淫秽电子信息刑事案件具体应用法律若干问题的解释

· 2004 年 9 月 1 日最高人民法院审判委员会第 1323 次会议、2004 年 9 月 2 日最高人民检察院第十届检察委员会第 26 次会议通过

· 2004 年 9 月 3 日最高人民法院、最高人民检察院公告公布

· 自 2004 年 9 月 6 日起施行

· 法释〔2004〕11 号

为依法惩治利用互联网、移动通讯终端制作、复制、出版、贩卖、传播淫秽电子信息、通过声讯台传播

淫秽语音信息等犯罪活动,维护公共网络、通讯的正常秩序,保障公众的合法权益,根据《中华人民共和国刑法》《全国人民代表大会常务委员会关于维护互联网安全的决定》的规定,现对办理该类刑事案件具体应用法律的若干问题解释如下:

第一条　以牟利为目的,利用互联网、移动通讯终端制作、复制、出版、贩卖、传播淫秽电子信息,具有下列情形之一的,依照刑法第三百六十三条第一款的规定,以制作、复制、出版、贩卖、传播淫秽物品牟利罪定罪处罚:

(一)制作、复制、出版、贩卖、传播淫秽电影、表演、动画等视频文件二十个以上的;

(二)制作、复制、出版、贩卖、传播淫秽音频文件一百个以上的;

(三)制作、复制、出版、贩卖、传播淫秽电子刊物、图片、文章、短信息等二百件以上的;

(四)制作、复制、出版、贩卖、传播的淫秽电子信息,实际被点击数达到一万次以上的;

(五)以会员制方式出版、贩卖、传播淫秽电子信息,注册会员达二百人以上的;

(六)利用淫秽电子信息收取广告费、会员注册费或者其他费用,违法所得一万元以上的;

(七)数量或者数额虽未达到第(一)项至第(六)项规定标准,但分别达到其中两项以上标准一半以上的;

(八)造成严重后果的。

利用聊天室、论坛、即时通信软件、电子邮件等方式,实施第一款规定行为的,依照刑法第三百六十三条第一款的规定,以制作、复制、出版、贩卖、传播淫秽物品牟利罪定罪处罚。

第二条　实施第一条规定的行为,数量或者数额达到第一条第一款第(一)项至第(六)项规定标准五倍以上的,应当认定为刑法第三百六十三条第一款规定的"情节严重";达到规定标准二十五倍以上的,应当认定为"情节特别严重"。

第三条　不以牟利为目的,利用互联网或者转移通讯终端传播淫秽电子信息,具有下列情形之一的,依照刑法第三百六十四条第一款的规定,以传播淫秽物品罪定罪处罚:

(一)数量达到第一条第一款第(一)项至第(五)项规定标准二倍以上的;

(二)数量分别达到第一条第一款第(一)项至第(五)项两项以上标准的;

(三)造成严重后果的。

利用聊天室、论坛、即时通信软件、电子邮件等方式,实施第一款规定行为的,依照刑法第三百六十四条第一款的规定,以传播淫秽物品罪定罪处罚。

第四条　明知是淫秽电子信息而在自己所有、管理或者使用的网站或者网页上提供直接链接的,其数量标准根据所链接的淫秽电子信息的种类计算。

第五条　以牟利为目的,通过声讯台传播淫秽语音信息,具有下列情形之一的,依照刑法第三百六十三条第一款的规定,对直接负责的主管人员和其他直接责任人员以传播淫秽物品牟利罪定罪处罚:

(一)向一百人次以上传播的;

(二)违法所得一万元以上的;

(三)造成严重后果的。

实施前款规定行为,数量或者数额达到前款第(一)项至第(二)项规定标准五倍以上的,应当认定为刑法第三百六十三条第一款规定的"情节严重";达到规定标准二十五倍以上的,应当认定为"情节特别严重"。

第六条　实施本解释前五条规定的犯罪,具有下列情形之一的,依照刑法第三百六十三条第一款、第三百六十四条第一款的规定从重处罚:

(一)制作、复制、出版、贩卖、传播具体描绘不满十八周岁未成年人性行为的淫秽电子信息的;

(二)明知是具体描绘不满十八周岁的未成年人性行为的淫秽电子信息而在自己所有、管理或者使用的网站或者网页上提供直接链接的;

(三)向不满十八周岁的未成年人贩卖、传播淫秽电子信息和语音信息的;

(四)通过使用破坏性程序、恶意代码修改用户计算机设置等方法,强制用户访问、下载淫秽电子信息的。

第七条　明知他人实施制作、复制、出版、贩卖、传播淫秽电子信息犯罪,为其提供互联网接入、服务器托管、网络存储空间、通讯传输通道、费用结算等帮助的,对直接负责的主管人员和其他直接责任人员,以共同犯罪论处。

第八条　利用互联网、移动通讯终端、声讯台贩卖、传播淫秽书刊、影片、录像带、录音带等以实物为载体的淫秽物品的，依照《最高人民法院关于审理非法出版物刑事案件具体应用法律若干问题的解释》的有关规定定罪处罚。

第九条　刑法第三百六十七条第一款规定的"其他淫秽物品"，包括具体描绘性行为或者露骨宣扬色情的诲淫性的视频文件、音频文件、电子刊物、图片、文章、短信息等互联网、移动通讯终端电子信息和声讯台语音信息。

有关人体生理、医学知识的电子信息和声讯台语音信息不是淫秽物品。包含色情内容的有艺术价值的电子文学、艺术作品不视为淫秽物品。

最高人民法院、最高人民检察院关于办理利用互联网、移动通讯终端、声讯台制作、复制、出版、贩卖、传播淫秽电子信息刑事案件具体应用法律若干问题的解释（二）

- ·2010 年 1 月 18 日最高人民法院审判委员会第 1483 次会议、2010 年 1 月 14 日最高人民检察院第十一届检察委员会第 28 次会议通过
- ·2010 年 2 月 2 日最高人民法院、最高人民检察院公告公布
- ·自 2010 年 2 月 4 日起施行
- ·法释〔2010〕3 号

为依法惩治利用互联网、移动通讯终端制作、复制、出版、贩卖、传播淫秽电子信息，通过声讯台传播淫秽语音信息等犯罪活动，维护社会秩序，保障公民权益，根据《中华人民共和国刑法》、《全国人民代表大会常务委员会关于维护互联网安全的决定》的规定，现对办理该类刑事案件具体应用法律的若干问题解释如下：

第一条　以牟利为目的，利用互联网、移动通讯终端制作、复制、出版、贩卖、传播淫秽电子信息的，依照《最高人民法院、最高人民检察院关于办理利用互联网、移动通讯终端、声讯台制作、复制、出版、贩卖、传播淫秽电子信息刑事案件具体应用法律若干问题的解释》第一条、第二条的规定定罪处罚。

以牟利为目的，利用互联网、移动通讯终端制作、复制、出版、贩卖、传播内容含有不满十四周岁未成年人的淫秽电子信息，具有下列情形之一的，依照刑法第三百六十三条第一款的规定，以制作、复制、出版、贩卖、传播淫秽物品牟利罪定罪处罚：

（一）制作、复制、出版、贩卖、传播淫秽电影、表演、动画等视频文件十个以上的；

（二）制作、复制、出版、贩卖、传播淫秽音频文件五十个以上的；

（三）制作、复制、出版、贩卖、传播淫秽电子刊物、图片、文章等一百件以上的；

（四）制作、复制、出版、贩卖、传播的淫秽电子信息，实际被点击数达到五千次以上的；

（五）以会员制方式出版、贩卖、传播淫秽电子信息，注册会员达一百人以上的；

（六）利用淫秽电子信息收取广告费、会员注册费或者其他费用，违法所得五千元以上的；

（七）数量或者数额虽未达到第（一）项至第（六）项规定标准，但分别达到其中两项以上标准一半以上的；

（八）造成严重后果的。

实施第二款规定的行为，数量或者数额达到第二款第（一）项至第（七）项规定标准五倍以上的，应当认定为刑法第三百六十三条第一款规定的"情节严重"；达到规定标准二十五倍以上的，应当认定为"情节特别严重"。

第二条　利用互联网、移动通讯终端传播淫秽电子信息的，依照《最高人民法院、最高人民检察院关于办理利用互联网、移动通讯终端、声讯台制作、复制、出版、贩卖、传播淫秽电子信息刑事案件具体应用法律若干问题的解释》第三条的规定定罪处罚。

利用互联网、移动通讯终端传播内容含有不满十四周岁未成年人的淫秽电子信息，具有下列情形之一的，依照刑法第三百六十四条第一款的规定，以传播淫秽物品罪定罪处罚：

（一）数量达到第一条第二款第（一）项至第（五）项规定标准二倍以上的；

（二）数量分别达到第一条第二款第（一）项至第

(五)项两项以上标准的;

(三)造成严重后果的。

第三条　利用互联网建立主要用于传播淫秽电子信息的群组,成员达三十人以上或者造成严重后果的,对建立者、管理者和主要传播者,依照刑法第三百六十四条第一款的规定,以传播淫秽物品罪定罪处罚。

第四条　以牟利为目的,网站建立者、直接负责的管理者明知他人制作、复制、出版、贩卖、传播的是淫秽电子信息,允许或者放任他人在自己所有、管理的网站或者网页上发布,具有下列情形之一的,依照刑法第三百六十三条第一款的规定,以传播淫秽物品牟利罪定罪处罚:

(一)数量或者数额达到第一条第二款第(一)项至第(六)项规定标准五倍以上的;

(二)数量或者数额分别达到第一条第二款第(一)项至第(六)项两项以上标准二倍以上的;

(三)造成严重后果的。

实施前款规定的行为,数量或者数额达到第一条第二款第(一)项至第(七)项规定标准二十五倍以上的,应当认定为刑法第三百六十三条第一款规定的"情节严重";达到规定标准一百倍以上的,应当认定为"情节特别严重"。

第五条　网站建立者、直接负责的管理者明知他人制作、复制、出版、贩卖、传播的是淫秽电子信息,允许或者放任他人在自己所有、管理的网站或者网页上发布,具有下列情形之一的,依照刑法第三百六十四条第一款的规定,以传播淫秽物品罪定罪处罚:

(一)数量达到第一条第二款第(一)项至第(五)项规定标准十倍以上的;

(二)数量分别达到第一条第二款第(一)项至第(五)项两项以上标准五倍以上的;

(三)造成严重后果的。

第六条　电信业务经营者、互联网信息服务提供者明知是淫秽网站,为其提供互联网接入、服务器托管、网络存储空间、通讯传输通道、代收费等服务,并收取服务费,具有下列情形之一的,对直接负责的主管人员和其他直接责任人员,依照刑法第三百六十三条第一款的规定,以传播淫秽物品牟利罪定罪处罚:

(一)为五个以上淫秽网站提供上述服务的;

(二)为淫秽网站提供互联网接入、服务器托管、网络存储空间、通讯传输通道等服务,收取服务费数额在二万元以上的;

(三)为淫秽网站提供代收费服务,收取服务费数额在五万元以上的;

(四)造成严重后果的。

实施前款规定的行为,数量或者数额达到前款第(一)项至第(三)项规定标准五倍以上的,应当认定为刑法第三百六十三条第一款规定的"情节严重";达到规定标准二十五倍以上的,应当认定为"情节特别严重"。

第七条　明知是淫秽网站,以牟利为目的,通过投放广告等方式向其直接或者间接提供资金,或者提供费用结算服务,具有下列情形之一的,对直接负责的主管人员和其他直接责任人员,依照刑法第三百六十三条第一款的规定,以制作、复制、出版、贩卖、传播淫秽物品牟利罪的共同犯罪处罚:

(一)向十个以上淫秽网站投放广告或者以其他方式提供资金的;

(二)向淫秽网站投放广告二十条以上的;

(三)向十个以上淫秽网站提供费用结算服务的;

(四)以投放广告或者其他方式向淫秽网站提供资金数额在五万元以上的;

(五)为淫秽网站提供费用结算服务,收取服务费数额在二万元以上的;

(六)造成严重后果的。

实施前款规定的行为,数量或者数额达到前款第(一)项至第(五)项规定标准五倍以上的,应当认定为刑法第三百六十三条第一款规定的"情节严重";达到规定标准二十五倍以上的,应当认定为"情节特别严重"。

第八条　实施第四条至第七条规定的行为,具有下列情形之一的,应当认定行为人"明知",但是有证据证明确实不知道的除外:

(一)行政主管机关书面告知后仍然实施上述行为的;

(二)接到举报后不履行法定管理职责的;

(三)为淫秽网站提供互联网接入、服务器托管、网络存储空间、通讯传输通道、代收费、费用结算等服务,收取服务费明显高于市场价格的;

（四）向淫秽网站投放广告，广告点击率明显异常的；

（五）其他能够认定行为人明知的情形。

第九条 一年内多次实施制作、复制、出版、贩卖、传播淫秽电子信息行为未经处理，数量或者数额累计计算构成犯罪的，应当依法定罪处罚。

第十条 单位实施制作、复制、出版、贩卖、传播淫秽电子信息犯罪的，依照《中华人民共和国刑法》、《最高人民法院、最高人民检察院关于办理利用互联网、移动通讯终端、声讯台制作、复制、出版、贩卖、传播淫秽电子信息刑事案件具体应用法律若干问题的解释》和本解释规定的相应个人犯罪的定罪量刑标准，对直接负责的主管人员和其他直接责任人员定罪处罚，并对单位判处罚金。

第十一条 对于以牟利为目的，实施制作、复制、出版、贩卖、传播淫秽电子信息犯罪的，人民法院应当综合考虑犯罪的违法所得、社会危害性等情节，依法判处罚金或者没收财产。罚金数额一般在违法所得的一倍以上五倍以下。

第十二条 《最高人民法院、最高人民检察院关于办理利用互联网、移动通讯终端、声讯台制作、复制、出版、贩卖、传播淫秽电子信息刑事案件具体应用法律若干问题的解释》和本解释所称网站，是指可以通过互联网域名、IP 地址等方式访问的内容提供站点。

以制作、复制、出版、贩卖、传播淫秽电子信息为目的建立或者建立后主要从事制作、复制、出版、贩卖、传播淫秽电子信息活动的网站，为淫秽网站。

第十三条 以前发布的司法解释与本解释不一致的，以本解释为准。

4. 禁毒管理

中华人民共和国禁毒法

· 2007 年 12 月 29 日第十届全国人民代表大会常务委员会第三十一次会议通过
· 2007 年 12 月 29 日中华人民共和国主席令第 79 号公布
· 自 2008 年 6 月 1 日起施行

第一章 总 则

第一条 【立法宗旨】为了预防和惩治毒品违法犯罪行为，保护公民身心健康，维护社会秩序，制定本法。

第二条 【适用范围】本法所称毒品，是指鸦片、海洛因、甲基苯丙胺(冰毒)、吗啡、大麻、可卡因，以及国家规定管制的其他能够使人形成瘾癖的麻醉药品和精神药品。

根据医疗、教学、科研的需要，依法可以生产、经营、使用、储存、运输麻醉药品和精神药品。

第三条 【禁毒社会责任】禁毒是全社会的共同责任。国家机关、社会团体、企业事业单位以及其他组织和公民，应当依照本法和有关法律的规定，履行禁毒职责或者义务。

第四条 【禁毒工作方针和工作机制】禁毒工作实行预防为主，综合治理，禁种、禁制、禁贩、禁吸并举的方针。

禁毒工作实行政府统一领导，有关部门各负其责，社会广泛参与的工作机制。

第五条 【禁毒委员会的设立、职责】国务院设立国家禁毒委员会，负责组织、协调、指导全国的禁毒工作。

县级以上地方各级人民政府根据禁毒工作的需要，可以设立禁毒委员会，负责组织、协调、指导本行政区域内的禁毒工作。

第六条 【禁毒工作保障】县级以上各级人民政府应当将禁毒工作纳入国民经济和社会发展规划，并将禁毒经费列入本级财政预算。

第七条 【鼓励禁毒社会捐赠】国家鼓励对禁毒工作的社会捐赠，并依法给予税收优惠。

第八条 【鼓励禁毒科学技术研究】国家鼓励开展禁毒科学技术研究，推广先进的缉毒技术、装备和戒毒方法。

第九条 【鼓励举报毒品违法犯罪】国家鼓励公民举报毒品违法犯罪行为。各级人民政府和有关部门应当对举报人予以保护，对举报有功人员以及在禁毒工作中有突出贡献的单位和个人，给予表彰和奖励。

第十条 【鼓励禁毒志愿工作】国家鼓励志愿人员参与禁毒宣传教育和戒毒社会服务工作。地方各级人民政府应当对志愿人员进行指导、培训，并提供必要的工作条件。

第二章　禁毒宣传教育

第十一条　【国家禁毒宣传教育】国家采取各种形式开展全民禁毒宣传教育,普及毒品预防知识,增强公民的禁毒意识,提高公民自觉抵制毒品的能力。

国家鼓励公民、组织开展公益性的禁毒宣传活动。

第十二条　【各级政府和有关组织禁毒宣传教育】各级人民政府应当经常组织开展多种形式的禁毒宣传教育。

工会、共产主义青年团、妇女联合会应当结合各自工作对象的特点,组织开展禁毒宣传教育。

第十三条　【教育行政部门、学校禁毒宣传教育】教育行政部门、学校应当将禁毒知识纳入教育、教学内容,对学生进行禁毒宣传教育。公安机关、司法行政部门和卫生行政部门应当予以协助。

第十四条　【新闻媒体禁毒宣传教育】新闻、出版、文化、广播、电影、电视等有关单位,应当有针对性地面向社会进行禁毒宣传教育。

第十五条　【公共场所禁毒宣传教育】飞机场、火车站、长途汽车站、码头以及旅店、娱乐场所等公共场所的经营者、管理者,负责本场所的禁毒宣传教育,落实禁毒防范措施,预防毒品违法犯罪行为在本场所内发生。

第十六条　【单位内部禁毒宣传教育】国家机关、社会团体、企业事业单位以及其他组织,应当加强对本单位人员的禁毒宣传教育。

第十七条　【基层组织禁毒宣传教育】居民委员会、村民委员会应当协助人民政府以及公安机关等部门,加强禁毒宣传教育,落实禁毒防范措施。

第十八条　【监护人对未成年人的毒品危害教育】未成年人的父母或者其他监护人应当对未成年人进行毒品危害的教育,防止其吸食、注射毒品或者进行其他毒品违法犯罪活动。

第三章　毒品管制

第十九条　【麻醉药品药用原植物种植管制】国家对麻醉药品药用原植物种植实行管制。禁止非法种植罂粟、古柯植物、大麻植物以及国家规定管制的可以用于提炼加工毒品的其他原植物。禁止走私或者非法买卖、运输、携带、持有未经灭活的毒品原植物种子或者幼苗。

地方各级人民政府发现非法种植毒品原植物的,应当立即采取措施予以制止、铲除。村民委员会、居民委员会发现非法种植毒品原植物的,应当及时予以制止、铲除,并向当地公安机关报告。

第二十条　【麻醉药品提取、储存场所的警戒】国家确定的麻醉药品药用原植物种植企业,必须按照国家有关规定种植麻醉药品药用原植物。

国家确定的麻醉药品药用原植物种植企业的提取加工场所,以及国家设立的麻醉药品储存仓库,列为国家重点警戒目标。

未经许可,擅自进入国家确定的麻醉药品药用原植物种植企业的提取加工场所或者国家设立的麻醉药品储存仓库等警戒区域的,由警戒人员责令其立即离开;拒不离开的,强行带离现场。

第二十一条　【麻醉药品、精神药品、易制毒化学品管制】国家对麻醉药品和精神药品实行管制,对麻醉药品和精神药品的实验研究、生产、经营、使用、储存、运输实行许可和查验制度。

国家对易制毒化学品的生产、经营、购买、运输实行许可制度。

禁止非法生产、买卖、运输、储存、提供、持有、使用麻醉药品、精神药品和易制毒化学品。

第二十二条　【麻醉药品、精神药品、易制毒化学品进出口管理】国家对麻醉药品、精神药品和易制毒化学品的进口、出口实行许可制度。国务院有关部门应当按照规定的职责,对进口、出口麻醉药品、精神药品和易制毒化学品依法进行管理。禁止走私麻醉药品、精神药品和易制毒化学品。

第二十三条　【防止麻醉药品、精神药品、易制毒化学品流入非法渠道】发生麻醉药品、精神药品和易制毒化学品被盗、被抢、丢失或者其他流入非法渠道的情形,案发单位应当立即采取必要的控制措施,并立即向公安机关报告,同时依照规定向有关主管部门报告。

公安机关接到报告后,或者有证据证明麻醉药品、精神药品和易制毒化学品可能流入非法渠道的,应当及时开展调查,并可以对相关单位采取必要的控制措施。药品监督管理部门、卫生行政部门以及其他有关部门应当配合公安机关开展工作。

第二十四条　【禁止非法传授麻醉药品、精神药品、易制毒化学品的制造方法】禁止非法传授麻醉药品、精神药品和易制毒化学品的制造方法。公安机关接到举报或者发现非法传授麻醉药品、精神药品和易制毒化学品制造方法的，应当及时依法查处。

第二十五条　【麻醉药品、精神药品、易制毒化学品管理办法由国务院制定】麻醉药品、精神药品和易制毒化学品管理的具体办法，由国务院规定。

第二十六条　【毒品、易制毒化学品检查】公安机关根据查缉毒品的需要，可以在边境地区、交通要道、口岸以及飞机场、火车站、长途汽车站、码头对来往人员、物品、货物以及交通工具进行毒品和易制毒化学品检查，民航、铁路、交通部门应当予以配合。

海关应当依法加强对进出口岸的人员、物品、货物和运输工具的检查，防止走私毒品和易制毒化学品。

邮政企业应当依法加强对邮件的检查，防止邮寄毒品和非法邮寄易制毒化学品。

第二十七条　【娱乐场所巡查和报告毒品违法犯罪】娱乐场所应当建立巡查制度，发现娱乐场所内有毒品违法犯罪活动的，应当立即向公安机关报告。

第二十八条　【查获毒品和涉毒财物的收缴与处理】对依法查获的毒品，吸食、注射毒品的用具，毒品违法犯罪的非法所得及其收益，以及直接用于实施毒品违法犯罪行为的本人所有的工具、设备、资金，应当收缴，依照规定处理。

第二十九条　【可疑毒品犯罪资金监测】反洗钱行政主管部门应当依法加强对可疑毒品犯罪资金的监测。反洗钱行政主管部门和其他依法负有反洗钱监督管理职责的部门、机构发现涉嫌毒品犯罪的资金流动情况，应当及时向侦查机关报告，并配合侦查机关做好侦查、调查工作。

第三十条　【毒品监测和禁毒信息系统】国家建立健全毒品监测和禁毒信息系统，开展毒品监测和禁毒信息的收集、分析、使用、交流工作。

第四章　戒毒措施

第三十一条　【吸毒成瘾人员应当进行戒毒治疗】国家采取各种措施帮助吸毒人员戒除毒瘾，教育和挽救吸毒人员。

吸毒成瘾人员应当进行戒毒治疗。

吸毒成瘾的认定办法，由国务院卫生行政部门、药品监督管理部门、公安部门规定。

第三十二条　【对吸毒人员的检测和登记】公安机关可以对涉嫌吸毒的人员进行必要的检测，被检测人员应当予以配合；对拒绝接受检测的，经县级以上人民政府公安机关或者其派出机构负责人批准，可以强制检测。

公安机关应当对吸毒人员进行登记。

第三十三条　【社区戒毒】对吸毒成瘾人员，公安机关可以责令其接受社区戒毒，同时通知吸毒人员户籍所在地或者现居住地的城市街道办事处、乡镇人民政府。社区戒毒的期限为三年。

戒毒人员应当在户籍所在地接受社区戒毒；在户籍所在地以外的现居住地有固定住所的，可以在现居住地接受社区戒毒。

第三十四条　【社区戒毒的主管机构】城市街道办事处、乡镇人民政府负责社区戒毒工作。城市街道办事处、乡镇人民政府可以指定有关基层组织，根据戒毒人员本人和家庭情况，与戒毒人员签订社区戒毒协议，落实有针对性的社区戒毒措施。公安机关和司法行政、卫生行政、民政等部门应当对社区戒毒工作提供指导和协助。

城市街道办事处、乡镇人民政府，以及县级人民政府劳动行政部门对无职业且缺乏就业能力的戒毒人员，应当提供必要的职业技能培训、就业指导和就业援助。

第三十五条　【社区戒毒人员的义务】接受社区戒毒的戒毒人员应当遵守法律、法规，自觉履行社区戒毒协议，并根据公安机关的要求，定期接受检测。

对违反社区戒毒协议的戒毒人员，参与社区戒毒的工作人员应当进行批评、教育；对严重违反社区戒毒协议或者在社区戒毒期间又吸食、注射毒品的，应当及时向公安机关报告。

第三十六条　【戒毒医疗机构】吸毒人员可以自行到具有戒毒治疗资质的医疗机构接受戒毒治疗。

设置戒毒医疗机构或者医疗机构从事戒毒治疗业务的，应当符合国务院卫生行政部门规定的条件，报所在地的省、自治区、直辖市人民政府卫生行政部门批准，并报同级公安机关备案。戒毒治疗应当遵守国务院卫生行政部门制定的戒毒治疗规范，接受卫生行政部门的监督检查。

戒毒治疗不得以营利为目的。戒毒治疗的药品、医疗器械和治疗方法不得做广告。戒毒治疗收取费用的，应当按照省、自治区、直辖市人民政府价格主管部门会同卫生行政部门制定的收费标准执行。

第三十七条　【戒毒医疗机构职责】医疗机构根据戒毒治疗的需要，可以对接受戒毒治疗的戒毒人员进行身体和所携带物品的检查；对在治疗期间有人身危险的，可以采取必要的临时保护性约束措施。

发现接受戒毒治疗的戒毒人员在治疗期间吸食、注射毒品的，医疗机构应当及时向公安机关报告。

第三十八条　【强制隔离戒毒适用条件】吸毒成瘾人员有下列情形之一的，由县级以上人民政府公安机关作出强制隔离戒毒的决定：

（一）拒绝接受社区戒毒的；

（二）在社区戒毒期间吸食、注射毒品的；

（三）严重违反社区戒毒协议的；

（四）经社区戒毒、强制隔离戒毒后再次吸食、注射毒品的。

对于吸毒成瘾严重，通过社区戒毒难以戒除毒瘾的人员，公安机关可以直接作出强制隔离戒毒的决定。

吸毒成瘾人员自愿接受强制隔离戒毒的，经公安机关同意，可以进入强制隔离戒毒场所戒毒。

第三十九条　【不适用强制隔离戒毒的情形】怀孕或者正在哺乳自己不满一周岁婴儿的妇女吸毒成瘾的，不适用强制隔离戒毒。不满十六周岁的未成年人吸毒成瘾的，可以不适用强制隔离戒毒。

对依照前款规定不适用强制隔离戒毒的吸毒成瘾人员，依照本法规定进行社区戒毒，由负责社区戒毒工作的城市街道办事处、乡镇人民政府加强帮助、教育和监督，督促落实社区戒毒措施。

第四十条　【强制隔离戒毒的决定程序和救济措施】公安机关对吸毒成瘾人员决定予以强制隔离戒毒的，应当制作强制隔离戒毒决定书，在执行强制隔离戒毒前送达被决定人，并在送达后二十四小时以内通

知被决定人的家属、所在单位和户籍所在地公安派出所；被决定人不讲真实姓名、住址，身份不明的，公安机关应当自查清其身份后通知。

被决定人对公安机关作出的强制隔离戒毒决定不服的，可以依法申请行政复议或者提起行政诉讼。

第四十一条　【强制隔离戒毒场所】对被决定予以强制隔离戒毒的人员，由作出决定的公安机关送强制隔离戒毒场所执行。

强制隔离戒毒场所的设置、管理体制和经费保障，由国务院规定。

第四十二条　【戒毒人员入所查检】戒毒人员进入强制隔离戒毒场所戒毒时，应当接受对其身体和所携带物品的检查。

第四十三条　【强制隔离戒毒的内容】强制隔离戒毒场所应当根据戒毒人员吸食、注射毒品的种类及成瘾程度等，对戒毒人员进行有针对性的生理、心理治疗和身体康复训练。

根据戒毒的需要，强制隔离戒毒场所可以组织戒毒人员参加必要的生产劳动，对戒毒人员进行职业技能培训。组织戒毒人员参加生产劳动的，应当支付劳动报酬。

第四十四条　【强制隔离戒毒场所的管理】强制隔离戒毒场所应当根据戒毒人员的性别、年龄、患病等情况，对戒毒人员实行分别管理。

强制隔离戒毒场所对有严重残疾或者疾病的戒毒人员，应当给予必要的看护和治疗；对患有传染病的戒毒人员，应当依法采取必要的隔离、治疗措施；对可能发生自伤、自残等情形的戒毒人员，可以采取相应的保护性约束措施。

强制隔离戒毒场所管理人员不得体罚、虐待或者侮辱戒毒人员。

第四十五条　【强制隔离戒毒场所配备执业医师】强制隔离戒毒场所应当根据戒毒治疗的需要配备执业医师。强制隔离戒毒场所的执业医师具有麻醉药品和精神药品处方权的，可以按照有关技术规范对戒毒人员使用麻醉药品、精神药品。

卫生行政部门应当加强对强制隔离戒毒场所执业医师的业务指导和监督管理。

第四十六条　【探访、探视和物品的检查】戒毒人

员的亲属和所在单位或者就读学校的工作人员,可以按照有关规定探访戒毒人员。戒毒人员经强制隔离戒毒场所批准,可以外出探视配偶、直系亲属。

强制隔离戒毒场所管理人员应当对强制隔离戒毒场所以外的人员交给戒毒人员的物品和邮件进行检查,防止夹带毒品。在检查邮件时,应当依法保护戒毒人员的通信自由和通信秘密。

第四十七条　【强制隔离戒毒期限】强制隔离戒毒的期限为二年。

执行强制隔离戒毒一年后,经诊断评估,对于戒毒情况良好的戒毒人员,强制隔离戒毒场所可以提出提前解除强制隔离戒毒的意见,报强制隔离戒毒的决定机关批准。

强制隔离戒毒期满前,经诊断评估,对于需要延长戒毒期限的戒毒人员,由强制隔离戒毒场所提出延长戒毒期限的意见,报强制隔离戒毒的决定机关批准。强制隔离戒毒的期限最长可以延长一年。

第四十八条　【社区康复】对于被解除强制隔离戒毒的人员,强制隔离戒毒的决定机关可以责令其接受不超过三年的社区康复。

社区康复参照本法关于社区戒毒的规定实施。

第四十九条　【戒毒康复场所】县级以上地方各级人民政府根据戒毒工作的需要,可以开办戒毒康复场所;对社会力量依法开办的公益性戒毒康复场所应当给予扶持,提供必要的便利和帮助。

戒毒人员可以自愿在戒毒康复场所生活、劳动。戒毒康复场所组织戒毒人员参加生产劳动的,应当参照国家劳动用工制度的规定支付劳动报酬。

第五十条　【被限制人身自由的人员的戒毒治疗】公安机关、司法行政部门对被依法拘留、逮捕、收监执行刑罚以及被依法采取强制性教育措施的吸毒人员,应当给予必要的戒毒治疗。

第五十一条　【药物维持治疗】省、自治区、直辖市人民政府卫生行政部门会同公安机关、药品监督管理部门依照国家有关规定,根据巩固戒毒成果的需要和本行政区域艾滋病流行情况,可以组织开展戒毒药物维持治疗工作。

第五十二条　【戒毒人员不受歧视】戒毒人员在入学、就业、享受社会保障等方面不受歧视。有关部门、组织和人员应当在入学、就业、享受社会保障等方面对戒毒人员给予必要的指导和帮助。

第五章　禁毒国际合作

第五十三条　【禁毒国际合作的原则】中华人民共和国根据缔结或者参加的国际条约或者按照对等原则,开展禁毒国际合作。

第五十四条　【国家禁毒委员会的国际合作职责】国家禁毒委员会根据国务院授权,负责组织开展禁毒国际合作,履行国际禁毒公约义务。

第五十五条　【毒品犯罪的司法协助】涉及追究毒品犯罪的司法协助,由司法机关依照有关法律的规定办理。

第五十六条　【执法合作】国务院有关部门应当按照各自职责,加强与有关国家或者地区执法机关以及国际组织的禁毒情报信息交流,依法开展禁毒执法合作。

经国务院公安部门批准,边境地区县级以上人民政府公安机关可以与有关国家或者地区的执法机关开展执法合作。

第五十七条　【涉案财物分享】通过禁毒国际合作破获毒品犯罪案件的,中华人民共和国政府可以与有关国家分享查获的非法所得、由非法所得获得的收益以及供毒品犯罪使用的财物或者财物变卖所得的款项。

第五十八条　【对外援助】国务院有关部门根据国务院授权,可以通过对外援助等渠道,支持有关国家实施毒品原植物替代种植、发展替代产业。

第六章　法律责任

第五十九条　【毒品违法犯罪行为的法律责任】有下列行为之一,构成犯罪的,依法追究刑事责任;尚不构成犯罪的,依法给予治安管理处罚:

(一)走私、贩卖、运输、制造毒品的;

(二)非法持有毒品的;

(三)非法种植毒品原植物的;

(四)非法买卖、运输、携带、持有未经灭活的毒品原植物种子或者幼苗的;

(五)非法传授麻醉药品、精神药品或者易制毒化学品制造方法的;

(六)强迫、引诱、教唆、欺骗他人吸食、注射毒品的;

（七）向他人提供毒品的。

第六十条 【妨害毒品查禁工作行为的法律责任】有下列行为之一，构成犯罪的，依法追究刑事责任；尚不构成犯罪的，依法给予治安管理处罚：

（一）包庇走私、贩卖、运输、制造毒品的犯罪分子，以及为犯罪分子窝藏、转移、隐瞒毒品或者犯罪所得财物的；

（二）在公安机关查处毒品违法犯罪活动时为违法犯罪行为人通风报信的；

（三）阻碍依法进行毒品检查的；

（四）隐藏、转移、变卖或者损毁司法机关、行政执法机关依法扣押、查封、冻结的涉及毒品违法犯罪活动的财物的。

第六十一条 【容留他人吸毒、介绍买卖毒品的法律责任】容留他人吸食、注射毒品或者介绍买卖毒品，构成犯罪的，依法追究刑事责任；尚不构成犯罪的，由公安机关处十日以上十五日以下拘留，可以并处三千元以下罚款；情节较轻的，处五日以下拘留或者五百元以下罚款。

第六十二条 【吸毒的法律责任】吸食、注射毒品的，依法给予治安管理处罚。吸毒人员主动到公安机关登记或者到有资质的医疗机构接受戒毒治疗的，不予处罚。

第六十三条 【违反麻醉药品、精神药品管制的法律责任】在麻醉药品、精神药品的实验研究、生产、经营、使用、储存、运输、进口、出口以及麻醉药品药用原植物种植活动中，违反国家规定，致使麻醉药品、精神药品或者麻醉药品药用原植物流入非法渠道，构成犯罪的，依法追究刑事责任；尚不构成犯罪的，依照有关法律、行政法规的规定给予处罚。

第六十四条 【违反易制毒化学品管制的法律责任】在易制毒化学品的生产、经营、购买、运输或者进口、出口活动中，违反国家规定，致使易制毒化学品流入非法渠道，构成犯罪的，依法追究刑事责任；尚不构成犯罪的，依照有关法律、行政法规的规定给予处罚。

第六十五条 【娱乐场所涉毒违法犯罪行为的法律责任】娱乐场所及其从业人员实施毒品违法犯罪行为，或者为进入娱乐场所的人员实施毒品违法犯罪行为提供条件，构成犯罪的，依法追究刑事责任；尚不构成犯罪的，依照有关法律、行政法规的规定给予处罚。

娱乐场所经营管理人员明知场所内发生聚众吸食、注射毒品或者贩毒活动，不向公安机关报告的，依照前款的规定给予处罚。

第六十六条 【非法从事戒毒治疗业务的法律责任】未经批准，擅自从事戒毒治疗业务的，由卫生行政部门责令停止违法业务活动，没收违法所得和使用的药品、医疗器械等物品；构成犯罪的，依法追究刑事责任。

第六十七条 【戒毒医疗机构发现吸毒不报告的法律责任】戒毒医疗机构发现接受戒毒治疗的戒毒人员在治疗期间吸食、注射毒品，不向公安机关报告的，由卫生行政部门责令改正；情节严重的，责令停业整顿。

第六十八条 【违反麻醉药品、精神药品使用规定的法律责任】强制隔离戒毒场所、医疗机构、医师违反规定使用麻醉药品、精神药品，构成犯罪的，依法追究刑事责任；尚不构成犯罪的，依照有关法律、行政法规的规定给予处罚。

第六十九条 【禁毒工作人员违法犯罪行为的法律责任】公安机关、司法行政部门或者其他有关主管部门的工作人员在禁毒工作中有下列行为之一，构成犯罪的，依法追究刑事责任；尚不构成犯罪的，依法给予处分：

（一）包庇、纵容毒品违法犯罪人员的；

（二）对戒毒人员有体罚、虐待、侮辱等行为的；

（三）挪用、截留、克扣禁毒经费的；

（四）擅自处分查获的毒品和扣押、查封、冻结的涉及毒品违法犯罪活动的财物的。

第七十条 【歧视戒毒人员的法律责任】有关单位及其工作人员在入学、就业、享受社会保障等方面歧视戒毒人员的，由教育行政部门、劳动行政部门责令改正；给当事人造成损失的，依法承担赔偿责任。

第七章 附 则

第七十一条 【关于法律效力的规定】本法自2008年6月1日起施行。《全国人民代表大会常务委员会关于禁毒的决定》同时废止。

吸毒检测程序规定

· 2009 年 9 月 27 日公安部令第 110 号公布
· 根据 2016 年 12 月 16 日《公安部关于修改〈吸毒检测程序规定〉的决定》修订

第一条　为规范公安机关吸毒检测工作，保护当事人的合法权益，根据《中华人民共和国禁毒法》、《戒毒条例》等有关法律规定，制定本规定。

第二条　吸毒检测是运用科学技术手段对涉嫌吸毒的人员进行生物医学检测，为公安机关认定吸毒行为提供科学依据的活动。

吸毒检测的对象，包括涉嫌吸毒的人员，被决定执行强制隔离戒毒的人员，被公安机关责令接受社区戒毒和社区康复的人员，以及戒毒康复场所内的戒毒康复人员。

第三条　吸毒检测分为现场检测、实验室检测、实验室复检。

第四条　现场检测由县级以上公安机关或者其派出机构进行。

实验室检测由县级以上公安机关指定的取得检验鉴定机构资格的实验室或者有资质的医疗机构进行。

实验室复检由县级以上公安机关指定的取得检验鉴定机构资格的实验室进行。

实验室检测和实验室复检不得由同一检测机构进行。

第五条　吸毒检测样本的采集应当使用专用器材。现场检测器材应当是国家主管部门批准生产或者进口的合格产品。

第六条　检测样本为采集的被检测人员的尿液、血液、唾液或者毛发等生物样本。

第七条　被检测人员拒绝接受检测的，经县级以上公安机关或者其派出机构负责人批准，可以对其进行强制检测。

第八条　公安机关采集、送检、检测样本，应当由两名以上工作人员进行；采集女性被检测人尿液检测样本，应当由女性工作人员进行。

采集的检测样本经现场检测结果为阳性的，应当分别保存在 A、B 两个样本专用器材中并编号，由采集

人和被采集人共同签字封存，在采用检材适宜的条件予以保存，保存期不得少于六个月。

第九条　现场检测应当出具检测报告，由检测人签名，并加盖检测的公安机关或者其派出机构的印章。

现场检测结果应当当场告知被检测人，并由被检测人在检测报告上签名。被检测人拒不签名的，公安民警应当在检测报告上注明。

第十条　被检测人对现场检测结果有异议的，可以在被告知检测结果之日起的三日内，向现场检测的公安机关提出实验室检测申请。

公安机关应当在接到实验室检测申请后的三日内作出是否同意进行实验室检测的决定，并将结果告知被检测人。

第十一条　公安机关决定进行实验室检测的，应当在作出实验室检测决定后的三日内，将保存的 A 样本送交县级以上公安机关指定的具有检验鉴定资格的实验室或者有资质的医疗机构。

第十二条　接受委托的实验室或者医疗机构应当在接到检测样本后的三日内出具实验室检测报告，由检测人签名，并加盖检测机构公章后，送委托实验室检测的公安机关。公安机关收到检测报告后，应当在二十四小时内将检测结果告知被检测人。

第十三条　被检测人对实验室检测结果有异议的，可以在被告知检测结果后的三日内，向现场检测的公安机关提出实验室复检申请。

公安机关应当在接到实验室复检申请后的三日内作出是否同意进行实验室复检的决定，并将结果告知被检测人。

第十四条　公安机关决定进行实验室复检的，应当在作出实验室复检决定后的三日内，将保存的 B 样本送交县级以上公安机关指定的具有检验鉴定资格的实验室。

第十五条　接受委托的实验室应当在接到检测样本后的三日内出具检测报告，由检测人签名，并加盖专用鉴定章后，送委托实验室复检的公安机关。公安机关收到检测报告后，应当在二十四小时内将检测结果告知被检测人。

第十六条　接受委托的实验室检测机构或者实

验室复检机构认为送检样本不符合检测条件的,应当报县级以上公安机关或者其派出机构负责人批准后,由公安机关根据检测机构的意见,重新采集检测样本。

第十七条 被检测人是否申请实验室检测和实验室复检,不影响案件的正常办理。

公安机关认为必要时,可以直接决定进行实验室检测和实验室复检。

第十八条 现场检测费用、实验室检测、实验室复检的费用由公安机关承担。

第十九条 公安机关、鉴定机构或者其工作人员违反本规定,有下列情形之一的,应当依照有关规定,对相关责任人给予纪律处分或者行政处分;构成犯罪的,依法追究刑事责任:

(一)因严重不负责任给当事人合法权益造成重大损害的;

(二)故意提供虚假检测报告的;

(三)法律、行政法规规定的其他情形。

第二十条 吸毒检测的技术标准由公安部另行制定。

第二十一条 本规定所称"以上"、"内"皆包含本级或者本数,"日"是指工作日。

第二十二条 本规定自 2010 年 1 月 1 日起施行。

吸毒成瘾认定办法

· 2011 年 1 月 30 日公安部令第 115 号发布
· 根据 2016 年 12 月 29 日公安部、国家卫生和计划生育委员会令第 142 号《关于修改〈吸毒成瘾认定办法〉的决定》修订

第一条 为规范吸毒成瘾认定工作,科学认定吸毒成瘾人员,依法对吸毒成瘾人员采取戒毒措施和提供戒毒治疗,根据《中华人民共和国禁毒法》、《戒毒条例》,制定本办法。

第二条 本办法所称吸毒成瘾,是指吸毒人员因反复使用毒品而导致的慢性复发性脑病,表现为不顾不良后果、强迫性寻求及使用毒品的行为,常伴有不同程度的个人健康及社会功能损害。

第三条 本办法所称吸毒成瘾认定,是指公安机关或者其委托的戒毒医疗机构通过对吸毒人员进行人体生物样本检测、收集其吸毒证据或者根据生理、心理、精神的症状、体征等情况,判断其是否成瘾以及是否成瘾严重的工作。

本办法所称戒毒医疗机构,是指符合《戒毒医疗服务管理暂行办法》规定的专科戒毒医院和设有戒毒治疗科室的其他医疗机构。

第四条 公安机关在执法活动中发现吸毒人员,应当进行吸毒成瘾认定;因技术原因认定有困难的,可以委托有资质的戒毒医疗机构进行认定。

第五条 承担吸毒成瘾认定工作的戒毒医疗机构,由省级卫生计生行政部门会同同级公安机关指定。

第六条 公安机关认定吸毒成瘾,应当由两名以上人民警察进行,并在作出人体生物样本检测结论的二十四小时内提出认定意见,由认定人员签名,经所在单位负责人审核,加盖所在单位印章。

有关证据材料,应当作为认定意见的组成部分。

第七条 吸毒人员同时具备以下情形的,公安机关认定其吸毒成瘾:

(一)经血液、尿液和唾液等人体生物样本检测证明其体内含有毒品成分;

(二)有证据证明其有使用毒品行为;

(三)有戒断症状或者有证据证明吸毒史,包括曾经因使用毒品被公安机关查处、曾经进行自愿戒毒、人体毛发样品检测出毒品成分等情形。

戒断症状的具体情形,参照卫生部制定的《阿片类药物依赖诊断治疗指导原则》和《苯丙胺类药物依赖诊断治疗指导原则》、《氯胺酮依赖诊断治疗指导原则》确定。

第八条 吸毒成瘾人员具有下列情形之一的,公安机关认定其吸毒成瘾严重:

(一)曾经被责令社区戒毒、强制隔离戒毒(含《禁毒法》实施以前被强制戒毒或者劳教戒毒)、社区康复或者参加过戒毒药物维持治疗,再次吸食、注射毒品的;

(二)有证据证明其采取注射方式使用毒品或者至少三次使用累计涉及两类以上毒品的;

(三)有证据证明其使用毒品后伴有聚众淫乱、自

伤自残或者暴力侵犯他人人身、财产安全或者妨害公共安全等行为的。

第九条　公安机关在吸毒成瘾认定过程中实施人体生物样本检测，依照公安部制定的《吸毒检测程序规定》的有关规定执行。

第十条　公安机关承担吸毒成瘾认定工作的人民警察，应当同时具备以下条件：

（一）具有二级警员以上警衔及两年以上相关执法工作经历；

（二）经省级公安机关、卫生计生行政部门组织培训并考核合格。

第十一条　公安机关委托戒毒医疗机构进行吸毒成瘾认定的，应当在吸毒人员末次吸毒的七十二小时内予以委托并提交委托函。超过七十二小时委托的，戒毒医疗机构可以不予受理。

第十二条　承担吸毒成瘾认定工作的戒毒医疗机构及其医务人员，应当依照《戒毒医疗服务管理暂行办法》的有关规定进行吸毒成瘾认定工作。

第十三条　戒毒医疗机构认定吸毒成瘾，应当由两名承担吸毒成瘾认定工作的医师进行。

第十四条　承担吸毒成瘾认定工作的医师，应当同时具备以下条件：

（一）符合《戒毒医疗服务管理暂行办法》的有关规定；

（二）从事戒毒医疗工作不少于三年；

（三）具有中级以上专业技术职务任职资格。

第十五条　戒毒医疗机构对吸毒人员采集病史和体格检查时，委托认定的公安机关应当派有关人员在场协助。

第十六条　戒毒医疗机构认为需要对吸毒人员进行人体生物样本检测的，委托认定的公安机关应当协助提供现场采集的检测样本。

戒毒医疗机构认为需要重新采集其他人体生物检测样本的，委托认定的公安机关应当予以协助。

第十七条　戒毒医疗机构使用的检测试剂，应当是经国家食品药品监督管理局批准的产品，并避免与常见药物发生交叉反应。

第十八条　戒毒医疗机构及其医务人员应当依照诊疗规范、常规和有关规定，结合吸毒人员的病史、精神症状检查、体格检查和人体生物样本检测结果等，对吸毒人员进行吸毒成瘾认定。

第十九条　戒毒医疗机构应当自接受委托认定之日起三个工作日内出具吸毒成瘾认定报告，由认定人员签名并加盖戒毒医疗机构公章。认定报告一式二份，一份交委托认定的公安机关，一份留存备查。

第二十条　委托戒毒医疗机构进行吸毒成瘾认定的费用由委托单位承担。

第二十一条　各级公安机关、卫生计生行政部门应当加强对吸毒成瘾认定工作的指导和管理。

第二十二条　任何单位和个人不得违反规定泄露承担吸毒成瘾认定工作相关工作人员及被认定人员的信息。

第二十三条　公安机关、戒毒医疗机构以及承担认定工作的相关人员违反本办法规定的，依照有关法律法规追究责任。

第二十四条　本办法所称的两类及以上毒品是指阿片类（包括鸦片、吗啡、海洛因、杜冷丁等），苯丙胺类（包括各类苯丙胺衍生物），大麻类，可卡因类，以及氯胺酮等其他类毒品。

第二十五条　本办法自 2011 年 4 月 1 日起施行。

公安机关强制隔离戒毒所管理办法

·2011 年 9 月 28 日公安部令第 117 号公布
·自公布之日起施行

第一章　总　则

第一条　为加强和规范公安机关强制隔离戒毒所的管理，保障强制隔离戒毒工作顺利进行，根据《中华人民共和国禁毒法》、《国务院戒毒条例》以及相关规定，制定本办法。

第二条　强制隔离戒毒所是公安机关依法通过行政强制措施为戒毒人员提供科学规范的戒毒治疗、心理治疗、身体康复训练和卫生、道德、法制教育，开展职业技能培训的场所。

第三条　强制隔离戒毒所应当坚持戒毒治疗与教育康复相结合的方针，遵循依法、严格、科学、文明管理的原则，实现管理规范化、治疗医院化、康复多样化、帮教社会化、建设标准化。

第四条　强制隔离戒毒所应当建立警务公开制度，依法接受监督。

第二章　设　置

第五条　强制隔离戒毒所由县级以上地方人民政府设置。

强制隔离戒毒所由公安机关提出设置意见，经本级人民政府和省级人民政府公安机关分别审核同意后，报省级人民政府批准，并报公安部备案。

第六条　强制隔离戒毒所机构名称为 XX 省（自治区、直辖市）、XX 市（县、区、旗）强制隔离戒毒所。

同级人民政府设置有司法行政部门管理的强制隔离戒毒所的，公安机关管理的强制隔离戒毒所名称为 XX 省（自治区、直辖市）、XX 市（县、区、旗）第一强制隔离戒毒所。

第七条　强制隔离戒毒所建设，应当符合国家有关建设规范。建设方案，应当经省级人民政府公安机关批准。

第八条　强制隔离戒毒所设所长一人，副所长二至四人，必要时可设置政治委员或教导员。强制隔离戒毒所根据工作需要设置相应的机构，配备相应数量的管教、监控、巡视、医护、技术、财会等民警和工勤人员，落实岗位责任。

强制隔离戒毒所根据工作需要配备一定数量女民警。

公安机关可以聘用文职人员参与强制隔离戒毒所的戒毒治疗、劳动技能培训、法制教育等非执法工作，可以聘用工勤人员从事勤杂工作。

第九条　强制隔离戒毒所管理人员、医务人员享受国家规定的工资福利待遇和职业保险。

第十条　强制隔离戒毒所的基础建设经费、日常运行公用经费、办案（业务）经费、业务装备经费、戒毒人员监管给养经费，按照县级以上人民政府的财政预算予以保障。

各省、自治区、直辖市公安机关应当会同本地财政部门每年度对戒毒人员伙食费、医疗费等戒毒人员经费标准进行核算。

第十一条　强制隔离戒毒所应当建立并严格执行财物管理制度，接受有关部门的检查和审计。

第十二条　强制隔离戒毒所按照收戒规模设置相应的医疗机构，接受卫生行政部门对医疗工作的指导和监督。

强制隔离戒毒所按照卫生行政部门批准的医疗机构要求配备医务工作人员。

强制隔离戒毒所医务工作人员应当参加卫生行政部门组织的业务培训和职称评定考核。

第三章　入　所

第十三条　强制隔离戒毒所凭《强制隔离戒毒决定书》，接收戒毒人员。

第十四条　强制隔离戒毒所接收戒毒人员时，应当对戒毒人员进行必要的健康检查，确认是否受伤、患有传染病或者其他疾病，对女性戒毒人员还应当确认是否怀孕，并填写《戒毒人员健康检查表》。

办理入所手续后，强制隔离戒毒所民警应当向强制隔离戒毒决定机关出具收戒回执。

第十五条　对怀孕或者正在哺乳自己不满一周岁婴儿的妇女，强制隔离戒毒所应当通知强制隔离戒毒决定机关依法变更为社区戒毒。

戒毒人员不满十六周岁且强制隔离戒毒可能影响其学业的，强制隔离戒毒所可以建议强制隔离戒毒决定机关依法变更为社区戒毒。

对身体有外伤的，强制隔离戒毒所应当予以记录，由送戒人员出具伤情说明并由戒毒人员本人签字确认。

第十六条　强制隔离戒毒所办理戒毒人员入所手续，应当填写《戒毒人员入所登记表》，并在全国禁毒信息管理系统中录入相应信息，及时进行信息维护。

戒毒人员基本信息与《强制隔离戒毒决定书》相应信息不一致的，强制隔离戒毒所应当要求办案部门核查并出具相应说明。

第十七条　强制隔离戒毒所应当对戒毒人员人身和随身携带的物品进行检查。除生活必需品外，其他物品由强制隔离戒毒所代为保管，并填写《戒毒人员财物保管登记表》一式二份，强制隔离戒毒所和戒毒人员各存一份。经戒毒人员签字同意，强制隔离戒毒所可以将代为保管物品移交戒毒人员近亲属保管。

对检查时发现的毒品以及其他依法应当没收的违禁品，强制隔离戒毒所应当逐件登记，并依照有关规定处理。与案件有关的物品应当移交强制隔离戒毒决定机关处理。

对女性戒毒人员的人身检查，应当由女性工作人员进行。

第十八条　强制隔离戒毒所应当配合办案部门查清戒毒人员真实情况，对新入所戒毒人员信息应当与在逃人员、违法犯罪人员等信息系统进行比对，发现戒毒人员有其他违法犯罪行为或者为在逃人员的，按照相关规定移交有关部门处理。

第四章　管　理

第十九条　强制隔离戒毒所应当根据戒毒人员性别、年龄、患病、吸毒种类等情况设置不同病区，分别收戒管理。

强制隔离戒毒所根据戒毒治疗的不同阶段和戒毒人员表现，实行逐步适应社会的分级管理。

第二十条　强制隔离戒毒所应当建立新入所戒毒人员管理制度，对新入所戒毒人员实行不少于十五天的过渡管理和教育。

第二十一条　强制隔离戒毒所应当在戒毒人员入所二十四小时内进行谈话教育，书面告知其应当遵守的管理规定和依法享有的权利及行使权利的途径，掌握其基本情况，疏导心理，引导其适应新环境。

第二十二条　戒毒人员提出检举、揭发、控告，以及提起行政复议或者行政诉讼的，强制隔离戒毒所应当登记后及时将有关材料转送有关部门。

第二十三条　强制隔离戒毒所应当保障戒毒人员通信自由和通信秘密。对强制隔离戒毒所以外的人员交给戒毒人员的物品和邮件，强制隔离戒毒所应当进行检查。检查时，应当有两名以上工作人员同时在场。

经强制隔离戒毒所批准，戒毒人员可以用指定的固定电话与其亲友、监护人或者所在单位、就读学校通话。

第二十四条　强制隔离戒毒所建立探访制度，允许戒毒人员亲属、所在单位或者就读学校的工作人员探访。

探访人员应当接受强制隔离戒毒所身份证件检查，遵守探访规定。对违反规定的探访人员，强制隔离戒毒所可以提出警告或者责令其停止探访。

第二十五条　戒毒人员具有以下情形之一的，强制隔离戒毒所可以批准其请假出所：

（一）配偶、直系亲属病危或者有其他正当理由需离所探视的；

（二）配偶、直系亲属死亡需要处理相应事务的；

（三）办理婚姻登记等必须由本人实施的民事法律行为的。

戒毒人员应当提出请假出所的书面申请并提供相关证明材料，经强制隔离戒毒所所长批准，并报主管公安机关备案后，发给戒毒人员请假出所证明。

请假出所时间最长不得超过十天，离所和回所当日均计算在内。对请假出所不归的，视作脱逃行为处理。

第二十六条　律师会见戒毒人员应当持律师执业证、律师事务所介绍信和委托书，在强制隔离戒毒所内指定地点进行。

第二十七条　强制隔离戒毒所应当制定并严格执行戒毒人员伙食标准，保证戒毒人员饮食卫生、吃熟、吃热、吃够定量。

对少数民族戒毒人员，应当尊重其饮食习俗。

第二十八条　强制隔离戒毒所应当建立戒毒人员代购物品管理制度，代购物品仅限日常生活用品和食品。

第二十九条　强制隔离戒毒所应当建立戒毒人员一日生活制度。

强制隔离戒毒所应当督促戒毒人员遵守戒毒人员行为规范，并根据其现实表现分别予以奖励或者处罚。

第三十条　强制隔离戒毒所应当建立出入所登记制度。

戒毒区实行封闭管理，非本所工作人员出入应经所领导批准。

第三十一条　强制隔离戒毒所应当统一戒毒人员的着装、被服，衣被上应当设置本所标志。

第三十二条　强制隔离戒毒所应当安装监控录像、应急报警、病室报告装置、门禁检查和违禁物品检测等技防系统。监控录像保存时间不得少于十五天。

第三十三条　强制隔离戒毒所应当定期或者不定期进行安全检查，及时发现和消除安全隐患。

第三十四条　强制隔离戒毒所应当建立突发事件处置预案,并定期进行演练。

遇有戒毒人员脱逃、暴力袭击他人的,强制隔离戒毒所可以依法使用警械予以制止。

第三十五条　强制隔离戒毒所应当建立二十四小时值班巡视制度。

值班人员必须坚守岗位,履行职责,加强巡查,不得擅离职守,不得从事有碍值班的活动。

值班人员发现问题,应当果断采取有效措施,及时处置,并按规定向上级报告。

第三十六条　对有下列情形之一的戒毒人员,应当根据不同情节分别给予警告、训诫、责令具结悔过或者禁闭;构成犯罪的,依法追究刑事责任:

(一)违反戒毒人员行为规范、不遵守强制隔离戒毒所纪律,经教育不改正的;

(二)私藏或者吸食、注射毒品,隐匿违禁物品的;

(三)欺侮、殴打、虐待其他戒毒人员,占用他人财物等侵犯他人权利的;

(四)交流吸毒信息、传授犯罪方法或者教唆他人违法犯罪的;

(五)预谋或者实施自杀、脱逃、行凶的。

对戒毒人员处以警告、训诫和责令具结悔过,由管教民警决定并执行;处以禁闭,由管教民警提出意见,报强制隔离戒毒所所长批准。

对情节恶劣的,在诊断评估时应当作为建议延长其强制隔离戒毒期限的重要情节;构成犯罪的,交由侦查部门侦查,被决定刑事拘留或者逮捕的转看守所羁押。

第三十七条　强制隔离戒毒所发生戒毒人员脱逃的,应当立即报告主管公安机关,并配合追回脱逃人员。被追回的戒毒人员应当继续执行强制隔离戒毒,脱逃期间不计入强制隔离戒毒期限。被追回的戒毒人员不得提前解除强制隔离戒毒,诊断评估时可以作为建议延长其强制隔离戒毒期限的情节。

第三十八条　戒毒人员在强制隔离戒毒期间死亡的,强制隔离戒毒所应当立即向主管公安机关报告,同时通报强制隔离戒毒决定机关,通知其家属和同级人民检察院。主管公安机关应当组织相关部门对死亡原因进行调查。查清死亡原因后,尽快通知死

者家属。

其他善后事宜依照国家有关规定处理。

第三十九条　强制隔离戒毒所应当建立询问登记制度,配合办案部门的询问工作。

第四十条　办案人员询问戒毒人员,应当持单位介绍信及有效工作证件,办理登记手续,在询问室进行。

因办案需要,经强制隔离戒毒所主管公安机关负责人批准,办案部门办理交接手续后可以将戒毒人员带离出所,出所期间的安全由办案部门负责。戒毒人员被带离出所以及送回所时,强制隔离戒毒所应对其进行体表检查,做好书面记录,由强制隔离戒毒所民警、办案人员和戒毒人员签字确认。

第五章　医　疗

第四十一条　强制隔离戒毒所戒毒治疗和护理操作规程按照国家有关规定进行。

第四十二条　强制隔离戒毒所根据戒毒人员吸食、注射毒品的种类和成瘾程度等,进行有针对性的生理治疗、心理治疗和身体康复训练,并建立个人病历。

第四十三条　强制隔离戒毒所实行医护人员二十四小时值班和定时查房制度,医护人员应当随时掌握分管戒毒人员的治疗和身体康复情况,并给予及时的治疗和看护。

第四十四条　强制隔离戒毒所对患有传染病的戒毒人员,按照国家有关规定采取必要的隔离、治疗措施。

第四十五条　强制隔离戒毒所对毒瘾发作或者出现精神障碍可能发生自伤、自残或者实施其他危险行为的戒毒人员,可以按照卫生行政部门制定的医疗规范采取保护性约束措施。

对被采取保护性约束措施的戒毒人员,民警和医护人员应当密切观察,可能发生自伤、自残或者实施其他危险行为的情形解除后及时解除保护性约束措施。

第四十六条　戒毒人员患严重疾病,不出所治疗可能危及生命的,经强制隔离戒毒所主管公安机关批准,报强制隔离戒毒决定机关备案,强制隔离戒毒所可以允许其所外就医,并发给所外就医证明。所外就医的费用由戒毒人员本人承担。

所外就医期间,强制隔离戒毒期限连续计算。对于健康状况不再适宜回所执行强制隔离戒毒的,强制隔离戒毒所应当向强制隔离戒毒决定机关提出变更为社区戒毒的建议,强制隔离戒毒决定机关应当自收到建议之日起七日内,作出是否批准的决定。经批准变更为社区戒毒的,已执行的强制隔离戒毒期限折抵社区戒毒期限。

第四十七条　强制隔离戒毒所使用麻醉药品和精神药品,应当按照规定向有关部门申请购买。需要对戒毒人员使用麻醉药品和精神药品的,由具有麻醉药品、精神药品处方权的执业医师按照有关技术规范开具处方,医护人员应当监督戒毒人员当面服药。

强制隔离戒毒所应当按照有关规定严格管理麻醉药品和精神药品,严禁违规使用,防止流入非法渠道。

第四十八条　强制隔离戒毒所应当建立卫生防疫制度,设置供戒毒人员沐浴、理发和洗晒被服的设施。对戒毒病区应当定期消毒,防止传染疫情发生。

第四十九条　强制隔离戒毒所可以与社会医疗机构开展多种形式的医疗合作,保证医疗质量。

第六章　教　育

第五十条　强制隔离戒毒所应当设立教室、心理咨询室、谈话教育室、娱乐活动室、技能培训室等教育、康复活动的功能用房。

第五十一条　强制隔离戒毒所应当建立民警与戒毒人员定期谈话制度。管教民警应当熟悉分管戒毒人员的基本情况,包括戒毒人员自然情况、社会关系、吸毒经历、思想动态和现实表现等。

第五十二条　强制隔离戒毒所应当对戒毒人员经常开展法制、禁毒宣传、艾滋病性病预防宣传等主题教育活动。

第五十三条　强制隔离戒毒所对戒毒人员的教育,可以采取集中授课、个别谈话、社会帮教、亲友规劝、现身说法等多种形式进行。强制隔离戒毒所可以邀请有关专家、学者、社会工作者以及戒毒成功人员协助开展教育工作。

第五十四条　强制隔离戒毒所应当制定奖励制度,鼓励、引导戒毒人员坦白、检举违法犯罪行为。

强制隔离戒毒所应当及时将戒毒人员提供的违法犯罪线索转递给侦查办案部门。办案部门应当及时进行查证并反馈查证情况。

强制隔离戒毒所应当对查证属实、有立功表现的戒毒人员予以奖励,并作为诊断评估的重要依据。

第五十五条　强制隔离戒毒所可以动员、劝导戒毒人员戒毒期满出所后进入戒毒康复场所康复,并提供便利条件。

第五十六条　强制隔离戒毒所应当积极联系劳动保障、教育等有关部门,向戒毒人员提供职业技术、文化教育培训。

第七章　康　复

第五十七条　强制隔离戒毒所应当组织戒毒人员开展文体活动,进行体能训练。一般情况下,每天进行不少于二小时的室外活动。

第五十八条　强制隔离戒毒所应当采取多种形式对戒毒人员进行心理康复训练。

第五十九条　强制隔离戒毒所可以根据戒毒需要和戒毒人员的身体状况组织戒毒人员参加康复劳动,康复劳动时间每天最长不得超过六小时。

强制隔离戒毒所不得强迫戒毒人员参加劳动。

第六十条　强制隔离戒毒所康复劳动场所和康复劳动项目应当符合国家相关规定,不得开展有碍于安全管理和戒毒人员身体康复的项目。

第六十一条　强制隔离戒毒所应当对戒毒人员康复劳动收入和支出建立专门账目,严格遵守财务制度,专款专用。戒毒人员康复劳动收入使用范围如下:

(一)支付戒毒人员劳动报酬;

(二)改善戒毒人员伙食及生活条件;

(三)购置劳保用品;

(四)其他必要开支。

第八章　出　所

第六十二条　对需要转至司法行政部门强制隔离戒毒所继续执行强制隔离戒毒的人员,公安机关应当与司法行政部门办理移交手续。

第六十三条　对外地戒毒人员,如其户籍地强制隔离戒毒所同意接收,强制隔离戒毒决定机关可以变更执行场所,将戒毒人员交付其户籍地强制隔离戒毒所执行并办理移交手续。

第六十四条　强制隔离戒毒所应当建立戒毒诊

断评估工作小组,按照有关规定对戒毒人员的戒毒康复、现实表现、适应社会能力等情况作出综合评估。对转至司法行政部门继续执行的,强制隔离戒毒所应当将戒毒人员戒毒康复、日常行为考核等情况一并移交司法行政部门强制隔离戒毒所,并通报强制隔离戒毒决定机关。

第六十五条 戒毒人员被依法收监执行刑罚、采取强制性教育措施或者被依法拘留、逮捕的,强制隔离戒毒所应当根据有关法律文书,与相关部门办理移交手续,并通知强制隔离戒毒决定机关。监管场所、羁押场所应当给予必要的戒毒治疗。

刑罚执行完毕时、解除强制性教育措施时或者释放时强制隔离戒毒尚未期满的,继续执行强制隔离戒毒。

第六十六条 强制隔离戒毒所应当将戒毒人员以下信息录入全国禁毒信息管理系统,进行相应的信息维护:

(一)强制隔离戒毒期满出所的;

(二)转至司法行政部门强制隔离戒毒所继续执行的;

(三)转至司法行政部门强制隔离戒毒所不被接收的;

(四)所外就医的;

(五)变更为社区戒毒的;

(六)脱逃或者请假出所不归的;

(七)脱逃被追回后在其他强制隔离戒毒所执行的。

第六十七条 强制隔离戒毒所应当建立并妥善保管戒毒人员档案。档案内容包括:强制隔离戒毒决定书副本、行政复议或者诉讼结果文书、戒毒人员登记表、健康检查表、财物保管登记表、病历、奖惩情况记录、办案机关或者律师询问记录、诊断评估结果、探访与请假出所记录、出所凭证等在强制隔离戒毒期间产生的有关文书及图片。

戒毒人员死亡的,强制隔离戒毒所应当将《戒毒人员死亡鉴定书》和《戒毒人员死亡通知书》归入其档案。

除法律明确规定外,强制隔离戒毒所不得对外提供戒毒人员档案。

第九章 附 则

第六十八条 对被处以行政拘留的吸毒成瘾人员,本级公安机关没有设立拘留所或者拘留所不具备戒毒治疗条件的,强制隔离戒毒所可以代为执行。

第六十九条 有条件的强制隔离戒毒所可以接收自愿戒毒人员。但应当建立专门的自愿戒毒区,并按照卫生行政部门关于自愿戒毒的规定管理自愿戒毒人员。

对自愿接受强制隔离戒毒的吸毒成瘾人员,强制隔离戒毒所应当与其就戒毒治疗期限、戒毒治疗措施等签订书面协议。

第七十条 强制隔离戒毒所实行等级化管理,具体办法由公安部另行制定。

第七十一条 本办法所称以上,均包括本数、本级。

第七十二条 强制隔离戒毒所的文书格式,由公安部统一制定。

第七十三条 本办法自公布之日起施行,公安部2000年4月17日发布施行的《强制戒毒所管理办法》同时废止。

公安机关缴获毒品管理规定

· 2016年5月19日

· 公禁毒〔2016〕486号

第一章 总 则

第一条 为进一步规范公安机关缴获毒品管理工作,保障毒品案件的顺利办理,根据有关法律、行政法规和规章,制定本规定。

第二条 公安机关(含铁路、交通、民航、森林公安机关和海关缉私机构、边防管理部门)对办理毒品刑事案件、行政案件过程中依法扣押、收缴的毒品进行保管、移交、入库、调用、出库、处理等工作,适用本规定。

第三条 各级公安机关应当高度重视毒品管理工作,建立健全毒品管理制度,强化监督,确保安全,严防流失,适时销毁。

第二章 毒品的保管

第四条 省级公安机关禁毒部门负责对缴获毒

品实行集中统一保管。

办理毒品案件的公安派出所、出入境边防检查机关以及除省级公安机关禁毒部门外的县级以上公安机关办案部门(以下统称办案部门)负责临时保管缴获毒品。

经省级公安机关禁毒部门批准并报公安部禁毒局备案,设区的市一级公安机关禁毒部门可以对缴获毒品实行集中统一保管。

第五条 有条件的公安机关可以指定涉案财物管理部门负责临时保管缴获毒品。

经省级公安机关批准并报公安部禁毒局备案,设区的市一级公安机关涉案财物管理部门可以对缴获毒品实行集中统一保管。

第六条 公安机关鉴定机构负责临时保管鉴定剩余的毒品检材和留存备查的毒品检材。

对不再需要保留的毒品检材,公安机关鉴定机构应当及时交还委托鉴定的办案部门或者移交同级公安机关禁毒部门。

第七条 公安机关集中统一保管毒品的,应当划设独立的房间或者场地,设置长期固定的专用保管仓库;临时保管毒品的,应当设置保管仓库或者使用专用保管柜。

毒品保管仓库应当符合避光、防潮、通风和保密的要求,安装防盗安全门、防护栏、防火设施、通风设施、控温设施、视频监控系统和入侵报警系统。

毒品专用保管仓库不得存放其他物品。

第八条 办案部门应当指定不承担办案或者鉴定工作的民警负责本部门毒品的接收、保管、移交等管理工作。

毒品保管仓库和专用保险柜应当由专人负责看守。毒品保管实行双人双锁制度;毒品入库双人验收,出库双人复核,做到账物相符。

第九条 办案部门和负责毒品保管的涉案财物管理部门应当设立毒品保管账册并保存二十年备查。

有条件的省级公安机关,可以建立缴获毒品管理信息系统,对毒品进行实时、全程录入和管理,并与执法办案信息系统关联。

第十条 对易燃、易爆、具有毒害性以及对保管条件、保管场所有特殊要求的毒品,在处理前应当存

放在符合条件的专门场所。公安机关没有具备保管条件的场所的,可以借用其他单位符合条件的场所进行保管。

对借用其他单位的场所保管的毒品,公安机关应当派专人看守或者进行定期检查。

第十一条 公安机关应当采取安全保障措施,防止保管的毒品发生泄漏、遗失、损毁或者受到污染等。

毒品保管人员应当定期检查毒品保管仓库和毒品保管柜并清点保管的毒品,及时发现和排除安全隐患。

第三章　毒品的移交、入库

第十二条 对办理毒品案件过程中发现的毒品,办案人员应当及时固定、提取,依法予以扣押、收缴。

办案人员应当在缴获毒品的现场对毒品及其包装物进行封装,并及时完成称量、取样、送检等工作;确因客观原因无法在现场实施封装的,应当经办案部门负责人批准。

第十三条 办案人员依法扣押、收缴毒品后,应当在二十四小时以内将毒品移交本部门的毒品保管人员,并办理移交手续。

异地办案或者在偏远、交通不便地区办案的,办案人员应当在返回办案单位后的二十四小时以内办理移交手续。

需要将毒品送至鉴定机构进行取样、鉴定的,经办案部门负责人批准,办案人员可以在送检完成后的二十四小时以内办理移交手续。

第十四条 除禁毒部门外的其他办案部门应当在扣押、收缴毒品之日起七日以内将毒品移交所在地的县级或者设区的市一级公安机关禁毒部门。

具有案情复杂、缴获毒品数量较大、异地办案等情形的,移交毒品的时间可以延长至二十日。

第十五条 刑事案件侦查终结、依法撤销或者对行政案件作出行政处罚决定、终止案件调查后,县级公安机关禁毒部门应当及时将临时保管的毒品移交上一级公安机关禁毒部门。

对因犯罪嫌疑人或者违法行为人无法确定、负案在逃等客观原因无法侦查终结或者无法作出行政处罚决定的案件,应当在立案或者受案后的一年以内移交。

第十六条　不起诉决定或者判决、裁定（含死刑复核判决、裁定）发生法律效力，或者行政处罚决定已过复议诉讼期限后，负责临时保管毒品的设区的市一级公安机关禁毒部门应当及时将临时保管的毒品移交省级公安机关禁毒部门集中统一保管。

第十七条　公安机关指定涉案财物管理部门负责保管毒品的，禁毒部门应当及时将本部门缴获的毒品和其他办案部门、鉴定机构移交的毒品移交同级涉案财物管理部门。

负责临时保管毒品的涉案财物管理部门应当依照本规定第十五条、第十六条的规定及时移交临时保管的毒品。

第十八条　毒品保管人员对本部门办案人员或者其他办案部门、鉴定机构移交的毒品，应当当场检查毒品及其包装物的封装是否完好以及封装袋上的标记、编号、签名等是否清晰、完整，并对照有关法律文书对移交的毒品逐一查验、核对。

对符合条件可以办理入库的毒品，毒品保管人员应当将入库毒品登记造册，详细登记移交毒品的种类、数量、封装情况、移交单位、移交人员、移交时间等情况，在《扣押清单》《证据保全清单》或者《收缴/追缴物品清单》上签字并留存一份备查。

对缺少法律文书、法律文书对必要事项记载不全、移交的毒品与法律文书记载不符或者移交的毒品未按规定封装的，毒品保管人员可以拒绝接收，并应当要求办案人员及时补齐相关法律文书、信息或者按规定封装后移交。

第四章　毒品的调用、出库

第十九条　因讯问、询问、鉴定、辨认、检验等办案工作需要，经本条第二款规定的负责人审批，办案人员可以调用毒品。

调用办案部门保管的毒品的，应当经办案部门负责人批准；调用涉案财物管理部门保管的毒品的，应当经涉案财物管理部门所属公安机关的禁毒部门负责人批准；除禁毒部门外的其他办案部门调用禁毒部门保管的毒品的，应当经负责毒品保管的禁毒部门负责人批准。

人民法院、人民检察院在案件诉讼过程中需要调用毒品的，应当由办案部门依照前两款的规定办理调用手续。

第二十条　因开展禁毒宣传教育、缉毒犬训练、教学科研等工作需要调用集中统一保管的毒品的，应当经省级或者经授权的设区的市一级公安机关分管禁毒工作的负责人批准。

第二十一条　毒品保管人员应当对照批准文件核对调用出库的毒品，详细登记调用人、审批人、调用事由、调用期限、出库时间以及出库毒品的状态和数量等事项。

第二十二条　调用人应当按照批准的调用目的使用毒品，并采取措施妥善保管调用的毒品，防止流失或者出现缺损、调换、灭失等情况。

调用人应当在调用结束后的二十四小时以内将毒品归还毒品保管人员。

调用人归还毒品时，毒品保管人员应当对照批准文件进行核对，检查包装，复称重量；必要时，可以进行检验或者鉴定。经核对、检查无误，毒品保管人员应当重新办理毒品入库手续。

对出现缺损、调换、灭失等情况的，毒品保管人员应当如实记录，并报告调用人所属部门；毒品在调用过程中出现分解、潮解等情况的，调用人应当作出书面说明；因鉴定取样、实验研究等情况导致调用毒品发生合理损耗的，调用人应当提供相应的证明材料。

第二十三条　公安机关需要运输毒品的，应当由两名以上民警负责押运或者通过安全可靠的运输渠道进行运输。

负责押运的民警应当自启运起全程携带相关证明文件。

运输毒品过程中，公安机关应当采取安全保障措施，防止毒品发生泄漏、遗失、损毁或者受到污染等。

第五章　毒品的处理

第二十四条　缴获毒品不随案移送人民检察院、人民法院，但办案部门应当将其清单、照片或者其他证明文件随案移送。

对需要作为证据使用的毒品，不起诉决定或者判决、裁定（含死刑复核判决、裁定）发生法律效力，或者行政处罚决定已过复议诉讼期限后方可销毁。

第二十五条　对集中统一保管的毒品，除因办案、留样备查等工作需要少量留存外,省级公安机关或者经授权的市一级公安机关应当适时组织销毁。

其他任何部门或者个人不得以任何理由擅自处理毒品。

第二十六条　需要销毁毒品的,应当由负责毒品集中统一保管的禁毒部门提出销毁毒品的种类、数量和销毁的地点、时间、方式等,经省级公安机关负责人批准,方可销毁。

第二十七条　毒品保管人员应当对照批准文件核对出库销毁的毒品,并将毒品出库情况登记造册。

公安机关需要销毁毒品的,应当制定安全保卫方案和突发事件应急处理预案;必要时,可以邀请检察机关和环境保护主管部门派员监督;有条件的,可以委托具有危险废物无害化处理资质的单位进行销毁。

第二十八条　设区的市一级公安机关禁毒部门应当于每年12月31日前将本年度保管毒品的入库量、出库量、库存量、销毁量和缴获毒品管理工作情况报省级公安机关禁毒部门备案。

省级公安机关禁毒部门应当于每年1月31日前将上年度保管毒品的入库量、出库量、库存量、销毁量和本省(自治区、直辖市)缴获毒品管理工作情况报公安部禁毒局备案。

第六章　监　督

第二十九条　各级公安机关分管禁毒工作的负责人对毒品管理工作承担重要领导责任,各级公安机关禁毒部门和负责毒品保管的涉案财物管理部门的主要负责人对毒品管理工作承担主要领导责任。

第三十条　各级公安机关应当将毒品管理工作纳入执法监督和执法质量考评范围,定期或者不定期地组织有关部门对本机关和办案部门负责保管的毒品进行核查,防止流失、毁灭或者不按规定移交、调用、处理等;发现毒品管理不当的,应当责令立即改正。

第三十一条　未按本规定严格管理毒品,致使毒品流失、毁灭或者导致严重后果的,应当依照有关规定追究相关责任人和毒品管理人员的责任;涉嫌犯罪的,移送司法机关依法追究刑事责任。

第七章　附　则

第三十二条　本规定所称的公安机关禁毒部门,包括县级以上地方公安机关毒品犯罪侦查部门以及县级以上地方公安机关根据公安部有关规定确定的承担禁毒工作职责的业务部门。

本规定所称的毒品,包括毒品的成品、半成品、疑似物以及其他含有毒品成分的物质,但不包括含有毒品成分的人体生物样本。

第三十三条　本规定所称的"以上""以内"包括本数,"日"是指工作日。

第三十四条　各地公安机关可以根据本规定,结合本地和各警种实际情况,制定缴获毒品管理的具体办法,并报上一级公安机关备案。

第三十五条　公安机关从其他部门和个人接收毒品的管理,依照本规定执行。

第三十六条　本规定自2016年7月1日起施行。2001年8月23日印发的《公安机关缴获毒品管理规定》(公禁毒〔2001〕218号)同时废止。

易制毒化学品管理条例

- 2005年8月26日中华人民共和国国务院令第445号公布
- 根据2014年7月29日《国务院关于修改部分行政法规的决定》第一次修订
- 根据2016年2月6日《国务院关于修改部分行政法规的决定》第二次修订
- 根据2018年9月18日《国务院关于修改部分行政法规的决定》第三次修订

第一章　总　则

第一条　为了加强易制毒化学品管理,规范易制毒化学品的生产、经营、购买、运输和进口、出口行为,防止易制毒化学品被用于制造毒品,维护经济和社会秩序,制定本条例。

第二条　国家对易制毒化学品的生产、经营、购买、运输和进口、出口实行分类管理和许可制度。

易制毒化学品分为三类。第一类是可以用于制毒的主要原料,第二类、第三类是可以用于制毒的化学配剂。易制毒化学品的具体分类和品种,由本条例附表列示。

易制毒化学品的分类和品种需要调整的，由国务院公安部门会同国务院药品监督管理部门、安全生产监督管理部门、商务主管部门、卫生主管部门和海关总署提出方案，报国务院批准。

省、自治区、直辖市人民政府认为有必要在本行政区域内调整分类或者增加本条例规定以外的品种的，应当向国务院公安部门提出，由国务院公安部门会同国务院有关行政主管部门提出方案，报国务院批准。

第三条　国务院公安部门、药品监督管理部门、安全生产监督管理部门、商务主管部门、卫生主管部门、海关总署、价格主管部门、铁路主管部门、交通主管部门、市场监督管理部门、生态环境主管部门在各自的职责范围内，负责全国的易制毒化学品有关管理工作；县级以上地方各级人民政府有关行政主管部门在各自的职责范围内，负责本行政区域内的易制毒化学品有关管理工作。

县级以上地方各级人民政府应当加强对易制毒化学品管理工作的领导，及时协调解决易制毒化学品管理工作中的问题。

第四条　易制毒化学品的产品包装和使用说明书，应当标明产品的名称（含学名和通用名）、化学分子式和成分。

第五条　易制毒化学品的生产、经营、购买、运输和进口、出口，除应当遵守本条例的规定外，属于药品和危险化学品的，还应当遵守法律、其他行政法规对药品和危险化学品的有关规定。

禁止走私或者非法生产、经营、购买、转让、运输易制毒化学品。

禁止使用现金或者实物进行易制毒化学品交易。但是，个人合法购买第一类中的药品类易制毒化学品药品制剂和第三类易制毒化学品的除外。

生产、经营、购买、运输和进口、出口易制毒化学品的单位，应当建立单位内部易制毒化学品管理制度。

第六条　国家鼓励向公安机关等有关行政主管部门举报涉及易制毒化学品的违法行为。接到举报的部门应当为举报者保密。对举报属实的，县级以上人民政府及有关行政主管部门应当给予奖励。

第二章　生产、经营管理

第七条　申请生产第一类易制毒化学品，应当具备下列条件，并经本条例第八条规定的行政主管部门审批，取得生产许可证后，方可进行生产：

（一）属依法登记的化工产品生产企业或者药品生产企业；

（二）有符合国家标准的生产设备、仓储设施和污染物处理设施；

（三）有严格的安全生产管理制度和环境突发事件应急预案；

（四）企业法定代表人和技术、管理人员具有安全生产和易制毒化学品的有关知识，无毒品犯罪记录；

（五）法律、法规、规章规定的其他条件。

申请生产第一类中的药品类易制毒化学品，还应当在仓储场所等重点区域设置电视监控设施以及与公安机关联网的报警装置。

第八条　申请生产第一类中的药品类易制毒化学品的，由省、自治区、直辖市人民政府药品监督管理部门审批；申请生产第一类中的非药品类易制毒化学品的，由省、自治区、直辖市人民政府安全生产监督管理部门审批。

前款规定的行政主管部门应当自收到申请之日起60日内，对申请人提交的申请材料进行审查。对符合规定的，发给生产许可证，或者在企业已经取得的有关生产许可证件上标注；不予许可的，应当书面说明理由。

审查第一类易制毒化学品生产许可申请材料时，根据需要，可以进行实地核查和专家评审。

第九条　申请经营第一类易制毒化学品，应当具备下列条件，并经本条例第十条规定的行政主管部门审批，取得经营许可证后，方可进行经营：

（一）属依法登记的化工产品经营企业或者药品经营企业；

（二）有符合国家规定的经营场所，需要储存、保管易制毒化学品的，还应当有符合国家技术标准的仓储设施；

（三）有易制毒化学品的经营管理制度和健全的销售网络；

（四）企业法定代表人和销售、管理人员具有易制

毒化学品的有关知识,无毒品犯罪记录;

(五)法律、法规、规章规定的其他条件。

第十条　申请经营第一类中的药品类易制毒化学品的,由省、自治区、直辖市人民政府药品监督管理部门审批;申请经营第一类中的非药品类易制毒化学品的,由省、自治区、直辖市人民政府安全生产监督管理部门审批。

前款规定的行政主管部门应当自收到申请之日起 30 日内,对申请人提交的申请材料进行审查。对符合规定的,发给经营许可证,或者在企业已经取得的有关经营许可证件上标注;不予许可的,应当书面说明理由。

审查第一类易制毒化学品经营许可申请材料时,根据需要,可以进行实地核查。

第十一条　取得第一类易制毒化学品生产许可或者依照本条例第十三条第一款规定已经履行第二类、第三类易制毒化学品备案手续的生产企业,可以经销自产的易制毒化学品。但是,在厂外设立销售网点经销第一类易制毒化学品的,应当依照本条例的规定取得经营许可。

第一类中的药品类易制毒化学品药品单方制剂,由麻醉药品定点经营企业经销,且不得零售。

第十二条　取得第一类易制毒化学品生产、经营许可的企业,应当凭生产、经营许可证到市场监督管理部门办理经营范围变更登记。未经变更登记,不得进行第一类易制毒化学品的生产、经营。

第一类易制毒化学品生产、经营许可证被依法吊销的,行政主管部门应当自作出吊销决定之日起 5 日内通知市场监督管理部门;被吊销许可证的企业,应当及时到市场监督管理部门办理经营范围变更或者企业注销登记。

第十三条　生产第二类、第三类易制毒化学品的,应当自生产之日起 30 日内,将生产的品种、数量等情况,向所在地的设区的市级人民政府安全生产监督管理部门备案。

经营第二类易制毒化学品的,应当自经营之日起 30 日内,将经营的品种、数量、主要流向等情况,向所在地的设区的市级人民政府安全生产监督管理部门备案;经营第三类易制毒化学品的,应当自经营

之日起 30 日内,将经营的品种、数量、主要流向等情况,向所在地的县级人民政府安全生产监督管理部门备案。

前两款规定的行政主管部门应当于收到备案材料的当日发给备案证明。

第三章　购买管理

第十四条　申请购买第一类易制毒化学品,应当提交下列证件,经本条例第十五条规定的行政主管部门审批,取得购买许可证:

(一)经营企业提交企业营业执照和合法使用需要证明;

(二)其他组织提交登记证书(成立批准文件)和合法使用需要证明。

第十五条　申请购买第一类中的药品类易制毒化学品的,由所在地的省、自治区、直辖市人民政府药品监督管理部门审批;申请购买第一类中的非药品类易制毒化学品的,由所在地的省、自治区、直辖市人民政府公安机关审批。

前款规定的行政主管部门应当自收到申请之日起 10 日内,对申请人提交的申请材料和证件进行审查。对符合规定的,发给购买许可证;不予许可的,应当书面说明理由。

审查第一类易制毒化学品购买许可申请材料时,根据需要,可以进行实地核查。

第十六条　持有麻醉药品、第一类精神药品购买印鉴卡的医疗机构购买第一类中的药品类易制毒化学品的,无须申请第一类易制毒化学品购买许可证。

个人不得购买第一类、第二类易制毒化学品。

第十七条　购买第二类、第三类易制毒化学品的,应当在购买前将所需购买的品种、数量,向所在地的县级人民政府公安机关备案。个人自用购买少量高锰酸钾的,无须备案。

第十八条　经营单位销售第一类易制毒化学品时,应当查验购买许可证和经办人的身份证明。对委托代购的,还应当查验购买人持有的委托文书。

经营单位在查验无误、留存上述证明材料的复印件后,方可出售第一类易制毒化学品;发现可疑情况的,应当立即向当地公安机关报告。

第十九条　经营单位应当建立易制毒化学品销售台账，如实记录销售的品种、数量、日期、购买方等情况。销售台账和证明材料复印件应当保存2年备查。

第一类易制毒化学品的销售情况，应当自销售之日起5日内报当地公安机关备案；第一类易制毒化学品的使用单位，应当建立使用台账，并保存2年备查。

第二类、第三类易制毒化学品的销售情况，应当自销售之日起30日内报当地公安机关备案。

第四章　运输管理

第二十条　跨设区的市级行政区域（直辖市为跨市界）或者在国务院公安部门确定的禁毒形势严峻的重点地区跨县级行政区域运输第一类易制毒化学品的，由运出地的设区的市级人民政府公安机关审批；运输第二类易制毒化学品的，由运出地的县级人民政府公安机关审批。经审批取得易制毒化学品运输许可证后，方可运输。

运输第三类易制毒化学品的，应当在运输前向运出地的县级人民政府公安机关备案。公安机关应当于收到备案材料的当日发给备案证明。

第二十一条　申请易制毒化学品运输许可，应当提交易制毒化学品的购销合同，货主是企业的，应当提交营业执照；货主是其他组织的，应当提交登记证书（成立批准文件）；货主是个人的，应当提交其个人身份证明。经办人还应当提交本人的身份证明。

公安机关应当自收到第一类易制毒化学品运输许可申请之日起10日内，收到第二类易制毒化学品运输许可申请之日起3日内，对申请人提交的申请材料进行审查。对符合规定的，发给运输许可证；不予许可的，应当书面说明理由。

审查第一类易制毒化学品运输许可申请材料时，根据需要，可以进行实地核查。

第二十二条　对许可运输第一类易制毒化学品的，发给一次有效的运输许可证。

对许可运输第二类易制毒化学品的，发给3个月有效的运输许可证；6个月内运输安全状况良好的，发给12个月有效的运输许可证。

易制毒化学品运输许可证应当载明拟运输的易制毒化学品的品种、数量、运入地、货主及收货人、承运人情况以及运输许可证种类。

第二十三条　运输供教学、科研使用的100克以下的麻黄素样品和供医疗机构制剂配方使用的小包装麻黄素以及医疗机构或者麻醉药品经营企业购买麻黄素片剂6万片以下、注射剂1.5万支以下，货主或者承运人持有依法取得的购买许可证明或者麻醉药品调拨单的，无须申请易制毒化学品运输许可。

第二十四条　接受货主委托运输的，承运人应当查验货主提供的运输许可证或者备案证明，并查验所运货物与运输许可证或者备案证明载明的易制毒化学品品种等情况是否相符；不相符的，不得承运。

运输易制毒化学品，运输人员应当自启运起全程携带运输许可证或者备案证明。公安机关应当在易制毒化学品的运输过程中进行检查。

运输易制毒化学品，应当遵守国家有关货物运输的规定。

第二十五条　因治疗疾病需要，患者、患者近亲属或者患者委托的人凭医疗机构出具的医疗诊断书和本人的身份证明，可以随身携带第一类中的药品类易制毒化学品药品制剂，但是不得超过医用单张处方的最大剂量。

医用单张处方最大剂量，由国务院卫生主管部门规定、公布。

第五章　进口、出口管理

第二十六条　申请进口或者出口易制毒化学品，应当提交下列材料，经国务院商务主管部门或者其委托的省、自治区、直辖市人民政府商务主管部门审批，取得进口或者出口许可证后，方可从事进口、出口活动：

（一）对外贸易经营者备案登记证明复印件；

（二）营业执照副本；

（三）易制毒化学品生产、经营、购买许可证或者备案证明；

（四）进口或者出口合同（协议）副本；

（五）经办人的身份证明。

申请易制毒化学品出口许可的，还应当提交进口方政府主管部门出具的合法使用易制毒化学品的证明或者进口方合法使用的保证文件。

第二十七条　受理易制毒化学品进口、出口申请的商务主管部门应当自收到申请材料之日起 20 日内，对申请材料进行审查，必要时可以进行实地核查。对符合规定的，发给进口或者出口许可证；不予许可的，应当书面说明理由。

对进口第一类中的药品类易制毒化学品的，有关的商务主管部门在作出许可决定前，应当征得国务院药品监督管理部门的同意。

第二十八条　麻黄素等属于重点监控物品范围的易制毒化学品，由国务院商务主管部门会同国务院有关部门核定的企业进口、出口。

第二十九条　国家对易制毒化学品的进口、出口实行国际核查制度。易制毒化学品国际核查目录及核查的具体办法，由国务院商务主管部门会同国务院公安部门规定、公布。

国际核查所用时间不计算在许可期限之内。

对向毒品制造、贩运情形严重的国家或者地区出口易制毒化学品以及本条例规定品种以外的化学品的，可以在国际核查措施以外实施其他管制措施，具体办法由国务院商务主管部门会同国务院公安部门、海关总署等有关部门规定、公布。

第三十条　进口、出口或者过境、转运、通运易制毒化学品的，应当如实向海关申报，并提交进口或者出口许可证。海关凭许可证办理通关手续。

易制毒化学品在境外与保税区、出口加工区等海关特殊监管区域、保税场所之间进出的，适用前款规定。

易制毒化学品在境内与保税区、出口加工区等海关特殊监管区域、保税场所之间进出的，或者在上述海关特殊监管区域、保税场所之间进出的，无须申请易制毒化学品进口或者出口许可证。

进口第一类中的药品类易制毒化学品，还应当提交药品监督管理部门出具的进口药品通关单。

第三十一条　进出境人员随身携带第一类中的药品类易制毒化学品药品制剂和高锰酸钾，应当以自用且数量合理为限，并接受海关监管。

进出境人员不得随身携带前款规定以外的易制毒化学品。

第六章　监督检查

第三十二条　县级以上人民政府公安机关、负责药品监督管理的部门、安全生产监督管理部门、商务主管部门、卫生主管部门、价格主管部门、铁路主管部门、交通主管部门、市场监督管理部门、生态环境主管部门和海关，应当依照本条例和有关法律、行政法规的规定，在各自的职责范围内，加强对易制毒化学品生产、经营、购买、运输、价格以及进口、出口的监督检查；对非法生产、经营、购买、运输易制毒化学品，或者走私易制毒化学品的行为，依法予以查处。

前款规定的行政主管部门在进行易制毒化学品监督检查时，可以依法查看现场、查阅和复制有关资料、记录有关情况、扣押相关的证据材料和违法物品；必要时，可以临时查封有关场所。

被检查的单位或者个人应当如实提供有关情况和材料、物品，不得拒绝或者隐匿。

第三十三条　对依法收缴、查获的易制毒化学品，应当在省、自治区、直辖市或者设区的市级人民政府公安机关、海关或者生态环境主管部门的监督下，区别易制毒化学品的不同情况进行保管、回收，或者依照环境保护法律、行政法规的有关规定，由有资质的单位在生态环境主管部门的监督下销毁。其中，对收缴、查获的第一类中的药品类易制毒化学品，一律销毁。

易制毒化学品违法单位或者个人无力提供保管、回收或者销毁费用的，保管、回收或者销毁的费用在回收所得中开支，或者在有关行政主管部门的禁毒经费中列支。

第三十四条　易制毒化学品丢失、被盗、被抢的，发案单位应当立即向当地公安机关报告，并同时报告当地的县级人民政府负责药品监督管理的部门、安全生产监督管理部门、商务主管部门或者卫生主管部门。接到报案的公安机关应当及时立案查处，并向上级公安机关报告；有关行政主管部门应当逐级上报并配合公安机关的查处。

第三十五条　有关行政主管部门应当将易制毒化学品许可以及依法吊销许可的情况通报有关公安机关和市场监督管理部门；市场监督管理部门应当将生产、经营易制毒化学品企业依法变更或者注销登记的情况通报有关公安机关和行政主管部门。

第三十六条　生产、经营、购买、运输或者进口、出口易制毒化学品的单位，应当于每年3月31日前向许可或者备案的行政主管部门和公安机关报告本单位上年度易制毒化学品的生产、经营、购买、运输或者进口、出口情况；有条件的生产、经营、购买、运输或者进口、出口单位，可以与有关行政主管部门建立计算机联网，及时通报有关经营情况。

第三十七条　县级以上人民政府有关行政主管部门应当加强协调合作，建立易制毒化学品管理情况、监督检查情况以及案件处理情况的通报、交流机制。

第七章　法律责任

第三十八条　违反本条例规定，未经许可或者备案擅自生产、经营、购买、运输易制毒化学品，伪造申请材料骗取易制毒化学品生产、经营、购买或者运输许可证，使用他人的或者伪造、变造、失效的许可证生产、经营、购买、运输易制毒化学品的，由公安机关没收非法生产、经营、购买或者运输的易制毒化学品、用于非法生产易制毒化学品的原料以及非法生产、经营、购买或者运输易制毒化学品的设备、工具，处非法生产、经营、购买或者运输的易制毒化学品货值10倍以上20倍以下的罚款，货值的20倍不足1万元的，按1万元罚款；有违法所得的，没收违法所得；有营业执照的，由市场监督管理部门吊销营业执照；构成犯罪的，依法追究刑事责任。

对有前款规定违法行为的单位或者个人，有关行政主管部门可以自作出行政处罚决定之日起3年内，停止受理其易制毒化学品生产、经营、购买、运输或者进口、出口许可申请。

第三十九条　违反本条例规定，走私易制毒化学品的，由海关没收走私的易制毒化学品；有违法所得的，没收违法所得，并依照海关法律、行政法规给予行政处罚；构成犯罪的，依法追究刑事责任。

第四十条　违反本条例规定，有下列行为之一的，由负有监督管理职责的行政主管部门给予警告，责令限期改正，处1万元以上5万元以下的罚款；对违反规定生产、经营、购买的易制毒化学品可以予以没收；逾期不改正的，责令限期停产停业整顿；逾期整顿

不合格的，吊销相应的许可证：

（一）易制毒化学品生产、经营、购买、运输或者进口、出口单位未按规定建立安全管理制度的；

（二）将许可证或者备案证明转借他人使用的；

（三）超出许可的品种、数量生产、经营、购买易制毒化学品的；

（四）生产、经营、购买单位不记录或者不如实记录交易情况、不按规定保存交易记录或者不如实、不及时向公安机关和有关行政主管部门备案销售情况的；

（五）易制毒化学品丢失、被盗、被抢后未及时报告，造成严重后果的；

（六）除个人合法购买第一类中的药品类易制毒化学品药品制剂以及第三类易制毒化学品外，使用现金或者实物进行易制毒化学品交易的；

（七）易制毒化学品的产品包装和使用说明书不符合本条例规定要求的；

（八）生产、经营易制毒化学品的单位不如实或者不按时向有关行政主管部门和公安机关报告年度生产、经销和库存等情况的。

企业的易制毒化学品生产经营许可被依法吊销后，未及时到市场监督管理部门办理经营范围变更或者企业注销登记的，依照前款规定，对易制毒化学品予以没收，并处罚款。

第四十一条　运输的易制毒化学品与易制毒化学品运输许可证或者备案证明载明的品种、数量、运入地、货主及收货人、承运人等情况不符，运输许可证种类不当，或者运输人员未全程携带运输许可证或者备案证明的，由公安机关责令停运整改，处5000元以上5万元以下的罚款；有危险物品运输资质的，运输主管部门可以依法吊销其运输资质。

个人携带易制毒化学品不符合品种、数量规定的，没收易制毒化学品，处1000元以上5000元以下的罚款。

第四十二条　生产、经营、购买、运输或者进口、出口易制毒化学品的单位或者个人拒不接受有关行政主管部门监督检查的，由负有监督管理职责的行政主管部门责令改正，对直接负责的主管人员以及其他直接责任人员给予警告；情节严重的，对单位处1万元以上5万元以下的罚款，对直接负责的主管人员以

及其他直接责任人员处 1000 元以上 5000 元以下的罚款;有违反治安管理行为的,依法给予治安管理处罚;构成犯罪的,依法追究刑事责任。

第四十三条　易制毒化学品行政主管部门工作人员在管理工作中有应当许可而不许可、不应当许可而滥许可,不依法受理备案,以及其他滥用职权、玩忽职守、徇私舞弊行为的,依法给予行政处分;构成犯罪的,依法追究刑事责任。

第八章　附　则

第四十四条　易制毒化学品生产、经营、购买、运输和进口、出口许可证,由国务院有关行政主管部门根据各自的职责规定式样并监制。

第四十五条　本条例自 2005 年 11 月 1 日起施行。

本条例施行前已经从事易制毒化学品生产、经营、购买、运输或者进口、出口业务的,应当自本条例施行之日起 6 个月内,依照本条例的规定重新申请许可。

附表:

易制毒化学品的分类和品种目录

第一类

1. 1—苯基—2—丙酮
2. 3,4—亚甲基二氧苯基—2—丙酮
3. 胡椒醛
4. 黄樟素
5. 黄樟油
6. 异黄樟素
7. N—乙酰邻氨基苯酸
8. 邻氨基苯甲酸
9. 麦角酸 *
10. 麦角胺 *
11. 麦角新碱 *
12. 麻黄素、伪麻黄素、消旋麻黄素、去甲麻黄素、甲基麻黄素、麻黄浸膏、麻黄浸膏粉等麻黄素类物质 *

第二类

1. 苯乙酸
2. 醋酸酐

3. 三氯甲烷
4. 乙醚
5. 哌啶

第三类

1. 甲苯
2. 丙酮
3. 甲基乙基酮
4. 高锰酸钾
5. 硫酸
6. 盐酸

说明:

一、第一类、第二类所列物质可能存在的盐类,也纳入管制。

二、带有 * 标记的品种为第一类中的药品类易制毒化学品,第一类中的药品类易制毒化学品包括原料药及其单方制剂。

毒品违法犯罪举报奖励办法

· 2018 年 8 月 26 日

第一条　为动员全社会力量参与禁毒斗争,鼓励举报毒品违法犯罪活动,减少毒品社会危害,根据《中华人民共和国禁毒法》等有关规定,制定本办法。

第二条　本办法所称毒品违法犯罪,是指违反法律法规规定,依法应当追究刑事责任、给予治安管理处罚或者决定戒毒相关措施的涉及毒品的违法犯罪行为。

第三条　本办法所称举报人,是指通过书面材料、电话、来访等方式,主动向公安机关举报毒品违法犯罪活动或者线索的公民、法人和其他组织。

与本职工作有关的公安、检察、审判、司法行政、国家安全、武警、军队、海关等国家机关工作人员;以及共同犯罪的犯罪嫌疑人向公安机关供述同案犯毒品犯罪事实、在押犯罪嫌疑人揭发他人毒品犯罪事实或者提供毒品犯罪线索的,不适用本办法。

第四条　各级禁毒委员会办公室、公安机关应当指定、公布举报受理电话或者其他受理方式。直接向公安部举报毒品违法犯罪线索的,由公安部禁毒局作为指定受理机构。

举报可以公开或者匿名方式进行。为便于查证和奖励，国家禁毒委员会办公室鼓励实名举报毒品违法犯罪行为。匿名举报无法核实真实身份或者无法联系举报人的，不列入奖励范围。

第五条 各级禁毒委员会办公室、公安机关应当及时受理群众举报，认真记录举报的方式、时间、内容以及举报人的身份信息、联络方式等基本情况，原始记录应作为奖励的重要依据，破案后及时兑奖。

公安部、国家禁毒委员会办公室直接受理举报毒品违法犯罪线索后，应当认真填写《举报毒品违法犯罪案件登记表》，及时转交相关地区、部门核查。

各级公安机关应当按照属地管辖原则对举报线索及时调查处理。

第六条 举报毒品违法犯罪线索，同时符合下列条件，经查证属实的，对举报人予以奖励：

（一）举报发生在中华人民共和国境内的毒品违法犯罪案件或者举报涉及我国的涉外毒品违法犯罪线索；

（二）有明确具体的举报对象、违法犯罪活动时间、地点、人员、物品等基本举报事实；

（三）举报时提供的信息尚未被公安机关掌握，或虽被公安机关掌握，但举报人举报的内容更为具体详实且在案件侦破过程中发挥重要或者关键作用；

（四）符合举报奖励的其他必要条件。

第七条 举报毒品违法犯罪，给予一次性奖励。各地可参照下列标准，根据本地区实际情况予以调整：

（一）缴获毒品、易制毒化学品数量分别以海洛因、麻黄碱为基准进行折算。

（二）举报毒品犯罪活动或者线索，缴获毒品10克以下，奖励300元；缴获10克以上50克以下，奖励500元；缴获50克以上500克以下，奖励1000元；缴获500克以上1千克以下，奖励2000元；缴获1千克以上10千克以下，奖励2万元；缴获10千克以上20千克以下，奖励5万元；缴获20千克以上50千克以下，奖励10万元；缴获50千克以上100千克以下，奖励20万元；缴获100千克以上视情奖励不少于20万元。

（三）举报毒品犯罪活动或者线索，缴获易制毒化学品1千克以下，奖励500元；缴获1千克以上5千克以下，奖励1000元；缴获5千克以上25千克以下，奖励2000元；缴获25千克以上50千克以下，奖励5000元；缴获50千克以上100千克以下，奖励2万元；缴获100千克以上300千克以下，奖励5万元；缴获300千克以上500千克以下，奖励10万元；缴获500千克以上1吨以下，奖励20万元；缴获1吨以上视情奖励不少于20万元。

（四）举报制毒工厂的，每查处一家，根据抓获犯罪嫌疑人数、缴获毒品及制毒前体、配剂数量等情况，奖励2万元至20万元。

（五）举报制毒物品、制毒设备等其他制毒线索破获制毒案件的，根据抓获犯罪嫌疑人数，缴获制毒物品、设备等情况，奖励1万元至10万元。

（六）举报重大涉毒犯罪嫌疑人的，抓获公安部悬赏通缉毒贩，按照悬赏金额奖励；抓获公安部在逃人员信息库中毒贩，按照公安部追逃奖励办法奖励。

（七）举报聚众吸食毒品人员的，查获3名以上不满5名的，奖励3000元；查获5名以上不满10名的，奖励1万元；查获10名以上的，奖励2万元。

（八）举报吸食、注射毒品后驾驶机动车的，每抓获1人，奖励500元。

（九）举报正在非法种植罂粟或大麻的，1亩以下每案奖励1000元；1亩以上的，每案奖励2000元；举报发现非法买卖、运输、携带、持有未经灭活的罂粟毒品原植物种子50克以上或罂粟幼苗5千株以上、大麻种子50千克或大麻幼苗5万株以上的，奖励1000元人民币；经举报人提供线索，公安机关抓获非法种植毒品原植物犯罪嫌疑人的，每抓获1人奖励2000元。

（十）对符合多项奖励的同一举报，合计最高奖励金额不超过30万元。

（十一）举报其他涉毒违法犯罪线索的，根据查证情况在上述奖励幅度内视情予以奖励。

（十二）举报人或其所提供的举报信息在特别重大毒品案件侦办中，发挥重要作用或作出特殊贡献的，最高可奖励30万元。

第八条 安检、旅检、货检、邮检、物流、快递等从业人员在查验工作中发现并举报毒品违法犯罪线索，协助公安机关破获案件的，按照所缴获毒品、涉毒物品的数量及奖励标准，各地公安机关可以对提供毒品犯罪线索人员进行奖励。

第九条　同一毒品违法犯罪活动被多个举报人分别举报的，奖励最先举报人。举报顺序以受理举报的时间为准。如其他举报人提供线索对查清案件确有直接或者主要作用的，酌情给予奖励。

举报人同时向两个以上公安机关或禁毒委员会办公室举报的，由直接破获案件的公安机关进行奖励，不重复奖励。

第十条　奖励举报资金实行分级负责、分级保障的原则，纳入各级公安机关预算，统筹管理。

直接向公安部或国家禁毒委员会办公室举报且由公安部指挥侦办的重大案件线索，公安部承担奖励经费，负责审批并发放；公安部转批到各省（自治区、直辖市）立案侦办的案件线索以及各地自行受理的案件线索兑现奖励资金由同级公安机关负责。

第十一条　根据群众举报线索查破毒品犯罪案件后，各级公安机关应当在 15 个工作日内通知举报人领奖。

举报人自接到奖励通知起 2 个月内，应当凭本人有效身份证件领取。举报人直接领取奖金不便或有困难的，可委托他人代领，代领人凭本人和委托人有效身份证件及委托书领取。无正当理由逾期不领取的，视为自动放弃。

由公安部或国家禁毒委员会办公室直接兑现奖励举报的，按照《公安部国家禁毒委员会办公室毒品违法犯罪举报奖励办理程序规定》的有关程序办理。

奖励资金的支付按照国库集中支付制度有关规定执行，具备非现金支付条件的应选择非现金支付方式发放奖金。

第十二条　奖励举报资金发放应当自觉接受财政、纪检监察、审计等部门的监督和检查，发现违规发放、侵吞奖励经费的，依法追究有关人员的法律责任。

第十三条　各级公安机关、禁毒委员会办公室应建立举报保密制度。未经举报人同意，不得以任何形式公开或者泄露举报人姓名、身份、住所、工作单位等其他信息资料。

第十四条　举报人应当对举报行为负责。对借举报之名故意捏造事实诬告、陷害他人或者获取非法利益的，依法追究法律责任。

第十五条　有下列情形之一的，对直接责任人和有关责任人员视情节轻重给予相关处分；构成犯罪的，依法追究刑事责任：

（一）对举报线索未认真核实，导致不符合奖励条件的举报人获得奖励的；

（二）伪造举报材料，伙同或者帮助他人冒领奖励的；

（三）向被举报人通风报信，帮助其逃避查处的；

（四）因工作失职导致举报相关信息泄密的；

（五）利用在职务活动中知悉的毒品违法犯罪情况或者线索，通过他人以举报的方式获取奖励的；

（六）其他违纪违法情形。

第十六条　本办法所称"以上"包括本数。

第十七条　各省、自治区、直辖市公安机关、财政部门、禁毒委员会办公室可以参照此办法制定本地毒品违法犯罪举报奖励办法。

第十八条　本办法自公布之日起施行。

附件：奖励举报毒品违法犯罪缴获毒品易制毒化学品数量折算标准

奖励举报毒品违法犯罪缴获毒品易制毒化学品数量折算标准

1 克 毒品 =

0.01 克 二氢埃托啡；

1 克 海洛因、冰毒（包括片剂、粉末、晶体、麻古、麻果）、LSD、可卡因；

2 克 吗啡、其他苯丙胺类、摇头丸、甲卡西酮、经鉴定认定的新精神活性物质（卡西酮类、哌嗪类、苯乙胺类、人工合成大麻素类、芬太尼类）；

5 克 罂粟籽（种子）、哌替啶（度冷丁片剂）；

10 克 氯胺酮；

20 克 美沙酮、鸦片、度冷丁针剂；

40 克 曲马多、γ-羟丁酸；

100 克 丁丙诺啡、大麻脂、大麻油、可待因；

1000 克 三唑仑（海神乐）、安眠酮；

2000 克　阿普唑仑、恰特草、大麻叶、大麻烟；

4000 克　咖啡因、罂粟壳；

5000 克　巴比妥、苯巴比妥、安钠咖、尼美西泮；

10000 克　氯氮卓（利眠宁）、溴西泮、艾司唑仑（舒乐安定）、地西泮（安定）；

1 千克　易制毒化学品 =

1 千克　麻黄碱（包括伪麻黄碱、消旋麻黄碱）、氯麻黄碱、N-苯乙基-4-哌啶酮（NPP）、4-苯胺基-N-苯乙基哌啶（4-ANPP）；

2 千克　1-苯基-2-丙酮、溴代苯丙酮、3,4-亚甲基二氧苯基-2-丙酮（胡椒基甲基酮）、羟亚胺；

4 千克　邻氯苯基环戊酮（邻酮）、去甲麻黄碱（素）、甲基麻黄碱（素）、α-氰基苯丙酮（APAAN）、麻黄碱类复方制剂、溴素、1-苯基-1-丙酮；

10 千克　醋酸酐；

20 千克　麻黄浸膏、麻黄浸膏粉、胡椒醛、黄樟素、黄樟油、异黄樟素、麦角酸、麦角胺、麦角新碱、苯乙酸；

50 千克　N-乙酰邻氨基苯酸、邻氨基苯甲酸、三氯甲烷、乙醚、哌啶；

100 千克　甲苯、丙酮、甲基乙基酮、高锰酸钾、硫酸、盐酸、麻黄草；

500 千克　甲胺（含其水溶液和醇溶液）、氯化亚砜、四氢呋喃、氢溴酸、丙酰氯、丙酸酐、邻氯苯腈、邻氯苯甲酰氯、邻氯苯甲酸、邻氯苯甲酸酯、邻氯苯醛、苯乙腈、苯甲醛、苯乙醛、苯乙酰胺、苯乙酸酯类、苯甲酸乙酯、氯代环戊烷、溴代环戊烷、碘代环戊烷、γ-丁内酯、氢气（钢瓶装）、氯化氢气体（钢瓶装）、1-苯基-2-硝基丙烯、1-苯基-2-硝基丙烷、硝基乙烷、硼氢化钠、硼氢化钾、二苯甲酰酒石酸、碘、氢碘酸、红磷、次磷酸、五氯化磷、氯化苄。

戒毒治疗管理办法

· 2021 年 1 月 25 日

· 国卫医发〔2021〕5 号

第一章　总　则

第一条　为了规范戒毒治疗行为，依法开展戒毒治疗工作，维护医务人员和戒毒人员的合法权益，根据《中华人民共和国禁毒法》、《中华人民共和国执业医师法》、《戒毒条例》、《医疗机构管理条例》、《麻醉药品和精神药品管理条例》、《护士条例》等法律法规的规定，制定本办法。

第二条　本办法所称戒毒治疗，是指经省级卫生健康行政部门批准从事戒毒治疗的医疗机构，对吸毒人员采取相应的医疗、护理、康复等医学措施，帮助其减轻毒品依赖、促进身心康复的医学活动。

第三条　医疗机构开展戒毒治疗，适用本办法。

第四条　卫生健康行政部门负责戒毒医疗机构的监督管理，并对强制隔离戒毒医疗服务进行业务指导；公安机关、司法行政等部门在各自职责范围内负责强制隔离戒毒所、戒毒康复场所、监狱、拘留所和看守所开展戒毒治疗的监督管理。

第二章　机构登记

第五条　省级卫生健康行政部门商同级公安、司法行政部门，根据本行政区域戒毒治疗资源情况、吸毒人员分布状况和需求，制订本行政区域戒毒医疗机构设置规划，并纳入当地医疗机构设置规划。

第六条　医疗机构申请开展戒毒治疗，必须同时具备下列条件：

（一）具有独立承担民事责任的能力。

（二）符合戒毒医院基本标准或医疗机构戒毒治疗科基本标准和本办法规定。

戒毒医院基本标准和医疗机构戒毒治疗科基本标准由国务院卫生健康行政部门另行制订。

第七条　申请设置戒毒医疗机构或医疗机构从事戒毒治疗业务的，应当按照《医疗机构管理条例》、《医疗机构管理条例实施细则》及本办法的有关规定报省级卫生健康行政部门批准，并报同级公安机关备案。

第八条　省级卫生健康行政部门应当根据本地区戒毒医疗机构设置规划、本办法及有关规定进行审查，自受理申请之日起 15 个工作日内，作出批准或不予批准的决定，并书面告知申请者。如 15 个工作日内不能作出决定的，经本行政机关负责人批准，可以延长 10 个工作日，并应当将延长期限的理由告知申请者。

第九条　批准开展戒毒治疗的卫生健康行政部门，应当在《医疗机构执业许可证》副本备注栏中进行

"戒毒治疗"项目登记。

第十条　医疗机构取得戒毒治疗资质后方可开展戒毒治疗。

第三章　执业人员资格

第十一条　医疗机构开展戒毒治疗应当按照戒毒医院基本标准和医疗机构戒毒治疗科基本标准规定,根据治疗需要配备相应数量的医师、护士、临床药学、医技、心理卫生等专业技术人员,并为戒毒治疗正常开展提供必要的安保和工勤保障。

第十二条　从事戒毒治疗的医师应当具有执业医师资格并经注册取得《医师执业证书》,执业范围为精神卫生专业。

第十三条　使用麻醉药品和第一类精神药品治疗的医师应当取得麻醉药品和第一类精神药品处方权。

第十四条　从事戒毒治疗的护士应当符合下列条件:

(一)经执业注册取得《护士执业证书》。

(二)经过三级精神病专科医院或者开设有戒毒治疗科的三级综合医院脱产培训戒毒治疗相关业务3个月以上。

第十五条　医疗机构开展戒毒治疗至少应当有1名药学人员具有主管药师以上专业技术职务任职资格,并经过三级精神病专科医院或者开设有戒毒治疗科的三级综合医院培训戒毒治疗相关业务。

第十六条　医疗机构开展戒毒治疗至少应当有1名药学人员取得麻醉药品和第一类精神药品的调剂权。

第十七条　医疗机构开展戒毒治疗应当有专职的麻醉药品和第一类精神药品管理人员。

第四章　执业规则

第十八条　医务人员应当在具有戒毒治疗资质的医疗机构开展戒毒治疗。

第十九条　医疗机构及其医务人员开展戒毒治疗应当遵循与戒毒有关的法律、法规、规章、诊疗指南或技术操作规范。

第二十条　设有戒毒治疗科的医疗机构应当将戒毒治疗纳入医院统一管理,包括财务管理、医疗质量管理、药品管理等。

第二十一条　医疗机构开展戒毒治疗应当根据业务特点制定管理规章制度,加强对医务人员的管理,不断提高诊疗水平,保证医疗质量和医疗安全,维护医患双方的合法权益。

第二十二条　医疗机构开展戒毒治疗应当采用安全性、有效性确切的诊疗技术和方法,并符合国务院卫生健康行政部门医疗技术临床应用的有关规定。

第二十三条　用于戒毒治疗的药物和医疗器械应当取得药品监督管理部门的批准文号。购买和使用麻醉药品及第一类精神药品应当按规定获得"麻醉药品和第一类精神药品购用印鉴卡",并在指定地点购买,不得从非法渠道购买戒毒用麻醉药品和第一类精神药品。

医疗机构开展戒毒治疗需要使用医院制剂的,应当符合《药品管理法》和《麻醉药品和精神药品管理条例》等有关规定。

第二十四条　医疗机构开展戒毒治疗应当加强药品管理,严防麻醉药品和精神药品流入非法渠道。

第二十五条　医疗机构开展戒毒治疗应当采取有效措施,严防戒毒人员或者其他人员携带毒品与违禁物品进入医疗场所。

第二十六条　医疗机构可以根据戒毒治疗的需要,对戒毒人员进行身体和携带物品的检查。对检查发现的疑是毒品及吸食、注射用具和管制器具等按照有关规定交由公安机关处理。在戒毒治疗期间,发现戒毒人员有人身危险的,可以采取必要的临时保护性约束措施。

开展戒毒治疗的医疗机构及其医务人员应当对采取临时保护性约束措施的戒毒人员加强护理观察。

第二十七条　开展戒毒治疗的医疗机构应当与戒毒人员签订知情同意书。对属于无民事行为能力或者限制民事行为能力人的戒毒人员,医疗机构可与其监护人签订知情同意书。知情同意书的内容应当包括戒毒医疗的适应症、方法、时间、疗效、医疗风险、个人资料保密、戒毒人员应当遵守的各项规章制度以及双方的权利、义务等。

第二十八条　开展戒毒治疗的医疗机构应当按

照规定建立戒毒人员医疗档案，并按规定报送戒毒人员相关治疗信息。

开展戒毒治疗的医疗机构应当要求戒毒人员提供真实信息。

第二十九条　开展戒毒治疗的医疗机构应当对戒毒人员进行必要的身体检查和艾滋病等传染病的检测，按照有关规定开展艾滋病等传染病的预防、咨询、健康教育、报告、转诊等工作。

第三十条　戒毒人员治疗期间，医疗机构应当不定期对其进行吸毒检测。发现吸食、注射毒品的，应当及时向当地公安机关报告。

第三十一条　开展戒毒治疗的医疗机构应当为戒毒人员提供心理康复、行为矫正、社会功能恢复等，并开展出院后的随访工作。

第三十二条　戒毒人员在接受戒毒治疗期间有下列情形之一的，医疗机构可以对其终止戒毒治疗：

（一）不遵守医疗机构的管理制度，严重影响医疗机构正常工作和诊疗秩序的。

（二）无正当理由不接受规范治疗或者不服从医务人员合理的戒毒治疗安排的。

（三）发现存在严重并发症或者其他疾病不适宜继续接受戒毒治疗的。

第三十三条　开展戒毒治疗的医疗机构及其医务人员应当依法保护戒毒人员的隐私，不得侮辱、歧视戒毒人员。

第三十四条　戒毒人员与开展戒毒治疗的医疗机构及其医务人员发生医疗纠纷的，按照有关规定处理。

第三十五条　开展戒毒治疗的医疗机构应当定期对医务人员进行艾滋病等传染病的职业暴露防护培训，并采取有效防护措施。

第三十六条　开展戒毒治疗的医疗机构应当根据卫生健康行政部门的安排，对社区戒毒和康复工作提供技术指导或者协助。

第五章　监督管理

第三十七条　任何组织、单位和个人，未经省级卫生健康行政部门批准取得戒毒治疗资质，不得开展戒毒治疗。

第三十八条　戒毒医疗机构的校验期限按照《医疗机构管理条例》和《医疗机构校验管理办法（试行）》的有关规定执行。

第三十九条　县级以上地方卫生健康行政部门应当按照有关规定，采取有效措施，加强对成熟的戒毒诊疗技术的临床应用管理。

第四十条　县级以上地方卫生健康行政部门应当及时将辖区内戒毒治疗的开展情况报上级卫生健康行政部门和同级禁毒委员会。

第四十一条　县级以上地方卫生健康行政部门在戒毒治疗监管工作中，应当加强与同级公安机关、司法行政等部门的协作，并充分发挥卫生健康行业学（协）会和专业社会团体的作用。

第四十二条　卫生健康行政部门、医疗机构及其医务人员违反本办法有关规定的，依照国家有关法律法规予以处罚。

第六章　附　则

第四十三条　开展戒毒药物维持治疗工作按照《戒毒药物维持治疗工作管理办法》执行。

第四十四条　本办法自 2021 年 7 月 1 日起施行。原卫生部、公安部、司法部联合印发的《戒毒医疗服务管理暂行办法》（卫医政发〔2010〕2 号）同时废止。

·典型案例

最高人民法院公布 10 起依法严惩
毒品犯罪和涉毒次生犯罪典型案例①

（2023 年 6 月 26 日）

案例一

张胜川走私、运输毒品案

——犯罪集团首要分子组织、指挥数十人走私、运输毒品，罪行极其严重

基本案情

被告人张胜川，男，汉族，1989 年 6 月 1 日出生，无业。

2018 年 10 月至 2019 年 7 月，以被告人张胜川为首，田爱攀、易德金（均系同案被告人，已判刑）等为骨干，多人参与的毒品犯罪集团盘踞在境外。该犯罪集团通过网络招募数十名人员，采取统一安排食宿、拍摄自愿运毒视频等方式控制其人身自由，组织、指挥上述人员走私毒品入境后，采用乘车携带、物流寄递等方式，运往重庆市、辽宁省鞍山市、四川省遂宁市及云南省普洱市、昭通市等地，共计实施犯罪十余次。公安机关共计查获涉案甲基苯丙胺片剂（俗称"麻古"，下同）58694.14 克、甲基苯丙胺（冰毒，下同）7473.14 克、海洛因 7423.40 克。

裁判结果

本案由昆明铁路运输中级法院一审，云南省高级人民法院二审。最高人民法院对本案进行了死刑复核。

法院认为，被告人张胜川组织、指挥他人走私、运输毒品，其行为已构成走私、运输毒品罪。张胜川组织、领导多名骨干分子和一般成员走私、运输毒品，通过网络招募数十名人员，控制其人身自由，指挥、安排上述人员探路、邮寄或携带运输毒品，系毒品犯罪集团的首要分子，应按照集团所犯的全部罪行处罚。张胜川组织、指挥他人走私、运输毒品数量巨大，社会危害极大，罪行极其严重，应依法严处。张胜川协助公安机关抓捕一名运毒人员，提供线索使得公安机关查获甲

基苯丙胺片剂 2593 克，均已构成一般立功。虽然张胜川归案后如实供述所犯罪行，且有立功情节，但根据其犯罪的事实、性质、情节和对于社会的危害程度，不足以从轻处罚。据此，依法对被告人张胜川判处并核准死刑，剥夺政治权利终身，并处没收个人全部财产。

罪犯张胜川已于 2022 年 4 月 19 日被依法执行死刑。

典型意义

走私毒品属于源头性毒品犯罪，人民法院在审理此类案件时始终严格贯彻从严惩处的政策要求，并将走私毒品犯罪集团中的首要分子、骨干成员作为严惩重点，对于其中符合判处死刑条件的，坚决依法判处。本案是一起典型的犯罪集团将大量毒品走私入境的跨国毒品犯罪案件。该案参与人员众多，涉案毒品数量巨大，仅查获在案的甲基苯丙胺片剂就达数万克、甲基苯丙胺和海洛因均达数千克。以被告人张胜川为首要分子的毒品犯罪集团盘踞在境外，以高额回报为诱饵，通过网络招募人员，组织、指挥数十人将大量、多种毒品走私入境后运往全国多个省份。虽然张胜川具有坦白、一般立功情节，但根据其犯罪性质、具体情节、危害后果、毒品数量及主观恶性、人身危险性，结合立功的类型、价值大小等因素综合考量，其功不足以抵罪，故依法不予从宽。人民法院对张胜川判处死刑，体现了对走私毒品犯罪集团首要分子的严厉惩治，充分发挥了刑罚的威慑作用。同时，提醒社会公众特别是年轻人群体，不要为挣"快钱""大钱"铤而走险，应通过正规招聘渠道求职，自觉增强防范意识。

案例二

严荣柱贩卖、制造毒品、董胜震贩卖、运输毒品案

——组织多人制造新型毒品甲卡西酮，向社会大肆贩卖，罪行极其严重

基本案情

被告人严荣柱，男，汉族，1960 年 1 月 7 日出生，无业。2002 年 4 月 2 日因犯合同诈骗罪被判处有期徒刑

---

① 案例来源：最高人民法院网站，https://www.court.gov.cn/zixun/xiangqing/404452.html，最后访问时间：2025 年 3 月 26 日。

十二年,2009 年 7 月 1 日刑满释放。

被告人董胜震,男,汉族,1981 年 11 月 20 日出生,无业。

2016 年春节后,被告人严荣柱、董胜震密谋由严荣柱制造甲卡西酮,董胜震负责收购。严荣柱将制毒工艺流程交予潘付明(同案被告人,已判刑),指使潘付明制造甲卡西酮。潘付明与谭如兆、王息梅(均系同案被告人,已判刑)等人试验后成功制出甲卡西酮。同年 10 月初,潘付明与李金文(同案被告人,已判刑)商定在河南省新野县歪子镇李金文处制造甲卡西酮。同年 12 月底,李金文等人将制毒地点转移至该镇另一处所,直至 2017 年 3 月 9 日案发。制毒期间,严荣柱提供主要原料,李金文购买辅料并负责日常管理,谭如兆、王息梅指导工人制毒。严荣柱等人共制造甲卡西酮 5126.4 千克,其中 451.4 千克被公安机关在制毒现场查获。

2016 年 10 月 13 日至 2017 年 3 月 9 日,被告人严荣柱联系潘付明,将制造的甲卡西酮贩卖给被告人董胜震九次,共计 4675 千克。毒品交易期间,董胜震指使何华强(同案被告人,已判刑)向严荣柱支付毒资,指使何华强、侯圣利(同案被告人,已判刑)等人驾驶车辆接运毒品,后由董胜震之弟董胜磊(同案被告人,已判刑)安排董胜波、葛会师(均系同案被告人,已判刑)将毒品转卖给他人。2017 年 3 月 9 日,最后一次交易的 1000 千克甲卡西酮被当场查获。

裁判结果

本案由河南省南阳市中级人民法院一审,河南省高级人民法院二审。最高人民法院对本案进行了死刑复核。

法院认为,被告人严荣柱明知甲卡西酮是毒品而制造并出售,其行为已构成贩卖、制造毒品罪。被告人董胜震明知甲卡西酮是毒品而贩卖、运输,其行为已构成贩卖、运输毒品罪。严荣柱提起犯意,组织他人制造毒品并提供主要原料,负责贩卖制出的毒品,董胜震指挥他人支付毒资、接运并销售毒品,二人在各自参与的共同犯罪中均起主要作用,均系罪责最为突出的主犯,应按照二人各自所参与和组织、指挥的全部犯罪处罚。严荣柱制造、贩卖、董胜震贩卖、运输毒品数量巨大,犯罪情节严重,社会危害大,罪行极其严重,应依法惩处。据此,依法对被告人严荣柱、董胜震均判处并核准死刑,剥夺政治权利终身,并处没收个人全部财产。

罪犯严荣柱、董胜震已于 2022 年 8 月 19 日被依法执行死刑。

典型意义

甲卡西酮于 2005 年在我国被列为第一类精神药品进行管制,但在国内不存在合法生产、经营,也没有任何合法用途。甲卡西酮作为新型毒品,对人体健康可产生较为严重的伤害,能导致急性健康问题和毒品依赖,过量使用易造成不可逆的永久脑部损伤甚至死亡。本案是一起大量制造、贩卖甲卡西酮的典型案例。被告人严荣柱组织多人大量制造甲卡西酮,不仅提供制毒工艺和主要原料,还负责贩卖;被告人董胜震出资购毒,指挥多人接运和交易毒品,并组织向外贩卖。二人在毒品制售链条中处于核心地位、发挥关键作用,致使 3600 余千克毒品流入社会,另查获甲卡西酮 1400 余千克,具有严重的社会危害。制造毒品和大宗贩卖毒品属于源头性毒品犯罪,历来是我国禁毒斗争的打击重点。人民法院依法对严荣柱、董胜震判处死刑,体现了对性质严重、情节恶劣、社会危害大的新型毒品犯罪惩处力度的不断加大。

案例三
阮新华贩卖、运输毒品案
——利用、教唆未成年人贩卖毒品,且系累犯,罪行极其严重

基本案情

被告人阮新华,男,汉族,1984 年 2 月 6 日出生,农民。2007 年 8 月 7 日因犯抢劫罪被判处有期徒刑十三年,剥夺政治权利三年,并处罚金人民币一万元,2016 年 2 月 4 日刑满释放。

2019 年 2 月,吴江(同案被告人,已判刑)经他人介绍,得知被告人阮新华有低价甲基苯丙胺出售及阮的联系方式,遂将上述信息告诉唐四凡(同案被告人,已判刑)。后阮新华与吴江、唐四凡约定交易甲基苯丙胺 1000 克,唐四凡向阮新华微信转账 5000 元。同月 18 日,阮新华将藏有约 1000 克甲基苯丙胺的包裹从云南省瑞丽市邮寄至湖南省平江县虹桥镇一超市,并通知吴江领取。同月 21 日,吴江伙同他人前往签收包裹并送至唐四凡处,后吴、唐二人向阮新华支付部分购毒款。

2019 年 3 月下旬,被告人阮新华与吴江、唐四凡再

次约定交易甲基苯丙胺,唐四凡等人向阮新华支付定金 2 万元。同年 4 月 22 日,阮新华将藏有甲基苯丙胺的包裹从瑞丽市邮寄至江西省修水县一小区侧门商铺。同月 24 日、25 日,阮新华多次通过微信、电话联系阮某(时年 17 岁,另案处理)代收上述毒品,并让阮某准备透明塑料袋、电子秤分装毒品。后因阮某未买到上述物品,阮新华安排吴江前去取货。同月 26 日上午,唐四凡伙同他人来到修水县城,在该县一宾馆房间与吴江及其同伙会合。阮新华指使阮某到该宾馆,对当日进出人员进行拍照、录像以确认毒品买家情况。当日 11 时许,吴江与唐四凡到快递点签收包裹时被抓获,公安人员当场从包裹内查获甲基苯丙胺 1992.19克。同年 8 月 18 日,阮新华被抓获。

裁判结果

本案由江西省九江市中级人民法院一审,江西省高级人民法院二审。最高人民法院对本案进行了死刑复核。

法院认为,被告人阮新华明知甲基苯丙胺是毒品而贩卖、运输,其行为已构成贩卖、运输毒品罪。阮新华采用物流寄递方式跨省贩运甲基苯丙胺,并指使他人进行监视,在共同犯罪中起主要作用,系主犯,应按照其所参与的全部犯罪处罚。阮新华贩卖、运输甲基苯丙胺近 3000 克,社会危害大,罪行极其严重。阮新华利用、教唆未成年人贩卖毒品,且曾因犯抢劫罪被判处有期徒刑,刑罚执行完毕后五年内又实施本案犯罪,系累犯,应依法从重处罚。据此,依法对被告人阮新华判处并核准死刑,剥夺政治权利终身,并处没收个人全部财产。

罪犯阮新华已于 2022 年 10 月 28 日被依法执行死刑。

典型意义

未成年人心智不够成熟,分辨是非能力较弱,好奇心强,容易受到不良周边环境的影响,被不法分子利用、教唆参与毒品犯罪,或者成为被引诱、教唆、欺骗吸食毒品以及出售毒品的对象。本案是一起利用、教唆未成年人参与贩卖毒品的典型案例。被告人阮新华指使未成年人阮某代收毒品、准备工具分装毒品未果,后又指使阮某到宾馆拍照、录像确认毒品买家情况,将阮某引上歧途。阮新华曾因严重暴力犯罪被判处重刑,刑满释放之后五年内又实施严重毒品犯罪,系累犯,主

观恶性深,人身危险性大。人民法院对阮新华依法从重处罚并适用死刑,突出了对毒品犯罪的打击重点,亦较好地体现了对未成年人的特殊保护。

案例四

蔡泽雄、林小波贩卖、运输毒品案

——积极响应敦促投案自首通告,主动自境外回国自首,依法从轻处罚

基本案情

被告人蔡泽雄,男,汉族,1984 年 4 月 30 日出生,务工人员。

被告人林小波,男,汉族,1985 年 4 月 24 日出生,务工人员。

2017 年 5 月,游志文(已另案判刑)联系被告人林小波购买毒品,林小波联系被告人蔡泽雄,约定由蔡泽雄向游志文提供甲基苯丙胺 20 千克。后游志文伙同李雨时、徐源昌(均已另案判刑)来到广东省陆丰市,与林小波、蔡泽雄商谈毒品交易事宜。同月 27 日上午,蔡泽雄驾驶装有毒品的车辆与林小波到游志文所住酒店房间,蔡泽雄将补齐重量的 149.3 克甲基苯丙胺交给游志文、李雨时。后林小波驾驶上述车辆与李雨时、徐源昌在高速公路服务区交接毒品。游志文确认毒品交接完成后,将 60 万元毒资交付给蔡泽雄。当日 20时,游志文、李雨时、徐源昌在福建省泉州市一酒店房间被抓获,公安人员从游志文所租车辆后备箱及后备箱左侧夹层内查获甲基苯丙胺共计 20.02 千克。蔡泽雄、林小波案发后潜逃国外,后于 2020 年 12 月 1 日主动到云南省孟连县孟连口岸向陆丰市公安局投案,到案后如实供述犯罪事实。

裁判结果

本案由广东省汕尾市中级人民法院一审,广东省高级人民法院二审。

法院认为,被告人蔡泽雄、林小波结伙贩卖、运输甲基苯丙胺,其行为均已构成贩卖、运输毒品罪。蔡泽雄、林小波贩卖、运输毒品数量巨大,罪行严重。在共同犯罪中,蔡泽雄是毒品卖主,决定毒品交易的价格、方式,收取毒资;林小波在毒品交易、运输过程中行为积极,二人均起主要作用,均系主犯,应按照其所参与的全部犯罪处罚,林小波的作用相对小于蔡泽雄。二人从境外自动回国投案,如实供述主要罪行,系自首,

可依法从轻处罚,对蔡泽雄判处死刑可不立即执行,对林小波的量刑应与蔡泽雄有所区别。据此,依法对被告人蔡泽雄判处死刑,缓期二年执行,剥夺政治权利终身,并处没收个人全部财产;对被告人林小波判处无期徒刑,剥夺政治权利终身,并处没收个人全部财产。

广东省高级人民法院于2022年11月14日作出二审刑事判决,现已发生法律效力。

典型意义

宽严相济是我国的基本刑事政策。人民法院在坚持整体从严惩处毒品犯罪、突出打击重点的同时,也注重全面、准确贯彻宽严相济刑事政策,做到以严为主、宽以济严、罚当其罪。对于罪行较轻,或者具有从犯、自首、立功、初犯等法定、酌定从宽处罚情节的毒品犯罪分子,体现区别对待,依法给予从宽处罚,以达到分化瓦解毒品犯罪分子、预防和减少毒品犯罪的效果。本案是一起犯罪分子自境外回国投案构成自首的重大毒品案件。二被告人系当地公检法三机关联合向社会发布的《关于敦促涉毒在逃人员投案自首的通告》中所列在逃犯罪嫌疑人,在境外看到该追逃通告后通过亲属与当地公安机关联系,主动要求投案,并在投案过程中克服地域、语言、交通等困难,投案意愿坚定,反映其良好的认罪悔罪态度,也节约了司法资源。人民法院充分考虑二被告人积极响应司法机关发布的敦促投案自首通告,主动自境外回国投案,并如实供述主要犯罪事实的情节,对二人予以从宽处罚,对其他在逃人员具有示范感召意义,实现了政治效果、社会效果、法律效果的有机统一。

案例五

吴纪剡等非法生产制毒物品案

——组织多人非法生产制毒物品麻黄碱,情节特别严重

基本案情

被告人吴纪剡,男,汉族,1982年3月2日出生,务工人员。

被告人吴小雄,男,汉族,1970年12月28日出生,无业。

被告人黄曜昌,男,汉族,1978年11月4日出生,务工人员。

被告人吴辰凯,男,汉族,1995年12月11日出生,无业。

被告人林有泉,男,汉族,1994年2月28日出生,无业。

被告人黄兆祥,男,汉族,1973年8月6日出生,务工人员。2010年4月1日因犯故意伤害罪被判处有期徒刑一年,缓刑一年。

2022年4月底5月初,被告人吴纪剡、吴小雄兄弟二人共谋生产麻黄碱并出售牟利。吴小雄联系被告人黄曜昌,准备在福建省连城县黄曜昌的养猪场生产麻黄碱,黄曜昌同意,并以2万元出资和场地租金1万元入股。吴纪剡联系他人购买约500千克含有麻黄碱成分的药片,并购买辅料及防腐手套等,委托他人运至连城县交接给吴小雄、黄曜昌,再由黄曜昌运至养猪场。吴纪剡、吴小雄联系被告人吴辰凯生产麻黄碱,吴辰凯邀约被告人林有泉参与。同年5月12日,吴小雄驾车将吴辰凯、林有泉送至连城县,再由黄曜昌驾车将二人载至养猪场。吴辰凯、林有泉用粉碎机将含有麻黄碱成分的药片碾碎,加入辅料,采用化学方法加工、提炼麻黄碱。其间,黄曜昌帮忙碾碎药片等,吴小雄安排被告人黄兆祥帮其和黄曜昌运送含有麻黄碱成分的药片,黄兆祥还负责送饭及购买容器等。同月18日,公安人员现场查获含麻黄碱75844.37克的粉末等物质及生产麻黄碱的工具。

裁判结果

本案由福建省连城县人民法院一审,福建省龙岩市中级人民法院二审。

法院认为,被告人吴纪剡、吴小雄、黄曜昌、吴辰凯、林有泉、黄兆祥违反国家规定,非法生产用于制造毒品的原料麻黄碱,情节特别严重,其行为均已构成非法生产制毒物品罪。在共同犯罪中,吴纪剡、吴小雄共谋生产麻黄碱并联系生产人员,吴纪剡购买、运送主料和辅料,吴小雄联系生产场地,运送生产人员,指使他人运送主料;黄曜昌出资入股,提供生产场地,参与运送主料、辅料及生产人员,在生产麻黄碱过程中提供帮助,三人均起主要作用,均系主犯,应按照其所参与的全部犯罪处罚,黄曜昌的地位、作用相对较小。吴辰凯、林有泉、黄兆祥在共同犯罪中起次要作用,系从犯,应依法减轻处罚。六被告人均如实供述自己的罪行,可依法从轻处罚。吴辰凯、林有泉、黄兆祥认罪认罚,

可依法从宽处理。吴纪剡有吸毒劣迹,黄兆祥有故意犯罪前科,酌情从重处罚。据此,依法对被告人吴纪剡、吴小雄、黄曜昌、吴辰凯、林有泉、黄兆祥分别判处有期徒刑八年、七年八个月、七年、三年十个月、三年七个月、三年二个月,并处数额不等罚金。

龙岩市中级人民法院于2023年2月17日作出二审刑事裁定,现已发生法律效力。

典型意义

制毒物品犯罪属于制造毒品的上游犯罪。为从源头上遏制毒品犯罪,我国不断加大对制毒物品犯罪的打击力度,不但在立法层面加大惩治力度,且始终坚持"打防并举、综合施治"方针,持续严格管控制毒物品。麻黄碱被列为第一类易制毒化学品,是制造甲基苯丙胺的主要原料。在利益驱使下,犯罪分子不惜铤而走险,购买可用于合成麻黄碱的化学品或者含麻黄碱成分的药品,非法生产麻黄碱贩卖以牟取暴利,导致制造毒品等犯罪的蔓延。本案系一起犯罪团伙组织生产麻黄碱的典型案例。涉案麻黄碱数量达75千克以上,根据相关司法解释已达情节特别严重标准。人民法院根据各被告人犯罪的事实、性质、情节和对于社会的危害程度及认罪悔罪表现,对三名主犯判处七年以上有期徒刑,对三名从犯依法从宽处罚,既体现了人民法院从严惩处制毒物品犯罪的鲜明立场,也全面贯彻了宽严相济刑事政策。

案例六

韩敏华走私、贩卖、运输毒品、强奸、传授犯罪方法、张淼淼走私毒品、强奸案

——采用非接触式手段走私、贩运精神药品,情节严重;利用精神药品迷奸他人,依法数罪并罚

基本案情

被告人韩敏华,男,汉族,1992年3月30日出生,KTV服务人员。2012年1月12日因犯盗窃罪被判处有期徒刑四年六个月,并处罚金人民币一万元,2015年4月28日刑满释放。

被告人张淼淼,男,汉族,2000年6月2日出生,餐饮服务人员。

2021年7月至10月,被告人韩敏华明知三唑仑、溴替唑仑、咪达唑仑等为国家管制的精神药品,且他人系出于犯罪目的而购买,仍通过互联网联系境外卖家

购买,通过支付宝转账或网络虚拟货币等方式支付钱款,采用改换包装等手段从境外寄递入境贩卖给全国多地买家,其中部分系韩敏华收取后又联系他人在境内邮寄贩卖。韩敏华走私、贩卖、运输精神药品20余次,共计三唑仑150片、溴替唑仑120片、咪达唑仑针剂92支。韩敏华还以微信聊天、发送视频等方式,向买家传授使用上述精神药品致人昏迷的具体操作方法,以及迷奸过程中的注意事项等内容。

被告人张淼淼明知上述精神药品系从境外发货,仍向被告人韩敏华购买,并提供境内收货地址,共计走私溴替唑仑20片、咪达唑仑针剂15支。张淼淼购买三唑仑等后,欲对被害人梁某实施迷奸,于2021年10月9日欺骗梁某喝下溶解有三唑仑的奶茶,但梁某未完全昏迷。韩敏华明知张淼淼正在实施强奸行为,仍实时指导张淼淼如何使用相关精神药品,张淼淼根据韩敏华的指导再次欺骗梁某服用三唑仑、注射咪达唑仑等,致梁某失去意识,进而对梁某实施奸淫。次日,张淼淼与他人经预谋,欺骗被害人于某某服下三唑仑,又对失去意识的于某某注射咪达唑仑,后张淼淼等二人轮流对于某某实施奸淫。

裁判结果

本案由江苏省苏州市中级人民法院审理。

法院认为,被告人韩敏华明知是毒品而从境外购买并走私入境后贩卖、运输给他人,其行为已构成走私、贩卖、运输毒品罪;通过网络向他人传授犯罪方法,其行为已构成传授犯罪方法罪;明知他人正在实施强奸犯罪,仍实时传授迷奸手段提供帮助,其行为已构成强奸罪。被告人张淼淼明知是毒品而走私,其行为已构成走私毒品罪;采用药物迷晕方式,违背妇女意志实施奸淫,其行为已构成强奸罪,且具有轮奸情节。对韩敏华、张淼淼所犯数罪,均应依法并罚。韩敏华多次走私毒品入境并向多人贩卖,情节严重。韩敏华有故意犯罪前科,酌情从重处罚。在强奸共同犯罪中,张淼淼起主要作用,系主犯,应按照其所参与的全部犯罪处罚;韩敏华起辅助作用,系从犯,应依法减轻处罚。韩敏华、张淼淼到案后均能如实供述所犯罪行,可依法从轻处罚;自愿认罪认罚,可依法从宽处理。据此,依法对被告人韩敏华以走私、贩卖、运输毒品罪判处有期徒刑五年七个月,并处罚金人民币四万元,以强奸罪判处有期徒刑一年七个月,以传授犯罪方法罪判处有期徒刑二年五

个月，决定执行有期徒刑七年，并处罚金人民币四万元；对被告人张淼淼以走私毒品罪判处有期徒刑十一个月，并处罚金人民币五千元，以强奸罪判处有期徒刑十一年九个月，剥夺政治权利三年，决定执行有期徒刑十二年，剥夺政治权利三年，并处罚金人民币五千元。

苏州市中级人民法院于 2023 年 4 月 12 日作出刑事判决。宣判后，在法定期限内没有上诉、抗诉。现已发生法律效力。

典型意义

三唑仑、溴替唑仑、咪达唑仑均系国家管制的精神药品，具有镇静催眠等作用，长期服用易产生身体和心理依赖，在被作为成瘾替代物滥用或者被用于实施抢劫、强奸等犯罪时，均应认定为毒品。近年来，一些犯罪分子利用三唑仑等物质的催眠作用，诱骗女性服用，趁女性昏迷之际实施奸淫。因国内严管，犯罪分子难以购得，遂通过互联网联络境外卖家购买，经电子支付手段或者利用虚拟货币付款，伪装后利用国际快递走私入境并在境内贩卖扩散，有的引发严重次生犯罪。本案是一起利用走私入境的精神药品迷奸他人的典型案例。被告人韩敏华以"迷奸药"作为售卖宣传点，采用"互联网+物流寄递+电子支付"手段实施走私、贩卖、运输毒品犯罪 20 余次，贩卖对象涉及全国多个省份，向买家传授具体使用方法，甚至实时指导他人用药实施迷奸，犯罪情节恶劣，社会危害大。被告人张淼淼购买走私入境的毒品，并用于实施迷奸，其强奸二人且有轮奸情节，犯罪性质恶劣，情节严重。本案表明，毒品不仅给吸食者本人带来严重危害，还可能危及他人人身安全，影响社会和谐稳定。人民法院对本案被告人依法严惩，彰显了坚决打击此类涉麻精药品犯罪和涉毒次生犯罪的严正立场。同时，提醒社会公众增强自我保护意识，对于不熟识的人给予的食品、饮品等应提高警惕。

案例七

马扎根等贩卖毒品案

——伪造资质骗购大量麻醉药品出售给贩毒人员，依法惩处

基本案情

被告人马扎根，男，汉族，1977 年 7 月 17 日出生，农民。

被告人段红霞，女，汉族，1984 年 8 月 8 日出生，农民。

被告人石艳艳，女，汉族，1985 年 4 月 6 日出生，农民。

被告人方文娟，女，汉族，1988 年 5 月 14 日出生，农民。

被告人沈富成，男，汉族，1985 年 4 月 27 日出生，农民。

2017 年 2 月，被告人马扎根经与贩毒人员共谋，通过伪造癌症病人住院病案首页、身份证件等资料，在多家医院办理多张麻醉卡。马扎根持麻醉卡以每片 0.4 元的价格从医院骗购哌替啶片（度冷丁），再以每片 13 元的价格出售给贩毒人员，并以给予一定报酬为诱惑，将麻醉卡提供给被告人段红霞，让红霞为其到医院骗购哌替啶片及发展下线。2017 年 2 月至 2018 年 9 月间，马扎根及其直接或间接发展的下线被告人段红霞、石艳艳、方文娟、沈富成，多次采用同样手段从医院骗购哌替啶片，均被马扎根加价出售给贩毒人员。各被告人贩卖哌替啶的数量分别为：马扎根 744 克、段红霞 328.4 克、石艳艳 124.6 克、方文娟 36.7 克、沈富成 26 克。

裁判结果

本案由甘肃省合水县人民法院一审，甘肃省庆阳市中级人民法院二审。

法院认为，被告人马扎根、段红霞、石艳艳、方文娟、沈富成明知哌替啶是国家规定管制的能够使人形成瘾癖的麻醉药品，而骗购获取后出售给贩毒人员，其行为均已构成贩卖毒品罪。马扎根、段红霞贩卖毒品数量大，石艳艳贩卖毒品数量较大；方文娟、沈富成多次贩卖毒品，情节严重。在共同犯罪中，马扎根与贩毒人员共谋，伪造资料办理麻醉卡从医院骗购哌替啶片，积极发展、指使下线使用其提供的麻醉卡从医院骗购哌替啶片，并出售给贩毒人员牟利，起主要作用，系主犯，应按照其所参与和组织、指挥的全部犯罪处罚；段红霞、石艳艳、方文娟、沈富成直接或间接受马扎根指使从医院骗购哌替啶片，起次要作用，系从犯，应依法从轻或减轻处罚。段红霞、方文娟有自首情节，可依法从轻处罚。段红霞、方文娟、沈富成认罪认罚，可依法从宽处理。方文娟、沈富成积极退赃，酌情从轻处罚。据此，依法对被告人马扎根判处有期徒刑十五年，并处没收财产

人民币二万元;对被告人段红霞、石艳艳、方文娟、沈富成分别判处有期徒刑十年、七年、二年、一年九个月,并处数额不等罚金。

庆阳市中级人民法院于 2022 年 10 月 17 日作出二审刑事裁定,现已发生法律效力。

典型意义

近年来,一些犯罪分子通过伪造患者病历资料从医院套取国家管制的麻醉药品并贩卖牟利的情况时有发生。本案系一起持伪造资料办理麻醉卡从医院骗购哌替啶出售给贩毒人员牟利的典型案例。被告人马扎根经与贩毒人员共谋,伪造多份癌症患者资料,在多家医院办理麻醉卡骗购麻醉药品,发展多名下线采用同样手段实施犯罪,并将骗购的麻醉药品加价数倍出售给贩毒人员牟利,不但导致大量医疗用麻醉药品流入涉毒渠道,还严重扰乱了药品经营管理秩序。人民法院一体打击骗购麻精药品并向贩毒人员出售的犯罪团伙,认定马扎根为团伙主犯并依法判处十五年有期徒刑,体现了严惩此类犯罪及其中起组织、指挥作用的主犯的坚定态度;同时,对本案中具有从犯、自首、认罪认罚、积极退赃等法定、酌定从宽处罚情节的其他被告人依法从轻或减轻处罚,体现了区别对待、宽以济严。

案例八

夏继欢贩卖毒品案

——医务人员多次向吸贩毒人员贩卖精神药品牟利,情节严重

基本案情

被告人夏继欢,男,汉族,1988 年 3 月 30 日出生,医务人员。

被告人夏继欢系重庆市某营利性戒毒医院医生,具有开具国家管制的第一类精神药品盐酸丁丙诺啡舌下片处方资格。2020 年 7 月至 2021 年 5 月,夏继欢冒用他人名义开具虚假处方,以每盒 170 元的价格从医院骗购盐酸丁丙诺啡舌下片,明知购买者系吸贩毒人员,仍多次以每盒 350 元至 450 元不等的价格向多人贩卖,且均未开具相应处方,共计出售 422 盒(10 片/盒)。

裁判结果

本案由重庆市万州区人民法院一审,重庆市第二中级人民法院二审。

法院认为,被告人夏继欢身为依法从事管理、使用国家管制的精神药品的人员,向贩卖毒品的犯罪分子或者以牟利为目的向吸食、注射毒品的人提供国家规定管制的能够使人形成瘾癖的精神药品,其行为已构成贩卖毒品罪。夏继欢为谋取非法利益,多次向多名吸贩毒人员贩卖盐酸丁丙诺啡舌下片,情节严重。据此,依法对被告人夏继欢判处有期徒刑六年,并处罚金人民币十二万元。

重庆市第二中级人民法院于 2022 年 12 月 26 日作出二审刑事裁定,现已发生法律效力。

典型意义

近年来,随着我国对毒品犯罪的打击力度持续加强,部分常见毒品逐渐较难获得,一些吸毒人员转而通过非法手段获取医疗用麻精药品作为替代物滥用,以满足吸毒瘾癖,具有医疗用途的麻精药品流入非法渠道的情况时有发生。本案系一起戒毒医院医生向吸贩毒人员贩卖国家管制的精神药品牟利的典型案例。盐酸丁丙诺啡舌下片属于国家管制的第一类精神药品,具有医疗用途,但被滥用极易形成瘾癖,兼具药品与毒品双重属性。被告人夏继欢身为戒毒医院执业医师,利用职业便利,冒用患者名义虚开处方套取盐酸丁丙诺啡舌下片,多次加价贩卖给多名吸贩毒人员牟利,犯罪情节严重。"医乃仁术,无德不立"。夏继欢的行为违背职业操守,扰乱正常医疗秩序,导致医疗用精神药品流入涉毒渠道,社会危害大。人民法院依法对夏继欢以贩卖毒品罪定罪处刑,并处以高额罚金,彰显了严惩此类犯罪的严正立场。对于推动强化麻精药品源头管控,促进加强相关机构和人员管理,严防医疗用麻精药品流入涉毒渠道具有积极意义。

案例九

纪家林贩卖毒品案

——违规购买精神药品出售给吸毒人员,依法严惩

基本案情

被告人纪家林,男,汉族,1988 年 3 月 20 日出生,跑腿代购员。

2020 年至 2021 年,被告人纪家林在辽宁省辽阳市某医院使用多人多张就诊卡购买阿普唑仑片。2021 年 11 月 17 日 11 时许,纪家林在该医院以 11 元的价格购买 1 盒阿普唑仑片后,明知陈某某系吸毒人员,仍以 100 元的价格出售给陈,被公安人员当场抓获,阿普唑

仑片 1 盒(40 片/盒)被查获。公安人员另从纪家林身上查扣阿普唑仑片 1 盒和就诊卡 12 张。

裁判结果

本案由辽宁省辽阳市白塔区人民法院审理。

法院认为,被告人纪家林明知阿普唑仑是国家规定管制的能够使人形成瘾癖的精神药品仍贩卖给吸毒人员,其行为已构成贩卖毒品罪。纪家林到案后如实供述自己的罪行,可依法从轻处罚;自愿认罪认罚,可依法从宽处理。据此,依法对被告人纪家林判处有期徒刑六个月,并处罚金人民币五千元。

辽阳市白塔区人民法院于 2023 年 2 月 17 日作出刑事判决。宣判后,在法定期限内没有上诉、抗诉。判决现已发生法律效力。

典型意义

阿普唑仑是国家管制的第二类精神药品,直接作用于神经系统,长期服用易成瘾,突然减药或停用易出现戒断反应,严重时可危及生命。一些犯罪分子以牟利为目的,明知他人为滥用而购买,仍套购此类药品非法出售。本案是一起违规购买阿普唑仑后贩卖给吸毒人员的典型案例。被告人纪家林明知阿普唑仑是国家规定管制的精神药品,且他人购买系作为毒品滥用,仍加价近 10 倍向吸毒人员出售,应认定为贩卖毒品罪。在案证据显示,纪家林还曾使用多人多张就诊卡违规购买阿普唑仑片。纪家林的行为不仅违反了国家关于麻精药品的管理规定,还干扰、破坏了正常的医疗秩序,依法应予严惩。人民法院根据纪家林犯罪的事实、性质、情节和对于社会的危害程度,对其定罪处刑,体现了"涉毒必惩"的态度立场。同时,提醒广大公众切勿随意将自己的就诊凭证借予他人,防止被他人违法利用。

案例十

韦颖故意杀人案

——吸毒致幻杀害无辜群众,致三人死伤,罪行极其严重

基本案情

被告人韦颖,男,汉族,1987 年 5 月 1 日出生,无业。

2020 年 6 月 4 日 7 时许,被告人韦颖与他人一起吸食毒品后产生幻觉,携带尖刀至湖南省衡阳市石鼓区湘江北路河畔。韦颖认为在此活动的被害人刘某(男,殁年 19 岁)对其生命有威胁,遂持刀捅刺刘某颈、胸部等处数刀,致刘某死亡;后持刀砍向正在附近跑步的被害人吴某某(男,时年 49 岁),吴某某避过;认为被害人许某(女,时年 20 岁)是"女杀手",又持刀捅刺许某背部多刀致其轻微伤。被害人肖某某(男,时年 52 岁)见状喝止,韦颖持刀捅刺肖某某背部致其受重伤。

裁判结果

本案由湖南省衡阳市中级人民法院原审,湖南省高级人民法院复核。最高人民法院对本案进行了死刑复核。

法院认为,被告人韦颖故意非法剥夺他人生命,其行为已构成故意杀人罪。韦颖违反国家法律规定吸食毒品,产生幻觉后在公共场所持刀连续捅刺无辜群众,致一人死亡、一人重伤、一人轻微伤,犯罪情节特别恶劣,社会危害大,后果和罪行极其严重,应依法惩处。据此,依法对被告人韦颖判处并核准死刑,剥夺政治权利终身。

罪犯韦颖已于 2023 年 6 月 21 日被依法执行死刑。

典型意义

毒品具有中枢神经兴奋、抑制或者致幻作用,会导致吸毒者狂躁、抑郁甚至出现被害妄想、幻视幻听症状,进而导致其自伤自残或实施暴力犯罪。近年来,因吸毒诱发的故意杀人、故意伤害等恶性案件屡有发生,严重危害社会治安和公共安全。本案是一起因吸毒致幻而故意杀人的典型案例。被告人韦颖吸毒后产生被害幻觉,在公共场所杀害无辜群众,致三人死伤,另有一名群众因躲避及时得以幸免,实属罪行极其严重。该案充分反映出毒品对个人和社会的严重危害,尤其值得吸毒者深刻警醒。人民法院在严惩韦颖罪行的同时,也警示社会公众自觉抵制毒品,切莫以身试毒。

三、执法程序与执法监督

1. 执法程序规范

公安机关办理行政案件程序规定

- 2012 年 12 月 19 日公安部令第 125 号修订发布
- 根据 2014 年 6 月 29 日公安部令第 132 号《公安部关于修改部分部门规章的决定》第一次修正
- 根据 2018 年 11 月 25 日公安部令第 149 号《公安部关于修改〈公安机关办理行政案件程序规定〉的决定》第二次修正
- 根据 2020 年 8 月 6 日公安部令第 160 号《公安部关于废止和修改部分规章的决定》第三次修正

第一章　总　则

第一条　为了规范公安机关办理行政案件程序，保障公安机关在办理行政案件中正确履行职责，保护公民、法人和其他组织的合法权益，根据《中华人民共和国行政处罚法》《中华人民共和国行政强制法》《中华人民共和国治安管理处罚法》等有关法律、行政法规，制定本规定。

第二条　本规定所称行政案件，是指公安机关依照法律、法规和规章的规定对违法行为人决定行政处罚以及强制隔离戒毒等处理措施的案件。

本规定所称公安机关，是指县级以上公安机关、公安派出所、依法具有独立执法主体资格的公安机关业务部门以及出入境边防检查站。

第三条　办理行政案件应当以事实为根据，以法律为准绳。

第四条　办理行政案件应当遵循合法、公正、公开、及时的原则，尊重和保障人权，保护公民的人格尊严。

第五条　办理行政案件应当坚持教育与处罚相结合的原则，教育公民、法人和其他组织自觉守法。

第六条　办理未成年人的行政案件，应当根据未成年人的身心特点，保障其合法权益。

第七条　办理行政案件，在少数民族聚居或者多民族共同居住的地区，应当使用当地通用的语言进行询问。对不通晓当地通用语言文字的当事人，应当为他们提供翻译。

第八条　公安机关及其人民警察在办理行政案件时，对涉及的国家秘密、商业秘密或者个人隐私，应当保密。

第九条　公安机关人民警察在办案中玩忽职守、徇私舞弊、滥用职权、索取或者收受他人财物的，依法给予处分；构成犯罪的，依法追究刑事责任。

第二章　管　辖

第十条　行政案件由违法行为地的公安机关管辖。由违法行为人居住地公安机关管辖更为适宜的，可以由违法行为人居住地公安机关管辖，但是涉及卖淫、嫖娼、赌博、毒品的案件除外。

违法行为地包括违法行为发生地和违法结果发生地。违法行为发生地，包括违法行为的实施地以及开始地、途经地、结束地等与违法行为有关的地点；违法行为有连续、持续或者继续状态的，违法行为连续、持续或者继续实施的地方都属于违法行为发生地。违法结果发生地，包括违法对象被侵害地、违法所得的实际取得地、藏匿地、转移地、使用地、销售地。

居住地包括户籍所在地、经常居住地。经常居住地是指公民离开户籍所在地最后连续居住一年以上的地方，但在医院住院就医的除外。

移交违法行为人居住地公安机关管辖的行政案件，违法行为地公安机关在移交前应当及时收集证据，并配合违法行为人居住地公安机关开展调查取证工作。

第十一条　针对或者利用网络实施的违法行为，用于实施违法行为的网站服务器所在地、网络接入地以及网站建立者或者管理者所在地，被侵害的网络及其运营者所在地，违法过程中违法行为人、被侵害人使用的网络及其运营者所在地,被侵害人被侵害时所在地,以及被侵害人财产遭受损失地公安机关可以管辖。

第十二条 行驶中的客车上发生的行政案件,由案发后客车最初停靠地公安机关管辖;必要时,始发地、途经地、到达地公安机关也可以管辖。

第十三条 行政案件由县级公安机关及其公安派出所、依法具有独立执法主体资格的公安机关业务部门以及出入境边防检查站按照法律、行政法规、规章授权和管辖分工办理,但法律、行政法规、规章规定由设区的市级以上公安机关办理的除外。

第十四条 几个公安机关都有权管辖的行政案件,由最初受理的公安机关管辖。必要时,可以由主要违法行为地公安机关管辖。

第十五条 对管辖权发生争议的,报请共同的上级公安机关指定管辖。

对于重大、复杂的案件,上级公安机关可以直接办理或者指定管辖。

上级公安机关直接办理或者指定管辖的,应当书面通知被指定管辖的公安机关和其他有关的公安机关。

原受理案件的公安机关自收到上级公安机关书面通知之日起不再行使管辖权,并立即将案卷材料移送被指定管辖的公安机关或者办理的上级公安机关,及时书面通知当事人。

第十六条 铁路公安机关管辖列车上,火车站工作区域内,铁路系统的机关、厂、段、所、队等单位内发生的行政案件,以及在铁路线上放置障碍物或者损毁、移动铁路设施等可能影响铁路运输安全、盗窃铁路设施的行政案件。对倒卖、伪造、变造火车票案件,由最初受理的铁路或者地方公安机关管辖。必要时,可以移送主要违法行为发生地的铁路或者地方公安机关管辖。

交通公安机关管辖港航管理机构管理的轮船上、港口、码头工作区域内和港航系统的机关、厂、所、队等单位内发生的行政案件。

民航公安机关管辖民航管理机构管理的机场工作区域以及民航系统的机关、厂、所、队等单位内和民航飞机上发生的行政案件。

国有林区的森林公安机关管辖林区内发生的行政案件。

海关缉私机构管辖阻碍海关缉私警察依法执行职务的治安案件。

第三章　回　避

第十七条 公安机关负责人、办案人民警察有下列情形之一的,应当自行提出回避申请,案件当事人及其法定代理人有权要求他们回避:

(一)是本案的当事人或者当事人近亲属的;

(二)本人或者其近亲属与本案有利害关系的;

(三)与本案当事人有其他关系,可能影响案件公正处理的。

第十八条 公安机关负责人、办案人民警察提出回避申请的,应当说明理由。

第十九条 办案人民警察的回避,由其所属的公安机关决定;公安机关负责人的回避,由上一级公安机关决定。

第二十条 当事人及其法定代理人要求公安机关负责人、办案人民警察回避的,应当提出申请,并说明理由。口头提出申请的,公安机关应当记录在案。

第二十一条 对当事人及其法定代理人提出的回避申请,公安机关应当在收到申请之日起二日内作出决定并通知申请人。

第二十二条 公安机关负责人、办案人民警察具有应当回避的情形之一,本人没有申请回避,当事人及其法定代理人也没有申请其回避的,有权决定其回避的公安机关可以指令其回避。

第二十三条 在行政案件调查过程中,鉴定人和翻译人员需要回避的,适用本章的规定。

鉴定人、翻译人员的回避,由指派或者聘请的公安机关决定。

第二十四条 在公安机关作出回避决定前,办案人民警察不得停止对行政案件的调查。

作出回避决定后,公安机关负责人、办案人民警察不得再参与该行政案件的调查和审核、审批工作。

第二十五条 被决定回避的公安机关负责人、办案人民警察、鉴定人和翻译人员,在回避决定作出前所进行的与案件有关的活动是否有效,由作出回避决定的公安机关根据是否影响案件依法公正处理等情况决定。

第四章　证　据

第二十六条　可以用于证明案件事实的材料,都是证据。公安机关办理行政案件的证据包括:

(一)物证;

(二)书证;

(三)被侵害人陈述和其他证人证言;

(四)违法嫌疑人的陈述和申辩;

(五)鉴定意见;

(六)勘验、检查、辨认笔录,现场笔录;

(七)视听资料、电子数据。

证据必须经过查证属实,才能作为定案的根据。

第二十七条　公安机关必须依照法定程序,收集能够证实违法嫌疑人是否违法、违法情节轻重的证据。

严禁刑讯逼供和以威胁、欺骗等非法方法收集证据。采用刑讯逼供等非法方法收集的违法嫌疑人的陈述和申辩以及采用暴力、威胁等非法方法收集的被侵害人陈述、其他证人证言,不能作为定案的根据。收集物证、书证不符合法定程序,可能严重影响执法公正的,应当予以补正或者作出合理解释;不能补正或者作出合理解释的,不能作为定案的根据。

第二十八条　公安机关向有关单位和个人收集、调取证据时,应当告知其必须如实提供证据,并告知其伪造、隐匿、毁灭证据,提供虚假证词应当承担的法律责任。

需要向有关单位和个人调取证据的,经公安机关办案部门负责人批准,开具调取证据通知书,明确调取的证据和提供时限。被调取人应当在通知书上盖章或者签名,被调取人拒绝的,公安机关应当注明。必要时,公安机关应当采用录音、录像等方式固定证据内容及取证过程。

需要向有关单位紧急调取证据的,公安机关可以在电话告知人民警察身份的同时,将调取证据通知书连同办案人民警察的人民警察证复印件通过传真、互联网通讯工具等方式送达有关单位。

第二十九条　收集调取的物证应当是原物。在原物不便搬运、不易保存或者依法应当由有关部门保管、处理或者依法应当返还时,可以拍摄或者制作足以反映原物外形或者内容的照片、录像。

物证的照片、录像,经与原物核实无误或者经鉴定证明为真实的,可以作为证据使用。

第三十条　收集、调取的书证应当是原件。在取得原件确有困难时,可以使用副本或者复制件。

书证的副本、复制件,经与原件核实无误或者经鉴定证明为真实的,可以作为证据使用。书证有更改或者更改迹象不能作出合理解释的,或者书证的副本、复制件不能反映书证原件及其内容的,不能作为证据使用。

第三十一条　物证的照片、录像,书证的副本、复制件,视听资料的复制件,应当附有关制作过程及原件、原物存放处的文字说明,并由制作人和物品持有人或者持有单位有关人员签名。

第三十二条　收集电子数据,能够扣押电子数据原始存储介质的,应当扣押。

无法扣押原始存储介质的,可以提取电子数据。提取电子数据,应当制作笔录,并附电子数据清单,由办案人民警察、电子数据持有人签名。持有人无法或者拒绝签名的,应当在笔录中注明。

由于客观原因无法或者不宜依照前两款规定收集电子数据的,可以采取打印、拍照或者录像等方式固定相关证据,并附有关原因、过程等情况的文字说明,由办案人民警察、电子数据持有人签名。持有人无法或者拒绝签名的,应当注明情况。

第三十三条　刑事案件转为行政案件办理的,刑事案件办理过程中收集的证据材料,可以作为行政案件的证据使用。

第三十四条　凡知道案件情况的人,都有作证的义务。

生理上、精神上有缺陷或者年幼,不能辨别是非、不能正确表达的人,不能作为证人。

第五章　期间与送达

第三十五条　期间以时、日、月、年计算,期间开始之时或者日不计算在内。法律文书送达的期间不包括路途上的时间。期间的最后一日是节假日的,以节假日后的第一日为期满日期,但违法行为人被限制人身自由的期间,应当至期满之日为止,不得因节假日而延长。

第三十六条　送达法律文书,应当遵守下列规定:

（一）依照简易程序作出当场处罚决定的，应当将决定书当场交付被处罚人，并由被处罚人在备案的决定书上签名或者捺指印；被处罚人拒绝的，由办案人民警察在备案的决定书上注明；

（二）除本款第一项规定外，作出行政处罚决定和其他行政处理决定，应当在宣告后将决定书当场交付被处理人，并由被处理人在附卷的决定书上签名或者捺指印，即为送达；被处理人拒绝的，由办案人民警察在附卷的决定书上注明；被处理人不在场的，公安机关应当在作出决定的七日内将决定书送达被处理人，治安管理处罚决定应当在二日内送达。

送达法律文书应当首先采取直接送达方式，交给受送达人本人；受送达人不在的，可以交付其成年家属、所在单位的负责人员或者其居住地居（村）民委员会代收。受送达人本人或者代收人拒绝接收或者拒绝签名和捺指印的，送达人可以邀请其邻居或者其他见证人到场，说明情况，也可以对拒收情况进行录音录像，把文书留在受送达人处，在附卷的法律文书上注明拒绝的事由、送达日期，由送达人、见证人签名或者捺指印，即视为送达。

无法直接送达的，委托其他公安机关代为送达，或者邮寄送达。经受送达人同意，可以采用传真、互联网通讯工具等能够确认其收悉的方式送达。

经采取上述送达方式仍无法送达的，可以公告送达。公告的范围和方式应当便于公民知晓，公告期限不得少于六十日。

第六章　简易程序和快速办理
第一节　简易程序
第三十七条　违法事实确凿，且具有下列情形之一的，人民警察可以当场作出处罚决定，有违禁品的，可以当场收缴：

（一）对违反治安管理行为人或者道路交通违法行为人处二百元以下罚款或者警告的；

（二）出入境边防检查机关对违反出境入境管理行为人处五百元以下罚款或者警告的；

（三）对有其他违法行为的个人处五十元以下罚款或者警告、对单位处一千元以下罚款或者警告的；

（四）法律规定可以当场处罚的其他情形。

涉及卖淫、嫖娼、赌博、毒品的案件，不适用当场处罚。

第三十八条　当场处罚，应当按照下列程序实施：

（一）向违法行为人表明执法身份；

（二）收集证据；

（三）口头告知违法行为人拟作出行政处罚决定的事实、理由和依据，并告知违法行为人依法享有的陈述权和申辩权；

（四）充分听取违法行为人的陈述和申辩。违法行为人提出的事实、理由或者证据成立的，应当采纳；

（五）填写当场处罚决定书并当场交付被处罚人；

（六）当场收缴罚款的，同时填写罚款收据，交付被处罚人；未当场收缴罚款的，应当告知被处罚人在规定期限内到指定的银行缴纳罚款。

第三十九条　适用简易程序处罚的，可以由人民警察一人作出行政处罚决定。

人民警察当场作出行政处罚决定的，应当于作出决定后的二十四小时内将当场处罚决定书报所属公安机关备案，交通警察应当于作出决定后的二日内报所属公安机关交通管理部门备案。在旅客列车、民航飞机、水上作出行政处罚决定的，应当在返回后的二十四小时内报所属公安机关备案。

第二节　快速办理
第四十条　对不适用简易程序，但事实清楚，违法嫌疑人自愿认错认罚，且对违法事实和法律适用没有异议的行政案件，公安机关可以通过简化取证方式和审核审批手续等措施快速办理。

第四十一条　行政案件具有下列情形之一的，不适用快速办理：

（一）违法嫌疑人系盲、聋、哑人，未成年人或者疑似精神病人的；

（二）依法应当适用听证程序的；

（三）可能作出十日以上行政拘留处罚的；

（四）其他不宜快速办理的。

第四十二条　快速办理行政案件前，公安机关应当书面告知违法嫌疑人快速办理的相关规定，征得其同意，并由其签名确认。

第四十三条　对符合快速办理条件的行政案件，违法嫌疑人在自行书写材料或者询问笔录中承认违法事实、认错认罚,并有视音频记录、电子数据、检查笔录等关键证据能够相互印证的,公安机关可以不再开展其他调查取证工作。

第四十四条　对适用快速办理的行政案件,可以由专兼职法制员或者办案部门负责人审核后,报公安机关负责人审批。

第四十五条　对快速办理的行政案件,公安机关可以根据不同案件类型,使用简明扼要的格式询问笔录,尽量减少需要文字记录的内容。

被询问人自行书写材料的,办案单位可以提供样式供其参考。

使用执法记录仪等设备对询问过程录音录像的,可以替代书面询问笔录,必要时,对视听资料的关键内容和相应时间段等作文字说明。

第四十六条　对快速办理的行政案件,公安机关可以根据违法行为人认错悔改、纠正违法行为、赔偿损失以及被侵害人谅解情况等情节,依法对违法行为人从轻、减轻处罚或者不予行政处罚。

对快速办理的行政案件,公安机关可以采用口头方式履行处罚前告知程序,由办案人民警察在案卷材料中注明告知情况,并由被告知人签名确认。

第四十七条　对快速办理的行政案件,公安机关应当在违法嫌疑人到案后四十八小时内作出处理决定。

第四十八条　公安机关快速办理行政案件时,发现不适宜快速办理的,转为一般案件办理。快速办理阶段依法收集的证据,可以作为定案的根据。

第七章　调查取证

第一节　一般规定

第四十九条　对行政案件进行调查时,应当合法、及时、客观、全面地收集、调取证据材料,并予以审查、核实。

第五十条　需要调查的案件事实包括:

(一)违法嫌疑人的基本情况;

(二)违法行为是否存在;

(三)违法行为是否为违法嫌疑人实施;

(四)实施违法行为的时间、地点、手段、后果以及其他情节;

(五)违法嫌疑人有无法定从重、从轻、减轻以及不予行政处罚的情形;

(六)与案件有关的其他事实。

第五十一条　公安机关调查取证时,应当防止泄露工作秘密。

第五十二条　公安机关进行询问、辨认、检查、勘验,实施行政强制措施等调查取证工作时,人民警察不得少于二人,并表明执法身份。

接报案、受案登记、接受证据、信息采集、调解、送达文书等工作,可以由一名人民警察带领警务辅助人员进行,但应当全程录音录像。

第五十三条　对查获或者到案的违法嫌疑人应当进行安全检查,发现违禁品或者管制器具、武器、易燃易爆等危险品以及与案件有关的需要作为证据的物品的,应当立即扣押;对违法嫌疑人随身携带的与案件无关的物品,应当按照有关规定予以登记、保管、退还。安全检查不需要开具检查证。

前款规定的扣押适用本规定第五十五条和第五十六条以及本章第七节的规定。

第五十四条　办理行政案件时,可以依法采取下列行政强制措施:

(一)对物品、设施、场所采取扣押、扣留、查封、先行登记保存、抽样取证、封存文件资料等强制措施,对恐怖活动嫌疑人的存款、汇款、债券、股票、基金份额等财产还可以采取冻结措施;

(二)对违法嫌疑人采取保护性约束措施、继续盘问、强制传唤、强制检测、拘留审查、限制活动范围,对恐怖活动嫌疑人采取约束措施等强制措施。

第五十五条　实施行政强制措施应当遵守下列规定:

(一)实施前须依法向公安机关负责人报告并经批准;

(二)通知当事人到场,当场告知当事人采取行政强制措施的理由、依据以及当事人依法享有的权利、救济途径。当事人不到场的,邀请见证人到场,并在现场笔录中注明;

(三)听取当事人的陈述和申辩;

(四)制作现场笔录,由当事人和办案人民警察签名或者盖章,当事人拒绝的,在笔录中注明。当事人不在场的,由见证人和办案人民警察在笔录上签名或

者盖章;

(五)实施限制公民人身自由的行政强制措施的,应当当场告知当事人家属实施强制措施的公安机关、理由、地点和期限;无法当场告知的,应当在实施强制措施后立即通过电话、短信、传真等方式通知;身份不明、拒不提供家属联系方式或者因自然灾害等不可抗力导致无法通知的,可以不予通知。告知、通知家属情况或者无法通知家属的原因应当在询问笔录中注明。

(六)法律、法规规定的其他程序。

勘验、检查时实施行政强制措施,制作勘验、检查笔录的,不再制作现场笔录。

实施行政强制措施的全程录音录像,已经具备本条第一款第二项、第三项规定的实质要素的,可以替代书面现场笔录,但应当对视听资料的关键内容和相应时间段等作文字说明。

第五十六条 情况紧急,当场实施行政强制措施的,办案人民警察应当在二十四小时内依法向其所属的公安机关负责人报告,并补办批准手续。当场实施限制公民人身自由的行政强制措施的,办案人民警察应当在返回单位后立即报告,并补办批准手续。公安机关负责人认为不应当采取行政强制措施的,应当立即解除。

第五十七条 为维护社会秩序,人民警察对有违法嫌疑的人员,经表明执法身份后,可以当场盘问、检查。对当场盘问、检查后,不能排除其违法嫌疑,依法可以适用继续盘问的,可以将其带至公安机关,经公安派出所负责人批准,对其继续盘问。对违反出境入境管理的嫌疑人依法适用继续盘问的,应当经县级以上公安机关或者出入境边防检查机关负责人批准。

继续盘问的时限一般为十二小时;对在十二小时以内确实难以证实或者排除其违法犯罪嫌疑的,可以延长至二十四小时;对不讲真实姓名、住址、身份,且在二十四小时以内仍不能证实或者排除其违法犯罪嫌疑的,可以延长至四十八小时。

第五十八条 违法嫌疑人在醉酒状态中,对本人有危险或者对他人的人身、财产或者公共安全有威胁的,可以对其采取保护性措施约束至酒醒,也可以通知其家属、亲友或者所属单位将其领回看管,必要时,

应当送医院醒酒。对行为举止失控的醉酒人,可以使用约束带或者警绳等进行约束,但是不得使用手铐、脚镣等警械。

约束过程中,应当指定专人严加看护。确认醉酒人酒醒后,应当立即解除约束,并进行询问。约束时间不计算在询问查证时间内。

第五十九条 对恐怖活动嫌疑人实施约束措施,应当遵守下列规定:

(一)实施前须经县级以上公安机关负责人批准;

(二)告知嫌疑人采取约束措施的理由、依据以及其依法享有的权利、救济途径;

(三)听取嫌疑人的陈述和申辩;

(四)出具决定书。

公安机关可以采取电子监控、不定期检查等方式对被约束人遵守约束措施的情况进行监督。

约束措施的期限不得超过三个月。对不需要继续采取约束措施的,应当及时解除并通知被约束人。

第二节 受 案

第六十条 县级公安机关及其公安派出所、依法具有独立执法主体资格的公安机关业务部门以及出入境边防检查站对报案、控告、举报、群众扭送或者违法嫌疑人投案,以及其他国家机关移送的案件,应当及时受理并按照规定进行网上接报案登记。对重复报案、案件正在办理或者已经办结的,应当向报案人、控告人、举报人、扭送人、投案人作出解释,不再登记。

第六十一条 公安机关应当对报案、控告、举报、群众扭送或者违法嫌疑人投案分别作出下列处理,并将处理情况在接报案登记中注明:

(一)对属于本单位管辖范围内的案件,应当立即调查处理,制作受案登记表和受案回执,并将受案回执交报案人、控告人、举报人、扭送人;

(二)对属于公安机关职责范围,但不属于本单位管辖的,应当在二十四小时内移送有管辖权的单位处理,并告知报案人、控告人、举报人、扭送人、投案人;

(三)对不属于公安机关职责范围的事项,在接报案时能够当场判断的,应当立即口头告知报案人、控告人、举报人、扭送人、投案人向其他主管机关报案或者投案,报案人、控告人、举报人、扭送人、投案人对口头告知内容有异议或者不能当场判断的,应当书面告

知,但因没有联系方式、身份不明等客观原因无法书面告知的除外。

在日常执法执勤中发现的违法行为,适用前款规定。

第六十二条　属于公安机关职责范围但不属于本单位管辖的案件,具有下列情形之一的,受理案件或者发现案件的公安机关及其人民警察应当依法先行采取必要的强制措施或者其他处置措施,再移送有管辖权的单位处理:

(一)违法嫌疑人正在实施危害行为的;

(二)正在实施违法行为或者违法后即时被发现的现行犯被扭送至公安机关的;

(三)在逃的违法嫌疑人已被抓获或者被发现的;

(四)有人员伤亡,需要立即采取救治措施的;

(五)其他应当采取紧急措施的情形。

行政案件移送管辖的,询问查证时间和扣押等措施的期限重新计算。

第六十三条　报案人不愿意公开自己的姓名和报案行为的,公安机关应当在受案登记时注明,并为其保密。

第六十四条　对报案人、控告人、举报人、扭送人、投案人提供的有关证据材料、物品等应当登记,出具接受证据清单,并妥善保管。必要时,应当拍照、录音、录像。移送案件时,应当将有关证据材料和物品一并移交。

第六十五条　对发现或者受理的案件暂时无法确定为刑事案件或者行政案件的,可以按照行政案件的程序办理。在办理过程中,认为涉嫌构成犯罪的,应当按照《公安机关办理刑事案件程序规定》办理。

第三节　询　问

第六十六条　询问违法嫌疑人,可以到违法嫌疑人住处或者单位进行,也可以将违法嫌疑人传唤到其所在市、县内的指定地点进行。

第六十七条　需要传唤违法嫌疑人接受调查的,经公安派出所、县级以上公安机关办案部门或者出入境边防检查机关负责人批准,使用传唤证传唤。对现场发现的违法嫌疑人,人民警察经出示人民警察证,可以口头传唤,并在询问笔录中注明违法嫌疑人到案经过、到案时间和离开时间。

单位违反公安行政管理规定,需要传唤其直接负责的主管人员和其他直接责任人员的,适用前款规定。

对无正当理由不接受传唤或者逃避传唤的违反治安管理、出境入境管理的嫌疑人以及法律规定可以强制传唤的其他违法嫌疑人,经公安派出所、县级以上公安机关办案部门或者出入境边防检查机关负责人批准,可以强制传唤。强制传唤时,可以依法使用手铐、警绳等约束性警械。

公安机关应当将传唤的原因和依据告知被传唤人,并通知其家属。公安机关通知被传唤人家属适用本规定第五十五条第一款第五项的规定。

第六十八条　使用传唤证传唤的,违法嫌疑人被传唤到案后和询问查证结束后,应当由其在传唤证上填写到案和离开时间并签名。拒绝填写或者签名的,办案人民警察应当在传唤证上注明。

第六十九条　对被传唤的违法嫌疑人,应当及时询问查证,询问查证的时间不得超过八小时;案情复杂,违法行为依法可能适用行政拘留处罚的,询问查证的时间不得超过二十四小时。

不得以连续传唤的形式变相拘禁违法嫌疑人。

第七十条　对于投案自首或者群众扭送的违法嫌疑人,公安机关应当立即进行询问查证,并在询问笔录中记明违法嫌疑人到案经过、到案和离开时间。询问查证时间适用本规定第六十九条第一款的规定。

对于投案自首或者群众扭送的违法嫌疑人,公安机关应当适用本规定第五十五条第一款第五项的规定通知其家属。

第七十一条　在公安机关询问违法嫌疑人,应当在办案场所进行。

询问查证期间应当保证违法嫌疑人的饮食和必要的休息时间,并在询问笔录中注明。

在询问查证的间隙期间,可以将违法嫌疑人送入候问室,并按照候问室的管理规定执行。

第七十二条　询问违法嫌疑人、被侵害人或者其他证人,应当个别进行。

第七十三条　首次询问违法嫌疑人时,应当问明违法嫌疑人的姓名、出生日期、户籍所在地、现住址、身份证件种类及号码,是否为各级人民代表大会代表,是否受过刑事处罚或者行政拘留、强制隔离戒毒、社区戒毒、收容教养等情况。必要时,还应当问明其家庭主要成员、工作单位、文化程度、民族、身体状况等情况。

违法嫌疑人为外国人的,首次询问时还应当问明其国籍、出入境证件种类及号码、签证种类、入境时间、入境事由等情况。必要时,还应当问明其在华关系人等情况。

第七十四条　询问时,应当告知被询问人必须如实提供证据、证言和故意作伪证或者隐匿证据应负的法律责任,对与本案无关的问题有拒绝回答的权利。

第七十五条　询问未成年人时,应当通知其父母或者其他监护人到场,其父母或者其他监护人不能到场的,也可以通知未成年人的其他成年亲属,所在学校、单位、居住地基层组织或者未成年人保护组织的代表到场,并将有关情况记录在案。确实无法通知或者通知后未到场的,应当在询问笔录中注明。

第七十六条　询问聋哑人,应当有通晓手语的人提供帮助,并在询问笔录中注明被询问人的聋哑情况以及翻译人员的姓名、住址、工作单位和联系方式。

对不通晓当地通用的语言文字的被询问人,应当为其配备翻译人员,并在询问笔录中注明翻译人员的姓名、住址、工作单位和联系方式。

第七十七条　询问笔录应当交被询问人核对,对没有阅读能力的,应当向其宣读。记录有误或者遗漏的,应当允许被询问人更正或者补充,并要求其在修改处捺指印。被询问人确认笔录无误后,应当在询问笔录上逐页签名或者捺指印。拒绝签名和捺指印的,办案人民警察应当在询问笔录中注明。

办案人民警察应当在询问笔录上签名,翻译人员应当在询问笔录的结尾处签名。

询问时,可以全程录音、录像,并保持录音、录像资料的完整性。

第七十八条　询问违法嫌疑人时,应当听取违法嫌疑人的陈述和申辩。对违法嫌疑人的陈述和申辩,应当核查。

第七十九条　询问被侵害人或者其他证人,可以在现场进行,也可以到其单位、学校、住所、其居住地居(村)民委员会或者其提出的地点进行。必要时,也可以书面、电话或者当场通知其到公安机关提供证言。

在现场询问的,办案人民警察应当出示人民警察证。

询问前,应当了解被询问人的身份以及其与被侵害人、其他证人、违法嫌疑人之间的关系。

第八十条　违法嫌疑人、被侵害人或者其他证人请求自行提供书面材料的,应当准许。必要时,办案人民警察也可以要求违法嫌疑人、被侵害人或者其他证人自行书写。违法嫌疑人、被侵害人或者其他证人应当在其提供的书面材料的结尾处签名或者捺指印。对打印的书面材料,违法嫌疑人、被侵害人或者其他证人应当逐页签名或者捺指印。办案人民警察收到书面材料后,应当在首页注明收到日期,并签名。

第四节　勘验、检查

第八十一条　对于违法行为案发现场,必要时应当进行勘验,提取与案件有关的证据材料,判断案件性质,确定调查方向和范围。

现场勘验参照刑事案件现场勘验的有关规定执行。

第八十二条　对与违法行为有关的场所、物品、人身可以进行检查。检查时,人民警察不得少于二人,并应当出示人民警察证和县级以上公安机关开具的检查证。对确有必要立即进行检查的,人民警察经出示人民警察证,可以当场检查;但检查公民住所的,必须有证据表明或者有群众报警公民住所内正在发生危害公共安全或者公民人身安全的案(事)件,或者违法存放危险物质,不立即检查可能会对公共安全或者公民人身、财产安全造成重大危害。

对机关、团体、企业、事业单位或者公共场所进行日常执法监督检查,依照有关法律、法规和规章执行,不适用前款规定。

第八十三条　对违法嫌疑人,可以依法提取或者采集肖像、指纹等人体生物识别信息;涉嫌酒后驾驶机动车、吸毒、从事恐怖活动等违法行为的,可以依照《中华人民共和国道路交通安全法》《中华人民共和国禁毒法》《中华人民共和国反恐怖主义法》等规定提取或者采集血液、尿液、毛发、脱落细胞等生物样本。人身安全检查和当场检查时已经提取、采集的信息,不再提取、采集。

第八十四条　对违法嫌疑人进行检查时,应当尊重被检查人的人格尊严,不得以有损人格尊严的方式进行检查。

检查妇女的身体,应当由女性工作人员进行。

依法对卖淫、嫖娼人员进行性病检查,应当由医生进行。

第八十五条　检查场所或者物品时,应当注意避免对物品造成不必要的损坏。

检查场所时,应当有被检查人或者见证人在场。

第八十六条　检查情况应当制作检查笔录。检查笔录由检查人员、被检查人或者见证人签名;被检查人不在场或者拒绝签名的,办案人民警察应当在检查笔录中注明。

检查时的全程录音录像可以替代书面检查笔录,但应当对视听资料的关键内容和相应时间段等作文字说明。

第五节　鉴　定

第八十七条　为了查明案情,需要对专门性技术问题进行鉴定的,应当指派或者聘请具有专门知识的人员进行。

需要聘请本公安机关以外的人进行鉴定的,应当经公安机关办案部门负责人批准后,制作鉴定聘请书。

第八十八条　公安机关应当为鉴定提供必要的条件,及时送交有关检材和比对样本等原始材料,介绍与鉴定有关的情况,并且明确提出要求鉴定解决的问题。

办案人民警察应当做好检材的保管和送检工作,并注明检材送检环节的责任人,确保检材在流转环节中的同一性和不被污染。

禁止强迫或者暗示鉴定人作出某种鉴定意见。

第八十九条　对人身伤害的鉴定由法医进行。

卫生行政主管部门许可的医疗机构具有执业资格的医生出具的诊断证明,可以作为公安机关认定人身伤害程度的依据,但具有本规定第九十条规定情形的除外。

对精神病的鉴定,由有精神病鉴定资格的鉴定机构进行。

第九十条　人身伤害案件具有下列情形之一的,公安机关应当进行伤情鉴定:

(一)受伤程度较重,可能构成轻伤以上伤害程度的;

(二)被侵害人要求作伤情鉴定的;

(三)违法嫌疑人、被侵害人对伤害程度有争议的。

第九十一条　对需要进行伤情鉴定的案件,被侵害人拒绝提供诊断证明或者拒绝进行伤情鉴定的,公安机关应当将有关情况记录在案,并可以根据已认定的事实作出处理决定。

经公安机关通知,被侵害人无正当理由未在公安机关确定的时间内作伤情鉴定的,视为拒绝鉴定。

第九十二条　对电子数据涉及的专门性问题难以确定的,由司法鉴定机构出具鉴定意见,或者由公安部指定的机构出具报告。

第九十三条　涉案物品价值不明或者难以确定的,公安机关应当委托价格鉴证机构估价。

根据当事人提供的购买发票等票据能够认定价值的涉案物品,或者价值明显不够刑事立案标准的涉案物品,公安机关可以不进行价格鉴证。

第九十四条　对涉嫌吸毒的人员,应当进行吸毒检测,被检测人员应当配合;对拒绝接受检测的,经县级以上公安机关或者其派出机构负责人批准,可以强制检测。采集女性被检测人检测样本,应当由女性工作人员进行。

对涉嫌服用国家管制的精神药品、麻醉药品驾驶机动车的人员,可以对其进行体内国家管制的精神药品、麻醉药品含量检验。

第九十五条　对有酒后驾驶机动车嫌疑的人,应当对其进行呼气酒精测试,对具有下列情形之一的,应当立即提取血样,检验血液酒精含量:

(一)当事人对呼气酒精测试结果有异议的;

(二)当事人拒绝配合呼气酒精测试的;

(三)涉嫌醉酒驾驶机动车的;

(四)涉嫌饮酒后驾驶机动车发生交通事故的。

当事人对呼气酒精测试结果无异议的,应当签字确认。事后提出异议的,不予采纳。

第九十六条　鉴定人鉴定后,应当出具鉴定意见。鉴定意见应当载明委托人、委托鉴定的事项、提交鉴定的相关材料、鉴定的时间、依据和结论性意见等内容，并由鉴定人签名或者盖章。通过分析得出鉴定意见的，应当有分析过程的说明。鉴定意见应当附有鉴定机构和鉴定人的资质证明或者其他证明文件。

鉴定人对鉴定意见负责，不受任何机关、团体、企业、事业单位和个人的干涉。多人参加鉴定，对鉴定意见有不同意见的，应当注明。

鉴定人故意作虚假鉴定的，应当承担法律责任。

第九十七条 办案人民警察应当对鉴定意见进行审查。

对经审查作为证据使用的鉴定意见，公安机关应当在收到鉴定意见之日起五日内将鉴定意见复印件送达违法嫌疑人和被侵害人。

医疗机构出具的诊断证明作为公安机关认定人身伤害程度的依据的，应当将诊断证明结论书面告知违法嫌疑人和被侵害人。

违法嫌疑人或者被侵害人对鉴定意见有异议的，可以在收到鉴定意见复印件之日起三日内提出重新鉴定的申请，经县级以上公安机关批准后，进行重新鉴定。同一行政案件的同一事项重新鉴定以一次为限。

当事人是否申请重新鉴定，不影响案件的正常办理。

公安机关认为必要时，也可以直接决定重新鉴定。

第九十八条 具有下列情形之一的，应当进行重新鉴定：

（一）鉴定程序违法或者违反相关专业技术要求，可能影响鉴定意见正确性的；

（二）鉴定机构、鉴定人不具备鉴定资质和条件的；

（三）鉴定意见明显依据不足的；

（四）鉴定人故意作虚假鉴定的；

（五）鉴定人应当回避而没有回避的；

（六）检材虚假或者被损坏的；

（七）其他应当重新鉴定的。

不符合前款规定情形的，经县级以上公安机关负责人批准，作出不准予重新鉴定的决定，并在作出决

定之日起的三日以内书面通知申请人。

第九十九条 重新鉴定，公安机关应当另行指派或者聘请鉴定人。

第一百条 鉴定费用由公安机关承担，但当事人自行鉴定的除外。

第六节 辨 认

第一百零一条 为了查明案情，办案人民警察可以让违法嫌疑人、被侵害人或者其他证人对与违法行为有关的物品、场所或者违法嫌疑人进行辨认。

第一百零二条 辨认由二名以上办案人民警察主持。

组织辨认前，应当向辨认人详细询问辨认对象的具体特征，并避免辨认人见到辨认对象。

第一百零三条 多名辨认人对同一辨认对象或者一名辨认人对多名辨认对象进行辨认时，应当个别进行。

第一百零四条 辨认时，应当将辨认对象混杂在特征相类似的其他对象中，不得给辨认人任何暗示。

辨认违法嫌疑人时，被辨认的人数不得少于七人；对违法嫌疑人照片进行辨认的，不得少于十人的照片。

辨认每一件物品时，混杂的同类物品不得少于五件。

同一辨认人对与同一案件有关的辨认对象进行多组辨认的，不得重复使用陪衬照片或者陪衬人。

第一百零五条 辨认人不愿意暴露身份的，对违法嫌疑人的辨认可以在不暴露辨认人的情况下进行，公安机关及其人民警察应当为其保守秘密。

第一百零六条 辨认经过和结果，应当制作辨认笔录，由办案人民警察和辨认人签名或者捺指印。必要时，应当对辨认过程进行录音、录像。

第七节 证据保全

第一百零七条 对下列物品，经公安机关负责人批准，可以依法扣押或者扣留：

（一）与治安案件、违反出境入境管理的案件有关的需要作为证据的物品；

（二）道路交通安全法律、法规规定扣留的车辆、机动车驾驶证；

（三）《中华人民共和国反恐怖主

规规定适用扣押或者扣留的物品。

对下列物品,不得扣押或者扣留:

(一)与案件无关的物品;

(二)公民个人及其所扶养家属的生活必需品;

(三)被侵害人或者善意第三人合法占有的财产。

对具有本条第二款第二项、第三项情形的,应当予以登记,写明登记财物的名称、规格、数量、特征,并由占有人签名或者捺指印。必要时,可以进行拍照。但是,与案件有关必须鉴定的,可以依法扣押,结束后应当立即解除。

第一百零八条　办理下列行政案件时,对专门用于从事无证经营活动的场所、设施、物品,经公安机关负责人批准,可以依法查封。但对与违法行为无关的场所、设施,公民个人及其扶养家属的生活必需品不得查封:

(一)擅自经营按照国家规定需要由公安机关许可的行业的;

(二)依照《娱乐场所管理条例》可以由公安机关采取取缔措施的;

(三)《中华人民共和国反恐怖主义法》等法律、法规规定适用查封的其他公安行政案件。

场所、设施、物品已被其他国家机关依法查封的,不得重复查封。

第一百零九条　收集证据时,经公安机关办案部门负责人批准,可以采取抽样取证的方法。

抽样取证应当采取随机的方式,抽取样品的数量以能够认定本品的品质特征为限。

抽样取证时,应当对抽样取证的现场、被抽样物品及被抽取的样品进行拍照或者对抽样过程进行录像。

对抽取的样品应当及时进行检验。经检验,能够作为证据使用的,应当依法扣押、先行登记保存或者登记;不属于证据的,应当及时返还样品。样品有减损的,应当予以补偿。

第一百一十条　在证据可能灭失或者以后难以取得的情况下,经公安机关办案部门负责人批准,可以先行登记保存。

先行登记保存期间,证据持有人及其他人员不得损毁或者转移证据。

对先行登记保存的证据,应当在七日内作出处理决定。逾期不作出处理决定的,视为自动解除。

第一百一十一条　实施扣押、扣留、查封、抽样取证、先行登记保存等证据保全措施时,应当会同当事人查点清楚,制作并当场交付证据保全决定书。必要时,应当对采取证据保全措施的证据进行拍照或者对采取证据保全的过程进行录像。证据保全决定书应当载明下列事项:

(一)当事人的姓名或者名称、地址;

(二)抽样取证、先行登记保存、扣押、扣留、查封的理由、依据和期限;

(三)申请行政复议或者提起行政诉讼的途径和期限;

(四)作出决定的公安机关的名称、印章和日期。

证据保全决定书应当附清单,载明被采取证据保全措施的场所、设施、物品的名称、规格、数量、特征等,由办案人民警察和当事人签名后,一份交当事人,一份附卷。有见证人的,还应当由见证人签名。当事人或者见证人拒绝签名的,办案人民警察应当在证据保全清单上注明。

对可以作为证据使用的录音带、录像带,在扣押时应当予以检查,记明案由、内容以及录取和复制的时间、地点等,并妥为保管。

对扣押的电子数据原始存储介质,应当封存,保证在不解除封存状态的情况下,无法增加、删除、修改电子数据,并在证据保全清单中记录封存状态。

第一百一十二条　扣押、扣留、查封期限为三十日,情况复杂的,经县级以上公安机关负责人批准,可以延长三十日;法律、行政法规另有规定的除外。延长扣押、扣留、查封期限的,应当及时书面告知当事人,并说明理由。

对物品需要进行鉴定的,鉴定期间不计入扣押、扣留、查封期间,但应当将鉴定的期间书面告知当事人。

第一百一十三条　公安机关对恐怖活动嫌疑人的存款、汇款、债券、股票、基金份额等财产采取冻结措施的,应当经县级以上公安机关负责人批准,向金融机构交付冻结通知书。

作出冻结决定的公安机关应当在三日内向恐怖

活动嫌疑人交付冻结决定书。冻结决定书应当载明下列事项：

（一）恐怖活动嫌疑人的姓名或者名称、地址；

（二）冻结的理由、依据和期限；

（三）冻结的账号和数额；

（四）申请行政复议或者提起行政诉讼的途径和期限；

（五）公安机关的名称、印章和日期。

第一百一十四条　自被冻结之日起二个月内，公安机关应当作出处理决定或者解除冻结；情况复杂的，经上一级公安机关负责人批准，可以延长一个月。

延长冻结的决定应当及时书面告知恐怖活动嫌疑人，并说明理由。

第一百一十五条　有下列情形之一的，公安机关应当立即退还财物，并由当事人签名确认；不涉及财物退还的，应当书面通知当事人解除证据保全：

（一）当事人没有违法行为的；

（二）被采取证据保全的场所、设施、物品、财产与违法行为无关的；

（三）已经作出处理决定，不再需要采取证据保全措施的；

（四）采取证据保全措施的期限已经届满的；

（五）其他不再需要采取证据保全措施的。

作出解除冻结决定的，应当及时通知金融机构。

第一百一十六条　行政案件变更管辖时，与案件有关的财物及其孳息应当随案移交，并书面告知当事人。移交时，由接收人、移交人当面查点清楚，并在交接单据上共同签名。

第八节　办案协作

第一百一十七条　办理行政案件需要异地公安机关协作的，应当制作办案协作函。负责协作的公安机关接到请求协作的函件后，应当办理。

第一百一十八条　需要到异地执行传唤的，办案人民警察应当持传唤证、办案协作函件和人民警察证，与协作地公安机关联系，在协作地公安机关的协作下进行传唤。协作地公安机关应当协助将违法嫌疑人传唤到其所在市、县内的指定地点或者到其住处、单位进行询问。

第一百一十九条　需要异地办理检查、查询，查

封、扣押或者冻结与案件有关的财物、文件的，应当持相关的法律文书、办案协作函件和人民警察证，与协作地公安机关联系，协作地公安机关应当协助执行。

在紧急情况下，可以将办案协作函件和相关的法律文书传真或者通过执法办案信息系统发送至协作地公安机关，协作地公安机关应当及时采取措施。办案地公安机关应当立即派员前往协作地办理。

第一百二十条　需要进行远程视频询问、处罚前告知的，应当由协作地公安机关事先核实被询问、告知人的身份。办案地公安机关应当制作询问、告知笔录并传输至协作地公安机关。询问、告知笔录经被询问、告知人确认并逐页签名或者捺指印后，由协作地公安机关协作人员签名或者盖章，并将原件或者电子签名笔录提供给办案地公安机关。办案地公安机关负责询问、告知的人民警察应当在首页注明收到日期，并签名或者盖章。询问、告知过程应当全程录音录像。

第一百二十一条　办案地公安机关可以委托异地公安机关代为询问、向有关单位和个人调取电子数据、接收自行书写材料、进行辨认、履行处罚前告知程序、送达法律文书等工作。

委托代为询问、辨认、处罚前告知的，办案地公安机关应当列出明确具体的询问、辨认、告知提纲，提供被辨认对象的照片和陪衬照片。

委托代为向有关单位和个人调取电子数据的，办案地公安机关应当将办案协作函件和相关法律文书传真或者通过执法办案信息系统发送至协作地公安机关，由协作地公安机关办案部门审核确认后办理。

第一百二十二条　协作地公安机关依照办案地公安机关的要求，依法履行办案协作职责所产生的法律责任，由办案地公安机关承担。

第八章　听证程序

第一节　一般规定

第一百二十三条　在作出下列行政处罚决定之前，应当告知违法嫌疑人有要求举行听证的权利：

（一）责令停产停业；

（二）吊销许可证或者执照；

（三）较大数额罚款；

（四）法律、法规和规章规定违法嫌疑人可以要求

举行听证的其他情形。

前款第三项所称"较大数额罚款",是指对个人处以二千元以上罚款,对单位处以一万元以上罚款,对违反边防出境入境管理法律、法规和规章的个人处以六千元以上罚款。对依据地方性法规或者地方政府规章作出的罚款处罚,适用听证的罚款数额按照地方规定执行。

第一百二十四条　听证由公安机关法制部门组织实施。

依法具有独立执法主体资格的公安机关业务部门以及出入境边防检查站依法作出行政处罚决定的,由其非本案调查人员组织听证。

第一百二十五条　公安机关不得因违法嫌疑人提出听证要求而加重处罚。

第一百二十六条　听证人员应当就行政案件的事实、证据、程序、适用法律等方面全面听取当事人陈述和申辩。

第二节　听证人员和听证参加人

第一百二十七条　听证设听证主持人一名,负责组织听证;记录员一名,负责制作听证笔录。必要时,可以设听证员一至二名,协助听证主持人进行听证。

本案调查人员不得担任听证主持人、听证员或者记录员。

第一百二十八条　听证主持人决定或者开展下列事项:

(一)举行听证的时间、地点;

(二)听证是否公开举行;

(三)要求听证参加人到场参加听证,提供或者补充证据;

(四)听证的延期、中止或者终止;

(五)主持听证,就案件的事实、理由、证据、程序、适用法律等组织质证和辩论;

(六)维持听证秩序,对违反听证纪律的行为予以制止;

(七)听证员、记录员的回避;

(八)其他有关事项。

第一百二十九条　听证参加人包括:

(一)当事人及其代理人;

(二)本案办案人民警察;

(三)证人、鉴定人、翻译人员;

(四)其他有关人员。

第一百三十条　当事人在听证活动中享有下列权利:

(一)申请回避;

(二)委托一至二人代理参加听证;

(三)进行陈述、申辩和质证;

(四)核对、补正听证笔录;

(五)依法享有的其他权利。

第一百三十一条　与听证案件处理结果有直接利害关系的其他公民、法人或者其他组织,作为第三人申请参加听证的,应当允许。为查明案情,必要时,听证主持人也可以通知其参加听证。

第三节　听证的告知、申请和受理

第一百三十二条　对适用听证程序的行政案件,办案部门在提出处罚意见后,应当告知违法嫌疑人拟作出的行政处罚和有要求举行听证的权利。

第一百三十三条　违法嫌疑人要求听证的,应当在公安机关告知后三日内提出申请。

第一百三十四条　违法嫌疑人放弃听证或者撤回听证要求后,处罚决定作出前,又提出听证要求的,只要在听证申请有效期限内,应当允许。

第一百三十五条　公安机关收到听证申请后,应当在二日内决定是否受理。认为听证申请人的要求不符合听证条件,决定不予受理的,应当制作不予受理听证通知书,告知听证申请人。逾期不通知听证申请人的,视为受理。

第一百三十六条　公安机关受理听证后,应当在举行听证的七日前将举行听证通知书送达听证申请人,并将举行听证的时间、地点通知其他听证参加人。

第四节　听证的举行

第一百三十七条　听证应当在公安机关收到听证申请之日起十日内举行。

除涉及国家秘密、商业秘密、个人隐私的行政案件外,听证应当公开举行。

第一百三十八条　听证申请人不能按期参加听证的,可以申请延期,是否准许,由听证主持人决定。

第一百三十九条　二个以上违法嫌疑人分别对同一行政案件提出听证要求的,可以合并举行。

第一百四十条 同一行政案件中有二个以上违法嫌疑人，其中部分违法嫌疑人提出听证申请的，应当在听证举行后一并作出处理决定。

第一百四十一条 听证开始时，听证主持人核对听证参加人；宣布案由；宣布听证员、记录员和翻译人员名单；告知当事人在听证中的权利和义务；询问当事人是否提出回避申请；对不公开听证的行政案件，宣布不公开听证的理由。

第一百四十二条 听证开始后，首先由办案人民警察提出听证申请人违法的事实、证据和法律依据及行政处罚意见。

第一百四十三条 办案人民警察提出证据时，应当向听证会出示。对证人证言、鉴定意见、勘验笔录和其他作为证据的文书，应当当场宣读。

第一百四十四条 听证申请人可以就办案人民警察提出的违法事实、证据和法律依据以及行政处罚意见进行陈述、申辩和质证，并可以提出新的证据。

第三人可以陈述事实，提出新的证据。

第一百四十五条 听证过程中，当事人及其代理人有权申请通知新的证人到会作证，调取新的证据。对上述申请，听证主持人应当当场作出是否同意的决定；申请重新鉴定的，按照本规定第七章第五节有关规定办理。

第一百四十六条 听证申请人、第三人和办案人民警察可以围绕案件的事实、证据、程序、适用法律、处罚种类和幅度等问题进行辩论。

第一百四十七条 辩论结束后，听证主持人应当听取听证申请人、第三人、办案人民警察各方最后陈述意见。

第一百四十八条 听证过程中，遇有下列情形之一，听证主持人可以中止听证：

（一）需要通知新的证人到会、调取新的证据或者需要重新鉴定或者勘验的；

（二）因回避致使听证不能继续进行的；

（三）其他需要中止听证的。

中止听证的情形消除后，听证主持人应当及时恢复听证。

第一百四十九条 听证过程中，遇有下列情形之一，应当终止听证：

（一）听证申请人撤回听证申请的；

（二）听证申请人及其代理人无正当理由拒不出席或者未经听证主持人许可中途退出听证的；

（三）听证申请人死亡或者作为听证申请人的法人或者其他组织被撤销、解散的；

（四）听证过程中，听证申请人或者其代理人扰乱听证秩序，不听劝阻，致使听证无法正常进行的；

（五）其他需要终止听证的。

第一百五十条 听证参加人和旁听人员应当遵守听证会场纪律。对违反听证会场纪律的，听证主持人应当警告制止；对不听制止，干扰听证正常进行的旁听人员，责令其退场。

第一百五十一条 记录员应当将举行听证的情况记入听证笔录。听证笔录应当载明下列内容：

（一）案由；

（二）听证的时间、地点和方式；

（三）听证人员和听证参加人的身份情况；

（四）办案人民警察陈述的事实、证据和法律依据以及行政处罚意见；

（五）听证申请人或者其代理人的陈述和申辩；

（六）第三人陈述的事实和理由；

（七）办案人民警察、听证申请人或者其代理人、第三人质证、辩论的内容；

（八）证人陈述的事实；

（九）听证申请人、第三人、办案人民警察的最后陈述意见；

（十）其他事项。

第一百五十二条 听证笔录应当交听证申请人阅读或者向其宣读。听证笔录中的证人陈述部分，应当交证人阅读或者向其宣读。听证申请人或者证人认为听证笔录有误的，可以请求补充或者改正。听证申请人或者证人审核无误后签名或者捺指印。听证申请人或者证人拒绝的，由记录员在听证笔录中记明情况。

听证笔录经听证主持人审阅后，由听证主持人、听证员和记录员签名。

第一百五十三条 听证结束后，听证主持人应当写出听证报告书，连同听证笔录一并报送公安机关负责人。

听证报告书应当包括下列内容:

(一)案由;

(二)听证人员和听证参加人的基本情况;

(三)听证的时间、地点和方式;

(四)听证会的基本情况;

(五)案件事实;

(六)处理意见和建议。

第九章 行政处理决定
第一节 行政处罚的适用

第一百五十四条 违反治安管理行为在六个月内没有被公安机关发现,其他违法行为在二年内没有被公安机关发现的,不再给予行政处罚。

前款规定的期限,从违法行为发生之日起计算,违法行为有连续、继续或者持续状态的,从行为终了之日起计算。

被侵害人在违法行为追究时效内向公安机关控告,公安机关应当受理而不受理的,不受本条第一款追究时效的限制。

第一百五十五条 实施行政处罚时,应当责令违法行为人当场或者限期改正违法行为。

第一百五十六条 对违法行为人的同一个违法行为,不得给予两次以上罚款的行政处罚。

第一百五十七条 不满十四周岁的人有违法行为的,不予行政处罚,但是应当责令其监护人严加管教,并在不予行政处罚决定书中载明。已满十四周岁不满十八周岁的人有违法行为的,从轻或者减轻行政处罚。

第一百五十八条 精神病人在不能辨认或者不能控制自己行为时有违法行为的,不予行政处罚,但应当责令其监护人严加看管和治疗,并在不予行政处罚决定书中载明。间歇性精神病人在精神正常时有违法行为的,应当给予行政处罚。尚未完全丧失辨认或者控制自己行为能力的精神病人有违法行为的,应当予以行政处罚,但可以从轻或者减轻行政处罚。

第一百五十九条 违法行为人有下列情形之一的,应当从轻、减轻处罚或者不予行政处罚:

(一)主动消除或者减轻违法行为危害后果,并取得被侵害人谅解的;

(二)受他人胁迫或者诱骗的;

(三)有立功表现的;

(四)主动投案,向公安机关如实陈述自己的违法行为的;

(五)其他依法应当从轻、减轻或者不予行政处罚的。

违法行为轻微并及时纠正,没有造成危害后果的,不予行政处罚。

盲人或者又聋又哑的人违反治安管理的,可以从轻、减轻或者不予行政处罚;醉酒的人违反治安管理的,应当给予处罚。

第一百六十条 违法行为人有下列情形之一的,应当从重处罚:

(一)有较严重后果的;

(二)教唆、胁迫、诱骗他人实施违法行为的;

(三)对报案人、控告人、举报人、证人等打击报复的;

(四)六个月内曾受过治安管理处罚或者一年内因同类违法行为受到两次以上公安行政处罚的;

(五)刑罚执行完毕三年内,或者在缓刑期间,违反治安管理的。

第一百六十一条 一人有两种以上违法行为的,分别决定,合并执行,可以制作一份决定书,分别写明对每种违法行为的处理内容和合并执行的内容。

一个案件有多个违法行为人的,分别决定,可以制作一式多份决定书,写明给予每个人的处理决定,分别送达每一个违法行为人。

第一百六十二条 行政拘留处罚合并执行的,最长不超过二十日。

行政拘留处罚执行完毕前,发现违法行为人有其他违法行为,公安机关依法作出行政拘留决定的,与正在执行的行政拘留合并执行。

第一百六十三条 对决定给予行政拘留处罚的人,在处罚前因同一行为已经被采取强制措施限制人身自由的时间应当折抵。限制人身自由一日,折抵执行行政拘留一日。询问查证、继续盘问和采取约束措施的时间不予折抵。

被采取强制措施限制人身自由的时间超过决定的行政拘留期限的,行政拘留决定不再执行。

第一百六十四条 违法行为人具有下列情形之

一、依法应当给予行政拘留处罚的,应当作出处罚决定,但不送拘留所执行:

(一)已满十四周岁不满十六周岁的;

(二)已满十六周岁不满十八周岁,初次违反治安管理或者其他公安行政管理的。但是,曾被收容教养、被行政拘留依法不执行行政拘留或者曾因实施扰乱公共秩序,妨害公共安全,侵犯人身权利、财产权利,妨害社会管理的行为被人民法院判决有罪的除外;

(三)七十周岁以上的;

(四)孕妇或者正在哺乳自己婴儿的妇女。

第二节　行政处理的决定

第一百六十五条　公安机关办理治安案件的期限,自受理之日起不得超过三十日;案情重大、复杂的,经上一级公安机关批准,可以延长三十日。办理其他行政案件,有法定办案期限的,按照相关法律规定办理。

为了查明案情进行鉴定的期间,不计入办案期限。

对因违反治安管理行为人不明或者逃跑等客观原因造成案件在法定期限内无法作出行政处理决定的,公安机关应当继续进行调查取证,并向被侵害人说明情况,及时依法作出处理决定。

第一百六十六条　违法嫌疑人不讲真实姓名、住址,身份不明,但只要违法事实清楚、证据确实充分的,可以按其自报的姓名并贴附照片作出处理决定,并在相关法律文书中注明。

第一百六十七条　在作出行政处罚决定前,应当告知违法嫌疑人拟作出行政处罚决定的事实、理由及依据,并告知违法嫌疑人依法享有陈述权和申辩权。单位违法的,应当告知其法定代表人、主要负责人或者其授权的人员。

适用一般程序作出行政处罚决定的,采用书面形式或者笔录形式告知。

依照本规定第一百七十二条第一款第三项作出不予行政处罚决定的,可以不履行本条第一款规定的告知程序。

第一百六十八条　对违法行为事实清楚,证据确实充分,依法应当予以行政处罚,因违法行为人逃跑

等原因无法履行告知义务的,公安机关可以采取公告方式予以告知。自公告之日起七日内,违法嫌疑人未提出申辩的,可以依法作出行政处罚决定。

第一百六十九条　违法嫌疑人有权进行陈述和申辩。对违法嫌疑人提出的新的事实、理由和证据,公安机关应当进行复核。

公安机关不得因违法嫌疑人申辩而加重处罚。

第一百七十条　对行政案件进行审核、审批时,应当审查下列内容:

(一)违法嫌疑人的基本情况;

(二)案件事实是否清楚,证据是否确实充分;

(三)案件定性是否准确;

(四)适用法律、法规和规章是否正确;

(五)办案程序是否合法;

(六)拟作出的处理决定是否适当。

第一百七十一条　法制员或者办案部门指定的人员、办案部门负责人、法制部门的人员可以作为行政案件审核人员。

初次从事行政处罚决定审核的人员,应当通过国家统一法律职业资格考试取得法律职业资格。

第一百七十二条　公安机关根据行政案件的不同情况分别作出下列处理决定:

(一)确有违法行为,应当给予行政处罚的,根据其情节和危害后果的轻重,作出行政处罚决定;

(二)确有违法行为,但有依法不予行政处罚情形的,作出不予行政处罚决定;有违法所得和非法财物、违禁品、管制器具的,应当予以追缴或者收缴;

(三)违法事实不能成立的,作出不予行政处罚决定;

(四)对需要给予社区戒毒、强制隔离戒毒、收容教养等处理的,依法作出决定;

(五)违法行为涉嫌构成犯罪的,转为刑事案件办理或者移送有权处理的主管机关、部门办理,无需撤销行政案件。公安机关已经作出行政处理决定的,应当附卷;

(六)发现违法行为人有其他违法行为的,在依法作出行政处理决定的同时,通知有关行政主管部门处理。

对已经依照前款第三项作出不予行政处罚决定

的案件,又发现新的证据的,应当依法及时调查;违法行为能够认定的,依法重新作出处理决定,并撤销原不予行政处罚决定。

治安案件有被侵害人的,公安机关应当在作出不予行政处罚或者处罚决定之日起二日内将决定书复印件送达被侵害人。无法送达的,应当注明。

第一百七十三条　行政拘留处罚由县级以上公安机关或者出入境边防检查机关决定。依法应当对违法行为人予以行政拘留的,公安派出所、依法具有独立执法主体资格的公安机关业务部门应当报其所属的县级以上公安机关决定。

第一百七十四条　对县级以上的各级人民代表大会代表予以行政拘留的,作出处罚决定前应当经该级人民代表大会主席团或者人民代表大会常务委员会许可。

对乡、民族乡、镇的人民代表大会代表予以行政拘留的,作出决定的公安机关应当立即报告乡、民族乡、镇的人民代表大会。

第一百七十五条　作出行政处罚决定的,应当制作行政处罚决定书。决定书应当载明下列内容:

(一)被处罚人的姓名、性别、出生日期、身份证件种类及号码、户籍所在地、现住址、工作单位、违法经历以及被处罚单位的名称、地址和法定代表人;

(二)违法事实和证据以及从重、从轻、减轻等情节;

(三)处罚的种类、幅度和法律依据;

(四)处罚的执行方式和期限;

(五)对涉案财物的处理结果及对被处罚人的其他处理情况;

(六)对处罚决定不服,申请行政复议、提起行政诉讼的途径和期限;

(七)作出决定的公安机关的名称、印章和日期。

作出罚款处罚的,行政处罚决定书应当载明逾期不缴纳罚款依法加处罚款的标准和最高限额;对涉案财物作出处理的,行政处罚决定书应当附没收、收缴、追缴物品清单。

第一百七十六条　作出行政拘留处罚决定的,应当及时将处罚情况和执行场所或者依法不执行的情况通知被处罚人家属。

作出社区戒毒决定的,应当通知被决定人户籍所在地或者现居住地的城市街道办事处、乡镇人民政府。作出强制隔离戒毒、收容教养决定的,应当在法定期限内通知被决定人的家属、所在单位、户籍所在地公安派出所。

被处理人拒不提供家属联系方式或者不讲真实姓名、住址,身份不明的,可以不予通知,但应当在附卷的决定书中注明。

第一百七十七条　公安机关办理的刑事案件,尚不够刑事处罚,依法应当给予公安行政处理的,经县级以上公安机关负责人批准,依照本章规定作出处理决定。

第十章　治安调解

第一百七十八条　对于因民间纠纷引起的殴打他人、故意伤害、侮辱、诽谤、诬告陷害、故意损毁财物、干扰他人正常生活、侵犯隐私、非法侵入住宅等违反治安管理行为,情节较轻,且具有下列情形之一的,可以调解处理:

(一)亲友、邻里、同事、在校学生之间因琐事发生纠纷引起的;

(二)行为人的侵害行为系由被侵害人事前的过错行为引起的;

(三)其他适用调解处理更易化解矛盾的。

对不构成违反治安管理行为的民间纠纷,应当告知当事人向人民法院或者人民调解组织申请处理。

对情节轻微、事实清楚、因果关系明确,不涉及医疗费用、物品损失或者双方当事人对医疗费用和物品损失的赔付无争议,符合治安调解条件,双方当事人同意当场调解并当场履行的治安案件,可以当场调解,并制作调解协议书。当事人基本情况、主要违法事实和协议内容在现场录音录像中明确记录的,不再制作调解协议书。

第一百七十九条　具有下列情形之一的,不适用调解处理:

(一)雇凶伤害他人的;

(二)结伙斗殴或者其他寻衅滋事的;

(三)多次实施违反治安管理行为的;

(四)当事人明确表示不愿意调解处理的;

(五)当事人在治安调解过程中又针对对方实施

违反治安管理行为的；

(六)调解过程中,违法嫌疑人逃跑的；

(七)其他不宜调解处理的。

第一百八十条　调解处理案件,应当查明事实,收集证据,并遵循合法、公正、自愿、及时的原则,注重教育和疏导,化解矛盾。

第一百八十一条　当事人中有未成年人的,调解时应当通知其父母或者其他监护人到场。但是,当事人为年满十六周岁以上的未成年人,以自己的劳动收入为主要生活来源,本人同意不通知的,可以不通知。

被侵害人委托其他人参加调解的,应当向公安机关提交委托书,并写明委托权限。违法嫌疑人不得委托他人参加调解。

第一百八十二条　对因邻里纠纷引起的治安案件进行调解时,可以邀请当事人居住地的居(村)民委员会的人员或者双方当事人熟悉的人员参加帮助调解。

第一百八十三条　调解一般为一次。对一次调解不成,公安机关认为有必要或者当事人申请的,可以再次调解,并应当在第一次调解后的七个工作日内完成。

第一百八十四条　调解达成协议的,在公安机关主持下制作调解协议书,双方当事人应当在调解协议书上签名,并履行调解协议。

调解协议书应当包括调解机关名称、主持人、双方当事人和其他在场人员的基本情况,案件发生时间、地点、人员、起因、经过、情节、结果等情况、协议内容、履行期限和方式等内容。

对调解达成协议的,应当保存案件证据材料,与其他文书材料和调解协议书一并归入案卷。

第一百八十五条　调解达成协议并履行的,公安机关不再处罚。对调解未达成协议或者达成协议后不履行的,应当对违反治安管理行为人依法予以处罚；对违法行为造成的损害赔偿纠纷,公安机关可以进行调解,调解不成的,应当告知当事人向人民法院提起民事诉讼。

调解案件的办案期限从调解未达成协议或者调解达成协议不履行之日起开始计算。

第一百八十六条　对符合本规定第一百七十八条规定的治安案件,当事人申请人民调解或者自行和解,达成协议并履行后,双方当事人书面申请并经公安机关认可的,公安机关不予治安管理处罚,但公安机关已依法作出处理决定的除外。

第十一章　涉案财物的管理和处理

第一百八十七条　对于依法扣押、扣留、查封、抽样取证、追缴、收缴的财物以及由公安机关负责保管的先行登记保存的财物,公安机关应当妥善保管,不得使用、挪用、调换或者损毁。造成损失的,应当承担赔偿责任。

涉案财物的保管费用由作出决定的公安机关承担。

第一百八十八条　县级以上公安机关应当指定一个内设部门作为涉案财物管理部门,负责对涉案财物实行统一管理,并设立或者指定专门保管场所,对涉案财物进行集中保管。涉案财物集中保管的范围,由地方公安机关根据本地区实际情况确定。

对价值较低、易于保管,或者需要作为证据继续使用,以及需要先行返还被侵害人的涉案财物,可以由办案部门设置专门的场所进行保管。办案部门应当指定不承担办案工作的民警负责本部门涉案财物的接收、保管、移交等管理工作；严禁由办案人员自行保管涉案财物。

对查封的场所、设施、财物,可以委托第三人保管,第三人不得损毁或者擅自转移、处置。因第三人的原因造成的损失,公安机关先行赔付后,有权向第三人追偿。

第一百八十九条　公安机关涉案财物管理部门和办案部门应当建立电子台账,对涉案财物逐一编号登记,载明案由、来源、保管状态、场所和去向。

第一百九十条　办案人民警察应当在依法提取涉案财物后的二十四小时内将财物移交涉案财物管理人员,并办理移交手续。对查封、冻结、先行登记保存的涉案财物,应当在采取措施后的二十四小时内,将法律文书复印件及涉案财物的情况送交涉案财物管理人员予以登记。

在异地或者在偏远、交通不便地区提取涉案财物的,办案人民警察应当在返回单位后的二十四小时内移交。

对情况紧急,需要在提取涉案财物后的二十四小时内进行鉴定、辨认、检验、检查等工作的,经办案部门负责人批准,可以在完成上述工作后的二十四小时内移交。

在提取涉案财物后的二十四小时内已将涉案财物处理完毕的,不再移交,但应当将处理涉案财物的相关手续附卷保存。

因询问、鉴定、辨认、检验、检查等办案需要,经办案部门负责人批准,办案人民警察可以调用涉案财物,并及时归还。

第一百九十一条　对容易腐烂变质及其他不易保管的物品、危险物品,经公安机关负责人批准,在拍照或者录像后依法变卖或者拍卖,变卖或者拍卖的价款暂予保存,待结案后按有关规定处理。

对易燃、易爆、毒害性、放射性等危险物品应当存放在符合危险物品存放条件的专门场所。

对属于被侵害人或者善意第三人合法占有的财物,应当在登记、拍照或者录像、估价后及时返还,并在案卷中注明返还的理由,将原物照片、清单和领取手续存卷备查。

对不宜入卷的物证,应当拍照入卷,原物在结案后按照有关规定处理。

第一百九十二条　有关违法行为查证属实后,对有证据证明权属明确且无争议的被侵害人合法财物及其孳息,凡返还不损害其他被侵害人或者利害关系人的利益,不影响案件正常办理的,应当在登记、拍照或者录像和估价后,及时发还被侵害人。办案人民警察应当在案卷材料中注明返还的理由,并将原物照片、清单和被侵害人的领取手续附卷。

第一百九十三条　在作出行政处理决定时,应当对涉案财物一并作出处理。

第一百九十四条　对在办理行政案件中查获的下列物品应当依法收缴:

(一)毒品、淫秽物品等违禁品;

(二)赌具和赌资;

(三)吸食、注射毒品的用具;

(四)伪造、变造的公文、证件、证明文件、票证、印章等;

(五)倒卖的车船票、文艺演出票、体育比赛入场

券等有价票证;

(六)主要用于实施违法行为的本人所有的工具以及直接用于实施毒品违法行为的资金;

(七)法律、法规规定可以收缴的其他非法财物。

前款第六项所列的工具,除非有证据表明属于他人合法所有,可以直接认定为违法行为人本人所有。对明显无价值的,可以不作出收缴决定,但应当在证据保全文书中注明处理情况。

违法所得应当依法予以追缴或者没收。

多名违法行为人共同实施违法行为,违法所得或者非法财物无法分清所有人的,作为共同违法所得或者非法财物予以处理。

第一百九十五条　收缴由县级以上公安机关决定。但是,违禁品,管制器具,吸食、注射毒品的用具以及非法财物价值在五百元以下且当事人对财物价值无异议的,公安派出所可以收缴。

追缴由县级以上公安机关决定。但是,追缴的财物应当退还被侵害人的,公安派出所可以追缴。

第一百九十六条　对收缴和追缴的财物,经原决定机关负责人批准,按照下列规定分别处理:

(一)属于被侵害人或者善意第三人的合法财物,应当及时返还;

(二)没有被侵害人的,登记造册,按规定上缴国库或者依法变卖、拍卖后,将所得款项上缴国库;

(三)违禁品、没有价值的物品,或者价值轻微,无法变卖、拍卖的物品,统一登记造册后销毁;

(四)对无法变卖或者拍卖的危险物品,由县级以上公安机关主管部门组织销毁或者交有关厂家回收。

第一百九十七条　对应当退还原主或者当事人的财物,通知原主或者当事人在六个月内来领取;原主不明确的,应当采取公告方式告知原主认领。在通知原主、当事人或者公告后六个月内,无人认领的,按无主财物处理,登记后上缴国库,或者依法变卖或者拍卖后,将所得款项上缴国库。遇有特殊情况的,可酌情延期处理,延长期限最长不超过三个月。

第十二章　执　行

第一节　一般规定

第一百九十八条　公安机关依法作出行政处理决定后,被处理人应当在行政处理决定的期限内予以

履行。逾期不履行的,作出行政处理决定的公安机关可以依法强制执行或者申请人民法院强制执行。

第一百九十九条　被处理人对行政处理决定不服申请行政复议或者提起行政诉讼的,行政处理决定不停止执行,但法律另有规定的除外。

第二百条　公安机关在依法作出强制执行决定或者申请人民法院强制执行前,应当事先催告被处理人履行行政处理决定。催告以书面形式作出,并直接送达被处理人。被处理人拒绝接受或者无法直接送达被处理人的,依照本规定第五章的有关规定送达。

催告书应当载明下列事项:

(一)履行行政处理决定的期限和方式;

(二)涉及金钱给付的,应当有明确的金额和给付方式;

(三)被处理人依法享有的陈述权和申辩权。

第二百零一条　被处理人收到催告书后有权进行陈述和申辩。公安机关应当充分听取并记录、复核。被处理人提出的事实、理由或者证据成立的,公安机关应当采纳。

第二百零二条　经催告,被处理人无正当理由逾期仍不履行行政处理决定,法律规定由公安机关强制执行的,公安机关可以依法作出强制执行决定。

在催告期间,对有证据证明有转移或者隐匿财物迹象的,公安机关可以作出立即强制执行决定。

强制执行决定应当以书面形式作出,并载明下列事项:

(一)被处理人的姓名或者名称、地址;

(二)强制执行的理由和依据;

(三)强制执行的方式和时间;

(四)申请行政复议或者提起行政诉讼的途径和期限;

(五)作出决定的公安机关名称、印章和日期。

第二百零三条　依法作出要求被处理人履行排除妨碍、恢复原状等义务的行政处理决定,被处理人逾期不履行,经催告仍不履行,其后果已经或者将危害交通安全的,公安机关可以代履行,或者委托没有利害关系的第三人代履行。

代履行应当遵守下列规定:

(一)代履行前送达决定书,代履行决定书应当载明当事人的姓名或者名称、地址,代履行的理由和依据、方式和时间、标的、费用预算及代履行人;

(二)代履行三日前,催告当事人履行,当事人履行的,停止代履行;

(三)代履行时,作出决定的公安机关应当派员到场监督;

(四)代履行完毕,公安机关到场监督人员、代履行人和当事人或者见证人应当在执行文书上签名或者盖章。

代履行的费用由当事人承担。但是,法律另有规定的除外。

第二百零四条　需要立即清理道路的障碍物,当事人不能清除的,或者有其他紧急情况需要立即履行的,公安机关可以决定立即实施代履行。当事人不在场的,公安机关应当在事后立即通知当事人,并依法作出处理。

第二百零五条　实施行政强制执行,公安机关可以在不损害公共利益和他人合法权益的情况下,与当事人达成执行协议。执行协议可以约定分阶段履行;当事人采取补救措施的,可以减免加处的罚款。

执行协议应当履行。被处罚人不履行执行协议的,公安机关应当恢复强制执行。

第二百零六条　当事人在法定期限内不申请行政复议或者提起行政诉讼,又不履行行政处理决定的,法律没有规定公安机关强制执行的,作出行政处理决定的公安机关可以自期限届满之日起三个月内,向所在地有管辖权的人民法院申请强制执行。因情况紧急,为保障公共安全,公安机关可以申请人民法院立即执行。

强制执行的费用由被执行人承担。

第二百零七条　申请人民法院强制执行前,公安机关应当催告被处理人履行义务,催告书送达十日后被处理人仍未履行义务的,公安机关可以向人民法院申请强制执行。

第二百零八条　公安机关向人民法院申请强制执行,应当提供下列材料:

(一)强制执行申请书;

(二)行政处理决定书及作出决定的事实、理由和依据;

（三）当事人的意见及公安机关催告情况；

（四）申请强制执行标的情况；

（五）法律、法规规定的其他材料。

强制执行申请书应当由作出处理决定的公安机关负责人签名，加盖公安机关印章，并注明日期。

第二百零九条　公安机关对人民法院不予受理强制执行申请、不予强制执行的裁定有异议的，可以在十五日内向上一级人民法院申请复议。

第二百一十条　具有下列情形之一的，中止强制执行：

（一）当事人暂无履行能力的；

（二）第三人对执行标的主张权利，确有理由的；

（三）执行可能对他人或者公共利益造成难以弥补的重大损失的；

（四）其他需要中止执行的。

中止执行的情形消失后，公安机关应当恢复执行。对没有明显社会危害，当事人确无能力履行，中止执行满三年未恢复执行的，不再执行。

第二百一十一条　具有下列情形之一的，终结强制执行：

（一）公民死亡，无遗产可供执行，又无义务承受人的；

（二）法人或者其他组织终止，无财产可供执行，又无义务承受人的；

（三）执行标的灭失的；

（四）据以执行的行政处理决定被撤销的；

（五）其他需要终结执行的。

第二百一十二条　在执行中或者执行完毕后，据以执行的行政处理决定被撤销、变更，或者执行错误，应当恢复原状或者退还财物；不能恢复原状或者退还财物的，依法给予赔偿。

第二百一十三条　除依法应当销毁的物品外，公安机关依法没收或者收缴、追缴的违法所得和非法财物，必须按照国家有关规定处理或者上缴国库。

罚款、没收或者收缴的违法所得和非法财物拍卖或者变卖的款项和没收的保证金，必须全部上缴国库，不得以任何形式截留、私分或者变相私分。

第二节　罚款的执行

第二百一十四条　公安机关作出罚款决定，被处罚人应当自收到行政处罚决定书之日起十五日内，到指定的银行缴纳罚款。具有下列情形之一的，公安机关及其办案人民警察可以当场收缴罚款，法律另有规定的，从其规定：

（一）对违反治安管理行为人处五十元以下罚款和对违反交通管理的行人、乘车人和非机动车驾驶人处罚款，被处罚人没有异议的；

（二）对违反治安管理、交通管理以外的违法行为人当场处二十元以下罚款的；

（三）在边远、水上、交通不便地区、旅客列车上或者口岸，被处罚人向指定银行缴纳罚款确有困难，经被处罚人提出的；

（四）被处罚人在当地没有固定住所，不当场收缴事后难以执行的。

对具有前款第一项和第三项情形之一的，办案人民警察应当要求被处罚人签名确认。

第二百一十五条　公安机关及其人民警察当场收缴罚款的，应当出具省级或者国家财政部门统一制发的罚款据据。对不出具省级或者国家财政部门统一制发的罚款收据的，被处罚人有权拒绝缴纳罚款。

第二百一十六条　人民警察应当自收缴罚款之日起二日内，将当场收缴的罚款交至其所属公安机关；在水上当场收缴的罚款，应当自抵岸之日起二日内将当场收缴的罚款交至其所属公安机关；在旅客列车上当场收缴的罚款，应当自返回之日起二日内将当场收缴的罚款交至其所属公安机关。

公安机关应当自收到罚款之日起二日内将罚款缴付指定的银行。

第二百一十七条　被处罚人确有经济困难，经被处罚人申请和作出处罚决定的公安机关批准，可以暂缓或者分期缴纳罚款。

第二百一十八条　被处罚人未在本规定第二百一十四条规定的期限内缴纳罚款的，作出行政处罚决定的公安机关可以采取下列措施：

（一）将依法查封、扣押的被处罚人的财物拍卖或者变卖抵缴罚款。拍卖或者变卖的价款超过罚款数额的，余额部分应当及时退还被处罚人；

（二）不能采取第一项措施的，每日按罚款数额的百分之三加处罚款,加处罚款总额不得超出罚款数额。

拍卖财物,由公安机关委托拍卖机构依法办理。

第二百一十九条　依法加处罚款超过三十日,经催告被处罚人仍不履行的,作出行政处罚决定的公安机关可以按照本规定第二百零六条的规定向所在地有管辖权的人民法院申请强制执行。

第三节　行政拘留的执行

第二百二十条　对被决定行政拘留的人,由作出决定的公安机关送达拘留所执行。对抗拒执行的,可以使用约束性警械。

对被决定行政拘留的人,在异地被抓获或者具有其他有必要在异地拘留所执行情形的,经异地拘留所主管公安机关批准,可以在异地执行。

第二百二十一条　对同时被决定行政拘留和社区戒毒或者强制隔离戒毒的人员,应当先执行行政拘留,由拘留所给予必要的戒毒治疗,强制隔离戒毒期限连续计算。

拘留所不具备戒毒治疗条件的,行政拘留决定机关可以直接将被行政拘留人送公安机关管理的强制隔离戒毒所代为执行行政拘留,强制隔离戒毒期限连续计算。

第二百二十二条　被处罚人不服行政拘留处罚决定,申请行政复议或者提起行政诉讼的,可以向作出行政拘留决定的公安机关提出暂缓执行行政拘留的申请;口头提出申请的,公安机关人民警察应当予以记录,并由申请人签名或者捺指印。

被处罚人在行政拘留执行期间,提出暂缓执行行政拘留申请的,拘留所应当立即将申请转交作出行政拘留决定的公安机关。

第二百二十三条　公安机关应当在收到被处罚人提出暂缓执行行政拘留申请之时起二十四小时内作出决定。

公安机关认为暂缓执行行政拘留不致发生社会危险,且被处罚人或者其近亲属提出符合条件的担保人,或者按每日行政拘留二百元的标准交纳保证金的,应当作出暂缓执行行政拘留的决定。

对同一被处罚人,不得同时责令其提出保证人和交纳保证金。

被处罚人已送达拘留所执行的,公安机关应当立即将暂缓执行行政拘留决定送达拘留所,拘留所应当立即释放被处罚人。

第二百二十四条　被处罚人具有下列情形之一的,应当作出不暂缓执行行政拘留的决定,并告知申请人:

(一)暂缓执行行政拘留后可能逃跑的;

(二)有其他违法犯罪嫌疑,正在被调查或者侦查的;

(三)不宜暂缓执行行政拘留的其他情形。

第二百二十五条　行政拘留并处罚款的,罚款不因暂缓执行行政拘留而暂缓执行。

第二百二十六条　在暂缓执行行政拘留期间,被处罚人应当遵守下列规定:

(一)未经决定机关批准不得离开所居住的市、县;

(二)住址、工作单位和联系方式发生变动的,在二十四小时以内向决定机关报告;

(三)在行政复议和行政诉讼中不得干扰证人作证、伪造证据或者串供;

(四)不得逃避、拒绝或者阻碍处罚的执行。

在暂缓执行行政拘留期间,公安机关不得妨碍被处罚人依法行使行政复议和行政诉讼权利。

第二百二十七条　暂缓执行行政拘留的担保人应当符合下列条件:

(一)与本案无牵连;

(二)享有政治权利,人身自由未受到限制或者剥夺;

(三)在当地有常住户口和固定住所;

(四)有能力履行担保义务。

第二百二十八条　公安机关经过审查认为暂缓执行行政拘留的担保人符合条件的,由担保人出具保证书,并到公安机关将被担保人领回。

第二百二十九条　暂缓执行行政拘留的担保人应当履行下列义务:

(一)保证被担保人遵守本规定第二百二十六条的规定;

(二)发现被担保人伪造证据、串供或者逃跑的,及时向公安机关报告。

暂缓执行行政拘留的担保人不履行担保义务,致使被担保人逃避行政拘留处罚执行的,公安机关可以对担保人处以三千元以下罚款,并对被担保人恢复执行行政拘留。

暂缓执行行政拘留的担保人履行了担保义务,但被担保人仍逃避行政拘留处罚执行的,或者被处罚人逃跑后,担保人积极帮助公安机关抓获被处罚人的,可以从轻或者不予行政处罚。

第二百三十条　暂缓执行行政拘留的担保人在暂缓执行行政拘留期间,不愿继续担保或者丧失担保条件的,行政拘留的决定机关应当责令被处罚人重新提出担保人或者交纳保证金。不提出担保人又不交纳保证金的,行政拘留的决定机关应当将被处罚人送拘留所执行。

第二百三十一条　保证金应当由银行代收。在银行非营业时间,公安机关可以先行收取,并在收到保证金后的三日内存入指定的银行账户。

公安机关应当指定办案部门以外的法制、装备财务等部门负责管理保证金。严禁截留、坐支、挪用或者以其他任何形式侵吞保证金。

第二百三十二条　行政拘留处罚被撤销或者开始执行时,公安机关应当将保证金退还交纳人。

被决定行政拘留的人逃避行政拘留处罚执行的,由决定行政拘留的公安机关作出没收或者部分没收保证金的决定,行政拘留的决定机关应当将被处罚人送拘留所执行。

第二百三十三条　被处罚人对公安机关没收保证金的决定不服的,可以依法申请行政复议或者提起行政诉讼。

第四节　其他处理决定的执行

第二百三十四条　作出吊销公安机关发放的许可证或者执照处罚的,应当在被吊销的许可证或者执照上加盖吊销印章后收缴。被处罚人拒不缴销证件的,公安机关可以公告宣布作废。吊销许可证或者执照的机关不是发证机关的,作出决定的机关应当在处罚决定生效后及时通知发证机关。

第二百三十五条　作出取缔决定的,可以采取在经营场所张贴公告等方式予以公告,责令被取缔者立即停止经营活动;有违法所得的,依法予以没收或者追缴。拒不停止经营活动的,公安机关可以依法没收或者收缴其专门用于从事非法经营活动的工具、设备。已经取得营业执照的,公安机关应当通知工商行政管理部门依法撤销其营业执照。

第二百三十六条　对拒不执行公安机关依法作出的责令停产停业决定的,公安机关可以依法强制执行或者申请人民法院强制执行。

第二百三十七条　对被决定强制隔离戒毒、收容教养的人员,由作出决定的公安机关送强制隔离戒毒场所、收容教养场所执行。

对被决定社区戒毒的人员,公安机关应当责令其到户籍所在地接受社区戒毒,在户籍所在地以外的现居住地有固定住所的,可以责令其在现居住地接受社区戒毒。

第十三章　涉外行政案件的办理

第二百三十八条　办理涉外行政案件,应当维护国家主权和利益,坚持平等互利原则。

第二百三十九条　对外国人国籍的确认,以其入境时有效证件上所表明的国籍为准;国籍有疑问或者国籍不明的,由公安机关出入境管理部门协助查明。

对无法查明国籍、身份不明的外国人,按照其自报的国籍或者无国籍人对待。

第二百四十条　违法行为人为享有外交特权和豁免权的外国人的,办案公安机关应当将其身份、证件及违法行为等基本情况记录在案,保存有关证据,并尽快将有关情况层报省级公安机关,由省级公安机关商请同级人民政府外事部门通过外交途径处理。

对享有外交特权和豁免权的外国人,不得采取限制人身自由和查封、扣押的强制措施。

第二百四十一条　办理涉外行政案件,应当使用中华人民共和国通用的语言文字。对不通晓我国语言文字的,公安机关应当为其提供翻译;当事人通晓我国语言文字,不需要他人翻译,应当出具书面声明。

经县级以上公安机关负责人批准,外国籍当事人可以自己聘请翻译,翻译费由其个人承担。

第二百四十二条　外国人具有下列情形之一,经当场盘问或者继续盘问后不能排除嫌疑,需要作进一步调查的,经县级以上公安机关或者出入境边防检查

机关负责人批准,可以拘留审查:

（一）有非法出境入境嫌疑的;

（二）有协助他人非法出境入境嫌疑的;

（三）有非法居留、非法就业嫌疑的;

（四）有危害国家安全和利益,破坏社会公共秩序或者从事其他违法犯罪活动嫌疑的。

实施拘留审查,应当出示拘留审查决定书,并在二十四小时内进行询问。

拘留审查的期限不得超过三十日,案情复杂的,经上一级公安机关或者出入境边防检查机关批准可以延长至六十日。对国籍、身份不明的,拘留审查期限自查清其国籍、身份之日起计算。

第二百四十三条 具有下列情形之一的,应当解除拘留审查:

（一）被决定遣送出境、限期出境或者驱逐出境的;

（二）不应当拘留审查的;

（三）被采取限制活动范围措施的;

（四）案件移交其他部门处理的;

（五）其他应当解除拘留审查的。

第二百四十四条 外国人具有下列情形之一的,不适用拘留审查,经县级以上公安机关或者出入境边防检查机关负责人批准,可以限制其活动范围:

（一）患有严重疾病的;

（二）怀孕或者哺乳自己婴儿的;

（三）未满十六周岁或者已满七十周岁的;

（四）不宜适用拘留审查的其他情形。

被限制活动范围的外国人,应当按照要求接受审查,未经公安机关批准,不得离开限定的区域。限制活动范围的期限不得超过六十日。对国籍、身份不明的,限制活动范围期限自查清其国籍、身份之日起计算。

第二百四十五条 被限制活动范围的外国人应当遵守下列规定:

（一）未经决定机关批准,不得变更生活居所,超出指定的活动区域;

（二）在传唤的时候及时到案;

（三）不得以任何形式干扰证人作证;

（四）不得毁灭、伪造证据或者串供。

第二百四十六条 外国人具有下列情形之一的,经县级以上公安机关或者出入境边防检查机关负责人批准,可以遣送出境:

（一）被处限期出境,未在规定期限内离境的;

（二）有不准入境情形的;

（三）非法居留、非法就业的;

（四）违反法律、行政法规需要遣送出境的。

其他境外人员具有前款所列情形之一的,可以依法遣送出境。

被遣送出境的人员,自被遣送出境之日起一至五年内不准入境。

第二百四十七条 被遣送出境的外国人可以被遣送至下列国家或者地区:

（一）国籍国;

（二）入境前的居住国或者地区;

（三）出生地国或者地区;

（四）入境前的出境口岸的所属国或者地区;

（五）其他允许被遣送出境的外国人入境的国家或者地区。

第二百四十八条 具有下列情形之一的外国人,应当羁押在拘留所或者遣返场所:

（一）被拘留审查的;

（二）被决定遣送出境或者驱逐出境但因天气、交通运输工具班期、当事人健康状况等客观原因或者国籍、身份不明,不能立即执行的。

第二百四十九条 外国人对继续盘问、拘留审查、限制活动范围、遣送出境措施不服的,可以依法申请行政复议,该行政复议决定为最终决定。

其他境外人员对遣送出境措施不服,申请行政复议的,适用前款规定。

第二百五十条 外国人具有下列情形之一的,经县级以上公安机关或者出入境边防检查机关决定,可以限期出境:

（一）违反治安管理的;

（二）从事与停留居留事由不相符的活动的;

（三）违反中国法律、法规规定,不适宜在中国境内继续停留居留的。

对外国人决定限期出境的,应当规定外国人离境的期限,注销其有效签证或者停留居留证件。限期出境的期限不得超过三十日。

第二百五十一条　外国人违反治安管理或者出境入境管理,情节严重,尚不构成犯罪的,承办的公安机关可以层报公安部处以驱逐出境。公安部作出的驱逐出境决定为最终决定,由承办机关宣布并执行。

被驱逐出境的外国人,自被驱逐出境之日起十年内不准入境。

第二百五十二条　对外国人处以罚款或者行政拘留并处限期出境或者驱逐出境的,应当于罚款或者行政拘留执行完毕后执行限期出境或者驱逐出境。

第二百五十三条　办理涉外行政案件,应当按照国家有关办理涉外案件的规定,严格执行请示报告、内部通报、对外通知等各项制度。

第二百五十四条　对外国人作出行政拘留、拘留审查或者其他限制人身自由以及限制活动范围的决定后,决定机关应当在四十八小时内将外国人的姓名、性别、入境时间、护照或者其他身份证件号码、案件发生的时间、地点及有关情况,违法的主要事实,已采取的措施及其法律依据等情况报告省级公安机关;省级公安机关应当在规定期限内,将有关情况通知该外国人所属国家的驻华使馆、领馆,并通报同级人民政府外事部门。当事人要求不通知使馆、领馆,且我国与当事人国籍国未签署双边协议规定必须通知的,可以不通知,但应当由其本人提出书面请求。

第二百五十五条　外国人在被行政拘留、拘留审查或者其他限制人身自由以及限制活动范围期间死亡的,有关省级公安机关应当通知该外国人所属国家驻华使馆、领馆,同时报告公安部并通报同级人民政府外事部门。

第二百五十六条　外国人在被行政拘留、拘留审查或者其他限制人身自由以及限制活动范围期间,其所属国家驻华外交、领事官员要求探视的,决定机关应当及时安排。该外国人拒绝其所属国家驻华外交、领事官员探视的,公安机关可以不予安排,但应当由其本人出具书面声明。

第二百五十七条　办理涉外行政案件,本章未作规定的,适用其他各章的有关规定。

第十四章　案件终结

第二百五十八条　行政案件具有下列情形之一的,应当予以结案:

　　(一)作出不予行政处罚决定的;

　　(二)按照本规定第十章的规定达成调解、和解协议并已履行的;

　　(三)作出行政处罚等处理决定,且已执行的;

　　(四)违法行为涉嫌构成犯罪,转为刑事案件办理的;

　　(五)作出处理决定后,因执行对象灭失、死亡等客观原因导致无法执行或者无需执行的。

第二百五十九条　经过调查,发现行政案件具有下列情形之一的,经公安派出所、县级公安机关办案部门或者出入境边防检查机关以上负责人批准,终止调查:

　　(一)没有违法事实的;

　　(二)违法行为已过追究时效的;

　　(三)违法嫌疑人死亡的;

　　(四)其他需要终止调查的情形。

终止调查时,违法嫌疑人已被采取行政强制措施的,应当立即解除。

第二百六十条　对在办理行政案件过程中形成的文书材料,应当按照一案一卷原则建立案卷,并按照有关规定在结案或者终止案件调查后将案卷移交档案部门保管或者自行保管。

第二百六十一条　行政案件的案卷应当包括下列内容:

　　(一)受案登记表或者其他发现案件的记录;

　　(二)证据材料;

　　(三)决定文书;

　　(四)在办理案件中形成的其他法律文书。

第二百六十二条　行政案件的法律文书及定性依据材料应当齐全完整,不得损毁、伪造。

第十五章　附　则

第二百六十三条　省级公安机关应当建立并不断完善统一的执法办案信息系统。

办案部门应当按照有关规定将行政案件的受理、调查取证、采取强制措施、处理等情况以及相关文书材料录入执法办案信息系统,并进行网上审核审批。

公安机关可以使用电子签名、电子指纹捺印技术制作电子笔录等材料,可以使用电子印章制作法律文书。对案件当事人进行电子签名、电子指纹捺印的过程,公安机关应当同步录音录像。

第二百六十四条　执行本规定所需要的法律文书式样,由公安部制定。公安部没有制定式样,执法工作中需要的其他法律文书,省级公安机关可以制定式样。

第二百六十五条　本规定所称"以上"、"以下"、"内"皆包括本数或者本级。

第二百六十六条　本规定自 2013 年 1 月 1 日起施行,依照《中华人民共和国出境入境管理法》新设定的制度自 2013 年 7 月 1 日起施行。2006 年 8 月 24 日发布的《公安机关办理行政案件程序规定》同时废止。

公安部其他规章对办理行政案件程序有特别规定的,按照特别规定办理;没有特别规定的,按照本规定办理。

公安机关适用继续盘问规定

· 2004 年 7 月 12 日公安部令第 75 号公布
· 根据 2020 年 8 月 6 日《公安部关于废止和修改部分规章的决定》修订

第一章　总　则

第一条　为了规范继续盘问工作,保证公安机关依法履行职责和行使权限,维护社会治安秩序,保护公民的合法权益,根据《中华人民共和国人民警察法》,制定本规定。

第二条　本规定所称继续盘问,是指公安机关的人民警察为了维护社会治安秩序,对有违法犯罪嫌疑的人员当场盘问、检查后,发现具有法定情形而将其带至公安机关继续进行盘问的措施。

第三条　公安机关适用继续盘问,应当遵循依法、公正、及时、文明和确保安全的原则,做到适用对象准确、程序合法、处理适当。

第四条　继续盘问工作由公安机关主管公安派出所工作的部门负责业务指导和归口管理。

第五条　继续盘问工作由人民警察执行。严禁不具有人民警察身份的人员从事有关继续盘问的执法工作。

第六条　公安机关适用继续盘问,依法接受人民检察院、行政监察机关以及社会和公民的监督。

第二章　适用对象和时限

第七条　为维护社会治安秩序,公安机关的人民警察对有违法犯罪嫌疑的人员,经表明执法身份后,可以当场盘问、检查。

未穿着制式服装的人民警察在当场盘问、检查前,必须出示执法证件表明人民警察身份。

第八条　对有违法犯罪嫌疑的人员当场盘问、检查后,不能排除其违法犯罪嫌疑,且具有下列情形之一的,人民警察可以将其带至公安机关继续盘问:

(一)被害人、证人控告或者指认其有犯罪行为的;

(二)有正在实施违反治安管理或者犯罪行为嫌疑的;

(三)有违反治安管理或者犯罪嫌疑且身份不明的;

(四)携带的物品可能是违反治安管理或者犯罪的赃物的。

第九条　对具有下列情形之一的人员,不得适用继续盘问:

(一)有违反治安管理或者犯罪嫌疑,但未经当场盘问、检查的;

(二)经过当场盘问、检查,已经排除违反治安管理和犯罪嫌疑的;

(三)涉嫌违反治安管理行为的法定最高处罚为警告、罚款或者其他非限制人身自由的行政处罚的;

(四)从其住处、工作地点抓获以及其他应当依法直接适用传唤或者拘传的;

(五)已经到公安机关投案自首的;

(六)明知其所涉案件已经作为治安案件受理或者已经立为刑事案件的;

(七)不属于公安机关管辖的案件或者事件当事人的;

(八)患有精神病、急性传染病或者其他严重疾病的;

(九)其他不符合本规定第八条所列条件的。

第十条　对符合本规定第八条所列条件,同时具有下列情形之一的人员,可以适用继续盘问,但必须在带至公安机关之时起的四小时以内盘问完毕,且不得送入候问室:

（一）怀孕或者正在哺乳自己不满一周岁婴儿的妇女；

（二）不满十六周岁的未成年人；

（三）已满七十周岁的老年人。

对前款规定的人员在晚上九点至次日早上七点之间释放的，应当通知其家属或者监护人领回；对身份不明或者没有家属和监护人而无法通知的，应当护送至其住地。

第十一条　继续盘问的时限一般为十二小时；对在十二小时以内确实难以证实或者排除其违法犯罪嫌疑的，可以延长至二十四小时；对不讲真实姓名、住址、身份，且在二十四小时以内仍不能证实或者排除其违法犯罪嫌疑的，可以延长至四十八小时。

前款规定的时限自有违法犯罪嫌疑的人员被带至公安机关之时起，至被盘问人可以自由离开公安机关之时或者被决定刑事拘留、逮捕、行政拘留、强制戒毒而移交有关监管场所执行之时止，包括呈报和审批继续盘问、延长继续盘问时限、处理决定的时间。

第十二条　公安机关应当严格依照本规定的适用范围和时限适用继续盘问，禁止实施下列行为：

（一）超适用范围继续盘问；

（二）超时限继续盘问；

（三）适用继续盘问不履行审批、登记手续；

（四）以继续盘问代替处罚；

（五）将继续盘问作为催要罚款、收费的手段；

（六）批准继续盘问后不立即对有违法犯罪嫌疑的人员继续进行盘问；

（七）以连续继续盘问的方式变相拘禁他人。

第三章　审批和执行

第十三条　公安派出所的人民警察对符合本规定第八条所列条件，确有必要继续盘问的有违法犯罪嫌疑的人员，可以立即带回，并制作《当场盘问、检查笔录》、填写《继续盘问审批表》报公安派出所负责人审批决定继续盘问十二小时。对批准继续盘问的，应当将《继续盘问审批表》复印、传真或者通过计算机网络报所属县、市、旗公安局或者城市公安分局主管公安派出所工作的部门备案。

县、市、旗公安局或者城市公安分局其他办案部门和设区的市级以上公安机关及其内设机构的人民警察对有违法犯罪嫌疑的人员，应当依法直接适用传唤、拘传、刑事拘留、逮捕、取保候审或者监视居住，不得适用继续盘问；对符合本规定第八条所列条件，确有必要继续盘问的有违法犯罪嫌疑的人员，可以带至就近的公安派出所，按照本规定适用继续盘问。

第十四条　对有违法犯罪嫌疑的人员批准继续盘问的，公安派出所应当填写《继续盘问通知书》，送达被盘问人，并立即通知其家属或者单位；未批准继续盘问的，应当立即释放。

对被盘问人身份不明或者没有家属和单位而无法通知的，应当在《继续盘问通知书》上注明，并由被盘问人签名或者捺指印。但是，对因身份不明而无法通知的，在继续盘问期间查明身份后，应当依照前款的规定通知其家属或者单位。

第十五条　被盘问人的家属为老年人、残疾人、精神病人、不满十六周岁的未成年人或者其他没有独立生活能力的人，因公安机关实施继续盘问而使被盘问人的家属无人照顾的，公安机关应当通知其亲友予以照顾或者采取其他适当办法妥善安排，并将安排情况及时告知被盘问人。

第十六条　对有违法犯罪嫌疑的人员批准继续盘问后，应当立即结合当场盘问、检查的情况继续对其进行盘问，以证实或者排除其违法犯罪嫌疑。

对继续盘问的情况，应当制作《继续盘问笔录》，并载明被盘问人被带至公安机关的具体时间，由被盘问人核对无误后签名或者捺指印。对被盘问人拒绝签名和捺指印的，应当在笔录上注明。

第十七条　对符合本规定第十一条所列条件，确有必要将继续盘问时限延长至二十四小时的，公安派出所应当填写《延长继续盘问时限审批表》，报县、市、旗公安局或者城市公安分局的值班负责人审批；确有必要将继续盘问时限从二十四小时延长至四十八小时的，公安派出所应当填写《延长继续盘问时限审批表》，报县、市、旗公安局或者城市公安分局的主管负责人审批。

县、市、旗公安局或者城市公安分局的值班或者主管负责人应当在继续盘问时限届满前作出是否延长继续盘问时限的决定，但不得决定将继续盘问时限直接从十二小时延长至四十八小时。

第十八条　除具有《中华人民共和国人民警察使用警械和武器条例》规定的情形外,对被盘问人不得使用警械或者武器。

第十九条　对具有下列情形之一的,应当立即终止继续盘问,并立即释放被盘问人或者依法作出处理决定:

(一)继续盘问中发现具有本规定第九条所列情形之一的;

(二)已经证实有违法犯罪行为的;

(三)有证据证明有犯罪嫌疑的。

对经过继续盘问已经排除违法犯罪嫌疑,或者经过批准的继续盘问、延长继续盘问时限届满,尚不能证实其违法犯罪嫌疑的,应当立即释放被盘问人。

第二十条　对终止继续盘问或者释放被盘问人的,应当在《继续盘问登记表》上载明终止继续盘问或者释放的具体时间、原因和处理结果,由被盘问人核对无误后签名或者捺指印。被盘问人拒绝签名和捺指印的,应当在《继续盘问登记表》上注明。

第二十一条　在继续盘问期间对被盘问人依法作出刑事拘留、逮捕或者行政拘留、强制戒毒决定的,应当立即移交有关监管场所执行;依法作出取保候审、监视居住或者警告、罚款等行政处罚决定的,应当立即释放。

第二十二条　在继续盘问期间,公安机关及其人民警察应当依法保障被盘问人的合法权益,严禁实施下列行为:

(一)对被盘问人进行刑讯逼供;

(二)殴打、体罚、虐待、侮辱被盘问人;

(三)敲诈勒索或者索取、收受贿赂;

(四)侵吞、挪用、损毁被盘问人的财物;

(五)违反规定收费或者实施处罚;

(六)其他侵犯被盘问人合法权益的行为。

第二十三条　对在继续盘问期间突患疾病或者受伤的被盘问人,公安派出所应当立即采取措施予以救治,通知其家属或者单位,并向县、市、旗公安局或者城市公安分局负责人报告,做好详细记录。对被盘问人身份不明或者没有家属和单位而无法通知的,应当在《继续盘问登记表》上注明。

救治费由被盘问人或者其家属承担。但是,由于公安机关或者他人的过错导致被盘问人患病、受伤的,救治费由有过错的一方承担。

第二十四条　被盘问人在继续盘问期间死亡的,公安派出所应当做好以下工作:

(一)保护好现场,保管好尸体;

(二)立即报告所属县、市、旗公安局或者城市公安分局的主管负责人或者值班负责人、警务督察部门和主管公安派出所工作的部门;

(三)立即通知被盘问人的家属或者单位。

第二十五条　县、市、旗公安局或者城市公安分局接到被盘问人死亡的报告后,应当做好以下工作:

(一)立即通报同级人民检察院;

(二)在二十四小时以内委托具有鉴定资格的人员进行死因鉴定;

(三)在作出鉴定结论后三日以内将鉴定结论送达被盘问人的家属或者单位。对被盘问人身份不明或者没有家属和单位而无法通知的,应当在鉴定结论上注明。

被盘问人的家属或者单位对鉴定结论不服的,可以在收到鉴定结论后的七日以内向上一级公安机关申请重新鉴定。上一级公安机关接到申请后,应当在三日以内另行委托具有鉴定资格的人员进行重新鉴定。

第四章　候问室的设置和管理

第二十六条　县、市、旗公安局或者城市公安分局经报请设区的市级以上公安机关批准,可以在符合下列条件的公安派出所设置候问室:

(一)确有维护社会治安秩序的工作需要;

(二)警力配置上能够保证在使用候问室时由人民警察值班、看管和巡查。

县、市、旗公安局或者城市公安分局以上公安机关及其内设机构,不得设置候问室。

第二十七条　候问室的建设必须达到以下标准:

(一)房屋牢固、安全、通风、透光,单间使用面积不得少于六平方米,层高不低于二点五五米;

(二)室内应当配备固定的坐具,并保持清洁、卫生;

(三)室内不得有可能被直接用以行凶、自杀、自伤的物品;

（四）看管被盘问人的值班室与候问室相通，并采用栏杆分隔，以便于观察室内情况。

对有违法犯罪嫌疑的人员继续盘问十二小时以上的，应当为其提供必要的卧具。

候问室应当标明名称，并在明显位置公布有关继续盘问的规定、被盘问人依法享有的权利和候问室管理规定。

第二十八条　候问室必须经过设区的市级以上公安机关验收合格后，才能投入使用。

第二十九条　候问室应当建立以下日常管理制度，依法严格、文明管理：

（一）设立《继续盘问登记表》，载明被盘问人的姓名、性别、年龄、住址、单位，以及办案部门、承办人、批准人、继续盘问的原因、起止时间、处理结果等情况；

（二）建立值班、看管和巡查制度，明确值班岗位责任，候问室有被盘问人时，应当由人民警察值班、看管和巡查，如实记录有关情况，并做好交接工作；

（三）建立档案管理制度，对《继续盘问登记表》等有关资料按照档案管理的要求归案保存，以备查验。

第三十条　除本规定第十条所列情形外，在继续盘问间隙期间，应当将被盘问人送入候问室；未设置候问室的，应当由人民警察在讯问室、办公室看管，或者送入就近公安派出所的候问室。

禁止将被盘问人送入看守所、拘役所、拘留所、强制戒毒所或者其他监管场所关押，以及将不同性别的被盘问人送入同一个候问室。

第三十一条　被盘问人被送入候问室时，看管的人民警察应当问清其身体状况，并做好记录；发现被盘问人有外伤、有严重疾病发作的明显症状的，或者具有本规定第十条所列情形之一的，应当立即报告县、市、旗公安局或者城市公安分局警务督察部门和主管公安派出所工作的部门，并做好详细记录。

第三十二条　将被盘问人送入候问室时，对其随身携带的物品，公安机关应当制作《暂存物品清单》，经被盘问人签名或者捺指印确认后妥为保管，不得侵吞、挪用或者损毁。

继续盘问结束后，被盘问人的物品中属于违法犯罪证据或者违禁品的，应当依法随案移交或者作出处理，并在《暂存物品清单》上注明；与案件无关的，应当立即返还被盘问人，并在《暂存物品清单》上注明，由被盘问人签名或者捺指印。

第三十三条　候问室没有厕所和卫生用具的，人民警察带领被盘问人离开候问室如厕时，必须严加看管，防止发生事故。

第三十四条　在继续盘问期间，公安机关应当为被盘问人提供基本的饮食。

第五章　执法监督

第三十五条　公安机关应当将适用继续盘问的情况纳入执法质量考核评议范围，建立和完善办案责任制度、执法过错责任追究制度及其他内部执法监督制度。

第三十六条　除本规定第二十四条、第三十一条所列情形外，发生被盘问人重伤、逃跑、自杀、自伤等事故以及继续盘问超过批准时限的，公安派出所必须立即将有关情况报告县、市、旗公安局或者城市公安分局警务督察部门和主管公安派出所工作的部门，并做好详细记录。

县、市、旗公安局或者城市公安分局警务督察部门应当在接到报告后立即进行现场督察。

第三十七条　警务督察部门负责对继续盘问的下列情况进行现场督察：

（一）程序是否合法，法律手续是否齐全；

（二）继续盘问是否符合法定的适用范围和时限；

（三）候问室的设置和管理是否违反本规定；

（四）有无刑讯逼供或者殴打、体罚、虐待、侮辱被盘问人的行为；

（五）有无违法使用警械、武器的行为；

（六）有无违反规定收费或者实施处罚的行为；

（七）有无其他违法违纪行为。

第三十八条　警务督察部门在现场督察时，发现办案部门或者人民警察在继续盘问中有违法违纪行为的，应当按照有关规定，采取当场制止、纠正、发督察法律文书、责令停止执行职务或者禁闭等督察措施进行处理；对需要给予处分或者追究刑事责任的，应当依法移送有关部门处理。

第三十九条　对在适用继续盘问中有下列情形之一的，公安机关应当依照《公安机关督察条例》、《公安机关人民警察执法过错责任追究规定》追究有关责任人员的执法过错责任,并依照《中华人民共和国人民警察法》《国家公务员暂行条例》和其他有关规定给予处分;构成犯罪的,依法追究直接负责的主管人员和其他直接责任人员的刑事责任:

(一)违法使用警械、武器,或者实施本规定第十二条、第二十二条、第三十条第二款所列行为之一的;

(二)未经批准设置候问室,或者将被盘问人送入未经验收合格的候问室的;

(三)不按照本规定第十四条、第十五条的规定通知被盘问人家属或者单位、安排被盘问人无人照顾的家属的;

(四)不按照本规定第十九条、第二十一条的规定终止继续盘问、释放被盘问人的;

(五)不按照本规定第二十三条、第二十四条、第三十一条和第三十六条的规定报告情况的;

(六)因疏于管理导致发生被盘问人伤亡、逃跑、自杀、自伤等事故的;

(七)指派不具有人民警察身份的人员从事有关继续盘问的执法工作的;

(八)警务督察部门不按照规定进行现场督察、处理或者在现场督察中对违法违纪行为应当发现而没有发现的;

(九)有其他违反本规定或者违法违纪行为的。

因违法使用警械、武器或者疏于管理导致被盘问人在继续盘问期间自杀身亡、被殴打致死或者其他非正常死亡的,除依法追究有关责任人员的法律责任外,应当对负有直接责任的人民警察予以开除,对公安派出所的主要负责人予以撤职,对所属公安机关的分管负责人和主要负责人予以处分,并取消该公安派出所及其所属公安机关参加本年度评选先进的资格。

第四十条　被盘问人认为公安机关及其人民警察违法实施继续盘问侵犯其合法权益造成损害,依法向公安机关申请国家赔偿的,公安机关应当依照国家赔偿法的规定办理。

公安机关依法赔偿损失后,应当责令有故意或者重大过失的人民警察承担部分或者全部赔偿费用,并对有故意或者重大过失的责任人员,按照本规定第三十九条追究其相应的责任。

第六章　附　则

第四十一条　本规定所称"以上"、"以内",均包含本数或者本级。

第四十二条　本规定涉及的有关法律文书格式,由公安部统一制定。

第四十三条　各省、自治区、直辖市公安厅、局和新疆生产建设兵团公安局可以根据本规定,制定具体操作规程、候问室建设标准和管理规定,报公安部备案审查后施行。

第四十四条　本规定自二〇〇四年十月一日起施行。公安部以前制定的关于继续盘问或者留置的规定,凡与本规定不一致的同时废止。

公安机关治安调解工作规范

· 2007 年 12 月 8 日
· 公通字〔2007〕81 号

第一条　为进一步规范公安机关治安调解工作,最大限度地增加和谐因素,最大限度地减少不和谐因素,化解社会矛盾,促进社会稳定,根据《中华人民共和国治安管理处罚法》和《公安机关办理行政案件程序规定》等规定,制定本规范。

第二条　本规范所称治安调解,是指对于因民间纠纷引起的打架斗殴或者损毁他人财物等违反治安管理、情节较轻的治安案件,在公安机关的主持下,以国家法律、法规和规章为依据,在查清事实、分清责任的基础上,劝说、教育并促使双方交换意见,达成协议,对治安案件做出处理的活动。

第三条　对于因民间纠纷引起的殴打他人、故意伤害、侮辱、诽谤、诬告陷害、故意损毁财物、干扰他人正常生活、侵犯隐私等违反治安管理行为,情节较轻的,经双方当事人同意,公安机关可以治安调解。

民间纠纷是指公民之间、公民和单位之间,在生活、工作、生产经营等活动中产生的纠纷。对不构成违反治安管理行为的民间纠纷,应当告知当事人向人民法院或者人民调解组织申请处理。

第四条　违反治安管理行为有下列情形之一的,不适用治安调解:

(一)雇凶伤害他人的;

(二)结伙斗殴的;

(三)寻衅滋事的;

（四）多次实施违反治安管理行为的；

（五）当事人在治安调解过程中又挑起事端的；

（六）其他不宜治安调解的。

第五条　治安调解应当依法进行调查询问，收集证据，在查明事实的基础上实施。

第六条　治安调解应当遵循以下原则：

（一）合法原则。治安调解应当按照法律规定的程序进行，双方当事人达成的协议必须符合法律规定。

（二）公正原则。治安调解应当分清责任，实事求是地提出调解意见，不得偏袒一方。

（三）公开原则。治安调解应当公开进行，涉及国家机密、商业秘密或者个人隐私，以及双方当事人都要求不公开的除外。

（四）自愿原则。治安调解应当在当事人双方自愿的基础上进行。达成协议的内容，必须是双方当事人真实意思表示。

（五）及时原则。治安调解应当及时进行，使当事人尽快达成协议，解决纠纷。治安调解不成应当在法定的办案期限内及时依法处罚，不得久拖不决。

（六）教育原则。治安调解应当通过查清事实，讲明道理，指出当事人的错误和违法之处，教育当事人自觉守法并通过合法途径解决纠纷。

第七条　被侵害人可以亲自参加治安调解，也可以委托其他人参加治安调解。委托他人参加治安调解的，应当向公安机关提交委托书，并注明委托权限。

第八条　公安机关进行治安调解时，可以邀请当地居（村）民委员会的人员或者双方当事人熟悉的人员参加。

当事人中有不满十六周岁未成年人的，调解时应当通知其父母或者其他监护人到场。

第九条　治安调解一般为一次，必要时可以增加一次。

对明显不构成轻伤、不需要伤情鉴定以及损毁财物价值不大，不需要进行价值认定的治安案件，应当在受理案件后的3个工作日内完成调解；对需要伤情鉴定或者价值认定的治安案件，应当在伤情鉴定文书和价值认定结论出具后的3个工作日内完成调解。

对一次调解不成，有必要再次调解的，应当在第一次调解后的7个工作日内完成。

第十条　治安调解达成协议的，在公安机关主持下制作《治安调解协议书》（式样附后），双方当事人应当在协议书上签名，并履行协议。

第十一条　《治安调解协议书》应当包括以下内容：

（一）治安调解机关名称，主持人、双方当事人和其他在场人员的基本情况；

（二）案件发生时间、地点、人员、起因、经过、情节、结果等情况；

（三）协议内容、履行期限和方式；

（四）治安调解机关印章、主持人、双方当事人及其他参加人签名、印章（捺指印）。

《治安调解协议书》一式三份，双方当事人各执一份，治安调解机关留存一份备查。

第十二条　调解协议履行期满三日内，办案民警应当了解协议履行情况。对已经履行调解协议的，应当及时结案，对没有履行协议的，应当及时了解情况，查清原因。对无正当理由不履行协议的，依法对违反治安管理行为人予以处罚，并告知当事人可以就民事争议依法向人民法院提起民事诉讼。

第十三条　治安调解案件的办案期限从未达成协议或者达成协议不履行之日起开始计算。

第十四条　公安机关对情节轻微，事实清楚，因果关系明确、不涉及医疗费用、物品损失或者双方当事人对医疗费用和物品损失的赔付无争议，符合治安调解条件，双方当事人同意现场调解并当场履行的治安案件，可以进行现场调解。

现场调解达成协议的，应当制作《现场治安调解协议书》一式三联（式样附后），由双方当事人签名。

第十五条　经治安调解结案的治安案件应当纳入统计范围，并根据案卷装订要求建立卷宗。

现场治安调解结案的治安案件，可以不制作卷宗，但办案部门应当将《现场治安调解协议书》按编号装订存档。

第十六条　公安机关人民警察在治安调解过程中，有徇私舞弊、滥用职权、不依法履行法定职责等情形的，依法给予行政处分；构成犯罪的，依法追究刑事责任。

第十七条　本规范自下发之日起施行。

公安机关督察条例

· 1997 年 6 月 20 日中华人民共和国国务院令第 220 号发布
· 2011 年 8 月 24 日国务院第 169 次常务会议修订通过
· 2011 年 8 月 31 日中华人民共和国国务院令第 603 号公布
· 自 2011 年 10 月 1 日起施行

第一条 为了完善公安机关监督机制,保障公安机关及其人民警察依法履行职责、行使职权和遵守纪律,根据《中华人民共和国人民警察法》的规定,制定本条例。

第二条 公安部督察委员会领导全国公安机关的督察工作,负责对公安部所属单位和下级公安机关及其人民警察依法履行职责、行使职权和遵守纪律的情况进行监督,对公安部部长负责。公安部督察机构承担公安部督察委员会办事机构职能。

县级以上地方各级人民政府公安机关督察机构,负责对本级公安机关所属单位和下级公安机关及其人民警察依法履行职责、行使职权和遵守纪律的情况进行监督,对上一级公安机关督察机构和本级公安机关行政首长负责。

县级以上地方各级人民政府公安机关的督察机构为执法勤务机构,由专职人员组成,实行队建制。

第三条 公安部设督察长,由公安部一名副职领导成员担任。

县级以上地方各级人民政府公安机关设督察长,由公安机关行政首长兼任。

第四条 督察机构对公安机关及其人民警察依法履行职责、行使职权和遵守纪律的下列事项,进行现场督察:

(一)重要的警务部署、措施、活动的组织实施情况;

(二)重大社会活动的秩序维护和重点地区、场所治安管理的组织实施情况;

(三)治安突发事件的处置情况;

(四)刑事案件、治安案件的受理、立案、侦查、调查、处罚和强制措施的实施情况;

(五)治安、交通、户政、出入境、边防、消防、警卫等公安行政管理法律、法规的执行情况;

(六)使用武器、警械以及警用车辆、警用标志的情况;

(七)处置公民报警、请求救助和控告申诉的情况;

(八)文明执勤、文明执法和遵守警容风纪规定的情况;

(九)组织管理和警务保障的情况;

(十)公安机关及其人民警察依法履行职责、行使职权和遵守纪律的其他情况。

第五条 督察机构可以向本级公安机关所属单位和下级公安机关派出督察人员进行督察,也可以指令下级公安机关督察机构对专门事项进行督察。

第六条 县级以上地方各级人民政府公安机关督察机构查处违法违纪行为,应当向上一级公安机关督察机构报告查处情况;下级公安机关督察机构查处不力的,上级公安机关督察机构可以直接进行督察。

第七条 督察机构可以派出督察人员参加本级公安机关或者下级公安机关的警务工作会议和重大警务活动的部署。

第八条 督察机构应当开展警务评议活动,听取国家机关、社会团体、企业事业组织和人民群众对公安机关及其人民警察的意见。

第九条 督察机构对群众投诉的正在发生的公安机关及其人民警察违法违纪行为,应当及时出警,按照规定给予现场处置,并将处理结果及时反馈投诉人。

投诉人的投诉事项已经进入信访、行政复议或者行政诉讼程序的,督察机构应当将投诉材料移交有关部门。

第十条 督察机构对本级公安机关所属单位和下级公安机关拒不执行法律、法规和上级决定、命令的,可以责令执行;对本级公安机关所属单位或者下级公安机关作出的错误决定、命令,可以决定撤销或者变更,报本级公安机关行政首长批准后执行。

第十一条 督察人员在现场督察中发现公安机关人民警察违法违纪的,可以采取下列措施,当场处置:

(一)对违反警容风纪规定的,可以当场予以纠正;

（二）对违反规定使用武器、警械以及警用车辆、警用标志的，可以扣留其武器、警械、警用车辆、警用标志；

（三）对违法违纪情节严重、影响恶劣的，以及拒绝、阻碍督察人员执行现场督察工作任务的，必要时，可以带离现场。

第十二条 督察机构认为公安机关人民警察违反纪律需要采取停止执行职务、禁闭措施的，由督察机构作出决定，报本级公安机关督察长批准后执行。

停止执行职务的期限为 10 日以上 60 日以下；禁闭的期限为 1 日以上 7 日以下。

第十三条 督察机构认为公安机关人民警察需要给予处分或者降低警衔、取消警衔的，督察机构应当提出建议，移送有关部门依法处理。

督察机构在督察工作中发现公安机关人民警察涉嫌犯罪，移送司法机关依法处理。

第十四条 公安机关人民警察对停止执行职务和禁闭决定不服的，可以在被停止执行职务或者被禁闭期间向作出决定的公安机关的上一级公安机关提出申诉。由公安部督察机构作出的停止执行职务、禁闭的决定，受理申诉的机关是公安部督察委员会。

受理申诉的公安机关对不服停止执行职务的申诉，应当自收到申诉之日起 5 日内作出是否撤销停止执行职务的决定；对不服禁闭的申诉，应当在收到申诉之时起 24 小时内作出是否撤销禁闭的决定。

申诉期间，停止执行职务、禁闭决定不停止执行。

受理申诉的公安机关认为停止执行职务、禁闭决定确有错误的，应当予以撤销，并在适当范围内为当事人消除影响，恢复名誉。

第十五条 督察人员在督察工作中，必须实事求是，严格依法办事，接受监督。

督察机构及其督察人员对于公安机关及其人民警察依法履行职责、行使职权的行为应当予以维护。

第十六条 督察人员应当具备下列条件：

（一）坚持原则，忠于职守，清正廉洁，不徇私情，严守纪律；

（二）具有大学专科以上学历和法律专业知识、公安业务知识；

（三）具有 3 年以上公安工作经历和一定的组织管理能力；

（四）经过专门培训合格。

第十七条 督察人员执行督察任务，应当佩带督察标志或者出示督察证件。

督察标志和督察证件的式样由公安部制定。

第十八条 本条例自 2011 年 10 月 1 日起施行。

公安机关人民警察纪律条令

· 2010 年 4 月 21 日监察部、人力资源和社会保障部、公安部令第 20 号公布
· 自 2010 年 6 月 1 日起施行

第一章 总 则

第一条 为了严明公安机关纪律，规范公安机关人民警察的行为，保证公安机关及其人民警察依法履行职责，根据《中华人民共和国人民警察法》、《中华人民共和国行政监察法》、《中华人民共和国公务员法》、《行政机关公务员处分条例》、《公安机关组织管理条例》等有关法律、行政法规，制定本条令。

第二条 公安机关人民警察应当严格遵守《中华人民共和国人民警察法》、《中华人民共和国公务员法》等法律法规关于公安机关人民警察纪律的规定。公安机关人民警察违法违纪，应当承担纪律责任的，依照本条令给予处分。

法律、行政法规、国务院决定对公安机关人民警察处分另有规定的，从其规定。

第三条 公安机关人民警察违法违纪，应当承担纪律责任的，由任免机关或者监察机关按照管理权限依法给予处分。

公安机关有违法违纪行为，应当追究纪律责任的，对负有责任的领导人员和直接责任人员给予处分。

第四条 对受到处分的公安机关人民警察，应当依照有关规定延期晋升、降低或者取消警衔。

第五条 公安机关人民警察违法违纪涉嫌犯罪的，应当依法追究刑事责任。

第六条 监察机关派驻同级公安机关监察机构可以调查下一级监察机关派驻同级公安机关监察机构管辖范围内的违法违纪案件，必要时也可以调查所辖各级监察机关派驻同级公安机关监察机构管辖范

围内的违法违纪案件。

监察机关派驻同级公安机关监察机构经派出它的监察机关批准，可以调查下一级公安机关领导人员的违法违纪案件。

调查结束后，按照人事管理权限，监察机关派驻同级公安机关监察机构应当向处分决定机关提出处分建议，由处分决定机关依法作出处分决定。

第二章　违法违纪行为及其适用的处分

第七条　有下列行为之一的，给予开除处分：

（一）逃往境外或者非法出境、违反规定滞留境外不归的；

（二）参与、包庇或者纵容危害国家安全违法犯罪活动的；

（三）参与、包庇或者纵容黑社会性质组织犯罪活动的；

（四）向犯罪嫌疑人通风报信的；

（五）私放他人出入境的。

第八条　散布有损国家声誉的言论的，给予记大过处分；情节较重的，给予降级或者撤职处分；情节严重的，给予开除处分。

第九条　有下列行为之一的，给予记过或者记大过处分；情节较重的，给予降级或者撤职处分；情节严重的，给予开除处分：

（一）故意违反规定立案、撤销案件、提请逮捕、移送起诉的；

（二）违反规定采取、变更、撤销刑事拘留、取保候审、监视居住等刑事强制措施或者行政拘留的；

（三）非法剥夺、限制他人人身自由的；

（四）非法搜查他人身体、物品、住所或者场所的；

（五）违反规定延长羁押期限或者变相拘禁他人的；

（六）违反规定采取通缉等措施或者擅自使用侦察手段侵犯公民合法权益的。

第十条　有下列行为之一的，给予记过或者记大过处分；情节较重的，给予降级或者撤职处分；情节严重的，给予开除处分：

（一）违反规定为在押人员办理保外就医、所外执行的；

（二）擅自安排在押人员与其亲友会见，私自为在

押人员或者其亲友传递物品、信件，造成不良后果的；

（三）指派在押人员看管在押人员的；

（四）私带在押人员离开羁押场所的。

有前款规定行为并从中谋利的，从重处分。

第十一条　体罚、虐待违法犯罪嫌疑人、被监管人员或者其他工作对象的，给予记过或者记大过处分；情节较重的，给予降级或者撤职处分；情节严重的，给予开除处分。

实施或者授意、唆使、强迫他人实施刑讯逼供的，给予撤职处分；造成严重后果的，给予开除处分。

第十二条　有下列行为之一的，给予记过或者记大过处分；情节较重的，给予降级或者撤职处分；情节严重的，给予开除处分：

（一）对依法应当办理的受理案件、立案、撤销案件、提请逮捕、移送起诉等事项，无正当理由不予办理的；

（二）对管辖范围内发生的应当上报的重大治安案件、刑事案件、特大道路交通事故和群体性或者突发性事件等隐瞒不报或者谎报的；

（三）在勘验、检查、鉴定等取证工作中严重失职，造成无辜人员被处理或者违法犯罪人员逃避法律追究的；

（四）因工作失职造成被羁押、监管等人员脱逃、致残、致死或者其他不良后果的；

（五）在值班、备勤、执勤时擅离岗位，造成不良后果的；

（六）不履行办案协作职责造成不良后果的；

（七）在执行任务时临危退缩、临阵脱逃的。

第十三条　有下列行为之一的，给予记过或者记大过处分；情节较重的，给予降级或者撤职处分；情节严重的，给予开除处分：

（一）利用职权干扰执法办案或者强令违法办案的；

（二）利用职权干预经济纠纷或者为他人追债讨债的。

第十四条　有下列行为之一的，给予记过或者记大过处分；情节较重的，给予降级或者撤职处分；情节严重的，给予开除处分：

（一）隐瞒或者伪造案情的；

（二）伪造、变造、隐匿、销毁检举控告材料或者证据材料的；

（三）出具虚假审查或者证明材料、结论的。

第十五条　有下列行为之一的，给予警告或者记过处分；情节较重的，给予记大过或者降级处分；情节严重的，给予撤职处分：

（一）违反规定吊销、暂扣证照或者责令停业整顿的；

（二）违反规定查封、扣押、冻结、没收财物的。

第十六条　有下列行为之一的，给予警告或者记过处分；情节较重的，给予记大过或者降级处分；情节严重的，给予撤职处分：

（一）擅自设定收费项目、提高收费标准的；

（二）违反规定设定罚款项目或者实施罚款的；

（三）违反规定办理户口、身份证、驾驶证、特种行业许可证、护照、机动车行驶证和号牌等证件、牌照以及其他行政许可事项的。

以实施行政事业性收费、罚没的名义收取钱物，不出具任何票据的，给予开除处分。

第十七条　有下列行为之一的，给予记过或者记大过处分；情节较重的，给予降级或者撤职处分；情节严重的，给予开除处分：

（一）投资入股或者变相投资入股矿产、娱乐场所等企业，或者从事其他营利性经营活动的；

（二）受雇于任何组织、个人的；

（三）利用职权推销、指定消防、安保、交通、保险等产品的；

（四）公安机关人民警察的近亲属在该人民警察分管的业务范围内从事可能影响公正执行公务的经营活动，经劝阻其近亲属拒不退出或者本人不服从工作调整的；

（五）违反规定利用或者插手工程招投标、政府采购和人事安排，为本人或者特定关系人谋取不正当利益的；

（六）相互请托为对方的特定关系人在投资入股、经商办企业等方面提供便利，谋取不正当利益的；

（七）出差、开展公务活动由企事业单位、个人接待，或者接受下级公安机关、企事业单位、个人安排出入营业性娱乐场所，参加娱乐活动的；

（八）违反规定收受现金、有价证券、支付凭证、干股的。

第十八条　私分、挪用、非法占有赃款赃物、扣押财物、保证金、无主财物、罚没款物的，给予记过或者记大过处分；情节较重的，给予降级或者撤职处分；情节严重的，给予开除处分。

第十九条　有下列行为之一的，给予警告、记过或者记大过处分；情节较重的，给予降级或者撤职处分；情节严重的，给予开除处分：

（一）拒绝执行上级依法作出的决定、命令，或者在执行任务时不服从指挥的；

（二）违反规定进行人民警察录用、考核、任免、奖惩、调任、转任的。

第二十条　有下列行为之一，造成不良影响的，给予警告处分；情节较重的，给予记过处分；情节严重的，给予记大过处分：

（一）在工作中对群众态度蛮横、行为粗暴、故意刁难或者吃拿卡要的；

（二）不按规定着装，严重损害人民警察形象的；

（三）非因公务着警服进入营业性娱乐场所的。

第二十一条　违反公务用枪管理使用规定的，依照《公安民警违反公务用枪管理使用规定行政处分若干规定》给予处分。

第二十二条　有下列行为之一的，给予警告或者记过处分；情节较重的，给予记大过或者降级处分；情节严重的，给予撤职或者开除处分：

（一）违反警车管理使用规定或者违反规定使用警灯、警报器的；

（二）违反规定转借、赠送、出租、抵押、转卖警用车辆、警车号牌、警械、警服、警用标志和证件的；

（三）违反规定使用警械的。

第二十三条　工作时间饮酒或者在公共场所酗酒滋事的，给予警告、记过或者记大过处分；造成后果的，给予降级或者撤职处分；造成严重后果的，给予开除处分。

携带枪支饮酒、酒后驾驶机动车，造成严重后果的，给予开除处分。

第二十四条　参与、包庇或者纵容违法犯罪活动的，给予警告、记过或者记大过处分；情节较重的，给予降级或者撤职处分;情节严重的,给予开除处分。

吸食、注射毒品或者参与、组织、支持、容留卖淫、嫖娼、色情淫乱活动的,给予开除处分。

参与赌博的,依照《行政机关公务员处分条例》第三十二条规定从重处分。

第二十五条　违反规定使用公安信息网的,给予警告处分;情节较重的,给予记过或者记大过处分;情节严重的,给予降级或者撤职处分。

第三章　附　则

第二十六条　有本条令规定的违法违纪行为,已不符合人民警察条件、不适合继续在公安机关工作的,可以依照有关规定予以辞退或者限期调离。

第二十七条　处分的程序和不服处分的申诉,依照《中华人民共和国行政监察法》、《中华人民共和国公务员法》、《行政机关公务员处分条例》等有关法律法规的规定办理。

第二十八条　本条令所称公安机关人民警察是指属于公安机关及其直属单位的在编在职的人民警察。

公安机关包括县级以上人民政府公安机关和设在铁道、交通运输、民航、林业、海关部门的公安机构。

第二十九条　公安边防、消防、警卫部队官兵有违法违纪行为,应当给予处分的,依照《中国人民解放军纪律条令》执行;《中国人民解放军纪律条令》没有规定的,参照本条令执行。

第三十条　本条令由监察部、人力资源社会保障部、公安部负责解释。

第三十一条　本条令自 2010 年 6 月 1 日起施行。

公安机关执法质量考核评议规定

· 2016 年 1 月 14 日公安部令第 137 号公布
· 自 2016 年 3 月 1 日起施行

第一章　总　则

第一条　为加强公安机关执法监督管理,落实执法责任,提高执法质量,促进公安机关及其人民警察严格规范公正文明执法,根据《中华人民共和国人民警察法》及其他有关法律、法规,制定本规定。

第二条　执法质量考核评议,是指上级公安机关对下级公安机关、各级公安机关对所属执法部门及其人民警察执法办案质量进行的考核评议。

第三条　执法质量考核评议,应当坚持实事求是、公开公正、奖优罚劣、注重实效的原则。

第二章　考核评议的内容和标准

第四条　公安机关执法质量考核评议的主要内容包括:

(一)接处警执法情况;

(二)办理案件情况;

(三)实施行政许可、登记备案等行政管理情况;

(四)执法监督救济情况;

(五)执法办案场所和监管场所建设与管理情况;

(六)涉案财物管理和涉案人员随身财物代为保管以及证物保管情况;

(七)执法安全情况;

(八)执法办案信息系统应用管理情况;

(九)其他需要考核评议的内容。

第五条　接处警执法应当达到以下标准:

(一)接警文明规范,出警及时;

(二)着装、携带使用处警装备符合规定;

(三)处置措施适度、规范;

(四)现场取证及时、全面;

(五)接处警记录完整、准确、规范;

(六)按规定出具接报案回执。

第六条　办理案件应当达到以下标准:

(一)受案立案及时、合法、规范;

(二)执法主体合法,并具备相应的执法资格;

(三)案件管辖符合规定;

(四)案件事实清楚,证据确实充分,程序合法;

(五)调查取证合法、及时、客观、全面;

(六)定性及适用法律、法规、规章准确,量处适当;

(七)适用强制措施、侦查措施、作出行政处理决定符合规定;

(八)执行刑罚、行政处理决定符合规定;

(九)依法保护当事人的合法权益,保障律师执业权利;

(十)案件信息公开符合规定;

(十一)法律文书规范、完备,送达合法、及时,案卷装订、保管、移交规范。

第七条　实施行政许可、登记备案等行政管理应当达到以下标准：

（一）受理申请及时，履行通知告知义务符合规定；

（二）依法及时履行审查、核查等职责，办理程序符合规定；

（三）对从事行政许可等事项活动的监督检查符合规定；

（四）撤销行政许可、注销相关证件符合规定；

（五）工作记录、台账、法律文书、档案完备；

（六）其他行政管理中无不作为、乱作为等情形。

第八条　执法监督救济应当达到以下标准：

（一）受理、查处涉警投诉及时、规范，办理涉法涉诉信访事项的程序合法，无拒不受理、违规受理或者推诿、拖延、敷衍办理等情形；

（二）对符合法定受理条件的行政复议、刑事复议复核案件及时受理，办案程序合法，适用法律正确；

（三）对行政诉讼案件依法出庭应诉，提出诉讼证据和答辩意见，及时执行生效判决；

（四）办理国家赔偿案件程序合法、适用法律正确，无不依法赔偿或者违反规定采取补偿、救助等形式代替国家赔偿等情形；

（五）对已发现的执法问题及时纠正，依法追究执法过错责任人的责任。

第九条　执法办案场所和监管场所建设与管理应当达到以下标准：

（一）执法办案和监管场所功能设置规范合理、设施设备运转正常，安全防护措施落实到位；

（二）工作流程、岗位职责、应急处置工作预案等制度健全完善；

（三）违法犯罪嫌疑人被带至公安机关后，直接带入办案区，无违反规定带出办案区讯问询问等情形；

（四）违法犯罪嫌疑人进入办案区后，按照规定进行人身检查和信息采集；

（五）违法犯罪嫌疑人在办案区内，有人负责看管；

（六）在办案区内开展执法活动，有视频监控并记录，同步录音录像资料保管妥当；

（七）办案区使用的记录、台账等完整、规范。

第十条　涉案财物管理和涉案人员随身财物代为保管应当达到以下标准：

（一）财物管理场所设置、保管财物的设备设施符合规定；

（二）财物管理制度健全，办案与管理分离、统一管理的有关要求得到落实；

（三）按照规定对财物登记、保管、处理，记录、台账清晰完备。

不属于涉案财物的证物的管理标准按照相关规定确定，没有具体规定的，参照上述标准执行。

第十一条　执法安全应当达到以下标准：

（一）无因违法使用警械、武器造成人员伤亡等情形；

（二）无因故意或者过失致使被监管人员、涉案人员行凶、自杀、自伤、脱逃等情形；

（三）无殴打、虐待或者唆使、放纵他人殴打、虐待被监管人员、涉案人员等情形；

（四）无其他造成恶劣影响的执法安全事故。

第十二条　执法办案信息系统应用管理应当达到以下标准：

（一）接报案、受案立案信息系统使用符合规定，110接报警、群众上门报案、有关部门移送案件以及公安机关工作中发现的违法犯罪线索等信息录入及时、规范；

（二）落实网上办案要求，除案件性质和事实涉及国家秘密的以外，实现各类案件信息、主要证据材料上传信息系统，审核审批考评网上进行，案件电子卷宗自动生成；

（三）接报警信息与网上办案、监督考评、督察、办案场所管理、音视频资料管理、涉案财物管理等各类信息系统之间互联互通、数据共享；

（四）自动生成执法办案单位及其民警的执法档案，准确记载执法办案的数量和质量；

（五）无擅自更改或者删除执法办案信息系统中已经审核、审批通过的案件信息等情形；

（六）指定专人担任系统管理员，执法办案信息系统正常运转。

第十三条　在登记、统计、上报各类执法情况过程中,实事求是,严格遵守有关规定,无弄虚作假、隐瞒不报的情形。

第十四条　各地执法质量考核评议项目和指标由省级公安机关统一确定,各级公安机关部门、警种不得以部门、警种名义下达执法质量考核评议项目和指标。

确定执法质量考核评议项目和指标,应当把执法质量与执法数量、执法效率、执法效果结合起来,激励民警又好又多地执法办案,但不得以不科学、不合理的罚没款数额、刑事拘留数、行政拘留数、发案数、退查率、破案率等作为考评指标。

第十五条　年度执法质量考核评议实行百分制,根据考核评议的内容范围,确定考核评议各项内容所占比重。

考核评议结果以年度积分为准,分为优秀、达标、不达标三档。

第十六条　各级公安机关应当把内部考评与外部评价有机结合起来,将警务评议、社会公众评价和执法相对人、案件当事人对执法工作的评价作为执法质量考核评议的重要依据。

第十七条　具有下列情形之一的,不予扣分:

(一)因法律法规、司法解释发生变化,改变案件定性、处理的;

(二)因法律规定不明确、有关司法解释不一致,致使案件定性、处理存在争议的;

(三)因不能预见或者无法抗拒的原因致使执法问题发生的;

(四)对案件基本事实的判断存在争议或者疑问,根据证据规则能够予以合理说明的;

(五)因出现新证据而改变原结论的;

(六)原结论依据的法律文书被撤销或者变更的;

(七)因执法相对人的过错致使执法过错发生的。

第十八条　因执行上级公安机关决定、命令而发生执法过错的,不予扣分。

对超越法律、法规规定的人民警察职责范围的指令,下级公安机关有权拒绝执行,并同时向上级公安机关报告。没有报告造成执法问题的,应当扣分;已经报告的,可以减少扣分。

第十九条　对执法问题自查自纠,并已依法追究执法过错责任的,可以减少扣分或者不予扣分。

第二十条　具有下列情形之一的,年度执法质量考核评议结果应当确定为不达标:

(一)发生错案,造成恶劣社会影响的;

(二)刑讯逼供或者殴打、体罚、虐待被监管人员、涉案人员致其重伤、死亡的;

(三)违法使用警械、武器致人重伤、死亡的;

(四)因疏于管理、玩忽职守、滥用职权等原因造成被监管人员、涉案人员非正常死亡、脱逃的;

(五)因黄、赌、毒或者涉黑涉恶违法犯罪现象严重,造成恶劣社会影响的;

(六)领导班子成员因执法问题被追究刑事责任的。

被考核评议单位拒绝接受考核评议或者弄虚作假的,年度执法质量考核评议结果应当确定为不达标。

第三章　考核评议的组织实施

第二十一条　上级公安机关对下一级公安机关应当定期开展执法质量考核评议,省级公安机关对下级公安机关每年度至少进行一次全面的执法质量考核评议。

对公安机关各执法部门和执法民警的执法质量考核评议,由所属公安机关组织实施。

第二十二条　执法质量考核评议工作应当成立以公安机关行政首长任组长,有关部门参加的考核评议领导小组,统一组织实施考评工作。执法质量考核评议领导小组办公室设在法制部门,考核评议日常工作由法制部门负责组织实施。

公安机关部门、警种对日常工作中发现的执法问题,应当及时移送本级公安机关执法质量考核评议领导小组办公室。年度考核评议结果通报前,应当征求纪检监察、督察、审计、人事等部门的意见。

各级公安机关应当为开展执法质量考核评议工作提供必要的保障和支持。

第二十三条　执法质量考核评议采取日常考评、阶段考评、专项考评、年终考评相结合的方法。日常考评成绩作为年度执法质量考核评议成绩的重要依据。

年度执法质量考核评议以本年1月1日至12月31日为一个考评年度。对执法问题的发现与处理在不同考评年度的,按照处理时间所在年度进行考评。

第二十四条　各级公安机关应当为所属执法部门和执法民警建立网上执法档案,完整、准确、实时记载执法数量、执法质量、执法培训、考核结果、执法过错责任追究等情况。

第二十五条　各级公安机关应当建立执法质量考核评议通报和报告制度。

上级公安机关对下级公安机关的执法质量考核评议情况应当在本辖区公安机关内部进行通报;各级公安机关对所属执法部门、执法民警的执法质量考核评议情况应当在本级公安机关内部通报。

下级公安机关开展年度执法质量考核评议情况应当在考评结束后一个月内报告上一级公安机关。

第二十六条　考核评议结果应当及时告知被考核评议单位或者民警。对结果有异议的,可以及时向负责考核评议的公安机关提出书面申诉。负责考核评议的公安机关可以视情重新组织人员复查,并告知复查结果。

第四章　奖　惩

第二十七条　执法质量考核评议结果作为衡量公安机关及其所属执法部门、执法民警工作实绩的重要依据,并作为衡量领导班子和领导干部工作实绩的重要内容。涉及公安机关领导、执法部门的干部任用,执法民警晋职晋级以及执法工作的评优评先,应当把执法质量考核评议结果作为考核工作实绩的重要依据。

第二十八条　对年度执法质量考核评议结果为优秀的,应当对相关的单位和个人予以表彰奖励。

对不达标单位予以通报批评,责令限期整改,取消其当年评优受奖资格;连续两年不达标的,单位行政首长应当辞职,或者由上级公安机关商请有关部门对其予以免职。

第二十九条　申报全国优秀公安局、全国公安机关执法示范单位的,近两个年度执法质量考核评议结果必须达到优秀。

申报省级以下优秀公安局、执法示范单位的,上年度执法质量考核评议结果必须达到优秀。

申报优秀基层单位的,参照前两款规定执行。

第三十条　在执法质量考核评议过程中,发现已办结的案件或者执法活动确有错误、不适当的,应当及时纠正。需要追究有关领导或者直接责任人员执法过错责任的,应当依照《公安机关人民警察执法过错责任追究规定》等规定予以追究。

对违反本规定第十四条下达、设定考核评议指标以及不按照规定组织开展执法质量考核评议工作的,应当及时纠正,并依照有关规定予以追究责任。

第五章　附　则

第三十一条　各省、自治区、直辖市公安厅局和新疆生产建设兵团公安局可以根据本规定,结合本地实际情况,制定实施细则。

第三十二条　本规定自 2016 年 3 月 1 日起施行。2001 年 10 月 10 日发布施行的《公安机关执法质量考核评议规定》(公安部令第 60 号)同时废止。

公安机关人民警察执法过错责任追究规定

· 2016 年 1 月 14 日公安部令第 138 号公布
· 自 2016 年 3 月 1 日起施行

第一章　总　则

第一条　为落实执法办案责任制,完善执法过错责任追究机制,保障公安机关及其人民警察依法正确履行职责,保护公民、法人和其他组织的合法权益,根据《中华人民共和国人民警察法》、《行政机关公务员处分条例》等有关法律法规,制定本规定。

第二条　本规定所称执法过错是指公安机关人民警察在执法办案中,故意或者过失造成的认定事实错误、适用法律错误、违反法定程序、作出违法处理决定等执法错误。

在事实表述、法条引用、文书制作等方面存在执法瑕疵,不影响案件处理结果的正确性及效力的,不属于本规定所称的执法过错,不予追究执法过错责任,但应当纳入执法质量考评进行监督并予以纠正。

第三条　追究执法过错责任,应当遵循实事求是、有错必纠、过错与处罚相适应、教育与惩处相结合的原则。

第四条　在执法过错责任追究工作中,公安机关纪检监察、督察、人事、法制以及执法办案等部门应当各负其责、互相配合。

第二章　执法过错责任的认定

第五条　执法办案人、鉴定人、审核人、审批人都有故意或者过失造成执法过错的,应当根据各自对执法过错所起的作用,分别承担责任。

第六条　审批人在审批时改变或者不采纳执法办案人、审核人的正确意见造成执法过错的,由审批人承担责任。

第七条　因执法办案人或者审核人弄虚作假、隐瞒真相,导致审批人错误审批造成执法过错的,由执法办案人或者审核人承担主要责任。

第八条　因鉴定人提供虚假、错误鉴定意见造成执法过错的,由鉴定人承担主要责任。

第九条　违反规定的程序,擅自行使职权造成执法过错的,由直接责任人员承担责任。

第十条　下级公安机关人民警察按照规定向上级请示的案件,因上级的决定、命令错误造成执法过错的,由上级有关责任人员承担责任。因下级故意提供虚假材料或者不如实汇报导致执法过错的,由下级有关责任人员承担责任。

下级对超越法律、法规规定的人民警察职责范围的指令,有权拒绝执行,并同时向上级机关报告。没有报告造成执法过错的,由上级和下级分别承担相应的责任;已经报告的,由上级承担责任。

第十一条　对其他执法过错情形,应当根据公安机关人民警察在执法办案中各自承担的职责,区分不同情况,分别追究有关人员的责任。

第三章　对执法过错责任人的处理

第十二条　对执法过错责任人员,应当根据其违法事实、情节、后果和责任程度分别追究刑事责任、行政纪律责任或者作出其他处理。

第十三条　追究行政纪律责任的,由人事部门或者纪检监察部门依照《行政机关公务员处分条例》和《公安机关人民警察纪律条令》等规定依法给予处分;构成犯罪的,依法移送有关司法机关处理。

第十四条　作出其他处理的,由相关部门提出处理意见,经公安机关负责人批准,可以单独或者合并作出以下处理:

(一)诫勉谈话;

(二)责令作出书面检查;

(三)取消评选先进的资格;

(四)通报批评;

(五)停止执行职务;

(六)延期晋级、晋职或者降低警衔;

(七)引咎辞职、责令辞职或者免职;

(八)限期调离公安机关;

(九)辞退或者取消录用。

第十五条　公安机关依法承担国家赔偿责任的案件,除依照本规定追究执法过错责任外,还应当依照《中华人民共和国国家赔偿法》的规定,向有关责任人员追偿部分或者全部赔偿费用。

第十六条　执法过错责任人受到开除处分、刑事处罚或者犯有其他严重错误,应当按照有关规定撤销相关的奖励。

第十七条　发生执法过错案件,影响恶劣、后果严重的,除追究直接责任人员的责任外,还应当依照有关规定追究公安机关领导责任。

年度内发生严重的执法过错或者发生多次执法过错的公安机关和执法办案部门,本年度不得评选为先进集体。

第十八条　对执法过错责任人的处理情况分别记入人事档案、执法档案,作为考核、定级、晋职、晋升等工作的重要依据。

第十九条　具有下列情形之一的,应当从重追究执法过错责任:

(一)因贪赃枉法、徇私舞弊、刑讯逼供、伪造证据、通风报信、蓄意报复、陷害等故意造成执法过错的;

(二)阻碍追究执法过错责任的;

(三)对检举、控告、申诉人打击报复的;

(四)多次发生执法过错的;

(五)情节恶劣、后果严重的。

第二十条　具有下列情形之一的,可以从轻、减轻或者免予追究执法过错责任:

(一)由于轻微过失造成执法过错的;

(二)主动承认错误,并及时纠正的;

(三)执法过错发生后能够配合有关部门工作,减少损失、挽回影响的;

(四)情节轻微、尚未造成严重后果的。

第二十一条　具有下列情形之一的,不予追究执法过错责任：

（一）因法律法规、司法解释发生变化，改变案件定性、处理的；

（二）因法律规定不明确、有关司法解释不一致，致使案件定性、处理存在争议的；

（三）因不能预见或者无法抗拒的原因致使执法过错发生的；

（四）对案件基本事实的判断存在争议或者疑问，根据证据规则能够予以合理说明的；

（五）因出现新证据而改变原结论的；

（六）原结论依据的法律文书被撤销或者变更的；

（七）因执法相对人的过错致使执法过错发生的。

第四章　执法过错责任追究的程序

第二十二条　追究执法过错责任，由发生执法过错的公安机关负责查处。

上级公安机关发现下级公安机关应当查处而未查处的，应当责成下级公安机关查处；必要时，也可以直接查处。

第二十三条　公安机关纪检监察、督察、审计、法制以及执法办案等部门，应当在各自职责范围内主动、及时检查、纠正和处理执法过错案件。

第二十四条　各有关部门调查后，认为需要法制部门认定执法过错的，可以将案件材料移送法制部门认定。

第二十五条　法制部门认定执法过错案件，可以通过阅卷、组织有关专家讨论、会同有关部门调查核实等方式进行，形成执法过错认定书面意见后，及时送达有关移送部门，由移送部门按照本规定第十三条、第十四条作出处理。

第二十六条　被追究执法过错责任的公安机关人民警察及其所属部门不服执法过错责任追究的，可以在收到执法过错责任追究决定之日起五日内向作出决定的公安机关或者上一级公安机关申诉；接受申诉的公安机关应当认真核实，并在三十日内作出最终决定。法律、法规另有规定的，按照有关规定办理。

第二十七条　因故意或者重大过失造成错案，不受执法过错责任人单位、职务、职级变动或者退休的影响，终身追究执法过错责任。

错案责任人已调至其他公安机关或者其他单位的，应当向其所在单位通报，并提出处理建议；错案责任人在被作出追责决定前，已被开除、辞退且无相关单位的，应当在追责决定中明确其应当承担的责任。

第二十八条　各级公安机关对执法过错案件应当采取有效措施予以整改、纠正，对典型案件应当进行剖析、通报。

第五章　附　则

第二十九条　各省、自治区、直辖市公安厅局和新疆生产建设兵团公安局可以根据本规定，结合本地实际制定实施细则。

第三十条　本规定自2016年3月1日起施行。1999年6月11日发布的《公安机关人民警察执法过错责任追究规定》（公安部令第41号）同时废止。

公安机关领导责任追究规定

- 2016年3月17日
- 公通字〔2016〕7号

第一条　为加强对公安机关领导干部的监督，增强领导干部责任意识，根据中共中央、国务院《关于实行党风廉政建设责任制的规定》，中央办公厅、国务院办公厅《关于实行党政领导干部问责的暂行规定》和《中华人民共和国人民警察法》等法律、法规，制定本规定。

第二条　公安机关领导责任追究坚持严格要求、实事求是、权责一致、惩教结合、依纪依法的原则。

第三条　领导责任分为主要领导责任和重要领导责任。

主要领导责任，是指领导干部在其职责范围内，对直接主管的工作不履行或者不正确履行职责，对造成的损失或者后果应负的直接领导责任。

重要领导责任，是指领导干部在其职责范围内，对应管的工作或者参与决定的工作不履行或者不正确履行职责，对造成的损失或者后果应负的次要领导责任。

第四条　公安机关各级党委履行党风廉政建设主体责任不力，有下列情形之一的，应当追究党委书记的领导责任，并视情追究其他班子成员的领导责任；纪检部门履行监督责任不力的，追究纪检部门负责人的领导责任：

（一）对职责范围内违反党的政治纪律和政治规矩、组织纪律的问题及苗头，不闻不问，放任不管的；

（二）发生严重违反作风建设规定的问题，或者职责范围内"四风"问题突出、顶风违纪的；

（三）因工作失职，领导班子成员或者直接下属发生严重违纪违法案件，或者本单位、本部门在较短时间内连续发生严重违纪违法案件，造成重大损失或者恶劣影响的；

（四）对职责范围内发生的严重违纪违法案件隐瞒不报、压案不查的；

（五）违反规定选拔任用干部，或者用人失察、失误，造成恶劣影响的；

（六）本单位在工程建设、招投标、政府采购、财务管理中发生严重腐败问题，造成恶劣影响的；

（七）有其他不履行党风廉政建设责任行为造成恶劣影响的。

第五条　公安机关或者公安机关职责范围内发生重大案（事）件或者重大责任事故，有下列情形之一的，应当追究公安机关领导班子、领导干部的责任：

（一）拒不执行上级公安机关的决定和命令，造成重大损失或者恶劣影响的；

（二）在重大安保工作中，因工作不力而发生重大事故，影响既定工作目标实现，造成严重后果的；

（三）对重大、复杂事项不按规定程序决策、擅自作出决定或者因决策失误造成人员伤亡、较大财产损失和恶劣影响的；

（四）对明显违法或者超越法律、法规规定的公安机关职责范围的决定和命令，不按规定提出拒绝执行的意见，也不向上级公安机关报告，执行后造成重大损失或者恶劣影响的；

（五）对群体性、突发性事件、重大事故、案件，情报信息滞后、处置失当，导致矛盾激化、事态恶化，造成严重后果或者对突发性事件、重大安全事故和其他重要情况瞒报、谎报的；

（六）因工作失职，本单位发生失泄密事件、安全事故或者其他严重违反公安工作规定的案（事）件，造成重大损失或者恶劣影响的；

（七）防范整治和督促整改治安、交通、消防等公共安全问题不力，发现重大问题和隐患后不及时依法、妥善采取处置措施，导致发生重特大责任事故或者造成恶劣影响的；

（八）发生其他重大案（事）件或者重大责任事故，造成重大损失或者恶劣影响的。

第六条　公安机关人民警察发生严重职务违纪违法行为，有下列情形之一的，除追究直接责任者的责任外，应当追究负有领导责任的公安机关领导班子、领导干部的责任：

（一）违法使用枪支、警械，滥用强制措施或者刑讯逼供，致人重伤、死亡的；

（二）玩忽职守造成被监管人员脱逃的；

（三）玩忽职守造成涉案人员非正常死亡的；

（四）因故意或者重大过失造成错案的；

（五）私分涉案财物的；

（六）违反规定收费、罚款，造成恶劣影响的；

（七）发生其他严重职务违纪违法行为的。

第七条　公安机关警务辅助人员在协助执勤执法过程中实施严重违纪违法行为的，视情追究使用该警务辅助人员的单位或者部门领导干部的责任。

第八条　公安机关领导干部在任期间发生需要追究领导责任问题，离任或者退休后发现的，移交有管辖权的纪检部门和组织人事部门追究领导责任。

第九条　公安机关各级领导干部有下列情形之一的，应当从重追究责任：

（一）干扰、阻碍或者不配合责任追究调查处理的；

（二）弄虚作假，隐瞒事实真相的；

（三）对检举人、控告人打击、报复、陷害的。

第十条　公安机关各级领导干部有下列情形之一的，可以从轻、减轻或者免予追究领导责任：

（一）对职责范围内发生的问题及时如实报告并主动查处和纠正，有效避免损失或者挽回影响的；

（二）积极配合调查，主动承担责任的。

第十一条　追究领导责任，视情节轻重，给予责令作出书面检查、诫勉谈话、通报批评、调整职务、责令辞职、免职和降职等组织处理；构成违纪的，给予党纪政纪处分。涉嫌犯罪的，移送司法机关依法处理。

受到责任追究的领导干部，取消当年年度考核评优和评选各类先进的资格。受到责令辞职、免职处理的，一年内不安排职务，两年内不得担任高于原任职务层次的职务；受到降职处理的，两年内不得提升职务。同时受到党纪政纪处分的，按照影响期长的规定执行。

第十二条 对领导干部进行责任追究，由上级公安业务主管部门、纪检部门、组织人事部门按照职责和干部管理权限调查处理。其中需要追究党纪政纪责任的，由上级公安机关主管部门提出意见，纪检部门按照党纪政纪案件的调查处理程序办理；需要给予组织处理的，由组织人事部门或者由负责调查的纪检部门会同组织人事部门，按照有关权限和程序办理。督察、法制等职能部门在日常执法监督工作中发现的需要追究领导责任的问题，应当及时移交纪检和组织人事部门。

公安纪检、组织人事部门应当加强对本规定执行情况的监督检查，发现有应当追究而未追究、不应当追究而被追究，或者责任追究处理决定不落实等问题的，及时督促纠正或者提出追责建议。

第十三条 对领导干部作出责任追究决定前，应当听取责任人的陈述和申辩，并记录在案；对其合理意见，应当予以采纳。

第十四条 责任人对处理决定不服的，可以按照相关规定提出申诉。申诉期间不停止原决定的执行。

第十五条 本规定适用于各级公安机关及其内设机构、直属机构、派出机构的领导班子和领导干部。

公安现役部队参照本规定执行。

第十六条 本规定自公布之日起施行。1997年颁布实施的《公安机关追究领导责任暂行规定》同时废止。

城市人民警察巡逻规定

·1994年2月24日公安部令第17号发布
·自发布之日起施行

第一条 为保障城市人民警察在巡逻执勤中依法履行职责，维护公共安全和治安秩序，为公民提供救助服务，特制定本规定。

第二条 人民警察巡逻执勤工作，由城市公安机关依照本规定，结合当地实际情况统一组织实施。

第三条 人民警察巡逻执勤，采取徒步为主，自行车、机动车相结合的方式。

城市公安局可以根据实际情况划定巡逻警区。

第四条 人民警察在巡逻执勤中履行以下职责：

（一）维护警区内的治安秩序；

（二）预防和制止违反治安管理的行为；

（三）预防和制止犯罪行为；

（四）警戒突发性治安事件现场，疏导群众，维持秩序；

（五）参加处理非法集会、游行、示威活动；

（六）参加处置灾害事故，维持秩序，抢救人员和财物；

（七）维护交通秩序；

（八）制止妨碍国家工作人员依法执行职务的行为；

（九）接受公民报警；

（十）劝解、制止在公共场所发生的民间纠纷；

（十一）制止精神病人、醉酒人的肇事行为；

（十二）为行人指路，救助突然受伤、患病、遇险等处于无援状态的人，帮助遇到困难的残疾人、老人和儿童；

（十三）受理拾遗物品，设法送还失主或送交失物招领部门；

（十四）巡察警区安全防范情况，提示沿街有关单位、居民消除隐患；

（十五）纠察人民警察警容风纪；

（十六）执行法律、法规规定由人民警察执行的其他任务。

第五条 人民警察在巡逻执勤中依法行使以下权力：

（一）盘查有违法犯罪嫌疑的人员，检查涉嫌车辆、物品；

（二）查验居民身份证；

（三）对现行犯罪人员、重大犯罪嫌疑人员或者在逃的案犯，可以依法先行拘留或者采取其他强制措施；

（四）纠正违反道路交通管理的行为；

（五）对违反治安管理的人，可以依照《中华人民

共和国治安管理处罚条例》的规定,执行处罚;

（六）在追捕、救护、抢险等紧急情况下,经出示证件,可以优先使用机关、团体和企业、事业单位以及公民个人的交通、通讯工具。用后应当及时归还,并支付适当费用,造成损坏的应当赔偿;

（七）行使法律、法规规定的其他职权。

第六条　在巡逻执勤中遇有重要情况,应当立即报告。对需要采取紧急措施的案件、事件和事故,应当进行先期处置。

对需要查处的案件、事件和事故应当移交公安机关主管部门处理。

第七条　人民警察巡逻执勤时必须做到:

（一）穿着警服,系武装带,佩带枪支、警械和通讯工具;

（二）恪尽职守,遵守法律和纪律;

（三）严格执法,秉公办事,不得超越或滥用职权;

（四）举止规范,文明执勤,礼貌待人。

第八条　人民警察在巡逻执勤中应当接受公民的监督;公民发现人民警察在巡逻执勤中有违法违纪行为的,有权提出控告和检举。

第九条　机关、团体和企业、事业单位以及公民应当支持巡逻警察的执勤,服从巡逻警察的管理,不得阻碍其依法执行职务。

第十条　各省、自治区、直辖市公安厅、局可以根据本规定,结合当地的实际情况制定实施细则。

第十一条　本规定自发布之日起施行。

中华人民共和国行政复议法

· 1999 年 4 月 29 日第九届全国人民代表大会常务委员会第九次会议通过
· 根据 2009 年 8 月 27 日第十一届全国人民代表大会常务委员会第十次会议《关于修改部分法律的决定》第一次修正
· 根据 2017 年 9 月 1 日第十二届全国人民代表大会常务委员会第二十九次会议《关于修改〈中华人民共和国法官法〉等八部法律的决定》第二次修正
· 2023 年 9 月 1 日第十四届全国人民代表大会常务委员会第五次会议修订

第一章　总　　则

第一条　为了防止和纠正违法的或者不当的行政行为,保护公民、法人和其他组织的合法权益,监督和保障行政机关依法行使职权,发挥行政复议化解行政争议的主渠道作用,推进法治政府建设,根据宪法,制定本法。

第二条　公民、法人或者其他组织认为行政机关的行政行为侵犯其合法权益,向行政复议机关提出行政复议申请,行政复议机关办理行政复议案件,适用本法。

前款所称行政行为,包括法律、法规、规章授权的组织的行政行为。

第三条　行政复议工作坚持中国共产党的领导。

行政复议机关履行行政复议职责,应当遵循合法、公正、公开、高效、便民、为民的原则,坚持有错必纠,保障法律、法规的正确实施。

第四条　县级以上各级人民政府以及其他依照本法履行行政复议职责的行政机关是行政复议机关。

行政复议机关办理行政复议事项的机构是行政复议机构。行政复议机构同时组织办理行政复议机关的行政应诉事项。

行政复议机关应当加强行政复议工作,支持和保障行政复议机构依法履行职责。上级行政复议机构对下级行政复议机构的行政复议工作进行指导、监督。

国务院行政复议机构可以发布行政复议指导性案例。

第五条　行政复议机关办理行政复议案件,可以进行调解。

调解应当遵循合法、自愿的原则,不得损害国家利益、社会公共利益和他人合法权益,不得违反法律、法规的强制性规定。

第六条　国家建立专业化、职业化行政复议人员队伍。

行政复议机构中初次从事行政复议工作的人员,应当通过国家统一法律职业资格考试取得法律职业资格,并参加统一职前培训。

国务院行政复议机构应当会同有关部门制定行政复议人员工作规范,加强对行政复议人员的业务考核和管理。

第七条　行政复议机关应当确保行政复议机构的人员配备与所承担的工作任务相适应,提高行政复议人员专业素质,根据工作需要保障办案场所、装备等设施。县级以上各级人民政府应当将行政复议工作经费列入本级预算。

第八条　行政复议机关应当加强信息化建设,运用现代信息技术,方便公民、法人或者其他组织申请、参加行政复议,提高工作质量和效率。

第九条　对在行政复议工作中做出显著成绩的单位和个人,按照国家有关规定给予表彰和奖励。

第十条　公民、法人或者其他组织对行政复议决定不服的,可以依照《中华人民共和国行政诉讼法》的规定向人民法院提起行政诉讼,但是法律规定行政复议决定为最终裁决的除外。

第二章　行政复议申请
第一节　行政复议范围

第十一条　有下列情形之一的,公民、法人或者其他组织可以依照本法申请行政复议:

(一)对行政机关作出的行政处罚决定不服;

(二)对行政机关作出的行政强制措施、行政强制执行决定不服;

(三)申请行政许可,行政机关拒绝或者在法定期限内不予答复,或者对行政机关作出的有关行政许可的其他决定不服;

(四)对行政机关作出的确认自然资源的所有权或者使用权的决定不服;

(五)对行政机关作出的征收征用决定及其补偿决定不服;

(六)对行政机关作出的赔偿决定或者不予赔偿决定不服;

(七)对行政机关作出的不予受理工伤认定申请的决定或者工伤认定结论不服;

(八)认为行政机关侵犯其经营自主权或者农村土地承包经营权、农村土地经营权;

(九)认为行政机关滥用行政权力排除或者限制竞争;

(十)认为行政机关违法集资、摊派费用或者违法要求履行其他义务;

(十一)申请行政机关履行保护人身权利、财产权利、受教育权利等合法权益的法定职责,行政机关拒绝履行、未依法履行或者不予答复;

(十二)申请行政机关依法给付抚恤金、社会保险待遇或者最低生活保障等社会保障,行政机关没有依法给付;

(十三)认为行政机关不依法订立、不依法履行、未按照约定履行或者违法变更、解除政府特许经营协议、土地房屋征收补偿协议等行政协议;

(十四)认为行政机关在政府信息公开工作中侵犯其合法权益;

(十五)认为行政机关的其他行政行为侵犯其合法权益。

第十二条　下列事项不属于行政复议范围:

(一)国防、外交等国家行为;

(二)行政法规、规章或者行政机关制定、发布的具有普遍约束力的决定、命令等规范性文件;

(三)行政机关对行政机关工作人员的奖惩、任免等决定;

(四)行政机关对民事纠纷作出的调解。

第十三条　公民、法人或者其他组织认为行政机关的行政行为所依据的下列规范性文件不合法,在对行政行为申请行政复议时,可以一并向行政复议机关提出对该规范性文件的附带审查申请:

(一)国务院部门的规范性文件;

(二)县级以上地方各级人民政府及其工作部门的规范性文件;

(三)乡、镇人民政府的规范性文件;

(四)法律、法规、规章授权的组织的规范性文件。

前款所列规范性文件不含规章。规章的审查依照法律、行政法规办理。

第二节　行政复议参加人

第十四条　依照本法申请行政复议的公民、法人或者其他组织是申请人。

有权申请行政复议的公民死亡的,其近亲属可以申请行政复议。有权申请行政复议的法人或者其他组织终止的,其权利义务承受人可以申请行政复议。

有权申请行政复议的公民为无民事行为能力人或者限制民事行为能力人的,其法定代理人可以代为申请行政复议。

第十五条　同一行政复议案件申请人人数众多的,可以由申请人推选代表人参加行政复议。

代表人参加行政复议的行为对其所代表的申请人发生效力,但是代表人变更行政复议请求、撤回行政复议申请、承认第三人请求的,应当经被代表的申请人同意。

第十六条　申请人以外的同被申请行政复议的行政行为或者行政复议案件处理结果有利害关系的公民、法人或者其他组织,可以作为第三人申请参加行政复议,或者由行政复议机构通知其作为第三人参加行政复议。

第三人不参加行政复议,不影响行政复议案件的审理。

第十七条　申请人、第三人可以委托一至二名律师、基层法律服务工作者或者其他代理人代为参加行政复议。

申请人、第三人委托代理人的,应当向行政复议机构提交授权委托书、委托人及被委托人的身份证明文件。授权委托书应当载明委托事项、权限和期限。申请人、第三人变更或者解除代理人权限的,应当书面告知行政复议机构。

第十八条　符合法律援助条件的行政复议申请人申请法律援助的,法律援助机构应当依法为其提供法律援助。

第十九条　公民、法人或者其他组织对行政行为不服申请行政复议的,作出行政行为的行政机关或者法律、法规、规章授权的组织是被申请人。

两个以上行政机关以共同的名义作出同一行政行为的,共同作出行政行为的行政机关是被申请人。

行政机关委托的组织作出行政行为的,委托的行政机关是被申请人。

作出行政行为的行政机关被撤销或者职权变更的,继续行使其职权的行政机关是被申请人。

第三节　申请的提出

第二十条　公民、法人或者其他组织认为行政行为侵犯其合法权益的,可以自知道或者应当知道该行政行为之日起六十日内提出行政复议申请;但是法律规定的申请期限超过六十日的除外。

因不可抗力或者其他正当理由耽误法定申请期限的,申请期限自障碍消除之日起继续计算。

行政机关作出行政行为时,未告知公民、法人或者其他组织申请行政复议的权利、行政复议机关和申请期限的,申请期限自公民、法人或者其他组织知道或者应当知道申请行政复议的权利、行政复议机关和申请期限之日起计算,但是自知道或者应当知道行政行为内容之日起最长不得超过一年。

第二十一条　因不动产提出的行政复议申请自行政行为作出之日起超过二十年,其他行政复议申请自行政行为作出之日起超过五年的,行政复议机关不予受理。

第二十二条　申请人申请行政复议,可以书面申请;书面申请有困难的,也可以口头申请。

书面申请的,可以通过邮寄或者行政复议机关指定的互联网渠道等方式提交行政复议申请书,也可以当面提交行政复议申请书。行政机关通过互联网渠道送达行政行为决定书的,应当同时提供提交行政复议申请书的互联网渠道。

口头申请的,行政复议机关应当当场记录申请人的基本情况、行政复议请求、申请行政复议的主要事实、理由和时间。

申请人对两个以上行政行为不服的,应当分别申请行政复议。

第二十三条　有下列情形之一的,申请人应当先向行政复议机关申请行政复议,对行政复议决定不服的,可以再依法向人民法院提起行政诉讼:

(一)对当场作出的行政处罚决定不服;

(二)对行政机关作出的侵犯其已经依法取得的自然资源的所有权或者使用权的决定不服;

(三)认为行政机关存在本法第十一条规定的未履行法定职责情形;

(四)申请政府信息公开,行政机关不予公开;

(五)法律、行政法规规定应当先向行政复议机关申请行政复议的其他情形。

对前款规定的情形,行政机关在作出行政行为时应当告知公民、法人或者其他组织先向行政复议机关申请行政复议。

第四节　行政复议管辖

第二十四条　县级以上地方各级人民政府管辖下列行政复议案件:

(一)对本级人民政府工作部门作出的行政行为

不服的；

（二）对下一级人民政府作出的行政行为不服的；

（三）对本级人民政府依法设立的派出机关作出的行政行为不服的；

（四）对本级人民政府或者其工作部门管理的法律、法规、规章授权的组织作出的行政行为不服的。

除前款规定外，省、自治区、直辖市人民政府同时管辖对本机关作出的行政行为不服的行政复议案件。

省、自治区人民政府依法设立的派出机关参照设区的市级人民政府的职责权限，管辖相关行政复议案件。

对县级以上地方各级人民政府工作部门依法设立的派出机构依照法律、法规、规章规定，以派出机构的名义作出的行政行为不服的行政复议案件，由本级人民政府管辖；其中，对直辖市、设区的市人民政府工作部门按照行政区划设立的派出机构作出的行政行为不服的，也可以由其所在地的人民政府管辖。

第二十五条　国务院部门管辖下列行政复议案件：

（一）对本部门作出的行政行为不服的；

（二）对本部门依法设立的派出机构依照法律、行政法规、部门规章规定，以派出机构的名义作出的行政行为不服的；

（三）对本部门管理的法律、行政法规、部门规章授权的组织作出的行政行为不服的。

第二十六条　对省、自治区、直辖市人民政府依照本法第二十四条第二款的规定、国务院部门依照本法第二十五条第一项的规定作出的行政复议决定不服的，可以向人民法院提起行政诉讼；也可以向国务院申请裁决，国务院依照本法的规定作出最终裁决。

第二十七条　对海关、金融、外汇管理等实行垂直领导的行政机关、税务和国家安全机关的行政行为不服的，向上一级主管部门申请行政复议。

第二十八条　对履行行政复议机构职责的地方人民政府司法行政部门的行政行为不服的，可以向本级人民政府申请行政复议，也可以向上一级司法行政部门申请行政复议。

第二十九条　公民、法人或者其他组织申请行政复议，行政复议机关已经依法受理的，在行政复议期间不得向人民法院提起行政诉讼。

公民、法人或者其他组织向人民法院提起行政诉讼，人民法院已经依法受理的，不得申请行政复议。

第三章　行政复议受理

第三十条　行政复议机关收到行政复议申请后，应当在五日内进行审查。对符合下列规定的，行政复议机关应当予以受理：

（一）有明确的申请人和符合本法规定的被申请人；

（二）申请人与被申请行政复议的行政行为有利害关系；

（三）有具体的行政复议请求和理由；

（四）在法定申请期限内提出；

（五）属于本法规定的行政复议范围；

（六）属于本机关的管辖范围；

（七）行政复议机关未受理过该申请人就同一行政行为提出的行政复议申请，并且人民法院未受理过该申请人就同一行政行为提起的行政诉讼。

对不符合前款规定的行政复议申请，行政复议机关应当在审查期限内决定不予受理并说明理由；不属于本机关管辖的，还应当在不予受理决定中告知申请人有管辖权的行政复议机关。

行政复议申请的审查期限届满，行政复议机关未作出不予受理决定的，审查期限届满之日起视为受理。

第三十一条　行政复议申请材料不齐全或者表述不清楚，无法判断行政复议申请是否符合本法第三十条第一款规定的，行政复议机关应当自收到申请之日起五日内书面通知申请人补正。补正通知应当一次性载明需要补正的事项。

申请人应当自收到补正通知之日起十日内提交补正材料。有正当理由不能按期补正的，行政复议机关可以延长合理的补正期限。无正当理由逾期不补正的，视为申请人放弃行政复议申请，并记录在案。

行政复议机关收到补正材料后，依照本法第三十条的规定处理。

第三十二条　对当场作出或者依据电子技术监控设备记录的违法事实作出的行政处罚决定不服申请行政复议的，可以通过作出行政处罚决定的行政机关提交行政复议申请。

行政机关收到行政复议申请后,应当及时处理;认为需要维持行政处罚决定的,应当自收到行政复议申请之日起五日内转送行政复议机关。

第三十三条　行政复议机关受理行政复议申请后,发现该行政复议申请不符合本法第三十条第一款规定的,应当决定驳回申请并说明理由。

第三十四条　法律、行政法规规定应当先向行政复议机关申请行政复议、对行政复议决定不服再向人民法院提起行政诉讼的,行政复议机关决定不予受理、驳回申请或者受理后超过行政复议期限不作答复的,公民、法人或者其他组织可以自收到决定书之日起或者行政复议期限届满之日起十五日内,依法向人民法院提起行政诉讼。

第三十五条　公民、法人或者其他组织依法提出行政复议申请,行政复议机关无正当理由不予受理、驳回申请或者受理后超过行政复议期限不作答复的,申请人有权向上级行政机关反映,上级行政机关应当责令其纠正;必要时,上级行政复议机关可以直接受理。

第四章　行政复议审理
第一节　一般规定

第三十六条　行政复议机关受理行政复议申请后,依照本法适用普通程序或者简易程序进行审理。行政复议机构应当指定行政复议人员负责办理行政复议案件。

行政复议人员对办理行政复议案件过程中知悉的国家秘密、商业秘密和个人隐私,应当予以保密。

第三十七条　行政复议机关依照法律、法规、规章审理行政复议案件。

行政复议机关审理民族自治地方的行政复议案件,同时依照该民族自治地方的自治条例和单行条例。

第三十八条　上级行政复议机关根据需要,可以审理下级行政复议机关管辖的行政复议案件。

下级行政复议机关对其管辖的行政复议案件,认为需要由上级行政复议机关审理的,可以报请上级行政复议机关决定。

第三十九条　行政复议期间有下列情形之一的,行政复议中止:

(一)作为申请人的公民死亡,其近亲属尚未确定是否参加行政复议;

(二)作为申请人的公民丧失参加行政复议的行为能力,尚未确定法定代理人参加行政复议;

(三)作为申请人的公民下落不明;

(四)作为申请人的法人或者其他组织终止,尚未确定权利义务承受人;

(五)申请人、被申请人因不可抗力或者其他正当理由,不能参加行政复议;

(六)依照本法规定进行调解、和解,申请人和被申请人同意中止;

(七)行政复议案件涉及的法律适用问题需要有权机关作出解释或者确认;

(八)行政复议案件审理需要以其他案件的审理结果为依据,而其他案件尚未审结;

(九)有本法第五十六条或者第五十七条规定的情形;

(十)需要中止行政复议的其他情形。

行政复议中止的原因消除后,应当及时恢复行政复议案件的审理。

行政复议机关中止、恢复行政复议案件的审理,应当书面告知当事人。

第四十条　行政复议期间,行政复议机关无正当理由中止行政复议的,上级行政机关应当责令其恢复审理。

第四十一条　行政复议期间有下列情形之一的,行政复议机关决定终止行政复议:

(一)申请人撤回行政复议申请,行政复议机构准予撤回;

(二)作为申请人的公民死亡,没有近亲属或者其近亲属放弃行政复议权利;

(三)作为申请人的法人或者其他组织终止,没有权利义务承受人或者其权利义务承受人放弃行政复议权利;

(四)申请人对行政拘留或者限制人身自由的行政强制措施不服申请行政复议后,因同一违法行为涉嫌犯罪,被采取刑事强制措施;

(五)依照本法第三十九条第一款第一项、第二项、第四项的规定中止行政复议满六十日,行政复议中止的原因仍未消除。

第四十二条　行政复议期间行政行为不停止执行；但是有下列情形之一的，应当停止执行：

（一）被申请人认为需要停止执行；

（二）行政复议机关认为需要停止执行；

（三）申请人、第三人申请停止执行，行政复议机关认为其要求合理，决定停止执行；

（四）法律、法规、规章规定停止执行的其他情形。

第二节　行政复议证据

第四十三条　行政复议证据包括：

（一）书证；

（二）物证；

（三）视听资料；

（四）电子数据；

（五）证人证言；

（六）当事人的陈述；

（七）鉴定意见；

（八）勘验笔录、现场笔录。

以上证据经行政复议机构审查属实，才能作为认定行政复议案件事实的根据。

第四十四条　被申请人对其作出的行政行为的合法性、适当性负有举证责任。

有下列情形之一的，申请人应当提供证据：

（一）认为被申请人不履行法定职责的，提供曾经要求被申请人履行法定职责的证据，但是被申请人应当依职权主动履行法定职责或者申请人因正当理由不能提供的除外；

（二）提出行政赔偿请求的，提供受行政行为侵害而造成损害的证据，但是因被申请人原因导致申请人无法举证的，由被申请人承担举证责任；

（三）法律、法规规定需要申请人提供证据的其他情形。

第四十五条　行政复议机关有权向有关单位和个人调查取证，查阅、复制、调取有关文件和资料，向有关人员进行询问。

调查取证时，行政复议人员不得少于两人，并应当出示行政复议工作证件。

被调查取证的单位和个人应当积极配合行政复议人员的工作，不得拒绝或者阻挠。

第四十六条　行政复议期间，被申请人不得自行向申请人和其他有关单位或者个人收集证据；自行收集的证据不作为认定行政行为合法性、适当性的依据。

行政复议期间，申请人或者第三人提出被申请行政复议的行政行为作出时没有提出的理由或者证据的，经行政复议机构同意，被申请人可以补充证据。

第四十七条　行政复议期间，申请人、第三人及其委托代理人可以按照规定查阅、复制被申请人提出的书面答复、作出行政行为的证据、依据和其他有关材料，除涉及国家秘密、商业秘密、个人隐私或者可能危及国家安全、公共安全、社会稳定的情形外，行政复议机构应当同意。

第三节　普通程序

第四十八条　行政复议机构应当自行政复议申请受理之日起七日内，将行政复议申请书副本或者行政复议申请笔录复印件发送被申请人。被申请人应当自收到行政复议申请书副本或者行政复议申请笔录复印件之日起十日内，提出书面答复，并提交作出行政行为的证据、依据和其他有关材料。

第四十九条　适用普通程序审理的行政复议案件，行政复议机构应当当面或者通过互联网、电话等方式听取当事人的意见，并将听取的意见记录在案。因当事人原因不能听取意见的，可以书面审理。

第五十条　审理重大、疑难、复杂的行政复议案件，行政复议机构应当组织听证。

行政复议机构认为有必要听证，或者申请人请求听证的，行政复议机构可以组织听证。

听证由一名行政复议人员任主持人，两名以上行政复议人员任听证员，一名记录员制作听证笔录。

第五十一条　行政复议机构组织听证的，应当于举行听证的五日前将听证的时间、地点和拟听证事项书面通知当事人。

申请人无正当理由拒不参加听证的，视为放弃听证权利。

被申请人的负责人应当参加听证。不能参加的，应当说明理由并委托相应的工作人员参加听证。

第五十二条　县级以上各级人民政府应当建立相关政府部门、专家、学者等参与的行政复议委员会，为办理行政复议案件提供咨询意见,并就行政复议工作中的重大事项和共性问题研究提出意见。行政复议委员会的组成和开展工作的具体办法,由国务院行政复议机构制定。

审理行政复议案件涉及下列情形之一的,行政复议机构应当提请行政复议委员会提出咨询意见:

(一)案情重大、疑难、复杂;

(二)专业性、技术性较强;

(三)本法第二十四条第二款规定的行政复议案件;

(四)行政复议机构认为有必要。

行政复议机构应当记录行政复议委员会的咨询意见。

第四节 简易程序

第五十三条 行政复议机关审理下列行政复议案件,认为事实清楚、权利义务关系明确、争议不大的,可以适用简易程序:

(一)被申请行政复议的行政行为是当场作出;

(二)被申请行政复议的行政行为是警告或者通报批评;

(三)案件涉及款额三千元以下;

(四)属于政府信息公开案件。

除前款规定以外的行政复议案件,当事人各方同意适用简易程序的,可以适用简易程序。

第五十四条 适用简易程序审理的行政复议案件,行政复议机构应当自受理行政复议申请之日起三日内,将行政复议申请书副本或者行政复议申请笔录复印件发送被申请人。被申请人应当自收到行政复议申请书副本或者行政复议申请笔录复印件之日起五日内,提出书面答复,并提交作出行政行为的证据、依据和其他有关材料。

适用简易程序审理的行政复议案件,可以书面审理。

第五十五条 适用简易程序审理的行政复议案件,行政复议机构认为不宜适用简易程序的,经行政复议机构的负责人批准,可以转为普通程序审理。

第五节 行政复议附带审查

第五十六条 申请人依照本法第十三条的规定提出对有关规范性文件的附带审查申请,行政复议机关有权处理的,应当在三十日内依法处理;无权处理的,应当在七日内转送有权处理的行政机关依法处理。

第五十七条 行政复议机关在对被申请人作出的行政行为进行审查时,认为其依据不合法,本机关有权处理的,应当在三十日内依法处理;无权处理的,应当在七日内转送有权处理的国家机关依法处理。

第五十八条 行政复议机关依照本法第五十六条、第五十七条的规定有权处理有关规范性文件或者依据的,行政复议机构应当自行政复议中止之日起三日内,书面通知规范性文件或者依据的制定机关就相关条款的合法性提出书面答复。制定机关应当自收到书面通知之日起十日内提交书面答复及相关材料。

行政复议机构认为必要时,可以要求规范性文件或者依据的制定机关当面说明理由,制定机关应当配合。

第五十九条 行政复议机关依照本法第五十六条、第五十七条的规定有权处理有关规范性文件或者依据,认为相关条款合法的,在行政复议决定书中一并告知;认为相关条款超越权限或者违反上位法的,决定停止该条款的执行,并责令制定机关予以纠正。

第六十条 依照本法第五十六条、第五十七条的规定接受转送的行政机关、国家机关应当自收到转送之日起六十日内,将处理意见回复转送的行政复议机关。

第五章 行政复议决定

第六十一条 行政复议机关依照本法审理行政复议案件,由行政复议机构对行政行为进行审查,提出意见,经行政复议机关的负责人同意或者集体讨论通过后,以行政复议机关的名义作出行政复议决定。

经过听证的行政复议案件,行政复议机关应当根据听证笔录、审查认定的事实和证据,依照本法作出行政复议决定。

提请行政复议委员会提出咨询意见的行政复议案件,行政复议机关应当将咨询意见作为作出行政复议决定的重要参考依据。

第六十二条 适用普通程序审理的行政复议案件,行政复议机关应当自受理申请之日起六十日内作出行政复议决定;但是法律规定的行政复议期限少于六十日的除外。情况复杂,不能在规定期限内作出行政复议决定的,经行政复议机构的负责人批准,可以适当延长,并书面告知当事人;但是延长期限最多不得超过三十日。

适用简易程序审理的行政复议案件,行政复议机关应当自受理申请之日起三十日内作出行政复议决定。

第六十三条 行政行为有下列情形之一的,行政复议机关决定变更该行政行为:

(一)事实清楚,证据确凿,适用依据正确,程序合法,但是内容不适当;

(二)事实清楚,证据确凿,程序合法,但是未正确适用依据;

(三)事实不清、证据不足,经行政复议机关查清事实和证据。

行政复议机关不得作出对申请人更为不利的变更决定,但是第三人提出相反请求的除外。

第六十四条 行政行为有下列情形之一的,行政复议机关决定撤销或者部分撤销该行政行为,并可以责令被申请人在一定期限内重新作出行政行为:

(一)主要事实不清、证据不足;

(二)违反法定程序;

(三)适用的依据不合法;

(四)超越职权或者滥用职权。

行政复议机关责令被申请人重新作出行政行为的,被申请人不得以同一事实和理由作出与被申请行政复议的行政行为相同或者基本相同的行政行为,但是行政复议机关以违反法定程序为由决定撤销或者部分撤销的除外。

第六十五条 行政行为有下列情形之一的,行政复议机关不撤销该行政行为,但是确认该行政行为违法:

(一)依法应予撤销,但是撤销会给国家利益、社会公共利益造成重大损害;

(二)程序轻微违法,但是对申请人权利不产生实际影响。

行政行为有下列情形之一,不需要撤销或者责令履行的,行政复议机关确认该行政行为违法:

(一)行政行为违法,但是不具有可撤销内容;

(二)被申请人改变原违法行政行为,申请人仍要求撤销或者确认该行政行为违法;

(三)被申请人不履行或者拖延履行法定职责,责令履行没有意义。

第六十六条 被申请人不履行法定职责的,行政复议机关决定被申请人在一定期限内履行。

第六十七条 行政行为有实施主体不具有行政主体资格或者没有依据等重大且明显违法情形,申请人申请确认行政行为无效的,行政复议机关确认该行政行为无效。

第六十八条 行政行为认定事实清楚,证据确凿,适用依据正确,程序合法,内容适当的,行政复议机关决定维持该行政行为。

第六十九条 行政复议机关受理申请人认为被申请人不履行法定职责的行政复议申请后,发现被申请人没有相应法定职责或者在受理前已经履行法定职责的,决定驳回申请人的行政复议请求。

第七十条 被申请人不按照本法第四十八条、第五十四条的规定提出书面答复、提交作出行政行为的证据、依据和其他有关材料的,视为该行政行为没有证据、依据,行政复议机关决定撤销、部分撤销该行政行为,确认该行政行为违法、无效或者决定被申请人在一定期限内履行,但是行政行为涉及第三人合法权益,第三人提供证据的除外。

第七十一条 被申请人不依法订立、不依法履行、未按照约定履行或者违法变更、解除行政协议的,行政复议机关决定被申请人承担依法订立、继续履行、采取补救措施或者赔偿损失等责任。

被申请人变更、解除行政协议合法,但是未依法给予补偿或者补偿不合理的,行政复议机关决定被申请人依法给予合理补偿。

第七十二条 申请人在申请行政复议时一并提出行政赔偿请求,行政复议机关对依照《中华人民共和国国家赔偿法》的有关规定应当不予赔偿的,在作出行政复议决定时,应当同时决定驳回行政赔偿请求;对符合《中华人民共和国国家赔偿法》的有关规定应当给予赔偿的,在决定撤销或者部分撤销、变更行政行为或者确认行政行为违法、无效时,应当同时决定被申请人依法给予赔偿;确认行政行为违法的,还可以同时责令被申请人采取补救措施。

申请人在申请行政复议时没有提出行政赔偿请求的，行政复议机关在依法决定撤销或者部分撤销、变更罚款，撤销或者部分撤销违法集资、没收财物、征收征用、摊派费用以及对财产的查封、扣押、冻结等行政行为时，应当同时责令被申请人返还财产，解除对财产的查封、扣押、冻结措施，或者赔偿相应的价款。

第七十三条　当事人经调解达成协议的，行政复议机关应当制作行政复议调解书，经各方当事人签字或者签章，并加盖行政复议机关印章，即具有法律效力。

调解未达成协议或者调解书生效前一方反悔的，行政复议机关应当依法审查或者及时作出行政复议决定。

第七十四条　当事人在行政复议决定作出前可以自愿达成和解，和解内容不得损害国家利益、社会公共利益和他人合法权益，不得违反法律、法规的强制性规定。

当事人达成和解后，由申请人向行政复议机构撤回行政复议申请。行政复议机构准予撤回行政复议申请，行政复议机关决定终止行政复议的，申请人不得再以同一事实和理由提出行政复议申请。但是，申请人能够证明撤回行政复议申请违背其真实意愿的除外。

第七十五条　行政复议机关作出行政复议决定，应当制作行政复议决定书，并加盖行政复议机关印章。

行政复议决定书一经送达，即发生法律效力。

第七十六条　行政复议机关在办理行政复议案件过程中，发现被申请人或者其他下级行政机关的有关行政行为违法或者不当的，可以向其制发行政复议意见书。有关机关应当自收到行政复议意见书之日起六十日内，将纠正相关违法或者不当行政行为的情况报送行政复议机关。

第七十七条　被申请人应当履行行政复议决定书、调解书、意见书。

被申请人不履行或者无正当理由拖延履行行政复议决定书、调解书、意见书的，行政复议机关或者有关上级行政机关应当责令其限期履行，并可以约谈被申请人的有关负责人或者予以通报批评。

第七十八条　申请人、第三人逾期不起诉又不履行行政复议决定书、调解书的，或者不履行最终裁决的行政复议决定的，按照下列规定分别处理：

（一）维持行政行为的行政复议决定书，由作出行政行为的行政机关依法强制执行，或者申请人民法院强制执行；

（二）变更行政行为的行政复议决定书，由行政复议机关依法强制执行，或者申请人民法院强制执行；

（三）行政复议调解书，由行政复议机关依法强制执行，或者申请人民法院强制执行。

第七十九条　行政复议机关根据被申请的行政行为的公开情况，按照国家有关规定将行政复议决定书向社会公开。

县级以上地方各级人民政府办理以本级人民政府工作部门为被申请人的行政复议案件，应当将发生法律效力的行政复议决定书、意见书同时抄告被申请人的上一级主管部门。

第六章　法律责任

第八十条　行政复议机关不依照本法规定履行行政复议职责，对负有责任的领导人员和直接责任人员依法给予警告、记过、记大过的处分；经有权监督的机关督促仍不改正或者造成严重后果的，依法给予降级、撤职、开除的处分。

第八十一条　行政复议机关工作人员在行政复议活动中，徇私舞弊或者有其他渎职、失职行为的，依法给予警告、记过、记大过的处分；情节严重的，依法给予降级、撤职、开除的处分；构成犯罪的，依法追究刑事责任。

第八十二条　被申请人违反本法规定，不提出书面答复或者不提交作出行政行为的证据、依据和其他有关材料，或者阻挠、变相阻挠公民、法人或者其他组织依法申请行政复议的，对负有责任的领导人员和直接责任人员依法给予警告、记过、记大过的处分；进行报复陷害的，依法给予降级、撤职、开除的处分；构成犯罪的，依法追究刑事责任。

第八十三条　被申请人不履行或者无正当理由拖延履行行政复议决定书、调解书、意见书的，对负有责任的领导人员和直接责任人员依法给予警告、记过、记大过的处分；经责令履行仍拒不履行的，依法给予降级、撤职、开除的处分。

第八十四条　拒绝、阻挠行政复议人员调查取证，故意扰乱行政复议工作秩序的，依法给予处分、治安管理处罚；构成犯罪的，依法追究刑事责任。

第八十五条　行政机关及其工作人员违反本法规定的，行政复议机关可以向监察机关或者公职人员任免机关、单位移送有关人员违法的事实材料，接受移送的监察机关或者公职人员任免机关、单位应当依法处理。

第八十六条　行政复议机关在办理行政复议案件过程中，发现公职人员涉嫌贪污贿赂、失职渎职等职务违法或者职务犯罪的问题线索，应当依照有关规定移送监察机关，由监察机关依法调查处置。

第七章　附　则

第八十七条　行政复议机关受理行政复议申请，不得向申请人收取任何费用。

第八十八条　行政复议期间的计算和行政复议文书的送达，本法没有规定的，依照《中华人民共和国民事诉讼法》关于期间、送达的规定执行。

本法关于行政复议期间有关"三日"、"五日"、"七日"、"十日"的规定是指工作日，不含法定休假日。

第八十九条　外国人、无国籍人、外国组织在中华人民共和国境内申请行政复议，适用本法。

第九十条　本法自2024年1月1日起施行。

中华人民共和国行政诉讼法

·1989年4月4日第七届全国人民代表大会第二次会议通过
·根据2014年11月1日第十二届全国人民代表大会常务委员会第十一次会议《关于修改〈中华人民共和国行政诉讼法〉的决定》第一次修正
·根据2017年6月27日第十二届全国人民代表大会常务委员会第二十八次会议《关于修改〈中华人民共和国民事诉讼法〉和〈中华人民共和国行政诉讼法〉的决定》第二次修正

第一章　总　则

第一条　为保证人民法院公正、及时审理行政案件，解决行政争议，保护公民、法人和其他组织的合法权益，监督行政机关依法行使职权，根据宪法，制定本法。

第二条　公民、法人或者其他组织认为行政机关和行政机关工作人员的行政行为侵犯其合法权益，有权依照本法向人民法院提起诉讼。

前款所称行政行为，包括法律、法规、规章授权的组织作出的行政行为。

第三条　人民法院应当保障公民、法人和其他组织的起诉权利，对应当受理的行政案件依法受理。

行政机关及其工作人员不得干预、阻碍人民法院受理行政案件。

被诉行政机关负责人应当出庭应诉。不能出庭的，应当委托行政机关相应的工作人员出庭。

第四条　人民法院依法对行政案件独立行使审判权，不受行政机关、社会团体和个人的干涉。

人民法院设行政审判庭，审理行政案件。

第五条　人民法院审理行政案件，以事实为根据，以法律为准绳。

第六条　人民法院审理行政案件，对行政行为是否合法进行审查。

第七条　人民法院审理行政案件，依法实行合议、回避、公开审判和两审终审制度。

第八条　当事人在行政诉讼中的法律地位平等。

第九条　各民族公民都有用本民族语言、文字进行行政诉讼的权利。

在少数民族聚居或者多民族共同居住的地区，人民法院应当用当地民族通用的语言、文字进行审理和发布法律文书。

人民法院应当对不通晓当地民族通用的语言、文字的诉讼参与人提供翻译。

第十条　当事人在行政诉讼中有权进行辩论。

第十一条　人民检察院有权对行政诉讼实行法律监督。

第二章　受案范围

第十二条　人民法院受理公民、法人或者其他组织提起的下列诉讼：

（一）对行政拘留、暂扣或者吊销许可证和执照、责令停产停业、没收违法所得、没收非法财物、罚款、警告等行政处罚不服的；

（二）对限制人身自由或者对财产的查封、扣押、冻结等行政强制措施和行政强制执行不服的；

（三）申请行政许可，行政机关拒绝或者在法定期限内不予答复，或者对行政机关作出的有关行政许可的其他决定不服的；

（四）对行政机关作出的关于确认土地、矿藏、水流、森林、山岭、草原、荒地、滩涂、海域等自然资源的所有权或者使用权的决定不服的；

（五）对征收、征用决定及其补偿决定不服的；

（六）申请行政机关履行保护人身权、财产权等合法权益的法定职责，行政机关拒绝履行或者不予答复的；

（七）认为行政机关侵犯其经营自主权或者农村土地承包经营权、农村土地经营权的；

（八）认为行政机关滥用行政权力排除或者限制竞争的；

（九）认为行政机关违法集资、摊派费用或者违法要求履行其他义务的；

（十）认为行政机关没有依法支付抚恤金、最低生活保障待遇或者社会保险待遇的；

（十一）认为行政机关不依法履行、未按照约定履行或者违法变更、解除政府特许经营协议、土地房屋征收补偿协议等协议的；

（十二）认为行政机关侵犯其他人身权、财产权等合法权益的。

除前款规定外，人民法院受理法律、法规规定可以提起诉讼的其他行政案件。

第十三条　人民法院不受理公民、法人或者其他组织对下列事项提起的诉讼：

（一）国防、外交等国家行为；

（二）行政法规、规章或者行政机关制定、发布的具有普遍约束力的决定、命令；

（三）行政机关对行政机关工作人员的奖惩、任免等决定；

（四）法律规定由行政机关最终裁决的行政行为。

第三章　管　辖

第十四条　基层人民法院管辖第一审行政案件。

第十五条　中级人民法院管辖下列第一审行政案件：

（一）对国务院部门或者县级以上地方人民政府所作的行政行为提起诉讼的案件；

（二）海关处理的案件；

（三）本辖区内重大、复杂的案件；

（四）其他法律规定由中级人民法院管辖的案件。

第十六条　高级人民法院管辖本辖区内重大、复杂的第一审行政案件。

第十七条　最高人民法院管辖全国范围内重大、复杂的第一审行政案件。

第十八条　行政案件由最初作出行政行为的行政机关所在地人民法院管辖。经复议的案件，也可以由复议机关所在地人民法院管辖。

经最高人民法院批准，高级人民法院可以根据审判工作的实际情况，确定若干人民法院跨行政区域管辖行政案件。

第十九条　对限制人身自由的行政强制措施不服提起的诉讼，由被告所在地或者原告所在地人民法院管辖。

第二十条　因不动产提起的行政诉讼，由不动产所在地人民法院管辖。

第二十一条　两个以上人民法院都有管辖权的案件，原告可以选择其中一个人民法院提起诉讼。原告向两个以上有管辖权的人民法院提起诉讼的，由最先立案的人民法院管辖。

第二十二条　人民法院发现受理的案件不属于本院管辖的，应当移送有管辖权的人民法院，受移送的人民法院应当受理。受移送的人民法院认为受移送的案件按照规定不属于本院管辖的，应当报请上级人民法院指定管辖，不得再自行移送。

第二十三条　有管辖权的人民法院由于特殊原因不能行使管辖权的，由上级人民法院指定管辖。

人民法院对管辖权发生争议，由争议双方协商解决。协商不成的，报它们的共同上级人民法院指定管辖。

第二十四条　上级人民法院有权审理下级人民法院管辖的第一审行政案件。

下级人民法院对其管辖的第一审行政案件，认为需要由上级人民法院审理或者指定管辖的，可以报请上级人民法院决定。

第四章　诉讼参加人

第二十五条　行政行为的相对人以及其他与行政行为有利害关系的公民、法人或者其他组织,有权提起诉讼。

有权提起诉讼的公民死亡,其近亲属可以提起诉讼。

有权提起诉讼的法人或者其他组织终止,承受其权利的法人或者其他组织可以提起诉讼。

人民检察院在履行职责中发现生态环境和资源保护、食品药品安全、国有财产保护、国有土地使用权出让等领域负有监督管理职责的行政机关违法行使职权或者不作为,致使国家利益或者社会公共利益受到侵害的,应当向行政机关提出检察建议,督促其依法履行职责。行政机关不依法履行职责的,人民检察院依法向人民法院提起诉讼。

第二十六条　公民、法人或者其他组织直接向人民法院提起诉讼的,作出行政行为的行政机关是被告。

经复议的案件,复议机关决定维持原行政行为的,作出原行政行为的行政机关和复议机关是共同被告;复议机关改变原行政行为的,复议机关是被告。

复议机关在法定期限内未作出复议决定,公民、法人或者其他组织起诉原行政行为的,作出原行政行为的行政机关是被告;起诉复议机关不作为的,复议机关是被告。

两个以上行政机关作出同一行政行为的,共同作出行政行为的行政机关是共同被告。

行政机关委托的组织所作的行政行为,委托的行政机关是被告。

行政机关被撤销或者职权变更的,继续行使其职权的行政机关是被告。

第二十七条　当事人一方或者双方为二人以上,因同一行政行为发生的行政案件,或者因同类行政行为发生的行政案件、人民法院认为可以合并审理并经当事人同意的,为共同诉讼。

第二十八条　当事人一方人数众多的共同诉讼,可以由当事人推选代表人进行诉讼。代表人的诉讼行为对其所代表的当事人发生效力,但代表人变更、放弃诉讼请求或者承认对方当事人的诉讼请求,应当经被代表的当事人同意。

第二十九条　公民、法人或者其他组织同被诉行政行为有利害关系但没有提起诉讼,或者同案件处理结果有利害关系的,可以作为第三人申请参加诉讼,或者由人民法院通知参加诉讼。

人民法院判决第三人承担义务或者减损第三人权益的,第三人有权依法提起上诉。

第三十条　没有诉讼行为能力的公民,由其法定代理人代为诉讼。法定代理人互相推诿代理责任的,由人民法院指定其中一人代为诉讼。

第三十一条　当事人、法定代理人,可以委托一至二人作为诉讼代理人。

下列人员可以被委托为诉讼代理人:

(一)律师、基层法律服务工作者;

(二)当事人的近亲属或者工作人员;

(三)当事人所在社区、单位以及有关社会团体推荐的公民。

第三十二条　代理诉讼的律师,有权按照规定查阅、复制本案有关材料,有权向有关组织和公民调查,收集与本案有关的证据。对涉及国家秘密、商业秘密和个人隐私的材料,应当依照法律规定保密。

当事人和其他诉讼代理人有权按照规定查阅、复制本案庭审材料,但涉及国家秘密、商业秘密和个人隐私的内容除外。

第五章　证　据

第三十三条　证据包括:

(一)书证;

(二)物证;

(三)视听资料;

(四)电子数据;

(五)证人证言;

(六)当事人的陈述;

(七)鉴定意见;

(八)勘验笔录、现场笔录。

以上证据经法庭审查属实,才能作为认定案件事实的根据。

第三十四条　被告对作出的行政行为负有举证责任,应当提供作出该行政行为的证据和所依据的规范性文件。

被告不提供或者无正当理由逾期提供证据,视为没有相应证据。但是,被诉行政行为涉及第三人合法权益,第三人提供证据的除外。

第三十五条　在诉讼过程中,被告及其诉讼代理人不得自行向原告、第三人和证人收集证据。

第三十六条　被告在作出行政行为时已经收集了证据,但因不可抗力等正当事由不能提供的,经人民法院准许,可以延期提供。

原告或者第三人提出了其在行政处理程序中没有提出的理由或者证据的,经人民法院准许,被告可以补充证据。

第三十七条　原告可以提供证明行政行为违法的证据。原告提供的证据不成立的,不免除被告的举证责任。

第三十八条　在起诉被告不履行法定职责的案件中,原告应当提供其向被告提出申请的证据。但有下列情形之一的除外:

(一)被告应当依职权主动履行法定职责的;

(二)原告因正当理由不能提供证据的。

在行政赔偿、补偿的案件中,原告应当对行政行为造成的损害提供证据。因被告的原因导致原告无法举证的,由被告承担举证责任。

第三十九条　人民法院有权要求当事人提供或者补充证据。

第四十条　人民法院有权向有关行政机关以及其他组织、公民调取证据。但是,不得为证明行政行为的合法性调取被告作出行政行为时未收集的证据。

第四十一条　与本案有关的下列证据,原告或者第三人不能自行收集的,可以申请人民法院调取:

(一)由国家机关保存而须由人民法院调取的证据;

(二)涉及国家秘密、商业秘密和个人隐私的证据;

(三)确因客观原因不能自行收集的其他证据。

第四十二条　在证据可能灭失或者以后难以取得的情况下,诉讼参加人可以向人民法院申请保全证据,人民法院也可以主动采取保全措施。

第四十三条　证据应当在法庭上出示,并由当事人互相质证。对涉及国家秘密、商业秘密和个人隐私

的证据,不得在公开开庭时出示。

人民法院应当按照法定程序,全面、客观地审查核实证据。对未采纳的证据应当在裁判文书中说明理由。

以非法手段取得的证据,不得作为认定案件事实的根据。

第六章　起诉和受理

第四十四条　对属于人民法院受案范围的行政案件,公民、法人或者其他组织可以先向行政机关申请复议,对复议决定不服的,再向人民法院提起诉讼;也可以直接向人民法院提起诉讼。

法律、法规规定应当先向行政机关申请复议,对复议决定不服再向人民法院提起诉讼的,依照法律、法规的规定。

第四十五条　公民、法人或者其他组织不服复议决定的,可以在收到复议决定书之日起十五日内向人民法院提起诉讼。复议机关逾期不作决定的,申请人可以在复议期满之日起十五日内向人民法院提起诉讼。法律另有规定的除外。

第四十六条　公民、法人或者其他组织直接向人民法院提起诉讼的,应当自知道或者应当知道作出行政行为之日起六个月内提出。法律另有规定的除外。

因不动产提起诉讼的案件自行政行为作出之日起超过二十年,其他案件自行政行为作出之日起超过五年提起诉讼的,人民法院不予受理。

第四十七条　公民、法人或者其他组织申请行政机关履行保护其人身权、财产权等合法权益的法定职责,行政机关在接到申请之日起两个月内不履行的,公民、法人或者其他组织可以向人民法院提起诉讼。法律、法规对行政机关履行职责的期限另有规定的,从其规定。

公民、法人或者其他组织在紧急情况下请求行政机关履行保护其人身权、财产权等合法权益的法定职责,行政机关不履行的,提起诉讼不受前款规定期限的限制。

第四十八条　公民、法人或者其他组织因不可抗力或者其他不属于其自身的原因耽误起诉期限的,被耽误的时间不计算在起诉期限内。

公民、法人或者其他组织因前款规定以外的其他

特殊情况耽误起诉期限的,在障碍消除后十日内,可以申请延长期限,是否准许由人民法院决定。

第四十九条　提起诉讼应当符合下列条件:

(一)原告是符合本法第二十五条规定的公民、法人或者其他组织;

(二)有明确的被告;

(三)有具体的诉讼请求和事实根据;

(四)属于人民法院受案范围和受诉人民法院管辖。

第五十条　起诉应当向人民法院递交起诉状,并按照被告人数提出副本。

书写起诉状确有困难的,可以口头起诉,由人民法院记入笔录,出具注明日期的书面凭证,并告知对方当事人。

第五十一条　人民法院在接到起诉状时对符合本法规定的起诉条件的,应当登记立案。

对当场不能判定是否符合本法规定的起诉条件的,应当接收起诉状,出具注明收到日期的书面凭证,并在七日内决定是否立案。不符合起诉条件的,作出不予立案的裁定。裁定书应当载明不予立案的理由。原告对裁定不服的,可以提起上诉。

起诉状内容欠缺或者有其他错误的,应当给予指导和释明,并一次性告知当事人需要补正的内容。不得未经指导和释明即以起诉不符合条件为由不接收起诉状。

对于不接收起诉状、接收起诉状后不出具书面凭证,以及不一次性告知当事人需要补正的起诉状内容的,当事人可以向上级人民法院投诉,上级人民法院应当责令改正,并对直接负责的主管人员和其他直接责任人员依法给予处分。

第五十二条　人民法院既不立案,又不作出不予立案裁定的,当事人可以向上一级人民法院起诉。上一级人民法院认为符合起诉条件的,应当立案、审理,也可以指定其他下级人民法院立案、审理。

第五十三条　公民、法人或者其他组织认为行政行为所依据的国务院部门和地方人民政府及其部门制定的规范性文件不合法,在对行政行为提起诉讼时,可以一并请求对该规范性文件进行审查。

前款规定的规范性文件不含规章。

第七章　审理和判决

第一节　一般规定

第五十四条　人民法院公开审理行政案件,但涉及国家秘密、个人隐私和法律另有规定的除外。

涉及商业秘密的案件,当事人申请不公开审理的,可以不公开审理。

第五十五条　当事人认为审判人员与本案有利害关系或者有其他关系可能影响公正审判,有权申请审判人员回避。

审判人员认为自己与本案有利害关系或者有其他关系,应当申请回避。

前两款规定,适用于书记员、翻译人员、鉴定人、勘验人。

院长担任审判长时的回避,由审判委员会决定;审判人员的回避,由院长决定;其他人员的回避,由审判长决定。当事人对决定不服的,可以申请复议一次。

第五十六条　诉讼期间,不停止行政行为的执行。但有下列情形之一的,裁定停止执行:

(一)被告认为需要停止执行的;

(二)原告或者利害关系人申请停止执行,人民法院认为该行政行为的执行会造成难以弥补的损失,并且停止执行不损害国家利益、社会公共利益的;

(三)人民法院认为该行政行为的执行会给国家利益、社会公共利益造成重大损害的;

(四)法律、法规规定停止执行的。

当事人对停止执行或者不停止执行的裁定不服的,可以申请复议一次。

第五十七条　人民法院对起诉行政机关没有依法支付抚恤金、最低生活保障金和工伤、医疗社会保险金的案件,权利义务关系明确、不先予执行将严重影响原告生活的,可以根据原告的申请,裁定先予执行。

当事人对先予执行裁定不服的,可以申请复议一次。复议期间不停止裁定的执行。

第五十八条　经人民法院传票传唤,原告无正当理由拒不到庭,或者未经法庭许可中途退庭的,可以按照撤诉处理;被告无正当理由拒不到庭,或者未经法庭许可中途退庭的,可以缺席判决。

第五十九条　诉讼参与人或者其他人有下列行

为之一的,人民法院可以根据情节轻重,予以训诫、责令具结悔过或者处一万元以下的罚款、十五日以下的拘留;构成犯罪的,依法追究刑事责任:

(一)有义务协助调查、执行的人,对人民法院的协助调查决定、协助执行通知书,无故推拖、拒绝或者妨碍调查、执行的;

(二)伪造、隐藏、毁灭证据或者提供虚假证明材料,妨碍人民法院审理案件的;

(三)指使、贿买、胁迫他人作伪证或者威胁、阻止证人作证的;

(四)隐藏、转移、变卖、毁损已被查封、扣押、冻结的财产的;

(五)以欺骗、胁迫等非法手段使原告撤诉的;

(六)以暴力、威胁或者其他方法阻碍人民法院工作人员执行职务,或者以哄闹、冲击法庭等方法扰乱人民法院工作秩序的;

(七)对人民法院审判人员或者其他工作人员、诉讼参与人、协助调查和执行的人员恐吓、侮辱、诽谤、诬陷、殴打、围攻或者打击报复的。

人民法院对有前款规定的行为之一的单位,可以对其主要负责人或者直接责任人员依照前款规定予以罚款、拘留;构成犯罪的,依法追究刑事责任。

罚款、拘留须经人民法院院长批准。当事人不服的,可以向上一级人民法院申请复议一次。复议期间不停止执行。

第六十条 人民法院审理行政案件,不适用调解。但是,行政赔偿、补偿以及行政机关行使法律、法规规定的自由裁量权的案件可以调解。

调解应当遵循自愿、合法原则,不得损害国家利益、社会公共利益和他人合法权益。

第六十一条 在涉及行政许可、登记、征收、征用和行政机关对民事争议所作的裁决的行政诉讼中,当事人申请一并解决相关民事争议的,人民法院可以一并审理。

在行政诉讼中,人民法院认为行政案件的审理需以民事诉讼的裁判为依据的,可以裁定中止行政诉讼。

第六十二条 人民法院对行政案件宣告判决或者裁定前,原告申请撤诉的,或者被告改变其所作的行政行为,原告同意并申请撤诉的,是否准许,由人民法院裁定。

第六十三条 人民法院审理行政案件,以法律和行政法规、地方性法规为依据。地方性法规适用于本行政区域内发生的行政案件。

人民法院审理民族自治地方的行政案件,并以该民族自治地方的自治条例和单行条例为依据。

人民法院审理行政案件,参照规章。

第六十四条 人民法院在审理行政案件中,经审查认为本法第五十三条规定的规范性文件不合法的,不作为认定行政行为合法的依据,并向制定机关提出处理建议。

第六十五条 人民法院应当公开发生法律效力的判决书、裁定书,供公众查阅,但涉及国家秘密、商业秘密和个人隐私的内容除外。

第六十六条 人民法院在审理行政案件中,认为行政机关的主管人员、直接责任人员违法违纪的,应当将有关材料移送监察机关、该行政机关或者其上一级行政机关;认为有犯罪行为的,应当将有关材料移送公安、检察机关。

人民法院对被告经传票传唤无正当理由拒不到庭,或者未经法庭许可中途退庭的,可以将被告拒不到庭或者中途退庭的情况予以公告,并可以向监察机关或者被告的上一级行政机关提出依法给予其主要负责人或者直接责任人员处分的司法建议。

第二节　第一审普通程序

第六十七条 人民法院应当在立案之日起五日内,将起诉状副本发送被告。被告应当在收到起诉状副本之日起十五日内向人民法院提交作出行政行为的证据和所依据的规范性文件,并提出答辩状。人民法院应当在收到答辩状之日起五日内,将答辩状副本发送原告。

被告不提出答辩状的,不影响人民法院审理。

第六十八条 人民法院审理行政案件,由审判员组成合议庭,或者由审判员、陪审员组成合议庭。合议庭的成员,应当是三人以上的单数。

第六十九条 行政行为证据确凿,适用法律、法规正确,符合法定程序的,或者原告申请被告履行法定职责或者给付义务理由不成立的,人民法院判决驳回原告的诉讼请求。

第七十条　行政行为有下列情形之一的,人民法院判决撤销或者部分撤销,并可以判决被告重新作出行政行为:

(一)主要证据不足的;

(二)适用法律、法规错误的;

(三)违反法定程序的;

(四)超越职权的;

(五)滥用职权的;

(六)明显不当的。

第七十一条　人民法院判决被告重新作出行政行为的,被告不得以同一的事实和理由作出与原行政行为基本相同的行政行为。

第七十二条　人民法院经过审理,查明被告不履行法定职责的,判决被告在一定期限内履行。

第七十三条　人民法院经过审理,查明被告依法负有给付义务的,判决被告履行给付义务。

第七十四条　行政行为有下列情形之一的,人民法院判决确认违法,但不撤销行政行为:

(一)行政行为依法应当撤销,但撤销会给国家利益、社会公共利益造成重大损害的;

(二)行政行为程序轻微违法,但对原告权利不产生实际影响的。

行政行为有下列情形之一,不需要撤销或者判决履行的,人民法院判决确认违法:

(一)行政行为违法,但不具有可撤销内容的;

(二)被告改变原违法行政行为,原告仍要求确认原行政行为违法的;

(三)被告不履行或者拖延履行法定职责,判决履行没有意义的。

第七十五条　行政行为有实施主体不具有行政主体资格或者没有依据等重大且明显违法情形,原告申请确认行政行为无效的,人民法院判决确认无效。

第七十六条　人民法院判决确认违法或者无效的,可以同时判决责令被告采取补救措施;给原告造成损失的,依法判决被告承担赔偿责任。

第七十七条　行政处罚明显不当,或者其他行政行为涉及对款额的确定、认定确有错误的,人民法院可以判决变更。

人民法院判决变更,不得加重原告的义务或者减损原告的权益。但利害关系人同为原告,且诉讼请求相反的除外。

第七十八条　被告不依法履行、未按照约定履行或者违法变更、解除本法第十二条第一款第十一项规定的协议的,人民法院判决被告承担继续履行、采取补救措施或者赔偿损失等责任。

被告变更、解除本法第十二条第一款第十一项规定的协议合法,但未依法给予补偿的,人民法院判决给予补偿。

第七十九条　复议机关与作出原行政行为的行政机关为共同被告的案件,人民法院应当对复议决定和原行政行为一并作出裁判。

第八十条　人民法院对公开审理和不公开审理的案件,一律公开宣告判决。

当庭宣判的,应当在十日内发送判决书;定期宣判的,宣判后立即发给判决书。

宣告判决时,必须告知当事人上诉权利、上诉期限和上诉的人民法院。

第八十一条　人民法院应当在立案之日起六个月内作出第一审判决。有特殊情况需要延长的,由高级人民法院批准,高级人民法院审理第一审案件需要延长的,由最高人民法院批准。

第三节　简易程序

第八十二条　人民法院审理下列第一审行政案件,认为事实清楚、权利义务关系明确、争议不大的,可以适用简易程序:

(一)被诉行政行为是依法当场作出的;

(二)案件涉及款额二千元以下的;

(三)属于政府信息公开案件的。

除前款规定以外的第一审行政案件,当事人各方同意适用简易程序的,可以适用简易程序。

发回重审、按照审判监督程序再审的案件不适用简易程序。

第八十三条　适用简易程序审理的行政案件,由审判员一人独任审理,并应当在立案之日起四十五日内审结。

第八十四条　人民法院在审理过程中,发现案件不宜适用简易程序的,裁定转为普通程序。

第四节　第二审程序

第八十五条　当事人不服人民法院第一审判决的，有权在判决书送达之日起十五日内向上一级人民法院提起上诉。当事人不服人民法院第一审裁定的，有权在裁定书送达之日起十日内向上一级人民法院提起上诉。逾期不提起上诉的，人民法院的第一审判决或者裁定发生法律效力。

第八十六条　人民法院对上诉案件，应当组成合议庭，开庭审理。经过阅卷、调查和询问当事人，对没有提出新的事实、证据或者理由，合议庭认为不需要开庭审理的，也可以不开庭审理。

第八十七条　人民法院审理上诉案件，应当对原审人民法院的判决、裁定和被诉行政行为进行全面审查。

第八十八条　人民法院审理上诉案件，应当在收到上诉状之日起三个月内作出终审判决。有特殊情况需要延长的，由高级人民法院批准，高级人民法院审理上诉案件需要延长的，由最高人民法院批准。

第八十九条　人民法院审理上诉案件，按照下列情形，分别处理：

（一）原判决、裁定认定事实清楚，适用法律、法规正确的，判决或者裁定驳回上诉，维持原判决、裁定；

（二）原判决、裁定认定事实错误或者适用法律、法规错误的，依法改判、撤销或者变更；

（三）原判决认定基本事实不清、证据不足的，发回原审人民法院重审，或者查清事实后改判；

（四）原判决遗漏当事人或者违法缺席判决等严重违反法定程序的，裁定撤销原判决，发回原审人民法院重审。

原审人民法院对发回重审的案件作出判决后，当事人提起上诉的，第二审人民法院不得再次发回重审。

人民法院审理上诉案件，需要改变原审判决的，应当同时对被诉行政行为作出判决。

第五节　审判监督程序

第九十条　当事人对已经发生法律效力的判决、裁定，认为确有错误的，可以向上一级人民法院申请再审，但判决、裁定不停止执行。

第九十一条　当事人的申请符合下列情形之一的，人民法院应当再审：

（一）不予立案或者驳回起诉确有错误的；

（二）有新的证据，足以推翻原判决、裁定的；

（三）原判决、裁定认定事实的主要证据不足、未经质证或者系伪造的；

（四）原判决、裁定适用法律、法规确有错误的；

（五）违反法律规定的诉讼程序，可能影响公正审判的；

（六）原判决、裁定遗漏诉讼请求的；

（七）据以作出原判决、裁定的法律文书被撤销或者变更的；

（八）审判人员在审理该案件时有贪污受贿、徇私舞弊、枉法裁判行为的。

第九十二条　各级人民法院院长对本院已经发生法律效力的判决、裁定，发现有本法第九十一条规定情形之一，或者发现调解违反自愿原则或者调解书内容违法，认为需要再审的，应当提交审判委员会讨论决定。

最高人民法院对地方各级人民法院已经发生法律效力的判决、裁定，上级人民法院对下级人民法院已经发生法律效力的判决、裁定，发现有本法第九十一条规定情形之一，或者发现调解违反自愿原则或者调解书内容违法的，有权提审或者指令下级人民法院再审。

第九十三条　最高人民检察院对各级人民法院已经发生法律效力的判决、裁定，上级人民检察院对下级人民法院已经发生法律效力的判决、裁定，发现有本法第九十一条规定情形之一，或者发现调解书损害国家利益、社会公共利益的，应当提出抗诉。

地方各级人民检察院对同级人民法院已经发生法律效力的判决、裁定，发现有本法第九十一条规定情形之一，或者发现调解书损害国家利益、社会公共利益的，可以向同级人民法院提出检察建议，并报上级人民检察院备案；也可以提请上级人民检察院向同级人民法院提出抗诉。

各级人民检察院对审判监督程序以外的其他审判程序中审判人员的违法行为，有权向同级人民法院提出检察建议。

第八章　执　行

第九十四条　当事人必须履行人民法院发生法

律效力的判决、裁定、调解书。

第九十五条 公民、法人或者其他组织拒绝履行判决、裁定、调解书的,行政机关或者第三人可以向第一审人民法院申请强制执行,或者由行政机关依法强制执行。

第九十六条 行政机关拒绝履行判决、裁定、调解书的,第一审人民法院可以采取下列措施:

(一)对应当归还的罚款或者应当给付的款额,通知银行从该行政机关的账户内划拨;

(二)在规定期限内不履行的,从期满之日起,对该行政机关负责人按日处五十元至一百元的罚款;

(三)将行政机关拒绝履行的情况予以公告;

(四)向监察机关或者该行政机关的上一级行政机关提出司法建议。接受司法建议的机关,根据有关规定进行处理,并将处理情况告知人民法院;

(五)拒不履行判决、裁定、调解书,社会影响恶劣的,可以对该行政机关直接负责的主管人员和其他直接责任人员予以拘留;情节严重,构成犯罪的,依法追究刑事责任。

第九十七条 公民、法人或者其他组织对行政行为在法定期限内不提起诉讼又不履行的,行政机关可以申请人民法院强制执行,或者依法强制执行。

第九章　涉外行政诉讼

第九十八条 外国人、无国籍人、外国组织在中华人民共和国进行行政诉讼,适用本法。法律另有规定的除外。

第九十九条 外国人、无国籍人、外国组织在中华人民共和国进行行政诉讼,同中华人民共和国公民、组织有同等的诉讼权利和义务。

外国法院对中华人民共和国公民、组织的行政诉讼权利加以限制的,人民法院对该国公民、组织的行政诉讼权利,实行对等原则。

第一百条 外国人、无国籍人、外国组织在中华人民共和国进行行政诉讼,委托律师代理诉讼的,应当委托中华人民共和国律师机构的律师。

第十章　附　则

第一百零一条 人民法院审理行政案件,关于期间、送达、财产保全、开庭审理、调解、中止诉讼、终结诉讼、简易程序、执行等,以及人民检察院对行政案件

受理、审理、裁判、执行的监督,本法没有规定的,适用《中华人民共和国民事诉讼法》的相关规定。

第一百零二条 人民法院审理行政案件,应当收取诉讼费用。诉讼费用由败诉方承担,双方都有责任的由双方分担。收取诉讼费用的具体办法另行规定。

第一百零三条 本法自1990年10月1日起施行。

中华人民共和国行政处罚法

· 1996年3月17日第八届全国人民代表大会第四次会议通过
· 根据2009年8月27日第十一届全国人民代表大会常务委员会第十次会议《关于修改部分法律的决定》第一次修正
· 根据2017年9月1日第十二届全国人民代表大会常务委员会第二十九次会议《关于修改〈中华人民共和国法官法〉等八部法律的决定》第二次修正
· 2021年1月22日第十三届全国人民代表大会常务委员会第二十五次会议修订
· 2021年1月22日中华人民共和国主席令第70号公布
· 自2021年7月15日起施行

第一章　总　则

第一条 【立法目的】为了规范行政处罚的设定和实施,保障和监督行政机关有效实施行政管理,维护公共利益和社会秩序,保护公民、法人或者其他组织的合法权益,根据宪法,制定本法。

第二条 【行政处罚的定义】行政处罚是指行政机关依法对违反行政管理秩序的公民、法人或者其他组织,以减损权益或者增加义务的方式予以惩戒的行为。

第三条 【适用范围】行政处罚的设定和实施,适用本法。

第四条 【适用对象】公民、法人或者其他组织违反行政管理秩序的行为,应当给予行政处罚的,依照本法由法律、法规、规章规定,并由行政机关依照本法规定的程序实施。

第五条 【适用原则】行政处罚遵循公正、公开的原则。

设定和实施行政处罚必须以事实为依据,与违法行为的事实、性质、情节以及社会危害程度相当。

对违法行为给予行政处罚的规定必须公布;未经公布的,不得作为行政处罚的依据。

第六条　【适用目的】实施行政处罚,纠正违法行为,应当坚持处罚与教育相结合,教育公民、法人或者其他组织自觉守法。

第七条　【被处罚者权利】公民、法人或者其他组织对行政机关所给予的行政处罚,享有陈述权、申辩权;对行政处罚不服的,有权依法申请行政复议或者提起行政诉讼。

公民、法人或者其他组织因行政机关违法给予行政处罚受到损害的,有权依法提出赔偿要求。

第八条　【被处罚者承担的其他法律责任】公民、法人或者其他组织因违法行为受到行政处罚,其违法行为对他人造成损害的,应当依法承担民事责任。

违法行为构成犯罪,应当依法追究刑事责任的,不得以行政处罚代替刑事处罚。

第二章　行政处罚的种类和设定

第九条　【处罚的种类】行政处罚的种类:

(一)警告、通报批评;

(二)罚款、没收违法所得、没收非法财物;

(三)暂扣许可证件、降低资质等级、吊销许可证件;

(四)限制开展生产经营活动、责令停产停业、责令关闭、限制从业;

(五)行政拘留;

(六)法律、行政法规规定的其他行政处罚。

第十条　【法律对处罚的设定】法律可以设定各种行政处罚。

限制人身自由的行政处罚,只能由法律设定。

第十一条　【行政法规对处罚的设定】行政法规可以设定除限制人身自由以外的行政处罚。

法律对违法行为已经作出行政处罚规定,行政法规需要作出具体规定的,必须在法律规定的给予行政处罚的行为、种类和幅度的范围内规定。

法律对违法行为未作出行政处罚规定,行政法规为实施法律,可以补充设定行政处罚。拟补充设定行政处罚的,应当通过听证会、论证会等形式广泛听取意见,并向制定机关作出书面说明。行政法规报送备案时,应当说明补充设定行政处罚的情况。

第十二条　【地方性法规对处罚的设定】地方性法规可以设定除限制人身自由、吊销营业执照以外的行政处罚。

法律、行政法规对违法行为已经作出行政处罚规定,地方性法规需要作出具体规定的,必须在法律、行政法规规定的给予行政处罚的行为、种类和幅度的范围内规定。

法律、行政法规对违法行为未作出行政处罚规定,地方性法规为实施法律、行政法规,可以补充设定行政处罚。拟补充设定行政处罚的,应当通过听证会、论证会等形式广泛听取意见,并向制定机关作出书面说明。地方性法规报送备案时,应当说明补充设定行政处罚的情况。

第十三条　【国务院部门规章对处罚的设定】国务院部门规章可以在法律、行政法规规定的给予行政处罚的行为、种类和幅度的范围内作出具体规定。

尚未制定法律、行政法规的,国务院部门规章对违反行政管理秩序的行为,可以设定警告、通报批评或者一定数额罚款的行政处罚。罚款的限额由国务院规定。

第十四条　【地方政府规章对处罚的设定】地方政府规章可以在法律、法规规定的给予行政处罚的行为、种类和幅度的范围内作出具体规定。

尚未制定法律、法规的,地方政府规章对违反行政管理秩序的行为,可以设定警告、通报批评或者一定数额罚款的行政处罚。罚款的限额由省、自治区、直辖市人民代表大会常务委员会规定。

第十五条　【对行政处罚定期评估】国务院部门和省、自治区、直辖市人民政府及其有关部门应当定期组织评估行政处罚的实施情况和必要性,对不适当的行政处罚事项及种类、罚款数额等,应当提出修改或者废止的建议。

第十六条　【其他规范性文件不得设定处罚】除法律、法规、规章外,其他规范性文件不得设定行政处罚。

第三章　行政处罚的实施机关

第十七条　【处罚的实施】行政处罚由具有行政

处罚权的行政机关在法定职权范围内实施。

第十八条 【处罚的权限】国家在城市管理、市场监管、生态环境、文化市场、交通运输、应急管理、农业等领域推行建立综合行政执法制度,相对集中行政处罚权。

国务院或者省、自治区、直辖市人民政府可以决定一个行政机关行使有关行政机关的行政处罚权。

限制人身自由的行政处罚权只能由公安机关和法律规定的其他机关行使。

第十九条 【授权实施处罚】法律、法规授权的具有管理公共事务职能的组织可以在法定授权范围内实施行政处罚。

第二十条 【委托实施处罚】行政机关依照法律、法规、规章的规定,可以在其法定权限内书面委托符合本法第二十一条规定条件的组织实施行政处罚。行政机关不得委托其他组织或者个人实施行政处罚。

委托书应当载明委托的具体事项、权限、期限等内容。委托行政机关和受委托组织应当将委托书向社会公布。

委托行政机关对受委托组织实施行政处罚的行为应当负责监督,并对该行为的后果承担法律责任。

受委托组织在委托范围内,以委托行政机关名义实施行政处罚;不得再委托其他组织或者个人实施行政处罚。

第二十一条 【受托组织的条件】受委托组织必须符合以下条件:

(一)依法成立并具有管理公共事务职能;

(二)有熟悉有关法律、法规、规章和业务并取得行政执法资格的工作人员;

(三)需要进行技术检查或者技术鉴定的,应当有条件组织进行相应的技术检查或者技术鉴定。

第四章 行政处罚的管辖和适用

第二十二条 【地域管辖】行政处罚由违法行为发生地的行政机关管辖。法律、行政法规、部门规章另有规定的,从其规定。

第二十三条 【级别管辖】行政处罚由县级以上地方人民政府具有行政处罚权的行政机关管辖。法律、行政法规另有规定的,从其规定。

第二十四条 【行政处罚权的承接】省、自治区、直辖市根据当地实际情况,可以决定将基层管理迫切需要的县级人民政府部门的行政处罚权交由能够有效承接的乡镇人民政府、街道办事处行使,并定期组织评估。决定应当公布。

承接行政处罚权的乡镇人民政府、街道办事处应当加强执法能力建设,按照规定范围、依照法定程序实施行政处罚。

有关地方人民政府及其部门应当加强组织协调、业务指导、执法监督,建立健全行政处罚协调配合机制,完善评议、考核制度。

第二十五条 【共同管辖及指定管辖】两个以上行政机关都有管辖权的,由最先立案的行政机关管辖。

对管辖发生争议的,应当协商解决,协商不成的,报请共同的上一级行政机关指定管辖;也可以直接由共同的上一级行政机关指定管辖。

第二十六条 【行政协助】行政机关因实施行政处罚的需要,可以向有关机关提出协助请求。协助事项属于被请求机关职权范围内的,应当依法予以协助。

第二十七条 【刑事责任优先】违法行为涉嫌犯罪的,行政机关应当及时将案件移送司法机关,依法追究刑事责任。对依法不需要追究刑事责任或者免予刑事处罚,但应当给予行政处罚的,司法机关应当及时将案件移送有关行政机关。

行政处罚实施机关与司法机关之间应当加强协调配合,建立健全案件移送制度,加强证据材料移交、接收衔接,完善案件处理信息通报机制。

第二十八条 【责令改正与责令退赔】行政机关实施行政处罚时,应当责令当事人改正或者限期改正违法行为。

当事人有违法所得,除依法应当退赔的外,应当予以没收。违法所得是指实施违法行为所取得的款项。法律、行政法规、部门规章对违法所得的计算另有规定的,从其规定。

第二十九条 【一事不二罚】对当事人的同一个违法行为,不得给予两次以上罚款的行政处罚。同一个违法行为违反多个法律规范应当给予罚款处罚的,按照罚款数额高的规定处罚。

第三十条 【未成年人处罚的限制】不满十四周

岁的未成年人有违法行为的,不予行政处罚,责令监护人加以管教;已满十四周岁不满十八周岁的未成年人有违法行为的,应当从轻或者减轻行政处罚。

第三十一条　【精神病人及限制性精神病人处罚的限制】精神病人、智力残疾人在不能辨认或者不能控制自己行为时有违法行为的,不予行政处罚,但应当责令其监护人严加看管和治疗。间歇性精神病人在精神正常时有违法行为的,应当给予行政处罚。尚未完全丧失辨认或者控制自己行为能力的精神病人、智力残疾人有违法行为的,可以从轻或者减轻行政处罚。

第三十二条　【从轻、减轻处罚的情形】当事人有下列情形之一,应当从轻或者减轻行政处罚:

(一)主动消除或者减轻违法行为危害后果的;

(二)受他人胁迫或者诱骗实施违法行为的;

(三)主动供述行政机关尚未掌握的违法行为的;

(四)配合行政机关查处违法行为有立功表现的;

(五)法律、法规、规章规定其他应当从轻或者减轻行政处罚的。

第三十三条　【不予行政处罚的条件】违法行为轻微并及时改正,没有造成危害后果的,不予行政处罚。初次违法且危害后果轻微并及时改正的,可以不予行政处罚。

当事人有证据足以证明没有主观过错的,不予行政处罚。法律、行政法规另有规定的,从其规定。

对当事人的违法行为依法不予行政处罚的,行政机关应当对当事人进行教育。

第三十四条　【行政处罚裁量基准】行政机关可以依法制定行政处罚裁量基准,规范行使行政处罚裁量权。行政处罚裁量基准应当向社会公布。

第三十五条　【刑罚的折抵】违法行为构成犯罪,人民法院判处拘役或者有期徒刑时,行政机关已经给予当事人行政拘留的,应当依法折抵相应刑期。

违法行为构成犯罪,人民法院判处罚金时,行政机关已经给予当事人罚款的,应当折抵相应罚金;行政机关尚未给予当事人罚款的,不再给予罚款。

第三十六条　【处罚的时效】违法行为在二年内未被发现的,不再给予行政处罚;涉及公民生命健康安全、金融安全且有危害后果的,上述期限延长至五年。法律另有规定的除外。

前款规定的期限,从违法行为发生之日起计算;违法行为有连续或者继续状态的,从行为终了之日起计算。

第三十七条　【法不溯及既往】实施行政处罚,适用违法行为发生时的法律、法规、规章的规定。但是,作出行政处罚决定时,法律、法规、规章已被修改或者废止,且新的规定处罚较轻或者不认为是违法的,适用新的规定。

第三十八条　【行政处罚无效】行政处罚没有依据或者实施主体不具有行政主体资格的,行政处罚无效。

违反法定程序构成重大且明显违法的,行政处罚无效。

第五章　行政处罚的决定

第一节　一般规定

第三十九条　【信息公示】行政处罚的实施机关、立案依据、实施程序和救济渠道等信息应当公示。

第四十条　【处罚的前提】公民、法人或者其他组织违反行政管理秩序的行为,依法应当给予行政处罚的,行政机关必须查明事实;违法事实不清、证据不足的,不得给予行政处罚。

第四十一条　【信息化手段的运用】行政机关依照法律、行政法规规定利用电子技术监控设备收集、固定违法事实的,应当经过法制和技术审核,确保电子技术监控设备符合标准、设置合理、标志明显,设置地点应当向社会公布。

电子技术监控设备记录违法事实应当真实、清晰、完整、准确。行政机关应当审核记录内容是否符合要求;未经审核或者经审核不符合要求的,不得作为行政处罚的证据。

行政机关应当及时告知当事人违法事实,并采取信息化手段或者其他措施,为当事人查询、陈述和申辩提供便利。不得限制或者变相限制当事人享有的陈述权、申辩权。

第四十二条　【执法人员要求】行政处罚应当由具有行政执法资格的执法人员实施。执法人员不得少于两人,法律另有规定的除外。

执法人员应当文明执法,尊重和保护当事人合法权益。

第四十三条 【回避】执法人员与案件有直接利害关系或者有其他关系可能影响公正执法的,应当回避。

当事人认为执法人员与案件有直接利害关系或者有其他关系可能影响公正执法的,有权申请回避。

当事人提出回避申请的,行政机关应当依法审查,由行政机关负责人决定。决定作出之前,不停止调查。

第四十四条 【告知义务】行政机关在作出行政处罚决定之前,应当告知当事人拟作出的行政处罚内容及事实、理由、依据,并告知当事人依法享有的陈述、申辩、要求听证等权利。

第四十五条 【当事人的陈述权和申辩权】当事人有权进行陈述和申辩。行政机关必须充分听取当事人的意见,对当事人提出的事实、理由和证据,应当进行复核;当事人提出的事实、理由或者证据成立的,行政机关应当采纳。

行政机关不得因当事人陈述、申辩而给予更重的处罚。

第四十六条 【证据】证据包括:

(一)书证;

(二)物证;

(三)视听资料;

(四)电子数据;

(五)证人证言;

(六)当事人的陈述;

(七)鉴定意见;

(八)勘验笔录、现场笔录。

证据必须经查证属实,方可作为认定案件事实的根据。

以非法手段取得的证据,不得作为认定案件事实的根据。

第四十七条 【执法全过程记录制度】行政机关应当依法以文字、音像等形式,对行政处罚的启动、调查取证、审核、决定、送达、执行等进行全过程记录,归档保存。

第四十八条 【行政处罚决定公示制度】具有一定社会影响的行政处罚决定应当依法公开。

公开的行政处罚决定被依法变更、撤销、确认违法或者确认无效的,行政机关应当在三日内撤回行政处罚决定信息并公开说明理由。

第四十九条 【应急处罚】发生重大传染病疫情等突发事件,为了控制、减轻和消除突发事件引起的社会危害,行政机关对违反突发事件应对措施的行为,依法快速、从重处罚。

第五十条 【保密义务】行政机关及其工作人员对实施行政处罚过程中知悉的国家秘密、商业秘密或者个人隐私,应当依法予以保密。

第二节 简易程序

第五十一条 【当场处罚的情形】违法事实确凿并有法定依据,对公民处以二百元以下、对法人或者其他组织处以三千元以下罚款或者警告的行政处罚的,可以当场作出行政处罚决定。法律另有规定的,从其规定。

第五十二条 【当场处罚的程序】执法人员当场作出行政处罚决定的,应当向当事人出示执法证件,填写预定格式、编有号码的行政处罚决定书,并当场交付当事人。当事人拒绝签收的,应当在行政处罚决定书上注明。

前款规定的行政处罚决定书应当载明当事人的违法行为,行政处罚的种类和依据、罚款数额、时间、地点,申请行政复议、提起行政诉讼的途径和期限以及行政机关名称,并由执法人员签名或者盖章。

执法人员当场作出的行政处罚决定,应当报所属行政机关备案。

第五十三条 【当场处罚的履行】对当场作出的行政处罚决定,当事人应当依照本法第六十七条至第六十九条的规定履行。

第三节 普通程序

第五十四条 【调查取证与立案】除本法第五十一条规定的可以当场作出的行政处罚外,行政机关发现公民、法人或者其他组织有依法应当给予行政处罚的行为的,必须全面、客观、公正地调查,收集有关证据;必要时,依照法律、法规的规定,可以进行检查。

符合立案标准的,行政机关应当及时立案。

第五十五条 【出示证件与协助调查】执法人员在调查或者进行检查时,应当主动向当事人或者有关人员出示执法证件。当事人或者有关人员有权要求执法人员出示执法证件。执法人员不出示执法证件的,当事人或者有关人员有权拒绝接受调查或者检查。

当事人或者有关人员应当如实回答询问,并协助调查或者检查,不得拒绝或者阻挠。询问或者检查应当制作笔录。

第五十六条 【证据的收集原则】行政机关在收集证据时,可以采取抽样取证的方法;在证据可能灭失或者以后难以取得的情况下,经行政机关负责人批准,可以先行登记保存,并应当在七日内及时作出处理决定,在此期间,当事人或者有关人员不得销毁或者转移证据。

第五十七条 【处罚决定】调查终结,行政机关负责人应当对调查结果进行审查,根据不同情况,分别作出如下决定:

(一)确有应受行政处罚的违法行为的,根据情节轻重及具体情况,作出行政处罚决定;

(二)违法行为轻微,依法可以不予行政处罚的,不予行政处罚;

(三)违法事实不能成立的,不予行政处罚;

(四)违法行为涉嫌犯罪的,移送司法机关。

对情节复杂或者重大违法行为给予行政处罚,行政机关负责人应当集体讨论决定。

第五十八条 【法制审核】有下列情形之一,在行政机关负责人作出行政处罚的决定之前,应当由从事行政处罚决定法制审核的人员进行法制审核;未经法制审核或者审核未通过的,不得作出决定:

(一)涉及重大公共利益的;

(二)直接关系当事人或者第三人重大权益,经过听证程序的;

(三)案件情况疑难复杂、涉及多个法律关系的;

(四)法律、法规规定应当进行法制审核的其他情形。

行政机关中初次从事行政处罚决定法制审核的人员,应当通过国家统一法律职业资格考试取得法律职业资格。

第五十九条 【行政处罚决定书的内容】行政机关依照本法第五十七条的规定给予行政处罚,应当制作行政处罚决定书。行政处罚决定书应当载明下列事项:

(一)当事人的姓名或者名称、地址;

(二)违反法律、法规、规章的事实和证据;

(三)行政处罚的种类和依据;

(四)行政处罚的履行方式和期限;

(五)申请行政复议、提起行政诉讼的途径和期限;

(六)作出行政处罚决定的行政机关名称和作出决定的日期。

行政处罚决定书必须盖有作出行政处罚决定的行政机关的印章。

第六十条 【决定期限】行政机关应当自行政处罚案件立案之日起九十日内作出行政处罚决定。法律、法规、规章另有规定的,从其规定。

第六十一条 【送达】行政处罚决定书应当在宣告后当场交付当事人;当事人不在场的,行政机关应当在七日内依照《中华人民共和国民事诉讼法》的有关规定,将行政处罚决定书送达当事人。

当事人同意并签订确认书的,行政机关可以采用传真、电子邮件等方式,将行政处罚决定书等送达当事人。

第六十二条 【处罚的成立条件】行政机关及其执法人员在作出行政处罚决定之前,未依照本法第四十四条、第四十五条的规定向当事人告知拟作出的行政处罚内容及事实、理由、依据,或者拒绝听取当事人的陈述、申辩,不得作出行政处罚决定;当事人明确放弃陈述或者申辩权利的除外。

第四节 听证程序

第六十三条 【听证权】行政机关拟作出下列行政处罚决定,应当告知当事人有要求听证的权利,当事人要求听证的,行政机关应当组织听证:

(一)较大数额罚款;

(二)没收较大数额违法所得、没收较大价值非法财物;

(三)降低资质等级、吊销许可证件;

(四)责令停产停业、责令关闭、限制从业;

(五)其他较重的行政处罚;

(六)法律、法规、规章规定的其他情形。

当事人不承担行政机关组织听证的费用。

第六十四条　【听证程序】听证应当依照以下程序组织：

（一）当事人要求听证的，应当在行政机关告知后五日内提出；

（二）行政机关应当在举行听证的七日前，通知当事人及有关人员听证的时间、地点；

（三）除涉及国家秘密、商业秘密或者个人隐私依法予以保密外，听证公开举行；

（四）听证由行政机关指定的非本案调查人员主持；当事人认为主持人与本案有直接利害关系的，有权申请回避；

（五）当事人可以亲自参加听证，也可以委托一至二人代理；

（六）当事人及其代理人无正当理由拒不出席听证或者未经许可中途退出听证的，视为放弃听证权利，行政机关终止听证；

（七）举行听证时，调查人员提出当事人违法的事实、证据和行政处罚建议，当事人进行申辩和质证；

（八）听证应当制作笔录。笔录应当交当事人或者其代理人核对无误后签字或者盖章。当事人或者其代理人拒绝签字或者盖章的，由听证主持人在笔录中注明。

第六十五条　【听证笔录】听证结束后，行政机关应当根据听证笔录，依照本法第五十七条的规定，作出决定。

第六章　行政处罚的执行

第六十六条　【履行义务及分期履行】行政处罚决定依法作出后，当事人应当在行政处罚决定书载明的期限内，予以履行。

当事人确有经济困难，需要延期或者分期缴纳罚款的，经当事人申请和行政机关批准，可以暂缓或者分期缴纳。

第六十七条　【罚缴分离原则】作出罚款决定的行政机关应当与收缴罚款的机构分离。

除依照本法第六十八条、第六十九条的规定当场收缴的罚款外，作出行政处罚决定的行政机关及其执法人员不得自行收缴罚款。

当事人应当自收到行政处罚决定书之日起十五日内，到指定的银行或者通过电子支付系统缴纳罚款。银行应当收受罚款，并将罚款直接上缴国库。

第六十八条　【当场收缴罚款范围】依照本法第五十一条的规定当场作出行政处罚决定，有下列情形之一，执法人员可以当场收缴罚款：

（一）依法给予一百元以下罚款的；

（二）不当场收缴事后难以执行的。

第六十九条　【边远地区当场收缴罚款】在边远、水上、交通不便地区，行政机关及其执法人员依照本法第五十一条、第五十七条的规定作出罚款决定后，当事人到指定的银行或者通过电子支付系统缴纳罚款确有困难，经当事人提出，行政机关及其执法人员可以当场收缴罚款。

第七十条　【罚款票据】行政机关及其执法人员当场收缴罚款的，必须向当事人出具国务院财政部门或者省、自治区、直辖市人民政府财政部门统一制发的专用票据；不出具财政部门统一制发的专用票据的，当事人有权拒绝缴纳罚款。

第七十一条　【罚款交纳期】执法人员当场收缴的罚款，应当自收缴罚款之日起二日内，交至行政机关；在水上当场收缴的罚款，应当自抵岸之日起二日内交至行政机关；行政机关应当在二日内将罚款缴付指定的银行。

第七十二条　【执行措施】当事人逾期不履行行政处罚决定的，作出行政处罚决定的行政机关可以采取下列措施：

（一）到期不缴纳罚款的，每日按罚款数额的百分之三加处罚款，加处罚款的数额不得超出罚款的数额；

（二）根据法律规定，将查封、扣押的财物拍卖、依法处理或者将冻结的存款、汇款划拨抵缴罚款；

（三）根据法律规定，采取其他行政强制执行方式；

（四）依照《中华人民共和国行政强制法》的规定申请人民法院强制执行。

行政机关批准延期、分期缴纳罚款的，申请人民法院强制执行的期限，自暂缓或者分期缴纳罚款期限结束之日起计算。

第七十三条　【不停止执行及暂缓执行】当事人对行政处罚决定不服，申请行政复议或者提起行政诉讼的,行政处罚不停止执行,法律另有规定的除外。

当事人对限制人身自由的行政处罚决定不服,申请行政复议或者提起行政诉讼的,可以向作出决定的机关提出暂缓执行申请。符合法律规定情形的,应当暂缓执行。

当事人申请行政复议或者提起行政诉讼的,加处罚款的数额在行政复议或者行政诉讼期间不予计算。

第七十四条 【没收的非法财物的处理】除依法应当予以销毁的物品外,依法没收的非法财物必须按照国家规定公开拍卖或者按照国家有关规定处理。

罚款、没收的违法所得或者没收非法财物拍卖的款项,必须全部上缴国库,任何行政机关或者个人不得以任何形式截留、私分或者变相私分。

罚款、没收的违法所得或者没收非法财物拍卖的款项,不得同作出行政处罚决定的行政机关及其工作人员的考核、考评直接或者变相挂钩。除依法应当退还、退赔的外,财政部门不得以任何形式向作出行政处罚决定的行政机关返还罚款、没收的违法所得或者没收非法财物拍卖的款项。

第七十五条 【监督检查】行政机关应当建立健全对行政处罚的监督制度。县级以上人民政府应当定期组织开展行政执法评议、考核,加强对行政处罚的监督检查,规范和保障行政处罚的实施。

行政机关实施行政处罚应当接受社会监督。公民、法人或者其他组织对行政机关实施行政处罚的行为,有权申诉或者检举;行政机关应当认真审查,发现有错误的,应当主动改正。

第七章　法律责任

第七十六条 【上级行政机关的监督】行政机关实施行政处罚,有下列情形之一,由上级行政机关或者有关机关责令改正,对直接负责的主管人员和其他直接责任人员依法给予处分:

(一)没有法定的行政处罚依据的;

(二)擅自改变行政处罚种类、幅度的;

(三)违反法定的行政处罚程序的;

(四)违反本法第二十条关于委托处罚的规定的;

(五)执法人员未取得执法证件的。

行政机关对符合立案标准的案件不及时立案的,依照前款规定予以处理。

第七十七条 【当事人的拒绝处罚权及检举权】行政机关对当事人进行处罚不使用罚款、没收财物单据或者使用非法定部门制发的罚款、没收财物单据的,当事人有权拒绝,并有权予以检举,由上级行政机关或者有关机关对使用的非法单据予以收缴销毁,对直接负责的主管人员和其他直接责任人员依法给予处分。

第七十八条 【自行收缴罚款的处理】行政机关违反本法第六十七条的规定自行收缴罚款的,财政部门违反本法第七十四条的规定向行政机关返还罚款、没收的违法所得或者拍卖款项的,由上级行政机关或者有关机关责令改正,对直接负责的主管人员和其他直接责任人员依法给予处分。

第七十九条 【私分罚没财物的处理】行政机关截留、私分或者变相私分罚款、没收的违法所得或者财物的,由财政部门或者有关机关予以追缴,对直接负责的主管人员和其他直接责任人员依法给予处分;情节严重构成犯罪的,依法追究刑事责任。

执法人员利用职务上的便利,索取或者收受他人财物、将收缴罚款据为己有,构成犯罪的,依法追究刑事责任;情节轻微不构成犯罪的,依法给予处分。

第八十条 【行政机关的赔偿责任及对有关人员的处理】行政机关使用或者损毁查封、扣押的财物,对当事人造成损失的,应当依法予以赔偿,对直接负责的主管人员和其他直接责任人员依法给予处分。

第八十一条 【违法实行检查或执行措施的赔偿责任】行政机关违法实施检查措施或者执行措施,给公民人身或者财产造成损害、给法人或者其他组织造成损失的,应当依法予以赔偿,对直接负责的主管人员和其他直接责任人员依法给予处分;情节严重构成犯罪的,依法追究刑事责任。

第八十二条 【以行代刑的责任】行政机关对应当依法移交司法机关追究刑事责任的案件不移交,以行政处罚代替刑事处罚,由上级行政机关或者有关机关责令改正,对直接负责的主管人员和其他直接责任人员依法给予处分;情节严重构成犯罪的,依法追究刑事责任。

第八十三条 【失职责任】行政机关对应当予以制止和处罚的违法行为不予制止、处罚,致使公民、法人或者其他组织的合法权益、公共利益和社会秩序遭受损害的,对直接负责的主管人员和其他直接责任人员依法给予处分;情节严重构成犯罪的,依法追究刑事责任。

第八章　附　则

第八十四条　【属地原则】外国人、无国籍人、外国组织在中华人民共和国领域内有违法行为,应当给予行政处罚的,适用本法,法律另有规定的除外。

第八十五条　【工作日】本法中"二日""三日""五日""七日"的规定是指工作日,不含法定节假日。

第八十六条　【施行日期】本法自 2021 年 7 月 15 日起施行。

2. 执法监督

公安机关执法公开规定

· 2018 年 8 月 23 日
· 公通字〔2018〕26 号

第一章　总　则

第一条　为了规范公安机关执法公开行为,促进公安机关严格规范公正文明执法,保障公民、法人和其他组织依法获取执法信息,实现便民利民,制定本规定。

第二条　本规定适用于公安机关主动公开执法信息,以及开展网上公开办事。

公民、法人或者其他组织申请获取执法信息的,公安机关应当依照《中华人民共和国政府信息公开条例》的规定办理。

第三条　执法公开应当遵循合法有序、及时准确、便民利民的原则。

第四条　公安机关应当采取措施使社会广为知晓执法公开的范围、期限和途径,方便公民、法人和其他组织依法获取执法信息。

第五条　对涉及公共利益、公众普遍关注、需要社会知晓的执法信息,应当主动向社会公开;对不宜向社会公开,但涉及特定对象权利义务、需要特定对象知悉的执法信息,应主动向特定对象告知或者提供查询服务。

第六条　公安机关不得公开涉及国家秘密或者警务工作秘密,以及可能影响国家安全、公共安全、经济安全和社会稳定或者妨害执法活动的执法信息。

公安机关不得向权利人以外的公民、法人或者其他组织公开涉及商业秘密、个人隐私的执法信息。但是,权利人同意公开,或者公安机关认为不公开可能对公共利益造成重大影响的,可以公开。

第七条　公安机关公开执法信息涉及其他部门的,应当在公开前与有关部门确认;公开执法信息依照国家有关规定需要批准的,应当在批准后公开。

第八条　公安机关应当对执法公开情况进行检查评估。执法信息不应当公开而公开的,应当立即撤回;公开的执法信息错误或者发生变更的,应当立即纠正或者更新;执法信息公开后可能或者已经造成严重后果的,应当依法紧急处置。

第二章　向社会公开

第九条　公安机关应当主动向社会公开下列信息:

(一)公安机关的职责权限,人民警察的权利义务、纪律要求和职业道德规范;

(二)涉及公民、法人和其他组织权利义务的规范性文件;

(三)刑事、行政、行政复议、国家赔偿等案件的受理范围、受理部门及其联系方式、申请条件及要求、办理程序及期限和对外法律文书式样,以及当事人的权利义务和监督救济渠道;

(四)行政管理相对人的权利义务和监督救济渠道;

(五)与执法相关的便民服务措施;

(六)举报投诉的方式和途径;

(七)承担对外执法任务的内设机构和派出机构的名称及其职责权限;

(八)窗口单位的办公地址、工作时间、联系方式以及民警姓名、警号;

(九)固定式交通技术监控设备的设置信息;

(十)采取限制交通措施、交通管制和现场管制的方式、区域、起止时间等信息;

(十一)法律、法规、规章和其他规范性文件规定应当向社会公开的其他执法信息。

前款第一项至第五项所列执法信息,上级机关公开后,下级公安机关可以通过适当途径使社会广为知晓。

第十条　公安机关应当向社会公开涉及公共利益、社会高度关注的重大案事件调查进展和处理结果，以及打击违法犯罪活动的重大决策和行动。但公开后可能影响国家安全、公共安全、经济安全和社会稳定或者妨害正常执法活动的除外。

第十一条　公安机关可以向社会公开辖区治安状况、道路交通安全形势、安全防范预警等信息。

第十二条　公安机关应当逐步向社会公开行政处罚决定、行政复议结果的生效法律文书。适用简易程序作出的行政处罚决定生效法律文书可以不向社会公开。

第十三条　法律文书有下列情形之一的，不得向社会公开：

（一）案件事实涉及国家秘密或者警务工作秘密的；

（二）被行政处罚人、行政复议申请人是未成年人的；

（三）经本机关负责人批准不予公开的其他情形。

第十四条　向社会公开法律文书，应当对文书中载明的自然人姓名作隐名处理，保留姓氏，名字以"某"替代。

第十五条　向社会公开法律文书，应当删除文书中载明的下列信息：

（一）自然人的住所地详址、工作单位、家庭成员、联系方式、公民身份号码、健康状况、机动车号牌号码，以及其他能够判明其身份和具体财产的信息；

（二）法人或者其他组织的涉及具体财产的信息；

（三）涉及公民个人隐私和商业秘密的信息；

（四）案件事实中涉及有伤风化的内容，以及可能诱发违法犯罪的细节描述；

（五）公安机关印章或者工作专用章；

（六）公安机关认为不宜公开的其他信息。

删除前款所列信息影响对文书正确理解的，可以用符号"×"作部分替代。

第十六条　向社会公开法律文书，除按照本规定第十四条、第十五条隐匿、删除相关信息外，应当保持与原文书内容一致。

第十七条　向社会公开执法信息，应当自该信息形成或者变更之日起20个工作日内进行。公众需要

即时知晓的限制交通措施、交通管制和现场管制的信息，应当即时公开；辖区治安状况、道路交通安全形势和安全防范预警等信息，可以定期公开。法律、法规、规章和其他规范性文件对公开期限另有规定的，从其规定。

第十八条　向社会公开执法信息，应当通过互联网政府公开平台进行，同时可以通过公报、发布会、官方微博、移动客户端、自助终端，以及报刊、广播、电视等便于公众知晓的方式公布。

第十九条　向社会公开执法信息，由制作或者获取该信息的内设机构或者派出机构负责。必要时，征求政务公开、法制、保密部门的意见，并经本机关负责人批准。

第二十条　公安机关发现可能影响社会稳定、扰乱社会管理秩序的虚假或者不完整信息，应当在职责范围内及时发布准确信息予以澄清。

第三章　向特定对象公开

第二十一条　公安机关办理刑事、行政、行政复议、国家赔偿等案件，或者开展行政管理活动，法律、法规、规章和其他规范性文件规定向特定对象告知执法信息的，应当依照有关规定执行。

第二十二条　除按照本规定第二十一条向特定对象告知执法信息外，公安机关应当通过提供查询的方式，向报案或者控告的被害人、被侵害人或者其监护人、家属公开下列执法信息：

（一）办案单位名称、地址和联系方式；

（二）刑事立案、移送审查起诉、终止侦查、撤销案件等情况，对犯罪嫌疑人采取刑事强制措施的种类；

（三）行政案件受案、办理结果。

公安机关在接受报案时，应当告知报案或者控告的被害人、被侵害人或者其监护人、家属前款所列执法信息的查询方式和途径。

第二十三条　向特定对象提供执法信息查询服务，应当自该信息形成或者变更之日起5个工作日内进行。法律、法规和规范性文件对期限另有规定的，从其规定。

第二十四条　向特定对象提供执法信息查询服务，应当通过互联网政府公开平台进行，同时可以通过移动客户端、自助终端等方式进行。

第二十五条　向特定对象公开执法信息,由制作或者获取该信息的内设机构或者派出机构负责。

第四章　网上公开办事

第二十六条　公安机关应当开展行政许可、登记、备案等行政管理事项的网上办理。

除法律、法规、规章规定申请人应当到现场办理的事项或者环节外,公安机关不得要求申请人到现场办理。

第二十七条　网上公开办事应当提供下列服务:

(一)公开网上办事事项的名称、依据、申请条件、申请途径或者方式、申请需要提交材料清单、办理程序及期限,提供申请文书式样及示范文本;

(二)公开行政事业性收费事项的名称、依据、收费标准、办事程序和期限;

(三)网上咨询,解答相关法律政策、注意事项等常见问题;

(四)网上预约办理;

(五)申请文书的在线下载、网上制作,实现网上申请;

(六)受理情况、办理进展、办理结果等执法信息的网上查询。法律、法规、规章和其他规范性文件规定向申请人告知执法信息的,还应当依照有关规定告知。

公安机关在网上或者窗口单位接受办事事项申请时,应当告知申请人执法信息的查询方式和途径。

第二十八条　向申请人提供办事事项执法信息查询服务,应当自该信息形成或者变更之日起5个工作日内进行。法律、法规、规章和其他规范性文件另有规定的,从其规定。

第二十九条　开展网上公开办事,应当通过互联网政府网站进行,同时可以通过移动客户端、自助终端等方式进行。

向申请人告知办事事项执法信息,除依照法律、法规、规章和其他规范性文件规定的方式执行外,同时可以通过移动客户端、电话、电子邮件等方式告知。

第五章　监督和保障

第三十条　公安机关应当指定专门机构,负责组织、协调、推动执法公开工作,并为开展执法公开提供必要的人员、物质保障。

第三十一条　公安机关应当建立执法公开审核审批、保密审查、信息发布协调的程序和机制,实现执法公开规范化。

第三十二条　公安机关应当建设互联网政府公开平台,统一公开本机关执法信息。上级公安机关或者本级人民政府提供统一互联网公开平台的,可以通过该平台公开。

公安机关应当完善互联网政府网站办事服务功能,统一提供本机关网上办事服务。上级公安机关或者本级人民政府提供统一互联网办事服务载体的,可以通过该载体提供。

第三十三条　公安机关应当推动发展信息安全交互技术,为高效便捷开展执法公开提供技术支持。

第三十四条　公安机关应当开展执法公开满意度测评,可以通过互联网公开平台或者政府网站、移动客户端、自助终端、电话等方式进行,也可以在窗口单位现场进行。

第三十五条　公安机关可以委托第三方机构对执法公开情况进行评估,并参考评估结果改进工作。

第三十六条　公安机关应当将执法公开情况纳入执法质量考评和绩效考核范围,建立完善奖惩机制。

第三十七条　公民、法人或者其他组织认为公安机关未按照本规定履行执法公开义务的,可以向该公安机关或者其上一级公安机关投诉。

第三十八条　有下列情形之一的,应当立即改正;情节严重的,依照有关规定对主管人员和其他责任人员予以处理:

(一)未按照本规定履行执法公开义务的;

(二)公开的信息错误、不准确且不及时更正,或者弄虚作假的;

(三)公开不应当公开的信息且不及时撤回的;

(四)违反本规定的其他行为。

第六章　附　则

第三十九条　各省、自治区、直辖市公安厅、局,新疆生产建设兵团公安局可以根据本规定,结合本地实际,制定实施细则。

第四十条　本规定未涉及的公开事项,依照有关法律、法规、规章和其他规范性文件的规定执行。

第四十一条　本规定自2018年12月1日起施行,2012年8月18日印发的《公安机关执法公开规定》同时废止。

公安机关信访工作规定

·2023 年 5 月 19 日
·公通字〔2023〕9 号

第一章　总　则

第一条　为了坚持和加强党对公安信访工作的全面领导,做好新时代公安信访工作,密切党群关系、警民关系,根据《信访工作条例》和有关法律法规,结合公安工作实际,制定本规定。

第二条　公安信访工作是公安机关群众工作的重要组成部分,是公安机关了解社情民意、听取意见建议、检验执法质效、维护群众权益的一项重要工作,是公安机关接受群众监督、提升执法水平、改进工作作风、加强队伍建设的重要途径。

第三条　公安信访工作坚持以习近平新时代中国特色社会主义思想为指导,贯彻落实习近平法治思想、习近平总书记关于加强和改进人民信访工作的重要思想、关于新时代公安工作的重要论述,践行对党忠诚、服务人民、执法公正、纪律严明总要求,切实担负起为民解难、为党分忧的政治责任,服务党和国家大局,促进社会和谐稳定。

第四条　公安信访工作应当坚持党的全面领导、坚持以人民为中心、坚持依法按政策解决问题、坚持源头治理化解矛盾,按照"属地管理、分级负责""谁主管、谁负责"原则,落实信访工作责任。

第五条　公安机关应当坚持改革创新,不断完善信访工作制度体系,畅通信访渠道,优化业务流程,规范信访秩序,依法分类处理信访诉求,提升信访工作质量、效率和公信力。

第六条　公安机关及其工作人员处理信访事项,应当恪尽职守、秉公办事,查明事实、分清责任,加强教育疏导,及时妥善处理,不得推诿、敷衍、拖延。

公安机关应当将涉法涉诉信访事项与普通信访事项相分离,适用不同程序处理。

公安机关工作人员与信访事项或者信访人有直接利害关系的,应当回避。

第七条　公安机关应当科学、民主决策,依法履行职责,严格规范公正文明执法,从源头上预防和减少信访事项的发生。

第二章　信访工作体制和机制

第八条　公安机关应当构建党委领导、信访工作领导小组统筹协调、信访部门推动落实、相关部门各负其责、各方齐抓共管的信访工作格局。

第九条　公安信访工作应当坚持党的领导:

(一)贯彻落实党中央关于信访工作的方针政策和决策部署,执行上级党组织关于信访工作的部署要求;

(二)强化政治引领,把握信访工作的政治方向和政治原则,严明政治纪律和政治规矩;

(三)公安机关党委定期听取汇报,研究解决重要信访问题。

第十条　公安机关应当成立由主要领导任组长,有关领导任副组长,相关部门主要领导为成员的信访工作领导小组。信访工作领导小组履行下列职责:

(一)分析信访工作形势,为党委决策提供参考;

(二)督促落实信访工作的方针政策和决策部署;

(三)统筹协调、组织推进信访工作,督导落实信访工作责任;

(四)协调处理影响较大或者办理部门存在争议的信访事项;

(五)承担本级公安机关党委交办的其他事项。

信访工作领导小组应当每年向本级公安机关党委报告工作情况,定期召开会议听取各成员单位信访工作报告。

第十一条　县级以上公安机关应当建立信访工作机构,设立专门接待场所。

信访问题突出的部门应当结合实际,确定承担信访工作的机构及人员。

第十二条　信访部门是开展信访工作的专门机构,履行下列职责:

(一)接收、登记信访事项;

(二)受理、办理、转送、交办信访事项;

(三)协调、督促、检查重要信访事项的处理、落实;

(四)综合反映信访信息,分析研判信访情况;

(五)指导相关部门和下级公安机关的信访工作;

(六)提出改进工作、完善政策和追究责任的建议;

（七）承担本级公安信访工作领导小组办公室职责；

（八）承担本级公安机关党委和上级机关交办的其他信访事项。

第十三条 公安机关相关部门应当按照分工，履行下列职责：

（一）承办属于职责范围内的信访事项；

（二）向信访部门回复转送信访事项的处理结果；

（三）分析本部门信访问题成因，针对性改进工作；

（四）承担本级公安信访工作领导小组交办的其他事项。

第十四条 公安机关应当坚持社会矛盾纠纷多元预防调处化解机制，拓宽社会力量参与信访工作的制度化渠道，综合运用法律、政策、经济、行政等手段和教育、协商、疏导等办法，多措并举化解矛盾纠纷。

公安机关应当依法按政策及时解决群众合理合法诉求，耐心细致进行教育解释，对符合条件的帮助予以司法救助。

第十五条 公安机关领导干部应当阅办群众来信和网上信访，定期接待群众来访和约访下访，调研督导信访工作，包案化解疑难、复杂和群众反映强烈的信访问题。

公安机关应当落实属地责任，认真接待处理群众来访，把问题解决在当地，引导信访人就地反映问题。建立完善联合接访工作机制，根据工作需要组织有关部门联合接待，一站式解决信访问题。

第十六条 公安机关应当建立重大信访信息报告和处理制度。对可能造成社会影响的重大、紧急信访事项和信访信息，应当及时报告本级党委政府和上一级公安机关，通报本级信访工作联席会议办公室，并在职责范围内依法及时采取措施，防止不良影响的产生、扩大。

第十七条 公安机关应当加强信访工作信息化、智能化建设，在依规依法、安全可靠的前提下，稳妥推进信访信息系统与本级党委政府信访部门、公安机关部门间互联互通、信息共享。

信访部门应当将信访事项的接收、处理等信息录入信访信息系统，使网上信访、来信、来访、来电的信息在网上流转，方便信访人查询处理情况、评价信访事项办理结果。

第十八条 公安机关应当加强信访队伍建设，选优配强领导班子，配备与形势任务相适应的工作力量，建立健全信访督察专员制度。建立完善优秀年轻干部、新提拔干部到信访岗位锻炼机制，深化信访工作人才库建设。应当关爱信访干部，落实轮岗交流，重视优秀干部使用，加强典型培养选树，打造高素质专业化信访干部队伍。

公安机关应当将信访工作列为各类教育培训公共课程和公安院校必修课程。

第十九条 公安机关应当为信访工作提供必要的支持和保障，所需经费列入本级预算。

第三章　信访事项的分类处理

第二十条 公安机关办理涉及公安机关及其工作人员履行职责、队伍管理问题的信访事项。

第二十一条 根据信访事项的性质、内容和主要诉求，信访事项分为申诉求决类、建议意见类、检举控告类等事项。

信访事项既有申诉求决诉求又有检举控告诉求，检举控告有实质内容的，分别处理；检举控告无实质内容的，按申诉求决类事项处理。

第二十二条 对申诉求决类信访事项，根据诉求内容及处理的程序，分为下列事项：

（一）通过法律程序处理的事项；

（二）通过复核、申诉等程序解决的人事争议事项；

（三）通过党员申诉、申请复审等程序解决的事项；

（四）不属于以上情形的事项。

第二十三条 符合下列诉求的信访事项属于通过法律程序处理的事项：

（一）申请查处违法犯罪行为、保护人身权或者财产权等合法权益的；

（二）可以通过行政裁决、行政确认、行政许可、行政处罚、政府信息公开等行政程序解决的；

（三）对公安机关作出的行政行为不服的；

（四）对公安机关依据刑事诉讼法授权的行为不服的；

（五）认为公安机关及其工作人员行使职权侵犯合法权益，造成损害，要求取得国家赔偿的；

（六）对公安机关出具或者委托其他机构出具的认定、鉴定意见不服，要求复核或者重新认定、鉴定的；

（七）公安机关通过法律程序处理的其他事项。

第二十四条　建议意见类信访事项由所提建议意见指向公安机关涉及职责的相关部门办理。

第二十五条　检举控告类信访事项由对被检举控告人有管理权限的公安机关纪律检查、组织人事等部门办理。

第二十六条　本规定第二十二条第一项至第三项信访事项，依照党内法规和法律法规由有权处理的公安机关相关部门办理；本规定第二十二条第四项信访事项，由诉求内容指向公安机关的信访部门办理。

第二十七条　信访事项涉及两个以上公安机关的，由相关公安机关协商；协商不成的，由共同的上一级公安机关指定的公安机关办理。

必要时，上级公安机关可以直接办理由下级公安机关办理的信访事项。

办理信访事项的公安机关分立、合并、撤销的，由继续行使其职权的公安机关办理；没有继续行使其职权的公安机关，由原公安机关的上一级公安机关或者其指定的公安机关办理。

第二十八条　信访事项涉及公安机关两个以上部门，或者相关部门对承办信访事项有异议的，由信访部门与相关部门协商；协商不成的，由信访部门提出意见后提请本级信访工作领导小组决定。

信访事项涉及的部门分立、合并、撤销的，由继续行使其职权的部门承办；继续行使其职权的部门不明确的，由信访部门提出意见后提请本级信访工作领导小组决定。

第四章　信访事项的提出和接收

第二十九条　公安机关应当向社会公布网络信访渠道、通信地址、投诉电话、信访接待的时间和地点、查询信访事项处理进展及结果的方式等相关事项。在信访接待场所或者互联网门户网站公布与信访工作有关的党内法规和法律法规、规范性文件，信访事项的处理程序，以及为信访人提供便利的其他事项。

第三十条　信访人一般应当采用书面形式并通过本规定第二十九条规定的信访渠道提出信访事项，载明其姓名（名称）、住址、联系方式和请求、事实、理由。对采用口头形式提出的信访事项，接待部门应当如实记录。

第三十一条　信访人采用走访形式提出信访事项的，应当到有权处理的公安机关或者上一级公安机关设立或者指定的接待场所提出。

多人采用走访形式提出共同的信访事项的，应当推选代表，代表人数不得超过5人。

第三十二条　信访人在信访过程中应当遵守法律、法规，不得损害国家、社会、集体的利益和其他公民的合法权利，自觉维护社会公共秩序和信访秩序，不得有下列行为：

（一）在机关、单位办公场所周围、公共场所非法聚集，围堵、冲击机关、单位，拦截公务车辆，或者堵塞、阻断交通；

（二）携带危险物品、管制器具；

（三）侮辱、殴打、威胁机关、单位工作人员，非法限制他人人身自由，或者毁坏财物；

（四）在信访接待场所滞留、滋事，或者将生活不能自理的人弃留在信访接待场所；

（五）煽动、串联、胁迫、以财物诱使、幕后操纵他人信访，或者以信访为名借机敛财；

（六）其他扰乱公共秩序、妨害国家和公共安全的行为。

第三十三条　对信访人直接提出的信访事项，公安机关应当接收，登记录入信访信息系统，按照下列方式处理：

（一）属于本机关职权范围且属于本规定第三十五条情形的，由信访部门转送有权处理的部门，并告知信访人接收情况以及处理途径和程序；属于本机关职权范围且属于本规定第二十二条第四项情形的，予以受理并告知信访人；

（二）属于下级公安机关职权范围的，自收到信访事项之日起15日内转送有权处理机关，转送信访事项中的重要情况需要反馈处理结果的予以交办，要求在指定期限内反馈结果，并告知信访人转送、交办去向；

（三）不属于本机关及下级公安机关职权范围的，

告知信访人向有权处理的机关、单位提出。

前款规定的告知信访人，能够当场告知的，应当当场书面告知；不能当场告知的，应当自收到信访事项之日起15日内书面告知信访人，但信访人的姓名（名称）、住址不清的除外。

第三十四条 对党委政府信访部门和上级公安机关转送、交办的信访事项，按照下列方式处理：

（一）属于本机关职权范围的，按照本规定第三十三条第一款第一项、第二款规定处理；

（二）属于下级公安机关职权范围的，及时转送、交办有权处理机关；

（三）不属于本机关及下级公安机关职权范围的，自收到信访事项之日起5个工作日内提出异议并说明理由，经转送、交办的党委政府部门或者上级机关同意后退回；未能退回的，自收到信访事项之日起15日内书面告知信访人向有权处理的机关、单位提出。

对交办的信访事项，有权处理的公安机关应当在指定期限内办结，并向交办机关提交报告。

第五章　专门程序类事项的办理

第三十五条 专门程序类事项包括下列信访事项：

（一）建议意见类事项；

（二）检举控告类事项；

（三）本规定第二十二条第一项至第三项事项。

第三十六条 公安机关应当建立人民建议征集制度，主动听取群众建议意见并认真研究论证。对维护国家安全和社会稳定，或者加强改进公安工作和队伍建设有现实可行性的，应当采纳或者部分采纳，并予以回复。符合有关奖励规定的给予奖励。

第三十七条 对检举控告类信访事项，公安机关应当依规依纪依法办理和反馈。重大情况向公安机关主要领导报告。

不得将信访人的检举、揭发材料以及有关情况透露或者转给被检举、揭发的人员或者单位。

第三十八条 对本规定第二十二条第一项至第三项信访事项，公安机关应当导入党内法规和法律法规规定的程序办理，并依照规定将办理结果告知信访人。承办的部门在办结后5个工作日内将处理情况及结果书面反馈信访部门。

需要依申请启动的，公安机关应当告知信访人需要提供的相关材料；诉求缺乏形式要件的，可以根据情况要求信访人补充。

对本规定第二十三条第一项信访事项，法律法规没有履职期限规定的，应当自收到信访事项之日起两个月内履行或者答复。

第三十九条 对本级或者下级公安机关正在办理的信访事项，信访人以同一事实和理由提出信访诉求的，公安机关应当告知信访人办理情况。

第四十条 信访事项已经按本规定第三十八条规定作出处理，信访人仍以同一事实和理由提出信访诉求的，公安机关不再重复处理；信访人提出新的事实和理由的，告知信访人按照相应的途径和程序提出。

第四十一条 对本规定第二十二条第一项信访事项，已经办结且符合法律规定要求，信访人仍反复提出相同信访诉求的，可以作出信访事项终结认定。信访事项终结的，认定机关应当书面告知信访人。

省级及以下公安机关办理信访事项的终结由省级公安机关认定。公安部办理信访事项的终结由公安部认定。

信访事项终结后，信访人仍以同一事实和理由提出信访诉求的，上级公安机关不再转送、交办。

第六章　信访程序类事项的办理

第一节　办理要求

第四十二条 对本规定第二十二条第四项信访事项，公安机关应当按照信访程序办理。

信访程序分为简易程序和普通程序。

第四十三条 下列初次信访事项可以适用简易程序：

（一）事实清楚、责任明确、争议不大、易于解决的；

（二）对提出的诉求可以即时反馈的；

（三）涉及群众日常生产生活、时效性强，应当即时处理的；

（四）有关机关已有明确承诺或者结论的；

（五）其他可以适用简易程序办理的。

第四十四条 下列信访事项不适用简易程序：

（一）党委政府信访部门和上级公安机关交办的；

（二）可能对信访人诉求不支持的；

（三）涉及多个责任主体或者集体联名投诉的重大、复杂、疑难等不宜适用简易程序办理的。

第四十五条　适用简易程序的，公安机关应当自收到信访事项之日起3个工作日内受理，并自受理之日起10个工作日内作出处理意见。

告知信访人受理和处理意见，除信访人要求出具纸质文书的，可以通过信息网络、手机短信等快捷方式告知；告知受理的，还可以采用当面口头方式。

第四十六条　适用简易程序办理过程中，信访部门发现不宜适用简易程序办理或者适用简易程序办理信访诉求未得到妥善解决的，应当经公安机关负责人批准后适用普通程序继续办理。

转为适用普通程序继续办理的信访事项，办理时限从适用简易程序受理之日起计算。

第四十七条　适用普通程序的，信访部门可以要求相关部门提出处理意见，或者当面听取信访人陈述事实和理由，向信访人、有关组织和人员调查，要求说明情况。对重大、复杂、疑难的信访事项，可以举行听证。

第四十八条　适用普通程序的，公安机关应当自受理之日起60日内办结；情况复杂的，经本机关负责人批准，可以延长办理期限，延长期限不得超过30日，并书面告知信访人延期理由。

第四十九条　在不违反法律法规强制性规定的情况下，公安机关可以在裁量权范围内，经争议双方当事人同意进行调解；可以引导争议双方当事人自愿和解。经调解、和解达成一致意见的，应当制作调解协议书或者和解协议书。

第五十条　公安机关应当按照下列规定作出处理，出具信访处理意见书并送达信访人：

（一）请求事实清楚，符合法律、法规、规章或者其他有关规定的，予以支持；

（二）请求事由合理但缺乏法律、法规、规章或者其他有关依据的，作出解释说明；

（三）请求缺乏事实根据，或者不符合法律、法规、规章或者其他有关规定的，不予支持。

信访处理意见书应当载明信访人投诉请求、事实和理由、处理意见及其法律法规依据。

支持信访请求的，信访部门应当督促相关部门执行；不予支持的，应当做好信访人的疏导教育工作。

第五十一条　对本级或者下级公安机关已经受理或者正在办理的信访事项，信访人在规定期限内以同一事实和理由再次提出信访诉求的，公安机关不重复受理并告知信访人。

第二节　复查和复核

第五十二条　信访人对公安机关的信访处理意见不服的，可以自收到信访处理意见书之日起30日内向处理机关的本级人民政府或者上一级公安机关提出复查请求。

第五十三条　信访人对公安机关的复查意见不服的，可以自收到信访复查意见书之日起30日内向复查机关的本级人民政府或者上一级公安机关提出复核请求。

第五十四条　信访人对省级公安机关的信访处理意见、复查意见不服的，向省级人民政府提出复查、复核请求。

第五十五条　复查、复核机关应当自收到请求之日起30日内办结。

对重大、复杂、疑难的信访事项，复核机关可以举行听证。复核机关决定听证的，应当自收到复核请求之日起30日内举行。听证所需时间不计算在复核期限内。

第五十六条　复查、复核机关应当按照下列规定作出处理，出具信访复查、复核意见书并送达信访人：

（一）信访处理意见、复查意见符合法律、法规、规章或者其他有关规定的，予以维持；

（二）信访处理意见、复查意见不符合法律、法规、规章或者其他有关规定的，予以撤销并责令30日内重新作出处理或者依职权直接变更。

对前款第二项撤销并责令重新作出处理的，原处理机关不得以同一事实和理由作出与原意见相同或者基本相同的处理意见或者复查意见。

第五十七条　复查、复核机关发现信访事项办理应当适用本规定第三十八条而未适用的，撤销信访处理意见、复查意见，责令重新处理；或者变更原处理意见、复查意见。

第五十八条　信访人对信访复核意见不服，仍然以同一事实和理由提出信访诉求的,公安机关不再受理并书面告知信访人。

第七章　监督与追责

第五十九条　公安机关应当对群众反映强烈或者重大、复杂、疑难的信访事项,以及复查、复核撤销、变更原处理意见、复查意见的信访事项组织评查。

信访事项评查工作由信访工作领导小组指定的部门组织开展,相关部门参与。上级公安机关可以通过异地指定、交叉互评、提级评查等方式开展评查。

信访事项评查应当重点从事实认定、证据收集、办理程序、法律适用、文书制作使用、办案效果等方面进行审查、评定,并出具评查报告。

第六十条　信访部门发现相关部门或者下级公安机关处理信访事项有下列情形之一的,应当进行督办:

(一)应当受理而不予受理的;

(二)未按照规定的程序、期限办理并反馈结果的;

(三)不执行信访处理意见或者复查、复核意见的;

(四)其他需要督办的情形。

信访督办可通过网上督办、发函督办、现场督办等形式实施,被督办的部门或者下级公安机关应当在30日内书面反馈办理结果。

第六十一条　公安机关应当将信访工作纳入巡视巡察、执法监督、警务督察范围,对本级及下级公安机关信访工作开展专项督察。

第六十二条　公安机关应当每年对下一级公安机关信访工作情况进行考核。考核结果在适当范围内通报,并作为对领导班子和有关领导干部综合考核评价的重要参考。

对信访工作成绩突出的单位或者个人,按照规定给予表彰奖励;信访工作履职不力、存在严重问题的,视情节轻重,由公安信访工作领导小组进行约谈、通报、挂牌督办,责令限期整改。

第六十三条　信访部门应当按照下列规定,履行三项建议职责:

(一)发现有本规定第六十条第一款情形的,及时向有关公安机关或者部门提出改进工作的建议;

(二)对工作中发现的政策性问题,及时向本级公安机关党委报告并提出完善政策的建议;

(三)违反本规定造成严重后果的,向有关公安机关或者部门提出对直接负责的主管人员和其他直接责任人员追究责任的建议。

对信访部门提出的三项建议,有关公安机关或者部门应当认真落实,并书面反馈情况。落实不力导致问题得不到解决的,责令改正;造成严重后果的,对直接负责的主管人员和其他直接责任人员依规依纪依法处理。

第六十四条　因下列情形之一导致信访事项发生,造成严重后果的,对直接负责的主管人员和其他直接责任人员依规依纪依法处理;构成犯罪的,依法追究刑事责任:

(一)超越或者滥用职权,侵害公民、法人或者其他组织合法权益;

(二)应当作为而不作为,损害公民、法人或者其他组织合法权益;

(三)适用法律法规错误或者违反法定程序,侵害公民、法人或者其他组织合法权益;

(四)拒不执行有权处理机关作出的支持信访请求意见。

第六十五条　信访事项处理有下列情形之一的,责令改正;造成严重后果的,对直接负责的主管人员和其他直接责任人员依规依纪依法处理:

(一)未按照规定登记、受理、转送、交办信访事项;

(二)未按照规定告知信访人;

(三)推诿、敷衍、拖延办理信访事项;

(四)作出不符合事实或者违反法律、法规、规章或者其他有关规定的错误结论;

(五)不履行或者不正确履行信访事项处理职责的其他情形。

第六十六条　有下列情形之一的,对直接负责的主管人员和其他直接责任人员依规依纪依法处理;构成犯罪的,依法追究刑事责任:

(一)对待信访人态度恶劣、作风粗暴,损害党群警民关系;

(二)在处理信访事项过程中吃拿卡要、谋取私利;

（三）对规模性集体访、负面舆情等处置不力，导致事态扩大；

（四）对可能造成社会影响的重大、紧急信访事项和信访信息隐瞒、谎报、缓报，或者未依法及时采取必要措施；

（五）将信访人的检举、揭发材料或者有关情况透露、转给被检举、揭发的人员或者单位；

（六）打击报复信访人；

（七）其他违规违纪违法的情形。

第六十七条　信访人违反本规定第三十一条、第三十二条规定的，信访部门应当对其进行劝阻、批评或者教育；信访人违反本规定第三十二条规定，构成违反治安管理行为的，或者违反集会游行示威相关法律法规的，公安机关依法采取必要的现场处置措施、给予治安管理处罚；构成犯罪的，依法追究刑事责任。

信访人捏造歪曲事实、诬告陷害他人，构成违反治安管理行为的，公安机关依法给予治安管理处罚；构成犯罪的，依法追究刑事责任。

第八章　附　则

第六十八条　本规定所称相关部门是指公安机关信访部门以外的内设机构和派出机构。

第六十九条　公安机关所属单位的信访工作，适用本规定。

第七十条　本规定自 2023 年 7 月 1 日起实施。

罚款决定与罚款收缴分离实施办法

· 1997 年 11 月 17 日中华人民共和国国务院令第 235 号发布

· 自 1998 年 1 月 1 日起施行

第一条　为了实施罚款决定与罚款收缴分离，加强对罚款收缴活动的监督，保证罚款及时上缴国库，根据《中华人民共和国行政处罚法》（以下简称行政处罚法）的规定，制定本办法。

第二条　罚款的收取、缴纳及相关活动，适用本办法。

第三条　作出罚款决定的行政机关应当与收缴罚款的机构分离；但是，依照行政处罚法的规定可以当场收缴罚款的除外。

第四条　罚款必须全部上缴国库，任何行政机关、组织或者个人不得以任何形式截留、私分或者变相私分。

行政机关执法所需经费的拨付，按照国家有关规定执行。

第五条　经中国人民银行批准有代理收付款项业务的商业银行、信用合作社（以下简称代收机构），可以开办代收罚款的业务。

具体代收机构由县级以上地方人民政府组织本级财政部门、中国人民银行当地分支机构和依法具有行政处罚权的行政机关共同研究，统一确定。海关、外汇管理等实行垂直领导的依法具有行政处罚权的行政机关作出罚款决定的，具体代收机构由财政部、中国人民银行会同国务院有关部门确定。依法具有行政处罚权的国务院有关部门作出罚款决定的，具体代收机构由财政部、中国人民银行确定。

代收机构应当具备足够的代收网点，以方便当事人缴纳罚款。

第六条　行政机关应当依照本办法和国家有关规定，同代收机构签订代收罚款协议。

代收罚款协议应当包括下列事项：

（一）行政机关、代收机构名称；

（二）具体代收网点；

（三）代收机构上缴罚款的预算科目、预算级次；

（四）代收机构告知行政机关代收罚款情况的方式、期限；

（五）需要明确的其他事项。

自代收罚款协议签订之日起 15 日内，行政机关应当将代收罚款协议报上一级行政机关和同级财政部门备案；代收机构应当将代收罚款协议报中国人民银行或者其当地分支机构备案。

第七条　行政机关作出罚款决定的行政处罚决定书应当载明代收机构的名称、地址和当事人应当缴纳罚款的数额、期限等，并明确对当事人逾期缴纳罚款是否加处罚款。

当事人应当按照行政处罚决定书确定的罚款数额、期限，到指定的代收机构缴纳罚款。

第八条　代收机构代收罚款，应当向当事人出具罚款收据。

罚款收据的格式和印制,由财政部规定。

第九条　当事人逾期缴纳罚款,行政处罚决定书明确需要加处罚款的,代收机构应当按照行政处罚决定书加收罚款。

当事人对加收罚款有异议的,应当先缴纳罚款和加收的罚款,再依法向作出行政处罚决定的行政机关申请复议。

第十条　代收机构应当按照代收罚款协议规定的方式、期限,将当事人的姓名或者名称、缴纳罚款的数额、时间等情况书面告知作出行政处罚决定的行政机关。

第十一条　代收机构应当按照行政处罚法和国家有关规定,将代收的罚款直接上缴国库。

第十二条　国库应当按照《中华人民共和国国家金库条例》的规定,定期同财政部门和行政机关对帐,以保证收受的罚款和上缴国库的罚款数额一致。

第十三条　代收机构应当在代收网点、营业时间、服务设施、缴款手续等方面为当事人缴纳罚款提供方便。

第十四条　财政部门应当向代收机构支付手续费,具体标准由财政部制定。

第十五条　法律、法规授权的具有管理公共事务职能的组织和依法受委托的组织依法作出的罚款决定与罚款收缴,适用本办法。

第十六条　本办法由财政部会同中国人民银行组织实施。

第十七条　本办法自 1998 年 1 月 1 日起施行。

中华人民共和国国家赔偿法

· 1994 年 5 月 12 日第八届全国人民代表大会常务委员会第七次会议通过

· 根据 2010 年 4 月 29 日第十一届全国人民代表大会常务委员会第十四次会议《关于修改〈中华人民共和国国家赔偿法〉的决定》第一次修正

· 根据 2012 年 10 月 26 日第十一届全国人民代表大会常务委员会第二十九次会议《关于修改〈中华人民共和国国家赔偿法〉的决定》第二次修正

第一章　总　则

第一条　【立法目的】为保障公民、法人和其他组织享有依法取得国家赔偿的权利,促进国家机关依法行使职权,根据宪法,制定本法。

第二条　【依法赔偿】国家机关和国家机关工作人员行使职权,有本法规定的侵犯公民、法人和其他组织合法权益的情形,造成损害的,受害人有依照本法取得国家赔偿的权利。

本法规定的赔偿义务机关,应当依照本法及时履行赔偿义务。

第二章　行政赔偿

第一节　赔偿范围

第三条　【侵犯人身权的行政赔偿范围】行政机关及其工作人员在行使行政职权时有下列侵犯人身权情形之一的,受害人有取得赔偿的权利:

(一)违法拘留或者违法采取限制公民人身自由的行政强制措施的;

(二)非法拘禁或者以其他方法非法剥夺公民人身自由的;

(三)以殴打、虐待等行为或者唆使、放纵他人以殴打、虐待等行为造成公民身体伤害或者死亡的;

(四)违法使用武器、警械造成公民身体伤害或者死亡的;

(五)造成公民身体伤害或者死亡的其他违法行为。

第四条　【侵犯财产权的行政赔偿范围】行政机关及其工作人员在行使行政职权时有下列侵犯财产权情形之一的,受害人有取得赔偿的权利:

(一)违法实施罚款、吊销许可证和执照、责令停产停业、没收财物等行政处罚的;

(二)违法对财产采取查封、扣押、冻结等行政强制措施的;

(三)违法征收、征用财产的;

(四)造成财产损害的其他违法行为。

第五条　【行政侵权中的免责情形】属于下列情形之一的,国家不承担赔偿责任:

(一)行政机关工作人员与行使职权无关的个人行为;

(二)因公民、法人和其他组织自己的行为致使损害发生的;

(三)法律规定的其他情形。

第二节　赔偿请求人和赔偿义务机关

第六条　【行政赔偿请求人】受害的公民、法人和其他组织有权要求赔偿。

受害的公民死亡，其继承人和其他有扶养关系的亲属有权要求赔偿。

受害的法人或者其他组织终止的，其权利承受人有权要求赔偿。

第七条　【行政赔偿义务机关】行政机关及其工作人员行使行政职权侵犯公民、法人和其他组织的合法权益造成损害的，该行政机关为赔偿义务机关。

两个以上行政机关共同行使行政职权时侵犯公民、法人和其他组织的合法权益造成损害的，共同行使行政职权的行政机关为共同赔偿义务机关。

法律、法规授权的组织在行使授予的行政权力时侵犯公民、法人和其他组织的合法权益造成损害的，被授权的组织为赔偿义务机关。

受行政机关委托的组织或者个人在行使受委托的行政权力时侵犯公民、法人和其他组织的合法权益造成损害的，委托的行政机关为赔偿义务机关。

赔偿义务机关被撤销的，继续行使其职权的行政机关为赔偿义务机关；没有继续行使其职权的行政机关的，撤销该赔偿义务机关的行政机关为赔偿义务机关。

第八条　【经过行政复议的赔偿义务机关】经复议机关复议的，最初造成侵权行为的行政机关为赔偿义务机关，但复议机关的复议决定加重损害的，复议机关对加重的部分履行赔偿义务。

第三节　赔偿程序

第九条　【赔偿请求人要求行政赔偿的途径】赔偿义务机关有本法第三条、第四条规定情形之一的，应当给予赔偿。

赔偿请求人要求赔偿，应当先向赔偿义务机关提出，也可以在申请行政复议或者提起行政诉讼时一并提出。

第十条　【行政赔偿的共同赔偿义务机关】赔偿请求人可以向共同赔偿义务机关中的任何一个赔偿义务机关要求赔偿，该赔偿义务机关应当先予赔偿。

第十一条　【根据损害提出数项赔偿要求】赔偿请求人根据受到的不同损害，可以同时提出数项赔偿要求。

第十二条　【赔偿请求人递交赔偿申请书】要求赔偿应当递交申请书，申请书应当载明下列事项：

（一）受害人的姓名、性别、年龄、工作单位和住所，法人或者其他组织的名称、住所和法定代表人或者主要负责人的姓名、职务；

（二）具体的要求、事实根据和理由；

（三）申请的年、月、日。

赔偿请求人书写申请书确有困难的，可以委托他人代书；也可以口头申请，由赔偿义务机关记入笔录。

赔偿请求人不是受害人本人的，应当说明与受害人的关系，并提供相应证明。

赔偿请求人当面递交申请书的，赔偿义务机关应当当场出具加盖本行政机关专用印章并注明收讫日期的书面凭证。申请材料不齐全的，赔偿义务机关应当当场或者在五日内一次性告知赔偿请求人需要补正的全部内容。

第十三条　【行政赔偿义务机关作出赔偿决定】赔偿义务机关应当自收到申请之日起两个月内，作出是否赔偿的决定。赔偿义务机关作出赔偿决定，应当充分听取赔偿请求人的意见，并可以与赔偿请求人就赔偿方式、赔偿项目和赔偿数额依照本法第四章的规定进行协商。

赔偿义务机关决定赔偿的，应当制作赔偿决定书，并自作出决定之日起十日内送达赔偿请求人。

赔偿义务机关决定不予赔偿的，应当自作出决定之日起十日内书面通知赔偿请求人，并说明不予赔偿的理由。

第十四条　【赔偿请求人向法院提起诉讼】赔偿义务机关在规定期限内未作出是否赔偿的决定，赔偿请求人可以自期限届满之日起三个月内，向人民法院提起诉讼。

赔偿请求人对赔偿的方式、项目、数额有异议的，或者赔偿义务机关作出不予赔偿决定的，赔偿请求人可以自赔偿义务机关作出赔偿或者不予赔偿决定之日起三个月内，向人民法院提起诉讼。

第十五条　【举证责任】人民法院审理行政赔偿案件，赔偿请求人和赔偿义务机关对自己提出的主张，应当提供证据。

赔偿义务机关采取行政拘留或者限制人身自由的强制措施期间,被限制人身自由的人死亡或者丧失行为能力的,赔偿义务机关的行为与被限制人身自由的人的死亡或者丧失行为能力是否存在因果关系,赔偿义务机关应当提供证据。

第十六条　【行政追偿】赔偿义务机关赔偿损失后,应当责令有故意或者重大过失的工作人员或者受委托的组织或者个人承担部分或者全部赔偿费用。

对有故意或者重大过失的责任人员,有关机关应当依法给予处分;构成犯罪的,应当依法追究刑事责任。

第三章　刑事赔偿
第一节　赔偿范围

第十七条　【侵犯人身权的刑事赔偿范围】行使侦查、检察、审判职权的机关以及看守所、监狱管理机关及其工作人员在行使职权时有下列侵犯人身权情形之一的,受害人有取得赔偿的权利:

(一)违反刑事诉讼法的规定对公民采取拘留措施的,或者依照刑事诉讼法规定的条件和程序对公民采取拘留措施,但是拘留时间超过刑事诉讼法规定的时限,其后决定撤销案件、不起诉或者判决宣告无罪终止追究刑事责任的;

(二)对公民采取逮捕措施后,决定撤销案件、不起诉或者判决宣告无罪终止追究刑事责任的;

(三)依照审判监督程序再审改判无罪,原判刑罚已经执行的;

(四)刑讯逼供或者以殴打、虐待等行为或者唆使、放纵他人以殴打、虐待等行为造成公民身体伤害或者死亡的;

(五)违法使用武器、警械造成公民身体伤害或者死亡的。

第十八条　【侵犯财产权的刑事赔偿范围】行使侦查、检察、审判职权的机关以及看守所、监狱管理机关及其工作人员在行使职权时有下列侵犯财产权情形之一的,受害人有取得赔偿的权利:

(一)违法对财产采取查封、扣押、冻结、追缴等措施的;

(二)依照审判监督程序再审改判无罪,原判罚金、没收财产已经执行的。

第十九条　【刑事赔偿免责情形】属于下列情形之一的,国家不承担赔偿责任:

(一)因公民自己故意作虚伪供述,或者伪造其他有罪证据被羁押或者被判处刑罚的;

(二)依照刑法第十七条、第十八条规定不负刑事责任的人被羁押的;

(三)依照刑事诉讼法第十五条、第一百七十三条第二款、第二百七十三条第二款、第二百七十九条规定不追究刑事责任的人被羁押的;

(四)行使侦查、检察、审判职权的机关以及看守所、监狱管理机关的工作人员与行使职权无关的个人行为;

(五)因公民自伤、自残等故意行为致使损害发生的;

(六)法律规定的其他情形。

第二节　赔偿请求人和赔偿义务机关

第二十条　【刑事赔偿请求人】赔偿请求人的确定依照本法第六条的规定。

第二十一条　【刑事赔偿义务机关】行使侦查、检察、审判职权的机关以及看守所、监狱管理机关及其工作人员在行使职权时侵犯公民、法人和其他组织的合法权益造成损害的,该机关为赔偿义务机关。

对公民采取拘留措施,依照本法的规定应当给予国家赔偿的,作出拘留决定的机关为赔偿义务机关。

对公民采取逮捕措施后决定撤销案件、不起诉或者判决宣告无罪的,作出逮捕决定的机关为赔偿义务机关。

再审改判无罪的,作出原生效判决的人民法院为赔偿义务机关。二审改判无罪,以及二审发回重审后作无罪处理的,作出一审有罪判决的人民法院为赔偿义务机关。

第三节　赔偿程序

第二十二条　【刑事赔偿的提出和赔偿义务机关先行处理】赔偿义务机关有本法第十七条、第十八条规定情形之一的,应当给予赔偿。

赔偿请求人要求赔偿,应当先向赔偿义务机关提出。

赔偿请求人提出赔偿请求,适用本法第十一条、第十二条的规定。

第二十三条　【刑事赔偿义务机关赔偿决定的作出】赔偿义务机关应当自收到申请之日起两个月内，作出是否赔偿的决定。赔偿义务机关作出赔偿决定，应当充分听取赔偿请求人的意见，并可以与赔偿请求人就赔偿方式、赔偿项目和赔偿数额依照本法第四章的规定进行协商。

赔偿义务机关决定赔偿的，应当制作赔偿决定书，并自作出决定之日起十日内送达赔偿请求人。

赔偿义务机关决定不予赔偿的，应当自作出决定之日起十日内书面通知赔偿请求人，并说明不予赔偿的理由。

第二十四条　【刑事赔偿复议申请的提出】赔偿义务机关在规定期限内未作出是否赔偿的决定，赔偿请求人可以自期限届满之日起三十日内向赔偿义务机关的上一级机关申请复议。

赔偿请求人对赔偿的方式、项目、数额有异议的，或者赔偿义务机关作出不予赔偿决定的，赔偿请求人可以自赔偿义务机关作出赔偿或者不予赔偿决定之日起三十日内，向赔偿义务机关的上一级机关申请复议。

赔偿义务机关是人民法院的，赔偿请求人可以依照本条规定向其上一级人民法院赔偿委员会申请作出赔偿决定。

第二十五条　【刑事赔偿复议的处理和对复议决定的救济】复议机关应当自收到申请之日起两个月内作出决定。

赔偿请求人不服复议决定的，可以在收到复议决定之日起三十日内向复议机关所在地的同级人民法院赔偿委员会申请作出赔偿决定；复议机关逾期不作决定的，赔偿请求人可以自期限届满之日起三十日内向复议机关所在地的同级人民法院赔偿委员会申请作出赔偿决定。

第二十六条　【举证责任分配】人民法院赔偿委员会处理赔偿请求，赔偿请求人和赔偿义务机关对自己提出的主张，应当提供证据。

被羁押人在羁押期间死亡或者丧失行为能力的，赔偿义务机关的行为与被羁押人的死亡或者丧失行为能力是否存在因果关系，赔偿义务机关应当提供证据。

第二十七条　【赔偿委员会办理案件程序】人民法院赔偿委员会处理赔偿请求，采取书面审查的办法。必要时，可以向有关单位和人员调查情况、收集证据。赔偿请求人与赔偿义务机关对损害事实及因果关系有争议的，赔偿委员会可以听取赔偿请求人和赔偿义务机关的陈述和申辩，并可以进行质证。

第二十八条　【赔偿委员会办理案件期限】人民法院赔偿委员会应当自收到赔偿申请之日起三个月内作出决定；属于疑难、复杂、重大案件的，经本院院长批准，可以延长三个月。

第二十九条　【赔偿委员会的组成】中级以上的人民法院设立赔偿委员会，由人民法院三名以上审判员组成，组成人员的人数应当为单数。

赔偿委员会作赔偿决定，实行少数服从多数的原则。

赔偿委员会作出的赔偿决定，是发生法律效力的决定，必须执行。

第三十条　【赔偿委员会重新审查程序】赔偿请求人或者赔偿义务机关对赔偿委员会作出的决定，认为确有错误的，可以向上一级人民法院赔偿委员会提出申诉。

赔偿委员会作出的赔偿决定生效后，如发现赔偿决定违反本法规定的，经本院院长决定或者上级人民法院指令，赔偿委员会应当在两个月内重新审查并依法作出决定，上一级人民法院赔偿委员会也可以直接审查并作出决定。

最高人民检察院对各级人民法院赔偿委员会作出的决定，上级人民检察院对下级人民法院赔偿委员会作出的决定，发现违反本法规定的，应当向同级人民法院赔偿委员会提出意见，同级人民法院赔偿委员会应当在两个月内重新审查并依法作出决定。

第三十一条　【刑事赔偿的追偿】赔偿义务机关赔偿后，应当向有下列情形之一的工作人员追偿部分或者全部赔偿费用：

（一）有本法第十七条第四项、第五项规定情形的；

（二）在处理案件中有贪污受贿，徇私舞弊，枉法裁判行为的。

对有前款规定情形的责任人员,有关机关应当依法给予处分;构成犯罪的,应当依法追究刑事责任。

第四章　赔偿方式和计算标准

第三十二条　【赔偿方式】国家赔偿以支付赔偿金为主要方式。

能够返还财产或者恢复原状的,予以返还财产或者恢复原状。

第三十三条　【人身自由的国家赔偿标准】侵犯公民人身自由的,每日赔偿金按照国家上年度职工日平均工资计算。

第三十四条　【生命健康权的国家赔偿标准】侵犯公民生命健康权的,赔偿金按照下列规定计算:

(一)造成身体伤害的,应当支付医疗费、护理费,以及赔偿因误工减少的收入。减少的收入每日的赔偿金按照国家上年度职工日平均工资计算,最高额为国家上年度职工年平均工资的五倍;

(二)造成部分或者全部丧失劳动能力的,应当支付医疗费、护理费、残疾生活辅助具费、康复费等因残疾而增加的必要支出和继续治疗所需的费用,以及残疾赔偿金。残疾赔偿金根据丧失劳动能力的程度,按照国家规定的伤残等级确定,最高不超过国家上年度职工年平均工资的二十倍。造成全部丧失劳动能力的,对其扶养的无劳动能力的人,还应当支付生活费;

(三)造成死亡的,应当支付死亡赔偿金、丧葬费,总额为国家上年度职工年平均工资的二十倍。对死者生前扶养的无劳动能力的人,还应当支付生活费。

前款第二项、第三项规定的生活费的发放标准,参照当地最低生活保障标准执行。被扶养的人是未成年人的,生活费给付至十八周岁止;其他无劳动能力的人,生活费给付至死亡时止。

第三十五条　【精神损害的国家赔偿标准】有本法第三条或者第十七条规定情形之一,致人精神损害的,应当在侵权行为影响的范围内,为受害人消除影响,恢复名誉,赔礼道歉;造成严重后果的,应当支付相应的精神损害抚慰金。

第三十六条　【财产权的国家赔偿标准】侵犯公民、法人和其他组织的财产权造成损害的,按照下列规定处理:

(一)处罚款、罚金、追缴、没收财产或者违法征收、征用财产的,返还财产;

(二)查封、扣押、冻结财产的,解除对财产的查封、扣押、冻结,造成财产损坏或者灭失的,依照本条第三项、第四项的规定赔偿;

(三)应当返还的财产损坏的,能够恢复原状的恢复原状,不能恢复原状的,按照损害程度给付相应的赔偿金;

(四)应当返还的财产灭失的,给付相应的赔偿金;

(五)财产已经拍卖或者变卖的,给付拍卖或者变卖所得的价款;变卖的价款明显低于财产价值的,应当支付相应的赔偿金;

(六)吊销许可证和执照、责令停产停业的,赔偿停产停业期间必要的经常性费用开支;

(七)返还执行的罚款或者罚金、追缴或者没收的金钱,解除冻结的存款或者汇款的,应当支付银行同期存款利息;

(八)对财产权造成其他损害的,按照直接损失给予赔偿。

第三十七条　【国家赔偿费用】赔偿费用列入各级财政预算。

赔偿请求人凭生效的判决书、复议决定书、赔偿决定书或者调解书,向赔偿义务机关申请支付赔偿金。

赔偿义务机关应当自收到支付赔偿金申请之日起七日内,依照预算管理权限向有关的财政部门提出支付申请。财政部门应当自收到支付申请之日起十五日内支付赔偿金。

赔偿费用预算与支付管理的具体办法由国务院规定。

第五章　其他规定

第三十八条　【民事、行政诉讼中的司法赔偿】人民法院在民事诉讼、行政诉讼过程中,违法采取对妨害诉讼的强制措施、保全措施或者对判决、裁定及其他生效法律文书执行错误,造成损害的,赔偿请求人要求赔偿的程序,适用本法刑事赔偿程序的规定。

第三十九条　【国家赔偿请求时效】赔偿请求人

请求国家赔偿的时效为两年,自其知道或者应当知道国家机关及其工作人员行使职权时的行为侵犯其人身权、财产权之日起计算,但被羁押等限制人身自由期间不计算在内。在申请行政复议或者提起行政诉讼时一并提出赔偿请求的,适用行政复议法、行政诉讼法有关时效的规定。

赔偿请求人在赔偿请求时效的最后六个月内,因不可抗力或者其他障碍不能行使请求权的,时效中止。从中止时效的原因消除之日起,赔偿请求时效期间继续计算。

第四十条 【对等原则】外国人、外国企业和组织在中华人民共和国领域内要求中华人民共和国国家赔偿的,适用本法。

外国人、外国企业和组织的所属国对中华人民共和国公民、法人和其他组织要求该国国家赔偿的权利不予保护或者限制的,中华人民共和国与该外国人、外国企业和组织的所属国实行对等原则。

第六章 附 则

第四十一条 【不得收费和征税】赔偿请求人要求国家赔偿的,赔偿义务机关、复议机关和人民法院不得向赔偿请求人收取任何费用。

对赔偿请求人取得的赔偿金不予征税。

第四十二条 【施行时间】本法自 1995 年 1 月 1 日起施行。

公安机关办理国家赔偿案件程序规定

· 2018 年 9 月 1 日公安部令第 150 号公布
· 自 2018 年 10 月 1 日起施行

第一章 总 则

第一条 为了规范公安机关办理国家赔偿案件程序,促进公安机关在办理国家赔偿案件中正确履行职责,保障公民、法人和其他组织享有依法取得国家赔偿的权利,根据《中华人民共和国国家赔偿法》(以下简称《国家赔偿法》)和《国家赔偿费用管理条例》等有关法律、行政法规,制定本规定。

第二条 本规定所称国家赔偿案件,是指行政赔偿案件、刑事赔偿案件和刑事赔偿复议案件。

第三条 公安机关办理国家赔偿案件应当坚持实事求是、依法公正、规范高效、有错必纠的原则。

第四条 公安机关法制部门是办理国家赔偿案件的主管部门,依法履行下列职责:

(一)接收赔偿申请,审查赔偿请求和事实理由,履行相关法律手续;

(二)接收刑事赔偿复议申请,审查复议请求和事实理由,履行相关法律手续;

(三)接收并审查支付赔偿费用申请,接收并审查对支付赔偿费用申请不予受理决定的复核申请;

(四)参加人民法院审理赔偿案件活动;

(五)提出追偿赔偿费用意见,接收并审查对追偿赔偿费用不服的申诉;

(六)其他应当履行的职责。

第五条 公安机关相关部门应当按照职责分工,配合法制部门共同做好国家赔偿案件办理工作。

执法办案部门负责提供赔偿请求所涉职权行为的情况及相关材料,与法制部门共同研究案情,共同参加人民法院审理赔偿案件活动。

装备财务(警务保障)部门负责向财政部门申请支付赔偿费用,向赔偿请求人支付赔偿费用,将追偿的赔偿费用上缴财政部门。

第二章 行政赔偿和刑事赔偿

第一节 申请和受理

第六条 赔偿请求人申请赔偿,应当向赔偿义务机关提出。

公安机关及其工作人员行使职权侵犯公民、法人或者其他组织合法权益,造成损害的,该公安机关为赔偿义务机关。

公安机关内设机构和派出机构及其工作人员有前款情形的,所属公安机关为赔偿义务机关。

看守所、拘留所、强制隔离戒毒所等羁押监管场所及其工作人员有第二款情形的,主管公安机关为赔偿义务机关。

第七条 申请赔偿应当提交赔偿申请书,载明受害人的基本情况、赔偿请求、事实根据和理由、申请日期,并由赔偿请求人签名、盖章或者捺指印。

赔偿请求人书写确有困难的,可口头申请。赔偿义务机关法制部门应当制作笔录,经赔偿请求人确认无误后签名、盖章或者捺指印。

第八条　申请赔偿除提交赔偿申请书外,还应当提交下列材料:

(一)赔偿请求人的身份证明材料。赔偿请求人不是受害人本人的,提供与受害人关系的证明。赔偿请求人委托他人代理赔偿请求事项的,提交授权委托书,以及代理人的身份证明;代理人为律师的,同时提交律师执业证及律师事务所证明;

(二)赔偿请求所涉职权行为的法律文书或者其他证明材料;

(三)赔偿请求所涉职权行为造成损害及其程度的证明材料。

不能提交前款第二项、第三项所列材料的,赔偿请求人应当书面说明情况和理由。

第九条　赔偿义务机关法制部门收到当面递交赔偿申请的,应当当场出具接收凭证。

赔偿义务机关其他部门遇有赔偿请求人当面递交或者口头提出赔偿申请的,应当当场联系法制部门接收;收到以邮寄或者其他方式递交的赔偿申请,应当自收到之日起二个工作日内转送法制部门。

第十条　赔偿义务机关法制部门收到赔偿申请后,应当在五个工作日内予以审查,并分别作出下列处理:

(一)申请材料不齐全或者表述不清楚的,经本部门负责人批准,一次性书面告知赔偿请求人需要补正的全部事项和合理的补正期限;

(二)不符合申请条件的,经本机关负责人批准,决定不予受理并书面告知赔偿请求人;

(三)除第一项、第二项情形外,自赔偿义务机关法制部门收到申请之日起即为受理。

第十一条　有下列情形之一的,赔偿申请不符合申请条件:

(一)本机关不是赔偿义务机关的;

(二)赔偿请求人不适格的;

(三)赔偿请求事项不属于国家赔偿范围的;

(四)超过请求时效且无正当理由的;

(五)基于同一事实的赔偿请求已经通过申请行政复议或者提起行政诉讼提出,正在审理或者已经作出予以赔偿、不予赔偿结论的;

(六)赔偿申请应当在终止追究刑事责任后提出,

有证据证明尚未终止追究刑事责任的。

赔偿申请受理后,发现有前款情形之一的,赔偿义务机关应当在受理之日起两个月内,经本机关负责人批准,驳回赔偿申请。

对于第一款第六项情形,决定不予受理或者驳回申请的,同时告知赔偿请求人在终止追究刑事责任后重新申请。

第十二条　赔偿请求人在补正期限内对赔偿申请予以补正的,赔偿义务机关法制部门应当自收到之日起五个工作日内予以审查。不符合申请条件的,经本机关负责人批准,决定不予受理并书面告知赔偿请求人。未书面告知不予受理的,自赔偿义务机关法制部门收到补正材料之日起即为受理。

赔偿义务机关法制部门在补正期限届满后第十个工作日仍未收到补正材料的,应当自该日起五个工作日内,对已经提交的赔偿申请予以审查。不符合申请条件的,经本机关负责人批准,决定不予受理并书面告知赔偿请求人。未书面告知不予受理的,自补正期限届满后第十个工作日起即为受理。

第十三条　赔偿义务机关对赔偿请求已作出处理,赔偿请求人无正当理由基于同一事实再次申请赔偿的,不再处理。

第二节　审　查

第十四条　赔偿义务机关法制部门应当自赔偿申请受理之日起五个工作日内,将申请材料副本送赔偿请求所涉执法办案部门。执法办案部门应当自收到之日起十个工作日内向法制部门作出书面答复,并提供赔偿请求所涉职权行为的证据、依据和其他材料。

第十五条　赔偿义务机关应当全面审查赔偿请求的事实、证据和理由。重点查明下列事项:

(一)赔偿请求所涉职权行为的合法性;

(二)侵害事实、损害后果及因果关系;

(三)是否具有国家不承担赔偿责任的法定情形。

除前款所列查明事项外,赔偿义务机关还应当按照本规定第十六条至第十九条的规定,分别重点审查有关事项。

第十六条　赔偿请求人主张人身自由权赔偿的,重点审查赔偿请求所涉限制人身自由的起止时间。

第十七条　赔偿请求人主张生命健康权赔偿的，重点审查下列事项：

（一）诊断证明、医疗费用凭据，以及护理、康复、后续治疗的证明；

（二）死亡证明书，伤残、部分或者全部丧失劳动能力的鉴定意见。

赔偿请求提出因误工减少收入的，还应当审查收入证明、误工证明等。受害人死亡或者全部丧失劳动能力的，还应当审查其是否扶养未成年人或者其他无劳动能力人，以及所承担的扶养义务。

第十八条　赔偿请求人主张财产权赔偿的，重点审查下列事项：

（一）查封、扣押、冻结、收缴、追缴、没收的财物不能恢复原状或者灭失的，财物损失发生时的市场价格；查封、扣押、冻结、收缴、追缴、没收的财物被拍卖或者变卖的，拍卖或者变卖及其价格的证明材料，以及变卖时的市场价格；

（二）停产停业期间必要经常性开支的证明材料。

第十九条　赔偿请求人主张精神损害赔偿的，重点审查下列事项：

（一）是否存在《国家赔偿法》第三条或者第十七条规定的侵犯人身权行为；

（二）精神损害事实及后果；

（三）侵犯人身权行为与精神损害事实及后果的因果关系。

第二十条　赔偿审查期间，赔偿请求人可以变更赔偿请求。赔偿义务机关认为赔偿请求人提出的赔偿请求事项不全或者不准确的，可以告知赔偿请求人在审查期限届满前变更赔偿请求。

第二十一条　赔偿审查期间，赔偿义务机关法制部门可以调查核实情况，收集有关证据。有关单位和人员应当予以配合。

第二十二条　对赔偿请求所涉职权行为，有权机关已经作出生效法律结论，该结论所采信的证据可以作为赔偿审查的证据。

第二十三条　赔偿审查期间，有下列情形之一的，经赔偿义务机关负责人批准，中止审查并书面告知有关当事人：

（一）作为赔偿请求人的公民丧失行为能力，尚未确定法定代理人的；

（二）作为赔偿请求人的公民下落不明或者被宣告失踪的；

（三）作为赔偿请求人的公民死亡，其继承人和其他有扶养关系的亲属尚未确定是否参加赔偿审查的；

（四）作为赔偿请求人的法人或者其他组织终止，尚未确定权利义务承受人，或者权利义务承受人尚未确定是否参加赔偿审查的；

（五）赔偿请求人因不可抗力不能参加赔偿审查的；

（六）赔偿审查涉及法律适用问题，需要有权机关作出解释或者确认的；

（七）赔偿审查需要以其他尚未办结案件的结果为依据的；

（八）其他需要中止审查的情形。

中止审查的情形消除后，应当在二个工作日内恢复审查，并书面告知有关当事人。

中止审查不符合第一款规定的，应当立即恢复审查。不恢复审查的，上一级公安机关应当责令恢复审查。

第二十四条　赔偿审查期间，有下列情形之一的，经赔偿义务机关负责人批准，终结审查并书面告知有关当事人：

（一）作为赔偿请求人的公民死亡，没有继承人和其他有扶养关系的亲属，或者继承人和其他有扶养关系的亲属放弃要求赔偿权利的；

（二）作为赔偿请求人的法人或者其他组织终止，没有权利义务承受人，或者权利义务承受人放弃要求赔偿权利的；

（三）赔偿请求人自愿撤回赔偿申请的。

前款第一项中的继承人和其他有扶养关系的亲属、第二项中的权利义务承受人、第三项中的赔偿请求人为数人，非经全体同意放弃要求赔偿权利或者撤回赔偿申请的，不得终结审查。

第三节　决　定

第二十五条　对受理的赔偿申请，赔偿义务机关应当自受理之日起两个月内，经本机关负责人批准，分别作出下列决定：

（一）违法行使职权造成侵权的事实清楚,应当予以赔偿的,作出予以赔偿的决定,并载明赔偿方式、项目和数额;

（二）违法行使职权造成侵权的事实不成立,或者具有国家不承担赔偿责任法定情形的,作出不予赔偿的决定。

按照前款第一项作出决定,不限于赔偿请求人主张的赔偿方式、项目和数额。

第二十六条 在查清事实的基础上,对应当予以赔偿的,赔偿义务机关应当充分听取赔偿请求人的意见,可以就赔偿方式、项目和数额在法定范围内进行协商。

协商应当遵循自愿、合法原则。协商达成一致的,赔偿义务机关应当按照协商结果作出赔偿决定;赔偿请求人不同意协商,或者协商未达成一致,或者赔偿请求人在赔偿决定作出前反悔的,赔偿义务机关应当依法作出赔偿决定。

第二十七条 侵犯公民人身自由的每日赔偿金,按照作出决定时的国家上年度职工日平均工资计算。

作出决定时国家上年度职工日平均工资尚未公布的,以公布的最近年度职工日平均工资为准。

第二十八条 执行行政拘留或者采取刑事拘留措施被决定赔偿的,计算赔偿金的天数按照实际羁押的天数计算。羁押时间不足一日的,按照一日计算。

第二十九条 依法应当予以赔偿但赔偿请求人所受损害的程度因客观原因无法确定的,赔偿数额应当结合赔偿请求人的主张和在案证据,运用逻辑推理和生活经验、生活常识等酌情确定。

第三十条 赔偿请求人主张精神损害赔偿的,作出决定应当载明是否存在精神损害并承担赔偿责任。承担精神损害赔偿责任的,应当载明消除影响、恢复名誉、赔礼道歉等承担方式;支付精神损害抚慰金的,应当载明具体数额。

精神损害抚慰金数额的确定,可以参照人民法院审理国家赔偿案件适用精神损害赔偿的规定,综合考虑精神损害事实和严重后果,侵权手段、方式等具体情节,纠错环节及过程,赔偿请求人住所地或者经常居住地平均生活水平,赔偿义务机关所在地平均生活

水平等因素。法律法规对精神损害抚慰金的数额作出规定的,从其规定。

第三十一条 赔偿义务机关对行政赔偿请求作出不予受理、驳回申请、终结审查、予以赔偿、不予赔偿决定,或者逾期未作决定,赔偿请求人不服的,可以依照《国家赔偿法》第十四条规定提起行政赔偿诉讼。

赔偿义务机关对刑事赔偿请求作出不予受理、驳回申请、终结审查、予以赔偿、不予赔偿决定,或者逾期未作决定,赔偿请求人不服的,可以依照《国家赔偿法》第二十四条规定申请刑事赔偿复议。

第三章 刑事赔偿复议
第一节 申请和受理

第三十二条 赔偿请求人申请刑事赔偿复议,应当向赔偿义务机关的上一级公安机关提出。赔偿义务机关是公安部的,向公安部提出。

第三十三条 申请刑事赔偿复议应当提交复议申请书,载明受害人的基本情况、复议请求、事实根据和理由、申请日期,并由赔偿请求人签名、盖章或者捺指印。

赔偿请求人书写确有困难的,可以口头申请。复议机关法制部门应当制作笔录,经赔偿请求人确认无误后签名、盖章或者捺指印。

第三十四条 申请刑事赔偿复议除提交复议申请书外,还应当提交下列材料:

（一）赔偿请求人的身份证明材料。赔偿请求人不是受害人本人的,提供与受害人关系的证明。赔偿请求人委托他人代理复议事项的,提交授权委托书,以及代理人的身份证明。代理人为律师的,同时提交律师执业证明及律师事务所证明;

（二）向赔偿义务机关提交的赔偿申请材料及申请赔偿的证明材料;

（三）赔偿义务机关就赔偿申请作出的决定书。赔偿义务机关逾期未决定的除外。

第三十五条 复议机关法制部门收到当面递交复议申请的,应当当场出具接收凭证。

复议机关其他部门遇有赔偿请求人当面递交或者口头提出复议申请的,应当当场联系法制部门接收;收到以其他方式递交复议申请的,应当自收到之日起二个工作日内转送法制部门。

第三十六条　复议机关法制部门收到复议申请后,应当在五个工作日内予以审查,并分别作出下列处理:

(一)申请材料不齐全或者表述不清楚的,经本部门负责人批准,一次性书面告知赔偿请求人需要补正的全部事项和合理的补正期限;

(二)不符合申请条件的,经本机关负责人批准,决定不予受理并书面告知赔偿请求人;

(三)除第一项、第二项情形外,自复议机关法制部门收到申请之日起即为受理。

第三十七条　有下列情形之一的,复议申请不符合申请条件:

(一)本机关不是复议机关的;

(二)赔偿请求人申请复议不适格的;

(三)不属于复议范围的;

(四)超过申请复议法定期限且无正当理由的;

(五)申请复议前未向赔偿义务机关申请赔偿的;

(六)赔偿义务机关对赔偿申请未作出决定但审查期限尚未届满的。

复议申请受理后,发现有前款情形之一的,复议机关应当在受理之日起两个月内,经本机关负责人批准,驳回复议申请。

第三十八条　赔偿请求人在补正期限内对复议申请予以补正的,复议机关法制部门应当自收到之日起五个工作日内予以审查。不符合申请条件的,经本机关负责人批准,决定不予受理并书面告知赔偿请求人。未书面告知不予受理的,自复议机关法制部门收到补正材料之日起即为受理。

复议机关法制部门在补正期限届满后第十个工作日仍未收到补正材料的,应当自该日起五个工作日内,对已经提交的复议申请予以审查。不符合申请条件的,经本机关负责人批准,决定不予受理并书面告知赔偿请求人。未书面告知不予受理的,自补正期限届满后第十个工作日之日起即为受理。

第三十九条　复议机关对复议申请已作出处理,赔偿请求人无正当理由基于同一事实再次申请复议的,不再处理。

第二节　审　查

第四十条　复议机关法制部门应当自复议申请受理之日起五个工作日内,将申请材料副本送赔偿义务机关。赔偿义务机关应当自收到之日起十个工作日内向复议机关作出书面答复,并提供相关证据、依据和其他材料。

第四十一条　复议机关应当全面审查赔偿义务机关是否按照本规定第二章的规定对赔偿申请作出处理。

第四十二条　赔偿请求人申请复议时变更向赔偿义务机关提出的赔偿请求,或者在复议审查期间变更复议请求的,复议机关应当予以审查。

复议机关认为赔偿请求人提出的复议请求事项不全或者不准确的,可以告知赔偿请求人在审查期限届满前变更复议请求。

第四十三条　赔偿请求人和赔偿义务机关对自己的主张负有举证责任。没有证据或者证据不足以证明事实主张的,由负有举证责任的一方承担不利后果。

赔偿义务机关对其职权行为的合法性,以及《国家赔偿法》第二十六条第二款规定的情形负有举证责任。赔偿请求人可以提供证明赔偿义务机关职权行为违法的证据,但不因此免除赔偿义务机关的举证责任。

第四十四条　复议审查期间,复议机关法制部门可以调查核实情况,收集有关证据。有关单位和人员应当予以配合。

第四十五条　复议审查期间,有下列情形之一的,经复议机关负责人批准,中止审查并书面告知有关当事人:

(一)作为赔偿请求人的公民丧失行为能力,尚未确定法定代理人的;

(二)作为赔偿请求人的公民下落不明或者被宣告失踪的;

(三)作为赔偿请求人的公民死亡,其继承人和其他有扶养关系的亲属尚未确定是否参加复议审查的;

(四)作为赔偿请求人的法人或者其他组织终止,尚未确定权利义务承受人,或者权利义务承受人尚未确定是否参加复议审查的;

(五)赔偿请求人因不可抗力不能参加复议审查的;

（六）复议审查涉及法律适用问题，需要有权机关作出解释或者确认的；

（七）复议审查需要以其他尚未办结案件的结果为依据的；

（八）其他需要中止审查的情形。

中止审查的情形消除后，应当在二个工作日内恢复审查，并书面告知有关当事人。

中止审查不符合第一款规定的，应当立即恢复审查。不恢复审查的，上一级公安机关应当责令恢复审查。

第四十六条 复议审查期间，有下列情形之一的，经复议机关负责人批准，终结审查并书面告知有关当事人：

（一）作为赔偿请求人的公民死亡，没有继承人和其他有扶养关系的亲属，或者继承人和其他有扶养关系的亲属放弃复议权利的；

（二）作为赔偿请求人的法人或者其他组织终止，没有权利义务承受人，或者权利义务承受人放弃复议权利的；

（三）赔偿请求人自愿撤回复议申请的。

前款第一项中的继承人和其他有扶养关系的亲属、第二项中的权利义务承受人、第三项中的赔偿请求人为数人，非经全体同意放弃复议权利或者撤回复议申请的，不得终结审查。

第三节　决　定

第四十七条 对受理的复议申请，复议机关应当自受理之日起两个月内，经本机关负责人批准作出决定。

第四十八条 复议机关可以组织赔偿义务机关与赔偿请求人就赔偿方式、项目和数额在法定范围内进行调解。

调解应当遵循自愿、合法的原则。经调解达成一致的，复议机关应当按照调解结果作出复议决定。赔偿请求人或者赔偿义务机关不同意调解，或者调解未达成一致，或者一方在复议决定作出前反悔的，复议机关应当依法作出复议决定。

第四十九条 对赔偿义务机关作出的予以赔偿或者不予赔偿决定，分别作出下列决定：

（一）认定事实清楚，适用法律正确，符合法定程序的，予以维持；

（二）认定事实清楚，适用法律正确，但违反法定程序的，维持决定结论并确认程序违法；

（三）认定事实不清，适用法律错误或者据以作出决定的法定事由发生变化的，依法重新作出决定或者责令限期重作。

第五十条 对赔偿义务机关作出的不予受理、驳回申请、终结审查决定，分别作出下列决定：

（一）符合规定情形和程序的，予以维持；

（二）符合规定情形，但违反规定程序的，维持决定结论并确认程序违法；

（三）不符合规定情形，或者据以作出决定的法定事由发生变化的，责令继续审查或者依法重新作出决定。

第五十一条 赔偿义务机关逾期未作出决定的，责令限期作出决定或者依法作出决定。

第五十二条 复议机关作出不予受理、驳回申请、终结审查、复议决定，或者逾期未作出决定，赔偿请求人不服的，可以依照《国家赔偿法》第二十五条规定，向复议机关所在地的同级人民法院赔偿委员会申请作出赔偿决定。

第四章　执　行

第五十三条 赔偿义务机关必须执行生效赔偿决定、复议决定、判决和调解。

第五十四条 生效赔偿决定、复议决定、判决和调解按照下列方式执行：

（一）要求返还财物或者恢复原状的，赔偿请求所涉赔偿义务机关执法办案部门应当在三十日内办结。情况复杂的，经本机关负责人批准，可以延长三十日。

（二）要求支付赔偿金的，赔偿义务机关法制部门应当依照《国家赔偿费用管理条例》的规定，将生效的赔偿决定书、复议决定书、判决书和调解书等有关材料提供给装备财务（警务保障）部门，装备财务（警务保障）部门报经本机关负责人批准后，依照预算管理权限向财政部门提出书面支付申请并提供有关材料。

（三）要求为赔偿请求人消除影响、恢复名誉、赔礼道歉的，赔偿义务机关或者其负责人应当及时执行。

第五十五条 财政部门告知赔偿义务机关补正

申请材料的,赔偿义务机关装备财务(警务保障)部门应当会同法制部门自收到告知之日起五个工作日内按照要求补正材料并提交财政部门。

第五十六条　财政部门向赔偿义务机关支付赔偿金的,赔偿义务机关装备财务(警务保障)部门应当及时向赔偿请求人足额支付赔偿金,不得拖延、截留。

第五十七条　赔偿义务机关支付赔偿金后,应当依照《国家赔偿法》第十六条第一款、第三十一条第一款的规定,向责任人员追偿部分或者全部赔偿费用。

第五十八条　追偿赔偿费用由赔偿义务机关法制部门会同赔偿请求所涉执法办案部门等有关部门提出追偿意见,经本机关主要负责人批准,由装备财务(警务保障)部门书面通知有预算管理权限的财政部门,并责令被追偿人缴纳追偿赔偿费用。

追偿数额的确定,应当综合考虑赔偿数额,以及被追偿人过错程度、损害后果等因素确定,并为被追偿人及其扶养的家属保留必需的生活费用。

第五十九条　被追偿人对追偿赔偿费用不服的,可以向赔偿义务机关或者其上一级公安机关申诉。

第六十条　赔偿义务机关装备财务(警务保障)部门应当依照相关规定,将追偿的赔偿费用上缴有预算管理权限的财政部门。

第五章　责任追究

第六十一条　有下列情形之一的,对直接负责的主管人员或者其他直接责任人员,依照有关规定给予行政纪律处分或者作出其他处理:

(一)未按照本规定对赔偿申请、复议申请作出处理的;

(二)不配合或者阻挠国家赔偿办案人员调查取证,不提供有关情况和证明材料,或者提供虚假材料的;

(三)未按照本规定执行生效赔偿决定、复议决定、判决和调解的;

(四)未按照本规定上缴追偿赔偿费用的;

(五)办理国家赔偿案件的其他渎职、失职行为。

第六十二条　公安机关工作人员在办理国家赔偿案件中,徇私舞弊,打击报复赔偿请求人的,依照有关规定给予行政纪律处分;构成犯罪的,依法追究刑事责任。

第六章　附　则

第六十三条　下列情形所需时间,不计入国家赔偿审查期限:

(一)向赔偿请求人调取证据材料的;

(二)涉及专门事项委托鉴定、评估的。

赔偿请求人在国家赔偿审查期间变更请求的,审查期限从公安机关收到之日起重新计算。

第六十四条　公安机关按照本规定制作的法律文书,应当加盖本机关印章或者国家赔偿专用章。中止审查、终结审查、驳回申请、赔偿决定、复议决定的法律文书,应当自作出之日起十日内送达。

第六十五条　本规定自 2018 年 10 月 1 日起施行。2014 年 6 月 1 日施行的《公安机关办理国家赔偿案件程序规定》同时废止。

最高人民法院关于审理行政赔偿案件若干问题的规定

· 2021 年 12 月 6 日最高人民法院审判委员会第 1855 次会议通过
· 2022 年 3 月 20 日最高人民法院公布
· 自 2022 年 5 月 1 日起施行
· 法释〔2022〕10 号

为保护公民、法人和其他组织的合法权益,监督行政机关依法履行行政赔偿义务,确保人民法院公正、及时审理行政赔偿案件,实质化解行政赔偿争议,根据《中华人民共和国行政诉讼法》(以下简称行政诉讼法)《中华人民共和国国家赔偿法》(以下简称国家赔偿法)等法律规定,结合行政审判工作实际,制定本规定。

一、受案范围

第一条　国家赔偿法第三条、第四条规定的"其他违法行为"包括以下情形:

(一)不履行法定职责行为;

(二)行政机关及其工作人员在履行行政职责过程中作出的不产生法律效果,但事实上损害公民、法人或者其他组织人身权、财产权等合法权益的行为。

第二条　依据行政诉讼法第一条、第十二条第一款第十二项和国家赔偿法第二条规定,公民、法人或者其他组织认为行政机关及其工作人员违法行使行政职权对其劳动权、相邻权等合法权益造成人身、财产损害的,可以依法提起行政赔偿诉讼。

第三条　赔偿请求人不服赔偿义务机关下列行为的,可以依法提起行政赔偿诉讼:

(一)确定赔偿方式、项目、数额的行政赔偿决定;

(二)不予赔偿决定;

(三)逾期不作出赔偿决定;

(四)其他有关行政赔偿的行为。

第四条　法律规定由行政机关最终裁决的行政行为被确认违法后,赔偿请求人可以单独提起行政赔偿诉讼。

第五条　公民、法人或者其他组织认为国防、外交等国家行为或者行政机关制定发布行政法规、规章或者具有普遍约束力的决定、命令侵犯其合法权益造成损害,向人民法院提起行政赔偿诉讼的,不属于人民法院行政赔偿诉讼的受案范围。

二、诉讼当事人

第六条　公民、法人或者其他组织一并提起行政赔偿诉讼中的当事人地位,按照其在行政诉讼中的地位确定,行政诉讼与行政赔偿诉讼当事人不一致的除外。

第七条　受害的公民死亡,其继承人和其他有扶养关系的人可以提起行政赔偿诉讼,并提供该公民死亡证明、赔偿请求人与死亡公民之间的关系证明。

受害的公民死亡,支付受害公民医疗费、丧葬费等合理费用的人可以依法提起行政赔偿诉讼。

有权提起行政赔偿诉讼的法人或者其他组织分立、合并、终止,承受其权利的法人或者其他组织可以依法提起行政赔偿诉讼。

第八条　两个以上行政机关共同实施侵权行政行为造成损害的,共同侵权行政机关为共同被告。赔偿请求人坚持对其中一个或者几个侵权机关提起行政赔偿诉讼,以被起诉的机关为被告,未被起诉的机关追加为第三人。

第九条　原行政行为造成赔偿请求人损害,复议决定加重损害的,复议机关与原行政行为机关为共同被告。赔偿请求人坚持对作出原行政行为机关或者复议机关提起行政赔偿诉讼,以被起诉的机关为被告,未被起诉的机关追加为第三人。

第十条　行政机关依据行政诉讼法第九十七条的规定申请人民法院强制执行其行政行为,因据以强制执行的行政行为违法而发生行政赔偿诉讼的,申请强制执行的行政机关为被告。

三、证　据

第十一条　行政赔偿诉讼中,原告应当对行政行为造成的损害提供证据;因被告的原因导致原告无法举证的,由被告承担举证责任。

人民法院对于原告主张的生产和生活所必需物品的合理损失,应当予以支持;对于原告提出的超出生产和生活所必需的其他贵重物品、现金损失,可以结合案件相关证据予以认定。

第十二条　原告主张其被限制人身自由期间受到身体伤害,被告否认相关损害事实或者损害与违法行政行为存在因果关系的,被告应当提供相应的证据证明。

四、起诉与受理

第十三条　行政行为未被确认为违法,公民、法人或者其他组织提起行政赔偿诉讼的,人民法院应当视为提起行政诉讼时一并提起行政赔偿诉讼。

行政行为已被确认为违法,并符合下列条件的,公民、法人或者其他组织可以单独提起行政赔偿诉讼:

(一)原告具有行政赔偿请求资格;

(二)有明确的被告;

(三)有具体的赔偿请求和受损害的事实根据;

(四)赔偿义务机关已先行处理或者超过法定期限不予处理;

(五)属于人民法院行政赔偿诉讼的受案范围和受诉人民法院管辖;

(六)在法律规定的起诉期限内提起诉讼。

第十四条　原告提起行政诉讼时未一并提起行政赔偿诉讼,人民法院审查认为可能存在行政赔偿的,应当告知原告可以一并提起行政赔偿诉讼。

原告在第一审庭审终结前提起行政赔偿诉讼,符合起诉条件的,人民法院应当依法受理;原告在第一审庭审终结后、宣判前提起行政赔偿诉讼的,是否准许由人民法院决定。

原告在第二审程序或者再审程序中提出行政赔偿请求的，人民法院可以组织各方调解；调解不成的，告知其另行起诉。

第十五条　公民、法人或者其他组织应当自知道或者应当知道行政行为侵犯其合法权益之日起两年内，向赔偿义务机关申请行政赔偿。赔偿义务机关在收到赔偿申请之日起两个月内未作出赔偿决定的，公民、法人或者其他组织可以依照行政诉讼法有关规定提起行政赔偿诉讼。

第十六条　公民、法人或者其他组织提起行政诉讼时一并请求行政赔偿的，适用行政诉讼法有关起诉期限的规定。

第十七条　公民、法人或者其他组织仅对行政复议决定中的行政赔偿部分有异议，自复议决定书送达之日起十五日内提起行政赔偿诉讼的，人民法院应当依法受理。

行政机关作出有赔偿内容的行政复议决定时，未告知公民、法人或者其他组织起诉期限的，起诉期限从公民、法人或者其他组织知道或者应当知道起诉期限之日起计算，但从知道或者应当知道行政复议决定内容之日起最长不得超过一年。

第十八条　行政行为被有权机关依照法定程序撤销、变更、确认违法或无效，或者实施行政行为的行政机关工作人员因该行为被生效法律文书或监察机关政务处分确认为渎职、滥用职权的，属于本规定所称的行政行为被确认为违法的情形。

第十九条　公民、法人或者其他组织一并提起行政赔偿诉讼，人民法院经审查认为行政诉讼不符合起诉条件的，对一并提起的行政赔偿诉讼，裁定不予立案；已经立案的，裁定驳回起诉。

第二十条　在涉及行政许可、登记、征收、征用和行政机关对民事争议所作的裁决的行政案件中，原告提起行政赔偿诉讼的同时，有关当事人申请一并解决相关民事争议的，人民法院可以一并审理。

五、审理和判决

第二十一条　两个以上行政机关共同实施违法行政行为，或者行政机关及其工作人员与第三人恶意串通作出的违法行政行为，造成公民、法人或者其他

组织人身权、财产权等合法权益实际损害的，应当承担连带赔偿责任。

一方承担连带赔偿责任后，对于超出其应当承担部分，可以向其他连带责任人追偿。

第二十二条　两个以上行政机关分别实施违法行政行为造成同一损害，每个行政机关的违法行为都足以造成全部损害的，各个行政机关承担连带赔偿责任。

两个以上行政机关分别实施违法行政行为造成同一损害的，人民法院应当根据其违法行政行为在损害发生和结果中的作用大小，确定各自承担相应的行政赔偿责任；难以确定责任大小的，平均承担责任。

第二十三条　由于第三人提供虚假材料，导致行政机关作出的行政行为违法，造成公民、法人或者其他组织损害的，人民法院应当根据违法行政行为在损害发生和结果中的作用大小，确定行政机关承担相应的行政赔偿责任；行政机关已经尽到审慎审查义务的，不承担行政赔偿责任。

第二十四条　由于第三人行为造成公民、法人或者其他组织损害的，应当由第三人依法承担侵权赔偿责任；第三人赔偿不足、无力承担赔偿责任或者下落不明，行政机关又未尽保护、监管、救助等法定义务的，人民法院应当根据行政机关未尽法定义务在损害发生和结果中的作用大小，确定其承担相应的行政赔偿责任。

第二十五条　由于不可抗力等客观原因造成公民、法人或者其他组织损害，行政机关不依法履行、拖延履行法定义务导致未能及时止损或者损害扩大的，人民法院应当根据行政机关不依法履行、拖延履行法定义务行为在损害发生和结果中的作用大小，确定其承担相应的行政赔偿责任。

第二十六条　有下列情形之一的，属于国家赔偿法第三十五条规定的"造成严重后果"：

（一）受害人被非法限制人身自由超过六个月；

（二）受害人经鉴定为轻伤以上或者残疾；

（三）受害人经诊断、鉴定为精神障碍或者精神残疾，且与违法行政行为存在关联；

（四）受害人名誉、荣誉、家庭、职业、教育等方面

遭受严重损害,且与违法行政行为存在关联。

有下列情形之一的,可以认定为后果特别严重:

(一)受害人被限制人身自由十年以上;

(二)受害人死亡;

(三)受害人经鉴定为重伤或者残疾一至四级,且生活不能自理;

(四)受害人经诊断、鉴定为严重精神障碍或者精神残疾一至二级,生活不能自理,且与违法行政行为存在关联。

第二十七条　违法行政行为造成公民、法人或者其他组织财产损害,不能返还财产或者恢复原状的,按照损害发生时该财产的市场价格计算损失。市场价格无法确定,或者该价格不足以弥补公民、法人或者其他组织损失的,可以采用其他合理方式计算。

违法征收征用土地、房屋,人民法院判决给予被征收人的行政赔偿,不得少于被征收人依法应当获得的安置补偿权益。

第二十八条　下列损失属于国家赔偿法第三十六条第六项规定的"停产停业期间必要的经常性费用开支":

(一)必要留守职工的工资;

(二)必须缴纳的税款、社会保险费;

(三)应当缴纳的水电费、保管费、仓储费、承包费;

(四)合理的房屋场地租金、设备租金、设备折旧费;

(五)维系停产停业期间运营所需的其他基本开支。

第二十九条　下列损失属于国家赔偿法第三十六条第八项规定的"直接损失":

(一)存款利息、贷款利息、现金利息;

(二)机动车停运期间的营运损失;

(三)通过行政补偿程序依法应当获得的奖励、补贴等;

(四)对财产造成的其他实际损失。

第三十条　被告有国家赔偿法第三条规定情形之一,致人精神损害的,人民法院应当判决其在违法行政行为影响的范围内,为受害人消除影响、恢复名誉、赔礼道歉;消除影响、恢复名誉和赔礼道歉的履行方式,可以双方协商,协商不成的,人民法院应当责令被告以适当的方式履行。造成严重后果的,应当判决支付相应的精神损害抚慰金。

第三十一条　人民法院经过审理认为被告对公民、法人或者其他组织造成财产损害的,判决被告限期返还财产、恢复原状;无法返还财产、恢复原状的,判决被告限期支付赔偿金和相应的利息损失。

人民法院审理行政赔偿案件,可以对行政机关赔偿的方式、项目、标准等予以明确,赔偿内容确定的,应当作出具有赔偿金额等给付内容的判决;行政赔偿决定对赔偿数额的确定确有错误的,人民法院判决予以变更。

第三十二条　有下列情形之一的,人民法院判决驳回原告的行政赔偿请求:

(一)原告主张的损害没有事实根据的;

(二)原告主张的损害与违法行政行为没有因果关系的;

(三)原告的损失已经通过行政补偿等其他途径获得充分救济的;

(四)原告请求行政赔偿的理由不能成立的其他情形。

六、其　他

第三十三条　本规定自 2022 年 5 月 1 日起施行。《最高人民法院关于审理行政赔偿案件若干问题的规定》(法发〔1997〕10 号)同时废止。

本规定实施前本院发布的司法解释与本规定不一致的,以本规定为准。

最高人民法院关于公安机关不履行、拖延履行法定职责如何承担行政赔偿责任问题的答复

·2013 年 9 月 22 日
·〔2011〕行他字第 24 号

甘肃省高级人民法院:

你院《关于张美华等五人诉天水市公安局麦积分局行政赔偿案的请示报告》收悉,经研究,答复如下:

公安机关不履行或者拖延履行保护公民、法人或者其他组织人身权、财产权法定职责,致使公民、法人

或者其他组织人身、财产遭受损失的，应当承担相应的行政赔偿责任。

公民、法人或者其他组织人身、财产损失系第三人行为造成的，应当由第三人承担民事侵权赔偿责任；第三人民事赔偿不足、无力承担赔偿责任或者下落不明的，应当根据公安机关不履行、拖延履行法定职责行为在损害发生过程和结果中所起的作用等因素，判决其承担相应的行政赔偿责任。

公安机关承担相应的赔偿责任后，可以向实施侵权行为的第三人追偿。

此复。

最高人民法院、最高人民检察院关于办理袭警刑事案件适用法律若干问题的解释

· 2024 年 11 月 4 日最高人民法院审判委员会第 1930 次会议、2024 年 6 月 27 日最高人民检察院第十四届检察委员会第三十二次会议通过
· 2025 年 1 月 15 日最高人民法院、最高人民检察院公告公布
· 自 2025 年 1 月 18 日起施行
· 高检发释字〔2025〕1 号

为依法惩治袭警犯罪，保障人民警察依法执行职务，保护人民警察人身安全，维护国家法律权威和社会秩序，根据《中华人民共和国刑法》、《中华人民共和国刑事诉讼法》和《中华人民共和国人民警察法》等法律规定，现就办理此类刑事案件适用法律的若干问题解释如下：

第一条　袭击正在依法执行职务的人民警察，具有下列情形之一的，应当认定为刑法第二百七十七条第五款规定的"暴力袭击"：

（一）实施撕咬、掌掴、踢打、抱摔、投掷物品等行为，造成轻微伤以上后果的；

（二）实施打砸、毁坏、抢夺人民警察乘坐的车辆、使用的警械等行为，足以危及人身安全的。

与人民警察发生轻微肢体冲突，或者为摆脱抓捕、约束实施甩手、挣脱、蹬腿等一般性抗拒行为，危害不大的，或者仅实施辱骂、讽刺等言语攻击行为的，不属于刑法第二百七十七条第五款规定的"暴力袭击"。

第二条　暴力袭击正在依法执行职务的人民警察，具有下列情形之一，足以致人重伤或者死亡的，应当认定为刑法第二百七十七条第五款规定的"严重危及其人身安全"：

（一）使用枪支、管制刀具或者其他具有杀伤力的工具的；

（二）驾驶机动车撞击人民警察或者其乘坐的车辆的；

（三）其他严重暴力袭击行为。

第三条　实施袭警犯罪，具有下列情形之一的，从重处罚：

（一）造成人民警察轻伤的；

（二）致使人民警察不能正常执行职务，造成他人伤亡、犯罪嫌疑人脱逃、关键证据灭失或者公私财产重大损失等严重后果的；

（三）纠集或者煽动多人袭警的；

（四）袭击人民警察二人以上的；

（五）其他情节严重的情形。

第四条　对于人民警察执法活动存在过错，在认定行为人暴力袭击行为是否构成袭警罪时，应当综合考虑行为人的暴力程度、危害后果及执法过错程度等因素，依法妥当处理。

人民警察执法活动存在严重过错的，对行为人一般不作为犯罪处理。执法过错较大，袭击行为暴力程度较轻、危害不大的，可以不作为犯罪处理。袭击行为造成严重后果，确需追究刑事责任的，应当依法从宽处理。

第五条　醉酒的人实施袭警犯罪的，应当负刑事责任。

第六条　教唆、煽动他人实施袭警犯罪或者明知他人实施袭警犯罪而提供工具或者其他帮助，情节严重的，以共同犯罪论处。

第七条　行为人阻碍人民警察依法执行职务，但未实施暴力袭击行为的，不构成袭警罪；符合刑法第二百七十七条第一款规定的，以妨害公务罪定罪处罚。

对在非工作时间遇有紧急情况依法履行职责的人民警察实施暴力袭击，符合刑法第二百七十七条第五款规定的，以袭警罪定罪处罚。

对非执行职务的人民警察实施报复性暴力袭击的,不构成袭警罪;符合刑法第二百三十四条、第二百三十二条等规定的,依照相应犯罪从重处罚。

第八条　暴力袭击正在依法配合人民警察执行职务的警务辅助人员的,不构成袭警罪;符合刑法第二百七十七条第一款规定的,以妨害公务罪定罪处罚。

同时暴力袭击正在依法执行职务的人民警察和配合人民警察执行职务的警务辅助人员,符合刑法第二百七十七条第五款规定的,以袭警罪从重处罚。

第九条　实施本解释规定的行为,同时构成袭警罪、妨害公务罪和故意杀人罪、故意伤害罪等犯罪的,依照处罚较重的规定定罪处罚。

第十条　实施本解释规定的行为,综合考虑行为人认罪悔罪表现、赔偿损失情况、行为手段、危害后果等情形,认为犯罪情节较轻的,可以从宽处罚;犯罪情节轻微的,可以不起诉或者免予刑事处罚;情节显著轻微危害不大的,不作为犯罪处理。

第十一条　对于实施本解释规定的相关行为被不起诉或者免予刑事处罚的行为人,需要给予行政处罚、政务处分或者其他处分的,依法移送有关主管机关处理。

第十二条　对于刑法第二百七十七条第五款规定的“人民警察”,依照人民警察法的相关规定认定,包括公安机关、国家安全机关、监狱等部门的人民警察和人民法院、人民检察院的司法警察。

第十三条　本解释自 2025 年 1 月 18 日起施行。本解释施行后,之前发布的规范性文件与本解释不一致的,以本解释为准。

图书在版编目（CIP）数据

中华人民共和国治安管理法律法规全书：含规章及
典型案例：2025年版 / 中国法治出版社编. -- 北京：
中国法治出版社，2025. 7. --ISBN 978-7-5216-5235-2

Ⅰ. D922.149

中国国家版本馆 CIP 数据核字第 2025NZ4689 号

策划编辑：袁笋冰　　　　　　　责任编辑：赵　燕　　　　　　　封面设计：李　宁

中华人民共和国治安管理法律法规全书：含规章及典型案例：2025 年版
ZHONGHUA RENMIN GONGHEGUO ZHI'AN GUANLI FALÜ FAGUI QUANSHU：HAN GUIZHANG JI DIANXING
ANLI：2025 NIAN BAN

经销/新华书店
印刷/三河市紫恒印装有限公司
开本/787 毫米×960 毫米　16 开　　　　　　　　　印张/ 37.75　字数/ 948 千
版次/2025 年 7 月第 1 版　　　　　　　　　　　　2025 年 7 月第 1 次印刷

中国法治出版社出版
书号 ISBN 978-7-5216-5235-2　　　　　　　　　　　　　　　　　定价：98.00 元

北京市西城区西便门西里甲 16 号西便门办公区
邮政编码：100053　　　　　　　　　　　　　　　　传真：010-63141600
网址：http：//www.zgfzs.com　　　　　　　　　**编辑部电话：010-63141669**
市场营销部电话：010-63141612　　　　　　　　　**印务部电话：010-63141606**

（如有印装质量问题，请与本社印务部联系。）